Strategische Allianzen, Wirtschaftsstandort und Standortwettbewerb

Lambert F. Peters

Strategische Allianzen, Wirtschaftsstandort und Standortwettbewerb

Nürnberg 1500 – 1625

PETER LANG

Frankfurt am Main · Berlin · Bern · Bruxelles · New York · Oxford · Wien

Bibliografische Information Der Deutschen Bibliothek
Die Deutsche Bibliothek verzeichnet diese Publikation in der
Deutschen Nationalbibliografie; detaillierte bibliografische
Daten sind im Internet über <http://dnb.ddb.de> abrufbar.

**Gedruckt mit Unterstützung der
Gerda Henkel Stiftung, Düsseldorf.**

Umschlagbild:
Michael Mathias Prechtl, ,Kleine Welt',
aus Michael Mathias Prechtl und Godehard Schramm,
Nürnberger Bilderbuch, Nürnberg 1970, S. 5.

Gedruckt auf alterungsbeständigem,
säurefreiem Papier.

ISBN 3-631-53742-5

© Peter Lang GmbH
Europäischer Verlag der Wissenschaften
Frankfurt am Main 2005
Alle Rechte vorbehalten.

Printed in Germany 1 2 3 4   6 7

www.peterlang.de

Veit Stoß

- und für Nicole -

"Den handel treibt man durch das jar,
Kumbt alle tag so vil dar ein,
Daz wohl bei zweinzig knechten sein
Die all fürn auf karren und wagen
On die andern die es tragen .. "

Kunz Haß, Meistersinger, 1490

Vorwort

Wesentliche Aussagen dieser Arbeit waren nur möglich durch die Auswertungen der Journale und Schuldbücher des Banco Publico, Nürnberg (1621-1648). Die programmtechnischen Voraussetzungen dafür schuf in langjähriger und mühevoller Arbeit Ulrich Baier. Ihm gebührt ein besonderer Dank. Der Schriftverkehr mit Herrn Professor Horst Albach, Bonn, vermittelte mir fachspezifischen Rat. Ebenso anregend waren sein Interesse an den Fragestellungen und seine Neugier auf die Ergebnisse.

Wohltuend kooperativ und freundlich war die Zusammenarbeit mit Herrn Dr. Herman Ühlein, Frau Susanne Hoeves und Frau Nadine Grüttner vom Peter Lang Verlag.

Kurz vor Redaktionsschluß rundete Herr Hubert Milz die volkswirtschaftlichen Ausführungen durch einige zusätzliche Literaturhinweise ab. Ihm sei herzlich gedankt.

Besonders, und weit über das übliche Maß hinaus habe ich ganz herzlich zu danken der Gerda Henkel Stiftung, Düsseldorf. Sie förderte vor vielen Jahren die Erstellung der ersten drei Quellenbände durch einen namhaften Betrag und ermöglichte durch die Übernahme des erforderlichen Druckkostenzuschusses die Publikation dieser Arbeit.

Lambert F. Peters

Nürnberg im Juni 2001
(Redaktionsschluß)

11

INHALTSVERZEICHNIS

Inhaltsverzeichnis 15

0. Einleitung

0.1. Problemstellung - Untersuchungsverlauf

Die Arbeit wurde angeregt während der Erstellung einer Quellenedition zur internationalen Handels- und Bankgeschichte. Dazu wurden u.a. 50.000 Geschäftsvorfälle (1621-1624) aus den Schuldbüchern des Banco Publico, Nürnberg, erfaßt. In einem weiteren Arbeitsschritt wurde die Datenerfassung und – aufbereitung bis 1648 ausgedehnt. Der Bestand umfaßt nunmehr rund 350.000 Datensätze.[1]

Durch eine spezifische Analyse, die die Aufdeckung von mikroökonomischen Netzwerken am Anfang des 17. Jahrhunderts im Sinne der kumulierten Dreijahreskonten (T-Konten) zum Ziel hatte, wurde auf den Konten der Nürnberger Imhoff und Tucher in den Jahren 1621-1624 ein ganz atypisches Charakteristikum offenbar: Sie überwiesen sich keinen einzigen Pfennig! Dieser Tatbestand war so außergewöhnlich und stand in so krassem Gegensatz zu allen anderen Kontobildern der umsatzstarken Firmen, daß zunächst an eine fehlerhafte Erfassung der Quellen und/oder ihrer Aufbereitung durch das zu diesem Zweck entwickelte EDV-Programm gedacht wurde. Eine mehrmalige Nachprüfung ergab aber eine fehlerfreie Übereinstimmung mit den Daten in den Schuldbüchern des Banco Publico.

Gerade bei den besagten Firmen hätte man aber, da sie lange auf den Märkten Europas präsent waren, beide Familien aus Nürnberg stammten, beide dem Patrizierstand angehörten, und sie untereinander verwandtschaftlich verbunden waren, eine enge Zusammenarbeit erwartet. Die Kontobilder bestätigten diese Vermutung nicht. Die Gründe dafür zu erforschen, machte einen historischen Regreß bis zum Anfang des 16. Jahrhunderts erforderlich. Dadurch konnte die Zusammenarbeit dieser Firmen und jene der Nürnberger Welser (zeitweise auch die Linie aus Augsburg), der Zollikofer und der Rottengatter, beide ebenfalls in Nürnberg domizilierend, in einer strategischen Allianz auf den Safranmärkten in Frankreich, Spanien und Italien nachgewiesen werden. Damit wurden die Kontobilder noch unverständlicher.

Der weitere Verlauf der Recherchen ergab sozusagen zwangsläufig den folgenden Untersuchungsverlauf.

---

1 Die 19 Quellenbände mit rund 13.000 Seiten wurden inzwischen im Stadtarchiv Nürnberg eingestellt. Sie tragen die Signaturen StadtAN Av (Dienstbibliothek) 7129.4 (1-3) [Zeitraum: 1621/22-1623/24] bzw. 7130.4 (1-16) [1621/22-1647/48]. Die CD mit den Daten im Wordformat kann käuflich erworben werden. - Die etwa 140seitige Einführung wird veröffentlicht in: Mitteilungen des Vereins für Geschichte der Stadt Nürnberg 91 (2004), S. 47-180. Die Darstellungen in dieser Arbeit basieren – wenn nicht anders angegeben – auf dieser Quellenaufbereitung.

Erstes Kapitel

Es galt zunächst, die innere Verfaßtheit, Effektivität und Lebensdauer dieser Allianz zu untersuchen. Um verstehen zu können, warum die Firmen sich gerade auf dem Safranmarkt zu einer strategischen Allianz zusammengeschlossen hatten, mußte dieser einer gründlichen Analyse unterzogen werden. Er verdient deshalb besonderes Interesse, weil meist nur den Fachhistorikern bekannt sein dürfte, welche wirtschaftliche Bedeutung der Safran im internationalen Güteraustausch des Spätmittelalters und der frühen Neuzeit hatte: Der Handel war ein Millionengeschäft mit hohen Gewinnmöglichkeiten.

Mit Erklärungsinstrumentarien der Nationalökonomie wird versucht, die Allianz Nürnberger Firmen auf den Beschaffungsmärkten Italiens, Spaniens und Frankreichs zu analysieren und die Marktstrukturen herauszuarbeiten. Es soll sowohl die spannungsgeladene Kooperation der Nürnberger Allianz beleuchtet als auch die dynamische Reaktion des Marktes untersucht werden, die zu einer Gegenallianz italienischer Firmen führte mit dem Ziel, den Wettbewerb sowohl auf den genannten Beschaffungsmärkten als auch auf dem zentralen Verteilermarkt Nürnberg aufzunehmen, das Marktgefüge aufzubrechen und wesentliche Umsatzanteile zu gewinnen. Der Safranmarkt kann dabei als Schlüsselsektor betrachtet werden. Seine Analyse ermöglicht die langfristigen Pläne und Aktionen der Italiener aufzuzeigen, auch in anderen Handelssparten zu dominierenden Verteilern zu werden.

Schließlich bedurfte er aus dem Grunde einer eingehenden Untersuchung, weil sich zentrale Argumente der Nürnberger Allianzpartner, der Italiener und der politischen Entscheidungsträger in Nürnberg auf die Strukturverschiebungen dieses, aber nicht nur dieses Marktes bezogen.

Insofern Daten recherchiert werden konnten, war es bei der Untersuchung der Safran-Teilmärkte schließlich Aufgabenstellung, die Quellen auf mögliche Preiselastizitäten der Nachfrage hin zu analysieren und zu fragen, ob unter Umständen die Kingsche Regel für diese landwirtschaftlichen Erzeugnisse - den verschiedenen Safransorten - zu beobachten ist. Es eröffnete sich damit die Möglichkeit, das Risiko, von dem im Zusammenhang mit dem Safrangeschäft immer die Rede ist, sowohl für die Anbieter als auch für die Nachfrager auf den einzelnen Produktmärkten besser einschätzen zu können. Unter marktmorphologischen, also Wettbewerbsgesichtspunkten, verdient der zentrale Verteilermarkt Nürnberg besonderes Interesse.

Um die Erst-Ursachen sowohl der Kooperation auf dem Safranmarkt als auch die schon am Anfang des 16. Jahrhunderts festzustellenden großen Spannungen, vor allen Dingen zwischen der Firma Tucher auf der einen und den Imhoff-Welser-Unternehmen auf der anderen Seite, ergründen zu können, müßten noch zeitlich weiter zurückliegende Quellen erschlossen, die hier angewandte komparativ-statische Betrachtungsweise (Geschäftsbriefe vom Anfang des 16. Jahrhunderts, Quellen zur Standortauseinandersetzung in den 60er und 70er Jahren, Schuldbücher des Banco Publico Anfang des 17. Jahrhunderts) dynamisiert werden.

Zweites Kapitel

Es wurde schon angedeutet, daß die Italiener auch versuchten, den Nürnbergern auf dem zentralen Safran-A b s a t z markt, Nürnberg, wesentliche Marktanteile zu entreißen. Aber ihre Zielsetzungen gingen noch weiter, sie dehnten den Wettbewerb auch auf andere lukrative Produktmärkte aus. Diese Tatsache führte zur Untersuchung der Standortfaktoren Nürnbergs. Nürnberg darf für die Untersuchungszeit als einer d e r zentralen Wirtschaftsstandorte in ganz Deutschland, ja in Europa gelten.

Zunächst wurden deshalb die wichtigsten Faktoren in einer quasistatischen Betrachtungsweise analysiert. Diese sind in der Literatur weitgehend bekannt. Neu ist der Versuch, auf breiter quantitativer Basis den interdependenten Zusammenhang dieser Faktoren nachzuweisen, zu veranschaulichen und sie mit den Standortfaktoren der Messestädte Frankfurt und Leipzig zu vergleichen und als Folge davon charakteristische Unterschiede in den Saisonverläufen herauszuarbeiten. Hinsichtlich der Bedeutung des Nürnberger Kapitalmarktes sollen neue Sichtweisen eröffnet und Begründungszusammenhänge entwickelt werden,[2] die der bisherigen Forschung unbekannt geblieben sind.

Wesentliche Wachstumsimpulse für die Nürnberger Wirtschaft und integrative Wirkungen für den europäischen Markt insgesamt gingen vor allen Dingen aus von der engen Verzahnung d e r Handels- und Gewerbestadt, d e m Geld- und Kapitalmarkt, d e m Finanzplatz mit den Messestädten Frankfurt, Leipzig, Naumburg. Vor dem Hintergrund der Nürnberger Zollkurve und dem Messekalender dieser Städte soll versucht werden, die Warenströme jahreszeitlich und geografisch nachzuvollziehen. Es sei schon hier festgestellt, daß die Ausführungen zu jenem Punkt teilweise Hypothesencharakter haben und als Angebot für die zukünftige Forschung zu betrachten sind, die Fragen aufzunehmen und zu beantworten. Zweifelsfreier ist die Frage zu entscheiden, ob von der Messefolge Wirkungen ausgingen auf die Rechtsstruktur der Unternehmen, den Kommissionshandel, die Warenlagerung vor Ort und auf die Wanderungsbewegungen von Unternehmen bzw. Unternehmern mit anschließender Verwurzelung in den Messestädten.

Die Quellen belegen für die zweite Hälfte des 16. Jahrhunderts eine zunehmende Internationalisierung der Kaufmannschaft in Nürnberg. Diese wird vor allen Dingen hinsichtlich des Zuzugs der Italiener untersucht. In einem Zeitraster werden, soweit es die Quellen zulassen, die Kaufleute erfaßt, die Nürnberg als ihren Wirtschaftsstandort nördlich der Alpen wählten; es wird versucht, diese Entwicklung in einen größeren historischen Zusammenhang einzuordnen.

---

2   In Verbindung mit den Ausführungen im dritten Kapitel zu diesem Thema.

Die Italiener (und nicht etwa die Niederländer) stehen deshalb im Mittelpunkt der Arbeit, weil sie eine Gegenallianz bildeten und sich gegen sie die heftigsten Angriffe des um ihre Existenz fürchtenden wirtschaftlichen Establishments richteten.

Drittes Kapitel

Vor dem Hintergrund des inzwischen (2. Hälfte des 16. Jahrhunderts) harten Wettbewerbs in Nürnberg zwischen den Allianzen rücken im dritten Kapitel die Argumente der Wettbewerber, ihre Forderungen an den wirtschaftspolitischen Entscheidungsträger, den Nürnberger Rat, inklusive der angedrohten Reaktionen im Falle ihrer Ablehnung ins Zentrum der Untersuchungen.

Die ausführliche Erörterung aller wirtschaftspolitischen Expertisen, seien sie nun vom Rat in Auftrag gegeben oder ihm anonym zugespielt worden, hat fünf Ziele: Erstens sollen sie die Strukturverschiebungen auf verschiedenen Produktmärkten verdeutlichen. Zweitens kann durch sie ‚objektiver' abgeschätzt werden, in welchem Maße die von den Nürnberger Allianzmitgliedern vertretenen wirtschaftspolitischen Positionen repräsentativ für die einheimische Unternehmerschaft waren. Drittens werden dadurch die Zielkonflikte deutlich, vor die sich der Innere Rat gestellt sah. Viertens schließlich soll anhand der Gutachten geprüft werden, ob die Zielsetzung der interessierten Unternehmen, die Fremden - vor allen Dingen die Italiener, dann aber auch die Niederländer - vom Standort Nürnberg abzudrängen, nur durch tarifäre Maßnahmen (Zollerhöhungen) erreicht werden sollte, oder ob sie auch den Einsatz nicht-tarifärer wirtschaftspolitischer Instrumente forderten.[3] Da vielfach dieselben Forderungen und Entgegnungen vorgebracht wurden, sind Wiederholungen nicht gänzlich zu vermeiden. Die chronologische Gliederung wurde gleichwohl beibehalten, um die Qualität, Argumentationsbreite und zunehmende -schärfe im Zeitablauf überzeugender analysieren zu können.

Die oft verblüffend modern anmutenden Standpunkte der Kontrahenten werden vor allen Dingen durch die Reaktionen auf ‚kleine' oder ‚große' Gesetzesänderungen bzw. deren Rücknahmen deutlich.

Gewichtung und Würdigung der Gravamina werden schließlich fünftens die Frage beantworten, warum die Turrisani, Odescalci, Werdemann, die Lumaga, Beccaria und die anderen ‚european', wenn nicht gar ‚global players' aus Italien Nürnberg als Standort wählten und zu einem strategischen Zentrum nördlich der Alpen machten.

Abweichend von einer streng chronologischen Gliederung wird in einer Querschnittsanalyse untersucht, welche Informations-, Diagnose- und Prognosemöglichkeiten der Rat aufgrund seiner Verwaltungsstruktur hatte.

---

3   Siehe dazu: Pohl, H., Einführung, S. 8.

Schließlich ist zu prüfen, ob der Rat nach der heftig und kontrovers geführten Diskussion und manchen Gesetzesänderungen seine wirtschaftspolitischen Grundsätze endgültig zur Disposition stellte oder zu seinen früheren Ordnungsvorstellungen zurückkehrte. Es soll geklärt werden, welche theoretischen Möglichkeiten der Gesetzgeber hatte, welche Instrumentarien ihm aufgrund der spezifischen Standortfaktoren Nürnbergs und der außenwirtschaftlichen Verflechtung praktisch zur Verfügung standen.

Es stellt sich auch die Frage, ob die zukünftige Forschung zur Wirtschafts- und Sozialgeschichte Nürnbergs sich nicht stärker als bisher von einer formaljuristischen Betrachtungsweise der politischen Institutionen lösen und den Akzent auf die tatsächlichen Mehrheiten zum Beispiel im ‚Inneren Rat', dem obersten Entscheidungsgremium der Stadt, legen sollte, um zu größeren Erkenntnissen zu gelangen. Lediglich von ‚dem Rat' zu sprechen verdeckt nicht selten durchaus kontroverse Standpunkte, unterschiedliche Zielvorstellungen und Interessen ihrer Mitglieder.

Für den Betrachtungszeitraum werden differente Standpunkte bei der Erörterung der Zoll- und Steuerpolitik deutlich werden. Zentrale Argumente der Nürnberger Allianzmitglieder, die sie gegen ihre Wettbewerber ins Feld führten, bezogen sich auf diese wirtschaftspolitischen Teilbereiche: Vor allen Dingen wurde der Vorwurf massiver Zollhinterziehungen ständig wiederholt und die desaströse Finanzlage Nürnbergs damit begründet.

Um einen Maßstab für eine kritische Würdigung dieser Beschuldigung zu gewinnen, war es erforderlich - wollte man es nicht bei einem Hinweis auf ein Desiderat der Forschung belassen -, umfangreiche Quellen-Recherchen zum Finanzstatus der Kommune durchzuführen und Begründungen für die hohe öffentliche Verschuldung zu ermitteln; der Forschungsstand lieferte keine befriedigenden und abgesicherten Ergebnisse. Diese Untersuchungen sind also durchaus nicht von nur marginaler Bedeutung, sondern äußerst themenrelevant, galt es doch die zentrale Frage zu beantworten, ob es wirklich den historischen Realitäten entsprach, daß die Italiener durch ihre Zollhinterziehungen und durch die steuerliche ‚Sonderbehandlung' (Schutzgeld- statt Losungszahlung) die Stadt ‚aussaugten', damit verantwortlich waren für den hohen Schuldenberg der Stadt, für (drohende) Arbeitslosigkeit, für soziale Verwerfungen etc. Wesentliche Erkenntnisse für die Beantwortung dieser Fragen lieferten die Untersuchungen zur Finanzierung des Zweiten Markgrafenkrieges; mit spezifischer Akzentuierung werden die damit zusammenhängenden Fragen bei der Portraitskizze von Endres Imhoff und dem Statuswettbewerb der Patrizierfamilien noch mal aufgegriffen.

Danach wird der finanzwirtschaftliche Status der Stadt anhand der vorliegenden Forschungsergebnisse exkursartig bis zum Ende des 18. Jahrhunderts ausgeleuchtet, um auf noch breiterer Grundlage entscheiden zu können, ob die hohe Verschuldung der Stadt in der zweiten Hälfte des 16. Jahrhunderts ein singulärer Fall war, oder sie sozusagen als Normalzustand einzustufen und zu bewerten ist, die Italiener durch ihre ‚Abgabementalität' – im Klartext: massive Zollhinterziehungen - gleichwohl nur marginal zum Schuldenberg im 16. Jahrhundert beitrugen, wobei außerdem bei einer Gesamtbetrachtung deren positiven Impulse für das Wirtschaftsleben der Stadt gegenzurechnen wären.

In einem engen thematischen Zusammenhang mit dieser Frage steht die biografische Skizze von Endres (I) Imhoff. Sie versucht brennpunktartig und exemplarisch zu verdeutlichen, welche Spannungen auftreten können, wenn dieselbe Person sowohl für das öffentliche Wohl als auch für den privaten Profit verantwortlich ist: Imhoff war Prinzipal eines Unternehmens von europäischem Rang und über Jahrzehnte hinweg entscheidungsmächtigstes Mitglied der Kommune. Die Frage lautete also, inwieweit seine Finanzpolitik im Markgrafenkrieg mit Auswirkungen auch auf die Diskussion mit den italienischen Konkurrenten und seine wirtschaftspolitischen Vorstellungen während des sich verschärfenden Wettbewerbs zwischen den ‚alteingesessenen Familien' Nürnbergs und den Italienern von persönlichen oder von öffentlichen Interessen geleitet wurden. Die bisherigen Charakterisierungen seiner Persönlichkeit werden dabei kritisch hinterfragt. Bildung und Verfall von Klientelbeziehungen innerhalb des Rates sollen in diesem Zusammenhang wenigstens ansatzweise erhellt werden.

Eigentlich ist es überflüssig zu sagen, aber um Mißverständnissen vorzubeugen, soll hier vorab und ausdrücklich betont werden, daß es sich um eine Skizze handelt; sie ist also vorläufig, sie kann und will nicht als umfassende oder gar abschließende Würdigung seiner Person betrachtet werden. Ursprünglich war sie gar nicht geplant, sie erwies sich aber im Laufe der vertiefenden Recherchen als notwendig, um Diskussions- und Entscheidungsabläufe einsichtiger zu machen. Damit soll auch festgestellt werden, daß diesbezüglich nicht gezielt eine selektive Quellenauswahl vorgenommen wurde, sondern die Skizze sich durch die im thematischen Zusammenhang anstehenden Fragen und durch die Auseinandersetzung mit einschlägigen - durchgehend positiven - Darstellungen seiner Person in der Literatur zwangsläufig ergab. Die bisherigen Würdigungen finden zumindest zum Teil in den Quellen überhaupt keine Grundlage, oder sie verfälschen die historische Realität durch eine (bewußt) parteiische Interpretation.

Die Biographie über Endres (I) Imhoff, die versucht, auf breitester nationaler und internationaler Quellenbasis nuancenreich sein privates Leben und sein öffentliches Wirken zu erfassen und zu bewerten, steht also aus. Die Ausführungen in dieser Arbeit haben versucht, sich der historischen Realität anzunähern, sie sind gleichwohl vorläufig. Es wäre ein willkommenes Ergebnis dieser Untersuchung, wenn sie auch in dieser Hinsicht zu weiteren Forschungen anregen würde. Das eben Gesagte gilt uneingeschränkt auch für die – positiven oder negativen - Rollen, welche die Familien, besser noch, namhaft gemachte Repräsentanten der Imhoff, Tucher, Welser, Schlüsselfelder, Haller, Nützel z.B., politisch und wirtschaftlich, während des Untersuchungszeitraumes dieser Arbeit spielten.

Viertes Kapitel

Das letzte Kapitel steckt den zeitlichen Rahmen von 1500 bis 1625 ab. Durch die Auswertung eines einmaligen Bestandes im Nürnberger Stadtarchiv wird die Möglichkeit eröffnet, die Entwicklung der wahrscheinlich über 100 Jahre bestehenden Nürnberger Allianz und das Ergebnis des Wettbewerbs mit den Italienern quantitativ zu charakterisieren und den Standort Nürnberg am Anfang des 17. Jahrhunderts zu beleuchten. Dazu wurden 50.000, für einige Analysen 350.000 Geschäftsvorfälle von hoher örtlicher, zeitlicher und sachlicher Homogenität durch ein eigens dafür geschriebenes EDV-Programm erfaßt und analysiert. Untersuchungen über andere Kapital- und Handelsströme runden das Kapitel ab.

Um den Charakter dieser Netzwerke zu erfassen, wird ein Koeffizient entwickelt, der die Bindungsintensität einer Allianz widerzuspiegeln vermag und die Möglichkeit eröffnet, verschiedene Allianzen hinsichtlich ihres inneren Zusammenhalts (Vertrauenspotential) und der Marktverankerung miteinander zu vergleichen. Exkurse zu den Forschungsansätzen von Casson, Schleif und Elias sollen prüfen, ob nicht für bestimmte Problemstellungen die Einbettung der Wirtschaftsgeschichte in das gesamte Feld der historischen Realität und Totalität erforderlich ist, um erklären zu können, warum die wirtschaftliche Entwicklung so verlaufen ist, wie sie verlaufen ist. Dieser interdisziplinäre Ansatz wird hinsichtlich der Status- und Prestigekonkurrenz der Allianzfamilien angewandt werden.

0.2. Quellengrundlage

Basis der Untersuchung waren die einschlägigen Bestände des Nürnberger Stadt- und des Bayerischen Staatsarchivs Nürnberg. Grundlage für die Analyse des Safranmarktes bildeten Briefe, die Angehörige bzw. Faktoren der Unternehmerfamilie Tucher in der ersten Hälfte des 16. Jahrhunderts aus Nordspanien und Frankreich (Lyon) zur Zentrale nach Nürnberg schickten. Hermann Kellenbenz hat sie 1967 im Rahmen eines internationalen Kolloquiums zur Wirtschaftsgeschichte der Iberischen Halbinsel in Köln vorgestellt und 1970 publiziert. Sie sind sowohl geeignet, das Bestehen einer Allianz Nürnberger Firmen nachzuweisen als auch das Standortproblem, welches in Nürnberg in der zweiten Hälfte des 16. Jahrhunderts heftig diskutiert wurde, auszuleuchten und in einen größeren europäischen Zusammenhang zu stellen. Kellenbenz referierte die Quellen inhaltlich, edierte sie nicht wörtlich, ordnete sie in einer kurzen Einleitung unter handelsgeschichtlichen Gesichtspunkten ein. Zu seiner Zielsetzung gehörte es nicht, sie unter standort- und firmengeschichtlichen, betriebs- und volkswirtschaftlichen Aspekten im einzelnen zu analysieren.

Ebenso aufschlußreich waren die Einkaufsorder der Nürnberger Welserzentrale an ihre Faktoren auf den Beschaffungsmärkten, die es ermöglichten, die Elastizitätskoeffizienten auf verschiedenen Märkten zu ermitteln. Ludwig von Welser hat die Papiere in seinen beiden Büchern 1912 und 1917 publiziert. Ergänzt wurden diese Quellen durch Unterlagen aus dem Imhoff- und Behaim-Archiv im Germanischen Nationalmuseum.

Wichtige Einblicke in die Problematik bildeten ferner die Paumgartner-Handschriften über die Handelsbräuche (1484-1506) (Hg. K.O. Müller, 1962)[4] und das Meder'sche Handelsbuch mit Nachträgen der Welserfirma, 1558 erstmals publiziert und 1974 von H. Kellenbenz neu herausgegeben.

Ergänzend wurden Quellen aus dem Bayerischen Hauptstaatsarchiv München, dem Hofkammerarchiv in Wien, dem Staatsarchiv Graubünden in Chur, dem Staatsarchiv Basel, der Stadtbibliothek Nürnberg und dem Archivio della Congregazione per la Dottrina della Fede (ACDF), Rom, herangezogen.

0.3. Methodische Ansätze: Aufdeckung und Analyse von Netzwerken sowie strategischen Allianzen bei großen Datenmassen

Die folgenden Analysemöglichkeiten[5] wurden vor allen Dingen im vierten Kapitel angewandt. Insofern der Forschungsstand es nicht erlaubte, die methodischen Zugriffe und erarbeiteten Kennziffern realwirtschaftlich zu interpretieren, verstehen sie sich als Anregung für künftige Untersuchungen.

Die im folgenden vorgestellten analytischen Verfahren bei der Aufbereitung der Bancobücher (1621-1624) führten zunächst (mittelbar) zur Aufdeckung einer strategischen Allianz (Nürnberger) und bei der Untersuchung ihrer historischen Entwicklung zur Entdeckung einer Gegenallianz (Italiener). Sie waren auch geeignet, die Geschäftsbeziehungen der Allianzen bzw. deren Mitglieder unter- bzw. miteinander zu durchleuchten. Die Gruppe der Kaufleute aus den nördlichen und südlichen Niederlanden mit typischen Charakteristika wurde ebenfalls in die Analyse miteinbezogen.

0.3.1. Mikroökonomische Netzwerke

Unabhängig von den Entstehungsgründen und der Effektivität einer Allianz besteht die Frage, wie ein Netzwerk mit kartellartigem Charakter, faktisch existierend durch stillschweigende Verhaltenskoordination (tacit collusion) oder

---

4　　Der Triffasband 1514/15 wurde von Endres (I) Imhoff verfaßt. Zur Urheberschaft und zur Überlieferungsgeschichte siehe: Werner, Th.W., Augsburger Fugger-Nürnberger Imhoff, passim.

5　　Die Ansätze ‚T-Konto' und ‚Lieferantenschleife' legte der Verfasser bereits seiner Arbeit über den Handel Nürnbergs zugrunde. Sie wurden hier wesentlich erweitert, vertieft und mit den neuen Methoden in Verbindung gebracht. Aufgrund des neuen EDV-Programms konnten sie auch besser veranschaulicht werden. – Peters, L.F., Handel Nürnbergs, passim.

auf der Basis eines Vertrages, der in diesem Fall aus rechtlichen Gründen verheimlicht wurde,[6] aufgedeckt und einer systematischen Analyse zugänglich gemacht werden kann. Mit diesem Problem sieht sich der Wirtschaftshistoriker vor allen Dingen dann konfrontiert, wenn er große Datenmassen zu analysieren hat. Das war der Fall bei der Auswertung der erwähnten 50.000 Geschäftsvorfälle; die Analyse erforderte neue methodische Instrumentarien, die im folgenden entwickelt, veranschaulicht und ihre mögliche Integration mit den mehr sozialwissenschaftlich orientierten Lösungsversuchen aufgezeigt werden.

Zunächst wurden die Geschäftsvorfälle chronologisch geordnet und in einem Kontoauszug dargestellt (**Darstellung 1**). Es wurde bei dieser Analyse relativ schnell klar, daß eine Aussage der Art: Firma A überwies am Tage X der Firma B 10.000 Gulden, die Gesellschaft C bekam am Tage Y von A ebenfalls Geld überwiesen, sie stand gleichzeitig mit dem Unternehmen D in intensiver Geschäftsverbindung usw., sehr große Einzelerkenntnisse bringen kann, aber nicht geeignet ist, Netzwerke und strategische Allianzen aufzudecken, einen Einblick in die ökonomische Effektivität zu eröffnen und Aussagen über die innere Bindungskraft zu treffen.

Von einer rein chronologischen Analyse der Geschäftsvorfälle wurde für diese Fragestellung deshalb abgesehen. Vielmehr entschied sich der Verfasser für folgenden methodischen Ansatz. Die Kontobewegungen auf der Soll- und Habenseite wurden für jeden Kunden bzw. Lieferanten addiert und der absoluten Größe nach geordnet. Zusätzlich wurde die jeweilige prozentuale Quote am Firmengesamtumsatz ermittelt. Hiermit war auf einen Blick ersichtlich, mit welchen Unternehmen und in welchem Umfang zum Beispiel die Firma A Geschäftskontakte unterhielt. Um Zufälligkeiten im Zeitablauf weitgehend auszuschalten, wurden danach diese Größen auf Basis der Dreijahreszahlen (1621-1624) für alle Firmen errechnet und in einem T-Konto dargestellt (**Darstellung 2; Auszug**).

Damit war jedes Konto systematisch erfaßt und einer firmenbiografischen Analyse zugänglich. Versteht man unter Netzwerk die Interaktionen einer beliebigen Anzahl von Firmen, so scheint es erlaubt, hier diesen Begriff zu benutzen. Zentrale oder mehr marginale Beziehungen innerhalb des Netzwerkes der Firmen A bis Y werden durch die Umsatzränge ihrer Kunden und Lieferanten deutlich. Bei einer solcherart mikroökonomischen Betrachtung kann von in diesem Fall 1069 Netzwerken, entsprechend der Anzahl der Kontoinhaber, gesprochen werden.

---

6   Das Problem ist im Zusammenhang mit der monopolfeindlichen öffentlichen Meinung vor allen Dingen in der ersten Hälfte des 16. Jahrhunderts zu bewerten. - Höffner, J., Wirtschaftsethik-Monopole, S. 50ff. S.a. Morasch, K., Strategische Allianzen, passim.

Banco Publico zu Nuremberg

Journal mit Bestandsentwicklung

Zeit-Selektion:	01.08.1621 - 06.09.1621
Konten-Selektion:	Manuelle Konten-Selektion
Item-Selektion:	Lumaga, Ottavio und Marco Antonio

Lumaga, Ottavio und Marco Antonio

GEGENKONTO	WT	DATUM	SOLL [-]	HABEN [+]	BESTAND	TAGE
ANFANGSKONTOSTAND am 13.08.1621					0-00-00	
Einzahlung	Mo	13.08.1621		3.000-00-00 (bar)	3.000-00-00	8
Benevieni, Antonio & Sini, Cosimo	Di	21.08.1621		19.468-18-07		
Gerardini, Giovanni Pietro und Söhne; Verona				2.166-13-04		
Braa, Abraham de				1.625-00-00		
Brocco, Bartelomeo, Giovanni Antonio und Pietro Antonio				6.979-10-01		
Braa, Abraham de	Mi	22.08.1621	500-01-04		32.740-00-08	1
Steinhausser, Peter (sel.): Erben			518-00-00			
Linder, Porphirio	Do	23.08.1621	5.408-03-04		26.813-17-04	1
Muellegg, Heinrich und Hans				1.642-12-03	27.916-09-07	5
Kurti, Johann Baptist & Mayer, Melchior und Mitverwandte	Di	28.08.1621	540-00-00			
Odescalco, Tomaso (sel.): Erben			1.000-00-00			
Blumart, Abraham			874-00-00		26.042-09-07	1
Fürleger, Christoph d.Ä., Helfreich, Nikolaus u. Mitverwandte	Mi	29.08.1621		1.775-00-00		
Lebrun, Kornelius			825-13-07			
Muellegg, Hans (sel.): Erben			825-06-00		26.166-10-00	2
Abhebung	Fr	31.08.1621	3.000-00-00 (bar)		23.166-10-00	3
Benevieni, Antonio & Sini, Cosimo	Mo	03.09.1621		9.828-10-04		
Brocco, Bartelomeo, Giovanni Antonio und Pietro Antonio				8.748-00-00		
Benevieni, Antonio & Sini, Cosimo			6.041-04-04			
Österlein, Hans			3.000-00-00			
Roth, Christoph, Tobias und Elias, Gebrüder			1.260-00-00			
Schüz, Valentin d.Ä.			1.314-14-00			
Beck, Alexander			8.296-12-04			
Einzahlung	Di	04.09.1621		6.867-05-00 (bar)	21.830-09-08	1
Dilherr, Mang d.Ä. und Mitverwandte			6.867-05-00			

Darstellung 1: Journal (Auszug) der Firma Lumaga – Nürnberg 1621

Banco Publico zu Nuremberg

Schuldbuch (strukturiert nach Umsatzverteilung - Prozentanteil vom Gesamtumsatz-Geschäftsvorfälle)

Zeit-Selektion: 01.08.1621 - 31.07.1624
Konten-Selektion: Manuelle Konten-Selektion
Item-Selektion: Lumaga, Ottavio und Marco Antonio

Lumaga, Ottavio und Marco Antonio

S -			
1) Kassa	309.905-15-07	10,5%	29
2) Braa, Abraham de	163.123-06-03	5,6%	46
3) Aymann, Georg	130.627-10-04	4,4%	23
4) Viatis, Bartholomäus & Peller, Martin	113.225-10-02	3,9%	32
5) Schwendendörfer, Leonhard d.Ä.	69.139-03-01	2,4%	16
6) Scherl, Philipp und Andreas	63.079-05-05	2,1%	25
7) Benevieni, Antonio & Sini, Cosimo	57.763-08-03	2,0%	18
8) Brocco, Bartelomeo, Giovanni Antonio und	54.899-06-06	1,9%	9
9) Schütz, Valentin d.Ä.	54.579-16-05	1,9%	21
10) Marstaller, Hieronymus	54.430-00-00	1,9%	24
11) Pebolt, Hans	53.352-11-10	1,8%	28
12) Muellegg, Heinrich und Hans	51.130-00-02	1,7%	27
13) Bourg, Arnold de	50.503-11-07	1,7%	13
14) Osterlein, Hans (sel.): Erben	49.799-09-08	1,7%	12
15) Beck, Alexander	48.393-03-08	1,6%	17
16) Blumart, Abraham	47.317-07-09	1,6%	18
17) Weissbach, Hans Andreas	47.058-09-08	1,6%	11
18) Oyrl, Dietrich und Justus von	45.410-18-08	1,5%	15
19) Roth, Christoph, Tobias und Elias, Gebrüder	40.927-19-10	1,4%	18
20) Greger, Christoph; Wien	36.937-10-00	1,3%	1

			+ H
1) Capitani, Carlo d'Archonate und Mitverwandte	161.398-01-03	5,5%	23
2) Muellegg, Heinrich und Hans	156.837-07-00	5,3%	52
3) Kassa	115.516-04-02	3,9%	20
4) Beck, Alexander	105.890-06-05	3,6%	25
5) Aymann, Georg	100.735-12-06	3,4%	28
6) Hassenbart, Peter Paulus & Savioli, Benedetto	92.424-08-05	3,1%	29
7) Fürleger, Christoph d.Ä., Helfreich, Nikolaus	79.314-09-01	2,7%	27
8) Benevieni, Antonio & Sini, Cosimo	79.275-01-07	2,7%	22
9) Viatis, Bartholomäus & Peller, Martin	76.554-08-07	2,6%	16
10) Philipp, Hans, Fürleger, Hans Baptist &	71.216-02-07	2,4%	23
11) Blumart, Abraham	65.564-02-00	2,2%	19
12) Tucher, Anton und Thomas, Gebrüder	60.796-01-08	2,1%	12
13) Braun, Stephan (sel.): Erben	54.048-01-03	1,8%	16
14) Gerardini, Giovanni Pietro und Söhne; Verona	52.083-01-02	1,8%	10
15) Bosch, Hans (sel.): Erben, Fürnberger, Hans,	50.716-18-02	1,7%	16
16) Imhoff, Wilhelm, Andreas und Mitverwandte	50.495-06-05	1,7%	13
17) Lanzinger, Wolf und Sebastian	50.261-18-10	1,7%	9
18) Hopfer, Marx, Daniel und Georg	47.561-09-08	1,6%	10
19) Braa, Abraham de	42.064-09-05	1,4%	17
20) Kleewein, Joachim	41.963-06-02	1,4%	14

Darstellung 2: T-Konto (Auszug) der Firma Lumaga – Nürnberg 1621-1624

Eine Sortierung nach Umsatzvolumen würde Auskunft geben über die wirtschaftliche Rangfolge innerhalb der Unternehmerschaft Nürnbergs, der gesamtwirtschaftlichen Bedeutung der einzelnen Netzwerke. Je stärker im Verhältnis zum Gesamtumsatz die geschäftliche Verbindung einer Firma mit einem anderen Unternehmen war, um so mehr war sie natürlich auch mit dessen Schicksal bei zum Beispiel Bankrott oder Standortverlagerung verkettet. Gelang es, sich aus eventuellen Turbulenzen herauszuhalten, so kann die Umorientierung zu der neuen Zentralfirma Auskunft über Wettbewerbsverhältnisse geben, da von einer schnellen Veränderung der Firmenstruktur und Produktpalette in der Regel nicht auszugehen sein wird.

Zuordnungsänderungen liefern natürlich auch dann Informationen zu diesen Fragen, ohne daß es zu einem Ausscheiden der Zentralfirma aus dem betrachteten Markt gekommen sein muß.

0.3.2. Makroökonomische Netzwerke

Ist es Ziel, die Handels- und Kapitalströme und die Netzwerke der Unternehmerlandschaft Nürnbergs oder jeder anderen geografischen Einheit insgesamt zu untersuchen, soll also eine makroökonomische Perspektive eingenommen werden, so leuchtet ein, daß es aus arbeitstechnischen und untersuchungssystematischen Gründen nicht möglich und auch nicht sinnvoll ist, diesem Ansatz zu folgen. Der Grund liegt in der Tatsache, daß die einzelnen Unternehmen ja zahlreiche Geschäftspartner hatten, also auf den verschiedensten Konten auftauchen und sehr oft gleichzeitig auf der Soll- und auf der Habenseite. Bei dieser Vorgehensweise wäre es also im Sinne der Fragestellung zu wenig aussagekräftigen Wiederholungen gekommen, eine Bündelung der Erkenntnisse wäre erschwert worden. In einem weiteren Schritt wurde deshalb folgendermaßen verfahren. Es wurde entschieden, daß die 20 größten Netzwerke erfaßt werden sollten. Bestimmend für die Größe war der Umsatzrang der Firma in den Bancobüchern während der Jahre 1621-1624. Somit war die Anzahl der Netzwerke eindeutig bestimmt.

Die Anzahl ‚20' entbehrte nicht einer gewissen Willkür. Sie wurde gewählt, weil sich bei dieser Netzwerkanzahl unter ihnen auch jene der Imhoff und Tucher sowie der wichtigsten Firmen aus Italien und den Niederlanden befinden, sich somit die für diese Arbeit gewünschten Vergleichsmöglichkeiten ergaben. Eine Reduzierung hätte außerdem Schleifenumfang und -tiefe sehr vergrößert, damit wären Vergleichsmöglichkeiten erschwert, die Aussagemöglichkeiten in gewisser Weise ‚verwässert' worden. Das wurde als Nachteil empfunden. Hierin liegt die Begründung für die vorgenommene Auswahl. Die umsatzstärksten Kontoinhaber waren folgende:

Umsatzstärkste Konten (in Gulden, Schilling, Pfennig)
Zeit-Selektion: 01.08.1621 - 31.07.1624
Konten-Selektion: 20 umsatzstärkste Konten

1	Lumaga, Ottavio und Marco Antonio	2.937.979-13-01
2	Ayrmann, Georg	2.096.369-17-08
3	Braa, Abraham de	1.717.553-03-11
4	Beck, Alexander	1.663.009-12-11
5	Muellegg, Heinrich und Hans	1.605.253-16-07
6	Viatis, Bartholomäus & Peller, Martin	1.524.343-11-11
7	Imhoff, Wilhelm, Andreas und Mitverwandte	1.302.238-14-06
8	Schwendendörfer, Leonhard d.Ä.	1.221.143-01-04
9	Kleewein, Joachim	1.057.076-07-08
10	Scherl, Philipp und Andreas	1.055.399-13-11
11	Fürleger, Christoph d.Ä., Helfreich, Nikolaus u. Mitverwandte	980.013-11-04
12	Tucher, Anton und Thomas, Gebrüder	978.620-14-01
13	Odescalco, Tomaso (sel.): Erben	941.155-14-09
14	Hassenbart, Peter Paul & Savioli, Benedetto	889.739-14-04
15	Marstaller, Hieronymus	869.981-03-08
16	Capitani, Carlo d'Archonate und Mitverwandte	863.364-10-07
17	Bourg, Arnold de	857.327-14-04
18	Benevieni, Antonio & Sini, Cosimo	854.383-02-02
19	Oyrl, Dietrich und Justus von	824.749-07-01
20	Roth, Christoph, Tobias und Elias, Gebrüder	726.124-03-10

Darstellung 3: Die umsatzstärksten Firmen - Nürnberg 1621-1624

Bei diesen 20 größten Firmen, deren Konten alle auf die eben beschriebene Art (T-Konto) aufbereitet wurden, wurde nun lediglich die jeweilige Sollseite ins Auge gefaßt. Es wurde danach gefragt, für welche der restlichen 1049 Firmen war zum Beispiel die im Focus stehende Firma A als das umsatzstärkste Unternehmen (also das dominierende Netzwerk, hier die Firma Lumaga) der größte Schuldner. Sämtliche auf diese Art und Weise indizierten Konten wurden der Firma A zugeordnet. Diese Firmen liquidierten also aus ihrer Sicht aufgrund von Warenlieferungen die höchsten Forderungen im Vergleich zu ihren anderen Kunden bei der Firma A (A = Rang 1 = zentrale Position auf ihrer Habenseite). Hinter der Summe auf der Habenseite kann natürlich statt einer liquidierten Forderung auch eine Darlehnsaufnahme stehen, halten die Bücher doch nur Gut- und Lastschriften fest.

Die Netzwerke wurden nun in weiteren Schritten derart komplettiert, daß jedes der restlichen Unternehmen (1069 insgesamt minus die 20 umsatzstärksten) auf diese Art und Weise ausschließlich einem der 20 umsatzstärksten Unternehmen, also einem der zwanzig größten Netzwerke, zugeordnet wurde.

Ein Blick auf die Habenseite seines Kontos zeigt **(Darstellung 4)**, daß Arnoldt bei keiner anderen Firma[7] aufgrund von Waren- und/oder Geldlieferungen im Betrachtungszeitraum höhere Forderungen liquidierte als bei der Firma Ottavio und Marco Antonio Lumaga. Er gehörte also zu jenem Netzwerk.

Bei zahlreichen Konten führte diese Recherche nicht direkt zu einem der großen Netzwerke. Eine erneute Filterung ihrer Habenseite stellte fest, ob sie auf die beschriebene Art mit einer Firma auf der Zuordnungsebene (1) geschäftlich engstens verbunden waren. War das der Fall, bildeten sie einen weiteren Knoten im entsprechenden Netzwerk (Zuordnungsebene 2). Das Konto Georg Förndorffer **(Darstellung 4, unten)** veranschaulicht diesen Fall. Nicht eine der zwanzig im Focus stehenden Firmen war größter Schuldner, sondern das - schon zugeordnete - Unternehmen Sebastian Arnoldt (Also wurde er bei ihm und im Netzwerk Lumaga auf Zuordnungsebene 2 eingereiht). So wurde fortgefahren, bis alle Firmen einen und nur einen Knoten in einem der 20 größten Netzwerke auf den Ebenen 1 bis X bildeten. Die **Darstellung 4** (Konten Sebastian Arnoldt (Auszug): d i r e k t e Zuordnung zu einem der zwanzig größten Firmen und Georg Förndorffer: i n d i r e k t e Zuordnung über Arnoldt), veranschaulicht das Vorgehen.

Die **Darstellung 5** zeigt (auszugsweise) exemplarisch das so erstellte und komplettierte Netzwerk der Lumaga.

Realwirtschaftlich wurde dabei unterstellt, daß die Waren zumindest zum Teil auf diese Art und Weise ‚durchgeschleift' wurden, entweder ohne weitere Veränderung, der Vornahme irgendeiner Handelsfunktion oder nach einer Erhöhung der Fertigungsstufe.

An den Zahlen in den beiden letzten Spalten wird deutlich, daß die Waren- und Kapitalströme zwischen zwei Unternehmen durchaus von unterschiedlicher absoluter und relativer Größenordnung sein konnten. In jedem Fall aber waren sie im Sinne der Fragestellung die repräsentativsten. Als besonders intensiv sind die Kontakte zu einer der zwanzig größten Firmen dann einzuschätzen, wenn außer indirekten Beziehungen (Förndorffer über Arnoldt zu Lumaga) noch direkte Handelsbeziehungen bestanden (Forderungen von Förndorffer an Lumaga).

Im konkreten Fall war das während des Betrachtungszeitraumes nicht der Fall, die Tatsache konnte jedoch sehr oft beobachtet werden. War also eine Firma auf die beschriebene Weise nicht direkt einem der Netzwerke zuzuordnen, so führte der Weg über ‚Zwischenhandelsstufen' dorthin (Förndorffer über Arnoldt).[8]

---

7   Das Kassakonto wurde bei dieser Analyse nicht berücksichtigt.
8   Gleichhohe Forderungen an zwei verschiedene Unternehmen tauchten nur in Ausnahmefällen auf. Der Zufallsgenerator des Programms war dann für die Vernetzung ausschlaggebend.

𝓑𝓪𝓷𝓬𝓸 𝓟𝓾𝓫𝓵𝓲𝓬𝓸 𝔃𝓾 𝓝𝓾𝓻𝓮𝓶𝓫𝓮𝓻𝓰

Schuldbuch (strukturiert nach Umsatzverteilung)
Zeit-Selektion: 01.08.1621 - 31.07.1624
Konten-Selektion: Manuelle Konten-Selektion
Item-Selektion: Arnoldt, Sebastian

Arnoldt, Sebastian

S -				+H			
1) Kassa	40.627-06-00	10,8%	23	1) Kassa	42.123-15-07	11,2%	33
2) Lumaga, Ottavio und Marco Antonio	27.124-10-00	7,2%	8	2) Lumaga, Ottavio und Marco Antonio	24.202-18-05	6,4%	11
3) Braa, Abraham de	14.000-14-04	3,7%	9	3) Hiller, Christoph	20.515-15-00	5,5%	8
4) Hiltebrandt, Friedrich	13.335-16-08	3,5%	7	4) Muellegg, Heinrich und Hans	14.411-04-04	3,8%	10
5) Beck, Alexander	11.498-02-06	3,1%	10	5) Hassenbart, Peter Paulus & Savioli, Benedetto	13.400-00-00	3,6%	9
6) Muellegg, Heinrich und Hans	9.341-13-08	2,5%	7	6) Oyrl, Dietrich und Justus von	12.933-06-08	3,4%	4
7) Ringsgewandt, Hans	7.703-10-00	2,0%	4	7) Ayrmann, Georg	11.375-18-11	3,0%	5
8) Hübner, Hans Wolf	7.608-05-08	2,0%	8	8) Philipp, Hans und Gebrüder	10.220-10-00	2,7%	6
9) Philipp, Hans und Gebrüder	7.562-11-08	2,0%	7	9) Braa, Abraham de	9.476-05-00	2,5%	5

Schuldbuch (strukturiert nach Umsatzverteilung)
Zeit-Selektion: 01.08.1621 - 31.07.1624
Konten-Selektion: Manuelle Konten-Selektion
Item-Selektion: Förndorffer, Georg

Förndorffer, Georg

S -				+H			
1) Kassa	625-00-00	99,9%	2	1) Arnoldt, Sebastian	325-00-00	52,0%	1
2) Bancogebühr	0-08-08	0,1%	1	2) Oyrl, Dietrich und Justus von	300-00-00	48,0%	1
				3) Kassa	0-08-08	0,1%	
Saldo:	0-00-00						
Summe:	625-08-08	100,0%	3	Summe:	625-08-08	100,0%	3

Darstellung 4: T-Konten Arnoldt – Förndorffer (Auszug) – Nürnberg 1621-1624

Banco Publico zu Nuremberg

Größte Konten mit Umsatz sowie Netzwerkpartner mit anteiligem Umsatz (absolut und prozentual von ihrem Umsatz)
Zeit-Selektion: 01.08.1621 - 31.07.1624
Konten-Selektion: 20 größte Konten
Schleifentiefe: 20 Ebenen

	Umsatz	%
1. Lumaga, Ottavio und Marco Antonio	2.937.979-13-01	
(1) Arnoldt, Sebastian	24.202-18-05	6,43 %
. (2) Förndorffer, Georg	325-00-00	51,94 %
. (2) Glogg, Georg	450-00-00	13,96 %
. (2) Janson, Witwe Klara	1.600-00-00	100,00 %
(1) Blumart, Abraham	47.317-07-09	8,92 %
. (2) Löhlein, Hans	400-00-00	16,94 %
. (2) Oder, Hans	1.790-00-00	26,59 %
. (2) Schnuck, Christoph	10.464-18-02	14,72 %
(1) Brecht, Kornelius von	24.468-00-00	9,36 %
. (2) Tressal, Hans Anton und Gebrüder	2.904-00-00	20,29 %
(1) Brocco, Bartelomeo, Giovanni Antonio und Pietro Antonio	54.899-06-06	11,47 %
. (2) Gerardini, Giovanni Pietro und Söhne; Verona	69.040-06-06	17,61 %
. . (3) Schilling, Andreas	1.450-00-00	43,35 %
. (2) Kielemann, Heinrich; Wien	1.550-05-00	30,66 %
. (2) Lumaga, Marco	7.250-05-01	24,38 %
. (2) Meindel, Georg (sel.): Erben	7.740-00-00	11,44 %
. . (3) Haller, Susanna (Siegmund)	2.060-00-00	99,84 %
. . (3) Harsdörfer, Andreas	4.140-00-00	68,21 %
. (2) Requisences, Angelo; Wien	8.087-01-08	100,00 %
(1) Büchner, Erasmus	1.538-16-00	37,35 %
(1) Büchner, Nikolaus	1.820-00-00	46,42 %
(1) Decker, Ulrich	1.016-00-00	71,72 %
(1) Egen, Ruprecht	20.041-03-01	17,82 %
(1) Fien, Georg, Tobias (sel.): Erben & Bensperg, Johann	23.042-16-04	16,64 %
. (2) Albrecht, Christoph	325-00-00	100,00 %
. (2) Arting, Georg (sel.): Witwe Anna	6.136-11-00	54,31 %
. (2) Schlumpf, Hans und Lorenz & Pilgram, Hans Heinrich d.J.	4.750-00-00	19,27 %
(1) Granepolt, Wilhelm	2.701-10-00	25,66 %
(1) Greger, Christoph; Wien	36.937-10-00	100,00 %
(1) Hassenbart, Peter Paulus	5.662-03-02	31,78 %

Darstellung 5: Netzwerk Lumaga (Auszug) – Nürnberg 1621-1624

Bei den eben entwickelten Netzwerken und Netzwerkanalysen kann man noch nicht von einer strategischen Allianz sprechen. Es bildet also jede strategische Allianz ein Netzwerk, aber nicht bei jedem Netzwerk jener aufgezeigten Art ist von einer strategischen Allianz auszugehen. Diese Methode vereinfacht, sie isoliert und abstrahiert von den anderen Geschäftsvorfällen. Aus dem Gesamtzusammenhang aller Geschäftsbeziehungen fließen nur jene in die Untersuchung ein, die für zwei Firmen als besonders repräsentativ anzusehen sind. Durch das unter anderem angestrebte Ziel, die Netzwerke der 20 größten Firmen zu erfassen und von ihnen besonders diejenigen der jeweiligen Allianzmitglieder zu betrachten und zu vergleichen, erscheint sie problemgerecht. Die realwirtschaftliche Interpretation besagt, daß die derart gebildeten Netzwerke die Waren- und Kapitalströme innerhalb Nürnbergs so abbilden, wie sie im Sinne der Fragestellung typischer durch keine andere Methodik herausgefiltert und veranschaulicht werden können. Diese und die im folgenden beschriebenen Methoden wurden der Analyse der Wirtschaftsgeflechte der Imhoff, Tucher, der Zollikofer, der Rottengatter, der Italiener und der Niederländer zugrunde gelegt. Die Nürnberger Welser-Firma, ehemaliges Allianzmitglied, existierte nicht mehr, konnte also nicht in die Analyse einbezogen werden.

0.3.3. Vergleich mikroökonomischer Netzwerke

Zur Aufdeckung spezifischer Firmenprofile bietet sich zunächst das zusammengefaßte Dreijahreskonto an. Ein Vergleich mit anderen mikroökonomischen Netzwerken dieser Art ist geeignet, beide schärfer zu konturieren. Die Gegenüberstellung kann einmal in einer Totalanalyse bestehen, also in einer kritischen Untersuchung der Soll- und Habenseiten der zu vergleichenden Konten. Übereinstimmungen und Unterschiede in der Lieferanten- und Kundenstruktur werden deutlich. Sie können prinzipiell Aufschluß geben über Warensortiment, Handelsrichtung, Bindungsintensität, persönliche und sachliche Präferenzen. Hohe Kontobewegungen untereinander lassen schon lange bestehende Geschäftsbeziehungen vermuten. Unter Hinzuziehung des chronologischen Kontos können Entwicklungen im Zeitablauf aufgedeckt werden. Absolute oder relative Umsatzeinbrüche evozieren Fragen nach der Kontinuität der Kontakte oder der Leistung des dispositiven Faktors. Sind Veränderungen auf beiden oder gar zahlreichen Konten festzustellen, signalisieren sie unter Umständen strukturelle Veränderungen einer Branche oder gar konjunkturelle Zäsuren.

In der Praxis der historischen Arbeit wird eine derartige Totalanalyse aufgrund fehlender Forschungsergebnisse nur in Ausnahmefällen möglich sein. Hilfreich im Sinne der Fragestellung kann es deshalb sein, zunächst nur die Konten einer näheren Analyse zu unterziehen, welche auf dem Vergleichskonto n i c h t auftauchen. Spezifika der jeweiligen Unternehmen können dadurch unter

Umständen deutlicher hervortreten (Siehe **Darstellungen 72 und 73 im Anhang).**

Es liegt auf der Hand, diese Netzwerke auch nach geografischen Gesichtspunkten einander gegenüberzustellen, etwa ein Unternehmen oder mehrere Firmen aus Nürnberg mit einem oder mehreren aus den Niederlanden bzw. Italien.
Die internationalen Handelsströme können dadurch erhellt werden, daß ,landsmannschaftliche' Gesamtnetzwerke miteinander oder mit einzelnen Firmen verglichen werden. Im vierten Kapitel wird dieser methodische Zugriff durch einen
Vergleich der Geschäftsbeziehungen der (vormaligen) Nürnberger Allianzfirmen mit den Italienern und Niederländern und denen der beiden letztgenannten
Einheiten untereinander angewandt werden.

0.3.4.　Vergleich makroökonomischer Netzwerke

In Verbindung mit den eben aufgezeigten Möglichkeiten, oder auch davon
unabhängig, gewinnt man eine weitere Interpretationsbasis durch einen Vergleich auf makroökonomischer Basis, also der Analyse z.B. zweier Netzwerke.
Der Erkenntnisgewinn darf deshalb als besonders hoch eingeschätzt werden,
weil diese Netzwerke nur von Firmen gebildet werden, für die das im Focus stehende Unternehmen der wichtigste Kunde war.

0.3.5.　Vergleich mikro- und makroökonomischer Netzwerke

Nach der hier entwickelten Methode können die einzelnen Firmen nur in
einem Netzwerk auftauchen. Das schließt aber nicht aus, daß in einem geringeren Umfange auch Verkäufe (Einkäufe) bei der Vergleichsfirma zu beobachten
sind. Es macht also durchaus Sinn, die Lieferantenschleife (das Netzwerk) der
Firma A auf makroökonomischer Basis mit dem Dreijahreskonto (mikroökonomische Sicht) der Firma B zu vergleichen. Es sind dadurch zusätzliche Erkenntnisse über die Bindungsintensität zu einzelnen Firmen, zu Warensortiment und
Handelsrichtung zu erwarten. Im 4. Kapitel soll dieser Vergleich mit dem Netzwerk der Tucher und dem zusammengefaßten Konto der Imhoff versucht werden.

0.3.6.　Mikroökonomische Netzwerke im Spiegel der zwanzig
größten Firmen

Ist die Rangordnung der einzelnen Firmen in einer geografischen Einheit
bekannt, wie das für diese Untersuchung der Fall ist (Rang 1 bis 1069), dann
weitet sich der Blick dadurch aus, daß die Geschäftsbeziehungen der interessierenden Unternehmen, hier jene der Allianzmitglieder Imhoff und Tucher, mit
den zwanzig (inclusive Imhoff und Tucherkonten) umsatzstärksten Firmen untersucht, Gemeinsamkeiten und Unterschiede herausgearbeitet werden (**Darstellung 48**). Diese Analyse bietet insofern ergänzende Erkenntnisse, als mit diesen
Firmen das größte Umsatzvolumen abgewickelt wurde. Es können sowohl die

Soll- als auch die Habenseite, die Kreditoren- als auch die Debitorenstruktur untersucht werden. Die Geschäftsbeziehungen der Imhoff und Tucher zu diesem Firmensegment werden im 4. Kapitel ebenfalls untersucht.

0.3.7. Strategische Allianzen und Netzwerkkoeffizient

In dieser Arbeit wurde die strategische Allianz der Nürnberger ‚entdeckt' durch einen Negativbefund, nämlich der Tatsache, daß die Tucher und Imhoff 1621-1624 keine Geschäftsbeziehungen miteinander pflegten. Dieser atypische Befund löste Recherchen in anderen Quellengattungen aus. Der historische Regreß ging zurück vom Anfang des 17. Jahrhunderts bis zum Beginn des 16. Jahrhunderts.

Bei den Italienern verlief der Weg umgekehrt. Der ‚hermeneutische Riecher' ließ vermuten, daß die Gegenallianz wahrscheinlich von Unternehmen gegründet wurde, die in einem der Safranproduktionsgebiete ihre Firmensitze hatten. Die Annahme einer Allianz vom Typ ‚Landsmannschaft' lag nahe, war aber nicht zwangsläufig gegeben. Die Aufmerksamkeit richtete sich deshalb besonders auf Quellen, die über Firmen aus Italien, Frankreich, Spanien Zeugnis ablegten. Die Unternehmen aus jenen Ländern werden in den Quellen zwar immer in einem Atemzug genannt, je breiter aber das Quellenstudium angelegt wurde, um so deutlicher wurde, daß die Allianzkonkurrenten alle aus Italien kamen.

In den Quellen charakterisierten der Rat, die Nürnberger Kaufleute und die Italiener selbst die Zusammenarbeit der Unternehmen aus Italien als sehr eng. Der Nürnberger David Hopfer klagte: „*Wenn sie nit gar so aneinander hängen und flechten* [würden]".[9] Der Netzwerkcharakter ihrer Geschäftsbeziehungen wurde damit treffend auf den Punkt gebracht. Aus Nürnberger Sicht sollte damit zum Ausdruck gebracht werden, daß es sehr schwer war, mit ihnen ins Geschäft zu kommen, weil sie bevorzugt untereinander kontrahierten. Die Italiener wollten mit ähnlichen Formulierungen selbstbewußt ihre Markt- und Machtstellung betonen. Ein Blick in die quantitativen Unterlagen, den Kontoaufbereitungen, bestätigte diesen Befund.

Die wissenschaftliche Herausforderung bestand nun in der Frage, ob es möglich ist, diese mehr allgemeine Charakterisierung präziser zu fassen. Beantwortet wurde sie durch die Entwicklung des Vertrauenskoeffizienten, der die Bindungsintensität einer strategischen Allianz zum Ausdruck zu bringen vermag. Es eröffnete sich damit auch die Möglichkeit, verschiedene Allianzen miteinander zu vergleichen. Hier mögen diese allgemeinen Ausführungen genügen. Entwicklung und Aussagekraft werden im vierten Kapitel dargestellt.

---

9   BayStaatsAN, Rep. 19a, E-Laden, Akten, 242, 06.12.1575.

0.3.8. Die Verbindung zu anderen Netzwerkanalysen

Verflechtung, Nepotismus, Patron, Klient können als zentrale Begriffe einer Forschungsrichtung angesehen werden, die sich mit der Aufdeckung und dem Funktionieren von Netzwerken beschäftigt.

Eine Bilanzierung des Forschungsstandes mit Beiträgen von 40 namhaften Wissenschaftlern aus Europa und den USA unternahm Antoni Mączak 1988 mit seinem Buch „*Klientelsysteme in Europa der Frühen Neuzeit*".[10]

Für die oberdeutschen Städte und in methodischer Hinsicht sind besonders die Beiträge von W. Reinhard grundlegend. Er hat in seinen zahlreichen Publikationen die seiner Meinung nach bislang nur unzulänglich transparente Interaktion zur Etablierung und Absicherung von Herrschaft durchleuchtet und in einer sogenannten Verflechtungsanalyse (Network-Modell) methodologisch abzusichern versucht. Die Untersuchungen von ihm und seinen Schülern[11] fanden 1996 in dem Buch „*Augsburger Eliten des 16. Jahrhunderts. Prosopographie wirtschaftlicher und politischer Führungsschichten*" ihren vorläufigen Abschluß.

Reinhard erweitert das schichtungstheoretische Modell ebenso wie das funktionalistische zu einem interaktionstheoretischen Ansatz. Er schreibt (1996)[12]: „*Mit anderen Worten, die eigentlichen Machteliten mögen sich zwar aus Führungsschichten rekrutieren und ihre Legitimation aus ihren wirklichen oder vorgeblichen Funktionen beziehen, konkret entstehen und handeln sie aber auf der Grundlage von Interaktionsmustern, die besser mit Hilfe des sozialanthropologischen Network-Modells analysiert werden können. In vormoderner Zeit spielen dabei natürliche und künstliche Verwandtschaft, mehr oder weniger instrumentale Freundschaft, Patronage-Klientel-Beziehungen und zugeschriebene Gruppensolidarität vom Typ Landsmannschaft die maßgebenden Rollen*". In der historischen Wirklichkeit sind diese Typen kaum reinlich zu unterscheiden, sie zeichnen sich meist durch „*Multiplexität*" aus.[13]

Diese Feststellung belegt auch die Arbeit von Dalhede, die das Netzwerk des Augsburg-Pemerischen Kreises (APK) untersuchte, mit Verbindungen sowohl zu Allianzmitgliedern aus Nürnberg als auch aus Italien.[14] Im Rahmen seiner Habilitationsschrift hat Häberlein das Weyer-Netzwerk um die Mitte des 16. Jahrhunderts einer eingehenden Untersuchung unterzogen.[15]

Bei der Arbeit des Verf. über den Handel Nürnbergs zeigte sich, daß in den makroökonomischen Netzwerken (Lieferantenschleifen) vielfach Firmen auf-

---

10 Mączak, Antoni unter Mitarbeit von Elisabeth Müller-Luckner (Hg.). Klientelsysteme in Europa der Frühen Neuzeit. München 1988.
11 Siehe zum Beispiel die Arbeit von Sieh-Burens, Oligarchie- Konfession-Politik, passim.
12 Reinhard, W., Augsburger Eliten, S. VII.
13 Zu diesem Fragenkomplex siehe auch: Windler, Chr., Lokale Eliten, S. 108ff.
14 Jedenfalls im weitesten Sinne. Dalhede, Chr., Augsburg-Schweden, S. 6f., 202 (Werdemann, auch: Barsoti), 228 (Imhoff, aber Augsburger Linie).
15 Häberlein, M., Brüder-Freunde-Betrüger, bs. S. 61ff.

tauchten, die mit dem Inhaber oder den Gesellschaftern der Zentralfirma auch verwandtschaftlich verbunden waren.[16]

Für die Allianzen wäre demnach zu untersuchen und zu gewichten, inwieweit die Zugehörigkeit zur selben sozialen Schicht, gefestigt und dokumentiert durch Heiratsverbindungen, diese Kooperationsform konstituiert hat, welche Anreize von schon bestehenden wirtschaftlichen Strukturdaten der Allianzmitglieder (Kapitalkraft, Geschäftsumfang, Warensortiment, Handelsrichtung usw.) ausgingen, die von der Schichtzugehörigkeit unabhängig waren. Ohne Zweifel, das werden die weiteren Ausführungen belegen, spielte die landsmannschaftliche Zugehörigkeit sowohl bei der Nürnberger Allianz als auch bei jener der Italiener die entscheidende Rolle. Ob persönliche oder mehr instrumentale Freundschaften die hier interessierenden Allianzen festigten, oder die Allianz dauerte, obwohl Konkurrenzverhalten, ja Feindschaft der Mitglieder untereinander charakteristisch waren, dazu liefern die folgenden Ausführungen zahlreiche Hinweise.

Ergänzende Erkenntnisse würden sich für diesen Zeitraum durch eine vergleichende Querschnittsuntersuchung über die Konnubien der Imhoff-Welser-Tucher, der Italiener untereinander und der zwischen Deutschen und Italienern ergeben.[17] Diese Prosopographie steht noch aus. Wichtige Vorarbeiten sind geleistet worden, etwa von Biedermann.[18] Die Archive bieten reiches Material für weiterführende Arbeiten.

Könnten den hier entwickelten quantitativen Netzwerken zur analytischen Vertiefung also Soziomatrizen[19] übergelegt werden, würde der Zusammenhang zwischen Verwandtschafts- und Geschäftsbeziehung in konkreten Fällen deutlich werden. Daß dieselbe Schichtzugehörigkeit, Verwandtschafts- und langjährige Wirtschaftsbeziehungen - confessio, connubium, commercium - untereinander gleichwohl nicht zwangsläufig von harmonischen Firmen- und Familienverbänden zeugen, dies wird die Untersuchung belegen. Kriege auf ‚höchster' Ebene wurden ja trotz dynastischer Verbindungen auch nicht verhindert. Die Konfessionszugehörigkeit war für die Gründung der Nürnberger Allianz nicht von Relevanz. Alle Mitglieder gehörten bei ihrer Gründung der katholischen

---

16 Peters, L.F., Handel Nürnbergs, S. 130ff.
17 Freund hat nachgewiesen, daß eine Nichte von Carl Albertinelli aus Florenz den Patrizier Carl Imhoff (katholisch) heiratete. Auch Octavius della Porta (Como), Carl Werdemann (Plurs) und Bartholome Viatis (Bergamasker Alpen) heirateten einheimische Frauen. Eine strikt endogame Heiratspraxis wurde also nicht befolgt. Diese Fragen gehören nach Umfang und Bedeutung noch untersucht, ebenso, ob Imhoff identisch ist mit dem Karl Imhoff, den Hildebrandt im Zusammenhang mit den Monopolisierungsbestrebungen des Konrad Rot erwähnt. - Freund, B., Italienische Kaufleute-Nürnberg, S. 26f. Esch, A., Loyalitäten-Identität, S. 125. Hildebrandt, R., Wirtschaftsentwicklung-Konzentration, bs. S. 43ff.
18 Allerdings nicht durchgängig zuverlässig.
19 Reinhard, W., Oligarchische Verflechtung, S. 50ff.

Kirche an,[20] die Frage stellte sich nicht. Inwieweit für die Fortsetzung der Übertritt aller - soweit zu sehen - zur Lehre Luthers wichtig war, kann noch nicht gesagt werden.[21]

---

20 Es wird unterstellt, daß die Allianz schon vor der Reformation existierte.
In einem Gutachten der DFG zu d i e s e m Buch unter dem Datum vom 27.06.02 wurde behauptet, ein Forschungsziel habe darin bestanden, den Safranmarkt während der Jahre 1621-1624 (!!!) zu untersuchen. Weiterhin wurde festgestellt, daß der Verfasser [schon] in seinem Buch über den ‚Handel Nürnbergs' darauf aufmerksam wurde, daß es eine faktische Allianz von Nürnberger Firmen auf dem Safranmarkt gegeben habe. Weiterhin wurden die zahlreichen Netzwerkanalysen als völlig unzureichend bewertet.
Diese – und zahlreiche andere - objektiv falschen Behauptungen führten u.a. zu einem gänzlich falschen inhaltlichen Verständnis der Arbeit, verhinderten die Erkenntnis für den methodischen Spannungsbogen und der thematischen Stringenz. Der umfangreiche Schriftwechsel mit Herrn M. Schuster von der DFG mit der Bitte um eine Neubegutachtung blieb erfolglos. Zu den vorgetragenen sachlichen Einwänden nahmen weder er noch die Gutachter konkret Stellung. Man zog sich zurück auf die wissenschaftlich völlig leere Formel, die Arbeit sei „sorgfältig" geprüft worden.
Der Antrag auf die Gewährung eines Druckkostenzuschusses wurde abgelehnt.
Auf Wunsch stellt der Autor möglichen Interessenten den Schriftwechsel auf einer CD gerne zur Verfügung.
21 Vgl. zu diesem Fragenkomplex: Steuer, P., Außenverflechtung-Augsburger Oligarchie, 2ff.

1. Erstes Kapitel: Strategische Allianzen auf den Safran-Beschaffungs- und Safran-Absatzmärkten

1.1. Strategische Allianzen auf den Beschaffungsmärkten: Frankreich – Spanien – Italien

Im folgenden soll in einer isolierenden Betrachtungsweise der Blick auf lediglich ein Handelsprodukt gelenkt werden: den Safran.[22] Isolierend ist die Vorgehensweise, wenn man die zahlreichen und wichtigen Standortfaktoren Nürnbergs vor Augen hat, zentral dagegen ist sie für die Untersuchung der Allianzcharakteristika.

Wie schon ausgeführt, kann die Bedeutung des Safranhandels für Umsatz- und Gewinnmöglichkeit kaum überschätzt werden. Umso erstaunlicher ist die offensichtlich breite Nachfrage bei einem hohen Preis. Die Kenntnis über Marktstrukturen und Marktteilnehmer verdeutlicht exemplarisch, warum die Italiener verstärkt den Weg nach Nürnberg suchten. Ohne deren Kenntnis ist die Auseinandersetzung zwischen ihnen und den etablierten Nürnberger Firmen nicht zu verstehen. Diese verengte Teilanalyse wird im zweiten Kapitel aufgegeben, in dem untersucht wird, welch andere wichtigen Faktoren den Wirtschaftsstandort Nürnberg prägten.

Die Nachfrage nach Safran ist vor allen Dingen auf seine Beliebtheit als Gewürz zurückzuführen.[23] Er fand darüber hinaus Verwendung als Heilmittel[24], wurde als Aphrodisiakum angesehen[25] und als Ingredienz bei Kosmetika verwendet.[26] Aufgrund des hohen Preises rechnete er sich als Farbstoff nur bei teuren Seidenstoffen.[27] Um so erstaunlicher ist, wie ausgeführt, die breite Nachfrage als Gewürz. Wegen seiner intensiven Leuchtkraft war der Safran der beliebteste Farbstoff für Gewänder, Schleier und Schuhe bei den alten Kulturvölkern des Orients und des

---

22 Der Marktpreis wird u.a. durch den hohen Arbeitsaufwand verständlich. Jede Safranpflanze besitzt ein bis zwei Blüten. Etwa 80.000 mit der Hand gepflückte Blüten sind notwendig, um ein Kilogramm getrockneten Safran zu gewinnen. – Olesch, Th., Städtische Wirtschaftspolitik-Fernhandel, S. 143.

23 Scholz, R., Farbstoffhandel, S. 21.

24 Manche Mediziner, durchaus nicht alle, schrieben dem Safran therapeutische Wirkung zu bei Magen- und Leberkrankheiten, Augenleiden sollte er lindern helfen. Er wurde als Arznei benutzt bei Schlaflosigkeit, prophylaktisch eingesetzt bei Pockengefahr und Pest. Wöchnerinnen nahmen ihn ein zur Beruhigung. Manche Mädchen schrieben ihm die Kraft zu, ihnen die Jungfernschaft zurückzubringen. – Zedler, J.H., Universallexikon, S. 523f. Petino, A., Zafferano, S. 178. Reiser, R., Häuser-Namen, S. 54. Bartels, K.H., Drogenhandel, S. 95 (Fn. 247), 167. Kronfeld, E.M., Safran, S. 40ff.

25 Stromer, W. v., Oberdeutsche Unternehmen-Iberische Halbinsel, S. 159.

26 Petino, A., Zafferano, S. 171.

27 Auch in der Malerei. Die Massenware wurde mit Wau, Scharte, Ginster, Saflor gelb gefärbt. Bei Reichen galt es als edel, die Leinenwäsche mit Safran einzufärben. - Scholz, R., Farbstoffhandel, S. 21.

Mittelmeeres. Zum Teil behielten ihn sich die Herrscher exklusiv vor.[28] Die Nürnberger Quellen zeugen von dieser mythischen Aura des Safrans nicht. Für die Firmen war er reines Wirtschaftsgut.[29]

1.1.1. Definition – Auslöser – Zielsetzung

1.1.1.1. Definition

In den letzten Jahren hat sich für bestimmte Verhaltensweisen auf Oligopolmärkten[30] sowohl in der betriebswirtschaftlichen als auch in der volkswirtschaftlichen Literatur der Ausdruck ‚Strategische Allianzen' durchgesetzt.[31] Die Marktform eines Nachfrage- (Angebots-)Oligopols ist danach dann gegeben, wenn wenigen Nachfragern (Anbietern) relativ viele Anbieter (Nachfrager) gegenüberstehen, die Oligopolisten also einen großen Marktanteil auf sich vereinigen.

Unter Allianz wird die Zusammenarbeit von mindestens zwei Unternehmen auf einem Teilbereich ihrer Unternehmensaktivitäten verstanden. Es handelt sich ausdrücklich also nicht um eine Fusion, bei der alle Geschäftsbereiche unter einem Firmendach zusammengelegt werden und die rechtliche und wirtschaftliche Selbständigkeit der Partner verlorengeht. Als konstitutives Merkmal für derartige Allianzen wird verschiedentlich eine vertragliche Regelung vorausgesetzt. Diese Forderung wird hier nicht erhoben, sondern es wird alleine auf die unternehmerische Praxis abgestellt, also eine stillschweigende Verhaltenskoordination (tacit collusion) zugelassen.

---

28   *„Nach den Berichten der griechischen und römischen Schriftsteller waren gelbe Krokus- wie Purpurgewänder die Lust der Orientalen und Kleinasiaten. Mit solchen schmückten sich nach dem römischen Dichter Vergil die Phryger; nebst safrangelben Schuhen und der Tiara gehörten sie zur kennzeichnenden Tracht der Perserkönige. Den Abglanz der geheiligten gelben Safranfarbe zeigen uns die ältesten, vom Orient beeinflußten mythischen Vorstellungen der Griechen, wonach die aus dem Morgenlande zu ihnen gekommenen Götter, wie Dionysos-Bacchus, und Göttinnen wie die orientalischen Könige und Königinnen das gelbe Safrankleid trugen. Der in Argos ansässige griechische Dichter Pindar (522-442 v.Chr.) läßt auch den Argonauten Jason mit einem safranbigen Gewande bekleidet sein, das er abwarf, als er sich anschickte, in Kolchis mit den feuerspeienden Stieren zu pflügen. Krokosfarbene Gewänder trugen dessen Gattin Medea, Iphigeneia bei ihrer Opferung in Aulis nach Aychylos, die Königstochter Antigone in den Phönikierinnen des Euripides, die an den Fels geschmiedete Andromeda bei Aristophanes ...".* – Reinhardt, L., Kulturgeschichte-Nutzpflanzen, S. 138. Hehn, V., Kulturpflanzen-Haustiere, S. 266-270.

29   Zur Verbreitungsgeschichte in Europa, auch mit statistischen Angaben für das 19. Jahrhundert: Kronfeld, E.M., Safran, S. 31ff.

30   Man spricht auch von strategischen Allianzen (dynamischen Partnerschaften) bei klein- und mittelständischen Unternehmen, die zur Erreichung bestimmter Zielsetzungen gebildet werden, was bedeutet, daß bei einer Aufgabenänderung sich auch neue Partner zusammenschließen.

31   Morasch, K., Strategische Allianzen, S. 1ff.

Der Begriff Strategie ist aus dem militärischen Bereich entlehnt und beinhaltet auch als ökonomischer Terminus den Aspekt der Langfristigkeit. Strategische Absprachen beziehen sich also auf prinzipielle Handlungswege, die erst bei aktuellen Entscheidungssituationen zu konkreten Maßnahmen führen. Strategie bedeutet in diesem Zusammenhang die *„richtigen Dinge zu tun"*, während die operativen Entscheidungen im Rahmen der vorgegebenen Zielsetzungen sich darauf konzentrieren, *„die Dinge richtig zu tun"*.

1.1.1.2. Auslöser - Zielsetzung

Als Auslöser dieser Allianzen werden im allgemeinen die Globalisierung der Märkte, die Komplexität neuer Produkte und die dadurch erforderlichen hohen Investitionsvolumina sowie die Möglichkeit der Kostensenkung und Risikostreuung genannt. Wesentlicher Anreiz zur Bildung von Allianzen ist das Ziel, in einer Wettbewerbsgesellschaft unternehmerisch zu bestehen, Konkurrenten unter Umständen vom Markt zu verdrängen bzw. den Markteintritt potentieller Wettbewerber zu erschweren oder ganz zu verhindern. Den Wirtschaftshistorikern ist bekannt, daß es zahlreiche Versuche gegeben hat, Produktmärkte durch Kartellverträge zu monopolisieren. Beispielhaft seien der Kupfer-, Quecksilber-, Pfeffer-, Alaun-, Zinn-, Eibenholz-, auch der Anleihemarkt erwähnt.[32] Nicht bekannt ist diese Tatsache bisher vom Safranmarkt. Ehrenberg[33] sagt dazu: *„Sonstige Monopole im Waarenhandel habe ich trotz der vielen Behauptungen, dass solche bestanden hätten, in den Papieren der oberdeutschen Kaufleute nirgends entdecken können"*.

Vielleicht war also u.a. jenes auf dem Safranmarkt gemeint. Die Mitglieder verstanden es offensichtlich, die Existenz einer Einkaufsallianz, den Zusammenschluß zu einem Einkaufskartell mit monopolistischem Charakter zu verbergen. Die weiteren Ausführungen werden diese erste Einschätzung bestätigen. Die öffentliche Unkenntnis ist insofern sehr bemerkenswert, als einer breiten Bevölkerungsschicht bekannt war, daß sich in Nürnberg der Safranhandel konzentrierte. Der Marburger Humanist Eoban Hessus (1480-1540) *„beklagte sich in Nürnberg über den Krämergeist der dortigen Bevölkerung: statt auf Bildung lege man nur Wert auf Gewinn; man träume von Safran und Pfeffer; er lebe unter , bepurpurten Affen' und sehne sich danach, wieder bei seinen Landsleuten, den hessischen Bauern, zu sein".*[34] Es konnte einem aufmerksamen Beobachter eigentlich nicht entgangen sein, daß sich Beschaffung und Absatz dieses Produkts in den Händen weniger Firmen konzentrierten. Man kann die Stelle aber viel-

---

32 Höffner, J., Wirtschaftsethik-Monopole, S. 26-49. Riebartsch, J., Augsburger Handelsgesellschaften, S. 72ff. Kellenbenz, H., Pfeffermarkt, passim. Ehrenberg, R., Zeitalter der Fugger, 1, S. 395ff. Haller v. Hallerstein, H., Zinnhandel-Schlaggenwald, S. 45.

33 Ehrenberg, R., Zeitalter der Fugger, 1, S. 399. – Zur Monopolbildung der Ulmer Baumwollhändler siehe: Ströhle, O., Ulms Handel, S. 78.

34 Vielleicht ist es kein Zufall, daß Safran noch vor Pfeffer erwähnt wird. - Zitiert nach Höffner, J., Wirtschaftsethik-Monopole, S. 55.

leicht als ersten Hinweis für die Vermutung heranziehen, daß es auf dem Absatzmarkt Nürnberg im Gegensatz zu den Verhältnissen auf den Beschaffungsmärkten nicht zu einer strategischen Zusammenarbeit der besagten Firmen kam.

1.1.2. Allianz der Nürnberger

1.1.2.1. Vertragsgrundlage

Die von Kellenbenz herausgegebenen Quellen[35] sollen nun darauf hin befragt werden, ob und in welchem Sinne auf den Safranbeschaffungsmärkten des 16. Jahrhunderts die eben genannten Charakteristika real zu beobachten sind, also von einer strategischen Allianz gesprochen werden kann, wer die Allianzpartner waren, wie sie im Spannungsfeld zwischen Selbständigkeit und Verhaltenskoordination agierten, welche Regelmechanismen, Absprachen und Verträge es gab.

Zum ersten Mal ist in den publizierten Briefen von einer „*Verschreibung*", d.h. einem Vertrag, in einem Brief des Tucherfaktors Jakob Reuther vom 12.12.1546 aus Lyon (S. 220) die Rede, dann in einer Stimmungs- und Marktanalyse von Christoph Tucher (S. 209) im Frühjahr 1547 aus Saragossa (Aragon) an die Nürnberger Zentrale, geleitet von seinem Vater Linhart.[36] Es heißt in ihr, daß die anderen Deutschen ihm zuredeten, im nächsten Jahr eine Verschreibung wie in Katalonien aufzurichten. Kurze Zeit später (S. 210) erwähnt Gabriel, der inzwischen von Lyon nach Spanien hin beordert worden war, eine Verschreibung, auf die er im Juli desselben Jahres (S. 213) noch einmal zu sprechen kommt. Am 20.08.1547 (S. 206), also gleich nach der Augustmesse,[37] hielt Christoph es für angebracht, sich auf keine weitere Verschreibung einzulassen. Im Januar 1551 (S. 217f.) ist von gleichzeitigen Verschreibungen für die Märkte in Katalonien[38] und Lyon die Rede. Zwei Monate später (S. 220) bedauert Gabriel Tucher, daß keine ‚Kompagnie' für Aragon gemacht worden war.[39]

---

35   Insofern im Text Seitenzahlen genannt werden, beziehen sie sich auf die von H. Kellenbenz herausgegebenen Tucherbriefe. – Kellenbenz, H., Nürnberger Safranhändler-Spanien, passim.

36   Zu ihm: Tucher, N.N., Tucher, Linhart, S. 770-772.

37   Müller, K.O., Welthandelsbräuche, S. 71: „*Außerdem gab es Messen von je 15 Werktagen ab Montag nach Dreikönige, also zwischen dem 07. und 13.01., die Ostermesse zwischen 31. März und 03.05. und die Allerheiligenmesse*".

38   Die Angabe „*hier*" könnte sich auf den Markt in Aragon beziehen, da der Brief aus Saragossa stammte. Aber in Verbindung mit der Äußerung S. 219f. ist zweifelsfrei Katalonien gemeint.

39   In einer Welserurkunde aus dem Jahre 1545 heißt es: „*Spania. Saffran halber pleibt es in Catalonien, Arragonien vnnd lion pey dem vertrag mit bar: welser im hoff zw augspurg veraint haben ...* ". – Von den Tuchern und den anderen ist in diesem Falle nicht die Rede, sondern ausschließlich von den Augsburger Firmen der Welser und Imhoff mit den Nürnberger Welsern. – Welser, L.v., Urkunde, S. 51.

Die Quellen bezeugen also Verträge zwischen verschiedenen Firmen auf verschiedenen Safranmärkten - denn von diesen ist in den Geschäftsbriefen fast ausschließlich die Rede -,[40] für einen begrenzten Zeitraum. Die Schlußfolgerung, sie hätten erst 1546 begonnen und ihr Ende 1551 gefunden, ist mit Sicherheit falsch. Nicht erlaubt ist sie aufgrund der Quellenedition, die diese ,Vereinbarungen' nur für einen begrenzten Zeitraum dokumentiert. Unzutreffend sind sie weiterhin deshalb, weil Gabriel Tucher in einem Brief vom 30.08.1547 aus Barbastro[41] von ihnen als „Alt-Safraner" spricht, die sich hätten professioneller verhalten müssen. Er spielt also auf langjährige Erfahrungen an.[42] Der Zeitpunkt der ersten Verschreibung ist deshalb eine ganze Reihe von Jahren zurückzudatieren, möglicherweise bis zum Anfang des 16. Jahrhunderts oder gar noch früher.

Die Safranmärkte in Italien, Frankreich und Spanien waren den Firmen seit langem bestens vertraut, sie hatten vor Ort Faktoreien, die zum Teil mit eigenen Familienmitgliedern besetzt waren. Müller[43] belegt die Nürnberger Tucher und Imhoff[44] für 1513/14 auf den Safranmärkten in den Abruzzen und seine Quelle bezeugt, daß sie dort nicht zum ersten Mal Safran einkauften. Er hält es historisch für durchaus gerechtfertigt, den Beginn ihres Safranhandels ins 15. Jahrhundert zurückzuverlegen. Die weiteren Ausführungen werden seine Einschätzung untermauern.

Aus der Augsburger Geschäftswelt werden bei Paumgartner[45] die Welser, Manlich,[46] Grander, Rehlinger, Herwarth, Weiß, Bimmel genannt, die das Safrangeschäft betrieben.

Mit Jakob kamen die Welser Anfang der neunziger Jahre des 15. Jahrhunderts von Augsburg nach Nürnberg.[47] Ihr hiesiger Firmensitz ist aber zunächst als Filiale der Augsburger Zentrale zu betrachten. Erst nach der Auflösung der Altgesellschaft und der Neugründung 1517 machte Jakob sich selbständig. Die Quelle dokumentiert also den damaligen firmenrechtlichen Status durchaus korrekt. 1509 kauften die Augsburger Welser zusammen mit den Grander und Paumgartnern je 15 Ballen Safran in Apulien, ein Viertel der Gesamternte.[48] Die

---

40 Daneben handelten die Tucher dort u.a. mit Wollengewand, Tüchern, Samt, Damast, Schamlot, Felle. - Hampe, Th., Lyon-Nürnberger Kaufleute, S. 295.
41 Östlich von Huesca, nördlich von Monzón.
42 Strenggenommen rechtfertigt diese Aussage alleine keinen Rückschluß auf frühere „Verschreibungen", der Kontext legt diese Schlußfolgerung aber zweifelsfrei nahe.
43 Müller, K.O., Welthandelsbräuche, S. 44.
44 Ebenso die Wachter und Münzer.
45 Aus Ulm bzw. Memmingen kamen die Besserer, aus Straßburg die Ingold. – Müller, K.O., Welthandelsbräuche, S. 44.
46 Seibold, G., Manlich; zu den Lyoner Geschäften S. 137ff. Umfangreiche Ausleuchtung der verwandtschaftlichen und wirtschaftlichen Verflechtungen etwa mit den Bimmel, Stuntz, Ilsung, Lauginger, Haug, Walter, Greck, Rem, Herwarth, Neidhart.
47 Welser, L.v., Welser, 1, S. 77ff.
48 Müller, K.O., Welthandelsbräuche, S. 52.

ersten Tucherbriefe aus Lyon, die Kellenbenz erwähnt, stammen vom Anfang des 16. Jahrhunderts.[49] Die hier interessierenden Firmen waren also auf den Märkten seit langer Zeit präsent.

Die Anzahl der Erzeuger- und Einkaufsplätze war begrenzt, die Markttransparenz deshalb groß. Diese Charakteristika treffen in noch stärkerem Maße für den zentralen europäischen Verteilermarkt Nürnberg zu.[50] Die Firmen konnten deshalb ihre Geschäftspolitik beobachten. Die Möglichkeit, Entscheidungen zu verbergen oder zu verschleiern, ist als gering einzuschätzen, der Anreiz, es mit legalen und illegalen Methoden dennoch zu tun, als groß. Die Situation war also dadurch charakterisiert, daß jeder Marktteilnehmer, Entscheider, ‚Spieler' sich bewußt war, daß sein Entschluß eine Reaktion des Wettbewerbers unmittelbar hervorrufen würde. Es war ein hoher interdependenter Zusammenhang der Entscheidungskalküle gegeben. Eine Situation, von der die Spieltheorie ausgeht. Ihr Ziel ist *„die Bestimmung des besten Verhaltens eines Spielers in allen Situationen, in denen das Ergebnis nicht nur von seinem eigenen Verhalten, sondern auch von dem aller anderen Spieler abhängt, deren Interessen seinem eigenen oft feindlich, manchmal freundlich gegenüberstehen"*.[51] In der konkreten historischen Situation ist theoretisch von einem Fünf-Firmen-Spiel auszugehen. Durch das im Zeitablauf unterschiedliche Kooperationsverhalten der Spielteilnehmer wurde es aber auch mal zu einem Drei-Firmen-Spiel.[52]

Diese große gegenseitige Abhängigkeit muß schon früh einen starken Anreiz ausgeübt haben, das gemeinsame Vorgehen durch einen Vertrag zu koordinieren und zu kodifizieren, also eine strategische Allianz zu bilden.

Was nun das Ende der Zusammenarbeit angeht, so belegen die bisherigen Ausführungen, die weiter unten zeitlich ergänzt werden, daß in den 70er Jahren des 16. Jahrhunderts durchaus noch von einer Allianz die Rede sein kann, der Aspekt der Langfristigkeit also gegeben war. So beauftragten die Nürnberger Welser 1579 in Adler (Aquila - Italien) ihren Faktor Wolf Streng, für sie selbst und für die vier anderen Gesellschafter der Kompagnia 100 Ballen Zima-Safran einzukaufen, für jeden Partner 25.[53]

1.1.2.2. Allianzmitglieder

Wer waren die Allianzpartner? Expressis verbis werden sie nicht genannt, sie können aber aus den Quellen eindeutig ermittelt werden. Am 26.05.1547 spricht Gabriel Tucher von den 4 anderen Faktoren (S. 211), in einem Brief vom

---

49   Kellenbenz, H., Nürnberger Safranhändler-Spanien, S. 202.
50   Er wird weiter unten charakterisiert.
51   Wöhe, G. Betriebswirtschaftslehre, S. 142. Bitz, M., Entscheidungstheorie, S. 217ff.
52   Könnte durch weitere Forschungen ein ausreichendes Datenmaterial erschlossen werden, wäre dieser Produktmarkt für die Spiel- und Markttheoretiker vielleicht geeignet, ihre Ergebnisse anhand einer konkreten historischen Situation zu überprüfen. Siehe auch: Fischer, W., Markt- und Informationsnetze, S. 17ff.
53   Kellenbenz, H., Meder'sches Handelsbuch, S. 418.

14.04.1547 (S. 210) ist von den 5 Faktoren [inklusive Tucher] die Rede. Aus dem gesamten Kontext ist zu schließen, daß es sich um folgende 5 oberdeutsche Firmen handelte, die sich in einer Verschreibung auf gemeinsame Ziele und ein koordiniertes Vorgehen auf den Safranmärkten geeinigt hatten: Die Nürnberger Imhoff, Welser, Tucher, die Zollikofer aus St. Gallen.[54] Das letztgenannte Unternehmen unterhielt in Nürnberg zumindest eine florierende Filiale, wenn nicht hier gar ihr strategisches Zentrum zu suchen ist. Auf dem spanischen Safranmarkt hatten sie nach Einschätzung von Häbler[55] die Rolle der Mötteli, ebenfalls aus St. Gallen, übernommen. Schließlich gehörten die Rottengatter aus Ulm dazu, ebenfalls in Nürnberg ansässig.[56]

Von einer zumindest zeitweisen Mitgliedschaft der Augsburger Welser zeugt eine Äußerung aus dem Jahre 1550, in der es heißt, daß sie, die Faktoren von Bartholomäus Welser in Augsburg, keine Anweisung hätten, in diesem Jahr eine Einkaufsvereinbarung einzugehen (S. 217). Fünf Jahre vorher belegt eine zeitgenössische Quelle aus dem Handelshaus der Nürnberger Welser eine derartige Abmachung: *„Spania. Saffran halber pleibt es in Catalonien, Aragonien vnnd lion pey dem vertrag mit bar: welser[57] im hoff zw augspurg veraint haben".*[58] Also hatten sich in jenem Jahr auch die Augsburger Imhoff und Welser vertraglich gebunden. Das ist bezüglich der Welser insofern bemerkenswert, als sich Jakob, erster Vertreter der Nürnberger Linie, bei der Neukonstituierung der Firma durchaus im Streit von seinen Augsburger Verwandten getrennt und den anderen Gesellschaftern vorgeworfen hatte, „ain merklich großen firrat [Vorrat] behalten zu haben.[59] Er fühlte sich also um Anteilswerte betrogen. Dieselben Gründe hatten dazu geführt, daß Mitglieder der Nürnberger Imhoff aus der Petrinischen Linie ihren Standort nach Augsburg verlegten. Weiter unten (4. Kapitel = ‚Außerökonomische Gründe …') wird dazu Stellung bezogen. In der genannten Quelle erfahren wir leider nicht, ob sie diesem Zweig oder den Nachkommen von Hans Imhoff angehörten.

Eine gewisse Teilnehmerfluktuation innerhalb der Allianz für einen begrenzten Zeitraum war also gegeben. Es ist aber nicht zweifelsfrei zu entscheiden, ob die besagten Kontrakte Sondervereinbarungen waren, die über einen für alle verbindlichen Vertrag hinausgingen, oder in jenen Jahren tatsächlich einige der aufgeführten Firmen alleine agierten. Der gesamte Kontext legt die Vermu-

---

54   Kellenbenz, H., Meder'sches Handelsbuch, S. 83: Zusammenarbeit der Allianz mit den Welsern in Augsburg und der Zollikofer mit den Nürnberger Welsern.
55   Häbler, K., Zollbuch-Barcelona, S. 33 (Fn. 2).
56   Zu den beiden zuletzt genannten Firmen: Peters, L.F., Handel Nürnbergs, S. 316ff., 364f. Vgl. auch: Holbach, R., Verlag-Großbetrieb, passim: Der Leinen- und Garnhandel sicher auch ein wirtschaftliches Standbein der Rottengatter.
57   Prinzipal des Stammhauses der Augsburger Welser.
58   Welser, L.v., Urkunde, S. 51.
59   Jakob war als Gesellschafter der Welser-Vöhlin-Gesellschaft beurlaubt, d.h. ausgeschlossen worden. – Welser, L.v., Welser, 1, S. 82. Welser, H.v., Bartholomäus Welser, S. 17, 21.

tung nahe, daß ein Ausscheiden aus der Allianz eher die Ausnahme war und sich meist nur auf ein Jahr beschränkte, möglicherweise mit noch vorhandenen Lagervorräten in Nürnberg zusammenhing.[60] Über derartige Bestände sind bislang nur zwei Mengenangaben und ohne irgendwelche Vergleichsmöglichkeiten mit anderen Daten bekannt. Im Jahre 1555 lagerten in der Nürnberger Faktorei der Augsburger Welser 138 *„Säcklin"* Safran aus Spanien und Südfrankreich, 1560 hatte dieselbe Firma in Lyon 66.704 Pfund vorrätig.[61] Zedler berichtet von einer Lagerhaltungsmöglichkeit von zwei bis drei Jahren,[62] bei den einzelnen Sorten aber unterschiedlich. Endres (I) Imhoff schrieb am 08.04.1555 an Paul Behaim: *„So wolst demnach dein achtung haben, wan mit arbitrio etwas nützliches auszurichten wer und die wexel darnach lauffen, das es nit versaumbt wird, dieweil dieses jar an Saffran noch an der Specerey so gar kein nutz will sein".*[63] Auf diesem konjunkturellen Hintergrund wichen die Lagerbestände möglicherweise vom mittelfristigen Durchschnitt nach oben hin ab.

Die Rottengatter (Nürnberg-Ulm) und Zollikofer (Nürnberg-Konstanz-St. Gallen) waren u.a. deshalb als Allianzpartner besonders geeignet, weil sie Leinenwaren, aber auch Barchent aus Oberschwaben und dem Bodenseegebiet verhandelten. Schon Anfang des 13. Jahrhunderts waren diese Produkte wichtige Exportgüter[64] nach Spanien und Italien.[65] Dort sind beide Firmen sehr früh nachzuweisen. Stromer spricht den *„Tele de Alemania"* schon für 1201 den Status eines weltmarktfähigen Produkts zu.[66] Außerdem hatten besagte Firmen für den Safranabsatz gute Verbindungen nach Ungarn und Polen.[67] Bei den Nürnbergern spielten unter den Exportgütern Roh- und Fertigwaren des Metallsektors, besonders Messing, Waffen, Eisen- und Kurzwaren,[68] Leinwand, Barchent, Papier eine herausragende Rolle.[69] Außer Safran wurden aus dem Süden Früchte

60 Welser, L.v., Urkunde, S. 32. Zedler, J.H., Universallexikon, S. 521.
61 Häberlein, M., Brüder-Freunde-Betrüger, S. 90.
62 Zedler, J.H., Universallexikon, S. 523: *„Wer den Safran wohl verwahren will, der halte ihn in einem leinenen oder wollenen Sacke, harte auf einander gepackt, in eine Kiste oder Faß geleget, daß keine Luft darzukomme, an einem trockenen Orte, so hält er sich zwey bis drey Jahr gut. Rosch-Safran will sonderlich warm gehalten und zugedecket seyn, wenn er schön anlaufen soll".*
63 Müller, J., Endres Imhoff, S. 20 (Fn. 2), 33.
64 Ammann, H., Deutsch-spanische Wirtschaftsbeziehungen, S. 137: Die Rottengatter werden schon 1443 im Zollbuch von Barcelona erwähnt.
65 Ammann, H., Deutsch-spanische Wirtschaftsbeziehungen, S. 144, 149, weist nach, daß die Leinwand als Massenexportgut in den Mittelmeerraum und von da weiter nach Nordafrika und dem Nahen Osten schon am Anfang des 13. Jahrhunderts eine bedeutende Rolle spielte.
66 Stromer, W.v., Gewerbereviere-Protoindustrien, S. 57.
67 Peters, L.F., Handel Nürnbergs, S. 317.
68 So durch Heinrich Haller im Jahre 1473. - Häbler, K., Zollbuch-Barcelona, S. 20f.
69 Kellenbenz, H., Fremde Kaufleute-Iberische Halbinsel, S. 272.

(Datteln, Rosinen), feine Gewebe, Zucker, Reis, Wein, Seide aus der Levante, die in Valencia verhandelt wurde, Wolle, Korallen[70] importiert.

1.1.2.3. Allianzziele

Ein Originalvertrag mit exakt formulierten Zielen ist der Forschung bisher nicht bekannt. Aus den Quellen lassen sich die Intentionen jedoch mit hinreichender Deutlichkeit erschließen. Aufgrund der Komplexität des Marktes ist zunächst davon auszugehen, daß er über die Formulierung von Grobzielen nicht hinausgehen konnte.

Wir müssen uns bei der Erörterung des Problems bewußt sein, daß der Safran ein landwirtschaftliches Erzeugnis war (und ist). Dadurch unterlagen und unterliegen Ernteumfang und Erntequalitäten den Witterungsverhältnissen. Sie waren und sind nur in begrenztem Maße menschlichen Einflußmöglichkeiten zugänglich. Das Angebot konnte quantitativ und qualitativ in den einzelnen Jahren nicht unerheblich von einem sogenannten Normaljahr abweichen und zwar auf den einzelnen Märkten – Italien, Spanien, Frankreich vor allen Dingen - gleichlaufend oder entgegengesetzt. So schrieb Gabriel Tucher am 03.07.1547 (S. 212f.) an seinen Vater aus Saragossa, daß in diesem Jahr nur eine *„clein recolta"* [Ernte] zu erwarten sei, denn es seien viele neue Safranzwiebel gepflanzt worden, die im ersten Jahr nur einen geringen Ertrag und auch den in minderer Qualität bringen würden. Dazu hätte es im Januar nicht geregnet, im März, April und Mai wäre aber übermäßig viel Regen gefallen mit der Folge, daß viele Zwiebeln verfault, andere von den Wühlmäusen gefressen worden seien. In den letzten Jahren wären regelmäßig 250-300 Ballen auf den Markt gekommen, im letzten Jahr nur 200, in diesem Jahr würden es wohl nur 150 werden.

Bei Zedler[71] heißt es zur Abhängigkeit der Erntemenge von den Witterungsbedingungen: „... *Insgemein fänget sich die Recolta an den zehenden October, und währet zehen oder vierzehen Tage, also, daß auf den vier und zwanzigsten Octobver alles geschehen ist. Nun gebe man, die Anzahl der Recolta wohl zu errathen, vorhere fleißig Acht auf das Gewitter. Denn wo etwa die Recolta daselbt auf 200 Ballen vor dem August geschätzet wäre, und es würde hernach in demselben Monathe nur dreymahl regnen, so könnten wohl 50 Ballen mehr werden; So es aber im März feuchtes Wetter ist, so verderben die Safranzwiebeln oder Köpfe; Ist es aber den gantzen Junius durch trocken, so giebt es eine magere Recolta, daß also eine gute Safranrecolta will haben einen trockenen März, ein wenig Regen im Junio, und viel Regen im August"*.

---

70   Müller, J., Hauptrouten-Nürnberger Handelsgebiet, S. 5, 7: Der Nürnberger Kaufmann Stephan Vischer will 1463 auf einem florentinischen Schiff von Barcelona aus Korallen nach Deutschland verschiffen lassen. Eine frühere Quelle belegt Korallenimport für das Jahr 1383.
71   Zedler, J.H., Universallexikon, S. 521f.

Schließlich war der Einkauf ein Saisongeschäft. Das erforderte unter Umständen eine schnelle Einkaufsentscheidung oder ein geduldiges Abwarten auf größere Verhandlungsbereitschaft bei den Safranbauern. So schrieb beispielsweise Jacob Reuther (S. 222), ein kompetenter Vertreter der Tucher in Lyon, sie selbst müßten vorsichtig bleiben, auch wenn sich „hitzige Käufer" finden würden. Die Marktentwicklung sei kühl zu beobachten, Vorsicht geboten. Und Gabriel Tucher läßt am 29.11.1550 aus Saragossa (S. 216) zum selben Problem verlauten: Eine zu intensive Nachfrage würde die Bauern nur „halsstarrig" machen in der Hoffnung, einen noch höheren Preis zu erzielen. Auf der anderen Seite konnte ein zu langes Abwarten dazu führen, daß die Konkurrenz das Geschäft machte (S. 209).

Neben der Kenntnis objektiver Marktdaten entschied also in hohem Maße Verhandlungsgeschick, psychologisches Einschätzungsvermögen und Fingerspitzengefühl über die Dispositionen. Während die letzten Eigenschaften eine Frage der natürlichen Begabung und langjähriger Erfahrung waren, hing die Markttransparenz von einem schnell und gut funktionierenden Informationssystem[72] ab, und dies sowohl zwischen der jeweiligen Zentrale in Nürnberg und den Hauptfilialen etwa in Lyon und Cervera als auch innerhalb und zwischen den Erzeugerländern. Die Tucherbriefe belegen das deutlich.

Aus der Korrespondenz (vor allen Dingen S. 215) wird ersichtlich, daß sich die Allianzmitglieder auf eine schriftliche Einkaufsvereinbarung verständigt hatten mit dem Ziel, gemeinsam festgesetzte Höchstpreise beim Einkauf nicht zu überbieten. Die Absicht war die Beherrschung des Safranmarktes und eine Beschränkung des Wettbewerbs. Dieses Ziel scheinen sie zumindest bis ins letzte Viertel des 16. Jahrhunderts hinein auch erreicht zu haben. Das konnten sie, weil potentielle Konkurrenten der Schwierigkeit des Marktes und des hohen Kapitalbedarfs wegen - zunächst jedenfalls - allenfalls vereinzelt auftraten. Jene werden dann auch ein Interesse daran gehabt haben, den vorgegebenen Allianzpreis zu akzeptieren, um nicht durch höhere Einkaufspreise weitere Wettbewerbsnachteile in Kauf nehmen zu müssen. Auf unliebsame Außenseiter konnten die Kar-

---

72   In welchem Maße die Allianzmitglieder die Informationen durch Stafetten, Kuriere oder der Ordinaripost (Botenwesen Nürnbergs, Postnetz der Taxis) austauschten, ist nicht bekannt. Nach Imhoff unterhielten die oberdeutschen Handelshäuser eigene Nachrichtendienste. Sie müssen aber auch Post anderer Unternehmen mitgenommen haben, denn sonst ist es nur schwer erklärbar, wie Tucherbriefe in die Hände der Imhoffs gelangen konnten. Wahrscheinlich wurden sie ihnen aber nur gelegentlich anvertraut. Seit 1570 war von den Marktvorstehern für Lyon ein Bote bestellt worden. Im übrigen gilt der Satz von W.v. Stromer, nach dem man geradezu von einer „Dürftigkeit der Überlieferung über die Organisation und Funktionsweise der Depeschen- und Kurierdienste" im Mittelalter gesprochen werden muß. Für die konkrete Nachrichtenübermittlung der Allianzmitglieder durch eigene Boten gilt diese Feststellung auch für das 16. Jahrhundert. – Zitat nach Gerteis, K., Reisen-Boten, S. 19. Mummenhoff, W., Nachrichtendienst, S. 14ff., 37. Imhoff, Chr.v., Indien-Pioniere, S. 7. Hald, K., Botenwesen, o.S; Ordinari-Boten, o.S. North, M., Kommunikation, S. 2f. mit Zeitspannen für die Nachrichtenübermittlung auf wichtigen Strecken.

tellmitglieder gegebenenfalls zusätzlich auf d e m Absatz- und Verteilermarkt Nürnberg einen Preisdruck ausüben, dem sie nur schwer hätten standhalten können. Die Safranbauern und -anbieter ihrerseits arbeiteten – nolens volens - deshalb mit den Allianzpartnern zusammen, weil sie zwar unter Umständen nicht die Preise erzielten wie bei einem freien Wettbewerb, andererseits aber bei ihnen auf eine große Nachfrage stießen und auf sichere Bezahlung hoffen konnten.

Eine feste Zuteilung von Quoten beinhaltete die Vereinbarung nicht. Das Einkaufsvolumen erfolgte nach den individuellen unternehmerischen Entscheidungen. Abhängig war die Menge, die jede Firma orderte, auch von der Dichte des Faktorennetzes. Je engmaschiger es war, um so effektiver konnte auf Mengen- und Preisbewegungen reagiert werden. Deshalb schlug Gabriel Tucher im Frühjahr 1547 vor (S. 209), noch einen Einkäufer in Alcañiz zu bestellen, da sie im Gegensatz zu den anderen, die drei oder vier in der Gegend beschäftigten, nur einen angestellt hätten, der jetzt außerdem mehr Provision fordere.

Die Laufzeit der Verträge ging in der Regel nicht über ein Jahr hinaus und bezog sich jeweils auf bestimmte Erzeugergebiete. Bei zu großen Spannungen zwischen den Kooperationspartnern wurde auch schon mal für ein Jahr auf ein gemeinsames Vorgehen verzichtet. Wenn ein Allianzmitglied mit Zustimmung der anderen beim Einkauf zum Zuge kam, näherte sich der Unternehmenszusammenschluß einem Submissionskartell. Der Nachfragepreis war gemeinsam festgesetzt worden, und es wurde von vorneherein ausgehandelt, welches Kartellmitglied zum Zuge kommen sollte.

Bei einer wirtschaftlichen Bewertung dieser Allianz ist zu konstatieren, daß sie zu einer Erhöhung des Gewinns bei den Mitgliedern auf Kosten der Anbieter, der übrigen Händler und der Endverbraucher geführt hat. Durch ihr weitgespanntes Handelsnetz stellten die Vertragspartner eine europaweite Marktversorgung sicher. Es ist allerdings davon auszugehen, daß dies auch andere Wettbewerbsstrukturen geleistet hätten. Im übrigen sind die volkswirtschaftlichen Auswirkungen aller Monopole und monopolähnlicher Strukturen im 16. Jahrhundert noch zu untersuchen.

1.1.2.4.   Spannungsfeld zwischen Selbständigkeit und Verhaltenskoordination

1.1.2.4.1.   Asymmetrische Informationslage

Wie oben schon festgestellt, wurden in der Verschreibung lediglich Grobziele formuliert und die Verträge immer nur auf ein Jahr abgeschlossen. Dies lag einmal in der Natur der Sache begründet, die keine Detailvereinbarungen zuließ, weil Markt und Marktentwicklung über ein Jahr hinweg nicht in ausreichendem Maße transparent waren, es kann aber auch gleichzeitig von Mißtrauen unter den Allianzpartnern zeugen.

Eine strategische Allianz steht in einem ständigen Spannungsfeld zwischen unternehmerischer Selbständigkeit und einer Kooperationspflicht im Sinne der Vereinbarungen. Es entsteht dadurch das Problem, wie die einzelnen Unternehmen bei verbleibender rechtlicher und wirtschaftlicher Autonomie im Hinblick auf die Allianzziele so ausgerichtet werden können, daß keins von ihnen auf Kosten der anderen Allianzmitglieder Vorteile herausschlagen kann.

In diesem speziellen Fall war durch die gemeinsame Herkunft der Welser, Imhoff, Tucher aus dem Patrizierstand - die Zollikofer aus St. Gallen und die Rottengatter aus Ulm sind ebenfalls der führenden Oberschicht zuzurechnen -, eigentlich zu erwarten, daß ein verbindlicher Verhaltenskodex ihrer Klasse die Zusammenarbeit in der Allianz erleichterte. Schließlich hatten die Nürnberger schon erfolgreich in dem Bestreben zusammengearbeitet, ihre politische Machtstellung zu konsolidieren. Was sagen die Quellen?

Zunächst sei nochmals daran erinnert, daß die Zusammenarbeit nicht vorsah, den Gewinn der Allianz insgesamt zu maximieren und diesen dann nach einem vereinbarten Quotenschlüssel aufzuteilen, sondern jedes Mitglied versuchte, im Rahmen von bindenden Preisvereinbarungen, die wohl unter-, aber nicht überschritten werden durften, den Profit seines Unternehmens zu mehren. Die Entscheidungsvariablen, die jeder Firma blieben, waren bei einem geschätzten Ernteertrag in den Erzeugergebieten Einkaufszeitpunkt, Einkaufsort, Einkaufsmenge, Einkaufsqualität. Die Dispositionen der einzelnen Partner waren auch im Hinblick auf die Daten d e s Absatzmarktes für Zentraleuropa, Nürnberg, interdependent. Dasjenige Mitglied der Allianz konnte sich dann einen Vorteil verschaffen, wenn es eine bessere Information über die obigen Parameter hatte und wußte, wie der Partner und Konkurrent auf seine Entscheidungen reagieren würde. Eine Ausweitung der Einkaufs- und damit Absatzmenge und als Folge davon eine Umsatz- und Gewinnsteigerung war für ein Mitglied dann vorteilhaft, wenn es - bei im übrigen gleichen Marktdaten - davon ausgehen konnte, daß die Partner mit einer Reduzierung der Menge und entgegengesetzten Folgen reagieren würden, wollten alle Mitglieder nicht in einen ruinösen Preiswettbewerb eintreten, was dem Allianzziel diametral entgegengesetzt gewesen wäre. Das Bestreben, eine asymmetrische Informationslage herbeizuführen, barg denn auch ein großes Konfliktpotential.

Die Markttransparenz und die Informationslage über die Entscheidungen der anderen Allianzmitglieder hing zunächst im wesentlichen von einer flächendeckenden Einkaufsorganisation ab, also von der Anzahl der kompetenten und zuverlässigen heimischen Aufkäufer und den von der Zentrale bestellten Faktoren. Gabriel Tucher hielt dieses Netz 1547 für zu grobmaschig (S. 209) und gab, wie schon erwähnt zu bedenken, daß die anderen Deutschen drei oder vier Faktoren im Land hätten, sie selbst aber nur einen. Bei diesem besagten Faktor der Tucher handelte es sich um einen „*Pfaffen*", der als spitzfindig und nicht sehr arbeitsfreudig charakterisiert wurde, sich besser auf seinen eigenen Gewinn verstand als auf das Messelesen (S. 213, 209).

Daß die Imhoff und Welser nicht zimperlich waren, auch die Entscheidungsabsichten des Kooperationspartners Tucher zu erfahren, belegen die folgenden Beispiele. Am 19.11.1546 schrieb Christoph Tucher (S. 204), daß Willibald Imhoff und Hans Ort nach Katalonien unterwegs seien, um sich mit Jakob Rottengatter zu besprechen. Über den Inhalt und das Ergebnis erfahren wir leider nichts. Eine erste klarere Andeutung über eine rechtswidrige Informationsbeschaffung erhalten wir aus einem Schreiben des nächsten Jahres, in dem er anregt, die Post aus Sicherheitsgründen über Toulouse und nicht über Katalonien zu schicken, was sich aber nicht realisieren ließ, da die Tucher dort keinen eigenen Faktor hatten (S. 208). Die Berechtigung seiner Befürchtung, daß das ‚Postgeheimnis' bei den übrigen Allianzpartnern offensichtlich keinen hohen Stellenwert genoß, bestätigte sich nach seiner Rückkehr im April 1547. Er erfuhr in Lyon, daß Willibald Imhoff einen Brief von ihm aufgehalten hatte (S. 205). Möglicherweise war es derjenige, den er ihm am 19.11.1546 für Jakob Rottengatter in Cervera mit auf den Weg gegeben hatte (S. 203).

Ein anderes Mal fungierte Christoph Zollikofer als Bote. Am 24.01.1547 schrieb Gabriel Tucher aus Lyon an seinen Vater und bestätigte den Erhalt von zwei Briefen seines Bruders Christoph bzw. Jakob Rottengatters (S. 207f.). Daraus war zu ersehen, daß die Schreiben, die Lyon am 05.12. verlassen hatten, erst nach vier Wochen anstatt nach, wie üblich, vierzehn Tagen in Spanien bei seinem Bruder angekommen waren. Er äußerte die Befürchtung, daß die *„theutschen"*, also offensichtlich die Allianzpartner, sie aufgehalten hätten, um einen rechtzeitigen Einkauf von Christoph Tucher zu vereiteln. Ein anderes Mal brauchten die Schreiben aus Saragossa bis Lyon fast zwei Monate (S. 212), ohne daß allerdings ein Verdachtsgrund geäußert wird. Diesmal empfahl er, einen eigenen Mann in Avignon zu verpflichten.

Ein letzter Beweis für diese Art von Informationsbeschaffung: Gabriel Tucher berichtete am 30.08.1547 aus Barbastro nach Hause, daß noch mehr als die z.Zt. schwierigen Einkaufsbedingungen ihn die Tatsache bedrücke, daß ein Brief aus Medina del Campo vom Diener des Bartholomäus Welser in Saragossa drei Tage aufgehalten und wohl auch geöffnet worden sei (S. 215). Er merke es am Brieffaden und am Siegel. Da er keine eindeutigen Beweise hätte, müsse er leider schweigen. *„Diese Leute haben weder Ehre noch Scham, ihnen ist alles gleich, es sei redlich oder unredlich. Wollte Gott, daß er einmal einen auf frischer Tat ertappte, aber man muß Geduld haben und alles Gott dem allmächtigen befehlen, der lest endlych ein ungestraft nyt".*[73]

Demselben Vorwurf sahen sich die Imhoff und Welser 1585 ausgesetzt. In einem Rechtsstreit standen sich Endres [II] und Jakob Imhoff sowie Hans Wel-

---

73 Zitiert nach Kellenbenz, H., Nürnberger Safranhändler-Spanien, S. 215.

ser auf der einen Seite und Sebald Schwertzer auf der anderen Seite gegenüber. Schwertzer war kein Allianzpartner, so daß seine Beschuldigung in gewisser Weise geeignet ist, die Vorwürfe der Tucher (nachträglich) zu bekräftigen. Allerdings sind Prozeßverlauf und -ergebnis nicht bekannt. Insofern bedürfen seine Aussagen einer rechtshistorischen Überprüfung. Er klagte sie an, Waren *„so ihm von Nördlingen und andern Orten zugebracht, unversucht der Obrigkeit niedergeworfen und die bei den Fuhrleuten gefundenen Brief geöffnet und alles, so ihm zuständig gewesen, zu sich gezogen, über das auch alsbald nach Nördlingen geschickt und alle Waren, die außerhalb des Gewölbs daselbst im Haus gelegen, gleichergestalt in ihr Gewahrsam gegen Nürnberg hätten bringen lassen".*[74] Sechs Jahre später führt Schwertzer, ehemals Bürger Nürnbergs, inzwischen kaiserlicher Berghauptmann in Joachimsthal, einen Prozeß gegen Jorg Raber, Faktor der Imhoff und Welser in Leipzig.[75]

Von anderer rechtlicher Qualität ist die Tatsache, daß die Tucher einen Freund ihres Wirtes in Saragossa, wohnhaft in Monroyo, baten, beim Einkauf von 4-5 Ballen schönen Safrans mitzuhelfen, indem er die befreundeten Bauern *„verdeckter weis"* aushorche, zu welchem Preis sie den Safran verkaufen würden (S. 214). Daß die Tucher diese Information nicht an die Allianzmitglieder weitergeben würden, bedarf nach den obigen Ausführungen keiner weiteren Begründung.

1.1.2.4.2. Kooperationsstruktur

Oben wurde erwähnt, daß Gabriel Tucher im Zusammenhang mit der Personalstärke in den Safrangebieten von *„den anderen"* sprach. Damit meinte er in erster Linie die Imhoff, Welser und Zollikofer. *„Die anderen"* deutet auf eine unterschiedliche Kooperationsstruktur innerhalb der Allianz hin: Die Nürnberger Tucher verstanden sich als Gegenspieler, Konkurrenten der Imhoff und Welser, die offensichtlich eng zusammenarbeiteten, die Rottengatter, schwächere Koalitionsmitglieder, kooperierten intensiver mit den Tuchern,[76] während die Zollikofer wohl eher dem Kräftefeld Imhoff-Welser zuzuordnen sind (S. 210, 222). Ihnen gegenüber wollte Tucher z.B. geheimhalten, daß er mit den Leuten von Pierre Thayssarth und Jehan Brunett in Barcelona, wo auch die Zollikofer saßen, zusammenarbeite. Besser wäre es deshalb, das Geld nach Saragossa zu schicken, da die Transaktion auf diese Weise vor den Deutschen geheimgehalten werden könne (S. 205).

---

74   Welser, L.v., Welser, 2, S. 267ff.
75   Fischer belegt Schwertzer zweimal, nach 1550 und 1578, als Rauchwarenhändler in Leipzig. Fischer, G., Leipziger Handelsgeschichte, S. 340, 354. Welser, L.v., Welser, 2, S. 270.
76   Die Zusammenarbeit scheint so eng gewesen zu sein, daß man von einem Subunternehmensverhältnis sprechen könnte.

Einige weitere Belege für die aufgestellten Behauptungen.

Eine enge Zusammenarbeit der Nürnberger Welser mit den Zollikofern bezeugt folgender Geschäftsbeschluß des Jahres 1551: „...*sffra Compa halben die nottel*[77] *doben auff zu richten rab zu firderen aber zu Lionn alein auff Catalonien aragonien an die Zolikoffer zu stellenn*".[78]

Und eine andere Quelle verweist ebenfalls auf die enge Kooperation auf dem Safranmarkt der Imhoff und Welser mit dem Unternehmen aus Nürnberg-St. Gallen, als diese von den Welsern in Zusammenarbeit mit Israel Minckel 18 Ballen Safran aus Aragon erhielten.[79] Israel Minckel und Gerhard Obrecht, beide aus Straßburg, wuchsen nach dem Tode von Hans Kleberg[80] in den Jahren 1556-1564 in die Rolle anerkannter Führer der oberdeutschen Kaufleute in Lyon hinein, welche die großen Finanzkonsortien mit der französischen Krone zustande brachten. Mit ihnen arbeiteten die Nürnberger Imhoff eng zusammen, damals in Lyon mit Michael Imhoff vertreten.[81]

Als weiteres Indiz für diese Behauptung kann gelten, daß im September 1547 von einem großen Projekt der Imhoff und des Bartholomäus Welser die Rede ist, an dem die anderen Partner offensichtlich nicht beteiligt werden sollten (S. 223). Auch die Bemerkung, die Leute der Imhoff und die von Bartholomäus Welser „*blieben über das Jahr im Land*",[82] belegt eine (zeitweise, s.o.) enge Zusammenarbeit jener Firmen (S. 218), ebenso wie die Tatsache, daß die Nürnberger Welser für die Imhoff in Lyon den Versand vornahmen (S. 205). Derartige Dienste für die Tucher - oder umgekehrt - belegen die Quellen nicht.

Einen Sonderstatus scheinen die Rottengatter[83] eingenommen zu haben. Offensichtlich waren sie eng an die Weisungen der Tucher gebunden, aber ihre Kompetenzen scheinen doch über die anderer örtlicher Vertreter, etwa die eines Thomas Mocon, hinausgereicht zu haben. Jakob Rottengatter machte davon so intensiven Gebrauch, daß Christoph Tucher als verantwortlicher Repräsentant sich von ihm in seinen unternehmerischen Entscheidungen eingeengt fühlte (S. 204).[84]

Und noch eine Quelle zeugt von der unterschiedlichen Kooperationsstruktur innerhalb der Allianz. Am 19.11.1546 gab Christoph Tucher seinen nachhaltigen Ärger darüber Ausdruck, daß Jakob Rottengatter von Peter Welser, dem

---

77   Schwäbisch: Vertragstext (in die richtige Form bringen), in Franken: Verschreibung.
78   Welser, L.v., Urkunde, S. 60.
79   Kellenbenz, H., Meder'sches Handelsbuch, S. 404f.
80   Ehrenberg, R., Hans Kleberg, passim. Zu den Eheauseinandersetzungen, über die Ehrenberg berichtet, siehe auch: Pohl, H., Willibald Imhoff, S. 39.
81   Ehrenberg, R., Zeitalter der Fugger, 1, S. 262f; 2, S. 105ff.
82   Erwähnenswert wahrscheinlich deshalb, weil die gemeinsam festgesetzte Mindestzeit überschritten wurde.
83   Zu Friedrich, Caspar und Leonhard Rottengatter als Faktoren der Tucher in Genf: Grote, L., Tucher, S. 30.
84   Zur selben Zeit war Linhart Rottengatter Bevollmächtigter von Linhart und Lorenz Tucher in Antwerpen. - Strieder, J., Antwerpener Notariatsarchive, S. 211 (352).

örtlichen Vertreter des Bartholomäus Welser, 2 Ballen Safran gekauft hatte (S. 203f.). Den Grund nannte er nicht. Von einem überhöhten Preis ist nicht die Rede. Offensichtlich entsprach es den grundsätzlichen firmenpolitischen Leitlinien der Tucher, die Zusammenarbeit mit den Welsern (und Imhoff) auf das unbedingt notwendige Maß zu beschränken (und umgekehrt). Auf Dauer scheinen diese Unstimmigkeiten zwischen der Familien Rottengatter-Tucher auf die freundschaftliche Verbundenheit keinen Einfluß gehabt zu haben: Georg Tucher nahm 1607 Cecilia Rottengatter zur Frau, Paulus Rottengatter heiratete 1613 Anna Maria Tucher.[85]

1.1.2.4.3. Preisobergrenze und Preispolitik

Der zentrale Punkt der Verschreibung war die Preisbindung. Auch dagegen wurde - unbeabsichtigt oder beabsichtigt und insgeheim - verstoßen. Die folgenden Ausführungen sind also im engen Zusammenhang mit dem Punkt ‚Asymmetrische Informationslage' zu sehen. Der Unterschied besteht darin, daß es sich dort um die geplanten unternehmerischen Entscheidungen handelt, hier um die tatsächlich getroffenen und realisierten.

Der Sohn des Tucherfaktors Thomas Mocon kaufte 1547 in Verdu, eine Meile von Cervera, 6 Ballen Safran für die Tucher (S. 210),[86] wobei er den festgesetzten Höchstpreis ohne Zustimmung, aber mit nachträglicher Billigung (S. 213) seiner Herren um 9 Pfennig überschritten hatte. Um keinen Ärger in der Allianz zu verursachen, wollten sie den anderen suggerieren, die Ware genau zum Höchstpreis von 24 Gulden erstanden zu haben. Ihre Befürchtungen erwiesen sich aber als unbegründet, das „Geschrei der 4 anderen Faktoren" blieb aus, da die Tucher später erfuhren, daß die Imhoff beim Einkauf bis zu 26 gegangen waren, mit Wissen und Billigung der anderen. Ihnen selbst war die Information vorenthalten worden. Während es bei den Tuchern um eine Kompetenzüberschreitung ihres Angestellten ging, setzten sich die Imhoff und Welser selbst (systematisch?) über die Preisobergrenze hinweg. Nicht klar wird, auf welchen Abschluß sich der Vorwurf von Bartholomäus Welser an Gabriel Tucher bezog, er gehe über die Verschreibung hinweg, zahle höhere Preise als vereinbart. Vielleicht war ein großer Einkauf auf der Allerheiligenmesse in Caspe gemeint, bei dem die Tucher das Preislimit überschritten hatten (S. 207). Vielleicht war es auch eine unberechtigte (?) Retourkutsche.

Die konkrete Festsetzung der Preisobergrenze war, wie schon erwähnt, nicht unabhängig vom Verhältnis des Lagerbestandes zum Ernteumfang und zur Nachfrage. So schrieb Gabriel Tucher am 18.02.1551, daß er es lieber gesehen hätte, den Einkaufspreis niedriger anzusetzen, damit die Bauern veranlaßt würden, den Safran zu lagern und nicht zu verkaufen. Damit wollte er also eine An-

---

85   StadtAN E 1, Genealogische Papiere ‚Rottengatter'.
86   Ein Teil davon wurde ihm durch Provisionsabzug in Rechnung gestellt.

gebotsverknappung auf dem Absatzmarkt herbeiführen mit dem Ziel, in Nürnberg die schon gekaufte Ware leichter und gewinnbringender absetzen zu können (S. 218).[87]

Schließlich konnten Wettbewerbsvorteile dadurch erlangt werden, daß den Safranbauern im Wege des Zielkaufs auf die kommende Ernte Geld geliehen wurde mit deren Zusicherung, bevorzugt bedient zu werden (S. 213). Die Preisobergrenze wurde in diesem Falle von einem Mitglied alleine, nicht von der Allianz insgesamt festgesetzt. Abgesehen von den damit verbundenen Kapitalbindungskosten und dem Risiko, Erntemenge und Qualität falsch einzuschätzen, bleibt es fraglich, ob die Vertragsbestimmungen das Verhalten deckten. War eine gute Ernte zu erwarten, was allerdings zu jenem Zeitpunkt kaum abzuschätzen war, minderte es auf Seiten der Erzeuger auch eher die Bereitschaft, sich vertraglich zu binden, da sie später einen höheren Preis zu erzielen hofften (S. 214). Bei diesem Problem sind die Preiselastizitäten der Nachfrage in Rechnung zu stellen, so wie sie unten erarbeitet werden. Insofern die Anbaufläche im Besitz der Gemeinde war, sicherten sich die Imhoff (und wohl auch die anderen Safranhändler) die gewünschte Erntemenge durch Vorschüsse oder Darlehen an die Kommune. So waren den Imhoff zum Beispiel die Gemeinden Aquila und Pizzoli wiederholt verschuldet.[88]

Mehrfach stand diese Praxis auf der Tagesordnung der Monopolkommissionen im Reich. Im Jahre 1523 ging man von Schäden für die Landbewohner aus, wenn *„auf ire samen, so noch auf dem feld sten, auch den wein an den stöcken und ander ir furcht arbait und vihe Geld"* geliehen oder vor der Ernte bereits bezahlt wurde. Fünfundzwanzig Jahre später sah man darin die Zielsetzung, *„ehe die anderen Kauffleut solchs gewahr werden* [die Ware] *in ihre Hand und Gewalt allein zu bringen, Fürkauff damit zu treiben unnd denselben Wahren einen Wehrt nach ihrem Willen und Gefallen zu setzen"*.[89]

Die Finanznot der Anbieter führte also zu Termingeschäften, die den Preis drückten. Ähnlich praktizierten es die Genuesen und die Florentiner beim Aufkauf der Wolle in Cuenca und den Dörfern der Sierra. Ohne deren Vorschüsse konnten die Viehbesitzer ihre Herden nicht über den Winter bringen.[90]

Erwähnt sei in diesem Zusammenhang, daß der Wettbewerbsfaktor Zeit insofern genutzt werden konnte, als man bezüglich der Transportkosten auf lang-

---

87 Auf diese Zusammenhänge wies auch Christof Kurz in seinen Schreiben aus Antwerpen an Linhart Tucher hin. – Ehrenberg, R., Zeitalter der Fugger, 2, S. 15ff.
88 Jahnel, H., Imhoff, S. 117.
89 Diese Auffassung fand 1548 seinen gesetzlichen Niederschlag. - Zitate nach: Blaich, F., Reichsmonopolgesetzgebung, S. 35f. Dort auch eine kritische volkswirtschaftliche Würdigung.
90 Der Scholastiker Luis de Molina (1535-1600), ein Jesuit, schätzte, daß hauptsächlich von den Genuesen in jener Gegend sechzig- bis achtzigtausend Lasten für einen Wert von 200.000 Golddukaten aufgekauft wurden. - Höffner, J., Wirtschaftsethik und Monopole, S. 67f.

wierige Verhandlungen verzichtete, überhöhte Preise zahlte, um die Ware schneller als die Konkurrenten in Lyon bzw. Nürnberg zu haben. Auf diese Weise ergab sich die Möglichkeit, einen Teil der Nachfrage abzuschöpfen (S. 222), bevor die Konkurrenten auf den Markt kamen und den Wettbewerbsdruck erhöhten.

Ob dieses Verhalten gegen Preisabsprachen auf diesem Dienstleistungssektor verstieß, kann anhand der Quellen nicht beantwortet werden. Von Auseinandersetzungen mit den anderen Mitgliedern ist nicht die Rede. Die Entscheidung war möglicherweise eine Frage der innerbetrieblichen Kalkulation oder von minderer Bedeutung.

1.1.2.4.4. Quotenregelung

Ein weiteres Konfliktpotential bestand in der Aufteilung der eingekauften Kontingente bei Nachfrageüberhang. Konstitutiver Bestandteil der ‚Verschreibung' war sie nicht. Diese Entscheidung oblag den örtlichen Faktoren und wurde in der Regel mündlich getroffen. Die Preise für diese Geschäfte untereinander wurden vor Ort ausgehandelt (S. 213). Außer bei Nachfrageüberhang wurde von den Allianzmitgliedern dann ein gewisser Transfer der eingekauften Menge erwartet, wenn ein Partner eine Restmenge benötigte, um das Gewicht eines Ballens bzw. einer Saumladung zu erreichen. Aus Gründen einer ausgewogenen Lastenverteilung beim Transport und einer leichteren Zollabfertigung war es wohl weitgehend üblich, hinsichtlich Gewicht und Umfang ‚genormte' Quantitäten zu verschicken.[91]

Im August des Jahres 1547 kam es zwischen den Tuchern und den Imhoff diesbezüglich zu einem offenen Eklat. Die Tucher wollten von dem eingekauften katalanischen Ortsafran eine bestimmte Menge zugeteilt bekommen. Dieser Wunsch wurde ihnen mit der Begründung verweigert, im letzten Jahr keinen Anteil übernommen zu haben. Dieses Verhalten widersprach nach Christoph Tucher eindeutig den getroffenen Vereinbarungen. Als er wenig später in dieser Sache Konrad Payer, offensichtlich im Dienst der Imhoff stehend, darauf ansprach, gab der vor, von einer derartigen Verabredung nichts zu wissen (S. 206).

Folgt man den Ausführungen von Tucher, handelte es sich also eindeutig um Vertragsbruch. Der Beweis war deshalb nicht zu führen, weil die Vereinbarung mündlich, nicht schriftlich getroffen worden war. Auf der anderen Seite hatten die Tucher den Imhoff früher Safran zukommen lassen, denn bei dieser Gelegenheit versäumten sie es nicht, an die überfällige Bezahlung von 6 Säcken Safran zu erinnern. Also war, so muß geschlußfolgert werden, auch die Zahlungsmoral innerhalb der Allianz nicht immer die beste. Zunächst hatten die Tu-

---

91   In der Zollordnung von 1742 für Tirol heißt es allerdings noch: „ *Weil die Handelsleut in Einpackung ihrer Güter die Sam gar ungleich machen, dadurch nicht allein die Ämter, sondern auch die Fuhr- und Rodleut und Samer merklich beschwert werden ...*" - Zitiert nach: Lindgren, U., Alpenübergange, S. 159f.

cher nur die Möglichkeit, auf diesen Bruch des Kooperationsvertrages mit Nadelstichen zu reagieren. Die interne Rechtfertigung der Mahnung mit *„Man verschone die Tucher ja auch nicht"*, offenbart grundsätzliche und langandauernde Spannungen zwischen diesen Allianzmitgliedern.

Die Quittung für ihr Verhalten erhielten die Imhoff im August 1547, als der Lyoner Faktor der Tucher, Jakob Reuther, es ablehnte, ihnen einen Ballen abzutreten, und zwar ausdrücklich mit dem Hinweis auf ihr Verhalten im Vorjahr. Die Nachfrage der Welser wollte er dagegen befriedigen, allerdings auch nicht in vollem Umfange. Prinzipiell hatte es Reuther, ein erfahrener und vorsichtiger Mann,[92] schon vorher nicht für gut befunden, sich auf eine Quotenregelung einzulassen, wie es neulich in Saragossa geschehen war (S. 221f.).[93] Er hielt seine unternehmerische Dispositionssicherheit und die Marktstellung der Tucher offensichtlich für so gut, daß er auf diesen (mündlichen) Vertragspassus glaubte verzichten zu können.

Wie schon an anderer Stelle ausgeführt, fanden die Allianzmitglieder auf dem Markt in Verdu, eine Meile von Cervera, nur ein geringes Angebot vor. Sie einigten sich auf eine Teilung. Als es den Tuchern durch ihren Faktor Mocon d.J. nach ihrer Abreise gelang, weitere 6 Ballen, allerdings zu einem überhöhten Preis zu erstehen, befürchteten sie, davon abgeben zu müssen, wenn die anderen es erfahren würden. Diese Forderung erhoben jene jedoch nicht, weil die Imhoff sich selbst zu einem noch höheren Preis eingedeckt und sich mit den anderen schon auf eine Aufteilung - ohne die Tucher einzubeziehen - geeinigt hatten (S. 210, 213).

1.1.2.4.5.   Arbeitsklima - Allianzkontinuität

Aufgrund der vorstehenden Darlegungen bedarf es keiner großen Phantasie, um sich eine Bild von dem schlechten Arbeitsklima innerhalb der Allianz zu machen. Es stellte sich für die Tucher die Frage nach der grundsätzlichen Tragfähigkeit weiterer Vereinbarungen. Einige authentische Äußerungen seien festgehalten.

Christoph Tucher bekannte einmal, daß die deutschen Gesellen, die sich in Katalonien aufhielten, nämlich Hans Straub, die beiden Welser und Jakob Rottengatter, nicht gut miteinander auskämen (S. 205). Gabriel Tucher schätzte das Verhältnis aller untereinander nicht anders ein, denn es gäbe unter ihnen nur *„Zank und Hader"* (S. 209). Später heißt es: *„Der Neid* [unter den Allianzmitgliedern] *ist allenthalben groß"* (S. 215). Im August 1547 kommt Jakob Reuther auf die Rivalität unter den Oberdeutschen zu sprechen und empfahl den Tucherfaktoren, *„sich auf keine spitze, scharfe oder verächtliche Rede einzulassen,*

---

92   Zu Reuther (Reyther) als strenger Ausbilder der Tuchersöhne siehe: Hampe, Th., Lyon-Nürnberger Kaufleute, S. 296.

93   Offensichtlich also die Ausnahme.

sondern sie reden [zu] *lassen und dazu* [zu] *lachen, damit es heuer keinen Zank gebe*" (S. 221).

Folge dieses schlechten Kooperationsklimas war, daß Gabriel und Christoph Tucher im Jahre 1547 gleichermaßen davon abrieten, eine Verschreibung für Aragon nach dem Muster Kataloniens aufzurichten (S. 209). Die Spannungen waren schließlich so groß, daß Gabriel Tucher erfreut das Ende der Vertragszeit mit ihren Bindungen begrüßte (S. 213). Er fühlte sich übervorteilt und „*verschmäht*".

Auf der anderen Seite schätzten er und seine Angehörigen den Bindungs- und Disziplinierungsdruck eines Vertrages doch positiv ein, auch wenn bei Verstößen dagegen keine Sanktionsmöglichkeiten etwa in Form von Geldbußen vorgesehen waren, um ein Verhalten im Sinne der Allianzziele zu induzieren. Als im Jahre 1550 offensichtlich ein vertragsloser Zustand [für Aragon] herrschte, konstatierten die Tucher, daß die Leute des Hans Welser [Nürnberger Linie] mit ihren Einkäufen von aragonesischem Safran in Lyon „*das Spiel verdorben*" hätten (S. 220). Bei den gemachten Prämissen kann diese Quelle nur so interpretiert werden, daß sie von überhöhten Einkaufspreisen ausgingen, die nicht gezahlt worden wären, hätten die Tucher in einer Verschreibung ihren Einfluß geltend gemacht. Da in diesem Fall der spanische Safran nicht vor Ort, sondern in Lyon gekauft worden war, handelte es sich mit großer Wahrscheinlichkeit um Zusatzeinkäufe, mit denen auf eine gesteigerte Nachfrage reagiert werden sollte.

Diese Stelle wie der gesamte Kontext legen den Schluß nahe, daß bei einem ‚offenem Wettbewerb' die Imhoff und die eng mit ihnen zusammenarbeitenden Welser durch ihr aggressiveres Vorgehen und ihren größeren Marktanteil die Preisführerschaft übernehmen würden, die Tucher sich ihnen hätten anpassen müssen. Eine vertragslose Zeit aufgrund des schlechten Arbeitsklimas barg also die Gefahr von sinkenden Umsatzanteilen und Gewinnquoten. Diese Tendenz sahen die Tucher und bedauerten deshalb, ihres verletzten Ehrgefühls wegen betriebswirtschaftliche Überlegungen hintan gestellt zu haben. Daß die Imhoff in der ersten Hälfte des 16. Jahrhunderts z.B. auf dem spanischen Safranmarkt dominierten, legen die Ausführungen von Häbler aufgrund seiner Analyse des Zollbuchs aus Barcelona nahe.[94]

Die andere mögliche Folge eines Vertragsaustrittes war die Bildung von neuen Kooperationsgemeinschaften, welche die Wettbewerbssituation erschwerten. So argwöhnte Tucher, daß es möglicherweise zu einem Vertrag zwischen den Nürnberger und Augsburger Welsern gekommen sei (S. 217). Davon war auch schon sechs Jahre vorher, 1545, die Rede gewesen (S. 201).

Kam keine ‚große' Allianz zustande, so kooperierten offensichtlich die beiden Welser-Firmen und wohl auch die Imhoff, von denen in diesem Zusammenhang aber nicht die Rede ist, zeitweise in einer ‚kleinen' Allianz zusam-

---

94   Häbler, K., Zollbuch-Barcelona, S. 30f.

men.[95] Allerdings war das die Ausnahme. Dazu Ludwig Welser (1917):[96] *„Wir werden auch beim Register der Ratschläge noch darauf kommen, daß die Nürnberger Gesellschaft mit den Augsburgern in dem wichtigen Safranhandel lange Zeit nicht Hand in Hand gegangen ist".* Sieh-Burens[97] konstatiert (1986), daß die Nürnberger Welser deutlich außerhalb des Augsburger Welsernetzes standen. Gleichwohl, für den schwächeren Partner war es vorteilhaft, ja geradezu geboten, in der Allianz zu bleiben.[98] Auf längere Sicht hin war der Gesamtgewinn größer als bei einem ‚offenen Wettbewerbskampf', der Anteil für jeden von ihnen lukrativer. So schätzten jedenfalls die Tucher die Marktsituation ein. Die Vertragspolitik durfte sich also nicht – so schwer es offensichtlich manchmal einigen Personen fiel – von persönlichen Aversionen leiten lassen.

Offensichtlich schätzten die Tucher es aus unternehmerischer Sicht bei noch so großen Spannungen und Friktionen letztendlich für profitabler ein, die Steuerungsmöglichkeiten durch und innerhalb der Kooperationsgemeinschaft zu nutzen als sich alleine gegen eine Allianz in anderer Zusammensetzung zu behaupten. Gleichwohl wurde auch diese Option eine Zeitlang von den Tuchern ins Auge gefaßt. Sie hofften, mit geringen Preisüberbietungen einen größeren Marktanteil auf sich ziehen zu können, besser *„herauszuklauben"*, wie es im Original heißt (S. 209). Auf der anderen Seite waren die Folgen eines Preiswettbewerbs schlecht einzuschätzen.

Die Briefe und der übrige der Arbeit zugrunde liegende Quellenkontext legen den (vorläufigen) Schluß nahe, daß die Imhoff und Welser offensichtlich einen ganz anderen Unternehmertypus repräsentierten als die Tucher. Waren jene wagnisreich bis unbedenklich, aggressiv, scheuten auch vor illegalen Methoden nicht zurück, so sind die Tucher bei allem unternehmerischen Durchsetzungswillen doch als zurückhaltend, solide, vertragstreu und kooperationswillig zu charakterisieren. Die Validität der Quellen deshalb anzuzweifeln, weil sie die Situation einseitig aus der Sicht der Tucher schildern, ist in diesem Falle nicht gerechtfertigt. Sie sind nicht an Dritte gerichtet, unterlagen im Gegenteil strengster Geheimhaltung und wurden nicht in einem (parteiischen) Rechtsverfahren eingeführt. Es waren Informationen für die eigene Firmenzentrale, dürfen deshalb sogar besondere Überzeugungskraft beanspruchen. Auch für die Unterstellung, mit den Vorwürfen eigene Fehler kaschieren zu wollen, fehlen alle Anhaltspunkte. Außerdem erfahren die Äußerungen eine weitgehende Bestätigung

---

95 Kellenbenz, H., Meder'sches Handelsbuch, S. 83, 85; Nürnberger Safranhändler-Spanien, S. 201.
96 Welser, L.v., Welser, 1, S. 82.
97 Sieh-Burens, K., Oligarchie-Konfession-Politik, S. 84.
98 Die Spannungen zwischen den Nürnberger und Augsburger Häusern der Imhoff und Welser können den Nürnberger Tuchern nur recht gewesen sein. Hätten jene sich dauerhaft zu einer Allianz zusammengeschlossen, wäre es für sie sehr schwer geworden, sich zu behaupten.

durch andere Quellen. Später wird auf die unterschiedliche Unternehmenskultur noch einmal einzugehen sein.

Fazit: Das Verhältnis der Mitglieder untereinander mit dem modernen Ausdruck ‚Partnership-Problem' zu charakterisieren, würde der Spannungsdimension sicher nicht gerecht, wird doch mit ihm assoziiert, durch einige Konferenzsitzungen unter ‚vernünftigen Leuten' den Fall aus der Welt schaffen zu können. Dieses Ergebnis wäre bei den Allianzpartnern Imhoff, Welser, Tucher, Zollikofer, Rottengatter nicht zu erwarten gewesen.

Daß die Tucher dennoch in der Allianz verblieben, wird im Kapitel ‚Strategische Allianzen auf dem Absatzmarkt' belegt werden.

1.1.2.4.6.   Politische und religiöse Differenzen

Kurz nach Ausbruch des Krieges im Sommer 1546 zwischen Karl V. und dem Schmalkaldischen Bund schrieb Christoph Tucher an seinen Vater, daß er sich als Nürnberger Protestant in Katalonien und Aragon sicher fühle. Der junge Tucher legte keinen missionarischen Eifer an den Tag, sondern sprach den Leuten nach dem Mund. Kurze Zeit vorher hatten sich die Tucher, die sich in Nürnberg mit Anton maßgeblich für die Durchführung der Reformation eingesetzt hatten,[99] in Genf bei den Auseinandersetzungen zwischen Katholiken, Protestanten und Kalvinisten keine besondere Zurückhaltung auferlegt.[100] Vielleicht ist das Verhalten vor dem Hintergrund jener Erfahrungen zu verstehen, die Anton, der Vater des jetzigen Firmenleiters und Urgroßvater von Christoph, sowie Wolf und Lorenz in den zwanziger Jahren dort gemacht hatten.[101] Die entscheidenden Auseinandersetzungen um die religiöse Oberhoheit zwischen den Glaubensgruppen in Lyon (Katholiken, Lutheraner, Reformierte) standen ja noch bevor.

Im Dezember 1546 (S. 204) äußerte Linhart Tucher in einem Brief an seinen Sohn Christoph nochmals seine Sorge über die möglichen Auswirkungen des Krieges auf das persönliche Wohl der Protestanten in Spanien. Er wiederholte seine Bitte, sich um ein Geleit für die Heimreise zu bemühen. Christoph beruhigte ihn in einem Brief vom 20. März des folgenden Jahres mit seinem Vertrauen in die Justizbehörden Aragons, die offensichtlich ihre wirtschaftlichen Interessen über die religiösen des Kaisers stellten. Allenfalls die Inquisitionsbehörden könnten ihm gefährlich werden.

Die Welser (Nürnberger, Augsburger Linie?) waren offensichtlich in einer anderen Situation, sie waren „*dem Kaiser zugezogen*". Tucher vermutete, daß sie

---

99   Kellenbenz, H., Nürnberger Safranhändler-Spanien, S. 201ff.
100   Ammann, H., Oberdeutsche Kaufleute-Genf, S. 183ff.
101   Einige Briefauszüge von ihnen bringt Pfeiffer, G., Privilegierung-Lyon, S. 422, Fußnote 127. - Nach dem Blutbad von Vassy 1562 brachen die Religionskriege aus, Lyon wurde ab 1564 zwei Jahre lang von den Hugenotten beherrscht; dazu kam die Pest im gleichen Jahr, die rund 1/3 der Bevölkerung hinwegraffte. Hochwasser, Mißernten, die geänderte Finanzpolitik der Krone, die Unsicherheit der Verkehrswege leiteten schließlich den Niedergang der Messen ein: Gascon, R., Lyon, 2, S. 459ff., 666-672.

von Lyon aus als Geheimkuriere des Kaisers fungierten und Briefe von und für ihn beförderten.[102] Bei den erbitterten Auseinandersetzungen zwischen dem Hause Habsburg und der französischen Krone sicher eine besonders heikle Position und Mission.

Auch diese unterschiedliche religiöse und politische Einstellung war also sicher nicht geeignet, die Allianz auf eine vertrauensvolle Basis zu stellen.

Über den konkreten Einzelfall hinaus ist die Quelle ein Hinweis darauf, daß schon in einem frühen Stadium der Gegenreformation und Inquisition wirtschaftliche Zwänge die religiöse Toleranz gefördert haben, und das auch und gerade in Spanien bzw. in den von Spanien kontrollierten Ländern und Städten.[103]

1.1.2.4.7.   Landesrechtliches Spannungsfeld

Neben den Auseinandersetzungen innerhalb der Allianz stand die Kooperation als solche in einem nationalrechtlichen Spannungsfeld: Sie setzte sich über das Kartellbildungsverbot in Spanien hinweg. Voller Sorge teilte Gabriel Tucher im August 1547 der Unternehmensleitung mit (S. 215), daß einige Adelige von der Einkaufsvereinbarung erfahren und am Hof davon berichtet hätten.[104] Auf der einen Seite befürchtete er schlimme Folgen, sollten die Behörden wirklich den Beweis führen können, auf der anderen Seite war er sicher, daß die Allianzmitglieder nur im Gefängnis und bei Anwendung von Gewalt zum Reden gebracht werden könnten.

Das Offenbarwerden war nicht auf eine Denunziation interessierter Kreise zurückzuführen, sondern auf die Sorglosigkeit der *„Alt-Safraner"* selbst, vor allen Dingen der Redseligkeit des Jakob Rottengatter. Man sei mit der Geheimhaltungspflicht so *„kindisch"* umgegangen, daß selbst ein Jüngling von sieben Jahren über den bestehenden Vertrag hätte informiert sein können. Auch Thomas Mocon, der treue und fähige Mitarbeiter der Tucher, den sie offensichtlich nicht eingeweiht hatten, um ihn vor mögliche Repressalien zu schützen, gestand, erst in diesem Jahr davon erfahren zu haben. Er wurde von Tucher mit der Erklärung beruhigt, daß dieses Gerücht auf Falschinformationen beruhe.

Über den konkreten Anlaß hinaus bestätigt diese Quelle erneut die langjährige Existenz der Verschreibungen. Aufgrund der positiven Erfahrungen in der Vergangenheit waren die Vertragsmitglieder sorglos geworden, legten nicht

---

102 Kellenbenz, H., Nürnberger Safranhändler-Spanien, S. 203f.
103 Dieser Frage ist vor allen Dingen und in neuester Zeit verstärkt die Konfessionsforschung nachgegangen. Als bedeutende Vertreter gelten Ernst Walther Zeeden, Erich Hassinger, Heinz Schilling und Wolfgang Reinhard. Siehe dazu Zeeden, E.W., Reformation-Absolutismus; Hassinger, E., Geschichte-Wirtschaft-Gesellschaft; Reinhard, W.-Schilling, H., Katholische Konfessionalisierung. - Ich danke an dieser Stelle herzlich Herrn Dr. Peter Schmidt vom Deutschen Historischen Institut in Rom für die Überlassung seines Vortragsmanuskriptes über das Thema ,L'inquisizione e gli stranieri'.
104 Die führenden Wirtschaftsethiker des Landes jener Zeit, die sich gegen Monopole wandten, saßen vor allen Dingen in Salamanca und Alcalá. - Höffner, J., Wirtschaftsethiker-Monopole, S. 102f.

mehr die Diskretion früherer Jahre an den Tag. Von negativen Folgen ist in den Quellen nicht die Rede. Vielleicht wirkten sich diesbezüglich die guten Dienste besonders der Welser (Augsburg) für den Kaiser aus, deren Darlehen von über 308.000 Gulden[105] Karl schließlich seine Wahl in Frankfurt mitzuverdanken hatte. Später vermittelte ihr spanischer Faktor Heinrich Ehinger aus Konstanz, den Kellenbenz als den *„aktivsten, einflußreichsten und angesehensten"* deutschen Kaufmann im damaligen Spanien einschätzt,[106] zusammen mit Hieronymus Sailer[107] Arbeitskräfte für die spanischen Besitzungen in Amerika, Bergleute auf der Isla Española, Sklaven aus Afrika,[108] ‚Know-how' für das Schmelzen von Edelmetallen in der Neuen Welt, Artillerie aus Augsburg für Malaga. Sie bereiteten auch das Engagement der Augsburger Welser in Santo Domingo (Hispaniola, La Isla Española) vor.

Im Jahre 1528 brachte Ehinger ebenfalls den Vertrag über das Kolonisationsunternehmen der Welser in Venezuela und Cabo de la Vela unter Dach und Fach, das 1556 endete und eine wahre Prozeßflut nach sich zog. Nachdem Ehinger die Zusammenarbeit mit den Welsern aufgekündigt hatte, übernahmen die Aufgaben Christoph Peutinger aus Augsburg und Bartholome May aus Bern. Es war jene Zeit, als die Welser für die Jahre 1533-1537 den Pachtvertrag über die Einkünfte der drei Ritterorden von Santiago, Calatrava und Alcantara mit der spanischen Krone abschlossen.[109] Auch in späteren Jahren beteiligten sich sowohl die Augsburger als auch die Nürnberger Welser an Asientos der spanischen Regierung, wobei Bartholomäus sich um Mitte des Jahrhunderts auffällig zurückhielt.[110]

Im Jahre 1523 hatte die Antimonopolbewegung ihr Ziel fast erreicht gehabt, war aber durch den Einfluß der Reichsstädte und der großen international agierenden Handelsgesellschaften, von denen der Kaiser finanziell in starkem Maße abhängig war, in ihren Wirkungsmöglichkeiten eingeschränkt worden. Im Jahre 1523 hatte Karl V.[111] dem Reichsfiskal Caspar Mart *„bei vermeidung unser schweren ungnad"* befohlen, das Gerichtsverfahren wegen Aufrichtung von Monopolien gegen Jakob Fugger, Andreas Grander, Christoph Herwarth, Ambrosius Höchstetter, Bartholome Welser, Andreas Rem einzustellen. Gleichwohl: Die Kommission war weiterhin aktiv. Das zeigt die Tatsache, daß zur sel-

---

105 Kellenbenz, H., Spanisches Jurogeschäft, S. 101; Fugger-Spanien-Portugal, S. 395f.
106 Er wurde 1530 sogar Tesorero Karls V.
107 Ebenfalls ihr Bevollmächtigter; verheiratet mit Felicitas, der Tochter von Bartholomäus Welser d.Ä.
108 Carande, R., Carlos V, III, S. 132ff. Welser, L.v., Welser, 1, S. 175.
109 Kellenbenz, H., Fuggersche Maestrazgopacht, S. 9-13. Die Angabe auf Seite 10, daß Heinrich Ehinger (Enrique Eynger) bei der Vermittlung maßgeblich beteiligt war, steht in einem gewissen Widerspruch zu seiner Aussage (Fremde Kaufleute-Iberische Halbinsel, S. 304.), daß Heinrich Ehinger und sein Bruder Georg 1530 im Streit aus der Welsergesellschaft ausgeschieden waren.
110 Kellenbenz, Fremde Kaufleute-Iberische Halbinsel, S. 304f.
111 Höffner, J., Wirtschaftsethik-Monopole, S. 62.

ben Zeit, als die Nürnberger befürchteten, ihr Safrankartell könnte am Hofe offenkundig werden, nämlich 1552, gegen das Quecksilbermonopol der Fugger in Spanien Anklage erhoben wurde.[112] Ohne gefährliche Brisanz war trotz der vielen Verdienste um das Haus Habsburg ihr Quasi-Monopol also nicht.[113]

Diese Rahmenbedingungen erhellen auch, daß die Verschreibungen keinen rechtsverbindlichen Vertrag mit einklagbaren Rechten vor öffentlichen Gerichten darstellten und deshalb von den Allianzmitgliedern der Grundsatz von ‚Treu und Glauben' im besonderen Maße gefordert war und praktiziert werden mußte. Man kann sich deshalb fragen, warum denn dann überhaupt ein schriftlicher Vertrag?! Offensichtlich erhoffte man sich gleichwohl von ihm einen gewissen Disziplinierungsdruck, eine Erhöhung der Hemmschwelle, gegen die Vereinbarungen zu verstoßen.

1.1.2.5. Marktdaten auf den Beschaffungsmärkten

Die Quellenüberlieferung[114] gestattet es, einige Daten des Safranmarktes um die Mitte des 16. Jahrhunderts zusammenzustellen, zu systematisieren, zu analysieren und zu bewerten. Die Grenzen der folgenden Aussagen ergeben sich dadurch, daß es sich um Zahlen einzelner Jahre, nicht um lange Preisreihen und hinsichtlich des Nachfrageverhaltens nur um das eines Unternehmens handelt.

Es ist zwar grundsätzlich bekannt, daß die Safran-Preise nicht nur von der Gesamterntemenge eines speziellen Marktes abhingen, sondern von denen aller europäischen Erzeugergebiete, aber nicht erwiesen ist, wie stark diese Interdependenzen, besonders zwischen den Anbaugebieten in Spanien, Frankreich und Italien waren. Auch noch nicht beantwortet ist die Frage, wie die Anbaufläche für Safran konkurrierte mit der für andere landwirtschaftliche Nutzpflanzen (Interdependenz der Preise für alle Agrarprodukte), und auch nicht wird eine Änderung des Verbraucherhaltens durch eine Verschiebung ihrer Präferenzen erfaßt. Wahrscheinlich spielte der Safran im 17. Jahrhundert nicht mehr die frühere Rolle; jedenfalls hatte der Verteilermarkt in Nürnberg seine frühere Bedeutung verloren. So konstatierten 1653 die Safranschauer in Nürnberg, daß kein Safran mehr zur Schau gebracht werde; 1613 allerdings wurden auf der Fleischbrücke noch 18 Zentner gefälschter Safran verbrannt.[115] So können vorläufig auch keine Erntezyklen aufgezeigt werden und schon gar nicht ein säkularer Trend im Sinne von Abel.[116] Diese Einschränkungen also vorab.

---

112 Ehrenberg, R., Zeitalter der Fugger, 1, S. 404.

113 Siehe dazu auch die Auseinandersetzung im Monopolstreit in Nürnberg. – Pölnitz, G., Fugger-Nürnberg, S. 231.

114 Siehe vor allem die Arbeiten von Kellenbenz, Welser (Hubert bzw. Ludwig), Karl Otto Müller.

115 Schneider, P., Nürnbergisch gerecht geschaut Gut, S. 20f., 28 (Fn. 1). Siehe auch den Ausstellungskatalog des Jahres 1961 der Stadtbibliothek Nürnberg: Nürnbergisch gerecht geschaut Gut.

116 Zu den Begriffen ‚Konjunktur, Krise, säkularer Trend' neuerdings: Achilles, W., Darstellung-Agrarkonjunkturen, passim.

Gleichwohl dürfen die Zahlen für den Untersuchungszeitraum eine gewisse Repräsentativität beanspruchen, weil sie die Nachfragereaktion eines Unternehmens auf die Angebots- und Preisentwicklung widerspiegeln, bei dem der Safranhandel seit Jahrzehnten zum Kerngeschäft gehörte, und es einer Allianz angehörte, die zur damaligen Zeit diesen Handel weitgehend monopolisierte.

1.1.2.5.1. Italien: Aquila (Adler)

Das zum Herrschaftsgebiet Neapels gelegene Dorf Aquila in den Abruzzen war im 15. und 16. Jahrhundert einer der ganz bedeutenden Anbau- und Einkaufsorte für die Safransorte ‚zima',[117] die als besonders gut galt.[118] Der größte Teil wurde von den Deutschen aufgekauft:[119] *„Und gemelter safron, wird gemeinigklichen zum Adler der meiste thail von den Teutschen einkauft, gemeinglich alle jahr bei einem hundert und 50, oder 180 balln, new und alt, wegt etwan ein balln bey 300 deutscher Pfund, ungefehrlich".*[120] Die größte Menge davon wurde über Mailand oder Venedig[121] fast ausschließlich in Nürnberg abgesetzt.[122] Zum Teil wurde er auch nach/in Lyon verhandelt, wo ja dieselben Nürnberger Firmen ebenfalls eine marktbeherrschende Position hatten. Die Einkaufsorder gingen von den deutschen Kaufleuten an einen ‚Walhen' (Welschen, Italiener), der das Gut vor Ort selbst oder in der Umgebung besorgte. Der erste und günstigste Einkaufszeitpunkt war der erste Samstag nach Allerheiligen in Castel Sanguiro bei Sulmona und an den Samstagen im Februar,[123] weil dann die Bauern das Schafweidengeld an den König für die Nutzung der Weiden in Apulien zahlen mußten, die Einkäufer also einen größeren Preisdruck ausüben konnten.

Für das Jahr 1543 erfahren wir, welche Einkaufsorder der Nürnberger Welserzentrale an ihren Faktor in Aquila ergingen. Er sollte bei einer gegebenen Ge-

---

117 Es wurde auch die Sorte stima verhandelt, die aber nicht dieselbe Qualität hatte. Dagegen behauptet Zedler, allerdings zweihundert Jahre später: *„Der Zimasafran ist nur ein gemengtes Gut, und ein halber Safran, so wohl an Kräfften als Farben".* Wahrscheinlich irrt sich Zedler hier und meint stima. - Zedler, J.H., Universallexikon, S. 520. Gegensätzlicher Meinung u.a.: Müller, K.O., Welthandelsbräuche, S. 363, 366. Kellenbenz, H., Meder'sches Handelsbuch, S. 10.

118 Anton (II) Tucher verschenkte ihn zu Neujahr schon mal an gute Freunde. - Loose, W., Haushaltbuch, S. 92.

119 Kellenbenz, H., Meder'sches Handelsbuch, S. 215.

120 Nach Paumgartner allerdings: 15 Ballen machten 7 ½ Saum aus. Wenn ein Saum 330 (324) Pfund wog, dann ist bei einem Ballen von 162–165 Pfund auszugehen. Ein Ballen (Pfeffer) wurde unterteilt in Säcke. – Müller, K.O., Welthandelsbräuche, S. 46 (Fn. 2), 47, 52.

121 Zwischen beiden Orten bestanden intensive Konkurrenzbeziehungen. Venedig, das zeitweise einen großen Anteil an Mailand verloren hatte, suchte durch mildere Zollbestimmungen den Handel wieder an sich zu ziehen. – Weitnauer, A., Venezianischer Handel, S. 48. Kellenbenz, H., Meder'sches Handelsbuch, S. 11. Simonsfeld, H., Fondaco dei Tedeschi, 2, S. 35. Beutin, L., Leinenhandel-Genua, S. 163.

122 Müller, K.O., Welthandelsbräuche, S. 45f.

123 Die Märkte fanden von Allerheiligen bis Ende Februar jeweils am Samstag statt.

samtangebotsmenge auf Preisänderungen **(Darstellung 6 und Darstellung 7)** folgendermaßen reagieren:

> *„Adler – ist der befelch woe 300 in 320 pallen würden wie fert [voriges Jahr] sol er zw piss in 12 Cart 50 pallen annemen – zw 12 ½ in 13 Car. 32 pallen – wo aber nur 250 pallen würden sol er zw 13 Cart. N 50 machen vnd 13 ½ pis in 14 Carl. Pallen 32".* [124]

Bei den folgenden Interpretationen ist im Auge zu behalten, daß es sich um die Angebotsmengen eines Jahres und den Nachfrageumfang eines Unternehmens handelt, allerdings ist davon auszugehen, daß die Nürnberger Allianzpartner ähnlich reagiert haben und deshalb die Reaktionen typisch für die Gesamtnachfragekurve sind. So wissen wir zum Beispiel, daß auch die Imhoff 50-60 Ballen jener Ernte einkauften. Jahnel,[125] der wir diese Information verdanken, erweckt den Eindruck, daß dies die übliche Quantität war. Leider erhalten wir keine Kenntnis über mögliche Reaktionen der Imhoff auf Änderungen der Gesamtangebotsmengen und der Preise. Unterstellen wir also diese Mengen, zählen die Nachfrage der Tucher, Zollikofer und Rottengatter hinzu, so ist die Menge tatsächlich weitgehend deckungsgleich mit der eben in der zeitgenössischen Quelle angegebenen Menge von 150 bis 180 Ballen.

Was das Gesamtangebot angeht, so muß zunächst festgestellt werden, daß die Safranbauern aufgrund der Anbaufläche und der Abhängigkeit von den klimatischen Bedingungen nur eingeschränkt reagieren konnten. Die Anbaufläche war mittelfristig sicher konstant. Aufgrund fehlender Kenntnis über weitere Parameter (Investitionsbereitschaft, -vermögen, Arbeitskräfte etc.) kann nicht gesagt werden, wie sie längerfristig darauf Einfluß nehmen konnten bzw. wollten.

Die Darstellungen zeigen, wie die Welser in Abhängigkeit von der (geschätzten) Gesamtangebotsmenge[126] und der damit (vermuteten) abhängigen Preisgestaltung reagieren wollten und würden. Zunächst werden die obigen Aussagen, daß die deutschen Firmen den größten Anteil aufkauften, eindrucksvoll bestätigt. Alleine die Nachfrage der Welser belief sich – je nach Gesamtangebot und Preis – auf 12,8 bis 25%. Die Addition mit den (geringeren?) Quoten der anderen Allianzmitglieder verdeutlicht, wie eben schon gesagt, ihre dominierende Marktposition.

Wie vorsichtig sich die Verkäufer dem ‚richtigen' Preis nähern mußten, zeigt sich daran, daß bei – <u>gegebenem Gesamtangebot</u> – eine Erhöhung der Preise um 6,25% **(Darstellung 6)** bzw. 5,8% **(Darstellung 7)** die Einnahmen bei der dann verringerten Nachfrage um rund 32% zurückgingen.

Aus den Relationen, der prozentualen Veränderung der Nachfrage (a) als Reaktion zur prozentualen Veränderung des Preises (b), lassen sich nun Kennzahlen bilden, die aus der volkswirtschaftlichen und betriebswirtschaftlichen Li-

---

124 Welser, L.v., Urkunde, S. 48. Kellenbenz, H., Meder'sches Handelsbuch, S. 81.
125 Jahnel, H., Imhoff, S. 161f.
126 Vermutlich ist das Angebot einer Einkaufssaison von November bis Februar gemeint.

teratur bekannt sind.[127] Der Koeffizient beider Größen charakterisiert die Beziehungen der Nachfrageentwicklung in Abhängigkeit von der Preisentwicklung und wird als Elastizitätskoeffizient der Nachfrage (EN) bezeichnet.

In diesen beiden Fällen ergibt die Division (Nachfrageänderung durch Preisänderung) die Quotienten 5,76 bzw. 6,2. Damit ist

$$EN > 1.$$

Bei dieser Art der Beziehung wird von einer elastischen Nachfrage gesprochen. Eine Preissteigerung von einem Prozent hat in diesem Fall eine Nachfrageminderung von etwa dem Sechsfachen zur Folge, also eine sehr deutliche.

Charakteristisch für solche Reaktionen sind Märkte mit Gütern des gehobenen Bedarfs. Ein Teil der Endverbraucher, und das weiß der Einkäufer aufgrund jahrelanger Erfahrung, bewertet seinen Nutzen beim Kauf des verteuerten Gutes nicht mehr so hoch ein wie vorher, reduziert seine Nachfrage bzw. verzichtet gänzlich darauf, oder er substituiert das Gut durch ein minderwertvolles und kostengünstigeres.[128] Der Grenznutzen für dieses Gut ist für ihn negativ geworden.

---

127   Der Ltd. Archivdirektor des Bayerischen Staatsarchivs Nürnberg, Dr. phil. G. Rechter, äußerte sich als Gutachter einer Nürnberger Stiftung in seinem Schreiben vom 01.10.2002 zu einem Antrag des Autors auf einen Druckkostenzuschuß für die vorliegende Arbeit folgendermaßen: „*... welche Sorgfalt grundsätzlich (etwa bei Quellenrecherche und -rezeption) aufgewandt wurde, wenn das Manuskript schon äußerlich als „dahingehudelt" bezeichnet werden kann; ein innovativer Ansatz kombiniert mit modernen (vielleicht sogar modernistischen) volkswirtschaftlichen Fachbegriffen kann m.E. eine sorgfältige historische Arbeitsweise nicht ersetzen. Insofern bin ich unschlüssig, ob das Manuskript auch nach Beseitigung der angesprochenen Mängel zur Annahme zu empfehlen ist*".
Es handelte sich bei „hingehudelt" in der noch nicht vorgenommenen Endredaktion bedauerlicher Weise um 4 [von 1700 insgesamt, die meisten mit Mehrfachnennungen] nicht korrekte, gleichwohl nicht irreführende Quellenbelege in den Fußnoten [Repertoriennummern], einige stilistische Änderungswünsche sowie fehlende Kommatasetzungen.
Ob Herr Rechter mit ‚modernistisch' den folgenden Ansatz und die in diesem Zusammenhang verwendeten Fachbegriffe oder die Definition des Vertrauenskoeffizienten oder die ansatzweise Durchleuchtung des ‚Öffentlichen Haushalts' meinte, ob er die dort angewandten Methoden als nicht problemadäquat ansah, folglich die Ergebnisse als unzutreffend bewertete, oder ob er auf andere Ansätze, Termini und Resultate zielte, um das Buch mit diesem Negativvotum zu belegen, bleibt unklar. Er stand mit seiner Bewertung im Gegensatz zu zwei Gutachten von Universitätsprofessoren, die die Arbeit sehr positiv bewerteten.
Während eines längeren Gesprächs des Autors mit Herrn Rechter am 02.12.2002 blieben eine Präzisierung und eine kritische Diskussion seiner Monita leider aus. Dem Autor war zum damaligen Zeitpunkt die Ansicht von Herrn Rechter noch nicht bekannt.

128   Diese Beziehungen gelten nur bei gegebenem Einkommen der Nachfrager, einer unveränderten Bedürfnisstruktur und konstanten Preisen aller anderen Güter.

Italien: Adler [Aquila] 1543

Σ Angebot [Ballen]	Preis	%-Preis<u>änder</u> ung	Nachfrage Welser [Ballen]	%-Nachfrage<u>ä nderung</u>	Nachfrage-Elastizität	Ausgaben/ Einnahmen	%-Ausgabe-bzw. Einnahme<u>ä nderung</u>
300-320	12		50 (16,13%)			600	
300-320	12 ½ - 13	+ 6,25	32 (10,32%)	./. 36	5,76	408*	./.32,10

Darstellung 6: Daten Safranmarkt Aquila (1) 1543

Italien: Adler [Aquila] 1543

Σ Angebot [Ballen]	Preis	%-Preis<u>änder</u> ung	Nachfrage Welser [Ballen]	%-Nachfrage<u>ä nderung</u>	Nachfrage-Elastizität	Ausgaben/ Einnahmen	%-Ausgabe<u>nä nderung-</u>Einnahme<u>ä nderung</u>
250	13		50 (25,0%)			650	
250	13 ½ - 14	+ 5,8	32 (12,8%)	./. 36	6,2	440	./. 32,31

Darstellung 7: Daten Safranmarkt Aquila (2) 1543

Frankreich: La Rochefoucauld 1543

Σ Angebot [Ballen]	Preis	%-Preis<u>änder</u> ung	Nachfrage Welser [Ballen]	%-Nachfrage<u>ä nderung</u>	Nachfrage-Elastizität	Ausgaben	%-Ausgabe-bzw. Einnahme<u>ä nderung</u>
90-100	2 ¾		12 (12,63%)			33	
90-100	3	+ 9,1	8 (8,86%)	./. 33,3	3,66	24	./. 27,28

Darstellung 8: Daten Safranmarkt La Rochefoucauld (1) 1543

Frankreich: La Rochefoucauld 1543

Σ Angebot [Ballen]	Preis	%- Preisänder ung	Nachfrage Welser [Ballen]	%- Nachfrageä nderung	Nachfrage- Elastizität	Ausgaben	%- Ausgabe- bzw. Einnahmeä nderung
60-70	3		12 (24,62%)			36	
60-70	3 ¼	+ 7,70	8 (12,31%)	./. 33,3	4,32	26	./. 10

Darstellung 9: Daten Safranmarkt La Rochefoucauld (2) 1543

Frankreich: Albigeois 1551

Σ Angebot [Ballen]	Preis	%- Preisänder ung	Nachfrage Welser [Ballen]	%- Nachfrageä nderung	Nachfrage- Elastizität	Ausgaben	%- Ausgabenä nderung- Einnahmeä nderung
300	3-3 ½		20-30 (8%)			81,25	
250	3 ¼ - 3 ¾	1:2 + 7,7	20 (8%)	1:2 = ./. 20	2,60	70,00	./. 11,25
200	4	2:3 + 14,3	12 (6%)	2:3 = ./. 40	2,80	48,00	./. 22,00

Darstellung 10: Daten Safranmarkt Albigeois 1551

Spanien: Katalonien 1543

Σ Angebot [Ballen]	Preis	%- Preisänder ung	Nachfrage Welser [Ballen]	%- Nachfrageä nderung	Nachfrage- Elastizität	Ausgaben	%- Ausgabenä nderung- Einnahmeä nderung
100	24-25		24 (24,00%)			588	
70	28-30	+18,4	20 (28,57%)	./. 16,7	0,91	580	./. 1,44

Darstellung 11: Daten Safranmarkt Katalonien 1543

Die Nachfrageabwanderung kann durch unter Umständen gerade wegen der Preissteigerung hinzukommende Käufer (Veblen-Effekt, Snob-Effekt)[129] nicht kompensiert werden. Und daß es sich bei der hier in Betracht gezogenen Sorte um Safran bester Qualität handelt, wird durch zeitgenössische Quellen bestätigt.[130] Da es sich schon um die teuerste Preisklasse handelte, ist die Zuwanderung von Käufern, die bisher preiswertere Sorten bevorzugten, kaum zu unterstellen. Auch mit gänzlich neuen Nachfragern wird allenfalls vereinzelt zu rechnen gewesen sein.

Wenn in der Literatur im Zusammenhang mit den Risiken des Safrangeschäftes gesprochen wird, sind fast immer jene für die international agierenden Händler gemeint. Die hier gewonnenen Zahlen für den Beschaffungsmarkt zeigen aber deutlich, daß auch die Safranverkäufer ganz erhebliche unternehmerische Wagnisse eingingen, wenn sie in der Preisgestaltung ,daneben' lagen. Ihre Erlösausfälle betrugen bei den aufgeschlüsselten Daten jeweils rund 32%.

Der englische Statistiker Gregory King[131] beobachtete im 17. Jahrhundert, daß eine Erhöhung des Weizenangebots aller Voraussicht nach auf die Preise drücken werde. Nun, dieser Zusammenhang ist heute allen Marktteilnehmern bekannt, und das war mit Sicherheit auch damals der Fall.[132] Der Tatbestand wird für den Safranmarkt bestätigt.

Aber King beobachtete auch eine sehr viel weniger unmittelbar einleuchtende Tatsache, nämlich die, daß die Bauern in ihrer Gesamtheit bei einer guten Ernte ein niedrigeres Einkommen hatten als bei einer weniger guten oder gar schlechten.

Unterstellen wir, daß der **Darstellung 6** und der **Darstellung 7** die Daten zweier Jahre zugrunde liegen, so können wir wegen des Rückgangs der Gesamtangebotsmenge von 300 auf 250 Ballen das zweite Jahr im Vergleich zum ersten als ein weniger gutes oder gar schlechtes Erntejahr charakterisieren. Ein Vergleich der vorletzten Spalten ,Ausgaben' offenbart, daß die Ausgaben der Welser (pars pro toto Allianzmitglieder), also die Erlöse der Safranbauern, bei beiden Preisen jeweils höher lagen als bei den ,vergleichbaren' im guten Jahr (650:600 bzw. 440:408 Erlöseinheiten).

Es kann also festgestellt werden, daß die Nachfragereaktion und die Folgen für die Erlöse der Anbieter auf dem Weizenmarkt (17. Jh.) vergleichbar sind mit denen auf dem Safranmarkt (16. Jh.), jedenfalls hier in Aquila und bei dieser

---

129 Siehe dazu auch die Ausführungen über den Ansatz von Elias im vierten Kapitel. - Wöhe, G., Betriebswirtschaftslehre, S. 559.

130 Müller, K.O., Welthandelsbräuche, S. 53, 65. Kellenbenz, H., Nürnberger Safranhändler-Spanien, S. 197.

131 Meyrich, C., King, S. 622: King beobachtete, daß Rückgänge der Ernteerträge an Weizen um 1, 2, 3, 4 und 5 Zehntel einer Normalernte Preissteigerungen um 3 bzw. 8, 16, 28 und 45 Zehntel des zugehörigen normalen Preisstandes zur Folge hatten.

132 Höffner, J., Wirtschaftsethik-Monopole, S. 97. Er beruft sich hier auf Gabriel Biel (*1418 in Speyer), Professor in Tübingen.

Sorte,[133] wobei der Gültigkeitsbereich wegen fehlender Daten nicht angegeben werden kann. Das Risiko für die Verkäufer können wir damit präziser beschreiben. Es lag nicht so sehr in der von ‚Natur aus' vorgegebenen und im Zeitablauf variierenden Gesamtangebotsmenge, also nicht, wie vermutet werden könnte, in einer schlechten Ernte, sondern in der ‚richtigen' Preisforderung bei gegebener Gesamtangebotsmenge.

Eine ungefähre Vorstellung von dem Gesamtwert der hier von den Welsern geplanten Ausgaben erhalten wir durch folgende Vergleichszahlen. Ein Ballen wog nach Meder ungefähr 300 Nürnberger Pfund.[134] Legen wir aus der **Darstellung 6** bei einem Preis von 12 carlini 50 Ballen zugrunde, so wollten sie also in diesem Anbaugebiet in jenem Jahr 15.000 Pfund Safran (300x50) kaufen, für die sie 180.000 carlini zahlen mußten. Meder ermittelt nun bei diesem Einkaufspreis inklusive weiterer Kosten (Fuhrlohn, Zoll etc.) einen Einstandspreis loco Nürnberg von 48 Schilling in Gold. Werden 12 Schilling auf einen Gulden gerechnet, so kostete ein Pfund Adler-Safran 4 Gulden. Der Wert der eingekauften Menge dieses Unternehmens, jenes Jahres, in einem Anbaugebiet belief sich also auf nicht weniger als 60.000 Gulden. Es ist daran zu ermessen, welche Umsätze auf dem Safranmarkt insgesamt getätigt wurden.

Die obigen Ausführungen gelten nur mit folgenden Einschränkungen. Es ist davon auszugehen, daß die Mengen nicht an einem Tag gekauft wurden, sondern sich über die Ernte- bzw. Verkaufssaison erstreckten, die Direktiven der Zentrale an ihren Faktor vor Ort nur Grobziele formulierten. Der Kauf an einem Tag hätte den Verhandlungsspielraum eingeengt, denn die Preise waren über die Saison hin durchaus nicht fix. Die Tatsache, daß die Welserbriefe zwar von verschiedenen Preisen sprechen, aber immer von d e n [Hervorh. d. Verf.] Preisen, vermittelt den Eindruck, daß auch die Verkäufer einer spezifischen Sorte in einer bestimmten geografischen Einheit solidarisch handelten, also sich zu einem Verkaufskartell zusammengeschlossen hatten. Die Tucherbriefe[135] aus Spanien und Frankreich liefern zusätzliche Hinweise.

Für die Nachfrager bestand die dispositive Leistung darin, während einer Verkaufssaison zum ‚richtigen' Zeitpunkt die ‚richtigen' Mengen zu kaufen. Da die Allianzmitglieder sich in ihren Verschreibungen nur darauf geeinigt hatten, den vereinbarten Höchstpreis im laufenden Jahr nicht zu überschreiten, lag hier

---

133 Ob es diese Sorte war, ist nicht mit absoluter Sicherheit zu sagen, da in Aquila auch Safran aus anderen Gebieten auf den Markt kam. Aber da es sich bei den in den zeitgenössischen Quellen um typische, ortsgebundene Lehrbeispiele handelt und der Preis von 12 carlini sowohl bei Meder als auch bei den Welsern angegeben wird, ist mit hoher Wahrscheinlichkeit diese Safransorte und –qualität gemeint.

134 Kellenbenz, H., Meder'sches Handelsbuch, S. 215. – Hier besteht nach den Angaben von Paumgartner (Anfang des 16. Jahrhunderts) aber ein gravierender Unterschied. Danach hatte ein ‚Saum 324 Nürnberger Pfund, 2 Ballen aber machten einen Saum aus, so daß danach ein Ballen nur 160 Pfund hatte. – Müller, K.O., Welthandelsbräuche, S. 46, (Fn. 3), 52. – Der Widerspruch war vom Verfasser nicht aufzulösen.

135 Kellenbenz, H., Safranhändler-Spanien, passim.

die Möglichkeit, den anderen Mitgliedern gegenüber einen Vorteil zu erwerben. Die Stelle des Briefes von Gabriel Tucher vom 24. Januar 1551 aus Saragossa kann in diesem Sinne interpretiert werden. Er schrieb,[136] daß d i e [Hervorh. d. Verf.] Bauern sich vorläufig noch zurückhielten, doch hoffe er, daß sie „auf die letzt" zum einen oder anderen Preis doch verkaufen müßten. Selbstkritisch räumte er ein, daß der katalonische Ortsafran von den anderen Allianzmitgliedern so billig gekauft[137] worden sei, daß sie, die Tucher, zu einem höheren Preis ordern müßten. Sie hatten also diesmal den ,richtigen' Zeitpunkt wohl verpaßt.

Auch die Transportprobleme und –risiken waren bei den Kaufentscheidungen in Rechnung zu stellen, ebenso die Lagerhaltungskosten in Nürnberg und die längere/kürzere Kapitalbindung. Ferner mußte man auf die Entwicklung des Absatzmarktes flexibel reagieren und ebenso – sehr wichtig! – auf die Interdependenzen mit den anderen Anbaugebieten (Erntemengen, -preise, Substituierbarkeit der Sorten, politische Repressionen). Das Datenmaterial läßt es, wie schon gesagt, bisher nicht zu, die Kreuzpreiselastizitäten zu errechnen, also die Nachfragereaktion hinsichtlich der Sorte A auf Preisveränderungen der Sorte B. Daß sie gegeben war, geht z.B. aus der Order der Welserzentrale an ihre Faktoren hervor, in der es heißt, wenn der Safran aus Rochefoucauld (Frankreich) teuer sei, sollten zunächst nur 4 Ballen gekauft und unverzüglich nach Nürnberg geschickt werden. Das weitere Einkaufsverhalten wurde abhängig gemacht von den Nachrichten über Angebotsmengen und Preise in Spanien.[138] Und Gabriel Tucher hoffte 1551, daß der katalanische Safran jetzt besseren Absatz finde, weil noch wenig Safran aus Aragon hinausgegangen sei.[139]

Ein schönes Beispiel für Interdependenzen auf den Safranmärkten liefern uns auch die Paumgartner-Papiere für das Jahr 1513/4. Auf dem ersten Markt in Aquila, also dem ersten Samstag nach Allerheiligen, wurde zum Preis von 13 carlini wenig eingekauft, dann, als Reaktion auf die schlechte Erntenachrichten aus Lyon und Aragon hin, kaufte man dazu, mußte jetzt aber schon 20 carlini bezahlen. Diese Zusammenhänge waren also auch den Verkäufern bekannt. Dreiviertel der Ernte wurde zu einem Preis von 19 carlini erstanden. Um Weihnachten schließlich war der Preis wieder auf 18-17 gesunken, im März (Schafweidengeld mußte bezahlt werden!) fiel er auf 15.[140]

Aus dieser Quelle ist auch zu erschließen, daß nur diejenigen Firmen die Preisschwankungen ausnutzen konnten, die finanzstark genug waren, über die

---

136 Kellenbenz, H., Safranhändler-Spanien, S. 217.
137 Die Stelle ist bei Kellenbenz mit 'verkauft' übersetzt worden. Das ergäbe nur dann einen Sinn, wenn damit Lyon gemeint ist. Das würde aber einen preiswerten Einkauf voraussetzen, es sei denn, man will von Dumpingpreisen ausgehen, was aus dem Gesamtzusammenhang heraus keinen rechten Sinn ergäbe. – Kellenbenz, H., Safranhändler-Spanien, S. 217.
138 Welser, L.v., Urkunde, S. 51.
139 Kellenbenz, H., Safranhändler-Spanien, S. 217.
140 Müller, K.O., Welthandelsbräuche, S. 45.

ganze Saison hin einen Faktor vor Ort anzustellen. Ein dichtes Faktorennetz verursachte also auf der einen Seite höhere Kosten, bot andererseits objektiv aber die Chance einer kostengünstigeren Einkaufspolitik. Abhängig waren die Dichte des Faktorennetzes und die Verweildauer vor Ort ihrerseits letztlich natürlich von dem gesamten Umsatzvolumen und der Marktposition der Firma. Ein kompliziertes Kalkül also mit vielen Variablen.

Schließlich hatte das Verhalten der Konkurrenten, als die, wenn auch eingeschränkt, die Allianzmitglieder anzusehen sind, Einfluß auf die Einkaufsentscheidungen. Meder gibt seinen Lesern den Rat, beim Safrankauf auch die Konkurrenten im Auge zu behalten, besonders die Imhoff und Welser, die täglich von allen möglichen Orten Informationen bekämen.[141] Die Quelle belegt also eine gewisse Markt- und Preisführerschaft dieser beiden Unternehmen. Hinsichtlich des Informationsnetzes konstatiert Jahnel, daß während der Zeit des Endres (I) Imhoff fast der gesamte Nachrichten- und Geldverkehr des Rates der Stadt Nürnberg über die Imhoff lief.[142] Schon im 15. Jahrhundert waren sie wichtige Informanten des Rates über die politischen Strömungen in Böhmen,[143] was auch Rückschlüsse auf ihr Handelsnetz erlaubt.[144]

1.1.2.5.2.   Frankreich:

1.1.2.5.2.1.   Rochefoucauld

Aus den verschiedenen Safran-Anbaugebieten in Frankreich, dessen Ernte letztlich am zentralen Finanz- und Handelsplatz Lyon verhandelt wurde, sind uns Zahlen der Welser aus La Rochefoucauld (Sorte: Roscha, Rossa, Roassafachaut, Rosofocka) südlich von Limoges im Angoumois und dem Albigeois (Albigois, Albiges – Sorte: Marokin[145] und Brunikel), also das Gebiet um Albi in Südfrankreich, bekannt. Die Kaufanweisung lautete:

„Auf Rossafachaut ist der befelch geben anzulegen – Auf heraus gelegt – So 90 in 100 pallen werden zw fl 2 ¾ 12 pallen – zw fl 3 8 Pallen – wo hocher sol er 4 pallen nach den leufften kauffen.[146] So 60 in 70 sol er zw 3 fl 12 pallen annemen – zw 3 ¼ 8 pallen – wo hoecher sol er nach den leufften 4 pallen machen".

---

141 Kellenbenz, H., Meder'sches Handelsbuch, S. 21.
142 Jahnel, H., Imhoff, S. 173.
143 Polívka, M., Nürnberg-Nachrichtenzentrum, S. 166.
144 Zahlreiche Hinweise über den Export der Imhoff von Barchent, Seidenstoffen, Wolle, Leinwand, Gewürzen (Safran, Pfeffer, Gewürznelken), Pfennwertware, Schmuck, Waffen (Brustpanzer) in die böhmischen Länder seit dem Anfang des 15. Jahrhunderts bei Schenk, H., Nürnberg-Prag, S. 153ff.
145 Blaich, F., Reichsmonopolgesetzgebung, S. 65, spricht von *„Marrokanischem Safran"*. Dies ist ein Irrtum. Verwechselt hat er wohl auch die Preise für katalanischen und arragonesischen Safran.
146 Welser, L.v., Urkunde, S. 48.

Die Order[147] läßt sich durch die **Darstellung 8** und die **Darstellung 9** aufschlüsseln.

Zunächst können wir feststellen, daß bei einem geringerem Gesamtangebot (etwa nur 1/3 gegenüber Aquila), die Marktposition der Welser (und damit wohl der „*Alt-Safraner*") durchaus vergleichbar war. Die Elastizitätskoeffizienten sind etwas geringer als in Aquila, d.h. die Nachfrageminderung bei einer Preiserhöhung fiel weniger deutlich aus.

Dieser Befund charakterisiert die Sorte als nachfragestabiler, weil sie offensichtlich nicht im obersten Preissegment angesiedelt war. Der Handel war damit auch für beide Marktteilnehmer - Verkäufer und Käufer – weniger risikobehaftet. Die Nachfrage nach diesem Gut wurde offensichtlich von einer breiteren Bevölkerungsschicht getragen. Zedler berichtet, daß diese Sorte besonders von den Böhmen nachgefragt werde, wenn er etwas angelaufen sei, d.h. wenn er älter war und deshalb zwar an Farbe verloren aber an Mehl – er wurde dort bevorzugt für die beliebten Mehlspeisen verwandt –, gewonnen hatte.[148]

Ein Vergleich der vorletzten Spalte beider Darstellungen zeigt – wieder bei je gegebenem Angebot – auch auf diesem Markt einen höheren Erlös der Safranbauer trotz einer geringeren Gesamtangebotsmenge. Also auch hier kann die Kingsche Beobachtung beispielhaft beobachtet werden.

Bei einem Kauf von 3.600 Pfund (12 Ballen a 300 Pfund) macht das Einkaufvolumen bei einem Preis von 2 ¾ Gulden 9.900 Gulden aus (**Darstellung 8**). Ob hier der Einkaufspreis oder der Einstandspreis loco Nürnberg gemeint ist, wird nicht deutlich. Auch welches der unterschiedlichen Ballengewichte zugrunde liegt, kann nicht zweifelsfrei beantwortet werden.[149]

1.1.2.5.2.2. Albigeois

Von Paumgartner erfahren wir[150] bei seinen Ausführungen über Albigeois, wer sich dort Anfang des 16. Jahrhunderts außer den Deutschen am Safranhandel beteiligte: Lothringer, Florentiner, Lyoner und Marranen,[151] also zum Christentum übergetretene Juden aus Spanien und Portugal. Die verschiedenen Märkte in diesem Gebiet begannen Anfang bis Ende Oktober, also etwas früher als z.B. in Adler.

Die Order (**Darstellung 10**) der Welser lautete:[152]

„Im albeges wo 300 ballen werden zu fl 3 in 3 ½ pallen 20 in 30 - 250 zu 3 ¼ in 3 ¾ auch 20 – 200 zu 4 ann 12 ballenn".

---

147 Kellenbenz, H., Meder'sches Handelsbuch, S. 83.
148 Zedler, J.H., Universallexikon, S. 520.
149 Kellenbenz, H., Safranhändler-Spanien, S. 200.
150 Müller, K.O., Welthandelsbräuche, S. 74.
151 Zum Begriff: Schreiber, M., Marranen, 9ff.
152 Welser, L.v., Urkunde, S. 60. Kellenbenz, H., Meder'sches Handelsbuch, S. 83f.

Für die Einkaufsstrategie der Welser ist bemerkenswert, daß sie auf diesem Markt einen ziemlich konstanten prozentualen Marktanteil anstrebten. Sollte die Angebotsmenge von 300 auf 200 Ballen zurückgehen, also um 1/3, so planten sie gleichwohl - oder gerade deshalb - nur eine Reduzierung von 2% ihres Marktsegmentes (4. Spalte: Marktanteil 8% zu 6%). In Verbindung mit der gegenüber den obigen Anbaugebieten und Sorten geringeren Nachfrageelastizität kann davon ausgegangen werden, daß diese Safransorte stabil im Markt positioniert war, die Welser sich sicher waren, die Menge problemlos absetzen zu können.

Für die Safranbauer bedeutete diese Nachfragereaktion bei unterschiedlichem Gesamtangebot, daß sie ein geringeres Absatzrisiko hatten (immer vorausgesetzt, die anderen Nachfrager entschieden gleichgerichtet und bei auch sonst gleichen Prämissen), aber ihr preispolitischer Spielraum eingeengt war. Diese Strukturdaten können aber auch mit einer geringeren Lagerfähigkeit der Ware zu tun haben, so daß die Bauern während eines kürzeren Zeitraumes die Waren absetzen und – die Welser – sie an den Endverbraucher verkaufen mußten. In diesem Falle würde das eine höhere Umschlagsgeschwindigkeit bedeuten und eine niedrigere Kapitalbindungsfrist.

Die Zahlenreihen lassen eine Überprüfung der Kingschen Regel nicht zu, da das Nachfrageverhalten bei unterschiedlichem Gesamtangebot und mindestens je zwei unterschiedlichen Angebotspreisen nicht gegeben ist.

Unter der Annahme, daß hier der Ballen mit 300 Pfund gerechnet wurde, so betrug der maximale Einkaufswert der Welser bei 25 Ballen (300x25) 7.500 Pfund und bei einem Preis von 3 ¼ Gulden/Pfund (Durchschnitt von 3 bzw. 3 ½) 24.375 Gulden. Ob es sich um den Einkaufspreis oder den Einstandspreis handelt, bleibt auch in diesem Fall unklar.

Zum besseren Verständnis der wirtschaftlichen Situation noch einige Erläuterungen zum politischen Hintergrund.

Die oligopolistischen Marktstrukturen in der ersten Hälfte des 16. Jahrhunderts sind auch vor dem Hintergrund der politischen Unruhen zu bewerten: Dem Ringen um die Vorherrschaft in Europa zwischen Karl V. und Franz I., dem vormaligen Mitbewerber um die Kaiserkrone, einschließlich dessen Bündnispartnern Papst und Türken. Die machtpolitischen Konfliktherde lagen vor allen Dingen in Italien, auf der Pyrenäenhalbinsel und in der niederländisch-französischen Grenzzone. In den sogenannten vier Kriegen zwischen den Dynastien Habsburg und Anjou von 1521 bis 1544 - in Wirklichkeit ein permanenter Kampf, dessen Ursachen bis ins 14. und 15. Jahrhundert zurückreichen -, konnten die Habsburger ihre Hegemonie in Europa festigen,[153] wenn auch die Rivalitäten Konstanten der europäischen Politik blieben.[154] In Deutschland holte Karl

153   Schilling, H., Aufbruch-Krise, S. 215ff.
154   Schulze, W., Geschichte-16. Jahrhundert, S. 64.

V. nach den Erfolgen gegen Franz I. und der Beruhigung an der Ostfront des Reiches zum Schlag gegen die protestantischen Schmalkaldischen Bund aus, der mit der Schlacht bei Mühlberg an der Elbe am 24.04.1547 auch zum Sieg führte. Die süddeutschen Reichsstädte waren unterworfen.[155] In Spanien herrschte die Inquisition.

Die Finanzierung der Kaiserwahl vor allen Dingen durch die Augsburger Fugger und Welser ist bekannt und wurde oben schon erwähnt. Wohl weniger bekannt ist, daß auch die eben genannten kriegerischen Auseinandersetzungen ohne die Darlehen bedeutender Handelshäuser nicht hätten geführt werden können. Die wirtschaftlichen Interessengebiete lagen im Machtbereich der Gegner, so daß sie zur Absicherung ihrer Märkte gezwungen waren, die kriegführenden Parteien mit erheblichen Summen zu unterstützen. Wie weitreichend die hier interessierenden Allianzpartner vor allen Dingen von Lyon aus die französische Krone unterstützen mußten, wollten sie ihrer Privilegien nicht verlustig gehen, hat Gerhard Pfeiffer in zwei kenntnis- und detailreichen Aufsätzen herausgearbeitet.[156]

Folgt man nun einer Nürnberger Quelle aus dem Jahre 1576,[157] so hatte dies zur unmittelbaren Folge, daß sich zahlreiche heimische Firmen aus dem Direktgeschäft mit den Gütern der Konfliktgebiete zurückgezogen hatten. Der für die kleinen und mittelständischen Unternehmen ohnehin risikoreiche Handel überstieg durch die zusätzlich erforderlichen und geforderten Kriegsdarlehen ihre wirtschaftlichen Möglichkeiten, sie wurden zu Zwischenhändlern von ihren heimischen Standorten aus. Einer von ihnen könnte ein Mitglied der bekannten Familie Schlaudersbach gewesen sein, der wegen seines Safranhandels vom Rat befragt werden sollte.[158] Aus dessen Familie stammte im übrigen die erste Frau von Endres (I) Imhoff, Ursula.[159] Ihr Bruder Jörg war um 1545 Handlungsdiener oder gar Faktor bei seinem Schwager, verheiratet mit der Tochter von Hans Imhoff.[160] Jörg Schlaudersbacher wurde später von Endres (II) Imhoff und Hans Welser als Zollpächter dem Rat vorgeschlagen. Wahrscheinlich ist der Safranhandel der Schlaudersbacher in engem Zusammenhang mit ihrem Viehhandel in den Osten zu sehen.[161]

---

155 Schilling, H., Aufbruch-Krise, S. 221, 229ff.
156 Pfeiffer, G., Privilegien-Lyon, passim; Privilegierung-Lyon, passim.
157 BayStaatsAN, Rep. 19a, E-Laden, Akten, 242, 13.03.1576.
158 BayStaatsAN, Rep. 19a, E-Laden, Akten, 245, um 1572.
159 Schultheiß, W., Andreas I. Imhoff, S. 10. Haller v. Hallerstein, H. , Grösse-Quellen-Vermögen, S. 126.
160 Jahnel, H., Imhoff, S. 160.
161 Die Aussage unter Vorbehalt insofern, als noch nicht geklärt ist, ob die Familien Schlaudersbach und Schlauersbach identisch sind oder nicht. Unter Umständen also ein ähnliches Firmenprofil wie bei den Zollikofern, die sowohl im Safranhandel als auch im Viehhandel der Slowakei (Trnava) nachzuweisen sind. Beim Nürnberger Viehhändler Georg Bechler, ebenfalls in der Slowakei belegt, ist Safranhandel bisher nicht nachzuweisen. - Peters, L.F., Handel Nürnbergs, bs. S. 189ff., 371, 400. Kazimier, St., Fern-

Mit einer eigenen Einkaufsorganisation vor Ort konnten sich aber nur die finanzstarken Unternehmen, und das heißt vor allem die der Allianzmitglieder, behaupten. Ihre Marktposition wurde gestärkt, der Wettbewerb weiter eingeschränkt. Sie hatten die Möglichkeit, beim Einkauf großen Preisdruck auszuüben. Und genau das taten sie nach der obigen Quelle auch. Die vorhandene wirtschaftliche Potenz und der Krieg zwischen dem Haus Habsburg und Frankreich führten also zu einer Marktverdrängung von Wettbewerbern zugunsten der Allianzmitglieder.

Oft sind in der Literatur die volks- und betriebswirtschaftlichen Folgen der Staatsbankrotte in Frankreich und Spanien[162] für die zahlreichen Kreditgeber, also auch für die Allianzpartner, hervorgehoben worden.[163] Dem liegt aber, wie es scheint, eine zeitlich verkürzte Sicht der Dinge zugrunde.

Was die Auswirkungen auf die hier interessierenden Unternehmen angeht, kann zunächst konstatiert werden, daß sie durch das Ausscheiden von Konkurrenten auf dem Beschaffungsmarkt einen höheren Umsatz auf sich vereinigten. Schon dadurch erhöhten sich absolut ihre Gewinnchancen. Durch den jetzt möglichen größeren Druck auf die Erzeuger und den damit verbundenen günstigeren Einkaufspreisen stieg dieser - ceteris paribus - sogar nicht nur linear, sondern progressiv.[164] Dabei sind die Strukturen auf den Absatzmärkten miteinzubeziehen, wie weiter unten zu zeigen versucht wird.

Auch was die ‚Außerordentlichen Abschreibungen' in Höhe der schließlich uneinbringlichen Forderungen aus den Darlehnsgeschäften angeht (gilt für alle Darlehnsgeber), muß in Rechnung gestellt werden, daß die Kredite zu Zinsen vergeben worden waren, die weit über Markthöhe lagen, also Erträge in Form einer satten Risikoprämie enthielten, die den Verlusten vorangingen. Eine realistische Analyse von Bilanz sowie Gewinn- und Verlustrechnung der betroffenen Firmen kann den Blick also nicht nur auf den Zeitpunkt der Zahlungseinstellung fixieren, sondern es müssen die Daten eines längeren Zeitraumes einander gegenübergestellt werden.[165] Der kaiserliche Sekretär Francesco Erasso sagte si-

handel-Slowakei, S. 55, 63. - Zu Volklein Schlauersbach (Slawerßbach) als Händler mit Schlachtschafen (1492) aus dem Rothenburger Gebiet zuletzt: Schnurrer, L., Rothenburger Kaufleute, S. 42, 47f., 64. Einige Angaben bei Loose, W., Haushaltbuch, S. 103 u.a. Offensichtlich waren sie Anfang des 16. Jahrhunderts Hauslieferanten der Tucher.

162 Forschungsstand und Forschungsaufgaben referiert und formuliert: Hildebrandt, R., Paler-Rehlinger, S. 18ff. Ruiz Martin interpretiert sie heute als gezielte Maßnahme der Spanier, den Einfluß der Genuesen zugunsten einheimischer Kaufleute auszuschalten oder doch zurückzudrängen. – Kellenbenz, H., Fremde Kaufleute-Iberische Halbinsel, S. 347f.

163 Lütge, F., Deutschland vor Ausbruch des Dreißigjährigen Krieges, passim, mit weiteren überzeugenden Argumenten.

164 Es wird eine im übrigen gleiche Kostenstruktur unterstellt.

165 Wie das genuesische Haus Balbi sich bei den üblichen Umschuldungen und nach den diversen spanischen ‚Staatsbankerotten' mit ‚juros' saturieren ließ und gewinnbringend auf dem Markt abzusetzen wußte, zeigt neuerdings Grendi, E., Asientos dei Balbi, passim. Für die Nürnberger Finanzwelt steht eine ähnliche Untersuchung aus.

cher nicht zu Unrecht zu Christoph Peutinger, der 1547 von Bartholomäus Welser zum Kaiser geschickt wurde, um spanische Forderungen einzutreiben, daß die Welser am Kaiser viel verdient hätten.

Dasselbe gilt für die Forderungen an die französische Krone,[166] die natürlich über längere Zeiträume auch ihren Zins- und (auf Wunsch) Tilgungsverpflichtungen nachkommen mußte, und es auch tat, um nicht die Kreditwürdigkeit gegenüber den konkurrierenden Habsburgern einzubüßen. So wurden z.b. zwischen 1554-1557 die Zinsen nicht den Forderungen zugeschlagen, sondern auf den Messen bar ausbezahlt.[167] In die Rechnung sind ebenfalls, freilich schwerer zu quantifizieren, die Handelsprivilegien einzubeziehen, die ihnen in den entsprechenden Ländern bzw. Orten zuteil wurden.

Worauf hier hingewiesen werden sollte, ist die Tatsache, daß die betroffenen Firmen diese erhöhten Zinserträge offensichtlich ebenso in vollem Umfange für das laufende Geschäft einsetzten oder ausschütteten wie die Renditen aus anderen Geschäften, sie es also verabsäumten, den Risikozuschlag zu thesaurieren, Rückstellungen zu bilden. Insofern steht nicht nur die Finanzpolitik der Potentaten auf dem Prüfstand, sondern auch die der Kreditgeber.

1.1.2.5.3. Spanien: Katalonien

Die Sorte aus Katalonien hieß katalonischer Ortsafran (nicht zu verwechseln mit dem Ortsafran aus Aragon, mit dem Haupthandelsplatz Saragossa, der als weitaus besser galt, nicht zuletzt deshalb, weil er sich über 4 oder 5 Jahre hielt).[168] In Deutschland wurde er Ballier, Bollinger, Belegier (Pelegier) genannt. Zentrale Einkaufsmärkte waren Cervera und San Real.[169]

Die jährliche Erntemenge **(Darstellung 11)** ist in etwa zu vergleichen mit der in La Rochefoucauld.

Der Auftrag lautete:[170]

„Spaga. – Catalonien woe 100 pallen würden versehen wir vns der bres [Preis] werde 24 in 25 Schilling dorum sol er 24 pallen machen – woe aber nur 70 palenn mag er zw 28 in 30 Schilling N 20 machen".

Gegenüber den bisher untersuchten Märkten haben wir es mit einigen Besonderheiten zu tun. Zunächst ist festzustellen, daß die Marktposition der Welser auch hier außerordentlich stark war. Je nach Gesamtangebotsmenge wollten sie 24 bis 28,5 Prozent der Gesamternte aufkaufen, sank die Erntemenge und stie-

---

166 Zur Augsburger Finanzwelt siehe: Blendinger, F., Augsburger Unterkaufbücher, S. 19f.
167 Ehrenberg, R., Zeitalter der Fugger, 1, S. 204; 2, S. 92f., 96, 101ff.
168 Müller, K.O., Welthandelsbräuche, S. 75.
169 Kölner Firmen, die in Barcelona und Saragossa eine Zeitlang Faktoreien unterhalten hatten, gaben diese offensichtlich gegen Ende des 15. Jahrhunderts auf. Über die Gründe ist bisher nichts bekannt. Vielleicht wurden sie von den Nürnbergern verdrängt. - Müller, K.O., Welthandelsbräuche, S. 45, 65. Irsigler, F., Köln, S. 303.
170 Welser, L.v., Urkunde, S. 48. Kellenbenz, H., Meder'sches Handelsbuch, S. 83.

gen die Preise, reagierten sie gegenläufig, indem sie ihren prozentualen Anteil aufstockten. Damit war der Elastizitätskoeffizient

$$EN<1.$$

Die Nachfrage reagierte also unelastisch, das heißt, die Nachfrageänderung (Rückgang) ist prozentual schwächer als die Preisänderung (Erhöhung) oder nimmt sogar zu.

Das ist in der Regel dann der Fall, wenn dieses Gut von den Verbrauchern als ‚lebensnotwendig' angesehen wird und damit die Nachfrage sich durch große Stabilität auszeichnet. Die Substituierbarkeit durch andere Safransorten ist also – wenn denn überhaupt gegeben – sehr klein. Es gibt auf dem gesamten Safranmarkt kein Produkt, das bei gegebenen Preisrelationen einen höheren Nutzen verspricht. Im Gegenteil ist davon auszugehen, daß bei Preiserhöhungen anderer, besserer Sorten, Nachfrage von jenen auf dieses Gut abwanderte, wobei andererseits durch die geringen Erntemengen natürliche Grenzen gesetzt wurden. Die Einschätzung ‚als weitaus schlechter' im Vergleich zum Ortsafran in Aragon wird also durch den Elastizitätskoeffizienten eindrucksvoll bestätigt. Wahrscheinlich wurde dieser Safran von einer breiteren, weniger kaufkräftigen Bevölkerungsschicht nachgefragt, für die Safranhändler also eine sichere Einkommensquelle. Anbauer und Verkäufer dieser Safransorte trugen ein geringeres Risiko, wußten sie doch um die Stabilität der Nachfrage. Bei einem Ernterückgang von fast 30% betrug ihr Einnahmeausfall nur 1,44%.

Fazit: Das Risiko im Safranhandel, von dem in der Literatur immer wieder gesprochen wird,[171] war also auf den einzelnen Märkten durchaus unterschiedlich hoch.

Auf der Angebotsseite waren die Bauern bei gegebener Erntemenge Preisanpasser. Bei entsprechender Preiselastizität der Nachfrage bedurfte es eines großen Fingerspitzengefühls und eines guten Verhandlungsgeschicks, den Erlös zu maximieren. Die Anbieter versuchten durch Preisabsprachen ihre Marktposition zu verbessern. Dieses Marktverhalten dürfen wir deshalb unterstellen, weil in den Quellen immer nur von d e n Preisen auf d e n Märkten gesprochen wird.

Auf der Nachfrageseite war das Risiko wohl am größten für die kleinen Aufkäufer, die nicht ständig einen Faktor vor Ort hatten, also zu einem bestimmten Zeitpunkt eine gewisse Menge einer Sorte kaufen mußten und wollten. Die Preisschwankungen im Laufe einer Saison konnten sie nicht oder kaum nutzen, hatten den Preis hinzunehmen, der verlangt wurde. Ihr Vorteil bestand möglicherweise in der Schnelligkeit, mit der sie die Nachfrage an entlegenen Orten bedienen konnten.

---

171 Auch der Verfasser war, sich auf die ältere Literatur stützend, dieser Meinung. Sie soll hiermit im obigen Sinne korrigiert werden. – Peters, L.F., Handel Nürnbergs, S. 407.

Die mittelständischen Unternehmen, wie man heute sagen würde, mußten sich wohl weitgehend der Preisführerschaft der Allianzmitglieder mit ihrem großen Marktanteil beugen. Als Händler mit nur einem, diesem Produkt, hätten sie sich auf Dauer wohl nicht auf dem Markt halten können. An sie wurden erhöhte Anforderungen an eine aufeinander abgestimmte Waren- und Kundenstruktur gestellt.

Das Risiko der Allianzmitglieder schließlich ist kaum als absolutes Verlustrisiko zu bewerten, so wie es gemeinhin verstanden wird, wenn von Verlust die Rede ist. Von ruinösen Rückschlägen auf dem Safranmarkt künden die Quellen denn auch nicht, jedenfalls so lange nicht, wie die Welser, Imhoff, Tucher, Zollikofer, Rottengatter sowohl den Einkaufs- als auch den Absatzmarkt beherrschten. Ihr Risiko bestand in einem Gewinnrückgang und in einer verschlechterten Marktposition gegenüber den anderen Allianzmitgliedern. Durch die hohe Transparenz auf beiden Märkten ist diese Gefahr mittel- und langfristig aber als gering zu charakterisieren. Das Know-how des Firmenmanagements und der Faktoren vor Ort war durch die jahrelange Ausbildung so groß, daß sich die Positionsverschiebungen auf Dauer ausgleichen mußten. Für sie kann also recht eigentlich von Risiko nicht gesprochen werden, jedenfalls nicht in dem Sinne, daß als Folge von einigen weniger geglückten Entscheidungen die Kapitalsubstanz aufgezehrt wurde und das Falliment die Folge war. Im Gegenteil! Die hier analysierten Märkte zeigen, welch hohe Summen umgeschlagen wurden und welche Gewinne - ohne sie exakt beziffern zu können - erwirtschaftet werden konnten und auch wurden, wie die Auseinandersetzungen in den 70er Jahren belegen werden. Es stellt sich vielmehr die Frage, ob die Tucher, die Imhoff und – weniger lang – die Welser sich von den patrizischen Unternehmerfamilien u.a. deshalb am längsten auf dem Markt halten konnten, weil sie sich in einer Allianz auf den Safranmärkten zusammengeschlossen hatten. Ob sie sich im internationalen Standwortwettbewerb nach dem Aufbau eines eigenen Vertriebsnetzes der Italiener behaupten konnten, wird weiter unten untersucht werden.

Im Auge zu behalten sind mögliche internationale Veränderungen der Bedürfnisstruktur. Der Safran wurde unter Umständen im 17. Jahrhundert nicht mehr so stark nachgefragt, wie das bis dato der Fall gewesen war.[172] Jahnel setzt den Rückgang schon für die Mitte des 16. Jahrhunderts an.[173] Diese Feststellung könnte die harten Auseinandersetzungen um Marktanteile zwischen den Nürnbergern und Italienern in den siebziger Jahren einerseits plausibel erscheinen lassen, andererseits wäre erklärungsbedürftig, warum die Italiener in einen schrumpfenden Markt investiert haben sollten. Der ganze Kontext legt eher die Vermutung nahe, daß diese Entwicklung eine geraume Zeit später einsetzte.

---

172 Darauf weisen auch die Ausführungen von Häbler hin. - Häbler, K., Zollbuch-Barcelona, S. 34f.
173 Jahnel, H., Imhoff, S. 162.

1.1.2.5.4.   Ungarn - Österreich - Böhmen

Wenden wir den Blick zum Schluß dieser Ausführungen noch auf einen anderen Safranmarkt, der aber hinsichtlich Quantität und Qualität nicht den internationalen Standard der anderen Produkte hatte, nach Ungarn. Im Jahre 1540[174] war Johann (I) Zapolya, ein Wojwode aus Siebenbürgen, König von Ungarn, gestorben. Die Habsburger sahen das als eine günstige Gelegenheit an, die Herrschaft über das Land zu erringen. Witwe Isabella, die für ihren wenige Tage alten Sohn, König Johann II. Sigismund, die Regentschaft ausübte, und die übrige Zapolyaklientel ersuchten daraufhin Sultan Suleiman gegen König Ferdinand um Unterstützung. Der war 1547 schließlich froh, gegen eine Tributzahlung von jährlich 30.000 Dukaten einen Waffenstillstand zu erreichen.[175] Gabriel Tucher äußerte im selben Jahr die Befürchtung, daß der Türke wieder in Ungarn einfallen könnte, was für den Safranmarkt sehr schädlich sein würde.[176] Welche Strukturen sich dort gebildet hatten, ob ebenfalls von einem oligopolistischen Markt auszugehen ist, der einen Anreiz zur Bildung einer strategischen Allianz bot, und wer gegebenenfalls die Kooperationspartner waren, ist noch unklar. Eine Quelle vom Ende des 15. Jahrhunderts (1493) belegt, daß der dortige Safran ebenso wie der aus Österreich und Böhmen nur in ganz begrenztem Umfang in Nürnberg auf den Markt kam. Es heißt: *„Man fiert in selten gen Nürnberg, dan man verkouft und versch[l]eist in dunden in den selben landn. Da gilt er am maisten. Und sonsten fürt man fil ander sort safran von Nürnberg darzu hinein ab in daz land".*[177]

Die örtliche Ernte deckte also meist nicht den Bedarf. Der Nachfrageüberhang wurde durch Zukäufe auf dem zentralen Safranmarkt Nürnberg befriedigt.

Die von Tucher in seinem Brief beschworene Gefahr war also eine zweifache: Bei kriegerischen Auseinandersetzungen wäre erstens ihre Position als Vermittler zwischen Angebot und Nachfrage der örtlichen Produktion gefährdet[178] und, möglicherweise wirtschaftlich noch gravierender, ihr Exporthandel von Nürnberg[179] aus in jene Gebiete. Diese zeitgenössische Aussage stimmt mit

---

174   Kellenbenz, H., Jakob Rehlinger, S. 371, hat irrtümlich 1543.

175   Schilling, H., Aufbruch-Krise, S. 225f.

176   Kellenbenz, H., Nürnberger Safranhändler-Spanien, S. 209.

177   Müller, K.O., Welthandelsbräuche, S. 137. – Für die zweite Hälfte des 16. Jahrhunderts, die bei der Standortauseinandersetzung ja besonders interessiert, nimmt der Export von Safran aus Mähren und Ungarn nach Polen zu, so daß der Export aus diesen Gebieten nach Nürnberg wohl noch stärker zurückging, oder besser, der Export von Nürnberg aus zunahm. – Hroch, M., Handelsbilanz, S. 15 (Fn. 56).

178   Daß sie sich in diesen Handel einschalteten, ist bisher nicht nachgewiesen. Aus dem Gesamtzusammenhang ist aber davon auszugehen. Als dominierende Kaufleute auf dem Markt und vor Ort präsent, werden sie sich das Geschäft nicht haben entgehenlassen.

179   Der direkte Handel von z.B. Venedig nach Wien hatte sich nach 1500 vor allen Dingen für die wertvollen Waren, inklusive also dem Spezereihandel, der weitgehend in der Hand der Oberdeutschen war, von der Semmeringstraße (Villach-Bruck-Wiener Neustadt-Wien) auf die ‚Untere Straße' über Salzburg-Linz verlagert, weil jene auf Betreiben der Wiener Kaufmannschaft immer noch für die Oberdeutschen gesperrt war. Als

der Behauptung von Amman überein, kollidiert aber mit dem Befund von Füge-di,[180] der in seiner Untersuchung über den Außenhandel Ungarns während jener Zeit den Safranhandel in dieser Form nicht nachweisen konnte.

Für die Nürnberger Welser war der Wiener Außenposten wahrscheinlich von geringerer Bedeutung als für die Tucher. Im Jahre 1529 wurde das weitere Schicksal der Faktorei von der politischen Entwicklung abhängig gemacht. Zwei Jahre später erhielt der örtliche Vertreter den Auftrag, bestehende Forderungen einzutreiben und die Lagervorräte zu verkaufen, sofern damit Bargeschäfte zu machen wären. Weitere zehn Jahre danach, 1541, wird die Niederlage in Wien in den Welserpapieren nicht mehr erwähnt.[181] Die Imhoff hatten nach dem derzeitigen Erkenntnisstand keine Faktorei in Wien, so daß die obige Frage wohl dahingehend beantwortet werden muß, daß es auf dem ungarisch-böhmischen Safranmarkt keine Kooperation der Nürnberger gab.

Wenn auch die Position der Tucher innerhalb der Allianz schwächer war als die der Welser und Imhoff, so ergaben sich durch die stärkere Präsenz auf jenem Markt möglicherweise gewisse Kompensationseffekte. Zur Klärung dieser Frage müßten vor allen Dingen die Akten des Wiener Hofkammerarchivs herangezogen werden, die eigenen Immobilienbesitz der Tucher belegen.[182]

1.1.3.   Allianzkonkurrenten aus Italien

1.1.3.1.   Erste Hälfte des 16. Jahrhunderts

Die für die bisherigen Ausführungen herangezogenen Quellen über die Safranbeschaffungsmärkte beleuchten die Marktsituation in der ersten Hälfe des 16. Jahrhunderts. Was vor allen Dingen auffällt, ist die Abwesenheit von ernstzunehmenden Konkurrenten. Die Tucherbriefe zeugen von einer intimen Marktkenntnis, von der steten Sorge, sich über alle kaufentscheidenden Daten die erforderlichen Informationen zu verschaffen. Daß die Faktoren es verabsäumt hätten, über Wettbewerber zu berichten, ist ausgeschlossen. Sie wären allesamt von der Zentrale durch andere Mitarbeiter ersetzt worden. Ihre übliche Rückberu-

---

Folge davon wurde der Handel mit Böhmen verstärkt über die Strecke Linz-Freistadt-Budweis-Prag abgewickelt. Für die Bedeutung des Handelsplatzes Wien hatte diese Bestimmung also im Gegensatz zu der Freigabe des Zwischenhandels eine kontraproduktive Wirkung. – Pickl, O., Handel Wiens, S. 326f.

180   Fügedi, E., Außenhandel Ungarns, S. 67. Er spricht an dieser Stelle von Safran-Export. Der gesamte Kontext, in dem von den Einfuhrgütern nach Ungarn die Rede ist, legt aber nahe, daß der Import von Safran nach Ungarn gemeint ist.

181   Welser, L.v., Urkunde, S. 20f.

182   Der Verf. stieß darauf bei seinen Recherchen in Wien zur Unternehmerfamilie Werdemann. Ein genauer Quellennachweis ist ihm nicht mehr möglich. – Schneider ist der Ansicht, daß Österreich und Ungarn hauptsächlich von Nürnberger Kaufleuten versorgt wurden. Namen nennt er nicht. Über den Anbau von Safran in und um Wien unterrichtet Kronfeld. – Schneider, P., Nürnberg gerecht geschaut Gut, S. 88f. Kronfeld, E.M., Safran, S. 43-52.

fung nach Nürnberg ist nicht mit unternehmerischer Unfähigkeit zu begründen, sondern - neben persönlichen Gründen - mit der Absicht, nach der Ausbildung möglichst vieler Familienmitglieder auf diesem wichtigen und komplizierten Geschäftsfeld - *„mueßen lang practicierte und gar vertraute leute darzu gebraucht werden"*[183] –, sie mit anderen Führungsaufgaben zu betrauen. Ohne beste Kenntnisse über den lukrativen Safranhandel, eine wichtige Säule der Firma, war an eine Weiterverwendung innerhalb des Unternehmens nicht zu denken. Dieselbe Ausbildungskonzeption wie bei den Tuchern ist auch bei den Welsern und den Imhoff zu beobachten. Die Repräsentanten waren meist jahrelang vor Ort, d.h. in Italien und/oder Frankreich/Spanien[184] gewesen und hatten sich da bewähren müssen,[185] bevor ihnen die Geschicke der Familiengesellschaft anvertraut wurden. Die Personalpolitik kommt dem sehr nahe, was wir heute mit ‚Job-Rotation' bezeichnen. Daß auch zahlreiche andere Faktoren, etwa Kleberg(er)[186]

---

183   Und zwar sowohl hinsichtlich der Marktübersicht (Beschaffung-Absatz) als auch wegen der zahlreichen Fälschungen des Safrans bezüglich der Warenkenntnis. – Zedler, J.H., Universallexikon, S. 520., Schneider, P., Nürnbergisch gerecht geschaut Gut, passim. Kellenbenz, H., Meder'sches Handelsbuch, S. 411.
Christof Kurz, der ein ausgeklügeltes astrologisches System entwickelt hatte, um die Preisbewegungen auf dem Spezereimarkt (Pfeffer, Ingwer, Safran, später auch Caneel, Muskatnuss und Gewürznelken) 14 Tage im voraus prognostizieren zu können – es gehört zur Gattung der ‚Prognostacien', die damals im Schwange waren – und 1544 versuchte, es Linhart Tucher anzupreisen, ging von der realistischen Feststellung aus: „... *dass Specerey eine Handlung sei, die grosser Fürsichtigkeit bedarf*". Daß er sich mit seinen ‚Erkenntnissen' an Tucher wandte, erweist, daß dieser aufgrund seines Warensortiments ein eminentes Interesse daran haben mußte. Kurz wollte Tucher zu Spekulationsgeschäfte mit ihm aufgrund seines Systems gegen Risiko auf diesem Märkten animieren, er hatte nicht die Absicht, die Tucher überhaupt erst für diesen Handel zu gewinnen; damit, jedenfalls gilt das für den Safranhandel, beschäftigten sie sich, wie die Ausführungen hier beweisen, schon seit vielen Jahrzehnten. Nicht zum Warensortiment der Tucher gehörten, folgt man Kurz, offensichtlich Caneel, Muskatnuss und andere Gewürze, oder spielten nur eine untergeordnete Rolle. Der nüchterne Linhart Tucher glossierte: „*Vil vergeben, unnütz verschriben Papier*".– Ehrenberg, R., Zeitalter der Fugger, 2, S. 15ff. Hampe, Th., Lyon-Nürnberger Kaufleute, S. 295.
Im Jahre 1544 wurde er von Linhart und Lorenz Tucher beauftragt, Pachten in Enckevoort einzutreiben. Kurz beauftragte seinerseits Cornelis Claesson, Pastor ebendort. Drei Jahre später wurde mit derselben Aufgabe Linhart Rottengatter, ebenfalls Bevollmächtigter der Tucher, beauftragt. - Strieder, J., Antwerpener Notariatsarchive, S. 171 (257), S. 211 (352).
184   Natürlich sind auch die anderen Märkte, Flandern, Brabant etwa, einzubeziehen. Aus thematischen Gründen bleiben sie hier außer Betracht.
185   Auch für Auszubildende aus der eigenen Familie mit durchaus bescheidenem Entgelt. Als Philipp Welser 1549 nach Lyon gehen sollte, heißt es: „*fillyp Welser soll zu Lionn in die Kamer genomen vund 2 Jar umm sein Mundt zerung dienenn*". Michel Behaim schreibt seinem Vetter Paulus aus Lyon, daß er abgestellt sei zum Einheizen, Kehren, Wein- und Bierholen. – Welser, L.v., Urkunde, Nr. 56. Hampe, Th., Lyon-Nürnberger Kaufleute, S. 295.
186   Im weiteren Sinne könnte man auch ihn zur Verwandtschaft zählen, denn er heiratete nach dem Tod von Hans Imhoff (1488-1526) dessen Witwe Felicitas Pirckheimer. – Siehe dazu vor allem: Ehrenberg, R., Hans Kleberg, passim. Eckert, P.-Imhoff, Chr.v., Willibald Pirckheimer, S. 58.

für die Imhoff in Lyon, Alberto Cuon für die Welser tätig waren, weist vor allen Dingen Kellenbenz nach.[187] Neben der Ausbildung waren Repräsentation und Kontrolle der anderen Mitarbeiter für den Auslandsaufenthalt der Familienmitglieder bestimmende Motive.

Sehr aufschlußreich ist die Tatsache, daß nur einmal von einem Kaufmann aus Italien[188] die Rede ist.[189] So berichtete Gabriel Tucher am 25.01.1547 aus Lyon an seinen Vater (S. 207f.), daß der Bovisi[190] angebe, täglich katalonischen Ortsafran zu erwarten. Die Menge wird nicht genannt, die Konkurrenzsituation nicht beleuchtet. Wer der Lieferant war, erfahren wir nicht. Die Quelle ist insofern weiter interpretationsfähig, als nicht von Kooperationspartnern die Rede ist, die einen relevanten Marktanteil auf sich vereinigten. Bovisi, besser wahrscheinlich Bonvisi, denn als Vertreter dieser Luccheser Familie, die in Lyon zu den bedeutendsten Bankiers der französischen Krone gehörte,[191] ist er wahrscheinlich zu identifizieren, handelte offensichtlich für sich bzw. seine Familie, nicht als Faktor oder gar Partner einer Allianz.

Geradezu bagatellisiert wurde die Tatsache, daß die Florentiner Salviati[192] in Lyon 2 Ballen Safran vorhielten (S. 222), da Reuther sie als „falsches Gut"

---

187 Ausbildungsdauer und –zentralen sind, wie gesagt, beispielhaft am Berufsweg des Endres (I) Imhoff nachzuvollziehen. Namen und Anforderungen an die Welser-Faktoren werden bei Welser, L.v., Urkunde, S. 6, 15, 43, 45, bs. S. 62ff. aufgeführt. Unter ihnen zeitweise auch Leute der Schetz und der Fugger, wobei die Zusammenarbeit mit den Fuggern besonders durch deren Bilanzen aus den Jahren 1536, 1539, 1546 belegt ist, nach denen die Fugger den Nürnberger Welsern ganz erhebliche Summen schuldeten. – Welser, L.v., Welser, 1, S. 36. Siehe auch: Kellenbenz, H., Meder'sches Handelsbuch, S. 83ff.; Alberto Cuon, passim. Pfeiffer, G., Privilegierung-Lyon, S. 416. Pohl, H., Willibald Imhoff, S. 2, 28ff. – Diese Faktoren erhielten offensichtlich zeitweise neben ihrem Gehalt eine Provision, aber nicht für Geschäfte, die sie aus wohlüberlegten Gründen abgelehnt hatten. – Welser, L.v., Urkunde, S. 45.

188 In den Paumgartner-Briefen vom Anfang des Jahrhunderts werden Lothringer, Deutsche, Florentiner, Lyoner und Marranen als Safranhändler in Albi genannt. – Müller, K.O., Welthandelsbräuche, S. 75.

189 Verschiedentlich ist von einem Bouckett die Rede, den aber selbst Kellenbenz, sicher einer der intimsten Kenner der europäischen und überseeischen Unternehmerfamilien, landsmannschaftlich nicht einordnen kann.

190 Später von Venedig aus beim Vertrieb des Pfeffers der portugiesischen Krone eingeschaltet. - Pohl, H., Portugiesen-Antwerpen, S. 165f.

191 Müller, K.O., Welthandelsbräuche, S. 67. Im Jahre 1553 hieß die Firma in Lyon Antonio e Heredi di Lodovico Bonvisi. Während des ganzen 16. Jahrhunderts waren die Bonvisi in Lyon etabliert und gehörten auch in England und Antwerpen zu den herausragenden Luccheser Familien. - Ehrenberg, R., Zeitalter der Fugger, 1, S. 316ff. Kellenbenz, H., Fremde Kaufleute-Iberische Halbinsel, S. 279f. – Beziehungen über Antwerpen nach Köln weist Gramulla, G., Kölner Kaufleute, S. 163f. nach. Kellenbenz, H., Fugger-Spanien-Portugal, S. 403.

192 Die Salviati zählten 1527 zu den umsatzstärksten Unternehmen in Lyon und mit den Anchenori, Parchelini, Beni, Manelli, Panzati, Gondi zu den bedeutendsten Bankiers aus Florenz, die dort eine florierende Filiale unterhielten. Müller vermutet, daß von einer der genannten Firmen auch die Strozzi ihre Interessen wahrnehmen ließen. – Müller, K.O., Welthandelsbräuche, S. 67. – Der Palazzo Portinari Salviati in Florenz, im Besitz der Banca Toscana, ist heute noch Kleinod unter den Palästen, ebenso jene der Turrisani

aus Bayonne identifizierte, das sich wohl nur bei ‚Grenzanbietern' im Sortiment befand, für die Nürnberger Allianz nicht verhandlungsfähig war, offensichtlich ihrem Qualitätsanspruch nicht entsprach, in Nürnberg die Schau (dazu weiter unten) nicht hätte passieren können.

Zwei Monate später kam Gabriel Tucher, diesmal in einem Brief aus Saragossa (S. 208f.), noch einmal auf den Bonvisi-Vorfall zu sprechen und ärgerte sich, daß sie „*den Italienern*" das Geschäft überlassen hatten. Da von weiteren Italienern in der Korrespondenz aber nicht die Rede ist, muß dieser Plural als Gattungsbegriff gelesen werden. Tucher spielte mit seiner Bemerkung wohl auch auf eine unliebsame Konkurrenzsituation auf anderen Märkten und Geschäftsfeldern an, nicht zuletzt in Italien selbst. Die Aussage ist auch insofern interessant, als sie ja nicht davon spricht, daß die Tucher den Italienern, etwa im Preiswettbewerb, nicht hatten Paroli bieten können, sondern er schob die Schuld auf Jakob Rottengatter, der in seinem Tun zu langsam sei. Nicht die bedrohliche Marktstellung des Bonvisi oder gar der Italiener war das Problem, jedenfalls noch nicht, sondern die mangelnde Qualifikation des Faktors mit weitgehenden Vollmachten. Die Tatsache war auch insofern ein besonderes Alarmzeichen, weil die Lucchesen nie bedeutende Niederlassungen auf der Iberischen Halbinsel unterhielten.[193] Im Hinblick auf die hiesige Fragestellung darf präzisiert werden ‚in den Safrangebieten und während des Betrachtungszeitraumes'. Tuchers strategisches Motto lautete: ‚Wehret den Anfängen!' Aus Nürnberger Sicht ist aber interessant, daß hier ein Florentiner erwähnt wird, spielten die Kaufleute aus Florenz in der Stadt an der Pegnitz zum Untersuchungszeitraum doch eine bedeutende Rolle.

Als vorläufiges Fazit ist festzuhalten, daß die Italiener in der ersten Hälfte des 16. Jahrhunderts auf den Safran-Beschaffungsmärkten – mit Ausnahme einer wohl eher untergeordneten Rolle im Albigeois[194] - keine ernstzunehmenden Konkurrenten der Nürnberger waren, große Marktanteile nicht auf sich vereinigen konnten, die Gewinne im wesentlichen bei den Nürnberger Allianzpartnern verblieben.

1.1.3.2.   Zweite Hälfte des 16. Jahrhunderts

Es bedarf wohl keiner näheren Begründung, daß die außerordentlichen Gewinnmöglichkeiten auf den Safranmärkten für potente Firmen einen maximalen Anreiz für eine Verdrängungsstrategie boten. Sie provozierte die unternehmerische Zielsetzung, den marktbeherrschenden Nürnberger (Augsburger) Firmen erhebliche Marktanteile abzujagen. Die kleineren Firmen waren dazu nicht in der Lage. Aber die großen italienischen Unternehmen fühlten sich durchaus

---

in Florenz und Lucca (noch im Besitz der Familie).. – Gurrieri, F.- Fabbri, P., Paläste-Florenz, S. 282ff., 180ff., 307. – Siehe auch Pfeiffer, G., Privilegierung-Lyon, S. 424.
193   Kellenbenz, H., Fremde Kaufleute-Iberische Halbinsel, S. 279.
194   Müller, K.O., Welthandelsbräuche, S. 74.

imstande, den Wettbewerb aufzunehmen. Es ist im einzelnen noch nicht klar ersichtlich, welche Firmen vor Ort in dieses Geschäft einstiegen, aber die Quellen belegen, daß die Konkurrenten 1575 einen „*guten Rest um etlich hunderttausend Gulden*"[195] auf dem Absatzmarkt verhandelten und sicher waren, diesen Anteil auch behaupten zu können. Der Einkauf war sicher nicht bei den Nürnberger Allianzmitgliedern erfolgt, sondern vor Ort durch ihre eigenen Firmen, ohne daß diese aber aus den Nürnberger Quellen namentlich zu erschließen sind. Will man die hiermit verbundenen Fragen erhellen, dann führt in Italien, Frankreich und Spanien eine Spur mit hoher Wahrscheinlichkeit über die Turrisani und ihren Gesellschaftern in Nürnberg/Florenz/Krakau[196] zu den italienischen Bankiers und Händlern in Lyon,[197] besonders den Strozzi (Florenz), Pandolfi Fiquerelli (Florenz)[198], Bonvisi (Florenz), der Affaitadi aus Cremona, enge Geschäftspartner des Bartholomäus Welser,[199] den Firmen aus Mailand, den Genuesen, die in Nürnberg keine Filialen unterhielten, auf der Iberischen Halbinsel aber dominierten und in Antwerpen präsent waren. Die großen Plurser Unternehmen hatten inzwischen eine ihrer Hauptfilialen nach Genua verlegt,[200] es ergaben sich also auf diese Weise enge Verbindungen zu den Genuesen in Lyon.[201]

Die Lumaga aus Plurs, spätestens am Anfang des Dreißigjährigen Krieges umsatzstärkstes Handels- und Bankhaus in Nürnberg, hatten ihre europäische Zentrale nach Lyon verlegt, waren dort begütert.[202] Der Anfang ihres Engagements kann vorläufig noch nicht exakt bestimmt werden. Nachzuweisen sind sie aber spätestens am Ende des 16. Jahrhunderts.[203] Über ihre Niederlassungen in Aquila und Bari könnten sich die Olivieri aus Florenz in den Safranhandel ein-

---

195 Diese Aussage wirft natürlich nochmal ein helles Licht auf die insgesamt umgeschlagenen Summen. - BayStaatsAN, Rep. 19a, E-Laden, Akten, 242, 21.04.1575.
196 Peters, L.F., Handel Nürnbergs, S. 531ff. Freund, B., Italienische Kaufleute-Nürnberg, S. 39ff.
197 Schneider, J.-Brübach, N., Frankreichs Messeplätze, S. 176ff.
198 Peters, L.F., Handel Nürnbergs, S. 534f.
199 Kellenbenz, H., Fremde Kaufleute-Iberische Halbinsel, S. 354 (Fn. 56).
200 BayStaatsAN, Rep. 19a, E-Laden, Akten, S VII, L 123 (8), 16.05.1572.
201 Kellenbenz, H., Fugger-Spanien-Portugal, S. 402-408.
202 Peters, L.F., Handel Nürnbergs, S. 130ff.
203 In seiner Arbeit über die Kaufleute und Bankiers in Lyon von 1520-1580 erwähnt sie Gascon nicht. Es ist aber bekannt, daß Bernardo Lumaga am 24.04.1597 in Lyon starb und in der Kirche St. Paul begraben liegt. Im Bankgeschäft war er assoziiert mit den Mascranici (Mascranico). Die wichtigsten Bankiers, die nach Frankreich emigrierten, waren die Söhne von Marc Antonio d.Ä. und Cornela Giulini. Zu den hervorragenden Unternehmern in Lyon zählten auch Bartolomeo Lumaga, der Signore de la Haye wurde, und sein Bruder Marco Antonio d.J., Signore de Sommagix. Nachzuweisen sind die Lumaga auch in Genua und Mailand. In Paris saß Giovanni Andrea Lumaga. – Gascon, R., Lyon, 2, S. 906ff. Aureggi, O., Lumaga di Piuro e di Chiavenna, S. 237f. Peters, L.F., Handel Nürnbergs, S. 140.

geschaltet haben, Städte in denen u.a. die Imhoff eine bedeutende Rolle spielten. Dort begründeten sie mit Ludovicus eine eigene Linie.[204]

Ein zeitgenössischer Akt aus dem Jahre 1576 spricht davon, daß „*sie* [die Konkurrenten] *erst bei wenig Jahren diesen Weg gesucht*",[205] womit die hier vorgenommene zeitliche Zäsur eine weitere Rechtfertigung erhält. Die Begründung für die veränderte Situation wird gleich mitgeliefert: „*... dieweil man* [die Nürnberger Allianzpartner] *sie* [die Italiener, Franzosen, Spanier] *in ihren Landen so hart drücken tut*" und als Folge davon die deutschen Firmen für sich „*nit kleinen nutz geschafft haben*", heißt es untertreibend im Diminutiv.

Der Markt hatte also dynamisch auf die Wettbewerbsbeschränkungen reagiert und zu einem zweiten, (zur Zeit um 1570) kleineren Konkurrenzoligopol geführt. Von dieser Organisations- und Rechtsstruktur auszugehen, scheint bei der Bewertung des Gesamtmarktes, also inklusive des Verteiler- und Absatzzentrums Nürnberg, gerechtfertigt. Wir werden später darauf zurückkommen. Bei der Bewertung der ganzen Monopoldiskussion in jener Zeit ist es also interessant zu sehen, daß in diesem Fall der Markt selbst für gesündere Wettbewerbsstrukturen sorgte.

1.2.   Strategische Allianzen auf dem Absatz- und Verteilermarkt Nürnberg

1.2.1.   Nürnberger

Nürnberg war im 16. Jahrhundert d e r Absatz- und Verteilermarkt für Safran in Deutschland und weiten Teilen Europas. Daran lassen die Tucherbriefe aus der ersten Hälfte des 16. Jahrhunderts, die Quellen aus dem Nürnberger Stadt- und Staatsarchiv aus der zweiten Jahrhundertmitte keinen Zweifel. Mit an Sicherheit grenzender Wahrscheinlichkeit ist sogar schon für das 15. Jahrhundert für dieses, und wie weiter unten versucht wird nachzuweisen, nicht nur für dieses Produkt, von d e m ,zentralen Ort' auszugehen. Eine Quelle aus dem Jahre 1493 lautet: „*Welcher koufman safran will koufen, für Teutschland*[206] *oder Nürnberg, dem ist not* [noch] *aufmerckung zu haben auf all recholta* [Ernte, Erntegebiet], *da safran wechst, ... und auch vom Adler und andern ortn kompt der mertail safran auf Nürnberg zu verschließen*".[207] Die Quelle ist sicher nicht überinterpretiert, wenn wir von diesen Verhältnissen spätestens um die Mitte des

---

204   Bruscoli, der den Geschäftsbeziehungen der Turrisani und Olivieri nachgegangen ist, weist für die erste Hälfte des 16. Jahrhunderts keine Safrangeschäfte nach. Dieser Negativbefund deckt sich mit der übrigen Quellenlage. – Imhoff, Chr.v., Imhoff, S. 24, Tafel nach S. 32. Bruscoli, F.G., Florenz-Nürnberg, S. 90.

205   BayStaatsAN, Rep. 19a, E-Laden, Akten, 242, 13.03.1576.

206   Schneider, P., Nürnberg gerecht geschaut Gut, passim, läßt in seinem Werk keinen Zweifel daran, daß diese Tatsache für ganz Europa galt.

207   Müller, K.O., Welthandelsbräuche, S. 135. Es muß wahrscheinlich ,verschleißen' heißen.

15. Jahrhunderts ausgehen, denn Paumgartner beschreibt hier keine Entwicklung, sondern konstatiert das Ergebnis des Marktbildungsprozesses.

Kein Beweis dafür, aber doch ein Hinweis darauf sind zwei Belege bei Roth.[208] Für das Jahr 1407 recherchierte er: *„Sebald und Paulussen Im Hoff ist viel Saffran in Beheim genommen worden, dessen sich der Rath zu Nürnberg gegen den Rath der größeren Statt Prag beschwehret"*, und für 1448: *„Haymeran Rothasst hat Hannsen Schlüchter, einem Nürnbergischen Bürger, etliche Säck mit Saffran genommen, ist aber, auf restitution, wieder außgesöhnet worden"*.

Der zuerst erwähnte Aktennachweis zeigt, wie früh schon einer der Allianzpartner, in diesem Fall die Imhoff, sich diesem Handel verschrieben hatten. Zahlreiche Gewürzgeschäfte der Imhoff in Böhmen, vor allen Dingen mit Safran, Pfeffer, Gewürznelken schon am Anfang des 15. Jahrhunderts belegt auch Schenk.[209]

Eine eindrucksvolle Akzentuierung erfährt diese Geschäftssparte durch Kölner Quellen. Um die Wende zum 15. Jahrhundert scheinen Clais Rummel und Hans Imhoff den dortigen Markt mit Safran, anderen Gewürzen und Barchent aus Mailand, Memmingen, Ulm und anderen Orten beherrscht zu haben, trieben außerdem sie einen bedeutenden Handel mit Pretiosen. Imhoff ist nach Irsigler als Verkäufer von 10 Wagen Safran belegt.[210] Diese Mengenangabe ist aber mit an Sicherheit grenzender Wahrscheinlichkeit nicht korrekt. Der Verkauf von einem Sack plus 439 Pfund Safran durch Rummel waren schon mehrere tausend Gulden wert. Ohne den Wert der Imhoff-Sendung genau hochrechnen zu können, würde er alle gängigen Vorstellungen sprengen. Die Angabe erweckt auch deshalb Skepsis, weil es sich bei der durch Irsigler nicht identifizierbaren Sorte *„ballier"* um Ortsafran aus Katalonien handelte, von dem, wie oben gezeigt, jährlich im Höchstfalle 100 Ballen geerntet wurden. Auch durch den eventuellen Abbau von Lagerbeständen war Imhoff sicher nicht in der Lage, die genannte Menge auf den Markt zu werfen. Aus der Quelle ist nicht ersichtlich, ob er ausschließlich an Kölner verkaufte oder auch an *„vreimde luden"*, also etwa Flamen.

Ein Nürnberger Dokument aus dem Jahre 1574 spricht davon, daß einige Familien schon seit über 200 Jahren! den Safranhandel betreiben,[211] also seit der zweiten Hälfte des 14. Jahrhunderts. Aus dem Kontext heraus können eigentlich nur die Imhoff und Tucher gemeint gewesen sein. Eine schöne gegenseitige Verifizierung der Quellen also.

---

208 Roth, J.F., Nürnbergischer Handel, 1, S. 143, 210.
209 Schenk, H., Nürnberg-Prag, S. 154ff.
210 Irsigler, F., Köln-Messen-Oberdeutschland, S. 382f.
211 BayStaatsAN, Rep. 19a, E-Laden, Akten, 242, 17.08.1574.

Folgen wir Schultheiß,[212] der es für wahrscheinlich hält, daß ein Conrad Tucher[213] der Patrizierfamilie zuzurechnen ist, so sind die Tucher schon in der Mitte des 14. Jahrhunderts als Gewürzhändler, in diesem Falle mit Pfeffer, nachzuweisen. Müller[214] belegt, daß die Tucher und die Imhoff in jener Zeit fast alle bedeutende Orte im Gebiete der Rhone, Loire und Garonne aufsuchten. Es drängt sich der Eindruck auf, daß die Faktorei in Lyon schon seit der Mitte des 15. Jahrhunderts bestand.[215]

Ebenfalls unterstützt der Beleg von 1407 die Ausführungen über die Ausrichtung des Nürnberger Handels nach dem Osten. In Verbindung mit der obigen Quelle über die Märkte in Ungarn, Österreich und Böhmen und der zeitnahen (1444) Aussage von Scheurl ist zu schließen, daß es sich wahrscheinlich um einen Export von Nürnberg aus gehandelt hatte und nicht um eine beabsichtigte Einfuhr von böhmischem Safran. Aus dem Brief von A. Scheurl aus Breslau im Jahre 1444 geht hervor, wie wichtig Safran für den Warenaustausch zwischen Ost und West war: „... het wir mer piper und safran gehabt zu den andern pfenwerten, wir hetten einen guten markt gehabt". Und in einer bei A. Schulte zitierten Aussage von Butzbach heißt es: „In Böhmen (bzw. Polen) frißt ein Schwein mehr Safran in einem Jahr als ein Mensch in Deutschland sein Leben lang".[216] Vor dem ganzen Hintergrund der bisherigen Ausführungen (vor allen Dingen der hohen Preise) kann dieser Aussage allerdings keine große Glaubwürdigkeit beigemessen werden.

Der Raub oder Diebstahl schließlich wirft ein Licht auf den Safran als kostbares Gut. Dazu ein weiterer Beleg aus dem Anfang des 16. Jahrhunderts:[217] „Am 8. März 1528 haben 10 Reuter nicht weit von Kornburg 2 Güterwägen, welche seidene Waaren und Safran geführet, die den Herwarten zu Augsburg und Hirschvogeln zu Nürnberg zugehörig waren, aufgehalten, die Fuhrleute an die Bäume gebunden, sind außer einem, der Schildwache gestanden, vom Pferde gestiegen, haben ihre Harnische abgelegt, mit guter Muße und Ruhe geplündert, und die Waaren auf ihren Roßen und 2 Wagenpferden, die sie ausgespannet, weggeführt. Die Fuhrleute sind erst in der folgenden Nacht ledig geworden. Der Rath hat diesen Thätern nacheilen lassen, aber sie nicht ereilen können".

In Abwägung der Gefahr einer langen und schweren Kerkerhaft, vielleicht gar des Todes und der verlockenden Aussicht, einen großen Coup landen zu

---

212 Schultheiß, W., Gewürzhandelsabrechnung, S. 22. Nach Hegel, C., Chroniken-Nürnberg, 4, S. 31 und Fußnote a, S. 32, 1326 gestorben. Zu den ersten urkundlichen Nachweisen vgl. auch Grote, L., Tucher, S. 8.

213 Grote, L., Tucher, S. 29.

214 Müller, J., Hauptrouten-Nürnberger Handelsgebiet, S. 4, 10.

215 Vgl. dazu Loose, W., Haushaltbuch, S. 4, wo er für Ende des 15. und Anfang des 16. Jahrhunderts von der Niederlage der Tucher in Lyon spricht; ein Mitglied der Familie war dort stets anwesend.

216 Schulte, A., Ravensburger Gesellschaft, S. 152ff.

217 Roth, J.F., Nürnbergischer Handel, 1, S. 407.

können, hatte sich die Bande für den Raub entschlossen. Die Liquidierung der Güter in Gulden, Schilling und Pfennig wird alle zehn von ihnen komfortabel versorgt haben. Wahrscheinlich war der Warenzug nach Nürnberg von Spanien bzw. Lyon aus spediert worden, denn da spielten die Herwarth eine bedeutende Rolle als Finanziers der französischen Krone und ebenfalls waren dort (und im Überseehandel) die Hirschvogel stark engagiert.[218]

Ein weiteres Indiz für den Safranhandel und die Handelsausrichtung erhalten wir durch eine Quelle aus dem 14. Jahrhundert. Im Jahre 1376 weilte Buonaccorso Pitti,[219] Anfang des 15. Jahrhunderts Gesandter von Florenz für die Finanzierungsverhandlungen des Italienfeldzuges von König Ruprecht, in Budapest. Er hatte dort Verbindungen zu den ansässigen großen deutschen Firmen.

Sein eigentliches Ziel aber war Preußen, wo er sich vor Ort über den Safranhandel informieren wollte,[220] genauer wohl um den Nachfrageumfang. Leider erfahren wir keine Namen, auch nicht, ob er die Möglichkeiten einer Markterschließung sondieren wollte und in wessen Auftrag er unterwegs war. Die Quelle bedarf also noch einer näheren Untersuchung und Einordnung. Bei Bechtel[221] heißt es dazu: „*Polen erhielt seine Spezereien durch oberdeutsche, vorwiegend Nürnberger Kaufleute. ... Die Gegengeschäfte der oberdeutschen Kaufleute bestanden in der Einfuhr von Venediger Gut, Gewürzen, Weihrauch usw. aus dem Morgenlande. Am häufigsten werden Safran und Pfeffer genannt, die u.a. besonders als Ehrengaben an polnische Würdenträger von Bedeutung waren*". Die Nürnberger Safranordnung aus dem Jahre 1474 wurde auch nach Posen[222] geschickt, ein deutlicher Hinweis auf die Wichtigkeit des Handels. Es ist also möglich, daß in der Markterkundung durch Pitti erste Überlegungen von Florentiner Firmen belegt werden, in diesen Handel einzusteigen. Es dauerte aber noch rund 200 Jahre, bis es dazu in Verbindung mit einem eigenen Vertriebsnetz von Nürnberg aus kam. Vielleicht auch kein Zufall, daß es die Florentiner Turrisani waren, die sich hier an vorderster Stelle einschalteten.

Vor dem Hintergrund dieser Quellen aus dem 15., dem Anfang des folgenden Jahrhunderts und den Tucher- bzw. Welserbriefen, welche die Situation bis um 1550 und davor beleuchten, ist die folgende große Auseinandersetzung in der zweiten Hälfte des Saeculums zu beurteilen. Der bevorzugte Standort Nürnberg innerhalb des Reiches hatte sich nicht geändert, verschoben hatten sich aber offensichtlich (bis Mitte des 16. Jahrhunderts) die Umsatzanteile zugunsten der

218 Schöningh, Fr.J., Rehlinger von Augsburg, passim. Herwarth von Bitterfeld, H., Brüder Herwarth, S. 183ff. Schaper, Chr., Hirschvogel, passim; Hirschvogel-Lissabon-Sevilla, passim. Peters, L.F., Handel Nürnbergs, S. 140.
219 Esch, A., Loyalitäten-Identität, S. 120.
220 Stromer, W.v., Oberdeutsche-Florentiner Geldleute, S. 54.
221 Zitat nach Schneider, P., Nürnberg gerecht geschaut Gut, S. 90.
222 Posen war während des Untersuchungszeitraums der wichtigste Handelsknotenpunkt in Großpolen und die Nürnberger Kaufleute nahmen dort eine dominierende Position ein. - Drozdowski, M., Großpolen-Mitteleuropa, S. 57f.

Nürnberger Allianzpartner auf Kosten anderer Nürnberger Händler. Gleichwohl war hier ihre Position vermutlich nicht so stark wie auf den Beschaffungsmärkten, denn die von dort wegen der Kriegsgefahren und Kreditforderungen der Krone verdrängten kleinen und mittelständischen Wettbewerber konnten sich in Nürnberg durchaus als Zwischenhändler und Exporteure zu den Messen in Frankfurt und Leipzig und weiter in den Osten behaupten.

Es wird an dieser Stelle darauf verzichtet, jedes einzelne Argument für die Behauptung anzuführen, daß die Allianzpartner auch den Absatzmarkt Nürnberg beherrschten; die folgenden Kapitel werden das hinlänglich deutlich machen. Ein Plausibilitätsbeweis mag hier genügen: Es waren Nürnberger Unternehmer, die in Italien, Spanien, Frankreich den Markt beherrschten und durch Verschreibungen abzusichern suchten. Auf der anderen Seite war, wie ausgeführt, Nürnberg das zentrale europäische Absatz- und Verteilerzentrum für dasselbe Produkt. Die Tucherbriefe dienten ja dazu, Informationen über die Beschaffungs- und Absatzmärkte abzustimmen, um die unternehmerischen Dispositionen vornehmen zu können. Es spricht jede betriebswirtschaftliche Logik dafür, daß sich vom Einkauf bis zum Verkauf in Nürnberg bzw. anderen Plätzen keine oder nur wenige fremde Glieder in diese Handelskette einschalten konnten, die Kooperationspartner tendenziell also den Absatz bis zum Endverbraucher selbst besorgten. Die betroffenen und bedrängten Firmen sagten 1574 selbst,[223] daß „vorher" der Safranhandel ausschließlich in Nürnberger Hand gewesen sei. Aus den Quellen war nicht zu erschließen, ob die Allianzpartner auch ihre Absatzpolitik aufgrund eines Vertrages oder einer stillschweigenden Vereinbarung koordinierten. Aus dem Gesamtzusammenhang geurteilt, war das eher nicht der Fall.

1.2.2. Italiener

1.2.2.1. Erste Hälfte des 16. Jahrhunderts

Die oben durchgeführte Analyse der Safran-Beschaffungsmärkte hat gezeigt, daß von einer ernstzunehmenden Konkurrenz für die Nürnberger Allianzpartner während jenes Zeitraumes nicht die Rede sein kann. Daraus ergibt sich mit logischer Konsequenz, daß sie dieses Produkt auch nicht nennenswert in Nürnberg verhandelten, denn Nürnberg war der zentrale Absatzmarkt für Europa. An dieser Stelle wird auch diesbezüglich auf eine eingehende Beweisführung verzichtet. Im folgenden Punkt und dann – in einem größeren Zusammenhang – im dritten Kapitel ‚Auseinandersetzung in und um den Standort Nürnberg' wird diese Feststellung hinreichend untermauert werden können. Eine Information sei hier gleichwohl vorweggenommen: Das Bestehen einer schlagkräftigen Allianz der Italiener ist auch wegen der wenigen hier ansässigen italienischen Firmen eher un-wahrscheinlich. Höchst-wahrscheinlich dagegen ist es,

---

223 BayStaatsAN, Rep. 19a, E-Laden, Akten, 242, 17.08.1574.

daß die damals in Nürnberg ansässigen Vertreter der Turrisani, Odescalco, Werdemann den Absatzmarkt beobachten konnten und die Gewinne einzuschätzen wußten. Die unternehmerischen Impulse, sich in dieses Geschäft einzuschalten, gingen also sowohl von den (z.t. heimischen) Beschaffungsmärkten als auch vom Absatz- und Verteilermarkt Nürnberg aus.

1.2.2.2. Zweite Hälfte des 16. Jahrhunderts

Eine Korrespondenz, aus der das Bestehen einer strategischen Allianz italienischer Firmen auf dem Absatzmarkt geschlußfolgert werden kann, sind der Forschung nicht bekannt. Der Nachweis ihrer Existenz kann gleichwohl aus grundsätzlichen betriebswirtschaftlichen Überlegungen und Hinweisen in zeitgenössischen Quellen zweifelsfrei nachgewiesen werden. Zunächst einige Überlegungen mehr allgemeiner Art.

Oben wurde belegt, daß die Italiener, (Franzosen, Spanier, Portugiesen) um die Mitte des 16. Jahrhunderts - etwa zwischen 1560 und 1570 - es geschafft hatten, den Nürnbergern einen Umsatzanteil auf den Beschaffungs- und Absatzmärkten im Wert von einigen hunderttausend Gulden abzunehmen. Hochinteressant ist nun die Tatsache, daß es dieselbe Zeit war, in der ein verstärkter Zuzug von italienischen Unternehmen nach Nürnberg, also zum Verteilermarkt, zu beobachten ist.[224] Zwischen diesen beiden Fakten ist nicht nur eine zufällige zeitliche Koinzidenz zu sehen, sondern es bestand ein ursächlicher Zusammenhang, sie sind Ausdruck einer langfristigen strategischen Konzeption der Italiener und ihrer Zusammenarbeit in einer Allianz.

Warum? Warum bedingte die eine Entscheidung, der Nürnberger Allianz auf den Einkaufsmärkten eine Konkurrenzallianz gegenüberzustellen auch die andere, ein eigenes Vertriebsnetz in Deutschland wenn denn nicht aufzubauen, dann doch entscheidend auszuweiten? Warum entschieden sie sich für ein werkseigenes Vertriebsnetz, und warum wählten viele der Unternehmen nördlich der Alpen bevorzugt Nürnberg als Zentrum und bewerteten etwa Regensburg, Augsburg, Frankfurt etc. nicht als sinnvolle Standort-Alternativen? Und warum schließlich schlossen sie sich auch hier zu einer Allianz zusammen, einer Allianz mit einer stärkeren Bindungskraft als die der Nürnberger?

Die verschiedentlich betonte Rivalität zwischen den italienischen Stadtstaaten wirkte sich, wie gleich zu zeigen versucht wird, bei den betroffenen Unternehmen nicht negativ auf die Kooperationsbereitschaft aus. Schon die vielfachen familiären Verbindungen[225] sind zumindest ein Hinweis darauf (kein Beweis), wobei sicher von einer unterschiedlichen Häufigkeit ausgegangen werden muß. Am zahlreichsten waren sie wohl bei Familien aus derselben Stadt oder Region. Auch der auswärtige Standort, die starke Konkurrenz und die Zielsetzung, einen

---

224 Die Tatsache wird durch die weiteren Ausführungen evident.
225 Beispielhaft: StadtAN, Rep. E 1, Genealogische Papiere, 468, 'Werthemann'. Colombo, A., Vertemate-Franchi, S. 108.

neuen Markt zu erobern, haben sicher bewirkt, möglicherweise vorhandene Animositäten einzuebnen.[226] Es ist nicht unerheblich festzustellen, daß es sich bei den betroffenen Unternehmen nicht um Existenzgründer handelte, sondern um Firmen, die in ihren Heimatländern lange unternehmerisch aktiv und erfolgreich waren, vielfach der sozialen und wirtschaftlichen Oberschicht zuzurechnen sind. Ihr internationales und nach den Entdeckungen weltweites Geschäftsnetz ist bekannt, muß hier nicht weiter belegt werden. Ohne einen soliden Kapitalstock wären diese Aktionen nicht möglich gewesen. Unternehmerische Erfahrung, Finanzausstattung und Markttransparenz für eine Geschäftserweiterung, eine Intensivierung ihrer internationalen wirtschaftlichen Aktivitäten waren also gegeben.

Was nun den Safranhandel angeht, so ergab sich die Marktübersicht ja sozusagen auf natürliche Weise. Der Safran war ein einheimisches Produkt, die Ressourcenverwertung dagegen lag weitgehend in der Hand ausländischer, eben Nürnberger Unternehmer. Man traf sich auf nationalen und internationalen Messen und Märkten, konnte also auch die Gewinnmöglichkeiten hinreichend gut einschätzen. Die Nürnberger exportierten nicht nur ihre heimischen Produkte und Waren aus dem Westen, Norden und Osten in den Süden Europas, sondern hatten auch den Handel mit einem lukrativen Produkt aus den Ländern des Südens, den Safran, in der Hand. Bevor die Italiener begannen, ihre Vertreter dauerhaft in Deutschland domizilieren zu lassen, konnten die Nürnberger schon jahrhundertelang auf ein europaweites Vertriebsnetz verweisen. Turrisani bezifferte 1572 das Verhältnis 100:1. Seiner Einschätzung nach kam auf 100 deutsche (Nürnberger vor allen Dingen?) Firmen, die in Italien präsent waren, nur ein italienisches Unternehmen in Deutschland.[227]

Auf den Safran-Beschaffungsmärkten dominierten um diese Zeit (noch) die Nürnberger, hatten, wie nachgewiesen, die Möglichkeit, einen starken Preisdruck auszuüben. Für die Wettbewerber folgte daraus, daß sie tendenziell höhere Einkaufspreise zahlen mußten. Es fehlte zunächst auch eine optimale Infrastruktur. Aufgrund der sich daraus ergebenden schlechteren Gewinnsituation wären sie dem Konkurrenzdruck der „Alt-Safraner" nicht gewachsen gewesen, hätten sie sich nicht auch auf dem Absatz- und Verteilermarkt Nürnberg etabliert. Das erforderte erhebliche Investitionen in das Vertriebs- und Servicenetz. Sie mußten sich der Konkurrenz stellen, und zwar vor Ort, in Nürnberg. Hier hatten sie die „alteingesessenen Firmen" herauszufordern, ihre eigenen Wachstumschancen zu nutzen, wollten sie sich nicht mit einem marginalen Marktanteil begnü-

---

226 Vom Haß der Parteiungen innerhalb der italienischen Städte (etwa in Florenz und Lucca) mit Auswirkungen auf ihr wirtschaftliches Kooperationsverhalten auch im Ausland, wie Esch es in seinem schönen Aufsatz aufzeigt, zeugen die Quellen in Nürnberg nicht. Die Kontobilder aus dem Anfang des 17. Jahrhunderts sprechen eine eindeutig andere Sprache. - Esch, A., Loyalitäten-Identität, S. 126ff.
227 BayStaatsAN, Rep. 19a, E-Laden, Akten, 245, 23.04.1572.

gen oder gar Gefahr laufen, von allen Märkten, also von den Beschaffungs- und den Absatzmärkten, schnell wieder verdrängt zu werden. Aus der einen Entscheidung folgte mit betriebswirtschaftlicher Logik die andere. Prinzipiell hätten die Italiener auch versuchen können, in Augsburg[228] oder anderswo einen zweiten Safranmarkt zu etablieren. Damit drohten sie auch in den folgenden Auseinandersetzungen, praktizierten es ansatz- und zeitweise wohl auch, schätzten schließlich und endlich die gewachsenen Strukturen und das herausragende Renommee des Standortes Nürnberg, auf das noch einzugehen sein wird, aber als vorteilhafter ein. Bei dieser Entscheidung sind die anderen Standortfaktoren, wie oben erwähnt wurde und unten aufgezeigt wird, natürlich angemessen zu gewichten. Da der Aufbau eines Vertriebsnetzes eine Entscheidung auf lange Sicht ist, bewerteten die Italiener offensichtlich die Nachfrage auf diesem Produktmarkt als stabil.

Es scheint auch evident, daß durch die gegebene oligopolistische Marktform - Allianz von wenigen Firmen auf den Beschaffungsmärkten, Marktbeherrschung des zentralen Absatz- und Verteilermarktes durch dieselben Firmen, homogenes Gut, hohe Markttransparenz - ein erheblicher Anreiz ausging, sich ebenfalls zu Allianzen zusammenzuschließen. Ein unkoordiniertes Vorgehen, ein Wettbewerb mit den etablierten Firmen und den eigenen Landsleuten wäre ruinös gewesen. Sie, die neuen Konkurrenten, wären letztlich wieder ‚geschluckt' und vom Markt verdrängt worden.

Da es sich beim Safran, wie gesagt, um ein homogenes Gut handelte,[229] hätte ein Unternehmen oder eine Allianz durch eine Preissenkung zwar kurzfristig (Mehr)-nachfrage auf sich lenken können, sie mußten aber davon ausgehen, daß die Konkurrenten gleichgerichtet reagieren würden, um keine Marktanteile zu verlieren. Es ist sogar in Rechnung zu stellen, daß sie es mit einer größeren Spanne tun würden als sie selbst. Umgekehrt wäre eine Preiserhöhung nicht durchsetzbar gewesen, die Konkurrenz hätte wahrscheinlich nicht oder nicht in dem Maße reagiert, die schon gewonnenen Nachfrager wären wieder abgewandert. Es ist also davon auszugehen, daß alle Anbieter mit preispolitischen Maßnahmen vorsichtig operierten, da sie nicht eine Preisspirale nach unten in Gang setzen wollten, die schlußendlich die von der Kostenstruktur her gegebene Grenze erreicht hätte. Das Geschäftsfeld wäre weitgehend uninteressant geworden. Soweit die Theorie.

Gleichwohl müssen die Italiener, um sich auf diesem Markt zu etablieren, auch in nicht unerheblichem Maße preispolitisch agiert haben. Die Möglichkeit dazu boten die hohen Gewinnmargen, die ja vom Nürnberger Rat konstatiert

---

228   Zu den Safrangeschäften der Augsburger Handelswelt siehe: Häberlein, M., Brüder-Freunde-Betrüger, S. 89ff.
229   Man kann theoretisch natürlich auch von mehreren Safranmärkten, unterschieden nach Herkunft und Qualität, ausgehen, am grundsätzlichen Marktmechanismus ändert das nichts.

wurden.[230] Als Folge davon verloren die Nürnberger Marktanteile und konnten die verbleibende Menge nur zu einem niedrigerem Preis absetzen. Diese Tatsache alleine hätte schon zum Verständnis der folgenden Auseinandersetzungen genügt.

Verfolgt man die Ausführungen weiter, so muß dennoch die Frage beantwortet werden, warum die Nürnberger Kooperationspartner aufgrund ihrer jahrhundertelangen Erfahrung, ihrer Kapitalkraft, ihrer tendenziell günstigeren Kostenstruktur, ihres hohen akquisitorischen Potentials[231] nicht in der Lage waren, den Markt alleine zu behaupten. Die Antwort ist nicht nur, vielleicht nicht mal in erster Linie, auf der Angebotsseite zu suchen. Es ist davon auszugehen, daß die Nachfrager durchaus von den hohen Gewinnmargen der „Alt-Safraner" wußten, sie aber mangels konkurrierender Anbieter bisher keine Möglichkeit gehabt hatten, ihrem Preisdiktat zu entgehen. Schon aus einer angestauten Verärgerung darüber bestand eine Neigung, sich jetzt bei den Konkurrenten einzudecken. Sie mußten aber auch aus einem nüchternen betriebswirtschaftlichem Kalkül heraus daran interessiert sein, die alten Markt- und Machtstrukturen aufzubrechen, die Konkurrenz zu unterstützen, selbst dann, wenn Preisdifferenzen nicht gegeben waren, eben um einen dauernden Wettbewerbsdruck zu induzieren.

Gleichwohl würde eine isolierte Analyse des Safranmarktes der historischen Realität nicht gerecht. Andere Aktions- und Wettbewerbsparameter und andere Produktmärkte müssen in Betracht gezogen werden, um verstehen zu können, warum die Italiener sich in Nürnberg so erfolgreich etablieren konnten. An dieser Stelle sei erwähnt, daß die Italiener ihre Aktivitäten auch auf andere Geschäftsfelder, dem gesamten Spezereimarkt, dem Markt für Samt- und Seidenwaren zum Beispiel ausdehnten, Sparten, die vorher ebenfalls weitgehend von den Nürnbergern bedient wurden, sie also zu Vollsortimentern avancierten. Damit eröffnete sich ihnen die Möglichkeit von Mischkalkulationen, stärkte sich ihre Wettbewerbsposition. Sie mußten auch deshalb zu Vollsortimentern werden, weil die Nürnberger ansonsten auf ihre Kunden einen verstärkten Druck hätten ausüben können nach dem Motto: „Kauft ihr nicht unseren Safran, so bekommt ihr auch keine Samt- und Seidenwaren etc." Die Italiener mußten aus dieser Sicht heraus also die gesamte Produktpalette anbieten. Es war eine notwendige Markteintrittsbedingung.

---

230 BayStaatsAN, Rep. 19a, E-Laden, Akten, 242, 13.03.1576.
231 Ein Begriff der von Gutenberg im Rahmen seiner Absatztheorie geprägt wurde. Er versteht darunter im wesentlichen „... Mit der Qualität der Waren, die angeboten werden, dem Ansehen des Unternehmens, seinem Kundendienst, seinen Lieferungs- und Zahlungsbedingungen und gegebenenfalls auch mit seinem Standort verschmelzen alle diese, oft rational gar nicht faßbaren Umständen zu einer Einheit, die das ‚akquisitorische Potential' eines Unternehmens genannt sei". – Gutenberg, E., Der Absatz, S. 237ff. Vgl. dazu auch: Albach, H., Unternehmung, S. 228ff.

Im dritten Kapitel wird näher darauf einzugehen sein. Zunächst noch einige Ausführungen zur Allianz und zum Allianzcharakter.

Folgende Zitate, die sich beliebig vermehren ließen, mögen hinreichend belegen, daß die Italiener sich als Solidar- und Allianzgemeinschaft verstanden, die sich gegenüber den heimischen Firmen exklusiv definierte und als solche auch von ihren Konkurrenten und vom Rat eingeschätzt wurde. Es heißt[232]: „*Wessen sich d i e Italiener bedrohlich vernehmen lassen, d i e Italiener bekennen, die Meinung d e r Italiener, d i e Italiener haben an ihre Herrschaften geschrieben, d i e Italiener haben sich untereinander besprochen*". Und als der Rat sie in die Kanzlei bestellen ließ, um sie auf ein gesetzestreues Verhalten einzuschwören, geschah das mit der ausdrücklichen Auflage und Begründung, es schnell zu tun, sie sozusagen von der Straße weg direkt aufs Ratshaus zu holen „*... damit sie keine Zeit haben, sich miteinander zu beraten; damit sie keinen argwohn schöpfen, dürfte derjenige, der sie verordnet, keinen merken lassen, daß er Befehl habe, auch die anderen zu verordnen*". Bestätigt wird die Allianz expressis verbis schließlich (indirekt) von den Italienern selbst. Als der Druck, sie vom Safranhandel auszusperren, immer größer wurde, stellten sie gegenüber dem Rat fest: „*Wenn der Rat dächte, daß beim Verbot dieses Handels für die Italiener dieser auf die Bürger und diejenigen übergehen würde, die ihn schon lange betrieben haben, so seien das zwei Irrtümer, denn weil die welschen Nationen untereinander befreundet und in den Handlungen an ausländischen Orten ihre Korrespondenz gemeinsam haben und daneben alle gelegenheit des ganzen Deutschlands erlernt, so können sie untereinander selber die Kommissionen ... machen*".[233]

Diese Einlassung zeugt von einem hohen Selbstbewußtsein, Vertrautheit mit den Handelsgewohnheiten, einer inzwischen ausgebauten eigenen Infrastruktur, gefestigten Marktposition und macht, folgen wir der Quelle, einen fundamentalen Unterschied zu ihren Nürnberger Allianzkonkurrenten deutlich: Bei ihnen, den Italienern, ist offensichtlich von einer symmetrischen Informationslage über die Märkte auszugehen. Sie fingen nicht nur nicht die Geschäftsbriefe ihrer Kooperationspartner ab, öffneten sie widerrechtlich, um aufgrund der dadurch herbeigeführten asymmetrischen Informationslage Vorteile zu gewinnen, wie die Imhoff und Welser es mit den Tucherbriefen taten, sondern bündelten ihre Erkenntnisse, machten sie für jeden Partner transparent, stimmten ihre strategischen Zielsetzungen und taktischen Maßnahmen aufeinander ab.[234]

---

232 Sperrungen sind Hervorhebungen des Verfassers.
233 BayStaatsAN, Rep. 19a, E-Laden, Akten, 242, 21.04.1575.
234 Als die Werdemann 1605 in Zahlungsschwierigkeiten gerieten, lehnte der Nürnberger Rat ihre Bitte um ein Darlehen mit dem Hinweis ab, sie sollten sich an die starke „*italienische Kolonie*" wenden. Ob jene das taten oder schon getan hatten, wird nicht deutlich. Das hiesige Falliment jedenfalls konnte nicht abgewendet werden. – Freund, B., Italienische Kaufleute-Nürnberg, S. 116.

Wie schon an anderer Stelle erwähnt, belegt das obige Zitat noch einmal, daß, obwohl des öfteren von den *„Vertretern der vier großen fremden Nationen"* (Italien, Frankreich, Spanien, Portugal) die Rede ist, es eigentlich nur die Italiener waren, die in Nürnberg als Konkurrenten auf dem Safran- und anderen Produktmärkten auftraten. Im übrigen hatten die Verfasser der Quellen bei dieser Formulierung wohl eher die Bezugsgebiete im Auge und/oder die Lieferanten, die ihre Waren aber in Nürnberg von den Italienern verhandeln ließen. Die Vermutung, daß möglicherweise die Niederlassungen dieser ‚Nationen' in Antwerpen gemeint waren, konnte durch die Quellen nicht bestätigt werden.

Im Kapitel über die Allianzen am Anfang des Dreißigjährigen Krieges wird das obige Zitat noch einmal aufgenommen werden, um den spezifischen Charakter der italienischen Allianz präziser zu charakterisieren.

Davon auszugehen, daß sämtliche Italiener, soweit sie unten erfaßt werden konnten, zur Allianz im engeren Sinne gehörten, trifft wahrscheinlich nicht zu. Dagegen spricht schon die Zahl von etwa 15-20 Unternehmen. Bei aller Solidarität hätte dies doch erhebliche Koordinierungsschwierigkeiten bereitet, die Entscheidungsprozesse wären zu schleppend vorangekommen, die Allianz hätte an Durchsetzungskraft eingebüßt. Auch die mitunter nur kurze Anwesenheitsdauer einiger Firmen in Nürnberg spricht dagegen. Nicht dazu zu zählen sind wahrscheinlich auch die Firmen aus dem Mailänder Gebiet, die in Nürnberg einen zollpolitischen Sonderstatus genossen, vice versa galt das ebenso. Ausdrücklich sollten sie deshalb nach Meinung der Nürnberger Beschwerdeführer von den geplanten wirtschaftspolitischen Restriktionen ausgenommen werden. Man kann daraus auch schlußfolgern, daß sie nicht mit Safran handelten. Schließlich sind diejenigen Firmen nicht zur Kernallianz zu rechnen, bei denen der größte Umsatz mit anderen als den zur Diskussion stehenden Waren erzielt wurde. Samson Gall und Nicolo Bernardini (Bernhardini) scherten insofern aus der Solidargemeinschaft aus, als sie sich gleich bereit erklärten, den vom Rat geforderten Eid abzulegen, sich nicht wie die anderen in *„Weitläufigkeit"* ergingen.[235] Auch sie gehörten also wohl nicht dazu.

Die Wahl Nürnbergs zum zentralen Dauerstandort nördlich der Alpen, Warensortiment und Geschäftsvolumen waren wohl die entscheidenden Kriterien für die Mitgliedschaft. Für welche Firmen traf dieses Raster konkret zu? Eine eindeutige und lückenlose namentliche Abgrenzung ist aufgrund der Quellen nicht möglich. Aus dem gesamten Kontext ist aber zu schließen, daß es in der zweiten Hälfte des 16. Jahrhunderts im wesentlichen folgende Firmen waren: die Turrisani aus Florenz (und ihre Geschäftsnachfolger Benevieni/Sini)[236] als Sprecher, gewissermaßen im Amte eines Konsuls, aus Plurs (Piuro) - vielfach miteinander verwandt - die Werdemann, Lumaga, Crollalanza, Beccaria, Brocco, wohl auch die Murari, Roverè

---

235   BayStaatsAN, Rep. 19a, E-Laden, Akten, 245, wohl April/Mai 1572.
236   Peters, L.F., Handel Nürnbergs, S. 531ff.

presso Trento, die Gallutzi aus Venedig[237]. Auch an die Perez/Calandrini aus Lucca ist zu denken, die 1575 als Safranhändler belegt werden können.[238] Der Zahl nach war die Allianz der Italiener also vermutlich etwas größer als die der Nürnberger.

1.3. Vom monopolistischen zum konkurrenzgebundenen Verhalten

Bevor versucht wird, die Charakteristika der beiden Allianzen einander gegenüberzustellen, ihre Chancen untersucht und bewertet werden, sich unter den geänderten Rahmenbedingungen mittel- und langfristig auf dem Markt zu halten (Nürnberger) bzw. zu etablieren (Italiener), sollen die spezifischen Ausprägungen des Safranmarktes unter morphologischen, also unter Wettbewerbsgesichtspunkten, noch einmal betrachtet werden.

Betriebs- und volkswirtschaftliche Untersuchungen belegen heute,[239] daß es nicht so schwer ist, ein gutes Produkt kostengünstig herzustellen, sondern die Herausforderung darin besteht, sie auf Märkten abzusetzen, auf denen man bisher keine führende Rolle gespielt hat.

1.3.1. Beschaffungsmärkte

Die Beschaffungs-(Herstellungs-)märkte wurden schon weitgehend untersucht. Die Anforderungen an die Italiener, sich auf jenen festzusetzen, bestanden vor allen Dingen in einer langfristigen Strategie und einem großen Kapitalstock. Beide Voraussetzungen waren, wie die Geschichte gezeigt hat, offensichtlich gegeben. Die Qualität im Sortiment der Nürnberger und der Italiener war – je nach Anbaugebiet – identisch: Sie kauften dasselbe Produkt, ein homogenes Gut. Die potentielle Bereitschaft der Verkäufer, von den Nürnbergern zu den Italienern abzuwandern, war schon, wie gezeigt, deshalb gegeben, weil sie einem harten Preisdiktat der Nürnberger Allianzmitglieder ausgesetzt gewesen waren. Schon aus diesem Grunde konnten die Italiener sich Zutritt zum Markt verschaffen, um so eher dann, wenn sie höhere Preise (Beschaffungsmarkt) zahlten, sich (zunächst) mit einer geringen Gewinnmarge zufrieden gaben. Die höheren Kosten konnten sie zum Teil dann reduzieren, wenn sie es besser als die

---

237 BayStaatsAN, Rep. 60b, Ratsbücher, 71, fol. 182f., 07.07.1619: Venedig bittet, das Schutzgeld zu erlassen, wenn Gallutzi seine Geschäftätigkeit in Nürnberg wieder aufnimmt. Ein Gallutzi war unter den Italienern, die zum Diskussionszeitpunkt ihre Waren nach Schwabach auslagerten (siehe weiter unten). Im übrigen spielten die Unternehmen aus Venedig in Nürnberg so gut wie keine Rolle.
Zu einer dauernden Niederlassung kam es wohl nicht, denn 1620 wird es Virgilius Egen erlaubt, Gallutzi für 4 Wochen in seinem Haus logieren zu lassen. Es ist also davon auszugehen, daß Egen Venedighandel betrieb. Vielleicht war er Faktor der Gallutzi. – BayStaatsAN, Rep. 60a, Verlässe des Inneren Rats, 1979, fol. 27, 19.07.1620.
238 BayStaatsAN, Rep. 19a, E-Laden, Akten, 242 (4).
239 Weizsäcker, C.C., Fusionen, S. 15.

Nürnberger Allianzmitglieder verstanden, schneller auf Preisschwankungen innerhalb einer Einkaufssaison zu reagieren.

1.3.2. Absatz- und Verteilermarkt Nürnberg

Betrachten wir nun den zentralen Absatzmarkt Nürnberg. Die Wettbewerbsökonomie stellt heute auf vielen Märkten eine hohe Marken- und Lieferantentreue fest. Diese hängt u.a. damit zusammen, daß die Fabrikate komplex geworden sind und der Käufer kaum die Möglichkeit hat, sie hinreichend zu testen. Er neigt also dazu, ein neues Produkt einer Firma dann zu kaufen, wenn er mit den bisherigen Gütern eben dieses Unternehmens zufrieden war.[240] Aus diesem Grunde hat es selbst ein besseres Konkurrenzprodukt schwer, Vertrauen zu gewinnen und Marktanteile abzuschöpfen. Unter wettbewerbspolitischen Gesichtspunkten ist es deshalb problematisch, weil, hat sich ein Produkt erst einmal etabliert, es in der Regel zu teuer verkauft wird. So die traditionelle These.

Die neuere ökonomische Theorie sieht in den höheren Gewinnmargen einen Anreiz für kostenintensive Forschung im Rahmen der Prozeß- und besonders der Produktinnovation. Um den Prozeß der Vertrauensbildung zu beschleunigen, werden nicht selten etablierte Firmen gekauft, um damit einen Vertrauenstransfer zu bewirken. Diese Strategie, ein Kauf oder eine Fusion zwischen den Italienern und den Nürnbergern aber war, wie aus den bisherigen Ausführungen hervorging und später noch deutlicher werden wird, ganz und gar unvorstellbar.

Auf den ersten Blick erscheinen diese Erörterungen überflüssig, wurde doch eben von je homogenen Gütern gesprochen. Das ist auch richtig, aber nur unter einer Bedingung: der Safranschau! Es war möglich und es wurde auch immer wieder praktiziert, den Safran zu fälschen. Es war in den Ballen und Säkken eben nicht immer Safran aus Aragon drin, wenn Aragonsafran draufstand, und er als solcher angeboten und verkauft wurde. Diese Fälschungen geschahen sowohl auf dem Erzeuger-[241] als auch auf dem Absatzmarkt Nürnberg. Es ist bekannt, daß Faktoren Nürnberger Firmen von der Stadt Aquila bezichtigt wurden, gefälschten Safran eingekauft und damit gehandelt zu haben. Namentlich genannt wird das Allianzmitglied Hans Welser. Der Rat reagierte 1585 in auffälligem Gegensatz zur sonst üblichen Praxis sehr milde, hielt die Schreiben Hans Welser vor, wollte den Streit aber nicht eskalieren lassen, sondern anempfahl ihm, „... *er und andere Handelsleute sollten allein den Ihrigen hineinbefehlen, sich dergleichen einkaufens des gefälschten Safrans hinfüro zu enthalten*".[242] Die Schuld für das Vergehen wurde also auf die nach- und untergeordneten Mitarbeiter abgewälzt.

---

240 Schon im Begriff des ‚akquisitorischen Potentials' nach Gutenberg enthalten.
241 Häbler, K., Zollbuch-Barcelona, S. 30.
242 Welser, L.v., Welser, 2, S. 453. Kellenbenz, H., Meder'sches Handelsbuch, S. 90.

Diese Quelle belegt auch, daß die Welser im Jahre 1585 noch im Safranhandel tätig waren. An dieser Stelle wird auch beispielhaft deutlich, daß der Safran zwar ‚von Natur aus' ein homogenes Produkt war, wegen der Fälschungen es für den Nachfrager in hohem Maße eben doch eine Vertrauenssache war, bei wem er kaufte!

In diesem Zusammenhang ist es nun von außerordentlicher Wichtigkeit, daß Nürnberg, um diese Fälschungen aufzudecken bzw. sie auf ein Minimum zu reduzieren, eine Safranschau einrichtete, bei der von der Obrigkeit bestellte und vereidigte Beamte die Sorten auf ihre Echtheit und Reinheit hin untersuchten. Die Entwicklung der Schau muß hier im einzelnen nicht näher dargestellt werden, da uns darüber eine Untersuchung von Paul Schneider[243] vorliegt.[244] Zum ersten Mal war sie bereits im Jahre 1358 errichtet worden; ein weiterer Hinweis auf die frühe Bedeutung dieser Handelssparte. Später war sie dann wohl eingeschlafen, wurde durch einen Ratsbeschluß 1441 aber erneut errichtet. Beide Gründungsdaten standen im übrigen mit einer Safranfälschung in Verbindung. Trotz der nie gänzlich auszuschließenden Betrügereien wurde die Nürnberger Safranschau zu einer Anstalt von europäischer Geltung. Das von ihr ausgefertigte Zertifikat in Form eines Stempels *„Nürnbergisch gerecht geschaut Gut"* und versiegelter Säcke mit Nürnberger Wappen machte den Safran, da jedes Pfund zur Schau gebracht werden mußte, zu einem Markenartikel in ganz Europa. Um diesen Ruf zu erwerben und zu sichern, ging – von obiger Ausnahme abgesehen – Nürnberg gegen Safranfälscher mit aller Härte vor. So wurde 1465 – das Beispiel ließe sich vermehren -, ein Safranhändler, der in Zwickau Safran verkauft hatte, obwohl dieser in Nürnberg als gefälscht deklariert worden war und damit vom Markt zu nehmen gewesen wäre, mit samt seinen Restwaren verbrannt.[245]

Im Jahre 1537 beschwert sich Augsburg in Nürnberg darüber, daß von Nürnberger Kaufleuten gefälschter Safran aus Spanien und Neapel auf den Markt gebracht worden sei. Der hiesige Rat rät ab, sich in dieser Angelegenheit direkt an den Kaiser zu wenden, weil er befürchtete, die Konsequenz sei die Errichtung einer Safranschau in Augsburg mit zusätzlichen Kosten für die Kaufleute. Den eigentlichen Beweggrund dürfen wir aber in der Absicht vermuten, die Exklusivität, jedenfalls was die Reputation angeht, der Nürnberger Schau zu wahren.

Das öffentliche Gütesiegel garantierte den Nürnberger Safranhändlern und vor allen Dingen den Allianzmitgliedern über 100 Jahre lang eine Sonderstel-

---

243 Schneider, P., Nürnbergisch gerecht geschaut Gut, passim.
244 Siehe auch: BayStaatsAN, Rep. 52b, 234, ab fol. 174: Safranordnungen verschiedener Jahre.
245 Schneider, P., Nürnbergisch gerecht geschaut Gut, S. 89.

lung auf diesem Markt[246] mit positiven Auswirkungen natürlich auf das Vertrauen zu ihren anderen Produkten.

In dem hier interessierenden thematischen Zusammenhang ist folgende Tatsache nun von geradezu entscheidender Bedeutung: Unter Wettbewerbsgesichtspunkten und marktstrategischen Zielsetzungen hatte das von dem Zeitpunkt an weitreichende Folgen, als die Italiener begannen, ein werkseigenes Vertriebssystem mit Sitz in Nürnberg, dem wichtigsten europäischen Absatz- und Verteilermarkt, zu etablieren. Keiner konnte den von den Italienern verhandelten Safran etwa durch üble Nachreden über die schlechtere Qualität den Marktzutritt erschweren oder gar verhindern, sondern durch das auch ihnen, den neuen und harten Konkurrenten, verliehene Gütesiegel wurde der Safran in der Tat ein vergleichbares, homogenes Gut. Als Folge davon verloren die Nürnberger ihren Wettbewerbsvorteil. Marken- und Lieferantentreue waren nicht mehr gebunden an die Nürnberger Händler und den von ihnen verkauften Safran. Die Abnehmer in ganz Europa konnten wettbewerblich reagieren, ohne befürchten zu müssen, Ware minderer Qualität zu erwerben. Das von den Nürnbergern und ihrer Institution aufgebaute Vertrauen wandte sich nun wie ein Bumerang gegen die Nürnberger Allianz. Das Vertrauen in die Qualität des Produkts hing nicht an bestimmte Personen bzw. Firmen, sondern an der Stadt, an ihrer Safranschau und an ihrem Gütesiegel.

Der Safranabsatzmarkt nach dem Eintritt der Italiener kann damit durch folgende Charakteristika beschrieben werden und unterschied sich wesentlich vom Beschaffungsmarkt:

1. Fast die gesamte Safranernte wurde an einem Ort, in Nürnberg, verhandelt.
2. Marktübersicht und Markteinsicht waren sowohl für Anbieter als auch für Abnehmer fast vollkommen.
3. Die Angebotsseite war durch zwei konkurrierende Allianzen geprägt.
4. Die Nachfrageseite war durch zahlreiche[247] Nachfrager charakterisiert.
5. Sachliche Präferenzen seitens der Nachfrager wurden durch die vollständige Homogenität der Güter obsolet, persönliche wurden

---

246 Der Erfolg hing zum Teil wohl auch mit der Tatsache zusammen, daß die Fugger den Spezereihandel am Anfang des 16. Jahrhunderts weitgehend aufgaben und sich auf die Metallerzeugung, den Metallhandel und das Finanzgeschäft konzentrierten. - Werner, Th.G., Augsburger Fugger-Nürnberger Imhoff, S. 23 (Fn. 98).
247 Es wird unterstellt, daß die Allianzmitglieder nicht das gesamte Gut bis zum Endverbraucher verhandelten. Die Relation zwischen hierhin geliefertem und auch verkauftem Safran und den hier verkauften Mengen, für die sie aber den Versand übernahmen und schließlich den Safran, den sie in anderen Städten anboten, ist nach dem gegenwärtigen Forschungsstand nicht zu bestimmen.

eingeebnet.
6. Die Anpassungsprozesse im Betrieb und auf dem Markt konnten sich sehr schnell vollziehen.

Diese neue Marktform hatte nun für die „*Alt-Safraner*" die entscheidende Folge, daß sie nicht mehr monopolistisch agieren, die Kunden „*hart drücken*" konnten, wie es in den Quellen heißt, sondern ihre Entscheidungen waren ,konkurrenzgebunden'.

Ihr eigenes preispolitisches Verhalten wurde sowohl durch die Reaktion der Nachfrager als auch die der Konkurrenten bestimmt. Als Folge davon wurde ihr Marktanteil kleiner und ihre Gewinnmargen nahmen entscheidend ab.

2. Zweites Kapitel: Der Wirtschaftsstandort Nürnberg

2.1. Standortfaktoren

Daß die Italiener in der zweiten Hälfte des 16. Jahrhunderts ihren Knotenpunkt Nürnberg wegen des Safranhandels ausbauten, wurde im ersten Kapitel nachgewiesen. Die Untersuchung über die weiteren Standortfaktoren wird zusätzliche Begründungen liefern für die Entscheidung vieler Firmen aus Italien, Nürnberg zu einem strategischen Zentrum in Deutschland zu machen.[248]

2.1.1. Natürliche Voraussetzungen

Wenn gefragt wird, ob die Zuwanderung fremder Kaufleute aus den Stadtstaaten Italiens (zusätzlich) auf die besonders attraktiven natürlichen Voraussetzungen im Sinne einer reichen Produktpalette der Agrar- und Forstwirtschaft oder auf reichhaltige Bodenschätze zurückzuführen war, so muß die Antwort eindeutig ‚Nein' heißen. Der Ertrag des kargen Boden[249] machte die Einfuhr von Getreide notwendig. Franz kommt in seinen Untersuchungen zu dem Ergebnis, daß für die Versorgung der städtischen Bevölkerung Getreideimport aus einem Einzugsgebiet von etwa 100 km Radius erforderlich war.[250] Die Preisbildung in der ‚mittelfränkischen Region' wurde nach Bauernfeind durch die Nachfrage am Hauptabsatzmarkt Nürnberg entscheidend bestimmt.[251]

Zwar bot so der Getreidehandel, mehr noch, da auch die Fleischversorgung durch den Viehbestand der näheren und weiteren Umgebung nicht ausreichte, der Viehhandel[252] Gewinnchancen.[253] Die bisherige Forschung hat aber gezeigt, daß diese Märkte weitgehend in den Händen Nürnberger, fränkischer oder ober-

248 Am eingehendsten mit den wirtschaftlichen Charakteristiken hat sich Hektor Ammann in seinem 1970 posthum erschienenen Werk über die „Wirtschaftliche Stellung der Reichsstadt Nürnberg im Spätmittelalter" beschäftigt. Ammann, H., Nürnberg-Spätmittelalter, passim.
249 Roth, J.F., Nürnbergischer Handel, 1, S. 324. Schnelbögl, F., Landgebiet-Nürnberg, S. 262.
250 Siehe dazu auch Schirmer, U., Schlachtviehbezug-Buttstädt, S. 261 und die einschlägigen Arbeiten von Wilhelm Abel.
251 Franz, G. u.a., Landwarenhandel, S. 37ff. - Bauernfeind, W., Nürnberger Getreidemarkt, S. 299ff., 365. Zur Tragfähigkeit seines methodischen Ansatzes: Achilles, W., Darstellung-Agrarkonjunkturen, S. 338-341.
252 Zuletzt Schirmer, U., Schlachtviehbezug-Buttstädt, passim. Vgl. auch: Klier, R., Transithandel, passim. Siehe die Beiträge in Westermann, E. (Hg.), Internationaler Ochsenhandel. Sachs, C. L., Metzgergewerbe-Fleischversorgung, passim.
253 Zum Wirtschaftskreislauf Tuch-Ochsenhandel, Unternehmerschicht, Organisation, Finanzierung, Gewinnmöglichkeiten siehe Stromer, W.v., Ochsen-Textilhandel, S. 184-187.

deutscher Unternehmer waren.[254] Die Schafzucht[255] garantierte eine gewisse Eigenversorgung.[256]

Den Bedarf an Wein[257] deckte Nürnberg aus den Gebieten an Main, Neckar und Rhein. Das Importgeschäft mit Weinen aus dem Süden lag bis zur verstärkten Einwanderung von Italienern in den Händen Nürnberger Kaufleute.[258] Straube[259] hat kürzlich nachgewiesen, daß (1523) aus dem Raum Nürnberg italienische Weine durch Thüringen in den Nordosten verhandelt wurden.

Die Fischzucht[260] und der Gemüseanbau reichten gerade für die Eigenversorgung, der Honig, wie wichtig er für die einheimische Bevölkerung auch als Nahrungs-, Genuß-, Heilmittel und Basis für die Weiterverarbeitung war, spielte als Handelsgut allenfalls für die nähere und weitere Region eine Rolle, würde bei der Berechnung des Sozialprodukts als lediglich marginale Größe eingehen.[261]

Massengüter waren auf dem Wasserwege nur von und bis Bamberg (Main) bzw. Regensburg (Donau) zu transportieren, da die heimische Pegnitz nie bis Nürnberg schiffbar geworden ist.[262] Treffend hatte schon Aenea Silvio de'Piccolomini, der spätere Papst Pius II., in der Mitte des 15. Jahrhunderts die diesbezüglich schlechten Voraussetzungen Nürnbergs auf den Punkt gebracht[263] wenn er schrieb, daß diese *„vornehme Stadt in unfruchtbarer, sandiger Gegend*

---

254   Schirmer, U., Schlachtviehbezug-Buttstädt, S. 265, 267 (Fn. 26), 268ff. Endres, R., Adelige Lebensformen, S. 16.

255   Auch im Zusammenhang mit der fränkischen Tuchindustrie zu sehen. - Endres, R., Adelige Lebensformen, S. 16.

256   Ammann, H., Nürnberg-Spätmittelalter, S. 9. Schirmer, U., Schlachtviehbezug-Buttstädt, S. 279. Schnurrer, L., Rothenburger Kaufleute, S. 42f.

257   Roth, J.F., Nürnbergischer Handel, 1, S. 325f. schreibt dazu: *„Selbst der Weinbau, wenn er gleich nicht von Bedeutung gewesen sein mag, wurde ehemals nicht ganz vernachlässigt. Hiervon zeugen verschiedene Verordnungen des Nürnbergischen Magistrats aus dem vierzehnten Jahrhunderte, die ,von den Pfählen in den Weingärten und von Weinwachse' reden".* Es folgt die Aufzählung einiger Anbauflächen. - Weinbau im Nürnberger Landgebiet: Schnelbögl, F., Landgebiet-Nürnberg, S. 265f. Reicke, E., Geschichte-Nürnberg, S. 610. Diefenbacher, M., Handels- und Wirtschaftsmetropole Nürnberg, S. 67 (Fn. 33). Sorten und Umfang bei einem großen Fest in Nürnberg: GNM, Rep. II/67, Behaim-Archiv, Fasz. 174.

258   Ammann, H., Nürnberg-Spätmittelalter, S. 91, 190. Müller, J., Hauptrouten-Nürnberger Handelsgebiet, S. 21, 29: Im Jahre 1443 verhandelte der Nürnberger Sebald Halbwachs 43 Faß und 3 Legel Welschwein, 8 Legel Malvasier, 3 Legel Reinfal u.a. nach Sachsen, Schlesien, z.T. bis nach Lemberg. Niklas Groß wurden im Jahre 1478 172 Fuder, 7 Eimer Osterwein im Wert von 4.209 Gulden in Straubing beschlagnahmt.

259   Seine Ausführungen legen zumindest die Vermutung nahe, daß es fränkische oder Nürnberger Händler waren. - Straube, W., Stadt-Handel (B. Kirchgässner (Hg.)), S. 116 (Diskussionsbeiträge).

260   *„Als Herrenspeise waren frische Fische für die einfache Bevölkerung kaum erschwinglich"* [Anfang 16. Jahrhundert]. - Endres, R., Adelige Lebensformen, S. 17.

261   Für die bedeutende Lebkuchenindustrie Nürnbergs spielt er eine untergeordnete Rolle.

262   Ammann, H., Nürnberg-Spätmittelalter, S. 11, 124.

263   Anders, O., Nürnberg- ausländische Betrachtung, S. 106. Steinhausen, G., Deutsche Kultur, S. 241. Voigt, K., Italienische Berichte, S. 126.

liegt; deshalb die Bevölkerung fleißig arbeiten muß. Alle nämlich sind entweder Handwerker oder Kaufleute. Von da kommt ihr großer Reichtum. Groß ist ihr Ruhm in Deutschland". Bereits Friedrich II. hatte seinen berühmten, wegweisenden, vielzitierten *"Freiheitsbrief"* vom 08.11.1219, mit dem er Nürnberg[264] zahlreiche ältere Zollprivilegien bestätigte und neue Zollbefreiungen bzw. - ermäßigungen zugestand, mit diesen ungünstigen Standortvoraussetzungen, nämlich nicht an einen überregionalen Wasserweg angebunden zu sein und auch keine Weinberge zu besitzen, begründet. Es heißt: „*... cum locus ille nec habeat vineta neque navigia, immo in durissimo situs sit fundo".*[265] Für die Zeit nach Friedrich II. konstatiert Irsigler[266]: *„Die Übernahme und Verselbständigung herrschaftlicher Initiativen wie in Nürnberg blieb aus",* womit er die aktive Politik des Nürnberger Rates und seiner Kaufmannschaft[267] um die Verdichtung des Zoll-Privilegiennetzes hervorhebt.

Günstige Standortvoraussetzungen hatte Nürnberg dagegen durch das Straßennetz, wodurch es ohne nennenswerte natürliche Hindernisse an alle wichtigen Wirtschaftszentren der damaligen Zeit angebunden war:[268] Im Westen zum Rhein, Neckar, Niederrhein, Nordfrankreich, Flandern und Brabant bis nach England, im Norden zum Wirtschaftsraum der Hanse einschließlich Skandinaviens, im Osten und Nordosten durch das Böhmische Becken nach Prag, Polen, Preußen, dem Baltikum, nach Rußland bis zum Schwarzen Meer. Besonders die Arbeiten von Ammann, Lütge, Müller, Stromer, Walter,[269] haben gezeigt, wie die Nürnberger Unternehmer es früh und für lange Zeit verstanden, sich diesen Wirtschaftsraum zu erobern, ihn zu entwickeln und zum Teil fast exklusiv zu sichern.[270]

Im Südosten lockten die Metropole Wien sowie Ungarn und Siebenbürgen.[271] Auch die Handelswege zu den blühenden Stadtstaaten Italiens boten bis

---

264 Die Bestimmungen bezüglich Handel und Zoll bei Hirschmann, G., Nürnberger Handelsprivilegien, S. 3. Das Original befindet sich im Hauptstaatsarchiv München (Kaiserselekt 643). Der beste Abdruck nach Roth bei: Murr, C.G.v., Urkunden, S. 9ff. Roth, J.F., Nürnbergischer Handel, 1, S. 13 (Fn. 2). Hegel, C., Chroniken-Nürnberg, 1, S. XVIff. Mummenhoff, E., Handel, Gewerbe-Industrie, S. 172.
265 Zu den Zollbefreiungen anderer Handelszentren siehe: Irsigler, F., Zollpolitik, S. 42ff.
266 Irsigler, F., Zollpolitik, S. 47.
267 Wobei vielfach von Personenidentität der Ratsmitglieder und Fernhandelsunternehmer auszugehen ist.
268 Detailliert: Höhn, A., Straßen-Nürnberger Handel, passim. Müller, J., Hauptrouten-Nürnberger Handelsgebiet, passim.
269 Walter, R., Nürnberg-Weltwirtschaft, S. 154ff mit der angegebenen Literatur.
270 Zuletzt: Stromer, W.v., Nürnberg-Wittelsbach-Luxemburg, S. 55ff., 65.
271 Hier sind aus Nürnberger Sicht noch erhebliche Forschungslücken zu konstatieren. Zuletzt: Peters, L.F., Handel Nürnbergs, S. 111 mit dem Hinweis: *„Einer besonderen Untersuchung wären die Wirtschaftsbeziehungen in den Donauraum, an den Wiener Hof und von hier aus weiter in den Süden wert".* Siehe auch die zahlreichen Nennungen unter Wien und Donauraum im Ortsregister. Nürnberger Kaufleute in Wien am Anfang des 16. Jahrhunderts bis zum Jahre 1586 nennt H. Demelius, Nürnberg-Wien, passim.. Vgl. auch: Gecsényi, L., Wiener Ungarnhandel, passim.

zu den Alpenpässen keine nennenswerten natürlichen Hindernisse, in südwestlicher Richtung erreichten die Fernhändler über die Schweiz das Rhonebecken sowie das Mittelmeer. Spätestens am Ende des 14. Jahrhunderts[272] sind Handelsbeziehungen mit den Städten an der Ostküste Spaniens,[273] dann Sevilla belegt. Nach Amman sind Handelskontakte dorthin aber schon sehr viel früher anzunehmen. Schließlich rückte nach der Entdeckung des Seeweges um Afrika nach Ostindien Portugal mit Lissabon für zahlreiche Nürnberger Kaufmannsfamilien in den Blickpunkt des Interesses.[274] Im Jahre 1571 sprechen die Imhoff und Welser davon, daß sie vor rund 60 Jahren aufgrund von bedeutenden Kontrakten dem portugiesischen König viel Spezereien abgekauft und vor Ort große Lager gehabt hätten.[275]

2.1.2.   Bevölkerung - Konsum

Nürnberg hatte am Anfang des 16. Jahrhunderts eine Einwohnerzahl von rund 20 bis 30.000,[276] die am Ende des Saeculums auf etwa 40.000 angewachsen war.[277] Damit war Nürnberg ein bedeutendes Konsumzentrum.

Für die Fleischversorgung war Nürnberg in Anbetracht des hohen Fleischkonsums breiter Bevölkerungsschichten auf die Einfuhr von Ochsen aus dem Osten angewiesen.[278] Eine Quelle aus dem Jahre 1567[279] belegt für Nürnberg eine Schlachtung von rund 8.000 Stück/Jahr (ca. 150/Woche), eine ebenso hohe Quote wie für alle anderen Tierarten zusammen.

---

272 Kellenbenz, H., Nürnberg-Iberische Halbinsel, passim.
273 Über Safranhandel in Barcelona spricht schon Ulman Stromer im letzten Drittel des 14. Jahrhunderts. Ammann, H., Deutsch-spanische Wirtschaftsbeziehungen, S. 151. Häbler, K., Zollbuch-Barcelona, passim. Müller, J., Hauptrouten-Nürnberger Handelsgebiet. S. 5.
274 Walter, R., Nürnberg-Weltwirtschaft, S. 161ff.
275 BayStaatsAN, Rep. 19a, E-Laden, Akten, S VII, L 123, 220 (2), 15.10.1571. Siehe dazu auch: Reinhard, J., Calixtus Schüler, S. 85f.. Kellenbenz, H., Expansion Portugals, S. 7: „Neben ihnen [den Italienern] treffen wir zu Beginn des 16. Jhs. die Oberdeutschen aus Augsburg und Nürnberg als ihre Konkurrenten. Es fällt nun auf, daß die Freigebigkeit der Könige Johann II., Manuels und Johann III. sich nicht auf eine Nation beschränkte, ja die Gunst auf die verschiedensten Nationen verteilte." Später, um 1575, versuchte es bekanntlich Konrad Rot in Zusammenarbeit mit den Bardi und den Affaitadi den Pfefferhandel über Portugal zu monopolisieren. Insofern der Import aus Ostindien über Venedig lief, spielten die Imhoff in Nürnberg und Augsburg sowie die Augsburger Welser weiterhin eine bedeutende Rolle. - Hildebrandt, R., Wirtschaftsentwicklung-Konzentration, passim, bs. aber S. 40ff.
276 Endres, R., Wirtschaftliche und soziale Lage, S. 10. Fleischmann, P., Reichssteuerregister, S. XXIXf.
277 Bauernfeind, W., Nürnberger Getreidemarkt, S. 233, Anm. 394. Endres, R., Einwohnerzahl-Bevölkerungsstruktur Nürnbergs, S. 246ff.
278 Dazu neuerdings: Gescényi, L., Ungarn-süddeutsche Städte, passim.
279 BayStaatsAN, Rep. 19a, E-Laden, Akten, S I, L 115, 5b, 1567.

Bezahlt wurde der Import vornehmlich durch den Export von Tuchen jedweder Art, Metallfertigwaren, Gewürzen etc. aus dem Westen.[280] Hier boten sich für den europaweit agierenden Kaufmann also lukrative Gewinnchancen. Wichtig in diesem Zusammenhang ist aber festzustellen, daß der Viehhandel weitgehend, auch über die Versorgung der einheimischen Bevölkerung hinaus, in den Händen Nürnberger bzw. fränkischer Kaufleute lag,[281] die Italiener sich offensichtlich als Wettbewerber nicht entscheidend einschalten konnten oder wollten.

Anders ist die Lage für den Direktimport von Ungarn über Innerösterreich nach Italien zu bewerten, der Anfang des 17. Jahrhunderts in der Hand des Italieners Carl Albertinelli lag,[282] der wenige Jahre zuvor auch in und von Nürnberg aus umfangreiche Geschäfte abgewickelt hatte.[283] Als Viehhändler ist er hier bisher nicht belegt. Er stand aber mit Viehhändlern in Geschäftsverbindung.

Davon zu unterscheiden ist die Versorgung des Nürnberger Marktes mit dem bei der Tierschlachtung anfallenden Kuppelprodukt Unschlitt (Talg). Unschlitt, ausgelassenes, an Nieren und Gedärmen liegendes tierisches Fett, hauptsächlich von Rindern, aber auch Schafen, Ziegen und Hirschen, diente neben Wachs als Rohstoff bei der Kerzen- und Seifenfabrikation, fand Verwendung bei den Lederern, Schustern, Seilern und Messingbrennern, schließlich auch als Wagenschmiere. Ein Produkt also, dessen Wichtigkeit nicht unterschätzt werden darf. In Nürnberg dokumentiert der ‚Unschlittplatz' die Bedeutung dieses Produktes für das mittelalterliche und frühneuzeitliche Gewerbe.

Nachdem die Eigenproduktion nicht mehr ausreichte, mußte die Nachfrage durch den Import aus entfernt liegenden Gebieten gedeckt werden. Besonders die in Nürnberg domizilierenden Italiener Carl Werdemann aus Plurs in Graubünden,[284] Cäsar Calandrini[285] aus Lucca und Julius Cäsar Pestalozzi aus Como[286] trugen spätestens am Ende des Jahrhunderts durch die Einfuhr von tausenden Zentnern über Lübeck und Hamburg entscheidend zur Versorgung der Stadt bei.[287] Damit fällt gleichzeitig ein charakteristisches Licht auf das Handelsnetz dieser Firmen. Ein maßgeblicher Faktor für die Standortwahl ‚Nürnberg' war dieses Produkt für sie aber sicher nicht.

---

280 Lütge, W., Handel Nürnbergs-Osten, S. 362ff. Sachs, C. L., Metzgergewerbe-Fleischversorgung, passim. Simsch, A., Nürnberg-Posen, S. 71f.
281 Lütge, W., Handel Nürnbergs-Osten, S. 364f. Nürnberger Händler jüngst bei Gescényi, L., Ungarn-süddeutsche Städte, passim.: Die meisten Namen, ihre Handelsprodukte und -ausrichtung bei Peters, L.F., Handel Nürnbergs, passim.
282 Valentinitsch, H., Viehhandel-Venedig, S. 217.
283 Peters, L.F., Handel Nürnbergs, S. 538ff.
284 Staatsrechtlich ist diese Zuordnung nicht ganz korrekt, denn Graubünden stellte zur damaligen Zeit ein eigenständiges politisches Gebilde dar. Durch den strategischen Anschluß an die italienische Kolonie scheint die Zuordnung aus wirtschaftsgeschichtlicher Sicht gerechtfertigt.
285 Zu ihm und der Firma siehe: Peters, L.F., Handel Nürnbergs, S. 548ff.
286 Zu ihm und der Firma siehe: Peters, L.F., Handel Nürnbergs, S. 179ff.
287 Sachs, C. L., Metzgergewerbe-Fleischversorgung, S. 135, 145.

2.1.3.   Gewerbe

In seiner Untersuchung über die Welthandelsbräuche (1480-1540), in der er sich vor allem auf Handschriften des Augsburger Handelshauses Paumgartner stützt,[288] schreibt Karl Otto Müller:[289] *„Nur eine Stadt kommt ihr* [Venedig. Anm. d. Verf.] *in dieser Hinsicht beinahe gleich: Nürnberg, die einzige deutsche Stadt, die in den Quellen häufig genannt wird, obwohl ihr kein besonderer Abschnitt gewidmet ist. Letzter Umstand ist wohl zu erklären; die Handelsbräuche der heimatlichen Handelsstädte Nürnberg und Augsburg bedurften keiner schriftlichen Aufzeichnungen, sie waren den Handelsherren wohl vertraut. Da die Münz-, Maß und Gewichtsverhältnisse der Stadt an der Pegnitz den Hauptvergleichspunkt für die fremden, ausländischen Münzen, Maße und Gewichte abgeben, so ist Nürnberg immer wieder in unseren Quellen zu finden, und die beiden letzten Teile des Quartbandes sind nichts anderes als Berechnungen der Preise eingeführter Waren loco Nürnberg. ... Die Hauptausfuhr aus deutschen Landen nach Venedig bestand neben Leinwand in Metallen jeder Art und Metallwaren, letztere durchweg aus Nürnberg, dem Sitz der sogenannten merceria (Metallwaren jeder Art)".* Im Original heißt es: *„... geschlagn kupfer, pley, gossen zin, eyssin, stachel, silbergletten, kupfer und al[le]s* [Hervorh. d. Verf.] *metal von Nürnberg als fill der forra* [=ferra, Eisendraht], *bazilli beltri* [Becken aus Zinn]".[290] Zur Illustration eine Zahl: Im ersten Drittel des 16. Jahrhunderts wurden in Nürnberg über 3 Millionen Messer - meist für den Export nach Italien [und von da bis nach Übersee] - produziert.[291]

Diese Stelle und die weiteren Ausführungen über andere dominierende Wirtschaftsmetropolen erlauben durchaus allgemeine Schlußfolgerungen auf die herausragende Bedeutung des Gewerbestandortes Nürnberg am Anfang des 16. Jahrhunderts, des 16. Jahrhunderts überhaupt. Diese Tatsache ist gesicherter Kenntnisstand der wirtschaftsgeschichtlichen Forschung.[292]

Als Rui Fernandes de Almada 1519 als Beauftragter des portugiesischen Königs von Antwerpen aus eine Reise nach Deutschland machte, um über Kupfer- und Pfefferkontrakte zu verhandeln,[293] kam er im September auch nach

---

288   Es domizilierte auch in Nürnberg. Wahrscheinlich ist sogar hier ihr ursprünglicher Heimatort zu suchen. - Krag, W., Paumgartner-Nürnberg-Augsburg, passim. Strieder, J., Genesis-Kapitalismus, S. 48f. Müller, K.O., Welthandelsbräuche, S. 40.
289   Müller, K.O., Welthandelsbräuche, S. 26f.
290   Zu Nürnberg als Kupferhandelszentrum siehe: Peters, L.F., Handel Nürnbergs, S. 319 u.a. Müller, K.O., Welthandelsbräuche, S. 128, 182f. [128].
291   Keller, K., Gewerbe-Nürnberg, S. 27.
292   Aus der Fülle der Literatur seien stellvertretend genannt: Ress, F.-M., Nürnberger Briefbücher, passim; derselbe, Oberpfälzische Eisenindustrie, passim. Dettling, K., Metallhandel Nürnbergs, passim. Reitzenstein, A.v., Nürnberger Plattner, passim. Scheibe, E., Nürnberger Waffenindustrie, passim.
293   Unter anderem waren wohl die Imhoff Verhandlungspartner, die nach eigenen Aussagen bedeutende Gewürzkontrakte mit dem portugiesischen König abschlossen, als Ab-

Nürnberg. Er charakterisierte die Stadt als „*cabeça de toda alemanha*".[294] Zweifelsfrei hatte er bei dieser Einschätzung die gesamte Wirtschafskraft vor Augen, das Gewerbe wie den Handel.[295]

Breite, Tiefe und Qualität der Produktpalette des Metallgewerbes[296] ist darauf zurückzuführen, daß die Nürnberger Unternehmer es verstanden, sich die erheblichen und verschiedenartigen Rohstoffvorkommen der näheren Umgebung und weiter entfernt liegender Gebiete (Fränkische Alb, Fichtelgebirge, Thüringen, Sachsen, Böhmen, Schlesien, z.t. Tirol und Steiermark[297]) für das heimische Gewerbe zu sichern und den Export der Rohstoffe, den Absatz der Halb- und Fertigwaren „*vom Geschütz bis zu Fingerhut und Nähnadel, von edlem Geschmeide bis zu Messing- und Weißblechgeräten, Zirkeln und Gewichten, von Waffen aller Art, von Glocken bis zum Kinderspielzeug, von Brillen bis zu Gürteln und Spangen usw.*".[298] zu organisieren. Das Gewerbe produzierte also sowohl gängige Massenware als auch hochspezialisierte Produkte.[299]

Regiomontanus (Johannes Müller) aus dem fränkischen Königsberg zum Beispiel ließ sich in Nürnberg nieder, weil er hier die geschicktesten Handwerker für die Herstellung seiner wissenschaftlichen Geräte zu finden sicher war.[300]

Ein weiteres Standbein des Nürnberger Gewerbes war die Textilherstellung und die Tuchfärberei. Welcher Wirtschaftszweig, Metall-[301] oder Textilgewerbe, im 16. Jahrhundert hinsichtlich Beschäftigung und Beitrag zum Sozialprodukt wichtiger war, ist noch nicht abschließend beantwortet. Möglicherweise ist eine zeitliche Differenzierung vorzunehmen. Hinsichtlich der Arbeitskräfte konstatiert Ammann[302] für die Mitte des 16. Jahrhunderts eine deutlich höhere Beschäftigungsquote im Metallgewerbe[303] gegenüber jener in der Textilindustrie, innerhalb der die Wollweber und Färber das größte Kontingent stellten. Nicht zu übersehen ist aber, daß durch die Intensivierung der Leinenzeugung in Mittel-

---

nehmer anderer Kolonialwaren und als Lieferanten von Montanprodukten zu gelten haben. - BayStaatsAN, Rep. 19a, E-Laden, Akten, 220 (2), 15.10.1571.

294 Kellenbenz, H., Pfeffer-Kupfer, S. 14.
295 Die Nürnberger Humanisten bezeichneten ihre Heimatstadt gar als „*centrum Europae simul atque Germania*".- Zitiert nach Gömmel, R., Nürnberg-Italien, S. 39.
296 Siehe die beeindruckende, nicht einmal vollständige Aufzählung der Gewerbe bei: Ress, F.-M., Nürnberger Briefbücher, S. 801.
297 Peters, L.F., Handel Nürnbergs, S. 289. Kunnert, H., Nürnberger Montanunternehmer-Steiermark, passim.
298 Lütge, F., Handel Nürnbergs-Osten, S. 343.
299 StadtAN, E 8, Handelsvorstand, 3504.
300 Die umfangreichste und beste Darstellung zu diesen Strukturdaten und auch zur sogenannten Behaim-Frage: Werner, Th.G., Nürnberg-Wissenschaftliche Geräte, passim. Schultheiß, W., Amerika-Nürnberg, S. 183. Schneider, I., See-, Vermessungs- und Wehrwesen, 212. Bernecker, W.L., Nürnberg-Überseeische Expansion, S. 189-198.
301 Das Meisterverzeichnis des Jahres 1363 unterscheidet 50 verschiedene Berufssparten. Von den rund 1200 aufgeführten Meistern sind etwa ein Viertel dem Metallhandwerk zuzurechnen. – Endres, R., Musikinstrumentenbau und -handel, S. 59.
302 Ammann, H., Nürnberg-Spätmittelalter, S. 72.
303 Siehe dazu vor allem: Stahlschmidt, R., Eisenverarbeitendes Gewerbe, S. 38ff.

und Ostdeutschland in der zweiten Hälfte des Jahrhunderts, die über Einzel- und kollektive Lieferungsverträge weitgehend in den Händen Nürnberger Kaufleute lag, und durch die Produktveredlung in Nürnberg die Textilbranche einen entscheidenden Wachstumsschub zu verzeichnen hatte. Andere Sparten dieses Gewerbes, z.t. mit städtischen Subventionen ansässig gemacht,[304] sind hier zusätzlich einzurechnen.

Arno Kunze, Gustav und Hermann Aubin, Hans Pohl[305] haben durch einschlägige Arbeiten diese Fragen einschließlich des individuellen oder kollektiven Verlagsvertrages[306] (Zunftkauf) als betrieblicher Organisationsform und den damit einhergehenden Finanzierungsinstrumenten erhellt.[307] Die - auch für Nürnberg - wichtigste neuere Arbeit stammt von Rudolf Holbach.[308]

Die rechtliche Selbständigkeit der verlegten Handwerker war dabei weiterhin gegeben, nicht aber die ökonomische. Meist bestimmte der Verleger den Qualitätsstandard,[309] gewährte Kredite, besorgte die Veredlung, sicherte den Absatz nicht zuletzt durch die Erschließung neuer Märkte im Ausland und in Übersee, die dem Handwerker verschlossen geblieben wären.[310] Finanzierungs- und Absatzrisiko trug also der Verleger, stärkte aber damit auch seine Marktmacht gegenüber den Handwerkern; entsprechend hoch waren die Gewinnchancen. Wichtige diesbezügliche Erkenntnisse auf dem Textilsektor verdankt die Forschung der Unternehmensbiographie über die Viatis-Peller von Gerhard Seibold.[311] Die jüngste Arbeit stammt von Hironobu Sakuma.[312] Er klassifiziert Nürnberg für das Jahr 1500 als das größte Wolltuchzentrum Süddeutschlands und für die nächste Jahrhundertwende als bedeutendstes Leinenhandels- und Leinenfärberzentrum des Reiches. So färbten z.B. 1621 Nürnberger Schwarzfärber 73.720 Stück Leinwand, die aneinandergereiht eine Strecke von 290 Kilometer ergeben hätten.[313]

Wichtig war auch der Handel mit englischem Tuch. Allerdings kann der jüngst in der Literatur vertretenen Auffassung, daß Nürnberg eines der bedeu-

---

304 Pilz, K., Nürnberg-Niederlande, S. 56ff. Schnelbögl, F., Webersiedlung, passim. Peters, L.F., Handel Nürnbergs, S. 57.
305 Die hier vorgetragenen Grundmerkmale nach: Pohl, H., Betriebs- und Unternehmensorganisation, passim.
306 Aubin, H., Verlagswesen-Altnürnberger Wirtschaft, passim.
307 Stellvertretend: Aubin, G., Frühzeit des Kapitalismus, passim. Aubin, G.-Kunze, A., Leinenerzeugung und Leinenabsatz, passim. Aubin, H., Verlagswesen-Altnürnberger Wirtschaft, passim, bs. aber S. 624f. (Fußnote 11).
308 Holbach, R., Verlag-Großbetrieb, passim. Im Register die meisten Nennungen für Nürnberg (S. 741), Begriffsbestimmung (Verlag) S. 33.
309 In anderen Branchen lieferte er dem Handwerker auch die Rohstoffe.
310 Vgl. auch: Kießling, R., Verlagssystem, S. 178, 180ff.
311 Seibold, G., Viatis-Peller, passim.
312 Sakuma, H., Nürnberger Tuchmacher, Weber, Färber und Bereiter, passim.
313 Sakuma, H., Nürnberger Tuchmacher, Weber, Färber und Bereiter, S. 360.

tendsten Zentren der Merchant Adventurers in Mitteleuropa war,[314] nicht zugestimmt werden. Die Versuche seitens der Behörde, den Stapel von Stade nach Nürnberg zu ziehen, blieben erfolglos. Sie stießen innerhalb der Kaufmannschaft auch auf durchaus geteiltes Interesse. Der Handel lag weitgehend in der Hand Nürnberger Kaufleute,[315] im letzten Viertel des 16. Jahrhunderts wohl auch der Niederländer. Eine bedeutende Niederlassung englischer Kaufleute gab es in Nürnberg nicht. Gebündelt wurden die Aktivitäten seiner Landsleute am Anfang des 17. Jahrhunderts wohl von Johann Kendrich aus London.[316]

Im Metallgewerbe wollte der Nürnberger Rat das schon weitverbreitete Verlagssystem ebenso verhindern wie die Gesellschaftsbildung als frühkapitalistische Organisationsform, mußte sich aber schon im 15. Jahrhundert den Realitäten beugen.[317]

Neben diesen Gewerben dürfen andere Bereiche, etwa die Papierherstellung oder der Buchdruck,[318] die Drahtzieherei, Sparten mit großen innovativen Leistungen und von überregionaler Bedeutung, nicht aus den Augen verloren werden. Beck, Stromer und Sporhan-Krempel haben das überzeugend nachweisen können.[319] Zum grafischen Gewerbe stellt Burger aufgrund der Totengeläutbücher fest: *„Wenn sich das Totengeläutbuch auch nicht für eine Statistik der Berufe eignet, da nicht in allen Fällen der Beruf angegeben wird und wiederum die Zahl der insgesamt Verstorbenen im Verhältnis zu denen, für die geläutet wurde, nicht feststeht, fällt doch manche Änderung, die sich im Verlauf der rund 130 Jahre zwischen 1439 und 1572 vollzogen hat, in die Augen. Das gilt für alle Berufe, die mit Buch und Papier zu tun haben. Sie spielen in den alten Büchern noch kaum eine Rolle. Jetzt wird eine ganze Anzahl Buchdrucker, Buchbinder, Buchführer bzw. Buchhändler, Buchstabensetzer, Buchstaben- bzw. Schriftgießer, Formschneider, Papiermacher und Pergamenter genannt".*

Das Pelzgeschäft - verbunden mit der Kürschnerei - soll zum Schluß erwähnt werden. Im Jahr 1517 fielen jedenfalls Antonio de Beatis, Sekretär des Kardinals Luigi d'Aragona, die vielen Felle von weißen Füchsen und Luchsen, von Hermelin und Zobel auf, die von Rußland und vom nördlichen Ozean gekommen waren.[320]

314 Baumann, W.-R., Merchants Adventurers, S. 5, 12f. Pitz, E., Merchant Adventurers-Deutsche Tuchkaufleute, S. 795 (Fn. 86). Wiegand, J., Merchant Adventurers' Company, S. 77.
315 Pitz, E., Merchant Adventurers-Deutsche Tuchkaufleute, S. 792, liefert weitere Indizien für den Direkthandel Nürnberger Kaufleute von Hamburg aus.
316 Peters, L.F., Handel Nürnbergs, S. 106f.
317 Lentze, H., Nürnbergs Gewerbeverfassung, S. 606.
318 Burger, H., Nürnberger Totengeläutbücher, S. XIV.
319 Beck, M., Gold-/Silberindustrie, passim. Sporhan-Krempel, L., Papiererzeugung-Papierhandel-Nürnberg, passim. Stromer, W.v., Gewerbereviere-Protoindustrien, passim.
320 Kellenbenz, H., Wirtschaftsleben-Reformation, S. 186.

Mit der Aufzählung dieser Branchen wird hier kein Anspruch auf Vollständigkeit erhoben.[321] Daß die Italiener sich beim Absatz der Nürnberger Gewerbeprodukte entscheidend einschalten konnten, wird im dritten Kapitel deutlich werden.

In diesem Zusammenhang muß die Sicherung der Produktqualität durch Vorschriften des Nürnberger Rates und deren Überwachung durch eigene Exekutivorgane (nicht die der Zünfte) hervorgehoben werden. Das Warenzeichen *„Hergestellt in Nürnberg* bzw. *Nürnbergisch gerecht geschaut Gut"*[322] garantierte Güter von hohem Qualitätsstandard und sicherte Wettbewerbsvorteile.

2.1.4.   Handel

Beginnen wir diesen Abschnitt mit einem Zitat vom Ende des 16. Jahrhunderts, die Situation von Handel und Gewerbe gleichermaßen charakterisierend. Im Jahre 1584 stellte die Kaufmannschaft in einer Petition an den Rat für einen stabilen Geld- und Währungsmarkt fest: „... *damit dann die Handlung und gewerb in dieser Stat möcht bleiben und erhalten werden, wie dan dergleichen, Im gantzen Römischen Reich keine ist, so mit Handlungen auff Spania, ganz Italia, Frankreich und Niederland und Poln respondiert"*.[323]

Da wir nicht wissen, wie gründlich er sich in und über Nürnberg informiert hat, ist die Aussage im Reisebericht des Franzosen Esprinchard, der am Ende des 16. Jahrhunderts Nürnberg besuchte, sicher nicht von der gleichen Validität wie die Einschätzung der heimischen Unternehmer. Er konstatierte, daß Nürnberg hinter Venedig den bedeutendsten Rang in Europa einnimmt und noch nie so in Blüte stand wie zur Zeit seines Besuches.[324]

Die Aussage geht insofern über die erste Quelle hinaus, als Esprinchard nicht nur nicht von einem Rückgang der Nürnberger Wirtschaft oder doch einer Stagnation auf einem mehr oder weniger hohen Niveau spricht, sondern das Bild einer prosperierenden oder gar expandierenden Wirtschaftsmetropole vor Augen hat. Die These von einem Niedergang der Nürnberger Wirtschaft seit etwa der zweiten Hälfte des 16. Jahrhunderts, wie sie die spätere Forschung aufgestellt hat, kann durch diese beiden Quellen jedenfalls nicht untermauert werden. Neuere Untersuchungen haben sie denn auch quantitativ widerlegt oder doch erheblich in Zweifel gezogen.[325] In dieser Arbeit werden durch den Verlauf der Zollkurve und die Zunahme der Steuerpflichtigen sich weitere Argumente gegen diese Charakterisierung ergeben.

---

321   Vgl. dazu: Kellenbenz, H., Gewerbe-Handel, passim.
322   Ilgenfritz, H.G., Warenzeichenrecht-Nürnberg passim. Lentze, H., Nürnbergs Gewerbeverfassung, passim.
323   StadtAN, E 8, Handelsvorstand, 573, fol. 185ff., 17.12.1584.
324   Kellenbenz, H., Französischer Reisebericht-Nürnberg, S. 234.
325   Peters, L.F., Handel Nürnbergs, bs. S. 49ff.

Wenn man sich dieser Einschätzung anschließt, so bedeutet das natürlich keineswegs die Leugnung von saisonalen und strukturellen Problemen während des Betrachtungszeitraumes. Es bedeutet allerdings, daß die Nürnberger Kaufleute und die Kaufleute in Nürnberg sich jedem Anpassungsdruck gewachsen zeigten.

Lückenhaft wäre die Charakterisierung des Wirtschaftsstandortes Nürnberg, würde nicht die herausragende Rolle als Verteilerzentrum für die kostbaren Samt- und Seidenstoffe aus dem Süden ebenso wie für die zahlreichen Spezereien,[326] unter denen Safran und Pfeffer die wichtigste Rolle spielten, erwähnt werden. Von Bedeutung war ebenfalls der Südfrüchtehandel im weitesten Sinne.[327] Die Güter der eigenen Gewerbeproduktion und die Handelsgüter aus dem Süden und Südosten dienten als Austauschgüter für die Importwaren aus dem Osten und Norden (Kupfer, Silber,[328] Honig, Fisch (bs. Heringe), Bernstein für Schmuck und Rosenkränze,[329] Korallen, Federn, Roßhaare, Rauchwaren etc.) sowie dem Westen (u.a. englische Wolle, Tücher, Fäden aus Flandern und Brabant),[330] die den umgekehrten Weg in und über die Stadt an der Pegnitz nahmen.

In der städtischen Handelsbilanz spielten dabei die Produkte des heimischen Gewerbes eine immer größere Rolle, so daß Lütge, vielleicht etwas überpointiert, den Entwicklungsprozeß als einen von einer Zwischenhandelsstadt zu einer Gewerbeexportstadt charakterisiert und typisiert.[331]

2.1.5.   Messe

Es wurde schon darauf hingewiesen, daß Nürnberg es im Laufe der Zeit verstand, durch Verträge auf Gegenseitigkeit mit anderen in- und ausländischen Städten oder durch kaiserliche Privilegien die Attraktivität des Wirtschaftsstandortes zu sichern und auszubauen. Zu ihnen gehörte auch das Recht, Messen und Jahrmärkte abzuhalten. Es waren dies die Neujahrsmesse, die Heiltumsmesse sowie die Egidienmesse im September.[332] International die bedeutendste war während des Untersuchungszeitraumes die Heiltumsmesse, die am 4. Ostertag begann und 24 Tage dauerte[333]. Mit dieser haben sich schon verschiedene For-

---

326 Braunstein, Ph., Nürnberg-Italien, 387ff.
327 Peters, L.F., Handel Nürnbergs, S. 113 u.a.
328 Stromer, W.v., Oberdeutsche Geld- und Wechselmärkte, passim.
329 BayStaatsAN, Rep. 19a, E-Laden, Akten, 244, 12.04.1572.
330 Braunstein, Ph., Nürnberg-Italien, S. 393ff.
331 Lütge, F., Handel Nürnbergs-Osten, S. 376. Zur Frage der Städtetypisierung vgl. auch: Blaschke, K., Leipzig-Messen, S. 295ff.
332 Kellenbenz, H., Meder'sches Handelsbuch, S. 251.
333 Nach Meder begann sie am zweiten Freitag nach Ostern. Dauer zunächst 14 Tage nach Weisung, ab 1431 allerdings wurde das Recht durch Kaiser Sigismund geändert und erweitert; Beginn: 4. Tag nach Ostern, Dauer 4 Wochen. - BayStaatsAN, Rep. 19a, E-Laden, Akten, 246, 21.07.1573. Kellenbenz, H., Meder'sches Handelsbuch, S. 251. Roth, J.F., Nürnbergischer Handel, 4, S. 362ff. Dort auch Hinweise auf die Streitigkeiten um diese Messeprivilegien mit Frankfurt/M. und Nördlingen. Schnelbögl, J., Die Reichskleinodien, passim. Diefenbacher, M., Messeplatz-Nürnberg, S. 690.

scher beschäftigt, wohl am eingehendsten Friedrich Lütge im Jahre 1970.[334] Dessen besondere Leistung besteht darin, daß er nach gründlicher quellenkritischen Überprüfung der verschiedenen Rechtsinstitute für die Städte Frankfurt und Nürnberg[335] bei der Frage, warum trotz keiner ungünstigeren oder doch nur einer unwesentlich schlechteren Privilegierung nicht Nürnberg zur großen Messestadt geworden ist, sondern Frankfurt, sich von der weitgehend rechtsgeschichtlich geführten Beweisführung (ohne sie für unwichtig zu halten) löst, und das Problem auf den wirtschaftsgeschichtlichen Kern zurückführt. Diesem Teil der Beweisführung wird hier vorbehaltlos zugestimmt. Der Schlußfolgerung Lütges, daß aufgrund der gegebenen Strukturdaten Nürnbergs die Heiltumsmesse letztlich wirtschaftlich ohne Bedeutung war, muß jedoch widersprochen werden.

Seit 1524 ließ der Rat jährlich von einem *„Kanzlisten zu Pferde in schwarzer Kleidung und mit Mantel unter Begleitung eines Einspännigers (Stadtsoldat zu Pferde) und eines Stadtknechts in der Stadtuniform am Mittwochen nach Ostern zwischen 12 und 1 Uhr"* auf den sieben Plätzen folgenden Freyungszettel ausrufen: *„Ein Hochlöblicher und Hochweiser Rath lassen allermänniglich verkünden, wer zu der Meß und Jahrmarkt, so auch heute Mittwoch nach Ostern angehen, in 24 Tage die nächsten und einander künftig währen und bestehen soll, hier in diese Stadt Nürnberg kommet, und sein Gut herbringet oder herschicket, des Leib und Gut soll hier zu Nürnberg dieselben 24 Tag Fried und Geleit haben, ungefährlich ausgenommen, die in der Acht wären, Sachen, die das Leben antreffen, Geldschulden, die auf dieselbe Zeit her gemacht würden, oder versprochen wären, auf dieselbe Zeit in dieser Stadt zu bezahlen, und auch derer, denen die Stadt versagt wäre. Ob auch jemand allhier zu schicken hätte, der insonderheit Geleits darum begehrte, würde ihme dann Geleit darum zugesagt, das solle ihme gehalten werden"*.[336]

Mit der Bedeutung etwa der Messen in Frankfurt/M. und Leipzig jedoch konnte sich die Heiltumsmesse nicht vergleichen. Diese Feststellung plazierte Nürnberg im Standortwettbewerb mit diesen und anderen Städten jedoch nicht etwa auf fernere Plätze wie eine voreilige Schlußfolgerung lauten könnte. Genau das Gegenteil ist zutreffend! Es ist derselbe Grund, der Nürnberg als Finanz- und Wechselstandort so attraktiv und als Messeplatz relativ unwichtig machte: Nürnberg war Sitz und strategisches Zentrum bedeutendster Unternehmer von europäischem Rang, eben auch der Italiener, Gewerbe-, Handels- und Transit-

---

334 Lütge, F., Nürnberger Heiltumsmesse, passim. Dort auch die einschlägige Literatur.
335 Auch Nördlingen wird einbezogen. – Siehe dazu auch: Franz, E., Nürnberg-Kaiser-Reich, S. 27f.
336 Die Plätze waren: Vor der Schau, Fischmarkt, Kornmarkt, Lorenzer Platz, Weinmarkt beim Brunnen, Milchmarkt, Heumarkt. Das betreffende Jahr ist im Zusammenhang zu sehen mit der Einführung der Reformation und der Einstellung der Heiltumsweisung. – Roth, J.F., Nürnbergischer Handel, 4, S. 375f. Lütge, F., Nürnberger Heiltumsmesse, S. 194.

handelsstadt das ganze Jahr hindurch. Die Nürnberger Messe dauerte im Grunde 365 Tage/Jahr. In einem Vers des Meistersingers Kunz Haß[337] aus dem Jahre 1490 kommt diese Tatsache treffend zum Ausdruck: *„Den Handel treibt man durch das jar - kumbt alle tag so vil dar ein - Daz wohl bei zweintzig knechten sein - Die all fürn auf karrenn und wagen - on die andern die es tragen ... ."*

Die Schlußfolgerung hieraus, für die Standortattraktivität und -sicherung sei die Messe gänzlich ohne Belang, ist aber gleichwohl und ebenfalls unzulässig. Bei der Untersuchung der Interdependenz der Standortfaktoren wird die Behauptung quantitativ untermauert werden.[338]

Hätte die Messe die Standortattraktivität Nürnbergs nicht erhöht, wären z.B. die Bemühungen der Stadt, sich dieses Messeprivileg zu sichern, nicht zu verstehen. So wurde etwa Sebald Behaim eigens nach Siena geschickt, um von König Sigismund eine Bestätigung des Freiheitsbriefes zu erreichen. Auch der nachhaltige Widerstand Frankfurts und Nördlingens gegen diese Messe, die sie eindeutig als Konkurrenz einstuften, wäre nicht plausibel.[339] Im Zusammenhang mit der Gefahr einer möglichen Standortverlagerung der Italiener diskutierten Rat und Kaufmannschaft noch in der ersten Hälfte des 17. Jahrhunderts[340] überdies, ob während der Egidienmesse nicht auch für 14 Tage oder drei Wochen Zollfreiheit gewährt werden solle wie während der Heiltumsmesse, um die Kaufleute von Frankfurt ab- und nach Nürnberg hinzuziehen, bzw. sie hier zu binden.[341] Man darf dem Rat und den international erfahrenen Kaufleuten so viel wirtschaftspolitischen Sachverstand unterstellen, daß sie, bei vergleichbaren Ausgangsdaten, nicht einer uneffektiven Maßnahme noch eine zweite hinzufügen wollten. Und, bei allen finanzpolitischen Problemen, ein Lösungsansatz durch eine gänzliche Aufhebung der Zollfreiheit während der Heiltumsmesse, um die öffentlichen Einnahmen zu erhöhen, wurde nicht diskutiert. Entgegen der Meinung in der späteren Literatur bezifferten die Nürnberger Handelskaufleute das Umschlagsvolumen während jener Zeit als bedeutend ein. *„In dieser Stadt kein geringer Heiltum"* stellten sie in einem vom Rat beauftragten Gutachten 1572 fest.[342]

---

337 Zitiert bei: Hald, K., Waag- und Zollamt, S. 100. Siehe auch: Ehrenberg, R., Zeitalter der Fugger, 2, S. 10ff.

338 Auf diese Tatsache haben schon früh manche Autoren hingewiesen, allerdings, was die Heiltumsmesse angeht, mit einer unzutreffenden Schlußfolgerung. – Kulischer, J., Wirtschaftsgeschichte, S. 435. Lütge, F., Nürnberger Heiltumsmesse, S. 212; Handel Nürnbergs-Osten, S. 342.

339 Roth, J.F., Nürnbergischer Handel, 4, S. 368f.

340 StadtAN, E 8, Handelsvorstand, 1794, fol. 10, 07.05.1617.

341 Eine diesbezügliche Quelle datiert aus dem Jahre 1574, also rund 30 Jahre nach dem Schreiben, das Lütge anführt, um zu beweisen, daß Frankfurt und Nürnberg wegen der Messestreitigkeiten ihren Frieden gemacht und eine besondere Freundschaft gepflegt hätten. Gutnachbarliche Beziehungen schlossen die weiterhin bestehenden Rivalitäten offensichtlich nicht aus. – BayStaatsAN, Rep. 19a, E-Laden, Akten, 242, 24.09.1574. Lütge, F., Nürnberger Heiltumsmesse, S. 214.

342 BayStaatsAN, Rep. 19a, E-Laden, Akten, S VII, L 123, 220 (8), 16.05.1572.

Über die wirtschaftliche Effizienz der Zollfreiheit während der Messezeit bestand eine breite Akzeptanz im Rat und in der Kaufmannschaft. Die heftig geführte zollpolitische Auseinandersetzung in der zweiten Hälfte des 16. Jahrhunderts entzündete sich nicht an dieser Regelung, sondern hatte andere Wurzeln. Für die auswärtigen Kaufleute lag der Vorteil auf der Hand. Die Kosten wurden nicht nur gesenkt durch den zollfreien Import, sondern sie sparten tendenziell auch Gebühren, Transportkosten durch eine größere Nachfrage am hiesigen Markt. Durch den Gefahrübergang auf den Käufer vor Ort entgingen sie dem Verlustrisiko auf der Strecke. Der Nürnberger Rat ging davon aus, daß ein Teil der Kostenvorteile an die einheimischen und auswärtigen Käufer weitergegeben, die Attraktivität des Standortes Nürnberg also erhöht werde.

Wie aus der oben erwähnten alljährlich wiederholten Verkündung zu erkennen, war die ursprüngliche Rechtsgrundlage derart, daß Zollfreiheit unter zwei Bedingungen gewährt wurde: Erstens mußten die Güter während der Heiltumsmesse in das Hoheitsgebiet Nürnbergs importiert werden, und zweitens mußten sie auch innerhalb der Messewochen verkauft und versandt werden.

2.1.6.   Geld- und Kapitalmarkt

Bei den eben geschilderten wirtschaftlichen Strukturdaten, die Nürnberg zu einem zentralen Ort[343] in einem europa-, ja weltweit verflochtenen Wirtschaftsraum machten, hätte vermutet werden können, daß die historische Forschung schon früh von der sich eigentlich zwangsläufig anbietenden Arbeitshypothese ausging, daß Nürnberg auch ein herausragender Finanzplatz gewesen sein mußte. Diesbezüglich sind aber erst in jüngster Zeit neue Akzente gesetzt worden.

Die Tätigkeit Nürnberger Unternehmer in der Montan- und Textilindustrie, die Weiterverarbeitung der Rohstoffe und der Vertrieb der Produkte über weite Strecken hinweg hatten schließlich erhebliche und risokoreiche Investitionen und eine lange Kapitalbindungsfähigkeit zur Voraussetzung; letzteres vor allen Dingen dann, wenn die ganze Wertschöpfungskette über Urproduktion, verschiedene Fertigungsstufen und Verkauf an den Endverbraucher weitgehend in der Hand derselben Firma oder eines Firmenkonsortiums lag, und sich die Inhaber für die Vergabe ihrer Regalienrechte hohe Vorschüsse zahlen ließen. Ein für diese Stadt durchaus verbreitetes Firmenprofil.[344] Vor allen Dingen der internationale Gold-, Silber- und Kupferhandel förderte bei den Nürnbergern und Augsburgern die enge Verbindung von Waren- und Geldgeschäft, hiermit dominierten sie die internationalen Märkte (zunächst Venedig, Mailand, dann Ant-

343 Der Begriff stammt von dem Geografen Walter Christaller, der die Idee von Thünen weiterentwickelte. - Walter, R., Nürnberg-Weltwirtschaft, S. 149ff. Christaller, W., passim. Scribner, B., Germany, S. 118ff.
344 Werner, Th.G., Rappolt-Schneeberg, III, S. 102ff. Kamann, J., Christoph Fürer, S. 294ff. Stromer, W.v., Oberdeutsche Geld- und Wechselmärkte, S. 25. Kellenbenz, H., Deutschland-Spanien, S. 2f. Strieder, J., Montan- und Metall-Industrie, S. 201ff.

werpen, Lissabon, Sevilla. Leipzig).[345] Karl V.[346] hielt die Bergwerke mit ihren edlen und halbedlen Metallen, mit Silber, Kupfer, Zinn, Blei und Quecksilber für die *„größte Gabe und Nutzbarkeit"* Deutschlands. Den Wert der Produktion schätzte er auf jährlich 2.000.000 Goldgulden.

Diese Zusammenhänge waren, wie gesagt, für Nürnberg bis vor einiger Zeit wenig erhellt, mit der Folge falscher Vorstellungen. Die deutsche Forschung war durch die Arbeiten von Richard Ehrenberg, Aloys Schulte, Jakob Strieder und anderen sehr fokussiert auf die Zeit der Augsburger Fugger und Welser, vor allen Dingen ab der zweiten Hälfte des 15. Jahrhunderts. Auch die internationale Forschung zu den Merchant Bankers, den Firmen also, bei denen Handel und Bankgeschäft in einer Hand lagen, konzentrierten sich auf die toskanischen und oberitalienischen Häuser. In den Arbeiten über den Kapitalverkehr auf den großen Messen war Nürnberg diesbezüglich weitgehend terra incognita, carte blanche. Das gilt auch für die Arbeiten von Fernand Braudel.[347]

Erst Götz von Pölnitz[348] und Wolfgang von Stromer[349] haben durch ihre Arbeiten zur oberdeutschen Hochfinanz dieses Bild korrigiert. Sie konnten nachweisen, daß Nürnberg schon seit der Mitte des 14. Jahrhunderts vor allen Dingen durch seinen Silberhandel eine entscheidende Rolle in der internationalen Finanzwelt spielte. So arbeiteten die hiesigen Unternehmen (u.a. Kamerer-Seiler, Stromer, Rummel, Kress, Haller, Pirckheimer, Schürstab) bei dem Italienfeldzug König Ruprechts 1401/2 eng mit den Florentiner Bankiers zusammen, die ihrerseits keinen Zweifel daran erkennen ließen, daß die deutschen Kaufleute die gewaltigen Subsidien beschaffen, vorstrecken und überweisen könnten.[350] In jüngster Vergangenheit hat Werner Schultheiß die ersten Spuren von Geld- und Kreditgeschäften bis ins 12. Jahrhundert zurückverfolgt.[351]

Von Nürnberg aus konnte man Wechsel, und zwar als Kredit- oder Transferinstrument, an alle wichtigen Bank- und Handelsstädte plazieren oder von

---

345 Gömmel, R., Nürnberg-Italien, S. 42. Zu Leipzig: Schirmer, U., Leipziger Messen, S. 93, 98, 100. Als bedeutenden Silberhändler macht er für die erste Hälfte des 16. Jahrhunderts vor allem den von Nürnberg aus übergesiedelten Heinrich Scherl aus, ebenfalls die Pfinzing und Seiffart, Florian Neumann. Eingeschaltet in die Geldgeschäfte der albertinischen Herzöge waren die Tucher. Zu den Scherl in Nürnberg hundert Jahre später: Peters, L.F., Handel Nürnbergs, S. 433ff.

346 Ehrenberg, R., Zeitalter der Fugger, 1, S. 374f. Werner, Th.G., Rappolt-Schneeberg, 1 und 3, passim. Strieder, J., Montan- und Metall-Industrie, S. 191.

347 Braudel, F., La Mediterranée, passim. Walter, R., Nürnberg-Weltwirtschaft, S. 146, 147 (Fn. 7). Peters, L.F., Handel Nürnbergs, S. 89 (Fn.1).

348 Pölnitz, G.v., Fugger-Nürnberg, passim.

349 Stromer, W.v., Oberdeutsche Geld- und Wechselmärkte, passim und die dort angegebene eigene und fremde Literatur.

350 Das spätere Widerrufen der ursprünglichen Darlehnszusagen einiger Handelsherren hatte keine ökonomischen, sondern politische Gründe. - Stromer, W.v., Oberdeutsche-Florentiner Geldleute, S. 56f, S. 68ff. (Dort auch Hinweise zur Rolle der Stromeier, enge Vertraute Ruprechts.)

351 Schultheiß, W., Finanzgeschäfte Nürnberger Bürger, passim.

dort in Nürnberg gutbringen lassen. Die Wechselbräuche Augsburgs richteten
sich z.B. nach denen Nürnbergs. Noch vor, dann mit Frankfurt war Nürnberg
d e r Geldmarkt für den mitteleuropäischen Warenfernhandel. Dazu kamen
schon früh das politische Darlehnsgeschäft an Könige und Fürsten, die Besetzung entscheidender Positionen in der internationalen Finanzadministration[352]
und die Tätigkeit als päpstliche Kollektoren, die den Transfer der Gelder nach
Rom besorgten.[353]
    Der Rat und die Nürnberger Allianzpartner hielten diesen Standortfaktor,
die herausragende Bedeutung Nürnbergs als Finanz- und Wechselplatz, sogar
für so attraktiv und konkurrenzlos, daß sie glaubten, die Italiener würden auch
dann keinen Standortwechsel vornehmen, wenn ihre Abgabenquote deutlich erhöht und die administrativen Kontrollen verschärft würden. Die Italiener stimmten ihnen hinsichtlich der Wichtigkeit sogar zu, verneinten aus ihrer Interessenlage heraus aber, daß es zu Nürnberg keine Alternative gäbe. Im dritten Kapitel
(Vermeintliche Prognosesicherheit ...) wird dieser Standortfaktor einer gründlichen Analyse unterzogen. Hier mögen diese mehr allgemeinen Bemerkungen
genügen.

2.1.7.   Buchführungstechniken

    Die Buchführungstechniken, sich von Italien aus entwickelnd, waren den
hiesigen Kaufleuten bald vertraut. Schließt man sich der Meinung des Rates an,
so waren die Nürnberger Kaufleute den Italienern in den Handelstechniken im
weitesten Sinne sogar überlegen, denn er verbot 1574 sie „*anzuleiten und unterweisen in der Kalkulation und wieviel alhier zu nehmen*“.[354] Stromer weist nach,
daß die Nürnberger Handelsgesellschaften schon 1389 die Buchführung „*alla*

---

352 Im Jahre 1565 war der Nürnberger Bürger Martin Rosenthaler Lehensinhaber des
     Bergwerkes Filisur in Graubünden und Münzmeister in der Hauptstadt Chur. Im Ver-
     trag von 1567 werden ebenfalls die Züricher Johannes Vogler und Rudolf Wüssenbach
     genannt. Möglicherweise waren seine Nachfolger, denn am 12.12.1567 ist von Ro-
     senthalers Tod die Rede. Im Banco Publico existieren die Konten von Rosentahler, Ha-
     strobald (sel.) Witwe und Rosentahler, Hastrobald (sel.): Erben. Mögliche Verwandt-
     schaftsverhältnisse zum Münzmeister sind nicht nachgewiesen. Das erstgenannte Konto
     weist für die Jahre 1621-1624 einen Gesamtumsatz von 30.024 Gulden aus. Bei den
     Gebrüdern Anton und Thomas Tucher liquidierte die Witwe davon 10.165 Gulden. Auf
     der Sollseite ergeben die zwei Überweisungen an Hans Philipp und Gebrüder 2.494
     Gulden. Das zweite Konto hält im November und Dezember 1631 je eine Buchung über
     500 Gulden fest. - StAAGR, Hauptbestand B 1893, 1565 (o.D.), 1567 (o.D.),
     12.12.1567. Peters, L.F., Quellen zur internationalen Bank- und Handelsgeschichte =
     StadtAN Av 7130.4 (12), S. 54ff. Zu Hastrubal[d] Rosenthaler siehe neuerdings: Bau-
     ernfeind, W., Reichste Nürnberger Bürger, S. 243.
353 Esch, A., Überweisungen-apostolische Kammer, S. 270, 325f., : „... *daß Brügge, Lü-
     beck, Nürnberg, Krakau als Finanzplätze genannt sein würden, wo man Wechselbriefe*
     kaufen oder einlösen konnte, war zu erwarten“. – Genannt wird (S. 386) im Jahre 1459
     etwa als Verbindungsglied der Medici in Florenz die Nürnberger Firma Paumgartner.
     Nach Venedig hat Nürnberg im Ortsregister die zahlreichsten Nennungen.
354 BayStaatsAN, Rep. 19a, E-Laden, Akten, 242, 24.09.1574.

Veneziana" beherrschten.[355] Vor dem Hintergrund der Tatsachen, daß die Nürnberger schon rund 200 Jahre ihre Faktoreien in Italien hatten, bevor die Italiener sich in Deutschland niederließen und um 1570 vom Florentiner Turrisani das Verhältnis mit 100 (Deutsche in Italien) :1 (Italiener in Deutschland) eingeschätzt wurde, würde eine gegenteilige Annahme auch wenig plausibel erscheinen lassen. Bei den intensiven Geschäftskontakten untereinander sowie den Lehrjahren Nürnberger Kaufmannssöhne bei italienischen Geschäftsfreunden war eine Geheimhaltung so gut wie unmöglich.

2.1.8. Wirtschaftspolitische Rahmenbedingungen

Eine systematische, umfassende und heutigen Ansprüchen genügende Untersuchung der Wirtschaftsordnung Nürnbergs, der vorhandenen wirtschaftspolitischen Instrumentarien sowie deren Einsatz durch die verantwortliche Instanz, also hier des (patrizischen) Nürnberger Rates, für die in Betracht kommende Periode fehlt. Die diesbezüglich wertvollsten Beiträge stammen wohl von Johannes Müller,[356] dessen Ergebnisse und deren Begründung hier aber widersprochen werden. Im vorletzten Kapitel (Wirtschaftspolitische Grundsatzdeklaration) werden wesentliche wirtschaftspolitische Leitsätze des Rates aufgezeigt werden können.

Für den interessierenden Zusammenhang mag es zunächst genügen festzustellen, daß von einer prohibitiven Handhabung des sich in ihrer Hand befindenden Zollregals mit dem Ziel, mißliebige ausländische Waren und Wettbewerber vom einheimischen Markt fernzuhalten oder Handel und Verkehr aus fiskalischen bzw. handelspolitischen Gründen durch andere Instrumentarien übermäßig zu belasten, während der ersten Hälfte des 16. Jahrhunderts nicht die Rede sein kann. Wie der Rat auf die diesbezüglichen Forderungen der Allianzmitglieder in der zweiten Hälfte des Saeculums reagierte, wird zu zeigen sein.

Auch Widerstand gegen die Höhe des Schutzgeldes, das die hier ohne Bürgerrecht domizilierenden Unternehmen zu zahlen hatten, belegen die Quellen nur bei drastischen Erhöhungsversuchen: So etwa im Jahre 1595, als der Rat das Schutzgeld auf 600 Gulden erhöhen wollte, nach Protesten der Italiener unter Anführung der Turrisani aber wieder davon Abstand nahm.[357] Die Frage, ob im Zuge der Losungserhöhungen im Zusammenhang mit dem Markgrafenkrieg auch die Schutzgelder erhöht wurden, bleibt zu untersuchen.

Was die Zollpolitik betrifft, so verstand es Nürnberg, wie erwähnt, durch kaiserliche Privilegien sowie durch ein ausgeklügeltes Vertragsgebäude auf nationaler und internationaler Basis mit wichtigen Partnerstädten Zollfreiheit zu erreichen und zu gewähren bzw. die Zollhöhe einzufrieren. Einerseits wurde

355 Stromer, W., Oberdeutsche Geld- und Wechselmärkte, S. 26.
356 Siehe besonders seine Beiträge zur Finanz- bzw. Handelspolitik des Nürnberger Rates.
357 Freund, B., Italienische Kaufleute-Nürnberg, S. 16. - Für Zeit um 1620 siehe: BayStaatsAN, Rep. 60a, Verlässe des Inneren Rats, 1981, fol. 23f., 13.09.1620.

durch dieses System, das durch Geleits- und Schutzprivilegien ergänzt wurde, die Rechtssicherheit erhöht. Die jährliche Bestätigung der Verträge garantierte Langfristigkeit, gewährleistete deshalb eine sichere Kalkulationsgrundlage. Auf der anderen Seite verschaffte es den Nürnberger Kaufleuten gegenüber den nicht-eingebundenen Unternehmen Wettbewerbsvorteile. In der Mehrzahl der Abmachungen erstreckten sich diese Rechte nämlich ausschließlich auf die Bürger der betreffenden Städte. Nur ausnahmsweise, so z.b. in einem Vertrag aus dem Jahre 1314 mit der Stadt Bern, wurden die Privilegien auch auf die cohabitatores, also Beiwohner[358] ausgedehnt. Nach Dietz[359] waren die in Nürnberg ansässigen Italiener, obwohl ohne Bürgerrecht und hier zollpflichtig, in Frankfurt von Zollabgaben befreit, also wie die Nürnberger Bürger der Zollpflicht nicht unterworfen. Sie gaben sich dort als Nürnberger Bürger aus. Die damit im Zusammenhang stehende Aussage Frankfurter Handelsleute, daß die Italiener nur deshalb in Nürnberg domizilierten, greift sicher zu kurz, ist als zusätzlicher Ertragsfaktor aber in die Gesamtbetrachtung miteinzubeziehen.

Da die Kaufleute aus den italienischen Stadtstaaten nur ganz vereinzelt das Nürnberger Bürgerrecht annahmen, ansonsten hier den Status des sogenannten ‚Schutzverwandten' hatten, standen sie also in der Regel außerhalb dieses Rechtskreises. Gleichwohl partizipierten auch sie an den Vorteilen des Vertragssystems. Erstens wurde der Handel mit jenen Städten und Wirtschaftsräumen durch die Pionierleistungen Nürnberger Unternehmer für die heimische Wirtschaft intensiviert und durch die Wirtschafts- und Rechtspolitik des Rates abgesichert. Zweitens konnten die Italiener über den Kommissionshandel durch Nürnberger Bürger in den Genuß dieser Kostenvorteile gelangen, wobei der Umfang dieser Geschäfte aber als sehr gering zu bewerten ist. Nicht zu unterschätzen ist diese Art der Kooperation allerdings zwischen den niederländischen Firmen untereinander sowie den italienischen und niederländischen Kaufleuten. Das Problem wurde während der standortpolitischen Diskussion durchaus thematisiert. Man „*steckt sich hinter die Begünstigten*", wie bei Schmidt-Rimpler[360] zu lesen. Ein quantitativer Nachweis ist bislang nicht möglich. Im Zusammenhang mit den Auseinandersetzungen in den 70er Jahren wird darauf einzugehen sein.

An dieser Stelle ist damit schon konstatiert, daß das in der Literatur immer einseitig positiv hervorgehobene zollpolitische Privilegiensystem durchaus auch Möglichkeiten des Mißbrauchs eröffnete, wodurch sowohl der Fiskus als auch die heimische Unternehmerschaft zu Schaden kamen. In der Praxis führte es au-

---

358 In Nürnberg sagte man Inwohner. - Auf die Bedeutung für die Bildung großer, von flächenstaatlich-politischen Einheiten unabhängiger Wirtschaftseinheiten hat vor allen Dingen Lütge hingewiesen. - Lütge, F., Handel Nürnbergs-Osten, S. 322. Hirschmann, G., Nürnberger Handelsprivilegien, S. 10. Müller, J., Hauptrouten-Nürnberger Handelsgebiet, S. 2.

359 Dietz, A., Frankfurter Handelsgeschichte, 1, S. 71.

360 Schmidt-Rimpler, W., Geschichte-Kommissionsgeschäft, S. 112.

ßerdem zu einer Erhöhung der Verwaltungskosten. Ein Eigentumsnachweis über die Waren war kaum zu führen, Auseinandersetzungen waren dem System immanent. Daß die Nürnberger Firmen - und unter ihnen die (späteren) Allianzmitglieder Imhoff[361] - ihrerseits diese Möglichkeiten in anderen Städten ebenfalls nutzten, legt eine Quelle aus Köln schon für den Anfang des 15. Jahrhunderts nahe. Die Kölner Kaufleute beschwerten sich damals in Nürnberg und bei König Ruprecht darüber, daß jene nicht nur *„burgergoit van Noerenberch"*, das ihnen oder Gesellschaftern eigentümlich zugehörte, zollfrei verhandelten, sondern auch *„fremdes Gut".*[362] Von Kommissionsware ist zwar nicht die Rede, aber die Quelle ist sicher nicht überinterpretiert, wenn man davon ausgeht, daß sich unter den nicht in Nürnberg produzierten Waren auch Kommissionsware von Kaufleuten anderer Städte befand.

Geografisch erstreckte sich das Zoll-Privilegiensystem von Nord-West-Europa, mit Schwerpunkten in Flandern und Brabant, den (Reichs-)Städten an Maas, Mosel, Rhein und Main, in östliche Richtung bis nach Böhmen, in südöstliche wurde Aschach noch erfaßt, für Städte in der heutigen Schweiz und Nordfrankreich galten die Privilegien ebenso.[363] Wichtig ist die Tatsache, daß der Warenaustausch zwischen Nürnberg und den italienischen Stadtstaaten, Spanien und Portugal von diesem System nicht erfaßt wurde. Zu den sich daraus ergebenden Konflikten wird ausführlich Stellung zu beziehen sein. Da der Handel Nürnbergs mit den dortigen Städten aber bestens florierte, stellt sich die Frage nach der wirtschaftlichen Bedeutung dieses Zollprivilegiensystems. Zu trennen davon, von der Bedeutung des Zolls als Kostenfaktor, ist der finanzwirtschaftliche Aspekt, der den Deckungsbeitrag der Zolleinnahmen zum öffentlichen Haushalt untersucht.

Festzuhalten bleibt auch, daß Nürnberg das Zoll- und Steuerregal durch die eigenen Exekutivorgane ausübte, also nicht etwa Pächter mit der Erhebung beauftragte,[364] mit allem Druck und allen Willkürlichkeiten, die für Schuldner damit verbunden gewesen wären. Die Absicht der Imhoff und Welser, im Zuge der Zollreformen das Zollregal zu privatisieren, es durch einen Angehörigen der Familie Schlaudersbach ausüben zu lassen, scheiterte (s. Drittes Kapitel: Privatisierung des Zollregals).

---

361 Sie werden nicht namentlich genannt, aber aus dem ganzen Kontext bei Irsigler besteht kein vernünftiger Zweifel daran, daß sie involviert waren. - Irsigler, F., Köln-Messen-Oberdeutschland, S. 384.
362 Zitate nach Irsigler, F., Köln-Messen-Oberdeutschland, S. 384.
363 Eine Karte bei: Höhn, A., Straßen-Nürnberger Handel, S. 9.
364 Wild, E., Handelsprivilegien, S. 111: In Lyon wurde 1598 das System des bail des cinq grosses fermes eingeführt, durch das die Hauptzölle von einen fermier general erhoben wurden.

Voltaire sah bekanntlich im Ämterhandel und in der Ämterkäuflichkeit[365] einen nationalen Charakterzug der Franzosen. Föhring begründete damit etwa gegenüber Preußen einen Mangel an moderner Staatsgesinnung. Reinhard hat dieses Bild korrigiert, die Tatsache auch anders bewertet.[366]

Privilegien, jedenfalls rechtlich kodifizierte, gab es in Nürnberg nicht,[367] mußten also auch nicht durch Kredite an die Stadt erkauft werden. Konfiskationen der Handelswaren bei Zahlungsverweigerung ungerechtfertigter Belastungen brauchten die Italiener deshalb ebenfalls nicht zu befürchten, nicht vergleichbar etwa mit dem Standort Lyon, einem wichtigen Handelsknotenpunkt sowohl der Nürnberger als auch der italienischen Kaufleute.[368] So mußte beispielsweise während der dortigen religiösen Auseinandersetzungen zwischen Hugenotten und Katholiken Nürnberg zur Handels-Absicherung seiner Kaufleute in 4 Tranchen 36.000 Gulden an den Hugenotten Heinrich von Navarra, dem späteren katholischen König Heinrich IV. zahlen, von denen der Losunger keinen Gulden zurückbekam.[369] Für die dort handelnden Nürnberger Kaufleute stellte diese Zahlung zunächst also eine Subvention aus öffentlichen Geldern für ihre privaten Geschäfte dar. Die Stadt erhoffte natürlich, daß durch höhere Losungseinnahmen diese Gelder indirekt wieder zurückfließen würden.

Wie anders das Bild für die Italiener! Hier, im protestantischen Nürnberg, konnten die Kaufleute unabhängig von ihrer Religionszugehörigkeit alle Konfliktparteien beliefern, ohne Repressalien des Rates befürchten zu müssen.[370] Als beispielsweise die durch Kontributionszahlungen im Dreißigjährigen Krieg arg gebeutelte Reichsstadt ihren finanzpolitischen Spielraum wenigstens teilweise durch die Aufnahme eines Darlehens in Höhe von 60.000 Gulden bei dem finanzstärksten italienischen Unternehmen in Nürnberg, den Lumaga, wiedergewinnen wollte, lehnten diese das lapidar mit der Begründung ab, daß die Geschäftsrichtlinien des Hauses es nicht erlaubten, Kredite an Könige, Adelige, Fürsten [und Kommunen] zu geben, die nicht durch Bürgschaften von Privatpersonen abgesichert seien.[371] Sie wußten, daß sie irgendwelche Nachteile nicht zu befürchten hatten.

---

365 Geprägt wurde die Diskussion vor allen Dingen durch die Arbeiten von Roland Mousnier. - Siehe dazu: Schulze, W., Statik-Dynamik, S. 6f.
366 Reinhard, W., Staatsmacht-Kreditproblem, S. 291ff.
     Siehe zu dieser Frage, welche die grundsätzliche Aufgabenverteilung zwischen Staat-Privatwirtschaft im Dienste des Gemeinwesens berührt, auch: Badian, E., Zöllner-Sünder, passim, der vor allen Dingen die publicani, die Steuereintreiber im Römischen Reich, in den Mittelpunkt seines Interesses rückt, aber durchaus Parallelen bis zur heutigen Zeit zieht.
367 Siehe jedoch die Privilegien für die Welser im Zusammenhang mit der Heiltumsmesse (Kap. III).
368 Pfeiffer, G., Privilegien-Lyon, passim.
369 Pfeiffer, G., Privilegierung-Lyon, S. 426ff.
370 Peters, L.F., Handel Nürnbergs, S. 141, 224ff.
371 BayStaatsAN, Rep. 16a, B-Laden, Akten, S I, L 199, 2, 01.07.1632.

Was die Kostenbelastung in Nürnberg anbetrifft, so unterlagen die Italiener als Schutzverwandte nicht den Steuersätzen der einheimischen Bürgerschaft, der Losung, sondern, wie schon gesagt, der Fiskus veranlagte sie nach der Höhe ihres Umsatzes. Die Festsetzung des ‚Schutzgeldes' erfolgte in unregelmäßigen zeitlichen Abständen, sah zumindest zeitweise auch Befreiungen vor. Die Schätzungen entbehrten in Ermangelung exakter Zahlen seitens der Behörden natürlich nicht einer gewissen Willkür. Dazu erfolgte die Eintreibung mit einer unglaublichen Schlampigkeit[372] zum Schaden der städtischen Einnahmen und zugunsten der Italiener. Im Jahre 1596 schwankte der Satz zwischen 20 und 200 Goldgulden pro Jahr.[373]

Bemessungsgrundlage für die Losung waren das Bargeld inklusive Silbergeschirr, Geschmeide, fahrende Habe und Verbrauchsgegenstände, Renten, Gülten, Häuser nebst Grundstücken mit unterschiedlichen Sätzen. Der Steuerfuß wurde durch Ratsbeschluß festgesetzt. Der Satz für das Barvermögen betrug z.B. 1,5 Prozent im Jahre 1570.[374] Dieser Satz ging nach Meinung zahlreicher Gutachter und Mitglieder des Inneren Rates während der Haushaltsdiskussion in den 60er und 70er Jahren[375] schon an die Grenze der Belastbarkeit, eine Erhöhung auf 2% wäre für die meisten Bürger nicht zu verkraften.

2.2.   Interdependenz der Faktoren - Nürnberg als Ganzjahresstandort

Bevor auf die Zuwanderung der Italiener nach Nürnberg eingegangen wird, soll nachgewiesen werden, daß die oben aufgeführten Standortfaktoren sich in charakteristischen gesamtwirtschaftlichen Daten widerspiegeln und in für Nürnberg typischen Kurvenverläufen veranschaulicht werden können, die sich von denen der Messestädte Frankfurt, Leipzig, wohl auch Lyon (am Anfang des Betrachtungszeitraumes auch Antwerpen?), unterschieden und den Standort besonders attraktiv machten. Sie werden auch verdeutlichen, welch wichtigen Beitrag die ‚Fremden' für die Prosperität des Standortes Nürnberg leisteten.

---

372 So wurden 1620 zum Beispiel die Arconati und Capitani aufgefordert (waren es zwei Firmen?), daß Schutzgeld der letzten s i e b e n Jahre einzuzahlen. – BayStaatsAN, Rep. 60, Verlässe des Inneren Rats, 1977, fol. 58, 07.06.1620. Freund, B., Italienische Kaufleute-Nürnberg, S. 17.

373 StadtAN, E 8, Handelsvorstand, 2627. Freund, B., Italienische Kaufleute-Nürnberg, S. 21.

374 Müller, J., Finanzpolitik, S. 24f.

375 BayStaatsAN, Rep. 19a, E-Laden, Akten, 5+6, 1567, 1568, 1571.: „*Mit der Losung ist es geschaffen, daß man diese jährlich nicht doppliren kann, dann es unerschwinglich und vielen auch unmöglich, und würde Ursach gegeben, daß die Bürger hinaus trachteten, desgleichen auch mit der anderthalbfachen Losung, und würde doch die Halblosung die stattliche Summe der 40 bis 50.000 Gulden nicht erfüllen. So findet man allbereit im Werk, daß es ganz ungetreulich gereicht wird, sollten sie nun jährlich gedoppelt oder anderthalb gefordert werden, so wird solche Untreu ungeachtet des Eids noch mehr gehäuft*". Nach diesen Quellen ist also Müllers Feststellung zweifelhaft.

Die erste Zahlenreihe, die zur Analyse herangezogen wird, sind die Zollbelege der Jahre 1580 bis 1619, die im Bayerischen Staatsarchiv Nürnberg aufbewahrt werden,[376] und die Zollsummen bei Roth[377] für den Zeitraum von 1572 bis 1615. Die Einnahmen wurden von ihm offensichtlich in Goldgulden umgerechnet. Beide Reihen stimmen im wesentlichen überein, ja, sind so gut wie deckungsgleich. Die Zolldaten sollen im dritten Kapitel außerdem darauf hin abgefragt werden, inwieweit sie dem Rat als Eckdaten für seine wirtschaftspolitischen Entscheidungen dienen konnten.

Bei der zweiten Reihe handelt es sich um die schon erwähnten 50.000 Überweisungen, die in den Jahren 1621-1624 im Banco Publico getätigt wurden, die nach hier interessierenden Fragestellungen analysiert wurden.

2.2.1.   Nachweis anhand der Zoll- und Überweisungskurven

Zunächst einige Bemerkungen zur möglichen Aussagekraft der Zahlen **(Darstellung 12)**.

Erstens. Die Nürnberger Bürger zahlten, insofern sie ihnen eigentümlich zugehörige Waren verhandelten, keinen Zoll. Die Zollsummen spiegeln also nur die Geschäfte einer Teilmenge aller nach, in und von Nürnberg aus handelnden Kaufleute wider.

Zweitens. Die Quellen erlauben keine Aufschlüsselung dieses städtischen Einnahmetitels nach Einfuhr-, Ausfuhr-, Transitzoll.

Drittens. Aufgrund unterschiedlicher Bemessungsgrundlagen (Menge, Wert, Stück) ermöglichen sie keine strukturelle Differenzierung nach Art, Menge und Wert.

Viertens. Auch die Aussagekraft der Amplitudenhöhe ist zu relativieren, da zumindest zeitweise von massiven Zollhinterziehungen auszugehen ist. Im dritten Kapitel wird dazu ausführlich Stellung bezogen. Außerdem wurde ganz offiziell eine sogenannte Latitüde gewährt, der Wertansatz für die Zollschuld herabgesetzt.

---

376 BayStaatsAN, Rep. 54aII, Stadtrechnungsbelege, 347 (1580-1590), 407 (1590-1600), 480 (1601-1610), 547 (1611-1620). – Fehlende Angaben (fettgedruckte Zahlen) wurden durch errechnete Größen komplettiert. Die Angaben des Jahres 1620 sind offensichtlich unvollständig und einer Analyse nicht zugänglich. Die Summen setzen sich meist aus zwei Teilbeträgen zusammen. Ob hier nach Einfuhr- und Transitzoll unterschieden wurde, war nicht zu ermitteln. Möglicherweise sind es auch die an der Wag außerhalb der Douane vereinnahmten Gelder, die auf Vorschlag der Gutachter im Juli 1572 zukünftig jeden Abend ins Zollhaus gebracht werden sollten. „... *der in der Wag eingenommene Zoll auch zu dem andern Zoll im Zollhaus getan werden, damit für und für, beide, das Zollhaus und die Wage, in einem Korpus und gleicher Korrespondenz gehalten und nit zerrissen ...*“. Im Jahre 1609 wurde gerechnet: 1 Goldgulden zu 25 Batzen, 500 Goldgulden á 25 Batzen ergaben 833 Gulden, 6 Schilling, 8 Pfennig. Den Guldengroschen setzte man mit 75 Kreutzer an, 1 Taler mit 21 Batzen. – BayStaatsAN, Rep. 19a, E-Laden, Akten, S VII, L 123, 220 (9), 15.07.1572.

377 Roth, J.F., Nürnbergischer Handel, 4, S. 270ff.

Zolleinnahmen Nürnberg

Jahr	Jan.	Febr.	März	April	Mai	Juni	Juli	Aug.	Sept.	Okt.	Nov.	Dez.	Total	Nach Roth
1572														2632
1573														5627
1574														5421
1575														4557
1576														4843
1577														4570
1578														4981
1579														4958
1580	2174	2846	667	228	181	563	1630	1240	501	990	867	1470	13357	4385
1581	1708	2475	206	352	758	588	1162	1005	1051	415	3181	1125	14026	4939
1582	3672	2465	1255	355	565	932	1119	881	976	1672	1036	791	15719	4844
1583	1764	3127	473	1135	527	1124	1051	1052	831	1247	803	1224	14358	5378
1584	1503	3317	1648	974	512	1254	1301	848	642	546	1335	2821	16701	5744
1585	3763	2577	1177	313	1287	1532	1565	1010	1150	622	1660	1075	17731	5358
1586	1338	3624	1388	703	567	2110	750	1026	545	785	1283	1191	15310	6012
1587	2180	2598	1977	1504	711	638	754	842	789	845	833	2484	16155	5064
1588	1934	3008	748	507	385	688	1836	952	592	685	1091	1126	13552	4807
1589	1813	3824	877	891	632	937	993	889	687	720	844	881	13988	5389
1590	1414	1582	4050	1454	645	680	986	815	874	586	985	1944	16015	5407
1591	2194	3918	601	486	516	843	883	741	767	631	759	1306	13645	4607
1592	1567	3463	1124	586	625	694	788	803	650	712	841	697	12550	4845
1593	2691	3858	703	554	543	679	907	766	753	1453	774	1163	14844	4548
1594	1396	3407	743	554	607	685	755	783	648	703	734	824	11839	4261
1595	1146	1608	2773	463	519	765	835	813	1040	927	792	926	12607	4744
1596	2256	3062	860	538	326	947	881	841	1909	928	868	910	14326	5554
1597	5194	2975	1317	206	601	749	797	863	852	625	791	809	15779	5320
1598	1278	2082	4552	545	223	905	879	765	496	440	1806	857	14828	4882
1599	1179	5150	466	516	290	782	845	1496	636	636	1014	1600	14610	4870
1600	1417	4963	1668	529	277	925	725	887	757	588	1182	1163	15081	4402
1601	1349	3944	795	550	293	876	572	655	1424	572	980	1283	13293	4604
1602	1355	4373	861	506	304	1139	607	633	474	704	927	912	12795	4092
1603	1446	1291	3505	1090	280	847	612	937	602	535	709	975	12829	4935
1604	1516	6591	658	397	317	708	746	1319	620	812	1040	1219	15943	4946
1605	1687	2919	699	392	1306	652	685	619	580	707	720	776	11742	4572
1606	960	1558	5041	377	256	701	739	986	611	596	666	1828	14319	5231
1607	1639	5620	588	302	289	907	1473	651	588	724	694	974	14449	5108
1608	1644	5403	861	454	473	780	656	673	772	526	755	992	13989	4876
1609	1027	3355	5019	1178	604	919	747	1013	1278	1965	1694	1190	19989	5835
1610	1586	6625	646	378	310	998	750	1193	665	573	827	1084	15635	5835
1611	1448	4892	873	239	525	755	554	755	418	479	602	904	12444	4362
1612	2643	3940	774	374	242	503	502	586	644	635	538	502	11883	4687
1613	1271	5677	560	306	344	1001	531	356	385	395	526	664	12016	3986
1614	1025	1360	4141	999	391	479	600	508	387	457	529	517	11393	3961
1615	741	1491	4688	234	388	490	561	980	480	531	517	733	11834	3949
1616	1241	2604	534	319	724	627	431	581	363	335	492	626	8877	
1617	990	1038	3646	880	229	770	492	455	584	399	443	1372	11298	
1618	1129	4673	404	760	219	496	467	507	551	508	468	677	10859	
1619	1223	4068	779	274	501	681	839	507	422	409	583	591	10877	
Summe	69501	137351	64345	23402	19292	33349	34006	33232	28994	28618	37189	44206	553485	

Darstellung 12: Zolleinnahmen – Nürnberg 1572-1619

Die Relationen im Jahresablauf werden dadurch nicht berührt, da hier unterstellt wird, daß sich die Zolldurchstechereien übers Jahr hinweg zur eigentlichen Zollschuld prozentual gleichmäßig verteilten und ebenso der ‚Zollfreibetrag' sich nicht änderte.

Fünftes. Da die Zollschuldner nicht namentlich genannt werden, kann auch der Anteil bestimmter Gruppen am Zollaufkommen nicht bestimmt werden, der zumindest tendenziell Aussagen über Handelsrichtung und Warensortiment gestatten würde. Andere Quellengattungen erlauben aber den Schluß, daß trotz ihrer ausgeprägten Defraudationsmentalität die Italiener den höchsten Anteil am Zollaufkommen beisteuerten.

So bedauerlich für den Historiker diese begrenzten Interpretationsmöglichkeiten sein mögen, so sind sie hinsichtlich der Beantwortung der Fragestellung, inwieweit Nürnberg ein Ganzjahresstandort war und sich von den reinen Messestädten Frankfurt und Leipzig zum Beispiel unterschied, doch von allenfalls sekundärer Bedeutung. Hinsichtlich der zeitlichen Verteilung bilden sie nämlich, sechstens, durchaus die historische Realität ab.

Die Zollkurve ist ein, wenn natürlich auch nicht ausreichender Indikator für die außenwirtschaftliche Verflechtung, eine Charakterisierung Nürnbergs als Transithandels- und Gewerbeexportstadt. Weil nur die Nicht-Bürger zollpflichtig waren,[378] wird damit exemplarisch belegt, daß für Nürnberg wichtige wirtschaftliche Impulse von der international zusammengesetzten Kaufmannschaft ausgingen.

Die Vorgehensweise ist wie folgt. Zunächst werden die Fakten (Zollkurve, Überweisungskurve, Kurve der Liquiditätssumme) veranschaulicht, um Nürnberg als Ganzjahresstandort zu charakterisieren. Es folgt ein Vergleich mit der jahreszeitlichen Verteilung der Waageeinnahmen in Leipzig und eine Kurzcharakterisierung des Messeplatzes Frankfurt/M.

Für die an dieser Stelle zu beantwortende Frage nach der Interdependenz der Standortfaktoren kann auf eine Darstellung des Kurvenverlaufs unter Zugrundelegung der Jahressummen verzichtet werden. Hier interessieren die Monatszahlen **(Darstellung 13)**.

Durch die grafische Darstellung wird gleich augenscheinlich, daß in den ersten drei Monaten des Jahres die höchsten Zollschulden anfielen, während in allen anderen Monaten unterproportional zu zahlen war. Gleichwohl bezeugt der relativ gleichmäßige Kurvenverlauf von April bis Dezember rege Geschäftstätigkeit während des ganzen Jahres.

---

378   Es sei denn, Nürnberger verhandelten ihnen nicht-eigentümlich zugehörige Waren.

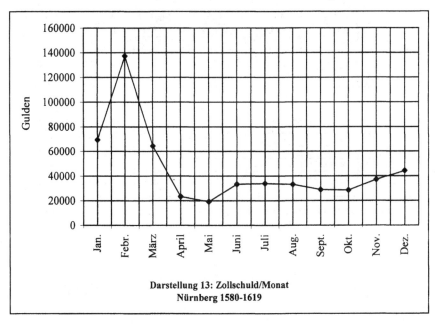

Darstellung 13: Zollschuld/Monat
Nürnberg 1580-1619

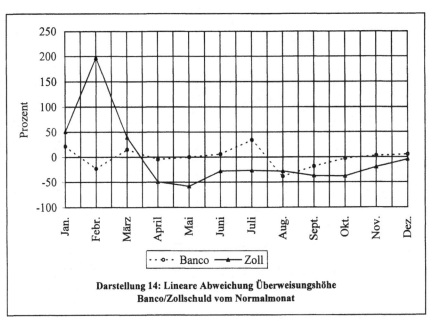

Darstellung 14: Lineare Abweichung Überweisungshöhe
Banco/Zollschuld vom Normalmonat

Jahre	Jan.	Febr.	März	April	Mai	Juni
1621-1624	5.886.366	3.733.842	5.579.753	4.621.611	4.851.910	5.130.282
Mte.	3	3	3	3	3	3
Ø	1.962.122	1.244.614	1.859.918	1.540.537	1.617.303	1.710.094
N.Mon.	1.611.226	1.611.226	1.611.226	1.611.226	1.611.226	1.611.226
%-Abw.	21,78	-22,75	15,43	-4,39	0,38	6,14

Juli	Aug.	Sept.	Okt.	Nov.	Dez.	Total
6.478.316	2.960.415	3.948.121	4.716.491	4.993.751	5.103.283	58.004.141
3	3	3	3	3	3	
2.159.439	986.805	1.316.040	1.572.164	1.664.584	1.701.094	19334714
1.611.226	1.611.226	1.611.226	1.611.226	1.611.226	1.611.226	
34,02	-38,75	-18,32	-2,42	3,31	5,58	

Darstellung 15: Monatliche Überweisungshöhe und Abweichung vom Normalmonat Banco Publico Nürnberg 1621-1624

Jan.	Febr.	März	April	Mai	Juni	Juli	Aug.	Sept.	Okt.	Nov.	Dez.
590.249	619.531	773.166	731.713	569.676	540.662	417.768	459.043	442.126	544.931	510.119	554.377
586.730	662.059	775.060	707.801	612.389	556.560	406.380	424.192	428.066	566.344	514.126	557.910
573.259	712.532	787.702	652.089	607.813	557.026	425.577	432.598	451.418	555.669	516.587	559.889
606.855	700.736	799.761	610.323	621.539	582.340	425.881	435.985	443.104	574.895	531.219	572.811
586.817	715.612	799.761	594.144	619.296	582.854	416.204	426.696	454.153	604.482	537.759	536.039
592.434	726.149	825.345	597.043	608.304	609.544	431.529	447.940	456.119	599.347	528.333	544.120
596.243	730.405	821.915	611.739	605.993	582.586	432.138	445.525	461.288	601.964	539.290	544.120
611.315	731.010	829.052	599.989	589.428	575.059	412.864	442.126	447.987	599.515	555.239	576.062
607.352	732.786	835.930	570.936	583.255	556.812	418.204		447.044	597.287	557.859	590.348
603.426	736.194	823.507	571.415	574.859	526.188	412.156		449.043	593.523	558.091	589.414
620.390	739.988	817.922	577.546	579.990	497.063	417.882		458.389	592.736	562.540	592.768
624.600	772.431	818.802	559.765	575.987	481.478	438.928		469.988	599.854	561.142	592.768
613.353		797.575	612.155	569.161	464.732	448.708		482.934	603.242	561.142	618.196

Jan.	Febr.	März	April	Mai	Juni	Juli	Aug.	Sept.	Okt.	Nov.	Dez.
641.405		779.504	618.603	555.561	432.590	503.436		479.529	599.985	577.852	611.590
655.259		739.460	615.812	540.662	398.782	554.566		475.984	624.985	576.507	617.663
661.895		740.237	614.382		397.314	550.357		483.828	628.544	582.102	615.886
669.536		720.585	586.592		407.898	547.239		502.818	646.358	562.213	602.866
670.812		716.093	569.676		409.379	522.194		504.463	633.941	554.377	599.076
675.694		725.480	569.676		420.659	530.802		501.095	599.075		609.800
674.266						504.627		512.621	560.761		622.371
633.445								499.245	558.051		622.371
619.531								532.021	510.119		

(Beleg für Darstellungen 15 und 16:
Peters, L.F., Quellen (= StadtAN, Av 7129 (3), S. 1258-1267).

	Jan.	Febr.	März	April	Mai	Juni	Juli	Aug.	Sept.	Okt.	Nov.	Dez.
Sa.	13.716.488	8.579.433	14.926.857	11.571.399	8.813.913	9.579.526	9.217.440	3.514.105	10.383.263	12.995.608	9.886.497	12.330.445
Tage	22	12	19	19	15	19	20	8	22	22	18	21
Ø / Tag	623.476	714.953	785.624	609.021	587.594	504.186	460.872	439.263	471.967	570.709	549.250	587.164

Darstellung 16: Durchschnittlicher Kassenbestand/Monat
Banco Publico Nürnberg 1622

Die Zollschuld entstand bei Verkauf und Eigentumsübergang bzw. beim Transit, die überwiegende Mehrheit der Zahlungsvorgänge wurde dagegen nach Inanspruchnahme einer Zahlungsfrist ausgelöst. Der Schuldgrund, wirtschaftlich gesehen Kauf und Verkauf, ging der Überweisung voraus.

Den ermittelten Kennziffern liegen verschiedene Grundgesamtheiten zugrunde, einmal die in Nürnberg zollpflichtig werdenden Kaufleute, zum anderen alle Firmen, die ab August 1621 im Rahmen der Bankordnung ihren Zahlungsverkehr über die Bank abwickeln mußten.[379]

Was sofort ins Auge fällt, ist die gegenläufige Entwicklung von Zoll- und Zahlkurve besonders in den ersten drei Jahresmonaten (**Darstellung 14**). Die höchsten positiven Abweichungen ergaben sich für die Monate Januar, März und Juli, die damit als bevorzugte Zahlmonate bezeichnet werden können.

Im Gegensatz zu der Zollkurve, welche die außenwirtschaftliche Verflechtung der auswärtigen bzw. ausländischen Firmen in Nürnberg widerspiegelt,[380] ist dieser Kurvenverlauf ein Nachweis für die Wirtschaftsaktivitäten aller bankpflichtigen Firmen in Nürnberg. Die sehr enge Anlehnung der Zahlkurve an den Normalmonat charakterisiert den Standort Nürnberg auch aus dieser Sicht deutlich als Handels- und Gewerbestandort sowie Finanzzentrum während des ganzen Jahres.

2.2.2. Nachweis anhand der Liquiditätsreserven im Banco Publico

Die **Darstellung 16** erfaßt die Kassabestände des Jahres 1622. Es ist ersichtlich, welch hohe Geldsummen für Kauf und Verkauf von Gütern und Finanzleistungen im Banco umgeschlagen wurden. Da die Zeitpunkte von Forderungsentstehung und Einkommensempfang in den meisten Fällen auseinanderklafften, diskontinuierlich erfolgten, war der Kontoinhaber gezwungen, zur Überbrückung dieser Spanne einen Geldvorrat verfügbar zu halten, wollte er weiterhin unternehmerisch agieren können.

In diesem speziellen Fall war das besonders deshalb unabdingbar, weil Kontoüberziehungen verboten waren, ein Kreditrahmen seitens der Bank nicht zur Verfügung gestellt wurde.

Der durchschnittliche Kassabestand/Monat des Banco Publico[381] (LT = gewünschte Liquidität für Transaktionszwecke) aus dem Jahre 1622 läßt sich aufgrund der 50.000 Datensätze wie in der **Darstellung 17** veranschaulichen.

---

379 Peters, L.F., Handel Nürnbergs, S. 39ff.
380 Auch die Geschäfte Nürnberger Bürger als Faktoren für nicht einheimische Firmen. - Peters, L.F., Quellen, S. 5-16 (=StadtAN, 7130.4 (15).
381 Berechnungen der Umschlagsgeschwindigkeit und anderer Indizes erfolgten in der Quellenedition des Verfassers zur internationalen Bank- und Handelsgeschichte.

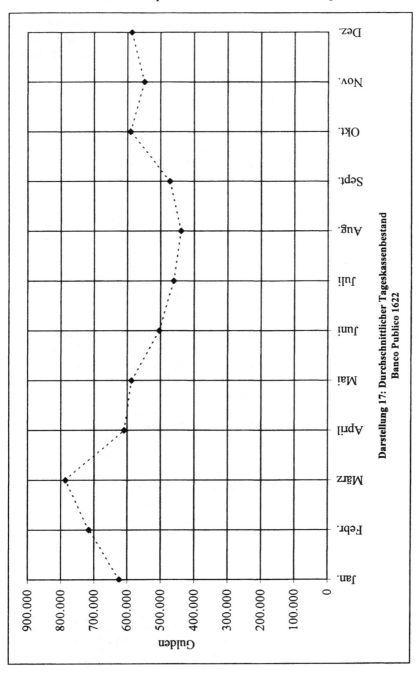

Darstellung 17: Durchschnittlicher Tageskassenbestand Banco Publico 1622

Über diese enormen Barbeträge konnte also die bankpflichtige Nürnberger Unternehmerschaft für Transaktionszwecke im Waren- und Kreditgeschäft täglich verfügen. Sie hatten höchsten Liquiditätsgrad. Werden bei dieser Rechnung nur die Firmen berücksichtigt, die mehr als 10 Gulden über das Kassakonto abwickelten, dann reduziert sich die Anzahl auf rund 330 Unternehmen, denen diese Summen täglich zu Gebote standen.

Dieser Geldvorrat wurde in der Bank nicht lediglich aufbewahrt, aus Sicherheitsgründen thesauriert. Ihn als zinsloses Depositum in Nürnberg vorzuhalten, im berühmten ‚Sparstrumpf', als ‚totes Kapital' sozusagen, wenn andernorts damit gute Geschäfte zu machen gewesen wären, dort die ‚Musik gespielt hätte', macht unter ökonomischen Gesichtspunkten keinen Sinn. Vielmehr wurde mit dem Geld vor Ort und anderswo gearbeitet, es wurden Gewerbeprodukte ge- und verkauft, es fand ein reger Handelsaustausch stand, Kredite wurden gewährt. Und zwar, was hier zu beweisen war: Während des ganzen Jahres! Auch diese Kurve veranschaulicht die Attraktivität des Ganzjahresstandortes Nürnberg in überzeugender Weise. Die Italiener wußten es!

2.2.3.　Nachweis durch den Vergleich mit den Messeplätzen Leipzig und Frankfurt/Main

Ist es nicht sehr bezeichnend für die Fragestellung dieses Kapitels, daß sich bedeutende wirtschaftsgeschichtliche Einzel-Untersuchungen über Frankfurt und Leipzig mit deren Messen beschäftigen, der Forschungsschwerpunkt meist in den Titeln schon zum Ausdruck kommt,[382] eine entsprechende Untersuchung für Nürnberg aber fehlt?![383] Ähnlich sieht es bei Sammelwerken aus. Eine zweibändige Aufsatzsammlung über Nürnberg trägt den Titel „Beiträge zur Wirtschaftsgeschichte Nürnbergs".[384] Von den 23 Aufsätzen beschäftigt sich nicht einer mit den drei Nürnberger Messen, 21 von ihnen gehen über das 16. Jahrhundert so gut wie nicht hinaus, einer behandelt die Handels- und Unternehmergeschichte des 19. Jahrhunderts, ein anderer die ‚Wirtschaft nach dem Zweiten Weltkrieg'. Im Stichwortverzeichnis ist die ‚Heiltumsmesse' mit einem Seitennachweis aufgeführt, nach ‚Egidienmesse' sucht man ebenso vergebens wie nach ‚Neujahrsmesse'. Unter ‚Messe in Frankfurt' findet man dagegen in diesem Buch zur Nürnberger Wirtschaftsgeschichte 32, bei ‚Messe zu Leipzig' immerhin noch 9 Seitenangaben. Auf ‚Hammerwerke' in Nürnberg verweisen dagegen nicht weniger als 18, auf ‚Eisenwaren' 48, ‚Gewürz' 60, ‚Tuche' 64 Seiten. Neuerdings hat Michael Diefenba-

---

382　Siehe z.B. die Arbeiten von Dietz, Fischer, Brübach, Straube, Rothmann.

383　Sieht man von der Untersuchung Lütges über die Heiltumsmesse ab, die von ihm für den Untersuchungszeitpunkt aber - fälschlicherweise - als bedeutungslos charakterisiert wird.

384　Nürnberg 1967.

cher[385] die verstreuten Belege unter dem Stichwort *Messeplatz Nürnberg* im Stadtlexikon gewürdigt.

Es ist deshalb wohl keine unerlaubte Unterstellung, davon auszugehen, daß
selbst mancher Wirtschaftshistoriker auf die Frage, ob es in Nürnberg Messen
gab und wenn ja, wann und mit welcher Bedeutung, zunächst nachdenken müßte.[386] Keinen Moment aber würde er vermutlich mit der Antwort zögern, wenn
er nach dem bedeutendsten Wirtschaftsstandort- und -zentrum Deutschlands im
16. Jahrhundert gefragt würde. Nürnberg würde er - möglicherweise mit Augsburg und Köln in einem Atemzug - an die erste Stelle setzen.

Ein Sammelband zur Frankfurter Wirtschaftsgeschichte (Hg. H. Pohl) aus
dem Jahre 1991 trägt dagegen den bezeichnenden Titel *„Brücke zwischen den
Völkern. Zur Geschichte der Frankfurter Messe"*. Im von Johannes Fried ein
Jahr zuvor herausgegebenen Band zur Frankfurter Messe stehen die Besucher
und Bewunderer im Mittelpunkt des Interesses. Auf insgesamt 827 Seiten bringen es schließlich die 1999 von Hartmut v. Zwahr u.a. publizierten zwei Bände
zu *„Leipzigs Messen 1497-1997"*. Damit sind nur einige ausgewählte Beispiele
genannt.

Schon durch die unterschiedlichen Forschungsschwerpunkte erhalten wir
implizit einen Hinweis auf die Frage nach den differenten Strukturmerkmalen
der Städte. Um so mehr - zu Recht - die Bedeutung der Messen Leipzigs und
Frankfurts für den nationalen und kontinentalen Waren- und Kapitalverkehr
hervorgehoben wird, um so mehr muß sich der Umsatzverlauf während des übrigen Jahres von den Messezeiten (negativ) abgehoben haben, ansonsten würde
diese Fokussierung wenig Sinn machen. Was aber geschah außerhalb der Jahrmärkte, während der restlichen 300 und mehr Tage des Jahres? Standen die Rä-
der still, erkaltete der Amboß, wurden die Textilveredler nach Hause geschickt,
waren die Geldverleiher und Geldwechsler arbeitslos? Gab es die entsprechenden Gewerbe überhaupt in nennenswertem Umfang? In einem Gutachten der
Nürnberger Ratsdeputierten wird jedenfalls festgestellt, daß es in Frank-
furt/Main nach den Messen ruhig sei, weil es dort nicht so viele Handwerker wie
in Nürnberg gebe, auch seien nur wenige Kaufleute ansässig. Als einzig bedeutende dort heimische Unternehmerfamilie werden die Stallburger genannt.[387] Ein
deutlicher Hinweis auf die unterschiedlichen Strukturmerkmale beider Städte
von kompetenter Seite.

Man stelle sich nur einen Augenblick die hier entwickelte Überweisungskurve für Frankfurt und Leipzig vor. Sie hätten zu den Messewochen und der

---

385 Diefenbacher, M., Messeplatz Nürnberg, S. 690.
386 So behauptete z.B. jüngst Uwe Schirmer: *„Somit konnte ein Finanzplatz im Spätmittelalter durchaus ein Messeplatz sein (Frankfurt/Main); freilich gibt es genügend Beispiele dafür, daß Städte zu Finanzplätzen emporstiegen, ohne daß dort Messen stattfanden
(Nürnberg, Augsburg, später Hamburg)"*. - Schirmer, U., Leipziger Messen, S. 103.
387 BayStaatsAN, Rep. 19a, E-Laden, Akten, 242, 24.09.1574. – Sicher eine etwas übertriebene Charakterisierung.

sich daran anschließenden Zahlwoche (für Bargeschäfte, vorangegangene Lieferungen bzw. Kredite[388]) sehr hohe Ausschläge zu verzeichnen, während danach die Summen gegen Null hin tendieren würden. Zusätzlich war, anders als in Nürnberg, in der Regel das Geld in jenen Städten dann nicht mehr voll verfügbar, weil die Kaufleute weiterzogen, es bar mitnahmen oder auf irgendeine Art an andere Orte transferierten. Schon die Tatsache, daß es eine sogenannte Zahlwoche in Nürnberg nicht gab, weist auf entscheidende strukturelle Unterschiede zu jenen Orten hin, in denen das übliche Praxis war und als ein Charakteristikum des Messenetzwerkes in ihrer zeitlichen Abfolge anzusehen ist. In diese Abrechnungsmodalitäten waren auch die Nürnberger eingebunden, aber die Kaufleute wußten, nach Nürnberg kam man immer wieder und die Nürnberger traf man auf allen Messen.

Bei den Messeorten oder gar bei einem Ort mit einer mehr oder weniger reiner Wechselmesse (Besançon) von Standort zu sprechen, verführt deshalb auch zu Mißverständnissen, wenn man mit Standort nicht nur eine potentielle und zeitweise und spezielle Attraktivität assoziiert, sondern den Begriff mehr wörtlich nimmt, enger faßt, damit die Niederlassung von Unternehmen auf Dauer an jenem S t a n dort meint, an dem ganzjährlich produziert wurde, Waren aus allen Teilen der bekannten Welt auf den Markt kamen, hervorragende Mitglieder der europäischen Hochfinanz beheimatet waren bzw. domizilierten, von dem aus wichtige strategische Entscheidungen getroffen wurden und die wirtschaftspolitischen Rahmenbedingungen optimal waren. Insofern war Nürnberg schon früh ein Standort, für die Messeplätze Frankfurt und Leipzig treffen diese Kriterien während des Untersuchungszeitraumes nur mit großen Einschränkungen zu.

2.2.3.1. Leipzig

Die vorangegangenen Ausführungen bildeten bis kurz vor Redaktionsschluß Mai 2001 den Diskussionsstand der Arbeit. Dann bekam der Verfasser von Professor Manfred Straube[389] Datenmaterial aus dessen in Vorbereitung befindlichen Quellenedition über die Leipziger Stadtrechnungen vorab zur Verfügung gestellt.

Es handelt sich um die Listung der Waageeinnahmen während der Leipziger Jahrmärkte[390] und den Zwischenzeiten für die Jahre 1580-1620. „*Entspre-*

---

388 Ranke, E., Köln-Italien, S. 60.
389 Prof. Manfred Straube, Leipzig, sei an dieser Stelle für die Überlassung und auch für die konstruktive Kritik gedankt.
     In seinem Brief vom 31.05.2001 erlaubte er dem Verfasser ausdrücklich, die Zahlen zu Vergleichszwecken zu benutzen.
390 Der Begriff Jahrmarkt statt Messe wird wahrscheinlich deshalb benutzt, weil unabhängig von ihrer Funktion die Leipziger Messen noch im 16. Jahrhundert landläufig als Leipziger Märkte bezeichnet wurden. In den offiziellen Texten findet dieser Terminus sogar bis 1750 Verwendung, obwohl sich in der Alltagssprache das Wort Messe durchgesetzt hatte. - Blaschke, K., Leipzig-Messen, S. 296f.

chend einer ‚Waageordnung' mußten alle nach Leipzig gebrachten Waren zu-
erst zur Waage gebracht werden, um hier nach Art, Maß und Gewicht geprüft,
geschätzt und nach einer ‚Taxordnung' versteuert zu werden".[391] Der außerordentliche Wert der Unterlagen besteht u.a. darin, daß sie den Warenumschlag
während des ganzen Jahres erfassen, also auch den während der *restlichen 300*
Tage des Jahres. Diese induktiv gewonnenen Zahlen vermögen so die eben erfolgten Deduktionen aufgrund der Forschungsschwerpunkte in der Literatur
quantitativ zu untermauern.

Die Addition der einzelnen Einnahmeblöcke ergaben die Werte laut **Darstellung 18.** Um einen unmittelbaren optischen Vergleich mit den Nürnberger
Daten und Kurvenverläufen zu ermöglichen, wurde das Zahlengerüst zunächst
jahreszeitlich geordnet **(Darstellung 19).** Die durchschnittlichen Waageeinnahmen während der 40 Jahre ergeben sich aus **Darstellung 20.**

Schon an dieser Stelle wird deutlich, daß dem Fiskus während der Jahrmärkte und den Zeiträumen zwischen ihnen ungleich hohe Waageeinnahmen zu-
flossen. Die unmittelbare Nebeneinanderstellung der Haushaltstitel erweckt,
weil ihnen ganz unterschiedlich lange Zeiträume zugrunde liegen, dennoch falsche Vorstellungen über den Einnahmeverlauf während des Jahres.

Im Dreiwochenrhythmus[392] wurde deshalb eine Zeitachse mit folgenden
Terminen und Werten pro Handels- bzw. Werktag erstellt **(Darstellung 21).**

Der Termin des Ostermarktes folgte dem Kirchenkalender (Jubilatemesse =
3 Wochen nach Ostern), war also variabel, damit wich auch die Länge der Zeiten zwischen den Messen in der Jahresfolge voneinander ab.[393] Das bedeutet,
daß auch die durchschnittlichen täglichen Waageeinnahmen während der Zwischenzeiten höher oder niedriger ausfallen konnten. Ein Blick auf die Tabelle
zeigt aber unmittelbar, daß dadurch die ermittelten Werte sich allenfalls hinter
dem Komma ändern würden.

Im Hinblick auf die Zielsetzung, die Saisonbewegungen im Jahresablauf
anhand jenes städtischen Einnahmetitels darzustellen, hätten sie so gut wie keinen Einfluß. Der Ergebniskern würde sich ebenfalls nicht signifikant verändern,
wenn man von unwesentlich unterschiedlich langen Messezeiten ausgehen wür-
de.

---

391 Straube, M., Mitteldeutsche Städte-Osthandel, S. 86.
392 Selbst wenn man unterstellt, daß die dritte Woche eine reine Zahlwoche war, ändert sich
     am grundsätzlichen Charakter des Saisonverlaufs nichts; diese Behauptung kann wohl
     auch dann aufrecht erhalten werden, wenn man in Rechnung stellt, daß Schwermetalle,
     etwa Kupfer, nicht auf diese Art und Weise verhandelt wurden.
     „*Die Ostermesse währte vom Sonntag Jubilate bis zum Sonntag Cantate, die Michae-
     lismesse vom Sonntag nach Michaelis bis zum Sonntag darnach und die Neujahrsmesse
     vom Neujahrstag bis zum vollendeten siebenten Tag darnach. Während der Sonntage
     durfte nicht gehandelt werden ... Wegen des starken Verkehrs wurde die Messe schon
     im 16. Jahrhundert allmählich von einer Woche auf drei Wochen verlängert*". - Straube,
     M., Warenverkehr thüringisch-sächsicher Raum, S. 235.
393 Für das Schema wurde der Festagskalender des Jahres 2001 zugrunde gelegt.

	Ostermarkt	Ostermarkt bis Michaelismarkt	Michaelismarkt	Michaelismarkt bis Neujahrsmarkt	Neujahrsmarkt	Neujahrsmarkt bis Ostermarkt
1580-1620	108.001	14.597	101.553	8.057	86.758	10.428

Darstellung 18: Waageeinnahmen – Leipzig 1580-1620

	Neujahrsmarkt	Neujahrsmarkt bis Ostermarkt	Ostermarkt	Ostermarkt bis Michaelismarkt	Michaelismarkt	Michaelismarkt bis Neujahrsmarkt
1580-1620	86.758	10.428	108.001	14.597	101.553	8.057

Darstellung 19: Jahreszeitliche Ordnung der Waageeinnahmen Leipzig 1580-1620

	Neujahrsmarkt	Neujahrsmarkt bis Ostermarkt	Ostermarkt	Ostermarkt bis Michaelismarkt	Michaelismarkt	Michaelismarkt bis Neujahrsmarkt
1580-1620	2.168,825	260,7	2.700,025	364,925	2.538,825	201,425

Darstellung 20: Durchschnittliche Waageeinnahmen Leipzig 1580-1620

Zeitraum	Markt- / Zwischenzeit	Tge	Tge	Sa.	Sonn- / Feiertage	Tage insgesamt	Waage-Einnahmen / total	Waageeinnahmen / Werktag
01.01.-20.01.	Neujahrsmarkt	17		17	3	20	2.168,825	128
21.01. - 10.02.	Zwischenzeit		18		3			2,9
11.02. - 03.03.	Zwischenzeit		18		3			2,9
04.03. - 24.03.	Zwischenzeit		18		3			2,9
25.03. - 14.04.	Zwischenzeit		18		3			2,9
15.04. - 05.05.	Zwischenzeit		18	90	3	105 (90+15)	260,7	2,9

Zeitraum	Markt-/Zwischenzeit	Tge	Tge	Sa.	Sonn-/Feiertage	Tage insgesamt	Waage-Einnahmen/total	Waageeinnahmen/Werktag
06.05. - 26.05.	**Jubilatemarkt**	18		18	3	21	2.700,025	150
27.05. - 16.06.	Zwischenzeit		18		3			3,4
17.06. - 07.07.	Zwischenzeit		18		3			3,4
08.07. - 28.07.	Zwischenzeit		18		3			3,4
29.07. - 18.08.	Zwischenzeit		18		3			3,4
19.08. - 08.09.	Zwischenzeit		18		3			3,4
09.09. - 29.09.	Zwischenzeit		18	108	3	126 (108+18)	364,925	3,4
30.09. - 20.10.	**Michaelismarkt**	18		18	3	21	2.538,83	141
21.10. - 10.11.	Zwischenzeit		18		3			3,3
11.11. - 01.12.	Zwischenzeit		18		3			3,3
02.12. - 22.12	Zwischenzeit		18		3			3,3
23.12. - 31.12.	Zwischenzeit		7	61	2	72 (61+11)	201,425	3,3
Summe						365		

Darstellung 21: Waageeinnahmen Leipzig 1580-1620 im Dreiwochenrhythmus

Die Feststellung von Fischer[394] aus dem Jahre 1929: „*Entsprechend der mittelalterlichen Ordnung des Güterabsatzes deckt sich die Handelsgeschichte einer Jahrmarkt- oder Meßstadt nahezu mit der Geschichte ihrer Märkte. Der Güterabsatz auf Messen und Märkten war während des Mittelalters die beliebteste Form der Absatzorganisation. Der unregelmäßige dünne Strom des Handelsverkehrs wurde gleichsam aufgestaut und dadurch die Möglichkeit sowohl einer besseren Verständigung zwischen Käufer und Verkäufer als auch eine Überwachung durch die Obrigkeit gegeben*", findet also durch die grafische Veranschaulichung der Waageeinnahmen ihre beeindruckende Bestätigung **(Darstellung 22)**.

Mit welchen Nürnberger Daten sind diese Waageeinnahmen hinsichtlich des Saisonverlaufs zu vergleichen? Wegen der unterschiedlichen Grundgesamtheiten (Leipzig: die Waren aller Kaufleute, die zur Waage gebracht werden mußten, Nürnberg: die Waren lediglich die der Zollpflichtigen) mit dem zeitlichen Verlauf der Zollkurve nur bedingt, es sei denn, man unterstellt, daß der jahreszeitliche Rhythmus für alle Kaufleute identisch war.

Auch ist eine Differenzierung der Zolleinnahmen für die Intrada und für den Transit in Nürnberg bisher nicht möglich, für Leipzig, so scheint es, ebenfalls nicht. Waren die Transitzölle in den Waageeinnahmen enthalten? Das ist eher unwahrscheinlich, da die Ordnung von den Gütern spricht, die n a c h [Hervorh. d. Verf.] Leipzig gebracht wurden.

Außerdem und vorab: Was ist unter *Transitgut* zu verstehen? Den Terminus für jene Güter zu benutzen, die in Leipzig eingeführt, niedergelegt, angeboten, aber nicht verkauft, sondern wieder „*weckgefuert*" wurden,[395] ist mißverständlich. Es bestand weder die ursprüngliche Absicht, sie über und durch Leipzig hinweg an andere Orte zu spedieren, noch geschah das faktisch. Diese Charakteristika unterstellt man aber normalerweise, wenn von Transitgütern gesprochen wird, sie sind Definitionsbestandteile.

Auf den Märkten angeboten wurden alle Güter, durch-, ausgeführt wohl die meisten. Diese Verteilerfunktion machte ja gerade den Messecharakter aus. Der Unterschied bestand darin, daß die Waren den Besitzer und Eigentümer wechselten oder nicht. Taten sie es nicht, nahm man sie wieder mit nach Hause, bot sie anderswo an oder legte sie in Leipzig nieder. Deshalb wurde aus ihnen aber kein Transitgut, man war einfach auf den Waren sitzengeblieben.

---

394 Fischer, G., Leipziger Handelsgeschichte, S. 2.
395 Straube, M., Mitteldeutsche Städte-Osthandel, S. 87 (Fn. 12).

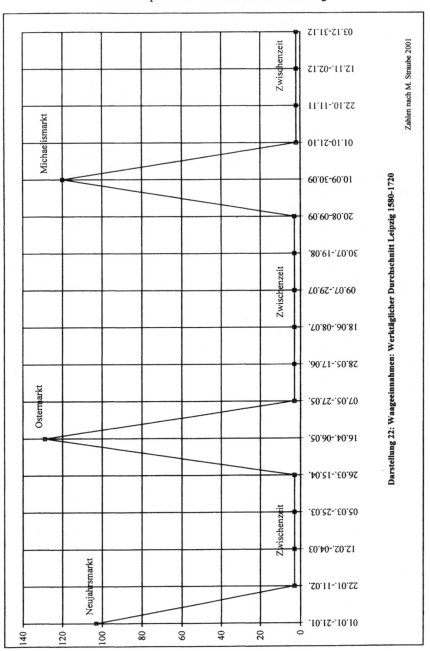

Darstellung 22: Waageeinnahmen: Werktäglicher Durchschnitt Leipzig 1580-1720

Zahlen nach M. Straube 2001

Die Frage, ob für diese angebotenen, aber nicht verkauften Güter die Waageeinnahmen, die ja schon vorher angefallen waren, erstattet wurden, bleibt offen. Wenn ja, müßte die Summe von jenem Einnahmeposten abgezogen werden,[396] um die wirkliche Verkaufssumme zu ermitteln; wenn nicht, wären die Werte zu hoch angesetzt.[397] Es ist zu vermuten, daß die schon gezahlten Waagegelder für nicht verkaufte Waren ganz oder teilweise zurückbezahlt wurden, da ansonsten diesen Gütern doppelte Kosten (plus erneute Frachtkosten usw.) aufgebürdet worden wären. Der Unternehmer hätte nicht nur keinen Gewinn gemacht, sondern wäre durch höhere Abgaben noch ‚bestraft' worden. Tendenziell müßte das zu einer Angebotsverknappung auf den Märkten geführt haben, da die Unternehmer dieses Risiko minimiert hätten. Daran konnte die Stadt Leipzig kein Interesse gehabt haben.

Damit ist auch noch ungeklärt, ob das Tarifsystem einen Transitzoll für jene Güter vorsah, die vom Eigentümer von vorneherein als solche deklariert wurden, die über Leipzig spediert wurden, aber in Leipzig nicht angeboten werden sollten und auch nicht wurden. Aber auch hier gilt: Die Saisonkurve würde damit bei der Amplitudenhöhe nur unwesentliche Korrekturen erfahren. Hier geht es nicht um eine finanzwirtschaftliche, sondern um eine saisonale Betrachtungsweise.

In Nürnberg verstand man unter Transitgut in der restriktiven Auslegung jene Waren, die in das Hoheitsgebiet Nürnbergs kamen, ungeöffnet blieben, nicht von der Achs abgeladen und vor Ort nicht angeboten wurden, die auf dem freien Markt außerhalb Nürnbergs ihren Käufer noch finden mußten. Diesen Charakter verloren sie unter diesen Bedingungen auch nicht nach in Anspruchnahme einer vom Rat zugestandenen Stapelzeit.[398]

Hinsichtlich der Fragestellung nach den unterschiedlichen Saisonverläufen und den Standort-Charakteristika sind auch diese Feststellungen allenfalls von sekundärer Bedeutung.

Was den Umfang der Güter angeht, so ist die Kurve der Waageeinnahmen am ehesten zu vergleichen mit der Überweisungskurve aller Kontoinhaber des Banco Publico in Nürnberg. Allerdings gelten auch hier Einschränkungen. Die Waageeinnahmen wurden erhoben für alle nach Leipzig eingeführten Waren. Die Überweisungskurve ist dagegen nicht identisch mit der Einfuhr- oder Ausfuhrkurve Nürnbergs. Der Schuldgrund, der eine Überweisung auslöste, mag zum Beispiel in Frankfurt durch einen Wochen zurückliegenden Kauf von Waren entstanden sein, die dann in Leipzig weiterverhandelt, in den weiteren Osten

---

396 Sowohl bezüglich der Einnahmen des Fiskus als auch des Umschlagvolumens auf der Messe.
397 Wie in Nürnberg ist die Frage zu beantworten, ob diese Güter noch verpackt sein mußten. Nürnberger Kaufleute waren jedenfalls der Meinung, da ansonsten die Möglichkeit zum Unterschleif durch Zuladung kaum zu verhindern sei.
398 Zu den Problemen beim praktischen Vollzug wird im dritten Kapitel Stellung bezogen.

exportiert, in Nürnberg bezahlt wurden. Auch waren nicht alle Kaufleute bankpflichtig und damit fließt ihr Warenumschlag nicht in die Bancozahlen ein.

Aber unabhängig davon, ob Kauf oder Verkauf in Nürnberg stattgefunden hatten, kamen die Erlöse und Gewinne den bankpflichtigen Unternehmen zugute und waren letztendlich Bemessungsgrundlage für Losung (Einheimische) oder Schutzgeld und eventuell Zoll (Fremde), also für die Einnahmen der öffentlichen Hand.

Trotz dieses nicht-kongruenten Zahlencharakters kann kein vernünftiger Zweifel daran bestehen, daß sie die unterschiedlichen Saisonverläufe in Leipzig und Nürnberg belegen und die Kurven diese veranschaulichen. Das Verhältnis der durchschnittlichen täglichen Waageeinnahmen in Leipzig während der Jahrmärkte zu denen der Zwischenzeiten betrug 42:1 (Neujahr-folgende Zwischenzeit), 44:1 (Ostern-folgende Zwischenzeit), 43:1 (Miachelis-folgende Zwischenzeit). Leipzig war - noch jedenfalls - in erster Linie Messestadt mit drei herausragenden Umsatzzeiten während der Jahrmärkte, wobei während des Ostermarktes der Umschlag am höchsten war. Die Wirtschaftsaktivitäten in Nürnberg oszillierten um die Normalkurven (Zoll-, Überweisungskurve), wiewohl auch Ausschläge nach oben und unten gegeben waren. Diese waren schon deshalb zu erwarten, weil die hier domizilierenden Unternehmen in das Messesystem eingebunden waren, sie die Spitzen in nicht unwesentlichem Maße verursachten, und zwar nicht nur in Leipzig, sondern auf so gut wie allen Messen und Märkten, jedenfalls denen mit überregionaler Bedeutung.

2.2.3.2. Frankfurt

Es ist davon auszugehen, daß in Frankfurt zumindest bis ins letzte Viertel des 16. Jahrhunderts hinein ein ähnlicher Saisonverlauf wie in Leipzig gegeben war. Diese Vermutung drängt sich schon durch die Tatsache auf, daß die Messen terminlich und sachlich sehr eng aufeinander bezogen waren. Sondereinflüsse sind damit natürlich nicht ausgeschlossen.

Die Nürnberger Kaufleute stellten in einer zeitgenössischen Quelle fest: „... *auch Frankfurt[399] und Straßburg kann man den Nürnbergern nicht vorhalten, dann diese Städt außer der Meß gar keine Handlung haben, weniger Wexel alda geschlossen werden[400] und ist zu Frankfurt selbst in der Meß oftmals stretezza an Barschaft".*[401] Auch die Wechselgeschäfte in Augsburg blieben im Umfang

---

399   Die Einwohnerzahl ist in diesem Zusammenhang aussagekräftig: Nürnberg hatte um 1600 circa 40.000, Frankfurt 12.000. - Klötzer, W., Antwerpen-Frankfurt, S. 6.

400   Anderer Meinung schon für den Anfang des 15. Jahrhunderts: Rothmann, M., Frankfurter Messen, S. 484f. Er hebt besonders die Messen als Termine hervor. Auch hier also die Frage: Was geschah während der Zeit zwischen den Messen?

401   ,Larghezza' herrschte in Frankfurt dagegen 1579, als das Geld wegen der spanisch-niederländischen Auseinandersetzungen verstärkt von Antwerpen nach Frankfurt floß. Wichtig in dem bei Hildebrand zitiertem Brief ist die Tatsache, daß ausdrücklich er-

weit hinter denen Nürnbergs zurück.[402] Wie die vorangegangenen Ausführungen zeigten, hätten sie auch Leipzig in diese Charakterisierung einbeziehen können. Die entwickelte Kurve auf Basis der Wageeinnahmen würde ihre Aussage, zumindest was das Warengeschäft angeht, untermauern.

Die Charakterisierung Frankfurts durch die Zeitgenossen wird bestärkt durch die Tatsache, daß die Geleitzüge der Kaufleute aus Nürnberg zur Frankfurter Messe im Frühjahr und im Herbst stattfanden, wodurch natürlich Ex- und Importe während der übrigen Jahreszeit nicht ausgeschlossen sind. Aber man darf davon ausgehen, daß sie den Saisonverlauf nicht signifikant beeinflußt haben.

Ein weiterer Beleg für die Behauptung ist das Untersuchungsergebnis bei Rothmann,[403] das lautet: Für die Zahlungsabwicklung während der Messen wurden 14 Wechsler eingeschworen, während für die Zeit dazwischen die Arbeit von einem erledigt werden konnte (Anfang des 15. Jahrhunderts). Ob die absoluten Zahlen und die Relationen sich im Verlauf des 16. Jahrhunderts änderten, bleibt zu untersuchen. Auf jeden Fall sind sie nur als Untergrenze zu betrachten, denn ist davon auszugehen, daß nicht alle Kaufleute den Dienst der Wechsler in Anspruch nehmen mußten. Die 14 Wechsler repräsentieren also nur jene Teilmenge der Grundgesamtheit Kaufleute, die während der Messen in Frankfurt handelten. Mit anderen Worten: Hätten alle Kaufleute zu ihnen gehen müssen, wäre während der Messezeiten die Anzahl überproportional gestiegen, während für die Zeit danach die anfallenden Wechselgeschäfte sich wohl nicht wesentlich erhöht hätte, sie weiterhin von einer Arbeitskraft hätten bewältigt werden können. Zahlreiche umsatzstarke und überregional handelnde Kaufleute waren entweder im Besitz der erforderlichen bzw. gewünschten Münzsorten, oder aber die Geschäfte wurden bargeldlos abgewickelt bzw. auf einen anderen Ort zahlbar gestellt. Das Verhältnis der Wechsler stellte sich also auf 14:1 (Messe-folgende Zwischenzeit). Welches Verhältnis sich ergeben und inwieweit es sich den Einnahmerelationen in Leipzig genähert hätte, hätten alle Kaufleute den Dienst in Anspruch nehmen müssen, ist eine spekulative Frage. Auf jeden Fall wird der Strukturunterschied zum Ganzjahresstandort Nürnberg deutlich.

---

wähnt wird, daß auch Nürnberg [bzw. von den Nürnberger Kaufleuten?] kein Geld abgenommen wird, ansonsten doch wohl eine 'sichere Bank'. - Hildebrandt, R., Antwerpen-Börsenplatz, S. 11.
402   StadtAN, E 8, Handelsvorstand, 1522, fol. 9.
403   Rothmann, M., Frankfurter Messen, S. 269.

2.3. Der Standort Nürnberg im Spiegel des Messekalenders Nürnberg - Frankfurt/Main – Leipzig – Naumburg[404]

2.3.1. Zeitliche Abfolge und gegenseitige Verzahnung der Messen

Die Ausführungen stützen sich auf den folgenden Messekalender (Nürnberg-Frankfurt-Leipzig-Naumburg = **Darstellung 23**).[405] Wie schon ausgeführt, richteten sich die Termine für die Heiltumsmesse in Nürnberg und den Jubilatemarkt in Leipzig nach dem Kirchenkalender, waren also in einem gewissen Umfang variabel.

Zudem kam es durch Witterungseinflüsse vor allem im Frühjahr (Fastenmesse), durch kriegerische Einwirkungen und durch willkürliche Übertretungen der Kaufleute zeitweise zu Terminverschiebungen, sowohl hinsichtlich des Beginns als auch des Endes. Diese können hier nicht erfaßt werden. Für die folgenden Interpretationsversuche sind sie bei einem Zeitraum von 40 Jahren auch ohne Belang. Worauf es hier ankommt, ist die Tatsache, daß die Termine sich nicht zueinander verschoben.

Aus Nürnberger Sicht ist folgendes festzustellen: Die hiesige Neujahrmesse überschnitt sich mit der in Leipzig. Insofern Nürnberger Kaufleute jene besucht hatten, blieb zum Besuch der Frankfurter Fastenmesse ausreichend Zeit, sowohl direkt von Leipzig als auch nach einer erfolgten Rückkehr zur Zentrale von Nürnberg aus.

Berechnet man für die Strecke Frankfurt-Nürnberg eine Reisedauer für den Warentransport[406] von rund 10 Tagen (20 km/Tag), dann war nach einer Anwesenheit in Frankfurt Eile geboten, wollte man rechtzeitig zur Heiltumsmesse wieder in der Stadt an der Pegnitz sein, besonders dann, wenn die Anwesenheit in Frankfurt/M. auch auf der der Verkaufsmesse folgenden Zahlmesse erforderlich war.

---

404 Die Gregorianische Kalenderreform von 1582 ist hier ohne Belang: Alle genannten Messestädte blieben beim Julianischen Kalender. Außerdem wurden die Wochentage „nur" anders datiert. – Putzger, Weltatlas, S. 95 (II).

405 Zusammengestellt nach: Dietz, A., Frankfurter Handelsgeschichte, 1, S. 37f.; Straube, M., Mitteldeutsche Städte-Osthandel, S. 86f; Handelsreisende, S. 774; Leipziger Messen, S. 124; Warenverkehr thüringisch-sächsicher Raum, 1, S. 234f: Die Leipziger Messen dauerten am Anfang des Jahrhunderts lediglich eine Woche, wurden dann allmählich auf drei Wochen verlängert. Rothmann, M., Frankfurter Messen, S. 102ff. Es liegt der Festtagskalender des Jahres 2001 zugrunde (Ostern = 15. Woche = 15.04.).

406 Begleiteten die Kaufleute ihre Waren nicht selbst, waren sie nicht an die vorgeschriebenen Geleitsstraßen gebunden und konnten - auch - aus diesem Grunde die Reisefrist verkürzen. - Straube, M., Handelsreisende, S. 766, 770; Leipziger Messen-Dreißigjähriger Krieg, S. 425.

1. Woche	Nürnberg: Neujahrsmesse (Beginn: 06.01.)	Leipzig Neujahrsmarkt
2. Woche	Nürnberg Neujahrsmesse	Leipzig Neujahrsmarkt
3. Woche		Leipzig Neujahrsmarkt
(9 Wochen)		
13. Woche		Frankfurt Fastenmesse (Beginn: Oculi)
14. Woche		Frankfurt Fastenmesse (Ende: Fr. vor Palmsonntag)
(Fastenwoche)		
16. Woche	Nürnberg Heiltumsmesse (Beginn: 4. Ostertag = 18.04.)	
17. Woche	Nürnberg Heiltumsmesse	
18. Woche	Nürnberg Heiltumsmesse	
19. Woche	Nürnberg Heiltumsmesse	Leipzig Jubilatemesse (Beginn: 3. Sonntag nach Ostern)
20. Woche		Leipzig Jubilatemesse
21. Woche		Leipzig Jubilatemesse
(4 Wochen)		
26. Woche		Naumburg Peter- und Paulsmesse
27. Woche		Naumburg Peter- und Paulsmesse
28. Woche		Naumburg Peter- und Paulsmesse
(4 Wochen)		
33. Woche		Frankfurt Herbstmesse (Beginn: Mi. 15.08.)
34. Woche		Frankfurt Herbstmesse
35. Woche		Frankfurt Herbstmesse
36. Woche	Nürnberg Egidienmesse (Beginn 03.09.)	Frankfurt Herbstmesse (bis 08.09.)
37. Woche	Nürnberg Egidienmesse	
(2 Wochen)		
40. Woche		Leipzig Michaelismarkt (Beginn: So. nach Michaelis 30.09.)
41. Woche		Leipzig Michaelismarkt
42. Woche		Leipzig Michaelismarkt
(10 Wochen)		

Darstellung 23: Messekalender Nürnberg-Frankfurt-Leipzig-Naumburg

Die Chancen auf der umsatzstarken Jubilatemesse in Leipzig konnte der Kaufmann nur nutzen, wenn er sich schon nach der ersten Woche der Heiltumsmesse von Nürnberg aus auf den Weg zur Stadt an der Pleiße machte (angenommene Reisedauer ca. 14 Tage). Die Heiltumsmesse war sozusagen eingeklemmt zwischen der Frankfurter Fastenmesse und dem Leipziger Jubilatemarkt.

Noch ungünstiger eingebunden in den Zyklus war die Egidienmesse. Gegen die noch laufende Frankfurter Herbstmesse (Der Name ist irreführend; eigentlich müßte sie Spätsommermesse heißen.) hatte sie kaum Chancen, sich im internationalen Warenaustausch zu behaupten. Von daher werden die verschiedentlich auftauchenden Überlegungen des Rates und der Kaufmannschaft verständlich, die Attraktivität durch Zollfreiheit - wie während der Heiltumsmesse - zu erhöhen, um Kaufleute von *„Frankfurt weg- und nach Nürnberg hinzulokken“*.[407] Während des Betrachtungszeitraumes kam es nicht dazu; man bewertete die Impulse als nicht durchschlagend. Die Zollmindereinnahmen wären nicht durch höhere Losungseinnahmen egalisiert oder gar, was ja wohl Ziel der Überlegungen war, überkompensiert worden. Aus diesem Grunde kam sie über den Status einer Regionalmesse wohl nicht wesentlich hinaus.

Günstiger zueinander lagen die Frankfurter und Leipziger Messen. Zwischen dem Ende des Neujahrsmarktes (Leipzig) und dem Beginn der Fastenmesse (Frankfurt) lagen 10 Wochen, Fastenmesse (Frankfurt) und Jubilatemarkt (Leipzig) trennten 4 Wochen, circa 3 waren es von der Herbstmesse (Frankfurt) zum Michaelismarkt (Leipzig).

Die bedeutendste Nürnberger Messe war die Heiltumsmesse. Zum Teil mag in der engen Terminfolge ein Teil ihrer Attraktivität begründet gewesen sein. Die Konzentration des Warenangebots resultierte aus dem ganz ‚normalen' Umfang plus den Gütern, die von Frankfurt nach Nürnberg verführt wurden (auf der Fastenmesse nicht verkaufte und/oder zugekaufte) und jenen, die, von außerhalb kommend, während und wegen der Heiltumsmesse auf den Markt kamen und, bei Nichtverkauf, nach Leipzig weiter befördert wurden. Der Rat erhöhte durch Zollfreiheit für alle während der Heiltumsmesse eingeführten und verkauften Güter die Anziehungskraft der Messe.

Die Attraktivität der Heiltumsmesse für den überregionalen Warenaustausch während des Frühjahrs ergab sich im Messedreieck Frankfurt-Nürnberg-Leipzig also erstens dadurch, daß sie dem Direktexport von Frankfurt nach Leipzig entgegenwirkte, einen Teil der Waren nach Nürnberg zog, hier den Markt belebte; zweitens vergrößerte sich durch die Zollfreiheit auch die übrige Einfuhrquote zu Lasten des Direkttransits durch Nürnberg nach Leipzig oder an Nürnberg vorbei; dadurch gingen vor allen Dingen in der ersten Woche Nach-

---

407 BayStaatsAN, Rep. 19a, E-Laden, Akten, 242, 24.09.1574. StadtAN, E 8, Handelsvorstand, 1794, fol. 10, 07.05.1617.

frageimpulse für das heimische Gewerbe aus, wurde der Dienstleistungssektor belebt.

Die erste Woche der Heiltumsmesse vor allen Dingen ist also als Scharnier zwischen den beiden anderen Märkten zu betrachten. Während jener Zeit müssen wir uns das Marktgeschehen als besonders lebhaft, ja hektisch vorstellen. Auf der anderen Seite war nach einer Woche wegen der Konkurrenz des Jubilatemarktes ‚die Luft sozusagen weitgehend raus'. Sie wurde von da an stärker als vorher von den Lokal- und Regionalhändlern geprägt. Abhängig war der Messebesuch der Kaufleute also von deren Bedeutung, vom Geschäftsumfang der Firmen und ihrer Personaldecke.

Sehr günstig zur Leipziger Jubilatemesse und zur Herbstmesse in Frankfurt lag die Naumburger Messe; es gab keine zeitlichen Überschneidungen. Fünf bzw. vier Wochen lagen zwischen deren Termine. Man ist versucht zu sagen, daß sie in einem ‚Messe-Sommerloch' plaziert war. Eine zeitliche Nähe zu den großen Messen hätte auf Dauer keine Überlebenschance geboten, hinsichtlich Leipzigs wäre die örtliche Nähe noch hinzugekommen. Andererseits gingen offensichtlich gerade von dieser Brückenfunktion[408] wirkungsvolle Impulse für den Waren- und Zahlungsverkehr aus. Aufgrund des Alters der Messe, die 1305[409] zum ersten Mal erwähnt wird, wohl aber wesentlich älter ist, entsprang diese zeitliche Plazierung keinem nüchternen Kalkül, sondern ist mit dem Fest[410] zu Ehren der Domapostel Peter und Paul in Verbindung zu bringen.[411]

Die Nürnberger, die wesentlich zur Bedeutung des Naumburger Marktes beitrugen,[412] verhandelten dort Samt- und Seidenstoffe, Brokatgewebe, Gewürze, Wein, Fertigerzeugnisse des Metallgewerbes, kauften vor allen Dingen Waid[413] und Wolle.[414]

---

408 Zu den Auseinandersetzungen Naumburgs mit Leipzig wegen des Gründonnerstagsmarktes und zu den gescheiterten Bestrebungen, ihn auf Sonntag Sexagesima [60 Tage vor Ostern] zu verlegen: Straube, M., Leipziger Messen, S. 123. Held, W., Messeplatz Naumburg, S. 82ff. Heydenreich, F., Naumburger Peter- Paulsmesse, S. 10ff.

409 Siehe dazu die Abbildung 1 bei Irsigler, F., Jahrmärkte-Messesysteme, S. 13, die u.a. das sich im Aufbau befindliche Jahrmarktsystem Erfurt, Halle, Leipzig, Naumburg im 12. und 13. Jahrhundert aufzeigt. Nürnberg ist noch ein weißer Fleck.

410 Zum „messe- und jahrmarktbegründenden Charakter der großen Heiligen- und kirchlichen Hochfeste" siehe Irsigler, F., Jahrmärkte-Messesysteme, S. 10.

411 Zahlreiche Hinweise bei Straube, M., Handelsreisende, passim, vor allen Dingen aber S. 769 (Fn. 17). Ist es erlaubt zu sagen, daß die Geschichte dieser Messe noch „völlig unerforscht" ist, andererseits zu behaupten, daß sie sich „gleichberechtigt in den Messekalender auf der Straße zwischen Frankfurt am Main und Breslau bzw. Posen" einordnet? Jedenfalls gehört der Naumburger Peter- und Pauls-Markt zu den ältesten deutschen Messen. - Held, W., Messelatz Naumburg, S. 78ff. Heydenreich, F., Naumburger Peter- Paulsmesse, S. 5.

412 Heydenreich, F., Naumburger Peter- Paulsmesse, S. 6.

413 Zum Teil wohl aus dem Erfurter Gebiet.

414 Zum Wollhandel: Peters, L.F., Handel Nürnbergs, S. 195 (Fn. 395); die Tressal und von Brecht in Naumburg: ebenda, S. 425; Verbindungen der Fürer und Oertel wegen Kupferlieferungen aus Eisleben: ebenda, S. 453. Auf den bedeutenden Wollhandel verweist

2.3.2. Warenströme zwischen den Messeorten im Lichte der Nürnberger Zollkurve

2.3.2.1. Aussagekraft der Zollkurve

Die folgenden Ausführungen gehen davon aus, daß die in Zoll-Listen vermerkten Termine den Entstehungszeitpunkt der Zoll-Schuld vermerken, der von den Zahlungsterminen (Banco-Überweisungskurve) für die verkauften Waren der auf Dauer hier domizilierenden zollpflichtigen Firmen in der Regel abwich.

Im folgenden soll untersucht werden, inwieweit sich vor dem Hintergrund dieser Messfolge die Warenströme anhand des vorliegenden Datenmaterials nachvollziehen lassen. Der Verfasser ist sich bewußt, daß es sich bei den Ausführungen allenfalls um eine Indizienkette handelt, die Feststellungen zum Teil Hypothesencharakter haben und nicht beanspruchen können, zweifelsfreie Beweise zu liefern. Schon die Eigenart der Nürnberger Zolldaten selbst läßt keine eindeutigen Analysen zu, denn es wird bei ihnen nicht unterschieden nach Einfuhr- und Transitzoll, nach den genauen Erhebungszeitpunkten, nach Erstattungshöhe für auf den auswärtigen Messen nicht verkaufte und nach Nürnberg zurückfließende Ware.[415] Gänzlich ohne Antwort bleibt man bei der Frage nach der Warenstruktur. Auch Namen, die Hinweise über Sortiment und Herkunft geben könnten, werden nicht genannt. Die Feststellung, *Alles hängt mit Allem zusammen*, wird bei der Analyse der komplexen wirtschaftlichen Totalität deutlich. Gleichwohl müßten durch ergänzende (quantitative) Untersuchungen die einzelnen Einflußfaktoren hinreichend genau zu isolieren und zu gewichten sein. Die Ausführungen sind deshalb in erster Linie als Angebot für die weitere Forschung anzusehen.

2.3.2.2. Abweichung/Monat der Zollkurve von der Normalkurve

Die oben eingeführte Nürnberger Zollkurve wird im folgenden modifiziert und veranschaulicht werden durch die Abweichungen/Monat vom sogenannten Normalmonat. Dazu wurde die Summe der Monatsaufkommen durch die Anzahl der Jahre (=40) dividiert, wodurch für den Zeitraum von 40 Jahren die durchschnittlichen Zolleinnahmen des jeweiligen Monats ermittelt wurden. Addiert ergeben diese Durchschnitte die Summe von 13.837 Gulden. Die anschließende Division durch 12 ergibt den saisonbereinigten Normalmonat.

---

die Bemerkung in den zeitgenössischen Quellen über das Gedränge in der Salz- und Mariengasse wegen des Wollhandels. - Heydenreich, F., Naumburger Peter- Paulsmesse, S. 12.

415 Siehe dazu die Ausführungen im 3. Kapitel.

Zu diesen Größen wurden die einzelnen Monate in Beziehung gesetzt und die prozentuale Abweichung ermittelt. Es ergibt sich folgendes Zahlengerüst (**Darstellung 24**):

	Jan.	Febr.	März	April	Mai	Juni	Juli	Aug.	Sept.	Okt.	Nov.	Dez.	Σ
Ø	1.738	3.434	1.609	585	482	834	850	831	725	715	930	1.105	13.838
N.Mon.	1.153	1.153	1.153	1.153	1.153	1.153	1.153	1.153	1.153	1.153	1.153	1.153	
%-Abw.	50,68	197,79	39,51	-49,26	-58,17	-27,70	-26,27	-27,95	-37,14	-37,95	-19,37	-4,16	

Darstellung 24: Abweichung der monatlichen Zollschuld vom Normalmonat – Nürnberg 1580-1619

Was bei der grafischen Veranschaulichung sofort ins Auge fällt (**Darstellung 25**), ist der herausragende Datenpunkt im Februar. Er veranschaulicht signifikant die anspringende Handelskonjunktur am Jahresanfang. Diese positive Abweichung, wenn vielleicht auch nicht in dieser Stärke, konnte man erwarten. Wir werden gleich darauf zurückkommen.

2.3.2.2.1. Generelle Interpretationshypothesen

Weiß man um die in der wissenschaftlichen Literatur nicht streitige enge wirtschaftliche Verflechtung der Nürnberger Wirtschaft mit Frankfurt und Leipzig, so sorgt vor allen Dingen der Kurvenverlauf der Nürnberger Zolleinnahmen in der zweiten Jahreshälfte für Verwirrung. Immerhin fanden während jener Zeit die Frankfurter Herbstmesse und der Leipziger Michaelismarkt statt, außerdem die Egidienmesse in Nürnberg selbst.

Diese wurden von den in Nürnberg zollpflichtigen Firmen, also vor allen Dingen die der Italiener, ebenso besucht wie die Messen im Frühjahr. Die Amplitudenhöhe der Grafik bestätigt diesen Forschungsstand vorderhand nicht. Der hohe Warenumschlag zum Beispiel auf dem Leipziger Michaelismarkt im Oktober, wie er in der Darstellung 22 veranschaulicht wurde, müßte sich je nach Abrechnungsmodus spätestens 14 Tage vorher auch in der Nürnberger Zollkurve widerspiegeln. Da ist aber Fehlanzeige zu vermelden. Die Kurve verläuft unterhalb der Normalachse so gut wie parallel zur 0-Linie. Die Leipziger Waageeinnahmen und die dahinterstehenden Warenströme wurden nicht nur von den Kaufleuten aus Nürnberg und schon gar nicht lediglich von den hier zollpflichtig werdenden Unternehmen verursacht, sondern von kontinentalen Warenströmen[416] aus allen Himmelsrichtungen; aber das galt für das Frühjahr gleichermaßen.

---

416 Zum Teil wurde dieser ebenfalls von Nürnberger bzw. hier domizilierenden Firmen organisiert, aber zunächst und zu jenen Terminen ohne direkte Auswirkungen auf die zeitlich vorangehende Nürnberger Zollkurve.

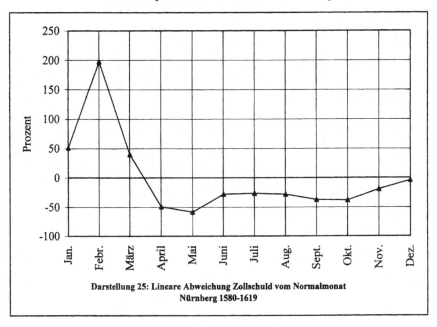

**Darstellung 25: Lineare Abweichung Zollschuld vom Normalmonat
Nürnberg 1580-1619**

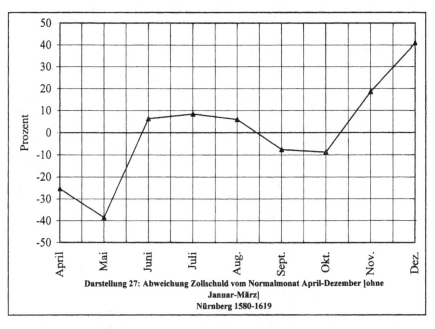

**Darstellung 27: Abweichung Zollschuld vom Normalmonat April-Dezember [ohne
Januar-März]
Nürnberg 1580-1619**

Wo also liegt die realwirtschaftliche Begründung für den gänzlich unterschiedlichen Kurvenverlauf im Frühjahr und Herbst, könnte sie liegen? Entweder war das von Nürnberg aus exportierte zollpflichtige Handelsvolumen auf den Herbstmessen in Frankfurt/ M. und Leipzig tatsächlich geringer, oder aber es lagen andere strukturelle Daten vor. Folgende Möglichkeiten sind in Erwägung zu ziehen und zu gewichten. Andere mag die weitere Forschung erschließen.

Erstens. Man geht von der Annahme aus, daß zwar nicht der Exportumfang kleiner war als im Frühjahr, dieser aber in verhältnismäßig größerem Umfang von nicht-zollpflichtigen, also Nürnberger und zollfreien (niederländischen) Firmen durchgeführt wurde. Diese Annahme ist wohl eher theoretischer Art. In den Quellen ließen sich dafür keine Anhaltspunkte finden. Dasselbe gilt für die Hypothese, daß im Herbst in größerem Umfange als im Frühjahr weniger wertvolle Produkte auf den Markt kamen, für die in Nürnberg weniger Zoll fällig geworden war.

Zweitens. Die Zollkurve zeigt im Herbst deshalb geringere Ausschläge als im Frühjahr, weil in einem signifikant größerem Ausmaße Transitwaren, die einem geringeren Zollsatz unterlagen, von Nürnberg aus, an Nürnberg vorbei oder über gänzlich andere Routen auf die Messen verführt wurden. Diese Annahme hat aufgrund der Jahreszeit, die eine bessere Logistik ermöglichte und eine Zwischenlagerung in Nürnberg nicht oder nur in einem geringen Maße und nur während einer kürzeren Stapelzeit[417] als im Winter erforderlich machte, durchaus eine gewisse Plausibilität für sich. Gleichwohl, für diesen Kurvencharakter ist daraus keine entscheidende Begründung herzuleiten.

Drittens. Die im Herbst gegenüber dem Frühjahr wesentlich geringere Abweichung vom Normalmonat ist z.T. damit zu erklären, daß im Frühjahr verzollte und exportierte, aber nicht verkaufte Ware in den Messestädten verblieb, dort niedergelegt wurde.[418] Für den Warenumschlag der Kölner Kaufleute auf den Frankfurter Messen stellt Ranke[419] fest: *„Da der Umsatz nicht an städtische Kaufhäuser gebunden war, so ging das Streben des Kölner Kaufmanns dahin, einen möglichst langfristigen Mietkontrakt für eine der in das Erdgeschoß des Hauses eingebauten Messbuden zu schließen oder sich in den Besitz einer Holzbude zu setzen, die in den Messzwischenzeiten abgebaut und mit den unverkauften Waren bis zur nächsten Messe ‚im Gewölbe' beiseitegesetzt und immer an der gleichen Stelle wieder aufgebaut werden konnte".[420]* Für die Nürnberger Un-

---

417 Mit der Folge, nur den geringeren Transitzoll zahlen zu müssen.
418 Diese Feststellung steht in einem gewissen Gegensatz zur Aussage der Italiener, die Waren oft bis zu 10 mal hin- und herbefördern zu müssen (also zurück nach Nürnberg), bis sie auf Nachfrage stießen.
419 Ranke, E., Köln-Italien, S. 57.
420 Rothmann stellt für Frankfurt fest, daß ein Teil der nicht verkauften Waren bei den ortsansässigen Juden versetzt wurde, um nicht in Zahlungsschwierigkeiten zu geraten. Man wird aber davon ausgehen dürfen, daß dieser in erster Linie von Kaufleuten praktiziert

ternehmen bzw. , worauf es hier ankommt, die hier zollpflichtig werdenden Unternehmen mit dem zentralen Warenlager ‚Nürnberger Hof' in Frankfurt[421], kann von denselben Gewohnheiten ausgegangen werden, nach den Ausführungen von Fischer[422] und Blaschke[423] zu Leipzig dort ebenfalls. Diese Hypothese hätte aber nur dann Erklärungskraft, wenn dieser ‚Lagerverkauf' im Herbst signifikant höher war als im Frühjahr.

Viertens. In einem engen Zusammenhang mit den eben angestellten Überlegungen ist in Erwägung zu ziehen, ob die in Nürnberg zollpflichtig werdenden Unternehmer (für die einheimischen Nürnberger Firmen gilt das ebenso), insofern sie Waren aus anderen Städten, vor allen Dingen aus dem Westen (z.B. Antwerpen-Köln), Norden (z.B. Hamburg) und dem Osten (z.B. Breslau, Krakau, Danzig etc.) verhandelten, diese im Sommer und Herbst in einem größeren Umfang als im Frühjahr direkt auf die Messen nach Frankfurt und Leipzig spedierten.

2.3.2.2.2. Spezielle Interpretationshypothesen

Wenden wir uns nochmal dem Kurvenbild am Anfang des Jahres zu.

Die überdurchschnittlichen Zolleinnahmen im Januar sind wohl in erster Linie dem Umschlag zollpflichtiger Güter während der Nürnberger Neujahrsmesse zuzurechnen. Die Beschickung des Leipziger Neujahrsmarktes mit zollpflichtigen Waren ist nicht hier, sondern wegen der etwa zweiwöchigen Transportzeit der Waren von Nürnberg aus dorthin im Dezember abzulesen.

Bei der Suche nach einer realwirtschaftlichen Begründung für den Datenpunkt im Februar denkt man, wie gesagt, zuerst an die Frankfurter Frühjahrsmesse (Fastenmesse), auch dann, wenn der Geleitzug sich im März, möglicherweise sogar in Abhängigkeit von den exakten Messeterminen erst in der zweiten Märzhälfte in Bewegung setzte.[424] Die Zeitspannen für die technischen Prozedu-

---

wurde, die über einen geringeren Liquiditätsfonds verfügten, unter erhöhtem Zahlungsdruck standen, denen also eine durchaus übliche Prolongation der Schulden nicht mehr zugebilligt wurde, von anderen Kaufleuten keinen Kredit erhielten, die auch nicht zu einer der folgenden Messen weiterzogen bzw. nicht erwarteten, dort auf Nachfrage für ihre Waren zu stoßen. Also waren es wohl in erster Linie finanzschwache, kleinere Lokal- oder Regionalhändler. Schon wegen der hohen Preisabschläge ist von einer durchgehenden Praxis nicht auszugehen. Nur die Kaufleute werden davon Gebrauch gemacht haben, die wirklich 'unter Druck' standen. Ein quantitativ wesentliches Strukturmerkmal kann daraus wohl nicht hergeleitet werden. - Rothmann, M., Frankfurter Messen, S. 349ff. Vgl. auch: Irsigler, F., Köln-Messen-Oberdeutschland, S. 347f.

421 Rothmann, M., Frankfurter Messen, S. 111. Dietz, A., Frankfurter Handelsgeschichte, 1, S. 34, 44, 79.

422 Fischer, G., Leipziger Handelsgeschichte, S. 167: Die Italiener Werdemann unterhalten in Leipzig eine große Niederlassung; S. 216: Matthes Spenglein aus Augsburg unterhielt mehrere Gewölbe. Vgl. auch: Topfstedt, Th., Orte-Messe, S. 29.

423 Blaschke, K., Leipzig-Messen, S. 297.

424 So lagen die Termine zum Beispiel am 04.03.1570, am 24.03.1571, am 15.03.1571, am 28.02.1572. - BayStaatsAN, Rep. 54aII, Stadtrechnungsbelege 310, (1570-1579).

ren (in Abhängigkeit von den exakten Terminen über Umfang und Art der Waren, Zollzahlung, Zusammenstellung des Geleitzuges) sind nicht genau bekannt, der hohe Ausschlag im Februar legt aber die Vermutung nahe, daß in der Regel und für die meisten Waren die Verzollung in jenem Monat geschah. Ein Teil (der größere?) der im März verzollten Waren mag auch im (zu dieser Zeit vor der eigentlichen Freiung noch zollpflichtigen) Import zur Nürnberger Heiltumsmesse seine Begründung finden. Ein anderer Zollanteil kann auf schon (vor der Zollfreiheit) nach Leipzig spedierte Waren zurückgegangen sein. Und wenn wir Leipzig sagen, müssen wir immer Magdeburg, Erfurt, Halle und Naumburg[425] mitdenken.

Die Datenpunkte im März, vor allen Dingen aber im April und Mai deuten dem ersten Anschein nach auf nachlassende außenwirtschaftliche Impulse durch die in Nürnberg zollpflichtig werdenden Kaufleute hin. Das war aber nicht der Fall. Während der Heiltumsmesse war der Warenhandel für die ansonsten zollpflichtigen Firmen nämlich nicht mit Zoll belegt, aber - rechtlich jedenfalls - nur dann nicht, wenn der Import just-in-time, also während der Messezeit erfolgte, und die Waren auch während der Zeit - rechtlich jedenfalls - auch verkauft und exportiert wurden. Diese logistische Anforderung wird kaum immer erfüllbar gewesen sein. Insofern ist die Abweichung von 50 Prozentpunkten im April/Mai gegenüber dem Jahres-Normalmonat ein eindeutiger Beweis für die Attraktivität der Messe. Immerhin 25 Punkte sind es noch, wenn die ersten drei Monate bei der Bestimmung des Normalmonats eliminiert werden (s. unten). Wenn Nürnberg auf diesen Einnahmeposten verzichtete, dann aufgrund der historischen Gewißheit, daß dieser durch höhere Losungseinnahmen überkompensiert wurde. Dieser Kurvenverlauf ist wohl auch eine Bestätigung für die generelle Annahme, daß die Termine der erfaßten Zollsummen charakteristisch sind für die Warenströme, nicht in vollem Umfange für die Zoll-Zahlungstermine, die für die in Nürnberg domizilierenden Kaufleute halbjährlich erfolgten.

Die Heiltumsmesse begann am 4. Ostertag, der Leipziger Jubilatemarkt eröffnete 3 Wochen nach Ostern. Es blieb demnach bei einer zweiwöchigen Speditionsdauer Zeit, die in der ersten Woche in Nürnberg zollfrei eingeführten und eingekauften Güter zum Leipziger Ostermarkt auch zollfrei auszuführen. Genau in diesem Messezyklus, in diesen Fristen und in dieser Gesetzeslage ist das Bestreben der Augsburger Welser begründet, weiterhin auch für die eine *„geraume Zeit"* v o r der Messe eingeführten Waren in den Genuß der Zollfreiheit zu kommen (s. 4. Kapitel ‚Privilegien der Augsburger Welser). Man wollte ein

425 Besonders durch die Einführung der Leipziger Neujahrsmesse im Jahre 1464 ihrer älteren Privilegien, die man aber offensichtlich 1468 nicht überzeugend nachweisen konnte, geschädigt. Im Leipziger Messeprivileg von 1497 wurde die Abhaltung neuer Jahrmärkte in den Bistümern Magdeburg, Halberstadt, Meißen, Merseburg und Naumburg verboten. Erfurt ging es 1507 mit derselben Begründung wie Halle. - Blaschke, K., Kurfürsten-Leipziger Messe, S. 69f. Kritisch zur Bezeichnung 'Reichsmesseprivileg': Neuhaus, H., Begründung-Leipziger Messe, S. 53ff.

kostengünstiges Messe-Vorab-Geschäft realisieren (Verkauf ihrer Waren und Zukauf), um dann zumindest mit einem Teil der Güter rechtzeitig nach Leipzig weiterreisen zu können.

Will man die hohen Waageeinnahmen in Leipzig zur Jubilatemesse mit der nach unten verlaufenden Nürnberger Zollkurve vor allen Dingen im März und April in Verbindung bringen, dann ist zusätzlich zu beachten, daß die Frankfurter Frühjahrsmesse und die Leipziger Jubilatemesse zeitlich und ökonomisch eng verzahnt waren, sozusagen eine wirtschaftliche Einheit bildeten.[426] Ein Teil der Waren, der von Nürnberg aus nach Frankfurt exportiert wurde und sich in der Zollkurve im Februar/März widerspiegelt, könnte also auch den Weg via Frankfurt nach Leipzig gefunden haben. Es würde sich um jene Waren gehandelt haben, die in Frankfurt keinen Abnehmer gefunden hatten, nicht bis zur nächsten Messe oder dem Verkauf zwischen den Messen gelagert wurden, und um jene, die von vornehrein für Leipzig bestimmt waren, dort auf den Markt kommen sollten.[427]

Insofern ist die Zollkurve zwar ein Indikator für den zollpflichtigen Güter-Export von Nürnberg aus nach Frankfurt, aber nicht für den Güter-Verkauf von Waren aus Nürnberg auf der Frankfurter Fastenmesse, womit man den Kurvenpunkt ja zunächst in Verbindung bringt. Unter den eben geschilderten Prämissen wäre der Ausschlag zu hoch angesetzt. Grafisch würde der Datenpunkt im Fe-

---

426 Für die Warenströme von Nürnberg nach Frankfurt könnte die Auswertung der sogenannten Freßgeldlisten, die im Bayerischen Staatsarchiv Nürnberg liegen, nähere Aufschlüsse über die Warenvolumina im Frühjahr und Herbst und über längere Zeiträume überhaupt erbringen und mit der Zollkurve verglichen werden (Erfassung und Edition in Vorbereitung). - Peters, L.F., Handel Nürnbergs, S. 219, 509, 577. Neuerdings hat sie auch Rothmann für seine Arbeit über die Frankfurter Messen herangezogen. - Rothmann, M., Frankfurter Messen, S. 555.
Die Gutachter Siegmund Fürer, Endres (I) Imhoff und Martin Pfinzing schätzten 1522 das Volumen der von Frankfurt nach Nürnberg gelangenden schweren Güter (Eisen, Blei, Kupfer, Schwefel u.a.) auf 20.000 Zentner, die von Nürnberg nach Frankfurt exportierten ‚geringwertigen' Güter auf 10.000 Zentner. - Gemeint sind wohl Fertigwaren, die man unter 'Nürnberger Tant' zu subsumieren hat, pro Stück geringgewichtig, nicht geringwertig. Leider wird in der Quelle nicht nach Frühjahr und Herbst unterschieden. - Müller, J., Nürnberg-Kurmainz, S. 322. Die Quellenauswertung der hier genannten Zollstationen am Main müßten wertvolle weitere Aufschlüsse ermöglichen über den Warenverkehr von Nürnberg nach Frankfurt und zurück.
Irsigler belegt um die Wende zum 16. Jahrhundert die Nürnberger Blei- und Kupferhändler Bernhard Struben und Joerg Ketzeler (Ketzel), die mit dem Kölner Bleihändler Heinrich Struyss in Geschäftsverbindung standen. Genannt wird auch der Köln-Nürnberger Kupferhändler Karl Wolff. - Irsigler, F., Köln-Messen-Oberdeutschland, S. 369, 370 (Fn. 169: Blei aus der Eifel über Köln, Frankfurt, nach Hohenkirchen (Fugger) in Thüringen.) -
Trotz aller schon geleisteten Vorarbeiten bleibt es ein Desiderat der Forschung, die Wirtschaftsbeziehungen Nürnbergs zu Leipzig und zu Frankfurt auf eine breitere Grundlage zu stellen, sie quantitativ zu erfassen, (jahres-)zeitlich und sachlich zu strukturieren, die Unternehmer namhaft zu machen.
427 Zusätzlich jene, die in Frankfurt zugekauft wurden, die in der Nürnberger Zollkurve aber nicht unmittelbar ablesbar sind.

bruar also um einen gewissen Wert abgesenkt werden und dem Kurvenpunkt zugeschlagen werden müssen, der den Export von Nürnberg nach Leipzig widerspiegeln würde. Für den Umfang des Warenexportes nach Leipzig wären außerdem jene Waren zu berücksichtigen, die in Frankfurt[428] zugekauft und nach Leipzig verführt wurden. In der Nürnberger Zollkurve fanden sie unmittelbar keinen Niederschlag, aber in der Kurve der Leipziger Waageeinnahmen.

Bewegte man sich durch die zwei Neujahrsmessen (Nürnberg, Leipzig), der Fastenmesse (Frankfurt), der Heiltumsmesse (Nürnberg) und der Jubilatemesse (Leipzig) bis jetzt noch auf einem ,relativ sicheren' Interpretationsboden, so wird die Chartanalyse nun spekulativer und ist eher durch Fragen als durch Antworten gekennzeichnet. Wo zum Beispiel schlägt sich der zollpflichtige Import der Waren vom Leipziger Ostermarkt und der Export (Import) auf (von) die (der) Peter und Paul-Messe in Naumburg nieder?[429] Straube weist nachdrücklich darauf hin, daß die Handelsgeschichte der mitteldeutschen Städte Erfurt, Magdeburg, Halle, Naumburg von den Historikern unterbewertet wurde, die Forschung zu einseitig auf Leipzig fokussiert war.

2.3.2.2.3. Spezielle Interpretationshypothesen auf dem Hintergrund der modifizierten Normalkurve (ohne Einbeziehung der Monate Januar bis März)

Da die Bestimmung der Normalkurve und die Abweichungen von ihr wesentlich von den Datenpunkten im Januar, Februar, März bestimmt werden, sollen sie für die folgenden Darstellungen eliminiert werden.

Bestimmte Phasen der Waren- und Finanzströme können damit besser ins Blickfeld gerückt werden **(Darstellung 26)**.

1580-1619	April	Mai	Juni	Juli	August	Sept.	Okt.	Nov.	Dez.	
Sa.	23.402	19.292	33.349	34.006	33.232	28.994	28.618	37.189	44.206	258.886
Jahre	40	40	40	40	40	40	40	40	40	
Ø	585	482	834	850	831	725	715	930	1105	7057
Norm.Monat	784	784	784	784	784	784	784	784	784	
%-Abweichg.	-25,4	-38,5	6,3	8,4	6,0	-7,6	-8,8	18,6	41,0	

Darstellung 26: Abweichung Zollschuld vom Normalmonat April-Dezember – Nürnberg 1580-1619

Formalstatistisch wird nun der Impuls durch die Außenwirtschaftsbeziehungen augenfälliger **(Darstellung 27 [hinter Darstellung 25])**. Im Rahmen des

---

428   Waren die Käufer in Nürnberg zollpflichtig, so fand dieser Geschäftsumfang in den Nürnberger Zoll-Listen also keinen unmittelbaren Niederschlag, mußten sie keinen Zoll zahlen (Nürnberger, zollfreie Kaufleute aus den Niederlanden) auch nicht mittelbar.
429   Straube, M., Mitteldeutsche Städte-Osthandel, S. 84.

hier - zunächst ausschließlich - betrachteten Messesystems in Deutschland möchte man den Anstieg Mai-Juni dem Impuls zuschreiben, der durch Ex- und Import von der Peter und Pauls-Messe in Naumburg[430] ausging.

Die zollpflichtigen Geschäfte im Juni, Juli, August werden durch einen stabilen, sich auf erhöhtem Niveau befindlichen Abschnitt veranschaulicht, ohne daß Impulse, durch vorangegangene oder bevorstehende Messen ausgelöst, sichtbar werden. Es scheint, diese Sommerphase charakterisiert Nürnberg im besonderen Maße als Ganzjahresstandort.

Im September und Oktober sinkt die Zollkurve unter die Normalachse. Welche Einflußfaktoren bewirkten die geringeren Einnahmen gegenüber den Vormonaten? Generelle Überlegungen wurden oben schon angestellt. Im Juli hätte der Export zur Frankfurter Herbstmesse, im September der zum Leipziger Michaelismarkt auf der Kurve kräftige Ausschläge nach oben hin verursachen müssen. Solche sind aber nicht zu erkennen. Der zollpflichtige Umsatz während der Egidienmesse war allenfalls so groß, daß er ein weiteres Absinken der Einnahmen verhinderte.

Eine deutliche Belebung ist im November und Dezember zu konstatieren. Sind am Datenpunkt November Importe vom Michaelismarkt in Leipzig abzulesen, dokumentiert der Abschnitt November/Dezember die Sogwirkung der Neujahrsmessen in Nürnberg und Leipzig? Zum Teil mag die Kurvenlage auch auf den Export nach Basel, Bozen, Straßburg[431] zurückzuführen sein, die Messen im Oktober, November und Dezember abhielten.[432]

2.3.3. Messeunabhängige Warenströme

Die starken Impulse, die von den Messen und ihrer Vernetzung ausgingen, auf den Wirtschaftsstandort Nürnberg wirkten und ihn prägten - und umgekehrt muß man natürlich hinzufügen - müssen durch weitere - messeunabhängige - Einflüsse relativiert werden. Nach der Einführung des 100. Pfennig (1589) auf den Umsatz in Köln verlangten viele Kaufleute die Lieferung in Frankfurt, so daß die Kölner Kaufleute auch zwischen den Messen nach Frankfurt reisten oder sich dort von ständigen Faktoren oder Gesellschaftern vertreten ließen,[433] sicher auch mit Folgen für die Nürnberger Unternehmen. Ebenfalls deutet die Behauptung der Italiener in Nürnberg, daß manche Waren 6, 8, 10mal und öfter zwischen Nürnberg und Frankfurt, Leipzig sowie anderen Orten hin- und hergeschickt werden müßten, bis sie abgesetzt werden könnten,[434] auf eine gewisse Loslösung von den starren Messezyklen hin. Es handelte sich bei den Gütern of-

430 Einige Hinweise über Geschäftsverbindungen hiesiger Kaufleute bei Peters, L.F., Handel Nürnbergs.
431 Schulte, A., Handel-Verkehr, 1, S. 498.
432 Brübach, N., Reichsmessen, S. 614.
433 Ranke, E., Köln-Italien, S. 62f.
434 BayStaatsAN, Rep. 19a, E-Laden, Akten, 245, 07.10.1572.

fensichtlich um Kommissionsware, die die (italienischen) Firmen aber nicht von einem rechtlich bestellten Kommissionär auf den Messen vertreiben ließen – dort waren sie ja meist selbst anwesend -, sondern sie schickten über das Jahr hinweg potentiellen Großabnehmern oder gar Endverbrauchern (Adel) ,auf gut Glück' ihre Waren direkt *„bis vor die Tür uf widerschicken, welches fürwar kein hiesiger Bürger tun konnt“.*[435]
Diese Vertriebspolitik deutet auf einen harten Wettbewerb hin und wirft ein Licht auf den preispolitischen Spielraum, den die Italiener wohl vor allen Dingen bei ihren (teuren) heimischen Produkten hatten. Trotz der unter Umständen mehrfach anfallenden Transportkosten blieb ihnen offensichtlich ein zufriedenstellender Profit. Auf der anderen Seite sparten sie (ebenso der potentielle Nachfrager) persönliche Reise- und Verhandlungskosten, den Unterhalt von Faktoreien und Kosten für Überwachung und Kontrolle.[436] Voraussetzung für diese Vertriebspolitik war ein schon geschaffenes breites Vertrauensfundament zwischen den Partnern. Die Quelle ist auch ein Beleg für die hohen Gewinnquoten der Nürnberger Allianzmitglieder für jene Zeit, als sie noch nicht mit den Italienern ,in ihren angestammten Gebieten und mit den von ihnen verhandelten Waren' den Wettbewerb aufnehmen mußten.

2.3.4. Warenströme aus dem Westen (Antwerpen) nach Nürnberg, Frankfurt und Leipzig durch die Frammersbacher Fuhrleute

Was Frankfurt angeht, verwies Heydenreich[437] schon 1928 darauf, daß (auch) die Tuche aus Aachen und Flandern über Frankfurt a.M. wesentlich von Kaufleuten aus Nürnberg verhandelt wurden. Dasselbe ist zu vermuten bezüglich der Handelsgüter aus dem Norden und Osten. Die Herkunftsorte der Waren sind eben nicht immer identisch mit den Herkunftsorten der Handelskaufleute. Die vor einiger Zeit erschienene Auswertung Antwerpener Akten durch W. Herborn[438] bestätigt die Feststellung von Heydenreich für die Wende vom 15. zum 16. Jahrhundert. Herborn schreibt: *„Häufigster Zielort der Frammersbacher Fuhrleute* [mit Fracht aus Antwerpen] *ist erwartungsgemäß Nürnberg, das 36mal angesteuert wird. Etwa drei Fünftel der Frachtzüge haben dabei Nürnberg direkt zum Ziel, die restlichen zwei Fünftel besuchen zuvor entweder Frankfurt (5 Frachtzüge) oder Leipzig (8 Frachtzüge). Eine Spedition gelangt über Frankfurt und Leipzig nach Nürnberg. Es ist mit Sicherheit anzunehmen, daß in den beiden Messestädten zumindest ein Teil der Fracht gelöscht und neue Waren für den Transport nach Nürnberg geladen wurden“.*

---

435   BayStaatsAN, Rep. 19a, E-Laden, Akten, S VII, L 123, 220 (8), 16.05.1572.
436   Als Bestandteile der Transaktionskosten.
437   Heydenreich, F., Naumburger Peter- Paulsmesse, S. 15.
438   Herborn, W., Frammersbacher-Antwerpener Messen, S. 836.

Insofern die in den Messestädten belassenen Waren in Nürnberg zollpflichtigen Kaufleuten zugehörten, fanden diese Warenströme in der Zollkurve also keinen Niederschlag.

2.3.5. Auswirkungen der Messeabfolge auf die Rechtsstruktur der Unternehmen, den Kommissionshandel, die Lagerhaltung vor Ort und auf die Wanderungsbewegungen

Bringt man die jeweiligen Reisezeiten in Anrechnung, so wird deutlich, daß ein Einzelkaufmann nicht in der Lage war, alle Messen gleichzeitig und in voller Länge zu besuchen. Blieb er zum Beispiel während der gesamten 24-tägigen Heiltumsmesse in Nürnberg, dann war für ihn wegen der danach anfallenden Reisedauer von ca. 14 Tagen der Leipziger Ostermarkt passé. Wollte er nacheinander sowohl die Frankfurter Fastenmesse, die Nürnberger Heiltumsmesse als auch den Leipziger Ostermarkt besuchen, so ging der Weg von Nürnberg aus nach Frankfurt, und zurück in die Stadt an der Pegnitz, von wo aus er sich der Kaufmann schon nach 1 Woche wieder in die Stadt an der Pleiße begeben mußte. Es wird deutlich, daß die enge zeitliche und sachliche Vernetzung den Hang befördert haben muß, sich (eigener) Faktoren zu bedienen, mit anderen Firmen in irgendeiner Weise - zeitlich begrenzt oder auf Dauer - zu kooperieren oder sich gar mit anderen zu strategischen Allianzen zusammenzuschließen. So geschickt und erfolgreich der Einzelkaufmann die Chancen auch genutzt haben mag, vom Messezyklus müssen aus Nürnberger Sicht auch Auswirkungen auf die Unternehmensstruktur ausgegangen sein: Er muß den Kommissionshandel, auch die Lagerhaltung vor Ort intensiviert haben.

Es bleibt in diesem Zusammenhang zu untersuchen, inwieweit die Einwanderung, Übersiedlung, Eröffnung von ‚Filialen' mit anschließender Verwurzelung von Familienangehörigen, auch und gerade von Nürnbergern in Leipzig, die Fischer[439] nachgewiesen hat, hierdurch, also durch den Messezyklus, eine wesentliche Begründung findet,[440] ebenfalls mit der Verlagerung von Saigerhütten aus dem Nürnberger Gebiet in den Thüringer Wald,[441] der zunehmenden Bedeutung als Silber- und Metallhandelsplatz, mit der Handelsausrichtung nach/von Mittel- und Osteuropa[442] im Zusammenhang steht. Die Wanderungsbewegung wäre demnach Ausdruck zweier prosperierender Städte unterschiedlichen Charakters in jener Zeit, ihrer engen wirtschaftlichen Verzahnung und des Messezyklus vor allen Dingen der Städte Nürnberg-Leipzig.

---

439   Fischer, G., Leipziger Handelsgeschichte, bs. S. 18-22. Siehe auch: Straube, M., Leipziger Messen, S. 131.
440   Beispielhaft seien die Schwendendörfer und Scherl genannt. - Vgl. Peters, L.F., Handel Nürnbergs, S. 384ff., 433ff.
441   Stromer, W.v., Gewerbereviere-Protoindustrien, S. 39-111. Westermann, E., Eislebener Garkupfer, passim.
442   Straube, M., Leipziger Messen, S. 131.

Fazit: Auf dem Hintergrund des Messesystems, der vorhandenen Daten und des Forschungsstandes stößt man vorläufig an die Grenze sinnvoller und weiterführender Interpretationshypothesen.

Schon bei der Betrachtung lediglich des Vierecks Nürnberg-Frankfurt-Leipzig-Naumburg und ihrer Termine wird deutlich, daß der (Nürnberger) Kaufmann viele Wochen im Jahre auf Messen und Märkten zubrachte. Andere Messen, auch jene außerhalb Deutschlands, müßten hinzugerechnet werden. Hätte man aus der Vogelperspektive einen Blick auf die Wege und Straßen werfen können, so müßte man über das ganze Jahr hinweg Nürnberger, in Nürnberg domizilierende Kaufleute bzw. die von ihnen beauftragten Frachtfuhrleute mit ihren Planwägen und Karren unterwegs gesehen haben. Auch aus dieser Sicht heraus wird die Notwendigkeit eines gut funktionierenden Informationssystems deutlich und auch muß durch den inneren Zusammenhang der Messen, wollte man Wachstumschancen nutzen, die Tendenz zur Zusammenarbeit mit anderen Firmen befördert worden sein. Bei allen wirtschaftlichen Kooperationsformen: Unternehmensrechtlich blieb für Nürnberg, Hamburg und Amsterdam die Einzelfirma typisch.[443]

2.4. Wirtschaftsbeziehungen zwischen Nürnberger und italienischen Firmen außerhalb und innerhalb des Standortes Nürnberg – Entwicklungslinien –

2.4.1. Außerhalb des Standortes Nürnberg

2.4.1.1. Nürnberger Unternehmen in Italien

Wie schon angedeutet, bauten die Nürnberger Firmen (ebenso jene aus Regensburg und Augsburg) schon früh ein eigenes Bezugs- und Vertriebsnetz in den italienischen Stadtstaaten auf.[444] Die früheste bisher bekannte Nachricht für

---

443   Peters, L.F., Handel Nürnbergs, S. 78ff.
444   Venedig: BayStaatsAN, Rep. 2b, Losungsamt, 7-farbiges Alphabet; Urkunden, 3792; 06.12.1505: Der Herzog zu Venedig, Leonardus Lauredanus (Loredano), sichert aufgrund seiner freundschaftlichen Gesinnung gegenüber Nürnberg zu, beim Wiederaufbau des kürzlich abgebrannten 'Deutschen Hauses' (27./28.01.1505) durch Gebührenerlass (jährlicher Zins: 1100 Pfund) finanziell zu helfen. Offensichtlich waren Güter und anderes Eigentum der Deutschen Opfer der Flammen geworden. Die Zinsminderung ist vielleicht ein Hinweis auf zu langsame und ungenügende Löschmaßnahmen, in Verbindung mit dem unmittelbar erfolgten Senatsbeschluß zum Wiederaufbau - „*presto e bellissima*" sollte er erfolgen -, auf jeden Fall ein Beleg für beidseitig profitable Handelsbeziehungen. Schweikart interpretiert die Malerei an der Außenwand zum Canal Grande hin als eine selbstbewußte Darstellung der Markus-Republik, diejenige im Innern als eine Betonung der Eigenständigkeit und des Selbstbewußtseins der Deutschen; nicht zuletzt der Nürnberger darf man hinzufügen. - Ammann, H., Nürnberg-Spätmittelalter, passim. Simonsfeld, H., Fondaco dei Tedeschi, 2, S. 107., Schuster, L., Nürnberger Kaufherren-Fondaco, S. 3ff. Schweikhart, G., Fondaco dei Tedeschi, S. 41, 48f.

Nürnberger Venedighandel z.B. stammt aus dem Jahre 1341, die ersten vertraglichen Abmachungen sind nur wenig jünger.[445] Da aber das *Fonticum comunis Veneciarum ubi Teutonici hospitantur* bereits 1228 bestand, so geht Ammann[446] sicher mit Recht davon aus, daß die Nürnberger schon im 13. Jahrhundert nach Venedig gehandelt haben.[447] Stromer weist die Existenz einer beachtlichen deutschen Kolonie am Rialto für die Zeit von 1200-1215 nach.[448] Auch die Geschäftsbeziehungen mit anderen Gebieten und Städten, etwa der Lombardei mit Mailand und Ligurien mit Genua sind ähnlich früh anzusetzen.[449] Für die Mitte des 16. Jahrhunderts ist davon auszugehen, daß die Nürnberger von allen deutschen Städten die intensivsten Wirtschaftsbeziehungen zu Italien hatten.[450]

2.4.1.2. Nürnberger und Italiener auf den Champagnemessen, in Flandern und Brabant

Wenig ist bisher über die Wirtschaftstätigkeit der Nürnberger auf den Messen der Champagne und über mögliche Kontakte mit den Italienern bekannt. Ammann[451] hält es sicher mit guten Argumenten für ausgeschlossen, daß die Nürnberger nicht ebenso wie die Augsburger und Würzburger sich in den Handel und den Warenaustausch einschalteten. Der Niedergang der Messen hing u.a. mit der Intensivierung des Direkthandels zwischen Italien und Deutschland über die Alpenroute zusammen. Darin eingeschaltet waren ohne Zweifel auch Nürnberger. Für den Transithandel Süd-Nord bildeten, nach der Wiederbelebung des Geschäftes auf Messen vom späten 14. Jahrhundert an, jene in Genf den Treffpunkt zwischen Nürnberger und Italiener. Genf wurde dann von Lyon beerbt, wichtiger Knotenpunkt der Nürnberger und Italiener.

---

445 Simonsfeld, H., Fondaco dei Tedeschi, 2, S. 74.
446 Ammann, H., Nürnberg-Spätmittelalter, S. 173. Siehe zu dieser Frage auch: Schaube, A., Handelsgeschichte, S. 446f.
447 G.B. Milesio behauptet, der Fondaco sei bereits um 1200 errichtet worden. Das älteste bisher bekannte Dokument stammt aber vom 05.12.1228. Im Jahre 1252 heißt er „Fonticum Comuni Venecie“, 1268 spricht man vom „Fontego dei Tedeschi“. – Braunstein, Ph., Nürnberg-Italien, S. 380 (Fn. 10). Vgl. Auch: Schultheiß, W., Nürnberg-Italien, passim.
448 Nürnberger nennt er in diesem Zusammenhang aber nicht. – Stromer, W.v., Wirtschaftsgeschichte-Personengeschichte, S. 41.
449 Ammann, H., Nürnberg-Spätmittelalter, S. 173ff.
450 Diesen Eindruck gewinnt man z.B. durch den Aufsatz von Braunstein. – Braunstein, Ph., Nürnberg-Italien, passim.
451 Ammann, H., Nürnberg-Spätmittelalter, S. 20.

North[452] sieht - wie vor ihm schon Thomas und Bautier[453] - in der einsetzenden permanenten Niederlassung der Italiener in den Zentren der flandrischen Tuchproduktion[454] eine der Gründe für den Niedergang der Champagnemessen, war doch der italienisch-flandrische Handel der *„Lebensnerv der Champagnemessen"*[455] gewesen. Und (auch) dort, in den neuen Niederlassungsorten, waren die Nürnberger früh vertreten. Im Jahre 1311 erklärte Herzog Johann III. von Lothringen, Brabant und Limburg die Nürnberger Bürger (mercatores cives) in Löwen, Brüssel, Antwerpen, Vilforde, Nivelles und Gennep für zollfrei.[456] Diese Privilegien werden später immer wieder bestätigt. Da davon auszugehen ist, daß sie erst vergeben wurden, nachdem die Wirtschaftsbeziehungen sich verfestigt hatten, werden die Anfänge früher angesetzt werden dürfen.

Hochinteressant für die Kontinuität der Wirtschaftsbeziehungen und die Wanderungsbewegung einzelner Familien ist die bei Reichert[457] zu findende Feststellung, daß die Familien Serra, Villani, Scarampi 1283 in Osnabrück eine Aufenthaltsgenehmigung bekamen, die della Rocca seit 1296 in Köln ansässig waren. In beiden Fällen hatte sie ihr Weg von der Champagne über den Hennegau und Brabant dort hingeführt. Erst am Anfang des 16. Jahrhunderts sind die Villani[458] in Nürnberg nachweisbar. Seit 1516 ist Lorenz Villani als Vertreter der Florentiner Seidenhandlung Petrus Saliti und Compagnie in Frankfurt und Leipzig[459] belegt. Als Geschäftspartner von Anthonius de Vento aus Genua macht er 1527 Forderungen beim Frankfurter Konrad Beutinger geltend. Lorenz Villani kauft 1533 in Leipzig eine bedeutende Menge Silber.[460] Von dort steht er in Geschäftsverbindung mit Herzog Albrecht von Preußen.[461] Im Jahre 1554

---

452 North, M., Warenmessen-Wechselmessen, S. 224f. Vgl. auch: Schönfelder, A., Champagnemessen, S. 46-50.
453 Belege bei Schönfelder, A., Champagnemessen, S. 48. Schönfelder selbst wendet gegen dieses Argument ein, daß es schon vorher die Seßhaftigkeit der Kaufleute an fremden Orten gab, ansonsten die Bildung privater Fuhrunternehmen nicht recht verstanden werden kann, andererseits die Messen von Genf, Lyon, Antwerpen und Frankfurt nicht hätten entstehen dürfen. Besonders den zweiten Teil der Argumentation hält der Verfasser für beachtenswert.
454 Vgl. auch: Reichert, W., Lombarden-Rhein-Maas, passim.
455 Schönfelder, A., Champagnemessen, S. 17, 19, 23, 34, 37.
456 Klötzer hat 1315. - Hirschmann, G., Nürnberger Handelsprivilegien, S. 9 (18), 13 (35), 14 (38), 20 (62). Lütge, F., Handel Nürnbergs-Osten, S. 321. Pohl, H., Köln-Antwerpen, S. 473. Klötzer, W., Antwerpen-Frankfurt, S. 8.
457 Reichert, W., Lombarden-Rhein-Maas, S. 200.
458 Es wird davon ausgegangen, daß es sich nicht lediglich um Namensidentität handelt.
459 Handel nach Lübeck, Polen, Böhmen. - Fischer, G., Leipziger Handelsgeschichte, S. 46f.
460 Schirmer, U., Leipziger Messen, S. 102.
461 Er schreibt ihm 1545: *„Ich habe in dem an mich verfertigten Schreiben zwei Verzeichnisse von etlichen goldenen und silbernen Tuchen, dazu auch andere Seidenwaaren, so Ew. Gnaden förderlich zu übersenden begehren, gefunden. Soviel 1. die 22 Ellen silbern Stück Silber über Silber, dazu 109 Ellen rothen goldenen Sammet betrifft, mag E.F.G. ich unterthänigst nicht verhalten, daß solche beide Stücke fürwahr nirgends zu bekommen sind, denn ich in der Wahrheit sagen darf, daß ich in zehn Jahren kein silbern*

wird er in Leipzig zum letzten Mal erwähnt. Die della Rocca in Hamburg hatten zur selben Zeit gute Verbindungen zur Nürnberger Niederlassung der Turrisani aus Florenz.[462] Dieser Befund wird bestätigt durch die Untersuchungen von Schulte, der bis zu jener Zeit in Nürnberg keine Italiener nachweisen konnte.[463]

2.4.1.3. Nürnberger und Italiener in der Metropole Antwerpen

Die Feststellung Pohls[464] im Jahre 1971, daß für die wirtschaftlichen Aktivitäten vieler Minoritäten im Antwerpen des 16. Jahrhunderts Monographien vorliegen, aber für die Deutschen nicht, gilt, was die Oberdeutschen[465] angeht, auch heute noch. Dabei spielten die Nürnberger, und unter ihnen vor allen Dingen die Allianzmitglieder, in der Stadt an der Schelde eine bedeutende Rolle. Ihre Kooperation mit der dortigen italienischen Nation kann also nicht in wünschenswertem Maße konkret erfaßt, sondern nur in groben Linien nachgezeichnet werden.

Für 1407 wird die Benutzung des Seehafens Antwerpen durch Nürnberger als Tradition bezeichnet, was auf frühen Englandhandel hindeuten dürfte.[466] Als Pero Tafur 1438 sich längere Zeit in Brüssel, Brügge und Antwerpen aufhielt und seine Eindrücke 1457 in einem Reisebericht festhielt, bemerkte er in Antwerpen Deutsche, Engländer,[467] Franzosen, Ungarn und Preußen, *auch* [Hervorh. d. Verf.] Italiener aus Venedig, Florenz und Genua. Es ist wohl erlaubt, die Reihenfolge auch als Rangfolge hinsichtlich Anzahl, Handelsumsatz und Marktstellung zu interpretieren. Von den Deutschen fanden vor allen Dingen die Nürnberger über Frankfurt den Weg nach Antwerpen.

Nach der Entdeckung der Neuen Welt und dem Aufschwung Antwerpens, das nach blutigen Unruhen in Flandern, der Versandung des Zwin, der restrikti-

---

Stück Silber über Silber gesehen habe. So ist der rothe goldne Sammet dieser Zeit auch gar seltsam und wüßte derwegen an keinem Ort darum anzusuchen, denn wo ich dessen in neulichen Tagen gehabt oder anderswo zu überkommen gewußt, hätte ich der durchlauchtigen Fürstin und Frau Elisabeth, geborne Markgräfin zu Brandenburg, Herzogin zu Braunschweig und Lüneburg Wittwe, auch ein ziemliches Antheil Ellen desselben (an dessen Statt sie doch, dieweil nirgends keiner aufzubringen gewesen, so viel rothen goldenen Atlas genommen hat) für Ihrer fürstlichen Gnaden Sohn Herzog Erichs Hochzeit überschicken müssen". Zitiert nach Falke, J., Trachten- und Modenwelt, S. 76; dort auch eine spezifische Produktbeschreibung.

462 Peters, L.F., Handel Nürnbergs, S. 532 (Fn. 8), 534.
463 Die della Rocca sind im 14. Jahrhundert außerdem in Luzern, Zürich, Bern nachzuweisen. - Schulte, A., Handel-Verkehr, 1, S. 309ff.
464 Pohl, H., Köln-Antwerpen, S. 470.
465 Für die Augsburger kann auf eine Zusammenfassung der Forschungsergebnisse verwiesen werden. - Trauchburg-Kuhnle, G., Augsburger-Kaufleute-Antwerpen, passim.
466 Lütge, F., Nürnbergs Handel-Osten, S. 325.
467 Ennen, E., Antwerpener Messenetz, S. 87: „*Seit 1407 hatten die Engländer ein eigenes Haus in Antwerpen; 1460 baute ihnen die Stadt die englische Börse. Den Engländern und Rheinländern folgten die Hansekaufleute, die Portugiesen, die Italiener und die Oberdeutschen*". Die Messetermine: 01.10. (St.-Bavo-Markt) und nach Pfingsten (ebenda).

ven Geldpolitik der burgundischen Herzöge,[468] der Verlagerung des portugiesischen Gewürzmonopols dorthin, die Erbschaft Brügges antrat und sich zur europäischen Metropole entwickelte, lassen sich nach den Oberdeutschen die Florentiner, Genuesen und andere Italiener verstärkt und zahlreich in Antwerpen nieder. Der Reisebericht des Antonio de Beatis aus dem Jahre 1517/18 spricht hinsichtlich Antwerpens deshalb auch von *vielen* [Hervorh. d. Verf.] dort ansässigen Italienern.[469] Nach Ehrenberg waren die Oberdeutschen von nun an dank ihrer Kapitalkraft und ihres Unternehmergeistes für Jahrzehnte die [umsatz-]stärkste Gruppe.[470] Van der Wee charakterisiert die dominierende Rolle der süddeutschen Handelsfirmen in Antwerpen am Anfang des 16. Jahrhunderts folgendermaßen: *"For the South Germans this period was the climax of their West European triumph. It was they who took the commercial lead in Antwerp during the first quarter of the sixteenth century. More and more firms founded houses their. Antwerp was the end of their transcontinental trade"*.[471]

Als überzeugenden Quellenbeleg für die dominierende Position der Nürnberger Kaufleute in Antwerpen am Anfang des 16. Jahrhunderts können wir die *„Scheppenbrieven"* und die *„Certificatieboeken"* einschätzen, die R. Doehaerd 1962/63[472] publiziert hat.[473] Sie dokumentieren unter anderem die herausragende Rolle der Frammersbacher[474] Frachtfuhrleute für den kontinentalen Fernhandel, vor allen Dingen zwischen Antwerpen, Köln, Frankfurt, Leipzig, Nürnberg. Als erster hat Jakob Strieder[475] schon 1920 auf sie aufmerksam gemacht. Aus Frankfurter Sicht unterstrich ein Jahr später Dietz[476] ihre besondere Bedeutung. Arbeiten von Pohl und Ennen lagen diese Dokumente zugrunde. In jüngster Zeit hat W. Herborn[477] sie hinsichtlich der Auftraggeber aus den wichtigsten Handels-

---

468 North, M., Warenmessen-Wechselmessen, S. 232.
469 Im Jahre 1518 war er auch in Nürnberg. Ennen, E., Niederländische Messen, S. 139f. Zu der im Reisebericht Dürers genannten Kaufmanns-Familie Staiber siehe: Peters, L.F., Handel Nürnbergs, S. 312f., 487, 593. Stauber, R., Nürnberg-Italien, S. 127.
470 Ehrenberg, R., Zeitalter der Fugger, 2, S. 6. Für die Beziehungen Nürnbergs über Antwerpen zur Iberischen Halbinsel: Kellenbenz, H., Beziehungen Nürnberg-Iberische Halbinsel, passim.
471 Wee, H.v.d., Antwerp Market, 2, S. 131.
472 Doehaerd, R., Etudes Anversoises, passim.
473 Die Nürnberger Kaufleute, die Doehaerd ausmacht (1488-1513), Bd. 1, S. 92f., Schreibweise oft verballhornt: Die Imhoff unter Imhove, Ymhove, Ymhoef. Hans Ymhove Bd. 2, S. 307 (2129), Bd. 3, S. 62 (2556), S. 94 (3541), S. 207 (3642), hier auch Peter Imhove, Die Tucher nennt er nicht, die Italiener, zahlenmäßig größer: S. 100ff.
474 Frammersbach: Unterfranken, nord-östlich von Aschaffenburg im Spessart, damals im Besitz der Grafen von Rinek. Sie und die aus dem benachbarten Thüringen stammenden Fuhrleute erfreuten sich eines großen Vertrauens der Kaufleute. Ihre Frachtwagen nannte man Hessenwagen. - Strieder, J., Antwerpener Notariatsarchive, S. XXVf; Frachtfuhrleute-Frammersbach, S. 164f.
475 Strieder, J., Frachtfuhrleute-Frammersbach, passim.
476 Dietz, A., Frankfurter Handelsgeschichte, 3, S. 336.
477 Herborn, W., Frammersbacher-Antwerpener Messen, passim; auf Seite 832 (Fn. 1), eine kurze Rezeptionsgeschichte der von Doehaerd publizierten Quellen.

städten statistisch ausgewertet. Danach erhielten die Frammersbacher 34,9% ihrer Aufträge für den Export aus Antwerpen von in Nürnberg domizilierenden Firmen, für den Import in die Stadt an der Schelde waren es sogar 51,5%. Hinzugerechnet werden müssen jene Fuhren, die sie von anderen Städten aus, etwa Köln, für Nürnberger Kaufleute durchführten. Im Jahre 1526 passierten Erfurt 167 Wagen und 17 Karren aus und in Richtung Eisenach-Creuzburg, die Frammersbachern Fuhrleuten zuzurechnen sind. Damit nehmen sie mit weitem Abstand die Spitzenposition ein.[478]

Für Nürnberg wird die Repräsentativität der Daten für den überregionalen Fernhandel dadurch eingeschränkt, daß die Italiener während der Standortauseinandersetzung in den sechziger und siebziger Jahren darauf verwiesen, daß sie vor Jahren, als die pfälzischen Rheinzölle erhöht worden seien, den Warentransport von Antwerpen nach Nürnberg auf die Straße verlegt hätten[479] und durch die Frammersbacher Fuhrleute hätten durchführen lassen.[480] Auch das spätere Angebot des Pfalzgrafen, die Zollerhöhung zu revidieren, hätte sie nicht bewegen können, die alten Handelsstraßen wieder zu bevorzugen. Warum sie zunächst offensichtlich im Gegensatz zu den Nürnbergern den Wasserweg bevorzugten, bleibt zu untersuchen.

Wir müssen die Geschäfte vor allen Dingen mit dem Metall- und Spezereihandel sowie den Export heimischer Gewerbeprodukte, in erster Linie der Textil- und Eisenindustrie (inklusive Waffen) in Verbindung bringen. In den Quellen ist bei den Warenbezeichnungen oft von Drugwaren (= „drooch goet" oder „droeg goed") die Rede. Pohl hat nachgewiesen, ein wie vielfältiges Sortiment sich hinter dieser Sammelbezeichnung verbirgt: Vor allen Dingen waren es Farben, Gewürze, Seide, Baumwolle, Gewebe,[481] Leder, Pelze, Felle, Wachs.[482]

Wenn von einer Schwächung des Wirtschaftsstandortes Nürnberg nach und durch die Entdeckungen die Rede ist,[483] dann ist also diese Entwicklung angemessen zu gewichten und, zumindest für die erste Hälfte des 16. Jahrhunderts auch die Tatsache, daß die Fugger ihre wichtigste Faktorei neben Schwaz in Nürnberg hatten. Über sie wickelten sie ihren Handel mit Osteuropa, vor allen Dingen das Geschäft mit Kupfer, Silber[484] und auch Weißenhorner Barchent ab.

---

478 Straube, M., Warenverkehr thüringisch-sächsicher Raum, 3, S. 22.
479 Zahlreiche Beispiele und Begründungen für die Verlagerung vom Rhein auf die Straße bei Dirlmeier, U., Zoll-, Stapelrechte S. 29, 35f.
480 Strieder, J., Frachtfuhrleute-Frammersbach, S. 153.
481 Pohl, H., Köln-Antwerpen, S. 496.
482 Herborn, W., Frammersbacher-Antwerpener Messen, S. 835.
483 Siehe zu dieser Problematik das Kapitel 'Niedergangsthese' bei Peters, L.F., Handel Nürnbergs, S. 49, 58.
484 *„Vom ungarischen Fuggerhandel gehen 1497-1514 noch 25.599 Mark Silber nach Venedig, aber 28.473 Mark schon via Nürnberg nach Frankfurt-Antwerpen".* – Ennen, E., Niederländische Messen, S. 145. - Ennen stützt sich in diesem Aufsatz vor allen Dingen auf die Arbeiten von R. Doehaerd, Etudes Anversoises. W. Kloetzer, Antwerpen-Frankfurt. Siehe auch: Vlachovič, J., Ungarisches Kupfer, S. 605: – Das Silber der Fug-

Die meisten Güter fanden von Nürnberg aus ihren Weg über Antwerpen[485] nach Spanien und Portugal.

Kupfer wurde auf der Iberischen Halbinsel benötigt als Münzmetall, für die Bewaffnung, die Schiffsausrüstung und als Tauschartikel in den Kolonien.[486] Ein Teil davon wurde in Nürnberg zu Fertigprodukten weiterverarbeitet, die dann ebenfalls in diese Handelskette eingeschleust wurden.[487] Auf die internationalen Auswirkungen auch und besonders für die süddeutsche Finanz- und Handelswelt durch die Silberimporte aus der Neuen Welt durch Spanien in den zwanziger und dreißiger Jahren des 16. Jahrhunderts schreibt van der Wee: "*Already in the twenties the speculative atmosphere around the export of German silver to Portugal was lessening. The reason may have been the malaise of the Portuguese spice trade. In any case, during the thirties it came to an absolute standstill. Abundant quantities of silver from the New World were arriving in Spain in the place of former gold imports. Consequently the Portuguese were soon buying silver more cheaply in Seville than in Germany via Antwerp. In Lisbon, American took the place of German silver. It is very significant that the Central German silver production reached its peak precisely during the decade 1526-1535, to decline rapidly afterwards*". Die süddeutschen Firmen reagierten darauf u.a. mit einem direkten Export von Kapital in Form von Staatsanleihen an die Habsburger und Franzosen.[488]

Um die Mitte des 16. Jahrhunderts schließlich nehmen die Italiener im Exportgeschäft von Antwerpen nach Italien die führende Position ein. Ihre Zusammenarbeit mit den Oberdeutschen in Antwerpen auf breiter Quellenbasis zu erforschen, bleibt Aufgabe.

2.4.1.4. Nürnberger und Italiener in anderen Städten und Ländern

2.4.1.4.1. Leipzig - Frankfurt

In den Direkthandel, vor allem im Seiden- und Spezereigeschäft, konnten sich die Italiener seit der Mitte des 16. Jahrhunderts auch von der expandierenden[489] Messestadt Leipzig aus einschalten,[490] Ein- und Ausfalltor für den weiter-

---

     ger kam in der ersten Hälfte des 16. Jahrhunderts u.a. aus ihren Hütten in Hohenkirchen bei Georgental in Thüringen, wo sie das silberhaltige Kupfer saigern ließen. Hans Fugger vom Reh schaltete sich Ende des 15. Jahrhunderts von Nürnberg aus in die Tiroler Montangeschäfte ein. – Kellenbenz, H., Gewerbe-Handel, S. 181. Siehe auch: Wee, H.v.d., Antwerp Market, 1, S. 522. Kellenbenz, H., Pfeffer-Kupfer, S. 215ff.

485   Pölnitz, G. v., Fugger-Nürnberg, S. 232. Zur Bedeutung Antwerpens als Umschlagplatz für Barchent und ungarisches Kupfer: Ehrenberg, R., Zeitalter der Fugger, 2, S. 7. Wee, H.v.d., Antwerp Market, 2, S. 128.

486   Kellenbenz, H., Pfeffer-Kupfer, S. 208, 227.

487   Kellenbenz, H., Pfeffer-Kupfer, S. 218.

488   Wee, H.v.d., Antwerp Market, 2, S. 159f.

489   Siehe dazu die zahlreichen Arbeiten von M. Straube.

490   Fischer, G., Leipziger Handelsgeschichte, S. 213.

gehenden Handel mit Frankfurt/Oder, Breslau, Danzig, Posen, Rußland, den Südosten etc., früher und immer noch vertrauter und lukrativer Wirtschaftsraum für die Nürnberger Handels- und Finanzwelt, in dem sie seit Jahrhunderten weitgehend dominierten. Hirschmann und Lütge haben Vertragsnetz, Handelsrichtung und -intensität herausgearbeitet.[491]

In Leipzig hatten wohl nur einige italienische Firmen ständige Niederlassungen; die Schaltzentralen befanden sich in Nürnberg. Letzteres traf auch weitgehend für die Tätigkeit der Italiener auf den Frankfurter Messen zu.[492] Beide Städte sind wohl als die bedeutendsten Knotenpunkte für den Warenaustausch der Nürnberger und Italiener außerhalb der Stadt an der Pegnitz einzustufen.

2.4.1.4.2. Köln - Hamburg

Irsigler[493] belegt für Köln Niederlassungen von Kaufleuten aus Venedig, der Lombardei und Nürnberg[494] schon für das Jahr 1335, geht aber davon aus, daß sie schon früher dort domizilierten. Schon am Anfang des 15. Jahrhundert spielten die Nürnberger unter den Fremden in Köln die wichtigste Rolle,[495] vor allen Dingen auf dem Safran-, dem übrigen Spezereimarkt und im Barchenthandel. Ein Zweig der Imhoff mit Andries verwurzelte dort am Ende des 15. Jahrhunderts.[496]

Gramulla[497] setzt die fast schlagartig einsetzende verstärkte Zuwanderung italienischer Kaufleute um die Mitte der 70er Jahre des 16. Jahrhunderts an. Aufgrund ihrer Zahlen war die italienische Kolonie in der Domstadt bedeutend

---

491 Lütge, F., Handel Nürnbergs-Osten, passim.
492 Dietz, A., Frankfurter Handelsgeschichte, 3, S. 217.
493 Irsigler, F., Köln, S. 284.
494 Interessant, daß in diesem Zusammenhang schon von Safranhandel die Rede ist (S. 286). Anfang des 16. Jahrhunderts lag der Gewürz- und Barchenthandel in Köln weitgehend in der Hand von Händlern aus Oberdeutschland (S. 287). In der Mitte des 16. Jahrhunderts rangierte dem Safranimport Kölns dem Werte nach hinter dem von Pfeffer und Ingwer an dritter Stelle (S. 294). Auf Seite 299 wird unter den Pfefferhändlern, die teilweise auch Safran verkauften, ein Clais Pirckhaimer genannt. Haben wir es hier mit einem Mitglied der Nürnberger Familie zu tun? Irsigler ordnet die Firma Moelner/Pirckheimer Augsburg zu (s. aber S. 424). Andere Nürnberg-Augsburg zuzuordnende Namen: Jacob Welser, Johann Rummel u.a. (S. 300f., 304). Wichtig für Nürnberg war der Export von Metallen und Metallwaren über Köln nach Antwerpen. Nach Pohl, dessen Ausführungen die quantitativen Auswertungen der Regesten von Doehaerd zugrunde liegen, nennt an der Wende zum 16. Jahrhundert aus Nürnberg Hans Zwycker, H. Hillebrant, Wilh. Moer, U. Arckel, Z. Visschere. Irsigler weist für die Frankfurter Herbstmesse 1486 als Verkäufer von 6 Säcken Safran an Johan Rinck aus Köln Georg Holzschuher aus Nürnberg nach. Heinrich Holzschuher organisierte schon um 1350 den Pfefferhandel über Mainz und Köln nach Lüttich. - Pohl, H., Köln-Antwerpen, S. 485ff. Irsigler, F., Köln-Messen-Oberdeutschland, S. 364 (Fn. 121).
495 Irsigler, F., Köln-Messen-Oberdeutschland, S. 377ff. mit zahlreichen Namensnennungen auch für die frühere Zeit.
496 Er hebt hervor die Rummel, Imhoff, auch Volckomer (wohl Volckamer), Haller, Teufel, Koiler (wohl Koler). - Irsigler, F., Köln-Messen-Oberdeutschland, S. 382f., 426.
497 Gramulla, S., Kölner Kaufleute, S. 174ff.

größer als diejenige in Nürnberg. Nach Meinung hiesiger Kaufleute und Ratsherren allerdings war das von den Italienern in Nürnberg umgeschlagene Handelsvolumen größer als in jeder anderen Stadt Deutschlands. Ebenfalls bewerteten sie die Standortbedingungen in der Stadt an der Pegnitz als die besten.[498]
Zum Teil entstanden die italienischen Niederlassungen in Köln aus wirtschaftlich und politisch motivierter Abwanderung von Brügge über Antwerpen.[499] Einige von ihnen wählten die Hansestadt Hamburg als Standort, der u.a. durch den
Seehandel, den Stapelplatz der Merchant Adventurers,[500] durch den Getreide-
und Kupferhandel[501] in den Süden und den weiteren Handel zur Iberischen
Halbinsel[502] an Attraktivität und Standortqualität gewann. Für die Nürnberger
Kaufmannschaft, die bis zu jener Zeit den Warenaustausch vom Süden in den
Norden et vice versa beherrscht hatte, bedeuteten die Italiener eine spürbare
Konkurrenz.[503]

2.4.1.4.3. Lübeck

Eine restriktive, letztlich weitgehend erfolglose Einwanderungs- und Handelspolitik gegenüber den Italienern und den Nürnbergern verfolgten Lübeck[504]
und andere Städte des Ostseeraums, in denen die Oberdeutschen und Italiener
präsent waren.[505] In Lübeck beschwerte sich schon 1442 der Nürnberger Rat
über eine Vorschrift, die den Nürnbergern nur den Handel mit Waren ihrer Heimatstadt erlaubte, also z.B. nicht mit Spezereien und ebenso nicht mit Samt- und
Seidenwaren,[506] die aufgrund eines Geschmackswandels in Konkurrenz zu den
wertvollen Wolltuchen des hansischen Handels traten.[507] In den siebziger Jahren
des 16. Jahrhunderts wollten mit eben dieser Begründung die Nürnberger Beschwerdeführer den Geschäftsumfang der Italiener beschneiden (s. Drittes Kapitel).

---

498 BayStaatsAN, Rep. 19a, E-Laden, Akten, 6, 1571.
499 Kellenbenz, H., Unternehmerkräfte, S. 258. – Gramulla, Kölner Kaufleute, S. 155, un-
     terscheidet für Köln hinsichtlich Quantität und Qualität drei Perioden für die ortsansäs-
     sigen Italiener: Die erste, mit nur vereinzelt nachweisbaren Kaufleuten in Köln reicht
     bis 1500, die zweite Periode bis 1578: Die Italiener werden erstmals als italienische ‚na-
     tie‘ bezeichnet. Die dritte reicht bis ins 2. Jahrzehnt des 17. Jahrhunderts.
500 Baumann, W.-R., Merchant Adventurers, passim. Kellenbenz, H., Unternehmerkräfte,
     passim.
501 Abel, W., Hausse-Krisis, 19ff.
502 Kellenbenz, H., Unternehmerkräfte, passim.
503 Unger, E.E., Nürnberg-Hamburg, S. 17.
504 Nordmann, C., Oberdeutsches und italienisches Kapital-Lübeck, S. 125ff. Müller, J.,
     Handelspolitik, S. 626.
505 Ihr Eindringen in jenen Wirtschaftsraum wurde erleichtert durch den Streit der Hanse
     mit Flandern. - Wernicke, H., Nürnberger-Ostseeraum, S. 271, 273f.
506 Zu diesen Fragen neuerdings: Wernicke, H., Nürnberger-Ostseeraum, S. 263, 267ff.
     Müller, J., Hauptrouten-Nürnberger Handelsgebiet, S. 17.
507 Rörig, F., Einkaufsbüchlein-Mulich, S. 309 (Listung italienischer Waren), 314.

2.4.1.4.4. Augsburg

Ohne größere Bedeutung war die Anzahl der Italiener in Augsburg,[508] weshalb der Nürnberger Rat von dort aus auch während der hier zur Diskussion stehenden langjährigen Querelen im nationalen Standortwettbewerb Abwerbungsversuche befürchtete. Augsburg wolle die Handlungen und Kommerzien der Welschen, die ,dort nicht viel zu verlieren hätten', an sich ziehen, heißt es. Der Nürnberger Rat verzichtete deshalb 1603 auf ein gemeinsames Vorgehen mit Augsburg gegen Lucca wegen der Religionsstreitigkeiten, wie es 1576 geschehen war.[509]

In jüngerer Zeit hat S. Backmann[510] die Spuren der Italiener in Augsburg verdeutlicht. Ihre Untersuchung belegt erneut,[511] daß die Firmen Brocco, Gerardini (Gehardini), Benevieni/Sini kurz nachdem sie Nürnberg verlassen hatten, in Augsburg um „beysitz" nachsuchten. Es ist auffällig, daß so gut wie alle Namen auch in Nürnberg auftauchen. Umgekehrt gilt das nicht; die Niederlassung war personell also kleiner als in der Stadt an der Pegnitz. Auf der anderen Seite erfaßt sie Namen, die wenig später in Nürnberg Umsatzspitzenpositionen einnahmen: Attavanti, Bracciolini, Pestalozzi. Letztere waren (1624) zwar schon in Nürnberg, wickelten aber mit 6.020 Gulden einen ganz bescheidenen Umsatz ab. Der große Aufschwung kam wenige Jahre später. Diese gegenläufige Wanderungsbewegung großer Firmen bedarf der Erklärung. Für eine (gegenüber Augsburg) nachlassende Dynamik kann sie also nicht als Argument angeführt werden.

Insgesamt gesehen setzte die Zuwanderung der Italiener nach Augsburg später ein und der Aufenthalt war auch von kürzerer Dauer. Auch dort stießen die Italiener auf den Widerstand einheimischer Kaufleute, wobei nicht klar wird, ob dieser von der gesamten Kaufmannschaft getragen wurde. Die erste bekannte Beschwerde stammt aus dem Jahre 1550, dem Zeitpunkt also, von dem ab in Nürnberg eine verstärkte Zuwanderung zu konstatieren ist. Als wirtschaftlich wichtigere Gruppe werden sie aber erst gegen Ende des Jahrhunderts faßbar. Eine Parallele zu Nürnberg ergibt sich durch die liberale Einstellung des Rates ihnen gegenüber; er gewährte ihnen unter bestimmten Bedingungen Niederlassungs- und Gewerbefreiheit. Ebenso konnten sie wie in Nürnberg Immobilienbesitz erwerben. Es ist zu vermuten, daß auch die zollpolitische Behandlung ähnlich war. Backmann spricht von einem einprozentigen Satz, der zu Lasten

---

508 Hildebrandt, R., Stadt-Handel (B. Kirchgässner (Hg.)), S. 122 (Diskussionsbeiträge). Kellenbenz, H., Geldtransfer-Oñate, S. 288, 293.
509 BayStaatsAN, Rep. 51, Ratschlagbücher, 24, fol. 141ff., 26.04.1603.
510 Beim Aufsatz von Backmann handelt es sich um eine Pilotstudie ihrer Arbeit über die Wirtschaftsbeziehungen zwischen Augsburg und Venedig 1550-1650. Es sind also für die oberdeutsche Wirtschaftsgeschichte interessante Ergebnisse zu erwarten. - Backmann, S., Italienische Kaufleute-Augsburg, passim.
511 Peters, L.F., Handel Nürnbergs, S. 95.

des Verkäufers ging. Wie in Nürnberg und anderswo scheinen auch die Augsburger das Problem des Detailhandels einheimischer und vor allen Dingen fremder Großkaufleute nicht in den Griff bekommen zu haben. Faktoreigeschäfte Fremder für auswärtige Firmen waren verboten.

2.4.1.4.5. Prag

Prag wurde für die Italiener besonders gegen Ende des 16. Jahrhunderts attraktiv, als es unter Rudolf II. ständige Residenz des Kaisers wurde.[512] So verlegten auch die Werdemann aus Plurs (Piuro) in Graubünden nach ihrem Bankrott in Nürnberg ihre Hauptfilialen nördlich der Alpen nach Prag und Wien.[513] Und Carl Albertinelli, einer der großen Finanziers des Hauses Habsburg, setzte sich nach Auseinandersetzungen mit dem Rat für einige Zeit von Nürnberg nach Prag ab, wo er mit den Werdemann eng zusammenarbeitete.[514] Die Nürnberger dominierten den dortigen Markt schon seit Jahrzehnten.[515]

2.4.1.4.6. Krakau

Zwischen Nürnberg und Krakau bestanden früh enge politische, wirtschaftliche[516] und kulturelle Beziehungen.[517] Besonders unter Kasimir III. (1333-1370) kam es zu einer günstigen wirtschaftlichen Entwicklung mit zahlreichen Städtegründungen nach deutschem Recht und zu einer Belebung des Handelsautau-

---

512 Schenk bringt die Schwergewichtsverlagerung zugunsten der Italiener und auf Kosten der Nürnberger in Prag in Zusammenhang mit den durch die kriegerischen Einwirkungen gestörten Handelsbeziehungen Nürnbergs zu Antwerpen und der folgenden Dominanz von Amsterdam. - Kellenbenz, H., Niedergang-Venedig, S. 121, 151. Schenk, H., Nürnberg-Prag, S. 176. – Wichtig auch: BayStaatsAN, Rep. 19a, E-Laden, Akten, 243, o.D.
513 Siehe dazu u.a. die umfangreichen Korrespondenzen der Werdemann mit der Hofkammer. – HKAW, Rep. 1, Hoffinanz.
514 BayStaatsAN, Rep. 60d, Verlässe der Herren Älteren. 22, fol. 362, 10.02.1609.
515 Janáček, J., Nürnberg-Prag, passim.
516 Die Zünfte wurden meist von deutschen Handwerkern dominiert, Deutsch war in Krakau und Posen lange Zeit Amtssprache. Im Jahre 1469 wurde unter Beteiligung des Nürnberger Drahtherstellers Christian Koler in Mogila bei Krakau eine Schmelzhütte nach neuester Saigerhüttentechnik errichtet. Zeitweise saßen Mitglieder der Nürnberger Familien Stromeir, Pfinzing, Tucher, Holzschuher im Rat der Stadt. - Schödl, G., Nürnberg-Donau- und Karpatenländer, S. 224. Stromer, W.v., Nürnberg-Wittelsbach-Luxemburg, S. 77, weist für 1347 Handelsbeziehungen zwischen Nürnberg und Krakau nach. Ammann setzt sie früher an und bringt sie mit der Ostkolonisation in Verbindung. - Ammann, H., Oberdeutschland-Polen, S. 434, 436: Schwerpunkt des Nürnberger Handels in Polen: Krakau und Posen.
517 Erinnert sei an Veit Stoß (in Horb (Schwaben) geboren, aber als fränkischer Künstler geltend), der dort mit seinem großartigen Altar in der Marienkirche ein Weltkunstwerk schuf, auch an die Grabtafeln von Peter und Hans Vischer, die aber in Nürnberg hergestellt wurden, an die größte Glocke Polens in der Wawelkathedrale, die vom Nürnberger Johann Beham gegossen wurde. - Belzyt, L., Nürnberger-Krakau, S. 259f. Weitere namhafte Nürnberger Künstler: Mende, M.-Nawrocki, P., Konzeption-Einführung, S. 10 (Bewerbungsprospekt). Stafski, H., Veit Stoss, passim. - Heute werden die Beziehungen, dokumentiert durch eine Städtepartnerschaft, als vorbildlich bezeichnet.

sches, an dem die Nürnberger aktiv teilnahmen. Von Krakau aus ergaben sich wichtige Verbindungen zu den Messen von Piotrków, Lowicz, Jaroslaw, Lublin und Lemberg,[518] nach Breslau, Posen, Danzig, Thorn, Elbing, Wilna, im Süden nach Ungarn und Venedig,[519] von hier aus führte die Straße zum Schwarzen Meer.

Wir müssen Krakau auch als Hauptknotenpunkt im nord- und osteuropäischen Handelsnetz der Italiener einstufen.[520] Die Nürnberger standen hier zeitweise in einem harten Wettbewerb mit den Italienern auf dem Buntmetallsektor.[521] Zum Teil waren die dort ansässigen italienischen Firmen assoziiert mit den in Nürnberg domizilierenden Landsleuten (Soderini/Krakau - Turrisani/Nürnberg).[522] In Krakau saß 1620 zum Beispiel auch Pietro Francesco Odescalco, dem vom Rat erlaubt wurde, 8 Tage bei Plinius Odescalco in Nürnberg zu wohnen.[523] Der Nürnberger Friedrich Behaim ging 1533 mit 16 Jahren zu Anton de Nobili in Krakau in Lehre. Gegen Ende des 16. Jahrhunderts handelte die Firma mit Horatio Nobili auch von Nürnberg aus.[524] In den 70er Jahren des 16. Jahrhunderts drohten die Italiener in Nürnberg damit, ihren Standort nach Krakau zu verlegen. Obuchowska[525] hebt die Wichtigkeit beider Gruppen, der italienischen und die der Nürnberger hervor, und stellt fest: *„Merchants from Nurnberg occupied the leading place in trade between Cracow und Italy"*.

2.4.1.4.7. Bayern; Österreich - Ungarn

Klagen über ein Eindringen der Italiener in angestammte, von Nürnberger bzw. anderen deutschen Kaufleuten dominierte Wirtschaftsräume bezogen sich auch auf Bayern, Österreich und Ungarn.[526] Für Wien und Ungarn wird dieser verschärfte Konkurrenzdruck durch neuere Forschungen bestätigt, wonach italienische Großhändler und Bankiers, wie z.B. die Castello und Beccaria, die auch in Nürnberg saßen,[527] sich seit den 60er Jahren des 16. Jahrhunderts verstärkt in den Handel auch mit den unter türkischer Oberhoheit stehenden Gebieten einschalteten. Von den dort etablierten Nürnberger Häusern seien stellvertretend die Tucher, Rottengatter, Gösswein, H(o)en, Franck, Sommer genannt.[528]

---

518 Kellenbenz, H., Niedergang-Venedig, S. 150f.
519 Aus der neueren Literatur und aus polnischer Sicht sei besonders der Aufsatz von Belzyt hervorgehoben. - Belzyt, L., Nürnberger-Krakau, passim.
520 Stromer, W.v., Oberdeutsche Geld- und Wechselmärkte, S. 23. Quirini-Poplawska, D., Italienische Einwanderer Kraków, passim.
521 Stromer, W.v., Oberdeutsche Hochfinanz, S. 123, 145.
522 BayStaatsAN, Rep. 19a, E-Laden, Akten, 245, 23.04.1572 und 22.05.1572. Peters, L.F., Handel Nürnbergs, S. 469.
523 BayStaatsAN, Rep. 60a, Verlässe des Inneren Rats, 1980, fol. 2, 10.08.1620.
524 Siehe Darstellung 74.
525 Obuchowska-Pysiowa, H., Cracow-Italy, S. 639.
526 BayStaatsAN, Rep. 19a, E-Laden, Akten, 242, 17.08.1574.
527 Peters, L.F., Handel Nürnbergs, S. 139ff., 535ff.
528 Bedeutenden Ungarnhandel im 14 Jahrhundert betrieben die Holzschuher, Haller, Ebner, Schürstab, Eisvogel. - Gecsényi, L., Ost-West-Rinderhandel, S. 86, 88, 90f.; Wie-

Einen Aufschwung des italienisch-ungarischen Handels auf Kosten des Handels mit dem Westen ist z.b. auch am Ende des 15. Jahrhunderts nach der Eroberung Wiens durch den Ungarnkönig festzustellen, bis es seit dem Frieden von Preßburg (1491) für die süddeutschen Handelshäuser attraktiv wurde, in Österreich Niederlagen zu errichten und den direkten Handel mit Ungarn zu betreiben. Dieses Geschäft erhielt einen zusätzlichen Impuls, als auf Druck der oberdeutschen Handels- und Finanzwelt 1506 das Verbot fiel, in Wien direkten Großhandel untereinander zu betreiben[529] und damit das Monopol der Wiener Kaufmannschaft für den Zwischenhandel.

Diese Expansion der oberdeutschen Handelshäuser ist jedoch nicht nur für Donauösterreich, sondern auch für Innerösterreich, Tirol und Schlesien festzustellen.[530] Für die Zeit danach scheint sich eine Akzentverschiebung zugunsten der Italiener ergeben zu haben.

Im übrigen unterschied sich diese Standortausweitung von italienischen Großfirmen des 16. Jahrhunderts von der Einwanderungswelle der Italiener nach Westdeutschland ab der Mitte des 17. Jahrhunderts und dem 18. Jahrhundert, für welche die Tätigkeit einer großen Anzahl von Handwerkern, Krämern und mittelständischen Unternehmen typisch war bzw. wurde. So wanderte etwa aus Piuro, der Heimat der zum Untersuchungszeitpunkt so bedeutenden Unternehmen wie die Werdemann, Lumaga, Beccaria der Maurer Johannes Merel ein. In diesem speziellen Fall muß berücksichtigt werden, daß Piuro 1618 durch einen Erdrutsch verschüttet worden war,[531] der fast alle Mitglieder der führenden Unternehmerfamilien unter sich begraben hatte.[532] Gemeinsam war auch jenen der enge verwandtschaftliche Zusammenhalt und die intensiven wirtschaftlichen Beziehungen untereinander. Im Unterschied zu den hier interessierenden Vertretern der europäischen Hochfinanz ließen sie sich aber dauerhaft in ihrer neuen Heimat nieder und brachen bald die Verbindungen nach Italien ab.[533]

Fazit: Die Entwicklung scheint demnach so verlaufen zu sein, daß die Nürnberger Kaufleute schon früh und in großer Zahl den Weg nach Italien fanden, dann ein, wenn nicht das wesentliche Besucherkontingent auf den Frankfurter Messen[534] stellten, sich in den aufblühenden Waren- und Geldhandel Ant-

---

ner Ungarnhandel, S. 153. Peters, L.F., Handel Nürnbergs, S. 364, 487ff. Schöll, G., Nürnberg-Donau- und Karpatenländer, S. 223, 228.

529 Vgl. dazu: Gönnenwein, O., Stapel- und Niederlagsrecht, S. 251, 255.
530 Pickl, O., Handel Wiens, S. 321ff.
531 Bernhart, R.L., Plurs, S. 16f. Colombo, A., Vertemate-Franchi, passim.
532 Crollalanza, G.B., Chiavennna, S. 257-265.
533 Augel, J., Italienische Einwanderung, S. 361f.
534 In der zweiten Hälfte des 16. Jahrhundert schrieb Henricus Stephanus (Henri Estienne) über die Messe in Frankfurt:, Sie liegt *„an der geeignetsten Stelle Deutschlands mit Rücksicht auf die, die von allenthalben her ihr zuzuströmen haben"*, und *„göttliche Vorsehung"* hat sie *„für die Messe vorausbestimmt"* und ebenso sei der Main *„ein wohlwollender Förderer der Messe"*. Der Autor rühmt das Warenangebot auf der Messe, zu der *„Nürnberg ... daneben auch Augsburg, Ulm, Straßburg, Braunschweig ... Werke des Er-*

werpens einschalteten,[535] die Italiener ihrerseits direkt oder über Portugal und Spanien, wo die Nürnberger ebenfalls wichtige Handelsinteressen hatten, nach Antwerpen kamen, von hier aus die Messen in Frankfurt aufsuchten. Aus z.T. politischen Gründen vermehrten sie nach der Jahrhunderthälfte ihre Niederlassungen in Köln und Hamburg.

Im übrigen trafen sich die Nürnberger und Italiener natürlich auch auf allen hier nicht besonders aufgeführten Messeplätzen, etwa Linz und Bozen.[536]

2.4.2. Innerhalb des Standortes Nürnberg

2.4.2.1. Erste Hälfte des 16. Jahrhunderts

Entscheidend für das Verständnis der folgenden Auseinandersetzungen ist die Tatsache, daß die bisher bekannten Nachrichten von italienischen Kaufleuten in Nürnberg - abgesehen von einem im Jahre 1346/7 hier weilenden, in Mainz domizilierenden Mailänder Kaufmann, der mit Cunrad Stromer in Handels- und Wechselbeziehungen stand -,[537] sehr viel später, nämlich erst gegen Ende des 15. Jahrhunderts einsetzen, also, je nachdem von welchen der oben genannten Jahreszahlen für die Niederlassungen der Nürnberger in Italien man ausgeht, mit einem time-lag von rund 200 Jahren. Außerdem sind sie zunächst von sporadischer Art, lassen die Zielvorstellung, in und von Nürnberg aus systematisch, konsequent und auf Dauer ein Bezugs- und Absatzsystem aufzubauen, nicht erkennen.

Im Jahre 1348 schickte der Doge Andrea Dandolo (1343-1354)[538] zwei Boten nach Nürnberg, um dort konfiszierte Waren in Empfang zu nehmen.[539] Die Freigabe und Rückübereignung wäre sicher anderes verlaufen, wären zu jenem Zeitpunkt venezianische Kaufleute dauerhaft in Nürnberg ansässig gewesen.

---

findungsgeistes ihrer Bürger nach Frankfurt" schicken. – Hier zitiert nach Straube, M., Deutsche Messen, S. 192. Die Nürnberger wurden also als wichtigste deutsche Gruppe an den Anfang der Aufzählung genannt, was natürlich auch Rückschlüsse auf ihren schon früher dominierenden personellen Anteil sowie Umfang und Wert der Waren zuläßt.

535 Ennen, E., Niederländische Messen, S. 147, gibt folgende, von ihr leicht korrigierte Zahlen von Doehaerd über die regelmäßigen Messebesucher um 1504 wieder. Es kamen danach aus Köln 531, Aachen 97, Düren 21, Wesel 16, Nürnberg 73, Augsburg 47, Straßburg 24; aus Italien: Genua 70, Florenz 37, Venedig 28. Viele von ihnen hatten dort eine ständige Niederlassung.

536 Zur überragenden Bedeutung der Nürnberger Tuchhändler auf den Linzer Messen um die Wende zum 16. Jahrhundert: Rausch, W., Linzer Märkte, S. 214ff. Die Italiener treten als dominierende Gruppe nicht hervor. Meist besuchten sie damals nur den Oster-, nicht den Bartholomäimarkt. Von den Nürnbergern bs. hervortretetend: Kuntz Horn, Hans Schmidmair, Hans Seyz, Erhart Fischer, auch die Tucher.

537 Schultheiß, W., Geld-, Finanzgeschäfte, S.82f. Stromer, W.v., Oberdeutsche-Florentiner Geldleute, S. 51.

538 Kretschmayr, H., Geschichte-Venedig, S. 557.

539 Hirschmann, G., Nürnberger Handelsprivilegien, S. 64.

Man wird also davon ausgehen dürfen, daß die Güter vorher im Besitz Nürnberger Kaufleute waren, die mit Venedig in Geschäftsverbindung standen. Möglicherweise handelte es sich um Kommissionsware. Die Beschlagnahmung ist im Zusammenhang mit dem Verbot des Direkthandels der Venezianer nach Deutschland zu sehen, auf das unten näher eingegangen wird. In dem Abkommen vom 22.11.1348 zwischen Nürnberg und Venedig ist nicht von ungefähr die Rede davon, daß Nürnberg in Zukunft die venezianischen Waren beim D u r c h g a n g nicht behindern werde.[540]

Einhundertzwanzig Jahre später, 1468, bat der Doge Cristoforo Moro (1462-1471)[541] den Nürnberger Rat um Rechtshilfe für seinen in Nürnberg weilenden Bürger Cristoforo Maurozeno bei der Liquidierung seiner Forderung über 274 Dukaten an Johann Gruber und Gebrüder.[542] Ein Jahrzehnt danach (1478) äußerte der Doge Giovanni Mocenigo[543] denselben Wunsch für Antonio Grimani, dessen Schuldner Johann Stober (Stoler) war.[544] Es ist dieselbe Zeit (1484), während der Florentiner sich am Nürnberger Geleit zur Frankfurter Messe beteiligten.[545] Nicht bekannt ist, ob Maurozeno und/oder Grimani auf Dauer in Nürnberg domizilierten. Wahrscheinlich trifft das zu für Donatus a Cornu aus Florenz, der im Jahre 1508 nach Nürnberg kam.[546]

Sicher belegt ist die Entscheidung für Nürnberg als Dauerstandort bei der Familie Turrisani, ebenfalls aus Florenz, die spätestens seit 1500 von Nürnberg aus handelte,[547] wahrscheinlich hier schon domizilierte und für über 100 Jahre zu den prosperierendsten und renommiertesten Häusern[548] in Nürnberg, ja in Europa gehörte.[549] Ihr hiesiger Vertreter war 1526 Raphael Turrisani.[550] Nachdem

540 Der Vertrag ist abgedruckt bei: Simonsfeld, H., Fondaco dei Tedeschi, 1, S. 56 (147). Kretschmayr, H., Geschichte-Venedig, S. 294.
541 Kretschmayr, H., Geschichte-Venedig, S. 557.
542 BayStaatsAN, Rep. 2b, Losungsamt, 7-farbiges Alphabet; Urkunden, 3311, 21.01. und 28.04.1468. Die dort vorgenommene Datumsänderung in '1469' ist wohl nicht korrekt.
543 Doge von 1478-1485. Sein Grabmal befindet sich in der Kirche Santi Giovanni e Paolo. Honour, J., Venedig, S. 128ff. - Im Jahre 1548 weilte der venetianische Gesandte Alvise Mocenigo, sicher ein Verwandter des Dogen, in Nürnberg und schrieb über den Eindruck, den er von Nürnberg bekam: „Diese Stadt genießt den Ruf, sich besser zu regieren als jede andere in Deutschland, weßhalb sie auch von vielen Menschen das Venedig Deutschlands genannt wird". - Zitiert bei: Kleinschmidt, A., Augsburg-Nürnberg-Handelsfürsten, S. 10. Kretschmayr, H., Geschichte-Venedig, S. 557.
544 BayStaatsAN, Rep. 2b, Losungsamt, 7-farbiges Alphabet; Urkunden, 3523, 01.01.1478.
545 Ammann, H., Nürnberg-Spätmittelalter, S. 44.
546 BayStaatsAN, Rep. 2b, Losungsamt, 7-farbiges Alphabet; Urkunden, 3895, 18.11.1508: Empfehlungsschreiben der Republik Florenz.
547 Sie verzollten damals laut den Rechnungsbelegen der Stadt die Summe von 195 Pfund 15 Pfennig Zoll. Demnach wäre die Angabe bei Bruscoli zu korrigieren. – Beleg nach Stadtbibliothek, Nürnberg-Italien (179). Bruscoli, F.G., Florenz-Nürnberg, S. 83.
548 Ihr Haus (ihre Häuser?) in Nürnberg: Soden, F.v., Reformation, S. 141. Waldau, G.E., Geschichte-Nürnberg, S. 267. Zu ihrem prächtigen Palast mit einem 10 Hektar großen Garten in Florenz, heute (1996) noch im Besitz der Markgrafen Torregiani (Guadagni), siehe Gurrieri, F.-Fabbri, P., Paläste-Florenz, S. 180ff.
549 Peters, L.F. Handel Nürnbergs, S. 531ff.

das Unternehmen zunächst eine Gesellschaft mit den Antinori betrieben hatte, errichteten die Turrisani am 01.08.1527 in Nürnberg auf 5 Jahre eine Gesellschaft mit ihrem früheren Faktor Giovanni Olivieri, dessen Kapitalanteil 16,7% betrug. Später trat Ridolfo Turrisani, der bis dato die Zentrale in Florenz geleitet hatte, aus der Firma aus, Lucas übernahm die Anteile seines Vaters Raffaelo. Weitere Gesellschafter wurden der Florentiner Schiatta Ridolfi[551] und der Venezianer Francesco Cameli. Als junger Angestellter (Lehrling) wurde Girolamo Cini eingestellt.[552] Angelegt war diese Gesellschaft auf zehn Jahre. Sie sollte jeweils um 1 Jahr verlängert werden, wenn kein Teilhaber sechs Monate vor Vertragsende eine Auflösung verlangte. In einem kürzlich erschienenen Aufsatz hat Bruscoli[553] in diesem Zusammenhang durch Quellen aus italienischen Archiven wertvolle Aufschlüsse gegeben über die Austauschbeziehungen von Seide und Seidenwaren nach Nürnberg und Tuchen, Leder, Gold, Silber nach Florenz. Es ist der bisher einzig bekannte Fall, daß Venetianer auf diese Weise das Direkthandelsverbot umgingen.

Auf die Turrisani, die in Nürnberg gewissermaßen das Amt des Konsuls ausübten, wird in den folgenden Auseinandersetzungen noch zurückzukommen sein. Interessant wäre es, der Frage nachzugehen, ob diese ‚frühe' Standortpolitik gerade der Florentiner in einem ursächlichen Zusammenhang mit der Tatsache steht, daß die Nürnberger ihrerseits im Wirtschaftsgebiet der Toscana weit weniger und später präsent waren[554] als in den oben genannten Gebieten. Jedenfalls läßt das der bisherige Forschungsstand vermuten. Im Mai 1572 sagten führende Nürnberger Kaufleute: *„dieweil über zwei Nürnberger dahin nicht handeln"*.[555] Neben den Turrisani belegt eine Nürnberger Zoll-Liste aus dem Jahre 1500 die Villani, ebenfalls Florenz,[556] deren weitere Geschäftstätigkeit in Nürnberg aber noch nicht klar erkennbar ist.[557]

Hinsichtlich Aufenthaltsbeginn und wirtschaftlicher Potenz waren die Odescalco aus Como mit den Turrisani vergleichbar, die ihren ersten Familienvertreter ebenfalls kurz nach der Jahrhundertwende auf Dauer nach Nürnberg schickten.[558] Hier befand sich von da an sowohl für die Turrisani als auch für die

---

550 BayStaatsAN, Rep. 2b, Losungsamt, 7-farbiges Alphabet; Urkunden, 3895, 27.02.1526.
551 Sie gehörten zu den angesehensten Familien in Florenz. – Gurrieri, F.-Fabbri, P., Paläste-Florenz, S. 99,130, 232, 234, 236.
552 In der Firma Lucas Turrisani und Mitverwandte war 1555 Franz Vitel als Diener angestellt. Er wohnte im Haus „Zum Weintrauben" am Weinmarkt. – BayStaatsAN, Rep. 60e, Geheime Verlässe der Herren Älteren, 1, fol. 14f., 29.03.1555.
553 Bruscoli, F.G., Italien-Florenz, passim.
554 Ammann, H., Nürnberg-Spätmittelalter, S. 180, 185.
555 BayStaatsAN, Rep. 19a, E-Laden, Akten, S VII, L 123, 220 (8), 16.05.1572.
556 Sie erlegten 1503 Zoll in Höhe von 30 Goldgulden. – Zitiert nach: Stadtbibliothek, Nürnberg-Italien (179).
557 Ein Giovanni Villani schrieb eine Chronik über Florenz. - Gurrieri, F.-Fabbri, P., Paläste-Florenz, S. 24, 28, 46.
558 Peters, L.F., Handel Nürnbergs, S. 468ff. Bauer, L., Italienische Kaufleute-Nürnberg, S. 17f.

Odescalco als auch für die Werdemann aus Plurs in Graubünden, die mit Johann Peter, dem Sohn von Nikolaus, spätestens seit 1530 in Nürnberg domizilierten,[559] die Unternehmenszentrale, das strategische Zentrum, der Standort nördlich der Alpen.

Aus italienischen Archiven[560] wissen wir, daß in der ersten Hälfte des 16. Jahrhunderts die Florentiner Vecchietti, Iacopo Bettoni (Bertonoi),[561] Niccolò Antinori, Gabriel Bettini und Gaspare Gucci, Zanobi Saliti[562] als Gesellschafter von Bernardo Acciaioli, Gherardo Bartolini (1543), Cosimo Bonsi (1551) in Nürnberg präsent waren und Handelsbeziehungen nach Polen hatten. Nürnberger Quellen belegen sie bisher nicht, so daß zu erforschen ist, ob sie hier dauerhaft eine Faktorei errichteten.

Inwieweit die ersten Niederlassungen der Italiener in Nürnberg am Anfang des 16. Jahrhunderts mehr oder weniger autonom verlief, kann noch nicht gesagt werden. Die Wanderungsbewegungen der einzelnen Unternehmen sind noch nicht deutlich genug erkennbar. Zusammenhänge mit der beschriebenen Entwicklung in den oben erwähnten anderen Standorten sind zu vermuten. Genauer untersucht werden müßte, ob eine kausale Verbindung besteht zwischen dem fast gleichzeitig einsetzenden Ausbau ihrer Standorte in Köln und Nürnberg in der zweiten Hälfte des 16. Jahrhunderts. Die Untersuchung über den Handel Nürnbergs am Anfang des Dreißigjährigen Kriegs[563] und auch die vorliegende Arbeit brachten dafür allenfalls vereinzelte Hinweise. Eine großangelegte Prosopographie über die namhaft gemachten Firmen beider Orte könnte die Grundlage bilden für die Erforschung der Wanderungsbewegung, der gemeinsamen strategischen Zielsetzungen, der verwandtschaftlichen und geschäftlichen Netzwerke.[564]

2.4.2.2. Zweite Hälfte des 16. Jahrhunderts: Ausbau zum strategischen Zentrum

Die Frage, von welchem Zeitpunkt an und von wem die sich anbahnenden Veränderungen im Bezugs- und Vertriebssystem italienischer Firmen von den einheimischen Kaufleuten wahrgenommen und als bedrohlich empfunden wurden, ist auf einer breiten Quellengrundlage noch nicht erforscht. Einen eher beiläufigen Hinweis erhalten wir durch Laux Sitzinger. Er beklagte sich 1571 darüber,[565] vor 15 oder 16 Jahren im Auftrage der Imhoff in Innsbruck den Vertrag

---

559 StadtAN, E 10/21, 113, Nachlaß Nagel, S. 25.
560 Bruscoli, F.G., Florenz-Nürnberg, S. 82.
561 1527 vergesellschaftet mit Tommaso Lapi.
562 Im Jahre 1527 unter dem Namen Piero e Giovanni Battista di Zanobi Saliti e compagni geführt. Das Netz der Kreditoren und Debitoren des Jahres 1527 bei Spallanzani. – Bruscoli, F.G., Florenz-Nürnberg, S. 82. Spallanzani, M., Saliti, S. 611-613.
563 Peters, L.F., Handel Nürnbergs, passim.
564 Vgl. dazu: Petersohn, J., Personenforschung, S. 1-5.
565 Stand er damals im Dienste der Imhoff?

zwischen Kaiser Maximilian und Venedig, der den Venezianern den Direkthandel in Deutschland verbiete, eingesehen, abgeschrieben, ihnen übergeben, die Kosten in Höhe von 10 Dukaten aber nicht ersetzt bekommen zu haben.[566] Danach haben die Imhoff den zunehmenden Wettbewerbsdruck spätestens Mitte der 50er Jahre gespürt, sehr früh also, legen doch die Quellen den Schluß nahe, daß es der Zeitraum war, während dem zahlreiche italienische Unternehmen Firmensitze in Nürnberg eröffneten.

Hier gab es für die in Betracht kommenden Wirtschaftsunternehmen weder eine Einschränkung der Niederlassungs-, noch der Gewerbefreiheit, keine Import- oder Exportbeschränkungen, kein zentrales Wohn- und Handelshaus für die Ausländer etwa in Form des Fondaco dei Tedeschi in Venedig. Im Gegenteil! Der eigentlich verbotene Hauserwerb („*aigen Rauch fieren*") durch Italiener oder Deutsche ohne Bürgerrecht, die nach den Rechtsvorschriften in öffentlichen Gasthäusern hätten logieren müssen, war möglich.[567] Zum Teil hatten die Italiener sogar sehr repräsentative Wohn- und Geschäftshäuser.[568] Um den Rechtsvorschriften zu genügen, wurden meist Nürnberger Bürger als Käufer vorgeschoben, die dann durch einen Revers die Eigentumsrechte an den Erwerber abtraten. Das geschah durchaus mit Wissen des Rates. So trat z.B. für die Faktorei der Augsburger Welser der Schwiegersohn von Bartholomäus Welser, der Nürnberger Sebald Geuder, als Käufer des heutigen Hauses Hauptmarkt 24 auf.[569] Durch einen Beschluß vom 02.08.1577 wurde diese Formvorschrift eingestellt, „*weil es ja nur ein Schein*", wie es im Ratsverlaß hieß. Ob es sich hier um eine generelle Rechtsänderung handelte, oder sie sich nur auf den Einzelfall bezog, bleibt unklar.

Über die Anzahl der in Nürnberg handelnden italienischen Handelsfirmen erlauben die Quellen kein lückenloses, aber zumindest ab den 70er Jahren ein hinreichend deutliches Bild zu vermitteln. Für die ‚kritische Zeit' von 1550-1570 sind Namen und Zahlen noch zu erschließen. Die in der **Darstellung 74** (Anhang) genannten Personen wurden aus unterschiedlichen Quellenbeständen der Stadt erfaßt. Das heißt aber nicht, daß die Verwaltungsbehörden jener Zeit selbst über ein irgendwie geartetes ‚Melderegister' verfügten, und es hinsichtlich

---

566 BayStaatsAN, Rep. 19a, E-Laden, Akten, S VII, L 123, 220 (6), 10.12.1571.

567 BayStaatsAN, Rep. 18a, D-Laden, Akten, 4178.

568 In ihrer Eingabe an den Rat sagten die Turrisani, es sei hoffentlich nicht gegen den Willen des Rates geschehen, daß sie sich ein eigenes Haus gekauft hätten, wenn doch, hätten sie sich auch mit bescheideneren Verhältnissen zufrieden gegeben. Die Werdemann hatten in Sündersbühl gar ein eigenes Schloß. – BayStaatsAN, Rep. 19a, E-Laden, Akten, 245, 23.04.1572. StadtAN, E 10/21, 113, Nachlaß Nagel, S. 13ff.

569 Im Zusammenhang mit der Auflösung der Nürnberger Zweigstelle wird belegt, daß Hans Mülegk (Muellegg) aus Babenhausen Faktor der Augsburger Welser war. Damit ist auch sicher, daß Babenhausen in Schwaben gemeint ist. Bei den Recherchen zu meinem Buch ‚Der Handel Nürnbergs' ist mir dieser Zusammenhang verborgen geblieben. – Welser, L.v., Welser, 1, S. 115ff; 2, S. 113ff. Peters, L.F., Handel Nürnbergs, S. 370ff.

verschiedener Fragestellungen ausgewertet und kontinuierlich fortgeschrieben haben.

Die Quellen sind also von unterschiedlicher Provenienz und auch Qualität.[570] Insofern sie auf Initiative des Rates erstellt wurden, beruhen sie nicht auf einer statistischen Vollerhebung oder einer Aktualisierung vorhandener Karteien. Die Aufstellung von 1591 z.B. zählt nur 7 „frembde Inwohner" auf, die nicht einmal alle aus Italien stammten. Genauer und sorgfältiger scheint dagegen die Recherche von 1597 zu sein, die aus den Losungsbüchern[571] erstellt wurde. Als lückenlos ist die Erfassung aus den Schuldbüchern des Banco Publico anzusehen (1621-1624).

Die in den Verzeichnissen genannten Firmen wurden z.T. ohne Vornamen aufgeführt. Wenn sie in den Listen erscheinen, handelt es sich i.d.R. um die verantwortlichen Firmenrepräsentanten. Weitere anwesende Familienmitglieder und Beschäftigte wurden manchmal gar nicht, ein anderes Mal nur der Anzahl nach genannt. Zum Teil werden die Namen der vergesellschafteten Firmen einzeln aufgeführt (Benevieni/Sini), dann wieder begnügte sich der Beauftragte mit der Angabe „und Mitverwandte".[572] Letztere müssen dann durch andere Quellengruppen namhaft gemacht werden, so etwa Melchior Carcono (Carcana) und Francesco Galina als Associés von Carlo Capitani d'Archonate im Jahre 1620 durch die Ratsverlässe.[573]

Nicht immer ist eindeutig zu belegen, ob die aufgeführten Gesellschafter auch alle in Nürnberg anwesend und hier unternehmerisch tätig waren.[574] In der Liste wurden alle Personen erfaßt, soweit sie genannt wurden. Ihre Anzahl ist also nicht identisch mit der Anzahl der Firmen.

Die Wahl des Standortes Nürnberg war zumindest für die umsatzstarken Unternehmen eine Entscheidung auf lange Sicht. Die beobachtbare Fluktuation ist dadurch zu relativieren, daß sich hinter neuen Namen z.T. alte Gesellschaftsstrukturen verbergen.[575] Es ist nicht auszuschließen, sogar sehr wahrscheinlich, daß zwischen den Erhebungszeitpunkten noch andere, nicht genannte Personen und Firmen in Nürnberg domizilierten, von denen die herangezogenen Quellen

---

570 Schon Bauer hat zahlreiche Listen aufgeführt und einer quellenkritischen Beurteilung unterzogen. Nicht zutreffend ist allerdings seine Einschätzung der ihm damals vorliegenden Bancoauszüge. - Bauer, L., Italienische Kaufleute, S. 9.

571 Beleg siehe: Darstellung 74 (Anhang) - „Ausgezogen aus den Losung Registerlein Anno 1597". Offensichtlich war es also so, daß die Schutzgeldzahlungen zusammen mit den Losungseinnahmen der Bürger etatisiert wurden. Sehr interessant wäre es natürlich zu wissen, ob da nur Namen und ein Vermerk über die erfolgte Zahlung festgehalten wurden, oder auch die Höhe vermerkt wurde. Im letzten Fall wäre das eine gegenüber den Losungszahlungen unterschiedliche Praxis. Der Name 'Losungs Registerlein' läßt eher an die Nennung von Namen und Zahlungsbestätigung denken als an ausführliche Steuerregister mit den Losungssummen.

572 Die durchaus anderen Familien angehören konnten.

573 BayStaatsAN, Rep. 60a, Verlässe des Inneren Rats, 1981, fol. 28, 14.09.1620.

574 Peters, L.F., Handel Nürnbergs, S. 550.

575 Peters, L.F., Handel Nürnbergs, S. 130ff., 531.

nicht zeugen. Sie fallen somit durch das obige Raster. Trotz dieser statistischen Defizite ist es wohl eine realitätsnahe Annahme, von rund 15-20 ständig in Nürnberg domizilierenden italienischen Handelsfirmen auszugehen. Das in den Erhebungslisten angegebene Warensortiment beschränkte sich meist auf wenige Haupthandelsgüter. Es ist durch andere Quellengruppen, etwa Prozeßakten zu komplettieren. Das gilt ebenso für die Herkunftsorte, die mal angegeben, mal weggelassen wurden.

Aufgrund der bisherigen Forschungslage darf mit der erforderlichen Vorsicht gesagt werden, daß im deutschen Raum für die meisten italienischen Firmen Nürnberg das strategische Zentrum bildete für ihre Aktivitäten in Augsburg, Frankfurt/M., Leipzig, im hansischen Raum Hamburg; jedenfalls dann, wenn zwischen ihren dortigen Vertretern und den hiesigen Firmen engere oder weitere verwandtschaftliche Beziehungen bestanden, sie damit der Allianz zuzurechnen sind. Was z.B. die Werdemann angeht, so waren ihre Vertreter in Hamburg an die dispositiven Entscheidungen der Nürnberger Hauptfaktorei gebunden.[576]

Die absolute Quote der Firmen bzw. Personen sollte bei einer Bevölkerung von rund 40.000 Personen zunächst kein Grund zur Besorgnis für die einheimische Kaufmannschaft gewesen zu sein. Anders stellt sich die Situation dar, wenn nach dem absoluten Umsatzanteil am Handelsvolumen Nürnbergs gefragt wird und vor allen Dingen nach den Verschiebungen auf einzelnen Märkten, die bisher fest in den Händen Nürnberger Kaufleute gelegen waren.

2.4.2.3. Die Wirtschaftsbeziehungen Nürnbergs mit Italien vor dem Hintergrund der Zollkurve

Oben wurde versucht, die Warenströme zwischen dem Messedreieck Nürnberg-Frankfurt-Leipzig anhand der Zollkurve ansatzweise zu erfassen. Der Warenaustausch zwischen Nürnberg und Italien sowie dem weiteren Süden blieb dabei außer Betracht. Auch er muß sich aber, insofern von abgabepflichtigen Firmen durchgeführt, in den Zoll-Listen niedergeschlagen haben. Zunächst ist festzustellen, daß der Anteil der von Nürnberg aus zu den deutschen Messestädten (Frankfurt/Leipzig vor allen Dingen) handelnden Kaufleute größer war als derjenige, der beim Im- und Exportgeschäft zwischen Italien und Nürnberg involviert war. Anders ausgedrückt: Die Anzahl der in Nürnberg zollpflichtig werdenden Unternehmen für den Warenaustausch mit den deutschen Messestädten war höher als diejenige für den Warenaustausch mit Italien. Für kleine und mittelständische Unternehmen war das Direktgeschäft mit Italien aus Kostengründen nicht möglich. Sie deckten sich in Nürnberg als Zwischenhändler mit den Produkten des Südens[577] und den Nürnberger Gewerbeprodukten ein. In der

---

576 BayStaatsAN, Rep. 61a, Briefbücher des Inneren Rats, 218, fol. 51, 16.06.1599.
577 Diejenigen anderer Provenienz bleiben hier außer Betracht.

Zollkurve spiegelt sich deren Handel mit dem Süden also auch nur unterdurchschnittlich wider.

Was den Export von Nürnberg nach Italien insgesamt angeht, so wurde er in der ganzen Debatte der sechziger und siebziger Jahre des 16. Jahrhunderts nie thematisiert. Die Nürnberger hätten es sicher nicht unterlassen, auch auf diese 'Verwerfungen' aufmerksam zu machen, wenn die Italiener diesbezüglich zu ernsthaften Konkurrenten geworden wären. Auch die Einlassungen der Italiener selbst beinhalteten immer nur ihren Import aus Italien, ihre Rolle als Nachfrager Nürnberger Produkte und ihren Export in alle deutschen Länder, auf die Messen in Frankfurt und Leipzig, nach Böhmen, Ungarn etc. Der Exporthandel in den Süden war also wohl bis zur Wende zum 17. Jahrhundert noch überwiegend in der Hand Nürnberger Unternehmer. Die Drohung der Italiener, bei einer Zollerhöhung ihre Heimatstädte zu Retorsionsmaßnahmen - in Form einer Erhöhung der Importzölle also vor allen Dingen - gegen die Nürnberger zu veranlassen, wäre auch ein stumpfes Schwert gewesen, hätten sie selbst schon den Export von Nürnberg aus in den Händen gehabt. Die Ausfuhr der Italiener von Nürnberg aus nach Italien spiegelt sich deshalb in der Zollkurve kaum wider, weil er unterdurchschnittlich war, diejenige der Nürnberger nicht, weil sie in Nürnberg keine Zollabgaben entrichteten. Auf die Strukturverschiebungen bis zum Anfang des Dreißigjährigen Krieges wird im vierten Kapitel eingegangen.

Es ist außerdem zu erwägen, ob der Export nach Italien in dem Maße von Messeterminen bestimmt wurde, wie das in Deutschland mit Frankfurt/M. und Leipzig vor allen Dingen der Fall war. Über das Jahr hinweg verlief er wohl kontinuierlicher, verursachte aus diesem Grunde keine größeren Kurvenausschläge.

Inwieweit sind aus der Zollkurve Importe aus Italien zu extrapolieren? Der Anteil der Nürnberger ist aus den bekannten Gründen nicht abzulesen. Auch war, wie eben dargelegt, der Importumfang der Italiener aus dem Süden nach Nürnberg geringer als das Exportvolumen aus der Stadt an der Pegnitz etwa auf die Messen nach Frankfurt und Leipzig. Die Italiener brachten teure Textilien und Gewürze über die Alpen, deckten sich in Nürnberg mit Gewerbeprodukten ein und verkauften diese Güter über den eben beschriebenen Vertriebsweg. Die Differenz zwischen ihrem Import- und ihrem Exportvolumen ist also in einem wesentlichen Umfang auf die Nachfrage nach Nürnberger Gewerbeprodukte zurückzuführen. Das kennzeichnet Nürnberg einmal mehr als Transithandels- und Gewerbeexportstadt während des ganzes Jahres. Und um diese Frage geht es hier.

Dieser Außenhandelsumsatz wurde aber, wie die Italiener ebenfalls dem Rat gegenüber äußerten, vorwiegend auf den Messen in Frankfurt/M. und Leipzig abgewickelt. Wenn der Import der Italiener aus dem Süden nach Nürnberg auch geringer war als ihr Export von Nürnberg aus auf die deutschen Messen, so war er gleichwohl sehr bedeutend, vor allen auf einzelnen Produktmärkten. Er stand im Mittelpunkt der standortpolitischen Diskussion in der zweiten Hälfte des 16. Jahrhunderts.

Wo also spiegelt sich der Import in der Zollkurve wider? Es muß nicht noch einmal betont werden, daß es keine separate und spezifische Datenerfassung für den zollpflichtigen Import (Export) aus (nach) Italien gibt. Es gibt nur eine statistische Erfassung aller Zollzahlungen für alle Waren aus allen Himmelsrichtungen aller Zollzahler für den Import, den Transit, den Export. Die einzelnen Einflußfaktoren zu separieren und zu gewichten ist aufgrund der bekannten Quellenlage unmöglich. Dazu kommt, daß wegen schlampiger Erfassung und der offiziellen Einräumung einer Latitüde die Summen selbst nicht strengsten statistischen Erhebungsanforderungen genügen. Es kann sich bei den folgenden Überlegungen ebenso wie bei den vorangegangenen also nur um erste Extrapolierungsversuche handeln, die den Blick für weitere Forschungen schärfen sollen. Aus thematischen Gründen werden die Überlegungen auf die Italiener konzentriert. Das macht insofern Sinn, weil davon auszugehen ist, daß sie - trotz aller Hinterziehungen - die höchsten Zollsummen entrichteten.

Die **Darstellung 13** veranschaulichte den Anstieg der Zollkurve im Januar und - sehr ausgeprägt - im Februar. Insofern hinter den Zollschulden Firmen aus Italien stecken, so legt die Kurve die Vermutung nahe, daß sie in Nürnberg über erhebliche Lagervorräte verfügt haben müssen, da davon auszugehen ist, daß in den Wintermonaten Dezember, Januar, Februar, März der Warentransit über die Alpen eher unterdurchschnittlich zu Buche schlug, wenn er denn aufgrund der Witterungsverhältnisse überhaupt möglich war. Aus eben diesem Grunde und wegen der bevorstehenden Messetermine sind diese Daten mit einem kurz vorher erfolgten Import aus Italien so gut wie nicht in Verbindung zu bringen. Insofern es keine Lagerbestände waren, die sie ausführten, waren es also wohl vor allen Dingen Waren, die sie in Nürnberg zugekauft hatten.

Der steile Anstieg von Mai auf Juni (in Bezug zur modifizierten Normalkurve, **Darstellung 27**) könnte durch die ersten Warensendungen über die Alpen nach dem Winter verursacht worden sein: Der Lagerbestand, nach den Frühjahrsmessen auf einen Mindestbestand reduziert, wurde wieder aufgefüllt. Eine weitere kontinuierliche Zufuhr geschah während der Sommermonate, ohne daß Importspitzen zu erkennen sind. Wie bei der Gesamtbetrachtung im Zusammenhang mit den Herbstmessen gibt der Kurvenabschnitt vom August zum September und zum Oktober die größten Rätsel auf. Weder der zollpflichtige Export zu den bevorstehenden Messen ist abzulesen, noch ein Import. Der Abschnitt liegt unterhalb der Normalkurve.

Der Kurvenanstieg von Oktober bis Dezember könnte dieselbe Ursache gehabt haben wie der von Mai auf Juni: Es galt, nach den Messen die Lager aufzufüllen, um auf den Frühjahrsmessen über ein genügend großes Angebot zu verfügen. Das höhere Kurvenniveau erklärt sich dadurch, daß in den folgenden

Wintermonaten[578] ein kontinuierlicher Nachschub wie in den Monaten Juni bis August nur unter erschwerten Bedingungen möglich war.

Folgt man den vorangegangenen Ausführungen, dann mußte für einen zeitgenössischen Beobachter vor allen Dingen durch den Import in den Monaten Mai/Juni und Oktober bis Dezember augenfällig werden, mit welchen Produkten die Italiener den „*alteingesessenen Häusern*" Konkurrenz machten: Safran, Spezereien, Samt- und Seidenwaren; Untzgold[579] und Untzsilber, jenes Sortiment, das die große standortpolitische Diskussion auslöste. Die neue Safranernte kam in den Erzeugerländern Italien, Spanien, Frankreich zum ersten Mal im Herbst auf den Markt, er ist also wegen seines hohen Preises und der damit verbundenen Abgaben wohl in einem größerem Ausmaß für die Steigerung der Zollkurve im November und Dezember verantwortlich. Natürlich gilt das nur unter der Annahme, daß die Italiener sich schon wesentliche Marktanteile hatten erobern können. Das war aber um 1570 der Fall.

Fazit: Der Standort Nürnberg während des betrachteten Zeitraums konnte attraktiver kaum sein: Zugriff auf die Förderung, Verteilung und Weiterverarbeitung von Rohstoffen der Montanindustrie, qualifizierte Arbeitskräfte, ein reich differenziertes Gewerbe, global tätige Unternehmer, international zusammengesetzte Unternehmerschaft, erste Adresse in der internationalen Finanzwelt, Ganzjahresstandort. Wenn also oben auf die überragenden wirtschaftlichen Impulse hingewiesen wurde, die von den Messen und dem Handelsaustausch mit Italien ausgingen, so muß für Nürnberg zusätzlich auf eine rege Gewerbe- und Handelstätigkeit auch für die übrige Jahreszeit konstatiert werden, die aus Unternehmersicht die besondere Attraktiviät des Standortes ausmachte. Für die abhängig Beschäftigten bedeutete das eine relativ hohe Arbeitsplatzsicherheit während des ganzen Jahres.

2.5.   Noch einmal: Der Standort Nürnberg und die Standortwahl der Italiener[580]

Warum die Italiener Nürnberg als Dauerstandort – heute würde man sagen: für ihre ausländischen Direktinvestitionen - gegenüber anderen Städten präferierten, war nicht der geografische Mittelpunkt Nürnbergs zu anderen Wirtschaftszentren,[581] wie manchmal hervorgehoben wird. Explizit oder implizit wird damit auf Transportkostenvorteile gegenüber anderen Städten abgehoben.

Prüfen wir das Argument anhand einiger wichtiger Handelsgüter der Nürnberger Unternehmer. Der Safran wurde in wesentlichem Umfange in Italien,

---

578 Die Absendetermine im Süden lagen ja Wochen vor den Zollterminen in Nürnberg.
579 Eine Kalkulations-Abbildung der Nürnberger Welser für den Einkauf in Mailand bis nach Nürnberg: Kellenbenz, H., Meder'sches Handelsbuch, S. 344, 388.
580 Die folgenden Argumente gelten cum grano salis auch für Unternehmen aus anderen Städten und Ländern.
581 Müller, J., Hauptrouten-Nürnberger Handelsgebiet, passim. Hald, K., Verkehrswesen, S. 12.

Nordspanien und Südfrankreich angebaut. Vertrieben wurde er in ganz Europa. Bis in die zweite Hälfte des 16. Jahrhunderts hinein lagen Einkauf und Verkauf fast ausschließlich in der Hand Nürnberger Unternehmer. Mit Transportkostenvorteile kann die dominierende Marktstellung für weit über hundert Jahre nicht überzeugend erklärt werden. Diese hatten sie nicht im Vergleich zu den Kaufleuten anderer deutscher Städte, den vor Ort ansässigen Unternehmern gegenüber mußten sie sogar durch ihre notwendige Präsenz vor Ort Kostennachteile in Kauf nehmen.

Dasselbe Ergebnis ergibt sich hinsichtlich des Samt-, Seiden- und des weiteren Spezereihandels. Wodurch ergaben sich aufgrund der geografischen Lage Transportkostenvorteile gegenüber denselben potentiellen Konkurrenten beim Einkauf von zum Beispiel Pfeffer in Venedig, Lissabon, Antwerpen und den Absatz in ganz Europa?!

Vermittelten Nürnberger Unternehmer so wichtige Rohstoffe wie Kupfer oder Silber aus Mittel- oder Osteuropa nach Mailand, Antwerpen, Lissabon oder Sevilla, dann fielen Transportkosten an, aber die konkurrierten – Qualitäts- und Preisunterschiede außer Betracht gelassen – mit den Transportkosten für dieselben Rohstoffe aus anderen Produktionsgebieten. Von der Mittellage Nürnbergs waren sie völlig unabhängig.

Dieser Topos ‚Zentrale Lage' geht möglicherweise auf zwei Karten aus der Werkstatt des Kompaßmachers und Kosmographen (= Geografen) Erhard Etzlaub zurück.[582] Nürnberg liegt darauf genau in der Mitte zwischen Rom im Süden, Kopenhagen im Norden, Krakau im Osten und Paris im Südwesten. Manche Wirtschaftshistoriker haben daraus allzu vorschnell die entscheidenden Standortvorteile hergeleitet.

Einen generellen Kostenvorteil für die Herstellung der Fertigprodukte der Metallindustrie aus der Tatsache zu deduzieren, daß Nürnberg günstig zu den Rohstoffvorkommen in Böhmen etc. lag, scheint ebenfalls nicht schlüssig. Dieser müßte in jedem Einzelfall, d.h. im Verhältnis zu einer bestimmten Konkurrenz-Stadt, erst errechnet werden. Vielleicht lagen jene ja noch näher zu anderen Rohstoffgebieten, konnten die Urprodukte billiger erwerben. Zum Teil mögen sich die ‚Vorteile' egalisiert haben.

Für Nürnberg und seinem Landgebiet galt damals, was heute für Deutschland insgesamt gilt: Beide geografischen Einheiten hatten und haben kaum Rohstoffe. Gleichwohl nahm Nürnberg damals und nimmt Deutschland heute im internationalen Vergleich der Sozialprodukte und der Handelsvolumina absolut und pro Kopf der Bevölkerung eine Spitzenposition ein.

Die Argumentation ‚zentrale Lage' definiert Nürnbergs Wirtschaftsleistungen von außen her, impliziert zu sehr den Faktor ‚geografischer Zufall'. Man

---

582   Etzlaub stammte aus Erfurt, arbeitete aber seit 1484 in Nürnberg. - Krüger, H., Etzlaub, S. 17f.

könnte vielmehr behaupten, Nürnberg brachte es zu seiner Metropolstellung trotz, nicht wegen seiner Lage. Die Ausführungen zu den Standortfaktoren rechtfertigen diese Wertung. Um zu verdeutlichen, was gemeint ist, sei es erlaubt, einen Moment lang mit einem kontrafaktischen Argument zu hantieren. Nürnberg hätte auch im Fichtelgebirge oder im Bayerischen Wald reüssiert, vorausgesetzt, seine Menschen, der Produktionsfaktor Arbeit in all seinen Ausprägungen wären mitgegangen. Einen Fluß für die Hammerwerke und für die Textilveredlung hätten sie benötigt, wenig mehr.

Aus der geografischen Lage Nürnbergs also einen generellen Vorteil zu herzuleiten, scheint unzulässig. Wenn bei der Untersuchung der Standortfaktoren auf die günstigen Straßenverbindungen hingewiesen wurde, so stimmt das zwar, aber diese Vorteile ergaben sich für andere Städte ebenso.

Ein weiterer Erklärungsversuch[583] für die herausragende wirtschaftliche Stellung Nürnbergs zumindest in seiner Frühzeit führt die besondere Gunst der deutschen Könige und Kaiser ins Feld. Ohne sie für gänzlich bedeutungslos zu halten, scheint hier doch in einem signifikanten Maß Ursache und Wirkung verwechselt zu werden.

Diese ,rechtlichen Investitionen' waren keine creationes in nihilum, genuine Schöpfungsakte, Ursachen[584] für die Entwicklung einer Metropole, eines zentralen Ortes, sondern Folge des Faktischen, nämlich der Tatsache, daß es in Nürnberg schon zu einer autonomen wirtschaftlichen Blüte und breiten Kapitalbildung gekommen war,[585] die Stadt bzw. ihre Kaufleute in der Lage waren,[586] die Potentaten finanziell zu unterstützen.[587] Für die frühe wirtschaftliche Macht- und politische Rangstellung spricht, daß Nürnberg in der Lage war, aus *„eigener Kraft sich zur freien Reichsstadt aufzuschwingen"*, und die Rechts- und Wirtschaftsansprüche der Burggrafen zunächst zurückzudrängen, schließlich ganz in ihre Hände zu bekommen.[588] So kaufte Nürnberg dem Burggrafen das Zollregal ab, das jenen pfandweise übertragen worden war, ebenso erwarb Nürnberg das

---

583 Hald, K., Verkehrswesen, S. 11.

584 Zur selben Meinung kommt Straube hinsichtlich der Bedeutung der Messeprivilegien für den Messestandort Leipzig. Er schreibt: *„So sind die Privilegien für die drei Leipziger Märkte zwar ein Ausdruck für deren ständig wachsende Bedeutung, sie können aber keinesfalls interpretiert werden als Ausgangspunkt für die hervorragende wirtschaftliche Stellung der sächsischen Metropole im mitteldeutschen Raum. Zu bedenken ist außerdem, daß gerade das Privileg Maximilians I. von 1507 verliehen wurde, um den Konkurrenten Erfurt zurückzuweisen"*. - Straube, M., Warenverkehr-thüringisch-sächsischer Raum, 2, S. 226.

585 Vgl. zur Reihen- und Rangfolge der Entwicklung und obrigkeitlichen Eingriffe bezüglich Leipzig (dulden, ermöglichen, fördern) die sehr informativen Ausführungen bei Blaschke, K., Kurfürsten-Leipziger Messe, S. 66f.

586 Ebenso in Augsburg. - Strieder, J., Montan- und Metallindustrie, S. 200ff.

587 Stromer, W., Oberdeutsche Hochfinanz, 2, S. 437. Zahlreiche Beispiele bei Schuster, L., Nürnberger Kaufherren-Fondaco, S. 14ff. Siehe auch: Schultheiß, W., Konrad Gross, S. 65. Reicke, E., Geschichte-Nürnberg, S. 110.

588 Pilz, K., Totenschild-Nürnberg, S. 65.

Waldstromer- und Forstmeisteramt und auch (1427) Burg und burggräfliche Ortschaften für 120.000 Gulden, ebenfalls aus dem Eigentum der Burggrafen.[589] Bei diesen Summen taucht die Frage auf, ob die Käufe (gänzlich) durch die Einnahmen des ordentlichen Haushalts zu bestreiten waren, oder einzelne Familien durch ihre Finanzierung gewisse Regalienrechte erwarben.

Ob, wie Irsigler[590] behauptet, die intensive Förderung des Reiches am Anfang notwendig war, um den Vorsprung der alten Handelszentren (Köln, Mainz, Regensburg) aufzuholen, kann zweifelsfrei weder bejaht noch verneint werden. Auf jeden Fall müßte die Behauptung nicht nur aus verteidigungspolitischen und landespolitischen Gründen überzeugend begründet werden. Dieses Argument der ‚Anschubfinanzierung' könnte in erster Linie auch nur für den Handel im Reich gelten und auch nur gegenüber den Städten, die vorher rechtlich besser gestellt waren oder aufgrund ihres Alters einen Startvorteil genossen. Insofern Abgaben-(Rechts-)gleichheit der Städte untereinander oder hinsichtlich Dritter bestand, kann aus ihnen kein Wettbewerbsvorteil Nürnbergs hergeleitet und begründet werden. Aber selbst wenn sich aufgrund von Zollprivilegien ein Kostenvorteil gegenüber Dritten ergeben haben sollte, bleibt die Frage, ob er auch den entscheidenden Vorsprung ausmachte oder in Höhe der Kostendifferenz den Konkurrenten gegenüber ‚lediglich' die Gewinnspanne erhöht wurde.[591] Diese Meinung schimmert bei Hald[592] durch, der, nachdem er die Zollprivilegien und die zentrale Lage gewürdigt hat, sagt: „Die Nachfrage nach Nürnberger Waren konnte auch durch Handelssperren, Zölle und handelspolitische Maßnahmen nicht unterbunden werden". Schenk[593] stellt fest: „Sie [die Nürnberger] konnten die Zölle auf Grund der Gewinne aber sicher gut verkraften; die Frage der Zölle hat letztlich den Warenaustausch zwischen Nürnberg und Prag nur unwesentlich beeinflußt".

Schließlich können die Zollbefreiungen auch keine Wachstumsverschiebungen zwischen den derart Gleichgestellten (das Auf- und Überholen von Regensburg-Mainz durch Nürnberg) erklären. Ebenso ist aufschlußreich, daß Stromer in seiner gründlichen Untersuchung über die Entstehung, dem Gedeihen

---

589 Lehner, W., Nürnberg-Burggrafen, S. 13f.
590 Irsigler, F., Zollpolitik, S. 52.
591 Im nächsten Kapitel wird zu zeigen sein, daß die Italiener sich mit allen Mitteln gegen jede Zollerhöhung stemmten. Aber dieser Kampf hatte zu einem guten Teil prophylaktischen Charakter. Sie wollten den Anfängen wehren, wußten, daß weitere folgen würden, nähmen sie diese ohne oppositionelle Gegenwehr hin. Außerdem ist die ganze Debatte nicht lediglich unter zollpolitischen Gesichtspunkten zu sehen. Zumindest theoretisch standen den Hoheitsträgern hier und anderswo noch andere wirtschaftspolitische Instrumentarien zur Verfügung, deren Anwendung eine viel schärfere Wirkung erzielt hätten.
592 Hald, K., Verkehrswesen, S. 12.
593 Schenk, H., Nürnberg-Prag, S. 162.

und dem Überdauern der Gewerbereviere und Protoindustrien[594] die Zollbefreiungen Nürnbergs nicht einmal als marginalen Kostenvorteil erwähnt.

Bei jener Argumentationskette werden auch die anderen Kostenfaktoren nicht berücksichtigt, es wird stillschweigend eine ansonsten gleiche Kostenstruktur unterstellt. Die kann bei Regionalhändlern, global players, Spezialisten, Vollsortimentern mit der Möglichkeit von Mischkalkulationen aber ganz unterschiedlich gewesen sein und damit auch die Auswirkungen von Zollbelastungen und ihre Überwälzungsmöglichkeiten.

In diesem Zusammenhang ist es sehr bemerkenswert, daß schon frühe und wesentliche Wachstumsimpulse für die Nürnberger Wirtschaft auf den Handelsaustausch mit den Stadtstaaten Italiens, mit Frankreich und Spanien zurückgingen. In jenen Städten genossen die Nürnberger Unternehmer aber keine Zollfreiheit ('Privilegien'[595] in Mailand außer Betracht)!

Feinsinnig wurde damals vom *„Nürnberger Witz"*[596] gesprochen,[597] wenn Vielfalt, Qualität und Originalität der Nürnberger Gewerbeprodukte gemeint waren. Diese 'Erfindungen' waren nicht das Ergebnis zollpolitischer Privilegien oder sonstiger standortpolitischer Vorteile. Und auch der Exportumfang dieser Waren in alle Teile Europas, ja der ganzen bekannten Welt, wurde kaum aufgrund wirtschaftsrechtlicher Vorteile induziert, sondern in erster Linie durch eine breite Nachfrage. Die Unternehmer 'lagen mit ihren Produkten eben richtig im Markt', sie produzierten 'kundennah' und 'bedarfsgerecht', wie es heute heißen würde.[598] Erfindung, Konstruktion, Fertigung und Absatz von Sonnenuhren z.B. korrelierten nicht mit der Zollhöhe und der Geografie. Dieser Satz hört sich nur beim ersten Hinhören überspitzt an. Es soll hier damit zum Ausdruck gebracht werden, daß solch wissenschaftlich-technologischen Spitzenprodukte nur

---

594 Stromer, W.v., Gewerbereviere und Protoindustrien, passim.
595 Zum Teil begründet durch die Konkurrenz zu Venedig. - Heyd, W., Levantehandel, S. 722.
596 *„Hätt' ich Venedigs Macht-Augsburger Pracht-Nürnberger Witz-Straßburger Geschütz-und Ulmer Geld-so wär' ich der Reichste von der Welt".* - Zitat nach: Dalhede, Chr., Augsburg-Schweden, S. 6. Siehe auch: Endres, R., Musikinstrumentenbau und –handel, S. 59.
597 Gömmel charakterisiert Nürnberg neben Florenz gar als Wiege der abendländischen Technik. - Gömmel, R., Nürnberg-Italien, S. 39.
598 Daß die Liberalisierung der Zollpolitik und der freie Zugang zu den Märkten allenfalls eine Voraussetzung ist, um Wachstum zu induzieren, haben verschiedene Entwicklungshilfeprojekte gezeigt. Welche fatale Folgen andererseits eine schnelle und radikale Liberalisierung und Öffnung der Märkte für 'unterentwickelte' Länder haben kann, zeigt das Beispiel Mexiko. Die wohlfahrtssteigernde Wirkung eines liberalisierten Außenhandels im Sinne von Ricardo traten (treten) u.U. dort und anderswo aber auch deshalb nicht im gewünschten Maße ein, weil die entwickelten Industrieländer ihrerseits die eigenen Märkte für Agrarprodukte der Entwicklungsländer nicht in dem erforderlichen Maße öffneten. - Diese sehr komplizierten Fragen sind nicht Thema der Untersuchung. Es soll deshalb dieser Hinweis genügen. - Martin, H.-P.-Schumann, H., Globalisierungsfalle, S. 193. Vgl. die sehr gute Zusammenfassung der einschlägigen Theorien bei Milz, H., Verlagerung-Produktionsstätten, bs. S. 11ff.

an einem Standort produziert werden konnten, der insgesamt geprägt war von Innovationsfreude, -kraft und -bereitschaft, Finanzierungsmöglichkeiten und der Gewißheit der Kaufleute, die Produkte auch vermarkten zu können. In moderner Terminologie würde man dieses gesamtwirtschaftliche und mikroökonomische Leistungspotential wohl unter dem Begriff „Human Capital" subsumieren.[599] Dazu Schnelbögl:[600] *„Wir dürfen die Erfindung und Einführung der Wasserräder in Deutschland getrost den Bürgern jener Stadt* [= Nürnberg] *zutrauen, die in der Technik und überhaupt in mechanischen Künsten in Europa führend war"*.

Mit diesen Ausführungen werden also nicht die Kostenvorteile aufgrund der königlich/kaiserlichen, landesherrlichen (Zoll-)Privilegien,[601] ergänzt durch eigene Abkommen mit einzelnen Städten, insofern sie nicht lediglich Chancengleichheit herstellten, in Abrede gestellt, aber die Dynamik der Nürnberger Wirtschaft über Jahrhunderte hinweg kann durch sie überzeugend nicht erklärt werden.[602] Die entscheidenden Wachstumsimpulse gingen von anderen Faktoren aus.[603]

Nürnberg war ein zentraler Wirtschaftsstandort, aber nicht aufgrund seiner zentralen geografischen Lage. Nürnberg war weder durch die Zoll'privilegien' entscheidend präferiert, noch aufgrund seiner Lage dazu prädestiniert, einer der blühendsten Städte Europas zu werden.

Letztlich war es die Güte des Produktionsfaktors Arbeit, die Nürnberg zu der herausragenden Stellung im Reich und in Europa verhalf: Kenntnis, Fleiß und Qualität der Arbeitskräfte, die innovativen Leistungen der Handwerker, Ingenieure, Wissenschaftler, die gelungenen dispositiven Leistungen der Unternehmer aus allen sozialen Schichten, die wirtschaftspolitischen Rahmenbedingungen.

---

599 Gablers Wirtschaftslexikon, S. 2014.

600 Schnelbögl, F., Landgebiet-Nürnberg, S. 263. Vgl. auch: Kellenbenz, H., Gewerbe-Handel, S. 176, mit zahlreichen Nennungen technischer Innovationen: Taschenuhr, Schockenziehen im Drahtgewerbe, Schraubstock, Radschloß für das Gewehr, Tretspinnrad, sehr gute Musikinstrumente, astronomische und nautische Geräte, Globen, hervorragendes graphisches Gewerbe, Brillenmacherei, Impulse für die Saigerung des Kupfers.

601 Stets im Zusammenhang mit weiteren Rechtsschutzgarantien zu sehen. - Siehe dazu: Pohl, H., Köln-Antwerpen, S. 472f.

602 Friedrich Lütge, der ansonsten in seinen Arbeiten die Fragen in glänzenden Analysen auf ihren wirtschaftsgeschichtlichen Kern zurückführt, argumentiert diesbezüglich vielleicht doch ein wenig zu sehr rechtshistorisch. - Lütge, F., Handel Nürnbergs-Osten, S. 322ff.

603 Das erhellt m.E. auch daraus, daß die Probleme der sogenannten Dritten Welt oder auch der Schwellenländer durch zollpolitische Maßnahmen, durch den gänzlich freien Zutritt zu den Märkten der entwickelten Länder, vielleicht gemindert werden können, aber ein kontinuierlicher, sich selbst tragender Prozeß mit Wachstumsraten über jene der Industrieländer kann dadurch wohl nicht induziert werden.

Hier sei der Satz von Enea Silvio de'Piccolomini über Nürnberg aus der Mitte des 15. Jahrhunderts noch einmal wiederholt. Er schrieb, daß diese *„vornehme Stadt in unfruchtbarer, sandiger Gegend liegt; deshalb die Bevölkerung fleißig arbeiten muß. Alle nämlich sind entweder Handwerker oder Kaufleute. Von da kommt ihr großer Reichtum. Groß ist ihr Ruhm in Deutschland"*. Seine Leistungen als Kirchenführer können und müssen hier nicht beurteilt werden, aber es wird nicht in Abrede gestellt werden können, daß er ein glänzender Standortanalytiker war, der spätere Papst Pius II!

Die ihm[604] zugeschriebene oder von ihm zitierte Sentenz: *„In Nürnberg keine Messe, aber keine Messe ohne Nürnberger"*, ist gut formuliert, einprägsam, hinsichtlich der Heiltumsmesse allerdings, wie gezeigt, nicht wirklichkeitsgetreu. Ein wesentlicher Aspekt kommt jedoch in seiner Charakterisierung zum Ausdruck: Die Mobilitätsschwelle der Nürnberger Kaufleute aufgrund von Sprachschwierigkeiten, der Aufgabe des gewohnten kulturellen und sozialen Rahmens, rechtlicher Unwägbarkeiten, des Transport-, Absatz-, Einkaufs- und Finanzierungsrisikos war sehr niedrig. Sie unterschieden sich damit von den Kaufleuten der Messeplätze, von denen Kulischer sagte: *„Es ist alte Wahrheit: die Kaufleute der Messeplätze werden meist weniger unternehmenslustig als ihre Gäste"*.[605] Dem entspricht der Befund von Straube,[606] der in seinem Aufsatz über Handelsreisende im 16. Jahrhundert bis auf ganz wenige Ausnahmen keine Unternehmer aus der Messestadt Leipzig fand, die sich zu anderen Handels- und Wirtschaftszentren auf den Weg machten.

Dieser Typus von Unternehmer war es, der die Güter der Urproduktion europa-, ja weltweit verhandelte, der die Rohstoffbasis für das Nürnberger Gewerbe sicherte, den Im- und Export dieser Güter und den der Fertigprodukte in alle Länder hin organisierte. Er war es, der Unternehmer, der wesentlichen Anteil an der Qualität des Wirtschaftsstandortes Nürnberg hatte.

Für die Standortwahl der Italiener war denn auch nicht die geografische Lage entscheidend, sondern die Produktionsdichte und -qualität des Nürnberger Gewerbes. Außerdem wurden in Nürnberg Warenvolumina und Warenvielfalt aus aller Welt verhandelt wie in keiner anderen Stadt Deutschlands oder gar Europas und zwar, dies unterschied die Stadt z.B. von den Messestädten Frankfurt/M. und Leipzig, das ganze Jahr hindurch![607] Zusätzlich, aber mit diesen Faktoren natürlich eng zusammenhängend, war Nürnberg d e r Finanzplatz,[608] d a s Nachrichten-/Informationszentrum (neben Augsburg). Der internationale

---

604   Voigt, K., Italienische Berichte, S. 126. Lütge, F., Handel Nürnbergs-Osten, S. 342.
605   Kulischer, J., Wirtschaftsgeschichte, S. 435.
606   Diese Aussage gilt insofern nur mit Einschränkungen, als noch nicht alle Herkunftsorte der Kaufleute belegt werden konnten. - Straube, M., Handelsreisende, S. 774-790, in Verbindung mit seinem Brief vom 02.06.2001. Vgl. auch seinen Aufsatz Leipziger Messen, passim.
607   Diesbezüglich vielleicht am ehesten vergleichbar mit Augsburg und Köln.
608   Denzel, M.A., Integration-Zahlungsverkehrssystem, S. 63.

Warenverkehr mit Italien hatte eine jahrhundertealte Tradition, die wirtschafts-politischen Rahmenbedingungen - Niederlassungs- und Gewerbefreiheit, Rechtssicherheit - waren gut. Diese Faktoren machten die entscheidende Stand-ortqualität für sie aus.

Außerdem war durch die zahlreichen Niederlassungen Nürnberger Kauf-leute in Italien und durch den intensiven Warenaustausch die außenwirtschaftli-che Flanke Nürnbergs verwundbar und bot so den Italienern in der Stadt an der Pegnitz einen idealen wirtschafts- und rechtspolitischen Schutzraum. Die schlampige Zollverwaltung und Schutzgelderhebung machte Nürnberg für sie zeitweise zur Freihandelsstadt.

In diesem Zusammenhang muß eine Frage zumindest aufgeworfen werden, wenn die Antwort darauf auch sicher schwer zu finden sein dürfte. Sie lautet: In welchem Maße hing die Standortentscheidung der Italiener auch damit zusam-men, in ihren Heimatstädten den Gewinn aus ihrer multinationalen Tätigkeit verschleiern, die Steuer- und Abgabenquote drücken zu können?[609] Schon vor Ort – in Nürnberg – war es leicht möglich, Steuern in Form des Schutzgeldes bzw. Abgaben etwa in Form des Zolls und des Ungeldes zu hinterziehen; wie viel leichter muß es gewesen sein, die relevante Steuerbemessungsgrundlage in Florenz, Mailand - oder wo auch immer - zu manipulieren!

Und noch einmal sei als wichtiges Entscheidungskriterium der Safranhan-del (der Spezereihandel insgesamt) hervorgehoben. Er kann in seiner Bedeutung kaum überschätzt werden. Es ist sicher kein reiner Zufall, daß auf den beiden Kursberichten (Laufzettel) von den Messen in Frankfurt und Leipzig, die Th.G. Werner publiziert hat, die Preise für Safran an der ersten Stelle stehen.[610] Nur hier, in Nürnberg, bekamen sie durch die Safranschau *„Nürnbergisch gerecht geschaut Gut"* attestiert, was Wettbewerbsvorteile in ganz Europa garantierte. Für zahlreiche andere Güter galt dasselbe.

Irgendwelche Restriktionen gegenüber den Italienern bei ihrer Standort-wahl ‚Nürnberg' sind bei der Internationalität des Nürnberger Handels denn bis in die 60er Jahre hinein auch nicht bekannt. Wegen möglicher Retorsionsmaß-nahmen wären sie in hohem Maße kontraproduktiv gewesen.

Ein letzter Hin- und - vielleicht - Beweis für die angestellten Überlegun-gen. Als Nürnberg in den siebziger Jahren des 16. Jahrhunderts den Einfuhr- und Transitzoll für die Italiener erhöhte, reagierten diese damit, daß sie einen (gro-ßen) Teil ihrer Waren im Zollhaus als unverkäuflich deklarierten, nach Roth und Schwabach auslagerten, um sie während der zollfreien Heiltumsmesse zu reim-portieren. Vor einer Überschätzung der Zollpolitik als wirtschaftspolitisches In-strument sei aber auch hier gewarnt.

---

609 Vorausgesetzt natürlich, diese im Ausland erzielten Gewinne etc. waren überhaupt steu-erpflichtig. Oder sahen die Gesetzgeber und Finanzbehörden darin eine ungerechtfertig-te Doppelbesteuerung?

610 Werner, Th.G., Kursberichte, S. 98f.

Die Quellen zeugen nicht von einem Direktverkauf von ihren neuen Lagerorten aus. In diesem Fall wäre dem Rat wohl keine andere Wahl geblieben als die Italiener auszuweisen. Dies „*vor das Tor Laufen*"[611] hätte seitens der Käufer gegen das Fürkaufsverbot, seitens der Italiener gegen Fürverkaufsverbot verstoßen. Aus standort- und sozialpolitischen Erwägungen heraus war es aber das Bestreben der Städte, das Umland, auch wenn es ihrer politischen Herrschaft nicht unterstand, wirtschaftlich zu unterwerfen, keine konkurrierenden Märkte entstehen zu lassen.[612] Bannmeile, Straßenzwang, Stapelpflicht,[613] Verbot oder Einschränkung des Zwischenhandels waren die Rechtsinstitute, mit denen man Handelsströme auf den heimischen Markt lenken wollte, dort sollten sich Angebot und Nachfrage treffen. Das war das „*Principal Stück*"[614], wie es in den Nürnberger Quellen heißt.

Es ist nun äußerst bemerkenswert, daß sich Nürnberg während dieser Auseinandersetzung mit den Italienern nicht auf bestehende Gesetze berief,[615] sondern offensichtlich auf die Rechtspraxis abhob. Ein deutlicher Hinweis auf die Attraktivität des Gewerbe- und Handelsstandortes Nürnberg. Die ‚Fremden' kamen aus einem wirtschaftlichen Kalkül heraus freiwillig nach Nürnberg, man brauchte sie nicht durch Rechtsvorschriften zu lenken oder gar zu zwingen. Der verstärkte Zuzug der Italiener und die Eröffnung von Faktoreien ist ein überzeugender Beweis. Anders etwa als im Wirtschaftsraum Flandern/Brabant mit seiner großen Städtedichte, wo die oben genannten Rechtsinstitute verstärkt verankert waren,[616] hatte Nürnberg in seiner Region keine unmittelbaren Konkurrenten, mußte sich ihrer durch derartige Auflagen nicht erwehren. Man könnte nun hierin einen Standortvorteil Nürnbergs sehen; zutreffender ist aber wohl die Feststellung, daß Nürnberg auch ohne die Integrations- und Wachstumsimpulse, die von derart verdichteten und vernetzten Wirtschaftsräumen ausgingen und ausgehen, ein solitärer Wirtschaftsstandort wurde und war: *Auf dem platten Lande* sozusagen. Eine Parallele: Wie hilfreich die Privilegien aus den Jahren 1497 und vor allen Dingen 1507 für Leipzig auch waren, Ursache für die Blüte

611 Gönnenwein, O., Stapel- und Niederlagsrecht, S. 239.
612 Deutlich erkennbar durch die Konkurrenzkämpfe zwischen Leipzig, Erfurt, Halle und Magdeburg. - Straube, M., Mitteldeutsche Städte-Osthandel, S. 84.
613 Vgl. Müller, J., Nürnberg-Kurmainz, passim.
614 StaatAN, Rep. 19a, E-Laden, Akten, S VII, L 123, 220. Produkt 1. 15.07.1572.
615 Ein Fürkaufsverbot kannte Nürnberg für das Getreide. In einer Polizeiordnung aus dem Jahre 1496 heißt es: „... *daß hinfüro nymantz eynich getraid, das man here zu marckt bringet oder zu bringen vermaint, hier in der stat oder in einer meyl wegs um dise statt fürkauffen soll*". Das Zehnmeilen-Bannrecht galt in Nürnberg für den Waid- und Viehhandel. - Zitat nach: Hofmann, H., Getreidehandelspolitik-Nürnberg, S. 25. Gönnenwein, O., Stapel- und Niederlagsrecht, S. 245.
616 Gönnenwein, O., Stapel- und Niederlagsrecht, S. 233ff.

der Leipziger Messen waren sie nicht. Das hat Straube nachgewiesen.[617] Es wurde gelegentlich schon darauf hingewiesen.

Die letzten Ausführungen eröffnen aber noch einen anderen Aspekt und liefern vielleicht eine Antwort auf die Frage, warum die Italiener am Anfang des 16. Jahrhunderts erst vereinzelt, um die Mitte des Saeculums verstärkt nach Nürnberg kamen, obwohl, wie gezeigt, die Austauschbeziehungen zwischen den Ländern und den Firmen jahrhundertelang bestens florierten. Sie könnte lauten, daß die Nürnberger Unternehmer es durch ihre Dynamik, ihre Flexibilität und durch ihre Mobilität es wie wenige andere schafften, die Handelsströme aus und in den Süden und Osten und Norden und Westen, selbstredend den mit den Produkten des heimischen Gewerbes, exklusiv in die Hand zu nehmen, den Zwischenhandel weitgehend auszuschalten. Sie hatten sich schon global positioniert, als andere erst damit begannen. Nürnberg war also bis dato sozusagen für Fremde noch ein ‚weißer Fleck' auf der Standortkarte, was heißen soll, daß der Handel zwar international ausgerichtet war wie in wenigen anderen Städten, daß dieser aber von einheimischen Unternehmern dominiert wurde. Das garantierte den Beteiligten hohe Gewinnquoten. Als exemplarischer Beweis mag noch einmal der Safranhandel angeführt werden und auch die Tatsache, daß die Italiener später konkurrenzfähig blieben, obwohl sie ihre Waren von Nürnberg aus mehrmals versenden mußten bis sie auf Nachfrage stießen, auch in Zollerhöhungen ihre Wettbewerbsfähigkeit nicht beeinträchtigt sahen (obwohl sie, bis auf einen, die wahre Sachlage entlarvenden Quellennachweis, das Gegenteil behaupteten). Diese Güter wurden vorher aber von den Nürnbergern verhandelt, sie hatten den Zwischenhandel weitgehend ausschalten, entsprechend hohe Gewinnmargen einstreichen können. Das Fehlen der oben aufgeführten Rechtsinstitute (Stapelzwang etc.) findet seine Erklärung also auch in der Tatsache, daß der große internationale Güteraustausch bis zur Mitte des Jahrhunderts in den Händen heimischer Unternehmer lag, es solcher Bestimmungen deshalb nicht bedurfte.

Nach den zahlreichen Argumenten, die die Attraktivität des Standortes Nürnberg nicht aus den Zoll'privilegien' und nicht aus der geografischen Zentrallage, sondern aus anderen realökonomischen Fakten heraus begründeten, soll der Faktor ‚Geografie' gleichwohl noch einmal zur Diskussion gestellt werden. Hier ist ausdrücklich nicht gemeint, daß Nürnberg im Zentrum eines Kreises lag, der mit einem Radius von 400 bis 800 Kilometer die Wirtschaftsstandorte Köln, Antwerpen, Hamburg, Krakau, Mailand, Venedig, Lyon tangierte. So weit brauchen die Vertreter dieser Argumentation den Bogen gar nicht zu schlagen. Wenn diese Begründung Gewicht haben soll, dann erhält sie dieses für den Untersuchungszeitraum durch das fast gleichschenklige Kräftedreieck des Ganzjahresstandortes Nürnberg mit der Messestadt Frankfurt und der Messestadt Leipzig.

---

617 Es sei summarisch auf seine Titel im Literaturverzeichnis und die darin zitierten weiteren Aufsätze hingewiesen.

Von hier gingen ganz wesentliche Impulse für den nationalen und kontinentalen Warenaustausch aus. Das ist nicht streitig. Auch neuere Untersuchungen von Rothmann (für Frankfurt) und Straube (für Leipzig) lassen daran keinen Zweifel. Es muß in diesem Zusammenhang aber auch die Frage gestellt werden, von welcher historischen Entwicklung die stärkeren gegenseitigen Impulse ausgingen: Von Nürnberg auf Frankfurt und Leipzig, oder umgekehrt? Wie hätten sich die Messen ohne den zentralen Wirtschaftsstandort Nürnberg in ihrer Nähe entwickelt? Nürnberg prosperierte jedenfalls schon, als es die Messen noch nicht gab bzw. von untergeordneter Bedeutung waren.

Für den hier vertretenen Ansatz, der die Standortqualität Nürnbergs stärker als bisher von der Unternehmerseite her erklärt, genügt es auch nicht zu wissen, welche Waren auf welchen Messen umgeschlagen wurden, sondern es stellt sich die Frage, woher die Unternehmer stammten, die diesen Güteraustausch organisierten und finanzierten. Welche Namen z.B. verweisen in Nürnberg auf Kaufleute aus den Messestädten Frankfurt, Leipzig, Bozen, Innsbruck, Lyon etc.? Man wird sie kaum finden, als relevante oder gar dominierende, hier auf Dauer domizilierende und verwurzelnde Gruppe gänzlich nicht. Der Im- und Export mit diesen Städten und Ländern war aus Nürnberger Sicht bedeutend, lag aber während des Untersuchungszeitraumes in den Händen der Unternehmer aus Nürnberg.

Der Import aus dem Süden von Halb- und Fertigerzeugnissen, von Spezereien mag, wie behauptet wird, für das Reich größer gewesen als der Warenexport in den Süden, die Handelsbilanz in diesem Sinne negativ war, so daß der Debetsaldo mit Rohmaterialien, vor allen Dingen mit dem Export von Silber ausgeglichen werden mußte.[618] Aber mindestens bis in die Mitte des 16. Jahrhunderts lag der Handel in beide Richtungen in der Hand deutscher, und unter ihnen vor allen Dingen Nürnberger Unternehmer. Es sei hier daran erinnert, daß der Italiener Turrisani das Verhältnis 100:1 einschätzte; auf 100 Deutsche in Italien kam ein Italiener in Deutschland. Anders ausgedrückt: Eine ‚Austauschbilanz der Unternehmer' und ihrer Profite kommt zu einem anderen Ergebnis als eine Bilanz der Waren- und Kapitalströme.

Also auch aus dieser Sicht heraus kann der ‚städte-geografische Ansatz' nicht recht überzeugen, er müßte zumindest ergänzt werden durch einen ‚unternehmer-geografischen', also *made in …* plus *out of …* plus *traded by …* . Aber auch eine Abfrage lediglich des momentanen Bürgerrechtsstatus der jeweiligen Unternehmer würde zu verzerrten Ergebnissen führen. Erst Herkunftsnachweise über mehrere Generationen hinweg könnten die Wanderungsbewegungen erfassen und damit Impulsrichtung und -stärke wenigstens annäherungsweise ermessen und quantifizieren.

---

618 Rothmann, M., Frankfurter Messen, S. 318f.

Derjenige, der immer wieder den Unternehmer und seine europa-, ja weltweite Mobilität in den Mittelpunkt seiner zahlreichen Untersuchungen gestellt
hat, war Hermann Kellenbenz. In diesem Sinne ist man versucht, einen großen
Teil seines Werkes unter einer speziellen ‚Reise'literatur zu subsumieren.[619]

Die Italiener wußten um die Standortqualitäten Nürnbergs und zogen - fast
möchte man sagen spät -, die unternehmerischen Konsequenzen. Sie bewerteten
das Risiko ihrer Investitionen als nicht nur vergleichsweise, sondern als absolut
gering, den Ertragswert als mittel- und langfristig hoch, jedenfalls für den Fall,
daß sie es schafften, den Nürnbergern, und das heißt nicht zuletzt den Allianzmitgliedern, wesentliche Anteile auf den Märkten für Gewürze und teure Textilien abzunehmen.

Um es in der heutigen Terminologie der Nationalökonomie und Betriebswirtschaft auszudrücken: Sie hielten sowohl die administrative als auch die ökonomische Attraktivität Nürnbergs für besonders gut.[620] Durch ihre kaufmännische Erfahrungen, durch ihre Kapitalkraft, durch ihre internationale Zusammenarbeit und durch den Zusammenschluß in Nürnberg zu einer Allianz sowie der
inneren Schwäche ihrer Allianzkonkurrenten hatten sie die Voraussetzungen,
den Wettbewerb zu bestehen.

Zwei Fragen müssen zumindest noch gestellt werden. Inwieweit hing, erstens, der Zuzug der Italiener - und wenig später auch der Niederländer - nach
Nürnberg auch mit der Schwergewichtsverlagerung der Handelsströme an den
Atlantik und den Nord- und Ostseegebieten zusammen? Und, zweitens, inwieweit waren eventuelle Wachstumsrückgänge in den italienischen Stadtstaaten
ursächlich? In dieser Arbeit können diese Probleme, die von grundsätzlicher
Bedeutung für die internationale wirtschaftsgeschichtliche Forschung sind, nicht
abschließend beantwortet werden. Zum zweiten Punkt soll angemerkt werden:
Wenn das der Grund gewesen sein sollte, dann heißt dies zumindest, daß das
Wachstum in Nürnberg gleich oder größer, ein Wachstumsrückgang gleich oder
kleiner war als in den betreffenden Stadtstaaten Italiens. Zur ersten Frage wird
im vierten Kapitel ausführlich Stellung bezogen, wobei aber, dieses Ergebnis sei
hier schon vorweggenommen, nicht gesagt werden kann, ob die intensiven Austauschbeziehungen zwischen den Niederländern und den Italienern in Nürnberg
Ursache oder Folge der Schwergewichtsverlagerung der Handelsströme und ihrer Standortwahl war. Unabhängig vom Erfolg ihrer strategischen Entscheidungen bleibt die Frage, warum die Standortausweitung gerade um die Mitte des 16.
Jahrhunderts erfolgte, offen. Die Rahmenbedingungen sind für die Jahrzehnte
davor als ebenso gut einzuschätzen. Im übrigen wäre es eine interessante Aufgabe, die hier vorgetragenen Argumente vor dem Hintergrund der zahlreichen

---

619   Neben den hier zitierten Werken siehe auch: Kellenbenz, H., Dreimal Lateinamerika.
620   Zu diesen Fragen siehe: Albach, H., Globalisierung-Standortfrage, S. 7ff.

Theorien über „Ausländische Direktinvestitionen" zu betrachten und zu gewichten.[621]

Schon an dieser Stelle und aus dieser Sicht heraus müssen die angeblich verheerenden wirtschaftlichen Folgen des Zweiten Markgrafenkrieges in der Mitte des 16. Jahrhunderts in Frage gestellt werden. Schon der gleichzeitig einsetzende Zuzug italienischer Firmen nach Nürnberg läßt Zweifel an dieser Einschätzung aufkommen. Weiter unten wird dazu ausführlich Stellung bezogen. Man könnte sagen, daß das Investitionsrisiko für die Italiener v o r dem Markgrafenkrieg als groß eingeschätzt wurde. Man wußte um die Spannungen und um die Absichten von Alcibiades, konnte das Ergebnis eines Krieges aber nicht einschätzen. Nach dem Krieg sah man, daß die, um es zu wiederholen, wirtschaftlichen Folgen eben nicht verheerend waren, Nürnberg weiterhin prosperierte, die Entscheidung für diesen Standort gute Gewinne versprach. Insofern hat der Ausgang dieses Krieges die Standortqualität Nürnbergs erhöht und die Wachstumschancen verbessert. Nicht umgekehrt!

Wie Rat und Kaufmannschaft auf die einsetzenden Strukturverschiebungen reagierten, soll im folgenden Kapitel untersucht werden.

---

621 Siehe die informative Zusammenfassung der wesentlichen Ansätze bei Milz, H., Verlagerung-Produktionsstätten, passim.

3. Drittes Kapitel: Die Auseinandersetzung in und um den Standort Nürnberg

Es wäre eine lohnenswerte Aufgabe, die folgenden Argumente der involvierten Parteien während der Standortdiskussion mit denen zu vergleichen, die von verschiedener Seite her während der Monopoldiskussion besonders in der ersten Hälfte des 16. Jahrhunderts geäußert wurden. In Wirklichkeit wurde das Problem ja schon in den ersten nachchristlichen Jahrhunderten thematisiert. Diese grundlegenden wirtschaftstheoretischen, wirtschaftspolitischen und wirtschaftsethischen Positionen vergleichend und abwägend zu analysieren, gehört jedoch nicht zur Zielsetzung dieser Untersuchung.[622] In allgemeiner Form soll hier aber festgestellt werden, daß die Nürnberger Beschwerdeführer im Kampf gegen ihre Konkurrenten über weite Strecken auf Argumente zurückgriffen, die vorher gegen sie, die großen Handelsgesellschafter, Monopolieninhaber und ‚Wucherer' vorgetragen wurden.[623] In charakteristischen Einzelfällen soll aber auf konkrete Parallelen hingewiesen werden. Analogien zur heutigen Globalisierungs- und Standortdiskussion in Deutschland liegen, wie ausgeführt, ebenfalls auf der Hand.

3.1 Die ‚kleine' wirtschaftspolitische Reform im Jahre 1568

Spätestens Ende der 60er Jahre setzte im Inneren Rat eine Diskussion über die Sanierungsmöglichkeiten des städtischen Haushalts ein. Bei den Sanierungsberatungen im Jahre 1571 sprachen Ratsmitglieder von einem *„baufälligen Haus".*[624] Bei einem Gesamtetat von rund 350.000 Gulden[625] wurde die Deckungslücke auf 70.000 Gulden beziffert, um die Schuldzinsen bedienen zu können.[626] Diese Tatsache ist um so bemerkenswerter, weil sie durch kurz zurückliegende exogene Ereignisse, etwa Krieg oder Feuersbrünste, nicht erklärt werden kann. Auch in einer nachlassenden wirtschaftlichen Dynamik findet der desolate Zustand der öffentlichen Finanzen keine Erklärung. Den eben aufgezeigten Ausbau des Standortes Nürnberg durch die Italiener und wenig später auch der Niederländer dürfen wir durchaus als Indizien für eine anhaltende wirtschaftliche Prosperität werten, ebenso, wie unten nachgewiesen wird, die waagerechte Trendlinie bei den Zolleinnahmen und die Zunahme der Steuerpflichtigen. Die Begründung der Zuwanderung in einem lediglich komparativen Vorteil gegenüber den italienischen Stadtstaaten zu sehen, also Rückgang von Konjunktur und Wachstum in allen Städten, in Nürnberg aber mit einer geringeren Rate,

---

622 Siehe die Arbeiten von Blaich und Höffner.
623 Vgl. Schulze, W., Geschichte-16. Jahrhundert, S. 118.
624 BayStaatsAN, Rep. 19a, E-Laden, Akten, S I, L 115, 6, fol. 46, 1571.
625 Müller, J., Finanzpolitik, S. 23f.
626 BayStaatsAN, Rep. 19a, E-Laden, Akten, S I, L 115, 5, 1567.

diese These kann aufgrund des ganzen Kontextes nicht recht überzeugen. Oben wurde die Frage schon aufgeworfen.

Um den finanzwirtschaftlichen Offenbarungseid hinauszuzögern, war die Steuerschraube bei den Bürgern immer härter angezogen worden[627]. Die Abgabenquote der Fremden in Form des Schutzgeldes war aber wahrscheinlich konstant geblieben. Ein eindeutiger Beweis steht allerdings noch aus. Als bedeutende Weinhändler waren die Italiener allerdings durch die Erhöhung des Ungeldes belastet worden.

Diese Feststellungen sind hier deshalb sehr wichtig, weil sie zu der naheliegenden Schlußfolgerung führen könnten, die geplanten und tatsächlichen Zollerhöhungen und administrativen Verschärfungen bei den Fremden finden in der finanzwirtschaftlichen Misere – von den ‚Fremden', vor allen Dingen den Italienern, durch Zollhinterziehungen angeblich verursacht - ihre letzte und eigentliche Begründung. Ob das wirklich der Fall war, oder es sich um einen irrigen Begründungszusammenhang handelt, darüber mögen die folgenden Ausführungen Aufschluß geben.

Was die Standortwahl „Nürnberg" aus Sicht der Italiener (und anderer Firmen aus fremden Städten) betrifft, so kann diese nicht, wie schon ausgeführt wurde, alleine, nicht einmal in erster Linie, unter dem Gesichtspunkt der Zollbelastungen diskutiert und begründet werden, sondern es muß ein umfangreicheres Faktorenbündel analysiert und bewertet werden. Außerdem müßte, um das Entscheidungskriterium ‚Zollhöhe' für die Attraktivität Nürnbergs als Wirtschaftsstandort angemessen gewichten zu können, ein Kostenvergleich mit konkurrierenden Städten erstellt werden. Der aber setzte vollständige oder doch hinreichende Information über deren Tarife und, wichtiger, der Zollpraxis voraus. Letzteres deshalb, weil die Zollbeamten im Einzelfall einen nicht unerheblichen Ermessensspielraum bei der Festsetzung der Bemessungsgrundlage hatten. Weitere Schwierigkeiten würde die heterogene Metrologie bereiten,[628] die komplizierte Umrechnungen erfordern würde und eine unmittelbare Abwägung von Vor- und Nachteilen nicht zuließe. Lorenz Meder aus Nürnberg konnte 1557 mit Recht stolz sein, als er mit seinem Buch über die internationalen Handelsbräuche,[629] das nicht weniger als 99 Folios umfaßte, auch hinsichtlich der verschie-

---

627   Und sollte, ginge es nach den Vorstellungen von Endres (I) Imhoff, weiter angezogen werden.

628   "*Es haben mich vil un[d] oft, etliche meiner guten günner und freund, angelanget und gebeten, ich wölle doch (dieweyl ime selbst niemandts allein geborn sey, sonder vilen andern zu gutem) der christlichen gemein, etwas zu nutz un[d] gutem, in den truck verordnen, publicirn, und außgehen lassen. Besonder etwas, derer verborgenen künsten so bißhero, noch nie an den tag kommen, und von niemands biß auf dise stund, klerlich durch den truck an den tag gegeben worden sein*". Zitiert nach Kellenbenz, H., Medersches Handelsbuch, S. 3, 125.

629   Meder schrieb das Buch nicht, wie Walter (1992) mit Recht betonte, um einen Überblick über Nürnbergs herausragende Stellung in der europäischen Wirtschaft zu geben, tat es faktisch aber eben doch. – Walter, R., Nürnberg-Weltwirtschaft, S. 151.

denen Münz-, Maß- und Gewichtssysteme und ihrer Relationen eine ‚Marktlükke' ausfüllte.[630]

Wenn es gleichwohl die Zollpolitik Nürnbergs war, welche die Grundsatzdebatte über die gesamte Wirtschaftsordnung und -politik des Nürnberger Rats auslöste, aber bei weitem nicht gänzlich ausmachte, dann deshalb, weil die Fremden sich stark genug fühlten, um gegen jede Abgabenerhöhung zu protestieren. Es waren nicht so sehr die konkret ins Auge gefaßten Sätze, gegen die sie protestierten, sondern sie befürchteten auf mittlere Sicht eine grundsätzliche Abkehr von den freihändlerischen Leitlinien der Stadt, wollten den Anfängen wehren. Die Forderungen der Nürnberger Beschwerdeführer gingen schließlich denn auch über zollpolitische Maßnahmen weit hinaus.

Woran entzündete sich die heftige Zolldebatte? Den entscheidenden Grund müssen wir in der Tatsache sehen, daß die Fremden, und wenn von ihnen die Rede ist, sind zunächst und vor allen Dingen die Kaufleute aus den italienischen Stadtstaaten gemeint, zu großen Konkurrenten der *„fürnembsten"* Nürnberger Handelshäuser und auf den lukrativsten Märkten geworden waren.

3.1.1. Ausgangslage

Am Anfang der Neuzeit waren fast alle Zölle in die Hände lokaler Gewalten gekommen. Die mächtigen Territorialherren erkannten zwar das Zollregal des Kaisers an, verteidigten aber hartnäckig die sich schon in ihrem Besitz befindlichen Zölle und etablierten auch ohne Erlaubnis der Zentralgewalt immer neue.[631]

Seit dem Jahre 1385 befand sich das Zollregal - im Jahre 1273 von Kaiser Rudolf I. an die Nürnberger Burggrafen (teilweise)[632] verliehen und von diesen und von ihm selbst zeitweise (1349)[633] an Nürnberger Bürger (Vorchtel, Groß[634]) verpfändet -, vorübergehend, seit 1396 endgültig in den Besitz Nürnbergs.[635] Friedrich III. übertrug schließlich 1464 dem Rat das Recht, die Zollhö-

---

630 Walter, R., Zölle, S. 448. Witthöft, H., Metrologie (historische), S. 241-243. In die Reihe der Kaufmannsbücher gehört auch ein erst vor einigen Jahren wiederentdecktes, in Nürnberg aufwendig gefertigtes Lehrbuch der Rechenkunst, das Franziscus Werdemann 1593, damals 12 Jahre alt, von seinem Vater Johann Baptista geschenkt bekam. Heute gehört es zum Bestand des Rätischen Museums in Chur. Bezeichnend ist, daß es im Gegensatz zum Buch von Meder nicht für die Öffentlichkeit bestimmt war. – Kahl, G., Rechenbuch-Wertema, passim.

631 Schmidt, G., Städtetag-Reichsverfassung, S. 440f.

632 Reicke, E., Geschichte-Nürnberg, S. 110.

633 Verpfändung des Zollregals an Konrad Groß und seine Erben. Von diesen (1365) durch erneute Verpfändung zurück an die Burggrafen. - Reicke, E., Geschichte-Nürnberg, S. 110.

634 Schultheiß, W., Geld-, Finanzgeschäfte, S. 70; Konrad Gross, S. 59, 64; Handelsbriefe, passim.

635 Hirschmann, G., Nürnberger Handelsprivilegien, S. 46, 156, S. 157, 47. Will, G.A., Historia Norimbergensis, 4, S. 258, 461. Falke, J., Zollwesen, S. 93. Reicke, E., Geschich-

he gemäß den fiskalischen Notwendigkeiten und handelspolitischen Zielsetzungen nach eigenem Ermessen anzupassen.[636] Schon vierzig Jahre vorher (1422 oder 1424[637]) war das Münzregal, ebenfalls über Zwischenstationen (Ludwig der Bayer, Groß,[638] Vorchtel, Burggraf) an die Stadt gefallen.[639] Damit hatte Nürnberg zusätzlich zur Steuerhoheit alle damals wichtigen wirtschaftspolitischen Instrumentarien, die *„klassische Dreiheit von Markt, Zoll und Münze"*[640] in seiner Hand, kein weltlicher oder geistlicher Landesherr konnte direkten Einfluß nehmen.[641]

Einer der ältesten erhaltenen Nürnberger Zollordnungen datiert nach Holzberger[642] aus dem Jahre 1520, welche die seit dem Jahre 1465[643] bestehende Zollordnung kodifizierte. Nach einer Quelle aus dem Jahre 1571[644] gab es eine Zollordnung aus dem Jahre 1496, die 1526 novelliert worden war. Die Zolldeputierten erfuhren damals: „ ... *sintemal die obermelte Ordnung anno 1496 nie ins Zollbüchlein gebracht, sondern wie die Zoller in der Wag bericht, bei etlichen alten schlechten Briefen gelegen"* sei. Nicht gerade ein leuchtendes Beispiel für eine penible Administration!

Meder[645] unterrichtet uns in seinem Handelsbuch aus dem Jahre 1558 über den Zoll in Nürnberg folgendermaßen:

„Zu Nürnberg ist der gebrauch, d[a]z man in der wag zoll bezalt, von dem das der frembde kauft und verkauft, als nemlich, so zwen ein ander verkaufen, müssen sie bede bezalen. Und so ein frembder von einem burger kauft oder verkauft, so zalt alle mal der frembde. In Summa, alle außlender zahlen, allein Antorf, Straßburg, Dornick, Herzogen Bosch, Franckfort, Meintz, Brüssel, Mechel, Würtzburg, Bamberg, Gemind, Eger, Cham, Amberg, Regenspurg, München, Gelhausen, Sultzbach, Ach, sind frey.

Item von macitz, safron, nüß, negel, canel, piper, zenzero, mandel, und dergleychen wahren, als materialia und seidengewand, zalt man von 100, man kaufs oder verkaufs fl 1. Man kann aber viel hinweg bringen, so mans im hauß abwigt, und solche wahren nicht in die wag noch auf die schaw kommen".

Wichtig ist in diesem Zusammenhang, daß ausschließlich die Nicht-Bürger Zoll zahlten. Genauer müßte es heißen, es unterlagen die Waren dem Zoll, die

te Nürnbergs, S. 110, hat das Jahr 1385, möglicherweise ist aber nicht der endgültige Übergang des Zollregals an die Stadt gemeint, der wohl erst 11 Jahre später erfolgte.
636   Will, G.A., Historia Norimbergensis, S. 678.
637   Kellenbenz, H., Handel-Gewerbe, S. 184.
638   Schultheiß, W., Konrad Gross, S. 68.
639   Schultheiß, W., Geld-, Finanzgeschäfte, S. 59.
640   Irsigler, F., Zollpolitik, S. 41, 50f.: Vergleich der Zollsysteme Nürnbergs und Kölns.
641   Müller, J., Handelspolitik, S. 597.
642   Holzberger, L., Zollwesen-Nürnberg, S. 10.
643   Hald; K., Waag- und Zollamt, S. 98.
644   BayStaatsAN, Rep. 19a, E-Laden, Akten, S VII, L 123, 220 (3), 07.11.1571.
645   Kellenbenz, H., Meder'sches Handelsbuch, S. 207. Vgl. dazu auch: Hirschmann, G., Nürnberger Handelsprivilegien, passim.

nicht im Eigentum Nürnberger Bürger standen. Verhandelten Bürger als Diener oder Faktor Güter von Nicht-Bürgern, hatten sie für ihre Dienstherren den Zoll ebenfalls zu entrichten.

In der gebotenen Kürze sollen hier zunächst die wesentlichen Charakteristika der Nürnberger Zollbestimmungen vor dem Diskussionsbeginn tabellarisch aufgezeigt werden (**Ausschnitt = Darstellung 28**).[646]

3.1.2. Maßnahmen

Beim Studium der Quellen[647] drängt sich der Eindruck auf,[648] daß der Rat den ortsansässigen Fremden gegenüber eher unwillig seine Kompetenzen als wirtschaftspolitischer Hoheitsträger wahrnahm. Von hektischem Aktionismus, von kurzfristigen Ad-hoc-Maßnahmen, von einem ‚quick fix' ist nichts zu spüren.[649]

Im Zuge der Haushaltsberatungen[650] Anfang April 1568 wurden die Zolldeputierten Endres (II) Imhoff und Hans Welser damit beauftragt, Zollgesetze und Zollpraxis zu überprüfen. Ihr Gutachten sollte dem Rat Entscheidungshilfen an die Hand zu geben. Über ein halbes Jahr verging bis zum Ratsverlaß am 27.10.1568.[651] Begründet wurden die folgenden Maßnahmen mit Zollhinterziehungen. Das habe der Rat *„nit allein gespürt, sondern des auch allerhand genugsame gegründete Anzeig bekommen".*

In den folgenden Punkten sollte die Zollordnung geändert werden. Oder war es lediglich eine Präzisierung schon bestehender Vorschriften? Die Frage ist bislang nicht zweifelsfrei zu entscheiden.

3.1.2.1. Amtspflichten des Zöllners und des Gegenschreibers

Die Aufforderung an die beiden Amtspersonen, die Zollordnung in *„fleißiger Achtung"* zu haben,[652] damit die Stadt keinen Schaden erleide, hört sich wie eine väterliche Ermahnung an.

---

646 Eine Zollordnung etwa aus dem Zeitraum von 1330-1350 publizierten Biebinger, W.-Neukam, W., Handelsgeschichte, S. 126. Die Tarife seit dem Übergang des Zollregals an Nürnberg bei Müller, J., Handelspolitik, S. 603ff. Siehe auch die einschlägigen Ausführungen in seinem Aufsatz über die Finanzpolitik Nürnbergs. Spätere Arbeiten stammen von L. Holzberger (1924) und K. Oberndörfer (1965), letzterer mit dem Akzent auf verfassungs- und verwaltungsrechtliche Fragen.
647 Holzberger führt das Tiergärtnertor nicht auf. - Holzberger, L., Zollwesen, S. 10.
648 Riess, K., Steuerrecht-Nürnberg, S. 21.
649 Sieber, H., Odysseus-Ökonomie, S. 17.
650 Es ging damals nicht nur um die Bierungelderhöhung, wie Müller schreibt, sondern es standen alle Einnahmeposten auf dem Prüfstand. – Müller, J., Finanzpolitik, S. 51. Bay-StaatsAN, Rep. 19a, E-Laden, Akten, S I, L 115, nach 5i, 09.04.1568.
651 BayStaatsAN, Rep. 60b, Ratsbücher, 33, fol. 248, 27.10.1568.
652 So jedenfalls zitierten den Rat die Deputierten Imhoff und Welser drei Jahre später. - BayStaatsAN, Rep. 19a, E-Laden, Akten, S VII, L 123, 220 (Beilage zu 2), 25.09.1571.

	Zollart	Bemessungs grundlage	Waren (Auswahl)	Zollsatz	Zollpflich tige
1.	Passierzoll (Tor-, Brückenzoll: Laufer-, Spittler-, Haller-, Frauen-, Wöhrder-, Tiergärtnertor; ausnahmsweise auch Wegezoll)	Wagen	Alle	2 Pfg.	Nürnberger und Fremde
		Karren	Alle	1 Pfg.	Nürnberger und Fremde
2.	Marktzoll (Wert-/Pfundzoll, bei Einfuhr bzw. Ausfuhr)	Verkaufswert (Umsatz)	Hochwertige Waren: Edelmetalle, feine Tuche, venedische Glaswaren, Spezereien, Gewürze, Quecksilber, Apothekerwaren, Pelze	ursprünglich 1/60 später: 1/100	Fremde
		Gewicht (Zentner)	Minder wertvolle Gebrauchs- und Verbrauchsgüter: Lorbeer, Johannisbrot, Hanföl, Hanf, Lammwolle, Federn, Farben, Weinstein, Kupferwasser, Roßhaar, Senfkörner, Senfmehl, Wachs und alle groben Waren; Messer, Spiegel, Leuchter (= kleine Pfennwerte)	spezifizierte Sätze, meist 2 Pfg./Zentner	Fremde
		Raumeinheiten (Kisten, Tonnen, Ballen)			Fremde
		Transportmittel (Wagen, Karren)	Konsumwaren, Rohstoffe für die Handwerker: Werkholz, Kupfer, Zinn, Blei, Eisen, Pech, Harz, Lauch, Salz, Käse, Knoblauch	Wagen: 2 Pfg. in Gold Karren: 1 Pfg.	Fremde
		Stück (alter Naturalzoll) vom Wagen vom Karren	Gläser, Teller, Salzfässer, Wannen etc.	2 Stück 1 Stück	Fremde
3.	Transitzoll	Gewichts- und Raumzoll	s.o.	2-4 Pfg/Zentner(a bgestuft nach Wert)	Fremde
		Wertzoll	s.o.	4 Pfg. in Gold	Fremde
		Übrige Veranlagungsart en	s.o.	Ca. ½ des Marktzolls	Fremde

Darstellung 28: Zolltarife Nürnberg um 1570

Als Abmahnung, verbunden mit der Androhung von Sanktionen, etwa dem Verlust des Arbeitsplatzes, kann sie nicht interpretiert werden. Vor dem Hintergrund der eben geschilderten Finanzsituation verwundert dieser Ton, der auch weiterhin angeschlagen wird.

3.1.2.2. Abrechnungszeitraum

Die zollpflichtigen Unternehmer, Fremde wie einheimische Faktoren, wurden verpflichtet, halbjährlich mit den Zöllnern abzurechnen. Ob es sich hier um eine neue Bestimmung handelt, kann nicht gesagt werden. Der Zeitraum erscheint jedenfalls als sehr lang. Streitige Fälle konnten u.U. schwer nachvollzogen werden. Unter finanzwirtschaftlichen Gesichtspunkten ist die Stundung als ein zinsloses Darlehen des Fiskus an seine Gläubiger zu betrachten.

3.1.2.3. Eid

Zusammen mit dem nächsten Punkt stellte die Verpflichtung für die Italiener, Niederländer, *„gemeine hiesige Bürger"* und Faktoren ihre Angaben zu beeiden, die heikelste Bestimmung dar. Sie führte zu einem jahrelangen Streit. Eine soziologische Abgrenzung des Begriffs ‚gemeine Bürger' war nicht möglich. Jedenfalls gehörten zu ihnen nicht die Imhoff, Welser, Mang Dilherr. Sie als *„barhafte"* Bürger mußten ihre Angaben nicht beeiden, sondern angeloben, daß sie der Wahrheit entsprachen. Ob an unwahrheitsgemäße Aussagen auch unterschiedliche Rechtsfolgen geknüpft waren, ist nicht bekannt. Die besondere Hervorhebung der Italiener und Niederländer verweist auf die beiden ärgsten Konkurrenzgruppen der Nürnberger. Die heimischen Bürger mußten beeiden, nicht mit einem zollpflichtigen Unternehmer ein Gesellschaftsverhältnis eingegangen zu sein. Im Verhältnis der Eigentumsquote des Fremden hätten ansonsten die Waren verzollt werden müssen. Es leuchtet ein, daß eine Kontrolle wohl kaum möglich war.

Entstanden bei den Zöllern oder den Kaufleuten Zweifel über die richtigen Angaben, sollte allen Beteiligten eine Bedenkzeit von 24 Stunden eingeräumt werden, um eine einvernehmliche Regelung erzielen zu können.

3.1.2.4. Öffnungsverpflichtung

Die Zöllner in der Wag sollten bei berechtigten Zweifeln über die Richtigkeit der Angaben das Recht haben, die Kisten, Fässer, Ballen öffnen zu lassen.

3.1.2.5. Bleizeichen

Sie dienten zur Kennzeichnung ordnungsgemäß gewogener bzw. gezählter und abgerechneter Güter. Die Kaufleute wurden nochmals ermahnt, sie nur den Gesetzen entsprechend zu benutzen, damit keinen Unterschleif zu betreiben. Weiter unten wird versucht, die konkrete administrative Prozedur aufzuzeigen.

Das diesen Entschlüssen zugrunde liegende Gutachten lag dem Verfasser nicht vor, so daß nicht gesagt werden kann, in welchem Maße Vorschläge der Gutachter und Verlaß des Rates deckungsgleich waren. Die weitere Entwicklung läßt vermuten, daß sie es in weiten Teilen nicht waren. Vor allen Dingen fällt auf, daß der Rat keinen Eingriff in das Tarifsystem vornahm. Die Imhoff und Welser gingen in ihren beiden folgenden Expertisen mit ihren Forderungen entschieden weiter.

3.2.   Rücknahme der ‚kleinen' Reform

Es versteht sich von selbst, daß die zweite Gruppe sich diskriminiert fühlte und heftigen Protest einlegte, der nach vier Monaten, am 11.02.1569,[653] auch zum Erfolg führte. Aus standortpolitischen und rechtssystematischen Gründen lenkte der Rat ein und hob die Eidespflicht für die Welschen, Posner, Breslauer und andere Fremde sowie deren Faktoren wieder auf und begnügte sich wie vorher mit der Anzeigepflicht. Ob diese Rechtsänderung auch die ‚gemeinen' Nürnberger Bürger einschloß, ist aus der Quelle nicht zweifelsfrei zu erschließen.

Die ersatzlose Kassierung der Gesetzesvorschrift konnte von den Defraudanten nur als Ermutigung aufgefaßt werden, mit dem ‚Schalken' fortzufahren.

3.3.   Reaktionen auf die Rücknahme der ‚kleinen' Reform

3.3.1.   Forderungen der Nürnberger Allianzmitglieder Endres (II) Imhoff und Hans Welser im Juli und September 1571

Die Diskussion war damit nicht beendet. Die Allianzmitglieder Endres (II) Imhoff und Hans Welser wurden deshalb zweimal vom Inneren Rat aufgefordert, weitere Gutachten für anstehende wirtschaftspolitische Entscheidungen zu erstellen. Das erste trägt das Datum vom 12.07.1571.[654] Der darin vorgeschlagene Maßnahmenkatalog fand offensichtlich im Rat keine ausreichende Mehrheit. Die Tatsache zeugt von Konfliktlinien innerhalb des Rates bei der Diskussion über den weiteren wirtschaftspolitischen Kurs. Den Deputierten wurde aufgetragen, ihre Vorschläge zu überdenken und in einem zweiten Gutachten niederzulegen. Eher widerwillig erledigten sie sich dieser Order zehn Wochen später, am 25.09.1571.[655] Ihre Empfehlungen, die eigentlich schon Forderungscharakter hatten, lassen sich wie folgt zusammenfassen.

---

653 BayStaatsAN, Rep. 60b, Ratsbucher, 33, fol. 271, 11.02.1569.
654 BayStaatsAN, Rep. 19a, E-Laden, Akten, S VII, L 123, 220 (1), 12.07.1571.
655 BayStaatsAN, Rep. 19a, E-Laden, Akten, S VII, L 123, 220 (2), 25.09.1571.

3.3.1.1. Quantitative Forderungen

3.3.1.1.1. Transitzoll

Die Höhe des Transitzolls lag traditionell unter dem Einfuhr- und Ausfuhrzoll. Aus standortpolitischen Gründen machte diese Differenzierung durchaus Sinn. Durch den niedrigen Transitzoll – Meder erwähnt ihn gar nicht -, wurden die Unternehmer motiviert, ihren Weg über Nürnberg zu nehmen. Als Kostenbzw. Ertragsfaktor (Fiskus) spielte er eine untergeordnete Rolle. Er ist als Ausdruck der übergeordneten wirtschaftspolitischen Zielsetzung zu betrachten, möglichst viele Käufer und Verkäufer in Nürnberg zusammenzuführen. In gewisser Weise ist der niedrige Satz als ,Lockangebot' zu bewerten. Der Rat hoffte einerseits offensichtlich, damit Beschäftigungsimpulse für den Dienstleistungssektor und das Gewerbe (Fuhrunternehmen, Gastwirte, Wagner etc.) zu setzen, ging andererseits auch von der praxisnahen Überlegung aus, eine große Transparenz zu schaffen über Warenvielfalt und Preise auf dem Nürnberger Markt. Ohne es ursprünglich geplant zu haben, wurden sicher zahlreiche Unternehmer veranlaßt, bei dieser Gelegenheit ihren Bedarf in Nürnberg zu decken.

Transitzoll mußte – in unterschiedlicher Höhe - gezahlt werden für alle Waren, die durch die 6 Haupttore oder die zwei „Thürlein" in das Hoheitsgebiet Nürnbergs kamen, von der „Achs abgeladen" wurden oder nicht, jedenfalls Nürnberg ungeöffnet wieder verließen. Wurden die Waren in den Wohnhäusern, Gaststätten oder später im Zollhaus gelagert, so galt für sie eine gewisse kostenlose Stapelzeit, innerhalb der sie als Transitgut ausgeführt werden konnten. So der Grundsatz. Im Detail entzündeten sich an der Frage, ob während dieser Frist das Warensortiment neu zusammengestellt werden durfte, ob die Ballen und Fässer geöffnet werden mußten, kontroverse Diskussionen auf die an gegebener Stelle eingegangen wird.

Endres (II) Imhoff und Hans Welser befürworteten in ihren beiden umfangreichen Gutachten eine Zollhöhe von 1%, ohne daß von Transitzoll die Rede ist. Da es sich aber um eine Erhöhung handeln sollte, kann nur er gemeint gewesen sein. Wer den nicht zahlen könne, meinten sie, würde über kurz oder lang Nürnberg eh verlassen bzw. nicht mehr in Nürnberg verhandeln. Die Gefahr schätzten sie aber als gering ein, da an anderen Orten 5, 6, 7 Prozent zu entrichten seien. Diese Zollstätten, bei denen das der Fall sein sollte, werden nicht genannt.

Die Erklärung für die eher beiläufige Erwähnung der Höhe findet sich in der Tatsache, daß sie nicht an marginale ,Verbesserungen' der alten Zollordnung interessiert waren, sondern ihnen die ganze Richtung nicht paßte. Sie hatten ein anderes Ziel im Auge, nämlich völlig veränderte exekutive Strukturen bei der Zollerhebung und als Folge davon die Abdrängung ihrer Konkurrenten vor allen Dingen aus Italien, aber auch aus den Niederlanden, auf andere Standorte. Im Zusammenhang mit der Frage, ob eine Douane eingerichtet werden solle oder nicht, wird das deutlich werden.

3.3.1.1.2.   Einfuhr-, Ausfuhrzoll

Im ersten Gutachten plädierten Imhoff und Welser für eine Erhöhung um 1 oder 2%, zehn Wochen später hielten sie einen dreihundert- oder gar vierhundertprozentigen Aufschlag für angebracht und zwar nicht nur für die Wareneinund -ausfuhr der Italiener, sondern für alle nicht dem Reich angehörigen Kaufleute. Diese neue Gesetzeslage wäre nun wirklich „*eine große Neuerung*" gewesen, hätte Nürnberg vor Ort und „*an vielen auswärtigen Orten*" ins Gerede gebracht, was die Gutachter doch angeblich nicht wollten.

Um diese Spanne wären die Waren der Italiener also teurer geworden bzw. hätten die Zusatzkosten den Gewinn geschmälert, wenn sie nicht oder nur zum Teil hätten überwälzt werden können.

Die Gutachter gingen aber noch einen entscheidenden Schritt weiter: Sie wollten u.U. auch den Niederländern diesen Zollsatz auferlegen.[656] Diese Verpflichtung zur Zollzahlung wäre eindeutig ein Bruch jahrhundertealter und auch praktizierter Gesetze gewesen. Damit hätten sie dem Konfliktherd im Süden (italienische Stadtstaaten) einen weiteren im Norden und Westen hinzugefügt. Sie rechtfertigten[657] diese Forderung mit einer Zollbelastung in Antwerpen in den Jahren 1543 und 1544 in Höhe von 1%. Diese Abgabe sei zwar nicht ‚Zoll' genannt worden, aber entgegen den Vertragsbestimmungen hätte sie gleichwohl entrichtet werden müssen. Erst nach massiven Protesten wäre sie damals zurückgenommen worden. Jetzt sei geplant, ihnen einen Satz von 10% aufzuerlegen.

Die Quelle legt den Schluß nahe, daß sowohl die Einfuhr- als auch die Ausfuhrgüter betroffen sein sollten. Als Exportgüter aus dem Reich nach Antwerpen werden „*Zinn, Kupfer,*[658] *andere Metalle, Schafwolle, Leder, Wachs samt vielen anderen Waren*" genannt. Einigungsgespräche hielten die Gutachter offensichtlich für nutzlos, jedenfalls ist von einer Verhandlungsempfehlung nicht die Rede.

An dieser Stelle kann nicht gesagt werden, ob die Pläne wirklich verfolgt wurden. Was Zweifel an der Begründung erweckt, ist die Tatsache, daß die Zollerhöhung in Nürnberg nicht an jene in Antwerpen gekoppelt werden sollte. Wenn dort eine Belastung von 10%, dann also aus Gründen eines fairen Wettbewerbs eine in gleicher Höhe in Nürnberg. In Anbetracht ihres hartnäckigen

---

656 BayStaatsAN, Rep. 19a, E-Laden, Akten, S VII, L 123, 220 (2), 25.09.1571.
657 Besonders deutlich in dem anonymen Gutachten, das zweifelsfrei von ihnen verfaßt wurde. – BayStaatsAN, Rep. 19a, E-Laden, Akten, S VII, L 123, 220 (4), 13.10.1571.
658 Zum Teil sicher bestimmt zum Weiterexport nach Spanien, das selbst keine ergiebigen Kupferminen mehr hatte. Mit Zinn wurde es u.a. zum Kanonenguß benötigt. - Kellenbenz, H., Deutschland-Spanien, S. 5.

Widerstandes über Jahre hinweg will nicht recht einleuchten, warum sie ihnen einen ‚Bonus' zubilligen wollten. War es nicht vielmehr ihr eigentliches Ziel, die Niederländer ebenso wie die Italiener aus Nürnberg zu verdrängen, den status quo ante, d.h. die oligopolistischen Strukturen auf den umkämpften Märkten zu ihren Gunsten wiederherzustellen?!

Wie auch immer, der Ruf des Standortes Nürnberg, der auch wesentlich durch die Kontinuität bestehender Zollgesetze und das Vertrauen in die Rechtssicherheit begründet worden war, hätte schweren Schaden genommen.

3.3.1.1.3. Zollnachzahlung

Dieses Verlangen taucht während jener Zeit nur im Forderungskatalog der Imhoff und Welser auf.[659] Anhand ihrer eigenen Bücher, denen von Geschäftsfreunden und durch mündliche Aussagen *„auf dem Markt"* rechneten sie dem Rat vor, daß die Turrisani (Florenz) in den letzten 6 Jahren durch Verkauf von Atlas, Damast, Samt, *„güldene und silberne stück"*, womit entweder Gold- oder Silberdrähte gemeint waren oder aber die damit durchwirkten Stoffe (‚draps d'or et d'argent'), in Nürnberg mindestens 100.000 Gulden/Jahr umgesetzt hätten, nicht mitgerechnet die Verkäufe von kostbaren Stoffen an den Adel.[660] An Zoll wären demnach mindestens 1.000 Gulden/Jahr fällig geworden. Tatsächlich hätten sie nur 160 Gulden/Jahr erlegt. Wenn wir diesen Ausführungen folgen, entspräche das einer Defraudationsquote von 84%. Die genannten Zeugen belegten, daß der Handel mit diesen Gütern sowohl für Nürnberg als für die Allianzmitglieder eine umsatz- und gewinnträchtige Rolle spielte.

Eine noch genauere Zahl ließe sich nach ihren weiteren Ausführungen errechnen, wenn der Rat die den Deputierten bekannten Geschäftsfreunde der Turrisani auf das Rathaus bestellen würde, um anhand der Geschäftspapiere das Handelsvolumen zu ermitteln. Anschließend sollten die Turrisani befragt werden, ob sie den Zoll *„getreulich gereicht"*. Würden sie bei ihrer Version bleiben, hätten die Herren durchblicken zu lassen, anhand zweifelsfreier Unterlagen das Gegenteil beweisen zu können. Bei einem Schuldeingeständnis müßte der Rat auf eine vollständige Nachzahlung bestehen und außerdem noch eine kräftige Strafe verhängen, dürfte sich keinen Gulden *„abbetteln"* lassen, da die Turrisani sich ansonsten *„durch die Finger lachen"* würden. Die Herren hätten zum Schaden auch noch den Spott. Imhoff und Welser appellierten also an eine empfind-

---

659 BayStaatsAN, Rep. 19a, E-Laden, Akten, S VII, L 123, 220 (1), 12.07.1571 und (2), 25.09.1571.
660 Nach Reichsrecht zollfrei bei allen Waren für den Eigenge- bzw. -verbrauch. - Pitz, E., Merchant Adventurers-Deutsche Tuchkaufleute, S. 788.

liche Stelle im Selbstverständnis der Ratsmitglieder: An ihre Vorstellung von Reputation.[661]

Dieselbe „*Inquisition*" sollte bei den anderen Italienern durchgeführt werden.

3.3.1.2. Qualitative Forderungen

3.3.1.2.1. Mündliche Deklaration - Angeloben - Eid

Für heutige Zeitgenossen kaum nachvollziehbar ist die den Zollschuldnern auferlegte Pflicht, ihre Angaben über Art und Menge der Waren, die Charakterisierung als Transit-, Einfuhr- oder Ausfuhrgut lediglich mündlich zu deklarieren. Daß zu jener Zeit das mündlich gegebene Wort rechtsbegründende Wirkung wie ein schriftlich fixierter Vertrag hatte, ist kein Unterschied zur heutigen Rechtslage, damals unter Kaufleuten durchaus nicht unüblich. Eine wahrhaft bemerkenswerte Tatsache ist es aber, daß dieses Vertrauen auch die ‚Öffentliche Hand' den Schuldnern entgegenbrachte! Man stelle sich nur einen Augenblick vor, daß sich der Fiskus heute mit einer mündlichen Steuererklärung ohne jeden Beleg seiner Steuerschuldner zufrieden gäbe! Aber gerade das praktizierte der Nürnberger Rat mit Ausnahme der eben erwähnten kurzen Zeitspanne. Eine Parallele dieser mündlichen Beglaubigungen über die Zollschuld findet sich in der Tatsache, daß Nürnberg die Losung seiner Bürger anonym, d.h. auf die beeidigten Angaben der Steuerpflichtigen hin erhob.

Zum Verständnis der folgenden Ausführungen sei nochmals erwähnt: Nürnberger Bürger zahlten in ihrer Heimatstadt keinen Zoll, aber nur dann nicht, und das wird in der Literatur meist nicht klar genug herausgestellt, wenn die Waren ihnen eigentümlich zugehörten. Wurden sie dagegen als Faktoren für auswärtige Häuser tätig, so unterlagen sie der Zollpflicht ebenso wie die hier tätigen auswärtigen Häuser (z.B. Italiener), es sei denn, sie waren aufgrund beiderseitiger Verträge vom Zoll befreit (Niederländer). Zwei rechtliche Sachverhalte sind also zu unterscheiden. Einmal wurde das Gut als Eigentum bezeugt,[662] der Besitzer verneinte damit, als Faktor zollpflichtiger Nicht-Nürnberger tätig zu sein, im anderen Fall bezogen sich die Angaben auf den Inhalt der Kisten, Ballen und Fässer.

Diese Systemlücken wollten die Nürnberger durch reichlich differenzierte administrative Maßnahmen schließen, die sie im Hinblick auf die Wettbewerbsfähigkeit mit den Italienern für mindestens so effektiv hielten wie Zollerhöhungen. Ein Maßnahmebündel von quantitativen und qualitativen Veränderungen wäre für Imhoff und Welser gleichwohl nur die zweitbeste Lösung gewesen, wie im Punkt ‚Privatisierung des Zollregals' zu zeigen sein wird.

---

661   Siehe zur Begriffsgeschichte bs. die Seiten 17-23 in 'Ehre und Reputation' von F. Zunkel.
662   Siehe dazu Baader, J., Nürnberger Polizeiordnungen, S. 142f.

Die Abrechnung erfolgte also nach den Angaben der Zollschuldner. *„Der Kaufleut bloßer Worten wird geglaubt",*[663] sagte der Zollgegenschreiber Hieronymus Koller zu Endres (II) Imhoff und Hans Welser. Diesen Vertrauensvorschuß des Rates hielten die Gutachter aufgrund der massiven Zollhinterziehungen nicht mehr für angebracht. Sie verlangten die Wiedereinführung der Eidespflicht.

Wird der Zoll als die Steuer der Fremden betrachtet, so kann mit einem gewissen Recht durchaus von einer disparitätischen Behandlung zugunsten der Zollschuldner gesprochen werden: Eid der Bürger bei der Steuerzahlung, mündliche Deklaration der Fremden bei der Zollzahlung. Später wurden namentliche Zollkonten eingeführt, aber keine namentliche Losungskonten, die die gezahlten Beträge aufnahmen. Erfaßt wurde offensichtlich nur die erfolgte Zahlung.

Die Forderung der Gutachter bezog sich auf zwei Personengruppen: Auf die Nürnberger Bürger, die im Dienst auswärtiger Häuser standen und auf die Italiener. Deren Diener sollten ausdrücklich nicht berechtigt sein, das Angeloben rechtswirksam vorzunehmen, sondern nur die Herren selbst oder deren Faktoren. Es bliebe dem Rat überlassen, ob er an den Unterschleif, an das *„Verbrechen"*, wie sie es nannten, die Rechtsfolgen eines Meineides knüpfen oder es bei einer saftigen (Geld-)Strafe belassen wolle. Auf jeden Fall müßten abschreckende Exempel statuiert werden.

3.3.1.2.2.   Bolliten - Bleizeichen

Die genaue Deklarationsprozedur aus den Quellen zu erschließen, bereitet Schwierigkeiten. Auf die Transitgüter bezogen lief sie wahrscheinlich folgendermaßen ab.

Zunächst wurden die Waren zur Waage geführt. Der Waagbeamte gab dann die ermittelte Zollschuld mündlich an den Auflader weiter, der diese an die Ballen, Fässer, Truhen etc. schrieb oder sie auf einer eigenen Tafel festhielt. Eine andere Quelle spricht davon, daß der Aufsichtsbeamte selbst die ermittelten Werte an die Tafel zeichnete. Die Gutachter forderten deshalb für die Spezereiwaage, die den größten Ertrag abwarf, eine besonders vertrauenswürdige Person, *„damit er nit schalcket, sich schmieren ließ oder nit recht an die Tafel zeichnete"*.

Aufgrund dieser Angaben erhob der Kassierer in der Waag den Zoll. Dazu Imhoff und Welser: Dieweil aber die Auflader *„ein liederliches Gesind, das alle Tag sich mit den Fuhrleuten bezechet und darnach den Fuhrleuten zu Gefallen, anschreiben, was sie selbst wollen"*, könnten sie ohne Gefahr den Fiskus schädigen.[664]

---

663 BayStaatsAN, Rep. 19a, E-Laden, Akten, S VII, L 123, 220 (1), 12.07.1571.
664 Wenige Jahre später wurde der Vorwurf auch gegenüber den Fuhrleuten und Güterbestättern erhoben. Im Ämterbüchlein heißt es 1584: *„Ires unfleiß und volsaufens halber mit den Fuhrleuten auch daß sie umb gab und geschenk einen vor dem anderen fürdern,*

Um die Güter als Transitwaren zu deklarieren, wurden sie danach mit Zeichen versehen. Offensichtlich sind die sogenannten Bleizeichen gemeint. Diese vergab der Waagbeamte an jeden, der sie begehrte. So gekennzeichnet konnten die Waren nach Entrichtung des Torzolls passieren. Eine Quittung über den entrichteten Transitzoll war offensichtlich nicht vorzulegen.

Die von den passierten Gütern abgenommenen Zeichen wurden den Aufladern ausgehändigt, die sie zur Waage zurückzubringen hatten. Allerdings blieb ihnen laut Quellenbehauptung genügend Zeit, um damit in einem betrügerischen Zusammenspiel mit den Händlern und Fuhrleuten andere Warensendungen zu ,blombieren'.[665]

Besonders wurde der Fiskus dann geschädigt, wenn sie auf diese Weise Güter, die dem höheren Wertzoll unterlagen, als Durchgangsware deklarierten. Klar, daß sie sich die Beteiligten für diese ,Dienstleistungen' entlohnen ließen.

Von welchem Umfang besonders im zweiten Fall auszugehen ist, kann aus den Quellen nicht erschlossen werden. Aus dieser Sicht erklärt sich jedenfalls die Skepsis mancher Gutachter gegenüber der Erlaubnis, die Transitgüter „*von der Achs nehmen zu lassen*", denn dann könnten gefahrloser Waren zugeladen werden, die dem Ausfuhrzoll unterlagen.

Diese administrativen Schlupflöcher sollten nach Auffassung von Imhoff und Welser folgendermaßen geschlossen werden: Jeder, der Zeichen ausgehändigt bekomme, müsse beim Kassierer in der Waag angeloben, daß er damit nur Transitgüter markiere. Neben den Zeichen sollten die Fuhrleute, nicht die Auflader, in Zukunft einen Zettel bekommen, auf dem Güterart und Gewicht notiert werden müßten. Zeichen und Zettel mußten nach diesem Vorschlag den Warenzug bis zum Torzöllner, der noch einmal auf seine Amtspflichten vereidigt werden sollte, begleiten und bei ihm abgegeben werden. Außerdem müsse dieser Buch darüber führen, wer aufgrund welcher Zettel das Tor passiert habe. (Blei-)Zeichen und Zettel[666] sollten von ihm, nicht dem Auflader, jeden Samstag in die Waage zurückgebracht und auf dieser Basis am Sonntag mit dem dortigen Zoller überschlagsweise die korrekte Zollabgabe überprüft werden. Diese Abgleichung eröffnete also auch die Möglichkeit, die Amtsführung des Torzöllners zu kontrollieren.

---

eine *sträffliche red sagen mit betrohung der enturlaubung"*. Zitiert nach: Hald, K., Güterbestätterei, 157, o.S.

665 Ob im heutigen Sinne, wonach eine Wiederverwendung der Plomben nicht möglich ist, konnte nicht geklärt werden. Wahrscheinlich war das nicht der Fall, denn dann wären sie ja nicht wieder verwendungsfähig gewesen.

666 Roth, J.F., Nürnbergischer Handel, 4, S. 268: „*Im dem hiesigen Waag- und Zollamte sind anfänglich zur Plombirung der Güter bleyerne Waagzeichen ... gebraucht worden. Nachgehends wurden statt der bleyernen lederne Zeichen gewählt, bis endlich die Bollitten eingeführt wurden, die noch gewöhnlich sind*". - Bleizeichen und Bolliten wurden also zu diesem Zeitpunkt gleichermaßen verwandt, wenn man denn die Begleitzettel als solche ansprechen will. Jedenfalls war das die Forderung der Gutachter.

3.3.1.2.3. Douane

Nach den Ausführungen von Imhoff und Welser war es üblich geworden, daß die (italienischen) Kaufleute nach Vorlage eines Kontoauszugs des Zollbeamten nur dann halbjährlich beglichen, wenn sie geglaubt hatten, eine höhere Summe bezahlen zu müssen. Schien ihnen der geforderte Betrag zu hoch, gaben sie nach ihrem Gutdünken. Bei dieser Praxis wird kaum von einer effektiveren Administration gegenüber dem Abrechnungsmodus zuvor gesprochen werden können, nach dem die Schuldner ihren eigenen Kontoauszug als Berechnungsgrundlage vorgelegt hatten.

Die Quellen[667] belegen, daß die Zolleinnahmen in der Regel zweimal monatlich erfaßt und dann dem Rat mitgeteilt wurden. Die Zahlungen hatten zunächst Forderungscharakter des Fiskus an die Zollschuldner. Zahlungstermine waren die Monate Februar und August. Die Zollhöhe entsprach aber, wie gezeigt, nicht der wirklichen Zollschuld, weil „den schlechten Worten" der Kaufleute geglaubt wurde.

Nach den vorangegangenen Ausführungen liegt die Vermutung nahe, daß die Imhoff und Welser alle Energie darauf verwandt haben, den Rat von der Effektivität einer Douane, in der alle Waren einzulagern waren, nachhaltig zu überzeugen. Eine obrigkeitliche Erfassung aller zollpflichtigen Waren hätte Defraudationen auf ein Mindestmaß beschränkt. Der Fiskus würde profitieren, die angeblichen oder tatsächlichen Wettbewerbsverzerrungen zu ihren eigenen Lasten wären zumindest reduziert worden.

In ihrem ersten Gutachten erweckten sie zunächst den Eindruck, sich mit diesem Gedanken anfreunden zu können, machten dann aber eine scharfe Kehrtwende und lehnten eine Douane ab. Ihre Begründungen in dieser und in ihrer zweiten Expertise[668] können folgendermaßen zusammengefaßt werden:

1. Diese „Neuerung" verursacht im In- und Ausland ein „scharf aufsehens".
2. Der Anreiz, die Zollgesetze zu unterlaufen, wird vergrößert.
3. Die Gefahr der Standortverlagerung wächst.
4. Die anfallenden Gebäude- und Personalkosten sind zu hoch.
5. Qualifizierte Beamte lassen sich nicht finden.
6. Die Räume im niedergelassenen Augustiner- oder im Predigerkloster sind zu klein.

Prüfen wir die Argumente auf ihre Stichhaltigkeit.

---

667 BayStaatsAN, Rep. 54aII, Stadtrechnungsbelege, 347 (Jahre 1580-1590), 407 (1590-1600), 480 (1601-1610), 547 (1610-1620; Rep. 60b, Ratsbücher, 33, fol. 248f., 27.10.1568.
668 BayStaatsAN, Rep. 19a, E-Laden, Akten, S VII, L 123, 220 (2), 25.09.1571.

Die Befürchtung, daß durch diesen Kontrollmechanismus der Ruf des Standortes leiden würde, hatten sie durch ihre vorangegangene Feststellung, daß eine „*Duana oder Aigenhaus*" in Italien, Frankreich und anderswo durchaus üblich sei, eigentlich schon selbst ad absurdum geführt.

Mag sein, daß der Anreiz, auf Mittel und Wege zu sinnen, den Zoll zu hinterziehen, bei einigen Kaufleuten größer werden würde. Die Möglichkeit aber, es auch tatsächlich zu praktizieren, waren durch die Stadtumwallung und die Besetzung der Tore mit städtischen Bediensteten so gut wie Null. Außerdem darf gefragt werden, warum diese Reaktion bei einer Zollerhöhung, welche die Gutachter forderten, ausbleiben sollte.

Daß die Errichtung einer Douane kein Grund sein würde, sich einen anderen Standort zu suchen, hätten die Imhoff und Welser durch ihre Faktoreien in Venedig und Lyon am besten wissen müssen. Sie machten dort über Jahrzehnte oder sogar über Jahrhunderte[669] gute Geschäfte, obwohl die Bestimmungen im Fondaco bzw. der Douane in Lyon restriktiv angewandt wurden.[670] Zu Venedig und Lyon gab es zu jener Zeit für sie keine gleichwertigen Standortalternativen, zu Nürnberg für die Italiener auch nicht. Mit dieser Feststellung werden natürlich nicht die Konkurrenzbeziehungen der Städte untereinander geleugnet und auch nicht Veränderungen, Schwergewichtsverlagerungen im Zeitablauf in Frage gestellt.

Zu den Kosten: Vor dem Hintergrund der Diskussion ist dieses Argument am wenigsten nachzuvollziehen. Wie sich herausstellte, reichte für die Durchführung der anfallenden Arbeiten ein vierköpfiges Beamtenteam (Buchhalter, Kassierer, zwei Gegenschreiber). Selbst wenn wir in Rechnung stellen, daß das Hilfspersonal nicht aufgeführt wurde, weil es keine administrativen Kompetenzen hatte und wenig verdiente, ist das Argument nicht stichhaltig, auch dann nicht, wenn wir nach modernen Kalkulationsmethoden noch andere Kostenarten, etwa (kalkulatorische) Miete, Instandhaltung des Gebäudes etc. hinzurechneten. Sander[671] setzt die gesamten innerstädtischen Verwaltungskosten für das Jahr 1550 mit 22.138 Gulden an, Müller jene für 1570 mit 23.195. Das Gehalt eines Amtmanns auf einer im Jahre 1576 neu geschaffenen Stelle zur Erhebung des Getreideaufschlags betrug 300 Gulden/Jahr, drei Gehilfen von ihm verdienten je 50fl.[672] Die zusätzlichen Beamten, die nach heutigen Besoldungskategorien wohl dem mittleren und unteren Dienst zuzurechnen gewesen wären, hätten also lediglich einen marginalen Kostenfaktor dargestellt. Von einer Aufblähung des Beamtenapparates konnte keine Rede sein.

---

669 Stromer, W.v., Schriftwesen-Nürnberger Wirtschaft, S. 771: Venedighandel spätestens seit 1380.
670 Schuster, L., Nürnberger Kaufherren-Fondaco, S. 33.
671 Sander, P., Reichsstädtische Haushaltung, S. 788ff. Müller, J., Finanzpolitik, S. 21.
672 Müller, J., Finanzpolitik, S. 49.

Auf der anderen Seite führten eben diese Ratsverordneten Endres (II) Imhoff und Hans Welser selbst an, daß die Turrisani in den letzten sechs Jahren jeweils mindestens 840 Gulden ihrer Zollschuld hinterzogen hatten. Ein ähnliches Verhalten der anderen umsatzstarken Italiener muß nicht in Rechnung gestellt werden, wie sie und der Rat es ja durchaus taten, um die Kosten-Nutzen-Bilanz der ‚Experten' als in höchstem Maße unzutreffend zu bewerten. Das Ideal eines ‚schlanken Staates' in einer finanziell angespannten Lage, das Müller[673] in seinem Aufsatz beschwört, wäre damit sicher nicht in Gefahr geraten. Bei Zugrundelegung der von ihm errechneten Gesamtverwaltungskosten hätten die zusätzlichen Ausgaben von 450 Gulden (1 x 300, 3 x 50 Gulden) 1,99% ausgemacht. Diese wären aber alleine schon durch eine korrekte Zollabgabe der Turrisani um fast das Doppelte kompensiert worden. Die Behauptungen der Zolldeputierten und Müllers Interpretation sind also unter finanzwirtschaftlichen Gesichtspunkten nicht nachvollziehbar.

Auch wenn der Rat die vier Amtleute nicht festbesoldet, sondern wie in Venedig mit je einem Prozent an den Zolleinnahmen beteiligt hätte, würden sich die Kosten bei einer geschätzten Gesamteinnahme von jährlich 20.000 Gulden[674] auf lediglich 800 Gulden belaufen, wobei in diesem Fall aufgrund besserer Motivation der Beamten sicher von einer geringeren Hinterziehungsquote ausgegangen werden darf.

Das weitere Argument, der Arbeitsmarkt gebe nicht genügend Fachkräfte her, scheint bei einer Bevölkerung von 40.000 Einwohnern, für eine Stadt, die seit Jahrhunderten im internationalen Handel eine Spitzenposition einnahm, vorgeschoben.

Was die Räumlichkeiten angeht, so standen die besagten Klöster gar nicht zur Diskussion. Der Auftrag hieß: „Allerley vernünfftige Bedencken und Rathschläge und welcher gestalt daß neue Zollhauß oder Duana bey St. Klaren [Hervorh. d. Verf.] allhie anzufangen und ins werckh zu richten". Gemeint war die dann so genannte Maut-Halle.

Die Errichtung einer Douane lehnten sie deshalb nachdrücklich ab und rieten dem Rat, „die Duana bis zu anderer Gelegenheit einzustellen". Sie präsentierten einen anderen Vorschlag, auf dem gleich einzugehen sein wird.

Auch der Ton im zweiten Gutachten fällt auf. Im ersten hatten sie geäußert, daß dem Rat ihre Vorschläge wahrscheinlich nicht angenehm und gefällig seien, jetzt sagten sie, der ersten Expertise könnten sie keine neuen, besseren Anregungen hinzufügen. Wenn der Rat diesen nicht folgen wolle, dann solle er „in Gottes Namen" die alte Ordnung verbessern.

Es muß Gründe für die zweifelhafte Logik der Deputierten gegeben haben. Im Kern läuft es auf die Frage hinaus, warum die Gutachter nicht für effektive

---

673 Müller, J., Finanzpolitik, passim.
674 Nach den Zollbelegen eine zu hohe Schätzung. Die Mehreinnahmen mögen sie den dann schärferen Kontrollen zugeschrieben haben.

Kontrollen plädierten, die in einem zentralen Warenlager wie dem Zollhaus möglich gewesen wären, sondern statt dessen die Eidespflicht wieder eingeführt sehen wollten und sich für eine Erhöhung der Zölle auf drei bis vier Prozent des Wertes aussprachen.

Die Eidespflicht war ja nicht durchsetzbar gewesen, das wußten sie, und ebenso hätten sie in Rechnung stellen müssen, daß eine Steigerung der Tarife um dreihundert oder gar vierhundert Prozent zu ernsten außenwirtschaftlichen Konflikten geführt und die Italiener vielleicht tatsächlich veranlaßt hätte, den Standort Nürnberg kurz-, mittelfristig oder auf Dauer aufzugeben. Aber das wollten ihre Familien, d.h. die der Gutachter, ja erklärtermaßen! Es wäre sozusagen die optimale Lösung gewesen. Eine schärfere administrative Kontrolle als die bestehende oder auch leicht erhöhte Sätze hätten dagegen bewirkt, daß die Italiener im Ausmaße der bisherigen Zollhinterziehungen Kostenvorteile eingebüßt hätten, die sie dann nicht mehr, zumindest nur zum Teil, an ihre Kunden, zu denen in erheblichem Maße auch die Welser, Imhoff, Tucher gehörten, hätten weitergeben können.

Mit anderen Worten: Die Einführung einer Douane wäre für die betroffenen Nürnberger Beschwerdeführer tendenziell mit Kostenerhöhungen und damit Wettbewerbsnachteilen verbunden gewesen, beim Fiskus hätte sie allerdings zu Mehreinnahmen geführt, das Allgemeinwohl wäre erhöht worden.

In diesem Zusammenhang erfordert die Behauptung über eine Zusammenarbeit der *„Klage führenden Unternehmen"* und der Italiener eines Beweises.

Oben wurde schon auf die lange Tradition der Wirtschaftsbeziehungen Nürnbergs mit den italienischen Stadtstaaten bzw. den Italienern in anderen Orten hingewiesen. Diese wurden auch und vor allen Dingen von den Beschwerdeführern gepflegt.[675] Die Nürnberger waren in Italien seit Generationen wirtschaftlich äußerst aktiv, die Zusammenarbeit mit italienischen Firmen ergab sich daraus zwangsläufig.[676] In Lyon wurde z.B. 1546 Daniel Tucher bei den italienischen Geschäftsfreunden Guardini (Bernhardini) und Errardo Rhenani (Gemani) in die Lehre gegeben, beste Gelegenheit auch, neben der französischen die italienische Sprache zu erlernen.[677] Endres (I) Imhoff verbrachte die ersten vier Lehrjahre in Venedig (1504-1508) beim Seidenhändler Jeronimo de Piero, einem Geschäftsfreund des Hauses.[678]

Beleg der zunehmenden handelspolitischen Verflechtung vor allen Dingen der süddeutschen Städte - zunächst Regensburg, dann Augsburg und Nürnberg - mit Italien ist das schon 1424 erschienene italienisch-deutsche Sprachbuch eines

---

675   Aus den zahlreichen Publikationen zu diesem Thema beispielhaft: Braunstein, Ph., Nürnberg-Italien, passim.
676   Kellenbenz, H., Fremde Kaufleute-Iberische Halbinsel, S. 276ff., 354 (Fn. 56) belegt intensive Beziehungen zwischen Bartholomäus Welser und den Affaitadi aus Cremona.
677   Hampe, Th., Lyon-Nürnberger Kaufleute, S. 295f.
678   Müller, J., Endres Imhof, S. 10.

Georg von Nürnberg, das als Zielgruppe besonders die Kaufleute im Auge hatte.[679]

Es versteht sich auch von selbst, daß mit dem Ausbau des Standortes Nürnberg durch die Italiener sich auch vor Ort eine Zusammenarbeit mit den hiesigen Firmen ergab.[680] Wenn auch die Anzahl der Heiratsverbindungen von Italienern mit Töchtern (patrizischer) Nürnberger Unternehmer (und umgekehrt), die Ausdruck einer engeren wirtschaftlichen Verflechtung wären, nicht überschätzt werden darf, und die italienischen Allianzmitglieder bevorzugt mit ihren Landsleuten kontrahierten, so ist der Geschäftsumfang doch als relevant einzuschätzen. Bei den Ausführungen über Nürnberg als Kapital- und Wechselmarkt kann verdeutlicht werden, daß eine enge Zusammenarbeit der Italiener mit den Beschwerdeführern gegeben war.

Als quantitativen Beleg für den Diskussionszeitraum kann auch die Tatsache bewertet werden, daß die Zollhinterziehungen der Turrisani nachgewiesen wurden durch einen Abgleich des Umsatzes der Beschwerdeführer und bekannter Firmen anhand von Verzeichnissen, Rechnungen und Auszügen mit eben dieser Firma und deren tatsächlichen Zollzahlungen.[681] Sie müssen also für den Vergleich von den Zollschreibern mit Insider-Informationen versorgt worden sein.

Rückschlüsse erlauben uns schließlich die Auswertungen der 50.000 Geschäftsvorfälle des Banco Publico in den Jahren 1621-1624, die im letzten Kapitel analysiert werden.

Oben war von einer anderen Richtung die Rede. Welche war gemeint?

3.3.1.2.4.   Privatisierung des Zollregals

Es war der Vorschlag, eigentlich schon eine Forderung von Imhoff und Welser, das mühsam erkämpfte Zollregal in die Hände eines Zollpächters, eines *„fürnehmen Handelsherrn"* zu geben, *„den Zoll zu verlegen"*. Nach dem Selbstverständnis der Ratsoligarchie muß dieses Ansinnen geradezu als Zumutung bezeichnet werden. Dessen müssen sich die Gutachter auch bewußt gewesen sein, denn sie beeilten sich zu betonen, daß durch den Verzicht auf dieses Hoheitsrecht kein Reputationsverlust verbunden sei, würde es schließlich doch auch anderswo praktiziert. Der Hinweis darauf, daß der Rat bisher ja *„gräßlich betrogen"* worden sei, kann aus dem Kontext heraus nur bedeuten, daß er gerade da-

---

679 Pausch, O., Sprachbuch, passim. Dazu Esch: *„Dieser maestro Zorzi/Meister Georg von Nürnberg (1424) lehrt das Konjugieren denn auch nicht nur am Beispiel von amare, sondern am Beispiel von far la ragione, "rechnen": e fazo rason, tu fa rason usw. durch alle Stammformen. Und dementsprechend die einschlägigen Substantive: el chambio der Wechsel, el guadagno der Gewinn usw."* - Esch. A., Loyalitäten-Identität, S. 120.
680 Peters, L.F., Handel Nürnbergs, passim.
681 BayStaatsAN, Rep. 19a, E-Laden, Akten, S VII, L 123, 220 (1), 12.07.1571; (4), 13.10.1571.

durch einen Ansehensverlust besonders bei den Italienern erlitten habe, die den Zoll nach eigenem Gutdünken abführen würden. Die gegen die Errichtung einer Douane vorgetragenen Argumente werden nun ins Gegenteil verkehrt. Von einer einschneidenden Maßnahme, die den Standort Nürnberg zunächst ins Gerede bringen und den Abzug von Kaufleuten zur Folge haben würde, ist nicht mehr die Rede. Durch eventuelle Proteste solle sich der Rat nicht anfechten lassen. Dazu muß gesagt werden, daß diese Privatisierung eine viel schärfere Zäsur gegenüber der bisherigen Praxis gewesen wäre als die Einführung einer Douane.

Die oft vorgetragene Klage darüber, daß die Italiener in Nürnberg entgegen den Vorschriften eigene Häuser hätten erwerben können, betrachteten sie in diesem Zusammenhang als Standortsicherungsfaktum. Bei einer Verlagerung ihrer Geschäftssitze könnten sie diese nur mit Verlust verkaufen, was sie wohl kaum tun würden. Den Immobilienmarkt der damaligen Zeit schätzten Imhoff und Welser also offensichtlich als schlecht ein. Sie resümierten: *„Gefahr das die Walhen hie vertrieben würden, sei nit zu halten"*.

Das Argument, sie würden deshalb nicht von Nürnberg wegziehen, weil sie an anderen Orten keine fähigen und vertrauenswürdigen Leute als Faktoren finden würden, stößt schon deshalb ins Leere, weil die Italiener sich allenfalls ausnahmsweise, in Zeiten politischer oder religiöser Repressionen, von ausländischen Faktoren vertreten ließen.

Die im Zusammenhang mit der Diskussion um eine Douane vorgetragene Befürchtung, daß die Kaufleute andere Standorte bevorzugen würden, hielten sie jetzt mit der Begründung, daß keiner wüßte, ob die anderen ihnen folgen würden, für unangebracht. Warum bei gleicher Ausgangslage die Italiener bei der Errichtung einer Douane anders reagieren würden, bleibt unklar. Im übrigen hat das Argument deshalb keine Überzeugungskraft, weil die Italiener eine strategische Allianz bildeten, bei der die Unternehmen ihre Standortwahl durchaus nicht unabhängig voneinander trafen.

Ein weiterer Grund für die Italiener, den Standort Nürnberg nicht zu verlassen, trugen die Gutachter weiter vor, sei die Tatsache, daß die Transportunternehmer an anderen Orten keine Rückfracht bekommen könnten, die neuen Firmensitze also gar nicht anfahren würden.

Unabhängig davon, welche Standorte die Deputierten im Auge hatten, ist dieses Argument sicher nicht von der Hand zu weisen und hebt noch einmal die Interdependenz der attraktiven Standortfaktoren Nürnbergs, so wie sie aufgezeigt wurden, hervor.

Zur selben Zeit als Imhoff und Welser dieses Argument vortrugen, wurde dieser enge Zusammenhang im Zuge einer geplanten Wein-Ungelderhöhung auch vom Inneren Rat konstatiert.[682] Offensichtlich hatten umliegende Orte und

---

682 BayStaatsAN, Rep. 19a, E-Laden, Akten, S I, L 115, 6, fol. 16, 1571.

Winzer versucht, den Weinhandel an sich zu ziehen, den Zwischenhandel Nürnbergs auszuschalten. Sie wollten den Wein direkt vermarkten, wie es heute heißen würde. Diese Versuche waren an mangelnder Rückfracht für die Fuhrleute gescheitert. Die hier ansässigen Fremden exportierten die Weine in *„fremde Königreiche und Fürstentümer und aufs Land"*. Den Vertrieb konnten die Winzer deshalb nicht selbst in die Hand nehmen, weil sie keine oder jedenfalls nicht genügend Ware aus jenen Gebieten importierten, um die Transportkapazitäten auszulasten. Diesen logistischen Verbund konnten nur die Kaufleute in Nürnberg aufgrund ihres vielfältigen Export- und Importsortiments garantieren. Von ihnen erhielten die Winzer und die Fuhrleute deshalb ihr Geld, nicht vom Großhändler vor Ort oder gar vom Endverbraucher.

Die Quelle belegt, daß die Fremden sich in den siebziger Jahren des 16. Jahrhunderts in signifikantem Ausmaße in den Weinhandel eingeschaltet hatten. Die Nachfrage war offensichtlich so groß, daß sie den *„Wein*[683] *den Bürgern aus den Händen kauf[t]en und dem Fuhrmann nach seinem Willen zahl[t]en"*. Dieser Vertriebsweg bedeutete eine zweifache Verlängerung der Handelskette: Von den Winzern zu den Nürnberger Kaufleuten, von diesen an die Fremden. Die Quelle wäre aber überinterpretiert, wollte man sie als Beweis für den vollständigen Übergang des Wein-Fernhandels von den Nürnbergern an die Fremden heranziehen.

Eine Standortverlagerung hielt der Rat deshalb für unwahrscheinlich, wollte zu hohe Belastungen gleichwohl vermeiden.

Anerkennen wir diese Fakten,[684] dann können sie auch die Errichtung einer Douane rechtfertigen. Jedenfalls ist nicht nachzuvollziehen, warum in jenem Fall die aufgezeigten Abhängigkeiten außer Kraft gesetzt sein sollten. Die Argumente der Gutachter Imhoff und Welser können also auch in diesem Punkt nicht überzeugen. Ihre Schlußfolgerung lautete: Wäre es also Ziel des Rates, die Staatseinnahmen zu erhöhen und die Reputation zu bewahren, dann wäre die Verpachtung des Zollregals die effektivste Lösung. Die Zollabgaben würden sich erhöhen, die Personalkosten wegfallen. Danach sollte das Recht dem Meistbietenden oder zu einem festen Satz vergeben werden. Die wirtschaftspolitischen Rahmenbedingungen könnte der Rat weiterhin dadurch setzen, daß er den Zollpächter an seine vorgegebenen Tarife binden würde. Als Leistungsanreiz sollte der neue Zollherr an den Mehreinnahmen mit 10 Prozent beteiligt werden. Um Betrug zu verhindern, schlugen sie vor, ihm einen Gegenschreiber beizugeben. Ganz waren die Personalkosten also nicht abzubauen, denn diese

---

683 Von welcher Provenienz auszugehen ist, kann aus dieser Quelle nicht erschlossen werden.
684 Die Quelle ist mit den Aussagen Nürnberger Kaufleute zu konfrontieren, die den Italienern die zentrale Rolle im europäischen Fernhandel zuschrieben, sich danach Angebot und Nachfrage dort trafen, wo jene ihren Standort wählten.

Maßnahme macht nur dann Sinn, wenn dieser alleine dem Rat verpflichtet gewesen und von ihm besoldet worden wäre.

Auf eine Erhöhung der Sätze wollten die Gutachter aber auch jetzt nicht verzichten, sie sollte aber wohl etwas geringer ausfallen als bei der Errichtung einer Douane.

Von welchen privatwirtschaftlichen Interessen das Gutachten diktiert wurde, wird spätestens durch den Hinweis deutlich, daß der Handel auf die Bürger übergehen würde, sollten die Italiener und Niederländer aufgrund dieser Maßnahmen tatsächlich den Standort Nürnberg aufgeben. Die Stadt würde über höhere Losungseinnahmen davon nur profitieren. Durch diesen Satz werden also ihre wahren Motive offenbar.

Im Zusammenhang mit dem Bestreben, das Zollregal zu verpachten, hoheitliche Aufgaben zu privatisieren, ist auch die Absicht zu bewerten, den obersten Zollbeamten Sixtus Koberger mit der Zusicherung einer lebenslangen Pension in Höhe von 100 Gulden/Jahr zu entlassen. Er sei „*gar alt und kindisch*" und in erster Linie dafür verantwortlich, daß der Zoll nicht „*getreulich*" gereicht würde. Koberger bekleidete diese Position spätestens seit 1564.[685] Er war also während der Amtszeit des Losungers Endres (I) Imhoff eingesetzt worden. Auch den Gegenschreiber Koller hielten sie für zu unerfahren. Der Rat solle beide abmahnen und bei weiterhin schlampiger Amtsführung entlassen. ‚Wegmobben' würde man heute wohl zu diesem Verhalten sagen. Die Gutachter wollten die bisherige Verwaltungsstruktur zunächst personell entleeren, um den Rat damit geneigter zu machen, das Regal zu verpachten. Eine günstige Gelegenheit, ihre eigenen Personalvorstellungen realisieren zu können.

Selbst wenn der neue Zollpächter das doppelte Gehalt bekäme, würde, nach ihrer Meinung, die Differenz durch die höheren Zolleinnahmen zehn-, ja zwanzigmal wieder hereinkommen. Von einem Mangel an qualifizierten Fachkräften ist in diesem Fall nicht die Rede. Im Gegenteil! Imhoff und Welser präsentierten dem Rat schon einen geeigneten Kandidaten: Jörg Schlaudersbach sollte es sein, an dem der Rat den Zoll verpachten sollte. Er sei anständig, genau, ausgefuchst und fleißig.[686]

Um den Personalvorschlag bewerten zu können, ist es wichtig zu wissen, daß die erste Frau von Endres (I) Imhoff Ursula Schlaudersbach hieß,[687] Jörg Schlaudersbach in der wichtigen Imhoff-Faktorei in Aquila in verantwortlicher

---

685 BayStaatsAN, Rep. 62, Ämterbüchlein, 83, 1564.

686 Hald, K., Waag- und Zollamt, S. 98 behauptet, daß die Verzollung von lebendem Vieh einem Zollpächter übertragen wurde. Er nennt leider keinen Zeitpunkt und führt auch keinen Beleg an. Bei den Recherchen zu diesem Buch stieß der Verfasser auf keine Quelle, die seine Behauptung stützen könnte. Sollte das zum Untersuchungszeitpunkt der Fall gewesen sein, hätten die Gutachter es sicher nicht verabsäumt, auf diesen Präzedenzfall hinzuweisen.

687 Biedermann, J.G., Patriziat-Nürnberg, Tabula CCXLICV.

Position tätig gewesen war,[688] und er 1548 Wiwolt Imhoff als Faktor in Spanien ablösen sollte.[689] Abrechnungsbelege von Paulus (I) Behaim aus der Mitte des Jahrhunderts belegen seine Tätigkeit in Lyon.[690] Er entsprach also diesbezüglich dem Anforderungsprofil, das Imhoff und Welser formuliert hatten: Kenntnis über die Praktiken der Italiener und Erfahrung im Safran-, Samt- und Seidenhandel. Und, von entscheidender Bedeutung: Er war ein Verwandter und enger Vertrauter der Imhoff.

Ob die Allianzmitglieder Imhoff und Welser sich mit diesem Vorschlag einen Gefallen taten, ist sehr zu bezweifeln. Es wäre ja einem Eingeständnis des Rates gleichgekommen, unfähig zu sein, seine Exekutivorgane mit geeigneten Leuten zu besetzen und zu kontrollieren. Zweifelsohne hätten sie in der Öffentlichkeit einen großen Reputationsverlust erlitten. Wer die Quellen[691] aufmerksam liest, stellt fest, daß jede wichtige Entscheidung und - aus heutiger Sicht - auch eine ganz banale, unter dem Gesichtspunkt geprüft wurde, ob sie mit einem Reputationsverlust verbunden sein würde oder nicht. Die Kaufleute Sitzinger, Braun, Scheufelin und Schlüsselberger[692] waren sich dessen bewußt. Sie rieten dem Rat deshalb davon ab, als Scheinbegründung für die Errichtung einer Douane einen kaiserlichen Kommissionsbefehl vorzugeben, die Waren nach verbotenen Münzen und Silber durchsuchen zu müssen: *„Es solle ihnen keine Gelegenheit gegeben werden, den Fuß in die Stadt zu setzen“*. Sie fürchteten also um die Reputation des Rates und um die Selbstverwaltungsrechte der Stadt, hätten sich auch in ihrem Bürgerstolz verletzt gefühlt.

Ziel von Imhoff und Welser war es deshalb offensichtlich, über einen Strohmann ein wichtiges finanzwirtschaftliches Hoheitsrecht in die Hand zu bekommen. Mit welchen Folgen das besonders für ihre Allianzkonkurrenten und den Niederländern verbunden gewesen wäre, bedarf keiner näheren Begründung. Es ist auch nach dem ganzen Kontext keine abwegige Spekulation, daß sie in einem nächsten Schritt versucht hätten, auch die Steuerpacht vom Rat übertragen zu bekommen[693] mit der Begründung, daß der Losungseid nicht mehr viel gelte, die Steuern ebenso wie der Zoll *„ungetreulich“* gereicht würden.[694]

---

688   Jahnel, H., Imhoff, S. 160. Es wird Personenidentität vermutet. – Zu Jörg Schlaudersbach als Besitzer des Gleißhammers: Mummenhoff, E., Der zweite markgräfliche Krieg, S. 96.
689   Häbler, K., Zollbuch-Barcelona, S. 32. Siehe auch: Bauernfeind, W., Reichste Nürnberger Bürger, S. 228.
690   GNM, Rep. II/67, Behaim-Archiv, Fasz. 48.
691   BayStaatsAN, Rep. 51, Ratschlagbücher, 11, fol. 86, 09.03.1517; Rep. 44e, Losungsamt, Akten, S I, L 115, 7, 09.08.1575; Rep. 60d, Verlässe der Herren Älteren, 6, fol. 177, 31.12.1575.
692   BayStaatsAN, Rep. 19a, E-Laden, Akten, S VII, L 123, 220 (6), 10.12.1571.
693   Vgl. zu diesen Fragen: Parker, G., Geld- und Finanzwesen, S. 359ff.
694   BayStaatsAN, Rep. 19a, E-Laden, Akten, S I, L 115, 5i, 1567; 6, 1571.

3.3.1.3. Die Qualität der Gutachter aus den beschwerdeführenden Unternehmen

Daß der Rat eine Kommission berief, die aus nur zwei Personen bestand und diese jenen Familien angehörten, die aus Nürnberger Sicht die Wortführer der Klagen, Be- und Anschuldigungen waren, geht mit ganz großer Wahrscheinlichkeit auf das Betreiben von Endres (I) Imhoff zurück, Erster Losunger und mächtigster Vertreter der Stadt.

Es stellt sich in diesem Zusammenhang die grundsätzliche Frage nach den Auswahlkriterien der Gutachter, ihrer fachlichen Qualifikation, ihrem unabhängigen Standpunkt, ihren ordnungspolitischen Grundsatzvorstellungen. Die Tatsache, daß sie in diesem Fall Familien angehörten, die seit Generationen die Wirtschaftspolitik Nürnbergs bestimmten und ökonomisch zu den erfolgreichsten einheimischen Unternehmerfamilien gehörten, macht sie zwar nicht per se ungeeignet für diese Aufgabe, man darf ihnen aber bei bestehenden Interessenkonflikten erhebliche Befangenheit unterstellen. *„Läuse im Pelz der Politik"*, wie sie heute etwa die wissenschaftlichen Beiräte beim Bundesministerium für Wirtschaft bzw. der Finanzen, der Sachverständigenrat zur Begutachtung der gesamtwirtschaftlichen Entwicklung sowie die Wirtschaftsforschungsinstitute darstellen, waren sie gewiß nicht.[695] Sie sangen das ‚Lied ihrer Dienstherren', d.h. dasjenige ihrer Familien.

Spätestens nach diesen Vorschlägen merkte wohl die Mehrheit des Inneren Rats, von welchen einzelwirtschaftlichen Interessen diese Gutachten geleitet waren. Die Informations- und Meinungsbasis war also zu erweitern.

3.3.2.   Vorstellungen anderer Gutachter

3.3.2.1. Anonymes Gutachten im Oktober 1571

Der Aktenvermerk[696] spricht von Kaufleuten, *„so ins Niederlandt handeln"* und erweckt damit falsche Vorstellungen. In Wirklichkeit verbergen sich dahinter Unternehmer, die mit sämtlichen (tatsächlichen oder vorgegebenen) aktuellen Problemen vertraut waren und auch dazu Stellung bezogen. Die Namen der Verfasser sind leider nicht genannt. Das weist schon darauf hin, daß es sich nicht um eine Auftragsarbeit des Rates handelte. Am Anfang ist davon die Rede, daß sie, die Gutachter, schon lange diese Klagen und Forderungen dem Rat hätten vortragen wollen, die Verschärfung der Probleme nun aber keinen längeren Aufschub dulde.

Diese Tatsachen, die Diktion und die Intention weisen zweifelsfrei auf die Federführung der Imhoff und Welser hin. Es ist sogar sehr wahrscheinlich, daß sie selbst die Autoren waren und es sich im übrigen um fiktive Kaufleute han-

---

695 Neumann, J.M., Läuse im Pelz der Politik, S. 15.
696 BayStaatsAN, Rep. 19a, E-Laden, Akten, S VII, L 123, 220 (4), 13.10.1571.

delte.[697] Ein triftiger Grund für die ‚Gutachter', anonym bleiben zu wollen, ist in diesem Fall nicht erkennbar. Repressionen irgendwelcher Art hatten sie nicht zu befürchten. Vor allen Dingen dann, wenn es sich um umsatzstarke und damit um eine steuerkräftige Unternehmerschicht gehandelt hätte, wäre ihr Gutachten vielleicht im Rat nicht ohne Eindruck geblieben. Sie hatten sich damit selbst der Möglichkeit begeben, auf Rückfragen hin die Argumente nochmals zu verdeutlichen und ihren Forderungen Nachdruck zu verleihen.

Die zeitliche Nähe zu den offiziellen Gutachten (knapp drei Wochen nach dem zweiten) der Imhoff und Welser nährt die Vermutung, daß diese befürchteten, im Rat mit ihren Argumenten nicht durchzudringen. Sie wollten den Entscheidern nun suggerieren, ihre Forderungen seien nicht von einzelwirtschaftlichen Interessen diktiert, sondern diese sich deckten mit den Anliegen einer breiten einheimischen Unternehmerschicht, und alle sich leiten ließen von der Sorge um das Allgemeinwohl. Von einer Douane ist nicht die Rede, die Imhoff und Welser wollten sie also erst gar nicht mehr zur Diskussion stellen.

Eine gewisse Parallele fand diese ‚Öffentlichkeitsarbeit' Mitte der siebziger Jahre, als dieselben Unternehmer, die Imhoff und Welser also, es verstanden, in einer Überrumpelungsaktion eine von ihnen in derselben Angelegenheit verfaßte Petition von namhaften Nürnberger Kaufleuten unterschreiben zu lassen. Diese wurden daraufhin von den Ratsmitgliedern Willibald Schlüsselfelder und Joachim Nützel einzeln konsultiert. Diesmal konnten sie es nicht, weil es keine Unterzeichner gab.

Gleich am Anfang wurde beklagt, daß wesentliche Teile des Handelsvolumens Nürnbergs, ja Deutschlands, in die Hand „*fremder und äußerer Nationen wider aller Billigkeit*" geraten sei. Dann wurden die Problemfelder geografisch abgehandelt. Portugal, Frankreich, Italien, die Niederlande (Antwerpen) hoben die Verfasser hervor, im Laufe der Ausführungen lenkten sie den Blick auch auf Spanien. Unter dem Punkt ‚Italien' akzentuierten sie besonders die zollpolitischen Verschlechterungen in den Stadtstaaten Venedig, Neapel, Mailand, Genua. Ein deutlicher Hinweis auf die Handelsausrichtung der beschwerdeführenden Unternehmen und des Nürnberger Handels insgesamt. Auffällig ist, daß von den Bedingungen in Mittel- und Osteuropa explizit nicht die Rede war, sieht man vom Hinweis auf die wachsende Bedeutung der Italiener auf den Messen in Leipzig ab.

Die Argumente müssen hier nicht im einzelnen aufgeführt werden. Im Kern liefen alle auf den Vorwurf einer disparitätischen Behandlung der Nürnberger und Italiener im jeweiligen Ausland durch einseitigen Bruch früherer zollpolitischer Praxis oder gar vertraglicher Vereinbarungen durch die Ausländer hinaus. Aber nicht die Zollerhöhungen in den Heimatländern ihrer Konkurrenten be-

---

697 Leider geht Müller, der eindeutig und einseitig den Standpunkt der Imhoff und Welser vertritt, auf diese Schrift in seinem Aufsatz nur mit einem Satz ein. – Müller, J., Finanzpolitik, S. 52.

trachten sie als existenzgefährdend - „*Und solches abgehörter Beschwerden, die doch nit gering noch wenig, sondern groß und viel sind, wären noch alle zu erdulden ...*" -, sondern die Wahl Nürnbergs als Standort von immer mehr italienischen Firmen.

Die an anderer Stelle geäußerte Vermutung, daß, wenn in den Quellen von den „*vier großen fremden Nationen*" die Rede ist, in erster Linie die Italiener gemeint waren, die für die Unternehmen aus jenen anderen Ländern Kommissionsgeschäfte abwickelten, erfährt in diesem Gutachten eine Bestätigung expressis verbis. Stärker als in den verschiedenen anderen Expertisen wurde die Zusammenarbeit der Italiener mit den Niederländern akzentuiert. Im letzten Kapitel wird darauf einzugehen sein.

In diesem anonymen Schreiben der Imhoff und Welser[698] war von einer Eidespflicht nicht die Rede. Das ist verständlich, da diese Schrift insofern komplementären Charakter zu ihren namentlich unterzeichneten Gutachten hatte, als es nicht die innerstädtischen Verhältnisse analysierte, auf die der Rat unmittelbar Einfluß nehmen konnte, sondern den geforderten Maßnahmekatalog in Nürnberg mit den Zollbelastungen für die Nürnberger im Ausland begründete. Was die (tatsächlichen oder vorgeschobenen) Erhöhungen in anderen Ländern betrifft, so ist in jedem Einzelfall zu prüfen, ob diese nicht auch für die einheimischen Handelskaufleute galten, deshalb dadurch keine Wettbewerbsverzerrung herbeigeführt wurde, sie also ausschließlich fiskalischen Charakter hatten. In den Quellen ist verschiedentlich von einer Gleichstellung der Bürger im Ausland mit den Fremden die Rede.[699]

Konkrete neue Zollsätze in Nürnberg wurden nicht genannt, sondern die Unterzeichner sprachen von „*stattlichen neuen Auflagen*", womit sowohl die Zollhöhe als auch administrative Verschärfungen gemeint waren.

3.3.2.2.   Gutachten Endres (II) Imhoff - Hans Welser - Willibald Schlüsselfelder - Marx Tucher vom 07. November 1571

Es ist für die Kräfteverhältnisse und wirtschaftspolitischen Richtungskämpfe im Inneren Rat äußerst bemerkenswert, daß der Rat den Zolldeputierten Imhoff und Welser, die schon mindestens zwei Gutachten verfaßt und vorgelegt hatten, nun die Herren Willibald Schlüsselfelder und Marx Tucher beigab,[700] sie beauftragte, die anstehenden Probleme erneut zu bedenken.

Die Vorschläge des Viererausschusses waren also, das ergibt sich aus dem ganzen Zusammenhang und der weiteren Entwicklung, ein Kompromiß zwischen Imhoff und Welser auf der einen, Schlüsselfelder und Tucher auf der an-

---

698   BayStaatsAN, Rep. 19a, E-Laden, Akten, S VII, L 123, 220 (4), 13.10.1571.

699   Möglicherweise wurden auch lediglich bestehende Vergünstigungen gegenüber den Einheimischen abgebaut, so z.B. 1493 in Genua. - Werner, Th.G., Augsburger Fugger-Nürnberger Imhoff, S. 15.

700   BayStaatsAN, Rep. 19a, E-Laden, Akten, S VII, L 123, 220 (3), 07.11.1571.

deren Seite. Es wird an dieser Stelle damit nochmal beispielhaft und konkret der Gegensatz einer radikalen wirtschaftspolitischen Position der Imhoff/Welser und einer moderaten der Tucher/Schlüsselfelder deutlich. Bei der Untersuchung des Allianzcharakters konnte ja schon aufgezeigt werden, daß die Zusammenarbeit zwischen den Familien Imhoff und Welser enger war als diejenige beider mit den Angehörigen der Familie Tucher.

Imhoff und Welser müssen die Erweiterung des Ausschusses und dessen Zielvorgaben als bittere Niederlage empfunden haben. Ihre zollpolitischen Forderungen waren im Rat offensichtlich nicht konsensfähig.

An den früheren Vorschlag, das Zollregal zu privatisieren, *„mit ofner Hand zu verleihen"*, wurde nur erinnert, ernsthaft diskutiert wurde er nicht mehr. Das Gutachten vermittelt vielmehr den Eindruck, daß im Rat die Entscheidung für eine Douane schon gefallen war, die Expertise zur Rechtfertigung nur noch nachgereicht wurde. Als Gebäude für die Douane wird das Kornhaus in St. Lorenz benannt.[701] Kein Platz sei aufgrund seiner Größe, Weite und Höhe besser geeignet. Meister Hans Pesold, Zimmermann in der Peunt, solle die großen Steine beseitigen lassen und zwei Stuben für die Amtsleute bauen.

Als Begründung für diese ‚einschneidende Maßnahme', die aber nicht mehr als solche bezeichnet wurde, sollte in der Öffentlichkeit das Gerücht gestreut, *„der Schein gemacht werden"*, daß der Rat durch Befehl einer kaiserlichen Kommission in Frankfurt dazu verpflichtet worden sei, alle Ballen, Kisten, Truhen nach verbotenen Münzen und ungemünztem Gold und Silber zu durchsuchen, dies aber nur in einem zentralen Warenlager möglich sei.[702] Oben wurde dieser ‚Befehl' schon erwähnt.

Zukünftig sollten alle Waren, *„sie mögen auf Wagen, Karren, zu Fuß oder sonst in irgendeiner Weise und Weg hereinkommen, gefürt, geschlaifft, gewogen... wie gering auch die wären und scheinen, zu aller ersten ins Zollhaus und*

---

701 Dazu Roth, J.F., Nürnbergischer Handel, 4., S. 263: *„Wenn von Einigen gesagt wird, daß die neue Wage im J. 1498 auf dem alten Stadtgraben erbauet worden, unter welchem der Herren-Keller ist, der so groß sein soll, daß man auch mit beladenen Weinwägen hinab und herausfahren, unten abladen und aufladen kann, so ist hier Irrthum und Wahrheit beysammen. Im besagten Jahre ist zwar das Salz- oder Kornhaus auf dem bemeldten Platze erbauet worden; die neue Waage aber hat man erst im J. 1571 unter dem neuen Salzhause zu errichten angefangen, und in dieselbe im J. 1572 ein Zollamt gelegt. Die Errichtung dieser großen Waage gründet sich auf das, was im Reichs-Abschiede vom J. 1571 §13 festgesetzt worden ist. Weil diese Waage also viel später, als die erste errichtet wurde, heißt sie die neue, von ihrer Geräumigkeit die große und von ihrer Lage auf der Lorenzer Seite, die obere, insgemein das Waag- und Zollhaus [Fn. Hier wird nur, was großer Zoll ist, entrichtet, und eben deswegen nennt man diese obere Waage das Zollhaus, wohin auch alle Wochen die Zollner unter den Thoren ihre Büchsen mit dem Brückengelde einliefern müssen".]*
Sie wurde 1498-1502 von Hans Behaim d.Ä. erbaut. - Bauer, H., Mauthalle, S. 85f.
702 Mummenhoff, E., Kornhaus, S. 44. Hald, K., Waag- und Zollamt, S. 101. Sie gehen wie Roth davon aus, daß der Befehl tatsächlich erteilt wurde. Die Nürnberger Quellen lassen diese Begründung nicht zu.

sonst an keinen anderen Ort" gebracht werden. Ein Fuhrmann solle bei Zuwiderhandlung Roß und Wagen verlieren, der Kaufmann seiner Waren verlustig gehen. Beiden solle außerdem vom Rat eine harte Strafe an *„Leib und Gut"* auferlegt werden.

Damit war eine Lagerung in den Privatgewölben oder in den Gasthäusern nicht mehr möglich. Neben einer öffentlichen Bekanntmachung sollten vor allen Dingen die Torzoller und die Aufdinger die Kaufleute auf die neue Gesetzeslage aufmerksam machen, sozusagen als verbales Gesetzesblatt fungieren.

Der Zollgegenschreiber hatte nach ihren Vorstellungen Buch zu führen über Einlieferungszeitpunkt, Lieferant, Eigentümer und die mit dem Firmenzeichen versehenen Waren. Der Warenversand sollte nur nach einer Inspektion durch den Gegenschreiber und eines von ihm ausgestellten Laufzettels erlaubt werden. Ohne diese Bescheinigung über Umfang und Inhalt der Ladung durfte der Torzöllner keine Waren passieren lassen. Dem obersten Zöllner dienten sie anschließend als Grundlage zur Berechnung der Zollschuld.

Die Fuhrleute mußten beim Kassierer im Zollhaus angeloben, daß es sich ausschließlich um Transitgüter handle, die auf diese spezifische Art gekennzeichnet waren. Sollten sie einer eidlichen Falschaussage überführt werden, würden Roß und Wagen konfisziert und außerdem müßten sie mit einer harten Strafe des Rates rechnen.

Mit den Blechzeichen sollten auch die Ausfuhrgüter in der Douane gekennzeichnet werden. Auf dem Blech mit Nürnberger Wappen mußte mit Kreide der Inhalt der Warensendung aufgezeichnet werden, damit der Torzöllner sehen konnte, daß im Zollhaus eine ordnungsgemäße Abrechnung erfolgt war und per Augenschein auch abschätzen konnte, ob Deklaration und Inhalt übereinstimmten. Die Bleizeichen sollten verhindern, daß innerhalb des Hoheitsgebietes unverzollte Waren zugeladen werden konnte.

Die Bolliten dienten der Ermittlung der Zollhöhe, bei Rücklauf unverkaufter Waren vor allen Dingen von den Messen in Frankfurt/M. und Leipzig der Zollerstattung.

Es hat den Anschein, daß diese Papiere Aktenmaterial der Zollbehörden blieben, sie also nicht dem Rat vorgelegt wurden, der daraus Kenntnisse über die Entwicklung des (zollpflichtigen) Außenhandels, einzelner Firmen und Firmengruppen hätte ziehen und als Entscheidungsgrundlage für seine Wirtschafts- und Finanzpolitik hätte nutzen können.[703]

---

703 Anders in Hamburg. Die Auszüge aus den Zollakten, die Aufschluß geben sollten über den Tuchim- und -export der Merchant Adventurers, blieben erhalten, weil sie zu den politischen Akten des Rates gehörten. Sie sollten als argumentative Grundlage dienen für die Auseinandersetzung mit den übrigen Hansestädten, die gegen die Aufenthaltsgenehmigung der Engländer in Hamburg waren. - Pitz, E., Merchant Adventurers-Deutsche Tuchkaufleute, S. 783.

Im Zusammenhang mit der Errichtung einer Douane forderte der Viererausschuß[704] die Einführung von Zollkonten, die vom obersten Zollherr nach Angaben der beiden Gegenschreiber zu führen seien. Transitwaren, die einem anderen Zollsatz unterlagen, sollten abgeschrieben werden. Der Kontostand müsse Basis zur Ermittlung der Zollschuld sein. Diese war vom obersten Zöllner spätestes jedes halbe Jahr zu ermitteln. Auf dieser Grundlage hatte der Kassierer den Zoll und den Gewölbezins[705] einzuziehen. Fremde, womit in erster Linie wieder die Italiener gemeint waren, sollten alsbald bar zahlen.

Letzteres war aber schon deshalb nicht möglich, weil nicht zu jedem Zeitpunkt die Güter als Einfuhr-, Ausfuhrware bzw. Transitgut deklariert werden konnten, sich das erst im Zuge der Marktentwicklung und weiterer Unternehmerentscheidungen ergab.

Das Geld sollte vom Zollherr und dem Kassierer abgezählt und in eine Truhe gelegt werden, zu der beide je verschiedene Schlüssel haben müßten.

Die Forderung der Allianzmitglieder nach einem Angeloben an Eides Statt fand sich auch in der Expertise des Viererausschusses,[706] ein Erfolg also der Imhoff und Welser. Bei den Italienern war diese Auflage nicht durchsetzbar gewesen. Auf einen neuen Versuch wollten sie es nicht ankommen lassen, mit dieser Pflicht sollten die anderen Fremden bzw. deren Faktoren belegt werden. Nach diesem Vorschlag mußten jene an Eides Statt versichern, daß die Ware ausschließlich ihnen gehöre, nicht einem zollpflichtigen Fremden, sie auch nicht mit einem solchen assoziiert seien. Dieser Passus bezog sich also vor allen Dingen auf Nürnberger Bürger, die als Faktoren tätig waren, und auf die zollfreien Niederländer.

Diese Pflicht sollte von nun an auch von dem vornehmsten Diener der Firma, der vorher beim Gegenschreiber im Zollhaus namentlich gemacht werden sollte, geleistet werden können.[707] Der Grund kann nur darin liegen, daß die geschäftsführenden Eigentümer aufgrund von Messebesuchen etc. zum Deklarationszeitpunkt oft nicht vor Ort waren und das Friktionen zur Folge hatte.

Die Gutachter hielten es für angebracht und angemessen, den Ausfuhr-/Einfuhrzoll für die Italiener auf 2% zu erhöhen, ihn für die anderen zollpflichtigen Kaufleute bei 1% zu belassen. Da die meisten Niederländer aufgrund gegenseitiger Verträge zollfrei waren, sollte für diese also offensichtlich der status quo beibehalten werden.

Als Transitzoll schlugen sie für die Italiener einen Satz von 1% vor, weil sie davon ausgingen, daß viele Waren, besonders an den Adel, bereits verkauft

---

704 BayStaatsAN, Rep. 19a, E-Laden, Akten, S VII, L 123, 220 (3), 07.11.1571.
705 Er sollte nach Meinung der Herren Sitzinger u.a. nach 8 gebührenfreien Tagen ½ Batzen betragen. Der Bemessungszeitraum ist hier nicht angegeben. – BayStaatsAN, Rep. 19a, E-Laden, Akten, S VII, L 123, 220 (6), 10.12.1571.
706 BayStaatsAN, Rep. 19a, E-Laden, Akten, S VII, L 123, 220 (3), 17.11.1571.
707 BayStaatsAN, Rep. 19a, E-Laden, Akten, S VII, L 123, 220 (3), 07.11.1571.

waren. Die Zielsetzung des Rates, Käufer und Verkäufer vor Ort zusammenzubringen, wurde so unterlaufen. Dem Fiskus ging die Differenz von Ausfuhr- und Transitzoll verloren. Insofern war der Satz ein Kompromiß zwischen diesen beiden Sätzen. Für die anderen Fremden hielten sie den um 2 Kreuzer erhöhten alten Satz (4 Pfennig) für angemessen.

Der Öffnungspflicht unterlagen danach generell die Italiener, Spanier, ‚Portugalesen' (= Portugieser) und Franzosen, die anderen bei begründetem Verdacht, nicht wahrheitsgemäß deklariert zu haben.

Eindeutig auf Imhoff und Welser ging die Forderung zurück, den Irrungen *„der Amtleute des Anschlags halben"* zu recherchieren. Es waren also wohl Koberger und Koller gemeint.

An dieser Stelle noch einige Bemerkungen zum Aufsatz von Müller zu diesen Fragen.[708]

Müller vergibt die Chance einer tiefergehenden Analyse und Bewertung der Tatsache, daß der um Willibald Schlüsselfelder und Marx Tucher erweiterte Gutachterausschuß eine Erhöhung lediglich um 2% und nicht, wie Endres (II) Imhoff und Hans Welser es getan hatten, um 4% vorschlug. Aber gerade an diesen unterschiedlichen Meinungen hätte er die Spannungen und differenten wirtschaftspolitischen Ordnungsvorstellungen innerhalb des Rates verdeutlichen können. Damit wären auch seine Porträtskizzen von den entscheidenden Akteuren auf den Prüfstand gekommen, und ebenso müßte er dann die Begründung der angespannten Finanzlage mit den Kosten für den 20 Jahre zurückliegenden Zweiten Markgrafenkrieg näher hinterfragt haben.

Müller läßt auch die Behauptung der Gutachter Endres (II) Imhoff und Hans Welser, die Kosten für eine Douane seien zu hoch, unkommentiert.[709] Aus dem ganzen Tenor seiner Arbeit, der aus einem verengten nationalen bzw. städtischen Blickwinkel heraus die Quellen interpretiert, ist zu schließen, daß er sich dieser Begründung anschloß. So folgt er weitgehend der widersprüchlichen Argumentation der Welser und Imhoff: Mildes Zollregiment, Wissen um die Zollhinterziehung in sehr beachtlichem Ausmaß, Bewertung der Personalkosten für die Douane als zu hoch. Wenn die Zollsätze schon niedrig waren, dann hätte der Rat um so mehr auf eine wirkungsvolle Administration achten müssen.[710] Für die Auswahl und Kontrolle des Personals war er schließlich selbst verantwortlich. Insofern fällt die Beschwerde auf ihn zurück. Vor einer Zollerhöhung hätte er das Personal besser ausbilden, motivieren und kontrollieren müssen.

Bei der Darstellung der Verhältnisse in der Zolladministration bleibt für den um Objektivität bemühten Historiker ein Unbehagen. Die Zustände mögen so gewesen sein, wie hier aufgezeigt. Das ist sogar sehr wahrscheinlich. Schließlich beruhen sie nicht nur auf Äußerungen der Imhoff und Welser, sondern auch

---

708 Müller, J., Finanzpolitik, passim.
709 Müller, J., Finanzpolitik, S. 53.
710 BayStaatsAN, Rep. 19a, E-Laden, Akten, 223, 12.05.1579.

auf die anderer heimischer Kaufleute und der Italiener selbst, die eingestanden *„das sy die sachen zu grob gemacht".*[711] Gleichwohl, die Zollbediensteten selbst kommen in den Quellen nicht zu Wort. Vielleicht hätten sie auf die Vorwürfe entgegnet, ihren Dienst so verrichtet zu haben, wie es jahrzehntelang Praxis war, ohne daß sie oder ihre Vorgänger von den Aufsichtsbehörden abgemahnt worden wären.

3.3.2.3. Gutachten der Losungsschreiber vom 15. November 1571

Die Losungsschreiber legten ihr Gutachten am 15.11.1571 vor.[712] Sie differenzierten in anderer Weise. Die Transitgüter der ‚Problemgruppe', also der „vier fremden Nationen", die von der *„Achs abgelegt"* und danach versandt würden, sollten mit einem Zoll von 2% belegt werden. Stichhaltig wird ihre Begründung *„... daß die Händler* [ansonsten] *uf Weg gedenck würden, wie sie die Güter außerhalb dieser Stadt abladen und mit anderer fuhr fortbringen möchten"*, wenn vom Ziel der Stadt ausgegangen wird, in Nürnberg Verkäufer und Käufer, Angebot und Nachfrage zu konzentrieren, die Peripherie möglichst auszutrocknen. Die *„fuhr"* sollte nach Nürnberg hereinkommen, hier Zoll zahlen, den Markt beleben. Ob sie dabei auch daran dachten, dem heimischen Transportgewerbe Aufträge zu verschaffen, bleibt unklar. Für die direkte Durchfahrt sollte es bei der alten Höhe bleiben.

Vertreter anderer Nationen wurden namentlich nicht genannt. Es liegt also der Schluß nahe, daß es für jene bei den alten Zollbedingungen bleiben sollte.

Die Losungsschreiber ließen sich von ihren Aversionen gegen die Italiener[713] nicht leiten, behielten kühlen Kopf, beurteilten das Problem unter rein wirtschaftlichen Gesichtspunkten. Weil andernfalls *„dann man solche 4 Nationen verursachen würdt, als Zinn, Wachs, Juchten und anders außerhalb dieser Stadt und anderen Orten einzukaufen".*

Der Errichtung einer Douane stimmten sie zu.

3.3.2.4. Gutachten des Laux Sitzinger und anderer vom 10. Dezember 1571

Ein weiteres Gutachten legten Angehörige der Nürnberger Kaufmannschaft am 10.12.1571 vor.[714] Es waren Laux Sitzinger, Stefan Braun, Hans Scheufelein [Schäuffelein] und Gabriel Schlüsselberger.[715] Ob sie gänzlich unparteiisch waren, ist fraglich, denn sie wiesen ausdrücklich und ausschließlich auf die rück-

---

711 BayStaatsAN, Rep. 19a, E-Laden, Akten, 245, 17.04.1572.
712 Müller, J., Finanzpolitik, S. 5ff.
713 *„Die spitzfindigen Köpfe ... sinnen wie sie solche Waren, so hochgültig und viel Gelds anlaufen, in Weinfässern, Salzscheiben, wollenen und anderen Säcken, hierin und desgleichen wiederum hinausbringen, dadurch dann abermals dem Zoll abgetragen und abgehen würde".*
714 BayStaatsAN, Rep. 19a, E-Laden, Akten, S VII, L 123, 220 (6), 10.12.1571.
715 Zu ihnen neuerdings: Bauernfeind, W., Reichste Nürnberger Bürger, S. 213, 216, 223.

läufige Geschäftsentwicklung bei den Firmen Imhoff und Welser hin. Auch dieses Gutachten ging also wohl auf deren Initiative zurück. Dabei hätten zumindest die Braun[716] als bedeutende Seidenhändler Grund genug gehabt, selbst aktiv zu werden. Gleichwohl übernahmen sie die Forderungen der Imhoff und Welser nur in abgeschwächter Form.

Nach Ansicht dieser Kaufleute sollte für die ungeöffneten Transitgüter, ob sie umgeladen würden oder nicht, 1 Schilling in Gold/Zentner zu zahlen sein. Bei den *vier fremden Nationen* machten sie die Höhe davon abhängig, ob sie jeweils in anderen Städten des Reiches Warenlager unterhielten oder nicht. Im ersten Fall wollten sie die Güter mit einem Wertzoll von 1 Prozent belegt wissen, im anderen Fall sollten sie wie die anderen Nicht-Bürger 1 Goldschilling zahlen. Es dürfte kaum möglich gewesen sein, die Existenz von Warendepots in anderen Städten nachzuweisen, wie gut der Informationsstand des Rates auch gewesen sein mag, es sei denn, sie dachten ausschließlich an Schwabach und Roth.[717]

Einen Einfuhr-, Ausfuhrzollsatz von 3 oder 4%, wie von Imhoff und Welser gefordert, hielten sie für zu hoch und rieten dem Rat zu einer Festsetzung auf 2%. Diese Höhe würde die Italiener nicht veranlassen, nach Linz oder Regensburg zu ziehen. Besonders Linz, an schiffbaren Flüssen gelegen, nahe zu Böhmen, Polen, Ungarn, Italien, Sachsen, hielten sie für einen besonders konkurrierenden Standort.

Angeloben hin oder her, der Kaufmann Sitzinger[718] und seine Mitunterzeichner zuckten gewissermaßen mit den Schultern. *„Mann wisse doch, was die Italiener für Gesellen sind und ein conscientiam largam haben“*, gaben sie zu Protokoll. Sie lehnten das Angeloben nicht ausdrücklich ab, versprachen sich davon aber wohl keine Sensibilisierung mit abschreckender Wirkung.

Die Errichtung einer Douane hielten sie für eine mögliche Lösung, äußerten sich aber nicht zu Details. Unter dem Gesichtspunkt einer möglichen Standortverlagerung der Italiener blieb ein Unbehagen.

3.3.3. Zusammenfassung: Entscheidungsmatrix

Die Matrix **(Darstellung 29)** verdeutlicht die komplizierte Entscheidungssituation, vor der sich der Rat gestellt sah.

---

716 Zur Firma Stefan Braun (s.E.): Peters, L.F., Handel Nürnbergs, S. 496ff.
717 Siehe dazu weiter unten.
718 BayStaatsAN, Rep. 19a, E-Laden, Akten, S VII, L 123, 220 (6), 10.12.1571.

		Imhoff/Welser (1)	Imhoff/Welser (2)	Anonymi	Schlüssel felder etc.	Losungs schreiber	Sitzin ger u.a.
1.	Transitzoll	Italiener: 1%		stattlich	Italiener: 1% Andere: 4 Pfg. + 2 Kreuzer	2% wenn von der Achs abgeladen sonst alter Satz	Italiener: 1% Andere: 1 Goldschilling
2.	Einfuhr- /Ausfuhrzoll	Italiener, Fremde: 2-3%	Italiener, Fremde: Bis 4%	stattlich	Italiener: 2% Andere: 1%	Italiener, Niederländer: 1%	2%
3.	Zollnachzah lung	ja	ja				
4.	Latitüde				Wie bisher (wohl 10%)		
5.	Verpachtun g Zollregal	ja	ja		nein		
6.	Douane	nein	nein		ja	ja	ja
7.	Öffnungsver pflichtung	ja	ja		Italiener: generell Andere: bei begründetem Verdacht		Nur, wenn alle Städte
8.	Eid	ja	ja				Bei Italienern ohne Wirkung
9.	Bleizeichen	ja	ja		ja		
10.	Bolliten	ja	ja		ja		
11.	Zollkonto				ja		
12.	Abrechnung szeitraum				1 /2 Jahr Italiener: alsbald		

Darstellung 29: Entscheidungsmatrix des Nürnberger Rats um 1570 in Fragen der Zollpolitik

Außerdem sind bei der Bewertung aller Gutachten die Schwierigkeiten der administrativen Details angemessen zu berücksichtigen.

Sollte also der Rat jetzt die bewährten ordnungspolitischen Grundsätze zur Disposition stellen, durch aktive Strukturpolitik gezielt Einfluß nehmen auf Marktformen, Einkommensquoten, Anteile bestimmter sozialer Gruppen am Handelsvolumen, somit die standortpolitischen Rahmenbedingungen ändern?! Und wenn ja, mit welchen Mitteln?!

Gerade die Zollpolitik, die zu diesem Zeitpunkt[719] nach Meinung der Nürnberger Beschwerdeführer in erster Linie als Steuerungsinstrument eingesetzt werden sollte, um gemeinschädlichen Entwicklungen entgegenzuwirken, wies eine lange Kontinuität auf. Die Turrisani behaupteten nicht zu Unrecht, daß sie in den 60 oder 70 Jahren ihres hiesigen Aufenthaltes nie mehr als ein Prozent Einfuhrzoll (und Ausfuhrzoll für die hier gekauften Waren) bezahlt hatten.[720]

Sie bezogen sich vermutlich auf den von Ruprecht Haller und Hans (III) Imhoff modifizierten alten Zolltarif, der am 28.08.1465 veröffentlicht,[721] 1496 und 1526 novelliert, aber in seinen freihändlerischen Grundzügen beibehalten worden war.[722] Leitprinzip war damals eine weitgehende Gleichstellung der ‚Gäste' mit den einheimischen Kaufleuten.[723] Rund 100 Jahre später waren die Imhoff und Welser jene Wortführer, die eine Abkehr von eben diesen liberalen wirtschaftspolitischen Grundsätzen forderten. In Lübeck hatte das Ringen des „freiheitlichen Prinzips der Frühzeit mit dem fremdenfeindlichen der Spätzeit" schon sehr viel früher eingesetzt.[724]

Das Vertrauen auf die Berechenbarkeit und Konstanz wirtschaftspolitischer Rahmenbedingungen hatte einen nicht unwesentlichen Anteil an der Blüte der Handels- und Gewerbeexportstadt Nürnberg. In einer Zeit, in der die Wirtschaftspolitik[725] mehr als heute bestimmt wurde von einem historisch gestützten Glauben an ihre Wirksamkeit und nicht auf Entscheidungstheorien, volkswirtschaftlichen Gesamtrechnungen, organisations-, informations-, systemtheoretischen Erkenntnissen etc. beruhte, hat dieses Argument, scheint es, besonderes Gewicht.

Es galt, das war spätestens zu diesem Zeitpunkt den meisten Entscheidern klar, sehr abzuwägen zwischen ideologisch verbrämten Interessenstandpunkten einer Minderheit, die sich als ‚defensor urbis et patriae' gerierte, und den wirklichen Bedürfnissen der Stadt. Allerdings bleibt zu fragen, ob die bewährten wirtschaftspolitischen Grundsätze der Vergangenheit auch in einer veränderten han-

---

719 Das Instrumentarium wurde später erweitert und verfeinert. Siehe dazu weiter unten.
720 BayStaatsAN, Rep. 19a, E-Laden, Akten, 245, 23.04.1572; S VII, L 123, 220 (9), 15.07.1572.
721 Müller, J., Handelspolitik, S. 607f.
722 BayStaatsAN, Rep. 19a, E-Laden, Akten, S VII; L 123, 220 (3), 07.11.1571.
723 Jahnel, H., Imhoff, S. 100.
724 Rörig, F., Wandlungen-Hanse, S. 163.
725 Dirlmeier, U., Zoll-, Stapelrechte, S. 21.

delspolitischen Umwelt zu denselben Zielen führen konnten. Und daß sich die Rahmenbedingungen für den Standort Nürnberg durch die Agglomeration der italienischen Firmen in Nürnberg und in anderen Städten Deutschlands und Europas geändert hatten, daran konnte kein Zweifel bestehen.

Fazit: Es wird deutlich, daß die Imhoff und Welser mit ihren Forderungen nach einer Privatisierung des Zollregals und massiven Zollerhöhungen die weitreichendsten Forderungen stellten. Die durch den Viererausschuß vorgetragenen Maßnahmen sind als Kompromiß zwischen freihändlerischen (Schlüsselfelder/Tucher) und protektionistischen Ordnungsvorstellungen (Imhoff/Welser) zu bewerten.

Wie Schlüsselfelder und Tucher wirklich dachten, wird in den weiteren Ausführungen deutlich werden. Schon an dieser Stelle der Untersuchung wird aber klar, daß die Imhoff und Welser es schwer hatten, repräsentative Teile der Nürnberger Unternehmerschaft für ihren Standpunkt zu mobilisieren.

3.4.   Die ‚große' wirtschaftspolitische Reform im Jahre 1572

Die Maßnahmen, die im folgenden untersucht werden, unterscheiden von sich von denen der ‚kleinen' Reform dadurch, daß sie nicht nur auf administrative Verschärfungen zielten, sondern auch die Zollsätze tatsächlich veränderten. Beiden gemeinsam war, daß sie als Zielgruppe die Fremden, vor allen Dingen die Italiener, im Auge hatten.

Bisher hatte sich der Rat in dem Zielkonflikt, Zollerhöhung bzw. schärfere Kontrollen auf der einen und Standortverschlechterung im nationalen und internationalen Wettbewerb auf der anderen Seite, nicht zu einer klaren und konsequenten wirtschaftspolitischen Position durchringen können.

3.4.1.   Informationsstand des Rates über entscheidungsrelevante Daten (Querschnittsbetrachtung)

Aufgrund der eben referierten und analysierten Gutachten könnte der Eindruck entstehen, daß der Rat sich für die anstehenden Entscheidungen auf eine genügend breite Informationsbasis stützen konnte.

Aber war er dadurch wirklich in der Lage, die ökonomische Entwicklung in der Vergangenheit zu analysieren, kannte er die entscheidenden Eckdaten der Gegenwart? Konnte er aufgrund einer realitätsnahen Diagnose die Auswirkungen von wirtschaftspolitischen Maßnahmen wenigstens hinreichend genau prognostizieren?

Durch die zahlreichen Eingaben der zwei konkurrierenden Kaufmannsgruppen, der Nürnberger Welser und Imhoff und - zeitlich eingeschränkt - der Tucher, sowie einigen anderen Firmen auf der einen und der Solidargemeinschaft der italienischen Unternehmen auf der anderen Seite war der Rat über die Forderungen und Wünsche der beteiligten Parteien informiert, nicht aber

zwangsläufig auch über die Realitäten. Es erhebt sich die Frage, ob er sich aufgrund dieser Informationen von pressure groups gezwungen sehen mußte, wirtschaftspolitisch aktiv zu werden. Für die Änderung der Rahmenbedingungen
plädierten die einen, für eine Beibehaltung des Status quo die anderen. Beide
Fraktionen wurden nicht müde, die Identität ihrer Interessen mit denen des Gemeinwohls der Reichsstadt Nürnberg und des Reiches zu betonen. Die Welser
und Imhoff gingen gar so weit, anderen Nürnberger Kaufleuten, die mit den Italienern kooperierten, sie in ihren Häusern logieren ließen oder gar für sie faktu-
rierten, *„schnöde Gewinnsucht"* zu Lasten der Allgemeinheit[726] zu unterstellen;
altruistische Motive auf der einen, ihrer Seite also, parasitärer Egoismus auf der
anderen. Dabei handelten sie, wie aufgezeigt, eingestandenermaßen selbst in
großem Umfang mit den Italienern.

Inwieweit diese Selbsteinschätzung der Realität entsprach, dazu mögen die
folgenden Ausführungen Beurteilungsmaßstäbe liefern. Bevor auf den weiteren
Entscheidungsablauf eingegangen wird, soll in einer systematischen Quer-
schnittsbetrachtung, losgelöst von einer streng chronologischen Untersuchung,
diesen Problemen nachgegangen werden.

3.4.1.1. Informationsstand durch die Petitionen der beteiligten Interessengruppen

Der sinnvolle und effiziente Einsatz vorhandener wirtschaftspolitischer Instrumentarien zur Erreichung angestrebter Ziele setzt gesicherte und ausgewertete Informationen über den gegenwärtigen Zustand, über die Entwicklung entscheidungsrelevanter Daten in der Vergangenheit und die Einschätzung bestimmter Trends voraus. Für das hier interessierende Problem waren also für den
Rat u.a. zuverlässige Erkenntnisse erforderlich über die Anzahl und den Zuzug
der Kaufleute aus den ‚fremden Nationen' in den letzten Jahrzehnten, über deren
Produktpalette und Umsatz, über die Zollbestimmungen und die Zollpraxis in
Nürnberg und wichtigen ausländischen Städten bzw. Stadtstaaten in Italien.

Ohne eigenen Ermittlungsaufwand erhielt der Rat Kenntnis von ungebür-
gerten Kaufleuten durch deren Eingaben zu aktuellen Problemen. Da aber offensichtlich nicht immer alle in Nürnberg waren, mußte der Informationsstand über
die Anzahl der Fremden zwangsläufig lückenhaft sein. Aber selbst wenn er alle
namhaft hätte machen können, wäre die Kenntnis über die eben genannten ent-
scheidungsrelevanten Fakten gleichwohl äußerst vage geblieben. Er war also bei
anstehenden Entscheidungen auf eigene und weiterführende Ermittlungen angewiesen.

---

726 BayStaatsAN, Rep. 19a, E-Laden, Akten, 242, 13.05.1575.

3.4.1.2. Information durch eigene Erhebungen

3.4.1.2.1. Anzahl der anwesenden Italiener

Die Quellen belegen, daß der Rat offensichtlich lange Zeit keine vollständige Information darüber hatte, wie viele italienische Firmen in Nürnberg domizilierten, von hier aus dauernd oder doch über einen längeren Zeitraum hinweg ihren Handelsgeschäften nachgingen, mit welchen Produkten sie in welchem Umfange handelten, wie sich die Anteile gegenüber anderen Firmen verschoben hatten bzw. noch veränderten.

Der Kenntnisstand hinsichtlich einer adäquaten Problemlösung ist nicht als optimal, nicht einmal als wenigstens hinreichend zu bezeichnen, sondern es sind gravierende und folgenschwere Informationsmängel. Was Lentze in seinem Aufsatz über die Gewerbeverfassung Nürnbergs hervorhob, nämlich, daß es dem Nürnberger Rat nie gelungen sei, *„ein wirklich funktionierendes Meldesystem für Gäste einzuführen"*, [727] keine ausreichende Kontrolle über illegal zugezogene Handwerker hatte, gilt für den hier in Betracht kommenden Zeitraum in vollem Umfange auch hinsichtlich der Handelskaufleute ohne Nürnberger Bürgerrecht. [728]

Als logische Konsequenz daraus ergaben sich ebenfalls Defizite hinsichtlich der Rechtsform, der Organisations-, Absatz- und Vertriebsstruktur, der Kooperationsformen, der Warenpalette, der Abgabenmentalität etc.

So vermittelt beispielsweise eine Quelle des Jahres 1572, [729] deren Verfasser nicht belegbar ist, eher den Eindruck einer Schreibtischnotiz eines mit dem Problem befaßten Ratsbediensteten, der sich über die Situation für halbwegs informiert hielt, denn als das Resultat einer systematischen und vollständigen Erhebung aus den amtlichen Unterlagen oder einer Befragung. Aktenkundig werden folgende Italiener: Turrisani & Jakob Fredenich Troilo bei den Fleischbänken, Franco di Franchi bei der Barfüßer Brücken, Polinio Olnierti im Blauen Hof, Balbani [730] beim Wilden Mann, Vertemate neben der Guldenen Gans, [731]

---

727 Lentze, H., Nürnbergs Gewerbeverfassung, S. 606.

728 Genauer und zum Teil restriktiv ging Nürnberg bei der Einwanderungswelle österreichischer Glaubensflüchtlinge vor. In Rechnung zu stellen sind dabei u.a. die größere Anzahl und die politischen Rahmenbedingungen. - Schnabel, W.W., Österreichische Exulanten, S. 140ff.

729 BayStaatsAN, Rep. 19a, E-Laden, Akten, 245, ohne Datum, wohl 1572.

730 Auf Beziehungen der Imhoff zu den Balbani verweist die Tatsache, daß Willibald (II) Imhoff 1562 in Lyon zu Durko Balbani geht. Die Balbani aus Lucca sind im übrigen nachweisbar in Antwerpen, Hamburg, London. Sie handelten unter anderem mit englischem Tuch. - Pohl, H., Willibald Imhoff, S. 36. Pitz. E., Merchant Adventurers-Deutsche Tuchkaufleute, S. 790.

731 Ein Zweig der 'vornehmen' Werdemann wohnte also neben dem vielleicht vornehmsten Gasthaus Nürnbergs (Winklerstraße 15), gegenüber der Waage (Winklerstraße 22), dort, wo sich bis zur Errichtung der 'oberen' Waage im Jahre 1572 (Mauthalle = Südseite: Hallplatz Nr. 2) das Zentrum von Handel und Verkehr befand. - Hald, K., Waag- und

Crollalanza in der Guldenen Gans, Portasio (Protasio) und Carlo di (da) Busto[732] beim Bitterholt, Bernardini beim Wolf Ehinger am Weinmarkt. Er wohnte also bei einem Nürnberger Bürger, eine Tatsache, die von den Beschwerdeführern generell beklagt wurde.

Völlig unzureichende Informationen lieferte ebenfalls eine Notiz[733], in der Bartholome Odescalco auf der Füll, Murari beim Guldenen Kreuz, Samson Gall in der Zistelgasse und Andre Zolino (Zollini?) namhaft gemacht werden.

Etwas präzisere Auskünfte über die Anzahl der Italiener und einen Teil ihrer Handelsgüter gingen aus einer Erkundigung über die Abgabepraxis beim Ungeld aus dem Jahre 1575 hervor.[734] Folgende Namen tauchen auf: Lucas Turrisani, Paulus und Baptista Neri, Wilhelm Vertemate, Anthonio Zollini aus Chur beim Bitterholt, Peter Beccaria beim Ochsenfelder, Hans Maria Vertemate beim Ochsenfelder, Samson Gall, N.N. beim Gulden Kreuz, Lorenz Baptista Crollalanza, Franco di Franchi, Bartholome Odescalco.

Der Grund für eine Erhebung dieser Art offenbart wichtige Informationsdefizite des Rates auch in der Finanzverwaltung, belegt das offensichtliche Fehlen einer laufenden und effizienten administrativen Erfassung und Kontrolle. Auch der Informationsnutzen dieser Recherche ist als begrenzt einzustufen, erweckt Zweifel hinsichtlich Vollständigkeit und Präzision wenn es lapidar heißt: „... *wir können aber nit wissen, wie dieselbigen heißen*". Objektiv überzeugende Argumente dafür finden sich nicht. Es ist davon auszugehen, daß sich Befrager und Rat vorschnell mit lückenhaften Auskünften zufrieden gaben.

Ende Januar 1575,[735] als das Problem also schon jahrelang virulent war, wurde auf eine Forderung der Ratsdeputierten Fürer, Schlüsselfelder und Nützel hin eine Fremdenliste mit Namen, Vornamen und den wichtigsten Handelsgütern erstellt, der wohl eine zumindest hinreichende Vollständigkeit zuerkannt werden kann.

Zollamt, S. 99. Hampe, Th., Goldene Gans, o.S. Stich (1707) abgebildet bei Polívka, M., Nürnberg-Nachrichtenzentrum, S. 176. Siehe auch das Aquarell von Chr. Pröbster aus dem Jahre 1886: StadtbN, Nor. K 4741.

732   Aus Mailand. - Kellenbenz, H., Graubündner Pässe, S. 36.

733   BayStaatsAN, Rep. 19a, E-Laden, Akten, 246, ohne Datum.

734   BayStaatsAN, Rep. 19a, E-Laden, Akten, 242, 1575, ohne Monat und Tag: „*Turrisani: das Ungeld wird ihm zugeschrieben, Neri: lassen das Ungeld auf Hans Beham schreiben, Wilhelm Vertemate: läßt das Weinungeld auf Anna Veit Santagi [?] schreiben, wenn er mit welschen Weinen handelt, schreibt man das Ungeld ihm zu, Zollini: handelt mit welschen Weinen, das Ungeld wird ihm zugeschrieben, Beccaria: handelt mit welschen Weinen, das Ungeld wird ihm zugeschrieben, Hans Maria Werdemann: handelt mit welschen Weinen, das Ungeld wird ihm zugeschrieben, Gall: läßt das Ungeld auf die Ursula Poderin schreiben, ... hat welsche Weine beim Guldenen Kreuz, wir können aber nit wissen, wie dieselbigen heißen.* [Wahrscheinlich handelt es sich um die Murari.] *Crollalanza: handelt mit süßem Wein, das Ungeld wird ihm zugeschrieben, Franco: läßt das Ungeld auf sich schreiben, Odescalco: läßt das Ungeld auf sich schreiben*".

735   BayStaatsAN, Rep. 19a, E-Laden, Akten, 242, 1575.

3.4.1.2.2.   Umsatz und Zollabgaben der Italiener

Insofern die obigen Quellen auf ausdrückliche Anordnung des Rates hin erstellt wurden, ergibt sich durch Randbemerkungen wie etwa *„ist verhört worden"* oder *„ist nit hie"*, daß sie auf persönliche Anhörungen beruhten, sie dokumentieren (meist, nicht immer) Namen und (einige) Haupthandelsgüter. Zum Teil fließen Informationen Dritter, möglicherweise Nachbarn, ein, wenn es heißt *„sollen wie die sag ist dasselbig hauß kaufft haben* bzw. *soll wie man sagt dasselbig Haus auch kaufft haben"*.

Nun kann Sinn und Zweck einer solchen Erhebungsmethode prinzipiell nicht bestritten werden, als Informations- und Entscheidungsgrundlage für mehrere anstehende Probleme ist das Ergebnis allerdings nur von begrenztem Nutzen. Die Listen lieferten z.B. keine Auskunft darüber, in welchem Umfang, differenziert nach Art, Umfang und Wert, die Italiener Einfuhr- oder Transitgüter verhandelten und, daraus nach den bestehenden Tarifen folgernd, sie Zoll entrichtet bzw. noch zu zahlen hatten. Naturgemäß hätten diese Angaben aus den Zoll-Listen bzw. nach Errichtung der Douane aus den Zoll-Konten ermittelt werden können und müssen. Offensichtlich hatte der Rat aber kein allzu großes Vertrauen in die materielle und formelle Ordnungsmäßigkeit, die Vollständigkeit, Richtigkeit, Klarheit und Übersichtlichkeit der Zolldeklarationen und amtlichen Zollunterlagen. Im Jahre 1573 konstatierten die Ratsdeputierten, daß das Personal im Zollamt seit Jahren zum Schaden des Fiskus liederlich gearbeitet habe.[736] Und als 1579 Philipp Geuder und Willibald Schlüsselfelder das Zoll- und Waagamt kontrollierten, beklagten sie Zecherei und Völlerei sowie mangelnden Fleiß der städtischen Bediensteten.[737] Ein schlechtes Arbeitsethos der Bediensteten alleine reicht aber für die Erklärung des Dilemmas nicht aus. Oben wurde dazu schon Stellung bezogen.

Da der obige Auftrag sich ausdrücklich auch darauf erstreckte zu erkunden, *„welche Aigne Heuser keuflich bestehn"*, kann die obige Feststellung bezüglich eines nicht funktionierenden Meldesystems für Nichtbürger hinsichtlich des Immobilienbesitzes erweitert werden. Auch eine Kooperation der verschiedenen Verwaltungsbehörden ist nicht zu erkennen. Aufgrund des ausgewerteten Quellenmaterials erlauben diese Aussagen im übrigen keine Verallgemeinerung auf die Effizienz der Nürnberger Exekutive, sondern beziehen sich ausschließlich auf diesen Zeitraum und auf dieses Problem.

3.4.1.2.3.   Zolltarife und Zollpraxis in Nürnberg

Einen vollständigen Überblick über die nationalen und internationalen Gesetzesartikel und Rechtsgewohnheiten hatten damals offensichtlich weder das Zollpersonal noch die politischen Entscheidungsträger Nürnbergs. Bei auftre-

---

736 BayStaatsAN, Rep. 19a, E-Laden, Akten, 246, 21.07.1573.
737 BayStaatsAN, Rep. 19a, E-Laden, Akten, 223, 12.05.1579.

tenden Problemen mußten sie sich vielfach durch Recherchen bei den Administrationsbehörden erst der Rechtsgrundlagen im eigenen Hoheitsbereich vergewissern. Daß unter diesen Umständen Informationsdefizite, zumindest Informationslags über Rechtsnormen und Rechtspraxis anderer Handelsstädte und Länder zu konstatieren sind, liegt auf der Hand.

Aufgezeichnet waren die Nürnberger Zolltarife im sogenannten „*pergamentenen Zollbüchlein*".[738] Gleichwohl bestand zumindest zeitweise und partiell Unklarheit darüber, ob und in welcher Höhe bestimmte Waren zu verzollen waren. So schrieb Endres (I) Imhoff an Christoph Welser in Augsburg, daß zunächst alle Ordnungen überprüft werden müßten, um entscheiden zu können, ob die Waren, die v o r der Heiltumsmesse nach Nürnberg gebracht würden, zollpflichtig seien.[739] Er entschuldigte sich acht Wochen später für die lange Wartezeit damit, daß eine frühere Antwort wegen Abwesenheit der Zollexperten nicht möglich gewesen sei.[740] Allerdings erweist sich bei näherem Quellenstudium, daß es sich in diesem Falle um eine taktische Verzögerung handelte, um im Rat einen Konsens über die weitere Sonderbehandlung der Augsburger Welser herbeizuführen (s. Viertes Kapitel ‚Privilegien...').

Etwas vage hieß es 1572 bei der Frage, ob unverkaufte Ware, die von den Messen in Frankfurt/M. bzw. Leipzig zurück nach Nürnberg komme, einer erneuten Zollpflicht unterliege: „*So viel sich die Herren zu erinnern wissen, ist das bisher nicht gebräuchlich*".[741] Auf eine Bitte der Stadt Augsburg vom 12.04.1572, den Zoll auf Paternoster nicht zu erhöhen, wußte der Zollamtmann Sixtus Koberger[742] über die geltende Zollhöhe keine Auskunft zu geben. Jeronimus Koller, Zollgegenschreiber, nannte als üblichen Gebührensatz 1% des Wertes.[743]

Aber selbst wenn hinsichtlich der Zolltarife in Einzelfällen ein Informationsmangel bestand, so war dieser doch nur von marginaler Bedeutung. Die zentrale Schwachstelle lag darin, daß bestehende Vorschriften nicht strikt angewandt, Schlupflöcher nicht gestopft und Unterschleif nicht mit Sanktionen belegt wurden. Die Kontrollaufgaben nahm der Rat auch nach der Errichtung der Douane offensichtlich nur mangelhaft wahr und schob die Schuld für Mißstände in der Zollverwaltung den nachgeordneten Behörden und Bediensteten zu.[744]

Zur Rechtfertigung der neuen Zollordnung im Jahre 1572 verwiesen die Meinungsführer des Rates in einem Schreiben an die Italiener darauf, daß sie seit vielen Jahren den wahrhaftig niedrigen Zoll nicht in gebührender Weise abgeführt, sondern unter Vorspielung falscher Tatsachen hinterzogen hätten. In

738 BayStaatsAN, Rep. 19a, E-Laden, Akten, 244, nach dem 12.04.1572.
739 BayStaatsAN, Rep. 19a, E-Laden, Akten, 246, 24.07.1573.
740 BayStaatsAN, Rep. 19a, E-Laden, Akten, 246, 16.09.1573.
741 BayStaatsAN, Rep. 19a, E-Laden, Akten, 245, 03.03.1572.
742 BayStaatsAN, Rep. 62, Ämterbüchlein, 83, 1564.
743 BayStaatsAN, Rep. 19a, E-Laden, Akten, 244, April 1572.
744 BayStaatsAN, Rep. 19a, E-Laden, Akten, 246, 21.07.1573.

manchen Jahren sei von ihnen nicht einmal so viel entrichtet worden, wie schon durch den Verkauf an einen Kunden fällig geworden war. Selbst ihre eigenen Leute hätten kürzlich gesagt „*das sy die sachen zu grob gemacht*".[745]
In einem Entwurfsschreiben an die italienischen Stadtstaaten verwies der Rat darauf, daß die Zolleinnahmen seit langem wegen „*allerlei betrügerische Weis und Practica*" der fremden Nationen gesunken wären,[746] besonders die Italiener also die Zollerhöhungen selbst provoziert hätten.

Die Rechtfertigung der wirtschaftspolitischen Entscheidung wird also sozusagen ‚nachgereicht' und klingt trutzig-selbstbewußt und hilflos zugleich. Wenn der Rat - im übrigen entgegen den Tatsachen - behauptete, erst jüngst von der Zolldurchstecherei erfahren zu haben, so muß er sich gleichwohl vorhalten lassen, in grob-fahrlässiger Weise seine Aufsichtspflicht verletzt zu haben. Er hätte wissen können und müssen, auf welche Art und Weise und in welchem Umfange die Italiener den Zoll hinterzogen. Diese Feststellung gilt ebenso für den verbotenen und dennoch geduldeten Detailhandel der Italiener und der Niederländer.

Als Beispiel für eine selektive Informationspolitik und parteiische Sicht der Dinge kann z.B. die Anzahl und Herkunft der Gutachter angesehen werden. Ein Gegenbeispiel wäre allerdings die persönliche Befragung an und von der Basis durch Schlüsselfelder und Nützel im Jahre 1575 und 1576.[747] Dieses Vorgehen scheint aber eher die Ausnahme gewesen zu sein.

Besonders von den in Nürnberg lebenden fremden Unternehmern wurden bei anstehenden wirtschaftspolitischen Maßnahmen, die auch oder gar in erster Linie sie betrafen, so gut wie keine offiziellen Informationen eingeholt. Im Zweifel erst dann, wenn die Entscheidung schon gefallen war und sich massiver Protest regte. Vielleicht auch eine Frage der Reputation! Anders scheint es bei in engerem Sinne politischen Fragen gewesen zu sein. Die Turrisani behaupteten jedenfalls, diesbezüglich eng und vertrauensvoll mit dem Rat zusammengearbeitet zu haben.

Bei der Notwendigkeit, sich objektive und repräsentative Informationen zu verschaffen, stand der Rat also vor einem selbstfabriziertem Dilemma.

So betrieb er eine besondere Art von Meinungsforschung: den Einsatz von ‚verdeckten Ermittlern' zur Abfassung von Stimmungs- und Lageberichten.[748] Einmal bediente er sich „*eine hierin unbenannte hantyrende Bürgersperson*", die engen Kontakt zu den Italienern pflegte, um deren Ansichten auszufor-

---

745 BayStaatsAN, Rep. 19a, E-Laden, Akten, 245, 17.04.1572.
746 BayStaatsAN, Rep. 19a, E-Laden, Akten, 245, wohl 1572.
747 BayStaatsAN, Rep. 19a, E-Laden, Akten, 242, 06.12.1575 und 13.03.1576.
748 Nach dem Zweiten Markgrafenkrieg wurde auf ähnliche Weise Georg Hieronymus Behaim vom Rat beauftragt, die möglichen weiteren Kriegspläne des in Paris weilenden Markgrafen Albrecht Alcibiades durch Mittelsmänner zu erforschen. – Hampe, Th., Georg Hieronymus Behaim, S. 135.

schen.[749] Ebenfalls geheim blieb der Name eines „*vornehmen*" Informanten, der dem Rat mitteilte, „*wessen sich die Italiener bedrohlich vernehmen lassen, ... sie wüßten gar wohl, wer bezüglich des neuen Zolls solche Pfeyl inen zu Nachthail gesthifft*".[750] Namentlich genannt wurden die Scheurl und Hoen. Ein anderes Mal gab ein Bürger, ebenfalls unbenannt, seine bei den Italienern gleichsam unter konspirativen Umständen gewonnenen Informationen weiter.[751]

Besonders aufschlußreich war der Bericht eines Agenten, der sich vor der Heiltumsmesse im Wirtshaus ‚Ulbeck' in Schwabach und in der dortigen Fürstenherberge, die von den Eheleuten Reesthel geführt wurde, unter die Gäste gemischt, diese ab-, die Wirtsleute ausgehorcht und die Ergebnisse in einem umfangreichen, äußerst lebendigem Report dem Rat mitgeteilt hatte.[752] Mit eigenen Augen hatte er gesehen, wie Marco Anthonio Lumaga aus den dort angemieteten Lagerräumen 9 Ballen und eine Truhe aufladen ließ, deren Inhalt er nicht auszumachen gewußt hatte. Später hatte er beobachten können, wie Gasparo Gallutzi 7 Ballen Gewürz und zwei Truhen, wahrscheinlich mit Samt- und Seidenwaren gefüllt, auf einen Wagen verschaffen ließ. Ein anderer war mit 8 Ballen Gewürz und nochmals zwei Truhen, ebenfalls mit Samt- und Seidenwaren, beladen worden. Das Gesamtgewicht der ersten Ladung hatte er auf 18, das der beiden anderen auf 40 Zentner geschätzt. Nach den Firmenzeichen zu urteilen, hatten sich darunter auch Waren von Bartholomeo Odescalco und Lucas Turrisani befunden.

Durch eine - mit Eid bekräftigte - Aussage der Fuhrleute in Schwabach erhielt der Rat Kenntnis, daß Wilhelm und Alois Werdemann dort 5 Kisten Genueser Samt, 10 Ballen Ingwer, 2 Legel Limonen und 2 Säcke Mandeln abgeladen hatten.[753]

3.4.1.2.4. Zolltarife und Zollpraxis in anderen Ländern und Städten

Aufschluß über die Zolltarife in den wichtigsten Partnerstaaten erhielt der Rat zum Teil erst durch Interventionsschreiben der ausländischen Hoheitsträger für ihre Bürger. Ein automatischer Informationsaustausch fand nicht statt. In dem erwähnten anonymen Gutachten[754] wurden zwar zahlreiche Zölle in wichtigen ausländischen Handelsstädten aufgelistet, aber bezeichnenderweise ging

---

749 BayStaatsAN, Rep. 19a, E-Laden, Akten, 242, 21.04.1575.
750 BayStaatsAN, Rep. 19a, E-Laden, Akten, 245, 11.04.1572.
751 BayStaatsAN, Rep. 19a, E-Laden, Akten, 242, wohl 1575.
752 BayStaatsAN, Rep. 19a, E-Laden, Akten, 246, 09.04.1572.
753 Begehrt waren die Mandeln aus Apulien, besonders die Sorte Ambroxini, die als bessere Sorte galt und ihren Markt besonders in Deutschland fand, während die um ca. 27% billigeren Communi vorwiegend nach Ägypten und in die Niederlande exportiert wurden. - BayStaatsAN, Rep. 19a, E-Laden, Akten, 246, 1572. Müller, K.O., Welthandelsbräuche, S. 54ff.
754 BayStaatsAN, Rep. 19a, E-Laden, Akten, S VII, L 123, 220 (4), 13.10.1571.

diese Information nicht auf eine Nachfrage des Rates zurück. Die Intention der Schrift verbietet es auch, sie ohne Vergleich als zutreffend einzustufen. Die Aussagen der einheimischen und fremden Kaufleute in Nürnberg widersprachen sich und genügten nicht streng-objektiven Anforderungen. Eine Quelle, wohl aus dem Jahre 1572, hält wichtige Zolltarife aus den Städten Venedig, Bologna Florenz, Lucca, Modena, Regio, Mailand, Genua, Prag fest.[755] Eine Gegenüberstellung mit dem Nürnberger Zolltarif ist nicht zu erkennen. Es muß bezweifelt werden, daß sie systematisch analysiert wurden und als Entscheidungsgrundlage gedient haben.

Es sind also reichlich Informationsdefizite bzw. Informationslags zu konstatieren. Die Entscheidung ging der Informationsgewinnung voraus und nicht umgekehrt. Der neue Zolltarif war schon in Kraft, als der Rat Erkundigungen über die Zollverhältnisse in Italien einziehen ließ.[756] Die Erfahrungsbasis der Ratsmitglieder, die oder deren Familienangehörige ja auch Handel getrieben hatten bzw. noch betrieben, war offensichtlich nicht breit und aktuell genug. Bei aller Standort-Konkurrenz bemühte sich der Rat jedoch in der Zoll- und Fremdenpolitik zumindest zeitweise um ein koordiniertes Vorgehen mit anderen deutschen Städten, etwa Augsburg und Ulm.[757]

Fazit: Die Ausführungen machen deutlich, daß der Informationsstand des Nürnberger Rates sowohl über die internationale Zollgesetzgebung und ihrer praktischen Durchführung, über die gesamtwirtschaftliche Lage Nürnbergs als auch hinsichtlich der Prosperität einzelner Unternehmen, Branchen und Sektoren als nicht ausreichend bewertet werden muß. Er stützte sich im wesentlichen auf die Lageberichte partikular ausgerichteter Interessengruppen, die als zumindest tendenziös zu bewerten sind. Gleichwohl richteten die Beschwerdeschriften die Aufmerksamkeit auf Zusammenhänge, die dem Rat sonst vielleicht verborgen geblieben wären.

Insofern der Kenntnisstand auf offizielle oder offiziöse Erhebungen zurückging, ist er ebenfalls als nicht umfassend, sondern als sachlich und zeitlich lückenhaft einzustufen, z.T. erwecken sie Zweifel an der Ernsthaftigkeit und fachlichen Qualifikation der Verfasser. Quantitativ untermauert, etwa in Form eines intertemporären, intersektoralen und interpersonellen Vergleichs ist keine der bekannten Analysen.

3.4.2.   Diagnose der Wirtschaftslage anhand des öffentlichen Haushalts (Querschnittsbetrachtung)

Der Etat Nürnbergs wies zum Diskussionszeitpunkt große Deckunglücken auf. Die Haushaltsfundamente wurden von Ratsmitgliedern mit denen eines

---

755 BayStaatsAN, Rep. 19a, E-Laden, Akten, 245, wohl 1572.
756 BayStaatsAN, Rep. 19a, E-Laden, Akten, 245, nach 17.04.1572.
757 BayStaatsAN, Rep. 19a, E-Laden, Akten, 242, 25.08.1574; 244, 12.04.1572.

„*baufälligen Hauses*"[758] verglichen. Das wurde oben schon festgestellt. Die Gründe sind aber noch nicht hinreichend verdeutlicht worden.

Eine eher triviale Feststellung vorweg: Einen unmittelbaren kausalen Zusammenhang herzustellen zwischen einer angespannten oder, wie zu jener Zeit in Nürnberg, desolaten Finanzsituation und einer schlechten Konjunkturlage, sinkenden Wachstumsraten oder gar einer Depression ist nicht erlaubt. Öffentliche Armut und private Wohlfahrt waren damals wie heute durchaus miteinander vereinbar.

Die Nürnberger Beschwerdeführer stellten in ihren Gravamina immer wieder drei, nach ihnen logisch eng zusammenhängende Behauptungen auf:

1. Der Handel wird wegen der „*geschwinden Practica der Italiener*" aus dieser Stadt vertrieben. Dadurch nimmt die öffentliche Wohlfahrt Schaden.
2. Ihr eigenes Geschäftsvolumen geht zurück. Die öffentliche Wohlfahrt ist aber nur so lange gewährleistet, so lange sie, die „*alteingesessenen Häuser in esse*" sind.
3. Die öffentliche Wohlfahrt geht zurück, weil die Italiener den Zoll hinterziehen, die Stadt „*aussaugen*".

Die Fragen lauten also, mußte, erstens, der Rat aufgrund der Analyse seiner Haushaltsbilanz auch auf dieses Ursachenbündel stoßen, drohte das „*baufällige Haus*" aus diesen Gründen einzustürzen? Sind, zweitens, die standortpolitischen Maßnahmen nach Art und Umfang eine logische Konsequenz dieser Diagnose, oder waren die Ursachen anderer Art? Da der Forschungsstand für die Beantwortung dieser zentralen Beschwerdepunkte keine befriedigende Antwort gibt, mußte durch eigene Quellenrecherchen etwas weiter ausgeholt werden.

Um sich einer Beantwortung dieser Fragen zu nähern, ist es erforderlich, beide Seiten der Bilanz anzuschauen und nicht nur, wie es vor allen Dingen Imhoff und Welser taten, auf die Einnahmeseite abzuheben. Eine Deckungslücke kann seine Erklärung sowohl auf der Einnahme-, der Ausgabe-, als auch auf beiden Seiten finden. Erst eine zumindest hinreichende Kenntnis aller Etatposten erlaubt eine Ursachenanalyse. Sie wird Anhaltspunkte liefern für die Frage, ob der Einsatz der wirtschaftspolitischen Instrumente in erster Linie dem Ziel diente, den Haushalt zu sanieren oder geleitet wurde von wettbewerbspolitischen Überlegungen im Sinne der Beschwerdeführer.

Was sagten die Zeitgenossen? Welche Auskünfte liefert der Forschungsstand? Zu welchen Ergebnissen kommt diese Untersuchung?

---

758 BayStaatsAN, Rep. 19a, E-Laden, Akten, 6, fol. 46, 1571.

3.4.2.1.   Ausgaben

3.4.2.1.1.   Gesamtausgaben

Das Gremium der Septemvir fürchtete 1571, den Schuldendienst[759] nicht mehr leisten zu können. Die Stadt war insolvent geworden. Seit etlichen Jahren schon waren Verbindlichkeiten nur *„pro forma"* abgelöst worden, *„hergegen so viel oder mehr wieder aufgenommen, den Zaun zuweilen zugeflickt und doch an anderen Orten dargegen ufgebrochen".*[760] Fällige Altschulden waren also durch neue Kreditaufnahmen bedient worden.

Dazu eine Zahl, die den Finanzbedarf der Kommune beleuchtet. In dem erwähnten Gutachten aus dem Jahre 1571 blieb an den Stellen, an welchen die Kosten für den Markgrafenkrieg bzw. die Gesamtverschuldung angegeben werden sollten, ein freier Platz. Über die Gründe können nur Spekulationen angestellt werden.

Ein Etatposten wurde aber exakt beziffert: Der zusätzliche Finanzbedarf für Tilgung und Zinsendienst[761] wurde auf mehr als 40.000 oder gar 50.000 Gulden/Jahr[762] veranschlagt. Bei einem Mittelwert von 45.000 Gulden und einem Zinssatz von 5% errechnet sich eine Schuldsumme von 900.000 Gulden. Bei einem höheren Zinssatz würde sich diese entsprechend reduzieren. Aussagekraft gewinnt die Zahl, wenn wir sie den Gesamtausgaben gegenüberstellen, die im Jahre 1570 rund 350.000[763] Gulden betrugen.

Die Untersuchung von Sander[764] über die Einzeletats und über die Haushalts- und Verwaltungsstruktur ist immer noch unverzichtbar. Zeitlich liegt der Akzent der Arbeit vor allen Dingen auf das 15. Jahrhundert, zeigt aber auch Entwicklungen bis zur Mitte des 16. Jahrhunderts auf. Für den hier interessierenden Zeitabschnitt der großen wirtschaftspolitischen Auseinandersetzung liefert vor allen Dingen der Aufsatz von Müller[765] wichtige Informationen.

Müller erklärt die Finanzierungslücke sowohl von der Einnahme- als von der Ausgabeseite her. Betrachten wir zunächst die Ausgabenseite. Sie ist für die Diagnose über die oben angeschnittenen Fragen hinaus sehr wichtig, weil sie annäherungsweise auch Auskunft gibt über die Belastbarkeit der steuerzahlenden Bevölkerung und damit nicht nur den finanzwirtschaftlichen Status beleuch-

---

759   Der Akt aus dem Jahre 1571 mit dem Titel *„Vorschlag, wie durch allerhand Mittel gemeinem Aerario mögte zu helfen seyn"*, umfaßt nicht weniger als 52 Folios. BayStaatsAN, Rep. 19a, E-Laden, Akten, 6.

760   BayStaatsAN, Rep. 19a, E-Laden, Akten, S I, L 115, 6, fol. 2, 1571.

761   Die Quelle spricht von *„Unkosten samt der Schuldzinsen".*

762   BayStaatsAN, Rep. 19a, E-Laden, Akten, 6, fol. 2, 1571.

763   Müller, J., Finanzpolitik, S. 25.

764   Sander, P., Reichsstädtische Haushaltung, passim. Siehe dazu auch die Besprechung von E. Mummenhoff in Mitteilungen des Vereins für Geschichte der Stadt Nürnberg, 15, 1903, S. 211-224.

765   Müller, J., Finanzpolitik, passim.

tet, sondern auch Rückschlüsse hinsichtlich der wirtschaftlichen Prosperität erlaubt.

Der Grundtenor von Müller geht dahin, daß der Rat mit redlichen, erfahrenen und sich für das öffentliche Wohl abmühenden Personen besetzt war, die aber aufgrund übergeordneter politischer Entwicklungen (Türkengefahr und den damit verbundenen Zahlungen von Römermonaten) sowie vor allen Dingen wegen vorhandener Altlasten (hoher Zinsendienst aufgrund des 20 Jahre zurückliegenden Markgrafenkriegs) so gut wie keinen finanzwirtschaftlichen Spielraum mehr hatten und deshalb gezwungen wurden, an der Steuerschraube zu drehen. Der Ausgabeetat insgesamt hatte sich von 147.000 Gulden im Jahre 1550 - nach Müller ein sogenanntes Normaljahr vor dem Markgrafenkrieg - auf 343.000 Gulden mehr als verdoppelt und war seiner Meinung nach nur scheinbar ausgeglichen.

Müller beläßt die Zinsbelastungen, die für Darlehen[766] unter anderem an die Bischöfe von Bamberg, Würzburg,[767] wohl auch Eichstätt und anderer Potentaten,[768] während des Markgrafenkrieges zu zahlen waren,[769] in der Bilanz stehen, rechnet aber im Gegensatz dazu die Tilgungs- und Zinsrückzahlungen als außerordentliche Einnahmen und somit die Bilanz verfälschend heraus. Diese Anwendung unterschiedlicher Bewertungsmaßstäbe erscheint bilanzanalytisch nicht korrekt.

3.4.2.1.2.   Zinsendienst aufgrund des Zweiten Markgrafenkrieges 1552-1553

Im folgenden soll der wichtigste Ausgabeposten ,Zinszahlungen' näher beleuchtet werden.

Hinsichtlich der Beantwortung gleich mehrerer Fragen ist es bedauerlich, daß Müller diesen Ausgabeposten nicht weiter transparent macht, also die Frage versucht zu beantworten, wer, wann, in welcher Höhe, zu welchem Zweck und zu welchen Konditionen dem Rat Darlehen gewährt hatte. Der Schuldendienst

---

766 Nürnberg hatte das Geld also selbst aufnehmen müssen, dafür einen höheren Zins zahlen müssen als die Bistümer.

767 Laut Vertrag vom 21.05.1552 mußte der Bischof 220.000 Gulden sofort in bar an den Markgrafen zahlen, außerdem seine Schulden in Höhe von 350.000 Gulden übernehmen. - Rösel, L., Alt-Nürnberg, S. 546.

768 Auch an den Kaiser, der sich 1552 für 'Gnadenbeweise' in zwei Tranchen 100.000 Gulden zahlen ließ. Im nächsten Jahr vielleicht auch an die Herzöge von Braunschweig und Sachsen, dem Burggrafen von Meißen, die sich zu einer Koalition mit Nürnberg und den Bischöfen aus Franken zusammengefunden hatten. Vorher hatte Nürnberg schon die Zusicherung der aufständischen Fürsten, ihre Stadt und die Handelswege zu verschonen, mit 100.000 Gulden erkaufen müssen. Eine Quelle spricht sogar von 200.000 Gulden. - Reicke, E., Geschichte-Nürnberg, S. 906, 910f. Rösel, L., Alt-Nürnberg, S. 537. Voigt, J., Albrecht Alcibiades, S. 279 (Fn. 4).

769 Es ist also zu untersuchen, in welcher Höhe die Forderungen des Markgrafen tatsächlich gezahlt wurden, inwieweit die Summen anderer Hoheitsträger durch Darlehen in Nürnberg aufgebracht wurden und mit welchen Zinssätzen sie bedient werden mußten.

machte 1570 immerhin 67% aller öffentlichen Lasten aus, der nach Müllers Beurteilung in ganz überwiegendem Maße durch jene Kriegsfolgekosten verursacht worden war. Zum Vergleich: Augsburg hatte bei durchschnittlichen Einnahmen in den Jahren 1571-1575 von 217.335 Gulden einen Zinsendienst (1571) von 18.449 aufzubringen.[770] Damit betrug die Quote 8,5%, also nur 1/8 von jener in Nürnberg, obwohl die Kosten Augsburgs im Zusammenhang mit dem Schmalkaldischen Krieg von Zeitgenossen auf 3 Millionen Gulden geschätzt worden waren.[771]

Die nachstehenden Zahlen können aufgrund bisher mangelnder exakter Informationen zu diesem Problem nur als grobe Eckdaten betrachtet werden, haben gleichwohl einen gewissen heuristischen Wert hinsichtlich der Frage, mit welchen Summen die steuerzahlenden Nürnberger Bürger durch den Markgrafenkrieg belastet worden waren und wurden und ob die erhofften Mehreinnahmen aus den geplanten Zollerhöhungen der Haushaltssanierung dienen oder den Wettbewerbsdruck auf die Fremden erhöhen sollte.

Der genannte Prozentsatz angewandt auf die Gesamtausgaben von 343.000 Gulden/Jahr machte absolut einen Betrag von 229.810 Gulden Zinsbelastung aus. Legen wir seit dem Ende des Krieges 18 Jahre zugrunde, so ergibt sich die Summe von 4.136.580 Gulden. Hiervon abzuziehen wären zunächst die Zinsen für andere Schuldgründe, die aber, wie aus dem Kontext bei Müller zu ersehen, einen durchaus geringen Prozentsatz ausmachten. Auch die Grundgesamtheit ,Ausgaben' müßte im Laufe der Jahre geändert werden, da, wie gesehen, der Etat ständig anstiegen war.

Auf der anderen Seite ist es für die vorangegangenen Jahre nicht unwahrscheinlich, daß Tilgungs- und Zinsendienst prozentual durchaus höher waren, wurde doch der Zinssatz erst auf Drängen der Ratsmehrheit zeitweise heruntergesetzt. Es ist also unter diesen Voraussetzungen bei einer geringeren Grundgesamtheit von einem höheren oder gleichen Zinsanteil auszugehen. Schließlich wurde der Etat durch Steuererhöhungen schließlich in erster Linie deshalb in die Höhe getrieben, weil die Zinsschuld andernfalls nicht mehr hätte gezahlt werden können. Über die gleichwohl enorme Deckungslücke wurde oben schon berichtet.

Wie in der Porträtskizze von Endres (I) Imhoff versucht wird nachzuweisen, entstand diese Zinslast zum überwiegenden Teil aufgrund von immer wieder prolongierten Darlehnsverträgen der Stadt mit den Häusern Imhoff und Welser (bisher nur die Augsburger Linie belegt) zu überhöhten Zinssätzen. Aus diesem Grunde wird verständlich, warum die Beschwerdeführer einseitig auf die Einnahmeseite abhoben. Ihr Handelsumfang und damit ihre Steuerschuld mag zwar durch die verschärfte Wettbewerbssituation mit den Italienern zurückge-

---

770 Roeck, B., Krieg-Frieden, S. 569ff.
771 Kellenbenz, H., Geldbeschaffung-Schmalkaldischer Krieg, S. 26ff.

gangen sein, aber der Schluß daraus, daß die Einnahmen insgesamt eine sinkende Tendenz aufwiesen, und dies aus den genannten Gründen, ist unzulässig.

Nicht unerhebliche Darlehen der Stadt Nürnberg waren während des Markgrafenkrieges an die Bischöfe von Bamberg und Würzburg gegangen. Diese wurden zu *„leidenlichen Bedingungen"*, also wohl dem Marktzins vergeben, während sich die Stadt *„zu höchstem verderblichem Nachteil"*[772] zu 10, 12% und mehr bei den Imhoff und Welsern refinanzieren mußte. Im übrigen bleiben die Ausgaben nach dem Krieg für Investitionen in die zerstörte Infrastruktur oder die Produktionsstätten außerhalb der Stadtmauer und auf dem Lande sowohl in den Quellen als auch in der Literatur merkwürdig im dunkeln. In den Protokollen des Inneren Rats heißt es: *„An diesem allem aufgenommenen Gelt ist nichts mehr vorhanden ..."*[773] Die Aussage wäre dann, wenn die Gulden zumindest zum Teil in öffentliche oder private Wiederaufbauinvestitionen geflossen wären, ganz unverständlich.

Wie auch immer, durch diese Finanzoperationen hatten die Imhoff und Welser sich schon seit rund 20 Jahren zu Lasten der ‚Staatskasse' überreich selbst dotiert.[774] In welchem Umfange? Dazu zwei Überschlagsrechnungen unter Zugrundelegung ansonsten gleicher Daten. Gehen wir von durchschnittlich 10% aus, zu der die Stadt sich bei Imhoff und Welser refinanzieren mußte, so geht die Hälfte des Zinsendienstes von 4.136.580 auf diesen gegenüber dem Marktzins von 5% überhöhten Satz zurück. Das würde eine Summe von 2.068.290 Gulden ausmachen (minus Zinsen für andere Aufgaben). Eine andere Rechnung: Im Jahre 1550 betrug der Ausgabeetat 147.000 Gulden, 1570 war er auf 343.000 Gulden gestiegen. Die Differenz betrug 196.000 Gulden. Legen wir diese für 18 Jahre zugrunde, so ergibt sich eine Summe von 3.528.000. Gehen wir weiter davon aus, daß die Hälfte auf überhöhte Zinszahlungen zurückging, so ergibt sich die Summe von 1.764.000 Gulden.

Diese beiden Größen (1.764.000 und 2.068.290) müßten von der zukünftigen Forschung im oben aufgezeigten Sinne zeitlich und sachlich näher aufgeschlüsselt werden. Der der Stadt entgangene Zins wäre in Rechnung zu stellen. Selbst wenn die Forscher zu einem nach unten hin abweichenden Wert kommen sollten, bliebe eine enorme Summe und macht die Erregung von Willibald Schlüsselfelder über die Höhe und über den Grund der ‚Staats'verschuldung verständlich. Eine Aufgabe der Forschung müßte es also sein, das Anwachsen des Haushaltsvolumens innerhalb von rund 20 Jahren auf mehr als das Doppelte zu erklären. Heranzuziehen wären dazu vor allen Dingen Quellen aus den Archiven der Bischöfe in Bamberg und Würzburg, die der Potentaten von Braun-

---

772 BayStaatsAN, Rep. 44e, Losungsamt, Akten, S I, L 15, 7, 1575; 19a, E-Laden, Akten, S I, L 115, 7, 13.06.1575.
773 BayStaatsAN, Rep. 19a, E-Laden, Akten, 6, fol. 2, 1571.
774 Mit der sogenannten Parteispendenaffäre der heutigen Zeit ist dieser Vorgang hinsichtlich Zielsetzung, Umfang und Folgen nicht zu vergleichen.

schweig-Wolfenbüttel sowie Kursachsen und aus jenen Städten, welche sich in einer Koalition gegen Markgraf Alcibiades zusammengefunden und in Nürnberg Darlehen zur Finanzierung der Gegenwehr aufgenommen hatten.[775] Die Feststellung von Thomas[776]: „*... zumal unter dem Aspekt, daß Haushaltsvolumen und –struktur sich eben nicht allein aus der Wirtschaftskraft einer Kommune definieren, sondern mindestens ebenso sehr aufgrund ihrer politischen und rechtlichen Stellung sowie den daraus erwachsenden Aufgaben*", - er meinte damit die Martrikelbeiträge - muß hinsichtlich Nürnbergs also zusätzlich durch die Frage erweitert werden, inwieweit Höhe und Struktur des Ausgabeetats auch bestimmt wurden durch die Verquickung von öffentlichen und privaten Interessen.

Fazit: Die steuerzahlende Bevölkerung war aufgrund dieser enormen Ausgaben an die Grenze der Belastbarkeit angelangt, aber sie brachte diese Summen auf, was ein Indiz für eine wirtschaftliche Prosperität ist. Endres (I) Imhoff sagte selbst, daß es noch eine „*gute Anzahl reicher Bürgersleute*" gäbe.[777] Exakte Vermögensangaben, die über diese mehr allgemeine Feststellung hinausgehen,[778] sind aufgrund des Forschungsstandes nicht möglich.[779] Allerdings muß in Rechnung gestellt werden, daß aus diesem Grunde, den überhöhten Zinszahlen an die Imhoff und Welser, die Konsumnachfrage beschnitten, die Sparquote reduziert wurde. Mittel- und langfristig wichtiger war aber – möglicherweise - der Einfluß auf das Investitionsvolumen der Nürnberger Unternehmer durch Selbstfinanzierung mit der Folge einer geringeren Eigenkapitalquote. Hierin sind die entscheidenden w i r t s c h a f t l i c h e n Folgen des Markgrafenkrieges zu sehen, nicht in den Zerstörungen von Häusern, Herrensitzen, Kirchen, Klöstern,

---

775 Sicken, B., Albrecht Alcibiades, S. 147.
776 Thomas, P., Kommunalhaushalte-Steuern, S. 98.
777 BayStaatsAN, Rep. 44e, Losungsamt, Akten, S I, L 115, 7, 1570ff.
778 Ein guter Ansatzpunkt für weitere Untersuchungen wäre der kürzlich erschienene Aufsatz von Bauernfeind. - Bauernfeind, W., Reichste Nürnberger Bürger, passim.
779 Im Jahre 1571 unterschied man im Rat drei soziale Schichten in der Stadt. Erstens: Die „*gemeinen und schlechten Handwerksleut*", die kein Vermögen hatten, allenfalls einen ‚Notgroschen' beiseite legen konnten. In Krisenzeiten neigten sie am ehesten zu Aufruhr und Aufstand. Zweitens: Die Bürger mit einem geringen Spargutshaben, das aber nicht wesentlich über über die Bedarfsdeckung hinausreichte und in Zeiten der Not schnell aufgezehrt war. Man hat unter diesen Rücklagen wohl den privaten Ausgabeetat einiger Monate zu verstehen. Dieser Schicht gehörte der größte Teil der Bevölkerung an. Drittens: Die Klasse der Reichen und Vermögenden, deren Angehörige auf eigenes Arbeitseinkommen nicht angewiesen waren, dennoch ihr Eigenkapital vermehren konnten. „*Sie reichen* [an Steuer und Abgaben] *nur von ihrem Überfluß, aber wie man weiß, so ist oft derselben Leut, so der Last am wenigsten drückt, das große Geschrei und Klagen*". Über die Höhe des Bevölkerungsanteils werden keine Angaben gemacht. Mögliche Quantifizierungen über die prozentuale Besetzung der einzelnen Einkommens- und Vermögensklassen ergeben sich durch einen Vergleich mit den Umsatzkonzentrationskurven der Bankkonten in Nürnberg, Hamburg, Amsterdam. - BayStaatsAN, Rep. 19a, E-Laden, Akten, 6, 1571. Peters, L.F., Handel Nürnbergs, S. 68-71.

Schlössern, der Vernichtung der Agrarvorräte, der Verwüstung des Ackerbodens.[780]

Der Produktionsfaktor Arbeit innerhalb der Stadt war während des Krieges der Quantität und der Qualität nach so gut wie unberührt geblieben. Es waren ‚nur' fünf Tote zu beklagen gewesen: ein Mann, zwei Frauen und zwei Kinder.[781] Auch war Nürnberg nicht erobert, nicht geplündert und nur geringfügig zerstört worden. Die Landsknechte hatten sich ausdrücklich beschwert, daß Albrecht Alcibiades sein Versprechen, sie alle in Nürnberg reich zu machen, nicht eingehalten hatte.[782] Es drohte gar Meuterei, weil er ihnen den Sold schuldig geblieben war.[783] Also waren auch das liquide Kapital und relativ schnell liquidierbare Vermögenstitel nicht reduziert worden.

Präzise Angaben über den Rückgang der Güterfabrikation aufgrund der zerstörten Mühlen und Hämmer hat die Forschung bislang nicht erarbeitet.[784] Da aber wegen der geografischen und geologischen Gegebenheiten davon ausgegangen werden darf, daß allenfalls vereinzelt Anlagen der Ur-Industrie zerstört worden waren, zu deren Wiederinstandsetzung eine längere Zeit benötigt worden wäre, kann auch diesbezüglich nicht von „verheerenden Verwüstungen" mit der Folge langfristiger Wachstumsrückgänge gesprochen werden. Insofern Weiterverarbeitungsbetriebe in der Eisen- und Textilindustrie ‚extra muros' zerstört worden waren, dürften sie relativ schnell wieder betriebstüchtig gemacht worden sein. Von Produktionsengpässen ist jedenfalls in den hier gesichteten Quellen nicht die Rede. Auch die wichtigen Bezugs- und Absatzregionen im Süden Europas waren nicht in Mitleidenschaft gezogen worden. Bemerkenswert ist vielmehr, daß gerade um die Mitte des Jahrhunderts eine verstärkte Zuwanderung italienischer Handelshäuser nach Nürnberg einsetzte. Sie betrachteten die Stadt an der Pegnitz also weiterhin als einen lukrativen Standort. Ihr Motiv war es sicher nicht, einer maroden Wirtschaft auf die Beine zu helfen.

Aus diesen Überlegungen folgt, daß ein eventueller Rückgang der Güterproduktion und des Handelsvolumens in der zweiten Hälfte oder im letzten Viertel des 16. Jahrhunderts im Markgrafenkrieg seine ursächliche Erklärung nicht finden kann. Da die Aufbauinvestitionen der Produktionsanlagen offenbar

---

780   Nach Reicke wurden 1552 geplündert, weitgehend zerstört oder abgebrannt: Drei Klöster, zwei Städte, 170 Dörfer, 19 Schlösser, 75 Herrensitze, 28 Mühlen, 23 Hämmer, 3000 Morgen Land. Weitere Schäden beim zweiten Kriegszug im Frühjahr des nächsten Jahres. Unter den zerstörten Eisen- bzw. Blechwerken befand sich auch 'Kugelhammer', östlich von Schwabach (so in der Literatur, wahrscheinlich aber und präziser: Röthenbach b. St. Wolfgang), das den Schlüsselfeldern gehörte (niedergebrannt wohl am 12.05.1552). - Reicke, E., Geschichte-Nürnberg, S. 905, 909. Rösel, L., Alt-Nürnberg, S. 540. Tillmann, C., Burgen-Schlösser, S. 543f.
781   Mummenhoff, E., Der zweite markgräfliche Krieg, S. 91.
782   Mummenhoff, E., Der zweite markgräfliche Krieg, S. 88.
783   Reicke, E., Geschichte-Nürnberg, S. 904.
784   Die diversen Standort-Kartierungen von Wolfgang von Stromer bieten dazu eine hervorragende Ausgangsbasis. - Stromer, W.v., Gewerbereviere-Protoindustrien, passim.

privat finanziert wurden, kann auch die Überschuldung der Stadt nicht auf sie zurückgeführt werden. Die eben zitierte Quelle - *„An diesem allem aufgenommenen Gelt ist nichts mehr vorhanden"* -, läßt daran keinen vernünftigen Zweifel. Der Aussage wurde nicht widersprochen. Das wäre aber während der aufgeheizten Haushaltsberatungen mit Sicherheit der Fall gewesen, hätte der Losunger die Darlehen in wesentlichem Umfang für diese Zwecke, also für Wiederaufbauinvestitionen, bereitgestellt. Den Umfang müßte man in diesem Fall an der Höhe der Schuldrückzahlungen und am Zinsendienst der Kaufleute hinreichend genau abschätzen können. Von diesen wird aber in den Quellen nicht berichtet. Die zwingenden Schlußfolgerungen, um sie noch einmal zu wiederholen, lauten: Der Zweite Markgrafenkrieg war weder verantwortlich für einen eventuellen wirtschaftlichen Niedergang in der zweiten Hälfte des 16. Jahrhunderts, noch ist auf ihn der desolate Zustand der öffentlichen Finanzen zurückzuführen,[785] schon gar nicht war die Deckungslücke eine Folge der ,Sonderbehandlung' der Italiener und deren Zollhinterziehungen, so wie behauptet wurde und hier überprüft werden sollte. Die Schulden ergaben sich vielmehr im wesentlichen aufgrund seiner Finanzierung durch die überhöhten Zinsforderungen der Imhoff und Welser.

Forschungen über das Wirtschaftswachstum Nürnbergs in der zweiten Hälfte des 16. Jahrhunderts hätten diese Fakten in Rechnung zu stellen und zwar auch und gerade dann, wenn es trotz der hohen Steuerbelastung positiv gewesen sein sollte, wofür nach Ansicht des Verfassers viele gute Gründe sprechen. Neben den angeführten darf man davon ausgehen, daß durch den Wiederaufbau nicht nur der Produktionsanlagen - von wem und wie immer finanziert - Wachstumsimpulse durch den Schlüsselsektor ,Bau' ausgingen (spreading effects).

Wie auch immer: Zwanzig Jahre nach dem Zweiten Markgrafenkrieg war die Belastung der Bürger durch Steuer und Ungeld nicht nur nicht auf das frühere Niveau zurückgefallen, sondern sie wären, hätte Endres (I) Imhoff sich durchsetzen können, weiter erhöht worden (Displacement-Effect).[786]

Für die weitere Forschung würde es sich also empfehlen, die Folgen des Markgrafenkrieges unter militärischen, kulturgeschichtlichen, politischen (Stabilisierung der Patrizierherrschaft, Überleben als ,Freie Reichsstadt'), finanzwirtschaftlichen[787] und realökonomischen Aspekten getrennt zu untersuchen.

---

785 In diesem speziellen Fall können die Kosten also nicht ausschließlich dem Verteidigungshaushalt zugeordnet werden. - Vgl. dazu: Fouquet, G., Finanzierung-Krieg und Verteidigung, passim.

786 Ehrlicher, W., Finanzwissenschaft, S. 308.

787 So stellt zum Beispiel Irsigler für Köln fest: *„Es ist schon auffällig, daß in den Arbeiten von Bruno Kuske, der die Kölner Quellen wie kein anderer kannte, kein Hinweis auf Stagnations- oder gar Depressionserscheinungen im 15. Jahrhundert zu finden ist. Der Zusammenbruch der städtischen Finanzen infolge der von Köln fast allein getragenen finanziellen Belastungen durch den Neusser Krieg war ein regelrechter ,Staatsbankrott', was wenig daran änderte, daß zur gleichen Zeit die Privatwirtschaft durchaus florierte. Beide Bereiche sind aber bei der Beurteilung des Konjunkturverlaufs strikt zu*

3.4.2.2. Einnahmen

3.4.2.2.1. Steueraufkommen

Die Frage lautet, basierten die Entscheidungen des Rates hinsichtlich ihrer Finanz- und Fremdenpolitik auf harte Fakten, auf seine Informationen über die Entwicklung der Wirtschaftsdaten der Nürnberger Unternehmen, vor allen Dingen der hier interessierenden Firmen, die sich in den Steuerzahlungen hätten widerspiegeln müssen? Unabhängig von der Beantwortung ist zunächst, ob die Maßnahmen unter ordnungspolitischen Gesichtspunkten systemkonform und unter außenwirtschaftlichen Gesichtspunkten sinnvoll waren. Auch ist sie vorderhand losgelöst von den Interdependenzen beider Entwicklungen, der des öffentlichen Haushalts und der Prosperität einzelner Firmen. Nach Ansicht der beschwerdeführenden Unternehmer bestanden allerdings zwischen beiden Größen nicht nur starke Abhängigkeiten, sondern öffentliche Wohlfahrt und (ihr) privatwirtschaftliches Wohl waren kausal miteinander verknüpft. Mit anderen Worten, eine makro- oder mikroökonomische Analyse würde zum selben Ergebnis führen.

Die Beantwortung der Frage hängt also davon ab, ob dem Inneren Rat die Steuerquoten der Nürnberger Firmen und die Zollabgaben der ‚Fremden' im Zeitablauf bekannt waren. Eine rückläufige Entwicklung hätte dann Handlungsbedarf signalisieren können. Nun, in Nürnberg wurde die Steuer anonym bezahlt. Der Steuerpflichtige durfte sich selbst veranlagen, mußte aber die Richtigkeit seiner Zahlung entsprechend des durch Ratsbeschluß festgesetzten Steuerfußes beeiden.

Nach Reicke[788] lief die Prozedur folgendermaßen ab: Der Schuldner kaufte sich in Höhe seiner Steuerschuld in der Schau metallene Zeichen. Mit diesen ging er zum Losungsamt und schob sie unter ein grünes Tuch durch einen Schlitz in den Losungskasten. Anwesend waren der Steuerbeamte und ein anderer Bürger, der gegebenenfalls seine Zahlung bezeugen konnte.

Kontrolle ausüben konnten bei diesem Verfahren also lediglich die Schau- und Losungsbeamten durch einen Abgleich der verkauften Zeichen, der eingeworfenen Zeichen und des eingegangenen Geldes. Die Geheimhaltungslücken dieses Systems sind offensichtlich. Die Anonymität beim Kauf der Zeichen war ja nur garantiert, wenn der Schaubeamte den Steuerzahler nicht zu Gesicht bekam. Außerdem: Wie wurde ein betrügerisches Zusammenspiel der Beamten

---

trennen". Die Parallelen zum Zweiten Markgrafenkrieg in Nürnberg liegen auf der Hand. - Irsigler, F., Köln, S. 272.

788 Zeit: Ende des 14. Anfang des 15. Jahrhundert. Er erweckt aber den Eindruck - die anderen Quellen bestärken diese Ansicht - daß der Modus auch 150 Jahre später gültig war. - Reicke, E., Geschichte-Nürnberg, S. 114.

verhindert, nach welchen Kriterien wurde der Zeuge oder wurden die Zeugen ausgewählt?

Was die Anonymität angeht, so war die, wie Bauernfeind in seinem Aufsatz jüngst nachweisen konnte,[789] jedenfalls für die zweite Hälfte des 16. Jahrhunderts nicht immer gegeben. Seinen Ausführungen zugrunde liegen 17 Papierzettel, welche die 197 (reichsten) steuerpflichtigen Personen erfassen,[790] die im Jahre 1579 fast 45,6% zum gesamten Steueraufkommen beitrugen. Die Listen wurden im Schauamt erstellt, wo die Steuerschuldner zum Zwecke der Losungszahlung die geforderten ‚Münzen' kauften. Aus Sicht dieser Arbeit mögen der ausführlichen Quellenkritik des Autors noch einige Fragen und Anmerkungen hinzugefügt werden.

Hinsichtlich der bei Reicke aufgezeigten Prozedur stellt sich die Frage, ob für das gewechselte Geld die metallenen Zeichen gekauft wurden oder die Gold- (und Silber-)münzen - für den Losungsbeamten einzelnen Personen nicht zurechenbar - in den Kasten geworfen wurden. Nicht zweifelsfrei geklärt ist auch, ob alle Steuerzahler diesen ‚Service' - Kauf der ‚Münzen' im Schauamt - in Anspruch nahmen oder nehmen mußten.

War die Anonymität nur während dieser Krisenzeit und nur für die Losunger!!! – wir müssen davon ausgehen, daß die Notizen auf ihre Anweisung hin erstellt wurden - aufgehoben worden oder war dieser Modus gängige Praxis geworden? Für die erste Annahme spricht der Quellencharakter: Offensichtlich schnell und mit der Absicht der Geheimhaltung hingeschrieben. Für den Ausnahmecharakter spricht das unterschiedliche Format der Zettelschnipsel, die Schrift, mit der üblichen Kanzleikalligrafie nicht zu vergleichen, die Loseblattsammlung und schließlich die fehlende Seitenzählung. Und das bei einem wirklich hoheitlichen Akt!

Für die p r i v a t e Ermittlung der Steuerschuld hatte sich, wie die überkommenen Losungszettel im Imhoff- und im Behaimarchiv (**Auszug = Darstellung 30**, vollständig = **Darstellung 77** (Anhang) zeigen, offensichtlich eine feststehende Form herausgebildet. Wäre also die Erhebung legal gewesen, müßte man Duplikate dieser ‚Steuerklärungen', sauber und sorgfältig[791] erstellt, in den a m t l i c h e n Unterlagen erwarten dürfen. Sie hätten auch die Möglichkeit der Kontrolle eröffnet und Sanktionsmöglichkeiten begründen können.

---

789 Der Aufsatz erschien kurz vor Redaktionsschluß dieser Arbeit, konnte also nicht mehr in der gewünschten Weise eingearbeitet werden. Man darf gespannt sein, wie die angekündigte grafische Veranschaulichung etwa in Form einer Lorenzkurve aussieht und welche Ergebnisse ein Vergleich mit der Kurve bei Peters und den Augsburger Zahlen bringen wird. - Bauernfeind, W., Reichste Nürnberger Bürger, passim. Peters, L.F., Handel Nürnbergs, S. 67ff.

790 Möglicherweise repräsentieren sie durch Stellvertreterzahlungen eine höhere Anzahl von Steuerpflichtigen. - Bauernfeind, W., Reichste Nürnberger Bürger, S. 203.

791 Rückschlüsse auf die inhaltliche Richtigkeit sind dadurch natürlich nicht erlaubt.

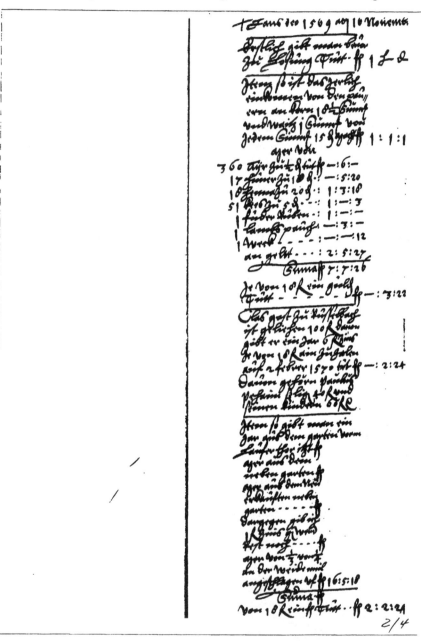

Darstellung 30: Standardisierter Losungszettel (Auszug)
Nürnberg 1569

Diese Unterlagen fehlen aber in den öffentlichen Unterlagen. Die Annahme, daß alle Losungszettel aller Jahre verlorengingen oder vernichtet wurden, die Zettelchen aber nicht, kann nicht überzeugen.

Wäre jene Erfassungsmethode und damit die Aufhebung der Anonymität üblich geworden, hätten die Historiker Losungsbücher, jedenfalls einen seriellen Bestand, zumindest Hinweise darauf, daß derartige Unterlagen existiert haben, in anderen Quellengattungen finden müssen. Das ist aber bis heute nicht der Fall. Folgt man dieser Einschätzung, dann würde das bedeuten, daß die beiden Losunger Endres (I) Imhoff und Sebald Haller das Steuergeheimnis gebrochen und die Beamten in der Schau angestiftet hatten, gesetzeswidrig die Daten schriftlich zu erheben und an sie weiterzugeben. Heute würde man unter anderem wohl von einer gravierenden Schutzverletzung personenbezogener Daten sprechen. Wer die Haushaltsberatungen in den sechziger und siebziger Jahren verfolgt, der ist geneigt, dieser Meinung zu folgen. Endres (I) Imhoff insbesondere wollte auf diese Art ausloten, welchen Spielraum er für seine Steuererhöhungspläne hatte.

Daß die Erhebung mit hoher Wahrscheinlichkeit Ausnahmecharakter hatte, selektiv vorgenommen wurde und illegal war, folgt auch aufgrund einer anderen Überlegung. Mehrmals wurde seinerzeit im Inneren Rat behauptet, daß die Losung nicht mehr getreulich gereicht werde. Entweder gehört die Behauptung in den Bereich der bloßen Rhetorik, um Mehrheiten für die Steuererhöhungspläne zu gewinnen oder aber, sie war begründet. War sie begründet, dann hätte man zweifellos zahlreiche Anklagen und Verurteilungen wegen Steuerhinterziehungen besonders bei der desolaten Finanzlage erwartet. Davon zeugen die Quellen aber nicht. Also, so muß man schlußfolgern, stimmte die Behauptung nicht, oder aber sie beruhte auf Informationsmaterial, das vor Gericht nicht einführ- und verwertbar gewesen wäre, wollte man sich als oberster Politiker und Hüter der Gesetze nicht selbst eines Bruchs des Steuergeheimnisses bezichtigen. Man kann sich ausrechnen, welche Folgen das für die betreffende Person(en) und für das ganze politische System gehabt hätte. Hingewiesen sei auf die Tatsache, auf die weiter unten noch in einem anderen Zusammenhang einzugehen sein wird, daß Nikolaus Muffel, immerhin Oberster Losunger, wegen Entwendung einer vergleichsweise geringen Losungssumme gehängt wurde.[792] Stimmte die Behauptung, waren die Informationen aber illegal erworben worden, so konnte sie nur durch einen Vergleich mit Erhebungen früherer Jahre und/oder einer intimen Kenntnis der Einkommens- und Vermögenssituation der Steuerschuldner erhoben werden. Das würde auf inzwischen gängige Praxis hindeuten.

Das im Aufsatz von Bauernfeind ausgewertete Datenmaterial ist fragmentarisch. Die Tatsache kommt ja schon im Titel zum Ausdruck.[793] Unvollständig

---

792 Mit weiteren Begründungen: Fouquet, G., Niklas Muffel.
793 Bauernfeind, W., Reichste Nürnberger Bürger, S. 204, 211 (Imhoff, Paulus).

ist es in zweierlei Hinsicht. Erstens wurden von den schätzungsweise 7.500 Steuerpflichtigen nur 197 namentlich erfaßt. Abgesehen von dem enormen Verwaltungsaufwand wurden die restlichen möglicherweise deshalb nicht aufgenommen, weil aufgrund von Erfahrungswerten sowohl die Anzahl als auch ihr Gesamtaufkommen hinreichend genau bekannt war. Die 197 Steuerschuldner zahlten 39.332 Gulden bzw. rund 45% des gesamten Aufkommens. Auf die restlichen 7.300 entfiel also ein Anteil von 55% oder 48.072 Gulden, mithin im statistischen Durchschnitt 6,6 Gulden/Person. Eine weitere Differenzierung nach Steuerklassen ist vorerst nicht möglich.

Dieser Satz für die Niedrig-Veranlagten ist aber zweifellos zu hoch. Und hier kommen wir auf die zweite Gruppe, die namentlich nicht erfaßt wurde: Es fehlen Höchst-Veranlagte. Dazu einige Begründungshinweise. Bartholome Viatis wurde in der zweithöchsten Steuerklasse mit 500 Gulden veranlagt.[794] Zu diesem Zeitpunkt ist er aber durchaus noch als Jungunternehmer zu bezeichnen. Eine Begründung in seinem später als sagenhaft bezeichneten Reichtum findet diese Einordnung nicht. Wurde hier das Vermögen seiner Frau zum Maßstab genommen? Es fehlen in dieser Klasse bzw. überhaupt so bekannte Namen wie Beck, Kleewein, Schwendendörfer,[795] die man aufgrund von Rückschlüssen aus späteren Quellen hier erwarten müßte. Ganz unwahrscheinlich ist, daß sich ihre Steuerlast hinter den Zahlen anderer Personen verbirgt. Vor allen Dingen aber, wo sind - von Ausnahmen abgesehen - die Patrizier, die im Inneren Rat saßen und der Allianz zugerechnet wurden: Endres (I) und Endres (II) Imhoff, Hans Welser, die Inhaber der Tuchergesellschaft, Sebald Haller[796] zum Beispiel?[797] Genau ein Jahr nach der Erhebung (1579) erbat der jüngere Imhoff, im Jahr 1580 also, allein einen Steuer n a c h l a ß von 500 Gulden, wurde als das reichste Mitglied des Gremiums[798] bezeichnet.[799]

Dieser Befund ist ein weiterer Hinweis auf die Illegalität der Erhebung. Bei aller Machtbefugnis des Inneren Rates wäre auf Dauer eine Zweiklassenerfassung sicher nicht durchsetzbar gewesen. Der Auftrag der Losunger an den oder die Beamten in der Schau erstreckte sich ganz offensichtlich nicht auf alle ihre Standeskollegen, vor allen Dingen nicht auf sie selbst. Trotz aller Vorsichtsmaßnahmen und eines großen Vertrauens zum erhebenden Beamten war es nicht

---

794   Bauernfeind, W., Reichste Nürnberger Bürger, S. 212.
795   Siehe dazu: Peters, L.F., Handel Nürnbergs, passim.
796   Zweiter Losunger von 1565 bis zu seinem Tod im Jahre 1578. Sein Nachfolger wurde Balthasar Derrer, dem schon nach einem Jahr das Amt des Ersten Losungers zufiel, das er 8 Jahre ausübte. – StadtbN, Chronik-Nürnberg, S. 1110.
797   Bauernfeind weist auf das Fehlen eines Teils des Patriziats selbst hin. - Bauernfeind, W., Reichste Nürnberger Bürger, S. 247.
798   StadtAN, Rep. 60e, Geheime Verlässe der Herren Älteren, 1, fol. 42-47, 17.09.1580.
799   Die verschiedentlich vertretene Auffassung, daß Ratswürdigkeit und Reichtum korrelierten, wird hier gleichwohl angezweifelt. Eine vorschnelle Verallgemeinerung dieser Behauptung ist nicht erlaubt. Eindeutige Beweise – zeitlich differenziert - für diese These stehen jedenfalls aus.

ausgeschlossen, daß die anderen Mitglieder des Inneren Rates Kenntnis von den Daten erhielten, und noch unkalkulierbarer wären die Folgen gewesen, würde die breite Öffentlichkeit von den Steuerzahlungen der Patrizier Kenntnis erhalten.

Aus dem ganzen Kontext heraus ist es auch nicht als Zufall einzustufen, daß Willibald Schlüsselfelder, der große Gegenspieler[800] des Losungers Endres (I) und des Endres (II) Imhoff, aufgeführt wurde. Für eine Untersuchung der Klientelbeziehungen innerhalb des Patriziats ebenso aufschlußreich ist die Tatsache, daß Joachim Nützel, Tobias Tucher und Balthasar Paumgartner erfaßt wurden. Zumindest die ersten beiden widersetzten sich hartnäckig den wirtschaftspolitischen Vorstellungen der Imhoff-/Welserfraktion. Gerichtsverwertbar waren die über sie gesammelten Informationen nicht, aber als Geheimdossier und Repressionsmittel für mögliche Fraktionsbildungen waren sie aber von nicht zu unterschätzendem Wert.

Da die Losungszettel nicht nummeriert wurden, kann auch nicht gesagt werden, ob sie hinsichtlich der Zielsetzung vollständig sind. Aber anzunehmen, daß gerade die Schriftstücke verlorengingen, auf denen die anderen Patrizier vermerkt waren, hieße, die Kategorie ‚Historischer Zufall' zu arg zu strapazieren. Wurde der bei Hegel,[801] Reicke,[802] Fleischmann[803] aufgezeigte Erhebungsmodus, nach dem die Losung straßenweise bzw. nach Stadtvierteln einkassiert[804] und im Schauamt ebenso verfahren wurde, noch praktiziert, dann müßten die Patrizier auf verschiedenen Zetteln stehen. Aufgrund dieser Tatsache wird ein spezifischer Verlust im eben aufgezeigten Sinn zur gänzlichen Unwahrscheinlichkeit. Wurde die praktische Steuereinzahlung also noch so durchgeführt, dann müßten auf den einzelnen Zetteln signifikant häufig Bewohner derselben Straße oder desselben Viertels auftauchen. Es könnte also, etwa nach dem Häuserbuch von Kohn geprüft werden, ob die dort wohnenden Mitglieder des Patriziats vermerkt sind oder nicht, bzw. welche erfaßt wurden und welche nicht, und aus je welchen Gründen es geschah oder nicht geschah. Ein topografischer Indizienbeweis sozusagen. In diesem Zusammenhang soll auch darauf hingewiesen werden, daß die Patrizier ebenfalls auf der vielzitierten Liste von Scheurl fehlen, die durch Haller (1967) neu herausgegeben wurde. Das mag seinen Grund in der Zielsetzung haben „... *des reichtumbs der seinigen so seins gedenckens* [das seines Vaters] *in Nurnberg zugezogen sein"* aufzuzeichnen. Vielleicht war es aber auch nicht opportun, darüber Zahlen zu publizieren. Interessant ist es schon, daß dort auch die Schlüsselfelder auftauchen. Die Behauptung von Haller „... *ist ei-*

---

800   Siehe dazu weiter unten.
801   Hegel, C., Chroniken-Nürnberg, 1, S. 283.
802   Reicke, E., Geschichte-Nürnberg, S. 114.
803   Fleischmann, P., Reichssteuerregister, S. XIX.
804   = wurden zu unterschiedlichen Terminen einbestellt.

ner der wenigen Vertreter einer patrizischen Familie in unserer Liste"*,[805] ist zumindest mißverständlich, denn ratsfähig wurde die Familie erst 1536.

Aufgrund dieser formalen Prozedur muß auch der Frage, ob die Erhebung in dem Sinne zeitlich unabgeschlossen war, daß die Patrizier etwa zum Schluß gesondert erfaßt werden sollten, es aus irgendeinem Grunde aber nicht mehr dazu kam, nicht weiter nachgegangen werden. Die Nennung von einigen Patriziern auf den Zetteln läßt diese Arbeitshypothese nicht zu. Unter ihnen war schließlich, um ihn nochmal zu nennen, Willibald Schlüsselfelder, der bald Zweiter, schließlich Erster Losunger werden sollte.

Von grundsätzlicher Bedeutung und für eine breit angelegte Untersuchung über die Finanzwirtschaft Nürnbergs unverzichtbar ist die Frage, inwieweit die Steuerzahlungen mit den tatsächlichen Vermögensverhältnissen - wie immer strukturiert - korrelierten. Anlaß genug für diese Bemerkung ist die Tatsache, daß z.B. Philipp Scherl mit einem Steuerbetrag von 64 Gulden[806] in der Liste vermerkt ist, bei seinem Tod aber ein Vermögen von 50.000 Gulden hinterließ.[807]

Zu stellen bleibt schließlich die Frage, warum sich diese Unterlagen im Archivgut der Stadt (bzw. heute des Staatsarchivs) befinden, obwohl sie doch, wie hier angenommen wird, auf einer illegalen Erhebung beruhen. Immerhin war für Insider abzusehen, daß Willibald Schlüsselfelder in der Ämterhierarchie nach oben steigen würde und als Zweiter Losunger (ab 1580) unmittelbar Einsicht in die Aufzeichnungen nehmen könnte. Man hätte sie also eher im Imhoff-Archiv erwartet. Zu lösen ist das Problem vorläufig nicht. Möglicherweise ruhten sie als schwarze Listen im Tresor des Beamten im Schauamt, einem Vertrauten von Endres (I) Imhoff. Zweifelsfrei hatte Imhoff - seit 1544 (Zweiter Losunger) und besonders seit 1564 (Erster Losunger) - ein dichtes inoffizielles Informantennetz knüpfen, entscheidende Stellen mit seinen Vertrauensleuten besetzen können. Immerhin wurde der Schreiber im Losungsamt in den letzten Lebensjahren des Endres (I) Imhoff auch als sein Privatsekretär tätig. Mit seinem Tod noch im selben Jahr (1579) kam es möglicherweise auch zu einem Revirement oder einer Ablösung von 'politischen' Spitzenbeamten. Der Beamte im Schauamt hatte während der Nachfolgewirren einfach vergessen, die Geheimdossiers zu vernichten oder hatte keine Zeit mehr dazu. Wäre er namentlich bekannt, könnte auch geprüft werden, ob durch seinen plötzlichen Tod die Zettel ungewollt in andere Hände kamen, aus Geheimakten ein offizieller Bestand der Nürnberger Kanzleien wurde.

Fazit: Die Auswertung der Listen durch Bauernfeind wirft neues Licht in das Dunkel der städtischen Finanzverwaltung, in die Einkommens- und Vermögensstruktur der Nürnberger Bevölkerung. Auch den Titel kann man rechtferti-

---

805   Haller v. Hallerstein, H., Größe-Quellen-Vermögen, S. 118, 125.
806   Bauernfeind, W., Reichste Nürnberger Bürger, S. 240.
807   Dieses müßte also auf den Erhebungszeitpunkt herunter- bzw. hochgerechnet werden.

gen, wenn man sich bewußt ist, daß einige Hochvermögende und Vielverdienende nicht genannt werden. Über den Beitrag dieser Gruppe zum Steueraufkommen kann man aufgrund der Forschungslage nur Spekulationen anstellen. Die Erhebungsdefizite ergaben sich durch die politischen Machtverhältnisse und die Illegalität der Erfassung. In dieser Arbeit wird also weiterhin von einer Selbstveranlagung der Steuerpflichtigen und einer – offiziell - geheimbleibenden Zahlung ausgegangen.[808]

Zum Diskussionszeitpunkt in den sechziger und mindestens bis in die späten siebziger Jahre hinein war also den Losungern (nach der Rechtslage) weder die absolute Höhe noch die Entwicklung der Steuerschuld einzelner Bürger bekannt.[809] Als Alleinregierende hatten sie aber Einsicht in die Gesamtentwicklung von Einnahmen und Ausgaben. Den anderen Mitgliedern des Inneren Rates wurden, so scheint es, bei den Etatberatungen Anfang April die entscheidenden Eckdaten vorgelegt. Wie streng die Geheimhaltung beachtet wurde, erschließt sich aus der Tatsache, daß Willibald Schlüsselfelder, zweifellos die bedeutendste Persönlichkeit in den letzten Jahrzehnten des 16. Jahrhunderts, erst einen vollen Ein- und Überblick über die öffentlichen Finanzen bekam, als er am 08.09.1575 in dieses Gremium gewählt wurde, obwohl er schon vorher als Gutachter in Wirtschaftsfragen tätig gewesen war.

Ein wahrhaft königliches Privileg also, welches der Rat sich selbst und den Nürnberger Bürgern gewährte. Die Folge davon war, daß er aufgrund der Steuerzahlungen einzelner Firmen oder Firmengruppen keine Entscheidungen begründen konnte, weil ihm dieses Analyse- und Steuerinstrument nicht zur Verfügung stand. Aus dieser Sicht heraus konnte er die Klagen der Imhoff und Welser über einen rückläufigen Geschäftsumfang wegen der harten Konkurrenz der Italiener (und Niederländer) und ihres unlauteren Geschäftsgebarens nur glauben oder auch nicht glauben.

---

808 Siehe dazu die diese These stützenden Bemerkungen bei Groebner, V., Patrizische Konflikte-Nürnberg, S. 303 (Fn. 23). Unabhängig von dieser zentralen Frage erlauben die Losungszettel natürlich Rückschlüsse auf die Vermögens- und Einnahmesituation des Steuerpflichtigen, über das Steuersystem und die jeweilige Steuerhöhe.

809 Diese Behauptung gilt, zusätzlich zu den oben angestellten Begründungen, nur dann, wenn ausschließlich das Geld, nicht aber die Losungszettel (einschließlich Namen), auf dem der Betrag vom Steuerschuldner ermittelt worden war, eingeworfen wurde. Mußte er ebenfalls abgegeben werden, was, wie eben gesagt, hier als nicht zutreffend eingestuft wird, dann wären daraus für das hier diskutierte Problem nur Schlüsse zu ziehen gewesen, wäre sie aufbewahrt und im Zeitablauf miteinander verglichen worden. Einige Losungszettel (Duplikate?) der (Katharina) Imhoff aus dem Anfang des 16. Jahrhunderts befinden sich im Imhoff-Archiv, zahlreiche von Paulus Behaim bzw. seinen Erben im Behaim-Archiv (Beispiel = Darstellung 77 (Anhang)) – GNM, Rep. II/74, Imhoff-Archiv, I, Fasz. 47,1-3; Rep. II/67, Behaim-Archiv, u.a. Fasz. 59 (Paulus (I) Behaim sel. Erben) für die Zeit von 1568-1582; die Beträge bewegen sich zwischen 100-160 Gulden; Fasz. 63 (Paulus I. Behaim) für die Jahre 1545-1567 (18 Stück). Es fehlen jene für 1549, 1555, 1557 und 1562.

Auch der Historiker kann deshalb auf diese harten Daten für seine Untersuchungen zur Nürnberger Wirtschafts- und Finanzgeschichte nicht zurückgreifen. In Nürnberg liegt keine zeitlich geschlossene Reihe von Steuerbüchern vor. Leider, muß man sagen! Auch über Zollzahlungen, die dem Rat offensichtlich nur als Gesamtsumme mitgeteilt wurde, existieren leider keine firmenbezogenen Daten.

Zahlreiche entscheidungsrelevante Eckdaten standen dem Rat also nicht zur Verfügung. Darüber hinaus sind Zweifel erlaubt, ob alle Mitglieder des innersten Entscheidungsgremiums über den erforderlichen Sachverstand verfügten, die Daten fachgerecht zu bewerten und hinsichtlich des Gemeinwohls unbefangen genug, aus ihnen die richtigen Konsequenzen zu ziehen.

Müller[810] zeichnet kein konsistentes Bild von den damaligen Akteuren im Zeitablauf in unterschiedlichen Funktionen. Von den Mitgliedern des Inneren Rates ragte seiner Meinung nach hinsichtlich Sachverstand und Charakter besonders Endres (I) Imhoff positiv heraus. Folgt man seinen Ausführungen, so waren Balthasar Derrer, Sebald Haller, Gabriel Nützel von ähnlichem Zuschnitt. Aus der jüngeren Generation hebt er Willibald Schlüsselfelder und Endres (II) Imhoff hervor. Auffallend blaß erscheinen Philipp Geuder, Georg Volckamer, Thomas Löffelholz, Jobst Tetzel. Nun bedeutet der ihnen allen attestierte Sachverstand nicht, bei der Lösung jeder Frage sofort einer Meinung gewesen sein zu müssen, vielleicht zeigt dieser sich gerade in einer streitigen Auseinandersetzung, welche die verschiedenen Aspekte eines Problems deutlicher hervortreten läßt. Im Zusammenhang mit den von Endres (I) Imhoff gemachten Vorschlägen zu einer Finanzreform, die Einnahmevergrößerungen zum Ziel hatte, bezieht Müller aber eindeutig Stellung. Er konstatiert, daß diese im Inneren Rat keine Mehrheit fanden und bewertet das Abstimmungsverhalten von Imhoffs Kollegen als für die Kommune schädlich. Wenn aber Müllers positive Charakterisierungen nicht nachvollziehbar geschildert werden und sie, die Verfasser des Mehrheitsvotums, in diesen eminent wichtigen finanzwirtschaftlichen Fragen nicht problemadäquat gehandelt haben, dann besteht Klärungsbedarf hinsichtlich ihres wirtschaftspolitischen Sachverstandes und der verfolgten Zielsetzungen oder denen des Endres (I) Imhoff.[811]

Fazit: Dies in Kürze zum Aspekt einer möglichen Begründung der wirtschaftspolitischen Maßnahmen von der Einnahmeseite her. Der Innere Rat kannte unter den gemachten Annahmen nicht die Steuerabgaben der einzelnen Unternehmen, sondern nur die Gesamteinnahmen, die Beschwerdeführer nicht das gesamte Steueraufkommen, sondern lediglich ihre eigenen Zahlungen. Jedenfalls der Rechtslage nach.

---

810 Müller, J., Finanzpolitik, passim.
811 Schultheiß folgt der Argumentation von Müller. - Schultheiß, W., Andreas I. Imhoff, S. 9.

Das System erscheint aus heutiger Sicht so weltfremd, daß man nach den Gründen für diese Praxis fragen muß. Dadurch das Steuergeheimnis der Bürger gegenüber den Mitbürgern oder jenes der Patrizier schützen zu wollen, scheint nicht plausibel. Dies wäre auch dann nicht in Gefahr geraten, wenn namentliche Steuerkonten geführt worden wären. Die nicht-patrizischen Bürger hatten keinerlei Einsicht in diese Behördenunterlagen. Der Kreis der ‚Geheimnisträger' war so klein, daß ein möglicher Informant schnell hätte namhaft gemacht werden können. Zweifellos hätte er mit der Todesstrafe wegen des Verrats von Amtsgeheimnissen rechnen müssen. Sinn ergibt dieser Modus nur dann, wenn die Patrizier sich gegenseitig nicht in die Karten schauen lassen wollten. Diese Vermutung wird bekräftigt durch die von Bauernfeind veröffentlichte Liste der reichsten Nürnberger Bürger, in der die Namen der patrizischen Allianzmitglieder[812] nicht auftauchen, obwohl sie alle hinsichtlich Vermögen und laufendem Einkommen zu den reichen oder gar reichsten Bürgern gehörten.

Die Frage, in welchem Maße auch bei der Steuerberechnung eine sogenannte Latitüde gewährt wurde, ein Steuerfreibetrag sozusagen, wie bei der Zollerhebung, ist bisher ebenfalls nicht zu beantworten.

Daß die Schutzgeldzahlungen der in Nürnberg domizilierenden Nicht-Bürger dieser Geheimhaltung ebenfalls unterlagen, ist wahrscheinlich. Sie wurden mit den Losungseinnahmen etatisiert.[813] Müller weist sie in seiner Haushaltsbilanz nicht als gesonderten Posten auf. Die Quellen existieren wohl nicht mehr, wenn sie denn je existiert haben.

3.4.2.2.2.   Zollaufkommen

Hätte ein namentlich geführtes Steuerregister Rückschlüsse auf die wirtschaftliche Entwicklung heimischer Firmen erlaubt, so könnten die Zolleinnahmen dem Rat wichtige Informationen und Entscheidungsgrundlagen über die Marktstellung der auswärtigen und ausländischen Unternehmen bereitgestellt haben.

Es hat aber den Anschein, daß das Aktenmaterial der Zollbehörden auch nach Eröffnung der Douane, die eine bessere Rechnungslegung und Kontrolle zum Ziel hatte, dem Inneren Rat nicht vorgelegt wurde, sondern dieser sich damit begnügte, die Gesamtsummen mitgeteilt und abgeführt zu bekommen. Bisher ist jedenfalls lediglich eine Liste mit den namentlich genannten Zollschuldnern bekannt,[814] deren Zahlen offensichtlich nicht den stetig anfallenden Unterlagen der Zentralverwaltung entnommen, sondern aufgrund einer zeitlich be-

---

812 Wohl vereinzelt andere Familienangehörige.
813 Beleg siehe Darstellung 74 – 1597 - (Anhang).
814 StadtAN, E 8, Handelsvorstand, 2627, nach 1602. Danach zahlten von den Italienern an (Transit?)zoll: die Unternehmen Odescalco 368, Maranelli 257, della Porta 252, Werdemann 248, Buttini 234, Turrisani 224, Gerardini 184, Perez/[Calandrini] 159, Capitani 111, Crollanza 58, Gallutzi 27 Gulden.

grenzten Sonderermittlung erstellt wurden. Dasselbe Dilemma also wie beim Steueraufkommen. Aber es wäre kein akribischer Finanzprüfer vonnöten gewesen, um z.b. auf die Diskrepanz zwischen Zollschuld und Zollabgaben der Turrisani aufmerksam zu werden. Da aber deren Zollhinterziehungen nicht von amtswegen aufgedeckt wurden, sondern durch die Geschäftsunterlagen ihrer Konkurrenten im Zusammenspiel mit den Zollbediensteten, muß man davon ausgehen, daß der Rat diese Vergleichsmöglichkeiten nicht hatte, und sie deshalb nicht aufdecken konnte, jedenfalls nicht aufgrund schriftlicher Dokumente. Bekannt waren den Entscheidern lediglich die gesamten Zolleinnahmen.

Da für den hier interessierenden Zeitraum meist keine Zahlen über Sozialprodukt und Handelsvolumen einer Stadt oder eines größeren Wirtschaftsgebietes vorliegen, ist der Historiker auf Hilfsgrößen angewiesen, um wenigstens trendweise Konjunkturverläufe, Wachstumsschwankungen, Etatentwicklungen zu bestimmen. Als solche können selbstverständlich auch Angaben über das Zollaufkommen dienen. Aber können es auch die folgenden Zahlen? Welchen Analysen sind sie zugänglich?

Im ersten Kapitel dienten die Monatsbeträge zur Bestimmung des Saisonverlaufs, der außenwirtschaftlichen Verflechtung und der Interdependenz der Standortfaktoren. Hier soll geprüft werden, inwieweit die Jahreszahlen Aussagen über die gesamt- und finanzwirtschaftliche Entwicklung Nürnbergs ermöglichen. Welche Erkenntnisse also konnte der Rat aus den eingegangenen Zollsummen gewinnen?

Bei der Interpretation der **Darstellung 31** ist Vorsicht geboten. Zunächst kann gesagt werden, daß die Zolleinnahmen im Betrachtungszeitraum von 1580 bis 1619 tendenziell sanken. Außerdem kann konstatiert werden, daß die Kurvenverläufe nach den Rechnungsbelegen im Staatsarchiv Nürnberg (Guldenkurve) und den Angaben bei Roth (Kurve in Goldgulden) so gut wie identisch sind. Kurvenhöhe- und -tiefpunkte variieren allerdings z.T. um ein oder zwei Jahre. Die größere Genauigkeit hinsichtlich des zeitlichen Verlaufs ist den Originalquellen zuzuerkennen. Ganz unwahrscheinlich ist es zum Beispiel, wie bei Roth aufgeführt, daß die Einnahmen in den Jahren 1609 und 1610 mit 5835 Goldgulden identisch gewesen sein sollen. Hier ist ihm offensichtlich ein Fehler unterlaufen, der aber den Kurvenlauf nicht verfälscht.

Der lineare Trend in der Grafik veranschaulicht, daß die Zolleinnahmen im Zeitraum von 1572-1617 zurückgingen. Ob auch der Anteil der Zolleinnahmen am Gesamtetat sank, kann allenfalls vermutet werden. Das wäre nur dann der Fall, wenn dessen Volumen weniger stark sank - was nach den vorangegangenen Ausführungen ganz unwahrscheinlich ist -, gleichblieb oder gestiegen wäre.

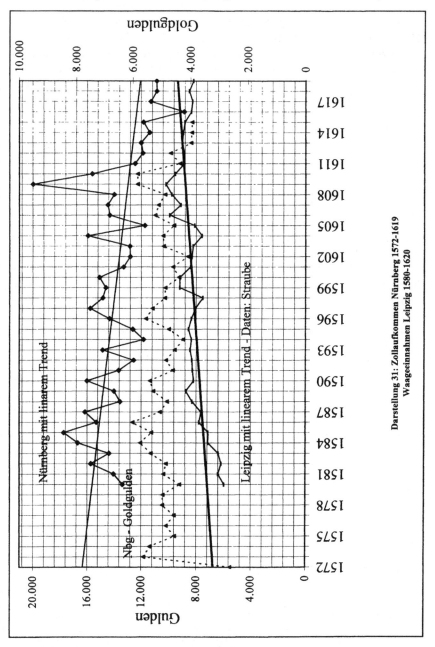

Darstellung 31: Zollaufkommen Nürnberg 1572-1619
Waageeinnahmen Leipzig 1580-1620

Die andere Frage zielt darauf, ob diese Tatsache, also sinkende Zolleinnahmen, als Indikator für eine insgesamt rückläufige Wirtschaft, gemessen etwa am Handelsvolumen bzw. Sozialprodukt, oder für eine Abnahme der außenwirtschaftlichen Verflechtung, insofern sich diese durch die zollpflichtigen Firmen ergab, herangezogen werden kann. Handelsvolumen und Sozialprodukt können sich gleichgerichtet und dann im selben oder unterschiedlichem Verhältnis bzw. gegenläufig und in differenten Prozentanteilen gegenüber dem Zollaufkommen entwickelt haben.

In dem Zusammenhang ist auch zu prüfen, ob die bisher stillschweigend unterstellte Prämisse, daß die Zollsätze während des Untersuchungszeitraumes in derselben Höhe erhoben wurden, stimmt. Das ist allerdings deshalb sehr wahrscheinlich, weil im Jahre 1617[815] die einheimischen Kaufleute und Faktoren den Nürnberger Rat baten, den fremden Kaufleuten den Zoll zu erlassen (sic!) oder doch zu modifizieren, d.h. zu ermäßigen. Zur Diskussion stand der geltende Satz von 1%, also derjenige, der nach der Zolldebatte in den siebziger Jahren des 16. Jahrhunderts für die Intrada festgeschrieben wurde, somit schon rund hundert Jahre lang galt. Dieser Vorschlag stieß im Rat durchaus auf offene Ohren; er wollte aber vor einer Entscheidung prüfen lassen, ob die Etablierung einer zweiten zollfreien Messe[816] nicht die bessere Alternative sei. Hier also nachträglich noch einmal ein Beweis für die anhaltende Attraktivität der Heiltumsmesse. Nach Anhörung maßgebender Kaufleute[817] beschloß der Rat, an den geltenden Bestimmungen festzuhalten,[818] befreite dann aber die fremden Kaufleute, insofern sie nicht in Nürnberg als Inwohner domizilierten, wie also beispielsweise die Italiener, ab 01.09.1623 für zunächst zwei Jahre vom Einfuhrzoll.[819]

In Bezug auf die Zollschuldner könnte zunächst unterstellt werden, daß der Rückgang auf eine Standortverlagerung der Italiener, die trotz Zollhinterziehungen die höchsten Beträge zu entrichten hatten, zurückzuführen war. Die Quellen belegen aber die Zunahme ihrer Beschäftigten[820] im letzten Viertel des 16. Jahrhunderts, bezeugen also einen wirtschaftlichen Aufschwung. Die Schuldbücher des Banco zeigen, wie die folgende Anwesenheits- und Rangmatrix[821] (Auszug) belegt, daß sie bis in die dreißiger Jahre des 17. Jahrhunderts hinein die umsatz-

815   StadtAN, E 8, Handelsvorstand, 1794, fol. 10, 07.05.1617.
816   Dieser Vorschlag war schon 1569 ventiliert, vom Rat aber schließlich abgelehnt worden. – BayStaatsAN, Rep. 60b, Ratsbücher, 33, fol. 271, 11.02.1569.
817   StadtAN, E 8, Handelsvorstand, 1794, fol. 11, 13.05.1619.
818   BayStaatsAN, Rep. 60b, Ratsbücher, 71, fol. 64, 13.05.1619. StadtAN, E 8, Handelsvorstand, 1794, fol. 13, 04.09.1620.
819   StadtAN, E 8, Handelsvorstand, 1794, Fasz. 16, fol. 1, 1623.
820   Peters, L.F., Handel Nürnbergs, S. 57 und die oben aufgeführten Erhebungslisten, die Aufschluß über die in Nürnberg domizilierenden Italiener geben.
821   Ihr liegen sämtliche 350.000 Geschäftsvorfälle der Jahre 1621-1648 zugrunde. Die Matrix dokumentiert also die tatsächlichen Verhältnisse. - StadtAN, E 8, 4233 AA bis 4248 QQ, 4291 AA bis 4306 QQ.

stärksten Firmen stellten **(Darstellung 32):**[822] Umsatzrang Nr. 1 von 1621-1625: Lumaga[823], 1626-1629: Pestalozzi/Bracciolini[824], danach wieder die Lumaga, abgelöst von ihren Vorgängern. Eine Spiztenposition nehmen ebenfalls Attavanti/Calandrini bzw. Attavanti Bracciolini ein. Bei diesen Firmen ebenso wie bei den Lumagas ist von einer wirtschaftlichen Einheit auszugehen.

Bei insgesamt sinkenden Zolleinnahmen können ihre Zollschulden sogar absolut gestiegen sein, was aufgrund der eben genannten Tatsachen wahrscheinlich ist. Ob diese auch tatsächlich gezahlt wurden, hängt davon ab, von welcher Defraudationsquote auszugehen ist.

Insofern bleibt als mögliche Begründung nur die Vermutung, daß der Rückgang auf das Fernbleiben von Kaufleuten aus anderen Städten und Ländern zurückzuführen war. Gerade für diese Unternehmergruppe wollte ja der Rat den Handelsplatz Nürnberg attraktiver machen.

Theoretisch könnten die Zollmindereinnahmen auch auf eine Veränderung der Warenstruktur zurückzuführen sein, einer Nachfrageverschiebung hin zu weniger wertvollen Waren mit der Folge niedrigerer Zollsummen. Für diese Annahme fehlen aber alle Anhaltspunkte.[825]

Aus der Zollkurve also Schlußfolgerungen etwa auf die öffentlichen Finanzen oder auf das Handelsvolumen zu ziehen, ist unzulässig. Es ist ebenfalls in

---

822   Für einen Vergleich zu Firmen, die in den Jahren 1621-1624 unter den 20 umsatzstärksten Unternehmen zu finden waren bzw. Konten aus deren familiärem Umfeld., siehe: - Peters, L.F., Handel Nürnbergs, S. 9-20.

823   Die Ränge 13 und 7 im Jahre 1626/27 (Lumaga) und 10 bzw. 56 im Jahr 1629/30 (Attavanti u.a.) sind nicht Folge eines Umsatzrückgangs, sondern auf einen Inhaberwechsel während des Geschäftsjahres zurückzuführen. Es liegen also rechtliche, keine wirtschaftlichen Gründe vor. Derselbe Tatbestand ist bei den Firmen Fürleger, Imhoff, Marstaller, Schwendendörfer und Tucher zu beobachten. Die Firmenbezeichnungen mußten aus Platzgründen z.T. abgeschnitten werden. Die vollen Namen lauten: Attavanti, Wolf & Calandrini, Geremia und Mitverwandte - Attavanti, Wolf, Bracciolini, Polidoro, Kastner, Hans und Mitverwandte - Fürleger, Christoph d.Ä. (sel.), Helfreich, Nikolaus und Mitverwandte - Fürleger, Christoph d.Ä., Helfreich, Nikolaus und Mitverwandte - Imhoff, Wilhelm d.Ä. und Hans d.Ä. und Mitverwandte - Imhoff, Wilhelm, Andreas und Mitverwandte - Lumaga, Ottavio und Marco Antonio bzw. Lumaga, Ottavio und Marco Antonio und Francesco - Pestalozzi, Giovanni Battista und Stefano & Bracciolini, Giulio etc. - Schwendendörfer, Leonhard d.Ä. (sel.), Erben und Mitverwandte. Siehe dazu: Peters, L.F., Einführung-Quellen.

824   Wie eben schon erwähnt, deutet der 'Einstieg' mit Rang 5 darauf hin, daß sie eine andere italienische Firma übernommen hatten. – Die offensichtliche Zäsur hinsichtlich ihrer Anwesenheit in Nürnberg Anfang der Dreißiger Jahre hat sicherlich mit der hier wütenden Pest zu tun, der nach Bauernfeind wahrscheinlich 2/3 der Bevölkerung zum Opfer fiel. Ob die oben aufgeführten (und andere) Kaufleute aus Italien verstarben oder der Gefahr wegen Nürnberg vorher verließen, ist noch nicht erforscht. Die wirtschaftlichen Folgen sind jedenfalls offensichtlich. – Bauernfeind, W., Nürnberger Getreidemarkt, S. 274f.

825   Irsigler weist für Köln nach, daß der Rückgang des Kölner Weinzolls nicht mit den Zolltarifen korrelierte, sondern mit einer Änderung des Konsumverhaltens zu tun hatte, nämlich der Substituierung von Wein durch nun hochwertige Hopfen- und Keutebiersorten. – Irsigler, F., Köln, S. 272ff.

262 Drittes Kapitel: Die Auseinandersetzung in und um den Standort Nürnberg

Betracht zu ziehen, daß in den 70er Jahren des 16. Jahrhunderts eine verstärkte Zuwanderung von potenten Kaufleuten aus den Niederlanden nach Nürnberg einsetzte, die in den Jahren 1621-1624 einen Anteil am Handelsvolumen von durchschnittlich 7,7% auf sich vereinigten.[826] Da diese Firmen überwiegend aus Städten kamen, mit denen Nürnberg gegenseitige Zollfreiheit vereinbart hatte, findet sich für ihren Beitrag zum Handelsvolumen bzw. Sozialprodukt kein Äquivalent in den Zoll-Listen.

Weitere wirtschaftliche Impulse gingen ebenso von den deutschen Kaufleuten aus, die im Zuge der Gegenreformation nach Nürnberg wechselten, hier zu den umsatzstärksten Firmen gehörten, das Nürnberger Bürgerrecht annahmen, deshalb keinen Zoll, sondern Losung entrichteten. Schließlich ist auf die enorme Zuwachsrate im Leinenhandel und in der Leinenfärberei hinzuweisen, weitgehend in der Hand Nürnberger Unternehmer,[827] deshalb ebenfalls zollfrei,[828] aber steuerpflichtig.

Endlich ist auch von einer Belebung des Rüstungsgeschäftes, also vor allen Dingen mit einer Nachfragesteigerung beim hiesigen Metallgewerbe auszugehen, mit positiven Folgen für die Steuerquote.

Diese hier Beweisführung bezüglich der Niederländer ist dann weitgehend hinfällig, wenn es sich bei den Umsätzen der genannten Firmen und Firmengruppen ganz oder in wesentlichen Teilen um eine Verlagerung des Handels von zollpflichtigen Auswärtigen bzw. losungspflichtigen Bürgern auf die Niederländer handelte, es also dadurch zu Zoll- und/oder Steuermindereinnahmen kam. Die Frage kann bislang nicht beantwortet werden; sie ist aber auch wohl eher theoretischer als praktischer Natur.

In diesem Zusammenhang noch eine Überlegung zu den öffentlichen Einnahmen: Der Behauptung der Nürnberger Beschwerdeführer, daß die Belastung durch Losung (Steuer) für sie prozentual höher sei als die durch Schutzgeld- und Zollzahlung für in Nürnberg auf Dauer domizilierende Nichtbürger, muß gar nicht gefolgt werden, um behaupten zu können, daß im konkreten historischen Fall die öffentlichen Einnahmen trotz insgesamt geringerer Zollabgaben eher stiegen als sanken und zwar unabhängig von u.U. erhöhten Steuersätzen. Das würde heißen, die mögliche, ja wahrscheinliche Minderung der Losungsabgaben von den hier Beschwerde führenden *alteingesessenen Häusern* wurde überkompensiert von den im Leinenfernhandel tätigen Nürnberger Unternehmern, in dem jene allenfalls als Grenzanbieter zu betrachten sind, und den wirtschaftlich expandierenden Unternehmen Nürnberger Neubürger.

---

826 Peters, L.F., Handel Nürnbergs, S. 99ff.
827 Auch wenn die Turrisani oben auf ihre Leinen-Einkäufe hinwiesen.
828 Die eben erwähnte Liste aufgrund einer Sondererhebung nennt einige Firmen aus den Niederlanden, offensichtlich aus Städten, mit denen keine beiderseitige Zollfreiheit vereinbart worden war.

Banco Publico zu Nuremberg

Kontolnhaber: Anwesenheit / Umsatzrang (Haben)
Zeit-Selektion: 01.08.1621 - 31.07.1648
Konten-Selektion: Temporär vorselektierte Konten

hier: Attavanti, Wolf & Calandrini, Geremia
bis: Tucher, Anton und Thomas, Gebrüder und Mitverwandte

Firma	1621 bis 1622	1622 bis 1623	1623 bis 1624	1624 bis 1625	1625 bis 1626	1626 bis 1627	1627 bis 1628	1628 bis 1629	1629 bis 1630	1630 bis 1631	1631 bis 1632	1632 bis 1633	1633 bis 1634	1634 bis 1635	1635 bis 1636	1636 bis 1637	1637 bis 1638	1638 bis 1639	1639 bis 1640	1640 bis 1641	1641 bis 1642	1642 bis 1643	1643 bis 1644	1644 bis 1645	1645 bis 1646	1646 bis 1647	1647 bis 1648
Attavanti, Wolf & Calandrini, Geremia	-	-	-	-	-	-	-	-	10	-	-	-	-	-	-	-	-	-	-	-	-	-	-	-	-	-	-
Attavanti, Wolf, Braccliolini, Polidoro,	-	-	-	-	-	-	-	-	56	3	4	64	-	-	-	-	-	-	-	-	-	-	-	-	-	-	-
Aymann, Georg	10	2	2	3	14	61	34	44	64	58	206	281	-	-	-	-	-	-	-	-	-	-	-	-	-	-	-
Beck, Alexander	7	3	7	7	8	8	21	33	22	16	56	299	-	-	-	-	-	-	-	-	-	-	-	-	-	-	-
Braa, Abraham de	9	5	3	6	6	9	9	9	11	9	12	27	-	-	-	-	-	-	-	-	-	-	-	-	-	-	-
Füreger, Christoph d.Ä. (sel);	23	-	15	24	26	17	-	-	25	46	58	-	137	-	-	-	-	-	-	-	-	-	-	-	-	-	-
Füreger, Christoph d.Ä, Helfreich,	85	-	2	2	6	33	90	287	584	-	-	28	-	-	-	-	-	-	-	-	-	-	-	-	-	-	-
Hassenbart, Peter Paulus & Savioli,	-	-	-	-	-	-	358	429	-	-	-	-	-	-	-	-	-	-	-	-	-	-	-	-	-	-	-
Imhoff, Wilhelm d.Ä. und Hans d.Ä.	4	-	-	-	-	-	-	-	-	-	-	8	28	56	282	-	-	-	-	-	-	-	-	-	-	-	-
Imhoff, Wilhelm, Andreas und	6	10	-	76	11	16	11	12	32	-	-	-	-	-	-	-	-	-	-	-	-	-	-	-	-	-	-
Kleewein, Joachim	-	21	13	25	23	27	14	21	30	36	27	24	29	63	318	-	-	-	-	-	-	-	-	-	-	-	-
Lumaga, Ottavio und Marco Antonio	1	1	-	-	13	7	3	2	1	1	2	9	-	-	-	-	-	-	-	-	-	-	-	-	-	-	-
Lumaga, Ottavio, Marco Antonio und	-	-	-	-	-	-	-	-	-	-	-	-	249	-	-	-	-	-	-	-	-	-	-	-	-	-	-
Marstaller, Hieronymus	18	14	18	13	13	14	11	11	15	-	-	-	-	-	-	-	-	-	-	-	-	-	-	-	-	-	-
Marstaller, Hieronymus (sel.): Erben	-	-	-	-	-	-	-	-	-	-	6	1	17	-	-	-	-	-	-	-	-	-	-	-	-	-	-
Muellegg, Heinrich und Hans	8	7	4	4	3	5	5	4	8	8	8	-	116	211	-	-	-	-	-	-	-	-	-	-	-	-	-
Oyrl, Dietrich und Justus von	19	20	12	18	31	29	-	-	-	-	-	-	-	-	-	-	-	-	-	-	-	-	-	-	-	-	-
Pestalozzi, Giovanni Battista und	-	-	-	5	1	1	1	2	2	2	1	14	-	-	-	-	-	-	-	-	-	-	-	-	-	-	-
Roth, Christoph, Tobias und Elias,	28	6	-	-	12	7	-	-	-	-	-	-	-	-	-	-	-	-	-	-	-	-	-	-	-	-	-
Schwendendörfer, Leonhard (sel.):	-	-	31	-	-	-	-	-	-	-	-	-	-	-	-	-	-	-	-	-	-	-	-	-	-	-	-
Schwendendörfer, Leonhard d.Ä.	11	-	30	62	-	-	-	-	-	-	-	-	-	-	-	-	-	-	-	-	-	207	-	-	-	-	-
Schwendendörfer, Leonhard d.Ä. (sel):	-	24	-	-	-	-	-	-	-	-	-	-	-	-	-	-	-	-	-	-	-	-	-	-	-	-	-
Schwendendörfer, Leonhard d.Ä. (sel):	-	-	-	-	-	-	-	-	-	-	-	-	-	-	-	-	-	-	-	-	-	-	-	-	-	-	-
Tucher, Anton und Thomas, Gebrüder	15	12	-	-	-	-	-	-	-	19	33	53	179	-	-	-	53	58	-	-	-	-	-	-	-	-	-
Tucher, Anton und Thomas, Gebrüder	-	-	-	-	-	-	-	-	-	45	35	73	22	13	23	34	22	-	-	-	-	-	-	-	-	-	-

Darstellung 32: Anwesenheits- und Rangmatrix ausgewählter Firmen – Nürnberg 1621-1648

Damit wäre spätestens jetzt auch ihre Gleichsetzung von öffentlicher Wohlfahrt und dem Wohl ihrer Firma widerlegt. Aber mit der Sorge um das Allgemeinwohl läßt sich trefflich argumentieren, dachten sie. Ein Versuch ist es alle-
mal wert.[829]

Wie aus der obigen Kurve zu ersehen ist, wird die Trendlinie wesentlich
durch den Knick im zweiten Jahrzehnt des 17. Jahrhunderts bestimmt. Eine
deutliche Zäsur ist 1609 zu konstatieren, als die Zolleinnahmen mit 19.989 Gulden einen Höchststand erreichten, um dann bis zum Jahre 1616 auf 8.877 Gulden abzusinken, also um rund 55%. Aufgrund dieser Zahlen könnte man also
mit gutem Grund von einem Konjunktur- und Wachstumseinbruch sprechen.

Danach setzt eine leichte Erholung ein. Welche wirtschaftlichen Ursachen
zugrunde lagen, kann noch nicht gesagt werden. Dieser Befund stimmt mit der
in der Literatur vertretenen Auffassung,[830] daß es ab 1610 zu einer konjunkturellen ‚Abkühlung' kam, überein.[831] Dem Verfasser scheint die Quellenbasis aber
nicht breit genug, um damit die obige These aus Nürnberger Sicht als verifiziert
anzusehen. Spanisch-niederländische Kriegshandlungen können für den Einbruch jedenfalls nicht verantwortlich gemacht werden, denn 1609 kam es zu einem 12-jährigen Waffenstillstand zwischen den Generalstaaten und Spanien.
Will man hier gleichwohl Begründungszusammenhänge sehen, dann würde das
bedeuten, daß Nürnberg bis dato von den militärischen Auseinandersetzungen
profitiert hatte (Kriegskonjunktur), jetzt durch den Wirtschaftsaufschwung der
Niederlande auf Kosten des hansischen Schiffs- und Warenverkehrs nach Portugal und Spanien[832] einen gravierenden Einbruch erlitt. Unter diesem Aspekt
würden damit für Nürnberg auch Fragen nach unterschiedlichen Branchenent-
wicklungen und Vernetzungen mit jenen Wirtschaftsräumen und -mächten aufgeworfen.[833]

---

829 Vgl. dazu Issing, O., Globalisierung, S. 15.
830 Hildebrandt, R., Venedig-Oberdeutschland, S. 279.
831 Nach den mir von M. Straube zur Verfügung gestellten Zahlen der Waageeinnahmen
     ebenso in Leipzig.
832 Kellenbenz, H., Unternehmerkräfte, S. 37.
833 Die Leipziger Kurve der Waageeinnahmen kann hier nicht weiter interpretiert werden;
     sie gilt als Angebot für die künftige Forschung. Auffallend ist jedenfalls bei der Betra-
     chung des gesamten Datenbereichs, daß sie gegenüber Nürnberg einen gegenläufigen
     Trend aufweist. Insofern bestätigen sich die Aussagen Nürnberger Kaufleute, daß Leip-
     zig (und Frankfurt) „jetzo [1572] in großem Aufnehmen" sei. Auffallend ist, daß beide
     Kurven für 1609 ihren Spitzenwert verzeichnen und danach ebenfalls beide Kurven ei-
     nen sinkenden Verlauf aufweisen. In dem Zusammenhang stellen sich Fragen nach der
     Venetzung der beiden Wirtschaftsstandorte und einer (möglichen) zunehmenden Ent-
     koppelung Leipzigs von Nürnberg, also einer autonomen Entwicklung. Diese Fragen
     können hier nur aufgeworfen werden. Bei einer eingehenderen Interpretation – es sei
     noch mal gesagt – ist zu berücksichtigen, daß es sich um verschiedene Grundgesamthei-
     ten handelt. Zu prüfen bleibt auch, ob über den Zeitraum hinweg von derselben Erhe-

Diese möglichen Einflußfaktoren können hier nicht gewichtet werden. In der **Darstellung 33** wird deshalb der Trendverlauf bis 1609 veranschaulicht. Es wird deutlich, daß von sinkenden Zolleinnahmen während dieses Zeitraumes nicht die Rede sein kann, die Trendlinie fast eine Waagerechte mit sogar leichter Tendenz nach oben bildet. Eine schwach sinkende Abwärtsbewegung ergibt sich erst **(Darstellung 34)**, wenn auch die folgenden Jahre bis 1615 mit sinkenden Zolleinnahmen einbezogen werden.

Das Argument der Beschwerdeführer und von Mitgliedern des Rates, daß die Zolleinnahmen abnähmen, ist damit für den Zeitraum v o r 1572 nicht gänzlich widerlegt, allenfalls als wenig wahrscheinlich einzustufen. Für den Zeitraum von 1572 bis 1610 jedoch ist es nicht stichhaltig. Forderungen nach einer Zollerhöhung mit allen außenwirtschaftlichen Implikationen konnten sie damit nicht begründen.

Bemerkenswert ist vielmehr folgende Tatsache: Genau zu jenem Zeitpunkt, als die Douane mit besseren Kontrollmöglichkeiten eingeführt wurde, nämlich 1572, erhöhten sich schon nach einem Jahr die Zolleinnahmen um mehr als das Doppelte im Vergleich zum Vorjahr. Auf diesem Hintergrund ist es nicht nachvollziehbar, warum die Zolldeputierten Endres (II) Imhoff und Hans Welser sich gegen diese neue Institution wehrten. Fiskalisch jedenfalls wirkte sie sich sehr positiv aus. Und auch ihre Forderung nach größerer Wettbewerbsgerechtigkeit gegenüber den Italienern (und - insofern diese zollpflichtig waren - den Niederländern) war damit erfüllt worden, denn die Mehreinnahmen beruhten sicher zum überwiegenden Teil auf einer geringere Hinterziehungsquote der Italiener.

Auch das Argument zu hoher Personalkosten ist damit hinfällig. Vielmehr macht die Differenz zu den folgenden Jahren deutlich, welche Einnahmen dem Nürnberger Fiskus aufgrund einer mangelhaften Zollverwaltung jahrelang entgangen waren. Wenn wir unterstellen, daß nach Gründung der Douane auf Dauer von einer vergleichbaren – wenn schon nicht bestmöglichen - administrativen Effektivität auszugehen ist, dann sind die Jahre bis 1609/10 durchaus als außenwirtschaftlich stabil einzustufen. Diese Feststellung impliziert, daß andere, nicht-zollpflichtige Kaufmannsgruppen, dieselbe Umsatzentwicklung zu verzeichnen hatten wie die zollpflichtigen.

---

bungsgenauigkeit ausgegangen werden kann. - BayStaatsAN, Rep. 19a, E-Laden, Akten, S VII, L 123, 220 (8), 16.05.1572.

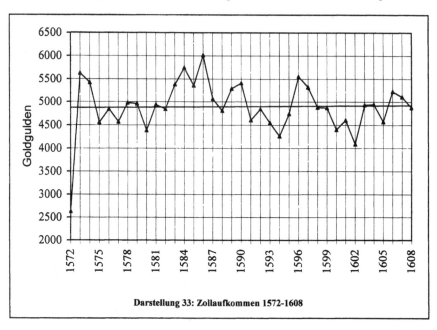

Darstellung 33: Zollaufkommen 1572-1608

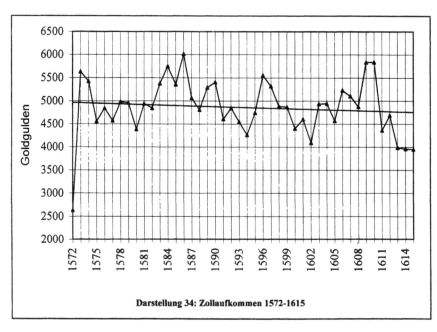

Darstellung 34: Zollaufkommen 1572-1615

Müller,[834] der die Zollpolitik als Teil einer großen Finanzreform wertet, veranschlagt die Mehreinnahmen von ca. 9.000 Gulden im Jahre 1570 auf 14.000 Gulden[835] am Ende des 16. Jahrhunderts als bescheiden. Er erweckt außerdem den Eindruck, daß diese Mehreinnahmen auf die Zollerhöhung zurückzuführen waren. Das ist aber, wie der weitere Gesetzgebungsverlauf zeigen wird und auch ihm bekannt war, nicht korrekt. Die Steigerung des Zollaufkommens ist - lassen wir mal die gesamtwirtschaftliche Entwicklung außer Betracht -, im wesentlichen auf die Einführung der Douane zurückzuführen.

Müller bedauert, daß die nach einer massiven Zollerhöhung von 3, 4 oder gar 5 Prozent erwarteten Mehreinnahmen in Höhe von 20.000 Gulden nicht zur Sanierung des städtischen Haushalts abgeschöpft werden konnten. Seine Zahlen beruhen offensichtlich auf einer linearen Hochrechnung des bisherigen Zollaufkommens.[836] Diese Argumentation läßt aber sowohl die möglichen Standortverlagerungen der hiesigen Italiener mit Folgen für das Zollaufkommen außer Betracht als auch die dadurch sinkenden Losungszahlungen Nürnberger Bürger als auch die zu erwartenden Retorsionsmaßnahmen der italienischen Stadtstaaten gegen die Nürnberger Firmen mit ebenfalls negativen Folgen für das hiesige Steueraufkommen. Wie die beschwerdeführenden Nürnberger Unternehmen im letzten Viertel des 16. Jahrhunderts wehrte Müller sich am Anfang des 20. Jahrhunderts gegen eine Globalisierung der Wirtschaft, wollte den status quo, der einzelnen einheimischen Handelsunternehmen große Vorteile brachte, gewahrt wissen. Auf Gegenverkehr waren beide nicht eingestellt, die Beschwerdeführer im 16. Jahrhundert nicht und der Historiker am Anfang des 20. Jahrhunderts ebenfalls nicht, sie hielten ihn für gefährlich.[837]

3.4.2.2.3.   Zinsaufkommen

Die Kosten für die Schäden im Markgrafenkrieg werden in der Literatur[838] implizit oder expressis verbis ausschließlich der Staatskasse zugerechnet. Das ist sicher unzutreffend. Insofern aber Produktionsanlagen im Privatbesitz zerstört worden waren, hätte es im Interesse der Stadt sein müssen, die Unternehmer mit Wiederaufbaukrediten zu unterstützen. Öffentliche Darlehen zur Ansiedlung neuer Firmen inklusive Wohnanlagen (Webersiedlung) wurden gegeben. Das wirtschaftspolitische Instrument war also bekannt.[839] Für die Instandsetzung wurden sie aber allenfalls in ganz bescheidenem Umfange verausgabt. Wurden

---

834 Müller, J., Finanzpolitik, S. 60ff.
835 Insofern Übereinstimmung mit den Zahlen dieser Arbeit.
836 Bei einem Zollaufkommen von 2.632 Goldgulden (lt. Roth) für das Jahr 1572, was rund 8.000 Gulden entsprechen würde, war also wohl ein Faktor von 2,5 zugrunde gelegt worden.
837 Vgl. dazu Issing, O., Globalisierung, S. 15.
838 Siehe die einschlägigen Arbeiten von Mummenhoff, Müller, Sicken.
839 Bereits 1527 unterstützte der Rat die Gründung einer Arrasweberei durch Anthoni Basser. Beleg und weitere Beispiele: Holbach, R., Verlag-Grossbetrieb, S. 136f.

sie nicht zur Verfügung gestellt, weil sie seitens der Privatunternehmer nicht nachgefragt wurden, zeugte das von einem genügend großen Investitionsvermögen des privaten Sektors. Vielleicht war es auch eine Frage der Reputation bei den Unternehmern, keine öffentlichen Subventionen in Anspruch zu nehmen. Bei der Bewertung der gesamtwirtschaftlichen Lage von 1550-1600 wäre diese Tatsache einzubeziehen. Auch eine Untersuchung über die Finanzierung der Instandsetzung und des Wiederaufbaus der Häuser, Schlösser, Kirchen und den damit einhergehenden Wachstumsimpulsen von der Bauindustrie her könnte zu diesen Fragen wichtige Erkenntnisse liefern. Von Darlehens- und Zinsrückzahlungen zeugen die Quellen auch diesbezüglich nicht. Oben wurde zu diesen Fragen schon ausführlich Stellung bezogen.

3.4.3.   Prognose über Auswirkungen einer wirtschaftspolitischen Reform (Querschnittsbetrachtung)

3.4.3.1.   Grundsätzliche methodische Ungewißheiten

Die Diskussionen des Nürnberger Rates und der bestellten Gutachter zeigen, schaut man genauer hin, eine große Unsicherheit in der Beurteilung der Auswirkungen bestimmter gesetzgeberischer und administrativer Maßnahmen im Hinblick auf mehr oder weniger genau fixierte Ziele. Das ist nicht weiter verwunderlich, ist es doch ein grundsätzliches Problem der Sozialwissenschaften, eindeutige Beziehungen zwischen verschiedenen ökonomischen Variablen aufzuzeigen. Die Randbedingungen sind zahlreich, oft gar nicht bekannt oder ändern sich im Zeitablauf, liegen möglicherweise im außerökonomischen Bereich. Nebenwirkungen und Zielkonflikte sind nicht auszuschließen.

3.4.3.2.   Taktische und strategische Ungewißheiten

Als über die Zollbelastungen der Waren aus dem Mailänder Gebiet[840] (nicht zu verwechseln mit den Zollbelastungen der Kaufleute aus Mailand wenn sie ‚gebietsfremde' Waren etwa aus Lucca oder Florenz in ihrem Sortiment führten[841]) diskutiert wurde, so entschloß der Rat sich, wirtschaftspolitisch passiv zu bleiben. Er wollte also den status quo beibehalten, der eine Sonderbe-

---

840   Es wäre übrigens interessant, bei aller Verschiedenheit der Ursachenbündel einen Vergleich zwischen den gleichermaßen auf den europäischen Märkten führend vertretenen und miteinander wirtschaftlich eng verbundenen Städten Nürnberg und Mailand im 17. Jahrhundert zu erstellen und zu fragen, ob nicht eine Ursache für ihr Abrutschen an die Peripherie – so jedenfalls die bisherige Meinung - der Wirtschaftsmetropolen in den merkantilistisch geprägten Nationalstaaten und den damit verbundenen politischen und institutionellen Beschränkungen bzw. Wirkungsmöglichkeiten zu suchen ist, wie es für Mailand zuletzt Amato behauptet. – Amato, M., Il caso di Milano, passim. Augel, J., Italienische Einwanderung, S. 61 mit weiterführender Literatur.

841   BayStaatsAN, Rep.19a, E-Laden, Akten, 245, 03.03.1572.

handlung vorsah. Aus den Quellen ist nicht ganz präzise zu erschließen,[842] worin diese bestand. Der bevorzugte Status der Nürnberger im Mailänder Gebiet[843] sollte nicht gefährdet und keine Retorsionsmaßnahmen provoziert werden. Der Rat fixierte diese Privilegien aber nicht in einem Vertrag, sondern hoffte auf den Eintritt dieser Wirkung.[844] Die Prognose hatte also den Charakter einer freien Vorhersage.

Ähnlich zu bewerten ist die (zunächst) nicht erfolgte Rücknahme der Zollfreiheit (für die Augsburger Welser) für vor der Heiltumsmesse eingeführte Waren, weil Endres (I) Imhoff vermutete (oder vorgab), damit die Attraktivität des Standortes Nürnberg für Handel, Gewerbe und öffentliche Finanzen zu erhöhen.[845]

Sicher dagegen waren einige Entscheidungsträger bzw. Berater, mit einer strengeren Observierung der Italiener das angestrebte Ziel, Ausschluß von Zollhinterziehungen zu erreichen.[846] Sie stellten also zwischen wirtschaftspolitischem Instrument und wirtschaftspolitischem Ziel eine eindeutige Beziehung her.

Weniger sicher waren die Gutachter über die Effektivität von möglichen Kontrollmaßnahmen mit dem Ziel, den Unterschleif von unverkauften Waren bei der Rücksendung aus Frankfurt und Leipzig auszuschließen: *„Man wird kaum allen Betrug verhindern können"*,[847] hieß es pragmatisch.[848]

Zum Teil waren die Ratsmitglieder über die Wirkungen von Maßnahmen unterschiedlicher Meinung, es konnte kein umfassender Konsens hergestellt werden.

---

842 Die Privilegierung bezog sich nach den Quellen wahrscheinlich auf den Zoll, möglicherweise auch auf die Höhe des Schutzgeldes. Selbst wenn letztere Zahlen vorlägen, könnten sie für die Beantwortung der Frage nicht herangezogen werden, da eine direkte Beziehung zum Umsatz nicht vermerkt wurde, Vergleiche also nicht anzustellen wären. Die Sonderbehandlung bezog sich wahrscheinlich auf die Tatsache, daß sie immer dem niedrigen Transitzoll unterworfen wurden, auch dann, wenn es sich um Einfuhrwaren handelte, also nach Nürnberg eingeführt und hier verkauft worden waren. Darüber hinaus scheinen die Händler mit Gold- und Silberfäden (z.B. die Polinii und Busto) gänzlich vom Zoll befreit gewesen zu sein, da sie nach ihren Angaben zwar in Nürnberg wohnten, aber so gut wie keine Ware hier verkauften, sondern diese auf den Messen und Märkten anbieten mußten. Schließlich war Nürnberg selbst Standort einer bedeutenden Produktion von Gold- und Silberfäden. Innerhalb dieser Gruppe also eine doppelte Differenzierung. Polinii und Busto wollten auch die Erlaubnis erhalten, ihre Waren weiterhin zuhause lagern zu dürfen, da sie jene ständig säubern und putzen müßten. Bei einer Deponierung im feuchten Zollhaus und einer Verpackung in Kisten würden diese Schaden nehmen. – BayStaatsAN, Rep. 19a, E-Laden, Akten, 245.19.07.1572.
843 Also wohl auch Como.
844 BayStaatsAN, Rep. 19a, E-Laden, Akten, 245, 03.03.1572.
845 BayStaatsAN, Rep. 19a, E-Laden, Akten, 246, 21.07.1573.
846 BayStaatsAN, Rep. 19a, E-Laden, Akten, 245, 17.04.1572.
847 BayStaatsAN, Rep. 19a, E-Laden, Akten, 245, 03.03.1572.
848 Möglicherweise auch von privaten Interessen diktiert.

War die Prognosesicherheit also sozusagen von Natur aus und dies besonders bei neuartigen Rahmenbedingungen gering, so wurde sie noch durch die strategische Ungewißheit vergrößert. Die angedrohten oder tatsächlichen Reaktionen der unmittelbar Betroffenen und anderer Träger der Wirtschaftspolitik wurden nicht ausreichend ins Kalkül gezogen. Konsultationen im Vorfeld fanden weder mit den hiesigen Nichtbürgern, noch mit den ausländischen Stadtstaaten, nur ausnahmsweise mit einer (repräsentativen?) Mehrheit der einheimischen Kaufmannschaft statt.

3.4.3.3.   Vermeintliche Prognosesicherheit hinsichtlich der Attraktivität des Finanz- und Wechselstandortes Nürnberg

Bei der Bewertung der Möglichkeit bzw. der Gefahreneinschätzung, daß die Italiener den Standort Nürnberg verlassen und ihr strategisches Zentrum nördlich der Alpen in eine andere Stadt, etwa Frankfurt, Leipzig oder Linz verlegen könnten, verdient die Aussage der Herren Älteren Tetzel, Volckamer und Löffelholz eine besondere Beachtung und Erörterung.[849] Sie hoben zunächst die große Sicherheit für den Handel hervor, die in Nürnberg wie in keiner anderen Stadt gegeben sei. Es wird im einzelnen nicht erläutert, wodurch diese gegeben war. Man geht sicher nicht fehl in der Annahme, daß sie unter anderem durch den relativ stabilen Geld- und Kapitalmarkt konstituiert wurde, der Wechsel- und Wechselkursrisiken durch eingetretene Münzverschlechterungen minimierte, da Nürnberg sich wie wenige andere Städte darum bemühte, die Bestimmungen der Reichsmünzordnung einzuhalten. Sie unterstellten in ihrer Argumentation wahrscheinlich, daß der Handel von anderen Orten aus mit größeren Risiken verbunden sei, die sich durch höhere kalkulatorische Wagniszuschläge in einer Verteuerung der Waren und damit einer Verschlechterung der Wettbewerbssituation äußern würden. Daß diese strikte Geldwertpolitik bei starken inflationistischen Tendenzen in wirtschaftlich eng verbundenen Städten auch Gefahren für Nürnberg barg, wird gleich zu zeigen sein.

Den entscheidenden Standortvorteil Nürnbergs gegenüber anderen konkurrierenden Städten sahen sie aber in der Attraktivität als Finanz- und Wechselplatz. Sie diagnostizierten: *„Außerdem könne er* [der Italiener, Anm. d. Verf.] *die Wechsel* [anderswo] *nicht so haben wie hier"*. Aus dieser Bemerkung wird zunächst offenbar, daß maßgebende Repräsentanten durchaus von einem die ganze Wirtschaft Nürnbergs belebenden, das Wachstum fördernden Einfluß der Italiener ausgingen.[850] Diese Quelle ist auch eine Bestätigung der oben aufge-

---

849   BayStaatsAN, Rep. 19a, E-Laden, Akten, 246, 24.07.1573.
850   So sahen es etwa auch die Hamburger hinsichtlich der Italiener, Niederländer, Engländer, Marranen und anderer nicht 'bodenständiger' Kaufmannsgruppen, im Gegensatz etwa zu Lübeck, wo sogar den Reformierten lange Zeit das Leben schwergemacht wurde mit – in Verbindung mit anderen Einflußfaktoren - entscheidenden Folgen für die wirtschaftliche Entwicklung. Auch Leipzig war am Ende des 16. Jahrhunderts gegenüber der Einwanderung und Bürgerrechtsverleihung gegenüber Kalvinisten zurückhal-

stellten Behauptung, daß Nürnberg zunächst vor, dann mit Frankfurt der bedeutendste Finanzplatz für den mitteleuropäischen Warenfernhandel war, wobei offensichtlich für den Diskussionszeitraum der Finanzplatz Nürnberg noch vor Frankfurt rangierte.[851] Leipzig dagegen hatte nach Schirmer[852] allenfalls im letzten Drittel des 15. und erstem Drittel des 16. Jahrhunderts im Zusammenhang mit dem mansfeldisch-erzgebirgischen Silberhandel eine gewisse Bedeutung, war aber auch während jener Zeit und vor allen Dingen für die restliche Zeit des 16. Jahrhunderts als Finanzplatz von untergeordneter Bedeutung, an Nürnberg und Frankfurt angebunden. Anders akzentuiert Unger,[853] der Leipzig für den Anfang des 16. Jahrhunderts als *„monetäres Zentrum"* charakterisiert.

Die Argumentation der Nürnberger hätte allerdings nur dann eine hinreichende Überzeugungskraft, wenn eine wesentliche Quote im überregionalen Zahlungs- und Kreditverkehr über Wechsel abgewickelt wurde und diese in Nürnberg außerdem kostengünstiger und sicherer als an anderen Plätzen *„zu haben"* waren.

Obwohl sich die Forschung seit langem mit dem Wechsel als Kredit- und Transferinstrument beschäftigt,[854] ist es noch nicht gelungen, diesen Anteil näher zu quantifizieren. Eine herrschende Meinung hat sich bisher in der Forschung nicht herausgebildet.[855] Denzel geht in seinem Werk *„La Practica della Cambiatura"* auf diese Frage nicht näher ein, ebenso nicht Brübach über die Reichsmessen in Frankfurt am Main, Leipzig und Braunschweig. Beide sparen Nürnberg im übrigen weitgehend aus.[856]

Wie wichtig der Wechsel als Transfer- und Kreditinstrument auch gewesen sein mag, es lassen sich zahlreiche Unterlagen dafür finden, daß der Bargeldtransport noch eine ganz erhebliche Rolle spielte.

Die Diskussion um die Errichtung einer Douane offenbarte, daß die hier in Betracht kommenden Akteure (Italiener, Nürnberger Unternehmer) große Bargeldtransporte in andere Städte bestätigten. Zum Teil handelte es sich um unterwertig ausgeprägtes Geld, das im Nürnberger Hoheitsgebiet nicht in den Wirt-

---

851 tend. – Brandt, A.v., Hamburg-Lübeck, S. 133. Ebenso Kellenbenz, H., Unternehmerkräfte, S. 341f., der in Hamburg Hindernisse für Reformierte und Taufgesinnte konstatiert. Unger, M., Niederländer-Leipziger Messen, S. 115f.
  Anderer Meinung offensichtlich Rothmann, M., Frankfurter Messen, S. 328, 331.
852 Schirmer, U., Leipziger Messen, S. 90, 103.
853 Unger, M., Niederländer-Leipziger Messen, S. 115.
854 Zur neueren Literatur siehe die einschlägigen Artikel in M. North (Hg.), Aktie-Zoll. Siehe auch: Rothmann, M., Frankfurter Messen, S. 479 mit zahlreichen, auch älteren Literaturangaben (Fn. 1), S. 482ff. mit Wechselgeschäften der Nürnberger Heinrich Harsdorfer, Hans Trosperck, Werner Newmeyr, Konrad Kress, Marquart Mendel.
855 Day, J., Money-Credit, S. 144. Siehe auch: Peters, L.F., Handel Nürnbergs S. 115ff.
856 Parker hält es für möglich, daß die englische Tuchmacherfamilie Cely im 15. Jahrhundert *„ebensoviele Schulden durch Übertragung von Schuldscheinen wie durch Barzahlung beglichen".* Die Praxis mag in den einzelnen Ländern unterschiedlich gewesen sein. - Denzel, M.A., La Practica della Cambiatura, passim. Brübach, N., Reichsmessen, S. 281ff. Parker, G., Geld- und Finanzwesen, S. 345f.

schaftskreislauf eingeschleust werden durfte. Ohne hoheitliche Sanktionen befürchten zu müssen, konnte es aber z.b. in Linz als Zahlungsmittel verwandt
werden.

Die Italiener begründeten die Ablehnung der Öffnungspflicht ihrer Warensendungen im Zollhaus u.a. folgendermaßen: „*... womit nicht nur unsere Handelsgeheimnisse für jedermann transparent werden, sondern auch manchem Ausspäher und Kundschaftern dadurch zur Plackerei und dergleichen anderen gefährlichen verderblichen List und Anschlägen möcht Ursach und Anleitung gegeben, dieweil nicht alleine Waren und Güter, sondern auch Bargeld in die Fässer mit eingeschlagen werden ...*".[857] Offensichtlich also eine übliche Praxis.[858]

Eine Notiz aus dem Jahre 1606 belegt, daß während der Messe in Frankfurt 20 ¾ Zentner Geld hin und her transportiert wurden.[859] Einen hohen Bargeldversand konstatiert Ranke[860] im Rahmen des Köln-Frankfurter Handels: „*... Jetzt werden die aus den vorhergehenden Messen herrührenden Warenschulden beglichen, und zwar nicht nur auf dem Wege des bargeldlosen Verrechnungsverkehrs (Riscontro), sondern bis ins 17. Jahrhundert auch durch Barzahlung. Darum nehmen in Meßzeiten ganze Fässer voll Geld an den Warentransporten von Köln nach Frankfurt und zurück teil*".[861]

Ein eindrucksvolles Beispiel für einen hohen Bargeldtransport bei generell guten Wechselverbindungen bringt jüngst R. Walter.[862] Danach quittierte 1557 Juan Sánchez de Galvez, Einwohner von Almagro, Christoph Raiser den Empfang von 152.000 Dukaten, die er, in Kisten verpackt, den Faktoren der Fugger in Valladolid zu überbringen hatte.

Wie groß der Bargeldtransport am Anfang des 17. Jahrhunderts noch gewesen sein muß, geht beispielhaft hervor aus dem Kontoausschnitt der Lumaga **(Darstellung 35)**. In den Jahren 1621-1624 hoben sie von der Bank über 300.000 Gulden ab (10,5%) und zahlten über 115.000 (3,9%) Gulden bar ein. Wir müssen davon ausgehen, daß diese Summen einerseits aus dem Handel mit dem nicht-bankpflichtigen örtlichen und auswärtigen Kleinhandel sowie den Gewerbetreibenden herrührte, in erster Linie aber die Wirtschaftsverflechtung mit Großunternehmen außerhalb Nürnbergs widerspiegelt, die hier kein Konto unterhielten.

---

857   BayStaatsAN, Rep. 19a, E-Laden, Akten, 245, wohl 23.04.1572.
858   Kellenbenz, H., Meder'sches Handelsbuch, S. 82.
859   BayStaatsAN, Rep. 54aII, Stadtrechnungsbelege, 456, 1606.
860   Ranke, E., Köln-Italien, S. 60.
861   Die Feststellung von Schneider, J., Kontoren-Faktoreien, S. 55: „*Der Bartransport von Geld im Mittelalter wurde durch Transfers mit Hilfe des Wechsels ersetzt*", ist deshalb eine zu pauschalierende Behauptung. Wie erklärt sich dann die Kipper- und Wipperzeit, die Bankgründungen in Amsterdam, Hamburg und Nürnberg und die gesonderten Bankstatuten über die Wechselzahlungen?
862   Walter, R., Oberdeutsche Kaufleute-Sevilla-Cadiz, S. 516 (728).

Banco Publico zu Nuremberg

Schuldbuch (strukturiert nach Umsatzverteilung)
Zeit-Selektion: 01.08.1621 - 31.07.1624
Konten-Selektion: Manuelle Konten-Selektion
Item-Selektion: Lumaga, Ottavio und Marco Antonio

Lumaga, Ottavio und Marco Antonio

S -

#	Name	Betrag	%	H
1)	Kassa	309.905-15-07	10,5%	29
2)	Braa, Abraham de	163.123-06-03	5,6%	46
3)	Aymann, Georg	130.627-10-04	4,4%	23
4)	Viatis, Bartholomäus & Peller, Martin	113.225-10-02	3,9%	32
5)	Schwendendörfer, Leonhard d.Ä.	69.139-03-01	2,4%	16
6)	Scherl, Philipp und Andreas	63.079-05-05	2,1%	25
7)	Benevieni, Antonio & Sini, Cosimo	57.763-08-03	2,0%	18
8)	Brocco, Bartelomeo, Giovanni Antonio und	54.899-06-06	1,9%	9
9)	Schütz, Valentin d.Ä.	54.579-16-05	1,9%	21
10)	Marstaller, Hieronymus	54.430-00-00	1,9%	24
11)	Peßolt, Hans	53.352-11-10	1,8%	28
12)	Muellegg, Heinrich und Hans	51.130-00-02	1,7%	27
13)	Bourg, Arnold de	50.503-11-07	1,7%	13
14)	Österlein, Hans (sel.): Erben	49.799-09-08	1,7%	12
15)	Beck, Alexander	48.393-03-08	1,6%	17
16)	Blumart, Abraham	47.317-07-09	1,6%	18
17)	Weissbach, Hans Andreas	47.058-09-08	1,6%	11
18)	Oyrl, Dietrich und Justus von	45.410-18-08	1,5%	15
19)	Roth, Christoph, Tobias und Elias, Gebrüder	40.927-19-10	1,4%	18
20)	Greger, Christoph; Wien	36.937-10-00	1,3%	1

+ H

#	Name	Betrag	%	H
1)	Capitani, Carlo d'Archonate und Mitverwandte	161.398-01-03	5,5%	23
2)	Muellegg, Heinrich und Hans	156.837-07-00	5,3%	52
3)	Kassa	115.516-04-02	3,9%	20
4)	Beck, Alexander	105.890-06-05	3,6%	25
5)	Aymann, Georg	100.735-12-06	3,4%	28
6)	Hassenbart, Peter Paulus & Savioli, Benedetto	92.424-08-05	3,1%	29
7)	Fürleger, Christoph d.Ä., Helfreich, Nikolaus	79.314-09-01	2,7%	27
8)	Benevieni, Antonio & Sini, Cosimo	79.275-01-07	2,7%	22
9)	Viatis, Bartholomäus & Peller, Martin	76.554-08-07	2,6%	16
10)	Philipp, Hans, Fürleger, Hans Baptist &	71.216-02-07	2,4%	23
11)	Blumart, Abraham	65.564-02-00	2,2%	19
12)	Tucher, Anton und Thomas, Gebrüder	60.796-01-08	2,1%	12
13)	Braun, Stephan (sel.): Erben	54.048-01-10	1,8%	16
14)	Gerardini, Giovanni Pietro und Söhne; Verona	52.083-01-02	1,8%	10
15)	Bosch, Hans (sel.): Erben, Fürnberger, Hans,	50.716-18-02	1,7%	16
16)	Imhoff, Wilhelm, Andreas und Mitverwandte	50.495-06-05	1,7%	13
17)	Lanzinger, Wolf und Sebastian	50.261-18-10	1,7%	9
18)	Hopfer, Marx, Daniel und Georg	47.561-09-08	1,6%	10
19)	Braa, Abraham de	42.064-09-05	1,4%	17
20)	Kleewein, Joachim	41.963-06-02	1,4%	14

Darstellung 35: Barabhebungen und Bareinzahlungen der Firma Lumaga – Nürnberg 1621-1624

Banco Publico zu Nürnberg

Journal mit Bestandsentwicklung
Zeit-Selektion: 01.07.1623 - 31.07.1623
Konten-Selektion: Manuelle Konten-Selektion
Item-Selektion: Lumaga, Ottavio und Marco Antonio

Fs.: Lumaga, Ottavio und Marco Antonio

GEGENKONTO	W/T	DATUM	SOLL [-]	HABEN [+]	BESTAND	TAGE
Muellegg, Heinrich und Hans			2.880-16-08			
Gammersfelder, Christoph, Jakob und Siegmund	Di	22.07.1623	5.706-09-02		73.962-04-11	1
Nurmberger, Kaspar			975-00-00			
Abhebung	Mi	23.07.1623	35.366-13-04 (bar)		38.595-11-07	1
Edel, Jakob				2.258-15-00		
Helm, Hans d.Ä.				3.250-00-00		
Blumart, Abraham	Do	24.07.1623	9.494-01-03		34.610-05-04	1
Goßwein, Georg				1.390-00-00		
Arnoldt, Sebastian				1.767-10-00		
Braun, Stephan (sel.): Erben				2.780-00-00		
Abhebung	Mo	28.07.1623	14.625-00-00 (bar)		25.922-15-04	4
Marck, Hans (sel.): Erben & Volckamer, Hans				3.546-15-08		
Capitani, Carlo d'Archonate und Mitverwandte				**2.780-00-00**		
Imhoff, Wilhelm, Andreas und Mitverwandte				3.535-00-00		
Finckler, Nikolaus				1.577-18-04		
Muellegg, Heinrich und Hans				4.412-17-05		
Schlauderspach, Erasmus				5.700-00-00		
Hassenbart, Peter Paulus & Savioli, Benedetto				4.875-00-00		
Philipp, Hans und Gebrüder				4.259-01-08		
Abhebung	Di	29.07.1623	35.366-13-04 (bar)	**23.196-18-00**	21.242-15-01	1
Capitani, Carlo d'Archonate und Mitverwandte				6.500-00-00		
Kropp, Hans						
Scherl, Philipp und Andreas				1.863-06-08		
Blumart, Abraham				14.625-00-00		
Schwendendörfer, Leonhard d.Ä.			10.135-07-08			

Darstellung 36: Barabhebungen der Firma Lumaga (Auszug) – Juli 1623

Die Zahlen sind aber für die Zeit vor der Bankgründung (1621) insofern atypisch, als die Bank für die angeschlossenen Unternehmen ja die Notwendigkeit und Neigung von Bargeldzahlungen gemindert hat.[863] Aus dieser Sicht waren sie vorher tendenziell höher. Dasselbe gilt für die Begleichung von Verbindlichkeiten durch Wechsel.[864]

Bei einer linearen Verteilung bedeutet das eine monatliche Entnahme von über 8.000 Gulden. Wie stark die Abweichung in einzelnen Monaten sein konnte, sehen wir beispielhaft am Monatsauszug Juli 1623 (**Darstellung 36**, hier Auszug, vollständiger Nachweis = **Darstellung 76** (Anhang)). Die Lumaga hoben folgende Summen (in Gulden) ab: Am 09.07.: 28.866, am 22.07.: 35.366, am 24.07: 14.625, am 28.07. 35.366, am 29.07.: 16.250, am 30.07.: 36.800; insgesamt also 167.273 Gulden innerhalb von drei Wochen. Im Gegensatz dazu ist im Haben keine einzige Bareinzahlung vermerkt. Zum Teil hing das Kassenverhalten mit der zeitweisen Bankschließung im folgenden Monat zusammen, während der die Bilanz erstellt wurde, zum Teil mit den kommenden Herbstmessen.

Da eine längere Deponierung in ihrem Haus wirtschaftlich keinen Sinn ergeben hätte, im Gegenteil mit größeren Sicherheitsrisiken verbunden gewesen wäre, ist davon auszugehen, daß diese Gelder bar an andere Orte transportiert wurden. Möglich wurden die Entnahmen vor allen Dingen durch die hohen Überweisungen der Firma Capitani während dieser Zeitspanne. Die realwirtschaftlichen Hintergründe müssen noch näher erhellt werden. Vielleicht wurden die Lumaga während dieser Zeit für jene als Einkaufskommissionäre tätig und/oder beglichen für sie Verbindlichkeiten. Einen Hinweis darauf, daß es sich in diesem Fall zumindest z.T. um diese Art von Kooperation handelte, erhalten wir aus der geringen Bankaktivität der Firma Capitani im September des Jahres. Offensichtlich wurden nur die dringendsten Verbindlichkeiten durch einen Bankbevollmächtigten beglichen. Auch der im Vergleich zum Vormonat länger unverändert bleibende Kontostand deutet darauf hin. Die Firmeninhaber waren wahrscheinlich nicht vor Ort. Es ist bei der Verwendung der Gelder auch an Kriegsdarlehen oder Söldnerbezahlungen zu denken. Wenn das der Fall gewesen sein sollte, dann wurden die guten Sorten vorher sicher in ‚schlechte' Münzen umgetauscht. Die Quellen liefern bislang keine Hinweise.

Prinzipiell können hinter den Summen natürlich auch Warenkäufe der Capitani bei den Lumaga stehen, die auf anderen Plätzen verhandelt wurden. Diese Kontobilder der Lumaga und Capitani sind gegenüber denselben Monaten der Jahre zuvor atypisch.

Unabhängig davon, von welchen Geschäften auszugehen ist, belegen die Kontobilder einmal mehr die enge Zusammenarbeit der Italiener. Das ganze

---

863 Peters, L.F., Handel Nürnbergs, S. 114ff., 592ff.
864 Ein unbestimmbarer Anteil dieser erhöhten Quote mag nun wiederum Bargeldzahlungen entgegengewirkt haben.

Ausmaß der unterschiedlichen Zusammenarbeit der Italiener auf der einen und den Imhoff/Tuchern auf der anderen Seite belegt dieser Vergleich:

In drei Geschäftsj a h r e n überwiesen sich die Imhoff und Tucher keinen Pfennig,[865] die Lumaga aus Plurs waren in der Lage, in drei W o c h e n 167.000 Gulden bar abzuheben, von denen fast 100.000 Gulden auf die Überweisungen der Capitani aus Mailand während des betrachteten Zeitraumes zurückgingen.

Die Italiener bestätigten trotz dieser umfangreichen Bargeldströme die Charakterisierung der Ratsmitglieder. Auch aus ihrer Sicht war Nürnberg ein bedeutender Wechselplatz. Sie fügten jedoch aus ihrer Interessenlage heraus einschränkend und drohend hinzu, daß diese Attraktivität nicht so hoch einzuschätzen sei, daß sie trotz Zollerhöhung weiter hier domizilieren würden. Als warnendes Beispiel führten sie die Reaktion der Genuesen an, die ihre Wechselgeschäfte der Standortverschlechterungen in Lyon wegen nach Besançon verlegt hätten.[866]

Für das hier interessierende Problem ist die Beantwortung der Frage, welche Zahlungsart in welchem Umfang präferiert wurde, letztlich auch von sekundärer Bedeutung.[867] Durch die Aussagen der beiden Parteien, des Nürnberger Rats und der Italiern selbst wird hinreichend offenkundig, daß Nürnberg ein bevorzugter Wechselplatz für die Kaufleute aus den italienischen Stadtstaaten war. Diese Tatsache stellte für sie einen bedeutenden Standortfaktor dar, was außerdem durch die maßgebliche Beteiligung der Nürnberger und die von hier aus agierenden italienischen Kaufleute an der Gründung der Frankfurter Börse bewiesen wird.[868]

Als es im Jahre 1620, kurz vor der Bankgründung, darum ging, Überhandnehmen und Mißbrauch des Wechselindossaments einzudämmen, unterschrieben vier Nürnberger Firmen die Petition an den Rat, nämlich Daniel Hopfer, Georg Ayrmann, Christoph Gammersfelder und Johann Marstaller; aber mit den Calandrini, Odescalco, Sini, Beccaria, Lumaga, Brocco, Bottini[869] waren unter ihnen fünf hier domizilierende Häuser aus Italien. Aus den Niederlanden schloß sich Abraham Blumart an.

Sie traten dafür ein, während der bevorstehenden Fastenmesse noch die alten Bestimmungen gelten zu lassen, da sie sehr viele Wechsel aus Deutschland, dem Welschland und anderen Orten bekämen. Wörtlich heißt es weiter: „... *ab*

---

865   Die Aufzeichnung von Anton Tucher in seinem Haushaltbuch am Anfang des 16. Jahrhunderts: „*Item 22 dito czalt dem Hans Imhof für 111 kerczen von weiß wachß, wegen czu Venedig ....*" fände sich also am Anfang des nächsten Jahrhunderts nicht mehr. - Loose, W., Haushaltbuch, S. 96.

866   BayStaatsAN, Rep. 19a, E-Laden, Akten, 245, 23.04.1572; 242, 21.04.1575.

867   Für Augsburg um die Mitte des 16. Jahrhunderts siehe: Blendinger, F., Augsburger Unterkaufbücher, bs. S. 570.

868   Dietz, A., Frankfurter Handelsgeschichte, 3, S. 213ff.

869   Zur Forderung der Bottini und Guinigi aus Lucca in Höhe von fast 10.000 Gulden beim Falliment der Welser in Augsburg s. Müller, J., Zusammenbruch-Welser, S. 233.

der Herbstmesse und hinfüro nur solche die pure und ohne ferner Überweisung gestellten als von einer Person und compagnia allein unterschrieben auch nur an einen Mann oder compagnia zu Frankfurt zu bezahlen, gültig sein sollen, gerierte und transportierte aber verboten".[870] Fast wörtlich war dieselbe Beschwerde schon im November 1619 in Frankfurt von 42 Großkaufleuten eingereicht worden, unter ihnen Wilhelm und Endres Imhoff aus Nürnberg[871] als Wortführer, weiter 21 niederländische und 10 italienische, von denen die meisten in Nürnberg ihren Firmensitz hatten.[872]

Noch ein letzter überzeugender Beleg für die Wichtigkeit des Nürnberger Geld- und Kapitalmarktes: Die Stallburger, eine der reichsten Frankfurter Familien und selbst seit mehreren Generationen erfolgreich unternehmerisch tätig, überließen seit 1582 dem Nürnberger Unternehmen Scherl[873] langfristig 60.000 Gulden, um diese von Nürnberg aus zu 5% ausschließlich im Wechselgeschäft bei guten Adressen anzulegen.[874]

Warum aber sollten die Wechsel in Nürnberg besser zu haben sein als anderswo? Diese Bewertung ist nur zu verstehen, wenn wir Nürnberg als ein ökonomisches Zentrum, als zentralen Ort begreifen, von dem aus Geldkauf und -verkauf, Vermittlung von Kapitaltransfers im regionalen und überregionalen Zahlungsverkehr aufgrund von Warengeschäften oder wegen der nach Anlage suchenden Liquidität tendenziell besser möglich war als in den aufgeführten ,Konkurrenzstädten'. Die Etablierung als ökonomisches Zentrum ergab sich vor allen Dingen durch die Tatsache, daß Nürnberg sowohl Gewerbeproduktions-, Gewerbeexport-, Transithandelsstadt sowie Nachrichten-[875] und Dienstleistungszentrum[876] ersten Ranges war. Durch die dauernde Präsenz der Kaufleute oder ihrer Faktoren vor Ort war eine größere Marktnähe gegeben: eine höhere Transparenz hinsichtlich Güterqualität, Konditionen, Entwicklung von Angebot und Nachfrage, Preisen, Bonität der Firmen.

Diese zentralen Strukturdaten garantierten, wie die Ausführungen zur Interdependenz der Standortfaktoren zeigten, während des ganzen Jahres über (freilich mit saisonalen Abweichungen) einen kontinuierlichen Produktionspro-

---

870 Zu den einzelnen Firmen siehe: Peters, L.F., Handel Nürnbergs, passim.
871 Die Finanz- und Wechselgeschäfte der Imhoff bedürften einer eigenen Untersuchung. So wurden fast sämtliche Wechsel, die in den Journalen des Banco Publico in Nürnberg verzeichnet sind, von den Imhoff eingelöst bzw. waren sie die Präsentanten und Begünstigten.
872 Dietz, A., Frankfurter Handelsgeschichte, 3, S. 233ff.
873 Peters, L.F., Handel Nürnbergs, S. 433ff.
874 Im Unterschied dazu nahm der Reichspfennigmeister Matthäus Welser bei dem Reichshofrat Andreas Hannewald Darlehen auf, die er mit dessen ausdrücklicher Zustimmung für Wechselarbitragegeschäfte verwenden durfte. Welser sicherte ihm dafür 7% Zinsen zu. - BayHStaatsAM, Reichskammergerichtsakten, 14 909. Müller, J., Zusammenbruch Welser, S. 224, 233.
875 Sporhahn-Krempel, L., Nürnberg als Nachrichtenzentrum, passim.
876 Das dokumentieren deutlich die hier benutzten Quellen.

zeß und Handelsaustausch zwischen der international zusammengesetzten Kaufmannschaft und als Folge davon ständig anfallende Zahlungs- und Kreditoperationen.

Diese Tatsachen erklären im übrigen zusätzlich die Gründung des Banco Publico in Nürnberg,[877] während es in jenem Zeitraum zu einer vergleichbaren Institution in Frankfurt und Leipzig nicht kam. Die Nürnberger Kaufleute stellten in einer zeitgenössischen Quelle fest: „... *auch Frankfurt*[878] *und Straßburg kann man den Nürnbergern nicht vorhalten, dann diese Städt außer der Meß gar keine Handlung haben, weniger Wexel alda geschlossen werden und ist zu Frankfurt selbst in der Meß oftmals stretezza an Barschaft*".[879] Auch die Wechselgeschäfte in Augsburg blieben im Umfang weit hinter denen Nürnbergs zurück.[880] Für Frankfurt dazu folgendes Zitat von E.G. Franz aus dem Jahre 1989:[881] „*Umständlichkeit und Risiko größerer Bargeldzahlungen außerhalb des Meß-Transfers werden deutlich, wenn Landgraf Philipp von Hessen 1557 bei der Stadt Basel 20.000 Gulden ausleiht, die in barer Münze von einem zu diesem Behuf angeheuerten Fuhrmann in angekauften Transport-Truhen und Fässern auf mehreren Pferden nach Marburg verfrachtet werden*".

Diese Feststellungen widersprechen weitgehend den bisherigen Forschungsergebnissen, die hinsichtlich Zahlungs- und Kreditort sowie den einhergehenden Modalitäten und Instrumentarien zu einseitig auf die Messetermine Frankfurts fokussiert sind,[882] setzen zumindest neue Akzente, die durch Spezialuntersuchungen erhellt werden müßten.

Zum selben Ergebnis wie die Nürnberger Ratsdeputierten und Kaufleute hinsichtlich der Geldknappheit außerhalb der Messezeiten für Frankfurt und

---

877 Peters, L.F., Handel Nürnbergs, S. 39ff.
878 Die Einwohnerzahl ist in diesem Zusammenhang aussagekräftig: Nürnberg hatte um 1600 circa 40.000, Frankfurt 12.000. - Klötzer, W., Antwerpen-Frankfurt, S. 6.
879 BayStaatsAN, Rep. 19a, E-Laden, Akten, 242, 24.09.1574.
880 StadtAN, E 8, Handelsvorstand, 1522, fol. 9.
881 Franz, E.G., Finanzplatz Frankfurt, S. 43. Er stützt sich (Fn. 3) wohl auf K[ersten] Krüger, Finanzstaat Hessen.
882 So zuletzt Rothmann, M., Frankfurter Messen, S. 331ff. Seine Untersuchung erstreckt sich zeitlich etwa bis zum Ende des 15. Jahrhunderts. Die angeführten Nürnberger Quellen stammen aus der zweiten Hälfte des 16. Jahrhunderts. Ob während der Zeitspanne wesentliche Schwergewichtsverlagerungen zugunsten Nürnbergs stattfanden, bleibt zu untersuchen. Es ist sicher sehr verdienstvoll, daß Rothmann zur Absicherung seiner Ergebnisse zusätzlich zur breiten Frankfurter Quellenbasis Bestände aus Antwerpen, Basel, Konstanz, Rothenburg, Nördlingen und Dinkelsbühl herangezogen hat (S. 333 (Fn. 9)). Ebenso ist seiner dortigen Feststellung „*Sicherlich wären auch andere Archive ergiebig gewesen, doch setzte hier die eigene Arbeitskraft dem Verfasser Grenzen*", vorbehaltlos zuzustimmen. Aber es bleibt die Frage, ob eine Gesamtschau unter Einbeziehung der Nürnberger Quellen nicht doch zu modifizierten Ergebnissen führen würde. Schon die Zahl von 40.000 Einwohnern, die Wirtschaftskraft und die besonderen strukturellen Gegebenheiten legen diese Vermutung nahe. Die angeführten Quellen liefern zur Untermauerung mehr als nur Indizien. Daß der Zahlungsverkehr auf den Messen auch für die Nürnberger einen vertrauten Rahmen bildeten (Rothmann, S. 332) bedarf keines besonderen Beweises.

Straßburg kommt Ehrenberg für Antwerpen und Lyon mit der Folge höherer Zinssätze. Umgekehrt konnte es während der Messen sein, wie der Tucherfaktor Vincenz Pirckheimer 1531 nach Hause berichtete, so daß er die freie Liquidität beim Schatzmeister des Herzogs von Savoyen gegen Kauf von Juwelen unterbrachte, die dieser, sollten es die Tucher für wirtschaftlich günstig halten, bei ihnen zu gegebener Zeit einlösen konnte.[883]

Der gesamte Sachverhalt hatte nun für das Finanzierungsverhalten, den Finanzierungsinstrumenten und den Finanzierungskosten der Kaufleute in Nürnberg entscheidende Auswirkungen. Er erleichterte die wechselseitige Einräumung von Schulden- und Guthaben in der Form des Kontokorrentkontos. Die Kreditrichtlinien waren wegen der größeren Transparenz über die Bonität der Geschäftspartner schneller anzupassen, der notwendige Bargeldtransfer wurde reduziert, auch wenn er, wie gezeigt, offensichtlich sehr bedeutend blieb. Schon hierin haben wir wegen der insgesamt größeren Sicherheit einen nicht unwesentlichen Standortvorteil Nürnbergs zu sehen.

Was nun die Wechsel betrifft, so konnten die in Nürnberg gezogenen oder fälligen Wechsel erstens kürzere Laufzeiten haben, da Wechselkauf und -einlösung ja nicht nur wie in den konkurrierenden Städten auf zwei oder drei kürzere Zeiträume, den Messezahlwochen, sondern das ganze Jahr über garantiert waren. Außerdem konnte auch die Wechselsumme tendenziell geringer sein und dem tatsächlich anfallenden Kreditbedarf besser angepaßt werden. Geldkauf und Geldverleih hatten nicht in dem Maße spekulativen Charakter mit höheren Summen über eine längere Laufzeit wie das z.B. in Frankfurt der Fall sein mußte. Der durchschnittliche Wechselbetrag in Nürnberg, der in den Journalen des Banco Publico der Jahre 1621-1624 dokumentiert wird, betrug so z.B. 3.207 Gulden; der höchste über 12.000 Gulden lautete bezeichnenderweise auf Frankfurt.[884] Die Ausführungen über den Frankfurter Geld- und Kapitalmarkt bei Dietz[885] legen die Feststellung nahe, daß es dort um wesentlich höhere Einzelabschlüsse ging. Vor Gründung der Bank in Nürnberg, die wohl auch diesbezüglich einen dämpfenden Effekt hatte wie beim Bargeldtransport, mögen die Wechsel aber über höhere Summen gelautet haben und zahlreicher benutzt worden sein.

Aus diesen Überlegungen kann, muß gefolgert werden, daß die Zinsspannen und damit die Kreditkosten für Wechsel in Nürnberg geringer waren als in den konkurrierenden Städten, in einem Maße kostengünstiger, daß der Rat und die Nürnberger Kaufleute die Zollerhöhung von 1% nicht als gravierend bewerteten, auch hierin die Behauptung, *„können die Wechsel nicht so gut wie in Nürnberg haben"*, begründet ist. Die Gefahr der Standortverlagerung, gerade der italienischen Großunternehmen, für die das Wechselgeschäft offensichtlich in

---

883   Ehrenberg, R., Zeitalter der Fugger, 2, S. 13, 74, 79.
884   Peters, L.F., Handel Nürnbergs, S. 531ff., 592ff.
885   Besonders sein dritter Band.

nennenswertem Maße ihr Finanzierungsverhalten bestimmte, war nach Meinung der Gutachter deshalb nicht als groß einzuschätzen.

Aufgrund dieser Gegebenheiten eröffnete sich für die Kaufmannschaft natürlich die Möglichkeit, sich in Nürnberg mit Bargeld oder Geldtiteln kostengünstig einzudecken, um z.b. in Frankfurt selbst oder von dort aus in Venedig oder anderswo Arbitragegewinne realisieren zu können. Die Tatsache, daß bei dem Vertrag zwischen den Scherl und den Stallburgern von 5% die Rede ist, belegt diesen für Nürnberg als langfristigen Durchschnittssatz. Der Satz in Frankfurt unterschied sich mit Zinssätzen in Höhe 8, 10, 12, bei risikoreichen gar 20%, die Dietz belegt,[886] wesentlich.

Eine Bestätigung für die auf Dauer bestehenden Zinsdifferenzen erhalten wir auch durch den Schriftwechsel des Augsburger Stadtrates und der kaiserlichen Hofkammer im Jahre 1614 anläßlich des Konkurses des Augsburger Handelshauses Welser. Matthäus Welser, während seiner sechsjährigen Amtszeit als Reichspfennigmeister auch Teilhaber der Firma, wurde damals vorgeworfen, *„ohne Not und Befehl eine über eine Million Gulden sich belaufende Wechselsumme auf hohe Interessen* [in Frankfurt] *aufgenommen zu haben".*[887] Sein Vorgänger im Amt, Zacharias Geizkofler, hatte es sich als Verdienst angerechnet, eben wegen der höheren Kosten der Frankfurter Wechsel, die er auf durchschnittlich 14% bezifferte, sich für die Finanzierung des ‚Langen Türkenkrieges' im steigenden Maße Wiener Wechsel bedient zu haben, die für 8-9% zu bekommen gewesen waren. Daß auch diese Prozentsätze schon einen gewissen Risikozuschlag enthielten, bestätigt eine kaiserliche Resolution Rudolfs II. aus dem Jahre 1604, in der Welser aufgefordert worden war, *„in fürfallender Not auch bei anderen vermöglichen Personen oder Handelsleuten Geld auf seinen Kredit gegen* gewöhnliches [Hervorh. d. Verf.] *Interesse von 5 oder aufs meist 6% aufzubringen ...".*[888]

Da wir Welser genügend ökonomischen Sachverstand unterstellen können, ist nicht auszuschließen, daß bei seinen Geschäften eine Verquickung von öffentlichen und privaten Interessen vorlag, er, bzw. seine Firma, von diesem Finanzierungsverhalten profitierten. Nach Hildebrandt[889] galten nämlich in eingeweihten Kreisen die Welser bereits 1585/87 als zahlungsunfähig. Wenn es so war, ergäbe sich, was die persönliche Bereicherung durch Geschäfte mit den politischen Hoheitsträgern angeht, eine Parallele zum Verhalten der Imhoff in Nürnberg und der Welser in Augsburg während des Zweiten Markgrafenkrieges einige Jahre zuvor.

Sicher rühren diese Zinsdifferenzen zu Nürnberg also daher, daß die typischen Charakteristika des hiesigen Wirtschaftsstandortes einer Entkoppelung

---

886 Dietz, A., Frankfurter Handelsgeschichte, 3, S. 197ff.
887 Müller, J., Zusammenbruch-Welser, S. 223.
888 Müller, J., Zusammenbruch-Welser, S. 203f.
889 Hildebrandt, R., Stadt-Handel (B. Kirchgässner (Hg.)), S. 121 (Diskussionsbeiträge).

von Waren- und Geldgeschäft entgegenwirkten. Wie schon dargelegt, führte der ‚Ganzjahresmarkt' Nürnberg dazu, daß Geschäftsabschlüsse tendenziell über geringere Summen abgeschlossen wurden als z.b. auf der Frankfurter Frühjahrs- und Herbstmesse, dort also auch höhere Zahlungen fällig gestellt wurden und, falls diese nicht eingelöst werden konnten, es zu spektakuläreren Konkursen als in Nürnberg kam.[890]

Die in Frankfurt zahlbaren Rückzahlungen der ‚öffentlichen Hand'[891] sind hier ebenfalls in Betracht zu ziehen. Schließlich bedeuteten kürzere Laufzeiten kürzere Kapitalbindungsfristen, das Geld stand schneller für Neuinvestitionen zur Verfügung, was einer höheren Umschlagshäufigkeit gleichzusetzen ist.

3.4.4. Maßnahmen

Verfolgen wir nach diesem systematischen Querschnitt die weitere chronologische Entwicklung, knüpfen also am Punkt ‚Entscheidungsmatrix' an.

Dem Rat lagen nun verschiedene Gutachten vor. So unterschiedlich sie in ihren Begründungen, Zielsetzungen und Vorstellungen über den Einsatz der wirtschaftspolitischen Instrumentarien waren, so hatten sie doch ein Charakteristikum gemeinsam: Sie stammten alle aus den Federn Nürnberger Bürger. Die Italiener und die anderen Fremden waren, obwohl die Maßnahmen sich gegen sie richteten, nicht ausreichend konsultiert worden. Das sollte Folgen haben.

Vom primären Ansatzpunkt her sind die geplanten und realisierten Maßnahmen der Außenwirtschaftspolitik zuzurechnen, beeinflußten sekundär aber auch entscheidend die Binnenwirtschaft. Bei sektoraler Betrachtung handelt es sich in erster Linie um Handelspolitik, starke Interdependenzen ergaben sich zur Gewerbepolitik und zum tertiären Sektor, dem Dienstleistungsbereich. Hat man die Hierarchie der Maßnahmen im Auge, so können sie sowohl unter ordnungs- als auch unter prozeßpolitischen Gesichtspunkten subsumiert werden.[892]

Der Umfang der Entscheidungen zielte in erster Linie auf die Steuerung einzelner Unternehmensgruppen, den Fremden und den von ihnen verhandelten Gütern. Zur Frage, ob der Rat, wie Müller behauptet,[893] sich in erster Linie von fiskalpolitischen Überlegungen leiten ließ, oder ob es sich nicht doch um zeitweilige Gefälligkeitsinterventionen für einige alteingesessene Nürnberger Firmen handelte, ist in dieser Arbeit ja schon im Sinne des zweiten Motivs entschieden worden. Wir werden auf diese Frage noch einmal zurückkommen.

---

890 Siehe dazu z.B. die Ausführungen zu de Meere und Scherl bei Peters, L.F., Handel Nürnbergs, passim; ebenso die einschlägigen Ausführungen bei Dietz, A., Frankfurter Handelsgeschichte.
891 Rothmann, M., Frankfurter Messen, S. 335, 423ff.
892 Gäfgen, G., Wirtschaftspolitik, S. 4.
893 Müller, J., Finanzpolitik, passim.

Der Ratsbeschluß über eine neue Zollordnung fiel am 14.12.1571,[894] nachdem der offizielle Gutachterausschuß mit Endres (II) Imhoff, Hans Welser, Willibald Schlüsselfelder und Marx Tucher am Tag zuvor offensichtlich noch marginale Veränderungen an ihren Vorschlägen vorgenommen hatte.[895] Er wurde bis zum 31.01.1572 paraphiert und publiziert. Zum 25.02.1572 trat er in Kraft.

Wenn von ‚Rat' die Rede ist, so ist einschränkend festzustellen, daß es allenfalls die Meinung derjenigen Mitglieder war, die – noch - die Mehrheit stellten. Wahrscheinlich ist sogar, daß es sich lediglich um die Meinung von Endres (I) Imhoff handelte, der mit aller ihm verbliebenen Kraft die Weichen im Interesse der Firmen Imhoff und Welser stellen wollte. Die weiteren Ausführungen geben genügend Anlaß für diese Einschätzung.

3.4.4.1.   Quantitative Maßnahmen

3.4.4.1.1.   Transitzoll

Der Transitzoll wurde im Zuge der neuen Zollbestimmungen für die „*vier großen fremden Nationen*" von 4 Pfg./Gewichtseinheit auf einen Wertzoll von 1% gesetzt. Für die anderen Nationen blieb es bei der bisherigen Regelung.

3.4.4.1.2.   Einfuhr-, Ausfuhrzoll

Auch dieser wurde differenziert erhoben. Die Güter der Italiener etc. wurden mit einem Wertzoll von 2% belegt, die anderen zahlten wie bisher 1%.

3.4.4.1.3.   Lagergeld

Für im Zollhaus niedergelegte Ware wurde nach einer Woche ein Gewölbezins von einem Schilling erhoben. Wert- bzw. Gewichtseinheit werden nicht genannt.

3.4.4.2.   Qualitative Maßnahmen

3.4.4.2.1.   Errichtung einer Douane

Im ehemaligen Kornhaus bei St. Klara sollte eine Douane errichtet werden. Alle Güter waren dort niederzulegen.[896] Die personelle Besetzung umfaßte einen Buchhalter, einen Kassierer und zwei Gegenschreiber.

---

894 Angaben nach Müller, J., Finanzpolitik, S. 55f. Auf die neue Zollordnung wird im Akt BayStaatsAN, Rep. 19a, E-Laden, Akten, S VII, L 123, 220 (12), verwiesen, sie liegt dem Akt aber nicht bei.

895 BayStaatsAN, Rep. 19a, E-Laden, Akten, S VII, L 123, 220 (3), 13.12.1571 und 07.11.1571.

896 Das Wort Zwangsstapel ist aufgrund der Intention – effektive Kontrolle - hier nicht angebracht. Das Zollhaus diente nicht dazu, die Waren vor dem Weitertransport auf dem Nürnberger Markt anzubieten. - Vgl. dazu: Dirlmeier, U., Zoll-, Stapelrechte, S. 37.

3.4.4.2.2.   Öffnungspflicht

Die Öffnungspflicht wurde allen Fremden auferlegt, insofern sie zollpflichtig waren. Ausgenommen waren jene Waren, die Nürnberger Bürger als Faktoren verhandelten, offensichtlich auch dann, wenn sie davon Zoll zu entrichten hatten. Ebenfalls unterlagen dieser Regelung nicht die aufgrund gegenseitiger Verträge zollfreien auswärtigen und ausländischen Kaufleute, vor allen Dingen also jene aus den Niederlanden nicht.

,Positiv' ausgedrückt im Sinne der Imhoff und Welser: Die Italiener mußten öffnen! Es hieß: *„Das alle derselben Güter und was sie empfingen, geöffnet, gesichtigt, aufgezeichnet, gewogen oder abgezählt werde".*

3.4.4.2.3.   Eid - Angeloben

Der Personenkreis, der nicht der Öffnungspflicht unterlag, mußte den Inhalt der Fässer, Kisten, Ballen deklarieren und diese Angaben eidlich bestätigen. Dieser Eid bezog sich gegebenenfalls, also dann, wenn sie keinen Zoll entrichteten, auch darauf, daß die Güter eigentümlich nicht-zollpflichtigen Firmen gehörten. Bei den Niederländern beinhaltete folglich der Eid, daß sie nicht mit einem zollpflichtigen Partner assoziiert waren.

3.4.4.2.4.   Bolliten - Bleizeichen

Die Vorschläge des Viererausschusses fanden ihren Niederschlag im neuen Gesetz.

3.4.4.2.5.   Abrechnungszeitraum

Er wurde auf ein halbes Jahr festgesetzt.

3.4.4.3.   Kritische Beurteilung

Der Vergleich des neuen Zollgesetzes mit den in der obigen Entscheidungsmatrix zusammengefaßten Vorschlägen zeigt, daß die Allianzmitglieder Imhoff und Welser sich mit zahlreichen Forderungen nicht hatten durchsetzen können: Das Zollregal wurde nicht privatisiert, die Tariferhöhungen blieben weit hinter ihren Vorstellungen zurück.

Auf der Habenseite konnten sie verbuchen, daß die Italiener der Öffnungspflicht unterlagen, jene aus dem Mailänder Gebiet[897] bevorzugt behandelt wurden. In dem Zollgesetz fand die letzte Regelung aus naheliegenden Gründen keinen Niederschlag, aber in der Praxis wurde so verfahren. Ob die aufkom-

---

897   Starke Wirtschaftsinteressen hatten die Nürnberger Holzschuher in Mailand. Berthold Holzschuher weigerte sich deshalb im Juni 1552, den Vertrag mit Albrecht Alcibiades zu unterschreiben, weil er die Konfiskation seines Vermögens und das seiner Mitverwandten in Mailand durch den Kaiser befürchtete. Er wurde deshalb aus dem Rat entfernt. - Lochner, G.W.K., Sittengeschichte-Nürnberg, S. 230.

mende Genugtuung über diese Differenzierung lange Bestand hatte, wird gleich zu zeigen sein.

Begründet wurde die Tariferhöhung vom Rat mit massiven Zollhinterziehungen, der Verantwortung für seine Bürger und das Reichsganze.[898] Die Erhöhung um 1% auf die Warenein- bzw. -ausfuhr wurde von ihm als ,gering' eingestuft, eine wesentliche Kostenbelastung für die betroffenen Kaufmannsgruppen sah er dadurch nicht gegeben. Pro Elle[899] veranschlagte er sie auf das Drittel eines Schillings, allenfalls auf die Hälfte davon. Durch die weiterhin bestehenden Einkaufsvorteile der Italiener und die höhere Steuerbelastung der einheimischen Kaufmannschaft hielt er deshalb das Argument einer Wettbewerbsverzerrung für nicht haltbar.

Außerdem ging er davon aus, daß die Italiener keine Schwierigkeiten haben würden, diese Mehrkosten zu überwälzen. In volkswirtschaftlicher Terminologie ausgedrückt hielt er also die Preiselastizität der Nachfrage für kleiner als eins, für unelastisch.

Aus dreierlei Gründen heraus scheint die Überwälzungsthese fragwürdig. Erstens generalisiert sie und differenziert die Preiselastizität der Nachfrage nicht nach einzelnen Produkten und Märkten.

Zweitens wickelten die Italiener ein Drittel ihres Handelsvolumens unter sich ab (1621-1624), zum Diskussionszeitpunkt wahrscheinlich noch mehr (s. Viertes Kapitel ,Vertrauenskoeffizient ...'). Zumindest auf dieser Handelsstufe wäre eine Warenverteuerung kaum möglich und sinnvoll gewesen.

Drittens: Wenn behauptet wurde, und sowohl der Rat wie die Nürnberger Kaufleute taten dies, daß die Italiener auf verschiedenen Produkt- bzw. Absatzmärkten dominierten und sich einer quasi-monopolistischen Position näherten, so ist davon auszugehen, daß sie sehr wohl ihren Preisspielraum bei den einzelnen Handelsgütern kannten und ihn auch ausgenutzt hatten, also schon an ihre Preisobergrenze gegangen und ihren Gewinn maximiert hatten.

Mit dieser Argumentation führte der Rat im Grunde auch seine Zielsetzung selbst ad absurdum. Die heftige Diskussion ist vom Ansatz her nur unter wettbewerbspolitischen Gesichtspunkten zu verstehen, wurde von den mehrfach erwähnten Nürnberger Firmen ausgelöst, weil sie die zunehmende Dominanz der italienischen Konkurrenten mit ,ungerechten, unnatürlichen' Wettbewerbsverzerrungen begründeten. Wenn die Zollerhöhung für die Italiener keine Wettbewerbsnachteile mit sich bringen würde, die neuen Tarife also weder Schutzzoll-, noch gar Prohibitivcharakter hatten, warum führte der Rat sie dann gleichwohl ein? Den fiskalpolitischen Effekt schätzte eine breite Nürnberger Unternehmerschicht[900] als durchaus gering ein. Wenn hierin die Begründung zu suchen ge-

---

898   BayStaatsAN, Rep. 19a, E-Laden, Akten, 245, 17.04.1572.
899   Andere Längen- oder Gewichtsmaße werden in diesem Zusammenhang nicht genannt.
900   BayStaatsAN, Rep. 19a, E-Laden, Akten, S VII, L 123, 220 (8), 16.05.1572.

wesen wäre, dann hätte man auch eine gleichmäßige Erhöhung für alle Fremden erwartet.

Aber Überwälzungsmöglichkeit ja oder nein, der eine Prozentpunkt hätte die Wettbewerbslandschaft tatsächlich nicht geändert. Der Haken lag denn auch irgendwo anders.

Als Erfolg konnten Imhoff und Welser werten, daß die Italiener der Öffnungsverpflichtung unterworfen wurden und höhere Zollsätze als die anderen Fremden abzuführen hatten. Der entscheidende Punkt lag nicht so sehr in der Erhöhung der Zollsätze, sondern in der Öffnungspflicht. Wenn sie vorher nur rund 1/6 ihrer Zollschuld gezahlt hatten, dann war nun die volle Quote zu entrichten (d.h. 100%, plus Erhöhung, minus einer eventuell offiziell zugebilligten Latitüde, der Herabsetzung der Bemessungsgrundlage). Die eigentliche Wettbewerbsverschlechterung für die Italiener lag nicht so sehr in der Tariferhöhung, wie das Gesetz sie vorsah, sondern in der tatsächlichen Mehrbelastung durch die Öffnungspflicht. Zahlreiche Nürnberger Kaufleute wußten darum. Sie teilten dem Rat schriftlich mit: „*... wiewohl es ihnen* [den Italienern] *gewißlich nit um die Zollerhöhung so gar zu tun ist, als um die Öffnung der Güter ...*"[901] Insofern hatten die Beschwerdeführer also doch einen vollen Erfolg errungen. Auf mittlere Sicht hin gesehen provozierte gleichwohl auch diese Verschärfung nicht den harten Widerstand der Italiener. Dieser nährte sich aus der Tatsache, daß sich nach so vielen Jahren von konstanten Sätzen überhaupt etwas im Tarifsystem geändert hatte. Sie ahnten, das war nur der Anfang von zusätzlichen restriktiven und prohibitiven Maßnahmen, sollten die Imhoff und Welser sich mit ihren Vorstellungen im Inneren Rat weiterhin durchsetzen können. Hier lag der Kern des Problems! Wie das Motto von Gabriel Tucher 25 Jahre zuvor lautete ihre Zielsetzung ‚Wehret den Anfängen'! Ob und inwieweit sie die Zielvorstellungen bzw. deren mögliche Realisierung realistisch einschätzten, wird zu zeigen sein.

Es ist zunächst zu untersuchen, mit welchen Argumenten die beiden Allianzen den status quo nach der Zollerhöhung (Nürnberger) zu verteidigen bzw. den status quo ante (Italiener) wiederherzustellen suchten.

3.5.   Reaktion der Italiener auf die ‚große' Reform

Die Reaktion der italienischen Firmen gegen die neuen Bestimmungen erfolgte unmittelbar und war äußerst heftig. Eine gewisse Vermittlerrolle zwischen ihnen und dem Rat nahmen die Turrisani aus Florenz ein, die bei aller sachlichen Hartnäckigkeit und Bestimmtheit durch einen moderaten Umgangston, nicht ohne psychologische Raffinesse versuchten, die hochgeschlagenen Wellen der Erregung zu dämpfen. In gewisser Weise prädestiniert für diese Rolle waren sie dadurch, daß Familienmitglieder seit Anfang des 16. Jahrhunderts in Nürnberg domizilierten, sie mit dem Rat immer äußerst kooperativ zusammengear-

---

901   BayStaatsAN, Rep. 19a, E-Laden, Akten, S VII, L 123, 220 (8), 16.05.1572.

beitet hatten. Die Firma gehörte zur damaligen Zeit zu den umsatz- und finanzstärksten Unternehmen in Nürnberg.[902]
    Die Reaktion der Italiener auf die Vorwürfe der Nürnberger Konkurrenten
zeugen von einem großen Selbstbewußtsein, dokumentieren ein hohes Maß an
solidarischem Handeln und ein gemeinsames strategisches Vorgehen. Ihre Argumente sind geleitet von der Absicht, einen Keil zwischen den wenigen, aber
umsatzstarken und politisch einflußreichen Beschwerdeführern, der restlichen
Kaufmannschaft und den Rat zu treiben. Die Italiener betonten ihre loyale Haltung und ihr legales Handeln, verneinten natürlich jede Zollhinterziehung, versuchten sich bei Konflikten mit Unwissenheit herauszureden.
    Sie hoben ihren positiven Beitrag zum Sozialprodukt und Handelsvolumen
Nürnbergs hervor, lobten die jahrzehntelange hervorragende Zusammenarbeit
zwischen Rat und ausländischen Kaufleuten. Sie drangen auf eine Rücknahme
des neuen Zollgesetzes und drohten mit Konsequenzen, sollte der Rat ihren berechtigten Forderungen nicht nachkommen.

3.5.1.   Zurückweisung von Vorwürfen

3.5.1.1.   Zollhinterziehung

    Die Italiener konzedierten, in Nürnberg optimale Standortbedingungen
vorgefunden zu haben. Dadurch sei es ihnen über einen langen Zeitraum möglich gewesen, von hier aus gute Geschäfte zu machen. Deshalb konnten ehrbare
Kaufleute, für die sich die Italiener ausgaben, natürlich den Vorwurf, die Stadt
durch Zollhinterziehungen zu schädigen, nicht auf sich sitzen lassen und wiesen
ihn als unberechtigt entschieden zurück. *„Es geht uns nit wenig aufs Gemüt und
Herz ... daß wir in Ungunst geraten sind und uns mißtraut wird“*,[903] meinten sie
in einem gemeinsamen Schreiben an den Rat.
    Die Anschuldigungen durch einen Vergleich ihrer Geschäftsbücher mit den
Zoll-Listen auf ihren historischen Wahrheitsgehalt hin zweifelsfrei zu beurteilen, ist aufgrund der Quellenlage nicht möglich. Zwar wurde vom Rat schließlich ein Strafkatalog für Zollhinterziehung erstellt,[904] es ist bisher aber nicht bekannt, ob und in welchem Umfange er auch angewandt wurde, um auf diese
Weise Rückschlüsse auf die ‚Abgabenmentalität‘ der Italiener zu gewinnen und
den potentiellen Umfang der Defraudation und des verbotenen Detailhandels in
Gulden, Schilling und Pfennig zu quantifizieren. Die Klagen darüber sind aber
so zahlreich, daß sie nicht nur als nicht gänzlich unberechtigt bewertet werden
müssen, sondern daß von massiven Zollhinterziehungen ausgegangen werden
muß. Das Angebot der Imhoff und Welser, aufgrund eines Vergleiches ihrer

---

902 BayStaatsAN, Rep. 19a, E-Laden, Akten, 245, 23.04.1572.
903 BayStaatsAN, Rep. 19a, E-Laden, Akten, 245, 07.10.1572.
904 BayStaatsAN, Rep. 19a, E-Laden, Akten, 242, 24.09.1574.

Handelsbücher mit den Zollabgaben die Zollhinterziehung beweisen zu können, darf als glaubhaftes Argument gelten.

Überzeugungskraft erhalten die Vorwürfe der Nürnberger Firmen zusätzlich dadurch, daß sie auch durch die Zollbediensteten bestätigt wurden.[905] Da diese andererseits bei Befragungen durch den Rat ihrer Ansicht nach berechtigte Forderungen der Italiener, etwa die Verlängerung der auf drei Wochen begrenzten deklarationsfreien Zeit ihrer Waren im Zollhaus, unterstützten,[906] ist ihren Aussagen Objektivität zu bescheinigen. Der Rat selbst war von *„allerlei betrügerische Weis und Practica"*[907] der Italiener fest überzeugt. Schließlich gaben diese selbst zu, *„das sy die sachen zu grob gemacht"*.[908] Besonders taten sich nach Meinung des Rates die Kaufleute aus Plurs in Graubünden hervor, zu denen u.a. die Werdemann, Brocco, Beccaria, Crollalanza und Lumaga[909] gehörten. Aber auch die Turrisani aus Florenz wurden, wie aufgeführt, 1571 beschuldigt, in den letzten sechs Jahren nur 160 Gulden Zoll entrichtet zu haben, obwohl sie nach ihrem Warenumsatz 1.000 Gulden zu zahlen gehabt hätten.[910] Daraus ist zu schlußfolgern, daß die Plurser so gut wie keinen Zoll zahlten.

Folgen wir Dietz,[911] so gaben sich die Turrisani ebenso wie die anderen Italiener in Frankfurt entgegen den Tatsachen als Nürnberger Bürger aus, um in den Genuß der Zollfreiheit zu kommen. Es steckte also entgegen ihren Beteuerungen Methode hinter den Defraudationen. Der Vorwurf massiver Zollhinterziehung ging also keineswegs nur auf die Anschuldigungen einer Nürnberger Lobby zurück, auf die Vorwürfe von *„Mißgünstigen"*,[912] wie die Italiener meinten. Festzuhalten bleibt aber, daß durch eine Zollerhöhung keine Mentalitätsveränderung hervorgerufen werden konnte, ja sie möglicherweise sogar kontraproduktiv wirken würde, wenn nicht gleichzeitig durch eine schärfere Observation und Strafverfolgung den Gesetzen Geltung verschafft wurde. Im übrigen ist davon auszugehen, daß bei den gutnachbarlichen Beziehungen beider Städte der Frankfurter Rat von den wahrheitswidrigen Angaben der Italiener wußte, offensichtlich aber keine Konsequenzen zog. Schlicht laxe Gewerbeaufsicht? Furcht

---

905 BayStaatsAN, Rep. 19a, E-Laden, Akten, 223, o.D., wohl um die Wende zum 17. Jahrhundert.
906 BayStaatsAN, Rep. 19a, E-Laden, Akten 242, 17.08.1574.
907 BayStaatsAN, Rep. 19a, E-Laden, Akten, 245, o.D., wohl 1572.
908 BayStaatsAN, Rep. 19a, E-Laden, Akten, 245, 17.04.1572.
909 BayStaatsAN, Rep. 19a, E-Laden, Akten, 245, o.D., wohl 1572 (Konzept für ein Schreiben an die italienischen Kommunen).
910 Müller, J., Finanzpolitik, S. 54.
911 *„Man sagte ... den großen italienischen Seidenhändlern, welche um 1577 zu jeder Messe für mehrere hunderttausend Gulden Seide und Sammet zum Verkauf brachten, nach, daß sie nur deshalb Bürger zu Nürnberg geworden seien, um deren Zollfreiheit in Frankfurt zu genießen. Einer von ihnen, wohl der Torisani [Turrisani], empfing Freizeichen für 1000 Stück Ware und hatte für eine wertvolle Sammetkiste nicht mehr wie 6 Pfennige zu zahlen".* – Dietz, A., Frankfurter Handelsgeschichte, 1, S. 71.
912 BayStaatsAN, Rep. 19a, E-Laden, Akten, 245, 07.10.1572.

vor Retorsionsmaßnahmen und der Etablierung einer anderen Messe durch die Italiener in Nürnberg und Köln wie durch die Genuesen in Besançon?

3.5.1.2. Warenauslagerung nach Roth und Schwabach

Nach Einführung der neuen Zollordnung am 25.02.1572 reagierten die Italiener auf folgende Weise: Waren, die sie vor Beginn der Heiltumsmesse empfangen hatten und unverkauft im Zollhaus lagerten, deklarierten sie Mitte März als nicht absetzbar, entfernten sie aus dem Zollhaus und brachten sie zur Zwischenlagerung nach Schwabach und Roth.

Die Kosten, die den Italienern dadurch entstanden, waren die fällig werdenden Transitzölle, der bisher aufgelaufene Gewölbezins in Nürnberg, die offensichtlich geringen Lagerkosten bei Gastwirten in Roth bzw. Schwabach und die Transportkosten.

Leider ist aus den Quellen nicht zu ersehen, wie lange die dorthin verführten Waren schon in Nürnberg eingelagert gewesen waren. Aufgrund des Auslagerungszeitpunktes Mitte März und kurze Zeit später ist es nicht unwahrscheinlich, daß sie sich schon seit dem Spätherbst im Zollhaus befanden,[913] andernfalls wären sie ja wohl direkt nach Roth und Schwabach verführt worden.[914] Die Vorratshaltung im Herbst und Winter war also tendenziell höher als im Frühjahr und Sommer, die Umschlagsgeschwindigkeit geringer und die Kapitalbindungsfrist länger. Die damit verbundene Kostenbelastung muß auch Einfluß auf die Preisgestaltung gehabt haben und setzte die Anbieter (kostentheoretisch) unter einen höheren Verkaufsdruck. Ebenso ist die Lagerfähigkeit der Güter im Auge zu behalten. Für die Ratsherren war klar, daß die Güter nach Nürnberg re-importiert werden würden. Assoziationen zu diversen illegalen Vorfällen in der EU drängen sich dem Zeitgenossen auf.

Auch diesen Vorwurf der Warenauslagerung ließen die Turrisani nicht auf sich sitzen. Sie beteuerten dem Rat gegenüber, keine Niederlagen in anderen Städten zu unterhalten. In der Quelle heißt es scheinbar so überzeugend: „... *dass haben wir bei unserem Gewissen und höchsten Wahrheit niemals teilhaftig gemacht und haben* [das] *auch nicht vor*". Sie hätten im Gegenteil andere Landsleute von diesem Vorhaben abgeraten.[915] Beide Behauptungen müssen als unzutreffend eingestuft werden, auch wenn die Italiener immerfort ihre loyale Haltung und ihr legales Handeln betonten: „*Gott möge es verhindern, das die Italiener es tun*".[916] Wenn der Rat dennoch einen überführen sollte, möge er ihn mit Leib- und Geldstrafen belegen.

---

913 Siehe dazu die Ausführungen im ersten Kapitel.
914 Kenntnis über die neuen Zollbestimmungen vorausgesetzt.
915 BayStaatsAN, Rep. 19a, E-Laden, Akten, 245, 23.04.1572.
916 BayStaatsAN, Rep. 19a, E-Laden, Akten, 245, 07.10.1572.

3.5.1.3. Wiedereinfuhr

Die Transportkosten Nürnberg-Schwabach bzw. Nürnberg-Roth fielen zweimal an, weil die Italiener die Waren während der Heiltumsmesse reimportierten, sie kalkulierten, dann einen Käufer für sie zu finden. Ohne Zwischenlagerung wäre, da die Ware vor der Heiltumsmesse in das Hoheitsgebiet Nürnbergs gelangt war, der Einfuhrzoll fällig geworden. Bei einem Kostenvergleich bewerteten sie die Variante einer zeitweiligen Auslagerung offensichtlich als kostengünstiger.

Wie hart die Transportkostenverhandlungen trotzdem geführt wurden, geht deutlich aus einer Quelle des Jahres 1572 hervor.[917] Ein Fuhrmann in Schwabach wollte von Marc Antonio [Lumaga] für den Transport nach Nürnberg pro Zentner einen Ort [= ein Viertel eines Kreuzers, dann auch eines Reichstalers, hier eines Gulden] berechnen und betrachtete es als durchschlagendes Argument, daß Lumaga den Betrag ja wohl zahlen könne, da er die Waren in Nürnberg zollfrei verkaufen werde. Er wußte, was gespielt wurde und wollte an den Kostenersparnissen partizipieren. Der Italiener Lumaga ließ sich aber nicht beeindrucken, schätzte seine Verhandlungsposition als stärker ein und sagte sinngemäß: *Auf ihn habe er gerade gewartet ...* .

Sie einigten sich für die 18 Zentner schwere Last schließlich auf 2 Gulden, also auf weniger als die Hälfte der ursprünglichen Forderung. *„Wenn die Heiltumsmesse nicht wäre, würde er noch weniger bekommen"*, meinte Lumaga. Aus diesen Zahlen ist zu schließen, daß die Transportkosten nach Schwabach bzw. Roth und zurück offensichtlich nur eine marginale Größe darstellten. Zwar konnte der V-Mann des Rates, der mit Lumaga zu Mittag gegessen und versucht hatte, ihn auszuhorchen, in diesem konkreten Fall den Inhalt der Truhen und Ballen nicht ausmachen. Aus seinen weiteren Beobachtungen aber ist zu schließen, daß es sich um kostbare Gewürze, Samt- und Seidenwaren, Südfrüchte gehandelt haben muß, für die in Nürnberg also - absolut gesehen - ein hoher Wertzoll fällig geworden wäre. Die dem Rat gemeldeten Namen sind das Ergebnis einer einmaligen, eher zufälligen Beobachtung, nicht das Resultat einer systematischen Ermittlungsarbeit.

Es bedarf bei der Geschäftserfahrung der Italiener keines weiteren Beweises für die Behauptung, daß sie nicht ihr gesamtes Handelsgut aus der Douane nach Roth und Schwabach verführten. Erstens hätten sie dadurch selbst für eine eindeutige Beweislage des Rates gesorgt, zweitens wäre die Nachfrage in Nürnberg während dieser Zeit nicht zu bedienen gewesen. Insofern liefern die ausgelagerten Waren nach Art, Umfang und Wert gewisse Indizien für den erwarteten Verkauf während der Heiltumsmesse.

---

917 BayStaatsAN, Rep. 19a, E-Laden, Akten, 246: Bericht einer Beobachtung vom 09.04.1572.

Die Quelle erlaubt aber noch weitergehende Interpretationen. Die Wirtin überbrachte Lumaga die Forderung des Schlossers für ein kürzlich angebrachtes Eisengitter. Der verwies sie an Gasparo Gallutzi und kündigte an, daß, sollten sich die Verhältnisse in Nürnberg nicht ändern, sie auch noch eine Eisentür anbringen lassen würden. Die Italiener hatten also nach dem neuen Zollgesetz schnell reagiert, schafften sich eine neue ‚Infrastruktur' in Schwabach und Roth, die unter Umständen weiter ausgebaut werden sollte. Sie richteten sich mittel- und langfristig ein. Pläne, den Standort Nürnberg zu verlassen, bestanden also zu jener Zeit (noch) nicht. Sie suchten ein rechtliches Schlupfloch und einen örtlichen Schlupfwinkel, um weiterhin in den Genuß der Zollfreiheit während der Ostermesse zu kommen. Ziel der Auslagerung war also nicht eine Optimierung der Lagerhaltungskosten (Gewölbezins in Nürnberg versus Lagerhaltungs- plus Transportkosten in Schwabach bzw. Roth), sondern die Inanspruchnahme öffentlicher Subventionen, als welche die zeitlich befristete Befreiung von den Zollgebühren betriebswirtschaftlich anzusehen ist.

Ohne die genaue Kostenersparnis der Italiener errechnen zu können, ist man auch in diesem Falle geneigt, sich der schon zitierten Einschätzung der Nürnberger Kaufleute bei der Zollerhöhung anzuschließen: Es ging jenen nicht so sehr um die konkrete Entlastung durch die zeitweilige Auslagerung, sondern sie wehrten sich ‚prinzipiell' gegen jede Kostenerhöhung weil sie wußten, daß weitere folgen, andere restriktive Maßnahmen getroffen würden. Dem Rat wurde die Gefahr von Konkurrenzstandorten vor ihren Toren drastisch vor Augen geführt.

Ansprech- und Vertragspartner für die Wirtsleute war ‚Junker Marco', dessen Auftreten getrost als hochfahrend und barsch bezeichnet werden kann. Er gehörte, wie nachgewiesen, einer Familie an, die spätestens Anfang der zwanziger Jahre bis in die dreißiger Jahre hinein zur erfolgreichsten Unternehmerdynastie in Nürnberg gehörte.[918] Für die Finanzierung war Gallutzi zuständig, ein weiteres Indiz für die strategische Zusammenarbeit der Italiener. Roth und Schwabach waren vorgeschobene Zwischenlager und würden es noch mehr werden.

Bei der so vorgenommenen Quelleninterpretation ist also erneut zu schlußfolgern, daß die Heiltumsmesse weiterhin von erheblicher wirtschaftlicher Attraktivität war, andernfalls hätten Ausfuhr und Re-Import einen vermeidbaren Kostenblock verursacht. Die historischen Erfahrungen rechtfertigten die Erwartungen der Italiener aber, während der dreiwöchigen Messe zu zollfreien Abschlüssen zu kommen. Noch jedenfalls war die Messe nicht eingeschlafen oder sang- und klanglos untergegangen, wie Lütge meinte.[919] Die Äußerung von En-

---

918   Peters, L.F., Handel Nürnbergs, S. 130-209.
919   Lütge, F., Handel Nürnbergs-Osten, S. 342; Nürnberger Heiltumsmesse, S. 196. Irsigler, F., Jahrmärkte-Messesysteme, S. 24.

dres (I) Imhoff, daß die verkaufte Menge während der Freiung immer beachtlich gewesen sei,[920] bestätigt die Beweisführung.[921]

Über die im Vergleich zum Jahresdurchschnitt zusätzlich umgeschlagenen Güter ist bisher zuverlässig weder dem Gewicht, noch dem Wert, noch der Warenstruktur, noch der Entwicklung im Zeitablauf nach eine hinreichend exakte Aussage zu treffen. Anhaltspunkte sind aus den Kurvenverläufen (Interdependenz der Standortfaktoren, 2. Kapitel) zu gewinnen. Meßlogierverzeichnisse, wie sie etwa für Braunschweig im 18. und 19. Jahrhundert vorliegen,[922] die Auskunft über die Herkunft und die Verweildauer der Besucher sowie ihrer gekauften und verkauften Waren geben könnten, existieren nicht. Eine gewisse Vorstellung liefert Müllner in seinen Annalen für die Messe im Jahre 1463.[923] Er schreibt: „... ist von fürstlichen Personen oder anderen vornehmen Leuten niemand zu Nürnberg gewest, weil aber jedesmal eine große Zufuhr gewest, sein aus des Rats Befehl zu diesem Mal unter allen Toren aufgezeichnet worden alle Wägen und Kärren, die Wein, Getreid und andere Kaufmannschatz in die Stadt geführet, ausgenummen Holz, Kohlen und Mistwägen, die man nit verzeichnet, und hat man befunden: unter dem Frauen Tor 321 Wägen, 207 Kärren, unter dem Spittler Tor 322 Wägen, 200 Kärren, unter dem Neuen Tor[924] 469 Wägen und Kärren, unter dem Tiergärtner Tor[925] 51 Wägen, 100 Kärren, unter dem Laufer Tor 203 Wägen, 101 Kärren. Summa 1974 Kärren und Wägen".[926]

Die größte Warendurchfuhr hatten also offensichtlich die Tore mit den Ein- bzw. Ausfallstraßen aus dem (in den) Westen und Süden, gefolgt vom Tor auf der Ostseite der Stadt, dem Laufer Tor, am wenigsten frequentiert war der nordwestliche Eingang, das Tiergärtnertor. Alleine aus diesen Zahlen auf Umfang und Handelsrichtung schließen zu wollen, ist natürlich unzulässig, aber ein gewisser ‚Fingerzeig' mögen sie schon sein.

Das Verhalten der ‚italienischen Nation' zeugt schließlich von einem großen Selbstbewußtsein, denn sie mußte davon ausgehen, daß ihr Verhalten offenbar und erheblichen Ärger mit der Obrigkeit heraufbeschwören würde. Den Nutzen ihrer Standortwahl schätzten die Italiener aber nicht nur für sich selbst, sondern auch für Nürnberg als so hoch ein, daß der Rat aus einem wohlerwogenen Eigeninteresse heraus es nicht zum Äußersten kommen lassen und sie ausweisen werde. Die Folge der neuen zollpolitischen Rahmenbedingung war also

920 BayStaatsAN, Rep. 19a, E-Laden, Akten, 246, 24.07.1573.
921 Straube, M., Frankfurt am Main-Leipzig, S. 193.
922 Denzel, M.A., Braunschweiger Messen, S. 53ff.
923 Auf Weisung des Rates von Endres (II) Tucher durchgeführt, damals Inhaber des Baumeisteramtes. - Müllner, J., Annalen, S. 550. Grote, L., Tucher, S. 47.
924 Anfang und Ende der Geleitstraße nach Frankfurt/M. – Müller, J., Hauptrouten-Nürnberger Handelsgebiet, S. 34.
925 Aus- und Einfallstor vor allen Dingen für die Warenzüge nach Erfurt und weiter nach Minden, Bremen, Hamburg, Lübeck. – Müller, J., Hauptrouten-Nürnberger Handelsgebiet, S. 16.
926 Grote hat irrtümlich 1874. – Grote, L., Tucher, S. 47.

keine Standortverlagerung, sondern eine zeitweilige Warenauslagerung. Sie gingen nicht nach Augsburg, Frankfurt, Krakau, Leipzig, Linz, Regensburg, Wien, wie verschiedentlich angedroht, sondern verführten die Waren vor der Heiltumsmesse von Nürnberg nach Roth und Schwabach, um sie während der zollfreien Zeit wieder einzuführen.

Schließlich noch ein betriebswirtschaftlicher Aspekt. Offensichtlich war es den global tätigen Italienern nicht möglich, ihre Waren just-in-time, also genau zu Beginn oder doch während der Messe anzuliefern. Hierfür können zahlreiche Gründe angeführt werden. Erkennbar wurde ein Großteil der Produkte für den Markt angefertigt bzw. angeliefert, diente nicht der Erfüllung bestehender Verträge. Nachfrageumfang, Nachfragerichtung, Nachfrageverschiebung etc. standen mehr noch als heute unter dem Zeichen der Ungewißheit. Basis der unternehmerischen Entscheidungen waren historische Erfahrung und ,Fingerspitzengefühl' bei der Einschätzung der Marktentwicklung. Hierin zeigte sich die Qualität des ,dispositiven Faktors'. Weltweite ,Online-Informationsnetze', eine Marktkoordinierung, wie sie heute durch die moderne Informations- und Kommunikationstechnologie und die Verkehrsinfrastruktur möglich ist, die unmittelbar Reaktionen in der Produktionsplanung und -fertigung ausgelöst hätten, gab es nicht. Eine Optimierung der Vorratshaltung war also von zahlreichen, schwer quantifizierbaren Variablen abhängig. Das Konzept der zeitgenauen Anlieferung ließ sich für Nürnberg auch wegen der besonderen strukturellen Gegebenheiten kaum realisieren, weil hier der Markt (Messe), wenn auch, wie aufgezeigt, mit unterschiedlicher Nachfrageintensität, das ganze Jahr über dauerte.

Die Aufgaben des quantitativen und qualitativen Ausgleichs[927] verlangten deshalb ein ständig vorgehaltenes, gutsortiertes Warenlager. Diese Tatsache machte also den Standort Nürnberg einerseits attraktiv, stellte aber andererseits auch besondere unternehmerische Anforderungen und verursachte höhere Lagerhaltungskosten. Unterschiedlich stellte sich die Situation in den ,reinen' Messestädten Frankfurt und Leipzig dar. Die Feststellung der Italiener, daß sie die Waren oft sechs-, acht-, zehnmal hin- und herschicken, also anbieten müßten, bis sie auf Nachfrage träfen, zeigt deutlich die Schwierigkeit und charakterisiert den Markt als Käufermarkt, auch wenn diese Frequenzen von den Italienern vielleicht übertrieben hoch angesetzt wurden. Daß die unverkauften Waren nach Nürnberg zurückkamen, bestätigt, daß sich hier der zentrale Lagerort und das strategische Zentrum befanden. Wie oben gezeigt, wurde ein Teil aber wahrscheinlich vor Ort (Frankfurt/Leipzig) bis zur nächsten Messe niedergelegt.

Ein damit zusammenhängendes, kaum zu überschätzendes technisches Problem war natürlich die Frage der Logistik. Die Lagerzeit und damit die Lagerhaltungskosten waren nicht unerheblich determiniert durch die Transport-

---

927 Zu den zahlreichen Funktionen und Risiken des Handels siehe: Seyffert, R., Wirtschaftslehre-Handel, S. 10f.

möglichkeiten. Der Transit über die Alpen oder Pyrenäen barg zahlreiche Risiken und verlangte eine Bündelung der Warenvolumina, möglicherweise sogar in Zusammenarbeit und Abstimmung mit den Wettbewerbern wie bei den Warenzügen beispielsweise und vor allen Dingen von Nürnberg nach Frankfurt, die von der Obrigkeit organisiert wurden. So waren die Transportzeitpunkte nicht nach betriebswirtschaftlichen Überlegungen gänzlich frei wählbar, sondern ergaben sich aus der Tradition, hinsichtlich des Alpenübergangs ihrerseits bestimmt vom Marktgeschehen in Italien und den jahreszeitlich bedingten Witterungsverhältnissen. Die Wahl des Transportzeitpunktes zeichnete sich also durch eine relativ geringe Flexibilität aus.

Diese konnte allerdings durch die sogenannte „*Eigennachfuhr*"[928] erhöht werden, d.h., man stieg aus dem Rodbetrieb aus und organisierte den Transport selbst, unter Umständen sogar mit eigenen Wagen und eigenen Pferden. Es ist nicht unwahrscheinlich, daß die italienischen Handels- und Speditionsfirmen ihre Ex- und Importe über die Alpen[929] in einem nennenswerten Maße so durchführten.[930] Auf jenen Straßen, auf denen grundsätzlich der Rodbetrieb vorgeschrieben war, mußte man sich dieses Recht durch die sogenannte „*Fürleite*" erkaufen. Die Transportkosten erhöhten sich dadurch in einem beträchtlichem Maße, aber neben der Terminflexibilität[931] hatte sie den Vorteil größerer Geschwindigkeit und geringerer Schäden,[932] da die Güter nicht in den Porten, Roden, Städeln, Susten, Pall-, Wirtshäusern, wie immer auch die Stapelorte hießen, niedergelegt und umgeladen werden mußten. Außerdem erhielten die Konkurrenten keinen Einblick in Art und Umfang der Waren.

3.5.2. Betonung der positiven Folgen ihrer Anwesenheit

3.5.2.1. Internationaler Güteraustausch

Schließlich verließen die Italiener ihre defensive Haltung, gingen in die Offensive und betonten den Nutzen für die Stadt durch den nationalen und internationalen Güteraustausch mit „*Italien, Polen, Böhmen und anderen Königreichen, mit allen deutschen Fürstenstaaten, auf den Messen in Frankfurt und Leipzig*",[933] der wesentlich zur Attraktivität des Standortes Nürnberg beitrage. Aus

---

928 Müller, J., Straßen- und Transportwesen, S. 156ff.

929 Die Rolle der Frammersbacher Fuhrleute für den Transport zwischen den Städten Antwerpen, Köln, Frankfurt, Leipzig, Nürnberg z.B. wurde oben erwähnt.

930 Siehe die entsprechenden Ausführungen zu den Werdemann. Bedeutende Spediteure etwa auch Antonio Pestalozzi aus Chiavenna, Giovanni Antonio Raimundi und Hieronimo Volpi aus Mailand. - Kellenbenz, H., Graubündner Pässe, S. 40ff.

931 Im späten Mittelalter waren zahlreiche Rottstationen zu Engpässen geworden. - Lindgren, U., Alpenübergänge, S. 169f.

932 Mit eigenen Dienern dauerte der Gütertransport von Venedig nach Augsburg Ende des 16. Jahrhunderts zum Beispiel 6-7 Wochen, während mit der Rott 10-12 Wochen benötigt wurden. - Roeck, B., Augsburg-Venedig, S. 184f.

933 BayStaatsAN, Rep. 19a, E-Laden, Akten, 245, 23.04.1572.

wohlerwogenem Eigeninteresse heraus müßte der Rat es vermeiden, durch
übermäßige fiskalische Belastung Handel und Verkehr dauerhaft zu beeinträch-
tigen.

3.5.2.2. Gewerbe - Arbeitsmarkt

Positive Impulse gingen von ihrer hiesigen Handelstätigkeit auch für das
Gewerbe und damit dem Arbeitsmarkt aus, denn zu *„deren höchsten Nutzen"*
kauften sie bei den hiesigen Betrieben ein: Wachs, Leder, Leinwand, Zinn,
Pfennwertwaren[934] und vertrieben diese Produkte auf den Märkten zu beidersei-
tigem Nutzen. Der Ausschlag der Zollkurve im Frühjahr bestätigt diese Aussage
in beeindruckender Weise.

Diese Aufzählung bedeutet nicht unbedingt eine Rangfolge hinsichtlich
Umfang und Wert und ist auch nicht erschöpfend. Franco de Franchi z.B. sprach
1572 von seinen Leinwand-, Goltschen- und Barchenteinkäufen. Auch ließ er
hier auf für Posen bestimmte Seidenwaren Borten wirken.[935]

Die Behauptung der Italiener erhält deshalb eine besondere Glaubwürdigkeit, weil von Petitionen der Gewerbetreibenden gegen den hiesigen Aufenthalt
der Italiener in den Quellen nicht die Rede ist. Diese waren ausschließlich verfaßt von den wenigen *„alteingesessenen"* Nürnberger Handelsfirmen, die es,
wie weiter unten aufgezeigt werden wird, zeitweise auch verstanden, andere Unternehmer für ihre Zwecke zu instrumentalisieren. Auch die Krämer waren nicht
grundsätzlich gegen ihren Aufenthalt, sie wehrten sich aber heftig gegen ihr
Vordringen in den ihnen vorbehaltenen Detailhandel. Ebenso bemerkenswert ist,
daß in den Nürnberger Beschwerdeschriften nicht von dem für die Stadt an der
Pegnitz so wichtigen Leinwandhandel die Rede ist. Dies wird dann verständlich,
wie schon ausgeführt, daß hier die patrizischen Firmen nicht nennenswert präsent waren und der Markt sich in der ersten Aufbauphase[936] befand.

Im übrigen verweisen die oben genannten Länder auf den traditionell starken Nürnberger Osthandel. So hat Ember z.B. für die Mitte des 16. Jahrhunderts
aufgezeigt, in welch starkem Maße sich die Italiener bei der Einfuhr Nürnberger
Kramwaren nach Ungarn einschalten konnten.[937]

3.5.2.3. Finanzen

Trotz der Vorwürfe wegen Hinterziehungen und Warenauslagerung versprachen sich die Italiener von ihrem Argument, durch ihre Zollzahlungen inklusive Gewölbezins für die Wareneinlagerung im Zollhaus einen erheblichen

---

934 BayStaatsAN, Rep. 19a, E-Laden, Akten, 245, o.D., wohl 1572.
935 BayStaatsAN, Rep. 19a, E-Laden, Akten, 246, 1572. - Zu den Wirtschaftsbeziehungen
     Nürnberg-Posen siehe Simsch, A., Nürnberg-Posen, passim. Unter anderem waren auch
     die Tucher, Dilherr und Werdemann eingeschaltet.
936 Kellenbenz, H., Deutschland-Spanien, S. 2.
937 Ember, G., Ungarns Außenhandel, S. 97, 99.

Teil des öffentlichen Haushalts zu bestreiten, sicher eine besondere Überzeugungskraft. Leider können darüber keine quantitativen Angaben gemacht werden, da die nach Errichtung der Douane eingeführten Zollkonten nicht mehr existieren. Als erheblich können sie aber aufgrund des Haushaltsvolumens wohl nicht bewertet werden.

Darüber hinaus war ihr umfangreicher Weinhandel - z.T. aus eigenen Weinbergen - mit Ungeld belegt. Diesen übten aus: die Turrisani, Paulus und Baptista Neri, Wilhelm Werdemann,[938] Anthonio Zollini aus Chur, Peter Beccaria, Hans Maria Werdemann, Samson Gall, Lorenz Baptista Crollalanza, Franco di Franchi, Bartholome Odescalco.[939] Schließlich mußten sie für ihr Niederlassungsrecht in Nürnberg das sogenannte Schutzgeld zahlen, dazu kamen Steuern, mit denen ihre Immobilien belegt waren.

Indirekt erhöhten sie die öffentlichen Einnahmen durch die rege Nachfrage nach den Produkten des Nürnberger Gewerbes. Damit sicherten sie das wirtschaftliche Wohlergehen der Handwerker [evtl. der Verleger] und damit deren Steuerquote.

3.5.3. Zielsetzungen

3.5.3.1. Beibehaltung der liberalen Wirtschafts- und Fremdenpolitik des Rates

Schließlich bedankten sie sich beim Rat für die erhaltenen Hilfen, für jederzeitigen Schutz und Schirm bei ihren Handelsgeschäften im Reich, in Polen, Böhmen, und allen anderen Staaten, auf den Messen in Frankfurt, Leipzig und sonstigen Orten, mit Adeligen und Fürsten. Den zuletzt genannten Kundenkreis hoben sie später noch einmal als sehr wichtig hervor, was einen Rückschluß auf ihr kostbares Warensortiment zuläßt.[940]

Die fremdenfreundliche Haltung und liberale Wirtschaftspolitik des Rates, die sich wohltuend von anderen Städten unterscheide und nicht nur in Deutschland, sondern in ganz Europa bekannt sei, habe ihnen „*in dieser wohlgeordneten Stadt viel Segen und Gnaden*" gebracht und gute Geschäfte ermöglicht.[941]

Diese Aussagen belegen für die ersten 70 Jahre des 16. Jahrhunderts exemplarisch, daß der patrizische Rat keineswegs, wie in der Literatur behauptet wurde, durch wirtschaftspolitische Fehlleistungen investitionsfeindliche Rahmenbedingungen für die Italiener und andere Fremde geschaffen hatte, sondern die Märkte für dynamische Unternehmer offengehalten und das freie Spiel der Kräfte nicht nur zugelassen, sondern gewünscht hatte. Diese wirtschaftspoliti-

---

938 Wein aus der Gegend um Plurs nannte man „*vinum aromaticum*". – Presser, H., Vom Berge verschlungen, S. 20.
939 BayStaatsAN, Rep. 19a, E-Laden, Akten, 242, 1575.
940 Peters, L.F., Handel Nürnbergs, S. 531ff.
941 BayStaatsAN, Rep. 19a. E-Laden, Akten, 245, etwa April 1572.

schen Rahmenbedingungen machten den Wirtschaftsstandort Nürnberg unter anderem auch für die ‚Fremden' so attraktiv.

3.5.3.2.   Rücknahme der Zollerhöhung

Grundsätzlich stimmten die Turrisani[942] als Wortführer der Allianz zunächst mal zu, daß der Rat in seinem Hoheitsgebiet die Zollsätze nach seinen finanz- und handelspolitischen Zielsetzungen festsetzen könne. Für die *„scharfe"* Erhöhung nach jahrzehntelang konstanten Sätzen hätten sie jedoch kein Verständnis. Aus wohlerwogenem Eigeninteresse müsse der Rat den Aufschlag umgehend zurücknehmen. Da die Hälfte der Zollabgaben in Gold zu entrichten sei, käme die Tarifänderung einer vierprozentigen Erhöhung gleich, die zu gravierenden Wettbewerbsverzerrungen zu ihrem Nachteil führen würde.

Verständnis äußerten sie für das den Italienern auferlegte Verbot, mit Safran, Spezereien, Ingwer, Pfeffer und dergleichen zu handeln, diesen den Bürgern vorzubehalten. Die Behauptung, sie verstünden von diesem Handel nichts, widersprach in eklatanter Weise den Realitäten. Hans Scheufelein wollte 1571 erfahren haben, daß ein Schiff mit Spezereien aus der Levante in Italien[943] angekommen sei, die alle an die Italiener in Nürnberg geschickt werden sollten.[944] Sie waren also sehr wohl bedeutende Spezereihändler, verstanden davon eine Menge und protestierten auch vehement, als der Rat auf Drängen der Imhoff und Welser ihnen den Safranhandel (zeitweise) tatsächlich verbieten wollte. Der Sinn dieser Verhandlungstaktik ist nicht nachvollziehbar. Die Turrisani scherten jedenfalls keineswegs aus der Opposition der Italiener aus. In diesem Zusammenhang treffen vielleicht die Worte Boccaccios zu. Er sagte: *„Chi ha a far con tosco, non vuole esser losco"* (Um mit Toscanern umzugehen, muß man gut auf beiden Augen sehen.).[945]

3.5.3.3.   Rücknahme der Öffnungspflicht

Die Öffnungspflicht betrachteten sie als zentralen Angriff auf ihre Geschäftsgeheimnisse und wehrten sich dagegen mit aller Vehemenz. Sie waren nicht bereit, die Warensendungen aus und für Italien, Polen, Böhmen und anderen Königreichen zu öffnen, für jedermann transparent zu machen. Unter anderem deshalb nicht, weil in den Fässern etc. auch Geld *„eingeschlagen"* sei, daß Leute nur animieren könne, auf die Warentransporte Anschläge zu verüben. Sie forderten, zur Deklarationspflicht zurückzukehren. Sollte der Rat einen Händler unrichtiger Angaben überführen, könne er ja die Waren konfiszieren und eine unnachsichtige Strafe verhängen.

---

942 BayStaatsAN, Rep. 19a, E-Laden, Akten 245, o.D., wohl April 1572.
943 Ob auch von da aus der Versand vorgenommen wurde, bleibt unklar. Es könnte theoretisch also z.B. auch in Antwerpen vor Anker gegangen sein.
944 BayStaatsAN, Rep. 19a, E-Laden, Akten, S VII, L 123, 220 (6), 10.12.1571.
945 Zitiert nach: Esch, A., Loyalitäten-Identität, S. 132.

3.5.3.4.   Zollerstattung für Rückfracht

Schließlich ging es um einen problematischen Spezialfall.[946] Diesmal boten die Italiener selbst an, durch ihre hier ansässigen vornehmsten Vertreter jährlich einen Eid darauf zu leisten, daß die Waren den Gesetzen entsprechend verzollt wurden und würden. Bei begründetem Verdacht - *„Gott möge verhindern, daß die Italiener es tun"* -, sollte der Rat die Möglichkeit haben, die Verdächtigen einzuvernehmen und bei Überführung den Delinquenten mit Leib- und Geldstrafen zu belegen. Sie wollten damit den Vorwurf ausräumen, unter unverkaufte Rückfracht von den Messen in Frankfurt und Leipzig neu eingekaufte Ware zu mischen, um so für diese den Zoll zu hinterziehen, ja sogar von der Stadt noch durch unberechtigte Zollrückzahlungen subventioniert zu werden.

Folgt man der Einlassung der Italiener, so stellte die angebliche Mehrfachverzollung besonders deshalb einen gravierenden und ungerechtfertigten Kostenfaktor dar, weil manche Waren 6, 10mal und öfter zwischen Nürnberg und Frankfurt, Leipzig sowie anderen Orten hin- und hergeschickt werden mußten, bis sie abgesetzt werden konnten.

Diese Angebots- und Vertriebspolitik findet, zusätzlich zu den oben schon genannten Gründen, zum Teil ihre Erklärung in der Tatsache, daß die Italiener potentiellen Kunden oder Großhändlern die Ware ohne Auftrag zusandten in der Hoffnung, auf Nachfrage zu treffen. Sie ging also über den Vertrieb durch einen vertraglich bestellten Kommissionär hinaus. Die Verdienstspanne war offensichtlich groß genug, die Transportkosten gleich mehrmals tragen zu können. Keinen Kalkulationsspielraum sahen sie jedoch für die mehrmalige Entrichtung des Zolls.

Bei der Schwierigkeit, einen lückenlosen und praktikablen Kontrollmechanismus zu gewährleisten, ist das Angebot fast schon als zynisch zu bewerten, vor allen Dingen dann, wenn die Italiener eine Öffnung der Ballen und Fässer etc. ablehnten, wodurch wenigstens eine halbwegs effektive Inspizierung möglich gewesen wäre.[947]

3.5.3.5.   Gleichbehandlung aller Nicht-Bürger

Es war kein Geheimnis geblieben, daß die Mailänder praktisch bevorzugt behandelt wurden. Durch dieses Präferenzzollsystem fühlten sich die anderen Italiener benachteiligt. Auch die Vorzugsbehandlung der übrigen Fremden wollten sie nicht hinnehmen.

Die Zollprivilegien sollten auch für ehemalige Nürnberger und andere Deutsche beseitigt werden, die seit langer Zeit im Fondaco dei Tedeschi in Ve-

---

946   BayStaatsAN, Rep. 19a, E-Laden, Akten, 245, 07.10.1572.
947   BayStaatsAN, Rep. 19a, E-Laden, Akten, 245, o.D., wohl 23.04.1572.

nedig säßen, bei denen aber davon auszugehen sei, daß sie rechtlich oder faktisch nicht mehr als Nürnberger bzw. Deutsche anzusehen seien.[948]

3.5.4. Zusicherung: Unterstützung für Rat und Nürnberger Kaufmannschaft

Schließlich wiesen sie den Rat darauf hin, daß er in der Vergangenheit jederzeit ihre Hilfe habe in Anspruch nehmen können.[949] Es wird aus dem Zusammenhang nicht deutlich, welche Dienste von ihnen erbracht worden waren. Vermutlich hatte sich der Rat ihrer Kenntnisse und ihres Einflusses auf der diplomatischen Bühne bedient, in der ‚Außenpolitik' sozusagen. Um die verschärften Kontrollmaßnahmen zu lockern, boten sie sich Anfang der siebziger Jahre an, sich für die deutschen Kaufleute in Italien einzusetzen.

3.5.5. Gegenmaßnahmen

Die Italiener wußten natürlich, daß sie sich bei der Durchsetzung ihrer Forderungen nicht auf Bitten, Betteln und das Vergießen von Krokodilstränen verlegen mußten, sondern handfeste wirtschaftliche Trümpfe in der Hand hatten, die sie auch ohne zu zögern ausspielten.

Nach Einschätzung der Turrisani betrug das Verhältnis der deutschen Kaufleute in Italien zu dem der italienischen in Deutschland 100:1.[950] Aus dieser Feststellung lassen sich keine Rückschlüsse auf Handelsvolumen, auf Im- und Exportzahlen ziehen, vor allen Dingen auch nicht auf die Marktmacht einzelner Unternehmen oder Unternehmensgruppen. Die große Anzahl der Nürnberger in Italien mag es sogar erschwert haben, die gemeinsamen Interessen zu bündeln, einen Konsens herbeizuführen, eine strategische Allianz außerhalb des Safranmarktes zu bilden.

Auch die nackte Zahl zu verifizieren oder zu falsifizieren ist nicht möglich. Das ist für die Bewertung des anstehenden Problems aber auch nicht erforderlich. Selbst wenn die Relation durch die verfolgten Interessen der Italiener übertrieben sein mag und den Ansprüchen einer objektiven statistischen Erhebung nicht standhalten würde, so wird doch gleich evident, welch wirksames handelspolitisches Instrument die Italiener damit in der Hand hatten. Wenn es ihnen gelang, ihre heimischen Regierungen in einer konzertierten Aktion zu veranlassen, Retorsionsmaßnahmen anzudrohen und erforderlichenfalls auch durchzuführen, dann würden sie die Transithandels- und Gewerbeexportstadt Nürnberg an ihrer Achillesferse treffen und für genügend Druck sorgen, um Zollerhöhungen zu vermeiden bzw. zurückzunehmen. Auch wenn die Preiselastizitäten bei den einzelnen von den Nürnbergern verhandelten Güter nicht bekannt sind, also etwa

---

948 BayStaatsAN, Rep. 19a, E-Laden, Akten, 245, 03.03.1572.
949 Zu den Kunstwerken des Veit Stoß für die Turrisani-Stiftung (Torrigiani) s. Lutze, E., Veit Stoß, S. 38.
950 BayStaatsAN; Rep. 19a, E-Laden, Akten, 245, o.D.

die mögliche Nachfrageänderung (-minderung) aufgrund einer Preisänderung (-steigerung) infolge höherer Kosten (Zoll), so scheint klar, daß Nürnberg sich auf einen Handelskrieg mit einer sich stetig nach oben drehenden Zollspirale nicht einlassen konnte.

3.5.5.1. Mobilisierung heimischer und auswärtiger Potentaten

Die erste Reaktion gegen die Zollerhöhung erfolgte schon am 28.03.1572, also vier Wochen nach Inkrafttreten des neuen Gesetzes und noch bevor die Italiener sich *„bedrohlich vernehmen ließen"*, daß sie ihre Herrschaften auffordern würden, *„allerlei Gegen Register zu ziehen"*.[951]

Der Amtskanzler in Florenz behauptete mit Brief und Siegel, daß in seiner Stadt alle Kaufleute für sämtliche Waren ausnahmslos denselben Zollbelastungen unterliegen würden wie die einheimischen Kaufleute.[952] Durch Eid bestätigt wurde die Feststellung in einer beiliegenden Urkunde durch die dort domizilierenden Andreas Georg Weiß aus Nürnberg, Faktor von Jeronimus Kraffter Erben, Augsburg, Kaspar Part aus München, Faktor von Melchior Hanauer aus Augsburg, Paulus Jurus aus Konstanz, Faktor von Paulus Schermer aus Ulm, Johannes Andreas Hofer, Faktor von Jeronimus Imhoff aus Augsburg, den spanischen Kaufleuten Balthasar Suarez aus Medina del Campo sowie Melchior Lesmus de Stodiglia und Petrus de Montoia aus Burgos.[953]

Einen Tag später datiert ist das Schreiben von Francesco Medici aus Florenz, Großherzog der Toscana.[954] Er hebt den großen Nutzen hervor, den die ihm befreundeten Turrisani[955] Nürnberg und Deutschland gebracht hätten und forderte deshalb eine generelle Rücknahme der Zollerhöhung, unter Umständen eine Sonderbehandlung für die Turrisani. Aufklärung erwartete er über ein angeblich geltendes Präferenzsystem für die Kaufleute aus Mailand.

Daß jene bisher tatsächlich bevorzugt wurden - was bisher nur vermutet werden konnte - wird durch eine Eingabe von Jakob und Hans Welser, Albrecht Scheurl, Wolf Kern, Hans Schwab, Mathias Fezer, Mathias Braun und Konrad Hopfer an den Rat[956] zweifelsfrei belegt. Diese Nürnberger, Kaufleute mit offensichtlich starken Wirtschaftsinteressen im Herzogtum Mailand, einem Zentrum des Edelmetallhandels und den einschlägigen Fertigprodukten (Gold- und Sil-

---

951 BayStaatsAN, Rep. 19a, E-Laden, Akten, 245, 11.04.1572.

952 BayStaatsAN, Rep. 19a, E-Laden, Akten, 245, 28.03.1572.

953 Von Suarez ist bekannt, daß er vermutlich mit anderen spanischen und florentinischen Kaufmannsfamilien in umfangreiche Bankgeschäfte mit der spanischen Krone eingeschaltet war. Francisco Morovelli, Florentiner in Sevilla, kaufte für ihn und für die Bonvisi in Venedig und Lyon Cochenille ein. – Kellenbenz, H., Fremde Kaufleute-Iberische Halbinsel, S. 284.

954 BayStaatsAN, Rep. 19a, E-Laden, Akten, 245, 29.03.1572.

955 Ein Pietro Torrigiani (1472-1528) war zusammen mit Michelangelo Scultore in der Schule, die Lorenzo il Magnifico unterhielt. - Rossi, Filippo, Torrigiani, Pietro, S. 70.

956 BayStaatsAN, Rep. 19a, E-Laden, Akten, 245, 1572 (kurz nach Einführung des neuen Zollgesetzes).

berfädenproduktion)[957] sowie des Geldhandels, hinter denen der reine Warenhandel zurückstand,[958] begrüßten zwar den neuen Tarif, befürchteten aber durch die Zollerhöhungen auch gegenüber den Mailändern Retorsionsmaßnahmen der dortigen Obrigkeit.

Dagegen könnten sich die Nürnberger weder mit dem Schwert, noch mit langen Prozessen wehren. Eine Rücknahme sei auch nicht nach einer evtl. Revision der Nürnberger Tarife zu erwarten. Sie appellierten deshalb an den Rat, diesen Kaufleuten ganz besondere Aufmerksamkeit zu schenken und niedrigere Sätze für jene Waren festzusetzen, die im Herzogtum Mailand produziert und nach Nürnberg importiert würden, alle anderen von ihnen verhandelten Güter sollten den erhöhten Zolltarifen unterliegen. Sie wünschten also eine doppelte Differenzierung, eine nach Herkunft und eine nach Warengattung bzw. – herkunft.

Die erste Forderung fand ihre Begründung in der Tatsache, daß den Deutschen in Mailand seit alters her größere Privilegien und Freiheiten zugebilligt wurden als den Kaufleuten anderer Nationen, ja sie z.T. sogar den heimischen Bürgern und Untertanen gegenüber Vorzüge genossen. Per Saldo bezifferten sie, da die Anzahl der nach Mailand handelnden Nürnberger größer sei als die nach Nürnberg agierenden Mailänder,[959] mögliche Zollmindereinnahmen als gering, geringer jedenfalls als - unausgesprochen - mögliche Steuerausfälle infolge Umsatz- und Gewinnrückgang bei den betroffenen Nürnberger Firmen.

Für eine Beibehaltung der langwährenden gegenseitigen Vorzugsbehandlung der Nürnberger und Mailänder setzten sich auch die Polinii und Busti, Händler mit gesponnenen und gezogenen goldenen Borten ein.[960]

Lucca intervenierte am 19.04.1572.[961] Die Begründung der Zollerhöhung als Reaktion auf eine vorangegangene Maßnahme auf ihrem Hoheitsgebiet sei falsch, behaupteten die Stadtväter. Es gelte weiterhin der alte Zolltarif. Die Stadtregierung verlangte aufgrund der langen Anwesenheit der Luccheser in Nürnberg die Beibehaltung der alten Konditionen, zumindest aber die Gleichstellung mit den anderen Nationen und wies darauf hin, daß die Nürnberger in Lucca sogar offiziell das Recht hätten, Immobilienbesitz zu erwerben. Mit der Formulierung *„damit wir Ursach haben, auch Eure Bürger einen guten Platz zu bieten und ihnen entgegenzukommen"*, drohten sie bei ausbleibendem Entgegenkommen verschlüsselt Retorsionsmaßnahmen an.

---

957 Zum Silberexport der Nürnberger (Imhoff, Welser, Tucher u.a.) und Augsburger Kaufleute nach Mailand siehe vor allem Werner, Th.G., Rappolt-Schneeberg, 2, S. 161ff. Stromer, W.v., Oberdeutsche-Florentiner Geldleute, S. 63: Schon am Anfang des 15. Jahrhunderts sind die Beziehungen zwischen Nürnberg und Mailand traditionsreich und dicht.

958 Müller, K.O., Welthandelsbräuche, S. 31ff.

959 Eine genaue Relation wie in dem Schreiben der Turrisani (100:1) fehlt.

960 BayStaatsAN, Rep. 19a, E-Laden, Akten, 245, 19.07.1572.

961 BayStaatsAN, Rep. 19a, E-Laden, Akten, 245, 19.04.1572.

Drei Jahre später, 1575, konnten die Italiener einen ersten Erfolg ihrer Interventionen verbuchen: Mailand hatte den Zoll für die Nürnberger Kaufleute erhöht und auch Lucca plante entsprechende Maßnahmen.[962] Eine von Hans Fürleger d.J. verfertigte Notiz belegt eine Interventionsbitte des Gotthardt Murari an die Signoria in Venedig, in dem er zu Gegenmaßnahmen zum Schaden der Nürnberger Kaufleute aufgefordert hatte.[963]

Keine Veranlassung für eine Zollerhöhung in Nürnberg sah auch der Rat der Stadt Chur in Graubünden, da in seinem Territorium keine vorgenommen worden sei und auch nicht die Absicht bestünde, das zu tun.[964] Diese Intervention geschah zweifelsfrei auf Drängen der mächtigen Kaufmannsfamilien aus Plurs. Bei ihnen ergab sich zusätzlich das Problem der staatsrechtlichen Zuordnung,[965] ist Graubünden doch zu jener Zeit nicht als italienisches Territorium zu betrachten und Plurs-Chiavenna nicht als italienischer Stadtstaat.[966]

Wie weit und zu welchen Schaltstellen der Macht die Verbindungen besonders der Turrisani reichten, belegt das Schreiben des polnischen Königs Sigismund August,[967] der auf Bitten der Soderini aus Florenz[968] mit Sitz in Krakau,[969] Handelsgesellschafter der Turrisani in Nürnberg, für sie um Zollermäßigung und Gleichbehandlung mit den Franzosen und Engländern[970] bat. Er verwies auf die Freiheiten, die den Nürnbergern und anderen Deutschen in Böhmen

---

962   BayStaatsAN, Rep. 19a, E-Laden, Akten, 242, 21.04.1575 und 14.06.1575.
963   BayStaatsAN, Rep. 19a, E-Laden, Akten, 245, o.D., wahrscheinlich April 1572. Zu den Murari: Peters, L.F., Handel Nürnbergs, S. 89, 138, 197, 468, 483f.
964   BayStaatsAN, Rep. 19a, E-Laden, Akten, 245, 19.04.1572.
965   BayStaatsAN, Rep. 19a, E-Laden, Akten, 246, 1572: Anfrage beim Rat von Wilhelm Werdemann und Gebrüder, welcher Nation man sie zurechne.
966   Siehe dazu Meier, V., Geschichte-Konfession, passim. Zu rechtshistorischen Fragen vgl. Keller, H., Chiavenna-Piuro, passim.
967   Es muß sich um Sigismund II. August gehandelt haben, der kurz nach dieser Eingabe am 07.07.1572 starb.
968   Zu ihrer Rolle als Finanzkollektoren und Kreditgeber der Kurie nach dem Bankrott der Bardi und Peruzzi: Bauer, C., Epochen-Papstfinanz, S. 472.
969   Kellenbenz erwähnt einen Juan Soderini aus Genua, zeitweise Hauptfaktor der Welser in Santo Domingo. Verwandtschaftliche Beziehungen sind noch nicht nachgewiesen. - Kellenbenz, H., Oberdeutsche-Genuesen-Sevilla, S. 182.
970   Diese Stelle legt die Vermutung nahe, daß es zu jener Zeit in Nürnberg eine bedeutende Niederlassung von Engländern gegeben hat. Das war aber nach Aussagen der Zollamtsleute nicht der Fall. Danach war zu jener Zeit (Die verschiedenen Produkte im Akt enthalten kein Datum, aus dem Zusammenhang ist zu schließen, daß sie um 1575-1590 erstellt wurden.) nur ein Engländer vor Ort und ein, zwei oder drei Faktoren. Wegen der hohen Zölle in England und den niedrigen in Nürnberg könnten sich die einheimischen Kaufleute in diesen Handel nicht direkt einschalten. Es ging vor allen um den Handel mit Packtuch, Carisey und Pfennwertwaren. Das Problem ist im Zusammenhang mit den Niederlassungen der Merchant Adventurers in Middelburg, Stade, Hamburg und Emden zu sehen. Auch die negativen Folgen für die Vermittlerrolle der Nürnberger Kaufleute nach dem Fall Antwerpens werden erörtert. – BayStaatsAN, Rep. 19a, E-Laden, Akten, 223, verschiedene Produkte ohne Datum, wohl um 1575-1590.

gewährt würden.[971] Im selben Sinne intervenierte für sie Fürst Wilhelm von Sachsen.[972]

Die Turrisani hatten als wichtige Punkte ihres Handelsnetzes nördlich der Alpen Polen, Böhmen, das Reich, alle Fürstenstaaten, die Messen in Frankfurt, Leipzig und andere Orte genannt.[973] Durch diese Interventionen fand diese Feststellung ihre ‚hoheitliche' Bestätigung. Kundenkreis und kostbares Warensortiment werden eindrucksvoll bestätigt durch einen Brief an den Geschäftsträger des Herzogs von Preußen. Lucas Andreas Turrisani schrieb: *„Möget uns doch auch behülflich sein, mit unserm gnädigen Herrn Herzog in Preußen zu handeln, wenn er etwas von seidnem Gewande und goldnen Stücken von allerlei Gattung bedürfen würde, daß er solche von uns nehmen wolle, denn ihr wißt, daß wir schier alle Kurfürsten, Fürsten und Herren, die hieländisch sind, sonderlich auch selbst die Welschen, die von uns kaufen, mit solcher Waare versehen. Wir wollen dem Herzog einen Kauf geben, daran er ein Wohlgefallen haben würde, und wie er ihn bei andern solchermaßen nicht bekommen könnte, als mit allerlei Gattungen von reichen goldenen und silbernen Stücken mit Gold überguldet und mit Sammet, die Elle um 8, 9, 10 bis 18 Gulden, ferner goldenen Sammet und goldene Stücke, die Elle um 5 oder 6 Gulden, allerlei Carmesin, rothe und braune Sammet und sonst allerlei Damast und Atlas von allen Farben".*[974]

3.5.5.2.   Androhung einer Standortverlagerung

Die Entscheidung über die Wirtschafts- und Finanzpolitik, also auch der Zollpolitik, fiel in den Kompetenzbereich des politischen Entscheidungsträgers, des Nürnberger Rates. Die Gesetzgebungsarbeit war von den Italienern im Vorfeld und nach Inkrafttreten von Gesetzen nur indirekt zu beeinflussen durch juristische, wirtschaftliche, nicht zuletzt außenwirtschaftliche Argumente sowie durch die Mobilisierung von politischen Entscheidungsträgern für ihre Interessen.

Die Wahl für oder gegen den Standort Nürnberg ergab sich aus einem rein betriebswirtschaftlichem Kalkül heraus, war eine unternehmerische Entscheidung. Vorausgesetzt, die Niederlassungsfreiheit in anderen Städten wird nicht durch juristische Restriktionen eingeschränkt, entscheidet sich der Unternehmer nach der Berücksichtigung zahlreicher Faktoren, die sich unter Umständen auch

---

971 BayStaatsAN, Rep. 19a, E-Laden, Akten, 245, 22.05.1572. – Zu den Soderini und ihren Verbindungen nach Nürnberg: Peters, L.F., Handel Nürnbergs, S. 182, 191, 328, 469, 534, 540.

972 BayStaatsAN, Rep. 19a, E-Laden, Akten, 245, o.D., wohl 1. Hälfte des Jahres 1572.

973 BayStaatsAN, Rep. 19a, E-Laden, Akten, 245, 23.04.1572.

974 Zitiert nach: Falke, J., Trachten- und Modenwelt, S. 78. Das genaue Datum fehlt. Erwähnt wird dort auch Thomas Lapi, Nürnberg, mit Preisangaben über die kostbaren Samt- und Seidenstoffe aus dem Jahre 1535 und Nachrichten über eine Sendung aus eben diesem Sortiment an den Herzog von Preußen im Jahre 1536.

widersprechen können, beim Unternehmensziel ,Gewinnmaximierung' letztlich
für den Standort, an dem langfristig die *„Differenz zwischen standortbedingten
Erträgen und standortabhängigen Aufwendungen die größtmögliche ist"*.[975]
Durch eine Erhöhung der Einfuhrzölle sahen die Handelsfirmen aus Italien
nun auf der Kostenseite eine so gravierende Verschlechterung der Standortbedingungen, daß sie drohten, ihre Firmensitze in Nürnberg aufzugeben - *„alle ihre Kaufhandlungen von dieser Stadt zu wenden"* - und in andere Städte, etwa
Frankfurt, Leipzig, Augsburg, Regensburg, Linz, Wien zu verlegen. Sie verwiesen darauf, daß vor Jahren, als die pfälzischen Rheinzölle erhöht worden seien,
die Kaufleute den Warentransport von Antwerpen nach Nürnberg auf die Straße
verlegt hätten[976] und durch die Frammersbacher Fuhrleute[977] hätten durchführen
lassen. Auch das spätere Angebot des Pfalzgrafen, die Zollerhöhung zu revidieren, hätte sie nicht bewegen können, die alten Handelsstraßen wieder zu bevorzugen. Bei der Frage der Zusammenarbeit der Nürnberger und Italiener in Antwerpen wurde schon darauf hingewiesen.

Diese Behauptung entsprach wohl den Tatsachen. Im Jahre 1546 stellten
die Räte der vier rheinischen Kurfürsten in Oberwesel fest, daß sich aufgrund
von Zollerhöhungen der Warenverkehr vom Rhein auf die Straßen verlagert hatte.[978]

Ebenfalls sei die Attraktivität Nürnbergs als Wechselstandort nicht so hoch
einzuschätzen, daß sie trotz Zollerhöhung in Nürnberg bleiben würden. Als warnendes Beispiel führten sie die Reaktion der Genuesen an, die ihre Wechsel wegen der Standortverschlechterungen in Lyon nach Besançon verlegt hätten.[979]

Jene Standortverschiebung ist allerdings nicht nur unter wirtschaftlichen,
sondern auch unter politischen Gesichtspunkten zu bewerten, geschah auf
Betreiben der Habsburger durch die mit ihnen verbündeten Genuesen und war
gegen Frankreich gerichtet.[980] Da es eine Messe, dazu eine reine Wechselmesse

---

975 Wöhe, G., Betriebswirtschaftslehre, S. 380.
976 Zahlreiche Beispiele und Begründungen für die Verlagerung vom Rhein auf die Straße
     bei Dirlmeier, U., Zoll-, Stapelrechte S. 29, 35f.
977 Sie und die aus benachbarten thüringischen Gebieten stammenden Fuhrleute erfreuten
     sich, wie oben schon ausgeführt, eines großen Vertrauens der Kaufleute. Die Frachtwa-
     gen nannte man Hessenwagen. - Strieder, J., Antwerpener Notariatsarchive, S. XXVf.
     Zuletzt: Herborn, W., Frammersbacher-Antwerpener Messen, passim.
978 Siehe dazu: Dirlmeier, U., Zoll- und Stapelrechte, S. 36.. Fliedner, H., Rheinzölle-
     Kurpfalz, S. 33ff.
979 Zunächst war Augsburg vom Kaiser als Konkurrenzmesse vorgesehen worden. Der
     Sprachschwierigkeiten wegen hatten die Genuesen dagegen aber protestiert, so daß der
     Ort in Burgund den Zuschlag erhielt. Der Name wurde beibehalten, obwohl die Messen
     von 1579 bis 1622 viermal im Jahr in Piacenza stattfanden. - BayStaatsAN, Rep. 19a,
     E-Laden, Akten, 245, 23.04.1572; 242, 21.04.1575. Blendinger, F., Augsburger Unter-
     kaufbücher, S. 20. Parker, G., Geld- und Finanzwesen, S. 348f.
980 Sie fanden in Pontarlier, Poligny oder Chambery statt. – Racine, P., Messen-Italien, S.
     156f.

war,[981] wäre zu untersuchen, ob diesem warnenden Beispiel aus Sicht der Handels-, der Gewerbestadt und dem Finanzplatz Nürnberg großes Gewicht beizumessen war.

Dadurch, daß von den Genuesen in der dritten Person gesprochen wurde, erhalten wir indirekt eine weitere Bestätigung dafür, daß die Genuesen in Nürnberg allenfalls vereinzelt und nicht auf Dauer tätig wurden.

Bei der Beurteilung der Drohung ‚Standortverlagerung' ist auch in Rechnung zu stellen, daß die Italiener offensichtlich an anderen Plätzen in den Genuß der Nürnberger Zollfreiheiten kamen, also eines Vorteils, für den sie keinen Preis zahlen mußten, dieser letztlich durch Verhandlungskosten und Zollmindereinnahmen auf Rechnung der Stadt Nürnberg ging. In diesem konkreten Fall ist bezüglich Frankfurt festzustellen, daß in den gesichteten Quellen nicht einmal von einem Frankfurter in Nürnberg die Rede ist.[982] Import und Export von und nach Frankfurt lagen ausschließlich in der Hand Nürnberger oder in Nürnberg domizilierender Kaufleute anderer Orte und Nationen.[983] Eine der bedeutendsten Frankfurter Firmen, die Stallburger, ließen ihre Geschäfte, wie schon ausgeführt, hier durch die Nürnberger Scherl erledigen.[984] Sicher ein bedeutender Hinweis auf die ganz unterschiedliche Wirtschaftsstruktur beider Städte, einer Handels- und Gewerbeexportstadt während des ganzen Jahres (Nürnberg) und einer Messestadt (Frankfurt).

Es ist also zu fragen, ob die Italiener bei einer Standortverlagerung nach Frankfurt ebenfalls in den Genuß der Zollfreiheit gekommen wären, die dort, wie in Nürnberg, nur für Bürger galt bzw. für Kaufleute aus jenen Städten, mit denen gegenseitige Zollfreiheit vereinbart worden war. So sagten die Kaufleute in Frankfurt, daß die Italiener nur deshalb in Nürnberg ihren Standort genommen hätten, weil sie dadurch in Frankfurt zollfrei gestellt würden.[985] Diese Behauptung greift aber mit Sicherheit zu kurz.

Insgesamt ist also zu prüfen, wie zutreffend diese historischen Vergleiche und wie ernsthaft deshalb die Abzugspläne waren, ob sie nicht in erster Linie

---

981 North, M., Warenmessen-Wechselmessen, S. 230.

982 Das gilt auch für die Kölner Kaufleute.

983 Die Schuldbücher des Banco 1621-1648 weisen als Kontoinhaber folgende Frankfurter auf: Berlu, Johann Noah; Brunck, Hans Philipp; Jud Joseph beim Feigenbaum; Jud Lemlein beim Springbrunnen; Jud Michel zum fröhlichen Mann; Jud Salomon beim Aychhorn; Jud Viktor; Jud Wolf zum Kestel; Lauf, Adrian; Marusch, Anna; Pfort, Hans Philipp, Renni, Wilhelm, Schott, Nikolaus, Treger, Egidius. Die Konten der Juden enthalten meist nur eine Transaktion und wurden danach wieder aufgelöst. Auch die anderen Unternehmer rangierten nicht in den oberen Umsatzklassement. Die Situation hatte sich also gegenüber dem 16. Jahrhundert etwas verändert. Es ist nicht auszuschließen, daß noch andere Firmen aus Frankfurt kamen, der Herkunftsort aber nicht angegeben wurde.

984 Vgl. dazu Dietz, der auf die Schwierigkeiten der Frankfurter Kaufleute aufmerksam macht, in das Wirtschaftsgebiet Frankens einzudringen. – Dietz, A., Frankfurter Handelsgeschichte, 1, S. 251.

985 Offensichtlich gab man sich, wie gesagt, in Frankfurt als Nürnberger Bürger aus. – Dietz, A., Frankfurter Handelsgeschichte, 1, S. 71.

doch als ‚leere Drohungen' zu qualifizieren sind. Die Beantwortung erfordert Kenntnisse über die standortbedingte Erlös- und Ertragssituation der einzelnen Firmen in konkurrierenden Städten, die der derzeitige Forschungsstand nicht liefert. Dabei ist das ganze Faktorenbündel einzubeziehen, das die Qualität eines Standortes ausmacht.

3.6.   Reformvorschläge und Modifizierungen der ‚großen' Reform

3.6.1.   Reformvorschläge

3.6.1.1.   Nürnberger Unternehmer

Das neue Zollgesetz war erst ein halbes Jahr in Kraft, als der Rat aufgrund massiver Proteste sich veranlaßt sah, die Zolldeputierten aufzufordern, das Gutachten[986] einer breiten kaufmännischen Öffentlichkeit[987] einzuholen.

In dem Papier der Kaufleute ist von unterschiedlichen Meinungen nicht die Rede, offensichtlich wurden die Empfehlungen einstimmig gefaßt. Das ist sehr bemerkenswert. Unter den Unterzeichnern befanden sich nämlich auch Willibald und Hans Imhoff sowie Paulus Tucher.[988] Letzterer war nach dem Tode (1568) seines Vaters Linhart, des Ersten Losungers (bis 1564), Prinzipal des Unternehmens geworden. Die Tucher trugen offensichtlich die radikalen wirtschaftspolitischen Forderungen der Imhoff und Welser nicht (mehr) mit. Auffallend ist auch, daß die anderen Allianzmitglieder Zollikofer und Rottengatter, soweit zu sehen, sich während der ganzen Diskussion nicht zu Wort meldeten, obwohl zumindest die Zollikofer[989] noch zur führenden Unternehmerschicht gehörten. Dieser Befund spiegelt in gewisser Weise ihre Position zwischen den Blöcken Imhoff/Welser auf der einen und Tucher auf der anderen Seite wider, wie sie im ersten Kapitel aufgezeigt wurde.

Die Imhoff-Unterzeichner waren also dezidiert anderer Meinung als ihre Verwandten Endres (I) und Endres (II). Das Bild eines harmonischen, festgefügten Familienverbandes mit einheitlicher Strategie und Taktik, so wie es Chr. v. Imhoff (1975)[990] zeichnete, bekommt also auch hier Risse.

---

986   Der Titel lautete: „*Bericht der Kaufleut auf allerlei für und einkommene Reden, Klagen und Beschwerungen, so wohl der Welschen als etlich anderer hiesigen Händler, von wegen des Zollhaus und Zollerhöhung ...*". – BayStaatsAN, Rep. 19a, E-Laden, Akten, S VII, L 123, 220 (8), 16.05.1572.

987   Es signierten (hier in alphabetischer Reihenfolge): Gilg Ayrer, Mathias Braun, Stefan Braun, Hans Fürleger, Paulus Fürleger, Benedikt Haydolf, Jörg Hoen, Veit Holzschuher, David Hopfer, Hans Imhoff, Willibald Imhoff, Wolf Kern, Eberhard Kürn, Caspar Neumair, Jörg Papst, Jörg Petzolt, Hans Schell, Hans Scheufelein, Albrecht Scheurl, Gabriel Schlüsselberger, Balthasar Schweicker, Paulus Tucher, Linhart von Werden.

988   Paulus (IV) Tucher (1524-1603). – Schwemmer, W., Mäzenatentum-Tucher, S. 32.

989   Rückschluß aus den Ausführungen im vierten Kapitel.

990   Imhoff, Chr.v., Imhoff, passim.

Spätestens nach der Analyse dieser Quelle wird dem Leser klar, welch antagonistische Ordnungsvorstellungen in jener Zeit aufeinandertrafen, von welchen Mehrheitsverhältnissen in der Kaufmannschaft auszugehen ist, wer unter den Meinungsführern sich von welchen Motiven leiten ließ.

Im Gutachten der Kaufleute wurde noch einmal das ganze Problemspektrum abgehandelt, so wie es sich in den verschiedenen Analysen, Petitionen, Gravamina gezeigt hatte. Erste Erfahrungen mit der neu errichteten Douane flossen ein.

Am Anfang und am Ende formulierten sie die Leitmaxime, an der sich alle wirtschaftspolitischen Entscheidungen des Rates auszurichten hätten: Sicherung und Ausbau des Standortes Nürnberg. *„Die Käufer müssen nach Nürnberg gelockt werden"*. Wie in anderen Quellen wird hier die Vorstellung der Zeitgenossen von ‚Markt' deutlich: Das Aufeinandertreffen von Angebot und Nachfrage durch die physische Anwesenheit von Käufer und Verkäufer. Vertragsabschluß und Warenübergabe sollten in Nürnberg stattfinden.

Eine kaum zu stoppende Tendenz wirkte dem entgegen: Der Kontrakt wurde schon vorher und an einem anderen Ort geschlossen bzw. erfolgte schriftlich. Besonders bei mehr oder weniger standardisierten Gütern und einer tragfähigen Vertrauensgrundlage zwischen den Parteien wird diese Vertragsform praktiziert worden sein. Die Waren wurden als Transitgut deklariert und versandt. Die Differenz zwischen Einkaufs- bzw. Verkaufszoll und Transitzoll wurde antizipiert, vergrößerte damit den preispolitischen Spielraum. Der Käufer sparte zusätzlich Reisekosten und vermied das Verlustrisiko. Nach Nürnberger Rechtsauffassung galten aber als Transitgüter nur jene Produkte, die noch unverkauft auf dem freien Markt angeboten wurden.

Diese Auffassung und Definition wurde geleitet von der Absicht der Nürnberger Ratsherren, den höheren Zoll kassieren, das Dienstleistungsgewerbe (Gaststätten, Fuhrleute) beleben und Arbeitsplätze sichern und schaffen zu können. Entscheidend war aber, daß sie sich durch die hohe Markttransparenz zusätzliche, über die ursprüngliche Absicht hinausgehende Kaufanreize erhofften. Fand Markt im oben beschriebenen Sinne statt, kam es durch Zollersparnisse zu Einkommensverlagerungen zugunsten der Vertragsparteien und zu Lasten des Fiskus, Nachfrage bei den ortsansässigen Unternehmen blieb aus.[991] Auch aus dieser Sicht heraus wurde die Höhe des Einfuhr- und Ausfuhrzolls determiniert, ebenso machte es eine sensible Feinabstimmung zwischen diesem und dem Transitzoll erforderlich, wollte der Gesetzgeber die eben beschriebene Tendenz nicht befördern. Diese besonderen Anforderungen an das Zolltarifsystem ergaben sich durch den spezifischen Standortcharakter Nürnbergs, einer Transithandels-, Gewerbeproduktions- und -exportstadt sowie einem Zentrum des internationalen Güteraustausches.

---

991 Vgl. gewisse Parallelen zum Internet-Handel: Beck, H.-Prinz, A., Internet-Dorf, S. 15.

3.6.1.1.1.   Einkaufsrechnungen

Die Frage, wie der Wert einer zu verzollenden Sendung genau taxiert wurde, konnte bisher nicht beantwortet werden. Laut vorliegender Quelle waren die Kaufleute offensichtlich verpflichtet worden, dem obersten Zoller und/oder den Gegenschreibern die Einkaufsrechnungen vorzulegen, nach denen die Zollschuld genauestens zu ermitteln war. Wie das bei Importgütern praktisch funktionieren konnte, bleibt unklar. Es ist wohl in erster Linie an in Nürnberg eingekaufte Güter zu denken.

3.6.1.1.2.   Verhalten der Zollbeamten

Sehr verunsichert müssen die Zollbeamten gewesen bzw. geworden sein. Zunächst war ihnen vom Rat liederliches Verhalten vorgeworfen worden. Mit Einführung der neuen Zollordnung hatte er sie verpflichtet, strikt nach Gesetzeslage zu handeln und abzurechnen. Das taten sie nun offensichtlich auch. Von den einheimischen Kaufleuten handelten sie sich deshalb den Vorwurf ein, sie seien zu streng, ja rigoros, dazu unfreundlich. *„... das ist, daß sie nit mit Ernst darauf trügen, die Kaufzettel und den Preis der waren furzulegen und den Zoll genauestens rechnen"*. Offensichtlich sollten sie wieder *Sieben gerade sein lassen*, wie es Zollgegenschreiber Koller zum Ärger der Imhoff und Welser vorher getan hatte. Die hatten den Rat aufgefordert, ihn deswegen abzumahnen und ihn evtl. aus seinem Amt zu entlassen.

Die Zollbeamten schossen vielleicht insofern tatsächlich über das Ziel hinaus, als sie auch sogenannte *„grobe Ware"*,[992] sollte sie bei teuren Spezerei- oder Seidenerzeugnissen lagern, mit dem höheren Wertzoll veranschlagten. Außerdem verlangten sie auch für diese Güter die Vorlage der Einkaufsrechnungen und forderten den Eid ab.

Vom Rat wurden sie ebenfalls gerügt, obwohl sie nach seinen Dienstanweisungen verfuhren. Er ordnete sogar an, daß bei der Zollabrechnung Ratspersonen zugegen sein sollten, um *„Bescheidenheit zu halten"*. Bei persönlicher Anwesenheit der Eigentümer sei ihnen gegenüber großzügiger zu verfahren als gegenüber den Faktoren: *„... soll man weniger genau gegen ihnen suchen, dann gegen ihre Faktoren"*, um Beschwerden zu vermeiden. Er ging bei dieser Differenzierung davon aus, daß der Faktor den Nachlaß nicht weiterreichen, sondern in seine eigene Tasche stecken würde, die Standortattraktivität Nürnbergs also durch vergleichende Kalkulationen seines Dienstherrn und seine Anwesenheit vor Ort nicht erhöht werde.

---

992 Kupfer, Zinn, Blei, Bleiglätte, Messing, Stahl, Galmei, Alaun, Schwefel, Röt, Kreide, Kupferwasser, Wachs, Papier, Brasil- und anderes fremdes Holz. An Blei sollen um die Mitte des 15. Jahrhunderts jährlich 12.000 Tonnen aus den Niederlanden herauf und von Böhmen herab über den Main transportiert worden zu sein. - Müller, J., Nürnberg-Kurmainz, S. 316 (Fn. *).

Für die Italiener, Spanier, Portugiesen, Franzosen räumte der Ratsverlaß diesen Ermessensspielraum nicht ein, obwohl ja gerade sie hier in der Regel durch Familienangehörige präsent waren. Insofern hatte sich in diesem Punkt Endres (II) Imhoff durchgesetzt, obwohl er im Gremium eine, besser, die Minderheitenposition eingenommen hatte. Die Mehrheit hatte vorgeschlagen, es bei ihnen zwar bei den Zollsätzen zu belassen, aber als Bemessungsgrundlage für die Zollabgaben nicht 100% des Wertes anzusetzen, sondern lediglich etwa 90%.

3.6.1.1.3.   Eid - Angeloben

Diese Pflicht betrachteten die Gutachter der Kaufleute als ein Schießen mit Kanonen auf Spatzen. Eine ganz unverhältnismäßig harte Auflage, die für die Wahrheitsfindung bei Kriminaldelikten berechtigt sei, aber nicht und in jedem Fall bei der Zollabwicklung. Sie konzedierten den Italienern ein anderes Rechtsempfinden wenn sie sagten, daß der Eid in jenen Ländern einen höheren Stellen- und Schwellenwert habe als in Deutschland, wo er gering geachtet werde.

Von der Gefahr einer Pervertierung des allgemeinen Rechtsempfindens kann insofern ausgegangen werden, als die Hemmschwelle dadurch herabgesetzt wurde, daß an eine eidliche Falschaussage bei der Zollzahlung nicht dieselben Rechtsfolgen geknüpft wurden wie bei dem gleichen Vergehen während eines Kriminalverfahrens.

Aus demselben Grunde, der Eidespflicht, blieben nach Meinung der Kaufleute auch die Händler umliegender Städte, die ansonsten alle 8 bis 14 Tage für bis zu 150 Gulden hier ein- oder verkauft hatten, Nürnberg fern.

An dieser Stelle schon verwiesen sie auf die Gefahr eines Handelsrückgangs insgesamt, wie sie ihn für den Blech- und Tuchhandel konstatierten. Ob hier das Geschäft mit englischen Tuchen gemeint war, erhellt die Quelle nicht. Mit dem Blechhandel waren sicher in erster Linie die Produkte der Amberger Zinnblechhandelsgesellschaft angesprochen. Hierin hatten sich die Italiener offensichtlich schon in einem nennenswerten Umfang eingeschaltet. Für den Anfang des 17. Jahrhunderts konnte das quantitativ nachgewiesen werden.[993] Eine befriedigende wirtschaftsgeschichtliche Bewertung dieser Aussage ist hier nicht möglich.

3.6.1.1.4.   Öffnungspflicht

Anders als Endres (II) Imhoff und Hans Welser, welche die Öffnungspflicht dem Eid gegenüber präferierten, weil sie *„den schlechten Worten"* der Italiener nicht glaubten, sahen die besagten Kaufleute es aus technischen und psychologischen Gründen als vorteilhafter an, sich wie anderswo auch, auf Stichproben – etwa alle vierzehn Tage oder drei Wochen – zu beschränken.

---

993   Freund, B., Italienische Kaufleute-Nürnberg, S. 80.

Strafen bei eventuell falschen Deklarationen hätten einen genügend hohen Abschreckungseffekt.

3.6.1.1.5. Zollhöhe

Die Kaufleute plädierten eindeutig dafür, die Zölle wieder auf die alten Sätze zurückzuführen. Den Mehrertrag aufgrund der Anhebung und scharfer Kontrollen schätzten sie ohnehin auf lediglich 1.500 bis 2.000 Gulden/Jahr ein, und diesen auch nur für die erste Abrechnungsperiode. Aufgrund der dadurch verursachten Standortverlagerungen zahlreicher Unternehmer würde er anschließend sinken, ja sogar noch unter das alte Niveau fallen. Außerdem wären Steuer- und Ungeldausfälle wegen des Beschäftigungsrückgangs der Wirte, Wagner, Schmiede, Sailer etc. den Mindereinnahmen hinzuzurechnen. Sie stellten also einem kurzfristigen Nutzen einen langfristigen Schaden gegenüber.

Diese gesamtwirtschaftliche Analyse ist fast schon deckungsgleich mit jener der italienischen Allianzmitglieder.

3.6.1.1.6. Latitüde

Die Kaufleute waren sich bewußt, daß die Rücknahme einer gerade festgesetzten Zollerhöhung den Eindruck eines Zick-Zack-Kurses erwecken und damit die Reputation des Rates auf dem Spiel stehen würde. Wenn der Rat also aus diesem Grund keinen Handlungsspielraum sähe, dann möge er als Bemessungsgrundlage nicht den Wert von 100, sondern wie in Bern, Lyon und Verona üblich, lediglich von 80% ansetzen, den Italienern *„eine Lüftung"* zugestehen, sozusagen einen Steuerfreibetrag. Die tatsächliche Erhöhung würde sich damit auf 1,6% reduzieren, der Rat hätte sein Gesicht gewahrt. Im übrigen sahen sie, wie in anderem Zusammenhang schon erwähnt, in der Erhöhung auf 2% nicht die eigentliche Gefahr, *„wiewohl es ihnen* [den Italienern] *gewißlich nit um die Zollerhöhung so gar zu tun ist"*, sondern in der Verpflichtung, alle Warensendungen zu öffnen und einer Inspektion zugänglich zu machen.

3.6.1.1.7. Standortverlagerung

Die oben schon in allgemeiner Form angesprochene Befürchtung einer Standortverlagerung präzisierten sie im Laufe ihrer Ausführungen. Als Konkurrenzstädte nannten auch die sich zu Wort meldenden Nürnberger Kaufleute Frankfurt, Linz, Leipzig, Naumburg, Regensburg, fügten aber noch Neustadt in Österreich hinzu. In jenen Städten würden dann die Engländer, Franzosen, Niederländer, Polen, Böhmen, Schlesier, Österreicher ihre Nachfrage decken, die sie jetzt noch in Nürnberg befriedigen würden.

Diese einseitige Betonung ihrer Rolle als Nachfrager, die der Realität in diesem absoluten Sinne wohl nicht entsprach, heißt pointiert übersetzt und interpretiert: Dort, wo die Italiener domizilieren oder ihren Handel hinwenden, dort treffen sich Angebot und Nachfrage. Ihnen wurde die zentrale Vermittlerrolle im europäischen Warenaustausch zugeschrieben.[994]

Dieselbe Rolle hatte die Regentin der Niederlande 1546 den Deutschen in Antwerpen zugeschrieben. Als Karl V. sie aufgefordert hatte, alle Untertanen des Landgrafen Philipp von Hessen, des Kurfürsten Johann Friedrich von Sachsen, ebenso die Kaufleute aus den oberdeutschen Städten, die im Schmalkaldischen Krieg die Protestanten unterstützt hatten, als Feinde zu erachten und vom Handel mit den Niederlanden auszuschließen, schrieb sie ihm, daß diese Maßnahme den Ruin Antwerpens bedeuten würde; dann nämlich würden jene Kaufleute, die für den Warenaustausch zwischen Spanien, Portugal, deren Kolonien, Italien, Frankreich, Nord- und Osteuropa ausschlaggebend seien, Hamburg als Standort wählen und alle anderen müßten ihnen nachziehen.

Diese Sicht der Dinge durch die Nürnberger Kaufleute ist sicher nicht gänzlich realistisch und nur aus ihrem Anliegen heraus zu erklären, die Italiener nicht vom Standort Nürnberg zu verdrängen, weil sie sich trotz der harten Wettbewerbssituation davon selbst Vorteile versprachen. In erster Linie waren die genannten Orte Messestädte mit zum Teil überregionaler Ausstrahlung, die, bei aller spezifischen Attraktivität, mit dem ‚Ganzjahresstandort' Nürnberg eben doch nicht gleichzusetzen waren. Nicht erst am fernen Horizont, sondern schon konkret gegeben sahen sie die Gefahr einer merkantilistischen Wirtschaftspolitik der Landesherrn und Fürsten, die beabsichtigten, den Reichsstädten den Handel zu entziehen *„oder wann man recht reden sollt, zu stehlen"*.

3.6.1.1.8.   Zentrale Warenlager außerhalb Nürnbergs

Nicht gänzlich identisch mit der Verlagerung ihrer Standorte, aber eng damit verknüpft, war die Frage der Niederlagen. Mit Leipzig, Breslau, Krakau, Augsburg, auch Italien selbst sahen sich die Nürnberger im Wettbewerb. Von hier aus könnten die Italiener ohne Schwierigkeiten die Messestädte, besonders Frankfurt und Leipzig, *„die jetzo in großem Aufnehmen"*,[995] an Nürnberg vorbei beliefern. Insofern betrachteten sie die Warenauslagerung nach Schwabach und Roth als ein deutliches Warnzeichen, als ersten Schritt der Italiener, in Nürnberg ihre zentralen Warenlager nördlich der Alpen aufzulösen.

3.6.1.1.9.   Münzexport

Einen wichtigen Hinweis erhalten wir in diesem Zusammenhang noch zur Frage der Währungsstabilität, die oben aus anderer Sicht schon einmal angesprochen wurde. Die Neigung der Italiener, nach Polen, Böhmen, Schlesien, Meißen, Österreich zu handeln und dorthin u.U. ihre Standorte zu verlegen,

---

994 Strieder, J., Antwerpener Notariatsarchive, S. XXI.
995 Auch auf der letzten Linzer Messe hätte das Angebot die Nachfrage nicht befriedigen können.

würde dadurch vergrößert, daß sie in jenen Orten und Ländern keine Schwierigkeiten hätten, mit minderwertigen Münzen zu kaufen und zu verkaufen.[996]

Eine andere Stelle im Gutachten ist wohl in dem Sinne richtig interpretiert, daß sie nach Meinung der Kaufleute auch gutes, vollwertig ausgeprägtes Geld von Nürnberg aus nach Italien exportierten, dort minderwertig ummünzten, um es anschließend in den Wirtschaftskreislauf einzuschleusen. Namentlich genannt werden in diesem Zusammenhang Samson Gall, die Nieri und Odescalco,[997] die das Geld in die hier gekauften Pfennwertwaren, in Wachs und Wolle einschlügen, um es außer Landes zu bringen.

In Nürnberg und im Reich mußte das zu einer Verknappung guter Geldsorten und damit zu einem *Aufgeld*, einer Verteuerung führen, während die Geldmenge insgesamt aufgebläht wurde und zu inflationistischen Tendenzen führte. Dieser quantitätstheoretische Ansatz ist nur e i n Denkmodell, das Phänomen zu erklären.[998]

Die Nürnberger Kaufleute standen diesem Phänomen hilflos gegenüber - „... *dem sei nun also oder nicht* ...“ -, boten keinen Lösungsvorschlag an, zitierten vielmehr den hiesigen Faktor Schmitter des Breslauer Kaufmanns Arzt,[999] der ihnen gesagt habe, wenn es in Nürnberg mit dem Zoll und der Münz nicht anders gehalten werde, dann müsse er seine Zweigniederlassung nach Linz verlegen. Die Verteuerungen durch den Zoll und durch das Aufgeld für gute Münzen gehören also zusammen gesehen und gewichtet.

Blaich[1000] kritisiert, daß die Reichsstädte bei der Monopoldiskussion in der ersten Hälfte des 16. Jahrhunderts nicht der Frage nachgegangen sind, warum die ausländischen Kaufleute das in Deutschland verdiente Geld nicht [gänzlich] zum Kauf deutscher Güter verwandten. Er selbst sieht den Grund in einem vergleichsweise hohen Preisniveau. Nach den gerade aufgezeigten Praktiken muß man für den Diskussionszeitpunkt sagen, daß sie diese inflationistischen Tendenzen zumindest zum Teil selbst herbeigeführt haben. Die Frage läuft also auf eine umfassende Begründung von Inflationen hinaus.

---

996   Siehe dazu auch BayStaatsAN, Rep. 19a, E-Laden, Akten, 223 (verschiedene Produkte), ohne Datum, wahrscheinlich zwischen 1575-1590.

997   Wenig später wird ihnen tatsächlich vorgeworfen, gegen die Reichsmünzordnung verstoßen zu haben. – Peters, L.F., Handel Nürnbergs, S. 474 (Fn. 40).

998   Aus der neueren Literatur zu diesen Fragen seien stellvertretend genannt: Witthöft, H., Münzordnungen-Grundgewicht, S. 49ff. Roth, P.W., Kipper- und Wipperzeit, S. 86ff. Gerhard, H.-J., Wandlungen-Währungssystem, S. 71ff. Christmann, Th., Vereinheitlichung des Münzwesens, passim.

999   Namentlich, ohne Vorname, genannt im Gutachten vom 15.07.1572. Möglicherweise handelt es sich um den Angehörigen einer Familie, die im 15. Jahrhundert in Augsburg nachweisbar ist und mit Ulrich 1426 nach Nürnberg verzweigte. Hatten sie von hier aus ihren Sitz nach Breslau verlegt? - Strieder, J., Kapitalismus, S. 159f.

1000 Blaich, F., Reichsmonopolgesetzgebung, S. 45.

3.6.1.1.10. Diplomatische Initiativen

Die Möglichkeit, die italienischen Stadtstaaten von den Zollhinterziehungen ihrer Landsleute trotz *„des milden Zollregiments in Nürnberg"* zu unterrichten, hielten sie für sinnvoll, auch wenn sie die Aussichten, damit eine Verhaltensänderung der hiesigen Italiener herbeizuführen, als eher gering einschätzten. Auf der anderen Seite waren sie sich sicher, daß es ohne Rücknahme der Zollerhöhung zu Retorsionsmaßnahmen kommen würde. Möglicherweise nicht in Venedig, wo die Zollhöhe schon beachtlich sei, auch nicht in Genua, weil die von dort nach Nürnberg handelnden Kaufleute keine Genueser Bürger seien, sondern aus Plurs stammten.

Die letzte Vermutung scheint aus ihrer Sicht etwas gewagt, denn schließlich setzten sie sich selbst für den Verbleib von Nichtbürgern, den Italienern, ein. Warum sollte die Interessenlage der einheimischen Kaufleute dort anders sein?! Historisch zutreffend ist allerdings, daß Genua tatsächlich nicht intervenierte.

3.6.1.2. Gutachterausschuß: Willibald Schlüsselfelder - Marx Tucher - Endres (II) Imhoff – Joachim Nützel

Vier Wochen brauchte der ‚offizielle' Ausschuß, um diese Informationen zu verarbeiten und in ein eigenes Gutachten einfließen zu lassen.[1001] Es scheint klar, daß die Mitglieder unter ihnen, die schon immer jener gerade geäußerten Meinung gewesen waren oder doch dahin tendiert hatten, sich aber nicht hatten gänzlich durchsetzen können, einen kräftigen Rückenwind verspürten. Zu ihnen sind Willibald Schlüsselfelder und Marx Tucher[1002] zu zählen. Damit waren also zumindest zwei Mitglieder der Familie Tucher gegen die Linie der Imhoff und Welser.

Im Viererausschuß des vergangenen Jahres[1003] hatten Schlüsselfelder und Tucher schon wesentliche Teilerfolge gegen Endres (II) Imhoff und Hans Welser erringen können. Aufgrund der Pattsituation war es im Rat aber nicht zu einer Konsensbildung gekommen. Sehr bemerkenswert ist nun, daß Hans Welser dem Gutachterausschuß nicht mehr angehörte, seiner Aufgaben entbunden und durch Joachim Nützel ersetzt worden war. Diese personelle Veränderung ist zweifellos auch auf den ‚Druck der öffentlichen Meinung', wie sie eben zum Ausdruck kam, zurückzuführen.

Die Meinungsverschiedenheiten im Ausschuß werden durch die Passagen *„Es hielt auch etlich der Herren Verordneten darfür ... , Die andere Meinung*

1001 BayStaatsAN, Rep. 19a, E-Laden, Akten, S VII, L 123, 220 (9), 15.07.1572.
1002 War es Markus (II) Tucher (1532-1573)? Dessen erste Frau Regina Stockammer starb ein Jahr nach der Ehe (1564). Im folgenden Jahr vermählte er sich mit Maria Gugel. – Grote, L., Tucher, S. 90ff. Schwemmer, W., Mäzenatentum-Tucher, nach S. 32.
1003 BayStaatsAN, Rep. 19a, E-Laden, Akten, S VII, L 123, 220 (3), 07.11.1571.

war ... , ... Es sind zweierlei Meinung..." deutlich. Nach der Formulierung *etlich* müssen also drei der vier Gutachter einer Meinung gewesen sein. Daß Endres (II) Imhoff in eine Minderheitenposition geraten war, ergibt sich durch einen Vergleich vor allen Dingen mit dem Gutachten, das er mit Hans Welser am 25.09.1571[1004] beim Rat eingereicht hatte.

3.6.1.2.1. Zollhöhe

Wie die Kaufleute befürwortete die Mehrheitsfraktion nach gründlicher Abwägung der bekannten Argumente die Wiedereinführung der alten Zollsätze. Die Herabsetzung auf 1% für die Intrada begründete sie vor allen Dingen damit, daß ansonsten die Italiener während der Heiltumsmesse über die erwartete Verkaufsmenge hinaus Waren zollfrei einführen würden. Dem wollte man zusätzlich dadurch einen Riegel vorschieben, daß diese beim späteren Versand mit einem Ausfuhrzoll von einem Prozent zollpflichtig werden sollten. Dieser Vorschlag ging wahrscheinlich auf Imhoff zurück. Also keine zollfreie Ausfuhr nach der Messe für vor oder während der Messe eingeführte Waren.[1005] Allerdings ist hierin keine ,Neuerung' zu sehen, denn das entsprach der ursprünglichen Rechtslage, wahrscheinlich aber nicht der Rechtswirklichkeit.

Zurückfließende Waren, die hier den Wertzoll bezahlt hatten, sollten bei einer neuerlichen Ausfuhr nicht wieder zollpflichtig werden. Was aber, wenn sie nun doch in Nürnberg verkauft werden konnten? Wenn für sie der Wertzoll entrichtet worden war, traten keine Probleme auf. Eine Nachforderung mußte Nürnberg aber dann stellen, wenn sie einen geringeren Transitzoll bezahlt hatten.

3.6.1.2.2. Douane

Zunächst wurde die Beibehaltung der Douane befürwortet. Damit war die Privatisierung des Zollregals, wie sie von Imhoff und Welser gefordert worden war, so gut wie vom Tisch. Hier sollten alle Waren niedergelegt werden. Lediglich für grobe oder andere Ware[1006] befürworteten sie eine Ausnahmeregelung. Diese konnte im Haus von Nürnberger Bürgern gelagert werden, wenn sie eine ganze Warenladung ausmachte. Unmittelbar danach bestand Deklarationspflicht im Zollhaus. Ob diese Ausnahmeregelung aufgrund von Platzmangel im Zollhaus getroffen werden sollte, bleibt unklar.

Im selben Zusammenhang gestand man diese Verführung in die eigenen Gewölbe auch den Italienern, Franzosen und anderen Fremden zu. Gerade diese Regelung bot jedenfalls wieder Möglichkeiten zum Unterschleif.

1004 BayStaatsAN, Rep. 19a, E-Laden, Akten, S VII, L 123, 220 (2), 25.09.1571.
1005 Siehe dazu die Frage der Privilegien für die Augsburger Welser.
1006 Was sie mit *„anderer Ware"* meinten, konnte nicht bestimmt werden.

Die Feststellung am Ende des Gutachtens, daß vor ein paar Tagen ein Italiener ins Zollhaus gekommen sei, dort lagernde Waren aus einem Kistlein in ein anderes gepackt und zu sich ins Haus genommen habe, deutet auf die schon bestehende Möglichkeit hin. Die Stadt war also um den Einfuhrzoll gebracht worden, denn es konnte davon ausgegangen werden, daß der Schmuck, um den es sich möglicherweise handelte, in Nürnberg verkauft werden würde. Bei einem gänzlichen Verbot der Eigenlagerung in die Privatkeller wäre die Hürde bedeutend höher gewesen. Vorschlag der Gutachter: Für alle geöffneten Kisten, Ballen, Truhen etc., sollte der Einfuhrzoll fällig werden, auch wenn die Waren als Transitgut deklariert worden waren.

3.6.1.2.3.   Eid - Angeloben

Sie schlossen sich diesbezüglich der Meinung der Kaufleute an und befürworteten den Verzicht auf die Eidesleistung.

3.6.1.2.4.   Öffnungspflicht

Bei begründetem Verdacht durch Augenschein oder Informationen Dritter sollte das Zollpersonal das Recht haben, die Güter, wie immer sie deklariert worden waren, öffnen zu lassen und zwar bei allen Personengruppen.

3.6.1.2.5. Transit-, Ausfuhr-, Einfuhrgüter

Die Bürger konnten nach dem Gutachten die ihnen eigentümlich zugehörigen Waren, die *„nicht von der Achs abgelegt"* worden waren, zusammen mit den Bolliten des Zollamts als solche durchführen.

Bürger als Faktoren zollpflichtiger Unternehmen sollten die aus dem Zollhaus geholten Waren dann als Transitware verzollen können, wenn sie zusicherten, daß es sich um noch unverkaufte Ware handle.

Zum Charakter der Transitgüter gehörte immer diese Bedingung: Sie mußten auf dem freien Markt angeboten werden. Lagen schon Bestellungen vor, so entging der Stadt dadurch, daß der Käufer nicht vor Ort in Nürnberg orderte, der höhere Einfuhr- bzw. Ausfuhrzoll. Eine Kontrolle war praktisch wohl kaum möglich. Das war, wie oben schon ausgeführt, das *„Principal Stück"*, das Hauptanliegen des Rates: Die Käufer selbst nach Nürnberg zu holen.

Eine Zwischenlagerung in den eigenen Gewölben war danach dann erlaubt, wenn der Faktor noch keine genauen Versandanweisungen bekommen hatte oder keine Fuhrleute zur Verfügung standen.[1007]

Um Betrugsmöglichkeiten einzuschränken, wurde den Italienern das Recht der Zwischenlagerung im eigenen Haus für jene Waren, die sie aus dem Zoll-

---

1007 Eine sehr anschauliche Beschreibung über die Organisation der Speditionen, der Zusammenarbeit und Aufgabenverteilung zwischen Güterbestätter, Fuhrmann und Kaufmann bei Hald, K., Güterbestätterei, 157, o.S.

haus geholt hatten, nicht zugestanden. Es wurde generell unterstellt, daß es sich um schon verkaufte Waren handelte, man stufte den Handel als Umgehungsgeschäft ein. Besonders die Fürstenhöfe bestellten offensichtlich weitgehend nach Muster, schickten ihre Beauftragten nur in Ausnahmefällen nach Nürnberg.

Die Zollabfertigung sollte nun auch an den anderen städtischen Wagen erfolgen können, die Güter wurden dann aber ausschließlich als Ausfuhrwaren eingestuft, mußten also den höheren Wertzoll zahlen. Kleinere Kaufleute hatten danach den Zoll sofort zu entrichten. Um eine bessere Verzahnung der verschiedenen Dienststellen zu erreichen, mußte das Geld jeden Abend ins Zollhaus gebracht und dort verbucht werden. Kaufleute, die in der Douane ein Konto unterhielten, sollten nur von dort aus abgefertigt werden können. Wurde mehr als 1 Gulden Zoll fällig (Warenwert 100 Gulden; bei einer Bemessungsgrundlage von drei Quart, also 75%, entsprechend höher), sollte die ausschließliche Abfertigung im Zollhaus ebenfalls zur Pflicht gemacht werden. Von dieser technischen Erleichterung wurden die Italiener ausdrücklich ausgeschlossen. Praktisch fielen sie schon deshalb nicht unter diese Regelung, weil sie ein Zollkonto unterhielten und der Warenwert ihrer Sendungen wohl meist über diesem Limit lag. Gedacht war diese Bestimmung wohl vor allen Dingen für den regionalen Kleinhandel.

3.6.1.2.6. Latitüde

Hier gingen die patrizischen Gutachter nicht so weit wie die Kaufleute. Die vorhin genannten drei Quart, also 75%, hatten wohl eher als Rechenbeispiel gedient. Dem Rat empfahlen sie einen Wertansatz von 90%.

Die Kaufleute waren der Meinung gewesen, daß ein höherer Nachlaß, das heißt eine günstigere Bemessungsgrundlage für den in Nürnberg anwesenden Unternehmer als für seinen Nürnberger Faktor, böses Blut bei den Bürgern machen würde. Der Rat müßte sich dann den Vorwurf gefallen lassen, ihnen *"die Nahrung nicht zu gönnen, das Brot vom Munde abzuschneiden"*, ein Argument, das die Allianzmitgliedern ohne Unterlaß den Italienern gegenüber vorgebracht hatten. Es sei sehr problematisch, den Faktoren generell Untreue zu unterstellen. Zwietracht zwischen Unternehmer und Faktor sei damit sozusagen vorprogrammiert. Ein Aspekt verdient noch hervorgehoben zu werden: Sie begründeten ihren Standpunkt aus psychologischer und sozialer, nicht aus rechtlicher (etwa Gleichheit vor dem Gesetz) oder wirtschaftlicher Sicht (zusätzliche Nachfrage).

In diesem Gutachten wurde an der unterschiedlichen Behandlung aus übergeordneten Gründen festgehalten. Wenn der Faktor das Geld seinem Dienstherr nicht weiterreichen, sondern in die eigene Tasche stecken würde, erführe dieser nicht von dem Kostenvorteil, käme nicht nach Nürnberg, um *"etwas vom Zoll wegzuschnappen"*. Die entsprechenden Personen sollten für diese Regelung geradezu Propaganda machen.

Diese zollpolitische Vorzugsbehandlung der Fremden muß gegen das Votum von Imhoff gefallen sein,[1008] denn er und Welser hatten in ihren Gutachten immer dafür plädiert, die Bürger den Auswärtigen gegenüber nicht nur gleichzustellen, sondern zu bevorzugen. Ihre Zielsetzung bezog sich allerdings in erster Linie darauf, wenn sie denn ehrlich gemeint war, das Faktoreigeschäft durch neue Vertragsverhältnisse zu beleben.

Fazit: Je mehr man sich in die Einzelheiten vertieft, um so offenkundiger wird, welch ein hypertropher administrativer Aufwand bei all den Differenzierungen nach Personen, Warengattungen, Wertansätzen, Einfuhr- und Ausfuhrzeitpunkten, Lagerstätten, Beweisurkunden etc. getrieben werden mußte oder hätte getrieben werden müssen, wenn denn strikt nach den Buchstaben des Gesetzes verfahren worden wäre. Die Verwaltungsbehörden hätten sich vor Beschwerdeschriften kaum retten können. Die Assoziation zum heutigen Steuer- oder Baurecht in Deutschland z.B. drängt sich geradezu auf.

Zum Teil entstanden die Komplikationen auch durch die oft gerühmten gegenseitigen Zollbefreiungsverträge. Eindeutig waren damit aber nicht nur Vorteile verbunden, wie die ganze Diskussion zeigt, vor allen Dingen deshalb nicht, weil die zollbefreiten Kaufleute anderer Städte und Länder zollpflichtige Ware als ihnen zugehörig deklarierten, also am Zoll vorbeischmuggelten. Umgekehrt mag das, wie oben ausgeführt, auch von den Nürnberger Kaufleuten praktiziert worden sein, wie die angeführten Kölner und Lübecker Quellen vermuten lassen. Die hiesige Überlieferung berichtet, so weit zu sehen, darüber nicht.

3.6.2.   Erste Modifizierung der ‚großen' Reform am 12.07.1572

Die neue Zollordnung war erst kurze Zeit in Kraft, als der Rat sich am 12.07.1572 entschloß,[1009] sie aufgrund zahlreicher Beschwerden und der eben aufgeführten Gutachten wegen möglicher Gefahren für den Wirtschaftsstandort Nürnberg neuerlich zu novellieren.

3.6.2.1.   Eid - Angeloben

Der Rat hatte kein allzu großes Vertrauen in die abschreckende Wirkung einer Eidespflicht. „*Der Eid wird dieser Zeit leider gering geachtet*",[1010] konstatierte er 1568. In diesem Fall meinte er nicht die Italiener, sondern die Mitbürger, die trotz Eides ihre Losung nicht getreulich entrichteten.

Im April 1572 stand die Frage einer möglichen Eidespflicht gleichwohl wieder auf der Tagesordnung.[1011] Sie konzentrierte sich ausschließlich auf die Gruppe der Italiener in Nürnberg ohne Bürgerrecht. Diesmal hatten sich die

1008 Es heißt an dieser Stelle „*Es hielt auch etlich der Herren verordneten darfür ...*".
1009 Müller, J., Finanzpolitik, S. 58ff. BayStaatsAN, Rep. 19a, E-Laden, Akten, S VII, L 123, 220 (10), 12.07.1572.
1010 BayStaatsAN, Rep. 19a, E-Laden, Akten, S I, L 115, 5 (i), 1568.
1011 BayStaatsAN, Rep. 19a, E-Laden, Akten, 245, 17.04.1572.

Ratsherren auf Empfehlung des Zollausschusses und nach Beratung mit Dr. Christoph Fabius Gugel eine Taktik ausgedacht, die als besonderes Zeugnis der Hilflosigkeit gegenüber dieser Allianz gelten darf: Eine Mischung aus Überrumpelung, moral suasion und Strafandrohung. Ein Ratsangestellter wurde beauftragt, die betroffenen Prinzipale der Häuser ohne nähere Begründung auf das Rathaus zu bestellen. Um eine gemeinsame Verhandlungsstrategie zu vereiteln, mußte dieser Vorladung sofort Folge geleistet werden.[1012] In Einzelunterredungen sollte ihnen dann zunächst der Nutzen vor Augen geführt werden, den sie hier aufgrund der milden Zollgesetzgebung und des jederzeit kooperativen Verhaltens des Rates gehabt hätten. Gegenüber den einheimischen Firmen würden sie große Vorteile genießen, müßten keine Losung zahlen und „entgegen altem Herkommen" hätte der Rat es ihnen sogar erlaubt, „eigene stattliche Häuser zu kaufen und zu beziehen". Anstatt nun aber die fremdenfreundliche Wirtschaftspolitik des Rates mit gesetzestreuem Verhalten zu honorieren, hätten sie nachweislich seit vielen Jahren unter Vorspielung falscher Tatsachen den Zoll hinterzogen, würden sich „trutzig" der neuen Ordnung widersetzen, dem Rat und den einheimischen Händlern mit allerlei „Gegenpraktiken" drohen und ihre Waren an anderen Orten „niederlegen". Der Rat sähe sich nun aus der Verantwortung dem Gemeinwohl gegenüber gezwungen, bei Gesetzesübertretungen Strafen nicht nur anzudrohen, sondern auch konsequent zu verhängen.

Danach sollte ihnen allen eine schriftliche Erklärung vorgelegt werden, die sie zu beschwören hätten. Die Eidesformel hatte nach dem Entwurf von Gugel folgenden Wortlaut: „Und einem jeden nach abgeforderten Fürtrag auferlegen, alsbald einen Eid zu schwören, daß er selbst oder die Seinigen, daß er nichts unternehme zum Nachteil der Stadt, noch die Hantierung hieher sperren oder hindern helfen werde, mit seiner Hantierung weder für sich oder durch andere, so schon lange hier, den neuen Zoll betreffend nichts zum Nachteil der Stadt zu tun, sondern der Hantierung wie zuvor ihren ganzen und freien Lauf lasse".

Wie der Rat erwartet und befürchtet hatte,[1013] ließen sich nur einige Italiener darauf ein, diesen Eid abzulegen, unter ihnen Samson Gall und (Jeronimo?, Nicolo?) Bernardini (Bernhardini). Die meisten ergingen sich in „Weitläufigkeit", gaben vor, erst bei ihren „Herren und Mitverwandten" sich der eigenen Kompetenzen versichern zu müssen; eine immer wieder praktizierte Verzögerungstaktik.[1014]

Auf der anderen Seite herrschte bei aller zur Schau getragenen Entschlossenheit im Rat große Ungewißheit darüber, ob die Zuspitzung in der Auseinan-

---

1012 Um öffentliche Unruhen oder gar Aufstände wegen des Getreideaufschlags zu vermeiden, ging man 1576 ähnlich vor. Der Rat bestellte die Müller, Bäcker, Wirte und Pfragner einzeln bzw. in kleine Gruppen auf das Rathaus, um sie davon zu unterrichten, vermied es, das Dekret öffentlich zu verkünden und anzuschlagen. – BayStaatsAN, Rep. 60b, Ratsbücher, 35, fol. 172f., 15.02.1576.
1013 BayStaatsAN, Rep. 19a, E-Laden, Akten, 245, April 1572.
1014 Peters, L.F., Handel Nürnbergs, S. 144.

dersetzung nicht den Standort Nürnberg gegenüber in- und ausländischen Konkurrenzstädten wie etwa Linz und Wien verschlechtern würde. Der wirtschaftliche Nutzen lag also offensichtlich nicht nur auf Seiten der Italiener.

Ab dem 12.07.1572 war die Rechtslage derart, daß zukünftig den Bürgern für die ‚grobe' Ware,[1015] die direkt in die Gewölbe ihrer eigenen Häuser gesandt und gelagert werden durfte, lediglich eine Anzeigepflicht auferlegt wurde. Für die anderen Waren galt die Eidespflicht sowohl für die einheimischen als auch für die ausländischen Kaufleute, der allerdings nur einmal im Jahr abgefordert wurde,[1016] darüber hinaus bestand für jede einzelne Warensendung Anzeigepflicht im Zollhaus.

Gleichwohl zweifelte der Rat 1573,[1017] ob die „*Lüftung*" den Italienern gegenüber doch nicht zu weit gegangen sei, und sie wieder mit der Eidespflicht belegt werden sollten.

3.6.2.2. Öffnungspflicht

Die Italiener insbesondere wurden von der Pflicht entbunden, ihre Transitwaren im Zollhaus zur Kontrolle von Inhalt und Wert zu öffnen.

3.6.2.3. Zollhöhe

In diesem Punkt der Auseinandersetzungen, der Höhe des Einfuhr- und des Transitzolls, konnten die Italiener sich mit ihren Forderungen auf der ganzen Linie durchsetzen.[1018] Der Transitzoll wurde für sie herabgesetzt von einem einprozentigen Wertzoll auf einen Gewichtszoll von vier Pfennig pro Zentner, der Einfuhrzoll von zwei auf ein Prozent des Wertes. Damit waren sie allen anderen Nicht-Bürgern zollpolitisch gleichgestellt.

1015 Unter grober Ware verstand man im Gegensatz etwa zu den teuren Samt- und Seidenwaren, Spezereien etc. minderwertige, d.h. billigere Güter. Sofern diese dem Gewichtszoll unterlagen wie unedle Metalle (Kupfer, Galmei, Alaun, Wachs, Schafwolle) wurde der Zoll nach dem Wiegen an der Großen Waage vom Zollschreiber eingefordert, unterlagen sie wie Honig, Heringe dem Raumzoll oder dem Stückzoll wie Vieh, Felle, Stockfische wurde der Zoll sofort an den fünf Haupttoren erhoben. Für Honig, Hopfen z.B. wurde der große Torzoll (zwischen 2 Pfennig und 1 Schilling pro Tonne bzw. Wagen), für die gewöhnlichen landwirtschaftlichen Erzeugnisse wie Kraut, Heu, Holz, Ton, Glas der kleine Torzoll (pro Wagen 1 Pfennig) fällig. - Müller, J., Finanzpolitik, S. 27; Endres Imhof, S. 20.
1016 BayStaatsAN, Rep. 60b, Ratsbücher, 34, fol. 226f., 28.07.1572.
1017 BayStaatsAN, Rep. 19a, E-Laden, Akten, S VII, L 123, 220 (13), 1573.
1018 Müller, J., Finanzpolitik, S. 58.

3.6.3. Zweite Modifizierung der ‚großen' Reform am 15.02.1573

3.6.3.1. Stapelfrist

Ein weiteres halbes Jahr später, am 15.02.1573, wurde für sie eine zusätzliche Erleichterung dahingehend eingeführt als die Frist, während der die im Zollhaus liegenden Waren als Transit- oder Einfuhrwaren deklariert werden mußten, von acht Tagen auf drei Wochen verlängert wurde. Für die Italiener wurde also der Entscheidungsspielraum erhöht, die Chance, in Nürnberg auf Nachfrage zu treffen, vergrößert. Fanden sie vor Ort einen Käufer, sparten sie Transport-, verringerten die Personalkosten, vermieden das Verlustrisiko durch Raub, Beschädigungen etc. auf der Strecke.

Unter fiskalpolitischen Gesichtspunkten war diese Entscheidung sinnvoll, gleichwohl halbherzig und wurde letztlich von anderen Motiven bestimmt. Sinnvoll war sie insofern, als, sollte während der Zeit ein Käufer in Nürnberg gefunden werden, der gegenüber dem Transitzoll höhere Einfuhrzoll fällig wurde und ebenfalls höhere Gewölbezinsen, also Lagerkosten, zu zahlen waren (ab der 2. Woche: 1 Schilling/Woche/Zentner). Da davon auszugehen ist, daß es sich bei den potentiellen Käufern zumindest zum Teil um auswärtige Kaufleute handeln würde, die sich hier bei den Italienern eindecken und/oder ihnen Waren verkaufen wollten, können außerdem positive Effekte für den Gewerbe- und Dienstleistungssektor veranschlagt werden. Die Italiener hielten aber auch diese Frist für ungenügend und wurden in ihrer Einschätzung von den Zollamtleuten unterstützt.[1019]

Die zeitlich begrenzte Stapelberechtigung hatte denn auch folgendes Ziel: Die Italiener sollten durch die Einengung des Deklarationszeitraums und die Kürze der Stapelberechtigung unter Entscheidungszwang gesetzt werden. Ihre Alternativen lauteten: Entweder Zahlung des höheren Einfuhrzolls oder Versand der Ware auf andere Märkte in der Hoffnung, dort auf Nachfrage zu stoßen. Beide Entscheidungen standen unter dem Zeichen der Ungewißheit. Entschlossen sie sich für den Transit, so sparten sie zwar Zollgebühren, mußten aber die Transportkosten und die, wie oben gezeigt, unter Umständen gleich mehrmals, tragen. Diese wären durch die Rückzahlung des Transitzolles bei Wiedereinfuhr nicht kompensiert worden. Außerdem gingen sie andere Transportrisiken ein.

Eine Verlängerung des Erklärungszeitraumes wäre gleichbedeutend mit einer Verringerung des Absatzrisikos gewesen, denn die Betroffenen hätten auf sichere Einkaufsorder warten können. Entschieden sie sich für die Deklaration als Einfuhrware, so war bei Verkauf der höhere Einfuhrzoll zu zahlen, Lagerko-

---

1019 BayStaatsAN, Rep. 19a, E-Laden, Akten, 242, 17.08.1574; 1575, ohne genaues Datum.

sten wurden fällig. Welche Alternative sie bei der gegebenen Gesetzeslage auch wählten, ihre Kosten wurden erhöht. Ziel war es denn offenbar auch, ihren Nürnberger Konkurrenten Wettbewerbsvorteile zu verschaffen. Wenn sie schon die Italiener nicht vertreiben konnten, so doch wenigstens ihre Waren. War auch das nicht zu schaffen, sollten die Kosten erhöht werden. Hinsichtlich des oft beschworenen sozialpolitischen Arguments, Sicherung oder gar Schaffung von Arbeitsplätzen, Stärkung des Gewerbe- und Dienstleistungssektors, mußte die Regelung kontraproduktiv wirken. Dem oft beschworenen *„Principal Stück"*, der obersten Zielsetzung aller wirtschaftspolitischen Aktionen, die Käufer nach Nürnberg zu ‚locken',[1020] lief diese Maßnahme zuwider. Andere Städte verordneten den Stapelzwang[1021] aus den eben aufgezählten Gründen, Nürnberg wirkte den entsprechenden Wünschen der Kaufleute zum eigenen Schaden entgegen. Eine mutige Tat der Zollbeamten, ihre Dienstherren darauf aufmerksam gemacht zu haben.

Für die Konkurrenten der Italiener, vor allen Dingen also für die Beschwerdeführer, hatte der Versand der Güter innerhalb der Frist den Vorteil, daß ein Teil der Nachfrage auf ihre Unternehmen umgelenkt wurde, bei Überschreitung der Erklärungsfrist ergaben sich Kostenvorteile.[1022]

In dem bestehenden Zielkonflikt, Erhöhung der öffentlichen Einnahmen, Prosperität des Gewerbe- und Dienstleistungssektors, Stabilisierung des Arbeitsmarktes einerseits, Profitsicherung der Unternehmen von den Beschwerdeführern andererseits, entschieden sie sich also auch hier für die letzte Alternative.

Sehr problematisch blieb bei der neuen Gesetzeslage natürlich der Verzicht auf die Kontrolle durch Augenschein. Nicht gelöst war weiterhin auch die Frage des Detailverkaufs.

3.6.3.2. Zollerstattung für Rückfracht

Im Zuge der zweiten Stufe der Zollreform 1573 wurde die Rückerstattung des Wertzolls in Höhe von 1% für jene Güter zugesagt, die unverkauft von den Messen in Frankfurt und Leipzig nach Nürnberg zurückkamen. Wegen kaum wirkungsvoll durchzuführender Kontrollen war dieses Zugeständnis besonders großzügig.

1020 BayStaatsAN, Rep. 19a, E-Laden, Akten, S VII, L 123, 220 (9), 15.07.1572.
1021 Witthöft, H., Lüneburg-Leipzig, S. 206ff. Blaich, F., Reichsmonopolgesetzgebung, S. 145f.
1022 Auch aus dieser Sicht erhalten wir also einen Hinweis auf ein weitgehend identisches Warensortiment.

3.7.   Reaktion der Nürnberger Allianzmitglieder auf die Modifizierungen der ‚großen' Reform

Die bisher von den Nürnberger Allianzmitgliedern immer wieder vorgetragenen Argumente werden in der folgenden Eingabe wiederholt, aber der Forderungskatalog weitete sich entscheidend aus. Die Akzente legten sie auf nichttarifäre Maßnahmen, führten moralische und staatspolitische Argumente ins Feld.

3.7.1.   Negative Folgen der bisherigen Wirtschaftsordnung

3.7.1.1.   Öffentliche Finanzen

Die Ausgangsgleichung der Beschwerde führenden Allianzpartner lautete: Die Nürnberger zahlen Losung (Steuer), die Nichtbürger sind von den *„bürgerlichen Lasten"* befreit,[1023] erlegen Schutzgeld und zahlen Zoll. Die Kostenbelastung durch die Losung ist höher als die den Italienern auferlegten Abgaben. Unter Wettbewerbsgesichtspunkten bedeutet das eine Bevorzugung der ‚Fremden' gegenüber den Bürgern. Hierin sahen sie eine ungerechtfertigte Diskriminierung und Verzerrung, eine Verletzung des Gleichheitsgrundsatzes. Nach ihrer Meinung sollten die Einheimischen sogar nicht nur gleichgestellt, sondern den Fremden gegenüber bevorzugt werden.

In fiskalischer Hinsicht mußte das ihrer Meinung nach zu Mindereinnahmen des ‚Staates' führen, besonders dann, wenn die Italiener die Marktposition zu ihren Lasten ausbauen würden.[1024]

3.7.1.2.   Arbeitsmarkt

Logisch nicht zu vereinbaren mit ihrem zentralen Wunsch, die Italiener auf andere Standorte abzudrängen, war die Feststellung, daß diese bei einer Zollerhöhung schon deshalb nicht abwandern würden, weil sie nur hier ihre Nachfrage nach den hochwertigen Produkten des heimischen Gewerbes befriedigen könnten. Sie verwiesen damit zu Recht hin auf den interdependenten Zusammenhang zwischen Handel und Gewerbe, Hauptstandortfaktoren Nürnbergs.

Eine Verbindung mit ihren Anliegen stellten sie insofern geschickt her, als sie behaupteten, daß dieser reich differenzierte Produktionszweig mit vielen Arbeitsplätzen nur dann und solange existieren und blühen könne, wie die *„hiesigen alten Häuser in esse"* blieben. Damit unterstrichen sie ihre eigene Rolle als Nachfrager und Impulsgeber für Innovationen. Sie gingen aber – zeitweise jedenfalls - noch einen Schritt weiter und wiesen darauf hin, daß sie, die Beschwerdeführer, für die Italiener als Wechselpartner außerordentlich wichtig

---

1023 Müller, J., Finanzpolitik, S. 5.
1024 BayStaatsAN, Rep. 19a, E-Laden, Akten, 242, 13.05.1572.

seien.[1025] Würden sie selbst aber vom Markt verdrängt, könnten jene die Wechselgeschäfte auch von anderen Plätzen aus besorgen, sie würden abwandern und die Handwerker müßten ihnen folgen, Arbeitsplätze in Nürnberg gingen verloren. Schon interessant: Sie koppelten ihr eigenes Schicksal an das der Italiener bzw. umgekehrt und setzten ihre Prosperität gleich mit der von Nürnberg insgesamt.

Diese Argumentation scheint denn auch auf eher wackligen Füßen zu stehen und verwechselt Ursache und Wirkung und läßt die anderen international tätigen und potenten Nürnberger Firmen außer Betracht. Die Argumentation wirft aber nochmal einen Blick auf die Wichtigkeit des Wechselplatzes Nürnberg.

3.7.1.3. Währungsstabilität

Die Angriffe der betroffenen Nürnberger Unternehmer gegen die Italiener und andere ausländische Kaufleute ohne Nürnberger Bürgerrecht zielten schließlich ins Zentrum der Geld- und Währungsordnung. Das hatten sie verschiedentlich schon anklingen lassen, vertieften jetzt aber dieses Argument. Sie warfen ihnen vor, verbotswidrig Gold (bs. aus dem Rheinland)[1026] bzw. vollwertige Gold- und Silbermünzen in andere deutsche Fürstentümer und in die Türkei, dem Erzfeind des Reiches zu exportieren, um dafür unterwertige Münzen schlagen zu lassen, diese dann dort oder durch Reimport in Nürnberg in den hiesigen Wirtschaftskreislauf einzuschleusen. Durch die Verknappung des Goldes würde dessen Preis steigen, das Geldangebot schließlich erhöht, die Münz- und Währungsverhältnisse zerrüttet.[1027]

Dieser Vorwurf stammte zweifellos aus dem Argumentationsarsenal der Antimonopolbewegung der ersten Hälfte des 16. Jahrhunderts, zu der sich Adel, Bauern, Handwerker, kleinere Kaufleute, Kleriker zusammengefunden hatten. *„Man beschuldigte damals die Geldmächte, daß sie gutes Geld aus- und schlechtes einführten, Wucher trieben, sich auf solche Weise widerrechtlich auf Kosten des Volkes bereicherten und die Mittel zu maasslosem Luxus zusammenscharrten, der einen neuen Krebsschaden verursache, daß sie überhaupt eigentlich nicht besser als Räuber und Diebe wären"*.[1028]

Dieses Argument wandten nun die großen Handelshäuser, die selbst im Zentrum der Kritik gestanden waren, gegen die Italiener.[1029] Diesem Einwand

---

1025 Siehe dazu die Ausführungen zum Wechsel- und Finanzplatz.
1026 Siehe dazu neuerdings: Gerhard, H.-J., Wandlungen-Währungssystem, S. 74.
1027 BayStaatsAN, Rep. 19a, E-Laden, Akten, 242, 13.05.1575.
1028 Ehrenberg, R., Zeitalter der Fugger, 1, S. 403.
1029 Über die tieferliegenden Ursachen, der Aufblähung der Geldmenge im Verhältnis zur Gütermenge durch unterwertig ausgeprägte Münzen, die durch die verstärkte Silberausbringung relative Verknappung des Goldes, die damit falsche Relation der Doppelwährung (10,5 Einheiten Silber für eine Einheit Gold), an der weiter festgehalten wurde, der Schöpfung von Giralgeld, der erhöhten Umschlagsgeschwindigkeit siehe. Blaich, F., Reichsmonopolgesetzgebung, S. 96-102.

maßen die Petitenten, respektive Ankläger, sicher eine besondere Durchschlagskraft zu, war doch der Nürnberger Rat in besonderem Maße bemüht, sich an die Reichsmünzordnung zu halten und für stabile Münz- und Währungsverhältnisse zu sorgen.[1030] Oben wurde das Problem schon thematisiert.

Detaillierte Beweise für diese Vorwürfe konnten sie offensichtlich nicht erbringen, wiewohl von Münzexport zweifellos auszugehen ist. Inwieweit aber damit (auch) die vorgetragene Absicht verbunden war, kann nur vermutet werden.

Die Forschung ist der Frage, in welchem Maße die Italiener in Nürnberg durch die geschilderten Praktiken für die Aushöhlung der Reichsmünzordnung, die zu dieser Zeit (um 1570) verstärkt praktiziert wurde,[1031] mitverantwortlich waren, noch nicht systematisch nachgegangen. Festzustellen ist, daß die derart Beschuldigten durch ihre europaweit agierenden, eng kooperierenden, zur Finanzelite gehörenden Firmen dazu objektiv die besten Voraussetzungen hatten.

Für den Untersuchungszeitraum verdichten sich auch die Hinweise, daß sie tatsächlich darin verwickelt waren, aber nicht nur die Italiener, sondern auch Nürnberger Bürger. Im Jahre 1571 konstatierte der Innere Rat: *„Nachdem man bishero augenscheinlich gestimmt, daß ettliche Bürger ... auch viel und verbotenes Gold, desgleichen allerlei falsche und verbotene Münz in der Bezahlungen unterschleichen ... und also ihren geschworenen Eid kein Genügen getan ....“.*[1032] Die Aussage eines anonym bleibenden Bürgers, die dem Rat zugespielt wurde, geht dahin, daß den Gläubigern gar nichts anderes übrig bleibe, als *„verbotene Münz“* zur Begleichung ihrer Forderungen anzunehmen.[1033]

Schon 1562 und 1569[1034] hatte der Rat einen engen Zusammenhang hergestellt zwischen seiner auf Geldwertstabilität ausgerichteten Politik[1035] und der Abwanderung von Handel und Gewerbe auf Standorte, die es mit der Durchsetzung der Reichsmünzordnung nicht so ernst nahmen. Laux Sitzinger, ein angesehener Kaufmann Nürnbergs, gab 1571 freimütig zu,[1036] jüngst in Linz dagegen verstoßen zu haben.

Eine breite Schicht angesehener hiesiger Kaufleute[1037] war denn auch dagegen, es diesbezüglich mit der Inspektion der italienischen Handelsgüter allzu genau zu nehmen. Selbst wenn es so sei, daß die Odescalco, Nieri, Samson Gall hier unter anderem deshalb Pfennwertwaren, Juchten, Wachs und Wolle kauften,

---

1030 Vgl. Peters, L.F., Handel Nürnbergs, S. 39 und die dort angegebene Literatur.
1031 Schneider, K., Kipper- und Wipperzeit, S. 191f.
1032 BayStaatsAN, Rep. 19a, E-Laden, Akten, S I, L 115 (5), 02.08.1571.
1033 BayStaatsAN, Rep. 19a, E-Laden, Akten, S VII, L 123, 220 (dem Produkt 2 beigefügt), 27.09.1571.
1034 BayStaatsAN, Rep. 60b, Ratsbücher, 33, fol. 271, 11.02.1569 mit Bezug auf 1562.
1035 Die Feststellung des Breslauer Kaufmanns Arzt an seinen Nürnberger Faktor Schmitter ist dafür ein Beweis. – BayStaatsAN, Rep. 19a, E-Laden, Akten, S VII, L 123, 220 (9), 15.07.1572.
1036 BayStaatsAN, Rep. 19a, E-Laden, Akten, S VII, L 123, 220 (6), 10.12.1571.
1037 BayStaatsAN, Rep. 19a, E-Laden, Akten, S VII, L 123, 220 (8), 16.05.1572.

um darin eingewickeltes Geld [Gold,] unbemerkt nach Italien exportieren zu können, so sei das gleichwohl besser, als wenn sie ihren Standort in eine andere Stadt verlegten.

Es war für eine wirtschaftlich international verflochtene Stadt wie Nürnberg also sehr schwer, in einem Meer von Inflation einen Hort der Stabilität zu bilden. Die Haltung des Rates war denn bei allen Anstrengungen gegenzusteuern, auch nicht durchgehend konsequent. Als sich 1620 Nikolaus Helfreich, Daniel Hopfer und Ambrosius Bosch und die Italiener stritten, ob ‚kleine Dreikreuzer" als Zahlungsmittel anzunehmen seien, befahl der Rat, die Münzen zu akzeptieren und sie gleich ‚weiterzuschieben'.[1038]

Für die spätere Zeit, dem Höhepunkt der Kipper- und Wipperzeit, lassen sich - von Nürnberg aus gesehen – zumindest Indizien zusammentragen, welche die Verwicklung der Italiener darin belegen.[1039] Hierbei ist der Blick etwa auch auf die Firma Schlumpf zu lenken,[1040] die vermutlich in diesem Geschäft stark verstrickt war, wenn der Beweis auch noch nicht hinreichend überzeugend gelungen ist. Mit ihr arbeitete die Firma Werdemann aus Plurs jahrzehntelang zusammen. Bei der geplanten Umprägung von Subsidiengelder der Kurie an das Haus Habsburg im Jahre 1595[1041] und von spanischen Realen, die 1603 über Genua nach Wien und Prag gelangen sollten, waren die Werdemann (Erben), die während jener Jahre ihre Standorte Prag und Wien verstärkt ausbauten, selbst involviert.[1042] Ob die Umprägung erfolgte und wenn ja, unterwertig, kann bei dem gegenwärtigen Forschungsstand noch nicht gesagt werden. Im Jahre 1621 macht Nikolaus Werdemann in Genua dem Rat Vorschläge zur Münzumprägung. Schon im Juni d.J. wurde dem Münzmeister Lauer erlaubt, silberne Platten und spanische Realen *unter der Stadt Gepräg*" für Cosimo Sini in Reichstaler umprägen zu lassen,[1043] ohne das gesagt werden kann, ob es zu gesetzeswidrigen Prägungen kam. Am Anfang des Dreißigjährigen Krieges gerieten die Odescalci aus Como in den Verdacht, minderwertige Münzen in den Wirtschaftskreislauf eingeschleust zu haben und für die Kipper- und Wipperinflation mitverantwortlich zu sein.[1044] Aber nicht nur sie, sondern auch die Brocco, Lumaga, Cosimo Sini, Buttini, die Niederländer Brecht, de Braa und Oyrl wurden beschuldigt, eine große Anzahl *geringhaltiger Groschen*" im Besitz zu haben. Sie weigerten sich offensichtlich zunächst, dem Ratsbefehl zu folgen und diese im Zollamt *ausschießen*", also umzutauschen zu lassen. Anders als vor der

---

1038 BayStaatsAN, Rep. 60a, Verlässe des Inneren Rats, 1977, fol. 51, 06.06.1620.
1039 BayStaatsAN, Rep. 60b, Ratsbücher, 71, fol. 60, 11.05.1619, fol. 65, 13.05.1619. (Die italienische Firma Brocco bietet dem Nürnberger Münzmeister Lauer Zecchinen zur Umprägung an.)
1040 Peters, L.F., Handel Nürnbergs, S. 503.
1041 HKAW, Hoffinanz, 473, E, fol. 251, 10.11.1595.
1042 HKAW, Hoffinanz, 555, E, Prag, fol. 600, 13.11.1603.
1043 Gebert, C.F., Münzstätte, S. 81f.
1044 Peters, L.F., Handel Nürnbergs, S. 474 (Fn. 40).

Kipper- und Wipperzeit wurde das Geld jetzt dem Vernehmen nach kaum noch mit den Warenladungen nach Nürnberg eingeführt, sondern in *„Kutschen, Truhen, Tragkörben, ja Milchkrügen"* eingeschleust.[1045] Die bewußte Münzverschlechterung durch Italiener war schon ein Hauptgrund für Ludwig XI. gewesen, die Genfer Messen zu bekämpfen. Er verfolgte damals das Ziel, den Waren-, Edelmetall- und Geldverkehr nach Lyon zu ziehen (Ordonnanz vom 20.10.1462). Die Geldwechsler aus Florenz in Genf trieben nach seinen Angaben einen schwunghaften Handel mit Gold aus dem Salzburger und Silber aus dem Tiroler Gebiet, das von oberdeutschen Kaufleuten dorthin gebracht wurde, sowie mit französischen Münzen. Sie verführten es in ihre Heimatstädte, prägten es dort minderwertig um und schleusten es wieder in den Geldkreislauf ein.[1046]

Ob bei allen Klagen auch die Nürnberger Beschwerdeführer und Allianzmitglieder selbst involviert waren oder nicht, bedarf einer Überprüfung.

Zum Teil diente der Geldexport mit guten Münzen sicher auch zum Gewinntransfer in die Heimatstädte.

3.7.1.4. Depositogläubiger

Ein in erster Linie sozialpolitisches Argument bestand in der Behauptung, daß sie, die alten und angesehenen Händler Nürnbergs, *„frierend Geld"* der einheimischen Witwen und Waisen als Depositum angenommen und gut verzinst hätten.[1047] Bei den Welschen wäre aber das Geld nicht in guten Händen und die Kleinanleger müßten um ihr schmales Erbe und das mühsam ersparte Geld fürchten.

Tatsache ist, daß „ *... anständige Leute aus verschiedenen Ständen, selbst Edle, Bürger, Waisen und andere, die kein Gewerbe treiben noch verstehen, die nicht dienen, noch sich anders ihren Lebensunterhalt zu verschaffen im Stande sind ..."* ihr Geld als ‚Deposito' gegen Zins in eine der großen Handels- und Bankgesellschaften anlegten, die sich während des 16. Jahrhunderts bei den ‚Privatanlegern' eines großen Vertrauens erfreuten. Die öffentliche Meinung und auch die verschiedenen Monopolkommissionen wandten sich gegen diese Art von Firmenfinanzierung, weil sie einerseits das Kapital der großen Handelsgesellschaften limitieren wollten (auf etwa 50.000 Gulden), andererseits gegen Einkommen waren, das ohne Arbeit erzielt wurde.[1048] Sie forderten die Gesellschaften auf, dieses Geld zurückzuzahlen. Aus dem heftigen Widerstand der Reichsstädte, die in Conrad Peutinger ihren einflußreichsten Verteidiger hatten,

---

1045 BayStaatsAN, Rep. 60a, Verlässe des Inneren Rats, 1979, fol. 79-83, 02.08.und 03.08.1620.
1046 Ehrenberg, R., Zeitalter der Fugger, 2, S. 70f.
1047 BayStaatsAN, Rep. 19a, E-Laden, Akten, 242, 13.05.1575.
1048 Ganz im Sinne des kanonischen Zinsverbots.

ist zu schließen, daß dieses Finanzierungsinstrument eine große Bedeutung erlangt hatte.[1049]

Die hohen Depositoeinlagen bei der Firma Imhoff waren 1523 für den Reichsfiskal Caspar Mart ein Grund,[1050] gegen die Firma Peter Imhoff d.Ä. und Mitgesellschafter einen Prozeß anzustrengen. Über Höhe und Einlegerstruktur ist bislang aber nichts bekannt. Dieser Begründung von Blaich und Strieder widerspricht Mertens.[1051]

Wenn man schon die Fernhandelsgesellschaften nicht verbieten konnte, so sah man durch den Einsatz dieser wirtschaftspolitischen Instrumentarien doch eine Chance, ihre Wirkungsmöglichkeiten zu begrenzen. Diese Zielsetzungen stützten sich auf eine breite öffentliche Meinung. Noch weitergehende Forderungen waren während der Bauernkriege erhoben worden. Der Tiroler Bauernführer Michael Gaismair hatte gar den Bergwerks- und Hüttenbesitz vor allen Dingen der Fugger in Kollektiveigentum überführen wollen (Tiroler Landesordnung vom März 1526.)[1052] Die Gesellschaften ihrerseits waren im Laufe der Zeit verstärkt bestrebt, den Umfang der Kapitalien', die auf Gewinn und Verlust angelegt waren, einzuschränken und durch festverzinsliche Depositeneinlagen zu ersetzen. Diese Tendenz wirkte also den eben geschilderten Absichten entgegen.

So mußten die Fürer-Schlüsselfelder an Christoph Scheurl, der bei mehreren Gesellschaften Geld eingelegt hatte, um „seine Söhne zu ernähren", 10-17% Gewinnbeteiligung ausschütten, während der Zins für Depositoeinlagen 5-6% betrug.[1053] Die Gesellschaft beschloß deshalb im Jahre 1538, „die Fremden von sich zu thun". Scheurl konnte aber erreichen, daß Siegmund Fürer – entgegen dem Willen von Christoph Fürer – es unter seinem Namen weiter in der Firma arbeiten ließ. Sicher ein Ausnahmefall aufgrund freundschaftlicher Beziehungen.

Die Nürnberger Welser, Allianzmitglieder, verboten es 1529 jedem Gesellschafter, fremdes Geld einzulegen,[1054] das am Gewinn beteiligt sein würde.[1055] Sechs Jahre später, am 21.08.1535, hieß es sogar: „Weytterr Jst beschlossenn dass mann vonn stundt ann soll mytt besten fleyss trachtenn wass vyrr zynnss gellt an golldt haben das abzulosenn oder Inn myntz zu verkerren vndt nyemands darr ann zu schonen yndt man soll auch 40.000 fl golldt auffs erst seynn garr abkynnden denen dye vuns am mynsten befrayndt". Gleichzeitig, und auch

---

1049 Blaich, F., Reichsmonopolgesetzgebung, S. 59.
1050 Die beiden anderen waren das zu hohe Eigenkapital und der Abschluß von Exklusivverträgen mit der Krone Portugals. - Blaich, F., Reichsmonopolgesetzgebung, S. 13.
1051 Mertens, B., Monopolprozesse, S. 121 (Fn. 495).
1052 Vogler, G., Frühbürgerliche Revolution, S. 289f.
1053 Ehrenberg, R., Zeitalter der Fugger, 2, S. 87. Riebartsch, J., Augsburger Handelsgesellschaften, S. 78f. beziffert sie auf 4-5%.
1054 Es war offensichtlich gemeint, daß die Gesellschafter ihren Geschäftsanteil nicht durch Geld Dritter erhöhen durften.
1055 Welser, L.v., Urkunde, S. 11.

schon vorher und ebenso nachher, war der Anteil einzelner Gesellschafter erhöht worden. Die Gründe für diese Kapitalumschichtung sind nicht angegeben, offensichtlich aber sollte in erster Linie die Eigenkapitalrendite erhöht werden. Diesem festverzinslichen Fremdkapital in Höhe von 40.000 Gulden, das wohl nicht den vollen Umfang widerspiegelt, stand in den Jahren 1527 ein Eigenkapital von 66.000 und 1529 von 92.200 Gulden gegenüber.[1056] Weitere Aussagen über die Kapitalstruktur und die Finanzierungsregeln des Nürnberger Hauses der Welser sind aufgrund unvollständiger Zahlen nicht möglich, in diesem thematischen Zusammenhang auch nicht vonnöten.

Ebenfalls beschlossen 1557 die Haug, Inhaber eines bedeutenden Augsburger Handelshauses, das Kapital aller Fremden, d.h. von denen, die nicht eigentlich zur Gesellschaft gehörten, in festverzinsliches Fremdkapital umzuwandeln.[1057]

Die Tendenz oberdeutscher Firmen in der ersten Hälfte des 16. Jahrhunderts ging also dahin, Einlagen auf Gewinn und Verlust umzuwandeln in festverzinsliche Wertpapiere und auch diese möglichst durch Zuführung von Eigenkapital zu ersetzen. Diese Änderung der Unternehmensfinanzierung ist ein Indiz für eine große Prosperität und Liquidität der betroffenen Firmen mit der Möglichkeit, das Wachstum durch Selbstfinanzierung[1058] zu gewährleisten.

In Lyon versuchte um die Mitte des 16. Jahrhunderts der französische König das Geld, das bis dato von vermögenden Privatpersonen, Witwen, Waisen bei den Unternehmen gegen einen Zins von 5-8% angelegt wurde, durch einen auf 10% (für Inländer) bzw. 16% (für Ausländer) erhöhten Zinssatz in seine Kassen zu lenken.[1059]

Für die italienischen Firmen war die Hereinnahme von Deposito-Geldern zeitlich noch früher und zum Teil in durchaus erheblichem Ausmaße charakteristisch. Besonders die Florentiner Bankhäuser verbreiterten auf diese Art und Weise ihre Kapitalbasis.[1060] Die bedeutendste Niederlassung eines Florentiner Handels- und Bankhauses in Nürnberg war die der Turrisani, die spätestens seit Anfang des 16. Jahrhunderts hier nachweisbar ist. Ob und gegebenenfalls in welchem Umfange sie und andere auch Depositen aus dem oben aufgeführten Personenkreis Nürnbergs angenommen hatten, ist bisher durch Quellen nicht zu belegen. Aus der Argumentation der Nürnberger Beschwerdeführer ist aber herauszulesen, daß dies bisher nicht der Fall war, sie aber befürchteten, daß es in Zukunft – bei ihrem Niedergang – der Fall sein würde.

1056 Welser, L.v., Urkunde, S. 15, 37.
1057 Ehrenberg, R., Zeitalter der Fugger, 1, S. 393 (Fn. 9).
1058 Finanzierung aus Gewinn.
1059 Ehrenberg, R., Zeitalter der Fugger, 2, S. 87. Vergleiche auch die große Anlagebereitschaft aller Bevölkerungsschichten am „*Le grand parti*" (S. 103).
1060 Kellenbenz, H., Italienische Großkaufmann-Renaissance, S. 154: "*Ihre Kapitaleinlagen kamen aus einem weiten Bevölkerungskreis. Auch Geistliche hatten Depositen bei diesen Gesellschaften*".

Unterzieht man die Behauptung der Nürnberger, die ja durchaus parteiisch argumentierten, einer Plausibilitätsprüfung, so ist davon auszugehen, daß der erste Teil ihrer Behauptung die Realität zumindest tendenziell korrekt beschreibt, wiewohl die aufgeführten Fundstellen von Witwen und Waisen nicht zeugen. Leider werden auch bei den 40.000 Gulden der Welser keine Einzelpersonen genannt und auch keine Personengruppen, unterschieden etwa nach soziologischen Gesichtspunkten. Ebenso ist nicht von vorneherein und ohne weitere Prüfung davon auszugehen, daß es (ausschließlich) Privatpersonen waren. Denkbar ist durchaus, daß auch Fremdfirmen Geld eingelegt hatten. Ebenso ist es unzulässig zu unterstellen, daß (ausschließlich) Nürnberger Privatpersonen oder Firmen hinter dieser Summe steckten.

Aus einer gewissen konservativen Grundhaltung heraus, die auch den Unternehmern selbst nachsagt wird, werden die einheimischen Anleger – insofern sie in der Lage waren, Geld anzulegen –, gleichwohl bei der Wahl zwischen Nürnberger Unternehmen oder einer Firma aus Italien ihre Mitbürger präferiert haben. Einerseits dokumentierten der aufwendige Lebensstil und die prächtigen Häuser der Italiener den Nürnbergern, daß die Unternehmen bestens florierten. Vielleicht war aber auch gerade die letztgenannte Tatsache hinsichtlich des Bemühens, breite Nürnberger Bevölkerungskreise zur Geldanlage zu bewegen, kontraproduktiv.

Die anlegefähigen und –willigen Nürnberger Bürger konnten vermutlich den Gedanken nie ganz verdrängen, daß die Italiener über ihre Verhältnisse lebten. Auf der anderen Seite standen im Zeitalter der Renaissance wirtschaftlich potente Nürnberger im Repräsentationsbedürfnis den Italienern nicht nach.[1061]

Aus Gründen einer größeren Rechtssicherheit werden sie ihr Geld jedoch bevorzugt bei den Nürnbergern Häusern angelegt haben. Bei Zahlungsschwierigkeiten oder gänzlicher Illiquidität, bei Konkurs, würden sich die Italiener ‚über alle Berge' machen und besonders die Nürnberger Kleingläubiger um ihre Ersparnisse bringen, während die heimischen Unternehmer in einer ähnlichen Situation doch eher dem Zugriff der Nürnberger Justiz verfallen würden. Wie problematisch aber auch beim Konkurs einer einheimischen Firma die Realisierung von Forderungen aus der Konkursmasse war, zeigt Häberlein[1062] am Beispiel der Höchstetter (1534), die in beträchtlichem Umfang mit Depositen aller sozialen Schichten, auch jenen von Dienstknechten und Dienstmägden arbeiteten.[1063] Vermögenswerte wurden heimlich aus der Stadt weggeschafft, andere Titel den Frauen der Schuldner eigentümlich zugeschrieben. Es fragt sich also,

---

1061 Hingewiesen sei beispielhaft auf die Häuser der Imhoff, Welser, Peller, Viatis, dem Stadtschloß der Tucher. Siehe zu diesem Fragenkomplex auch den Abschnitt ‚Ansatz von Elias' im vierten Kapitel.
1062 Häberlein, M., Augsburger Großkaufleute, S. 57f.
1063 Siehe dazu vor allen Dingen S. 57 (Fn. 42).

ob durch den Konkurs, der kein Einzelfall blieb (Herbrot 1563 und zahlreiche andere), das Vertrauen in diese Anlageform nicht insgesamt gelitten hatte. Zusätzliche Überzeugungskraft gewinnen diese Überlegungen, wenn wir sie aus Sicht der Italiener wägen. Aufgrund ihrer breiten Kapitalbasis und ihrer gutgehenden Geschäfte waren sie auf Nürnberger Kleinanleger nicht angewiesen. Depositeneinlagen, insofern sie denn welche annahmen, stammten von ihren Landsleuten aus Italien.[1064] Sie hatten es aus wirtschaftlichen Gründen weder nötig noch sahen sie sich aus ‚patriotischen' Gründen - die ja die Nürnberger für sich reklamierten -, veranlaßt, eine derartige Fremdfinanzierungsart zu wählen. Diese Behauptung wird durch den ganzen Kontext der hier herangezogenen Quellen, besonders jene, die ihren Allianzcharakter erhellen, hinreichend deutlich.

Schließlich ist in Rechnung zu stellen, daß Depositen Sichtforderungen darstellen, die jederzeit und sofort - es sei denn, vereinbarte Fristklauseln stehen dem entgegen -, in Bargeld konvertierbar sind. Würde es aus irgendeinem Grunde, etwa durch bewußt lancierte Falschmeldungen der hier in Betracht kommenden Nürnberger Unternehmer, also vor allen Dingen durch die Imhoff und Welser,[1065] über die Bonität ihrer italienischen Konkurrenten zu einem Run auf die Einlagen kommen, so könnte der durchaus krisenverursachend wirken. Mehr als heute war der ‚gute Ruf' Basis einer störungsfreien Geschäftsentwicklung. Schon aus diesem Grunde, aus der Absicht heraus, nicht erpreßbar zu werden, mußten die Italiener Depositeneinlagen Nürnberger Bürger in größerem Umfange sehr reserviert gegenüberstehen.

Besonders bei den Häusern aus Florenz mag außerdem noch eine historische Erfahrung lebendig gewesen sein, nämlich das Bewußtsein, daß gerade solch ein Run die Krise des Bankgeschäftes im 14. Jahrhundert verschärft hatte.[1066] Die Wirtschaftskraft der europaweit präsenten Bank- und Handelshäuser Bardi und Peruzzi[1067] z.B. beruhte zum größten Teil auf Depositen von Klöstern und Prälaten. Ihr Falliment schließlich wurde verursacht vor allen Dingen durch die Prälaten-Gläubiger aus Neapel, die ihre Depositen nicht mehr sicher glaubten und sie liquidieren wollten.[1068] Die Erstursache war die Zahlungseinstellung von Eduard III., der den Bardi und Peruzzi 1.355.000 Goldgulden schuldete.[1069] Vor dem Hintergrund dieser hier vorgetragenen Argumente anzunehmen, daß die Nürnberger bei Konkursen der *„führenden alteingesessenen Nürnberger Firmen"*, die sicher einen großen Vertrauensverlust in die wirtschaftliche Prosperität insgesamt verursacht hätten, ihr Geld, hätten sie es denn retten können,

---

1064 StadtAN, B 14, Libri Conservatorii, 200, fol. 14ff., 01.02.1612: Johann Bastiana Struffi aus Florenz hatte 5.033 Dukaten in der Turrisanischen Handlung.
1065 Siehe dazu weiter unten ihre Manipulationsversuche der öffentlichen Meinung.
1066 Ehrenberg, R., Zeitalter der Fugger, 2, S. 393.
1067 Zu ihrer Rolle in England siehe. Prestwich, M., Italian Merchants-England, S. 90ff.
1068 Bauer, C., Epochen-Papstfinanz, S. 474f.
1069 Schulte, A., Handel-Verkehr, 1, S. 287.

zu den Italienern tragen würden, ist also gänzlich unwahrscheinlich. Das Vertrauen der Nürnberger Depositeneinleger zu den Italienern gerade in dem Moment wachsen und gedeihen zu sehen, in dem jene ihre Nürnberger Landsleute durch Rechtsbruch und zahlreiche Tricks – so versuchten sie es ja der ‚Öffentlichkeit' zu suggerieren –, in den Konkurs getrieben hatten, zeugt auch nicht gerade von einer hohen Meinung in die intellektuellen Fähigkeiten ihrer Mitbürger und der Ratsmitglieder. ‚Die italienischen Firmen haben die alteingesessenen und großen Nürnberger Firmen durch illegale Machenschaften niedergerungen, vom Markt verdrängt, aber uns, die Kleinanleger, werden sie schon redlich behandeln', diesen naiven Glauben konnten sie ihnen doch wohl nicht unterstellen.

Sieht man von den rechtlichen Scheinbegründungen ab und reduziert die Auseinandersetzung auf ihren wirtschaftlichen Kern, so kann die ganze Argumentationskette der patrizischen Beschwerdeführer als das Eingeständnis gelesen werden, dem Wettbewerb nicht mehr gewachsen zu sein mit der Folge einer wachsenden Gefährdung der in ihren Geschäften arbeitenden Depositen. Geradezu also als eine Aufforderung an die Einleger, nach alternativen Anlageformen zu suchen. Sie untergruben selbst die Vertrauensbasis bei ihren Darlehnsgebern, insofern diese von der Diskussion Kenntnis erhielten.

Die hier herangezogenen Quellen belegen denn auch nur zwei oder drei Fälle, in denen es sich um die Deposito-Einlage Einheimischer bzw. fränkischer Familien bei Firmen aus Italien handeln könnte. Im Jahre 1596 bittet Dr. med. Anthon Fuchs den Rat um Hilfe bei der Rückzahlung von 5.200 Gulden plus Zinsen, die seine verstorbene Ehefrau bei der Firma Werdemann und Konsorten vor 8 Jahren eingelegt hatte. Die Werdemann aus Piuro waren illiquide geworden, so daß Carl Albertinelli aus Florenz eingeschaltet wurde. Der Rat stand der Angelegenheit reserviert gegenüber und gab seinen Juristen Dr. Cammermeister und Dr. Straßburger die Weisung, den Fall am Stadtgericht verhandeln zu lassen.[1070]

Im Jahre 1611 machten Ottilia, Priorin zu Marienburg bei Abenberg (Schwabach/Roth, Mittelfranken), und Barbara von Bernhausen, ‚Pfründnerin daselbst', bei den Italienern Wilhelm und Alois Werdemann 5.200 Gulden geltend. Ob es sich um eine Depositoeinlage handelte oder der Schuldgrund andere Ursachen hatte, bleibt unklar.[1071] Ebenso ist zu klären, ob es sich um denselben Rechtsstreit wie oben handelte.

Die Witwe und die Kinder des Ansbacher Bürgers Theodor Riccy stritten sich 1601 um die Depositoeinlage in Höhe von über 6.000 Gulden, die bei der Luccheser Firma Caesar Calandrini eingelegt worden waren.[1072] Handelte es sich bei Riccy um einen (eingebürgerten) Italiener?

1070 BayStaatsAN, Rep. 60b, Ratsbücher, 56, fol. 40, 19.08.1596; fol. 325, 09.12.1596; fol. 364, 28.12.1596.
1071 BayStaatsAN, Rep. 60a, Verlässe des Inneren Rats, 1858, fol. 57, 10.07.1611.
1072 StadtAN, B 14, Stadtgerichtsakten, 146.

Dieser Teil der Argumentation muß also als bewußte Krisenschürerei der Nürnberger Beschwerdeführer bezeichnet werden. Historisch gesehen neigten die politischen Entscheidungsträger ja immer dann zu protektionistischen Maßnahmen, wenn der Wettbewerbswind rauher wehte und die Wirtschaftsentwicklung vermeintlich rezessive Tendenzen aufwies. Letzte Gewißheit über den Zustand der Nürnberger Wirtschaft in der zweiten Hälfte hat die historische Forschung bisher nicht erbringen können, der Verfasser neigt der Auffassung zu, daß sie sich in einer Wachstumsphase befand. An dieser Stelle soll noch einmal auf den Zuzug der Fremden hingewiesen werden und auf den Trendverlauf der Zollkurve. In diese Richtung weist auch die Tatsache, daß für Nürnberg 1579 von 7.163, für 1590 von 7.700 Steuerpflichtigen ausgegangen wird.[1073] Das würde zumindest der Anzahl nach einen Zuwachs von 7,5 Prozent bedeuten. Kellenbenz[1074] verweist auf die positive Vermögensentwicklung in Augsburg, die Zunahme des Alpenverkehrs über den Brenner, den Reschen, die Graubündner Pässe.[1075]

3.7.1.5. Sitte - Moral

Offensichtlich waren sich die Beschwerdeführer der Durchschlagskraft ihrer Argumente denn auch immer noch nicht recht gewiß. Nachdem sie ihre Wohltaten für die Witwen und Waisen herausgestrichen hatten, wollten sie den letzten Zweifler von der Berechtigung ihrer Forderung, durch wirtschaftspolitische Maßnahmen den Einfluß der Italiener entscheidend zurückzudrängen, schließlich dadurch überzeugen, daß sie die Angehörigen der italienischen Kolonie moralisch pauschal inkriminierten. Sie wurden für eine Verrohung der Sitten, für Hurerei, Geschlechtskrankheiten, ein wachsendes Bettlerproletariat verantwortlich gemacht. Greuelpropaganda aus dem Arsenal von Demagogen aller Zeiten!

Die Passage lautet wörtlich: „*Schweigen wollen wir von der großen Unzucht und schändlichen ärgerlichen Lebens, so sie und ihre Haufen eingeführt, dergestalt, daß hier schier keine Magd oder arme Bürgerstochter von ihnen ungeschändet und ungeschmecht bleibt, erfüllen die Stadt (mit güter Erlaubnis zu vermelden) mit Hurenkindern, verunreinigen nicht wenig mit allerlei bösen abscheulichen fremden Krankheiten, und machen schließlich viel unendliche faulenzende Leut, die sich nur auf den Bettelstab legen und letztlich von der ehrsamen zuvor hart beschwerten Bürgerschaft müssen ernährt werden*“.[1076] Zum ersten Mal war dieser Vorwurf im Gutachten der Imhoff und Welser vom

1073 Bauernfeind, W., Reichste Nürnberger Bürger, S. 204 (Fn. 17).
1074 Kellenbenz, H., Oberdeutsche-Genuesen-Sevilla, S. 180. Hildebrandt, R., Oberdeutschland-Venedig, S. 283.
1075 Bei den bisher vorliegenden Zahlen für Gewicht oder Wert muß man allerdings immer fragen, inwieweit sie u.U. durch Verlagerungen von anderen Pässen zustande kamen. Eine Gesamtbilanz fehlt. - Kellenbenz, H., Graubündner Pässe, S. 44ff.
1076 BayStaatsAN, Rep. 19a, E-Laden, Akten, 242, 13.05.1575.

12.07.1571 aufgetaucht. Es hieß damals: „ *... und man dabei auch gewahr wür-* *de, was unzüchtigen Lebens die Italiener hier führten* ...".[1077]

Die folgenden Belege bei Mummenhoff in seiner Untersuchung über das Findel- und Waisenhaus[1078] erhärten die These scheinbar. Ob sie auf zielgerichtete Recherchen oder auf eher zufälligen Quellenfunden basieren, steht dahin. Es fehlt auch der quantitative Vergleich zu anderen Bevölkerungsgruppen. Außerdem ist in Erwägung zu ziehen, daß die Inkriminierung der Italiener durch die Nürnberger Kaufleute mit dem Ziel der wirtschaftlichen und sozialen Ausgrenzung beim Rat nicht ohne Wirkung geblieben war und blieb. In der Folge könnten deshalb unterschiedliche Maßstäbe bei der Verfolgung, Be- respektive Verurteilung ihres Verhaltens angelegt worden sein. Auf jeden Fall vermitteln sie ein Stimmungsbild der damaligen Zeit und dokumentieren das spannungsgeladene Verhältnis zwischen den „*alten und angesehenen Händlern*" aus Nürnberg und den „*fremden Nationen*", vor allen Dingen den Italienern.

Die Strafgelder wegen "*Unzucht, d.h. wegen grober Ungebühr, groben Un-* *fugs, aber auch wegen sittlicher Vergehen*" kamen seit den 60er Jahren des 16. Jahrhunderts dem Findel- und Waisenhaus zugute. Als Delinquenten aus Italien werden bei Mummenhoff genannt: Hieronimo Doria (1578), möglicherweise aus Genua und damit ein Ausnahmefall für die Tätigkeit der Genuesen in Nürnberg,[1079] mit einer Strafe von 50 Gulden, Benedetto Georgini (Florenz) (1580/81) mit 25 Gulden, Dionacio Lippi (Florenz), Camillo Columbani (Mailand) (zweimal),[1080] Fabian Julio je 50 Gulden, Nicolo Werdemann d.J. (Plurs) 25 Gulden. Dieselbe Summe mußten zahlen Hannibal Mancini (Florenz) und Jeronimo Werdemann (Plurs). Mummenhoff kommentiert: „*Es waren wohl meist* *die Söhne reicher Italiener, die damals in Nürnberg Handelsgeschäfte betrie-* *ben, unruhige Elemente, die ihren Übermut besonders in der Nachtzeit die Zügel* *schießen ließen und vor deren lockerem Treiben auch das weibliche Geschlecht* *nicht immer sicher war. ... Eine recht bunte Gesellschaft, die es, nach den hohen* *Geldstrafen bemessen, arg getrieben haben mußte*".

1077 BayStaatsAN, Rep. 19a, E-Laden, Akten, S VII, L 123, 220 (1), 12.07.1571.

1078 Mummenhoff, E., Findel- und Waisenhaus, S. 281ff. Die Namen werden dort in zum Teil stark verballhornter Form genannt; sie wurden vom Verfasser korrigiert. - In den zwanziger Jahren des 17. Jahrhunderts wurde Olivius Orsetti wegen unzüchtiger Handlungen angeklagt. - BayStaatsAN, Rep. 60d, Verlässe der Herren Älteren, 31, fol. 63, 03.08.1620.

1079 Schultheiß spricht von einer Niederlassung von Genuesen in Nürnberg schon für die Mitte des 12. Jahrhunderts. Er stützt sich bei dieser Aussage wohl auf Finot, J., Flandrerépublique de Gênes, S. 12 und Doehard, R., Gênes, S. 181, 235. Kellenbenz, H., Beziehungen Nürnbergs-Iberische Halbinsel, S. 456, der die eben genannten Belege anführt, bezweifelt das. Auch W. Stromer, Oberdeutsche-Florentiner Geldleute, S. 59, geht davon aus, daß bis zum Ende des 14. Jahrhunderts Italiener in Nürnberg nur als Gäste nachzuweisen sind, und man darf hinzufügen, nur für kurze Zeit oder gar nur zur Abwicklung von Einzelgeschäften.

1080 Zu ihm und in ähnlicher Angelegenheit: Peters, L.F., Handel Nürnbergs, S. 183 (Fn. 314).

3.7.1.6. Stadt- und Staatssicherheit

Die fiskalischen, wirtschaftspolitischen, sozialen und moralischen Argumente weiteten die Nürnberger in ein staatspolitisches aus, indem sie den Italienern unterstellten, im Falle eines (bevorstehenden) Krieges sich davon zu machen, um den Erzfeind [die Türken] wirtschaftlich zu beraten und zu unterstützen.

In den Augen der Unterzeichner waren die Italiener also ‚vaterlandslose Gesellen', nur auf ihren Profit bedacht, Schädlinge für Stadt und Reich.

Die zahlreichen Eingaben der Nürnberger Kaufleute, besonders aber die Beschwerdeschrift vom 13.05.1575,[1081] die alle vielfach vorgebrachten Argumente noch einmal zusammenfaßte und als ihre wirtschafts- und staatspolitische Grundsatzdeklaration gelten darf, zeigen deutlich die Handschrift eines Juristen. Sie finden ihre Zuspitzung in der Forderung, daß der Rat der Reichsstadt Nürnberg mit seinen erheblichen legislativen, exekutiven und judikativen Kompetenzen in seinem Territorium und mit nicht geringem Einfluß in anderen Reichsorganen,[1082] seine Bürger den Fremden gegenüber nicht nur gleichzustellen, sondern, wie es in der ganzen Welt praktiziert werde, aus Billigkeitsgründen zu bevorzugen hätte.[1083]

Bewertet man den Argumentationsstrang insgesamt, behauptete er nicht weniger als die zumindest grobfahrlässige Verletzung konstitutiver Pflichten des Rates: Durchsetzung der Rechtsordnung, Herstellung und Wahrung des inneren Friedens, Schutz vor allen Dingen der Schwachen, Garantie des Eigentums, Abwehr von Gefahren für die öffentliche Ordnung und Sicherheit, als Organ des Reiches Bereitschaft für Vorkehrungen zum kollektiven Schutz nach außen.

Freilich deklinierten sie dabei diese Aufgaben, wiewohl sie nicht aufhörten zu betonen, das Allgemeinwohl, den *„gemeinen nutz"* im Auge zu haben, von ihrem Interessenstandpunkt aus, interpretierten etwa die Garantie des Eigentums als öffentliche Gewähr für bestehende Handelsstrukturen in einer dynamischer gewordenen Welt, die den Bestand und die Prosperität ihrer Firmen zu sichern hatte, sahen diese Forderung durch die *„althergebrachte Ordnung"*, also die Ge-

---

1081 BayStaatsAN, Rep. 19a, E-Laden, Akten, 242, 13.05.1575.

1082 Dieser ergab sich nicht so sehr durch direkten legislativen Einfluß, da die Reichsstädte nicht das Recht der Initiativberatung hatten, sondern eher indirekt durch die Finanzhilfen, den persönlichen Kontakten auf den Reichstagen in Nürnberg, Augsburg, Regensburg und durch ‚ihre' Beamten in den Reichsorganen. Auf den gesondert einberufenen Städtetagen versuchten sie, ihre Verhandlungsstrategie abzustimmen. Erfolge hatte der Städtecorpus im Verfassungssystem des alten Reichs nur, wenn sich seine Interessen mit denen des Kaisers oder anderer wichtiger Reichsstände deckten. - Riedenauer, E., Kaiser-Patriziat, S. 527f. Schmidt, G., Städtetag-Reichsverfassung, S. 17, 247ff., 449.

1083 Der alte Grundsatz, daß zuerst die ‚Bürger ihre Nahrung' haben sollten, führte in Hamburg z.B. dazu, daß nur Bürger das Recht hatten, Schiffe zu bauen. – Kellenbenz, H., Unternehmerkräfte, S. 312.

schichte, legitimiert, instrumentalisierten mögliche öffentliche Mißstände für ihre privaten Zwecke, schürten einen aggressiven Lokalpatriotismus.

Es klingen in ihren Beschwerdeschriften Staatstheorien an, die bis auf den heutigen Tag diskutiert werden. Etwa die organische, nach welcher der Staat sich sozusagen auf natürlichem Wege über die Familie, Sippe, Stamm gebildet hat, und diejenigen zu ihm gehören, die auf diese Weise hineingeboren wurden. Dann die Vertragstheorie, nach welcher der Staat durch die freie Vereinbarung vieler entstand, und alle Menschen zu ihm zu zählen sind, die sich zu dieser nicht gewachsenen, sondern geschaffenen Rechtsordnung bekennen.

Es scheint klar, welcher Auffassung die Wortführer, die patrizischen Imhoff und Welser, zuneigten.[1084] Sie betrachteten die Geschichte als das identitätstiftende Bindemittel, wodurch die Stadtgemeinde sich exklusiv definierte. Weder durch Herkommen, Sprache, protestantische Religion, welche die meist katholischen Italiener nach ihren Angaben in Deutschland beschimpften und verspotteten, in ihren heimischen Territorien gar verfolgten,[1085] noch durch Sitten, Gebräuche gehörten jene zum sozialen Ganzen. Sie zählten ihrer Meinung nach aber auch nicht durch Willens- oder Herzensentscheidung dazu, denn meist hatten sie den ihrer Meinung nach unter Kostengesichtspunkten privilegierten Status von Schutzverwandten (den die Ratsverfassung durchaus vorsah), die sich immer wieder und vorsätzlich über die Gesetze hinwegsetzten. Die ‚fremden Nationen' betrachteten Nürnberg unter rein kommerziellen Gesichtspunkten, ohne innere Bindung an das Gemeinwesen, lediglich als Standort für Produktion und Handel,[1086] illoyal im Konfliktfall. Sie mehrten nicht nur nicht das Wohl der Stadt und des Reiches, sondern schädigten es, indem sie den Fiskus durch massive ‚Zolldurchstechereien' und Unterwanderung der Münz- und Währungsordnung schädigten, die heimischen Firmen in den Ruin trieben. Abwehr von Gefahren durch aktive Teilnahme an Verteidigungsmaßnahmen zum Schutz der Stadt und ihrer Bürger sei erst recht nicht zu erwarten. Im Gegenteil! Im Kriegs-

---

1084 Die Tucher hatten sich 1575 wohl schon weitgehend aus der ‚Kampfgemeinschaft' zurückgezogen.

1085 So klagten 1597 Balthasar Bamgartner und Veit Pfaudt, daß sie in Lucca zum Übertritt zur ‚päpstlichen Religion' gezwungen werden sollten. Man vermutete, daß Anthonio Buti, Faktor Luccheser Kaufleute in Nürnberg, die Aktion angezettelt hatte.
   Vor wenigen Jahren waren in Mailand der Diener von Hans Fien und Niklaus Arnding denselben Repressionen ausgesetzt gewesen. – BayStaatsAN, Rep. 51, Ratschlagbücher, 23, fol. 126f., 25.02.1597.
   Sechs Jahre später wurden Paul Scheurl und Veit Paudt in Lucca massiven Repressionen ausgesetzt. ‚Religionsofficianten' waren in ihr Haus eingedrungen, hatten Schreibstuben und Kammern versiegelt, einen Stadtknecht zur Bewachung ins Haus gelegt. – BayStaatsAN, Rep. 51, Ratschlagbücher, 24, fol. 145ff., 26.04.1603.

1086 Für Lyon (16. Jahrhundert) stellt Esch fest: „*Mögen die Florentiner Martelli oder die Luccheser Bonvisi als Kaufleute und Bankiers von Einfluß und Ansehen für Generationen in Lyon vertreten sein: ihr Aufenthalt wirkt gleichwohl wie vorläufig, bloß geschäftsbedingt, nicht eingewurzelt*". - Esch, A., Loyalitäten-Identität, S. 125.

fall würden sie zum Erzfeind des Reiches, dem Türken, überlaufen und mit diesem kollaborieren.

Wie in manchen Bevölkerungskreisen heutzutage kommen hier also „*multikulturelle Zersetzungsängste*" zum Ausdruck, wird das „*jus sanguinis*" propagiert. Wie sich die Beschwerdeführer zur Frage einer ‚doppelten Staatsbürgerschaft' geäußert hätten, ist damit auch beantwortet. Sie hätten diese vehement abgelehnt. Bei der Gewichtung dieser Argumente muß man sich immer wieder die europaweite Präsenz der Beschwerdeführer mit vielen Faktoreien in zahlreichen Ländern ins Bewußtsein rufen.

Die Beschwörung dieser Gefahr und eine mögliche Verbindung der in Nürnberg domizilierenden Italiener mit den Türken muß vor dem Hintergrund der publizistischen Tätigkeit des 16. Jahrhunderts gesehen werden.

Die zahlreichen Türkendrucke beweisen, daß die Auseinandersetzung Europas mit den Osmanen einen wesentlichen Teil der Druck- und Verlegertätigkeit jenes Jahrhunderts ausmachte, die öffentliche Meinung bestimmte. Nürnberg, Augsburg und Venedig waren als dominierende Nachrichtenzentren die Hauptverlagsorte.[1087] Hier kreuzten sich die Informationen und Kommentare. Am eingehendsten hat über dieses Thema der rumänische Historiker Göllner gearbeitet.

Der Fall Konstantinopels (1453), die Schlacht von Mohács (1526), die Belagerungen Wiens (1529) und Maltas (1565),[1088] die Besetzung von Ofen und Székesfehérvár (Stuhlweißenburg) 1541 bzw. 1542[1089] waren im Bewußtsein der Menschen verankert. Die Seeschlacht von Lepanto (1571) lag zum Diskussionszeitpunkt erst vier Jahre zurück.[1090] Daß die Gefahr auch danach nicht gebannt war, beweisen der ‚Lange Türkenkrieg' unter Rudolf II. von 1592-1606 und die zweite Belagerung Wiens 1683. Es muß nicht weiter hervorgehoben werden, daß Rat und Beschwerdeführer aufgrund dieser Drucke, durch mündliche und schriftliche Reiseberichte,[1091] durch ihre Handelstätigkeit in weiten Teilen Europas, durch die Bitten von Kaiser und König um Türkenhilfe[1092] bestens unterrichtet waren. Sporhan-Krempel hat nachgewiesen, wie schnell und umfassend der Nürnberger Rat über die neuesten Entwicklungen u.a. aus Venedig und Rom

---

1087 Göllner, K., Turcica, 2, S. 789, nennt von Johann vom Berg über Leonhard Heußler, Christoph bzw. Joachim Lochner bis Christoph Zell so gut wie alle Nürnberger Drucker und Verleger. Zu Nürnberg als Informationszentrum nach den und über die Entdeckungen in der Neuen Welt: Pieper, R., Neue Welt, S. 129.

1088 W. Rausch verdanken wir den Hinweis, daß ein Mitglied der Nürnberger Kaufmannsfamilie Praun von Valetta aus berichtet, daß zur Verteidigung gegen die Angriffe der Muselmanen auch Pfeffersäcke verwandt wurden. – Rausch, W., Stadt-Handel (B. Kirchgässner (Hg.)), S. 124 (Diskussionsbeiträge).

1089 Gecsényi, L., Ungarn-süddeutsche Städte, S. 125.

1090 Zu den wirtschaftlichen, militärischen und sozialpsychologischen Auswirkungen: Kellenbenz, H., Juan de Austria, passim. Vgl. auch: Vasold, M., Philipp II., S. 94ff.

1091 Göllner, K., Turcica, 3, S. 13ff.

1092 Neuhaus, H., Reichsständische Repräsentationsformen, S. 144ff.

Kenntnis erhielt und seine Informationen an andere politische Entscheidungsträger weiterleitete.[1093] Während er Nachrichten, welche die innenpolitische Lage oder das Verhältnis zu auswärtigen Potentaten betrafen, durchaus zensierte und zu unterdrücken versuchte,[1094] *„waren Neuigkeiten aus Ungarn und von den Türkenkriegen erlaubt. Das war ein aktuelles, allgemein interessierendes und verdienstvolles Thema"*,[1095] auch für die breite Öffentlichkeit[1096] bestimmt.[1097]

Aus dem Jahre 1562, also drei Jahre vor der Schlacht um Malta, existiert ein Briefwechsel zwischen Christoph Tetzel aus Würzburg, wohin er sich der Pest in Nürnberg wegen begeben hatte, und seinem Schwager Paulus Behaim, der sich wahrscheinlich in Fischbach aufhielt.[1098] Tetzel schildert darin den prachtvollen Einzug des türkischen Gesandten Ebraim Strotzy. Dieser war auf dem Weg nach Frankfurt, wo er Kaiser Ferdinand die Friedensbereitschaft des Sultans überbringen sollte. Tetzel äußerte den Verdacht, daß es sich in Wirklichkeit um einen Spionageauftrag handle. Man muß dieser Einschätzung nicht zustimmen, der Brief zeigt aber, wie die Bedrohung durch die Türken im Bewußtsein breiter Bevölkerungskreise lebendig war. Bezeichnend dafür ist auch, daß in einem kaiserlichen Mandat an Nürnberg vom 25.08.1552 die Kriegführung von Albrecht Alcibiades als *„tyrannisch, unchristlich und türkisch"*[1099] bezeichnet wird. Graf Schlick schrieb an Markgraf Hans von Küstrin: *„Es ist halb türkisch, was die Markgräflichen in und um Nürnberg angerichtet haben".*[1100] Manche Forscher sehen in der Türkengefahr den Tatbestand einer Zwangsvorstellung breiter Bevölkerungskreise gegeben, andere sprechen von einem Erbfeindsyndrom. *„Er [der Türke] ist zugleich Maßstab des Bösen: ‚schlimmer als der Türke' wird als diskriminierende Feststellung von universeller und anerkannter Gültigkeit verwendet".*[1101]

Während in vielen Drucken die religiösen und politischen Gefahren thematisiert wurden,[1102] heben die Nürnberger Beschwerdeführer die negativen wirt-

---

1093 Sporhan-Krempel, L., Nürnberg-Nachrichtenzentrum, S. 38-40.

1094 Müller, A., Zensurpolitik, S. 90. Sporhan-Krempel, L., Nürnberg-Nachrichtenzentrum, S. 67ff.

1095 Sporhan-Krempel, L., Nürnberg-Nachrichtenzentrum, S. 74.

1096 Siehe dazu die Besprechungen von Karl Vocelca in den Mitteilungen des Instituts für Österreichische Geschichte, LXXXXVII, 1979, S. 521-522, in der er auch auf die Diskussion um den Öffentlichkeitsbegriff der damaligen Zeit eingeht, ebenso und ebendort (S. 528-529) in seiner Rezension des Buches von W. Schulze über Reich und Türkengefahr.

1097 North, M., Kommunikation, S. 5f.: *„Es entstand erstmals* [durch Buchdruck, Flugblätter, 'Zeitungen'] *ein System des öffentlichen Meinungsaustausches, eine neue politische Kultur".*

1098 Hampe, Th., Türkische Gesandschaft, passim.

1099 Reicke, E., Geschichte-Nürnberg, S. 906.

1100 Rösel, L., Alt-Nürnberg, S. 542.

1101 Schulze, W., Reich-Türkengefahr, S. 52ff.

1102 Göllner, K., Turcica, 3, S. 20ff. Schulze, W., Reich-Türkengefahr, S. 54f., führt sechs Punkte an, unter die im wesentlichen alle Vorwürfe gegen die Türken subsumiert wurden.

schaftlichen Konsequenzen bei einem Vordringen der Türken nach Europa hervor. Vor dem Hintergrund der eben geschilderten Informations- und Stimmungslage müssen sie sich im Rat Wirkung davon versprochen haben, die Italiener als Spione, Kollaborateure und Feinde zu charakterisieren. Andererseits mußte der Rat bei einer nüchternen und unvoreingenommenen Abwägung der Interessenlage doch erhebliche Zweifel bekommen, ob jene sich aus wirtschaftlichen Interessen heraus wirklich einen Siegeszug der Türken wünschen konnten. Die Italiener wollten ja in Nürnberg bleiben, hatten ausdrücklich auf ihre guten Geschäfte in der Stadt an der Pegnitz hingewiesen.

Da die Nürnberger durch ihre eigenen Handelsniederlassungen im Ausland gewissermaßen im Glashaus saßen und mit Steinen warfen, wurden sie natürlich aus Gründen der Rechtfertigung nicht müde, auf die disparitätische Behandlung durch ständige Zollerhöhungen und administrative Auflagen der italienischen Stadtstaaten hinzuweisen. Im Gegensatz zu den Italienern hier würden sie sich in den ausländischen Territorien strikt an die bestehenden Gesetze halten. Sollte sich der Rat den wirtschaftlichen, sozialen und politischen Bedrohungen nicht wirkungsvoll entgegenstellen, so sähen sie sich ihrerseits gezwungen, den Standort Nürnberg zu verlassen.[1103]

Der Generalvorwurf ihrer Gravamina gegenüber den Italienern kommt also dem sehr nahe, was wir in der heutigen Terminologie als die ‚Bildung einer wirtschaftskriminellen Vereinigung mit mafiosen Strukturen' bezeichnen würden. Er schürt bewußt Ängste vor einer Verschwörung ausländischer Mächte zum Schaden des Reiches und der Reichsstadt Nürnberg.

Irrationale Erklärungsversuche über die wahren Beweger der Zeitläufte fanden ihren Niederschlag immer schon in sogenannten Verschwörungstheorien,[1104] nach der je nach Standort und Zeitpunkt u.a. die Philosophen, Freimaurer, Jakobiner, Juden etc. verwickelt waren. Manipulations- und Repressionsmaßnahmen dienten sie als Rechtfertigung. So wurden etwa die jüdischen Kaufleute in Venedig während des Zypernkrieges 1571, also zum Diskussionszeitpunkt in Nürnberg, in der Lagunenstadt (Getto Vecchio) interniert und ihr Vermögen konfisziert, weil sie einer Verschwörung mit den Osmanen verdächtigt wurden. Die Maßnahme wurde aufgrund einer Intervention des Arztes und Unternehmers Solomon Ashkenazi in Istanbul erst nach zwei Jahren zurückgenommen.[1105]

Diese Gruppen und undurchschaubar verflochtenen Handels- (Industrie-) Konglomerate waren bzw. sind nach dieser Theorie die eigentlich Verantwortlichen für die desolaten Zustände in Gesellschaft und Wirtschaft, für Kriege und Zerstörung. Zersetzung staatlicher Einrichtungen, Umsturz der Verfassung, Unterwanderung bestehender Strukturen. Illegale Bereicherung auf Kosten der All-

---

1103 BayStaatsAN, Rep. 19a, E-Laden, Akten, 242, 13.05.1575.
1104 Rogalla von Bieberstein, J., These-Verschwörung, passim.
1105 Zu ihm und Abraham Mosso siehe vor allen Dingen Kellenbenz, H., Südosteuropa, S. 37 sowie Arbel, B., Jews-Venetians, passim.

gemeinheit werden als Ziele meist impliziert. Als strategisches Mittel dazu dient vor allen Dingen die Plazierung wichtiger Entscheidungsträger an den Schalthebeln der Macht. Marsch durch die Institutionen, Macht der Übersee-Chinesen durch das Netzwerk der „*Guanxi*",[1106] Drogenkartelle, organisierte Kriminalität mögen Beispiele und Schlagworte aus der jüngsten Vergangenheit und Gegenwart sein.

Gemeinsam ist diesen Erklärungsversuchen, daß sie von geheimen Verbindungen ausgehen, die für den normalen Staatsbürger nicht durchschaubar sind, wobei die ‚Drahtzieher' subtil im Hintergrund wirken, die Mitglieder sich nicht zu erkennen geben und untereinander ein enges Beziehungsgeflecht bilden. Propagierte und tatsächliche Ziele stehen sich diametral gegenüber.

In dieses Raster paßten also aus der Sicht der Beschwerdeführer weitgehend Zielsetzung und Methode der italienischen Kaufleute in Nürnberg des 16. Jahrhunderts.

3.7.2. Zielsetzungen

3.7.2.1. Einschränkung der Niederlassungsfreiheit

Unter Niederlassungsfreiheit versteht man bekanntlich das Recht jedes Unternehmens, den Standort oder die Standorte von Haupt- oder Zweigbetrieben nach betriebswirtschaftlichen Entscheidungskalkülen festzulegen, ohne durch restriktive Rechtsnormen einer Stadt oder eines Landes daran gehindert zu werden.

Diese Freiheit, die im 16. Jahrhundert vom Nürnberger Rat allen Auswärtigen und Ausländern großzügig zugebilligt wurde, wollten nun die Nürnberger Allianzmitglieder aufgrund einer übergeordneten Rechtsvorschrift aushebeln.

Sie beriefen sich in den siebziger Jahren des 16. Jahrhunderts auf ein Abkommen zwischen Kaiser Maximilian I. und der Republik Venedig, nach dem es den Venetianern und Italienern aus etlichen anderen Städten nicht gestattet war, ihren Eigenhandel über Trient hinaus nach Deutschland auszudehnen. Sie betrachteten diese Einengung der Niederlassungsfreiheit als gerechtes Äquivalent für das ihnen auferlegte Verbot, den lukrativen Levante- und Indienhandel oder den in die Terrae novae von Venedig, Genua, Lissabon oder Sevilla aus zu betreiben. Die Mißachtung dieser prohibitionistischen Bestimmungen hatten nach ihren Angaben deutsche Kaufleute mit der Konfiskation ihrer Güter, manche gar mit dem Leben bezahlt. Die zunehmende Verdichtung ihres Filialnetzes in Nürnberg, „*wo vor kurzem über zwei italienische Kaufleute nicht gewesen und wo sie sich jetzt [1574] so tief eingewurzelt haben, und darüber hinaus in ganz Deutschland, wo die Italiener dermaßen eingerissen, und all die Handti-*

1106 Seagrave, St., Auslandschinesen, S. 359ff.

rung zu sich gezogen, so daß die Bürger der Italianer halb, gar kein gewerb und narung haben", bewerteten sie als einseitigen Vertragsbruch.[1107]

In der Beschwerdeschrift ist zwar Kaiser Maximilian genannt, die diesbezüglichen vertraglichen Vereinbarungen, jedoch anderen Inhalts, datieren aber schon aus früheren Zeiten. Vor dem Hintergrund der Auseinandersetzungen zwischen dem Luxemburger Karl IV. und den Wittelsbachern Ludwig dem Bayer und seinem Sohn, Ludwig dem Brandenburger, sowie Nürnberg und Venedig kam es zeitweise zu ernsten politischen und wirtschaftspolitischen Auseinandersetzungen. Entscheidender Machtfaktor war die Herrschaft über Tirol.

Nachdem er Johann Heinrich, den Bruder Karls IV., von der Seite der Margarete Maultasch, Erbin von Tirol, vertrieben hatte, lag die in den Händen von Ludwig dem Brandenburger. Damit übte er auch die Herrschaft über den ‚Caminus Norimberghe', also der Transitstraße von Venedig nach Nürnberg (und umgekehrt) über den Brenner aus. Für ihren Handel in die Rheingegend und besonders nach Flandern waren die Venezianer auf diese Straße angewiesen, es bestand Straßenzwang.

Als nun Venedig die Abgabenlast auf Nürnberger Waren erhöhte, reagierte Ludwig mit Repressionen. Nürnberger beschlagnahmten Venediger Handelsgut als jene begannen, in Deutschland Eigenhandel zu betreiben. Die schließlich einsetzenden Einigungsgespräche – jetzt unterstützt von Karl IV. - führten zu dem Vertrag vom Jahre 1358, in dem Venedig sich verpflichtete, auf jeden eigenen Handel rechts des Rheins zu verzichten.[1108] Die Kaufleute durften den Weg nur für den Handel nach Flandern benutzen.[1109] Ausschließlich in Köln war ihnen erlaubt, Waren zum Verkauf auszulegen. Ausgenommen von diesem Kauf- und Verkaufsregelungen waren Waffen, Pferde und Lebensmittel.[1110]

Die zur Diskussion stehende Abmachung mit Venedig, die also vor allen Dingen das östliche Mittelmeer betraf, unter dem Einfluß einer starken Handelslobby zustande gekommen, könnte als eine Wettbewerbsregelung durch staatliche Vereinbarung von Gebietskartellen bezeichnet werden. Bestimmte Wirtschaftsräume waren den Außenstehenden für Beschaffung, Produktion und Absatz verboten. Konkurrenzbeziehungen in jenen Gebieten fanden ausschließlich zwischen Unternehmen statt, die dem jeweiligen Hoheitsträger unterstanden.

1107 BayStaatsAN, Rep. 19a, E-Laden, Akten, 242, 17.08.1574, 24.09.1574, 13.05.1575; Rep. 19a, E-Laden, Akten, S VII, L 123, 220 (1), 12.07.1571; (2), 25.09.1571, (6), 10.12.1571. Müller, J., Finanzpolitik, S. 5f.
1108 Dieser Befund wird auch aus Kölner Sicht bestätigt. – Ranke, E., Köln-Italien, S. 87.
1109 Stromer, W.v., Nürnberg-Wittelsbach-Luxemburg, S. 70; Oberdeutsche Hochfinanz, 2, S. 438.
1110 Schulte, A., Handel-Verkehr, 1, S. 353f. Simonsfeld, H., Fondaco dei Tedeschi, 2, S. 30. Vgl. zum Kölner Stapel: Pohl, H., Köln-Antwerpen, S. 474f. Gönnenwein, O., Stapel- und Niederlagsrecht, S. 243f.

Vom Markt ausgeschlossene Firmen hatten unter Tarnfirmen allerdings gute Außenseiterchancen.[1111] Es wird gleich dazu Stellung zu beziehen sein.

Welche Marktform sich in einzelnen Orten und auf bestimmten Märkten dadurch konkret ergab, ist schwer zu beurteilen. Man wird aber sagen können, daß es durch die künstliche Reduzierung der Marktteilnehmer tendenziell zu einer Verringerung der Wettbewerbsintensität, zu niedrigeren Bezugs- und zu erhöhten Absatzpreisen und damit zu Erlös- und Gewinnsteigerungen für die privilegierten Handelsfirmen zum Nachteil der nachgeschalteten Mitglieder in der Handelskette kam, falls diese die erhöhten Preise nicht oder nicht in vollem Umfange weitergeben konnten. In der Regel benachteiligt waren die Endverbraucher. Die Nürnberger Kaufleute bezifferten 1571 den Vorteil der Italiener beim Einkauf von Produkten des Orients auf 10-12%.[1112]

Dieser Vertrag verbot also ausschließlich Venedig den Direkthandel in Nürnberg und dem übrigen Deutschland, von anderen Städten ist nicht die Rede.[1113] Nach dem derzeitigen Forschungsstand weiteten die Nürnberger Be-

---

1111 Die Türken hatten in den Kapitulationen von 1569 den Franzosen das Recht eingeräumt, anderen Nationen ihre Flagge zu geben und direkten Handel mit der Levante zu treiben. Die guten Beziehungen der Franzosen und Türken sind aus beider Sicht als Element ihrer antihabsburgischen Politik zu erklären. Es ist bekannt, daß die Augsburger Firma Manlich mit sieben eigenen Schiffen von Marseille aus in dieses Geschäft einstieg. Höffner macht auf einen Brief des Marseiller Faktors der Manlich, Hans Ulrich Krafft, vom 20. August 1573 aufmerksam. Krafft berichtet darin von erdichteten Briefen der Italiener, die sie auf öffentlichen Plätzen liegen ließen. Darin behaupteten sie, das Schiff 'St. Johann' der Manlich sei auf dem Wege nach Alexandrien gekapert worden. - Damit wollten sie zweifellos eine bevorstehende Angebotsverknappung suggerieren und die Nachfrager zu vorschnellen 'Hamsterkäufen' animieren. Diese Briefe gehören zur sogenannten Gattung der „Gewürzbriefe"; es handelt sich also nicht um einen Einzelfall. - Höffner, J., Wirtschaftsethik-Monopole, S. 92.
In den Jahren 1569 bzw. 1571 kehrten der Nürnberger Jakob Böckh und der Augsburger (oder Münchener) Hans Beyer aus Alexandrien über Livorno nach Florenz zurück. Geschäftsbeziehungen mit der Levante konnten bisher nicht nachgewiesen werden. Ein Jakob Beyer vertrat 1561 die Augsburger Ulstetter in Alexandrien, Georg Koling dasselbe Haus in Kairo. Es ist also davon auszugehen, daß sie auf diese Art und Weise das Monopol der Venetianer unterliefen. Die sieben Schiffe der Manlich deuten darauf hin, daß der Handelsumfang nicht unbeträchtlich war. Direkthandel der Nürnberger Beschwerdeführer konnte bisher nicht nachgewiesen werden. Im Jahre 1515 wurde im Hafen von Marseille ein spanisches Schiff festgenommen, das auch 116 Ballen Wolle von Anton und Bartholomäus Welser geladen hatte. Mit diesem Hinweis soll nur verdeutlicht werden, daß dieses Terrain auch den Welsern vertraut war. Schlußfolgerungen auf einen Direkthandel in die Levante erlaubt die Quelle nicht. - Strieder, J., Levantinische Handelsfahrten, passim. Schulte, A., Handel-Verkehr, 1, S. 491f. Hochedlinger, M., Französisch-osmanische 'Freundschaft', S. 109. Kellenbenz, H., Südosteuropa, S. 38.
In seinem 1646 gedruckten Reisebericht, konstatiert Chr. Fürer, daß alle fremden Kaufleute, insofern ihre Heimatländer bzw. -städte nicht einen eigenen Fondaco hatten, im französischen Haus wohnten. Die Münzen mit Nürnberger Prägung, die er sah, sagen schon etwas aus über deren Wert und Verbreitung, wobei allerdings nicht unbedingt Nürnberger Kaufleute sie in den Kreislauf eingeschleust haben müssen. - Fürer, Chr., Reis=Bericht, S. 69.
1112 Müller, J., Finanzpolitik, S. 6.
1113 Simonsfeld, H., Fondaco dei Tedeschi, 2, S. 31.

schwerdeführer also den Geltungsbereich des Vertrages unzulässig aus. Aus der Stadt, für den der Vertrag galt, hatten sich keine Kaufleute in Nürnberg niedergelassen.[1114] Aufgrund der Tatsache des Handelsverbots in Nürnberg und dessen offensichtliche Respektierung durch die Venetianer, wie alle bisher bekannten Quellen belegen, und dem Verbot des Direkthandels für die Nürnberger, kann also von einem Einkaufsvorteil zu Lasten der Nürnberger nicht die Rede sein, denn sie traten auf jenen Einkaufsmärkten einander nicht unmittelbar als Wettbewerber gegenüber und auch nicht, was die Venetianer angeht, auf den Verkaufsmärkten. Sollte der genannte Prozentsatz die Differenz zum Preis auf einem freien Markt beziffern, so ist vielmehr davon ausgehen, daß die Nürnberger beim Einkauf im Fondaco zu einem nicht geringen Teil davon profitierten.

Die von den Nürnberger Kaufleuten vorgebrachten Behauptungen, daß *die Italiener* einseitig, stillschweigend, rechtswidrig und zu ihren Lasten den genannten Vertrag gebrochen hätten, indem sie ohne staatliche bzw. kommunale Gegenwehr in die bisherigen Schutzzonen eindringen und eigene Handelsketten aufbauen konnten, während ihnen Gleiches in der Levante weiterhin versagt blieb,[1115] treffen also nicht den wirklichen Kern des Problems. Von einer disparitätischen Behandlung, von einer Wettbewerbsverzerrung durch eine Exportsubvention, als welche die Einkaufsvorteile angesehen werden können, kann nicht die Rede sein.[1116]

Als leuchtendes Beispiel für den Schutz der einheimischen Unternehmerschaft vor fremder Konkurrenz führten die Nürnberger Beschwerdeführer Antwerpen an, wo ein Niederlassungsverbot für die ‚Portugaleser' [= Portugiesen] erlassen worden sei, die nicht auf eine bereits zehnjährige Ortsansässigkeit ver-

---

1114 Bartholome Viatis aus den Bergamasker Alpen fiel insofern durch dieses Raster, weil er als Lehrling nach Nürnberg kam, hier protestantisch erzogen wurde, protestantisch heiratete, das Nürnberger Bürgerrecht annahm –ansonsten hätte er hier in Nürnberg gar keinen Handel betreiben dürfen -, sich auf Dauer in Nürnberg niederließ, zu jener Zeit (bis 1569) noch in den Diensten Nürnberger Kaufleute stand, also wohl nicht gemeint sein konnte. Bei der Berücksichtigung längerfristig wirkender Prägungen kann der ‚Unternehmer' Viatis aber mit gutem Recht auch als Italiener eingestuft werden. Für dieses Selbstverständnis spricht z.B., daß er an seinem prächtigen Haus an der Museumsbrücke den Markuslöwen anbringen ließ. Dies ist umso bemerkenswerter, als entgegen seinen eigenen Angaben gar nicht in Venedig geboren wurde (18.05.1538), sondern in Pesari, nördlich von Brescia. Das Gebiet gehörte allerdings von 1456-1797 zum Herrschaftsgebiet Venedigs.- Siehe auch Fußnote 1683. Schultheiß, W., Nürnberg-Italien, S. 24. Seibold, G., Viatis-Peller, passim. Tacke, A., Viatis-Porträt, S. 57.
1115 BayStaatsAN, Rep. 19a, E-Laden, Akten, 242, 17.08.1574.
1116 Für die folgende Zeit ist in Betracht zu ziehen, daß die Venetianer einen Teil des Handels in Nürnberg und Deutschland im Wege des Kommissionsgeschäfte über die Niederländer abwickeln ließen. Im Zuge der politischen und religiösen Unruhen hatten sich sowohl in Nürnberg als auch in Venedig umsatzstarke Firmen aus den dortigen Städten niedergelassen. Um das Jahr 1615 bildeten sie in Venedig die „*Natione Fiamenga*". Zu denken ist etwa an die in Nürnberg domizilierenden Firmen von Oyrl und de Braa. - Peters, L.F., Handel Nürnbergs, S. 559, 598. Brulez, W., Marchands flamands, S. 255f.

weisen konnten. Bei Kenntnis der Fakten leuchtet dieses Beispiel allerdings nicht mehr.[1117]

Diesem ersten Einwand gegenüber der Argumentationslinie der Imhoff und Welser sind vier weitere kritische Anmerkungen hinzuzufügen. Sie beziehen sich auf die direkte Teilnahme am Kolonialhandel (2), auf die Preisentwicklung der Kolonialprodukte durch den Wettbewerb zwischen Venedig, Sevilla, Lissabon, Antwerpen (3), den Vertrieb und Absatz dieser Güter (4) und den Export ihrer ‚heimischen' Produkte (5).

Betrachtet man den Vorwurf von Lissabon und Sevilla aus (2), so ist es zwar zutreffend, daß die Kronen von Portugal und Spanien den Handel mit Gewürzen – nicht mit anderen Gütern – aus den Kolonien monopolisierten, der direkte Handel, von Ausnahmen am Anfang des 16. Jahrhunderts abgesehen, den Kaufleuten aus Portugal und Spanien vorbehalten war, daß diese aber oft als Strohmänner der Italiener und Oberdeutschen fungierten. Handel war auch durch den (heimlichen)[1118] Aufkauf der Freifrachten der Mannschaften (caixas da liberdade) möglich[1119] oder durch die Abnahme von Pfeffer und Gewürznelken bei Valentin Fernandes, der für seinen Druck der „Ordenações do reino" mit Pfeffer für 400.000 Reis und einem Posten Gewürznelken bezahlt worden war.[1120]

Das Verbot des Direkthandels galt auch schon 1503 insofern nur eingeschränkt, als die Oberdeutschen ihn dann betreiben durften, wenn er mit in Portugal gebauten Schiffen durchgeführt wurde, oder aber diese mit portugiesischen Seeleuten besetzt waren. Ausgenommen waren lediglich Madeira und die übrigen Inseln.[1121] Später verbot die portugiesische Krone wieder eine direkte Beteiligung. Das Absatzmonopol gelangte zeitweise in die Hände der Affaitadi, Mendes, de Negro und anderen Unternehmen.[1122] Im Jahre 1505 beteiligten sich die

1117 BayStaatsAN, Rep. 19a, E-Laden, Akten, 242, 17.08.1574; 243 (Gutachten der Zollamtsleute), o.D., um 1575. – Die ‚portugiesische Nation' ist seit 1488 in Antwerpen. Ihre immer wieder bestätigten und erweiterten Privilegien datieren seit 1511. Austauschgüter waren – wie an anderer Stelle ausgeführt – vor allen Dingen asiatischer Pfeffer, aber auch solcher aus Afrika, der für die nicht so kaufkräftige Nachfrage breiter Bevölkerungsschichten gebraucht wurde, andere Gewürze, Edelsteine, Perlen, Korallen. Von den Oberdeutschen bezogen sie in erster Linie Roherzeugnisse und Fertigprodukte der Metallindustrie (Kupfer, Messing, Silber aus dem Alpen-, Sudeten- und Karpatenraum), das sie nach Asien exportierten, schon früh Baumwollerzeugnisse, vor allen Dingen Barchent aus Kaufbeuren, Ravensburg, Ulm, Biberach. Eine hervorragende Rolle spielten sie im Geldhandel, Kredit- und Spekulationsgeschäft, als Makler und Versicherer: Ennen, E., Niederländische Messen, S. 138. Stromer, W.v., Baumwollindustrie, passim.
1118 Erfolgte er offiziell, mußte ein Zoll von 5% entrichtet werden. - Imhoff, Chr.v., Indien-Pioniere, S. 9.
1119 Reinhard, W., Europäische Expansion, S. 93ff.
1120 Kellenbenz, H., Fugger-Spanien-Portugal, S. 53.
1121 Kellenbenz, H., Fugger-Spanien-Portugal, S. 50f. Imhoff, Chr.v., Indien-Pioniere, S. 9. Er bezieht sich auf das zeitgenössische 'Tagebuch' des Lukas Rem. Zur Charakterisierung dieser Quelle: Häberlein, M., Augsburger Großkaufleute, S. 48ff.
1122 Kellenbenz, H., Fugger-Spanien-Portugal, S. 51.

Nürnberger Hirschvogel und Imhoff mit einem Investment von 3.000 (8,3%) und 2.000 (5,6%) Dukaten an der Almeida-Expedition.[1123]

Im Jahre 1570, also zum Diskussionszeitpunkt in Nürnberg, gab König Sebastian von Portugal den Handel schließlich frei,[1124] in Spanien war schon 1522[1125] das Verbot der unmittelbaren Teilnahme Fremder am Kolonialhandel obsolet geworden.[1126] In diesem Zusammenhang fällt noch einmal ein Blick auf die Wichtigkeit des Safranhandels, da Alberto Cuon, der Nürnberger Faktor der Welser, sich das Recht zubilligen ließ, in Mexiko Safran anzubauen.[1127]

Spätestens nach den Entdeckungen war der Markt außerdem ein noch globalerer als bisher geworden (3). Die Venetianer hatten sich – und das bei Ausbruch des Krieges 1499 mit den Türken zumal - im Gewürzhandel der starken Konkurrenz der Portugiesen und Spanier zu erwehren.[1128] Sie konnten also nicht mehr wie in früheren Zeiten monopolistisch agieren, mußten einen beachtlichen Teil des Einkaufsvorteils an die Deutschen weitergeben. Nicht zuletzt aufgrund der gleichwohl gegenüber Venedig günstigen Einkaufsmöglichkeiten in Lissabon und Sevilla errichteten ja die Nürnberger dort Faktoreien.[1129] Bei Simonsfeld[1130] findet sich darüber folgende Notiz: *„Marino Sanuto verzeichnet schon am 1. März 1501 in seinen Diarien ein Sinken des Preises des Pfeffers von 130 auf 102 Dukaten ‚el cargo', weil die Deutschen seit einem Monat keinen mehr kauften. Und wenige Monate später, im Juli 1501, füllt Girolamo Priuli die Blätter seines kostbaren Tagebuches mit düsteren Betrachtungen über die aus Portugal eintreffenden Nachrichten. Er sieht es voraus, wie Ungarn, Deutsche usw. statt nach Venedig, nunmehr nach Lissabon gehen werden, um dort ihren Bedarf an Spezereien einzukaufen. Das liege ihnen näher [!] und sie könnten dort die-*

1123 Walter, R., Nürnberg-Augsburg-Lateinamerika, S. 48f. Großhaupt, W., Portugal-Augsburg-Nuremberg, S. 373 (Fn. 105), 376ff.

1124 Reinhard, W., Europäische Expansion, S. 96.

1125 In diesem Jahr erreichte Jakob Fugger es, bei der zweiten Molukkenexpedition unter Garcia de Loaysa die wirtschaftliche Führung zu übernehmen. Er und andere deutsche Unternehmen beteiligten sich mit 10.000 Dukaten. Der Anspruch auf die Molukken wurden 1529 von Karl V. an den König von Portugal abgetreten. – Kellenbenz, H., Pfeffer-Kupfer, S. 226; Deutschland-Spanien, S. 6. Werner, Th.G., Europäisches Kapital-Ibero-Amerika, S. 27, spricht davon, daß Karl V. im Jahre 1528 es allen Bewohnern des spanischen Imperiums, nicht nur der spanischen Krone erlaubte, die Indien aufzusuchen.

1126 Werner, Th.G., Rio de la Plata, S. 522.

1127 Werner, Th.G., Rio de la Plata, S. 566. Kellenbenz, H., Alberto Cuon, S. 24.

1128 Zu den Verlagerungen des Gewürzhandels nach Lissabon und schließlich Antwerpen und die Rolle besonders der Nürnberger Imhoff, Welser, Tucher siehe: Wee, H.v.d., Antwerp Market, 2, S. 128ff., 144, 186ff., 232ff. 258, 303. – Im übrigen hatte 1501 König Manuel von Portugal Venedig einen Pachtvertrag über den gesamten portugiesischen Pfefferhandel angeboten, der von Philipp II. nach der Vereinigung mit Portugal erneuert wurde. Venedig lehnte aus den verschiedensten finanziellen, konjunkturellen und politischen Gründen ab. – Ohl, I., Levante-Indien, S. 30ff.

1129 Reinhard, W., Europäische Expansion, S. 95.

1130 Simonsfeld, H., Fondaco dei Tedeschi, 2, S. 117.

selben billiger bekommen als in Venedig".[1131] Nach Aussagen des Indienfahrers Ulrich Imhoff sank der Pfefferpreis deshalb am Anfang des 16. Jahrhunderts um fast die Hälfte.[1132]

Die Imhoffsche Gesellschaft genoß nach Jahnel überdies und aus diesen Gründen in Venedig anderen Firmen gegenüber sogar gewisse Privilegien, weil die Signoria sie an ihre Stadt binden wollte. Hier kauften die Imhoff der besseren Qualität wegen in großen Mengen Muskatblüte, Muskatnüsse, Zimt und Gewürznelken, Baumwolle ein, während sie Antwerpen für den Erwerb von Pfeffer und Ingwer bevorzugten.[1133]

Außerdem sicherten sich die Nürnberger Beschwerdeführer durch Verkaufskontrakte[1134] mit der Krone in einem erheblichen Umfang den Absatz der Spezereien (4). Zum Diskussionszeitpunkt[1135] sagten die Beschwerdeführer selbst: „... *daß die hiesigen alten Händler so wohl als auch andere stattliche Häuser von Augsburg und anderen Orten vor 50 oder 60 Jahren ganz stattlich gen Lisbona und Portugal* [gehandelt] *und dem König allda Spezereyen abkauft, ... gewaltige Konträkt mit demselben dero geschlossen ....* ". Wahrscheinlich ist mit den Jahreszahlen der Beginn der Vertragsabschlüsse markiert.[1136] Als der portugiesische Gewürzstapel Anfang des 16. Jahrhunderts nach Antwerpen verlegt wurde,[1137] kauften die Imhoff und andere bei niedrigen Preisen fast die ge-

---

1131 Die Auswirkungen der Entdeckungen auf die Lagunenstadt ist im übrigen ein seit Jahrzehnten kontrovers diskutiertes Thema. Hildebrandt verweist darauf, daß nach Untersuchungen von Niels Steengard (Carracks, Caravans, and Companies, Kopenhagen 1973, S. 168) um 1600 noch [muß es vielleicht zutreffender heißen ‚wieder'?] 60-80% der Pfefferimporte nicht über den Seeweg, also etwa Lissabon-Antwerpen, nach Europa gelangten, sondern über die traditionellen Landrouten, also hauptsächlich von Venedig aus. – Hildebrandt, R., Stadt-Handel (B. Kirchgässner (Hg.)), S. 123 (Diskussionsbeiträge); Oberdeutschland-Venedig, passim. Zu diesem Fragenkomplex siehe auch: Kellenbenz, H., Niedergang-Venedig, S. 122f. Glamann, K., Europäische Handel, S. 302f. Über die Rückgewinnung von Importquoten durch Venedig siehe vor allen Dingen: Kellenbenz, H., Expansion Portugals, S. 21.
1132 Imhoff, Chr.v., Indien-Pioniere, S. 7.
1133 Zum Teil und zeitweise kam dieser aber aus Venedig. - Jahnel, H., Imhoff, S. 163. Kellenbenz, H., Pfeffer-Kupfer, S. 225.
1134 Zur Rolle der Potugiesen und Italiener beim Kauf und der Verteilung der Gewürze im letzten Viertel des 16. Jahrhunderts siehe: Pohl, H., Portugiesen-Antwerpen, S. 165f.
1135 BayStaatsAN, Rep. 19a, E-Laden, Akten, S VII, L 123, 220 (4), 13.10.1571.
1136 Der erste Vertrag über die Ausstattung von Schiffen 1503. - Imhoff, Chr.v., Indien-Pioniere, S. 8 (nach dem Tagebuch von Lucas Rem). Vgl. auch: Großhaupt, W., Portugal-Augsburg-Nuremberg, S. 371, 378 (Fn. 132): Vertrag zwischen den Nürnberger Welsern und Imhoff über den Indienhandel.
1137 Einen sehr lebendigen Eindruck über das Gewürzgeschäft am Anfang des 16. Jahrhunderts in Lissabon/Antwerpen, der Konkurrenz zwischen den Oberdeutschen (u.a. Imhoff, Höchstetter, Fugger, Welser) und der von den Affaitadi aus Cremona angeführten mediterranen Gruppe, der engen Verbindung vor allen Dingen zwischen dem Kupfer- und Gewürzgeschäft, erhalten wir durch einen Aufsatz von H. Kellenbenz, der sich auf portugiesische Quellen und Literatur stützt. Pohl stellte aufgrund der Regestenauswertung von Doehaerd fest, daß schon ganz am Anfang des 16. Jahrhunderts 2/3 der Gewürzsendungen von Antwerpen nach Köln gingen, nur 1/3 von Köln nach Antwerpen,

samten Schiffsladungen auf, lagerten die Waren, verringerten also die wirksame Angebotsmenge, bewirkten damit bei gegebener Nachfrage eine Preiserhöhung, vergrößerten ihre Gewinne, verstießen dadurch aber gegen geltende Gesetze und den gängigen Vorstellungen von einem gerechten Preis.[1138] Diesen Tatbestand hätte man zur damaligen Zeit wohl unter den Begriff *„verboten fürkauff"*[1139] subsumiert.

An wen mag der Leipziger Jurist und Kaufmann[1140] Christoph Cuppener (1466-1511) wohl konkret gedacht haben,[1141] als er in seinem 1508 erschienenen Werk *„in schones Buch zu Deutsch ... was Wucher und wucherische Handel sein"* Frankfurt vor Venedig und Nürnberg an erster Stelle nannte?[1142] Er schrieb: *„So ein Kaufmann in einem Lande oder in Städten, Märkten oder Dörfern machte eine Teuerung ... es sei an Getreide, Wein, Tuch, Spezerei, Safran, Ingewer oder Pfeffer"* dadurch, daß er sämtliche Waren aufkauft und *„sein Tun in seinen eigenen Nutzen und nicht in einen gemeinen kehrt, denselbigen soll man nicht leiden, denn er ist untüchtig, infamis und niemandes würdig"*; man soll ihn *„in eine merkliche Strafe nehmen"*.[1143]

Die Argumentation der Nürnberger Beschwerdeführer ist deshalb nicht sehr überzeugend.[1144] Dr. Caspar Mart hatte in diesem Zusammenhang am 07.07.1523 wegen der Monopolisierung des Gewürzhandels mit Portugal Anklage gegen die Imhoff-Gesellschaft vor dem Reichskammergericht erhoben, da es *„hochlich verpotten, das niemandt Monopolien, schedlich hantierung und werbung prauchen"*.[1145] Ein Monopol im strengen Sinn war es wohl nicht,[1146] aber es wurde ihnen vorgeworfen, eine größere Menge der Gewürze und diese zu einem niedrigen Preis als die Konkurrenten von der Krone Portugals zugeteilt

---

also wohl über die traditionelle Landroute importierte Ware. – Kellenbenz, H., Pfeffer-Kupfer, passim. Pohl, H., Köln-Antwerpen, S. 497f.

1138 Der *„gerechte Preis"* wurde von den Hochscholastikern nicht mit der *„Idee der Nahrung"* verbunden, wie manchmal zu lesen ist. Bei der Bildung flossen durchaus marktwirtschaftliche Elemente ein. Der gerechte Preis wurde vielmehr den Monopolpreisen, denen Betrugsabsichten zugrunde liegen, gegenübergestellt. - Beim Safran war die Lagerhaltungsfähigkeit nur in begrenztem Maße möglich. - Jahnel, H., Imhoff, S. 105. Kellenbenz, H., Fugger-Spanien-Portugal, S. 54-61. Höffner, J., Wirtschaftsethik-Monopole, S. 77ff., 107, 113ff., 123f.

1139 Blaich, F., Reichsmonopolgesetzgebung, S. 23.

1140 Er war an der Meißener *„Gesellschaft des Zinnhandels"* beteiligt.

1141 An Endres (I) Imhoff sicher nicht, der war zu diesem Zeitpunkt erst 17 Jahre alt, aber vielleicht an seine Vorfahren und ihren Geschäften auf dem Pfeffermarkt?!

1142 Fischer, G., Leipziger Handelsgeschichte, S. 17 (Fn. 2). Hier zitiert nach Walter, R., Nürnberg-Weltwirtschaft, S. 151 (Fn. 18).

1143 Zitiert nach Höffner, J., Wirtschaftsethik-Monopole, S. 93.

1144 Werner, Th.G., Rio de la Plata, S. 522, 551, 553, 581.

1145 GNM, Rep. II/74, Imhoff-Archiv, I, Fasz. 29,1-11.

1146 In breiten Bevölkerungskreisen verstand man darunter auch Wucherverträge und Preiserhöhungen. Ein genaues, juristisch anwendbares 'Feststellungskriterium' ist damit also nicht gegeben.

zu bekommen.[1147] Diese Exklusivverträge waren so gestaltet, daß sie dem König statt der geforderten 18 Dukaten pro Zentner Pfeffer ‚freiwillig' 20 zahlten mit der Zusicherung, daß er an andere Nachfrager den Pfeffer zwei Jahre lang nicht unter 28 Dukaten hergebe. Das hatte zur Folge, daß der Marktpreis für Pfeffer auf 30 Dukaten stieg. Die großen Handelshäuser strichen also eine satte ‚Monopol'- bzw. Kartellrente ein.

Mertens[1148] führt noch eine etwa zeitgleiche zweite Klageschrift mit einer anderen Begründung an. Danach hatten die Imhoff durch ihre etwa 10 Faktoren in Lissabon und anderswo gegenüber den anderen Händlern einen Informationssprung über die eintreffenden oder eingetroffenen Warenmengen. Man geht sicher nicht fehl in der Annahme, daß sie von den königlichen Beamten mit diesen Auskünften - gegen Handsalven (Pensionen), versteht sich - versorgt worden. Bei einer geringen Angebotsmenge mußten die kleinen Aufkäufer entsprechend hohe Preise zahlen. Die Imhoff reagierten nun in der Weise, daß sie ihre Preise in Frankfurt und Antwerpen drastisch senkten, Gewürze aus ihren Lagerbeständen auf den Markt warfen. Die kleinen Händler waren gezwungen, unter Einkaufspreis anzubieten, möglicherweise noch unter den eh schon günstigeren Einkaufspreisen der Imhoff. Nachfrager waren Mittelsmänner der Imhoff. Für weniger kapitalkräftige Konkurrenten hatten diese Dumpingpreise hohe Verluste zur Folge, sie wurden vom Markt verdrängt. Nach diesem Eliminierungsprozeß hoben die Imhoff die Preise wieder an. Die Nachfrager waren aufgrund der wenigen Anbieter gezwungen, diese zu akzeptieren.

Einer Klage des Reichsfiskals[1149] wegen desselben Delikts hatte sich 1530 Bartholomäus Welser (Augsburg) gegenübergesehen.[1150] Schließlich waren die Allianzmitglieder sich, wie gezeigt, bewußt, daß sie mit der Monopolisierung des Safranhandels gegen bestehende Landesgesetze verstießen.

Der namentlich unbekannte Anwalt der Imhoff ging inhaltlich nicht auf die Vorwürfe ein, sondern führte formalrechtliche Mängel ins Feld: Das Reichsregiment habe zur Zeit nicht die vom Gesetz vorgeschriebene Personalstärke.

1147 Blaich, F., Reichsmonopolgesetzgebung, S. 13. Er hat als Termin der Klageerhebung das Jahr 1522. Es ist nicht bekannt, ob der Prozeß tatsächlich geführt wurde und wenn ja, mit welchem Ergebnis.

1148 Mertens, B., Monopolprozesse, S. 122ff.

1149 Er wurde durch das von Karl V. unterzeichnete Gesetz vom 10.03.1525 weitgehend zu Gunsten der örtlichen Gerichte entmachtet, die Strafen gegen die Monopolsünder und Fürkäufer wurden verringert. Das Erzmonopol der Fugger, Welser und Höchstetter war schon vorher von den reichsgesetzlichen Bestimmungen ausgenommen worden. Der Kaiser war eben auf die Finanzkraft der großen Handelshäuser angewiesen. – Jahnel, H., Imhoff, S. 114f.

1150 Ebenfalls Andreas und Lukas Rem sowie die Witwe von Christoph Herwarth. Welser, H.v., Welser, 2, S. 106f. Blaich, F., Reichsmonopolgesetzgebung, S. 14 mit dem Jahr 1529.

Die Argumentation der Nürnberger ist schließlich insofern einseitig, als sie lediglich auf den Import abstellt, die Absatzbedingungen der ‚heimischen' Produkte nicht erwähnt (5).

Durch die Verträge der Hohen Pforte mit Venedig war die Lagunenstadt auch für deutsche Waren ein offenes Ausfalltor für den Export in die Levante. Hermann Kellenbenz[1151] hat, sich auf Quellen des Bartholomeo di Pasi aus Venedig der Jahre 1503 und 1540 stützend, gezeigt, wohin die verschiedenen „merze de fontego", d.h. die Waren aus dem deutschen Fondaco in Venedig, exportiert wurden: Zara, Spalato, Ragusa,[1152] Cattaro, La Valona, Corfu, Lavra, Negroponte, Napoli de Romania, Candia, Nicosia, Cypern, Rhodos, Sio, womit aber nur Orte der Inselwelt genannt sind. Am größten war der Warenkatalog, der für Konstantinopel aufgezählt wurde. Die Venetianer behaupteten, daß die Nürnberger durch den Fondaco „vom Nichts zu den größten Reichtümern" gelangt seien.[1153] Sie hatten bei dieser Feststellung zweifellos den Import als auch den Export der Nürnberger Kaufleute über den großen Umschlagplatz ‚Fondaco' im Auge.

In einem anderen Aufsatz[1154] konnte Kellenbenz nachweisen, welch glänzende Geschäfte sich für den Augsburger Jakob Rehlinger über seinen italienischen Geschäftsfreund Marco de Nicolao von Venedig aus mit Konstantinopel machen ließen. Da der Verkauf von Gobelins in Konstantinopel durch sie oder ihren Beauftragten durchgeführt werden sollte, kann man von verfestigten Beziehungen ausgehen.[1155] Es unterliegt kaum einem Zweifel, daß auch die Imhoff, Welser und Tucher, traditionell mit besten Handelsbeziehungen nach und in Venedig,[1156] sich auf diese Art und Weise einschalteten, auch wenn bisher auf keine Forschungsergebnisse verwiesen werden kann. Auch sie konnten sich sehr wahrscheinlich „hinter die Begünstigten stecken".[1157]

Um ihre eigenen Argumente nicht zu verwässern, hatten sie natürlich keinen Grund, auf diese Möglichkeit und Praxis hinzuweisen. Sie mußten es auch

---

1151 Kellenbenz, H., Südosteuropa, S. 29.

1152 Mit einem eigenen Fondaco in Alexandrien. - Fürer, Chr., Reis=Beschreibung, S. 14.

1153 Simonsfeld, H., Fondaco dei Tedeschi, 1, S. 46.

1154 Kellenbenz, H., Jakob Rehlinger, S. 362ff.

1155 Ein Mittelsmann in Konstantinopel war der Bruder von Baptista Vernigalli. In einem weiteren Geschäft handelte es sich um Rubine, die er von Pietro della Porta, möglicherweise einem Verwandten der später in Nürnberg domizilierenden Firma, pfandweise erhalten hatte. Kellenbenz, H., Jakob Rehlinger, S. 365. Peterers, L.F., Handel Nürnbergs, Nennungen s. S. 666.

1156 Später auch die Nürnberger Welser. - Braunstein, Ph., Nürnberg-Italien, passim. Simonsfeld, H., Fondaco dei Tedeschi, 2, S. 72ff., 192ff.: Conrad Imhoff stirbt 1396 in Venedig. - Schuster, L.: Nürnberger Kaufherren-Fondaco, S. 36. Kunz Imhoff ist 1434 Mitverwalter des Stiftungsvermögens für den Sebaldus Altar in der (deutschen) Kirche San Bartolomeo in Venedig. - Siehe auch die auffällig zahlreichen Konsuln im Fondaco aus der Familie der Imhoff am Ende des 15. Jahrhunderts bei Simonsfeld, H., Fondaco dei Tedeschi, 2, S. 193f., 207ff.

1157 Schmidt-Rimpler, W., Geschichte-Kommissionsgeschäft, S. 112.

deshalb vermeiden, darauf aufmerksam zu machen, weil sie sich damit selbst bezichtigt hätten, mit dem Erzfeind des Reiches direkte Geschäftsbeziehungen zu unterhalten. Indirekte waren ja zweifellos durch den Weiterverkauf ihrer Erzeugnisse durch die Venezianer gegeben. Ob auf diesem Wege auch Kriegsmaterial in die Hände der Türken gelangte, ist ebenfalls eine noch zu beantwortende Frage.

Als der Patrizier Christoph Fürer eine Reise in den Vorderen Orient unternahm, traf er in Kairo auf zahlreiche deutsche Kaufleute. Und der kurpfälzische Registrator Michael Heberer von Bretten berichtet 20 Jahre später ebenfalls von deutschen Kaufleuten und Waren aus Nürnberg in Ägypten.[1158]

In diesem Zusammenhang ist es sicher auch eine verengte Sicht, die Niederlassung der Imhoff in Bari nur im Zusammenhang mit dem Safranhandel zu bewerten. Von dort aus führten Verbindungen zur Republik Ragusa, die aufgrund der Neutralität gegenüber Osmanen und Christen auf dem Land- und Seeweg einen lukrativen Zwischenhandel ins Türkische Reich bis nach Saloniki und Varna ermöglichte. Auch Livorno und Ancona rücken ins Blickfeld. Zu einem nicht unerheblichen Teil wurden die Geschäfte von jüdischen Händlergruppen abgewickelt, die dort ebenso saßen wie z.B. in Konstantinopel[1159] und Saloniki.

Dadurch also, daß die Nürnberger Beschwerdeführer auf Exportschwierigkeiten in die Levante nicht abheben, kann ex silentio geschlossen werden, daß sie durch die politischen Bemühungen Venedigs und der Angebotskonzentration ihres vielfältigen Warensortiments[1160] im Fondaco reichlich profitierten. Der Niederlassungszwang muß sich unter diesen politischen Bedingungen umsatzfördernd ausgewirkt haben. *„Beherrschten zwar im 16. Jahrhundert die italienischen Städte, besonders Venedig und Genua, daneben die Franzosen, den Handel in die Levante, so mußten sich die Italiener wie auch die Bewohner Frankreichs erst von den Deutschen die in den Randländern des Mittelmeeres, namentlich aber im Orient viel begehrten Metalle und Metallwaren bringen lassen"*. Es besteht kein Zweifel, daß bei diesem Warenaustausch die Nürnberger Allianzmitglieder eine bedeutende Rolle spielten.

Positive wirtschaftliche Effekte gingen auch von den Kolonialbildungen der Portugiesen an der Westküste Afrikas[1161] und den Entdeckungen in Übersee aus. Auf die Oberdeutschen (und Italiener), konnten Kaiser und Könige bei der Finanzierung der Fahrten nicht verzichten. Sie waren außerdem im Besitz der

---

1158 Ich folge hier: Kummer, R., Nürnbergs Anteil am Orienthandel, S. 83.
1159 Chr. Fürer erwähnt in seinem Reisebericht das Judenviertel 'Kumulabia' in Alexandrien. - Fürer, Chr., Reis=Bericht, S. 25.
1160 Strieder, J., Montan- und Metall-Industrie, S. 197. Kellenbenz, H., Südosteuropa und Braunstein, Ph., Nürnberg-Italien, passim.
1161 Vor allen Dingen Massenexport von Messing- und Kupferwaren, besonders aus Nürnberg. - Strieder, J., Montan- und Metall-Industrie, S. 197f.

Austauschwaren wie Metalle (Kupfer, Silber),[1162] Metallwaren, Nadeln, See-
kompasse, Laternen, Uhren, Teller, Näpfe, Kessel, Werkzeuge Rüstungen, Waffen, Textilwaren etc.[1163]

Wie man die Argumente der Beschwerdeführer auch immer wägt, von welchem Geltungsbereich des Gesetzes man ausgeht, bei der Betrachtung des Gesamtmarktes, der nach den Entdeckungen ein noch globalerer Markt geworden
war, und bei Inrechnungstellung der dominierenden Rolle der Nürnberger auf
den Absatzmärkten, wirken sie nicht überzeugend.

Fazit: Die Nürnberger profitierten beim Einkauf der Kolonialprodukte in
erheblichem Maße durch den Wettbewerb zwischen Venedig auf der einen, Sevilla, Lissabon, Antwerpen auf der anderen Seite, konnten beim Vertrieb dadurch sogar erst ihre monopolartige Stellung auf einigen Märkten erreichen.
Beim Verkauf ihrer heimischen Produkte erschlossen sich ihnen ebenfalls neue
Märkte. Eine ganz andere Marktform, nämlich die weitgehende Dominanz der
Venetianer im Mittelmeerraum, muß sich nach den obigen Ausführungen ebenfalls absatzfördernd ausgewirkt haben. Zusätzlich sind die eigenen Faktoreien in
den neuen Gebieten bei der Einschätzung der Wettbewerbsentwicklung einzubeziehen. Die Entwicklung der Wirtschaftsmetropole Venedig kann nicht einseitig
nach den Exportquoten ihrer heimischen Erzeugnissen, den Produkten des Orients und der Neuen Welt beurteilt werden, sondern ihre Vermittlerrolle beim
Absatz der Produkte Zentraleuropas ist angemessen zu berücksichtigen. Für die
oberdeutschen Handelshäuser vor allen Dingen ist dieser Aspekt wichtig.

3.7.2.2. Reduzierung der Sortimentsbreite

Die zweite Hauptforderung, die Nürnberger Kaufleute während dieser Jahre an den Rat richteten, bezog sich auf die Einschränkung von Sortimentsbreite
und -tiefe der Italiener, *„die seit einiger Zeit zu zahlreich in diese Stadt eingedrungen und den meisten und stattlichsten Gewerb an sich gezogen und einheimischen Kaufleuten ihren Gewinn abgeschnitten"* hatten, um das Zitat noch
einmal aufzunehmen.[1164] Die Beschwerdeführer sahen sich als Opfer eines rück-
sichtslosen Verdrängungswettbewerbs, der bereits viele Unternehmen aus den
angestammten Sparten des Samt- und Seidenhandels und dem Geschäft mit
Untzgold herausgetrieben habe, andere vor der Aufgabe stünden.

Das nächste Unternehmensziel der Fremden sei es, auch den für Nürnberg
so charakteristischen, bedeutenden und lukrativen Handel mit Safran und anderen Spezereien in die Hand zu bekommen. In großem Umfange war das ja, wie
ausgeführt, schon geschehen. Diese Ausweitung des Warensortiments widersprach nach ihrer Meinung der althergebrachten Ordnung, nach der die Italiener

---

1162 Kellenbenz, H., Fremde Kaufleute-Iberische Halbinsel, S. 342.
1163 Werner, Th.G., Rio de la Plata, S. 507ff.
1164 BayStaatsAN, Rep. 19a, E-Laden, Akten, 242, 24.09.1574.

in Nürnberg lediglich die Waren ihrer Heimatstädte verhandeln durften.[1165] Es geht aus dieser Quelle nicht zweifelsfrei hervor, ob es sich um einen stillschweigenden, allgemein akzeptierten Konsens handelte, oder sie sich hier auf eine bestehende Gesetzeslage beriefen. In einer anderen Eingabe Nürnberger Kaufleute[1166] heißt es aber: „ ... *daß nicht allein die alten deutschen Händler und vor allen Dingen wir hiesige Bürger, die gemäß den alten Verträgen in unterschiedlichen Kompanien und Gesellschaften unterschiedliche Waren aus fremden Landen geführt und ein jeder bei seiner Ware gutwillig geblieben ist, von den Italienern und anderen fremden Nationen abgetrieben"*.

Weiß man um ihre umfangreiche Warenpalette als Vollsortimenter aus allen Ländern (Safran, übrige Spezereien, Samt- und Seidenwaren, Metalle etc.) kann man dieser Aussage keine große Glaubwürdigkeit beimessen. Jedenfalls schwächten sie mit diesen Ausführungen die Schärfe ihres ersten Arguments selbst ab, denn prinzipiell stellten sie das Niederlassungsrecht hiermit nicht mehr in Frage, wollten aber verhindern, daß die Italiener zu Vollsortimentern werden. Ein ähnliche Diskussion mit umgekehrtem Vorzeichen gab es in den Jahren 1460ff. in Lübeck, als sich die heimischen Krämer über die Nürnberger Kaufleute beschwerten, da sie ihr Warenangebot unrechtmäßig ausdehnten: Ihnen sei es nur gestattet, eigene Erzeugnisse, *„den tant"* zu vertreiben.[1167] Die gleichartigen Beschwerden der Kölner wurden schon erwähnt.

Wenn von Seidenprodukten die Rede war, meinten die Petitenten in erster Linie Erzeugnisse unterschiedlicher Farben und Qualitäten wie Samt (vor allen Dingen schwarzer und karmesinfarbener Doppelsamt), Atlas (Satin Rexeo, ebenfalls bevorzugt in schwarzer Farbe), Damast (Kamoka, meist mit Blumen und Figuren, beliebt für liturgische Gewänder), Taffet (Gewebe aus Seide mit Leinwandbindung in verschiedenen Sorten, z.B. Zendel, besonders für Kleider, Blusen, Abfütterungen), Kamelott (Stoff aus Haaren des Kamels oder der Angoraziege in Seidenverbindung) genuesischer Provenienz.[1168]

Der Qualitätsstandard dieser Waren blieb im allgemeinen hinter dem der entsprechenden Güter aus Venedig oder der Mailänder Gegend zurück.[1169] Allerdings stimmte in einem Punkt die Argumentation der Nürnberger Kaufleute und die der Ratsdeputierten Jakob Fürer, Willibald Schlüsselfelder und Joachim Nützel nicht überein, die in einem Gutachten feststellten, daß die Genueser Seidenwaren schon seit längerer Zeit von den Italienern in Nürnberg verhandelt

---

1165 BayStaatsAN, Rep. 19a, E-Laden, Akten, 245, März/April 1572; 242, 17.09.1574.
1166 BayStaatsAN, Rep. 19a, E-Laden, Akten, 242, 13.05.1575. Es unterzeichneten Mitglieder der Imhoff, Welser, Tucher, Conrad Bayer, Rechlinger, Schwab, Hopfer, Rottengatter, Schnell, Peck/Lang, Gellnauer, Hundertpfund.
1167 Ammann, H., Nürnberg-Spätmittelalter, S. 64.
1168 BayStaatsAN, Rep. 19a., E-Laden, Akten, 242, 17.08.1574.
1169 Müller, K.O., Welthandelsbräuche, S. 35f.

würden.[1170] Gleichwohl reklamierten die Allianzmitglieder auch diesbezüglich Handlungsbedarf, auf den unten näher einzugehen sein wird.

Erklärungsbedürftig ist, warum sich die Beschwerdeführer ausgerechnet den Markt für Genueser Textilwaren,[1171] auf dem nach eigenen Aussagen einige Familien in Verbindung mit dem Spezerei- und Safranhandel schon seit 200 Jahren[!] tätig waren,[1172] nicht etwa den aus Florenz, Lucca etc. sichern wollten. Die Antwort könnte in der Tatsache liegen, daß die Genueser Kaufmannsfamilien auf dem oberdeutschen Markt kein eigenes Vertriebssystem aufbauten, so daß die Nürnberger in diese Lücke stießen und den Handel monopolisierten.[1173] Die Genuesen orientierten sich als Händler und Bankiers schon in der zweiten Hälfte des 13. Jahrhunderts nach Westen, nach Lyon, Spanien[1174] und Portugal, den Kanarischen Inseln, Nordwestafrika, dann nach Brügge und Antwerpen.[1175]

Diese geografischen Schwerpunkte erklärten sich u.a. aus der Konkurrenzsituation mit Venedig her, dessen Haupthandelsgebiet der östliche Mittelmeerraum war.[1176] So finden sich denn auch in den Nürnberger Büchern des Banco Publico (1621-1624) keine Firmen, die Genua direkt zuzuordnen sind.[1177] Es wurde schon darauf hingewiesen.

Gestützt wird dieser Befund durch die Tatsache, daß während der Auseinandersetzung zahlreiche italienische Stadtstaaten für ihre in Nürnberg handelnden Kaufleute intervenierten, Genua der bekannten Quellenlage nach dazu aber nicht aufgefordert worden war, also keinen Handlungsbedarf gesehen hatte. Offensichtlich war es immer noch so, daß trotz europaweiter Präsenz und hoher Mobilitätsbereitschaft der Firmen sie sich selbst ihrem ursprünglichen Heimatort

1170 BayStaatsAN, Rep. 19a, E-Laden, Akten, 242, 24.09.1574.
1171 Siehe dazu auch: Kellenbenz, H., Graubündner Pässe, S. 41.
1172 BayStaatsAN, Rep. 19a, E-Laden, Akten, 242, 17.08.1574.
1173 Auch im Zusammenhang zu sehen mit den Bestrebungen von Kaiser Sigismund, Venedig zu Gunsten von Genua zu isolieren und der Absicht Genuas selbst, die Handelsströme über ihre Stadt zu leiten. Die Nürnberger Kaufleute wollten die Handelsbeziehungen mit Venedig nicht abbrechen, nahmen gleichzeitig aber die gewonnenen Vorteile in Genua gerne entgegen. - Heyd, W., Levantehandel, 2, S. 721. Schuster, L., Nürnberger Kaufherren-Fondaco, S. 16f.
1174 „Ein Drittel von Genua treffe man in Spanien, meinte der venezianische Gesandte 1503". - Zitiert nach Esch, A., Loyalitäten-Identität, S. 124. Kellenbenz, H., Oberdeutsche-Genuesen-Sevilla, S. 180: „Die Niederlassungen der Genuesen verteilten sich über ganz Spanien. Besonders stark waren sie in den Hafenstädten vertreten". Vgl. auch: Doren, A., Italienische Wirtschaftsgeschichte, S. 338f.
1175 Wee, H.v.d., Antwerp Market, 2, S. 201f.
1176 Nach Venedig und Pisa trat Genua als letzte Stadt mit Byzanz in Berührung (Verträge 1155, 1169/70 und 1192). Es genoß auch die geringsten Privilegien. Eindrucksvoll die Auseinandersetzungen zwischen Genua und Venedig geschildert bei Kretschmayr.- Lilie, R.-J., Venedig-Pisa-Genua, S. 107f. Doehard, R., Le galères génoises, passim. Kellenbenz, H., Fremde Kaufleute-Iberische Halbinsel, S. 270ff; Italienische Großkaufmann-Renaissance, S. 158; Expansion Europas, S. 22. Heyd, W., Levantehandel, 1, S. 550ff. Kretschmayr, H., Geschichte-Venedig, passim.
1177 Peters, L.F., Handel Nürnbergs, S. 97. Zur Geschichte der deutsch-genuesischen Handelsbeziehungen vgl. auch: Heyd, W., Süddeutsche Städte-Genua, passim.

zurechneten, der Stadt, dessen Bürgerrecht sie besaßen, bei der sie Schutz und Schirm einklagten, konsularische Betreuung erwarteten. So war Genua z.B. für die Werdemann als Wirtschaftsstandort inzwischen sicher wichtiger geworden als Piuro und Chiavenna, Beistand erwarteten sie aber aus Chur, der Hauptstadt von Graubünden, zu dem Piuro damals gehörte.[1178]

Nürnberger Kaufleute wiesen den Rat darauf hin, daß Plurs eigentlich keine Handelsstadt sei. Zahlreiche Kaufleute von dort würden von Genua aus nach Nürnberg handeln.[1179] Die zweite Feststellung trifft zu, die erste nicht.

Eine Quelle des Reichtums der in Plurs ansässigen Finanzelite waren nämlich die Lavezgruben, aus denen 1600 Jahre lang der Topfstein abgebaut wurde, der zu Steingeschirr, besonders den sogenannten „*laveggi*" (Kochtöpfe) gedrechselt wurde. Man schrieb ihnen die Eigenschaft zu, Gift zu neutralisieren. Außerdem fand er Verwendung als Zierelement bei Portalen, Balkonen, Gesimsen und Gedenktafeln. Ebenfalls wurde in der Gegend um Piuro-Chiavenna der „*vinum aromaticum*" angebaut, zur Zeit des Bergsturzes (1618) 30.000 Pfund Rohseide und 20.000 Pfund Baumwolle verarbeitet.[1180] Schafwolle kam wahrscheinlich aus Spanien (Tortosa) und England (über Pavia-Mailand) nach Como und in das Gebiet um Piuro-Chiavenna, wo sie zur Herstellung der hervorragenden Comasker Wolltuche verwandt wurde.[1181] Nicht unerheblich ist in diesem Zusammenhang die Feststellung, daß die Werdemann ihren Stammsitz in Vertemate[1182] bei Como hatten, heute zur Gemeinde Minoprio gehörig, sie also wohl schon früh mit diesem Artikel handelten.[1183]

Ein Teil der Seidenerzeugnisse aus eigener Produktion fand den Weg sicher nach Nürnberg, ebenso der Wein, von Fertigerzeugnissen aus dem Lavezgestein zeugen die Quellen bisher nicht.

Der im Buch des Verfassers über den Handel Nürnbergs[1184] den Plurser Unternehmen zugeschriebene Umsatz in Höhe von 3.509.489 Gulden (1621-1624) ist insofern zwar korrekt, aufgrund der neuen Erkenntnisse aber dahin zu präzisieren, daß davon ein nicht näher quantifizierbarer, aber wohl erheblicher Prozentsatz auf den Handel mit/über Genua zurückging.

Wenn aber der Import aus Genua vorher weitgehend in den Händen der Nürnberger Allianzpartner lag, bekannt ist, daß ein Teil des spanischen Safrans, ebenfalls überwiegend von ihnen verhandelt, über Genua[1185] den Weg nach

---

1178 BayStaatsAN, Rep. 19a, E-Laden, Akten, 245, 19.04.1572.
1179 BayStaatsAN, Rep. 19a, E-Laden, Akten, S VII, L 123, 220 (8), 16.05.1572.
1180 Scaramellini, G., Plurs-Tragödie, S. 50f. Presser, H., Vom Berge verschlungen, S. 5f.
1181 Müller, K.O., Welthandelsbräuche, S. 38.
1182 Der Bergfried ist noch erhalten (Foto, 1996, im Besitz des Verfassers). - Colombo, A., Vertemate-Franchi, S. 9, 108.
1183 Belegt in Genua, Mailand und Como ist Ludwig Rottengatter, der 1490 die Geschäfte durch Hans Keller abwickeln ließ. Sicher haben sich dort schon früh die Wege der Werdemann und Rottengatter gekreuzt. - Kellenbenz, H., Graubündner Pässe, S. 34f.
1184 Peters, L.F., Der Handel Nürnbergs, S. 97.
1185 Müller, K.O., Welthandelsbräuche, S. 35.

Deutschland fand, dann mag diese Zahl zumindest eine ungefähre Vorstellung von dem Wert eines Handelsstromes vermitteln, den diese Italiener[1186] aus Piuro nun auf ihre Mühlen leiteten. Die Forderung nach einer Reduzierung der Sortimentsbreite und einem Niederlassungsverbot bekommt Gesicht und Gewicht in Gulden, Schillingen, Pfennigen.

Insofern Mitglieder aus Plurser Familien von Genua aus handelten, nahmen sie nach den Nürnberger Quellen das Bürgerrecht dort ebenso wenig an wie in Nürnberg. Da, wie ausgeführt, Genueser Bürger so gut wie nicht in Nürnberg vertreten waren, befürchteten Rat und Kaufmannschaft auch keine Retorsionsmaßnahmen im Falle einer Zollerhöhung. Ganz logisch ist diese Argumentation nicht, denn schließlich hätte es Auswirkungen auf die Genueser Wirtschaft insgesamt haben können. Gleichwohl, von einer Intervention ist bisher nichts bekannt.

Zuweilen gaben sich die Werdemann aus Piuro in Nürnberg als Deutsche aus, dann wieder als Mailänder, um in den Genuß der Zollprivilegien zu kommen, ein andermal als Italiener. Schließlich entschied der Rat, sie als Italiener zu betrachten und zu behandeln.[1187] Von den anderen Plurser Familien ist in dem Zusammenhang nicht die Rede. Aber kein Zweifel, für sie galt diese Zuschreibung ebenfalls.

Was Florenz angeht, so wurde schon ausgeführt, daß die Nürnberger Unternehmen dort weniger aktiv waren, andererseits die Florentiner früh den Weg nach Nürnberg fanden, ihre ‚hauseigenen' Waren hier also selbst verhandelten. Für die Lucchesen galt dasselbe.

Untzgold (Ontzgold) diente der Münzprägung und war Rohmaterial für die Gold- und Silberschmiede. Gesponnen fand es vielfältige Verwendung in der Schmuckindustrie im weitesten Sinne und zur Einwebung in Stoffe (draps d'or et d'argent).[1188] Bedeutende Produktions- und Weiterverarbeitungszentren waren Florenz und Mailand,[1189] die dafür auf Rohstoffzufuhr u.a. aus Nürnberg angewiesen waren. Nürnberg hatte aber selbst ein bedeutendes Drahtzieh- und Textilgewerbe. Neben Augsburg war es ebenfalls das renommierteste Zentrum für Gold- und Silberarbeiten. Die Quelle ist also nicht anders zu interpretieren, als

---

Zumindest in der ersten Hälfte des 16. Jahrhundert hielt man für den Export des Safrans den Landweg für sicherer (exida per terra) und wegen einer neuen Belastung für den Seeverkehr über Barcelona zeitweise für preiswerter. Ab Mitte des 15. Jahrhunderts gewann Valencia an Bedeutung. Diese Einschätzung ist auch zu finden bei dem Nürnberger Arzt Hieronymus Münzer, Teilhaber der Holzschuher-Gesellschaft, der 1494 eine Reise nach Spanien unternahm. - Häbler, K., Zollbuch-Barcelona, S. 2ff. 14. Herberts, K., Murcia-Nürnberg, S. 157f. Kellenbenz, H., Gewerbe-Handel, S. 183.

1186 Eigentlich ja aus Graubünden, nicht, wie die Nürnberger Kaufleute schrieben, aus der Schweiz. – BayStaatsAN, Rep. 19a, E-Laden, Akten, S VII, L 123 (8), 16.05.1572.

1187 BayStaatsAN, Rep. 19a, E-Laden, Akten, S VII, L 123, 220 (9), 15.07.1572; Rep. 60b, Ratsbücher, 33, fol. 226, 28.07.1572.

1188 Dietz, A., Frankfurter Handelsgeschichte, 2, S. 227ff.

1189 Müller, K.O., Welthandelsbräuche, S. 40, 32.

daß die Fertigprodukte, für welche die Nürnberger die Rohstoffe geliefert hatten, nun von Italien aus nach Deutschland zurückkamen und von den Italienern, nicht mehr von ihnen selbst, verhandelt wurden.

Auf den Safranmarkt ist oben schon ausführlich eingegangen worden. In diesem Argumentationszusammenhang wird seine überragende Bedeutung für die Nürnberger Beschwerdeführer noch einmal herausgestrichen. Wir erfahren hier auch, welche Firmen neben den Allianzmitgliedern im Safrangeschäft, wahrscheinlich aber nur als Zwischenhändler, tätig waren: Konrad Bayer und Mitverwandte[1190] sowie Heinrich und Bartholome Schwab.[1191]

3.7.2.3. Verbot des Detailhandels

In gewisser Weise ergab sich aus dem Aufbau eines eigenen Vertriebssystems im Ausland und der Wandlung vom Spezialisten mit Handelsprodukten ausschließlich der Heimatstadt bzw. der näheren Umgebung zum Vollsortimenter mit vielen Produkten aus aller Herren Länder logisch die Konsequenz, auch den Endverbraucher direkt zu bedienen. Ähnlich hatten es früher die Nürnberger Kaufleute am Niederrhein und in Flandern getan, um einen Teil der Zwischenhandelsgewinne der Kölner Kaufleute selbst einzustreichen.[1192]

Der Detailhandel war in Nürnberg aber den Krämern vorbehalten. Wenn die Ausweitung des Warensortiments *„der althergebrachten Ordnung"* widersprochen haben mochte,[1193] sozusagen den nicht-kodifizierten, aber stillschweigend akzeptierten (?) Grundsätzen eines ordnungsgemäßen internationalen Handels, so verstieß die Aufnahme des Detailhandels durch die Italiener nicht nur gegen *„alte lobliche Gebräuche"*, sondern eindeutig gegen bestehende Rechts- und Ordnungsvorschriften. Im Jahre 1574 beschwerten sich 18 Krämer beim Rat darüber, daß diese Ordnung, die besagte, *„daß kein Kaufmann, Gast oder Inwohner, die nit offne Kräme haben, von ires handels wahren außerhalb der gewohnlichen jarmarkt* [Heiltumsmesse], *aus ihren Gewölben oder handelsgemächern ... anzig auswiegen oder nach Eln ausschneiden und ausmessen, sondern alle ire solche wahren, von was sorten sie seien, nach kaufmannsrecht und ge-*

1190 Sie arbeiten auf dem spanischen Safranmarkt eng mit den Imhoff zusammen. - Häbler, K., Zollbuch-Barcelona, S. 31f.
1191 Die anderen Unterzeichner waren die Gesellschaft Bosch-Fürnberger und Mitverwandte, Jörg Gösswein und Mitverwandte, Jörg Beckler und Mitverwandte, Jörg Heen und Mitverwandte sowie Martin Pfinzing sel. Erben und Mitverwandte. In einer weiteren Klageschrift signierten auch Rechlinger, David Hopfer, Bernhard Nöttel, Ulrich Rottengatter, Schnell, Georg Beck/Christoph Lang, Franz Gellnauer, Thobias Hundertpfund, Michael Scherl (Faktor der Stallburger in Frankfurt), Hans Thoma (Faktor der Herbart in Augsburg). - BayStaatsAN, Rep. 19a, E-Laden, Akten, 242, 17.08.1574, 13.05.1575, 06.12.1575, 13.03.1576.
1192 Lütge, F., Handel Nürnberg-Osten, S. 321.
1193 BayStaatsAN, Rep. 19a, E-Laden, Akten, 242, 17.08.1574 (Klageschrift der Kaufleute). Siehe zu diesem alten, nie recht gelöstem Problem auch: Baader, J., Nürnberger Polizeiordnungen, S. 131ff.

wohnheit, ballen, Stück, Säck und Zentner weis verkaufen und hantieren und sich der Krämerei enthalten sollen",[1194] besonders von den Italienern, aber auch den Niederländern ständig und ungestraft übertreten würde. Verkaufsstellen seien die vornehmsten offenen Wirtshäuser und Herbergen oder ganz *„gewöhnliche namhafte Orte"*.

Besonders in den Gasthöfen ergab sich ein unmittelbarer Kontakt der Italiener zu den Kunden, die nach Nürnberg gekommen waren, um ihre Nachfrage zu befriedigen, und die hier ein gut sortiertes Warenlager vorfanden. Aber nicht nur an die auswärtigen Kaufleute verkauften sie, sondern zu ihrer Stammkundschaft gehörten bald auch Nürnberger Bürger und Handwerker, etwa Schneider, denen sie Waren wie etwa Samt, Damast, Taffet, Zendel[1195] auch ellenweise oder in kleinen Gewichtseinheiten verkauften. Hatten sie die gewünschten Waren selbst nicht auf Lager, so beschafften sie sich diese bei befreundeten Geschäftspartnern [Italienern] und konnten so die Nachfragewünsche erfüllen.

Kaufleute, die mit *„oberländischen waren"* wie Barchent, Zwillich, Leinwand, mit niederländischen, etwa Wursat,[1196] Zendel, Macheyer, Schamlot oder Vermasin, Arles - offensichtlich hauptsächlich aus dem wallonisch-französischen Gebiet - und Zucker handelten, machten es den Italienern nach.

Ebenso offensiv, unbedenklich und gegen bestehende Vorschriften eroberten sich vor allen Dingen die Italiener auch nennenswerte Teile des Endverbrauchermarktes für Spezereien wie Safran, Ingwer, Pfeffer, Caneel (Zimt), Nüsse, Maziß (der getrocknete, die Samen der reifen Muskatblüte umgebende Mantel)[1197], Reis, Kapern, Rosinen, Feigen, Lorbeer, Käse, Parmesan und Südfrüchten, etwa Pomeranzen, Zitronen, Limonen und anderen.[1198]

Unmittelbar geschädigt durch diese Geschäftspraktiken auf dem Textil-, dem Spezerei- und Südfrüchtemarkt wurden die Nürnberger Einzelhandelskaufleute, ebenso aber die hiesigen Großhändler, die als bisherige Zulieferer entscheidende Marktanteile einbüßten.[1199] Erleichtert wurde den auswärtigen Fir-

---

1194 BayStaatsAN, Rep. 19a, E-Laden, Akten, 242, 17.08.1574 (Klageschrift der Krämer).
1195 Hier also neben Taffet als eigene Warengattung aufgeführt (s.o.).
1196 Schreibweise auch Wurschat, Wurschet, Bursat, Burschat, Burschet.
1197 Müller, K.O., Welthandelsbräuche, S. 355.
1198 Zum umfangreichen Warenkatalog siehe auch: Augel, Italienische Einwanderung, S. 216.
1199 Die Beschwerden über den Detailhandel der Fremden füllen Bände. Am 27.01.1575 wurden die bestehenden Gesetze novelliert und am 03.02.1575 publiziert. Die Klagen der Krämer und Händler über Rechtsverstöße nahmen aber während der nächsten hundert Jahre [!] ab. Besonders intensiv flammte der Streit wieder nach dem Dreißigjährigen Krieg auf. Damals beschwerten sich die Händler darüber, daß sich Welsche und andere Fremde zu einer Gesellschaft von mindestens 20 Personen zusammengeschlossen hatten und besonders vom 'Roten Rößlein' am Alten Weinmarkt, 'Ochsenfelder', 'Bitterfeld', 'Weißen Rößlein', 'Roten Hahn' aus ihre Waren *„einzählig zu Pfunden, Lot und Quintlein, so gar einzige Sardellen und Limonen verkaufen"*. Der Gewinn würde ins Ausland transferiert, der Fiskus hintergangen. Als besonders infam prangerten sie an, daß jene von den Fuhrleuten die Abnehmer der Waren ausspionierten, um ihnen

men das Eindringen in den Detailhandel, der *„verbotenen Krämerei"*,[1200] - die, wie oben schon erwähnt, ja auch für die einheimische Bürgerschaft außerhalb der Heiltumsmesse galt, insofern sie nicht ausdrücklich dazu befugt war[1201] -, dadurch, daß die Fremden mit ausdrücklicher Genehmigung oder stillschweigender Duldung des Rates *„entgegen altem Herkommen"*[1202] Immobilienbesitz erwerben konnten ebenso wie durch eine offensichtlich laxe Gewerbeaufsicht.[1203]

Insofern der Detailhandel der Italiener aus fremden Gasthäusern bzw. deren Kellergewölben erfolgte, mutet das Vertriebssystem modern an und läßt an das

---

dann preisgünstigere Angebote zu unterbreiten. Durch ihren ambulanten Landhandel würden sie flächendeckend den ganzen deutschen Markt beliefern und beherrschen. Besonders der Qualitätsstandard der Gewürze sei durch Verfälschungen nicht mehr gesichert. Sie plädierten dafür, die strengen Vorkriegskontrollen wieder durchzuführen. Von den Italienern werden genannt: Carlo Brentano, Carlo Franzani Brentano (Faktor beider: Hans Philipp Eckenbrecht), Pietro Brentano, Giovanni Battista Brentano, Andreas Cimaroli, Laurentio Minetti, Antonio Carli, Jakob Antonio Lotti. - StadtAN, E 8, Handelsvorstand, 3927, 3928, 3931, 4082. Dort auch die jeweils gültigen Ordnungen. Einige abgedruckt bei Roth, J.F., Nürnbergischer Handel, 3, S. 197ff.

1200 BayStaatsAN, Rep. 19a, E-Laden, Akten, 242, 24.09.1574.

1201 In den vierziger Jahren des 17. Jahrhunderts wandten sich die Krämer auch gegen die einheimischen Großhändler Thomas Ayrmann (Vertreter: Hans Georg Königsberger), Gabriel und Georg Christoph Scheller, Hans Christoph Kolb, Hans Jakob Manlich, Jakob Blumart, die nach ihren Angaben rechtswidrig den Detailhandel betrieben. - StadtAN, E 8, Handelsvorstand, 4079. 1642-1643. – Insofern der Detailhandel sich auf den Spezerei- und Südfrüchtehandel bezog, sagt noch 1668 Johann Joachim Becher: *„Dem Specereyen setze ich nach die Friandiß-, Schleck- oder Hocker-Wahren, welche bestehen in allerhand Käß, Butter ... Stockfisch, Hering ... allerhand Würsten, als Knackwürst, Succis de Bolognia, etc., Pomerantzen, Limonien, Feigen, allerhand rohe und eingemachte frücht, Gewässer, Spanisch Wein, Meth etc., mit welchen allen sambt und sonders nicht wenig Kauffmannschaft und Handel, zumalen von den Welschen in Teutschland getrieben und ein grösser Gelt, als man vermeint, darauß gezogen wird"*. – Zitiert nach Augel, J., Italienische Einwanderung, S. 209. - Die erwähnten Kolb und Manlich waren spätestens seit 1640 und mindestens bis 1648 assoziiert. Sie belegten die Umsatzränge 50, 20, 17, 16, 6, 5, 4, 41 aller in Nürnberg bankpflichtigen Kaufleute. In den Jahren 1637-1640 handelte Kolb alleine. Die Ränge 133, 89, 61, 66 verdeutlichen, daß die Verbindung mit Manlich, der im Geschäftsjahr 1639-1640 den Rang 136 und im folgenden den 117ten belegt hatte, wirtschaftlich sehr erfolgreich war und zu einer deutlich besseren Marktposition führte. – Peters, L.F.-Quellen [= StadtAN Av 7129.4 (1-3) und 7130.4 (1-16).

1202 BayStaatsAN, Rep. 19a, E-Laden, Akten, 245, 17.04.1572.

1203 Das konstatierte der Rat selbstkritisch im September 1574. - BayStaatsAN, Rep. 19a, E-Laden, Akten, 242, 24.09.1574.- Im übrigen drangen die Italiener in Nürnberg allenfalls früher in den Detailhandel ein, unterliefen das Prinzip des 'Nahrungsschutzes' besonders im Bereich des Textilhandels, des Nahrungs- und Genußmittelverkaufs, da sie hier auf Dauer domizilierten. Über Jahrzehnte virulent war das Problem auch in anderen Städten, etwa in Frankfurt, Köln und Leipzig. Zum Teil gehörten die dortigen Händler denselben Familien an, die wir auch in Nürnberg antreffen (u.a. Brentano). Siehe dazu: Augel, J., Italienische Einwanderung, S. 206ff. Er verweist auch auf die Veränderung der Konsumgewohnheiten durch das Angebot der italienischen Waren und zitiert das in zweiter Auflage in Nürnberg erschienene Koch- und Gesundheitsbuch von Georg Andreas Böckler, Nützliche Haus- und Feld-Schule. Nürnberg 1683.

sogenannte Rack-Jobber-System denken. *„Rack Jobber sind Großhändler oder Hersteller, denen in Handelsbetrieben Verkaufsraum oder Regalflächen zur Verfügung gestellt werden und die dort für eigene Rechnung Waren anbieten, die das vorhandene Sortiment ergänzen. Die vermietenden Handelsbetriebe erhalten dann für das Zurverfügungstellen von Räumen und/oder Regalen und die Inkassotätigkeit eine Umsatzprovision".*[1204] Danach mieten Produzenten oder Großhändler bei bestehenden Betrieben, die den Endverbraucher bedienen, Verkaufsraum oder Regalflächen an, von denen aus sie zusätzlich ihre eigenen Waren feilbieten und verkaufen.

Dieser Distributionsweg hatte für alle Parteien Vorteile. Der Gastwirt band die Italiener an sein Haus, kassierte für Kost, eventuell Logis und Miete für die Regalflächen, erhielt Umsatz-, evtl. Inkassoprovision, insofern er für sie auch - ständig oder lediglich bei Abwesenheit des Eigentümers - als Verkäufer tätig wurde. Er vergrößerte durch das reichhaltigere Angebot in seinen Räumen die Attraktivität des eigenen Warensortiments, erhöhte durch die auswärtigen bzw. ausländischen Nachfrager tendenziell die Auslastung seiner Bettenkapazität. Den Italienern entstand durch die langfristige Bindung an das Haus ein Verhandlungsspielraum hinsichtlich der verschiedenen Abgaben und Kosten. Den Gastwirt als Einzel- und/oder Großhändler gewannen sie als Kunde für Weine, Südfrüchte, Lebensmittel, Spezereien, genossen Gewinnvorteile durch die Ausschaltung des Zwischenhandels und entgingen leichter der obrigkeitlichen Kontrolle. Gar nicht überschätzt werden kann schließlich der Informationsgewinn durch den engen und ständigen Kontakt mit Kaufleuten aus aller Herren Länder. Für die Käufer schließlich erhöhte sich die Markttransparenz.

Wenn in der Betriebswirtschaftslehre dieser Vertriebsweg auch als modern hingestellt wird, so sind in der *„Wirts- und Dolmetscherkommission"* doch die Anfänge des Kommissionsgeschäfts überhaupt zu sehen. Es wird vermutet, daß sie in Deutschland schon im 10. Jahrhundert bekannt war, möglicherweise schon in der Karolingerzeit. Ein Kaufmann, der an einem fremden Ort seine Waren verkaufen wollte, dem bot sich der gastgebende Wirt zunächst auf natürlichem Wege als Makler an, besonders dann, wenn der Händler der Ortssprache nicht mächtig war. Aus der Tätigkeit als Makler kam es dann zur Ausbildung des Kommissionsgeschäftes, indem der Wirt für den Fremden in eigenem Namen kaufte und verkaufte, besonders bei dessen Abwesenheit.[1205] Diese Tätigkeit als Diener, Faktor für die Italiener - möglicherweise in Verbindung mit einer Tätigkeit als selbständiger Kaufmann[1206] - läßt sich in Nürnberg nicht nachweisen. Die Italiener waren ständig vor Ort präsent, ihre Vertriebs- und Absatzorganisa-

---

1204 Wöhe, G., Allgemeine Betriebswirtschaftslehre, S. 646f. Was die Verhältnisse in Antwerpen betrifft: Ehrenberg, R., Zeitalter der Fugger, 2, S. 8.
1205 Schmidt-Rimpler, W., Geschichte-Kommissionsgeschäft, S. 31f., 108ff.
1206 Schmidt-Rimpler, W., Geschichte-Kommissionsgeschäft, S. 108 (Fn. 6).

tion sah ausschließlich eigene (Lands-)leute vor. Bei den Niederländern mag die Situation anders gewesen sein.

3.7.2.4. Festsetzung von Preistaxen

Die klageführenden einheimischen Kaufleute sahen sich aus all den aufgeführten Gründen einem ruinösen Wettbewerb ausgesetzt, den sie nicht mehr glaubten standhalten zu können. Sie forderten deshalb vom Rat, dem Beispiel Antwerpens zu folgen und für die betroffenen Waren bzw. Warengruppen Mindestpreise[1207] festzusetzen.[1208] Diese hätten über-, aber nicht unterschritten werden dürfen.

Im Kern führten sie die zunehmende Marktmacht der Italiener also nicht auf bessere unternehmerische Leistungen zurück, sondern auf rechtliche Vorteile und unlauteren Wettbewerb, die die Chancengleichheit im internationalen Wettbewerb verzerrten. Strukturell betrachtet bedeutet die Fixierung auf die genannten Warengruppen, daß die Italiener - jedenfalls zu diesem Zeitpunkt - noch keine ernsthafte Konkurrenz auf anderen Märkten, etwa dem für Metalle (ausgenommen vielleicht Blech aus der Oberpfalz)[1209] und Leinenwaren (wohl nur als Zwischenhändler) und englischen Tuchen darstellten und/oder die betroffenen Nürnberger Firmen nicht nennenswert tätig waren.[1210] Diese hätten es andernfalls sicher nicht verabsäumt, auch für diese Produktions- und Handelssparten vom Rat restriktive wirtschaftspolitische Maßnahmen einzufordern bzw. in einer konzertierten Aktion mit den auf diesen Geschäftsfeldern tätigen Firmen den Druck zu erhöhen.

Diese dirigistische Maßnahme, die Festsetzung von Mindestpreisen über den Gleichgewichtspreis, wäre unter ordnungspolitischen Gesichtspunkten ein besonders systemwidriger Eingriff des Rates gewesen, der bis dato bei der Preisbildung dem freien Konkurrenzmechanismus durch Angebot und Nachfrage vertraut hatte und jetzt vor die Frage gestellt wurde, ob er auf diesem Wege unter Umständen einer bestimmten Produzenten- bzw. Händlergruppe letztlich zu Lasten der Endverbraucher protektionistischen Schutz gewähren und ihnen ihr Einkommen garantieren sollte.

Bei einem vom ‚Staat' über den Marktpreis fixierten Taxpreis wäre es nicht zu einem Ausgleich von Angebot und Nachfrage gekommen, der Angebotsüberhang hätte zur Bildung von ‚grauen und schwarzen Märkten' geführt. Die Nach-

---

1207 Siehe zu diesem Problem die Ausführungen des Jesuiten Bartholomäus Medina aus der zweiten Hälfte des 16. Jahrhunderts, der auch zu den ersten Quantitätstheoretikern des Geldes zu zählen ist. - Höffner, J., Wirtschaftsethik-Monopole, S. 126ff.

1208 BayStaatsAN, Rep. 19a, E-Laden, Akten, 242, 17.08.1574. - Zu den folgenden Ausführungen vgl.: Dürr, E., Prozeßpolitik, S. 151f.

1209 Handelsschwerpunkt mit Gütern der Metallindustrie wahrscheinlich vor allen Dingen bei den Odescalco aus Como. – Peters, L.F., Handel Nürnbergs, S. 480.

1210 Die Imhoff allerdings gehörten zu den großen Gewerken und Metallhändlern.

frage wäre letztendlich doch zu den billigeren Angeboten der Italiener hin kanalisiert worden, das System wäre zusammengebrochen.[1211]

Neben grundsätzlichen ordnungspolitischen Überlegungen stellt sich die Frage, ob solch einem Gebot selbst mit hypertrophem administrativem Aufwand hätte Geltung verschafft werden können. In anderem Zusammenhang wollten die Nürnberger Allianzmitglieder ja gerade die Personalkosten nicht nur nicht aufblähen, sondern reduzieren (Zollhaus).

3.7.2.5. Einführung einer Zehn-Meilen-Schutzzone

Die Forderung der Nürnberger nach einer Zehn-Meilen-Schutzzone für den Handel mit Safran, Spezereien, und Genueser Samt hört sich zunächst eher harmlos an. Man könnte argumentieren, daß die zusätzlichen Kosten durch die Niederlassung an zwei Handelszentren bei den hohen Gewinnspannen nicht entscheidend ins Gewicht fallen würden. Aber welche neuen Standorte wären in Frage gekommen? Da Schwabach und Roth ausdrücklich zur Verbotszone gehören sollten, wäre im näheren Umkreis nur Augsburg eine realistische Alternative gewesen. Für die Italiener hätte nach einer Verabschiedung eines entsprechenden Gesetzes die Entscheidungssituation gelautet: Zwei Standorte unterhalten oder eine gänzliche Verlagerung außerhalb der geforderten Zehnmeilenzone. Welche Option sie gewählt hätten, ist aufgrund der bekannten Quellen nicht zu beantworten. Sicher ist jedenfalls, daß es die eigentliche Strategie der Petitenten war, durch die gewünschte Spaltung der Geschäftssparten nach dem Motto ‚divide et impera' die gänzliche Standortverlagerung herbeizuführen. Und wahrscheinlich wären sie mit dieser Zielsetzung auch erfolgreich gewesen, hätte der Rat ihren Forderungen zugestimmt. Vor allen Dingen den Safran hätten die Italiener nicht mehr zur Nürnberger Schau bringen und damit auch nicht als Markenartikel deklarieren und verhandeln können. Übertretungen des Gesetzes wollten die Nürnberger Kaufleute mit der Strafe der Güterkonfiszierung belegt wissen.

Die Realisierung dieser Forderungen wäre in der Praxis also einem Niederlassungsverbot gleichgekommen. Die Antragsteller waren sich der harten Reaktionen der internationalen Handelswelt wohl auch bewußt, wahrscheinlich waren sie auch überzeugt, daß dieses Gesetz im Rat nicht mehrheitsfähig und durchsetzbar war. Als Alternative schlugen sie deshalb eine Zollerhöhung um 5% vor.

3.7.3. Drohung: Standortverlagerung

Sollte der Rat den vorgetragenen Forderungen nicht nachkommen, so sahen die „*alteingesessenen Häuser*" schließlich nur noch durch die Verlagerung „*an andere Plätze, wo es leichter ist, zu verlegen*"[1212] eine Möglichkeit, das Überle-

---

1211 Dürr, E., Prozeßpolitik, S. 151.
1212 BayStaatsAN, Rep. 19a, E-Laden, Akten, 242, 13.05.1575.

ben ihrer Firmen zu gewährleisten. Wenn man um die lange Ansässigkeit dieser Familien in Nürnberg weiß, ihre herausragende Rolle in Wirtschaft und Politik, ihr Selbstverständnis, ihre Verbundenheit mit der Heimatstadt, fällt es von vorneherein schwer, dieser Drohung ein großes Gewicht beizumessen, wiewohl ihre Realisierung natürlich nicht gänzlich ausgeschlossen werden konnte. Daß sie ihre Drohung nicht wahrmachten, ist den Historikern bekannt.[1213] Die Frage, ob sie in Nürnberg blieben, weil der Rat ihre Forderungen erfüllte, oder ob sie hier weiter domizilierten, obgleich diese nicht realisiert wurden, wird im Punkt ‚Wirtschaftspolitische Grundsatzdeklaration' beantwortet werden.

3.8.   Die Zollprivilegien der Augsburger Welser

3.8.1.   Rechtslage

Wie aus der oben erwähnten alljährlich wiederholten Verkündung zur Heiltumsmesse zu erkennen, war die ursprüngliche Rechtsgrundlage derart, daß Zollfreiheit unter zwei Bedingungen gewährt wurde: Erstens mußten die Güter während der Zeit in das Hoheitsgebiet Nürnbergs importiert werden, und zweitens mußten sie auch innerhalb der drei Wochen verkauft und versandt werden.

Im Laufe der Zeit war von einer restriktiven Auslegung immer mehr abgewichen worden und es hatte sich in zweifacher Hinsicht ein davon abweichendes Gewohnheitsrecht herausgebildet. Zunächst hatten die Beamten nur noch auf den Einfuhrzeitpunkt während der Messe abgestellt, während der drei Wochen unverkauft gebliebene Waren wurden nicht dem Zoll unterworfen, wie es die Gesetze vorsahen. Für den Fiskus bedeutete das Mindereinnahmen in Höhe des Einfuhr- bzw. des (geringeren) Transitzolls. Besonders für die in Nürnberg domizilierenden großen Unternehmen, also vor allen Dingen die der Italiener, stellte diese Praxis dann einen Anreiz dar, während dieses Zeitraumes über ihre Verkaufserwartungen hinaus Waren zu importieren, wenn eine Kosten-Nutzenanalyse diese unternehmerische Entscheidung rechtfertigte. In diesem Falle wäre sogar von einem überproportionalen Einnahmeausfall der Kommune auszugehen. In den Genuß dieser zusätzlichen Kostenentlastung scheinen alle Handelsleute gekommen zu sein. Wie lang die zollfreien Zeiträume ausgedehnt wurden, geht aus den Quellen nicht eindeutig hervor. Es heißt in ihnen vage „geraume Zeit" bzw. „etwa lang hernach".

3.8.2.   Rechtswirklichkeit

Für die Augsburger Welser, und zwar exklusiv für sie, galt darüber hinaus noch ein besonderes „Privileg", wie es in den Quellen heißt. Für sie wurde die Zollfreiheit auch auf jene Güter ausgedehnt, die eine geraume Zeit v o r Messe-

---

1213 Peters, L.F., Handel Nürnbergs, passim, bs. S. 110.

beginn eingeführt worden waren. Die Behörden nahmen es bei ihnen also weder mit dem Einfuhr-, noch mit dem Verkaufszeitpunkt mehr sehr genau.

3.8.3. Zeitweise Abschaffung des Privilegs

Im Juli des Jahres 1573[1214] erhielt Endres (I) Imhoff, Erster Losunger der Stadt, eine Beschwerde der Welser aus Augsburg. Ihnen sei „*bericht worde"* heißt es darin, „*das zukünftig alleine die Güter und Waren zollfrei sein sollen, so in mehrerwähnter Zeit des Hailtums nach Nürnberg kommen. Aber von den anderen, so vor Eingang der Freiheit gehn Nürnberg bracht, unangesehen, dass sie in der Zeit der Freiheit verkauft werden, solt man den Zoll des einen Prozent ebenso wohl zahlen, als ob sie außerhalb des Heiltums verkauft wären worden ... und das solche ordnung everst in nächst verschiedener Heiltumsmesse (obschon die Kauf- und Handelsleute derowegen nit verwarnt) iren Anfang genommen haben soll, welchs alls dem alten Brauch und Herkommen stracks entgegen ihnen gar fremd und seltsam zu vernehmen sei"*. Ohne vorherige Information, schon gar ohne Diskussion, waren auch die Augsburger Welser der neuen Ordnung unterworfen worden.

Endres (I) Imhoff antwortete Christoph Welser,[1215] daß erst die alten Ordnungen überprüft werden müßten, um entscheiden zu können, ob die Waren, die von ihnen vor der Heiltumsmesse nach Nürnberg exportiert und verkauft würden, zollpflichtig seien oder nicht. Die Variante, Einfuhr während der Messe, Verkauf aber nach Schließung, wurde nicht mehr erörtert. Die Güter unterlagen nun offenbar gemäß der Gesetzeslage dem Zoll. Der entscheidende Vorteil lag also für die Welser in der Abgabenfreiheit für die vor Beginn der Messe importierten Güter.

Einzelne Unternehmer, unorganisiert und ohne Lobby, hätten, wären ihnen Privilegien beschnitten worden, kaum eine Möglichkeit gehabt, wirkungsvoll gegen diese Änderung zu protestieren. Sie hätten nur unternehmerisch reagieren können, indem sie sich von der Heiltumsmesse absentierten. Bei den Welsern lag der Fall aufgrund von Verwandtschaftsbeziehungen zum Vordersten Losunger Endres (I) Imhoff anders.

3.8.4. Erneute Diskussion

Obwohl es im Vergleich zum Niederlassungsrecht der Italiener in Nürnberg und zu anderen zur Diskussion stehenden restriktiven Maßnahmen um eine vergleichsweise zweitrangige Frage ging, ist die Diskussion sehr gut geeignet, die Prioritäten zu verdeutlichen, wenn öffentliches und privates Wohl in Konflikt gerieten.

1214 BayStaatsAN, Rep. 19a, E-Laden, Akten, 246, 08.07.1573, 21.07.1573 (Tag der Diskussion über das Gutachten).
1215 BayStaatsAN, Rep. 19a, E-Laden, Akten, 246, 24.07.1573.

3.8.4.1. Zolldeputierte

Es entsprach der nicht unüblichen Praxis der Nürnberger Ratsherren,[1216] daß sie zunächst patriarchalisch-selbstgewiß, ja selbstherrlich ein Dekret erließen, Tatsachen schufen bzw. schaffen wollten, sich bei auftauchenden Problemen mit Unwissenheit herauszureden versuchten, die Schuld für die Mißstände auf die Liederlichkeit der nachgeordneten Behörden und Amtsleute zurückführten, bei Widerstand einen Gutachterausschuß einsetzten und dann ‚rätig' wurden.

Man weiß bei den Äußerungen nicht, was im Hinblick auf die Qualität der politischen Führer als gravierenderer Mangel angesehen werden müßte, die Annahme, daß dieses Informationsdefizit über die Rechtswirklichkeit[1217] in ihrem zuständigen Verantwortungsbereich tatsächlich bestand oder die Vermutung, daß es sich um eine Schutzbehauptung handelte. In diesem Fall spürten die Ratsherren aber, daß ihr Ansehen in der kaufmännischen Öffentlichkeit ernsthaft gefährdet war. In der Quelle heißt es: *„Und haben die Herren Deputierten, damit die Reputation des Rats erhalten bleibt, und doch nicht für dieser Stadt Schaden gezürnt würde ..."*.[1218]

Die Expertenkommission sollte sich der Rechtslage vergewissern - *„nachschauen, welche Privilegien es dieserhalb gibt"* -, die Realitäten untersuchen und Reformvorschläge ausarbeiten. Die Rechtsgrundlage sei eindeutig und zweifelsfrei, stellte diese zunächst einmal klar und berief sich dabei auf die kaiserlichen Privilegien, die Nürnberg bei der zollpolitischen Ausgestaltung des Messeprivilegs freie Hand ließen. Sie mußten aber konstatieren, daß die Beschwerde der Augsburger Welser insofern begründet war, als sie in der Vergangenheit in den Genuß dieser Sonderbehandlung gekommen waren. Ihr Nürnberger Faktor, Bartholomäus Nittinger, stand im Feuer der Kritik, weil er über diese Ausnahme geplaudert, offenkundig gemacht hatte, daß vor dem Gesetz nicht alle gleich waren.

Die Zolldeputierten Imhoff und Welser neigten wegen des lange praktizierten Gewohnheitsrechts dazu, den status quo ante zu *„retraktieren"*, den Welsern also weiterhin, genauer, wieder diese Sonderbehandlung zuzugestehen. Sie gingen sogar noch einen Schritt weiter, wollten diese Regelung auf alle deutschen Firmen ausgedehnt wissen, insofern diese sich eines Nürnberger Faktors bedienten. Eine Gefahr, daß die Zollbefreiungen zu einer vermehrten Wareneinfuhr während der Messe führen würde, sahen sie nicht, würde es gleichwohl geschehen, so käme es zu einem Angebotsüberhang, der Kaufmann wäre gezwungen, die Ware billiger anzubieten oder zu exportieren. Im ersten Fall würden sie in

---

1216 BayStaatsAN, Rep. 19a, E-Laden, Akten, 246, 21.07.1573.
1217 Die Informationen gingen auf Hans Zatzer, Gegenschreiber im Zollhaus, zurück.
1218 BayStaatsAN, Rep. 19a, E-Laden, Akten, 246, 24.07.1573.

Zukunft also davon Abstand nehmen, im zweiten käme der Fiskus in den Genuß des Exportzolls.

Die finanzwirtschaftliche und sozialpolitische Begründung, daß durch diese Gesetzeslage und Ausführungsverordnung der Wohlstand der einheimischen Faktoren erhöht und gleichzeitig positive Impulse auf Gewerbe und Dienstleistungssektor ausgingen, somit durch deren Einkommens- und Vermögenszuwachs auch der Fiskus durch höhere Losungseinnahmen profitieren würde, bedarf einer kritischen Überprüfung hinsichtlich der Ernsthaftigkeit der Begründung und Wirksamkeit des wirtschaftspolitischen Instruments.

Erstens.

Zunächst wären mit dieser ins Auge gefaßten Regelung Faktoreigeschäfte Nürnberger Bürger für die Häuser aus den italienischen Stadtstaaten ausgeschlossen gewesen. Obwohl die Nürnberger Beschwerdeführer sich beklagt hatten, daß dies in einem nennenswerten Umfange schon geschehe – „*daß auch wohl eigennützige Bürger gefunden werden, die um ihren schnöden Gewinn willen, und unangesehen und ohne Rücksicht darauf, da dies den Mitbürgern zum Verderben reicht, [den Italienern] selbst nachlaufen, sich zur Wirtschaft anbieten und dieselben tafelweis zu sich nehmen und unterhalten, ja, die auch den abwesenden, abgehörter massen factorieren*" -,[1219] belegen die Quellen diese Behauptung nicht. Im Gegenteil! Die Tatsache, daß viele namhafte Nürnberger Handelsherren später freimütig bekannten, für die Italiener als Faktoren tätig zu werden, wenn diese denn darum nachsuchten,[1220] qualifiziert die Äußerung als objektiv falsch, wenn nicht gar als bewußte Irreführung. Selbst jene, kompetente, international erfahrene Händler, wurden eben nicht gebeten, jedenfalls nicht auf Dauer. Das hätte ja auch den Grundsätzen der Italiener widersprochen, die darauf abzielten, in Europa ein von Familienmitgliedern bzw. Landsleuten geleitetes Vertriebssystem aufzubauen. Der unternehmenspolitische Spielraum - das jedenfalls behaupteten die hiesigen Vertreter -, war eng an die Weisungen der Zentrale gebunden. In dieses Konzept paßten keine deutschen ‚Zweigstellenleiter'. Wenn Faktoreigeschäfte abzuwickeln waren, dann taten es die Italiener selbst, nämlich die Faktoreien in Nürnberg für- und untereinander oder für Häuser in Frankreich, Spanien, Portugal, deren Namen aber aus den gesichteten Quellen bisher nicht zu erschließen sind. Wahrscheinlich waren es in der Mehrzahl ebenfalls eigene Auslandsniederlassungen.

Zweitens.

Es bedienten sich ebenso wie die Augsburger Welser große deutsche Firmen schon vielfach Nürnberger Bürger als Faktoren. Für die Frankfurter Stall-

1219 BayStaatsAN, Rep. 19a, E-Laden, Akten, 242, 13.05.1575.
1220 BayStaatsAN, Rep. 19a, E-Laden, Akten, 242, 06.12.1575.

burger zum Beispiel waren es die Nürnberger Scherl,[1221] Faktor der Herbart in Augsburg war der Nürnberger Hans Thoma, der Nürnberger Thobias Hundertpfund war Bevollmächtigter der Prechter in Straßburg. Die Beispiele ließen sich fortsetzen. Zusätzlichen Einkommens- und Vermögenszuwachs bei den Faktoren und damit erhöhte Steuereinnahmen konnte der Rat von ihnen also nicht erwarten. Auch die einst so berühmte Nürnberger Faktorei der Fugger, die zum Diskussionszeitpunkt allerdings nicht mehr die frühere Bedeutung hatte, war seinerzeit von Familienangehörigen, die, wie aus den Ehrenämtern zu schließen, z.t. das hiesige Bürgerrecht angenommen hatten, und anderen Nürnberger Bürgern geführt worden. Ein Schuldbuch der Augsburger Welser belegt für die Jahre 1579–1580 Geschäfte mit dem Nürnberger Philipp Römer, Faktor von Marx Fugger und Gebrüder.[1222]

Drittens.

Ausgegrenzt worden wären bei dieser zollpolitischen Regelung neben den Italienern die deutschen Firmen, die vor Ort ihre Geschäfte von einem deutschen Faktor erledigen ließen, der nicht das Nürnberger Bürgerrecht besaß. Es mag solche gegeben haben, Literatur und Quellen erfassen sie bisher nicht als signifikante Gruppe. Welche Firmen wären übriggeblieben? Die Italiener schieden, wie gesagt, aus, die wollten keine deutschen Diener und Faktoren, schon gar nicht Angehörige ihrer Wettbewerber, der Imhoff, Welser, Tucher. Die anderen großen Firmen auf hiesigem Boden waren im Eigentum Nürnberger Bürger, mußten sich hier nicht vertreten lassen, schieden auch deshalb aus, weil sie der Zollpflicht nicht unterlagen, die wirtschaftspolitische Maßnahme also irrelevant gewesen wäre. Zu untersuchen bleibt, inwieweit sie für fremde Firmen Kommissionsgeschäfte betrieben und die Waren dann auch verzollten.

Viertens.

Dachten die Gutachter an die großen Firmen aus den Niederlanden, die zu jenem Zeitpunkt aber noch nicht die Rolle spielten wie gegen Ende des 16. und am Anfang des 17. Jahrhunderts? Diese schieden schon aus definitorischen Gründen aus, ließen Kommissionsgeschäfte in großem Umfange von hier ansässigen Landsleuten erledigen, zahlten meist aufgrund bestehender Verträge auf Gegenseitigkeit zwischen den Städten keinen Zoll. Auch hier hätte das Gesetz sein Ziel verfehlt, wäre ins Leere gestoßen.

Folglich wäre doch wohl eher an die umsatzschwächeren deutschen Unternehmen außerhalb Nürnbergs zu denken, die sich nun aber einen ständigen Faktor in Nürnberg mit hiesigem Bürgerrecht gar nicht leisten konnten, aus Kostengründen deshalb zur Erledigung ihrer Geschäfte persönlich nach Nürnberg

---

1221 Peters, L.F., Handel Nürnbergs, S. 431f.
1222 Welser, L.v., Welser, 1, S. 179.

kommen mußten und wegen ihres Selbstverständnisses auch wollten. Die Unternehmer selbst nach Nürnberg zu holen, das war ja das Bestreben der hiesigen Verantwortlichen, wie oben ausgeführt.

Hätten sich die fremden Kaufleute nur während der Messe eines Nürnberger Bürgers bedient, wäre der Vorteil durch die Zollersparnis weitgehend durch die anfallende Einkaufs- oder Verkaufsprovision für den Faktor egalisiert worden, die Regelung wäre für sie also aus diesem Grunde nicht attraktiv gewesen. Für den Fiskus hätten sich Minder- und Mehreinnahmen egalisiert.

Fünftens.

Ein weiteres Argument der Gutachter zielte darauf ab, daß man durch die zollfreien und damit billigeren Produkte - der Welser - Käufer nach Nürnberg ziehen, die Standortattraktivität erhöhen würde. Bei einem Wegfall der Zollfreiheit vor der Messe, d.h. einer Übereinstimmung von Verfassung und Verfassungswirklichkeit, kämen die Einkäufer nicht mehr hierher und als Folge davon würden die Anbieter den Käufern nachziehen, den Standort Nürnberg sozusagen entleeren.

Auch dieses Argument ist schnell widerlegt. Eine ökonomisch und finanzwirtschaftlich relevante Gruppe, die bei Wegfall der Privilegien ausbleiben würde, gab es nicht. Vor Messebeginn konnten nur die Welser ihre Waren billiger anbieten. Der Nachfrager mußte aber davon ausgehen, sich dann am kostengünstigsten eindecken zu können, wenn die Konkurrenz am größten war, wenn also - ceteris paribus - die Kosten-Entlastung vieler Anbieter den Preisspielraum und den Wettbewerbsdruck vergrößern würde. Das war aber erklärtermaßen gerade nicht die Absicht der Gutachter. Während der Zeitspanne vor dem eigentlichen Messebeginn wollte man ja den Konkurrenzdruck verkleinern.

Sechstens.

Wenn also die Anzahl fremder Marktteilnehmer durch die Zollbefreiung vor der Heiltumsmesse für eine kleine Zielgruppe nicht vergrößert werden konnte, so mußte auch die Wirkung der beschäftigungs- und sozialpolitischen Argumente verpuffen. Die Gutachter versuchten zu suggerieren, daß durch eine Zunahme der Messebesucher auch die Wirte, Schmiede, Sailer, Wagner, Fuhrunternehmer etc., also jene Berufsgruppen, die man dem Gewerbe- bzw. Dienstleistungssektor zuordnen würde, eine Beschäftigungssicherung, ja -zunahme zu verzeichnen hätten. Auch hier bemühten sie wieder das Argument der höheren Losungseinnahmen durch eine vorangegangene Einkommenssteigerung und malten das Schreckgespenst einer Verarmung breiter Bevölkerungsschichten an die Wand, die dann *„in Bettelstab, das Allmosen und Spital gehen"*, wenn man die Zollbefreiung für die Welser vor der Messe zurücknähme. Am Horizont tauchte gar das Gespenst sozialer Unruhen auf. Nach der oben angestellten Prüfung der Argumente erübrigt sich hier eine weitere ökonomische Bewertung.

Siebtens.

Schließlich wurden die Zolleinnahmen durch die Importe der Welser (und der nun ebenfalls zollfrei werdenden übrigen deutschen Kaufleute) während des übrigen Jahres - *„dieweil sie sonsten durchs ganze Jahr, mit ihrer Hantierung hier dem Zoll nicht wenig Nutz seien"* -, an anderer Stelle den geringen Ungeldeinnahmen (vor allem für den Weinimport) durch die Italiener gegenüber gestellt. Dieser Vergleich verschiedener Abgaben geht nun völlig daneben. Wenn die Italiener (im Gegensatz zu den Welsern?) erhebliche Mengen Wein einführten, und das taten sie, dann entstanden dem Fiskus dadurch durchaus Mehreinnahmen. Im Rahmen natürlich der Abgabenmentalität! Außerhalb der Freiung waren beide Firmen bzw. Firmengruppen, die Welser ebenso wie die Italiener, zollpflichtig. Ob die Welser während jenes Zeitraumes ihren Verpflichtungen gesetzestreuer nachkamen als die Italiener, darf aufgrund des ganzen Kontextes durchaus bezweifelt werden. Über die Abgabenmentalität in Apulien, in denen die Welser aktiv waren,[1223] die Imhoff eine eigene Niederlassung hatten, schreibt Paumgartner:[1224] *„Aber mit safra macht man gewonlich contraband, daz man kain zoll zalt. Dan wan ain scheff will weg gen, so fiert ainer den safra nachts controbando an das mehr und schickt i[h]n in ainen klainen schifflin in daz groß schiff; stilt den safra also aus dem land. Was man aber safra auf den rechten gewonlichen marck(t)en kouft, da gaut nit so vil zoll darauf".* Dortige Zollhinterziehungen der Imhoff und Welser oder der Tucher sind durch heimische Quellen nicht zu belegen, da sie aber zu den bedeutendsten Aufkäufern gehörten, ist es wohl keine unzulässige Unterstellung, davon auszugehen, daß sie in Italien ähnlich handelten wie die Italiener in Deutschland. Meder schrieb ja sein Buch aus Nürnberger Sicht und war zeitweise Haupt-Buchhalter der Imhoff.

Der Vorwurf schließlich, daß die Italiener keine Losung zahlten, konnte keiner sein, das entsprach der Gesetzeslage.

Achtens.

Zum Münzexport der Italiener wurde oben schon Stellung bezogen. In diesem Zusammenhang ist die Feststellung möglicherweise als Vorwurf gemeint, daß die Italiener bzw. die Welser ihre Gewinne in unterschiedlichem Maße in Nürnberg reinvestierten.

Erwähnt sei, daß zumindest zeitweise ein Teil der Gewinne der Italiener dem hiesigen Baugewerbe zugute kam,[1225] wie ihre zum Teil prächtigen Niederlassungen in Eigenbesitz zeigen. Allerdings waren diese Immobilien außer zur Befriedigung eines ausgeprägten Repräsentationsbedürfnisses auch deshalb ge-

1223 Müller, K.O., Welthandelsbräuche, S. 53.
1224 Müller, K.O., Welthandelsbräuche, S. 162.
1225 Eine Auswertung der Nürnberger Häuserbücher von Karl Kohn, ein Lebenswerk, das man getrost als ein Jahrhundertopus einstufen kann, könnte bezüglich der Bauinvestitionen neue Erkenntnisse bringen.

kauft worden, weil durch sie größere Verschleierungsmöglichkeiten über die zollpflichtigen Importquoten gegeben waren. Schon in seinem 1558 herausgegebenem Buch über die Kaufmannsbräuche hieß es bei Lorenz Meder über Nürnberg: *„Man kann vil hinweg bringen* [i.e. Zoll hinterziehen] *so mans im hauß abwigt, und solche wharen nicht in die wag noch auf die schaw kommen"*.[1226] Jeder, der es wissen wollte, hätte es wissen können. Die verschiedentlich vorgetragenen Feststellungen des Rates, von Zollhinterziehungen nichts gewußt zu haben, müssen deshalb als vorgeschoben eingestuft werden. Die Einrichtung der Douane sollte verhindern, die Waren in eigenen Gewölben zu lagern.

Neuntes.

Eine administrative Lücke war dagegen kaum zu schließen. Die Gutachter verwiesen auf die Gefahr, daß durch die zollfreie Einfuhr die Möglichkeit des *„schalkens"* dadurch gegeben sei, daß die schon vorher verkaufte Ware während der Messe eingeführt, die Zollersparnis bei der Preisgestaltung also antizipiert werde. Dies sei nicht möglich, wenn nur während der Messe die Waren zollfrei importiert werden könnten. Die Schlußfolgerung ist zwar nicht nachzuvollziehen, die Quelle belegt aber, daß ein lückenloser Beweis über den Einfuhr- und - in diesem Zusammenhang wichtiger - den Verkaufszeitpunkt offensichtlich von der Behörde nicht zu führen war. Interessanter aber ist die Schlußfolgerung, welche die Gutachter daraus zogen. Sie stellten fest: *„Denn weil diese Stadt eine Handelsstadt, und wann je die Kommerzien hier sollen gehalten werden, das sichs nicht schicken wollt, das man alles auf gnauste such, sintemal wissentlich, das der Handelsmann eine freie und offene Hand, und nicht gesperrt sein woll, auch beide, der Käufer und der Verkäufer jeder sein Vorteil nachgingen. ... So muß man dagegen doch bedenken, wenn man den Handel hier behalten will, es nicht möglich ist, alles schalcken zu verhindern, denn der Handelsmann sucht seinen Gewinn und seinen Vorteil, wie er nur kann".*

Die Äußerungen zeugen zwar von einem realistischen Menschenbild, hören sich aber an wie ein Generalpardon für die Zollhinterziehungen der Welser, denn sie wurden geäußert im Zusammenhang mit der Diskussion um die exklusive Zollbefreiung für ihre Wareneinfuhr vor der Heiltumsmesse. Aufgrund der Zollhinterziehungen der Italiener wollten die Gutachter die Zollsätze erhöhen, administrative Lücken schließen und restriktive Standortbedingungen schaffen; denselben Tatbestand der Welser quittierten sie mit einem Achselzucken.

1226 Das war in einem gewissen Umfang für einige Waren und unter Aufsicht des Waagmeisters oder seines Stellvertreters durchaus erlaubt. Nach Meder muß also geschlußfolgert werden, daß der Beamte nicht bestellt wurde, oder es zu einem betrügerischem Zusammenspiel zwischen ihm und den Vertragsparteien kam. - Kellenbenz, H., Meder'sches Handelsbuch, S. 207. Müller, J., Handelspolitik, S. 609.

Fazit: Aus der Grundgesamtheit der in Nürnberg handelnden Firmen wäre also der Anzahl und der wirtschaftlichen Bedeutung nach allenfalls eine sehr kleine Schnittmenge übriggeblieben, die diese Merkmale (Geschäftsabwicklung deutscher Firmen durch Nürnberger Faktoren) erfüllt hätte. Folglich wäre auch in diesem Falle das wirtschaftspolitische Instrument ‚Zollbefreiung' schon zwei oder drei Wochen vor der Heiltumsmesse dem Ziel, höhere Losungseinnahmen durch die Verlagerung des Handels auf Nürnberger Faktoren zu erreichen, inadäquat gewesen und hält einer kritischen Analyse nicht stand. Das Argument stand auch im Widerspruch zum Bestreben des Rates, die Eigentümer selbst nach Nürnberg zu holen, weil sie sich davon größere Impulse für den Gewerbe- und Dienstleistungssektor durch zusätzliche Kaufanreize versprachen.

Eigentliche Absicht der vorgeschlagenen Regelung war denn auch offensichtlich folgende: Anlaß dieses ‚Gutachtens' war die Beschwerde der Augsburger Welser über den Verlust ihrer Privilegien. Sie und ihre Nürnberger Verwandten waren harte Konkurrenten der Italiener, nicht nur, aber besonders auf dem lukrativen Safranmarkt. Mitglieder der betroffenen Nürnberger Firmen waren außerdem gutachterlich tätig. Diesen Nürnberg-Augsburger Firmen wollten sie auf die vorgeschlagene Weise einen Wettbewerbsvorteil verschaffen. Bis zu jenem Zeitpunkt, an dem auch die Italiener für die ‚fristgerecht' eingeführten Waren in den Genuß der Zollfreiheit kamen, dem eigentlichen Messebeginn, sollten sie einen Teil der Nachfrage schon abschöpfen können. Aus dieser Sicht heraus kann die Warenausfuhr der Italiener nach Roth und Schwabach, um sie zur Heiltumsmesse wieder zollfrei einzuführen, als eigenmächtige Kompensation für die Privilegien der Welser angesehen werden.

Den Umfang dieses Vorab-Geschäftes zu quantifizieren, ist nicht möglich. In Rechnung zu stellen ist, wie gesagt, daß die Käufer sich ja eigentlich dann am kostengünstigsten eindecken konnten, wenn die Konkurrenzsituation am schärfsten war. Dies mußte besonders während des Zeitraumes der Fall sein, in dem die Zoll-Entlastung aller den notwendigen Kalkulationsspielraum bot, also während der eigentlichen ‚Freiung'. Gleichwohl war nach Aussagen des Obersten Losungers der Umsatz der Welser während der Vormessezeit sehr beachtlich.

Die Augsburg-Nürnberger Händler kämpften um jeden Prozentpunkt Marktanteil, der verloren zu gehen drohte. Mit der ihnen exklusiv zugesicherten Messe vor der Messe bekamen sie jedenfalls das Instrument der Preisdifferenzierung in die Hand. Aus der hartnäckigen Verfolgung ihrer Ziele und auch den Protesten der Konkurrenten ist zu schlußfolgern, daß es hier ‚schon etwas zu holen gab'. Es ergab sich dadurch auch die Möglichkeit, die Leipziger Jubilatemesse zu besuchen, ohne auf die Zollfreiheit während der Nürnberger Heiltumsmesse verzichten zu müssen bzw. sie nur eine Woche nutzen zu können.

Es ging jedenfalls nicht um die Einkommenssteigerung der Nürnberger Bürger, es ging nicht darum, bei den Welsern und den anderen deutschen Firmen mit Nürnberger Faktoren die Anforderungen an die Logistik, die Absatzplanung zu mindern. Diesbezüglich waren sie den Italienern gegenüber, die über größere Entfernungen hin disponieren mußten, ohnehin im Vorteil. In Wirklichkeit ging es unter Vorspielung des Allgemeinwohls um die Profitsicherung der Augsburger Welser und der mit ihnen handelnden Nürnberger Imhoff und Welser.

Diese Überlegungen erhellen unmittelbar, um es noch einmal zu sagen, daß das vorgegebene Ziel, geringere Zolleinnahmen in Kauf zu nehmen, um eine überproportional höhere Losung zu vereinnahmen, nicht erreicht werden konnte. Selbst aber wenn die Maßnahme zu zusätzlichen Faktoreigeschäften Nürnberger Bürger geführt hätte, wären diese von durchaus marginaler Bedeutung gewesen. Bei einer einprozentigen Provision, von der die Gutachter ausgingen, hätte der ‚Vermögenszuwachs' bei den Faktoren kaum zu einer merklichen Hebung der Steuerschuld geführt. Vielmehr muß man konstatieren, daß nicht Einkommen irgendwelcher fiktiver Nürnberger Bürger vergrößert, sondern die Zolleinnahmen des Fiskus zurückgegangen wären. Dabei wird unterstellt, daß große Warenmengen der Welser während des individuellen Präferenzzeitraumes weiterhin zollfrei eingeführt werden dürften. Der Zielkonflikt bestand also nicht in geringeren Zolleinnahmen versus höheren Losungseinnahmen, sondern in der Marktsicherung für die Welser zu Lasten der Italiener und auf Kosten des Fiskus.

Eine Gesamtbewertung des Gutachten - offensichtlich unter Federführung von Endres (II) Imhoff erstellt - ergibt, daß die Diagnose falsch, die vorgetragenen Argumente irreführend, das vorgeschlagene Mittel den Zielen ‚Einkommenssteigerung und Beschäftigungssicherung der heimischen Bevölkerung', ‚Vermehrung der Staatseinnahmen', ‚Belebung des Wirtschaftsstandortes Nürnberg, ‚Sicherung des sozialen Friedens' nicht adäquat waren. Vielmehr wurde versucht, persönliche wirtschaftliche Interessen auf Kosten des Allgemeinwohls durchzusetzen. Profitiert hatten und hätten durch die Privilegierung der Welser natürlich auch ihre Nürnberger Verwandten. Die vorgeschlagene Ausdehnung des Privilegs auf alle Nürnberger Faktoren für deutsche Firmen diente lediglich dazu, die wahre Absicht zu verschleiern.

Unvollständig, inkonsistent war die Expertise auch insofern, als sie mit keinem Wort auf die zu erwartenden außenwirtschaftlichen Reaktionen und Retorsionen einging. Daß diese zum Nachteil Nürnbergs eintreten würden, hätten die Gutachter schon aufgrund der jüngsten Erfahrungen wissen müssen. Die außenwirtschaftliche Flanke war im höchsten Maße verwundbar.

3.8.4.2. Innerer Rat

Nur drei Tage brauchten die Mitglieder des Inneren Rats, um sich mit den Vorschlägen der Zollkommission vertraut zu machen, am 24.07.1573 Stellung zu beziehen.[1227] Ein Vergleich dieser kurzen Zeitspanne mit den sonst üblichen

---

1227 BayStaatsAN, Rep. 19a, E-Laden, Akten, 246, 24.07.1573.

Fristen legt die Vermutung nahe, daß sie sich schon vor der Einreichung und Erläuterung des Gutachtens weitgehend einig waren, und diese Expertise als ein letzter verzweifelter Versuch des Losungers und der Deputierten gewertet werden muß, doch noch eine Meinungsänderung im Rat herbeizuführen.

Anwesend bei der Beratung waren die Mitglieder Endres (I) Imhoff, Jobst Tetzel, Georg Volckamer, Sebald Haller, Gabriel Nützel, Thomas Löffelholz. Von Balthasar Derrer ist nicht die Rede, er fehlte offenbar. Für Rückfragen stand der Gutachter Endres (II) Imhoff bereit.

Zunächst beriefen auch sie sich prinzipiell auf die Hoheitsrechte Nürnbergs bei der Ausgestaltung des Messeprivilegs. Ein Konflikt mit übergeordneten Organen sei nicht gegeben, die erlassenen Gesetze fielen zweifelsfrei in den Zuständigkeitsbereich des Rates. Es zeugt von einer gegenüber der Expertenkommission höheren Sensibilität für die Brisanz des Problems, daß der Rat in der Mehrheit dafür plädierte, die Welserfrage nochmals dem versammelten, also wohl dem erweiterten Rat vorzulegen, um sozusagen die Legitimationsbasis zu verbreitern, den Druck auf den Vordersten Losunger zu erhöhen.

Eindeutig gegen die Wiedereinführung der Zollfreiheit für vor der Messe eingeführte Waren votierten Tetzel, Volckamer und Löffelholz. Einen ersten Erfolg ihrer ‚harten' Linie sahen sie darin, daß die Turrisani für vor Messebeginn importierte Güter den Zoll entrichtet hatten. Den Nutzen durch höhere Losungseinnahmen bei den Nürnberger Faktoren deutscher Firmen, den Wirten, Schmieden und anderer Handwerksleute schätzten sie als sehr gering ein, der den Zollausfall auf keinen Fall kompensieren könne. Den Beweis wollten sie durch eine anzufertigende Überschlagsrechnung erbringen lassen. Ad hoc war ein exakter Vergleich aufgrund der Rechnungsführung also offensichtlich nicht möglich..

Endres (II) Imhoff, der dem Inneren Rat (noch) nicht angehörte, plädierte jetzt für eine differenzierte Problemlösung. Die Güter [der Welser], die auf die Schau müßten, sollten auch bei Einfuhr vor Messebeginn zollfrei sein, denn mit ihnen könnte nicht „*geschalckt*" werden, mit Seidenwaren und anderen Gütern wäre das sehr wohl möglich, folglich sollte für diese das neue, verschärfte Zollgesetz greifen. Den ganzen Hintergrund und die Logik des Vorschlags auszuleuchten und zu bewerten, ist dem Verfasser nicht möglich. Zunächst ist die Einlassung das Eingeständnis, daß Defraudation möglich war, diese von den Welsern, denn um die ging es, auch praktiziert wurde, und der Rat davon wußte. Da vor allen Dingen die Spezereien, und unter ihnen besonders Safran und Pfeffer auf die Schau mußten, wären sie für diese Ware den anderen, vor allen Dingen den Italienern gegenüber, in den Genuß eines Bonus gekommen. Diese Stelle ist also eine Bestätigung für den Kernpunkt der Auseinandersetzung.

Nach diesen Meinungsäußerungen wäre eine Mehrheitsentscheidung gegen die Wiedereinführung der Privilegien eigentlich garantiert gewesen. Beim Studium der Quelle spürt der Leser aber, daß, wenn schon nicht rechtlich, so doch faktisch alles vom Votum des Vordersten Losungers, Endres (I) Imhoff, abhing. Wie ein Hilferuf klingt deshalb auch die Forderung, die Entscheidung nicht zu revidieren, bis Willibald Schlüsselfelder (noch einmal) seine Meinung abgegeben habe. Auf seine wirtschaftspolitische Rolle wird noch einzugehen sein.

3.8.5. Wiedereinführung der Privilegien für die Augsburger Welser durch Endres (I) Imhoff

Bescheid und Entscheid des Endres (I) Imhoff an Christoph Welser in Augsburg ergingen am 16.09.1573.[1228] Zunächst begründete er die Zollreform generell mit den bis dato großen Mißbräuchen und Unregelmäßigkeiten bei der Zollabrechnung und –erhebung; ein Vorwurf gleichermaßen an die Kaufleute und die Zolladministration, wobei letztlich beide auf den Inneren Rat als oberstes Gesetzgebungs- und Exekutivorgan zurückfallen mußten. Wenn es noch eines Beweises für die Sonderbehandlung der Welser bedurfte, so liefert ihn der Oberste Losunger nun selbst durch seine Feststellung, daß die *„alten Privilegien"* deshalb hätten reformiert werden müssen und durch seine Behauptung, daß Reaktionen anderer Unternehmen bisher ausgeblieben seien. Die letzte Feststellung ist objektiv unzutreffend, denn sonst wäre der Welserfaktor Nittinger nicht ins Kreuzfeuer der Kritik geraten. Dann macht Imhoff eine Kehrtwende, versicherte, daß es nicht die Absicht Nürnbergs gewesen war, die Welser anders als früher zu behandeln, sie sollten also weiterhin ihren Sonderstatus genießen. Imhoff bat aber, diese Entscheidung vertraulich zu behandeln. Eine offensichtliche Aufforderung, ihren hiesigen Faktor Bartholomäus Nittinger zu disziplinieren, der durch seine Äußerung die Reputation des Rates untergraben hatte. Die Amtsleute wurden auf dem Dienstwege angewiesen, wie vorher zu verfahren. Überflüssig zu sagen, daß auch sie der Schweigepflicht unterlagen. Die Rechtfertigung lautete kurz und knapp: Die Augsburger Welser ließen schließlich ihre hiesigen Geschäfte durch einen Nürnberger Bürger durchführen und beförderten damit dessen Wohlfahrt und so indirekt über die höhere Steuerquote jenes der Stadt.

Soweit Resultat und Begründung. Imhoff war mit seinem Bescheid sogar über den Diskussionsvorschlag hinausgegangen, der darauf abgezielt hatte, die alten Privilegien übergangsweise allenfalls noch für ein Jahr zu gewähren, die Augsburger Welser dann aber allen anderen Firmen gesetzlich gleichzustellen und faktisch nach der Rechtslage zu behandeln.

Die Begründung von Endres (I) Imhoff wirkt bemüht, übergestülpt und nachgereicht. Ein kausaler Zusammenhang bestand zwischen den beiden Tatsachen nicht. Wäre diese Regelung Folge einer wirtschafts- oder sozialpolitischen Zielsetzung gewesen, dann hätte man eine allgemeingültige gesetzliche Verankerung als logische Schlußfolgerung erwartet. Die gab es aber nicht, und schon

---

1228 BayStaatsAN, Rep. 19a, E-Laden, Akten, 246, 16.08.1573.

die konspirativen Umstände der Behandlung dieses Falles sprechen gegen die Rechtfertigung.

Da die Sonderregelung nur für die Welser galt, müßte auch unterstellt werden, daß diese nur deshalb hier eine Faktorei unterhielten und sie mit einem Nürnberger Bürger besetzten, um diesen Kostenvorteil in Anspruch nehmen zu können, sie ansonsten aber einen anderen Standort gewählt hätten, andere Firmen einen Faktor bestallt hatten, obwohl sie nicht in den Genuß der Zollfreiheit vor der Messe kamen.

Für diese unterschiedlichen betriebswirtschaftlichen Kalküle lassen sich weder theoretisch noch empirisch Gründe anführen. Vielmehr war es so, daß die Welser aufgrund der historischen Entwicklung ihrer Firma und wegen der Attraktivität des hiesigen Standortes gar keine Alternative hatten, sie also auch dann eine Nürnberger Faktorei weiterhin unterhalten hätten, wenn dieser Vorteil weggefallen wäre. Dazu Werner:[1229] *„Dann richtete der zähe Bartholomäus Welser sein Ziel gegen jene Nürnberger Kaufleute, die die böhmische Kupferproduktion beherrschten. Schon stand sein Sieg bevor. Aber der Nürnberger Rat - wohl nicht unbeeinflußt auch von den Fuggern und ihren nürnbergischen Vertretern - drohte mit Repressalien. Und im Hinblick auf die wichtige Welsersche Niederlassung an der Pegnitz mußte der Augsburger abermals zurücktreten"*.

Eine Verlagerung der Wirtschaftsaktivitäten in und über Nürnberg auf schon bestehende Außenposten[1230] in Antwerpen, Aquila, Bari, Genua, Köln, Lissabon, Lyon, Mailand, Neapel, Prag, Rom, Schlackenwalde, Venedig, Wien wäre theoretisch zwar möglich, wirtschaftlich aber nicht sinnvoll gewesen.

Es drängt sich deshalb auch aus dieser Sicht zwingend die Schlußfolgerung auf, daß nicht wirtschafts- und sozialpolitische Gründe ausschlaggebend waren, sondern verwandtschaftliche Verbindungen, die Zugehörigkeit zum selben sozialen Stand. Man kann also mit guter Berechtigung von Nepotismus sprechen. Die Nürnberger Imhoff profitierten durch die überhöhten Darlehnszinsen im Zusammenhang mit dem Markgrafenkrieg,[1231] die Augsburger Welser, da sie Konsortialpartner waren, ebenfalls, diese außerdem noch durch den Zollnachlaß. Das Allgemeinwohl wurde also dadurch nicht befördert, sondern durch die Mindereinnahmen des Fiskus zu Gunsten der Gewinnsteigerung dieser Unternehmen geschädigt. Und das alles bei einer so prekären Finanzlage!

War das der letzte ‚Sieg' des Endres (I) Imhoff in seiner Ämterlaufbahn? Sein Leben neigte sich dem Ende zu, die Aufgaben wurden bald von der nächsten Generation wahrgenommen.

Die Charakterisierung von Endres (I) Imhoff durch Müller[1232] wirkt vor diesem Hintergrund besonders befremdlich. Er schreibt: *„Was zunächst Endres*

1229 Werner, Th.G., Bartholomäus Welser, S. 90.
1230 Welser, L.v., Urkunde, S. 16.
1231 Siehe die Porträtskizze von Endres (I) Imhoff.
1232 Müller, J., Finanzpolitik, S. 31f.

Imhof, den ersten Losunger, betrifft, so ist von demselben zur Genüge bekannt, daß er nicht nur klaren staatsmännischen Blick, verbunden mit einer durch jahrzehntelange Tätigkeit im städtischen Dienst erworbenen außerordentlichen Geschäftskenntnis besaß, sondern auch von einer seltenen Rechtschaffenheit und Lauterkeit des Sinnes erfüllt war, die ihn vor jeder eigennützigen Handlungsweise, vor jeder Parteinahme zugunsten seines Standes, des Patriziats, bewahrte". Müller, der Endres Imhoff eine eigene Portraitstudie gewidmet hat,[1233] muß es besser gewußt haben. Schon die besondere Betonung von doch zunächst Selbstverständlichem erweckt beim Leser Mißtrauen.

3.8.6. Endgültige Rücknahme der Privilegien?

Ein Beleg dafür, daß diese Privilegien schließlich doch beseitigt wurden, fehlt bisher. Es ist aber zu vermuten, daß sie im Zuge der weiteren Entwicklung kassiert wurden.

3.9. Die entscheidende wirtschaftspolitische Diskussion 1574 - 1576

Mit der Rücknahme der Zollerhöhungen und administrativen Verschärfungen 1572/73 waren die jahrelangen Bemühungen der Nürnberger Beschwerdeführer, besonders die der Imhoff und Welser, sich gegenüber den Italienern Wettbewerbsvorteile zu sichern bzw. - aus ihrer Sicht - Wettbewerbsnachteile auszugleichen, gescheitert. Wie gezeigt, hatten sie ihre Absichten aber nicht aufgegeben. Sie versuchten weiterhin, auf die Wirtschaftspolitik des Rates massiv Einfluß zu nehmen.

Zwei zentrale Argumente werden in den Gravamina der Imhoff und Welser, implizit oder expressis verbis, wie auch immer variiert und ursächlich miteinander verknüpft, ständig wiederholt: Durch den Ausbau des Standortes Nürnberg durch die Italiener wird das Allgemeinwohl gefährdet und werden die heimischen Unternehmer in ihrer Existenz bedroht, ja in den Ruin getrieben.

3.9.1. Manipulation der öffentlichen Meinung durch die Imhoff und Welser

Trotz zahlreicher Versuche war es den Imhoff und Welser bisher nicht gelungen, eine breite und repräsentative Nürnberger Unternehmerschicht für ihr Anliegen zu gewinnen, durch wirtschaftspolitische Maßnahmen die Fremden vom Standort Nürnberg zu verdrängen.

Als Mitunterzeichner einer Klageschrift vom 17.08.1574[1234] gewannen sie jedoch die Inhaber namhafter Nürnberger Firmen. Es waren: Konrad Bayer und Mitverwandte, Heinrich und Bartholome Schwab, die Bosch und Förnberger,

---

1233 Müller, J., Endres Imhof, passim.
1234 BayStaatsAN, Rep. 19a, E-Laden, Akten, 242, 17.08.1574.

Jörg Gösswein und Mitverwandte, Jörg Beckler und Mitverwandte, Jörg Heen und Mitverwandte, Martin Pfinzing Erben und Mitverwandte.

Diese Beschwerdeschrift muß für heftige und lange Diskussionen gesorgt haben, in denen die Argumente Pro und Contra noch einmal einander gegenübergestellt und gewogen wurden. Zu einer Konsensbildung im Rat und einer Entscheidung der Herren Älteren hatte sie aber nicht geführt. Durch eine neuerliche Eingabe vom 13.05. des nächsten Jahres[1235] versuchten die Imhoff und Welser deshalb, den Druck weiter zu erhöhen. Als Mitunterzeichner finden sich die Namen Bayer, Rechlinger, Schwab, Hopfer, Rottengatter, Schnell, Peck/Lang, Gellnauer, Hundertpfund. Bis auf Bayer und die Schwab sind sie also mit denen der vorangegangenen Eingabe nicht identisch. Die weitgehend übliche Reihenfolge der Namensnennung Imhoff, Welser, Tucher ist ein Hinweis auf die Größe der Firma, die eingeschätzte Bedrohung ihrer Marktposition und die Intensität der versuchten Einflußnahme. Ein Ratsverlaß vom 13.03.1576 nennt als Wortführer der letzten Eingabe Endres und Willibald Imhoff, Jakob und Hans Welser, die Tucher werden namentlich nicht genannt. Ihr Name tauchte also wohl ohne ihr Wissen auf der Beschwerdeschrift auf.

3.9.2.   Meinungsumfrage der Ratsmitglieder Willibald Schlüsselfelder und Joachim Nützel am 06.12.1575 und am 13.03.1576

Im Dezember 1575[1236] entschlossen sich nun Willibald Schlüsselfelder und Joachim Nützel dazu, sich ‚vor Ort' eine eigene Meinung zu bilden. Ein ganz ungewöhnlicher Schritt, daß sie, Mitglieder des Inneren Rats, nicht mehr auf die schriftlichen Eingaben und den Vortrag von Deputierten vertrauten, ihren Elfenbeinturm verließen, selbst an die ‚Basis' gingen, um die Mitunterzeichner und Befragten zu konsultieren. Die Zeit einsamer Dekrete war endgültig vorbei, parteiische Gutachten, die sich nicht am Allgemeinwohl orientierten, boten keine Entscheidungsgrundlage mehr.

Georg Volckamer, inzwischen verstorben, hatte sich ebenfalls mit diesen Grundsatzfragen beschäftigt, sich jedoch wie die anderen Herren Älteren nicht für kompetent erklärt, die Probleme zu durchleuchten, zu beurteilen und zu lösen. Es kann sich hier aber auch um eine durchaus zeitübliche Bescheidenheitsfloskel gehandelt haben. An anderer Stelle wird er jedenfalls als Experte (für den Seidenhandel) bezeichnet.[1237] Es ist allerdings in Rechnung zu stellen, daß nicht nur fachliche Kompetenz vonnöten war, sondern auch Entscheidungswille und die Courage, sich bei Konflikten gegen Einzelinteressen, auch wenn es die

---

1235 BayStaatsAN, Rep. 19a, E-Laden, Akten, 242, 13.05.1575.
1236 BayStaatsAN, Rep. 19a, E-Laden, Akten, 242, 06.12.1575.
1237 BayStaatsAN, Rep. 19a, E-Laden, Akten, S VII, L 123 (13), 1573, ohne genaues Datum.

der „*lieben Mit-Ratsfreunden*"[1238] waren, für das Allgemeinwohl zu entscheiden. Diese Voraussetzungen und Eigenschaften waren, wie sich hieraus und aus dem gesamten Kontext ergibt, bei Joachim Nützel und Willibald Schlüsselfelder gegeben: Vertrautheit mit den wirtschafts- und finanzpolitischen Problemen, Weitblick für die internationalen Implikationen, lauterer Charakter, Mut, Verantwortungsgefühl, Amtstreue. Sie rissen deshalb die Initiative an sich und führten die langwährenden Probleme einer Entscheidung zu. Von Endres (I) Imhoff war offensichtlich entschiedene Führung nicht mehr zu erwarten, ihm waren in seinen letzten Lebensjahren die Zügel endgültig entglitten.

Hier das Ergebnis der Konsultationen:

Heinrich Schwab hatte die Supplikation gar nicht gesehen, sondern sich auf Nachfrage bei seinem Vetter Barthel, dem der Antrag vorgelesen und ins Haus geschickt worden war, wie jener zur Unterschrift hergegeben. Im übrigen mache der Safranhandel bei ihnen nur einen verschwindend geringen Anteil aus. Für die Beurteilung dieses Marktes müßten die Befrager sich bei den großen Handelsherren, „*den fürnembsten Kaufherren*", erkundigen. Sie selbst spürten allerdings einen zunehmenden Preisdruck durch die Italiener bei Pfeffer und Ingwer, vor allen Dingen durch die Werdemann und Turrisani. Sie warnten jedoch ausdrücklich vor der falschen Schlußfolgerung, den Italienern deshalb den Standort Nürnberg zu verbieten. Die Folge wäre eine Verlagerung von Angebot und Nachfrage auf andere Städte oder Länder, so daß auch den Nürnberger Händlern die Nachfrager ausblieben, für sie und der Stadt kein ‚*geringer Nachteil*' entstehen würde.

Hinsichtlich der Folgen für das Allgemeinwohl argumentierten sie also im Vergleich zu den patrizischen Beschwerdeführern diametral entgegengesetzt, sollten denn die Italiener den Standort Nürnberg aufgeben. Die Ausführungen legen den Schluß nahe, daß die Allianzmitglieder bis dato (1575/76) einen erheblichen Anteil auf dem Safranmarkt hatten verteidigen können.

Auf Bitten der Herren Imhoff hatte Georg Peck (Beck) die Eingabe für sich und im Namen seines Gesellschafters Christoph Lang unterschrieben, da er für die Firma, die nicht mit Spezereien handle, keinen Nachteil befürchtete. Konkurrieren würden sie, führte er weiter aus, mit den Turrisani und anderen Italienern auf dem Markt für Seidenprodukte wie Tormesin und Zendel. Wettbewerbsnachteile sahen sie durch größere Kosten in Form höherer Zollabgaben in Italien. Die meisten auswärtigen Häuser seien hier durch Faktoren vertreten, kämen die Eigentümer selbst nach Nürnberg, würden sie bei jenen logieren. Nachteile für das Hotel- und Gaststättengewerbe im Sinne der Supplikationsschriften konnten sie aber nicht erkennen. Prinzipiell sähen sie lieber den Handel in der Hand der Bürger, gaben wie andere aber zu, bei entsprechender

---

1238 BayStaatsAN, Rep. 19a, E-Laden, Akten, 242, 13.03.1576.

Nachfrage auch als Faktoren für auswärtige - italienische - Häuser tätig zu werden.

Diese Einlassungen sind also über den konkreten Fall hinaus eine Bestätigung für die hier aufgestellte Behauptung, daß die Diskussion um die Ausweitung der Zollfreiheit für deutsche Firmen mit Nürnberger Faktoren eine Scheindiskussion war, da dieser Kreis dadurch allenfalls marginal zu vergrößern gewesen wäre. Sie lenken auch den Blick auf die negativen außenwirtschaftlichen Folgen, die durch Retorsionsmaßnahmen der italienischen Stadtstaaten zu befürchten wären.

Bernhard Nöttel hatte im Hause von Anthon Pömer durch Hans Welser Kenntnis von der beabsichtigten Initiative bekommen. Die Zielvorstellungen habe er erkannt, aber zu einer Unterschrift sich nicht entschließen können. Nöttel war einer der angesehensten Kaufleute in Nürnberg, sollte deshalb auch auf Wunsch des Handelsstandes 1621 zum ersten Leiter des Banco Publico berufen werden,[1239] lehnte aber wegen der damit verbundenen Verpflichtung, die Handelstätigkeit aufzugeben, ab.[1240] Im Jahre 1631 wurde er zum Beisitzer des Almosenamtes berufen. Dieses Verbot, Verquickung von öffentlichem Amt und Unternehmertätigkeit, war offensichtlich eine Folge früherer Erfahrung, vor allen Dingen jene mit Endres (I) Imhoff als Unternehmer und Losunger während des Markgrafenkrieges.

Nöttel hatte offensichtlich die parteiische Zielsetzung der Aktion durchschaut, deren Realisierung seiner Meinung nach dem Allgemeinwohl nicht dienlich sein würde. Schlüsselfelder und Nützel erkundeten ihrerseits also nicht nur die Gründe der Unterzeichner, sondern auch die von Nicht-Unterzeichnern, um zu einer möglichst breiten und objektiven Entscheidungsgrundlage zu kommen.

David Hopfer hatte von dem Anliegen über seinen Mitgesellschafter Nöttel erfahren, danach unterzeichnet. Ihre Gesellschaft, gab er zu Protokoll, konkurriere auf dem Markt für Zendel, Taffet und Flidseiden mit den Turrisani, Werdemann, Neri, Murari, di Franchi, die damit früher *„nicht so stattlich gehandelt wie jetzt"*. Ebenso wie die Schwab warnte er gleichwohl vor einer Standortverlagerung der Italiener nach Frankfurt, Leipzig, Naumburg, sollten sie hier zu starken Repressionen ausgesetzt werden. Ein Ausbleiben der Nachfrager vor Ort sei die Folge, damit ein Einkommensausfall der Wirtsleute und ein Rückgang der Zolleinnahmen. Wünschenswert wäre es, könnten Nürnberger Bürger als Faktoren für die italienischen Firmen tätig sein, da sie den Zoll *„getreulicher reichen"* würden. Sie selbst stünden dafür gerne zur Verfügung, es würde ihnen nicht schaden. Seine Bemerkung über die Zollhinterziehungen der Italiener belegt, daß diese Tatsache offensichtlich allgemeiner Kenntnisstand war, und sie

---

1239 Aufgrund der Zeitspanne ist es nicht zweifelsfrei, ob es sich um dieselbe Person handelte. - Fuchs, R., Bancho Publico, S. 55. Roth, J.F., Nürnbergischer Handel, 2, S. 80.
1240 Für die Mitglieder des Inneren Rats galt diese Verpflichtung nicht, wie beispielhaft am Wirken von Endres (I) Imhoff zu konstatieren.

zeugt von Mut ‚vor Königsthronen', es den letztlich Verantwortlichen auch ungeschminkt zu sagen.

Der Mühe, die Beschwerdeschrift zu lesen, hatte sich Ulrich Rottengatter, Händler mit Genueser Samt, ebenfalls nicht unterzogen, sondern von verschiedener Seite her Kenntnis davon erhalten - wie oben: die Aktion war stadtbekannt -, und sich daraufhin zur Unterschrift entschlossen. Einen Schaden durch die Konkurrenz der Turrisani, Werdemann, Neri und anderer schloß er nicht aus. Da bei ihm nicht von Safran die Rede ist, war die Familie, früher zur Nürnberger Allianz gehörend, wahrscheinlich schon aus der Koalition ausgeschieden. Bemerkenswert ist aber, daß er noch mit Genueser Waren handelte, wie oben ausgeführt ein wichtiges Standbein der Nürnberger Allianzfamilien.

Ähnlich lag der Fall bei Thomas Gellnauer. Nach einer nur teilweisen und flüchtigen Durchsicht habe er den Rest von Bekannten erfahren. Für sich hatte er keinen Schaden erkennen können, aber Nutzen für die Stadt und seiner Bürger vermutet, deshalb auch seine Unterschrift geleistet.

Der Faktor Michael Scherl konstatierte ohne weitere Begründung, daß er früher viel Seidenwaren, Gewand, Güter aus Genua, Untzgold zugeschickt bekommen habe, die Sendungen zur Zeit jedoch ausblieben. Die Mühe, die Schrift zu lesen und kritisch zu hinterfragen, hatte er sich nicht gemacht, sondern sich bei seiner Unterschrift auf die Informationen Dritter verlassen. Auch hier also wieder der Hinweis auf Handelsgut aus Genua.

Im selben Sinne äußerte sich Hans Thoma, Faktor der Herbart in Augsburg. Seine Unterschrift sei aufgrund eines Vortrages vom Diener der Imhoff erfolgt. Früher hätten sie selbst viel mit Spezerei und Safran gehandelt, inzwischen aber diesen Handel aufgegeben.

Es wird hinreichend deutlich, daß es bei der ganzen Kampagne in einem gravierenden Maße um die Verquickung von privatem und öffentlichem Interesse ging, die treibenden Kräfte bei der Unterschriftenaktion die Imhoff und Welser waren. Von den Tuchern ist nicht die Rede.

3.10. Wirtschaftspolitische Grundsatzdeklaration des Rates am 13.03.1576

Nach der persönlichen Informationsbeschaffung an der Basis durch Schlüsselfelder und Nützel nahm sich der Rat über drei Monate Zeit, um die verschiedenen Argumente gegeneinander abzuwägen und sich zu einer Entscheidung durchzuringen. Am 13.03.1576 konsultierten sie noch einmal die Kaufleute, fragten auch diejenigen, die die erste Supplikation aber nicht die zweite unterschrieben hatten, nach den Gründen.[1241] Deren Antwort lautete: ‚Sie müßten bekennen, daß sie damals die Sache so weit nicht verstanden hätten', *„man habe ihnen die Sachen viel anders zu verstehen gegeben"*. Vor allen Dingen hatten sie

---

1241 BayStaatsAN, Rep. 19a, E-Laden, Akten, 242, 13.03.1576.

nicht durchschaut, daß ihnen grundsätzlich Faktoreigeschäfte für die Italiener verboten werden sollten. Offensichtlich waren sie also überrumpelt und falsch informiert worden.

Noch am selben Tag erging ein von Joachim Nützel und Clemens Volckamer[1242] unterzeichneter Ratsbeschluß,[1243] der an Deutlichkeit nichts zu wünschen übrig ließ. Er klingt wie ein Befreiungsschlag. Man könnte beide Papiere überschreiben mit ‚Im Namen der Bürger Nürnbergs, der Sicherung des Wirtschaftsstandortes Nürnberg und der Hebung des Gemeinwohls wird der Antrag der Supplikanten abgelehnt'. Die Begründung läßt sich in zehn Punkten zusammenfassen.

I.

Die Forderung nach einem Verbot des Safran-, Spezerei- und Seidenhandels für die Italiener wird von persönlichen Interessen bestimmt. Es geht nicht, wie vorgegeben, um das Allgemeinwohl, sondern um öffentliche Protektion zur Besitzstandswahrung der Firmen Imhoff, Welser und einiger anderer.[1244]

II.

Ein Zollsatz in Höhe von 5% wäre ein Prohibitivzoll und käme in den Folgen einem Handelsverbot gleich.[1245]

III.

Die Konsequenz beider Maßnahmen wäre eine Standortverlagerung der Italiener und eine Ausdehnung ihres Vertriebsnetzes. Nürnberger Zwischenhändler, die sich vor Ort z.T. bei Italienern eindeckten, würden in Wien und anderswo einem verstärkten Konkurrenzdruck der Italiener ausgesetzt, den sie auf Dauer nicht bestehen könnten.

1242 Nach Lochner, G.W.K., Sittengeschichte-Nürnberg, S. 235, war er weltgewandt, polyglott, bürgernah, trinkfest und spielfreudig. Wegen hoher Schulden wurde er 1586 nicht wiedergewählt, begab sich an den anhaltinischen Hof, fiel aus der Kutsche und starb an den Verletzungen. Ob auch Zusammenhänge seines Ausstoßes aus dem Rat mit der Wahl Willibald Schlüsselfelders zum Ersten Losunger, ebenfalls 1586, bestehen, ist nicht belegt. Ging die Initiative vielleicht sogar auf ihn, den strengen Sittenwächter Schlüsselfelder zurück?

1243 BayStaatsAN, Rep. 19a, E-Laden, Akten, 242, 13.03.1576.

1244 Hartmann, P.C., Messefreiheiten, Messeprivilegien, Messerecht, S. 250. „*Der Abstieg der Reichsstädte Köln und Nürnberg als internationale Handelszentren hing zum Teil mit deren fremdenfeindlicher Politik zusammen*". Es ist klar, daß für diese Zeit wahrscheinlich weder von einem Abstieg, sicher aber nicht aus diesem Grunde gesprochen werden kann.

1245 Ob das bei den gleichzeitig hervorgehobenen großen Gewinnen tatsächlich der Fall gewesen wäre, ist eher zweifelhaft. Auch die Ratsherren wollten offensichtlich „den Anfängen wehren".

IV.

Die Nachfrager aus dem In- und Ausland würden den Anbietern nachziehen. Gewerbe, Handel und Dienstleistungsgewerbe in Nürnberg hätten Umsatz- und Gewinneinbußen zu verzeichnen. Der Beschäftigungsmarkt käme unter Druck.

V.

Die Abwicklung des Handels der Italiener durch Nürnberger Faktoren sei nicht zu erzwingen und wäre im übrigen, als die Italiener sich vorübergehend und im geringen Ausmaße dazu entschlossen, von den Supplikanten ebenfalls bekämpft worden.[1246]

VI.

Die Einnahmeausfälle des Fiskus an Losung, Ungeld und Zoll bei gleichzeitiger Erhöhung der Sozialausgaben könnten nicht verkraftet werden.

VII.

Der Handel der Italiener vor allen Dingen mit Safran aus Spanien sei die Folge einer früheren Monopolisierung des Marktes durch einige Nürnberger Firmen. Sie hätten harten Druck auf die Erzeuger ausgeübt und überhöhte Verkaufspreise diktiert.

VIII.

Die Instrumentalisierung anderer Firmen und die Manipulation der öffentlichen Meinung für die Interessen weniger Unternehmen dienten nicht dem sozialen Frieden.

IX.

Die Standortbedingungen im internationalen Wettbewerb könnten nicht von einer Stadt oder zwei Orten geändert und verbessert werden, sondern allenfalls durch eine konzertierte Aktion aller nationalen Entscheidungsträger mit dem Kaiser an der Spitze.

1246 Sie wollten bekanntlich das Faktoreigeschäft fördern, aber nur das von Nürnberger Firmen für nicht-italienische Unternehmen. Wären Nürnberger auf Dauer für die Italiener tätig geworden, hätten sie ihnen, den Mit-Bürgern gegenüber, kaum Repressionsmittel in der Hand gehabt. Zahlreiche gegen die Italiener vorgebrachten Argumente wären gegenstandslos geworden.

X.

Nürnberg sei immer eine freie Handelsstadt gewesen, sei es zur Zeit und solle es auch bleiben![1247] ---

Die Argumente des Rates deckten sich weitgehend mit denen, die der Städtecorpus unter Anführung von Nürnberg gegen die Bestrebungen der Fürsten und Kurfürsten, einen Reichszoll einzurichten, in den Jahren 1521/1522 vorgebracht hatten.[1248] Mit Erfolg, wie man weiß. Man darf mit Sicherheit davon ausgehen, daß die jetzigen Beschwerdeführer bzw. ihre Vorfahren damals die Nürnberger Gesandten mit den entsprechenden Argumenten versorgt hatten. Caspar Nützel[1249] und Leonhard Groland waren ausdrücklich angewiesen worden, mit *„Verehrungen"* nicht zu sparen, um das Projekt zu verhindern. Auch jetzt war mit Joachim ein Mitglied der Nützel-Familie Anhänger einer freihändlerischen Wirtschaftspolitik.

Der ins Auge gefaßte Zoll hätte also nicht nur Retorsionsmaßnahmen im Ausland provoziert, sondern auch die deutschen Kurfürsten ermuntert, zum Schaden vor allen Dingen für die Fernhandelsstädte die Binnenzölle weiter zu erhöhen. Beginnend mit dem Reichstag im Jahre 1566[1250] hatten sich dagegen vor allen Dingen die Städte Nürnberg, Augsburg, Köln, Regensburg, Straßburg und Ulm gewehrt. Die Verhandlungsposition Nürnbergs wäre also entscheidend geschwächt worden.

Den Italienern gegenüber hätten die Nürnberger, die ja in ihrer Heimatstadt keinen Zoll zahlten, zwar dann – wären die geforderten Zollerhöhungen durchgesetzt worden –, immer noch einen komparativen Kostenvorteil gehabt (wenn man nur den Kostenblock „Zoll" betrachtet), aber gleichwohl würden sie sich als Wachstumsfessel für alle Unternehmen ausgewirkt haben. Sie hätten damit eine desintegrative Wirkung der nationalen und internationalen Märkte zur Folge gehabt.[1251] Auch in diesem Zusammenhang sind aber die kritischen Einwände über die Wirkung der Zollbelastungen, wie sie ausführlich diskutiert wurden, in Erwägung zu ziehen. Es hieß wohl auch damals: „Wehret den Anfängen"!

Punkt X beinhaltet, daß auch Nicht-Bürger mit Safran und Spezereien handeln dürfen. Die Entscheider wünschten es geradezu, um die ungesunden Marktstrukturen aufzubrechen, die Konkurrenz zu beleben. Eine gesetzliche Beschneidung der Sortimentsbreite für Ausländer lehnte der Gesetzgeber ab.

1247 Die Betonung liegt hier auf Handelsstadt; gemeint waren die Waren des nationalen und internationaln Fernhandels. Bei Gütern des täglichen Bedarfs wie Brot, Fleisch, Wein, Bier griff der Rat durchaus preis- und einkommensregulierend ein. Auf welchen wirtschaftsethischen Fundamenten diese praktische Wirtschaftspolitik beruhte, konnte aus den herangezogenen Quellen heraus nicht verdeutlicht werden. - Vgl. Blaich, F., Reichsmonopolgesetzgebung, S. 84, 96.
1248 Schmidt, G., Städtetag-Reichsverfassung, S. 440-449.
1249 Zu ihm: Mende, M., Bildnis-Caspar Nützel, S. 140.
1250 Blaich, F., Reichstag-öffentliche Finanzen, S. 97.
1251 Siehe zu diesen Fragen: Walter, R., Marktintegration-Kommunikation, passim.

Es wird unmißverständlich deutlich, daß die Beschwerdeführer nicht in erster Linie das Allgemeinwohl verfolgten, sondern sich bei einem Konflikt mit ihren privatwirtschaftlichen Unternehmenszielen ohne Zögern für die letzteren entschieden.

Damit steht auch die Charakterisierung von einigen zeitgenössischen Familien und besonders deren Repräsentanten durch Schultheiß auf dem Prüfstand. Er schreibt: *„Konnte bisher schon von einem ethischen Berufsbewußtsein des patrizischen Großkaufmanns gesprochen werden, so dürften gerade in dieser Beziehung rühmend Jakob (I) Welser, Linhart Tucher und Andreas (I) Imhoff hervorgehoben werden. Diese kleine Gruppe, die mehr im Sinne der Wirtschaftsethik Luthers*[1252] *und Melanchthons das Interesse der Allgemeinheit zur Richtschnur ihres Wirtschaftens machte, kann vielleicht als Vorläufer jener kalvinistischen Wirtschaftsethik bezeichnet werden, die Max Weber erstmalig herausgestellt hat".*[1253]

1252 Diese Ein- und Wertschätzung ist aus mehreren Gründen heraus problematisch. Erstens liegen keine Selbstzeugnisse der Angesprochenen vor, die Auskunft über die wahren Beweggründe ihres wirtschaftlichen Handels geben. Will man, zweitens, diese aus den Quellen erschließen, so galt für jene Unternehmer sicher der Satz *„Eine Ware ist soviel wert, wie ich dafür bekommen kann".* Das Geschäftsgebahren auf dem Safran- und Pfeffermarkt möge als Beleg gelten. Gerade diese Haltung lehnte Luther aber schärfstens ab. Er sagte: *„Es sollt nicht so heyssen: Ich mag meyne wahr so theur geben, als ich kan odder wil, sondern also: Ich mag meyne wahr so theur geben, als ich soll odder alls recht und billich ist".* Damit stellte er an einen gerechten Preis noch rigorosere Anforderungen als es beispielsweise die Scholastiker taten. Seine folgenden Aussagen könnten geradezu auf die von Schultheiß genannten Fernhändler gemünzt sein: *„Der auslendische kauffs handel, der aus Kalikut und Indien und werck und der gleychen wahr her bringt, alls solch kostlich seyden und golltwerck und wurtze, die nur zur pracht und keynem nutz dienet und land und leutten das gellt aus seuget, sollt nicht zu gelassen werden, wo wyr eyn regiment und fursten hetten".* Diesen Handel stellt er dem der Patriarchen gegenüber, die auch Handel getrieben hatten, aber mit *„vieh, wolle, getreyde, butter, milch und ander gueter. Es sind Gotts gaben, die er aus der erden gibt und unter die menschen teylet".* Deshalb müßten jetzt wir, die Deutschen, durch die Schuld der Fernhändler *„unser gollt und sylber ... ynn frembde lender stossen. Rechen du, wie viel gellts eyne Messe zu Franckfurt aus deutschem land gefurt wird so nott und ursache, so wirstu dich wundern, wie es zu gehe, das noch eyn heller ynn deutschen landen sey. Franckfurt ist das sylber und gollt loch, da durch aus deutschem land fleusst, was nur quilllet und wechst, gemuntzt odder geschlagen wird bey uns. Were das loch zugestopfft, so durfft man itzt der klage nicht horen, wie allenthalben eytel schuld und keyn gellt, alle land und stedte mit zinsen beschweret und ausgewuchert sind".* Zu den Monopolen sagt er: *„Monopolia, das sind Eygennützige keuffe, die ynn landen und stedten gar nicht zu leyden sind".* Sie *„haben alle wahr unter yhren henden, und machens damit wie sie wollen, ... Sie steygern odder nyddrigen nach yhrem gefallen, und drucken und verderben all geringe kauffleute, gleich wie der hecht die kleyne fisch ym wasser".* Man muß die wirtschaftsethischen Forderungen von Luther nicht übernehmen, aber für das Verhalten der von Schultheiß genannten Kaufleute kann man ihn hinsichtlich Preisfestsetzung, Monopolbildung und Fernhandel sicher nicht in Anspruch nehmen. - Zitate nach: Höffner, J., Wirtschaftsethik-Monopole, S. 148-151.

1253 Auch hier muß Schultheiß widersprochen werden. Eine direkte Verbindungslinie von den wirtschaftstheoretischen bzw. wirtschaftsethischen Fundamenten sowie den wirtschaftspolitischen Zielen Luthers zu Calvin zu ziehen, sie in einem Atemzug zu nennen,

Es fragt sich, ob hier nicht eher familiengeschichtliche, reichsstädtische und religionsgeschichtliche Berichterstattung, basierend auf einer selektiven Betrachtungsweise, vorliegt als eine kritische Auseinandersetzung mit den Quellen. Selbst nach den Aussagen ihrer patrizischen Mit-Ratsverwandten verfolgten sie, die Beschwerdeführer, ja nicht weniger – und immer noch - als eine Monopolisierung mancher Handelssparten zum Schaden des Standortes Nürnberg, der öffentlichen Finanzen und ihrer (nicht-)patrizischen Mitbürger. Dem Bemühen, anhand der Quellen ein möglichst objektives Geschichtsbild zu gewinnen, ist es auch nicht hilfreich, lediglich dieser kleinen Gruppe von patrizischen Großkaufleuten ein ethisches Berufsbewußtsein zu attestieren, die anderen Kaufleute, implizit zumindest, auszugrenzen. Das war sicher nicht die Absicht von Schultheiß, aber er befördert mit seinen Ausführungen falsche Vorstellungen über die historischen Realitäten. Methodisch ist diese Akzentuierung unzulässig und, wie die Ausführungen belegen, in dieser Verallgemeinerung auch faktisch unzutreffend.

Bevor auf eine der genannten Personen, nämlich auf Endres (I) Imhoff, näher eingegangen wird, einige Bemerkungen zum Ansatz der Institutionenökonomik.

3.11. *Exkurs 1*: Institutioneller Wettbewerb - Der Ansatz der Institutionenökonomik

Es liegt auf der Hand, daß die vorgetragenen Argumente von Unternehmern aus Nürnberg und Italien sowie die schließlich gefallenen wirtschaftspolitischen Grundsatzentscheidungen des Rates auch vom Konzept der Institutio-

---

ist falsch. Dazu Hayek: *„Es ist Teil des Ethos der Offenen Gesellschaft geworden, daß es besser sei, ein Vermögen in Werkzeuge zu investieren, die es möglich machen, mehr zu geringeren Kosten zu produzieren, als es unter die Armen zu verteilen, oder lieber für die Befriedigung der Bedürfnisse einiger weniger bekannter Nachbarn zu befriedigen. Diese Ansichten haben sich natürlich nicht deshalb entwickelt, weil diejenigen, die zuerst danach handelten, begriffen hatten, daß sie auf diese Weise ihren Mitbürgern größere Wohltaten erwiesen, sondern weil es den Gruppen und Gesellschaften, die auf diese Weise handelten, besser ging als den anderen; es wurde infolgedessen allmählich zur anerkannten moralischen Berufspflicht, dementsprechend zu handeln. In seiner reinsten Form betrachtet ist dies Ethos die primäre Pflicht, ein selbstgewähltes Ziel ohne Rücksicht auf die Rolle, die es im komplexen Netz menschlicher Tätigkeiten spielt, so effektiv wie möglich zu verfolgen. Es ist die Ansicht, die heute gewöhnlich, wenn auch etwas irreführend, als die calvinistische Ethik bezeichnet wird – irreführend deshalb, weil sie schon in den Handelsstädten des mittelalterlichen Italien vorherrschte und von den spanischen Jesuiten etwa zur gleichen Zeit wie von Calvin gelehrt wurde"*. Hayek zitiert in diesem Zusammenhang H.M. Robertson mit den Worten: *„It would not be difficult to claim that the religion which favoured the spirit oft capitalism was Jesuitty, not Calvinism"*. – Luther wird hier von Hayek nicht angeführt, aber seinen Ausführungen zufolge sind dessen Vorstellungen wohl eher denen einer herkömmlichen Stammesgesellschaft zuzuordnen. – Im übrigen waren Tucher (+1568) und Imhoff (+1579) keine Vorläufer von Calvin (+1564), sondern Zeitgenossen. - Hayek, F.A., Illusion der sozialen Gerechtigkeit, S. 195, 228f. Vgl. auch, Mommsen, W.J., Erfolg-Gnadenstand, S. 25; Rath, C., Weber-Eucken, S. 86f.

nenökonomik her beleuchtet werden können, das zwar seit Jahrzehnten diskutiert wird, aber im Zeichen der Globalisierung auf zunehmendes Interesse gestoßen ist. Im Kern geht es dabei um die *„Attraktivität nationalstaatlicher Standorte für international mobile Produktionsfaktoren - d.h. für Kapital und Arbeit - und um die Beeinflußbarkeit dieser Attraktivität durch politische Akteure"*,[1254] also um institutionellen Wettbewerb.[1255] In neuester Zeit steht die Entwicklung des Föderalismus in Deutschland unter eben diesem Gesichtspunkt auf dem Prüfstand. Die Frage lautet, ob der Prozeß der Unitarisierung und Egalisierung es Deutschland erschwert hat und erschwert, sich im internationalen Standortwettbewerb[1256] zu behaupten, oder ob gerade das Gegenteil der Fall ist.[1257] Dieser Wettbewerb der deutschen Länder zeigt sich u.a. darin, daß die Meinung unter ihnen durchaus geteilt ist über die Absicht des Wirtschaftsauschusses des Bundestages, eine Agentur *„Investieren in Deutschland"* mit einem Standortbeauftragten zu gründen, weil sie um die Effektivität ihrer Eigenwerbung fürchten.[1258]

Für das hier interessierende Problem, warum die Italiener eben doch ihre Zentrale in Nürnberg beibehalten haben, müßte ein Vergleich der *„institutionellen Arbitrage"* vor allen Dingen mit den von ihnen selbst immer wieder genannten alternativen Standorten Augsburg, Frankfurt, Krakau, Leipzig, Linz, Regensburg, Wien angestellt und außerdem gefragt werden, ob die Akteure selbst hinreichend genaue Informationen über die dort geltenden Regelsysteme hatten. Es würden dann die spezifischen Qualitäten Nürnbergs noch schärfer konturiert werden, und es könnte zumindest annäherungsweise entschieden werden, ob die Drohung der Italiener, den Firmensitz zu verlegen und abzuwandern, unter ökonomischen Gesichtspunkten für sie von Nutzen gewesen wäre oder nicht.

Die Untersuchung dürfte sich aber nicht darauf beschränken, ,theoretisch-rechtliche' Unterschiede in Kosten und Erträgen einander gegenüberzustellen, sondern müßte die ,Verfassungswirklichkeit', also vor allen Dingen die Praxis der Steuer- und Zollerhebung berücksichtigen, die Möglichkeit, durch Verschleierung der Umsatz-, Gewinn- und Vermögensverhältnisse, durch Nichtzahlung von Steuern in Form von ,Schutzgeldern' (der zeitgenössische Ausdruck in Nürnberg für die Aufenthalts- und Betriebserlaubnis), durch Zolldurchstecherei

---

1254 Für das Alte Reich von 1650-1800 hat jüngst Volckart dieses theoretische Konzept einer wirtschaftshistorischen Prüfung unterzogen. Es geht dabei um die Frage, ob die politische Zersplitterung des Reiches nach dem Dreißigjährigen Krieg die wirtschaftliche Entwicklung gehemmt oder aufgrund des Wettbewerbs unter den Institutionen eher gefördert hat. Für eine frühere Zeit ist Dirlmeier diesen Fragen nachgegangen. – Volckart, O., Politische Zersplitterung-Wirtschaftswachstum, passim. Dirlmeier, U., Hoheitsträger-Wettbewerb, passim.
1255 Zum Begriff Institution: Volckart, O., Politische Zersplitterung-Wirtschaftswachstum, S. 4. Siehe auch: Henzler, H., Führung-Kontrolle, S. 15.
1256 Barbier, H.D., Föderalismus, S. 15.
1257 Vgl. dazu Walter, R., Evolutorische Wirtschaftsgeschichte, S. 77.
1258 Hohenthal, C., Blumige Sprüche, S. 17.

schwarzzufahren als Ertragsfaktor einbeziehen. Abzuwägen wäre außerdem die rechtliche und gesellschaftliche Möglichkeit sowie die politische Bereitschaft der verschiedenen ‚Jurisdiktionen‘, die Kosten für potentielle Wechsler zu senken, also dynamisch in einen echten Standortwettbewerb einzutreten, oder, um in der Terminologie dieses Forschungsansatzes zu bleiben, institutionelles Unternehmertum auszuüben. Bei einer Bewertung der vorgetragenen Argumente wären also die Entscheider der Stadt unter dem Aspekt ihrer Leistung als ‚öffentlichen Unternehmer‘ zu untersuchen.

3.12.   *Exkurs 2:* Entscheidender Akteur: Endres (I) Imhoff - Versuch einer Porträitskizze

Ein ‚öffentlicher‘ (und privater) Unternehmer, der auch bei jenem Ansatz eine wichtige Rolle spielen würde, wäre Endres (I) Imhoff. Es war keine ursprüngliche Zielsetzung dieser Arbeit, den zahlreichen Würdigungen seiner Person eine weitere hinzuzufügen. Aber beim Studium der Quellen aus dem 16. Jahrhundert berührt man zwangsläufig immer wieder seinen Wirkungskreis. Kontur bekommen er und sein gleichnamiger Sohn vor allen Dingen durch ihren Antipoden, dem Standesgenossen Willibald Schlüsselfelder.

Die folgenden Ausführungen stehen in einem engen thematischen Zusammenhang mit den Behauptungen der Beschwerdeführer und Gutachter Endres (II) Imhoff und Hans Welser, daß die Italiener die deutschen Lande und die Kommune Nürnberg „*aussaugten*“, und sie damit in einem erheblichen Maße für die desolate Finanzlage Nürnbergs verantwortlich seien. Sie hielten deshalb ja eine entschiedene wirtschaftspolitische Gegenwehr für zwingend erforderlich. Es wurde oben schon ansatzweise versucht nachzuweisen, wer die Stadt wirklich ausgesaugt hat.

Das Argument der Imhoff und Welser ist aber hinsichtlich der damit begründeten wirtschaftspolitischen Maßnahmen und der Qualität des Standortes Nürnberg so schwerwiegend, daß es durch eine Rück- und Vorschau des Finanzgebarens der Verantwortlichen weiter entkräftet werden muß. Erst die Einbettung dieses Vorwurfs in einen größeren historischen Kontext kann vielleicht noch vorhandene Zweifel an der hier vorgenommenen Beweisführung zerstreuen.

Die Studie möchte auch als Anregung verstanden werden, neben und hinter allen notwendigen Statistiken und Zahlenwerken[1259] den handelnden Mensch nicht aus den Augen zu verlieren, seinen Bewegungsspielraum auszuleuchten,

---

1259 Besonders und einseitig vertreten durch die Anhänger der ökonometrischen Geschichtsschreibung, bekannt unter den Bezeichnungen econometric history bzw. cliometrics, verbunden vor allen Dingen mit dem Namen Robert W. Fogel. Als Positivist zählt für ihn in der Geschichtsforschung nur das, was gezählt, gemessen und gewogen werden kann. Der Verfasser schließt sich dieser verengten Sichtweise ausdrücklich nicht an. – Vgl. dazu: Walter, R., Wirtschaftsgeschichte, S. 8.

den er auch dann noch hat, wenn er von einem Datenkranz umgeben ist, der seine Handlungen scheinbar determiniert. In diesem Fall wird das besonders dadurch evident, daß diese ‚objektiven' Strukturen ihrerseits das Ergebnis menschlicher Handlungen waren, und, wegen der langen Amtszeit, in erheblichem Maße und bei durchaus bestehenden Alternativen von der Person selbst herbeigeführt wurden, dessen Wirken hier ansatzweise nachgezeichnet wird. Ohne eine umfassende Biographie, die noch aussteht, können weite Teile der politischen und wirtschaftlichen Entwicklung Nürnbergs im 16. Jahrhundert nicht recht verstanden werden.

In den folgenden Ausführungen liegt der Akzent auf seine Rolle als Wirtschaftspolitiker der Stadt Nürnberg und als Unternehmer, wobei seine steuerpolitischen Vorstellungen im engeren Sinne hier aus thematischen Gründen nicht berücksichtigt wurden, die aber, soweit bekannt[1260] und zu sehen[1261], die folgende Skizze nicht prinzipiell korrigieren, wahrscheinlich sogar bekräftigen würden.

3.12.1. Endres (I) Imhoff als Hausbankier der Stadt

Die außerordentliche Rolle des Endres (I) Imhoff in der Wirtschaftsgeschichte Nürnbergs des 16. Jahrhunderts hat schon das Interesse verschiedener Historiker geweckt. Eisenhart im Jahre 1881,[1262] Johannes Müller[1263] und dann, sich weitgehend auf ihn stützend, Werner Schultheiß[1264] in einem Vortrag beim Imhoffschen Familientag sind seinen Spuren nachgegangen, Dietmar Trautmann,[1265] zuletzt Christoph v. Imhoff[1266] haben sich mit ihm beschäftigt. Es stellt sich die Frage, ob das Bild, das sie von ihm gezeichnet haben, aufrecht erhalten werden kann. Besonders Müller, Schultheiß und Imhoff argumentieren mehr oder weniger pointiert sinngemäß:

Die Stadt ist aufgrund des Markgrafenkrieges des Albrecht Alcibiades gegen Nürnberg, gegen die Hochstifte Bamberg, Würzburg, andere Potentaten und Städte, denen Nürnberg Darlehen gewährt, in Finanznot; ebenso benötigt die Stadt nach dem Krieg Geld für die Schadensbeseitigung und für den Ausbau ihrer Stadttore.[1267] Endres (I) vermittelt diese Darlehen. Damit macht er sich um das Gemeinwohl verdient. Endres (I) gehört dem Patrizierstand an, also, wird

---

1260 Müller, J., Finanzpolitik, passim.
1261 Siehe dazu die einschlägigen Protokolle der Haushalts- und Sanierungsdebatten.
1262 Eisenhart, N.N., Andreas Imhof, passim.
1263 Müller, J., Finanzpolitik, S. 31ff.
1264 Schultheiß, W., Andres I. Imhoff, S. 4ff.
1265 Nüchtern, allerdings keine neuen Fakten beisteuernd. – Trautmann, D., Imhoff, Andreas, passim.
1266 Imhoff, Chr.v., Die Imhoff, passim.
1267 Gemeint sind die runden Türme der Haupttore, die dadurch kugelfest gemacht werden sollten; Bauzeit 1555-1568. - Lochner, G.W.K., Vorzeit-Gegenwart, S. 120.

verallgemeinernd geschlußfolgert, setzen sich die Patrizier für das bonum publicum ein.

Daß Bankiers und Finanzmakler schon deshalb besonderen Gemeinsinn beweisen, daß sie Geld gegen Zins verleihen, ex officio also, assoziieren aber weder die Zeitgenossen, und noch weniger taten das die Bürger früherer Jahrhunderte. Es sei nur an das Kanonische Zinsverbot erinnert.[1268] Es ist immer zu fragen, für wen und zu welchen Konditionen das geschieht, und ob es gesetzeskonform oder gesetzeswidrig ist.[1269]

Die Vermittlung von Geld und Kapital ist volks- und kommunalwirtschaftlich zweifellos wichtig. Persönliche Verdienste, die über die Wahrnehmung dieser Funktion hinausgehen, sind damit per se nicht verbunden. Das wäre unter Umständen dann der Fall, wenn die Beschaffung mit über die Maßen großen Mühen, Risiken oder gar persönlichen finanziellen Nachteilen verbunden war und ist. Und genau das suggerieren jene Autoren. Diesbezüglich sind aber erhebliche Zweifel anzumelden.

Zunächst war die Wahrnehmung dieser Aufgabe seines Amtes. Imhoff war Losunger. Als Finanzminister hatte er sich um die Einnahmen und Ausgaben seiner Kommune zu kümmern. Wenn die Patrizier es im Laufe der Jahrhunderte verstanden, andere Bevölkerungsschichten nicht an der Macht partizipieren zu lassen,[1270] muß es nicht auch noch als besonderes Verdienst gewertet werden, wenn sie die Ämter dann auch besetzten. Wo liegt hier eine Leistung des Standes oder eines einzelnen Vertreters aus ihrer Mitte, in diesem Falle des Endres (I) Imhoff? Die Behauptung, durch die Unterbindung eines Wettbewerbs um die Besetzung der höchsten Ämter wurden Leistungseliten zum Schaden der Kommune ferngehalten, erscheint dagegen realitätsnäher. Ihre Verdienste, d.h. die der Alleinherrschenden, müssen am bestmöglichen Politiker gemessen werden, den sie verhindert haben.

In dieser speziellen Situation war die Vermittlung auch nicht besonders problematisch. Schultheiß hebt ausdrücklich hervor, daß das Geld schnell besorgt werden konnte. Hier wird der kritische Leser schon einmal stutzig. Eine sorgfältige Sondierung des Marktes, das Einholen von konkurrierenden Offerten, besonders bei den offensichtlich hohen Summen, wurde bewußt unterlas-

---

1268 Siehe dazu die facettenreiche Studie: LeGoff, J., Wucherzins-Höllenqualen, passim und Riebartsch, J., Augsburger Handelsgesellschaften, S. 77. Parker, G., Geld- und Finanzwesen, S. 342f.

1269 Bartelmeß, A., Markgraf Albrecht Alcibiades, S. 424f. – Hans Sachs, streng ,neugläubig', betrachtete den Krieg als Strafe Gottes für die Sünden seiner Mitbürger. Besonders in seinen Meisterliedern hinterließ seine Einstellung deutliche Spuren. Wohl am eindrucksvollsten „Die Himmelfahrt des Markgrafen Albrecht von Brandenburg. Ein Traumgesicht". - Beifus, J., Hans Sachs, S. 75. Rösel, L., Alt-Nürnberg, S. 557.

1270 Pfeiffer, G., Nürnbergs Selbstverwaltung, passim.

sen.[1271] Es wurde erkennbar das ‚erstbeste' Angebot – von ihnen selbst - akzeptiert. Auch hier also Ausschluß von Wettbewerb. Wie hießen die Konsortialpartner? Die Gesellschaften der Nürnberger Imhoff und der Welser von Augsburg waren an dem Geschäft beteiligt. An einem Darlehen in Höhe von 110.000 Gulden an die Stadt zeichneten z.b. der Mitinhaber Sebastian Imhoff in Nürnberg und dessen Bruder Hieronymus in Augsburg verantwortlich,[1272] mit einer bedeutenden Summe waren auch die Welser,[1273] Verwandte und Geschäftspartner in Augsburg, beteiligt.[1274] Die Urkunde darüber vom 01.12.1553 befindet sich im Imhoff Archiv.[1275] Die Frage, warum nicht die Augsburger Imhoff der Petrinischen Linie eingeschaltet wurden, bedarf noch einer näheren Untersuchung. Indizien mögen sich ergeben aus dem Zerwürfnis der verschiedenen Familienzweige, wie es unten aufgezeigt wird. Von einer Beteiligung der Nürnberger Welser ist auszugehen, Belege sind bisher aber nicht bekannt.[1276]

Daß die Darlehnsgewährung nicht mit persönlichen oder geschäftlichen Einkommenseinbußen verbunden war, sondern im Gegenteil über die Maßen profitabel, läßt sich daraus erschließen, daß gerade zu jener Zeit der Gewinn der Imhoff explodierte und nach Müller[1277] 1547-1560 durchschnittlich 20 1/7 Prozent betrug. Für die Zeit während und nach dem Markgrafenkrieg lauten die Gewinnzahlen: 1550/2: 33 Prozent, 1552/54: 40 Prozent, 1554/56: 45 Prozent, 1556/58: 36 Prozent, 1558/60: 46 Prozent. Im Zeitraum von 1529 bis 1546 hatte er durchschnittlich lediglich 8 1/6,[1278] für 1518 bis 1529 sogar nur 3 1/11 Prozent per annum betragen.

Müller erklärt die Gewinnsteigerung mit dem Übergang vom reinen Warenhandel zum Geldgeschäft. Wie oben schon ausgeführt, sind auch für vorangegangene Zeiten bedeutende Geldgeschäfte der Imhoff belegt. Insofern bedarf seine These einer gründlichen Überprüfung. Zustimmen könnte man Müller,

---

1271 Diese Einschätzung gilt auch dann, wenn im 'Friedensvertrag' vom 19.06.1552 der Markgraf von der 'Entschädigungssumme' in Höhe von 200.000 Gulden 150.000 sofort ausgezahlt haben wollte. - Reicke, E., Geschichte-Nürnberg, S. 903.

1272 GNM, Rep. II/74, Imhoff-Archiv, I, Fasz. 49,1.

1273 Die Augsburger Parteien übernahmen dabei 60.000 Gulden. In der Urkunde allerdings werden die Welser nicht genannt, traten der Stadt gegenüber möglicherweise nicht in Erscheinung. – Schultheiß, W., Andreas I. Imhoff, S. 7.

1274 Ehrenberg, R., Zeitalter der Fugger, S. 243.

1275 GMN, Rep. II/74. Imhoff-Archiv, Schublade XIII, Fasz. 38, Nr. 6. Interessanterweise ist die Zinshöhe nicht angegeben.

1276 Die enge Zusammenarbeit der Imhoff mit den Welsern vor allen Dingen auf den Safranmärkten in Spanien, Frankreich und Italien legt diese Vermutung nahe. Schon 1492 war Andries Imhoff in Köln als Welser-Faktor - als eigenständige Firma gab es die Nürnberger Linie noch nicht -, tätig, arbeitete auch für die Fugger im Bleigeschäft. Er heiratete eine Frau aus dem Hause Lützenkirchen und verwurzelte dort. - Irsigler, F., Köln-Messen-Oberdeutschland, S. 426.

1277 Müller, J., Endres Imhof, S. 20.

1278 Der Anstieg gegenüber der Periode vorher hängt z.T. wahrscheinlich ebenfalls mit einem Krieg, dem Schmalkaldischen nämlich, zusammen.

wenn er geschrieben hätte ‚zum Geldgeschäft m i t   s e i n e r   V a t e r s t a d t
N ü r n b e r g ’ .

Die Einstufung - implizit oder expressis verbis - der Zinsdifferenz (5-6%
Einkauf - 10, 12% Verkauf an die Stadt Nürnberg) als erhöhte Risikoprämie,[1279]
scheint unter den gegebenen Wirtschaftsdaten Nürnbergs grob unzutreffend und
bedarf einer Korrektur. Wo lag das Risiko?![1280] Nürnberg war eine der prosperierendsten Kommunen Europas. Der Haushaltsplan der Stadt aber wurde von
ihnen, den Patriziern, d.h. von denjenigen aus ihren Reihen, die in den Inneren
Rat kooptiert wurden, aufgestellt.[1281] Einnahmen und Ausgaben unterlagen einer
strengen Geheimhaltung. Daß Imhoff als Losunger und seine Klientel dafür
sorgten, daß Zinsendienst und Amortisation für ihre Kredite erste Ausgabeprio-
rität genossen, liegt auf der Hand. Nicht-eingelöste Schuldscheine der Stadt
Nürnberg wie etwa die der französischen Krone sind im Imhoff-Archiv jedenfalls nicht aufbewahrt.[1282]

Wenn wir aber einen Moment lang unterstellen, daß diese Finanzgeschäfte
tatsächlich besonders risikobehaftet waren, dann ist es um so erstaunlicher, daß
sie auf so wenige Schultern verteilt wurden, insbesondere dann, wenn man dem
Bild folgt, das u.a. Ehrenberg von Endres (I) Imhoff zeichnet: als ein den Darlehnsgeschäften gegenüber (zunächst jedenfalls) durchaus vorsichtiger Unternehmer.[1283] Vielmehr wäre es, objektiv gesehen, soliden Finanzierungsregeln
gerecht geworden, eine breite und potente Unternehmerschicht mit ‚ins Boot’ zu
nehmen, hätte auch subjektiv der Mentalität Imhoffs entsprochen.

Andere (bürgerliche) Kreditgeber wären leicht zu finden gewesen, hätten
sie denn eingebunden werden sollen. Sie sollten aber nicht, weil die Imhoff und
Welser das lukrative und risikolose Geschäft alleine machen wollten. Wären andere Firmen miteinbezogen worden, so hätten auch an sie die überhöhten Zinsen
gezahlt werden müssen. Daß diese Kooperation aber – selbst wenn die Unternehmer sich den Profit nicht hätten entgehenlassen –, zu einer grundsätzlichen
Skepsis gegenüber der Solidität des Finanzgebarens der verantwortlichen Patrizier geführt hätte, liegt auf der Hand. Die Geheimhaltung wäre erschwert worden, die Gefahr sozialer Unruhen nicht auszuschließen gewesen. Der Präzedenzfall hätte Schule gemacht, nicht einbezogene Unternehmer hätten ebenfalls Anteile vom Kuchen haben wollen, das Patriziat wäre erpreßbar geworden.

1279 Müller, J., Endres Imhof, S. 21.
1280 Auch wenn in einer Ratsurkunde aus dem Jahre 1554 von großer Mühe und Sorge, Gefahr und allerlei Wagnis im Zusammenhang mit den Krediten gesprochen wird, so kann
   diese Wertung nicht kritiklos übernommen werden. Wer als zweiter Losunger diese
   Darlehnsgeschäfte im Rat durchbringt, dem darf man genügend Einfluß unterstellen,
   auch die Ausstellung dieses Dankschreibens zu veranlassen bzw. es selbst aufzusetzen. -
   GNM, Rep. II/74, Imhoff-Archiv, I, Fasz. 30,10 (neue Nummer); Fasz. 38, Nr. 6.
1281 Christoph Scheurl schrieb 1516: „... *ihnen* [den Losungern] *seind alle Schätze der Stadt
   befohlen*”. - Scheurl, Chr., Epistel, fol. 18.
1282 Imhoff, Chr. v., Die Imhoff, S. 33.
1283 Ehrenberg, R., Zeitalter der Fugger, 2, S. 96.

Zweite Möglichkeit: Die Kreditvermittler hätten den Zinssatz gesplittet, sich selbst also bedacht wie oben aufgeführt, anderen Unternehmen aber lediglich den Marktzins – immerhin auch schon ein gutes, weil risikofreies Geschäft – oder einen etwas erhöhten Satz bezahlt. Wäre dann diese unterschiedliche Behandlung offenkundig oder auch nur ruchbar geworden, die Folgen wären noch gravierender gewesen: Nicht nur die Imhoff und Welser, alle Patrizier hätten um ihre politische Machtstellung wirklich fürchten müssen. Aus ihrer Interessenlage heraus gab es also, wollten sie denn ihren privaten Profit maximieren und ihre politische Machtstellung stabilisieren und perpetuieren, keinen Anlaß, andere Unternehmen einzubeziehen.

Es ist, drittens, auch davon auszugehen, daß eine breite Bevölkerungsschicht – insofern dazu in der Lage – durchaus bereit gewesen wäre, den erhöhten Finanzbedarf durch die Vergabe von quasi risikolosen Darlehen zu decken. Schließlich wurde ihnen das brutale und verheerende Wüten von Albrecht Alcibiades unmittelbar vor Augen geführt. Man darf vor allen Dingen zahlreichen Unternehmern durchaus patriotische Gefühle unterstellen, die sie geneigt gemacht hätten, ihrer Vaterstadt Geld zu leihen. Man muß dieses Motiv aber gar nicht überstrapazieren. Ein klarer Blick für ihre geschäftlichen Eigeninteressen hätte genügt. Die Unternehmer mußten an stabilen politischen und wirtschaftlichen Rahmenbedingungen ein existentielles Interesse haben. Die Unterstellung, die Rendite sei höher, wenn sie das Geld in ihrer Firma arbeiten ließen, ist zumindest fraglich. Sie würde außerdem den Sicherheitsaspekt und den Patriotismus der potentiellen Geldgeber nicht in Rechnung stellen. Auswärtige Firmen, weniger unmittelbar gefährdet, vergaben ja Kredite, sonst hätte Imhoff das Geld nicht aufbringen können, selbst wenn unter den Kreditgebern sich offensichtlich nicht nur Kaufleute befanden.

Unter dem Gesichtspunkt möglicher Gefahren für ihren hiesigen Standort, in den sie viel Geld investiert hatten und in dem ihre Geschäfte nach eigenen Aussagen bestens florierten, scheint es auch nicht abwegig, zu jener Zeit selbst den Italienern Bereitschaft für eine Kreditvergabe zu unterstellen. Die Standortauseinandersetzung war noch nicht entbrannt. Die Turrisani, spätestens seit Anfang des 16. Jahrhunderts in Nürnberg domizilierend, behaupteten 1572, bis dato immer vertrauensvoll mit dem Rat zusammengearbeitet zu haben.[1284] Warum sollten in jener konkreten Situation (Markgrafenkriege um 1550) sie, die Odescalco und Werdemann dem Rat keine Darlehen gewährt haben, selbst wenn sie prinzipiell - wie die Lumaga es später für sich reklamierten -, Darlehen an öffentliche Institutionen reserviert gegenüberstanden?! In diesem Falle wäre der Schuldner ja eine Privatfirma gewesen, nämlich die Imhoffgesellschaft, die ihrerseits Gläubiger der Stadt war, über deren Ausgabeprioritäten

---

1284 BayStaatsAN, Rep. 19a, E-Laden, Akten, 245, 23.04.1572.

wiederum ein geschäftsführender Teilhaber eben dieser Gesellschaft befand?! Ihr mögliches finanzwirtschaftliches Prinzip wäre gar nicht tangiert worden. Die Quellen lieferten keine Beweise, daß diese Möglichkeiten der Kriegsfinanzierung in Betracht gezogen wurde.

Das Milieu bei der Geldbeschaffung wird durch folgende Tatsache beleuchtet. Als der ‚Jude Joseph zum goldenen Schwan',[1285] Finanzagent der Imhoff in Frankfurt, weitere kleine Vorteile für sich herausholen wollte, wurde er von Paulus Behaim,[1286] dem Beauftragten der Imhoff, barsch zurechtgewiesen. Behaim bekam aber Weisung aus der Zentrale, ihn glimpflich zu behandeln, da Jud Joseph noch gebraucht werde. Man kann in der Tatsache, daß die Imhoff das Geld fast ausschließlich in Frankfurt und Antwerpen einwarben, damals als Finanzplätze durchaus noch hinter Nürnberg rangierend, eine Verschleierungsabsicht gegenüber den Nürnberger Kaufleuten sehen.[1287] Die in Frankfurt aufgenommenen Summen beliefen sich während mancher Messetermine auf 100.000 Gulden.[1288] Ehrenberg vermutet, daß sie in Antwerpen ähnlich hoch waren. Die Kredite wurden mit den marktüblichen Zinsen von 5-6% bedient, wozu, wenn denn ein Makler eingeschaltet wurde, 1% Courtage kamen. An die Stadt Nürnberg wurden diese Summen dann zu einem Zinssatz von 10, 12% und mehr weitergegeben.[1289]

Für Endres (I) Imhoff waren u.a. diese Kreditgeschäfte so lukrativ, daß er 1553 in der Lage war, Anton Fugger eine kleine Anleihe zu gewähren und drei Jahre später Hans Jakob Fugger 100.000 Gulden auf vier Jahre vorzuschießen.[1290] Laut Amtseid war es den Losungern verboten, der Stadtkasse Geldbeträge für private Zwecke zu entnehmen, die über die festgelegte Besoldungs-

---

1285 Dietz, A., Frankfurter Handelsgeschichte, 2, S. 5f.

1286 Zur Tätigkeit von Pauls (I) Behaim, der hier wahrscheinlich gemeint ist, zur Imhoffgesellschaft siehe: GNM, Rep. II/67, Behaim-Archiv, Fasz. 25: Enthält unter anderem die vertragliche Regelung, daß er auf den Messen in Frankfurt und Antwerpen anwesend sein muß, mit Wechseln handeln darf.

1287 In dem eben erwähnten Dankschreiben des Rates an die Imhoff aus dem Jahre 1554, also nach dem Zweiten Markgrafenkrieg, werden als Kreditplätze genannt: Nürnberg, Frankfurt, Leipzig, Lyon, Antwerpen, Venedig und andere. – GNM, Rep. II/74, Imhoff-Archiv, I, Fasz. 30,10 (neue Nummer). – Jahnel, H., Imhoff, S. 172, nennt als Gläubiger auch den Mainzer Erbmarschall, den Abt Michael von Hersfeld, die Nürnberger Fürer und ihren ehemaligen Faktor Konrad Bayer. Von den anderen Kreditgebern strichen Sebastian Imhoff und Christoph Welser mit 12% den höchsten Zins ein. Abt Michael bekam, obwohl er mehr als die doppelte Summe herlieh, also ein größeres Risiko trug, nur 5%.

1288 Man kann natürlich nicht ohne weitere Prüfung unterstellen, daß diese Summen jeweils in vollem Umfange an die Stadt verkauft wurden. Ein gewisser Prozentsatz mag durchaus für das laufende Warengeschäft der Imhoff verwandt worden sein oder für Finanzgeschäfte anderer Art, wie z.B. jene mit den Fuggern, die allerdings auch noch näher untersucht werden müßten.

1289 Dietz, A., Frankfurter Handelsgeschichte, 2. Bd., S. 4ff; 3. Bd., S. 197, 212, 230. Ehrenberg, R., Zeitalter der Fugger, 1, S. 243.

1290 Kellenbenz, H., Spanisches Edelmetall, S. 73.

summe hinausgingen: „... *auch daß Sie der Stadt gelt und gut Ihnen selber nicht nehmen wollen, als den Lohn, der Ihnen gesezt ist*".[1291]

Ausdrücklich beinhaltete diese Verbotsbestimmung auch Darlehnsa u f - n a h m e n der Losunger bei der Stadt. Die Rechtshistoriker müssen entscheiden, ob und unter welchen Bedingungen dieser Passus damit auch Darlehnsv e r g a - b e n an die Stadt ausschloß. Sicher aber war es nicht im Sinne des Gesetzes, das ja wohl die Verquickung von öffentlichen und privaten Interessen entgegenwir-ken sollte, der Stadt Darlehen zu überhöhten Zinsen zu gewähren.

Schultheiß schlußfolgert (S. 8) gleichwohl: „*Sie* [hier pars pro toto: die Im-hoff als Vertreter des Patrizierstandes] *haben Finanzierungsgeschäfte im größe-ren Stile betrieben, nicht allein um ihres Gewinnes willen, sondern auch aus po-litischen Gründen und aus Rücksicht auf ihre Vaterstadt*".

Für den letzten Teil der Behauptung fehlt jeder Quellenbeleg. Es ist bei der Beurteilung doch eine wirklich gravierende Tatsache, daß Endres (I) Imhoff als zweiter Stadtkämmerer (ab Mai 1544) bzw. Erster Losunger[1292] (ab 1564) und gleichzeitig als Teilhaber der Darlehnsgeber den Vertrag abschloß bzw. seinen Verwandten zuschob, also mit sich selbst kontrahierte.[1293] Da hätte der Leser doch gerne etwas Genaueres über die Konditionen erfahren. Schultheiß ver-schweigt sie. Aber wir erfahren sie von Ehrenberg,[1294] auf den Schultheiß sich ansonsten weitgehend stützt.

Die Stadt zahlte bei der Finanzierung über Rentenkauf üblicherweise nicht mehr als 5% Zinsen, das Depositum in Höhe von 62.000 Gulden, welches En-dres (I) Imhoff nach seinem Ausscheiden aus der Firma 1570 im Unternehmen beließ, wurde ebenfalls mit 5% verzinst.[1295] War aber das Risiko im letzten Fall durch die Unwägbarkeiten der wirtschaftlichen Entwicklung der Firma (für Zin-sendienst oder im Falle des Konkurses Sicherung seiner Einlage) nicht weitaus höher einzuschätzen?![1296]

1291 Scheurl, Chr., Epistel, fol. 31.
1292 GNM, Rep. II/74, Imhoff-Archiv, I, Fasz. 46, Nr. 3.
1293 Riess, K., Steuerrecht-Nürnberg, S. 17: „... *Das Fehlen einer organisierten Berufsbeam-tenschaft, die Verflechtung ehrenamtlicher Geschäftsbesorgung öffentlicher Interessen mit den privaten Tätigkeiten und Zielen der Amtsträger, die Interessenkonflikte unver-meidlich machten mußte*". Die Interessenkonflikte blieben bestehen, aber die Tätigkeit war nicht mehr ehrenamtlich. Jahnel, H., Imhof, S. 193: „*Für die Verwaltung der städ-tischen Ämter, die seit dem ausgehenden 15. Jh. belohnt wurden, bezog Endres Imhoff jährlich bis zu fl. 500, wurde doch allein seine Tätigkeit als Losunger mit jährlich fl. 342 vergütet*".
1294 Ehrenberg, R., Zeitalter der Fugger, 1, S. 240ff.
1295 Seibold, G., Imhoffsche Handelsgesellschaft, S. 203. Jahnel, H., Imhoff, S. 181 beziffert es mit 66.000 Gulden.
1296 Diese Art der Selbstbereicherung war also legal, aber nicht legitim, nicht gerecht, nicht patriotisch; sehr viel geschickter allerdings als ein direkter Griff in die Kasse, wie ihn Nikolaus Muffel, damals Vorderster Losunger, getan hatte. Er wurde von seinem Stell-vertreter, Anton I. Tucher, überführt, zum Tode verurteilt und am 28.02.1469 hingerich-tet. Siehe auch die ausführliche, eindrucksvolle Schilderung und Begründung der Ent-setzung des Anton Tetzel vom Amt des Vordersten Losungers (1514) weil er Ratsge-

Dazu kam, daß die Darlehnsverträge mit der Stadt eine lange Laufzeit hatten und nicht vorzeitig abgelöst werden konnten. Spätere Abschlüsse mit der Stadt schrieben z.t. einen Zinssatz von 10% fest, handelte es sich aber um größere Summen, mußten wegen des angeblich höheren Risikos höhere Zinsen gezahlt werden.

Ob diese Konditionen besondere patriotische Taten des federführenden Endres (I) Imhoff belegen, mag jeder Leser und Historiker selbst entscheiden. Jedenfalls liegt auch die Interpretation sehr nahe, daß es sich um einen Knebelungsvertrag mit Wucherzinsen in einer Notsituation auf Kosten der Kommune und zu seiner eigenen und die seiner Verwandten Bereicherung handelte. Der Standes- und Zeitgenosse Willibald Schlüsselfelder war jedenfalls, wie gleich zu zeigen sein wird, dieser Meinung.

Man könnte rein ökonomisch argumentieren in dem Sinne, daß, hätte Imhoff das Geld nicht der Stadt geliehen, sondern dafür z.B. französische Kronanleihen gekauft, er schließlich diesen Zinssatz auch erhalten hätte, also ihm ein Gewinn entgangen wäre (lucrum cessans), hätte er es der Stadt für z.B. 6% hergegeben. Diesem Argument widerspricht schon die unterschiedliche Anlagesicherheit. Wäre dieses Kalkül wirklich eine realistische Alternative gewesen, so hätte er – vorausgesetzt, die Nachfrage in Frankreich wäre jeweils vorhanden gewesen –, sein Geld in dieser Weise investieren und den Finanzbedarf der Stadt bei potenten Geschäfts- und Privatleuten der Kommune oder auswärtigen und ausländischen Geldgebern zum Zinssatz von 5-6% decken können. Diese Art von Kriegsfinanzierung hätte neben patriotischen Verdiensten auch noch den Effekt gehabt, daß er sich seinen Konkurrenten gegenüber einen Vorteil verschafft hätte. Imhoff wußte, warum er diese Option nicht wählte. Auch die konspirativen Umstände bei der Geschäftsabwicklung sprechen gegen diese Argumentation. Die Darlehnsvergaben an seine Vaterstadt waren gleichermaßen lukrativ und – sicher.

Indem die gemeinwirtschaftlichen Verdienste von Endres (I) Imhoff so einseitig hervorgehoben werden, erklärt man auch die Inhaber der anderen Nürnberger Firmen implizit als wirtschaftlich impotent und/oder zu ‚vaterlandslosen Gesellen'. Dem ersten Punkt widersprach aber Endres (I) Imhoff selbst, als er 1575 im Zuge der Haushaltssanierungsgespräche bemerkte, daß es von den Reichen in der Stadt „*noch eine gute Anzahl*" gebe.[1297] Zur Zeit der Darlehnsaufnahmen hatte es also wohl noch mehr gegeben. So hört es sich jedenfalls an. Diese Reichen wollte er nun durch Hergabe von zinslosen!!! Darlehen zur Deckung der Schulden heranziehen, die durch die hohen Kreditzinsen an die Imhoff und Welser wesentlich verursacht worden waren.

In diesem Zusammenhang muß, wie schon an mehreren Stellen ausgeführt, eine terminologische Unschärfe korrigiert werden. In der Literatur ist oft von

---

1297 BayStaatsAN, Rep. 44e, Losungsamt, Akten, S I, L 115, 7, 13.06.1575.

d e m R a t die Rede, in diesem Falle davon, daß d e r R a t sich bemühte, die hohe Zinsquote herunterzudrücken. Wie ausgeführt, mit bescheidenem Erfolg. Aber wer war der Rat? Endres (I) Imhoff, der Konsortialführer, war aufgrund seiner patrizischen Herkunft und seines Amtes als Losunger Mitglied der ‚Inneren Rats', dem obersten Entscheidungsgremium der Stadt. Es standen sich also bei diesem Geschäft nicht die ‚Öffentliche Hand' auf der einen und die (bürgerlichen) Handelsunternehmer auf der anderen Seite gegenüber, sondern die Handel treibenden Unternehmer innerhalb des Rats und solche unter ihnen, die keinen Handel (mehr) betrieben bzw. sich an diesem Geschäft – der Finanzierung des Markgrafenkrieges auf die beschriebene Art - nicht beteiligen wollten oder nicht beteiligt wurden. Die Quelle ist also ein Beleg dafür, daß innerhalb dieses Gremiums erhebliche Spannungen und gegensätzliche Meinungen bestanden, Endres (I) Imhoff es aber offensichtlich verstand, eine genügend starke Fraktion auf seine Seite zu ziehen und damit den Vertrag unter Dach und Fach zu bringen. Im Jahre 1575 wurde die Hauptursache der hohen Verschuldung mit dem Markgrafenkrieg - und dessen Finanzierung!!! - in Verbindung gebracht. Es heißt in diesem Zusammenhang[1298]: *„So werden sonder Zweifel meine Herren dahin geneigt sein, hinfüro von fremden Leuten das Geld höher nicht dann um vier Prozent aufzunehmen"*.

Der Bundestag veröffentlicht heute ein Weißbuch, damit jeder Bürger sich über mögliche Interessenkonflikte der Abgeordneten ein Bild machen kann, einzuschätzen vermag, inwieweit er als Lobbyist allein partiellen Interessen und nicht dem Allgemeinwohl dient. Damals gab es das nicht. Es bestand aber auch nicht die Notwendigkeit, es war transparent, wer die Macht in Nürnberg auf allen Ebenen ausübte und welche Konflikte sich mit einer Unternehmertätigkeit, der gleichzeitigen Ausübung eines politischen Amtes und der Darlehensvergabe an die Stadt verbinden konnten. Ahnen konnte man mögliche ungerechtfertigte Bereicherungen, aber einen Beweis zu führen, das war unmöglich.

Da das Nürnberger Patriziat, vielfach untereinander verwandt, es seit der Mitte des 13. Jahrhunderts verstanden hatte, die Staatsgewalt immer mehr in ihrer Hand zu konzentrieren und schließlich bis zum Anfang des 19. Jahrhunderts die Macht der Legislativ-, Exekutiv- und Judikativ-Organe[1299] nur durch sie ausgeübt wurde, einige Familien aus ihrem Stand mit großem Umsatzvolumen zumindest bis in den Dreißigjährigen Krieg hinein Handel trieben, drängt sich ge-

---

1298 BayStaatsAN, Rep. 44e, Losungsamt, Akten, S I, L 115, 7, 09.08.1575.

1299 Wie rigoros Nürnberg auf die Einhaltung des juristischen Instanzenweges bestand, mußte Christoph Scheurl erfahren. Als er im Rat keine Unterstützung in einem Rechtsstreit gegen seinen Schuldner Martin Winter erfuhr, weil dort dessen Verwandter, der Ratsherr Michael Behaim, sich schützend vor Walter stellte, wollte er das Reichskammergericht anrufen. Das bekam ihm schlecht. Man setzte ihn massiv unter Druck, wollte von ihm schließlich das Geständnis erpressen, Veit Stoß bei seiner Urkundenfälschung geholfen zu haben. Scheurl gab schließlich sein Appellationsgesuch auf und landete im Turm. – Gärtner, G., Alt-Nürnberg, S. 105. Riedenauer, E., Kaiser-Patriziat.

radezu die Forderung nach einer Untersuchung über die Frage auf, wer von ihren Angehörigen in bestehenden Interessenkonflikten, auch und besonders der Jahre zuvor, zwischen öffentlicher Wohlfahrt und privatem Profit wie gehandelt hat, welche Fraktionen sich innerhalb des Rates bildeten, wie die Entscheidungsprozesse tatsächlich abliefen.[1300] Es ist schon erstaunlich genug, daß eine kleine Schicht von Familien rund 500 Jahren lang die alleinige Herrschaft über die Bürgergemeinde ausübte, fast noch erstaunlicher ist es vielleicht, daß 200 Jahre nach ihrer Entmachtung es keine breitangelegte Studie gibt, die die Patrizierherrschaft unter politischen, soziologischen, sozialpsychologischen und wirtschaftsgeschichtlichen Fragestellungen untersucht. Kritische Studien besonders zur Außenpolitik und Finanzverwaltung gibt es durchaus; es sei nur an die Arbeiten des Julius von Soden (1793), von Hegel (1862), Franz (1930), Riedenauer (1967)[1301] erinnert. Schaut man sich aber die wichtigen und verdienstvollen Beiträge in den Sammelbänden ‚*Beiträge zur Wirtschaftsgeschichte Nürnbergs*' (I+II 1967) und ‚*Nürnberg, Geschichte einer europäischen Stadt*' (1971) an, die sich über das Fachpublikum hinaus an eine breite Leserschaft wenden und ihr Bewußtsein prägen, so sucht man nach diesem Forschungsansatz vergeblich. Indirekt weist zumindest Pfeiffer in seinem Aufsatz über Nürnbergs Selbstverwaltung auf die Notwendigkeit hin, neue Sichtweisen zu eröffnen. Er schreibt[1302]:
„*Diese unvermeidbare Spannung zwischen Herrschaft und Genossenschaft kann bei Beratungen und Entscheidungen des Stadtrats immer wieder fruchtbar werden, wenn der Wille zur Herrschaft durch die Bindung an das Gemeinwohl nicht nur eingeschränkt, sondern auch geadelt und beflügelt wird*".

Kritisch anmerken muß man gleichwohl, daß hinsichtlich dieser vorsichtig reklamierten Aufgabenstellung sein Titel das Selbstverständnis des Inneren Rates nicht adäquat widergibt. Denn es handelte sich zwar um Selbstverwaltung im Sinne der Abwesenheit von Eingriffen bzw. enger Vorgaben anderer Gewalten, etwa von Königen und Kaisern, Äbten, Bischöfen und Fürsten. Gleichwohl haben wir es bei der Patrizierherrschaft n i c h t mit einer S e l b s t verwaltung zu tun, wenn damit, in welcher Form auch immer, die Partizipation der gesamten oder doch weiter Teile der Bürgergemeinde an der politischen Macht gemeint ist, so wie man es bei dem Begriff N ü r n b e r g s *Selbstverwaltung* heute normalerweise assoziiert. Nicht einmal alle Mitglieder des Patriziats kamen für die entscheidenden Machtpositionen in Frage. Unzutreffend ist es auch, von V e r w a l t u n g zu sprechen. Vielmehr handelte es sich um R e g i e r u n g s h a n d e l n einer kleinen Minderheit aus einer exklusiven Schicht auf der legislativen, exe-

---

1300 Andere Fragestellungen wären zu entnehmen: Fehrenbach, E., Adel-Bürgertum, passim.
1301 Soden, J., Nürnbergs Finanzen; Hegel, C., Chroniken-Nürnberg; Franz, E., Nürnberg-Kaiser-Reich; Riedenauer, E., Kaiser-Patriziat.
    Diese Nennungen erheben natürlich keinen Anspruch auf Vollständigkeit. Es wäre im übrigen eine hochinteressante Aufgabe, das Bild der Patrizier(herrschaft) in der (wissenschaftlichen) Literatur zu untersuchen.
1302 Pfeiffer, G., Nürnbergs Selbstverwaltung, S. 227.

kutiven und judikativen Ebene über die Mehrheit der Bevölkerung und des nicht-ratswürdigen Patriziats.[1303]

Es ist also nicht von Nürnbergs Selbstverwaltung zu sprechen, sondern von der Regierung in und über Nürnberg durch Mitglieder des Patriziats wie sie totaler nicht sein konnte.[1304] Für den Untersuchungszeitraum ist der autonome Entscheidungsspielraum des Inneren Rates zum Beispiel ablesbar an seiner Haltung im Schmalkaldischen Krieg, bei dem er trotz massiven Drucks seitens des Kaisers offiziell nicht dessen politische Positionen übernahm und auch nicht die der Mitglieder des Bundes, anders als etwa die Reichsstädte Straßburg, Augsburg, Ulm, die dem Bund beitraten. ‚Geheime Zahlungen' des Rates und/oder Darlehen einzelner Nürnberger Kaufleute an die Parteien sind damit nicht ausgeschlossen.[1305]

Noch nicht geklärt ist die Rolle, die Linhart Tucher, bis 1564 Vorderster Losunger und damit zumindest dem Amte nach entscheidungsmächtigster Vertreter der Stadt, bei diesen überhöhten Darlehnszinsen gespielt hat. Von einer Beteiligung seiner Firma ist bisher nichts bekannt. Vielleicht wurde der erwähn-

---

1303 Damit sind Kooptionen in diesen Kreis nicht ausgeschlossen.

1304 Einen in dieser Hinsicht entscheidenden Schritt weiter führt der Aufsatz von Groebner über Rats- und Familieninteressen in Nürnberg aus dem Jahre 1994. Sein Verdienst besteht vor allen Dingen darin, daß er die in der älteren Forschung immer wieder vertretene, geradezu kanonisierte Auffassung einer in sich festgefügten, harmonischen, sich unablässig und uneigennützig für das Wohl der Allgemeinheit verzehrenden Schicht radikal enttabuisiert hat. Ansätze für eine in dieser Hinsicht realistische Sicht der historischen Realitäten gab es zwar schon vorher, etwa bei Reicke (1896) in seinen Ausführungen über die ‚öffentliche', nicht auf die offizielle Begründung der Hinrichtung von Nikolaus Muffel. Groebner hat aber die Konfliktlinien innerhalb des Patriziats an signifikanten Beispielen auf breiterer Ebene aufgezeigt. Auch Fouquet legt diesen Ansatz in seinem Aufsatz über die Hinrichtung von Niklas Muffel zu Grunde. Zu erwähnen ist hier auch der Aufsatz von Ernst Schubert über die öffentliche Meinung in Franken. Sie alle nahmen damit den Faden von dem Spruchdichter Heinz Übertwerch aus dem 15. Jahrhundert und anderer Chronisten wieder auf, die die Hinrichtung als politischen Mord bewertet hatten.
Die weitere Forschung sollte aber noch einen Schritt weitergehen und auch die Vorstellung von harmonischen Familien und Familienverbänden fallenlassen, wie es in dieser Arbeit versucht wurde. Der Autor muß gestehen, daß ihm die Aufsätze von Groebner und Fouquet erst kurz vor Redaktionsschluß bekannt wurden. Die eigenen Erkentnnisse besonders hinsichtlich der Auseinandersetzungen, Spannungen, Feindschaften zwischen den Allianzmitgliedern bzw. des Gegenspielers der Imhoff und Welser, Willibald Schlüsselfelder, deren Auswirkungen im politischen und Ausprägungen im sozialen Bereich sind dadurch nicht inspiriert worden. - Reicke, E., Nürnberg, S. 447f. Groebner, V., Patrizische Konflikte-Nürnberg, passim. Fouquet, G., Niklas Muffel, passim. Schubert, E., bauerngeschrey, passim.

1305 Kellenbenz, der die gesamte Literatur zum finanzwirtschaftlichen Aspekt gesichtet hat, nennt für Nürnberg keine Zahlen, führt die Kaufleute Franz Schleicher, Hans Furtenbach und Michel Hitzler an. - Kellenbenz, H., Geldbeschaffung-Schmalkaldischer Krieg, S. 23f.
Strengster Geheimhaltung unterlag sicher auch das Darlehen Nürnbergs in Höhe von 200.000 Gulden im Jahre 1619 an die böhmischen Stände. – BayStaatsAN, Rep. 19a, E-Laden, Akten, 435, 1619.

te Widerstand von ihm angeführt, ohne daß er aber genügend Stimmen hinter sich bringen konnte. Oder hatte er die Geschäfte selbst machen wollen, war aber von der Imhoff-Fraktion ausgebootet worden? Man weiß es (noch) nicht. Die Quellenlage kann aber als ausreichend dicht eingeschätzt werden, um Antworten auf diese Fragen erarbeiten zu können. ‚Hausbank' der Stadt Nürnberg jedenfalls wurde in jenen Jahren nach Jahnel die Imhoffgesellschaft[1306]. Unterlagen im Imhoff-Archiv - vor dem Hintergrund der Ausführungen möchte man drei Ausrufezeichen setzen -, sprechen davon, daß die Demission von Tucher „aus Altersmüdigkeit"[1307] geschah.[1308] Sein Nachfolger, Endres (I) Imhoff, stand zu jenem Zeitpunkt allerdings auch schon im 73. Lebensjahr.

Aus welchen Gründen immer er demissionierte[1309], ganz auffällig ist, daß über die Tatsache in der Literatur und in den hier gesichteten Quellen - bis auf die erwähnte Bemerkung im Imhoff-Archiv - nicht die Rede ist. Dabei muß es ein ganz entscheidendes, auch die öffentliche Aufmerksamkeit erregendes Ereignis gewesen sein.

Gewichtige Gründe sprechen – unabhängig von seiner Rolle bei den Finanzierungsmethoden für den Zweiten Markgrafenkrieg - dafür, daß er von der Imhoff-Fraktion entmachtet wurde. Ein vorzeitiges und freiwilliges Ausscheiden aus dem Amt des Vordersten Losungers war ganz und gar unüblich. Wie bei Königen und Fürsten war es eine Position auf Lebenszeit.[1310] So festzustellen bei Endres (I) Imhoff, seinen Nachfolgern Balthasar Derrer, Willibald Schlüsselfelder und den vier anderen Imhoffs[1311] bis zum Ausgang des 17. Jahrhunderts, ebenso bei Anton (I) und (II) Tucher[1312] vor und nach der Wende zum 16. Jahrhundert. „Denn man halts gar für eine große Schmach so einer wider seinen

1306 Jahnel, H., Imhoff, S. 171f.
1307 GNM, Rep. II/74, Imhoff-Archiv, II, Fasz. 212, S. 114d.
1308 Er blieb aber Mitglied des Rates. – Freundliche Auskunft von Herrn Dr. Michael Diefenbacher, Stadtarchiv Nürnberg.
1309 Das Todesjahr 1564 bei Jahnel, H., Imhoff, S. 182, 193 stimmt mit dem bei Schwemmer, W., Mäzenatentum-Tucher, nach S. 32, Grote, L., Tucher, S. 90, Biedermann, J.G., Patriziat-Nürnberg, Tabula CCCCXIX, Tucher, N.N., Tucher, Linhart S. 771, Loose, W., Haushaltbuch, S. 12 (Fn. 6) und Burger, H., Totengeläutbücher, S. 321 (880) nicht überein. Sie alle haben (13.03.) 1568.
1310 Ernst Mummenhoff, ein intimer Kenner der Nürnberger Quellen, nennt für Demissionen vom Amt des Vordersten Losungers die Fälle Rieter und Schlüsselfelder. Im letzten Fall irrt er sich aber. Er schreibt Schlüsselfelder auch für 1582 das Amt des Ersten Losungers zu; das bekleidete er aber erst 1586. Zu den Fällen Rieter (freiwilliger Rücktritt) vom Amt des Vordersten Losungers kommt also der Fall Linhart Tucher (Entmachtung?) hinzu. Hier kann den Spuren leider nicht weiter nachgegangen werden. Die Entsetzung des Anton Tetzel vom Amt des Ersten Losungers wegen Bestechlichkeit und Verrat von Amtsgeheimnissen (1514) und die Hinrichtung des Nikolaus Muffel (1469) sind in diesem Zusammenhang in die Betrachtung einzubeziehen.
1311 Jahnel, H., Imhoff, S. 196.
1312 Anton (I): Losunger 1469, gestorben 26.12.1476, Anton (II): Losunger 1505, gestorben 25.04.1524, - Biedermann, J.G., Patriziat-Nürnberg, Tabula CCCCXVII, CCCCXCIX.

Willen aus dem Rat getan wird".[1313] Als Anton (II) Tucher, obwohl in seinen letzten Lebensjahren gebrechlich und schwach,[1314] Ostern 1524 demissionieren wollte, wurde er vom Rat nachdrücklich gebeten, sein Amt weiterzuführen.[1315] Es war nicht nur eine Schmach, aus dem Amt entfernt zu werden, sondern eine sehr brisante Angelegenheit, dieses freiwillig aufzugeben.

Diese Praxis wird im Jahre 1696 vom Rat selbst bestätigt. Er ließ am 11. Juni dem Vordersten Losunger Paul Albrecht Rieter, der am Anfang des Jahres sein Demissionsgesuch eingereicht hatte, folgende Nachricht nach Kornburg überbringen: „... *ein Rat habe diese ganz unverhoffte und schnelle Abforderung mit um so größerem Befremden vernommen, als beim Nürnberger Regiment kein Exempel würde zu finden sein, daß einer der vordersten Herrn Losunger sich von solchen hohen Ehrenämtern* [gemeint war auch das Schultheißenamt] *abgefordert hätte, und es würde Sr. Herrlichkeit selbst leichtlich und hochvernünftig ermessen, was diese so gefaßte Resolution sowohl bei gemeiner Stadt und Bürgerschaft als auch bei Ausländischen und Fremden für üble und gefährliche Impressiones und nachteilige Konsequenzen kausieren dürfte. Man wolle es auch dahingestellt sein lassen, was sie ihm bei der Nachwelt sowohl als bei seiner eigenen Posterität für einen Nachklang gebären würde*".[1316]

Die Begründung trifft nicht den Kern des Problems. In Wirklichkeit bezog eine derartige Absicht seine Sprengkraft aus anderen Implikationen und befürchteten Reaktionen: Nicht die Reputation des Rücktrittswilligen stand auf dem Spiel, sondern die des Rates.[1317] Anders also als bei Königen und Fürsten m u ß -

---

1313 Zitiert nach Grote, L., Tucher, S. 42. Diese Gewohnheit wird auch zahlreich belegt im Aufsatz von W. Schwemmer, Mäzenatentum-Tucher, passim. Offensichtlich war das nicht nur Brauch bei den Losungern, sondern bei den Inhabern aller Spitzenämter.

1314 Schon am 31.10.1521 berichtete der kursächsische Rat Hans von der Planitz „*Ist Anthones Tucher an den Beinen fast schwach, das er nicht gehen kan, auch ein lange weil nicht gegangen*". Er selbst notiert am 25.02.1523: "*Dem maister Hans barbierer am Hewmarckt für eczlich wasser und salm, auch bei 14 tagen czu mir gangen ist die krecz von mein hennden czu vertreiben dt. ime 2 fl.*" - Wülcker, E., Hans von der Planitz, S. 6. Loose, W., Haushaltbuch, S. 92 (Fn. 4).

1315 Er starb kurze Zeit später, am 27.04.1524. Als erster Tucher wurde er auf dem St. Johannisfriedhof beigesetzt. - Loose, W., Haushaltbuch, S. 4f.

1316 Der Grund für den Rücktritt Rieters war übrigens derselbe wie die Absicht, es zu tun, bei Willibald Schlüsselfelder 1582: die zerrütteten Staatsfinanzen. Seine finanzwirtschaftlichen Reformvorschläge hatte Rieter nicht durchsetzen können, war ihretwegen sogar von Karl Benedikt Nützel persönlich angegriffen worden. - Mummenhoff, E., Paul Albrecht Rieter, passim.

1317 Daß der Rücktritt freiwillig erfolgt war, wäre im Fall Rieter für die Öffentlichkeit nachvollziehbar gewesen, hätte er seine Ankündigung realisiert, sie publik zu machen und wohl auch zu begründen. Das wollte der Rat unter allen Umständen verhindern. Seine Repressionen und Intrigen sind bei Mummenhoff eindrucksvoll geschildert. Der Fall bekam vollends die Dimension des Extraordinären, weil gleichzeitig sein Sohn Christoph Albrecht das Amt eines jüngeren Bürgermeisters und Vorsitzenden des Rugamtes niederlegte. Die Bürger assoziierten: „Da stinkt etwas im Staate Nürnberg". Der Rat wußte darum und mußte seiner Interessen wegen hart gegensteuern. Man befürchtete öffentliche Aufstände und Umsturzversuche vor allen Dingen dann, wenn sich die Geist-

t e n die Mitglieder des Inneren Rats ihr Amt bis zum Lebensende behalten, ob sie wollten oder nicht, unabhängig auch davon, ob sie dazu noch fähig waren oder nicht. Von ganz wenigen Ausnahmen abgesehen war es offensichtlich so, daß der Oberste Losunger eher durch neue Klientelbeziehungen innerhalb des

---

lichkeit an die Spitze der Bewegung setzen und von der Kanzel aus die politischen und wirtschaftlichen Mißstände anprangern würden. Die Anweisung an die Kirchenpfleger lautete deshalb, daß sie die Prediger anbefehlen sollten *„in dieser Sache etwas auf der Kanzel vorzubringen, sich wohl in acht zu nehmen, auch die Diakonen verwarnt werden, damit nicht etwa durch Uebereilung eine Angelegenheit erweckt oder die Gemeinde zu ungereimten Vorbildungen gebracht werde".* An anderer Stelle formulierten sie das Ziel ihrer Maßnahmen: *„... damit das hiesige löbliche Stadtregiment noch länger erhalten und gerettet werden könne".* Sie bewerteten also die Gefahr, von den Schalthebeln der Macht entfernt zu werden als groß, schätzten das Vertrauen der Öffentlichkeit in ihre Amtsführung als gering oder nicht vorhanden ein und instrumentalisierten die Geistlichen für ihre Zwecke. Der Rat war Gefangener seiner nicht-transparenten und schlechten Amtsführung geworden. So schätzte man die Lage auch in Wien ein, wohin der Rat sich im Fall Rieter gewandt hatte. Dort sagte man dem Ratsbeauftragten Dr. Hochmann, *„daß im Rat eine große Widerwärtigkeit entstehe, welche, wenn nicht zeitig vorgebeugt werde, nicht allein den Rat, sondern auch das ganze Patriziat über den Haufen werfen könne".* Der Superintendent aus Sulzbach sagte zu Gustav Georg Tetzel: *„ ... daß das Regiment in eine Zerrüttung geraten"* sei. Schließlich machen die Fälle Schlüsselfelder (man befürchtete damals die Savanarola-Aufrufe des Predigers Schellhammer) und Rieter auch deutlich, warum der Rat jahrzehntelang so eifrig bestrebt war, die Kirchenhoheit in seinem Territorium zu erringen: Sie wollten durch die Besetzung der geistlichen Ämter mit Vertrauenspersonen und der Möglichkeit von Disziplinierungsmaßnahmen diese Flanke zur Stabilisierung ihrer politischen Herrschaft absichern. Durchgängig einfach scheint es nicht gewesen zu sein. Auf diesem Hintergrund wirkt die Begründung für die Erlangung der Kirchenhoheit von Chr. v. Imhoff (1975) *„damit es da gerecht zugehe wie im Rathaus"* nicht sehr überzeugend.
Daß die Macht des Patriziats nicht durch einen Aufstand von unten, sondern durch Regierungshandeln von oben beendet wurde, ist den Zeitgenossen bekannt.
Wie gering das Vertrauen der Öffentlichkeit in die Amtsführung des Inneren Rates über weite Zeitstrecken war, erhellt auch daraus, daß die Anteilnahme der Bevölkerung dem zum Tode verurteilten und schließlich am 28.02.1469 gehenkten Nikolaus Muffel galt, nicht seinen Standesgenossen, die ihn verurteilt hatten, obwohl Muffel sich der Unterschlagung öffentlicher Gelder schuldig gemacht und sich auch schuldig bekannt hatte. H.H. Imhoff schreibt in seinem Geheimbüchlein, fol. 7, daß Muffel später sein Schuldbekenntnis revocirt hätte, die Schöffen im Lochgefängnis, Hans Imhoff und Niklas Groß, aber beeidigt hätten, daß das Geständnis nicht unter Folter erzwungen worden war. Die Anklage wurde von der Bevölkerung *„als ein einziges Lügengewerbe hingestellt, das der Haß und der Neid der übrigen Ratsherren ersonnen hätte, um einen mächtigen Mann zu Fall zu bringen und sich an seine Stelle zu setzen".* Reicke führt weiter aus: *„Daß angesichts einer so klar erwiesenen Thatsache, wie es die Schuld Muffels war, doch der Verdacht eines Justizmordes gegen den Rat nicht nur heimlich und im Stillen, sondern laut auf offener Straße erhoben werden konnte, erklärt sich neben den anderen ... leicht aus den Gebrechen der damaligen Justiz. Es war nicht allein die Folter, die in diesem, wie in vielen anderen Fällen nur zu leicht den Glauben an ein erzwungenes Geständnis der Gemarterten aufkommen ließ, es war vornehmlich auch der Umstand, daß die Rechtsprechung hinter verschlossenen Thüren stattfand und daß dieselben Ratsherrn, die als Kläger gegen den Angeschuldigten auftraten, auch zugleich seine Richter waren".* - Reicke, E., Nürnberg, S. 447f. Mummenhoff, E., Paul Albrecht Rieter, passim. Müller, J., Finanzpolitik-Nürnberg, S. 48 (Fn. 1). Imhoff, Chr.v., Kirche der Bürger, S. 8f.

Inneren Rats neutralisiert als daß er abgewählt wurde. Nach außen hin sollte das Bild einer geschlossenen und entschlossenen Führungsriege unter allen Umständen erhalten bleiben. Besonders deutlich wird das durch die Reaktionen des Inneren Rates auf das eben erwähnte Demissionsgesuch und den tatsächlich vollzogenen Rücktritt von Paul Albrecht Rieter im Jahre 1696[1318] wegen des Finanzgebarens seiner Kollegen. Vielleicht sagt dieser Führungsgrundsatz mehr als viele andere Tatsachen etwas aus über die Verankerung des Patriziats innerhalb der Bevölkerung. Um es vorweg zu nehmen, auch die anfängliche Weigerung von Willibald Schlüsselfelder, hohe städtische Ämter zu übernehmen, hing mit dem Finanzgebaren einiger seiner Kollegen zusammen.

Aufgrund des hier herangezogenen Quellenmaterials kann die Frage des Machtwechsels von Linhart Tucher zu Endres (I) Imhoff nicht zweifelsfrei beantwortet werden, können nur Hypothesen aufgestellt werden. Eine Abwahl würde jedenfalls die verschärften Auseinandersetzungen innerhalb der Nürnberger Allianz noch plausibler erscheinen lassen. Diese sind daraus zu erschließen, daß sich die Tucher an der folgenden harten Konfrontation der Imhoff/Welser mit den Italienern zunächst, wie es scheint, nur zögerlich beteiligten, dann ihre Unterschriften auf deren Eingaben nicht mehr zu finden sind.

Die Jahre um 1564[1319] markieren so in mindestens dreifacher Hinsicht eine Zäsur. Erstes wurde in jener Zeit der verstärkte Konkurrenzdruck der Italiener auf heimischem Boden massiv spürbar. Dieser führte, zweitens, zu einer grundsätzlichen wirtschaftspolitischen Diskussion im Rat und bei der Kaufmannschaft insgesamt, und drittens wurde die ‚Ära' der Tucher von der ‚Ära' der Imhoff abgelöst, freilich mit Unterbrechungen durch Vertreter anderer Häuser.

1318 Die Rieter scheinen sich mit dem Rat des öfteren angelegt zu haben. So hatte sich 1627 Niclaus Albrecht Rieter geweigert, mit Paulus Harsdörfer zusammen Christoph Löffelholz und Magdalena Fürer auf das Hochzeitsbüchlein zu examinieren, angeblich deshalb, weil Harsdörfer ihm bei der Ratswahl vorgezogen worden war. Georg Baumgartner und Georg Abraham Pömer hatten das nicht akzeptieren wollen und ihm durch einen Ratsverlaß (20.08.1627) eine scharfe Rüge erteilt. Die Reputation des Rates und der Wähler hatte mal wieder gelitten. Dieser Vorfall steht möglicherweise in einem engen Zusammenhang mit der Abwahl von Lukas Friedrich Behaim aus dem Rat und die Vergabe seines Amtes an jenen Paulus Harsdörfer. Die Personenidentität, die Zeit und auch die Tatsache, daß sich der Ratsverlaß gegen Rieter im Nachlaß von Behaim findet, legt diese Vermutung nahe. Behaim beklagte sich bitter und nachhaltig darüber, daß er dadurch Schaden, Schande, Schimpf erlitten habe und dem Gespött der Leute ausgesetzt worden sei. Die Empfehlung des Rates, er solle sich damit trösten, daß dies auch schon anderen passiert sei und er auf bessere Zeiten hoffen möge, empfand er als zynisch. Das „Ratsbüchlein" berichte von vergleichbaren Fällen, widersprach er. Man könne ihm nichts vorwerfen, er habe der Stadt 13 Jahre lang treu gedient und werde nun öffentlich an den Pranger gestellt, denn die Tatsache blieb nicht, wie üblich, „in verschlossener Ratsstube", sondern wurde öffentlich gemacht. Die Hintergründe sind nicht bekannt. - Mummenhoff, E., Paul Albrecht Rieter, passim. GNM, Rep. II/67, Behaim-Archiv, Fasz. 174.

1319 Grote, L., Tucher, S. 53 hat als Zeitpunkt seiner Demission irrtümlich 1560.

Auch aus diesem Blickwinkel heraus sind die Ausführungen durchaus sehr themenrelevant.

3.12.2. Endres (I) Imhoff - Zollpolitik

Endres (I) Imhoff, als Erster Losunger der Stadt mit der größten Machtfülle ausgestattet, verhielt sich bei der Frage, ob den Augsburger Welsern weiterhin Zollprivilegien gewährt werden sollten, zunächst vorsichtig bedeckt, gewährte sie ihnen dann aber mit dem Hinweis auf die lang praktizierte Rechtswirklichkeit und den großen Warenmengen, die während und – hier entscheidend - v o r der Messe von ihnen nach Nürnberg geführt würden. Wenn aber, so muß eingewandt werden, die Importquote vor der eigentlichen ‚Freiung' bedeutend war, dann auch der Zollausfall in Folge der Sonderbehandlung, der ‚Lüftung', und dies natürlich besonders dann, wenn diese Praxis offensichtlich schon so lange geübt wurde, daß die Augsburger Welser ihre Ansprüche auf ein Gewohnheitsrecht glaubten stützen zu können. Ein Finanzminister, der ohne überzeugende Argumente und Bemühungen auf eine nennenswerte Einkommensquelle verzichtet, bei einer so angespannten Finanzlage zumal, und das auch noch aufgrund eines Gesetzesmißbrauchs, der also ‚dem Staat nicht gibt, was des Staates ist', muß nicht auch noch als Lichtgestalt porträtiert werden. Steht diese Privilegierung im Zusammenhang mit den eben erwähnten Darlehnsverträgen? War Endres (I) Imhoff erpreßbar geworden?

Als Meinungsführer innerhalb des Rates hätte er sich für die Abschaffung der Privilegien eines einzelnen Unternehmens einsetzen müssen,[1320] und zwar nicht erst zum Diskussionszeitpunkt, sondern schon vorher dem Recht Geltung verschaffen oder aber aus Gründen der Rechtsgleichheit das Gesetz ändern müssen. Aufgrund seines Amtes, der Sachlage und der Stimmung im Rat wären dazu nicht einmal große Überzeugungskraft und robustes Durchsetzungsvermögen vonnöten gewesen. Der ältere Imhoff wurde unterstützt von seinem Sohn Endres (II) Imhoff, der eindeutig für die Beibehaltung der bisherigen exklusiven Regelung, also der Zollbefreiung für die Welser war.

3.12.3. Endres (I) Imhoff - Lorenz Meder

Kein eindeutiger Beleg für den hier vorgenommenen Korrekturversuch an den Verdiensten um das Allgemeinwohl und die Attraktivität des Standortes Nürnberg von Endres (I) Imhoff, aber doch ein wichtiger Hinweis darauf, daß er nicht immer der uneigennützige, sich für das Gemeinwohl einsetzende Losunger war, der bei seinem Tode *„allseits betrauert wurde"*, ist folgende Tatsache. Lorenz Meder publizierte 1558 sein Handelsbuch und war stolz darauf, damit Neuland zu betreten, weil er Kenntnis gab von *„derer verborgenen künsten so biß-hero, noch nie an den tag kommen, und von niemands biß auf diese stund, kler-*

1320 Klaveren, J.v., Korruption, S. 318f.

land zu betreten, weil er Kenntnis gab von „*derer verborgenen künsten so biß-hero, noch nie an den tag kommen, und von niemands biß auf diese stund, kler-lich durch den truck an den tag gegeben worden sein*". In seinem Vorwort schreibt er weiter: „*Und ob aber solch mein vorhaben mir etliche nicht zum be-sten und freundlichsten deuten und außlegen würden, welcher heimligkeyten und vortheylen hierdurch offenbaret, meniglich bekandt werden, muß ich doch es Gott befelhen, und solches wenigen ungonst neben höchsten undanck, gegen vi-ler andern gonst neben höchstem danck, seines worts bleiben lassen, auch diß falß mehr denn viler allgemeinen, dann etlicher wenigen eignen nutz ansehen*".

Daß Meder mit seinem Buch in den hier interessierenden Kreisen und Per-sonen durchaus Resonanz fand, beweist die Tatsache, daß eins der wenigen überkommenen Originalexemplare als das Buch der Nürnberger Welser identifi-ziert werden konnte, mit ausführlichen Nachträgen des Hans Welser.[1321]

Lorenz Meder war eine Zeitlang bei der Firma Imhoff beschäftigt.[1322] Es besteht kein Zweifel, daß er aufgrund seiner intimen Kenntnisse der nationalen und internationalen Handelsbräuche dort die Position des Finanzbuchhalters ausübte, wie wir heute sagen würden, vergleichbar vielleicht mit der Position von Matthäus Schwarz bei den Fuggern.[1323] Meder war es dann zu jener Zeit, als die ersten der eben genannten Darlehnsgeschäfte während und nach dem Zwei-ten Markgrafenkrieg abgewickelt wurden. Die Verträge müssen also bei ihm auf dem Tisch gelandet sein. Er hätte folglich detailliert zu der hier angeschnittenen Frage Auskunft geben können. In seinem Buch tat er es aus verständlichen Gründen nur in einer ganz allgemeinen Form. Sich gegen die mächtigen Imhoff aufzulehnen, Geschäftsgeheimnisse preiszugeben, auf eine mögliche Bereiche-rung der Firma auf Kosten der Staatskasse hinzuweisen, das wäre ihm wohl schlecht bekommen, auch dann, wenn er gerichtsverwertbare Dokumente in der Hand gehabt hätte. Selbst ‚Rats-Mitverwandte' und Fachdeputierte hielten es bisweilen bei ihren Gutachten, die den Intentionen des mächtigen Imhoff zuwi-derliefen, für notwendig, ihre Informanten geheim zu halten, weil sie offensicht-lich Repressionen für sie fürchteten. Aus der jahrelangen Diskussion im Rat ist zu erkennen, von welch einschüchternder Dominanz Endres (I) Imhoff selbst für seine Kollegen war.

Bemerkenswerter Weise jedenfalls widmet Meder das Buch nicht seinem früheren Arbeitgeber, wie Schultheiß[1324] fälschlich behauptet, auch nicht ihm

---

1321 Kellenbenz, H., Meder'sches Handelsbuch, S. 75.
1322 GNM, Rep. II/74, Imhoff-Archiv, II, Fasz. 212, S. 114f.; Rep. II/67, Behaim-Archiv, Fasz. 25. Kellenbenz, H., Meder'sches Handelsbuch, S. 4. Jahnel, H., Imhoff, S. 159f., erwähnt ihn allerdings nicht. Vielleicht wurde Paulus (I) Behaim sein Nachfolger.
1323 Weitnauer, A., Musterbuchhaltung-Schwarz, passim.
1324 Schultheiß, W., Andreas I. Imhoff, passim.

und einem anderen Zeitgenossen zugleich, sondern alleine „*Dem erbarn*[1325] *und ehrnvhesten Bonaventure Fortebach* ...".[1326] Was Meder dazu veranlaßt hat, dieses außergewöhnliche Werk nicht einem außergewöhnlichen Menschen - so zeichnen ihn ja die Historiker -, den er aus nächster Nähe kannte, für den er gearbeitet hatte und, folgen wir einer Quelle aus dem Imhoff-Archiv, auf dessen Anregung hin er es geschrieben hatte,[1327] zu dezidieren, wissen wir nicht; aber so weit hergeholt scheint die Vermutung nicht zu sein, daß es ein Affront gegen Imhoff war. Ob und in welchem Maße dieser Schritt diktiert wurde von Auseinandersetzungen zwischen Endres (I) Imhoff und Bonaventura Furtenbach kann nur vermutet werden. Im Jahre 1549, also kurz vor dem Zweiten Markgrafenkrieg, lieh Furtenbach jedenfalls Markgraf Albrecht Alcibiades, dem Erzfeind Nürnbergs und der Imhoff, des Patriziats überhaupt, 14.000 Gulden gegen die Verpfändung der Ämter Erlangen und Baiersdorf.[1328] Waren die Imhoff und Furtenbach sich hier in die Quere gekommen? Entgegen der offiziellen politischen Linie Nürnbergs hatte das Haus Furtenbach den Schmalkaldischen Bundesständen schon vorher ein Darlehen von 22.000 Gulden gewährt.[1329] Durch ihre Finanzgeschäfte während des Krieges g e g e n Alcibiades konnten aber auch die Imhoff satte Gewinne eingefahren.[1330]

3.12.4. Endres (I) Imhoff - Willibald Schlüsselfelder

Lassen wir noch eine Quelle sprechen, die den Vorzug hat, sich nicht im Bereich einer quasi-logischen Assoziation, einer, wie es manchem Leser scheinen mag, gewagten Hermeneutik zu bewegen, sondern die Aussage eines kompetenten Zeitgenossen festhält.[1331]

1325 Nach den Ausführungen von Schultheiß, W., Geld-, Finanzgeschäfte, S. 107f., warf man ihm allerdings skupellose Geschäftsmethoden vor. Ein Kurzporträt bei Häberlein, M., Brüder-Freunde-Betrüger, S. 224ff.
1326 Bonaventura (I) Furtenbach aus Feldkirchen war 1522 Nürnberger Bürger geworden. An Losung wurden ihm 100 Gulden grober Münz auferlegt. Er starb vor dem 10.02.1556, damit auch vor der Publikation des Buches von Meder. Schultheiß, W., Geld-, Finanzgeschäfte, S. 109, hat als Todesdatum irrtümlich 1564. Sein Sohn Paulus Furtenbach verheiratete sich in Augsburg mit Katharina Sailer und verlegte 1556 dorthin auch seinen Wohn- und Geschäftssitz. – BayStaatsAN, Rep. 60e, Geheime Verlässe der Herren Älteren, 1, fol. 15, 11.03.1555; fol. 19, 10.02.1556.
1327 Nach dem Vorwort von Meder und bei Kenntnis einiger Charakterzüge von Imhoff kommen allerdings Zweifel auf, ob Imhoff ihn dazu wirklich angeregt hat; wenn doch, ist ein mögliches Zerwürfnis danach zu datieren. - GNM, Rep. II/74, Imhoff-Archiv, II, Fasz. 212, S. 114f. Kellenbenz, H., Meder'sches Handelsbuch, S. 4.
1328 Schultheiß, W., Geld-, Finanzgeschäfte, S. 107.
1329 Häberlein, M., Brüder-Freunde-Betrüger, S. 226. Kellenbenz, H., Geldbeschaffung-Schmalkaldischer Krieg, S. 23f.
1330 Müller, J., Endres Imhoff, S. 20.
1331 Müller, J., Finanzpolitik, S. 46ff.

Am 08.09.1575 wurde Willibald Schlüsselfelder[1332] in das Kollegium der Herren Älteren, dem innersten Entscheidungszirkel, gewählt. Als solcher wurde er mit der Aufgabe betraut, eine Ausführungsverordnung zur Erhöhung des Getreideaufschlags auszuarbeiten. Der Rat hatte sich nach langen und kontroversen Beratungen zu einer Anhebung entschlossen.[1333] In ähnlicher Funktion war Schlüsselfelder schon bei der Ungeld- und der Losungserhöhung tätig gewesen. Das weist ihn als anerkannte Kapazität in Wirtschaftsfragen aus. Diesmal weigerte er sich aber beharrlich, seine Dienste zur Verfügung zu stellen. Er fühlte sich, nach Müller,[1334] von den anderen Kollegen, besonders von Philipp Geuder und Endres (II) Imhoff benutzt und vorgeschoben in der Absicht, den zu erwartenden Zorn der Öffentlichkeit auf ihn zu lenken. Diese Begründung greift sicher zu kurz und ist hinsichtlich der Motivation von Geuder wohl auch unzutreffend, denn es heißt in der Quelle ausdrücklich „*dieweil er Herr Geuder mit ernannten Herrn Schlüsselfelder in sonderm Vertrauen steht*".[1335] Außerdem waren Geuder und Imhoff selbst vom Rat für diese Aufgabe deputiert worden.[1336] Bei Imhoff mag diese Absicht eine Rolle gespielt haben, da er noch nicht dem Inneren Rat angehörte, also nicht unmittelbar zur Zielscheibe des öffentlichen Zorns werden würde. Vielleicht eine Möglichkeit, den ungeliebten Schlüsselfelder in der Öffentlichkeit zu diskreditieren. Der Hinweis auf das besondere Vertrauensverhältnis Schüsselfelder-Geuder bedeutet im Umkehrschluß auch, daß dies nicht unter allen Mitgliedern des Inneren Rates gegeben war.

Die tieferen Gründe für seine Weigerung, sich die „*gehässige und feindselige Sache auf den Hals laden*", das „*dicke Brettlein bohren*" zu lassen, lagen in der Schwere der Aufgabe, ja, folgen wir Schlüsselfelder selbst, in der Unmöglichkeit, dadurch den Schuldenberg je abbauen zu können und in den sozialen Auswirkungen von Belastungserhöhungen für breite Bevölkerungsschichten.[1337] Obwohl seit langem in Wirtschaftsfragen gutachterlich tätig,[1338] hatte er doch erst vor kurzer Zeit vollen Einblick in die Finanzsituation der Stadt bekommen. Er sehe das Verderben der Stadt voraus und bezweifle, ob dieses Regiment sich

---

1332 Die Schlüsselfelder stammten aus Schlüsselfeld, das später in den Besitz der Fürstbischöfe von Würzburg kam. Von da aus gingen sie nach Bamberg und kamen Ende des 14. Jahrhunderts nach Nürnberg, wo sie seit 1536 zu den ratsfähigen Geschlechtern gehörten. Ein Zweig wanderte nach Leipzig, ein anderer nach Polen aus; 1709 starb die Nürnberger Linie aus. Für die zweite Hälfte des 15. Jahrhunderts fungierte ein Wilhelm Schlüsselfelder in Nürnberg als Faktor Rothenburger Wollhändler. – Biedermann, J.G., Patriziat-Nürnberg, Tabula DCXVIII. Waldau, G.E., Geschichte-Nürnberg, S. 340ff. Friedrich, G., Bibliographie-Patriziat, S. VII. Fischer, G., Leipziger Handelsgeschichte, S. 104ff., 487. Haller v. Hallerstein, H., Bürger vom Rat, S. 420. Lochner, G.W.K., Vorzeit-Gegenwart, S. 121. Schnurr, L., Rothenburger Kaufleute, passim.
1333 BayStaatsAN, Rep. 44e, Losungsamt, Akten, S I, L 115, 7, 24.08.1575.
1334 Müller, J., Finanzpolitik, S. 46f.
1335 BayStaatsAN, Rep. 60d, Verlässe der Herren Älteren, 6, fol. 177, 30.12.1575.
1336 BayStaatsAN, Rep. 60d, Verlässe der Herren Älteren, 6, fol. 174f., 29.12.1575.
1337 BayStaatsAN, Rep. 60d, Verlässe der Herren Älteren, 6, fol. 176, 30.12.1575.
1338 Als Beispiel: BayStaatsAN, Rep. 19a, E-Laden, Akten, 6, 1571.

auf Dauer würde halten können, ließ er seine Ratskollegen wissen. Er lehnte die Aufgabe auch dann noch ab, als Balthasar Derrer und Sebald Haller in sein Haus kamen und ihn an seine Amtspflichten erinnerten.

Mehr noch als die Höhe der Schulden waren es aber die Gründe für die Zerrüttung der öffentlichen Finanzen, die ihn vor Zorn erbeben ließen. Er erhob den schwerwiegenden Vorwurf, daß man die Stadt mit *„großen entsetzlichen Schulden"* belege, im Rat das Geld unachtsam hinausschleudere und bisher *„ungetreue Leute"* zu Verwaltern der städtischen Einnahmen bestellt habe. Gegen keinen von ihnen sei trotz eindeutiger Beweislage vorgegangen worden.[1339] Im thematischen Zusammenhang ist es wichtig festzustellen, daß er die desolate Finanzlage Nürnbergs nicht auf die italienischen Firmen in Nürnberg zurückführte, wie es die Imhoff und Welser taten. Bei diesen Ausführungen ist es ebenso erforderlich, die Frage nicht zu vergessen, inwieweit dieser Schuldenberg und die damit verbundene erhöhte Steuerlast Auswirkungen auf das Investitionsverhalten der privaten Unternehmer sowie der öffentlichen Hand, die Konsumnachfrage der Bevölkerung insgesamt hatte, mit anderen Worten: Welche Wachstumsfesseln gingen davon für den Standort Nürnberg aus? War die Wachstumsrate trotzdem positiv, dann umso bemerkenswerter.

Aus drei Umständen, ex silentio, werden die Vorwürfe von Schlüsselfelder unwiderlegbar erhärtet.

Erstens. Die Herren Älteren Derrer und Haller erinnerten ihn an seine Amtspflichten, wiesen ihn auf die treuen Dienste hin, die sein Vater als erstes Mitglied der Familie im Inneren Rat der Stadt geleistet hatte, malten das Schreckgespenst eines Reputationsverlustes des Rates an die Wand, sollten seine Anschuldigungen einer breiten Öffentlichkeit bekannt werden. Aber: Sie widersprachen ihm nicht inhaltlich!

Zweitens. Willibald Schlüsselfelder wurde nicht seines Amtes enthoben, nicht verurteilt, nicht hingerichtet. Das wäre aber zweifellos der Fall gewesen, hätten sich seine Anschuldigungen als unhaltbar erwiesen. Ihm wurden Strafen angedroht, weil er sich weigerte, die ihm auferlegten Dienste zu erfüllen, nicht aber wegen übler Nachrede, Verleumdung etc.

Drittens. Man forderte ihn dringend auf, seine Kompetenz vor allem in der Wirtschaftspolitik weiter einzubringen, was er schließlich auch tat. Er wurde später zunächst Zweiter, dann nach dem Tode von Balthasar Derrer 1586 sogar Erster Losunger,[1340] bekleidete damit die höchste politische Position, die die Stadt zu vergeben hatte. Im Gegensatz zu Endres (I) Imhoff klebte er nicht an seinem Posten, denn er bat 1582, ihn von dem schweren Amt des Zweiten Losungers zu entbinden, ließ sich aber wieder in die Pflicht nehmen.[1341]

1339 BayStaatsAN, Rep.60d, Verlässe der Herren Älteren, 6, fol. 176, 30.12.1575.
1340 Biedermann, J.G., Patriziat-Nürnberg, Tabula DCXXII.A.
1341 BayStaatsAN, Rep. 60e, Geheime Verlässe der Herren Älteren, 1, fol. 52-56 (Einband), 03.04.1582: Schlüsselfelder ist seit *„dritthalb Jahren"* Losunger, also seit Ende 1580. Er

Ein geschickter Schachzug seiner Kontrahenten: Sie neutralisierten Schlüsselfelder durch Amtsvergabe und Amtspflichten. Je länger er hohe Ämter bekleidete, je geringer war die Gefahr, daß er sich seinem Schweigegebot nicht mehr verpflichtet fühlen, sein Insider-Wissen an die Bevölkerung weitergeben würde, wollte er nicht selbst in den Kreis der Verdächtigen geraten. Möglicherweise hätte er zu anderen Zeiten trotz ‚eindeutiger Beweislage' dennoch harte Sanktionen zu erwarten gehabt. Durch die zahlreichen Steuer- und Gebührenerhöhungen der letzten Jahre müssen wir aber die Stimmung in der Öffentlichkeit als so explosiv einschätzen, daß der Rat es nicht zu einer Konfrontation mit der Bürgerschaft kommen lassen wollte. Nehmen wir die Erregung Schlüsselfelders zum Maßstab, verfolgen die hitzigen Etatberatungen, dann dürfen wir von davon ausgehen, daß es nicht bei einem „bauerngeschrey"[1342] geblieben wäre, hätte die Öffentlichkeit von der Höhe und den Gründen der Verschuldung erfahren, sondern es möglicherweise zu einem politischen Umsturz gekommen wäre. Diese gesamtpolitische Situation war also auch ein gewisser Schutzmantel für Schlüsselfelder.

Schlüsselfelder befand sich in einem fundamentalen und klassischen Konflikt zwischen Amtstreue und Standesloyalität auf der einen, Gerechtigkeitssinn und Vaterlandsliebe auf der anderen Seite. Er hoffte offensichtlich, durch seine weitere Mitarbeit den Schaden begrenzen, für die Zukunft Schlimmeres verhindern zu können und wußte, daß das Machtmonopol des Patriziats mit großer Wahrscheinlichkeit auf Dauer ihr Ende finden würde, ginge er mit seinem Wissen an die Öffentlichkeit.

Wen konnte er mit seinen fundamentalen Vorwürfen konkret gemeint haben? Namen nannte Schlüsselfelder jetzt nicht, später nur indirekt. Wir werden im Zusammenhang mit dem Antrag von Endres (II) Imhoff auf Steuernachlaß im 4. Kapitel darauf zurückkommen. Wer aber auch nur oberflächliche Kenntnisse von der Finanzverwaltung Nürnbergs der damaligen Zeit hat, bei der der ganze Etat den Geheimstatus eines Reptilienfonds[1343] hatte, der kann nur an die verantwortlichen Losunger denken.

Zweiter Losunger seit 1544 war Endres (I) Imhoff,[1344] Erster Losunger seit 1564 Endres (I) Imhoff. „Nichts geschah in den 56 Jahren, da er im Rate saß, in

---

bittet um Entlassung aus seinem Amt. „... Jetzt aber fallen so hohe und wichtige Sachen vor, dessen ich mich in meinem Gewissen in höchstem beschwert finde", lautete seine Begründung. - Vgl. auch: Mummenhoff, E., Reichsstadt Nürnberg, S. 26.

1342 Vgl. dazu: Schubert, E., bauerngeschrey, passim.

1343 Der Grundsatz der Öffentlichkeit galt, wie es scheint, selbst im Inneren Rat nur eingeschränkt. - Ehrlicher, W., Finanzwissenschaft, S. 301. Vgl.: Schönberg, L., Finanzhaushalt, S. 196.

1344 GNM, Rep. II/74, Imhoff-Archiv, I, Fasz. 46,3.

Nürnberg ohne sein Mitwissen",[1345] wie ein Familiennachkomme in diesen Tagen (1975) bemerkte.

Sebald Haller muß sich also von Schlüsselfelder persönlich angesprochen gefühlt haben, denn zu jenem Zeitpunkt saß er bereits 10 Jahre als Zweiter Losunger an den Schalthebeln der Macht.[1346] Man muß abwarten, zu welchen Ergebnissen die weitere Forschung kommen wird.

Welche Schuldtatbestände konnte Schlüsselfelder im Auge gehabt haben?

Bei dem Wort *„unachtsam"* mag man noch an mangelnden Sachverstand denken, an vielleicht übertriebene Ausgaben für Repräsentation, verfehlte Bauinvestitionen, an ungenügender Vorsorge, an fehlende Rücklagen und Rückstellungen etc. Es beinhalt durchaus eine gewisse Bandbreite unterschiedlicher Bewertungsmöglichkeiten. Der Interpretationsrahmen *„ungetreu"* dagegen ist eng, besonders dann, wenn der Vorwurf von einem kompetenten Insider erhoben wurde, der außerdem noch demselben Stand angehörte. Damit assoziiert man Vorteilsannahme im Amt, aktive und passive Bestechung, Unterschlagung, Plünderung der Staatskasse, Knebelungsverträge zu Lasten der Allgemeinheit etc.

Um welche Summen handelte es sich? Ebenso wie die Namen nennt Schlüsselfelder sie nicht. (Es sei in diesem Zusammenhang auf die obigen Überschlagsrechnungen unter dem Punkt Zinsendienst aufgrund des Zweiten Markgrafenkrieges 1552-1553 verwiesen.) Wenn die Intensität seiner Erregung ein Maßstab für die veruntreuten Beträge war, dann muß es sich um ganz erhebliche Summen gehandelt haben. Lieber würde er sich in den Turm sperren, in Beugehaft nehmen lassen oder gar ins Gefängnis wandern, bevor er sich zu diesem Werk mißbrauchen lasse. Er sei so betrübt, daß er weder essen noch schlafen könne, bete zu Gott, daß man ihm diese Aufgabe erlasse, sagte er zu Sebald Haller und Balthasar Derrer.[1347]

Johannes Müller, der ein so überaus positives und ungetrübtes Bild besonders von Endres (I) Imhoff zeichnet[1348] - sorgender Familienvater, welterfahren, geschäftstüchtig, uneigennütziger Diener des Allgemeinwohls - zieht diese, auch ihm bekannte Quelle, befremdlicherweise nicht in seine Charakterisierung ein. Die Aussagen von Willibald Schlüsselfelder nähren jedenfalls den Verdacht, daß die Förderung des bonum publicum unter Hintansetzung der persönlichen Vorteile nicht immer oberste Richtschnur aller Ratsmitglieder gewesen zu sein

---

1345 Imhoff, Chr.v., Imhoff, S. 32. Diese Formulierung stammt ursprünglich von Müller (1908), wurde dann von Bub (1930) übernommen. Beide zitiert Imhoff in diesem Zusammenhang nicht. - Imhoff, Chr.v., Imhoff, S. 32. Bub, G., Nürnberger Familien, S. 105. Müller, J., Endres Imhof, S. 7.
1346 StadtbN, Chronik der Stadt Nürnberg, fol. 110f.
1347 BayStaatsAN, Rep.60d, Verlässe der Herren Älteren, 6, fol. 174ff., 29.12.1575-02.01.1576.
1348 Müller, J., Finanzpolitik, S. 31; Endres Imhof der Ältere, passim.

scheint. Wenn die Epitheta ornantia auf eine Person zutreffen, dann am ehesten auf ihn selbst, auf Willibald Schlüsselfelder.

Er hatte ja schon widersprochen als die Imhoff und Welser behaupteten, Genueser Samt befände sich erst seit kurzer Zeit im Warensortiment der Italiener. Als schließlich 1573 im Rat die Frage erneut diskutiert worden war, ob, wie bis vor einiger Zeit praktiziert, die Waren von den Augsburger Welsern auch eine gewisse Weile v o r der Heiltumsmesse zollfrei eingeführt werden könnten, da wollten die Herren Tetzel, Volckamer und Löffelholz die Entscheidung vertagen, bis Willibald Schlüsselfelder an den Beratungen teilnehmen könne. Sie, die sich dagegen aussprachen, befürchteten ganz offensichtlich ein Minderheitenvotum oder ein ‚einsames Dekret' des Obersten Losungers Endres (I) Imhoff, der diese Entscheidung gegen die Mehrheit schließlich auch durchsetzte, unterstützt von seinem gleichnamigen Sohn. Mit Marx Tucher hatte Schlüsselfelder als Mitglied des erweiterten Zollausschusses die Forderungen von Endres (II) Imhoff und Hans Welser nach einer massiven Zollerhöhung von 4-5% für die Italiener vereiteln, das unter außenwirtschaftlicher Sicht Schlimmste verhindern können. Kurze Zeit später wurde auch dieser Kompromiß kassiert und die ursprüngliche Rechtslage wieder hergestellt.

Jetzt lehnte er die Gutachtertätigkeit ab. Mit Joachim Nützel zeigte er zwei Monate nach diesem Eklat die massive Manipulation der öffentlichen Meinung durch die Imhoff und Welser bei ihrem Kampf gegen die italienischen Konkurrenten auf,[1349] die sie für Ämter, die dem Allgemeinwohl verpflichtet waren, disqualifizierten. Schlüsselfelder dagegen war sachlich kompetent, wirtschaftlich nicht involviert, charakterlich unbestechlich.

Im übrigen steht der Historiker, wie schon angeführt, bei der Ausleuchtung dieser Fragen vor dem Problem, nicht auf eine Untersuchung zugreifen zu können, die über die Benennung formaler legislativer und exekutiver Strukturen hinaus ermittelt, wie die Entscheidungsprozesse konkret verliefen, von welchen Zielen die Entscheidungsträger sich leiten ließen, wie der Abstimmungsmodus funktionierte, welche Fraktionen sich jeweils bildeten.

Von großen Spannungen, Richtungskämpfen und persönlichen Feindschaften im Inneren Rat zeugt jedenfalls auch die Aussage von Schlüsselfelder „daß albereit leut wären, die ihm den Dorn in den Fuß" setzen wollten.[1350] Aufgrund der Machtverhältnisse können nur Mitglieder des innersten Entscheidungszirkels gemeint gewesen sein.

1349 BayStaatsAN, Rep. 19a, E-Laden, Akten, 242, 06.12.1575; 13.03.1576.
1350 BayStaatsAN, Rep. 60d, Verlässe der Herren Älteren, 6, fol. 176, 30.12.1575.

3.12.5. Vorläufiges Ergebnis

Versuchen wir ein Fazit zu ziehen von der Rolle des Endres (I) Imhoff als Oberster Losunger der Stadt, als Wirtschafts- und Standortpolitiker. so wie sie sich aus den hier herangezogenen Quellen ergibt.

Zunächst ist zu konstatieren, daß Endres (I) Imhoff bzw. seine Firma durch den Markgrafenkrieg in zweifacher Hinsicht profitierten.

Erstens ist er, Endres (I) Imhoff, eindeutig als Kriegsgewinnler zu bezeichnen. Er leitete durch überhöhte Darlehnszinsen Geld aus dem Haushaltsetat seiner Vaterstadt Nürnberg in seine eigene Tasche bzw. auf das Konto seiner Firma. Dies war möglich durch die Verquickung seiner öffentlichen Ämter mit seiner Rolle als Leiter einer Firma von europäischem Rang. Damit trägt er wesentliche Verantwortung für die prekäre Finanzsituation der Stadt. Um das Wohl der Bürgergemeinde Nürnberg hat er sich also nicht verdient gemacht. Den Leitsatz *„Salus publica suprema lex esto"* wandelte er um in *„Salus privata suprema lex esto"*. Das war jedenfalls eindeutig die Meinung von Willibald Schlüsselfelder.[1351] *„... Und was solcher Beschwerung"*, sagte Schlüsselfelder zu Endres (II) Imhoff - womit er den hohen Schuldenberg der Stadt meinte -, *„für merckliche Ursachen vorhanden, auch wer daran schuldig, das weiß sich der Herr Supplikand selbst guter Maßen zu erinnern"*. Es konnte nur oder doch in erster Linie dessen Vater gemeint gewesen sein, wenn es außerdem heißt: *„Es ist nit ohn, daß die Herren Älteren so jetzig im Leben, wohl leiden und wünschen möchten, daß immer das Regiment dermaßen von verstorbenen Herrn wäre eingeantwortet worden"*. Endres (I) Imhoff war im vorangegangenen Jahr verstorben. Zweifellos nahm er also auf ihn Bezug.

Dieser Krieg hat ihn also nicht Geld gekostet, wie sein späterer Nachfahre Christoph Imhoff (1975) behauptete, sondern er hat daran überaus reich profitiert. In der Tat war das Geld *„gut angelegt"*. Allerdings in einem ganz anderen Sinne als er, Chr. v. Imhoff, den Lesern suggerieren will. Wenn Brandt[1352] davon spricht, daß der Lübecker Bürger ebenso wie der venezianische das eigene Geschäftsinteresse und seine privaten Anliegen hinter denen der Stadt zurückzustellen hatte, und er diesen Kodex geradezu als ein konstitutives Merkmal der Polis bewertet, so setzte Endres (I) Imhoff die Prioritäten anders. Bei ihm hieß es: *„L'Etat, c'est moi"*. Assoziationen zur Figur des Principe von Macchiavelli drängen sich förmlich auf. Die Behauptung Wolfgang von Stromers[1353] *„Ohnehin ging der Schutz der Rechte und Interessen der Kleinen und der Gesamtbevölkerung in der alltäglichen Herrschaftspraxis dieser feudalen Unternehmerclique dem Eigennutz der Großen aus den eigenen Reihen vor"*, kann in dieser

---

1351 BayStaatsAN, Rep. 60e, Geheime Verlässe der Herren Älteren, 1, fol. 42-47, 17.09.1580.
1352 Brandt, A.v., Lübeck-Venedig, S. 149.
1353 Stromer, W.v., Gewerbereviere-Protoindustrien, S. 95.

verallgemeinernden, zeit- und personenunabhängigen Weise nicht aufrecht erhalten werden.

Zweitens profitierte er aber auch als Patrizier. Der Krieg von Albrecht Alcibiades von Brandenburg-Kulmbach wurde ausdrücklich auch gegen die Ratsoligarchie,[1354] gegen das *„übermütige Krämervolk, den trutzigen Pfeffersäcken und den geschwollenen Pfaffensäcken"* geführt, wie er immer wieder betonte. Da dieser Angriff abgewehrt werden konnte durch die Gelder der Nürnberger ‚Staatskasse', diese aber gefüllt wurde durch die gesamte steuerzahlende Bevölkerung, so kann festgestellt werden: Die politisch unmündig gehaltenen Bürger stabilisierten durch ihre erhöhten Steuerbeiträge und sonstigen Abgaben das Regiment weniger Patrizierfamilien über sie selbst und alimentierten außerdem noch die Firma Imhoff (und Welser). Wahrlich eine Ironie der Geschichte![1355] Daß Chr. von Imhoff diese Leistungen seines Urahn unter den hauseigenen Geniebegriff subsumiert, mag der Leser selbst bewerten. Genauer, muß man sagen, charakterisier(t)en ihn nach seinen Ausführungen in dieser Weise *„ausgekochte Handelspolitiker"*, wobei die Autoren aber nicht genannt werden. Offensichtlich macht er sich diese Einschätzung zu eigen. Im übrigen muß man feststellen, daß ihm hier so etwas wie eine Freudsche Fehlleistung unterlaufen ist, denn wenn ausgekochte Handelspolitiker einen der ihren als Genie bezeichnen, so muß der so charakterisierte Kollege ja wohl noch ausgekochter gewesen sein. Die Frage lautet, ob dieser Terminus dann noch greift. Auch sein folgender Satz *„Auf dem Weg der Spekulation mit internationalen* [Hervorh. d. Verf.] *Wertpapieren hat er dabei nicht wenig erreicht"*, muß korrigiert werden. Denn dies widerspricht zumindest seinen Aussagen einige Sätze vorher, in denen er behauptet oder doch suggeriert, sein Vorfahre habe mit diesen Papieren nicht wenig Geld verloren.[1356] Er nimmt Bezug auf die uneingelösten Schuldscheine der französischen Krone, die sich im Imhoff-Archiv befinden. Er erwähnt nicht die Tatsache, daß er vor allen Dingen mit kommunalen Wertpapieren, d.h. mit denen seiner Heimatstadt Nürnberg, Geld verdient hat.

Mit den Ausführungen von Jahnel zu diesem Fragenkomplex, die Imhoff auf dieser Seite in anderem Zusammenhang zitiert, geht er mit keinem Wort ein.[1357] Jahnel[1358] stellt fest: *„Dass seiner Stimme* [i.e. Endres (I) Imhoff - Anm. d.Verf.] *im Rat größtes Gewicht beigemessen wurde, ist verständlich. Erstmalig war mit der hohen Stellung eines Losungers ein Imhoff in der Lage, aus dieser Stellung Vorteile für sein eigenes Fortkommen zu verbinden, wie das bei der*

1354 Rösel, L., Alt-Nürnberg, S. 537.
1355 Daß die Nürnberger Alcibiades nicht als Regent hätten haben wollen, das bedarf aufgrund der Kriegsziele und der Kriegsführung keines Beweises.
1356 Imhoff, Chr.v., Imhoff, S. 33.
1357 Auf Seite 32 (Fn. 94) zitiert er sie lediglich in allgemeiner Form, erwähnt ihre „wirtschaftskritischen Akzente". Konkrete Vorstellungen können damit nicht verbunden werden.
1358 Jahnel, H., Imhoff, S. 193.

Geldbeschaffung für den Markgrafenkrieg in größerem Umfang der Fall war".
Nach den Buchstaben der Besoldungsrichtlinien mag die Feststellung von Stromer[1359] zwar zutreffen, daß die Ratswürde entgegen weitverbreiteter Meinung
keine einträgliche Sinekure war, aufgrund der Machtverhältnisse und auf die beschriebene Art und Weise konnte sie es faktisch eben doch sein. Imhoff dagegen
(1975): *„Das alles hatte Andreas auch Geld gekostet. Aber es war im Interesse
der Stadt gut angelegt".*[1360]

Den Politiker Endres (I) Imhoff also als Turm in der Schlacht des Markgrafenkrieges und als Retter des Vaterlandes, den Unternehmer als Genius zu preisen, heißt die Quellen parteiisch zu interpretieren, falschen Mythen Vorschub zu
leisten, die historische Wirklichkeit zu verschleiern. Werden die Quellen zum
Maßstab der Interpretation, muß nüchtern konstatiert werden, daß für Zeitgenossen im Inneren Rat diese Glorifizierung ganz und gar unverständlich gewesen
wäre.

Eine so weitgehende Idealisierung, die Züge einer Hagiographie trägt, wie
es bei Schultheiß und Christoph Imhoff, ansatzweise auch bei Johannes Müller
der Fall ist, ist auch deshalb problematisch, weil sie sich über weite Strecken auf
Selbstzeugnisse des ‚Heiligen' stützt, die ja möglicherweise gerade im Hinblick
auf die Nachwelt verfaßt wurden.[1361] Im übrigen zeichnen sich die guten Hagio-
graphien dadurch aus, daß sie die Kämpfe aufzeigen, welche die jeweilige Person, gemessen an seinem persönlichen Wertekanon, erfolgreich durchstand. Eine schattenlose Biographie, bei der von Versuchungen und Konflikten nicht die
Rede ist, alles ohne Rest aufgeht, erzeugt im günstigsten Falle Langeweile.

Der mit dem öffentlichen Amt des Losungers bekleidete Imhoff wirkt auch
dadurch nicht überzeugender, daß er in seinem Privatleben als besorgter *„pater
familias"* dargestellt wird, der kunstverständig war und religiös, den Wald und
die Vogeljagd liebte, am Ende seines Lebens mehrmals die Bibel abschrieb
(sic!!!). Die logische Struktur dieser Beweisführung ist von derselben Art wie
die oben erwähnte: Imhoff ist ein sorgender und besorgter Familienvater - von
den ‚Betroffenen', der Frau und den Kindern, hören wir zu dieser Frage keine
Stellungnahme -, er ist auch Oberhaupt, Familienvater einer größeren Gemeinschaft, nämlich der Kommune, also ist er auch ein guter und sorgender pater urbis et patriae.

Selbst wenn die erste Behauptung zutrifft, folgt daraus keineswegs mit logischer Konsequenz die zweite. Nach konfuzianischer Auffassung mag das eine
notwendige Voraussetzung sein, eine hinreichende ist es nicht. Schon die All-
tagserfahrung hätte hier zu einer vorsichtigeren Bewertung Anlaß geben müssen.
Auch die bei Schultheiß hervorgehobene Tatsache, daß er bei seinem Tod *„all-*

1359 Stromer, W.v., Reichtum und Ratswürde, S. 14.
1360 Imhoff, Chr.v., Imhoff, S. 32.
1361 Zahlreiche Quellen im Imhoff-Archiv, seine Person betreffend, wurden allerdings von
     späteren Chronisten erstellt. – Siehe z.B. GNM, Rep. II/74, Teil I, Fasz. 41, Nr. 9, 5-7.

gemein" betrauert und bei Reichen und Armen gleichermaßen beliebt war, kann einen Historiker, der diese Quellen natürlich bei seiner Arbeit einbeziehen muß, nicht dazu veranlassen, sie ohne Vergleich mit anderen Zeugnissen in jenem Sinne zu interpretieren. Die Geschichte hat gezeigt, daß schon zahlreiche ‚Führer' nach Kenntnis der wahren historischen Hintergründe und Abläufe wieder aus ihren Mausoleen entfernt wurden. Ob also Endres (I) den Platz behält, den Familienangehörige und Historiker ihm zugebilligt haben, muß, wie schon gefordert, eine umfassende Biographie beantworten. Zweifel sind angebracht.

Man sollte sich beim Verfassen einer Biographie oder biografischen Skizze gerade von Patriziern jener Zeit immer, sine ira et studio, bewußt sein: Legislative, Exekutive und Judikative lagen in einer Hand, in der Hand eines Standes, und einige der Amtsträger hatten noch massive wirtschaftliche Interessen. Die Losung wurde anonym bezahlt, der Staatshaushalt wurde von den ‚Herren Älteren' aufgestellt, war nur ihnen im Detail bekannt und unterlag keiner irgendwie gearteten Kontrolle. Wer da den Versuchungen nicht erlag, auf Kosten der Allgemeinheit in die eigene Tasche zu wirtschaften, dem ist man geneigt, übermenschliche Stärken zu attestieren und muß ihn wohl tatsächlich zur ‚Ehre der Nürnberger Altäre' erheben. In Abwandlung eines lokalen Sprichwortes muß es für den Historiker diesbezüglich aber heißen: ‚Die Nürnberger erheben keinen, es sei denn, es lägen alle Fakten auf dem Tisch'. Und das ist keineswegs der Fall. Die Fakten, die auf dem Tisch liegen, lassen diese Versuchung erst gar nicht aufkommen.

Wenn Christoph Imhoff dagegen jüngst in seinem Aufsatz behauptet, daß die erfolgreiche Abwehr des Markgrafen Alcibiades im Zweiten Markgrafenkrieg Endres (I) Imhoff nicht nur keinen Profit gebracht, sondern Geld gekostet hat, das aber im Interesse der Stadt „*gut angelegt*" war,[1362] wie oben schon erwähnt, dann widerspricht diese Behauptung diametral der historischen Wirklichkeit. Sie ist auch deshalb für eine vertiefende Klärung dieser Fragen wenig hilfreich, weil Imhoff weder Summen nennt, noch einen Beleg anführt. Warum vergibt er die Chance, die Beträge aus den Quellen wenigstens ansatzweise zu errechnen und zu publizieren?! Zumindest hätte er auf die Fundstellen aufmerksam machen müssen! Fehlanzeige auf der ganzen Linie!

Um den Glorienschein seiner Familie noch heller leuchten zu lassen, behauptet Imhoff wenig später (S. 33), daß er [Hervorh. d. Verf.], Endres (III) Imhoff (1562-1637), als späte Folge die im Dreißigjährigen Krieg aufgelaufenen Stadtschulden auf sich nehmen mußte. Diese Feststellung ist schon deshalb falsch, weil, wie aus den Lebensdaten unschwer zu ersehen, Imhoff schon in der Mitte des Krieges gestorben war. Nicht er, nicht seine Familie, nicht sein Stand, sondern alle steuerzahlenden Bürger hatten die Lasten zu tragen. Die sich daran anschließende Äußerung zu qualifizieren, daß die daraus folgenden Schulden bis

---

zum Ende Nürnbergs als Reichsstadt, also nach fast 200 Jahren, nicht mehr weichen wollten, mag jedem Leser selbst überlassen bleiben.

Um die zeitliche Dimension seines Arguments zu verdeutlichen, würde das,
bei aller Problematik des Vergleichs, heißen, Deutschland hätte nicht einmal im
Jahre 2100, nach 150 Jahren also, die Schulden des Zweiten Weltkriegs getilgt,
ohne bei dieser Rechnung die Altlasten des vorangegangenen Krieges berücksichtigt zu haben.

Daß der Finanzstatus der Stadt Nürnberg zur Zeit Schlüsselfelders kein
Ausnahmefall war, sondern eine Überschuldung vor und nach dessen Zeit –
wenn vielleicht nicht in jener Höhe - sozusagen der ‚Normal'zustand war, mögen folgende Ausführungen untermauern. Die Behauptung, die Italiener hätten
im Laufe des 16. Jahrhunderts die Stadt ausgesaugt, werden dadurch endgültig
ad absurdum geführt. Dieses Finanzgebaren der Stadt ist aber auch von eminenter Wichtigkeit für die Qualität des Standortes Nürnberg, müssen wir doch in einer hohen Abgabenbelastung der privaten Haushalte und der Unternehmer - vor
allem im Vergleich mit konkurrierenden Städten, etwa Augsburg – eine Drosse-
lung der Konsumnachfrage sehen und eine Beschränkung der Investitionsmög-
lichkeiten. Oben wurde die Frage schon aufgeworfen.

Was das Finanzgebaren und den öffentlichen Haushalt angeht, so stellte
Hegel[1363] in seiner Städtechronik (1862) fest, daß die Finanzverwaltung Nürnbergs „gewiß nicht [als] eine haushälterische, vorsichtige und sparsame, wahrscheinlich nicht einmal eine besonders gewissenhafte zu rühmen sei. Weiter
heißt es: Offenbar fehlte es der Finanzverwaltung der Geschlechter an der
höchst nöthigen Controlle durch die Bürgergemeinde". Nach ihm deckten die
ordentlichen und außerordentlichen Einnahmen schon am Ende des 14. Jahrhundert nicht die Ausgaben. Und das in Zeiten hoher Wachstumsraten! Leider läßt
uns Imhoff (1975)[1364] mit seiner Behauptung, daß am Anfang der Amtszeit von
Endres (I) Imhoff die Kasse der Großstadt „mit erheblichen Gewinn" florierte,
ebenfalls ohne Belege und Beweise. Franz[1365] kommt zu einem anderen Ergebnis. Er beziffert die Schulden am Anfang des Zweiten Markgrafenkrieges auf
827.474 Gulden. Imhoff spart im übrigen die noch kritischeren Jahre in der
zweiten Hälfte des 16. Jahrhunderts während der Amtsführung seines Vorfahren
völlig aus. Er versucht nicht die Frage zu beantworten, wie die Finanzsituation
beim Tode des Losungers Endres (I) Imhoff aussah und aus welchen Gründen!
Warum wohl nicht?!

1363 Hegel, C., Chroniken-Nürnberg, 1, S. 295.
1364 Imhoff, Chr.v., Imhoff, S. 33.
1365 Franz, E., Nürnberg-Kaiser-Reich, S. 175ff, 306f.

Nach Buhl[1366] kam es gegen Ende des 18. Jahrhunderts (1787) wegen nicht transparenter, nicht kontrollierbarer und schon gar nicht beeinflußbarer Rechnungsführung zu fast revolutionären Unruhen. Erst durch den oft zitierten Grundvertrag von 1794 stand die Steuerhoheit einem aus verschiedenen Standesgruppen zusammengesetzten Genanntenkolleg zu. Das Rechnungsrevisionskolleg, ebenfalls aus allen Ständen gebildet, wurde für die Kontrolle von Kassen- und Rechnungsführung zuständig. In gewissem Sinne also eine verspätete ,bill of rights'.

Beim Übergang Nürnbergs an Bayern, womit die Herrschaft der Patrizier ihr Ende fand, war das Finanzwesen heillos zerrüttet. Der Nominalwert der Schuldobligationen, welche die reichsstädtische Finanzverwaltung ausgegeben hatte, betrug 9.023.580 Gulden im Jahre 1797.[1367] Diese wurden zu 4% verzinst, dann auf Druck der Bürgerschaft hin auf 3 bzw. 2% herab-, 1819 wieder auf 4% heraufgesetzt. Die Wertpapiere befanden sich fast ausschließlich im Besitz der Patrizierfamilien. Bei einem Mittelwert von 3% betrug der jährliche Zinsendienst für diese Darlehen also immerhin rund 270.000 Gulden.[1368]

Für eine vollständige Charakterisierung der Haushaltsführung reichen diese Zahlen nicht. Dazu müßten Einnahmen und Ausgaben zumindest mittelfristig genauestens einander gegenübergestellt, nach alternativen Finanzierungsmöglichkeiten gefragt werden. So viel aber wird gesagt werden dürfen, daß die enge Streuung dieser sicheren Anlageform Anlaß zur Skepsis gibt, soll nicht schon wieder der Begriff von der Opferbereitschaft der Patrizier[1369] strapaziert werden. Auch der hartnäckige Widerstand der herrschenden Schicht, sich in die Karten schauen lassen, bedarf einer Erklärung. Eins scheint jedenfalls gewiß: Auf die Schulden des Dreißigjährigen Krieges sind die Darlehensaufnahmen nicht zurückzuführen, wie Chr. v. Imhoff behauptet,[1370] und auch nicht auf die Italiener im 16. Jahrhundert, die die Stadt angeblich ,ausgesaugt' hatten.

Riedenauer[1371] konstatiert: „ ... daß z.B. der Nürnberger Magistrat trotz erdrückender Schuldenlast dem Kaiser immer wieder Finanzhilfe leistete, andererseits der Kaiser sich hütete, die gegen das oligarchische Regiment des Patri-

---

1366 Buhl, F., Reichsstädtische Finanzwirtschaft, S. 115. Siehe auch: Schrötter, G., Nürnberg-Übergang an Bayern, S. 1, der die Ursachen der Misere vor allen Dingen in den Folgen des Dreißigjährigen Krieges sieht.
1367 Nach Blendinger deckte der neue Landesherr einen Teil dieser Schulden durch die Konfiszierung von Kunstschätzen aus der Lorenzkirche, u.a. der Monstranz aus dem Sakramentshaus und der kupfernen Aufhängevorrichtung des Engelsgrußes. – Blendinger, Chr., Lorenzer Hallenchor-Schatzkammer, S. 45.
1368 Hegel, C., Chroniken-Nürnberg, 1, S. 295. Buhl, F., Reichsstädtische Finanzwirtschaft, S. 114ff. Hirschmann, G., Nürnberger Patriziat, S. 19ff. Pfeiffer, G., Nürnbergs Selbstverwaltung, S. 12ff.
1369 Eine derartige Verallgemeinerung für einen Stand und über Jahrhunderte hinweg ist sowohl im positiven wie im negativen Sinne nicht erlaubt.
1370 Imhoff, Chr.v., Imhoff, S. 33.
1371 Riedenauer, E, Kaiser-Patriziat, S. 528f.

ziats aufbegehrende Bürgerschaft zu nachdrücklich zu unterstützen, so liegt darin bereits ein wesentlicher Gesichtspunkt der kaiserlichen Städtepolitik beschlossen: Die Angriffe auf die Stellung des Patriziats im Stadtregiment zwangen dieses zu einer wirtschaftlich nicht mehr vertretbaren Bereitwilligkeit dem Kaiser gegenüber; dieser wiederum hätte, um den Klagen der Bürgerschaft über Steuerbedrückungen, Unbilligkeiten und Mißwirtschaft abzuhelfen, zunächst die katastrophale Verschuldung und damit Zahlungsunfähigkeit der Reichsstadt anerkennen müssen". Im Zusammenhang mit den großen Etatberatungen heißt es 1571 in den Quellen:[1372] *„ ... Wiewohl man oft um Moderation und Ringerung* [der Matrikelbeiträge, Anm. d.Verf.] *begehrt, so hatt sie doch nicht erlangt werden mögen, dann man sich wie gemeiner Sachen stehen, nicht eröffnen wollen".*[1373]

Aus dieser Sicht erfährt die reichs- und kaisertreue Politik Nürnbergs also eine neue und zusätzliche, wenn nicht sogar eine ganz wesentliche Erklärung: Die Stabilisierung der Patrizierherrschaft durch Kredite an den Kaiser.

Franz,[1374] der neben Hegel vielleicht am schärfsten mit dem Finanzgebaren der Patrizier ins Gericht geht, sieht die Ursachen der Verschuldung ebenfalls in der exklusiven patrizischen Regierungsform, vergleicht die Zustände mit denen in Frankfurt. Er schreibt: *„In Frankfurt führte die vom Mainzer Erzkanzler eifrig betriebene und von den Grafen Melchior Friedrich und Rudolf Erwein v. Schönborn gewissenhaft und streng durchgeführte kaiserliche Kommission zu einem politischen Wandel und förderte allein im ersten Jahr 1717/18"* einen beachtlichen Überschuß der Stadtfinanzen *„... der sonst spurlos in den Taschen der genießenden Geschlechter verschwunden wäre".* Ein Mangel seiner Arbeit besteht vielleicht darin, daß er die Einnahmen auf dem Hintergrund der gesamtwirtschaftlichen Entwicklung so gut wie völlig ausspart, nicht nach der Möglichkeit des Schuldenabbaus fragt und keine alternativen Finanzierungsmöglichkeiten aufzeigt.

Riess[1375] stützt sich in seiner Dissertation über *‚Das Steuerrecht und die Steuern der freien Reichsstadt Nürnberg bis zur Gründung des Königsreichs Bayern'* vor allen Dingen auf die vielfach zitierte Quelle aus dem Jahre 1787, die unter dem Titel *‚Vollständige Darstellung der Rechte des größeren bürgerlichen Rates zu Nürnberg, sowohl überhaupt, als besonders in Steuersachen',* die Entwicklung der Finanzverfassung und des öffentlichen Haushalts erläutert. In einer abwägenden Analyse der Argumente sieht er einen Grund für die Ver-

---

1372 BayStaatsAN, Rep. 19a, E-Laden, Akten, 6, fol. 46, 1571.
1373 Siehe zu diesem Problemkreis: Schulze, W., Reichstage-Reichssteuern, bs. S. 58. Vgl. auch: Mummenhoff, E., Reichsstadt Nürnberg, S. 28. Endres, R., Fränkischer Reichskreis, S. 176f. Kellenbenz, H., Geldbeschaffung-Schmalkaldischer Krieg, S. 28ff. Zur Auseinandersetzung über den Anschlag der Matrikelbeiträge: Sieber, J., Reichsmatrikelwesen, S. 32ff, 81ff.
1374 Franz, E., Nürnberg-Kaiser-Reich, S. 578.
1375 Riess, K., Steuerrecht-Steuern-Nürnberg, passim.

schuldung der Stadt in den hohen Matrikularbeiträgen an den Fränkischen Kreis. Ein erster Vergleich des Autors mit den Zahlungen Bambergs und Würzburgs z.B. liefert für diese Behauptung allerdings keine überzeugenden Argumente.[1376] Ob die Martrikelbeiträge eine Erklärung für den Schuldenberg der Stadt liefern, ist sehr zu bezweifeln. Weitere Forschungen müssen den genauen Anteil am Ausgabeetat ermitteln.

Weiter führt er aus: *„Im inneren Wesen der Losung lag es begründet, daß sie zu Ungleichheiten zwischen dem Patriziat und der übrigen Bürgerschaft führen mußte".* Warum das prinzipiell der Fall gewesen sein soll, dem Steuersystem also immanent war, ist nicht nachzuvollziehen. Hier hätte man sich doch eine vertiefende steuersystematische Beweisführung gewünscht.

Auch seine Behauptung: *„An die Stelle eines verhältnismäßig geeigneten fachmännischen Finanzstabes waren unerfahrene und unfähige Männer gelangt, deren ungenügende Leitung von dem Mantel der Geheimpolitik mit überdeckt wurde",*[1377] mag stimmen, aber es fehlt der Nachweis von konkreten Fehlleistungen namhaft gemachter Funktionsträger.

Julius Soden, gegen Ende des 18. Jahrhunderts Mitglied einer Deputation, die den Haushalt Nürnbergs durchleuchten sollte, bedauert zunächst einmal, daß es ihm und den anderen Inspektoren trotz intensiver Bemühungen nicht gelungen sei, vollständig in das *„geheimnisvolle und verwickelte Finanzsystem"* Nürnbergs einzudringen; dann lehnt er es scharf ab, die Misere mit der Höhe der Matrikularbeiträge zum Fränkischen Kreis in Verbindung zu bringen, bringt sie vielmehr in einen unmittelbaren Zusammenhang mit der Finanzverwaltung Nürnbergs selbst.[1378] Er schreibt: *„Es ist vielmehr Zeit, den Craiß von den lautem und öffentlichem Vorwurfe zu retten, als sey er und einzig er an dem Untergange des hiesigen Staats schuld, als sey er für all dessen unglückliche Folgen responsabel, als hätte er allen öffentlichen und Privat=Wohlstand verschlungen und den gesellschaftlichen Bund, der zu dessen Sicherstellung, zu dessen Beförderung eingesetzt ist, zum Grabe der Glückseeligkeit eines seiner ansehnlichsten und achtungswürdigsten Glieder gemacht; Nein, er ist es nicht; ... Es ist vielmehr Zeit, die Wahrheit zu sagen. Als Bieder=Männer, als Männer von Ehre dringen uns die heiligste aller Pflichten und Gefühle, zu entdecken, was man sich bißher gewaltsam verborgen zu haben scheint: daß der hiesige Stand* [der Innere Rat Nürnbergs - Anm. d. Verf.] *nicht nur Zahlungsunvermögend ist, sondern es auch schon in dem Zeitpunkte war, von dem an er uns seine Bilanzen vorgelegt hat, von dem an er doch erst seinen Verfall rechnen will".*

1376 GNM, Rep. II/67, Behaim-Archiv, Fasz. 84. Die Jahreszahlen fehlen.
1377 Riess, K., Steuerrecht-Steuern-Nürnberg, S. 32, 45.
1378 Soden, J., Nürnbergs Finanzen, S. 5ff.

Alle Autoren[1379] gehen also aus von einem engen Zusammenhang aus zwischen Stabilisierung der patrizischen Herrschaft, der persönlichen Bereicherung von Mitgliedern ihres Standes, schlechter Finanzwirtschaft und der Verschuldung der Stadt auf Kosten der steuerzahlenden Bevölkerung. Quellen oder Literatur, die das Gegenteil belegen, konnten trotz eifriger Bemühungen des Autors nicht gefunden werden. Keiner von den Autoren - und das ist im thematischen Zusammenhang festzuhalten - kam bei seinen Untersuchungen zu dem Ergebnis, die während der zweiten Hälfte des 16. Jahrhunderts in Nürnberg domizilierenden Kaufleute aus Italien seien für die Misere der Staatsfinanzen (mit-)verantwortlich. Das aber taten die Gutachter Imhoff und Welser. Zeit-, Rück- und Vorausschau zeigen, daß die Verschuldung der Normalzustand war.

Kehren wir zum Untersuchungszeitraum zurück.

Was den nicht ausgeglichenen Haushalt angeht, so wiegt das im Vergleich zu den heutigen Verhältnissen um so schwerer, als damals von einer absoluten Machtfülle des Inneren Rates auszugehen ist. Sehen wir von den aufgezeigten Interessen- und Meinungsverschiedenheiten innerhalb dieses Gremiums ab, so hatte Endres (I) Imhoff sich nicht um Mehrheiten in einem pluralistisch besetzten Parlament zu bemühen, die politische Instanz ‚Innerer Rat' hatte nicht nur einen erheblichen autonomen Entscheidungsspielraum, sondern einen absoluten, mußte keinen Haushalt veröffentlichen, der dazu noch grundgesetzlichen Rahmenbedingungen unterlag, keinen Rechnungshof[1380] befürchten, der ihm auf die Finger sah und evtl. auch klopfte, schließlich sich keiner Wiederwahl durch eine breite Öffentlichkeit stellen. Das schließt nicht aus, daß zu gewissen Zeiten die öffentliche Meinung durchaus als sehr kritisch einzuschätzen ist mit der Folge innerhalb des Patriziats, sich noch hermetischer abzuriegeln, keine brisanten Fakten an die Öffentlichkeit dringen zu lassen, den Druck auf die Personen mit Herrscherwissen zu erhöhen. Im Prinzip und faktisch konnte der Innere Rat aber die errungene Macht nach eigenen Vorstellungen ausüben, das hat die Geschichte gezeigt. Prinzipiell schließt das seinen Glauben nicht aus, im Sinne der (Ausgabe-)Präferenzen der Bürger zu handeln und diese das auch so empfanden. Paul A. Samuelson etwa geht davon aus, daß ein *„weiser Staatsmann"* wisse, in welchem Umfang und welcher Art die Bürger die Bereitstellung öffentlicher Güter wünschen.[1381]

Entgegen weitverbreiteter Meinung war die Identifizierung von Endres (I) Imhoff mit dem Gemeinwohl und dem Standort Nürnberg aber eher schwach ausgeprägt. Im übrigen ist es wohl realitätsfremd, ohne gründliche Untersuchung des Einzelfalles – und hier fehlen leider Biographien vor allen Dingen über die Losunger -, unbesehen davon auszugehen, daß ein über Jahrhunderte

---

1379 Auch die einschlägigen Schriften von Mummenhoff und Reicke könnten angeführt werden.

1380 Siehe dazu: Klaveren, J.v., Korruption, S. 318 (Fn. 53).

1381 Zitiert bei Ehrlicher, W., Finanzwissenschaft, S. 315.

bestehendes politisches und ökonomisches patronales Machtgefüge einer Minorität derselben Familien diese Weisheit (mit „*sunderlicher weishayt begabet*"), Sensibilität, Unbestechlichkeit, Leistungsbereitschaft und Kompetenz sozusagen ‚von Haus aus' mitbrachte. Diese Argumentation ist nicht zu halten. Außerdem ist die Gegenüberstellung von patrizischem Rat hie und Bürger dort nur geeignet, die Verantwortlichkeiten im Einzelfall zu verwischen und unzutrefffenden wirtschaftsgeschichtlichen Analysen Vorschub zu leisten.

Lassen wir in diesem Zusammenhang noch eine Quelle aus dem Jahre 1632 sprechen, die ein bezeichnendes Licht auf die besonders von Schultheiß und Christoph Imhoff beschworene Opferbereitschaft der Imhoff zum Wohle der Gemeinde wirft. Während und nach dem Zweiten Markgrafenkrieg hatte Nürnberg sein Militärbudget zu erhöhen. Jetzt, am Anfang des Dreißigjährigen Krieges, mußte die Kommune Kontributionszahlungen an alle kriegführenden Parteien leisten. Eine exakte Gegenüberstellung der außerordentlichen Belastungen vor dem Hintergrund der finanziellen Leistungsfähigkeit steht noch aus. Die jetzige militärische Bedrohung war aber durch die Involvierung aller europäischen Großmächte als ungleich gefährlicher einzuschätzen. Um seinen finanzpolitischen Spielraum zu verbreitern, versuchte der Rat unter Führung des Vordersten Losungers Endres (III) Imhoff,[1382] das sogenannte ‚Schutzgeld' für die hier ansässigen Kaufleute ohne Bürgerrecht, besonders aus Italien, zu erhöhen.[1383] Zu jenen zählten auch die Lumaga, die potentesten unter ihnen. Aus prinzipiellen Gründen lehnten diese die Forderung aber ab und drohten mit einer Standortverlagerung der Firma. In ihrem Sinne intervenierte in Nürnberg der Gesandte der französischen Krone, mit der die Lumaga wirtschaftlich engstens verbunden waren, Jacques de Loys de la Grange. Nürnberg mußte nachgeben, versuchte, wie oben schon einmal erwähnt, als Gegenleistung aber die Lumaga zu einem Kredit in Höhe von 60.000 Gulden an den schwedischen König zu veranlassen. Auch das lehnten die Lumaga mit der Begründung ab, daß sie keinen Kredit an Könige, Adelige, Fürsten [und Kommunen] gäben, der nicht durch Bürgschaften privater Personen abgesichert sei.

Die (unternehmerisch tätigen) Imhoff unter Endres (III) waren also in dieser kritischen Situation nicht bereit, aus ihrem Privat- und/oder Geschäftsvermögen der Stadt diese Summe zur Verfügung zu stellen, und ebensowenig für das Darlehen die Bürgschaft zu übernehmen.[1384] Auch die Zinshöhe ist aussagekräftig. Während sie sich im 16. Jahrhundert mit 10, 12% und mehr selbst be-

---

1382 Seibold, G., Imhoffsche Handelsgesellschaft, S. 210.
1383 Peters, L.F., Handel Nürnbergs, S. 140ff.
1384 Bei der Bewertung ihres Verhaltens ist allerdings zu berücksichtigen, daß sich die Stammfirma (und auch die Unternehmen anderer Familienzweige) offensichtlich in große Schwierigkeiten befand, wie ihr Ausscheiden aus der Nürnberger Unternehmerwelt wenige Jahre später belegt. Diese Begründung kann aber nur stechen, wenn zur selben Zeit die Bilanzdaten der Lumaga sehr viel besser waren. – Siehe dazu: Peters, L.F., Einführung-Quellen, passim.

dienten, boten sie den Lumaga in einer ungleich gefährlicheren gesamtpoliti-
schen und gesamtwirtschaftlichen Situation einen Zins von 6% an. Es gibt eigentlich nur eine plausible Erklärung für das unterschiedliche Finanzverhalten:
Diesmal glaubten sie, ihr Geld nicht oder doch für lange Zeit nicht und dann
auch nur nominal und nicht dem Wert der Kaufkraft nach beglichen zu bekommen. Schuldner wäre nicht ,ihre' Stadt gewesen, deren Finanzhaushalt sie bestimmten, sondern der schwedische König. Man hätte bei der Schuldeintreibung
also von ganz anderen Rechts- und Kräfteverhältnissen ausgehen müssen. Auf
diese Art und Weise wollten sie es den ,Italienern', respektive den Lumaga
,heimzahlen', daß sie ihnen wesentliche Anteile auf lukrativen Produktmärkten
abgenommen hatten. Die oben zitierte Behauptung, daß Endres (III) Imhoff die
Schulden der Stadt hatte übernehmen müssen, wirkt auf diesem Hintergrund fast
schon absurd.

Man könnte an dieser Stelle der Verlockung unterliegen und die grundsätzliche Frage stellen, wie die wirtschaftliche Entwicklung Nürnbergs verlaufen
wäre, wenn nicht (nur) die Patrizier die Politik Nürnbergs bestimmt, die wirtschaftspolitischen Rahmenbedingungen geschaffen, Politik und Kommerz nicht
derart verfilzt gewesen wären, wie es tatsächlich der Fall war. Nun, der Satz ist
(zunächst) von derselben Qualität wie die Frage, welche Entwicklung die
Weltgeschichte genommen hätte, hätte Kleopatra eine krumme Nase gehabt. Sie
ist zwar reizvoll und regt die Phantasie an, ist aber nicht zu beantworten, man
verfällt der Konstruktion einer Quasi-, Wenn-Nicht-Dann-, einer
kontrafaktischen Geschichte.

Gleichwohl ist die Frage auch für die seriöse Geschichtsforschung nicht so
abwegig, wie sie auf den ersten Blick erscheinen mag und durchaus von heuri-
stischem Wert. Sie fordert nämlich dazu auf, die Quellen auf möglichst breiter
Basis zu vergleichen, die Personen kritisch auf die wahren Beweggründe ihrer
Entscheidungen zu hinterfragen, den Blick für alternative Handlungsmöglichkei-
ten in einer konkreten historischen Situation zu schärfen. Sie schützt damit vor
einer vorschnellen, verherrlichenden Historienmalerei.

Die Behauptung jedenfalls oder doch der Versuch - bewußt oder unbewußt
- zu suggerieren, daß Nürnberg die bestmögliche aller denkbaren Entwicklungen
genommen hat und zum Untersuchungszeitpunkt ein Standort von europäischer
Geltung wurde, weil bei einer Bevölkerung von 40.000 (um 1600)[1385] die politischen Amtsträger über Jahrhunderte hinweg aus derselben kleinen, geschlossenen Schicht rekrutiert und kooptiert wurden,[1386] und innerhalb dieser durchaus

---

1385 Bauernfeind, W., Nürnberger Getreidemarkt, S. 274.
1386 Wie hartnäckig die Patrizier die Ratsfähigkeit verteidigten und einschränkten, wie selbst
   Adelsbriefe noch lange nicht den Weg ins ratsfähige Patriziat garantierten, zeigt Riedenauer, E., Kaiser-Patriziat, S. 531 und bs. 581ff. Er schreibt: *„Der Hauptvorzug Nürn-*
   bergs bestand aber sicher darin, daß seine Geschlechter ein Patriziat von so hohem
   adeligen Rang, von langer ratssässiger Kontinuität mehrerer Familien und von so un-

nicht einmal gleichmäßig verteilt, das widerspricht allerdings jeder Erfahrung und ist ihrerseits beweisbedürftig.

Eine vertikale Elitenauslese gab es nicht, die horizontale war eingeschränkt.[1387] Wirkungsvolle Selektionsmechanismen und -kriterien auf einer breiten Bevölkerungsbasis waren dem System fremd,[1388] rekrutiert wurden die Mitglieder des Rats aus einer sehr kleinen Anzahl von ‚ratswürdigen' patrizischen Familien. Dem Irrglauben, die Kommunikation zwischen langandauernden patronalen Machtgefügen erzeuge in einer spontanen Dynamik automatisch ein Gemeinwohl,[1389] erteilte jedenfalls der Patrizier Christoph Fürer schon am Anfang des 16. Jahrhunderts eine Absage.[1390]

Anderer Meinung ist Schultheiß. Er schreibt:[1391] *„Das demokratische Element ist dadurch gewährleistet, daß zumeist 2 Ratsherren, die sich gegenseitig überwachen, tätig sind und daß ein sehr scharfes Ausleseprinzip geübt wird. Es wird nur der in den Rat gewählt, der zur Schicht der Ehrbaren gehört und der sich insbesondere im Wirtschaftsleben oder im diplomatischen Dienst bewährt hat. Die Konstanz der Ratsbesetzung durch in Wirtschaft und Dienst erprobte Männer der gleichen Oberschicht ist das Geheimnis der glücklichen Politik Nürnbergs bis zum Ende des 30jährigen Krieges"*. Und an anderer Stelle stellt er fest:[1392] *„Daß Nürnberg an dieser günstigen Entwicklung teilhaben konnte, ist auch ein Verdienst der glücklichen Politik des Rates, in dem die Geschlechter regierten und die seit 1368 beigezogenen Handwerker nur Randfiguren waren"*.

Warum Schultheiß den nicht-patrizischen Bürgern die Fähigkeit abspricht, politische Spitzenpositionen zu besetzen und im Sinne des Allgemeinwohls verantwortungs- und wirkungsvoll auszuüben, bleibt völlig unklar. Immerhin waren die Handwerker und (auch) die bürgerlichen Handelsunternehmer Nürnbergs fähig, ihre Vaterstadt zu einem europäischen Spitzenstandort zu machen und, in Verbindung mit weitsichtigen patrizischen Wirtschaftspolitikern, den Rat von einer törichten Abkehr seiner bisherigen Wirtschaftspolitik abzuhalten. Auch seine zeitliche Eingrenzung der *„glücklichen Politik Nürnbergs bis zum Ende des 30jährigen Krieges"* ist nicht nachvollziehbar. Danach regierten die Patrizier ebenfalls, und zwar noch rund 150 Jahre lang. Schultheiß suggeriert mit sei-

---

eingeschränkter Herrschaft über Stadt und Bürgerschaft entwickelt hatten, daß keine andere deutsche Stadt sich ihr hierin vergleichen konnte".

1387 Haller, N.N., Geschlechter Nürnbergs, S. 24ff. Zur unterschiedlichen Situation in Augsburg: Steuer, P., Außenverflechtung-Augsburger Oligarchie, S. 8ff.

1388 Auf den Elitebegriff kann hier nicht näher eingegangen werden. Vgl. dazu: Pohl, H., Eliten-historische Perspektive, passim.

1389 So kann man streckenweise auch das Buch von Schulz über die Herrschaft und die Regierung Roms lesen als eine Warnung vor dem, was geschieht, wenn die Identifizierung der ökonomischen und politischen Eliten mit dem Gemeinwohl schwach ausgeprägt ist. – Schulz, R., Roms Regiment, passim.

1390 Kamann, J., Christoph Fürer, S. 255.

1391 Schultheiß, W., Patriziat-andere Führungsschichten, S. 41.

1392 Schultheiß, W., Konrad Gross, S. 59.

ner Formulierung einen Bruch in der „Erfolgsgesichte", nennt dafür aber keine
Gründe. Es ist aus dem ganzen Kontext zu vermuten, daß er diese Zäsur eher zu-
fällig, unüberlegt machte. Seine biologistische Argumentation ist jedenfalls
nicht nachvollziehbar.

Wenn bei der Charakterisierung des 16. Jahrhunderts vielfach auf die Mo-
bilitätsprozesse, auch jene vertikaler Art hingewiesen wird,[1393] so gab es die in
Nürnberg auf politischem Sektor nicht. Die eben getroffene Feststellung, daß die
horizontale Mobilität eingeschränkt war, könnte, hat man den innersten Macht-
zirkel, das Gremium der Septemvir vor Augen, noch weiter eingeschränkt werden und seit dem ersten Viertel des 16. Jahrhunderts sogar von einer hermeti-
schen Abriegelung der ratsfähigen Geschlechterkaste, wenn man so will, dieses
Standes innerhalb des Standes, sprechen. Soweit zu sehen, wurden auch die
wichtigen Aufgaben auf diplomatischer Bühne so gut wie ausschließlich Patriziern übertragen.[1394]

Was nun Endres (I) Imhoff im besonderen anbetrifft, so ist es unbestritten,
daß die Firma unter seiner Führung zur selben Zeit expandierte, sich in der internationalen Handels- und Finanzwelt an vorderster Stelle etablierte, daß er es
als Losunger der Stadt Nürnberg aber nicht schaffte, einen ausgeglichenen
Haushalt vorzulegen oder gar in nennenswertem Umfang Rücklagen zu bilden.
Ganz gewichtige Gründe sprechen dafür, daß ein Teil der Prosperität der Im-
hoff-Firma auf seine zu überhöhten Zinsen vergebenen Kredite an die Gemeinde
und andere nicht nachvollziehbaren wirtschaftspolitischen Maßnahmen zu seiner
und seiner Verwandten Nutzen zu erklären ist. Seinem Nachfahr ist also entschieden zu widersprechen. Es grenzt durchaus nicht an „Wunder",[1395] daß er
seinen Reichtum während und nach dem Markgrafenkrieg vermehren konnte,
sondern ist jedenfalls zum Teil Folge der Tatsache, sich im Interessenkonflikt
zwischen dem Wohl der Firma und dem Wohl der Allgemeinheit für den Profit
seines Unternehmens entschieden zu haben. Diese enge Verbindung stellte jedenfalls Willibald Schlüsselfelder her, als er gegenüber Endres (II) Imhoff
gleichzeitig dessen außergewöhnlichen Reichtum betonte, und die zweifelhaften
Finanzierungsmethoden des Markgrafenkrieges durch seinen verstorbenen Vater
be- bzw. anklagte.[1396]

Mit seinem religiösen Terminus „Wunder" verweist Christoph v. Imhoff
auch prinzipiell realwirtschaftlich begründbare historische Tatsachen in den Bereich himmlischer Sphären und entzieht sie damit einer kritischen Analyse.
Warum also geschah das „Wunder" ausschließlich im privatwirtschaftlichen Bereich und nicht im öffentlichen, obwohl doch derselbe Mann für beide Bereiche

---

1393 Schulze, W., Statik-Dynamik, S. 5f., 9.
1394 Zu dieser Frage fehlen systematische Untersuchungen.
1395 Imhoff, Chr.v., Imhoff, S. 33.
1396 BayStaatsAN, Rep. 60e, Geheime Verlässe der Herren Älteren, 1, fol. 42-47,
    17.09.1580.

verantwortlich zeichnete? Wunder sind definitionsgemäß nicht zu erklären bzw. zu beweisen oder zu widerlegen. Man glaubt daran oder glaubt nicht daran. Ein Historiker sollte nicht daran glauben, sondern sich an die Quellen halten! Der Satz *„Political power thus depended strongly on economic power"*,[1397] der für die vielfache Abhängigkeit der fürstlichen und königlichen Potentaten von der Hochfinanz während des Untersuchungszeitraumes geprägt wurde, könnte in diesem konkreten Fall also auch umgekehrt werden.

Ohne die positive Rolle bei der Verfechtung des Gemeinwohls anderer Funktionsträger aus dem Patriziat unterschätzen zu wollen, deren Leistungen aus den Quellen noch nicht erarbeitet wurden, sind um diese Zeit wohl vor allen Dingen Marx Tucher, Gabriel Nützel und mehr noch Willibald Schlüsselfelder als die eigentlichen Gegenspieler von Endres (I) Imhoff in seinen letzten Jahren und auch von Endres (II) und Hans Welser anzusehen.

Es verwundert nicht, daß Imhoff 1570 die Leitung seiner Firma an den Neffen Willibald und seine Söhne Endres (II) und Jacob übergab,[1398] sein Amt als Vorderster Losunger aber beibehielt. Zunächst war es sicher eine Frage der Reputation. Man starb als Amtsträger. Ein ebenso entscheidender Grund war aber wohl folgender: Imhoff sah, daß unter den gegebenen wirtschaftspolitischen Rahmenbedingungen seine Firma, die der Welser und die der Tucher[1399] zunehmend Marktanteile an ihre Konkurrenten aus Italien verloren. Als Vorderster Losunger und Wirtschaftspolitiker hatte er die besten Möglichkeiten gegenzusteuern. Aber in der großen wirtschaftspolitischen Debatte unterlag er. Die einschüchternde Dominanz, die ihm während seiner Regentschaft einsame Entscheidungen ermöglicht hatte, war dahin. Die Klientelbeziehungen im Inneren Rat funktionierten nicht mehr in seinem Sinne, einige Kollegen waren zu offenen Gegenspielern geworden, auf ihre Loyalität konnte er nicht mehr setzen. Spätestens 1575 waren ihm wohl die Zügel aus der Hand geglitten. Die Initiative bei den großen Etatberatungen war auf Philipp Geuder, zu dem Zeitpunkt selbst gesundheitlich angeschlagen, auf Balthasar Derrer und Willibald Schlüsselfelder übergegangen.[1400] Zeitweise war Imhoff wohl nicht mehr in der Lage, an den Sitzungen teilzunehmen, mußte seine *„Bedencken"* zu Hause dem Losungsschreiber diktieren.[1401] Imhoffs mächtiger Schatten verblaßte, die Kräfte

---

1397 Walter, R., Role of the Merchants, S. 503.
1398 GNM, Rep. II/74, Imhoff-Archiv, I, Fasz. 41, Nr. 9,5-7. Seibold, G., Imhoffsche Handelsgesellschaft, S. 203.
1399 Auch die der Zollikofer und Rottengatter, deren Geschäftsentwicklung und deren Standpunkte durch die gesichteten Quellen aber nicht scharf zu konturieren sind.
1400 BayStaatsAN, Rep. 60d, Verlässe der Herren Älteren, 6, fol. 177, 30.12.1575.
1401 Einer von ihnen war wohl Sigmund Held. - BayStaatsAN, Rep. 19a, E-Laden, Akten, S I, L 115, 7, 13.06.1575 und 21.06.1575.

schwanden, sein Charisma erlosch. Am 28.10.1579,[1402] im 88. Lebensjahr stehend, starb er.[1403]

1402 Diese Angabe nach Biedermann, Jahnel hat den 24.10. – Biedermann, J.G., Patriziat
Nürnberg, Tabula CCXLIV. Jahnel, H., Imhoff, S. 183.
1403 Während einer Ratssitzung übermannte ihn ein Übelsein. Am nächsten Tag starb er. Sebald Haller, sein Stellvertreter seit 1565, war ihm 1578 vorangegangen. – Jahnel, H.,
Imhoff, S. 183. Koenigs-Erffa, Tagebuch-Sebald Welser, S. 264.

4. Viertes Kapitel: Die Allianzen und der Wirtschaftsstandort Nürnberg am Anfang des Dreißigjährigen Krieges

4.1. Handels- und Kapitalströme innerhalb der ‚Allianzen'

Mehr als hundert Jahre waren vergangen, seitdem sich die Firmen Imhoff, Welser, Tucher, Zollikofer, Rottengatter zu einer strategischen Allianz auf den Safranmärkten zusammengeschlossen hatten, über fünfzig Jahre seit der Bildung einer Gegenallianz durch die Italiener und den Ausbau ihres Vertriebsnetzes mit dem Standort Nürnberg als strategischem Zentrum.

In den siebziger Jahren des 16. Jahrhunderts war es zur großen Auseinandersetzung in und um den Standort Nürnberg gekommen, bei der die Argumente der Konkurrenten mit aller Härte aufeinander getroffen waren. Die divergierenden Interessen innerhalb des Rates und der Kaufmannschaft und daraus resultierende unterschiedliche wirtschaftspolitische Ordnungsvorstellungen konnten deutlich gemacht werden. Durchgesetzt hatten sich schließlich die liberalen wirtschaftspolitischen Leitlinien der Gruppe um Willibald Schlüsselfelder.

Fünfzigtausend Geschäftsvorfälle des Banco Publico der Jahre 1621-1624 erlauben nun, das Ergebnis dieses Wettbewerbs quantitativ zu erfassen, grafisch zu veranschaulichen und die Bindungsintensität mit Hilfe des hier entwickelten Netzwerk- bzw. Vertrauenskoeffizienten zu charakterisieren. Es sind Zahlenreihen von sehr hoher zeitlicher, örtlicher und sachlicher Homogenität.[1404] Sie sind als repräsentativ sowohl für den absoluten Umsatz der Firmen als auch für die Geschäftsbeziehungen untereinander anzusehen.

4.1.1. Allianz der Italiener

4.1.1.1. Anteil am Handelsvolumen, Firmengröße

Betrachten wir zunächst die absoluten Zahlen, erfassen den Anteil der Italiener am Handelsvolumen Nürnbergs, präziser gesagt, der Italiener, die 1621-1624 im Banco unter ihrem Namen ein Konto führten. Es muß ja zumindest theoretisch in Rechnung gestellt werden, daß Unternehmer mit deutschem Namen teilweise oder ausschließlich als Faktoren italienischer Häuser tätig waren.[1405] Dieser Personenkreis, folgen wir ihren eigenen Angaben und den bisherigen Ausführungen, kann aber praktisch vernachlässigt werden. Ihr hiesiger Aufenthalt sei mit nicht geringen Kosten verbunden, führten sie aus, *„da wir hier nicht wie die ausländischen Kaufleute zu tun pflegen, mit Faktoren arbei-*

1404 Peters, L.F., Handel Nürnbergs, S. 39-45.
1405 BayStaatsAN, Rep. 19a, E-Laden, Akten, 242, 06.12.1575.

ten, sondern hier unsere tägliche Zehrung nehmen ...".[1406] Das war einer ihrer firmen- und vertriebspolitischen Grundsätze. Deutscher Faktoren bedienten sie sich nur kurzfristig in Zeiten politischer oder religiöser Repressionen,[1407] dasselbe gilt für die Vergesellschaftung mit deutschen Unternehmern.[1408]

Die **Darstellung 37** zeigt den prozentualen Anteil der Italiener am Handelsvolumen Nürnbergs nach den Schuldbüchern des Banco Publico. Die Zahlen belegen, daß die Nürnberger Allianzmitglieder es nicht geschafft hatten, die Italiener als Konkurrenten vom hiesigen Markt zu verdrängen, diese im Gegenteil einen großen Marktanteil auf sich vereinigten. Absolut betrug ihr Anteil am gesamten Handelsvolumen von 68.009.545 Gulden (1621-1624) 9.546.210 Gulden, eine gewaltige Summe also.

Diesen Anteil können die Nürnberger Allianzmitglieder aber als ihren Verlust aufgrund der Strukturverschiebungen in den 70er Jahren des 16. Jahrhunderts nicht vor Augen gehabt haben. Denn erstens waren damals die Turrisani, Odescalco und Werdemann schon seit über 50 Jahren in Nürnberg wirtschaftlich tätig. Zweitens wurden auch anderen Firmen Umsatzanteile von den Italienern abgenommen. Gleichwohl, ihre Bemühungen, die Italiener auf andere Standorte abzuschieben, wird aufgrund dieser Zahlen aus ihrer Sicht verständlich.

Aufschlußreicher für die Beurteilung der gesamten Diskussion wäre es, statt einer Totalanalyse eine sektorale Betrachtung vorzunehmen, also den prozentualen Anteil der Italiener am Handelsvolumen in den Jahren 1621-1624 an den hier zur Diskussion stehenden Geschäftssparten aufzuschlüsseln und im Zeitablauf zu vergleichen. Eine derartige Quantifizierung ist aber aufgrund der vorhandenen Daten nicht möglich. Der Schuldgrund wurde weder in den Journalen noch in den Schuldbüchern verzeichnet. Eine hohe Wahrscheinlichkeit für eine stärkere Marktposition auf Einzelmärkten ergibt sich daraus, daß die Jahresgesamtzahlen einen nicht unwesentlichen Anteil am Leinenhandel aus Ost- und Mitteldeutschland widerspiegeln, an dem die Italiener nach dem bisherigen, gut dokumentierten Forschungsstand weit unterproportional beteiligt waren.

1406 BayStaatsAN, Rep. 19a, E-Laden, Akten, 245, 1572: Schreiben der hiesigen Italiener an den Rat.

1407 Im Zuge der Gegenreformation wurde durch die Bulle von Papst Clemens VII. im Jahre 1598 den katholischen Italienern verboten, im protestantischen Nürnberg zu wohnen und Handel zu treiben. Die Odescalco, welche später mit Innocenz XI. selbst einen Papst stellten (1676-1689), schoben für ihre Geschäfte Martin Adler als Strohmann vor. - Peters, L.F., Handel Nürnbergs, S. 470. Ulrich, K., Nürnberger Deutschordenskommende, S. 22.

1408 Der Gesellschaftsvertrag der Firma Jorg Koler d.Ä./Kress mit Ambrosius de Saronno von Mailand im Jahre 1506 bildet eine Ausnahme und stammt bezeichnenderweise aus jener Zeit, während der die Italiener noch kein eigenes und umfangreiches Vertriebssystem aufgebaut hatten. Bereits 1511 wurde er wieder aufgelöst. – Schulte, A., Handel-Verkehr, 2, S. 269ff. Kellenbenz, H., Graubündner Pässe, S. 36.

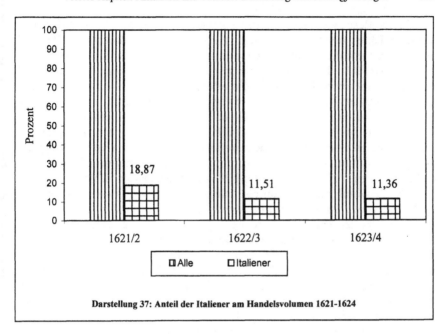

Darstellung 37: Anteil der Italiener am Handelsvolumen 1621-1624

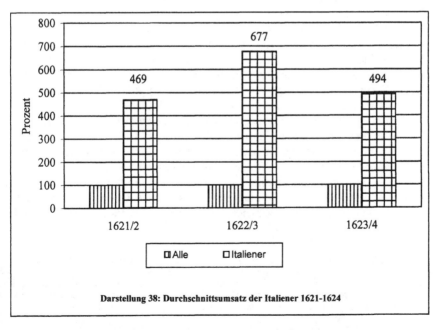

Darstellung 38: Durchschnittsumsatz der Italiener 1621-1624

In den Beschwerdeschriften der Nürnberger Firmen aus den sechziger und siebziger Jahren des 16. Jahrhunderts spielt er auch deshalb keine Rolle, weil dieser Markt sich damals in der ersten Expansionsphase befand, und die patrizischen Häuser hier als Pionierunternehmer nicht zu finden sind. Andere einheimische Unternehmen, die diesen Markt erschlossen, wie etwa die Koch, Heugel, Schwendendörfer, Viatis[1409] sahen, soweit zu sehen, während des Diskussionszeitraumes und auch danach keinen Grund für gleichartige Beschwerden.

Wie berechtigt die Sorge von Gabriel Tucher in der ersten Hälfte des 16. Jahrhunderts gewesen war und wie zutreffend sein unternehmerischer Weitblick, als er davon erfuhr, daß die Italiener Bonvisi sich ins Safrangeschäft eingeschaltet hatten, belegen die der **Darstellung 38** zugrundeliegenden Zahlen.

Die herausragende Position der italienischen Firmen in der Unternehmerlandschaft wird sehr deutlich. Ihre Marktposition ist zumindest auch ein Indiz dafür, daß sie als Faktoren, Kommissionäre oder Allianzpartner für nicht in Nürnberg domizilierende Landsleute tätig waren.

Nach dem ersten Geschäftsjahr übersiedelten die Brocco, Gerardini, Benevieni/Sini, alle sehr umsatzstarke Firmen, nach Augsburg.[1410] Nach den bisherigen Ausführungen erscheint es klar, daß es sich nicht um Zufall, um voneinander unabhängige Erscheinungen und Entscheidungen, um lediglich eine zeitliche Koinzidenz handelte, sondern dieser Entschluß nach Absprache mit allen italienischen Häusern erfolgte und als Ausdruck eines gemeinsamen unternehmensstrategischen Handels zu bewerten ist.[1411]

Die Zahlen besonders des zweiten Jahres belegen diese Kooperationsform: die Zusammenarbeit in einer Allianz. Während nämlich ihr absoluter Anteil am Handelsvolumen durch die Standortverlagerung potenter Firmen nach Augsburg zurückging, vergrößerte sich der Abstand zum Umsatz der statistischen Normalfirma. Dieser enorme Sprung von 44 Prozentpunkten (469:677) innerhalb eines Jahres ist sinnvoll nur durch Abwicklungsgeschäfte der verbleibenden Firmen für die nun vom Standort Augsburg aus agierenden Unternehmen zu erklären.

Im dritten Jahr blieb der prozentualer Anteil am Handelsvolumen gegenüber dem Vorjahr so gut wie konstant, die relative Größe lag aber über der des ersten Jahres. Ein Teil der Nachfrage verlagerte sich also offensichtlich von den nicht mehr in Nürnberg domizilierenden Firmen auf die hiesigen italienischen Häuser, während der größte Teil nun von Augsburg aus bedient werden konnte und befriedigt wurde. Damit weiten sich Blickfeld und Wirkungsbereich der Al-

---

1409 Seibold, G., Viatis-Peller, passim; Kunze, A., Nürnberger Textil- und Färbergewerbe, passim. Die Firma Viatis - Peller bestand in den 70er Jahren noch nicht.

1410 Nach Hildebrandt spielen die Zuwanderer aus Italien nach Augsburg um 1585/90 noch keine wirtschaftlich herausragende Rolle, Grund genug also für die Italiener, diesen Standort auszubauen. – Hildebrandt, R., Stadt-Handel (B. Kirchgässner (Hg.)), S. 122 (Diskussionsbeiträge).

1411 Zu den möglichen Gründen siehe Peters, L.F., Handel Nürnbergs, S. 94ff.

lianz aus. In diesem Zusammenhang wird auf die Ausführungen zu den Italienern in Augsburg verwiesen (Zweites Kapitel).

Die den Grafiken zugrunde liegenden Zahlen stammen aus dem ersten Viertel des 17. Jahrhunderts. Wahrscheinlich spiegeln sie aber die Markt- und Machtverhältnisse tendenziell schon für das Ende des 16. Jahrhunderts wider, wie vor allen Dingen die folgenden Ausführungen zur Nürnberger Allianz vermuten lassen. Die oben erwähnten Listen (s. **Darstellung 74** (Anhang)), die Auskunft über die in und von Nürnberg aus Handel treibenden Italiener geben, belegen, insofern sie Angaben dazu enthalten, einen Beschäftigungszuwachs, was auf ein wachsendes Geschäftsvolumen der Italiener hindeutet.

4.1.1.2. Quantitative Vernetzung

Die enge Zusammenarbeit der Italiener soll zunächst beispielhaft durch den Kontoanfang der Firma Brocco aus Plurs in Graubünden nachgewiesen werden **(Darstellung 39)**. Bei der Aufbereitung der Geschäftsvorfälle für die hier interessierende Problemstellung wurde danach gefragt, wie sich der Gesamtumsatz jedes einzelnen Kontoinhabers absolut und prozentual, auf der Soll- und Habenseite, auf seine Geschäftspartner verteilte. Die erste Spalte weist Reihen- und Rangfolge der Gläubiger (Soll) bzw. Schuldner (Haben) auf, es folgen die Umsätze in Gulden, Schilling, Pfennig, die Prozentzahl der vierten Spalte drückt den Anteil vom Gesamtumsatz der Firma aus, die letzte Zahl gibt die Anzahl der Geschäftsvorfälle wider, aus denen sich diese Größe mit dem jeweiligen Geschäftspartner ergab.[1412] Im Zusammenhang mit den Netzwerkanalysen wurde die Methode in allgemeiner Form schon vorgestellt.

Die enge Zusammenarbeit mit ihren Landsleuten ist sowohl auf der Soll- als auch auf der Habenseite signifikant. Die höchsten Zahlungen erhielten die italienischen Firmen Gerardini aus Verona, die Capitani aus dem Herzogtum Mailand, Lumaga aus Piuro, Odescalco aus Como, Benevieni/Sini aus Florenz. Mit den Schwendendörfern folgt ein Nürnberger Unternehmen, de Braa an Position 8 kam aus den Niederlanden. In etwas anderer Reihenfolge sind die Italiener auch auf der Habenseite als Schuldner zu finden, dazu noch das Familienmitglied Franco Brocco.

Das Konto spiegelt also in beeindruckender Weise den hohen Waren- und Kapitalfluß zwischen den italienischen Firmen aus verschiedenen Städten wider, wobei zu beachten ist, daß die eben genannten Städte die Heimatstandorte waren, die Firmen im übrigen europaweit präsent waren. Das Beispiel ist kein Einzelfall und könnte durch andere Konten untermauert werden.

1412 Die Firma verlegte, wie eben ausgeführt, nach dem ersten Jahr den Sitz nach Augsburg. Die Geschäfte im zweiten und dritten Jahr sind deshalb als Abwicklungsgeschäfte zu betrachten. Das Unternehmen belegte im ersten Jahr Rang 13 aller Firmen.

Banco Publico zu Nuremberg

- T-Konto (Brocco, Bartelomeo, Giovanni Antonio und Pietro Antonio): kumulierte Buchungsbeträge; Prozentanteil vom Gesamtumsatz; Anzahl der Buchungen: 01.08.1621 - 31.07.1624 (Auszug)

S -

	Name	Betrag	%	Anzahl
1)	Gerardini, Giovanni Pietro und Söhne; Verona	69.040-06-06	14,4%	13
2)	Kassa	48.139-03-05	10,1%	10
3)	Capitani, Carlo d'Archonate und Mitverwandte	46.378-04-10	9,7%	7
4)	Lumaga, Ottavio und Marco Antonio	26.946-16-10	5,6%	6
5)	Odescalco, Tomaso (sel.): Erben	26.887-10-02	5,6%	9
6)	Benevieni, Antonio & Sini, Cosimo	26.799-01-07	5,6%	6
7)	Schwendendorfer, Leonhard d.Ä.	21.500-00-00	4,5%	3
8)	Braa, Abraham de	17.814-15-11	3,7%	4
9)	Aichthorn, Virgilius (sel.): Erben	12.003-06-08	2,5%	3
10)	Bourg, Arnold de	10.833-06-08	2,3%	1
11)	Requisences, Angelo; Wien	8.087-01-08	1,7%	1
12)	Meindel, Georg (sel.): Erben	7.740-00-00	1,6%	2
13)	Kleewein, Joachim	7.367-08-00	1,5%	3
14)	Lumaga, Marco	7.250-05-01	1,5%	4
15)	Walthurner, Georg (sel.): Erben	7.048-06-08	1,5%	2
16)	Weissbach, Hans Andreas	6.933-06-04	1,4%	3
17)	Oheim, Sebastian d.Ä.	6.500-00-00	1,4%	1
18)	Blumart, Abraham	6.500-00-00	1,4%	2
19)	Schlumpf, Kaspar (sel.): Erben	5.871-05-00	1,2%	4
20)	Gundlach, Michael und Christoph	5.442-19-10	1,1%	
21)	Schmauß, Hieronymus & Ayrer, Jeremias	5.222-14-00	1,1%	1
22)	Pfaudt, Veit	5.132-06-11	1,1%	
23)	Scherl, Philipp und Andreas	4.875-00-00	1,0%	2
24)	Muellegg, Heinrich und Hans ff.	4.804-12-04	1,0%	3

+ H

	Name	Betrag	%	Anzahl
1)	Kassa	94.281-02-00	19,7%	21
2)	Lumaga, Ottavio und Marco Antonio	54.899-06-06	11,5%	9
3)	Gerardini, Giovanni Pietro und Söhne; Verona	53.348-07-08	11,1%	11
4)	Aymann, Georg	29.404-12-11	6,1%	4
5)	Odescalco, Tomaso (sel.): Erben	28.909-00-05	6,0%	3
6)	Brocco, Francesco	17.298-05-08	3,6%	1
7)	Benevieni, Antonio & Sini, Cosimo	14.141-06-05	3,0%	5
8)	Capitani, Carlo d'Archonate und Mitverwandte	13.980-14-10	2,9%	6
9)	Zollikofer, Georg d.Ä. (sel.): Erben	13.000-00-00	2,7%	2
10)	Beck, Alexander	12.905-00-00	2,7%	3
11)	Schütz, Valentin d.Ä.	12.045-03-02	2,5%	3
12)	Roth, Christoph, Tobias und Elias, Gebrüder	11.145-00-00	2,3%	2
13)	Schlumpf, Kaspar (sel.): Erben	11.050-00-00	2,3%	2
14)	Tucher, Anton und Thomas, Gebrüder	8.642-00-05	1,8%	2
15)	Braa, Abraham de	8.350-00-00	1,7%	2
16)	Viatis, Bartholomäus & Peller, Martin	8.223-04-03	1,7%	3
17)	Fien, Georg, Tobias (sel.): Erben & Bensperg,	7.962-10-00	1,7%	1
18)	Marstaller, Hieronymus	6.500-00-00	1,4%	1
19)	Braun, Stephan (sel.): Erben	6.118-06-05	1,3%	2
20)	Arnoldt, Sebastian	5.965-04-00	1,2%	2
21)	Dilherr, David und Martin	5.106-00-00	1,1%	1
22)	Kleewein, Joachim	4.450-00-00	0,9%	
23)	Lebrun, Kornelius	4.107-01-02	0,9%	1
24)	Peßolt, Hans	4.050-00-00	0,8%	2

Darstellung 39: Zusammenarbeit der Italiener aus Sicht der Firma Brocco - Nürnberg 1621-1624

Name/%-Soll-Umsatz mit:	1	2	3	4	5	6	7	8	9	10	11	12	13	14	15	16	17	18	19	20	21	22	23	24	25	26	Sa.
1 Barigi, A.C.																											
2 Barsoti, S.																											
3 Benevieni,/Sini	9,3			1,7			0,1				4,0						5,9	0,1	0,9					8,4			30,4
4 Brocco, Barthel,			5,6				9,7				14,4				1,5	5,6	5,6										42,5
5 Brocco, F.				99,9																							99,9
6 Buseti, F.																											
7 Capitani, C.			6,2	1,5					0,9		1,1					18,7	4,0					3,3		0,7			36,4
8 Caro, J.F.																											
9 Colombani, C.							25,8						16,8			12,1											54,7
10 Georgini, B.			16,6										20,8			6,6											44,0
11 Gerardini, J.			13,8	13,6		0,1									0,1	13,3	11,3							1,1			53,3
12 Gerardini, P.											100																100
13 Hassenbart,/Sav.				0,3			2,0		0,2							10,4		0,1		0,1		0,2			0,1		13,4
14 Melchior und																								4,0			4,0
15 Lumaga, M:			3,4							0,1	3,2		1,0		0,1	17,8	1,0							1,7			27,1
16 Lumaga, O.			2,0	1,9			0,6		0,1	0,1	0,9		0,1	0,1						0,1		0,3		4,4			12,7
17 Odescalco, Th.			3,0	3,7			1,6	0,1	0,1		4,9				0,4	2,0	1,1					0,6		5,0			21,4
18 Orseti, W.			6,1				4,1						4,1			11,7	2,6										28,6
19 Perez,/Caland.							19,1																				19,1
20 Pestalozzi, J.C.													9,9		8,8												18,7
21 Peutmueller, C.																											
22 Sopra, J.B.						0,6	7,3						1,5			4,4								7,5			21,3
23 Vialtello, J.																											
24 Viatis,/Peller			1,4	0,5			1,7						4,1		0,1	5,0	2,8					0,2				0,1	15,9
25 Werdemann, J.			4,8											4,8			33,5										43,1
26 Zorzi, J.																											
Summe																											686,3

Darstellung 40: Umsatzbeziehungen der Firmen aus Italien untereinander in Prozent – Nürnberg 1621-1624

Die Frage nach der wirtschaftlichen Vernetzung der italienischen Firmen (1621-1624) in Nürnberg insgesamt erhellt die **Darstellung 40**. Die Zahlen wurden den jeweiligen Sollseiten der Kontoinhaber entnommen, die alle wie das Konto Brocco aufbereitet wurden. Würde man die Habenseiten (Verkauf) der Firmen heranziehen, würden sich andere Prozentanteile bei den einzelnen Unternehmen ergeben, die innerhalb der Allianz absolut verhandelte Summe würde sich nicht ändern. Dasselbe gilt für den Gesamtumsatz, so daß es für die folgende Analyse keinen Unterschied macht, ob die eine oder die andere Seite herangezogen wird.

Zunächst ist zu sagen, daß sich die Unternehmerlandschaft inzwischen verändert hatte. Von den ursprünglichen Allianzpartnern domizilierten nur noch die Lumaga in Nürnberg. Sie waren inzwischen zum umsatzstärksten Unternehmen von allen in den Schuldbüchern 1621-1624 erfaßten 1069 Firmen geworden und blieben es, wie gezeigt, bis zum Anfang der dreißiger Jahre des 17. Jahrhunderts.

Die Inhaber des Kontos der Werdemann sind nur unter Vorbehalt als die Nachfolger der 1575 in den Quellen genannten und als Mitbegründer der Allianz zu belegenden Familie aus Plurs anzusehen. Jene saßen nach einer Insolvenz in Nürnberg inzwischen in Wien, Prag, Genua, Vicenza, von wo aus sie zu den herausragenden Finanziers des Hauses Habsburg wurden. Nehmen wir aus der Statistik die Barigi, Barsoti, Buseti, Caro, Peutmueller,[1413] Vialtello, Zorzi[1414] heraus, da ihr hiesiger Aufenthalt nur kurzfristig war, so kontrahierten die Italiener 36,12% (686,3:19) ihres Geschäftsvolumens untereinander (**Darstellung 41**).

Die Italiener wickelten also Geschäfte vorrangig mit solchen Firmen ab, mit denen man schon seit Jahrzehnten vertrauensvoll zusammengearbeitet hatte, mit Unternehmen, deren Bonität ihnen transparent war, auf deren personelle, geschäftliche und politische Entscheidungen man Einfluß nehmen konnte. Gegenseitiges Vertrauen bezeugen auch die Tatsachen, daß die Italiener sich bei Prozessen gegenseitig vertraten, zu Vormündern Minderjähriger bestellten, Testamente bezeugten, Bürgschaften füreinander übernahmen, z.T. Rechtsnachfolger ihrer Landsleute bei Abwanderungen oder Firmenaufgabe wurden, ihre Immobilien kauften bzw. verkauften.[1415] Die Geschäftsbeziehungen waren und wurden vielfach durch Verwandtschaftsbeziehungen gefestigt.

1413 Er wird zwar in den Quellen als Italiener bezeichnet, damit ist in diesem Fall aber nur der vorübergehende Aufenthaltsort des Goldschmieds gemeint.

1414 Möglicherweise in Augsburg domizilierend. Dort heiratete Sebastian Zorzi 1575 Regina Ehing und wurde Bürger. - Kellenbenz, H., Niedergang-Venedig, S. 140, 146, 149. Backmann, S., Italienische Kaufleute-Augsburg, S. 233.

1415 Peters, L.F., Handel Nürnbergs, passim, besonders die Kapitel über die italienischen Firmen. Siehe auch: Freund, B., Italienische Kaufleute-Nürnberg, S. 28, 36. 38, 40, 51, 53f.

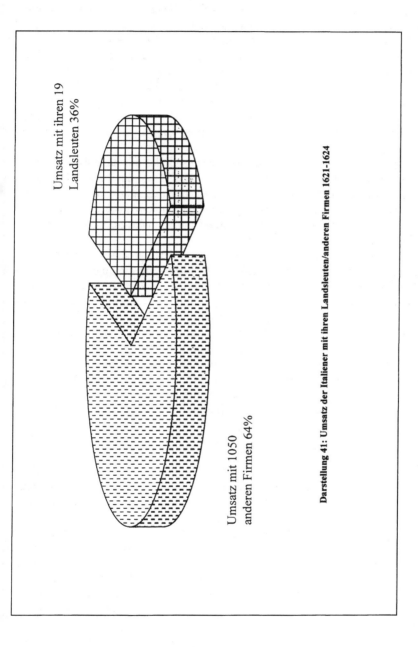

Umsatz mit ihren 19 Landsleuten 36%

Umsatz mit 1050 anderen Firmen 64%

Darstellung 41: Umsatz der Italiener mit ihren Landsleuten/anderen Firmen 1621-1624

Das schließt Eifersüchteleien und Animositäten unter ihnen gleichwohl nicht aus, aber das Vertrauensfundament untereinander war in der Regel stärker als das zu Angehörigen anderer Nationalitäten.[1416] Dazu Esch: *„Denn die fortdauernde Bindung an die Vaterstadt und das Leben in landsmannschaftlicher Gemeinschaft blieben der feste Bezugspunkt. Das Bewußtsein, einem anderen Rechtskreis anzugehören, und die solidarisierende Wirkung alltäglich erlebten Kontrastes führten, im instinktiven Zusammendrängen von Minderheiten, zum organisierten Zusammenschluß von Kolonien, die so etwas wie eine kollektive Identität ausbildeten"*. Diese Charakterisierung kann man für die Italiener in Nürnberg übernehmen.

Bei einigen Unternehmen lag der Prozentsatz der mit italienischen Landsleuten abgewickelten Geschäfte über 50 Prozent. Unterdurchschnittlich gehen die Lumaga in die Statistik ein. Ihr weit überragender Umsatz von rund 3.000.000 Gulden in den drei Jahren war eben nur durch die Zusammenarbeit mit allen bedeutenden Unternehmen und Unternehmensgruppen des In- und Auslandes erreichbar.

Es war David Hopfer, ein angesehener und erfolgreicher Unternehmer in Nürnberg, der bei einer Anhörung durch Ratsdeputierte die enge Zusammenarbeit der Italiener mit folgenden Worten beschrieb: „... *das sie nit also aneinander hängen und flechten*"![1417] Er beklagte damit die Schwierigkeiten, mit den Italienern ins Geschäft zu kommen, die, wenn es irgendwie ökonomisch möglich und sinnvoll war, untereinander kontrahierten. Diese Charakterisierung wird durch die obigen Zahlen und Grafiken plastisch belegt. Jeder, der sich mit den Nürnberger Quellen beschäftigt, wird den Satz unterstreichen. Ihm drängt sich geradezu die Forderung auf, sich, wenn er den Spuren eines Unternehmens aus Italien nachgeht, auch die Quellen der anderen hier domizilierenden Firmen zu erschließen, will er zu einem gewissen Gesamtbild und zu abgesicherten Ergebnissen kommen.

4.1.1.3. Vertrauenskoeffizient - Netzwerkdichte

Im folgenden soll versucht werden, einen Maßstab zu entwickeln, der die Bindungsintensität einer Allianz bzw. eines ökonomischen Netzwerkes widerzuspiegeln vermag und die Möglichkeit eröffnet, verschiedene Allianzen unter diesem Gesichtspunkt miteinander zu vergleichen.

Aus der **Darstellung Nr. 41** geht hervor, daß 36% des Gesamtumsatzes der italienischen Firmen mit 19 Unternehmen aus ihrem Herkunftsland abgewickelt wurde. Folglich kann gesagt werden, daß im Durchschnitt auf jede Firma dieser Gruppe ein Anteil von 1,89% entfiel. Mit den restlichen 1050 Marktteilnehmern (1621-1624) wurde ein Volumen von 64% abgewickelt, damit kam auf die je

---

1416 Esch, A., Loyalitäten-Identität, S. 121.
1417 BayStaatsAN, Rep. 19a, E-Laden, Akten, 242, 06.12.1575.

einzelne Firma statistisch gesehen 0,06%. Es wird offenbar, daß die Firmen aus Italien beim Kauf und Verkauf ihrer Produkte die Landsleute präferierten. Der Gesamtumsatz der Allianz (Y) setzt sich zusammen aus einem Binnenumsatz (y_1) der Allianzmitglieder untereinander und einem Außenumsatz (y_2) mit nicht der Allianz angehörenden Firmen:

$$Y = y_1 + y_2.$$

Im konkreten Fall erhalten wir die Größen:

$$100\% = 36\% + 64\%.$$

Die im Banco verzeichneten Firmen (X) gehörten entweder der Allianz an ($x1$) oder waren der Allianz nicht zuzurechnen ($x2$). Wir erhalten:

$$X = x_1 + x_2.$$

Die absoluten Zahlen lauten:

$$1069 = 19 + 1050.$$

Demnach erhalten wir durch den Quotient von

$$y_1 / x_1$$

den durchschnittlichen prozentualen Umsatzanteil eines Allianzmitgliedes am Gesamtumsatz der Allianz:

$$k_1 = 36\% / 19 = 1,89\%.$$

Der Quotient k2, der den durchschnittlichen prozentualen Umsatzanteil eines Nicht-Allianzmitgliedes am Gesamtumsatz der Allianz beziffert, beträgt demnach:

$$k_2 = 64\% / 1050 = 0,06\%.$$

Die Gleichungen verdeutlichen, daß die Allianzmitglieder und die nicht zur Allianz zählenden Firmen in signifikantem Maße prozentual unterschiedlich zum Umsatz der Allianz beitrugen. Setzen wir beide Quotienten in Beziehung, so erhalten wir:

$$V_k, N_d = k_1 / k_2 = 1,89 / 0,06 = 32.$$

Dieser Wert bringt die Bindungsintensität der Allianz zum Ausdruck und soll hier als Vertrauenskoeffizient (Vk) oder Netzwerkdichte (Nd) bezeichnet werden. Er ergibt sich durch den durchschnittlichen prozentualen Anteil eines Allianzmitgliedes am Umsatz der Allianz im Verhältnis zum durchschnittlichen Anteil eines Nicht-Allianzmitgliedes an eben diesem.

Die Abgrenzung ‚Grundgesamtheit der Marktteilnehmer' ist abhängig von der jeweiligen Fragestellung. In dieser Arbeit bildeten die 1069 bankpflichtigen[1418] Firmen der Jahre 1621-1624 den relevanten Gesamtmarkt in Nürnberg.

Die Bindungskraft einer Allianz ist danach um so stärker, je höher dieser Quotient ausfällt. Ist er Null, so kann von einer Allianz nicht gesprochen werden, der andere Grenzwert von 100 macht unter ökonomischen Gesichtspunkten ebenfalls keinen Sinn. Im konkreten Falle ergäbe er sich durch die triviale Feststellung, daß der Gesamtumsatz des definierten Marktes von 1069 Firmen auf diese 1069 Firmen entfiel.

Die analytische Aussagekraft des Vertrauenskoeffizienten ergibt sich erst bei einer Aufteilung des Gesamtmarktes in zumindest zwei sich davon unterscheidende Teilmärkte, also bei einer strukturellen Betrachtung. Er eignet sich dazu, verschiedene Teilmärkte, die jeweils zur selben Grundgesamtheit in Beziehung gesetzt werden, miteinander zu vergleichen; mit anderen Worten, konkurrierende Allianzen einander gegenüberzustellen und den Quotient als einen Maßstab für ihre Marktverankerung und Bindungsintensität zu betrachten. Verglichen werden können natürlich auch Allianzen auf sich voneinander unterscheidenden Gesamtmärkten, wenn die Koeffizienten auf die beschriebene Art und Weise ermittelt wurden.

Der für die Allianz der Italiener ermittelte Vertrauenskoeffizient ‚32' ist Ausdruck einer jahrelangen Zusammenarbeit, die Summe verschiedenster persönlicher (u.a. gegenseitiges Vertrauen, das Kommissionsgeschäfte mit transparenter Rechnungslegung untereinander ermöglichte, landsmannschaftliche Verbundenheit, dieselbe Sprache und Religion) und sachlicher Präferenzen (Warensortiment, Produktqualität, Preisgestaltung, Liefer- und Zahlungsverhalten, Absatzorganisation etc.), intensiviert und stabilisiert durch den Wirtschaftsstandort im Ausland, genauer, durch ihr strategisches Zentrum im Wirtschaftsstandort ihrer Konkurrenten.

1418 Peters, L.F., Handel Nürnbergs, S. 46.

Es fehlen die Zahlen, um die Bindungsintensität im Zeitablauf, besonders beim Ausbau ihres Vertriebsnetzes in Nürnberg zu ermitteln; vermutlich war sie, wie aus dem ganzen hier entwickelten Kontext hervorgeht, am Anfang eher stärker denn schwächer, mußten sie, die Italiener, sich bei ihrem Markteintritt in den 50er und 60er Jahren des 16. Jahrhunderts doch gegen potente wirtschaftliche Konkurrenten durchsetzen und erheblichen politischen Widerstand überwinden. Da die ermittelten Wirtschaftsdaten auch nicht auf einzelne Produktmärkte hin aufgeschlüsselt werden können und erst ab 1621 vorliegen, so ist auch für die Zusammenarbeit der Italiener auf dem Safranmarkt und für ihn besonders während der kritischen 70er Jahre, wie oben schon ausgeführt, keine spezielle Kennziffer zu ermitteln. Für ihn gilt das eben Gesagte sicher im besonderen Maße.

Mit diesen Überlegungen soll konstatiert werden, daß der Vertrauenskoeffizient nicht als statische, sondern als dynamische Größe aufzufassen ist, der vom Verhalten der Allianzmitglieder einerseits und von der Marktentwicklung andererseits abhängt, also von mikro- und makroökonomischen Datenänderungen.

In einem spezifischen Sinne ist der Quotient auch Maßstab für ein übereinstimmendes Produktspektrum der Allianzmitglieder. Je höher die innerhalb der Firmengruppe verhandelte Summe, als um so typischer für die Allianzcharakteristika kann die Firma angesehen werden.[1419]

Auf der anderen Seite kann die Präferenzintensität, die Identifikation mit der Allianz, bei einzelnen Firmen durchaus sehr stark, gleichwohl der prozentuale Anteil der von Mitgliedern gekauften und an sie verkauften Waren gering gewesen sein, wie wir es bei der größten Firma auf dem Nürnberger Markt, den Lumaga, beobachten konnten. Aufgrund der Produktvielfalt, der Höhe des Geschäftsvolumens, der Weite der Beschaffungs- und Absatzmärkte, des Finanzierungsumfangs und -risikos wurde das Limit der Kooperationsmöglichkeit erreicht. Bei jenen Größenordnungen war eine prinzipiell gewünschte Zusammenarbeit ökonomisch nicht mehr möglich. Ein Teil des Waren- und Geldgeschäfts war nicht allianzfähig. Der Grundsatz ,kaufe bei den Landsleuten' stieß an die Grenze der Realisierungsmöglichkeit. Firmenwachstum ermöglichte nur die Zusammenarbeit mit allen Marktteilnehmern. Es ist allerdings im Auge zu behalten, daß hinter den Kassabewegungen, die in erster Linie die ,Außenwirtschaftsbeziehungen' widerspiegeln, also Geschäfte mit nicht in Nürnberg bankpflichtigen Unternehmen, in erheblichem Maße italienische Unternehmen in anderen

---

1419 Es wurde in der Literatur schon betont, daß die Firma Odescalco sich in der Warenstruktur von den anderen italienischen Firmen in einem gewissen Maße unterschied. Die obige Abbildung liefert für diese Behauptung zumindest ein weiteres Indiz, wenngleich wir auch hier die Umsatzhöhe mit in Betracht ziehen müssen. – Peters, L.F., Handel Nürnbergs, S. 480.

Standorten stecken können, die aber nicht bekannt sind und in die Bestimmung des Vertrauenskoeffizienten nicht eingehen konnten.

Der oben zitierte Satz von David Hopfer über das Kooperationsverhalten der Italiener „... *das sie nit also aneinander hängen und flechten*"[1420] kann also aufgrund der quantitativen Quellen eindrucksvoll bestätigt werden. Sein Ausdruck ‚flechten' bringt den Netzwerkcharakter der Allianz treffend auf den Punkt.

4.1.1.4. Netzwerkdichte und akquisitorisches Potential nach Gutenberg

Erich Gutenberg hat im Rahmen seiner Absatztheorie das Bemühen um die Schaffung, den Ausbau und die Sicherung eines Firmenmarktes den Ausdruck ‚akquisitorisches Potential' geprägt. Er verstand darunter im wesentlichen das Bestreben jeder Firma, die Bindungsintensität der Kunden an ihr Unternehmen zu vergrößern. Gelingt es einer Firma, dieses Potential zu erhöhen, so verbreitert sich damit auch ihr preispolitischer Spielraum,[1421] der es ihr erlaubt, bei polypolistischer Konkurrenz für ein bestimmtes Gut innerhalb gewisser Grenzen der Preisabsatzfunktion monopolistisch zu agieren, wobei dieses Vertrauenspotential positive Auswirkungen auf den Absatz des gesamten Produktspektrums der Firma hat. Oben wurde bei der Charakterisierung des Safranmarktes in Nürnberg versucht zu zeigen, daß eben dies bei den anderen Produkten der Nürnberger Allianzmitglieder der Fall war.

Die Voraussetzungen zur Entwicklung dieser Kurve liegen hier nicht vor. In die Bestimmung des Vertrauenskoeffizienten gehen die Preisabsatzkurven verschiedener Firmen für unterschiedliche Produkte ein. Die firmenindividuellen und produkt-spezifischen Kurven können aufgrund des vorliegenden historischen Materials nicht extrapoliert werden. Gleichwohl kann der Koeffizient, wie es scheint, auch im Sinne von Gutenberg interpretiert werden. Es muß bei den Preisabsatzkurven der Allianzmitglieder diesen preispolitischen Spielraum gegeben haben. Aufgrund persönlicher und sachlicher Präferenzen konnte der Verkäufer damit rechnen, keine Kunden zu verlieren, auch wenn er mit seinen Preisforderungen über denen der Konkurrenten außerhalb der Allianz lag, und er deckte sich bei Allianzmitgliedern ein, selbst wenn deren Preise höher als die durchschnittlichen Marktpreise waren. Innerhalb gewisser Grenzen brauchte er also keine Abwanderung zu befürchten, der Konkurrenzmechanismus war außer Kraft.

Wie aufgeführt war (und ist) der Preis nur eine Entscheidungsvariable. Waren die anderen Faktoren, die ein akquisitorisches Potential bilden, wirksam genug, war er eben nicht allein ausschlaggebend. Aus dem ganzen Kontext heraus ist der Autor geneigt, dem gegenseitigen Vertrauen das größte Gewicht beizule-

---

1420 BayStaatsAN, Rep. 19a, E-Laden, Akten, 242, 06.12.1575.
1421 Gutenberg, E., Der Absatz, S. 238ff. Albach, H., Unternehmung, S. 230ff.

gen. Das Vertrauen senkte die Transaktionskosten, verminderte oder egalisierte gar mögliche Preisdifferenzen zu den Angeboten außerhalb der Allianz, erlaubte Kommissionsgeschäfte untereinander, ermöglichte den effizienten Einsatz aller absatzpolitischer Instrumentarien. Ausreichendes Vertrauen - *„man macht die Post zusammen"* - war das konstitutive Element, der Treibriemen der italienischen Allianz.

4.1.2. ‚Allianz' der Nürnberger

Das entwickelte analytische Instrumentarium soll nun vor dem Hintergrund der geschilderten internen Spannungen und dem Markteintritt der Italiener bei den Nürnberger Allianzmitgliedern angewandt werden.

4.1.2.1. Anteil am Handelsvolumen im Vergleich mit den Italienern

Die Bankbücher (1621-1624), die sämtliche Transaktionen von Waren- und Geldgeschäften widerspiegeln, liefern folgende Umsatzzahlen in Gulden (**Darstellung 42**).

Bei einem Handelsvolumen von 68.009.545 Gulden ergibt das einen Anteil der Nürnberger Allianzmitglieder von 3,82%. Der Umsatz der Firmen aus Italien betrug 9.546.210 Gulden oder 14,03%. Grafisch dargestellt ergibt das folgende Bild (**Darstellung 43**).

	Imhoff	Welser	Tucher	Zollikofer	Rottengat-ter[1422]	Summe
Umsatz	1.302.238	. / .	978.620	267.051	51.912	2.599.821
Rang	4, 10, 12 insgesamt: 7[1423]	. / .	15, 12, 22 insgesamt: 12	69, 58, 81 insgesamt: 68		

Darstellung 42: Anteil der Nürnberger Allianzmitglieder am Handelsvolumen und ihre Rangpositi-

on –

Nürnberg 1621-1624

Auf den ersten Blick wird deutlich, welche von beiden Allianzen sich am Markt durchgesetzt hatte. Der Anteil der Italiener am Handelsvolumen Nürnbergs betrug das Dreieinhalbfache von dem der Nürnberger.

1422 Es handelt sich um die fünf Firmen Rottengatter, Barbara Nikolaus (Umsatz 2.002 Gulden) - Nikolaus (7676) - Nikolaus (sel.):Erben (1530) - Nikolaus und Paulus (12.176) - Paulus d.Ä. (... sel.): Erben (28.528).
1423 In der Arbeit des Verfassers über den Handel Nürnbergs hat die Firma Imhoff den Rang 8. Der Grund liegt darin, daß die Firma Schwendendörfer nach dem Tode des Inhabers inzwischen als eigenes Unternehmen erfaßt wurde, ein Teil des Umsatzes also dem Rechtsnachfolger zugeschrieben wurde, mit der Folge eines kleineren Ranges. Imhoff rückte damit auf. Wirtschaftlich ist von einer Einheit der Firmen Schwendendörfer auszugehen.

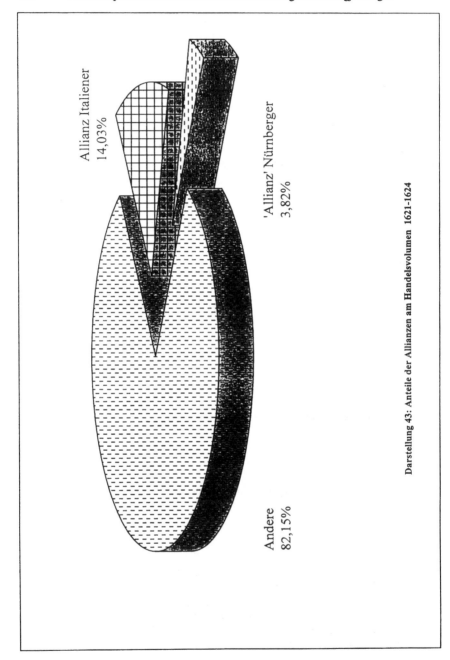

Darstellung 43: Anteile der Allianzen am Handelsvolumen 1621-1624

Plastischer, scheint es, kann das Ergebnis eines über 50 Jahre dauernden Wettbewerbs nicht verdeutlicht werden. Die Aussage von Heinrich Schwab bei der Befragung durch Willibald Schlüsselfelder und Joachim Nützel im Jahre 1575[1424] „... *derohalben werde bei den großen Handelsherrn, so mit Safran handeln, nachzufragen sein*", würde er in dieser Form und zu dieser Zeit wohl nicht mehr machen.

Gemeint waren damals die Unternehmer Imhoff, Welser, Tucher, Zollikofer, Rottengatter. Sie hatten inzwischen die Markt- und Preisführerschaft an die Italiener abgeben müssen.

4.1.2.2. Quantitative Vernetzung

Die Welser können in die folgende Analyse nicht miteinbezogen werden; sowohl der Nürnberger als auch der Augsburger Zweig1425 hatten inzwischen bankrott gemacht.

Imhoff, Wilhelm, Andreas und Mitverwandte	Davon an Tucher	Davon an Zollikofer	Davon an Rottengatter
Umsatz total 1621-1624. 1.302.238fl	0,00 %	0,1 %	0,1 %

Darstellung 44. Überweisungen an die Nürnberger Allianzmitglieder Sicht der Imhoff – Nürnberg 1621-1624

Tucher, Anthon und Thomas und Gebrüder	Davon an Imhoff	Davon an Zollikofer	Davon an Rottengatter
Umsatz total 1621-1624. 978.620fl.	0,00 %	0,00 %	0,2 %

Darstellung 45: Überweisungen an die Nürnberger Allianzmitglieder aus Sicht der Tucher Nürnberg 1621-1624

Die verschiedenen Konten der Rottengatter weisen nur geringe Umsätze auf, die Zollikofer plazierten sich mit einem Volumen von 267.051 Gulden (1621-1624) immerhin noch auf den beachtlichen Rang 68 von 1069 Firmen. Zu den umsatzstärksten Unternehmen zählten weiterhin die Imhoff und Tucher. Bei einem Gesamtumsatz von über 2.000.000 Gulden wurde aber zwischen diesen Firmen kein Pfennig hin- und hergewechselt **(Darstellung 44 + Darstellung 45; vollständige Kontoauszüge = Darstellung 72 und 73 (Anhang))**.

Eine grafische Veranschaulichung dieser Verhältnisse ist deshalb nicht möglich. Die Vermutung, der äußere Druck habe dazu geführt, die Spannungen innerhalb der Allianz abzubauen, die Kooperationsbereitschaft zu erhöhen, eine tragfähige Vertrauenskultur zu schaffen, belegen die Quellen nicht.

1424 BayStaatsAN, Rep. 19a, E-Laden, Akten, 242, 06.12.1575.
1425 Müller, J., Zusammenbruch-Welser, passim. Kellenbenz, Meder'sches Handelsbuch, S. 91ff.

Diesem Phänomen auf die Spur zu kommen, war ja der Anlaß für diese Arbeit. Wie die Tabelle zeigt, standen aber nicht nur die Imhoff und Tucher in einem harten Wettbewerb, sondern auch die Zollikofer waren zu entschiedenen Kontrahenten geworden. Mit anderen Worten: Alle drei Firmen waren nun jeweils Gegenspieler der anderen zwei Unternehmen. Nur ganz gravierende persönliche Verwerfungen in der Vergangenheit, die hier nur z.T. aufgedeckt werden konnten, können dieses Verhalten erklären.

4.1.2.3.   Vertrauenskoeffizient - Netzwerkdichte

Aus der obigen Definition ergibt sich unmittelbar, daß der

$$\text{Vertrauenskoeffizient} = 0$$

war. Damit ist das endgültige Auseinanderbrechen der Nürnberger Allianz quantitativ dokumentiert. Unabhängig davon, zu welchen Begründungen die weitere Forschung kommen wird, darf man sagen, daß persönliche Präferenzen zwischen den Mitgliedern der Allianz während des Untersuchungszeitraumes weitgehend fehlten und die sachlichen durch den Wettbewerb der Italiener und durch die Wirtschaftspolitik des Rates obsolet geworden waren.

Aufgrund dieser Tatsache erweckt die obige **Darstellung 43**, die die Allianz der Nürnberger als einen geschlossenen Block darstellt, falsche Vorstellungen. Es gab sie nicht mehr, auch in unter Umständen anderer Zusammensetzung nicht. Die Grafik wurde so erstellt, um die unterschiedlichen Umsatzanteile unmittelbar einander gegenüberzustellen und augenfällig zu machen, das Ergebnis des Wettbewerbs zu veranschaulichen.

Bemerkenswert ist, daß die unterschiedlichen Umsatzvolumina der ehemaligen Allianzmitglieder am Anfang des 17. Jahrhunderts offensichtlich auch ihre frühere Position auf dem Safranmarkt widerspiegeln, wie sie im 2. Kapitel aufgezeigt wurde, wenn auch die Relationen anders gewesen sein mögen. Die Rangfolge aber ist zweifelsfrei identisch. Wo sich die Firma Welser positioniert hätte – vor den Imhoff oder danach – ist nicht eindeutig zu beantworten. Mit einer gewissen Wahrscheinlichkeit rangierte sie bis zur Mitte des 16. Jahrhunderts vor der Imhoffgesellschaft. Denn 1511 schrieb Lazarus Holzschuher über die Geschäfte von Jacob Welser in Nürnberg: *„Er treibt den großen Handel in alle Land, dann wie kein Kaufmann pürger zu Nürnberg getrieben hat"*.[1426]

Die entscheidende Zäsur, der Zeitpunkt, zu dem der Safranhandel schon weitgehend in der Hand der Italiener lag, ist wohl um 1580 anzusetzen. Im Jahre 1581[1427] informierten die Safranschauer den Nürnberger Rat über massive Sa-

---

1426 Zitiert bei: Kellenbenz, H., Meder'sches Handelsbuch, S. 77.
1427 Schneider, P., Nürnbergisch gerecht geschaut Gut, S. 79ff.

franfälschungen, die zum Teil offensichtlich schon in den Produktionsgebieten, vor allem Italiens, vorgenommen worden waren. Aus der Quelle ist zu schließen, daß die Italiener die umfangreichsten Mengen auf die Schau brachten, und da aller Safran dort begutachtet wurde, ist auf ihre dominierende Marktstellung zu schließen.

Der Rat stand vor einem Zielkonflikt. Würde er seine strengen Qualitätsstandards aufrecht erhalten, müßte er die größte Menge Safran als von minderer Qualität deklarieren und anordnen, sie vom Markt zu nehmen. Die Nachfrage wäre in erheblichem Maße von Nürnberg abgewandert. Das wollte er nicht riskieren. Er nahm deshalb den seiner Meinung nach vorübergehenden Reputationsverlust in Kauf und wies die Safranschauer an, die Käufer über die Fälschungen zu informieren, aber die Waren passieren zu lassen. Es könne nicht Ziel des Rates sein „*allen Safran auf der Schau sogar ohne Unterschied zu verschlagen oder zu verwerfen, damit die Hantierung des Safrans nicht aus der Stadt getrieben wird und den Welschen allein in die Hände gegeben werde*". Er kapitulierte also vor der Macht des Faktischen und verlagerte das Risiko auf die nachfolgenden Händler und den Endverbraucher. Ob er hiermit mittel- bzw. langfristig dem Ruf des Safran-Standortes Nürnberg einen Gefallen tat, darf bezweifelt werden. Dieser gefälschte Safran muß also wohl in erster Linie von Nürnberger Kaufleuten auf die Schau gebracht worden sein, bei minderwertigen Qualitäten der Italiener hätte er wohl nicht gezögert, sie vom Markt nehmen zu lassen.

Noch einige andere Quellen, die nachweisen, daß die Nürnberger Allianzmitglieder im letzten Viertel des sechszehnten Jahrhunderts den Safranhandel noch betrieben.

Die Augsburger Christoph Welser und Konsorten prozessierten 1563 wegen 26 Ballen spanischen Safrans, die nach Antwerpen spediert und ihnen abgenommen worden waren.[1428] Im Archivio della Congregazione per la Dottrina della Fede (ACDF) in Rom findet sich ein Hinweis, daß 1580 Deutsche mit Safran in Aquila handelten, und ebenda ist 1598 Michael Imhoff als Safranhändler belegt.[1429]

Exakt aus der eben erwähnten Zeit der massiven Safranfälschungen (um 1580), circa 8 Jahre vor der Aufgabe ihrer hiesigen Faktorei, existiert ein Handelsbuch der Nürnberger Filiale der Augsburger Welser, die damals Christoph Welser und Gesellschaft hieß. Eine systematische Auswertung steht noch aus.[1430] Die publizierten Auszüge dokumentieren rege Geschäftsbeziehungen mit der Firma Paulus Tucher, Gebrüder und Mitverwandte, die fast ausschließlich

---

1428 Welser, L.v., Welser, 1, S. 183.
1429 Imhoff geriet damals ins Fadenkreuz der Inquisitionsbehörden, wurde im Sinne der katholischen Kirche aber durchaus positiv eingestuft. - ACDF, LL 3e. Diesen Hinweis verdanke ich Herrn Dr. Peter Schmidt, Brühl-Rom.
1430 Nach Ludwig v. Welser Bestand des Welser-Archivs. – Welser, L.v., Welser, 1, S. 179.

auf deren Safranverkäufe aller bekannten Sorten beruhen.[1431] Als Geschäftspartner sind auch Endres Imhoff und Mitverwandte sowie die Nürnberger Welser, aber wohl, wie aus der Anzahl der Buchungsseiten zu schließen ist, in geringerem Umfange, aufgeführt. Auch zahlreiche italienische Firmen auf Nürnberger Boden werden genannt. Analytische Vertiefungen, die über die Feststellung hinausgehen, daß die Allianzpartner zu jenem Zeitpunkt noch den Safranhandel betrieben, sind vorläufig nicht möglich.

Die stärkste Marktposition hatten wohl noch die Imhoff. Als Anfang des Jahres 1579 Christoph Fugger starb, mußte die Familiengesellschaft den Anteil des Verstorbenen in Höhe von 370.000 Gulden an die Erben auszahlen. Diese Gelder wurden vorwiegend von Spanien aus nach Deutschland transferiert. Wegen der spanisch-niederländischen Auseinandersetzungen war das über Antwerpen, andernfalls wohl zunächst bevorzugter Wechselplatz, nicht möglich. Eine Tranche in Höhe von 23.222 Dukaten wurde deshalb Gabriel Imhoff in Saragossa zur Verfügung gestellt, der das Geld für Safraneinkäufe verwendete. Die Fugger erhielten einen Wechsel auf Lyon, wo Wilhelm Imhoff und Georg Braytner akzeptierten. Die Rückzahlung sollte dann in Frankfurt oder an einem anderen Ort in Deutschland erfolgen. Insgesamt wurden auf diese Weise 105.237 Gulden von Spanien aus nach Deutschland gewechselt. Über Italien wurde die Firma Hieronymus Imhoff (sel. Erben) in diese Transfers eingeschaltet.[1432] Ob dort die gesamte Summe für Safraneinkäufe verwendet wurde, ist nicht bekannt.

Noch einige Überlegungen grundsätzlicher Art zu den Kontobildern der ‚ehemaligen' Nürnberger Allianzmitglieder. Wenn die Imhoff, Tucher, Zollikofer, Rottengatter sich auf dem Safranmarkt nicht mehr halten konnten oder wollten, weil er u.U. wirtschaftlich unattraktiv geworden war, so hätte man doch vermutet, daß es zu anderen Kooperationsformen oder zu ganz ‚normalen' Beziehungen auf anderen Geschäftsfeldern gekommen war. Das aber war, wie die Konten zweifelsfrei belegen und eben aufgezeigt wurde, nicht der Fall. Ein Welser Bevollmächtigter bei den Tuchern, eine wechselseitige kapitalmäßige Beteiligung der Tucher und Imhoff? Gar eine Megafusion? Nicht vorstellbar! Da hätten die Firmen doch lieber Konkurs angemeldet. Sie konnten sich nicht einmal dazu entschließen, Kommissionsgeschäfte füreinander abzuwickeln, wie es bei den Italienern (und anderen Nürnberger Firmen) in einem signifikantem Ausmaße der Fall war. Sie hätten sich in den Konten niederschlagen müssen.

Von den heute in der Literatur und Fachpresse aufgeführten Vorbehalten[1433] gegenüber einer Allianz trifft für die Nürnberger sicher die berechtigte Furcht vor der Offenlegung interner Unternehmensdaten und –strategien (Knowhow-Abfluß) zu. Die Tucherbriefe liefern diesbezüglich eindeutige Beweise.

1431 Welser, L.v., Welser, 2, S. 157ff.
1432 Hildebrandt, R., Antwerpen-Börsenlatz, S. 17.
1433 Blick durch die Wirtschaft, S. 1.

Außerdem wollte kein Mitglied eine Einschränkung oder gar ein Verlust der Autonomie in Kauf nehmen. Die Gefahr, zum Grenzanbieter gemacht zu werden, wurde als hoch eingeschätzt. Von den heute sogenannten ,Make- or Buy'-Entscheidungen, also Marktbeherrschung durch Verdrängung des Allianzpartners oder käufliche Übernahme, war wohl nur die erste realistisch.

In beiden Fällen hätte die betroffene – gekaufte, konkursmachende - (Unternehmer-)Familie einen hohen Reputationsverlust in Kauf nehmen müssen, und zwar sowohl bei den Kaufleuten, und, was in diesem Zusammenhang besonders hervorgehoben werden soll, innerhalb ihrer sozialen Schicht.

Anders als die Konstellation Imhoff und Welser zu den Tuchern ist das Verhältnis der Imhoff und Welser zu bewerten, jedenfalls über weite Strecken des 16. Jahrhunderts.[1434] Vielleicht war aber auch deren Verhältnis inzwischen (Ende des 16. Jahrhunderts) mit dem zu den Tuchern zu vergleichen. In diesem Zusammenhang wirft eine Quelle – zugegebener Maßen eine etwas vage Vermutung – aus Augsburg auch ein Licht auf die mögliche Kooperation der Imhoff und Welser. Als am 27. Juni 1614 der hochverschuldete Reichspfennigmeister Matthäus Welser beim Rat um ein Darlehen in Höhe von 25.000 Gulden ansuchte, um fällige Frankfurter Wechsel in Höhe von 56.000 Gulden einlösen zu können, lehnten die Stadtpfleger Rembold – und Imhoff – sowie Bernhard Rehlinger es ab, dieses Gesuch zu befürworten.[1435] Wenn hier ein Begründungszusammenhang zu sehen ist, so sind nicht nur die Spannungen zwischen dem Haus Tucher auf der einen und den Welsern/Imhoff auf der anderen Seite in Erwägung zu ziehen, um das Ende der Allianz zu begründen, sondern auch tiefgreifende Verwerfungen zwischen den beiden zuletzt genannten Firmen. Man darf gespannt sein, zu welchen Ergebnissen die weitere Forschung kommen wird, bei der für diese Frage der Focus vor allen Dingen auf die Nürnberger Verhältnisse gelegt werden müßte.

Das Argument, das Produktspektrum der beiden Nürnberger Häuser Imhoff und Tucher, war eben, vom Safran abgesehen, in einem Maße unterschiedlich, daß sich keine Möglichkeit und Notwendigkeit einer engeren Zusammenarbeit ergab, trifft, was die Firmenprofile angeht, in einem gewissen Maße durchaus zu. Gleichwohl waren aufgrund einer breiten Ähnlichkeit der Warenpalette Kooperationsmöglichkeiten im Sinne von Abnehmer-Zulieferer-Beziehungen[1436] in beide Richtungen gegeben; ebenso, wegen ihrer Vertrautheit auf den europäischen Märkten, Kommissionsgeschäfte für die (ehemaligen) Partner. Eine enge Produktspezialisierung, eine Konzentration auf die heute sogenannten Kern-

---

1434 Die engen verwandtschaftlichen Beziehungen als auch die intensive wirtschaftliche Zusammenarbeit beider Häuser setzten also mindest 100 Jahre vor 1580 an. – Seibold, G., Imhoffsche Handelsgesellschaft, S. 205.

1435 Müller, J., Zusammenbruch-Welser, S. 218.

1436 Witt, P., Betriebliche Transformationsprozesse, S. 13.

kompetenzen, war bei den großen Unternehmen untypisch.[1437] Diese gab es, etwa in der leonischen Drahtindustrie, aber der Umsatz, so wie er sich in den Schuldbüchern des Banco Publico zeigt, wäre für die Imhoff und für die Tucher damit nicht möglich gewesen, und das würde auch für die Welser gegolten haben. Bei Nachfrage- (Angebots)überhang hätten die Unternehmen sich also durchaus beim (ehemaligen) Allianzpartner eindecken (an ihn verkaufen) können. Sie taten es aber nicht, kooperierten lieber mit anderen Firmen. Die Kontobilder stehen eindeutig im Gegensatz zu denen anderer großen Unternehmen.

Als Beweis soll das Konto der Firma Georg Ayrmann dienen (Darstellung 75 (Anhang)), Inhaber der zweitgrößten Firma (Gesamtumsatz 1621-1624). Auf ihm tauchen von den 20 wichtigsten Geschäftspartnern 11 auf beiden Seiten des Kontos auf, sie waren Gläubiger und Schuldner zugleich. Bei anderen Unternehmen sind ähnliche Verteilungen festzustellen. Dieselbe Charakteristik weisen auch die Konten der Imhoff und Tucher auf (Darstellungen 72 und 73 (Anhang)), aber eben mit dem entscheidenden Unterschied, daß sie, die beide zu den umsatzstärksten Nürnberger Unternehmen gehörten und früher in einer Allianz zusammengearbeitet hatten, auf den Konten des jeweils anderen Unternehmens nicht vermerkt sind. In allen drei Jahren fand zwischen den Firmen kein einziger Geschäftsabschluß statt. Ihre Konten spiegeln in erster Linie keine gänzlich unterschiedlichen Firmenprofile wider, ergaben sich nicht aufgrund struktureller Unterschiede, sondern finden ihre Erklärung in einer tiefsitzenden Entzweiung. Die Familienunternehmen waren von einem verdeckten zu einem offenen Konkurrenzkampf übergegangen: Nicht Kooperation und Konkurrenz, sondern ausschließlich Konkurrenz, und diese auf die schärfste denkbare Weise. Daran lassen die Kontenbilder keinen Zweifel.

Die Annahme, daß es sich jetzt, am Anfang des 17. Jahrhunderts, um ein stillschweigendes Kartell zwischen Imhoff, Tucher, Zollikofer handelte in dem Sinne, daß sie zwar keine quantitativen Geschäftsbeziehungen miteinander unterhielten, aber ihre Unternehmenspolitik aufeinander abstimmten, sei hier der Vollständigkeit halber eingeführt und formuliert, sie hat aber keinen historischen Realitätsbezug. Diese Hypothese würde bedeuten, daß sie ihre Zusammenarbeit nicht nur nicht eingestellt, sondern auf alle Geschäftsfelder ausgedehnt hätten. Die Fülle der Indizien für die gegenteilige Auffassung ist so groß, die Banco-Kontobilder der anderen Unternehmen in Nürnberg sind so erdrückend, daß hier kein Begründungszusammenhang zu suchen ist. Auch ein vollständiges Cash-Clearing der gegenseitigen Forderungen und Schulden ist gänzlich auszuschließen. Das würde den Bankbestimmungen widersprochen haben, an dessen Formulierung sie selbst mitgewirkt hatten, wäre auch nicht geheimzuhalten gewe-

---

1437 Diese Feststellung ist ortsunabhängig. Vergleiche etwa: Pitz, E., Merchant Adventurers-Tuchkaufleute Hamburg, S. 782, 785.

sen. Ebenfalls bliebe die Frage nach dem unternehmenspolitischen Sinn unbeantwortet.

Wenn denn die gegenseitige Abneigung zwischen den Imhoff-Tuchern so tief saß, wie sie in den Bancozahlen und den anderen Quellen zum Ausdruck kommt, dann stellt sich auch die Frage nach der politischen Dimension dieser Rivalitäten, denn schließlich gehörten die Häuser zu den *„regierenden und altehrwürdigen Geschlechtern"*. Die Frage lautet also, wie haben sie vor dem Hintergrund des einsetzenden Dreißigjährigen Krieges agiert?

Aus Sicht der Italiener belegen die Zahlen nach einem harten Wettbewerb über 50 oder 60 Jahre hin den Sieg über ihre Nürnberger Konkurrenten. Trotz zunächst schlechterer Markteintrittsbedingungen waren nicht sie vom Safranhandel verdrängt worden, sondern sie hatten ihrerseits den Nürnberger *„Alt-Safranern"* wesentliche Marktanteile abgenommen und sich auch umfangreiche Anteile auf anderen Produktmärkten erobert. Die Klagen der Nürnberger Händler 1570/71 über Zollerhöhungen auf den Safran aus Aquila, der zu bedeutenden Absatzrückgängen geführt habe, trifft deshalb nicht den Kern des Problems.

Die Nürnberger Allianz wurde, objektiv betrachtet, unter optimalen Bedingungen aus den Vertretern desselben Standes gegründet. Sie war während eines langen Zeitraumes erfolgreich und erwirtschaftete hohe Gewinne. Spätestens am Anfang des Dreißigjährigen Krieges, wahrscheinlich aber schon am Ende des 16. Jahrhunderts, war sie zusammengebrochen.

Geht man für diesen Zeitraum von einem im übrigen gleichen Datenkranz aus, also vor allem von gleich hohen Erzeugerpreisen und einer ebenso starken Nachfrage, dann muß allerdings bezweifelt werden, daß sich die Gesamtwohlfahrt auf diesem Teil-Markt erhöht hatte, denn die Verkaufspreise wurden nun von den Italienern gesetzt. Daß sie die Abnehmer nach weitgehender Beseitigung der Konkurrenten weniger *„hart drückten"*, wie es den Nürnbergern nachgesagt wurde, darf bezweifelt werden.

Bei Würdigung aller Kennziffern ist natürlich im Auge zu behalten, daß die Imhoff und Tucher auch in den zwanziger Jahren des 17. Jahrhunderts immer noch zu den florierenden Unternehmen Nürnbergs gehörten. Die Anwesenheits- und Rangmatrix[1438] **(Darstellung 46)** aus den Schuldbüchern des Banco Publico (1621-1648) ist ein zweifelsfreier Beweis.

1438 Wie in vergleichbaren Fällen (s. oben: Lumaga) liegt die Vermutung nahe, daß es bei den Tuchern im Jahre 1632/33 (teilweise) zu einem Inhaberwechsel kam, die Ränge 22 und 73 wirtschaftlich einer Unternehmenseinheit zuzuschreiben sind. Einzeluntersuchungen müssen hier Klarheit schaffen. Durch die Aufbereitung der Konten und ihrer Darstellung werden diese Firmenrechtsänderungen gleich offenbar. – Siehe Peters, L.F., Einführung-Quellen, passim.

Banco Publico zu Nuremberg

Kontoinhaber: Anwesenheit / Umsatzrang (Haben)
Zeit-Selektion: 01.08.1621 - 31.07.1648
Konten-Selektion: Imhoff

	1621 bis 1622	1622 bis 1623	1623 bis 1624	1624 bis 1625	1625 bis 1626	1626 bis 1627	1627 bis 1628	1628 bis 1629	1629 bis 1630	1630 bis 1631	1631 bis 1632	1632 bis 1633	1633 bis 1634	1634 bis 1635	1635 bis 1636	1636 bis 1637	1637 bis 1638	1638 bis 1639	1639 bis 1640	1640 bis 1641	1641 bis 1642	1642 bis 1643	1643 bis 1644	1644 bis 1645	1645 bis 1646	1646 bis 1647	1647 bis 1648
Imhoff, Andreas	357	-	-	-	-	-	-	-	-	-	-	-	-	-	-	-	-	-	-	-	-	-	-	-	-	-	-
Imhoff, Andreas d.Ä.	-	-	-	-	-	-	456	-	-	-	-	-	-	-	-	-	-	-	-	-	-	-	-	-	-	-	-
Imhoff, Gabriel	-	-	-	-	-	515	-	-	-	-	-	-	-	-	-	-	-	-	-	-	-	-	-	-	-	-	-
Imhoff, Hans (sel.): Erben	-	-	-	-	-	335	459	-	-	-	207	349	-	-	-	-	-	-	-	-	-	-	-	-	-	-	-
Imhoff, Hans d.Ae.	330	-	-	462	399	412	-	-	-	-	-	-	-	-	-	-	-	-	-	-	-	-	-	-	-	-	-
Imhoff, Hans Hieronymus d.J.	-	-	-	-	-	-	-	-	-	-	-	257	241	208	210	-	-	-	-	-	-	-	-	-	-	-	-
Imhoff, Hans Jakob	-	-	425	-	-	-	-	-	-	-	-	-	-	-	-	-	-	-	-	-	-	-	-	-	-	-	-
Imhoff, Hans Jakob (sel.): Witwe	-	-	-	376	-	-	-	-	-	-	-	-	-	-	-	-	-	-	-	-	-	-	-	-	-	-	-
Imhoff, Karl (sel.): Witwe Sabina	300	-	-	-	-	-	270	-	-	-	-	-	-	-	-	-	-	-	-	-	-	-	-	-	-	-	-
Imhoff, Magdalena (sel.); Exekutoren:	-	-	-	-	-	-	-	-	-	-	-	-	-	-	-	-	162	-	-	-	-	-	-	-	-	-	-
Imhoff, Magdalena (Wilhelm)	-	-	-	-	-	-	-	-	-	-	-	328	-	-	-	-	-	-	-	-	-	-	-	-	-	-	-
Imhoff, Michael	-	-	-	-	-	-	-	-	-	-	-	217	99	-	-	-	-	-	-	-	-	-	-	-	-	-	-
Imhoff, Paulus	-	-	-	325	320	-	-	559	-	-	-	-	-	-	-	-	-	-	-	-	-	-	-	-	-	-	-
Imhoff, Philipp	606	75	70	190	-	-	-	-	-	-	-	-	-	-	-	-	-	-	-	-	-	-	-	-	-	-	-
Imhoff, Raimund	87	-	-	-	-	-	-	-	-	-	-	-	-	-	-	-	-	-	-	-	-	-	-	-	-	-	-
Imhoff, Raimund & Interessenten	-	-	-	344	210	194	138	170	-	-	-	-	-	-	-	-	-	-	-	-	-	-	-	-	-	-	-
Imhoff, Wilhelm d.Ä. und Hans d.Ä.	-	-	-	20	11	16	12	32	15	-	8	28	56	282	-	-	-	-	-	-	-	-	-	-	-	-	-
Imhoff, Wilhelm d.J.	269	71	120	97	104	130	418	533	466	-	-	-	-	-	-	-	-	-	-	-	-	-	-	-	-	-	-
Imhoff, Wilhelm und Hans d.Ä. u.	-	-	-	-	-	-	-	105	115	-	-	-	-	-	-	-	-	-	-	-	-	-	-	-	-	-	-
Imhoff, Wilhelm, Andreas und	4	10	11	76	-	-	-	-	-	-	-	-	-	-	-	-	-	-	-	-	-	-	-	-	-	-	-

Darstellung 46 (1): Anwesenheits- und Rangmatrix der Imhoff-Firmen - Nürnberg 1621-1648

Banco Publico zu Nuremberg

Kontoinhaber: Anwesenheit / Umsatzrang (Haben)
Zeit-Selektion: 01.08.1621 - 31.07.1648
Konten-Selektion: Tucher

	1621 bis 1622	1622 bis 1623	1623 bis 1624	1624 bis 1625	1625 bis 1626	1626 bis 1627	1627 bis 1628	1628 bis 1629	1629 bis 1630	1630 bis 1631	1631 bis 1632	1632 bis 1633	1633 bis 1634	1634 bis 1635	1635 bis 1636	1636 bis 1637	1637 bis 1638	1638 bis 1639	1639 bis 1640	1640 bis 1641	1641 bis 1642	1642 bis 1643	1643 bis 1644	1644 bis 1645	1645 bis 1646	1646 bis 1647	1647 bis 1648
Tucher, Andreas	-	748	-	-	-	-	-	-	-	-	-	-	-	-	-	-	-	-	-	-	-	-	-	-	-	-	-
Tucher, Anton	-	555	-	-	-	-	-	-	-	-	-	-	-	-	-	-	-	-	-	-	-	-	-	-	-	-	-
Tucher, Anton und Thomas, Gebr..	15	12	21	19	10	18	20	31	25	45	35	22	-	13	23	34	22	-	-	-	-	-	-	-	-	-	-
Tucher, Anton und Thomas, Gebr..	-	-	-	-	-	-	-	-	-	-	-	73	22	13	23	34	22	-	-	-	-	-	-	-	-	-	-
Tucher, Dr. Lazarus	276	-	-	-	-	-	-	-	-	-	-	-	-	-	-	-	-	-	-	-	-	-	-	-	-	-	-
Tucher, Hans	-	613	-	-	-	-	-	-	-	-	-	-	-	-	-	286	-	233	230	-	-	-	-	-	-	-	-
Tucher, Hans Christoph	-	-	-	-	324	388	-	-	-	-	-	-	-	-	-	-	-	-	-	-	-	-	-	-	-	-	-
Tucher, Hieronymus	-	-	-	-	-	-	-	-	-	-	-	232	313	-	-	-	-	-	-	-	-	-	-	-	-	-	-
Tucher, Jakob und Nikolaus	-	-	-	-	-	-	-	-	-	-	348	166	164	-	-	-	-	-	-	-	-	-	-	-	-	-	-
Tucher, Jobst	460	-	-	-	-	-	-	-	-	-	-	-	-	-	35	35	18	9	15	12	-	-	-	-	-	-	-
Tucher, Juliana (Berthold)	-	-	-	-	-	-	-	-	-	-	-	-	205	-	-	-	-	-	-	-	-	-	-	-	-	-	-
Tucher, Lazarus	-	-	-	-	-	376	465	-	389	-	-	-	-	-	-	-	-	-	-	-	-	-	-	-	-	-	-
Tucher, Paulus	-	-	-	335	-	-	-	-	-	-	-	-	-	-	-	-	268	-	-	-	-	-	-	-	-	-	-
Tucher, Sebald	-	-	-	-	-	-	-	-	-	-	-	268	270	-	-	-	268	-	-	-	-	-	-	-	-	-	-
Tucher, Thomas und Karl und	-	-	-	-	-	-	-	-	-	-	-	-	-	-	-	-	-	48	48	41	78	77	-	74	90	71	77
Tucher, Tobias	-	-	-	-	-	-	-	-	-	-	-	-	-	-	-	-	-	-	-	-	-	-	-	-	-	-	144
	410	572	262	395	267	257	313	168	331	280	111	181	152	98	151	142	128	246	221	310	-	-	-	-	-	-	-

Darstellung 46 (2): Anwesenheits- und Rangmatrix der Tucher-Firmen – Nürnberg 1621-1648

Drei Beispiele dafür, wie qualitative und quantitative Quellen (Bancozahlen, hier die Aufbereitung in der Anwesenheits- und Rangmatrix) miteinander korrespondieren, sich ergänzen und verifizieren:

Beispiel 1: Hans Hieronymus Imhoff begann 1634 wegen Überschuldung seinen kostbaren Kunstbesitz zu veräußern, so zum Beispiel vierzehn kostbare Drucke an den Holländer Matthäus von Overbeck, 2 Jahre später den Restbestand seiner Bibliothek an Thomas Earl of Arundel. Er selbst beschreibt seine finanzielle Lage folgendermaßen:[1439] "... habe von ihm keinen Profit gehabt und wann sonderlich ich nicht so höchlich gelts benötigt gewesen wäre, sollte er solche stück um ein so geringes gelt nicht bekommen haben". Wie die Matrix (**Darst. 46**) zeigt, war es genau jenes Jahr (1635/36), in dem er im Banco zum letzten Mal ein Konto unterhielt. Seine desolate Finanzlage ist nicht unbedingt mit einem unternehmerischem Versagen zu begründen, sondern findet ihre Erklärung möglicherweise im Zusammenbruch des Finanzsystems Wallensteins, in dem Nürnberger Kaufleute eine tragende Rolle spielten, und – vielleicht ein noch gravierenderer Grund – in der in Nürnberg wütenden Pest, der 2/3 der Bevölkerung zum Opfer fiel.[1440] Er konnte also unter diesen Umständen wegen Todes oder Bankrotts seiner Gläubiger ausstehende Forderungen nicht mehr eintreiben; sein geschäftliches Netzwerk war zerrissen, ein neues war so schnell nicht zu knüpfen. Im übrigen müssten sich in zahlreichen in- und ausländischen Archiven Quellen über die wirtschaftlichen Auswirkungen der in Nürnberg wütenden Pest finden lassen, denn davon waren ja nicht nur Nürnberger Kaufleute betroffen.

Beispiel 2: Die Nachkommen von Thomas und Karl Tucher[1441] übergaben am Ende des Dreißigjährigen Krieges Dokumente der Deutschen Bruderschaft in Lyon an die Nürnberger Jacob Gammersfelder, (Hans) Erasmus Dilherr und an die Söhne von Hans Förenberger. Wie die Matrix vermuten läßt (**Darst. 46**), ist die Übergabe – aus welchen Gründen immer - mit der eigenen Geschäftsaufgabe in Verbindung zu bringen.

Beispiel 3: Ein bedeutender Kriegsunternehmer in Nürnberg war der schon erwähnte Georg Ayrmann. Durch seine Rüstungsgeschäfte – und andere selbstverständlich auch – katapultierte er sich am Anfang des 17. Jahrhunderts an die Spitze der Nürnberger Unternehmerschaft. Umfangreiche Kredite vergab er zum Beispiel an die Kurfürsten von Sachsen. Diese konnte er am Anfang der Dreißiger Jahre nicht mehr eintreiben. Der Nürnberger Rat schrieb damals für ihn an

---

1439 StBN 63.4⁰ = Imhoff, Hans Hieronymus, Geheim-Büchlein für mich Hans Hieronymus Imhoff 1622-1659, fol. 74f.
1440 Bauernfeind: Materielle Grundstrukturen, S. 274f.
1441 PfeifferG., Privilegierung-Lyon, S. 407-455. Bis 1632/33 hieß die Tucher-Stammfirma Anton und Thomas, Gebrüder, danach bis 1637/38 Anton und Thomas, Gebrüder und Mitverwandte, von da an Thomas und Karl und Mitverwandte (Darstellungen 27 und 28). Aus formalen Gründen musste der Name gekürzt werden. Die volle Bezeichnung ergibt sich jeweils aus dem Kontennachweis (Av 7130.4 (1), S. 1-151).

den Kurfürsten Georg von Sachsen,[1442] daß Ayrmann nicht durch „*unordentliches leben oder nachlässigkeit in seiner handtierung*" in Bedrängnis geraten sei, sondern weil er seine Außenstände in Höhe von 300.000 Gulden nicht eintreiben könne. Man darf davon ausgehen, daß den größten Teil dieser Forderungen der Kurfürst selbst zu begleichen hatte. Ein Blick in die Matrix[1443] zeigt nun, daß Ayrmann von Position 2 (1622/23) auf Rang 206 (1631/32) und 281 im nächsten Jahr zurückgefallen war, von da an in den Bankbüchern nicht mehr auftauch. Andere Gründe mögen für sein Ausscheiden aus der Nürnberger Unternehmerwelt mitursächlich gewesen sein. Opfer der in jenen Jahren wütenden Pest war er nicht geworden. Er starb am 09. oder 10.03.1651.[1444]

Im übrigen belegt die Matrix, daß von den großen patrizischen Firmen nicht die Imhoff,[1445] sondern die Tucher - und das gleich mit mehreren Zweigen - sich am längsten unternehmerisch betätigten.

4.1.2.4. Die Geschäftsbeziehungen der Tucher und Imhoff im Spiegel ihrer eigenen Konten

Die folgenden Ausführungen verstehen sich in erster Linie als Anregungen für die weitere Forschung. Es geht bei den methodischen Zugriffen zunächst um die Aufbereitung und damit mögliche Beantwortung von zwei Fragen: Erstens: In welchem Maße findet die absolute Nicht-Kooperation der Imhoff und Tucher – auch - eine Erklärung in ihren unterschiedlichen Firmenprofilen, inwieweit wird also die hier vertretene These, daß von dieser Seite her keine zufriedenstellende Begründungszusammenhänge zu erwarten sind, bestätigt (oder verworfen). Zweitens: Geben die je spezifischen, zum Teil unterschiedlichen Milieus, die geschäftlichen Umfelder am Anfang des 17. Jahrhunderts, konkrete Hinweise auf das Spannungsverhältnis dieser beiden Firmen, und in welchem Maße lassen sich daraus Rückschlüsse für das Scheitern der Allianz herleiten. Die entwickelten Methoden können natürlich auch bei anderen Firmen oder Firmengruppen angewandt werden. Ursachen und Folgen dürften in beiden Fällen nicht verwechselt werden.

Die Forschung könnte auf der Basis ihrer Dreijahreskonten (1621-1624) eine Totalanalyse etwa in der Form vornehmen, daß sie die absoluten Umsätze und die relative Wichtigkeit (Rangposition) der Geschäftspartner A bis Z auf den Imhoff- und Tucherkonten miteinander vergleicht. Diese Daten stehen zur Verfügung. Wegen des lückenhaften Kenntnisstandes[1446] über die Geschäftstätigkeit vieler Firmen verspräche zum jetzigen Zeitpunkt der Versuch, die aufge-

---

1442 Peters: Handel Nürnbergs, S. 228f.
1443 Peters: Quellen (Av 7130.4 (2), S. 3).
1444 Peters: Handel Nürnbergs, S. 232.
1445 Seibold, G., Imhoffsche Handelsgesellschaft, S. 213.
1446 Die Informationen in meinem Buch über den Handel Nürnbergs bieten eine gewisse Grundlage für weitere Forschungen.

worfenen Fragen inhaltlich einer Lösung zuzuführen, allerdings geringe Erfolgsaussichten.

Vor einem solchermaßen schwierigen Gesamtvergleich könnte in Form einer Negativauslese der folgende Zugriff versucht werden. Es wird gefragt, welche Konten tauchen bei der Firma Tucher auf der Soll- bzw. Habenseite auf, die bei den Imhoff nicht zu finden sind (**Darstellung 72 und Darstellung 73** im Anhang, auf denen der Verf. die Konten ‚gegeneinanderlaufen' ließ.). Um voreilige Schlußfolgerungen zu vermeiden, sei angemerkt, daß ein Geschäftspartner, der im Soll als Kreditor nicht zu finden ist, durchaus auf der Gegenseite als Debitor auftauchen kann. Es zeigte sich aber, daß dies in diesem Fall eher die Ausnahme war.

Dasselbe gilt für mehrere Unternehmen innerhalb derselben Familie, hier der Imhoff und der Tucher. Mit einem Zweig können Kunden- und/oder Lieferantenbeziehungen bestanden haben, mit dem anderen nicht. Das war aber bei ihnen bis auf eine Ausnahme nicht der Fall. Also nicht nur kein Güteraustausch der Stammfirmen untereinander, sondern auch nicht mit denen anderer Familienmitglieder. Der besagte Sonderfall hatte möglicherweise mit einer Erbschaftsabwicklung zu tun. Am 14.11.1621 fließen vom Konto der Tucher-Stammfirma 3.400, am 04.03.1623 noch einmal 400 Gulden zu Felicitas, der Witwe von Hans Jakob Imhoff. Auch weisen von den 9 Imhoff-Konten nur 2 Geschäftsbeziehungen mit der Imhoff-Hauptfirma auf.

Ist es möglich, diese unterschiedlichen mikroökonomischen Netzwerke zu deuten, sind zusätzliche Erkenntnisse zu erwarten über ihr Warensortiment, die Handelsrichtung und auch darüber, inwieweit sich die je spezifische Kunden- und Lieferantenstruktur aufgrund eben dieser Charakteristika sozusagen zwangsläufig ergab, oder ob und in welchem Maße sie Ausdruck des Firmengrundsatzes der Tucher und Imhoff sind, mit den Geschäftspartnern des Konkurrenten möglichst wenig zu kontrahieren. Aus Sicht der jeweiligen Firmen auf dem Tucherkonto stellt sich die Frage, warum sie keine Geschäftskontakte mit den Imhoff pflegten. Durch den Betrachtungszeitraum von 3 Jahren sind Zufälligkeiten weitgehend ausgeschlossen.

4.1.2.4.1. Sollseite

Auf der Kreditorenseite (Soll) des Tucherkontos der Jahre 1621-1624 sind 44 Firmen verzeichnet, die auf dem Konto der Imhoff nicht auftauchen. Bei insgesamt 111 Gläubigern[1447] ergibt das einen Prozentsatz von 39,6. Man wird die unterschiedliche Gläubigerstruktur als äußerst signifikant gewichten und bewerten dürfen.

1447 Das Hauptkonto (Rang 58) und Gebührenkonto (Rang 112) als Abschlußkonten wurden nicht berücksichtigt.

Weniger ausgeprägt sind die Unterschiede, wenn das Umsatzvolumen betrachtet wird. Die ermittelten Firmen hatten Forderungen an die Tucher in Höhe von 19,6% des Gesamtumsatzes. Die Tucher wickelten also rund ein Fünftel ihres Gesamtumsatz mit Firmen ab, die keine Austauschbeziehungen mit den Imhoff unterhielten. Vielleicht wird die weitere Forschung sie als Anbieter von Spezialprodukten identifizieren können. Dieses Ergebnis würde aber nicht schon bedeuten, daß sich das Warensortiment hierin von dem der Imhoff unterschied, denn jene können sich bei konkurrierenden Spezialfirmen eingedeckt haben.

In diesem konkreten Fall brächte vor allem die Untersuchung der Geschäftsbeziehungen zwischen den Tuchern und den Firmen Stephan Geiger (sel.): Erben, Peter Anton Tressal, Christoph Roth (a parte) und Hastrobald Rosenthaler (sel.): Witwe wichtige Erkenntnisse, denn sie gingen alle überdurchschnittlich in die obige Rechnung ein. Die Geiger zum Beispiel bekamen von den Tuchern 28.163 Gulden, von den Imhoff keinen Pfennig überwiesen und zahlten ihrerseits ebenfalls keinen Pfennig. Sie waren also weder Kreditor noch Debitor der Imhoff. Bei dem Geschäftsvolumen beider Firmen schon sehr bemerkenswert!

4.1.2.4.2. Habenseite

Die Anzahl der Debitoren auf dem Tucherkonto war mit 121 (122 minus Hauptkonto) etwas größer als die der Kreditoren. Von ihnen hatten 57 keine Verbindlichkeiten bei den Imhoff. Das ergibt einen Prozentsatz von 47,1. Das Umsatzvolumen dieser Gruppe betrug 261.234 Gulden, der Anteil am gesamten Geschäftsvolumen von 974.108 (978.620 minus 4.512 auf dem Hauptkonto) belief sich damit auf 26,8 Prozent. Die Fragen stellen sich mit umgekehrtem Vorzeichen wie oben ausgeführt. Bemerkenswert auch hier die hohen Überweisungen der Firma Stephan Geiger (sel.): Erben in Höhe von 33.975. Mit ihr waren die Tucher im Gegensatz zu den Imhoff also geschäftlich sehr eng verbunden. In etwas abgeschwächter Form gilt das auch für die Firmen Balthasar Schnabel (Überweisungen in Höhe von 21.378 Gulden), Lang/Vogel (17.000), Karl Sitzinger (14.495) und Balthasar Klüpfel (11.583).

Auch aus dieser hier vorgetragenen Sicht wird die oben eingeführte Frage, ob möglicherweise zwischen den Firmen ein „Cash-Clearing" vereinbart worden war, gänzlich unwahrscheinlich.

4.1.2.5. Die Konten der Tucher und Imhoff im Spiegel ihrer Netzwerke

Ein weiterer methodischer Zugriff auf die (unterschiedliche) Lieferanten- und Kundenstruktur besteht zum Beispiel im Vergleich des Netzwerkes der Tucher **(Darstellung 47)** mit dem Konto der Imhoff **(Darstellung 72 (Anhang))** und umgekehrt **(Darstellung 78 (Anhang))**.

Banco Publico zu Nuremberg

Größte Konten mit Umsatz sowie Netzwerkpartner mit anteiligem Umsatz (absolut und prozentual von ihrem Umsatz)
Zeit-Selektion: 01.08.1621 - 31.07.1624
Konten-Selektion: 20 größte Konten

Konto	Betrag	Prozent
12. Tucher, Anton und Thomas, Gebrüder	978.620-14-01	100,00 %
. (1) Agricola, Dr. Andreas	2.275-00-00	14,32 %
. (1) Lindenmaier, Hans	5.029-18-00	11,26 %
. (1) Morello, Jakob	18.267-17-02	100,00 %
. (2) Beck, Matthias; Reichenbach	2.811-05-00	33,86 %
. (1) Rosentahler, Hastrobald (sel.): Witwe	10.165-17-06	99,84 %
. (2) Seiferheldt, Magdalena (Hans Georg)	1.060-00-00	100,00 %
. (1) Tetzel, Hans Jakob	4.000-00-00	85,56 %
. (1) Költsch, Friedrich	4.000-00-00	100,00 %
. (1) Tucher, Hans Christoph	1.004-03-04	24,25 %
. (1) Volland, Georg (a parte)	11.257-17-06	12,73 %
. (2) Hermann, Hans, Volland, Georg & Roth, Christoph	18.700-00-00	81,48 %
. . (3) Fournier, Hans, Wolf Friedrich; Schwabach	7.150-00-00	38,92 %
. . (3) Holzmann, Hans	1.000-00-00	58,56 %
. . (3) Kaufmann, Paulus	4.900-00-00	99,87 %
. . . (4) Wahl, Jakob	1.000-00-00	41,38 %
. . (3) Küchel, Hans	28.935-00-00	61,28 %
. . (3) Loss, Hans (sel.), Georg (sel.): Vormünder der Kinder	5.450-00-00	100,00 %
. . . (4) Loss, Hans (sel.): Vormünder der Kinder	1.400-00-00	100,00 %
. . . (4) Tucher, Anton	1.500-00-00	100,00 %
. . (3) Pfinzing, (Maria) Magdalena (Seifried)	1.000-00-00	100,00 %
. . (3) Raab, Dr. Christoph	2.060-00-00	100,00 %
. . (3) Söldner, Erhard (sel.): Witwe Martha	1.000-00-00	100,00 %
. . (3) Weigel, Hans Jakob	1.000-00-00	34,41 %
. . (3) Wurffbain, Dr. Leonhard	2.000-00-00	14,62 %
. (1) Rottengatter, Paulus d.Ä.	4.100-00-00	85,56 %
. (2) Költsch, Friedrich	4.000-00-00	100,00 %
. (1) Tucher, Hans Christoph	1.004-03-04	24,25 %
. (1) Volland, Georg (a parte)	11.257-17-06	12,73 %
. (2) Hermann, Hans, Volland, Georg & Roth, Christoph	18.700-00-00	81,48 %
. . (3) Fournier, Hans, Wolf Friedrich; Schwabach	7.150-00-00	38,92 %
. . (3) Holzmann, Hans	1.000-00-00	

Darstellung 47: Netzwerk der Tucher (Auszug) – Nürnberg 1621-164

Definitionsgemäß kann jede Firma nur in einer Lieferantenschleife auftauchen. Das schließt aber nicht aus, daß sie (mit einer geringeren Summe) auf dem Vergleichskonto zu finden ist.

Das Ergebnis in diesem konkreten Fall lautet, daß keine Firma, die im Netzwerk der Tucher auftaucht, also direkt oder indirekt über Geschäftspartner den Tuchern zulieferte, im aufgezeigten Sinne[1448] auch mit den Imhoff handelte. Durch diesen methodischen Ansatz kann der Historiker sich also den oben aufgestellten Fragen weiter nähern.

4.1.2.6. Die Konten der Tucher und Imhoff im Spiegel der zwanzig größten Firmen

Während durch die eben entwickelten Analyseinstrumente die spezifischen Firmenprofile eher vom ‚Rand' her beleuchtet werden, so zielt der folgende Ansatz ins Zentrum ihrer großen Waren- und Geldströme. Aus unternehmerischer Gesamtsicht waren die umsatzstärksten Firmen die wichtigsten Debitoren und Kreditoren, aber mit zum Teil ganz unterschiedlichen Akzenten. Gemeinsames Strukturmerkmal ist das aufregende Phänomen, daß beide, die Imhoff (40,9) und die Tucher (45,6), über 40 Prozent an ihre Gläubiger dieses Umsatzsegments zahlten, ebenfalls beide nur rund die Hälfte von diesen Summen von jenen überwiesen bekamen. Bei den Imhoff betrug die Differenz 21,4% bei den Tuchern 24,2%. Als Lieferanten spielten sie also für die Imhoff und Tucher eine doppelt so wichtige Rolle wie als Käufer. Die Austauschbilanz war also negativ. Erster Hinweis für die Entwicklung von großen Verteiler- zu Zwischenhandelsfirmen?!

Es liegt also nahe, die wirtschaftliche Verflechtung der Imhoff und Tucher mit diesen Firmen zu untersuchen (**Darstellung 48**). Die erste Spalte listet die zwanzig umsatzstärksten Firmen von Lumaga bis Roth auf. Es folgen: Der Rang dieser Unternehmen auf dem Imhoffkonto (2), die absoluten Überweisungen der Imhoff an jene (3), der Prozentanteil vom Gesamtumsatz der Imhoff (4), dieselben Daten auf dem Tucherkonto (6-8), die prozentuale bzw. absolute Differenz der Umsätze mit diesen zwanzig größten Firmen (9). Danach die Gutschriften von ihren Debitoren auf den Habenseiten, zunächst die auf dem Imhoff- (10-12), dann die auf dem Tucherkonto (13-15). Schließlich auch hier die Differenz der Werte (16). In den Spalten 17 und 18 werden die ‚Handelsbilanzen' der Imhoff und Tucher mit diesen zwanzig (inclusive ihrer eigenen Konten, also jeweils mit den restlichen 19) größten Firmen aufgelistet.

1448 Im Soll des Imhoffkontos Morello, Jakob und Volland, Georg (a parte).

4.1.2.6.1. Kreditorenstruktur

Die höchsten absoluten Verbindlichkeiten mit Firmen dieser Gruppe[1449] hatten die Imhoff bei Kleewein, Braa, Beck, Viatis und Lumaga.

Drei von ihnen waren einheimische Unternehmen, Braa kam aus den Niederlanden, Lumaga aus Plurs in Graubünden mit Faktoreien in anderen Städten und Ländern. Auffallend ist die Umsatzkonzentration bei den 8 der neun größten Firmen, ganz unterdurchschnittlich ist das mit den folgenden Firmen verhandelte Volumen.

Die Tucher waren mit den höchsten Summen ihren Kreditoren Odescalco, Lumaga, Benevieni/Sini, Braa und Oyrl verpflichtet. Bei der Betrachtung ihrer Geschäftsbeziehungen mit der italienischen Kaufmannsgruppe wird weiter unten eingegangen. Auffallend sind die hohen Verbindlichkeiten gegenüber der Firma Odescalco besonders deshalb, weil die italienische Firma nach dem ersten Geschäftsjahr (1621/22) den Standort Nürnberg aufgab, gleichwohl das Geschäftsvolumen sie bei der Betrachtung des Gesamtzeitraumes (1621-1624) auf Platz 13 plazierte. Die Imhoff kauften bei ihnen nur rund ¼ von dem der Tucher. Umgekehrt liegt der Fall bei der Firma Kleewein, die von den Imhoff über viermal so viel überwiesen bekam wie von den Tuchern. Große absolute Differenzen zeigen auch ihre Geschäftsbeziehungen zur Firma Viatis, die von den Imhoff präferiert wurde. Ein Unternehmen aus Nürnberg (Ayrmann) folgt bei den Tuchern erst auf Rang 6 (Kassakonto nicht berücksichtigt). Der Umsatz mit diesem Unternehmen war fast identisch mit dem der Imhoff. Gerne würde man die wirtschaftlichen Hintergründe erhellen können, aber Quellen und Literatur erlauben das vorläufig nicht.

Wurde bisher versucht, die Unterschiede der Gläubigerstruktur herauszustellen, so muß jetzt konstatiert werden, daß die Konten auch Gemeinsamkeiten aufwiesen: Die Imhoff und Tucher bezogen keine Waren von den Firmen Fürleger/Helfreich (Helffrich). Gibt es eine gemeinsame Begründung oder finden diese Phänomene unterschiedliche Erklärungen?

Es bleibt Aufgabe zukünftiger Historiker, eine Antwort zu finden. Der Blick ist geschärft.

4.1.2.6.2. Debitorenstruktur

Auf der rechten Seite der Tabelle wurde dieser Vergleich für die Schuldner der Nürnberger Firmen durchgeführt. Auch diesbezüglich können im wesentlichen nur Feststellungen getroffen und Fragen formuliert werden. Begründungen muß die weitere Forschung erbringen.

1449 Zu den Firmen siehe: Peters, L.F., Handel Nürnbergs, passim.

Spalten 2-4 (8-10): Daten auf der Sollseite (Habenseite) des Kontos Imhoff 1621-1624; Gesamtumsatz 1.302.238 Gulden
Spalten 5-7 (11-13): Daten auf der Sollseite (Habenseite) des Kontos Tucher 1621-16624; Gesamtumsatz 978.620 Gulden
Spalte 14: Differenzen Haben (Gutschriften) – Soll (Lastschriften) Konto Imhoff
Spalte 15: Differenzen Haben (Gutschriften) – Soll (Lastschriften) Konto Tucher

1	2	3	4	5	6	7	8	9	10	11	12	13	14	15
Gößte Firmen 1621-1624	dort Rang	Umsatz	%	dort Rang	Umsatz	%	dort Rang	Umsatz	%	dort Rang	Umsatz	%	%	%
1) Lumaga: O. u. A.	6	50.495	3,9	2	60.796	6.2	15	20.882	1,6	16	15.380	1,6	- 2,3	- 4,6
2) Aymann, G.	8	34.474	2,6	7	32.970	3,4	2	60.541	4,6	1	64.969	6,6	+ 2,0	+ 3,2
3) Braa, A.	2	70.100	5,4	4	42.736	4,4	6	36.236	2,8	94	1.500	0,2	- 2,6	- 4,2
4) Beck, A.	3	70.047	5,4	8	29.395	3,0	11	25.114	1,9	8	28.577	2,9	- 3,5	- 0,1
5) Muellegg, H. H.	15	20.148	1,5	55	4.556	0,5	23	12.507	1,0	40	6.329	0,6	- 0,5	+ 0,1
6) Viatis / Peller	5	54.173	4,2	14	18.260	1,9	4	45.022	3,5	5	41.128	4,2	- 0,7	+ 2,3
7) Imhoff, W., A. u.														
8) Schwend.örffer, L.	27	12.647	1,0	59	4.408	0,5	98	1.145	0,1	82	2.259	0,2	- 0,9	- 0,3
9) Kleewein, J.	1	78.096	6,0	11	19.193	2,0	127	378	0,0	20	13.076	1,3	- 6,0	- 0,7
10) Scherl, Ph. u. A.	11	26.453	2,0	19	15.476	1,6	31	9.006	0,7	63	3.821	0,4	- 1,3	- 1,2
11) Fürleger / H.		.					56	4.450	0,3				+ 0,3	
12) Tucher, A, T.,		.												.
13) Odescalco, T.	17	17.946	1,4	1	78.870	8,1	26	11.286	0,9	88	1.913	0,2	- 0,5	- 7,9
14) Hassenbart / Sa	16	18.518	1,4	18	16.257	1,7	117	709	0,1				- 1,3	- 1,7
15) Marstaller, H.	60	6.000	0,5	64	3.827	0,4	28	10.090	0,8	80	2.700	0,3	+ 0,3	- 0,1
16) Capitani / A.	52	6.950	0,5	26	9.750	1,0	19	13.830	1,1	24	12.317	1,3	+ 0,6	+ 1,3
17) Bourg, A. de	20	17.225	1,3	3	44.482	4,5	12	24.311	1,9	71	3.282	0,3	- 1,3	- 0,7
18) Benevieni / S.	9	33.590	2,6	5	39.863	4,1	24	12.100	0,9	75	3.000	0,3	- 0,7	- 4,2
19) Oyrl, D.	44	8.868	0,7	10	22.259	2,3							+ 0,2	- 4,1
20) Roth, Ch.	53	6.650	0,5							28	10.000	1,0	- 0,5	- 1,3
Summe Prozent			40,9			45,6			22,2			21,4	-18,7	-24,2

Darstellung 48: Die Wirtschaftsbeziehungen der Imhoff und Tucher im Spiegel der zwanzig umsatzstärksten Firmen – Nürnberg 1621-1624

Die größten Gläubiger dieser Gruppe heißen bei den Imhoff: Ayrmann, Viatis/Peller, Braa, Benevieni/Sini, Lumaga. Die Tucher bekamen die höchsten Summen von den Firmen Ayrmann, Viatis/Peller, Beck, Lumaga, Kleewein. In diesem Segment tauchen also drei der fünf größten Gläubiger sowohl auf dem Konto der Imhoff als auch bei dem der Tucher auf. Damit sind die Unterschiede nicht so signifikant wie auf ihren Sollseiten. Auffallend ist auch hier, daß die Tucher von Fürleger/Helfreich (Helffrich) keinen Pfennig überwiesen bekamen, das Imhoffkonto weist nur eine Transaktion am Montag, den 21.01.1622, in Höhe von 4.500 Gulden auf. Zwischen diesen drei Firmen müssen die Beziehungen also wohl sehr gespannt gewesen sein. Sehr erklärungsbedürftig ist auch, daß die Tucher an die Oyrl 39.863 Gulden überwiesen, sie ihrerseits aber von jenen keinen Pfennig gutgeschrieben bekamen, bei den Benevieni/Sini betrug die Differenz beider Seiten über 41.000 Gulden, dieselbe Größenordnung wie bei de Braa.

Die Tucher erhalten am Mittwoch, den 22.05.1622, eine einzige Überweisung in Höhe von 3.282 Gulden durch Arnold de Bourg, das Imhoffkonto wird mit keinem Pfennig erkannt. Die Tucher finden sich nicht auf der Kreditorenliste der Fürleger/Helfreich, der Hassenbart/Savioli, Oyrl, die Imhoff außer bei de Bourg nicht auf der von Roth. Betrachten wir beide Seiten, ist das Austauschvolumen sowohl der Imhoff als auch der Tucher mit dieser Firma insgesamt auffallend gering. Aus dieser Familie stammte Christoph Roth, erster Geschäftsführer des Banco Publico.

Eine interessante, spannende Aufgabe, den jeweiligen Gründen für diese Kontenbilder auf die Spur zu kommen. Wirtschafts- und sozialgeschichtlich sind weitreichende Erkenntnisse zu erwarten.

4.2.   Handels- und Kapitalströme zwischen den ‚Allianzen'

Im folgenden sollen ‚landsmannschaftliche' Vergleiche im Mittelpunkt der Untersuchung stehen.

4.2.1.   Geldfluß von den Imhoff und Tuchern zu den Italienern

Oben wurde nachgewiesen, daß zwischen den Häusern Imhoff und Tucher in den Jahren 1621-1624 trotz sehr hoher Umsätze beider Firmen keine Wirtschaftsbeziehungen (mehr) bestanden. Da der Konkurrenzkampf mit den Italienern dazu beitrug, die immer schon vorhandenen internen Spannungen zu erhöhen und die Allianz zerrieben wurde, hätte vermutet werden können, daß die ehemaligen Mitglieder nun auch die Handelskontakte mit den Italienern einfroren. Einfroren deshalb, weil auch in den Zeiten harten Wettbewerbs, wie nachgewiesen, Wirtschaftsbeziehungen zu ihnen bestanden.

Zunächst belegen die folgenden Zahlen des Banco Publico, daß die Imhoff und Tucher, ebenso alle anderen Ex- und Importfirmen in Nürnberg, ob sie wollten oder nicht, gezwungen waren, sich den neuen Realitäten zu stellen. Die Imhoff, Tucher, Zollikofer mußten mit den Italienern paktieren, woran, liest man lediglich die Beschwerdeschriften aus den 60er und 70er Jahren, Zweifel hätten aufkommen können.

Die **Darstellung 49** zeigt in Prozentanteilen zunächst den Waren- und Kapitalfluß 1621-1624 zwischen der Stammfirma Wilhelm, Andreas Imhoff und Mitverwandte mit den Firmen aus Italien (Basis: Umsatz Imhoff in Höhe von 1.302.238 Gulden in den Jahren 1621-1624).

Die Zahlen der **Darstellung 50** belegen den Waren- und Kapitalverkehr der Tucherfirma Anton und Thomas, Gebrüder mit den Italienern (Basis: Konto der Tucher mit einem Umsatz von 978.620 Gulden in den Jahren 1621-1624).

Diese Größen zeigen im Vergleich zu den ersten 70 Jahren des 16. Jahrhundert eine neue Kooperationsstruktur zwischen den hier interessierenden Firmen, dokumentieren, wie berechtigt die Befürchtungen der *„alteingessenen Häuser"* Nürnbergs aus den 70er Jahren des 16. Jahrhunderts vor dem einsetzenden Strukturwandel des Standortes Nürnberg gewesen waren.

Ohne, wie erwähnt, Vergleichszahlen zu kennen, die erlaubten, eine quantitativ untermauerte Entwicklungslinie aufzuzeigen, scheint folgende Interpretation doch naheliegend: Die Imhoff und Tucher waren auf den Märkten in Italien traditionell stark vertreten, auf der anderen Seite bis zum Ausbau eines eigenen Vertriebsnetzes ab der Mitte des 16. Jahrhunderts - die Ausnahmen wurden aufgeführt -, in Nürnberg nur wenige Firmen aus den italienischen Stadtstaaten. Import und Export lagen also ausschließlich in den Händen dieser - und anderer! - Nürnberger.

Spätestens am Anfang des 17. Jahrhunderts hatte sich die Situation geändert.

Die **Darstellung 51** und die **Darstellung 52** veranschaulichen die Verbindlichkeiten der Imhoff und Tucher bei den Italienern.

Diese Zahlen dokumentieren also tendenziell Importwaren aus Italien. Da in den Schuldbüchern der Schuldgrund nicht angegeben wurde, kann man die Warenpalette nicht bestimmen, die Handelsrichtung nur mit der notwendigen Vorsicht unterstellen, schließlich waren alle Firmen europaweit präsent. Die Waren können also auch (zum Teil) aus anderen Bezugsmärkten gekommen sein.

4.2.2.   Geldfluß von den Italienern zu den Imhoff und Tuchern

Beide Nürnberger Firmen exportierten (Zahlungsempfang von den Italienern) weniger als sie importierten: Die Imhoff 9,7% zu 15,4% (=100%), also 37% weniger **(Darstellung 53)**, die Tucher 7,6% zu 25,4% (=100%) 70,08% weniger **(Darstellung 54)**. Hinsichtlich der Warenstruktur und Handelsrichtung gilt die eben gemachte Einschränkung.

	Name	Imhoff an %	Imhoff von %
1	Barigi, Andrea Cosimo		
2	Barsoti, Stefano		
3	Benevieni/Sini	2,6	1,9
4	Brocco, B., GA., P.A.	0,1	0,2
5	Brocco, Francesco	0,8	
6	Buseti, Franceso	0,1	
7	Capitani, C. d'Archonate u. Mitverw.	0,6	1,2
8	Caro, Giovanni Francesco		
9	Columbani, Camillo		
10	Gerardini, Giovanni, Pietro und Söhne		0,2
11	Gerardini, Pietro	0,4	
12	Georgini, Benedetto	0,7	
13	Hassenbart, Peter Paul & Savioli, Benedetto		
14	Kurti, Johann B. & Mayer, M. u. Mitverw.		
15	Lumaga, Marco		
13	Lumaga, Octavio und Marco Anthonio	3,9	1,6
17	Odescalco, Tomaso (sel.) Erben	1,4	0,9
18	Orseti, Guglielmo		
19	Perez, Ludovico & Calandrini, G., C. u. B.		
20	Pestalozzi, Julio Caesare		
21	Peutmueller, Caspar		
22	Sopra, Giovanni Battista	0,6	
23	Vialtello, Johann		
24	Viatis, Bartholome & Peller, Martin	4,2	3,5
25	Werdemann, Geremia [Erben]		0,2
26	Zorzi, Jakob		
Σ		15,4	9,7

Darstellung 49: Waren- und Kapitalfluß zwischen der Imhoffschen Stammfirma und den Firmen aus Italien – Nürnberg 1621-1624 [Basis: Umsatz Imhoff]

	Name	Tucher an %	Tucher von %
1	Barigi, Andrea Cosimo		
2	Barsoti, Stefano		
3	Benevieni/Sini	4,5	0,3
4	Brocco, B., GA., P.A.	0,9	
5	Brocco, Francesco		
6	Buseti, Franceso		
7	Capitani, C. d'Archonate u. Mitverw.		1,3
8	Caro, Giovanni Francesco		
9	Columbani, Camillo		
10	Gerardini, Giovanni, Pietro und Söhne	0,7	
11	Gerardini, Pietro		
12	Georgini, Benedetto	0,3	
13	Hassenbart, Peter Paul & Savioli, Benedetto	1,7	
14	Kurti, Johann B. & Mayer, M. u. Mitverw.		
15	Lumaga, Marco		
13	Lumaga, Octavio und Marco Anthonio	6,2	1,6
17	Odescalco, Tomaso (sel.) Erben	8,1	0,2
18	Orseti, Guglielmo	0,4	
19	Perez, Ludovico & Calandrini, G., C. u. B.		
20	Pestalozzi, Julio Caesare		
21	Peutmueller, Caspar		
22	Sopra, Giovanni Battista	0,7	
23	Vialtello, Johann		
24	Viatis, Bartholome & Peller, Martin	1,9	4,2
25	Werdemann, Geremia [Erben]		
26	Zorzi, Jakob		
Σ		25,4	7,6

Darstellung 50: Waren- und Kapitalfluß zwischen der Tucherschen Stammfirma und den Firmen aus Italien – Nürnberg 1621-1624 [Basis: Umsatz Tucher]

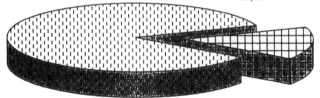

Zahlungen an die Italiener
15,40 %

Zahlungen an andere Firmen
84,60 %

**Darstellung 51: Zahlungen der Imhoff an die Italiener / andere Firmen
Basis: Umsatz Imhoff 1621-1624**

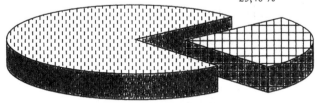

Zahlungen an die Italiener
25,40 %

Zahlungen an andere Firmen
74,60 %

**Darstellung 52: Zahlungen der Tucher an die Italiener / andere Firmen
Basis: Umsatz Tucher 1621-1624**

Rückschlüsse auf die Außenbilanz Nürnbergs insgesamt erlauben diese Zahlen aus methodischen Gründen natürlich nicht, auch wenn man geneigt sein mag, ihnen eine gewisse Repräsentativität zu unterstellen. Aufschlußreich für die jeweiligen Firmengeschichten allerdings ist, daß bei beiden Unternehmen die Zahlungen an die Italiener wesentlich höher waren als die Verkaufserlöse, bei den Imhoff stellt sich das Verhältnis auf 1:1,6 bei den Tuchern auf 1:3,3.

Aber nicht nur relativ, sondern bei einem geringeren Gesamtumsatz von 978.000 (Tucher, Rang 12) zu 1.300.000 (Imhoff, Rang 7) ergibt sich mit 248.412 zu 200.200 Gulden auch ein höherer absoluter Importumfang der Tucher. Diese Tatsache deutet cum grano salis darauf hin, daß sie ihre eigenen Standorte in Italien (auch in anderen Ländern?) weitgehend aufgegeben hatten, sich bei den Italiern in Nürnberg eindeckten. Ein weiterer Hinweis also auf den Status als Zwischenhandelsfirma.

Unter den gemachten Prämissen können sie auch dahingehend interpretiert werden, daß der Handel mit Waren aus Italien bei den Tuchern absolut und im Verhältnis zum gesamten Geschäftsvolumen eine größere Rolle spielte als bei den Imhoff. Eindrucksvoll dokumentiert wird dieses Strukturmerkmal durch die Tatsache, daß bei dem Dreijahreskonto (1621-1624) der Tucher die italienischen Firmen Odescalco, Lumaga, Benevieni die Ränge 1, 2, 3 auf der Sollseite belegen **(Darstellung 73 (Anhang)**, an sie also die höchsten Zahlungen erfolgten, während es bei den Imhoff **(Darstellung 72 (Anhang))** die Firmen Kleewein, de Braa, Beck waren, also zwei aus Nürnberg und eine aus den Niederlanden.

Mit den Kleewein und de Braa verband die Imhoff wohl vor allen Dingen der Kupferhandel,[1450] Beck lenkt den Blick auf das Finanzgeschäft.[1451] Bei den Tuchern dagegen dominierten möglicherweise der Spezereihandel im weitesten Sinne und der Samt- und Seidenhandel.[1452]

Es könnte in diesen Zahlen aber auch eine immer noch tiefersitzende Aversion der Imhoff gegenüber den Italienern zum Ausdruck kommen, wie sie sich in den 70-er Jahren des 16. Jahrhunderts zeigte. Bei den Tuchern war sie in dem Maße nicht zu beobachten. Trifft diese Feststellung zu, dann wären die Zahlen ein weiteres Indiz für die unterschiedliche Firmenkultur und Unternehmensstrategie der Imhoff und der Tucher.

1450 Braa verlegte Wohn- und Geschäftssitz später nach Amsterdam. Briefe über Kupferhandel und Geschäften mit Käse in GNM, Rep. II/67, Behaim-Archiv, Fasz. 158, 159, 160, 162, 172 u.a. Vgl. auch: Peters, L.F., Der Handel Nürnbergs, S. 276ff., S. 426ff.
1451 Peters, L.F., Handel Nürnbergs, S. 323ff.
1452 Grote setzt, jedenfalls für das 15. und den Anfang des 16. Jahrhunderts, den Akzent auch auf das Metallgeschäft. – Grote, L., Tucher, S. 31f.

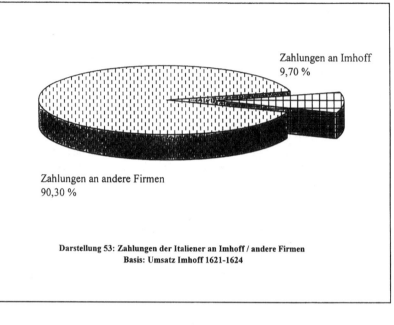

Zahlungen an Imhoff
9,70 %

Zahlungen an andere Firmen
90,30 %

**Darstellung 53: Zahlungen der Italiener an Imhoff / andere Firmen
Basis: Umsatz Imhoff 1621-1624**

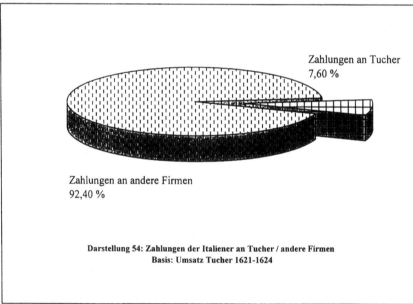

Zahlungen an Tucher
7,60 %

Zahlungen an andere Firmen
92,40 %

**Darstellung 54: Zahlungen der Italiener an Tucher / andere Firmen
Basis: Umsatz Tucher 1621-1624**

Gleichwohl waren die persönlichen und sachlichen Präferenzen beider Firmen zu den Italienern größer als zueinander; da bestanden keine mehr, weder persönliche, noch sachliche.

4.2.3. Die Zusammenarbeit der Zollikofer, Rottengatter mit den Italienern

Die Relationen sind bei den Zollikofern (**Darstellung 55**) noch deutlicher ausgeprägt.

Sie wickelten 20,5% (= 54.745 Gulden) ihres in den Schuldbüchern auf der Sollseite verzeichneten Geschäftsvolumens mit den Italienern ab, bekamen ihrerseits von jenen nur 3,3% überwiesen, sie schuldeten ihnen über sechsmal so viel wie jene ihnen.

	Rang	Konto	Zolliko-fer an	Zolliko-fer von
1	34	Brocco, B., G.A., P. A.	4,9	1,2
2	1	Lumaga, O., M. A.	13,2	1,8
3	13	Odescalco, T. (sel.): Erben	2,4	
4	75	Sopra, G. B.		0,3
		Summe	20,5	3,3

Darstellung 55: Geldfluß zwischen den Italienern und der Firma Zollikofer - Nürnberg 16211624

Alleine an die Lumaga zahlten sie 13,2% ihrer Gesamtverbindlichkeiten, womit diese zum wichtigsten Lieferanten geworden waren. Welche Veränderungen der Sortimentsschwerpunkte und welche geografische Verlagerung ihrer Handelswege diese Zahlen verdeutlichen, darüber können nur Vermutungen angestellt werden. Vielleicht weisen sie auf einen Ausbau ihres traditionell starken Osthandels hin, während das direkte Geschäft mit den Ländern Südeuropas zurückgegangen war. Auch bei ihnen ist zu beobachten, daß die Geschäftsbeziehungen mit ihren ehemaligen Allianzpartnern so gut wie keine Rolle mehr spielten.

Die Zahlen der Rottengatter liefern aufgrund des geringen Geschäftsvolumens keine weiteren signifikanten Aufschlüsse.

4.3. Allianzcharakteristika der Nürnberger und der Italiener - Ein Vergleich -

4.3.1. Kommissionshandel - Partiarischer Handel

Unterziehen wir das folgende, oben schon eingeführte Zitat, noch einmal einer näheren Betrachtung, um den unterschiedlichen Allianzcharakter der Italiener und Nürnberger zu erhellen. Im Zusammenhang mit den anhaltenden Repressionsversuchen der Nürnberger Beschwerdeführer sagten die Italiener Mitte der 70er Jahre[1453]:

„Wenn der Rat dächte, daß beim Verbot dieses Handels [gemeint war der Safranhandel] *für die Italiener dieser auf die Bürger und diejenigen übergehen würde, die ihn schon lange betrieben haben, so seien das zwei Irrtümer, denn weil die welschen Nationen untereinander befreundet und in den Handlungen an ausländischen Orten ihre Korrespondenz gemeinsam haben und daneben alle gelegenheit des ganzen Deutschlands erlernt, so können sie untereinander selber die Kommissionen ... machen".*

Entscheidend in diesem Zusammenhang ist der Hinweis auf den Kommissionshandel. Für die oberdeutschen Firmen war der Handelsdiener, Faktor, charakteristisch, der in der Regel Angestellter eines einzigen Unternehmens war, nur von dem Prinzipal Weisungen erhielt,[1454] nicht für mehrere Firmen gleichzeitig tätig war und allenfalls in Ausnahmefällen in eigenem Namen und für eigene Rechnung Geschäfte abschloß. Sein persönlicher Handlungsspielraum war begrenzt. So wurde es zum Beispiel Paulus (I) Behaim durch die Imhoff ausdrücklich untersagt, ohne ihre Zustimmung auch für andere Firmen tätig zu werden.[1455] Diese Posten wurden nicht nur, aber, soweit es die Personaldecke zuließ, bevorzugt mit Familienangehörigen oder Verwandten besetzt. Wenn bei den großen Firmen in den Faktoreien mehrere Personen Dienst taten, war während der Hauptgeschäftszeiten (Messen, Safrankauf) zumindest ein Familienmitglied Leiter der Faktorei, andere gingen dort in die Lehre. Die Ausführungen über die Tucher, Imhoff, Welser in Lyon, Italien, Spanien und Portugal belegen diese Behauptung hinreichend.

Insofern unterschied sich dieser Einkaufs- und Vertriebsweg sowohl von den Unternehmen im niederländisch-flandrischen Wirtschaftsraum[1456] als auch, wie gehört, von dem der Italiener. Die hohen gegenseitigen Überweisungen auf den Konten der ‚Fremden' beantworten auch nochmal die Frage, ob in Nürnberg der Handel der Fremden untereinander erlaubt war oder nicht, behindert wurde oder nicht.[1457] Er war erlaubt, wurde nicht behindert!

Die Formulierung *„untereinander selber die Kommissionen machen"* ist im vollen Wortsinne zu verstehen. Die Italiener traten sowohl als Kommissionäre als auch als Kommittenten für ihre Landsleute auf, beim Einkauf und beim Verkauf. Die Konten der Brocco und Lumaga, die beispielhaft eingefügt wurden, belegen durch die hohen Überweisungen auf beiden Kontoseiten mit denselben Landsleuten eben diese Tatsache. Obwohl die obige Aussage im konkreten Fall den Safranhandel meinte, umfaßte diese Tätigkeit das ganze Produktspektrum,

---

1453 BayStaatsAN, Rep. 19a, E-Laden, Akten, 242, 21.04.1575.
1454 Kellenbenz, H., Unternehmerkräfte, S. 325.
1455 GNM, Rep. II/67, Behaim-Archiv, Fasz. 25; betrifft die Jahre 1548-1560.
1456 Schmidt-Rimpler, W., Geschichte-Kommissionsgeschäft, passim.
1457 Sprandel, R., Gewerbe-Handel, S. 223.

bezog sich räumlich auf das ganze Deutschland und, denkt man z.B. an Krakau, sicher auf andere europäischen Standorte. Eingebunden waren prinzipiell alle italienischen Unternehmen, auch wenn die Kooperation zwischen einigen enger war als bei anderen. Außerdem konnte ein Einzelner gleichzeitig Gesellschaftshandel und partiarischen Handel betreiben. Das belegt die Weigerung der Turrisani, Schulden ihres Gesellschafters Albertinelli zu begleichen mit der Begründung, diese Geschäfte habe er in eigenem Namen und auf eigene Rechnung gemacht.[1458] Ihre Geschäftspartner waren also gezwungen, für eine eindeutige Beweislage zu sorgen.

Wie der Kommissionshandel untereinander abgerechnet wurde, durch festes Entgelt, durch Provision oder durch Gewinnbeteiligung, geht aus den gesichteten Quellen leider nicht hervor. Jedenfalls bot ihre Organisationsstruktur die beste Gewähr dafür, die zeitlichen Spannungen zwischen Produktion, Einkauf und Verkauf, Finanzierung zu überbrücken, die Handelsfunktionen des räumlichen, zeitlichen, quantitativen und qualitativen Ausgleichs kundennah zu erfüllen, bei einem Nachfrageüberhang den Bedarf durch Kauf oder Kommission bei ihren Landsleuten zu decken. Das bedeutete bei tendenziell niedrigeren Lagerhaltungskosten gleichwohl eine ständige Lieferbereitschaft. Absprachen untereinander verhinderten einen ruinösen Preiswettbewerb.

Der Hinweis auf die Kenntnis der Handelsgewohnheiten deutet auf den engen Zusammenhang hin zwischen Spedition, Kommission und Wechsel, nach Dietz[1459] ein geflügeltes Wort der damaligen Zeit.[1460] Die in Nürnberg domizilierenden Firmen Werdemann, Beccaria, Lumaga sind z.B. als Spediteure belegt.[1461] Der nach Basel ausgewanderte Polidoro Werdemann (geb. 1520) wird als Gutfertiger bezeichnet, bei seinem Nachfahren Achilles heißt es: *„Gutfertiger, Banquier und Großkaufmann".*[1462] Außerdem müssen wir die Geschäfts- und Verwandtschaftsbeziehungen zu den großen Speditionsunternehmen aus dem Mailänder Raum wie die Rovelasca, Annoni, Volpi in Betracht ziehen.[1463] Dietz stellt fest, daß die Beccaria, Crollalanza, Lumaga, Pellizari, Werdemann, Zollini in Frankfurt rund 100 Jahre (ca. 1520-1620) auch als Spediteure nachweisbar sind.[1464] Im übrigen muß aus Nürnberger Sicht konstatiert werden, daß

1458 Peters, L.F., Handel Nürnbergs, S. 541.
1459 Dietz, A., Frankfurter Handelsgeschichte, 3, S. 357f.
1460 Auch ist die Aufmerksamkeit zu lenken auf die Gesellschaftsformen der commenda, societas, company vor allen Dingen der italienischen Firmen und denen der anderen ‚großen Nationen', den Portugalesen, (= Portugieser), Spaniern und Franzosen, hinter denen sich wahrscheinlich in erster Linie ebenfalls Landsleute befanden. Mehr als diese allgemeinen Feststellungen können aus Nürnberger Sicht noch nicht getroffen werden. Starke Impulse für neue Organisations- und Rechtsformen gingen aus dem Überseehandel nach den Entdeckungen hervor. – Sayous, A.E., Partnerships, S. 282ff.
1461 Dietz, A., Frankfurter Handelsgeschichte, 3, S. 359.
1462 StaatsABasel, Bibl. Quart conv., Nr. 458.
1463 Gramulla, S., Kölner Kaufleute, S. 193f., 299.
1464 Dietz, A., Frankfurter Handelsgeschichte, 2, S. 286.

die Namen der (Nürnberger) Fracht- und Fuhrleute so gut wie nicht bekannt sind.[1465]

Durch die Orts- und Straßenkenntnisse der Spediteure und Frachtführer verminderte sich das Absatzrisiko für den Verkäufer oder Kommittent. Sie waren vertraut mit der unterschiedlichen Metrologie, den Herbergen, Zollbestimmungen, Abgabenordnungen,[1466] erarbeiteten sich dadurch Kostenvorteile. Für den Kommittenten entstand insofern noch ein wesentlicher Vorteil, als er auf die kommissionsweise überlassenen Waren einen Vorschuß, meist in Form eines Wechsels erhielt.[1467] Die von ihm in Sachwerte investierten Geldbeträge wurden deshalb zumindest zum Teil schneller wieder freigesetzt als wenn er die Waren selbst auf in- und ausländischen Messen hätte anbieten und verkaufen müssen, sie standen früher für erneute Investitionen zur Verfügung. Für den Kommittenten minderte sich das Absatzrisiko, für die Kommissionäre erhöhte es den Verkaufsdruck, bot aber auch alle Chancen, durch kluges und dynamisches Ausnutzen aller absatzpolitischen Instrumentarien die Gewinnquote zu erhöhen.[1468]

Zum Untersuchungszeitpunkt kam insofern noch eine Vertriebsvariante hinzu, als die Italiener offensichtlich Großhändlern oder auch Endverbrauchern Ware ‚auf gut Glück' zuschickten in der Hoffnung, vorhandenen Bedarf zu dekken oder Nachfragewünsche zu wecken. Das deutet auf eine gefestigte Marktposition und ein schon geschaffenes Vertrauenspotential zwischen den Unternehmen und ihren (potentiellen) Kunden hin. Die Gewinnspannen erlaubten es, die Ware unter Umständen mehrmals hin- und herzuschicken. Die Nürnberger sahen sich dazu aus Kostengründen nicht in der Lage.

Mit diesen Ausführungen ist der entscheidende Unterschied zur Nürnberger Allianz herausgearbeitet. Ihre „*Verschreibungen*" bezogen sich nur auf den Einkauf, auf ein Produkt der verschiedenen Erzeugergebiete, den Safran, schloß den Kommissionshandel untereinander nicht nur mit diesem, sondern mit allen anderen Gütern nach dem derzeitigen Forschungsstand aus. Diese Tatsache ist als eine entscheidende Schwächung ihrer unternehmerischen Wirkungsmöglichkeiten zu bewerten. In seinem hypothesenreichen Aufsatz über den gleitenden Über-

---

1465 Diesbezüglich ist Witthöft zuzustimmen, der feststellt: „*Es ist zudem ein Charakteristikum der gesamten Messe-Literatur, daß sie Fragen von Niederlage und Stapel und damit das Problem der Fracht- und Fuhrorganisation en route auf dem flachen Lande und zwischen den großen Handelsstädten weitgehend außer acht läßt oder sich auf Fragen der Sicherheit der Kaufleute und ihrer Waren beschränkt ... Der Handel hat seit jeher weitaus mehr Beachtung erfahren als Frachtfuhr, Faktorei oder das Speditionsgeschäft*". - Witthöft, H., Lüneburg-Leipzig, S. 206. - Eine lebendige, lebensnahe und farbige Schilderung des Fuhrwesens um Naumburg: Panse, H., Fuhrwesen-Naumburg, passim. – Zum technischen Ablauf siehe Müller, J., Geleitswesen-Güterverkehr, passim.

1466 Herborn wies nach, daß die berühmten Frammersbacher Fuhrleute "*auf eigene Faust*" Salz verhandelten. Es wäre zu prüfen, ob sie nicht auch in jenen Fällen als Kommissionäre tätig wurden. - Herborn, W., Frammersbacher-Antwerpener Messen, S. 838.

1467 Dietz, A., Frankfurter Handelsgeschichte, 3, S. 358. Koelner, P., Safranzunft-Basel, S. 448: Achilles Werdemann tritt 1592 der Safranzunft bei.

1468 Ranke, E., Köln-Italien, S. 81ff.

gang der Führungsrolle im internationalen Bankgeschäft von den Italienern auf die Deutschen seit der Mitte des 14. Jahrhunderts, besonders deutlich ausgeprägt am Anfang des 16. Jahrhunderts, schreibt Bergier:[1469] *„... The merchant bankers of Italy had long held the lead as a result of their consummate banking techniques and their flair for grasping opportunities, and of course because they were up against no serious competition. It seems, however, that from the middle of the fifteenth century, if not before, they had settled down into a comfortable routine".*

Diese Untersuchung bestätigt hinsichtlich der letzten Aussage seine Vermutung nicht. Sie ist eher bei den Nürnberger Allianzmitgliedern festzustellen (Die anderen Firmen können hinsichtlich dieser Feststellung nicht ausreichend berücksichtigt werden.), eine nachlassende Dynamik der Italiener ist aus Nürnberger Sicht nicht erkennbar. Im Gegenteil! Einige italienische Firmen lassen sich seit der Wende zum 16. Jahrhundert in Nürnberg dauerhaft nieder und bauen ihr Filialnetz ab der Mitte des Jahrhunderts nicht nur in Nürnberg verstärkt aus. Was den nachlassenden Schwung der Italiener angeht, so kann den Ausführungen von Bergier also nicht zugestimmt werden. Aus hiesiger Sicht stellt sich vielmehr die Frage, ob diese Überlegenheit der Italiener gegenüber den Nürnbergern in dem Maße so je existiert hat. Besonders die Ausführungen über den Geld- und Kapitalmarkt geben zu dieser Skepsis Anlaß, ebenso das Verhältnis von 100:1 bei den Niederlassungen der Deutschen in Italien zu dem der Italiener in Deutschland und auch die Tatsache, daß zahlreiche Nürnberger bei italienischen Geschäftsfreunden (also in erster Linie der Sprache wegen?) in die Lehre gingen. Schließlich verbot der Rat 1574 den Nürnbergern, die Italiener *„anzuleiten und unterweisen in der Kalkulation und wieviel alhier zu nehmen"*.[1470]

Zum Schluß sei ein längeres Zitat von Hermann van der Wee aus seinem großen dreibändigen Werk über Antwerpen wiedergegeben, das in weiten Teilen die Situation jedenfalls der Firmen Imhoff, Welser, Tucher beschreiben könnte und schon früh die Zukunftsperspektiven eher düster erscheinen ließ. Er schreibt unter der Überschrift *"The long road from family to joint-stock companies:*[1471] *The great centralized family companies, known in Germany in the sixteenth century, were not new; in the Middle Ages the big Italian firms had had the same form. The more decentralized type of family company, such as the branches of the Affaitadi, also originated earlier.*

The new element in the sixteenth century lay in the success and general spread of suppler methods of commercial exploitation, i.d. the share (company) and especially the commission. The commission business made cheap buying and selling on distant markets possible, whereas the pooling of shares in a tem-

---

1469 Bergier, J.-F., New Banking Concept, S. 111.
1470 BayStaatsAN, Rep. 19a, E-Laden, Akten, 242, 24.09.1574.
1471 Wee, H.v.d., Antwerp Market, 2, S. 325f.

porary company aimed at the successful financing of distant sea-voyages. The spread of the two methods allowed the mass of small merchants to participate more widely and more intensively in the great adventure of long distance trade: it is not surprising that this stimulates such trade by land and sea. All through the sixteenth century this expansion was based on individual effort: the individual merchant, even when associated in a company, remained important. But the trend towards the seventeenth century permanent joint-stock companies an impersonal overseas trade was already present".

Hinsichtlich dieser Einkaufs- und Vertriebsform waren die Italiener offensichtlich den Nürnbergern überlegen. Die 23 Nürnberger Handelsfirmen, die am 16.05.1572 feststellten,[1472] daß sie den Italienern gegenüber auch deshalb ins Hintertreffen geraten seien, weil jene, anders als sie selbst, im großen Maße das Kommissionsgeschäft betrieben, hatten zumindest die Zeichen der Zeit erkannt, die Nürnberger Allianzmitglieder offensichtlich nicht, zogen daraus für den Handel untereinander jedenfalls keine Konsequenzen.

Die größere Flexibilität bei der Wahl ihrer Rechtsform, den Beschaffungs-, Absatz- sowie den einhergehenden Finanzierungsmethoden - basierend auf eine ausreichende Vertrauensbasis - brachte den Italienern die entscheidenden Wettbewerbsvorteile gegenüber den früheren Allianzmitgliedern. Diese Elemente bewirkten – jedenfalls aus mikroökonomischer Sicht – die *„schöpferische Zerstörung"*[1473] der alten Strukturen, nicht etwa eine Produktinnovation. Wann, in welchem Maße und unter welchen Bedingungen die Nürnberger Kaufleute den Kommissionshandel betrieben, bedarf einer eigenen Untersuchung.

4.3.2. Symmetrische, asymmetrische Informationspolitik (Vertrauenspotential)

Vor dem Hintergrund der Tucherbriefe aus der ersten Hälfte des 16. Jahrhunderts, den Kontobildern der Jahre 1621-1624 und aus dem ganzen hier entwickelten Kontext ist es schwer vorstellbar, daß die jeweiligen Kommissionäre der Nürnberger Allianzmitglieder ihrer Informationspflicht über die Entwicklung der Marktdaten unvoreingenommen nachgekommen wären. Noch größere Schwierigkeiten hätte es bei einer transparenten und für alle nachvollziehbaren Rechnungslegung gegeben. Das war ja, wie ausgeführt, schon innerhalb der Häuser Imhoff und Welser nicht der Fall, führte zum Austritt von Gesellschaftern aus der Stammfirma und zur Gründung konkurrierender Unternehmen.

Die tieferen Gründe für diese Einkaufs- und Absatzorganisation liegen in dem fundamentalen Mißtrauen zueinander. Die Italiener *„machten die Post zusammen"*, die Imhoff und Welser fingen Briefe der Tucher ab. Bedingt durch unterschiedliche Unternehmenskulturen, einer überspitzten Statuskonkurrenz im

---

1472 Müller, J., Finanzpolitik, S. 7.
1473 Ob sie auch makroökonomisch, im Sinne einer Wohlstandsmehrung war, kann hier nicht beantwortet werden. - Schumpeter, J.A., Kapitalismus, S. 132-142.

gesellschaftlichen Bereich, wie gleich zu zeigen sein wird, vielleicht auch durch eine zunehmende Selbstzufriedenheit, die sich aus dem wirtschaftlichen Erfolg vieler Jahrzehnte nährte, verharrten sie bei ihren firmenpolitischen Leitsätzen. Mit Schumpeter[1474] könnte man vielleicht von einer *„stagnierenden Routine"* sprechen, zumindest diese Frage aufwerfen. Die Forschungsbasis ist zu schmal, um eine abgesicherte Antwort geben zu können, aber zahlreiche Indizien scheinen doch in diese Richtung zu deuten.

Diesen Sachverhalt in Termini der evolutorischen Wirtschaftsgeschichte ausgedrückt[1475] würde heißen, daß sie, die Nürnberger Allianzpartner, in ertragsstarken Zeiten eine *„Risiko-Aversion"* zeigten, die man zeit- und firmenübergreifend als in gewisser Weise typisch ansehen kann, sie aber auch dann nicht *„Bestände an Neuheit"* nutzten, als eindeutige Krisensignale vorlagen. Die Gründe dafür sind nicht in einer ökonomischen Ignoranz zu suchen, sondern wurzeln im sozialen Bereich. Die Prestigekonkurrenz und das fundamentale Mißtrauen blockierten nicht innovatives Denken, aber innovatives Handeln, führte zusammen mit dem ökonomischen Wettbewerbsdruck durch die ‚Fremden' schließlich zum Zusammenbruch der Allianz.

Um es noch einmal zu präzisieren: Die (ehemaligen) Nürnberger Allianzmitglieder handelten nicht untereinander, also wickelten sie auch keine Kommissionsgeschäfte füreinander ab, wiewohl es bei ihnen am ehesten zu erwarten gewesen wäre. Das Vertrauenspotential war für diese Geschäfte, die in einem besonderen Maße ‚Treu und Glauben' voraussetzten, nicht gegeben. Mit anderen Firmen trieben sie ihn (später) mit einiger Wahrscheinlichkeit wohl, wie ihre Kontobilder und auch die anderer großer Firmen (Ayrmann, Beck, Muellegg) vermuten lassen. Wie er im einzelnen ablief, konnte aus den Quellen nicht erschlossen werden.

4.3.3. Entwicklung der Firmen Imhoff und Tucher im Zeitablauf

Wenn die ermittelten Zahlen auch eine große Erklärungskraft bezüglich der erfolgten Strukturveränderungen haben, eine Kosten- und Gewinnanalyse geben sie nicht her. Man darf aber davon ausgehen, daß die Gewinnmargen während jener Zeiten, als die Handelsketten bis zur vorletzten Stufe oder gar bis zum Endverbraucher in den Händen der Nürnberger waren, die Rendite höher ausfiel. Der Ausbau eines eigenen Vertriebssystems nördlich der Alpen mit Nürnberg als wichtigstem Standort durch die Italiener bliebe sonst ebenso unverständlich wie die heftigen Gegenreaktionen. Der Rat hob die hohen Profite der Nürnberger Allianzmitglieder zu Zeiten ihrer Quasi-Monopolstellung auf dem Safranmarkt ja ausdrücklich hervor. Die Gewinnspanne bei den Waren, die vorher

---

1474 Schumpeter, J.A., Kapitalismus, S. 141.
1475 Walter, R., Evolutorische Wirtschaftsgeschichte, S. 78; Wirtschafts- und Sozialgeschichte, S. 13ff.

weitgehend von den Nürnbergern verhandelten wurden, waren so groß, daß die Italiener die Waren mehrmals hin- und herschicken konnten, die Frachtkosten also den Profit nur marginal schmälerten.

Bei einer Betrachtung der Firmenentwicklung über einen längeren Zeitraum hin bietet sich folgende Beschreibung an: Sie führte von den Gründerjahren zur Führerschaft auf von ihnen geprägten oligopolistischen Märkten, bekam durch einen Strukturwandel im Textilgewerbe - gemeint sind hier Produktion und Absatz der Leinenerzeugnisse aus Ost- und Mitteleuropa, auf dem beide Unternehmen als Pionierunternehmer[1476] nicht zu finden sind[1477] -, und den gleichzeitig einsetzenden verschärften Standortwettbewerb auf heimischen Boden den Status einer Zwischenhandelsfirma mit immer noch respektablem Geschäftsvolumen aber sinkenden Renditen, bis diese Entwicklung schließlich bei den Welsern zum Konkurs, bei den Imhoff und Tuchern zum Rückzug aus dem Unternehmerdasein führte; bei den Tuchern nicht auf Dauer, wie die Zeitgenossen wissen. Inwieweit Wachstumsrückgänge im Ausland mitverantwortlich für die Aufgabe ihrer Faktoreien waren, bleibt zu untersuchen.

4.4.   Außerökonomische Gründe für das Scheitern der Nürnberger Wirtschaftsallianz

4.4.1.   Firmenkultur - Standesunterschiede (Imhoff<>Tucher)

Im Sinne einer rein wirtschaftsgeschichtlichen Fragestellung könnte die Untersuchung über die Nürnberger Allianz mit diesem Ergebnis enden. Aber es bliebe ein unaufgelöster Rest. Die Begründung für den Zusammenbruch allein aus einer verschärften Wettbewerbslandschaft oder ausschließlich aus anderen veränderten ökonomischen Rahmenbedingungen herzuleiten, scheint nicht auszureichen. Die spannungsgeladene innere Verfaßtheit der Allianz, so wie sie aufgezeigt wurde, hatte nicht nur mit voneinander abweichenden unternehmerischen Zielvorstellungen, dem unbändigen Willen zur Firmensicherung oder – expansion zu tun, gründete nicht allein in differenten Bewertungen von internen und externen Wirtschaftsdaten, hatte ihren Grund nicht ausschließlich in unterschiedlichen Strategien und Taktiken.

Die folgenden Ausführungen verstehen sich als Anregung, die Wirtschaftsgeschichte als ‚Kulturerscheinung' zu betrachten, als ‚Ganzes' zu begreifen, damit auch Fragestellungen, Methoden und Ergebnisse anderer Wissenschaftsdisziplinen zu übernehmen, wenn und insofern sie ökonomische Erscheinungen und Folgen plausibler zu erklären vermögen als etwa die Analyse von Statisti-

---

1476 Siehe dazu: Schumpeter, J.A., Wirtschaftliche Entwicklung, S. 100ff.
1477 Die aufgezeigten Geschäftsbeziehungen vor allen Dingen zu den Firmen Ayrmann und Viatis geben gewisse Hinweise, daß sie ihn am Anfang des Dreißigjährigen Krieges - als Zwischenhändler - aufgenommen hatten.

ken, Bilanzen, des Sozialprodukts etc. alleine. Umgekehrt mag das ebenso gelten.

4.4.1.1. Meinungen von Zeitgenossen[1478]

Eine Erklärung für die tiefsitzenden Aversionen der Tucher, Imhoff, Welser ist wohl in einem anderen Unternehmerverständnis und einer unterschiedlichen Firmenkultur zu suchen. Prinzipale vom Zuschnitt der Endres (I) und (II) Imhoff sowie Hans Welser sind bei den Tuchern nicht zu finden. Einschränkend muß natürlich gesagt werden: In den hier herangezogenen Quellen nicht zu finden. Die Forschungslage für das 16. Jahrhundert erlaubt keine abschließenden Bewertungen. So viel darf aber vielleicht und mit aller Vorsicht gesagt werden: Die überhöhten Darlehnszinsen, die die Imhoff sich von der Kommune bezahlen ließen, die Überfälle auf Konkurrenten, die Safranfälschungen, die Einräumung von Vorteilen bei der Warenverzollung vor der Heiltumsmesse ihren Verwandten gegenüber und entgegen der Rechtslage, die Verletzung des Postgeheimnisses, wie man heute sagen würde, die versuchte Bestechung von Safrankäufern,[1479] die Behandlung von Willibald Schlüsselfelder[1480] waren mit dem Selbstverständnis der Tucher nicht zu vereinbaren. Willibald Pirckheimer, eine der bedeutendsten Persönlichkeiten in Nürnberg am Anfang des 16. Jahrhunderts, Schwiegervater von Hans (VI)[1481] Imhoff, hatte an dem Wirtschaftsgebaren der Imhoff viel auszusetzen und erklärte, ihr Verhalten sei mit ihren hohen städtischen Ämtern nicht vereinbar. Conrad Imhoff warf er 1517 beispielsweise Betrug im Weinhandel vor.[1482] Im Inneren Rat kam es zu einer erbitterten Auseinandersetzung zwischen ihnen, während der Pirckheimer Imhoff vorwarf,[1483] unrechtmäßig im Rat zu sitzen.[1484] Der Streit schlug hohe Wellen, so daß der Rat um seine Reputation in der Bürgerschaft fürchtete und um Schlichtung bemüht war. Es geht aus der Quelle nicht eindeutig hervor, ob Pirckheimer

---

1478 Auch im Zusammenhang mit den folgenden Ausführungen soll noch einmal ausdrücklich betont werden, daß der Autor nicht eine selektive Quellenauswahl vorgenommen, nach angeführten Belegen gezielt gesucht hat, sondern sie wurden ihm bekannt bei der allgemeinen Recherche zu diesem Buch. Damit ist nicht ausgeschlossen, daß andere Quellen das hier gezeichnete Bild relativieren könnten.

1479 Der Tucherfaktor Jakob Reuther schrieb am 15.09.1537 an Linhart Tucher, daß die Imhoff mit Hilfe der Manlich und einem früheren Bediensteten der Tucher gemeinsam versucht hätten, die Safrankäufer an der spanisch-französischen Grenze zu bestechen, also Geschäftskunden der Tucher auf diese Art und Weise abzuwerben. – Müller, J., Gewinnanteile Endres Imhof, S. 162.

1480 Siehe dazu auch die Ausführungen weiter unten.

1481 Zählung nach: Imhoff, Chr.v., Imhoff, nach S. 32.

1482 BayStaatsAN, Rep.60b, Ratsbücher, 11, fol. 85f., 09.03.1517. Jahnel, H., Imhoff, S. 129f.

1483 Conrad Imhoff (IV) (1463-1519). – Biedermann, J.G., Patriziat-Nürnberg, S. CCXVIII. Zählung nach: Imhoff, Chr.v., Imhoff, Stammtafel nach S. 32. Bei der Bewertung ist der sperrige, manchmal zu heftigen Temperamentsausbrüchen neigende Charakter Pirckheimers zu beachten.

1484 BayStaatsAN, Rep. 60b, Ratsbücher, 11, fol. 85f., 09.03.1517.

hier Standesmängel der Familie unterstellte oder sich die Anklage ausschließlich auf die Person bezog. Geht man von den Standeszuschreibungen und den genealogischen Verbindungen beider Familien aus, die Chr.v. Imhoff aufzeigt,[1485] mag nur die Einzelperson, das Individuum, gemeint gewesen sein. Die gegenseitigen Ehrverletzungen[1486] führten jedenfalls, soweit zu sehen, nicht zur Satisfikation durch Gewalt, sondern wurden vom Rat 'befriedet'.

Vor dem Hintergrund der Anschuldigungen von Hans Pirckheimer, dem Urgroßvater von Willibald, gegen das Wirtschaftsgebaren der Imhoff und des Prozesses von Fritz Pirckheimer, dem Vater von Willibald, und Rudolf Gundelfinger - ebenfalls naher Verwandter beider Familien - 1423 gegen Kunz und Christian Imhoff wegen nicht ordnungsgemäßer Rechnungslegung über kommissionsweise durchgeführte Barchentgeschäfte,[1487] bekommt der Vorfall möglicherweise doch eine andere Qualität. Christoph von Imhoff spielt (1982) die Vorfälle am Anfang des 15. Jahrhunderts mit seiner Bewertung *„werden nicht allzu tragisch genommen"*[1488] herunter. Eine quantité négligeable für die Charakterisierung der ‚Firmenphilosophie' der Imhoff durch Zeitgenossen und enge Verwandte waren diese Vorfälle aber wohl nicht. Von einer durchgehend *„positiven Verkettung"*[1489] zwischen allen Mitgliedern der Imhoff- und der Pirckheimerfamilie kann nicht die Rede sein. Das belegt auch ein Schreiben von Kaiser Maximilian an Willibald Pirckheimer vom 03.12.1516 aus Hagenau, in dem er ihn bittet, Conrad Imhoff[1490] und den Rat zu veranlassen, nicht weiter gegen den kaiserlichen Kammermeister Balthasar Wolff von Wolfstal vorzugehen.[1491] Welche Bedeutung für die unterschiedliche Bindung und Einschätzung einzelner Familienmitglieder hat in diesem Zusammenhang die Tatsche, daß Felicitas, die einzige Tochter von Pirckheimer, Hans (VI) Imhoff, einem Neffen von Conrad, zur Frau gegeben wurde? Fällt hierdurch auch ein Licht auf das nicht ganz ge-

---

1485 Eckert, P.-Imhoff, Chr.v., Willibald Pirckheimer, S. 55ff.
1486 Häberlein, M., Ehre-Gewalt, S. 148ff.
1487 Stromer, W.v., Schriftwesen-Nürnberger Wirtschaft, S. 772f.
1488 Eckert, P.-Imhoff, Chr.v., Willibald Pirckheimer, S. 60. Beleg: Fehlanzeige.
1489 Eckert, P.-Imhoff, Chr.v., Willibald Pirckheimer, S. 49, 55.
1490 Er wurde von schwersten Schicksalsschlägen heimgesucht. Alle vier Kinder aus erster Ehe mit Magdalena Haller starben: Hiob ein halbes Jahr nach der Geburt am 29. Oktober 1491, der nächste Hiob, geboren 07.03.1492 lebte nur drei Monate länger, Sebald wurde nur 4 Monate alt und verstarb am 09.01.1494, ein namentlich unbekanntes Kind starb bald nach der Taufe 1494; vier Tage danach, also wohl im Kindbett, verlor er seine Frau. Aus der zweiten Ehe mit Ursula Nützel ging ein Kind hervor. Biedermann kennt weder Namen noch Geburtsdaten. Es ist zu vermuten, daß auch auch dieses früh verstarb. - Biedermann, J.G., Patriziat-Nürnberg, Tabula CCXVIII.
1491 Hintergrund waren zweifelhafte Erbschaftsverträge, die Barbara Volckamer, Schwiegermutter von Wolff, von ihrem Mann, ihrem Schwiegervater und ihrer Tochter Apollonia zu ihren Gunsten hatte verfassen lassen. Jetzt versuchte man auch den kranken Sohn von Wolff in diesem Sinne zu beeinflussen. - Wuttke, D., Willibald Pirckheimer, S. 42f. Nähere Einzelheiten auch bei Lochner, G.W.K., Wolfen-Nürnberg, passim.

klärte religiöse Bekenntnis von Pirckheimer?[1492] Der Urenkel von ihm, Carl Imhoff, Nachkomme von Willibald, dem Sohn der Felicitas, bekannte sich jedenfalls zum katholischen Glauben und heiratete in zweiter Ehe Isabella Albertinelli aus Florenz.[1493]

Conrad Imhoff war im übrigen 1504 schon einmal aktenkundig geworden, weil er Jörg Holzschuher Geldunterschlagung vorgeworfen hatte. Der Rat belegte ihn daraufhin mit einem Monat Turmhaft, wollte die Sanktion verschärfen, sollte Imhoff seine Drohung wahrmachen, den Vorfall an eine breite Öffentlichkeit zu bringen.[1494]

Die Aussagen dieses Gelehrten, Verwandten und Nicht-Konkurrenten haben in diesem Zusammenhang sicher besonderes Gewicht und unterstreichen die schon einmal zitierte Charakterisierung aus dem Jahre 1547 von Gabriel Tucher: *„Diese Leute* [die Imhoff, Welser, Anm. d. Verf.][1495] *haben weder Ehre noch Scham, ihnen sei alles gleich, es sei redlich oder unredlich. Wollte Gott, daß er einmal einen auf frischer Tat ertappte, aber man muß Geduld haben und alles Gott dem allmächtigen befehlen, der lest endlych ein ungestraft nyt".*[1496]

Diese Einschätzung von Gabriel Tucher ist also Ausdruck einer verfestigten Meinung aufgrund zahlreicher Erfahrungen in der Vergangenheit und bekommen durch die anderen hier angeführten Quellen einen gewissen ‚objektiven' Charakter. Die Behauptung von Grote[1497] in seinem Buch über die Tucher: *„Das Bildnis, das von der Tucherfamilie hier gezeichnet wird, trägt wohl individuelle Züge, ist aber in der Grundanlage typisch und allen Patriziern gemeinsam",* ist während dieser Zeitspanne also eindeutig nicht die Meinung der Tucher selbst.

Ihrer Ansicht scheinen auch entscheidende Vertreter im Inneren Rat gewesen zu sein, denn als die Imhoff durch die Anklagen des Reichsfiskals wegen Bildung *„von schädlichen Monopolien"* arg in Bedrängnis geraten waren und juristischen Sachverstand dringend benötigten, weigerte sich der Rat, ihnen den Ratskonsulent als Verteidiger zur Verfügung zu stellen.[1498] Er war auch der

---

1492 Nach Lochner blieb er dem katholischen Glauben verbunden, ebenso Christoph Fürer. - Lochner, G.W.W., Vorzeit-Gegenwart, S. 106.

1493 Nach Chr. V. Imhoff war er ein *„Höfling"* und kehrte *„dem Nürnberger Rat und der lutherischen Kirche"* frühzeitig den Rücken. War er zum alten Glauben konvertiert? Biedermann, J.G., Patriziat-Nürnberg, Tabula CCXXXVff. Eckert, W.P.-Imhoff, Chr.v., Willibald Pirckheimer, S. 65. Freund, B., Italienische Kaufleute, S. 42.

1494 Beleg nach Groebner, V., Patrizische Konflikte-Nürnberg, S. 288ff. Dort weitere aufschlußreiche Hinweise auf Auseinandersetzungen (bis hin zum Mordanschlag) zwischen den Patriziern: u.a. Anton Holzschuher gegen Hans Tucher (1473), Thomas Haller und Caspar Pömer (1476), Christoph Scheurl und Anthon Muffel (1492), Holzschuher-Rat-Tetzel (1500ff.).

1495 Diese Charakterisierung muß sich nicht notwendigerweise auf alle Mitglieder der Imhoff und Welser erstrecken.

1496 Zitiert nach Kellenbenz, H., Nürnberger Safranhändler-Spanien, S. 215.

1497 Grote, L., Tucher, S. 8.

1498 Jahnel, H., Imhoff, S. 152.

Meinung, daß die Imhoff der Vorladung vor das Reichsregiment nachkommen und sich nicht mit prozeßrechtlichen Argumenten herausreden sollten.[1499] Möglicherweise folgte der Rat hier auch dem Gebot der Rechtsschutzverweigerung, das in jener Zeit „*für unziemliche Pacta und Geding*" gefordert wurde und in der Reichspolizeiverordnung von 1548 seinen rechtlichen Niederschlag fand.[1500] Allerdings wäre das einer Vor-Verurteilung gleichgekommen. Auszuschließen ist natürlich auch nicht, daß sich in diesem Fall *interessierte Kreise im Rat*, Konkurrenten also auf diesem und/oder anderen Märkten, bedeckt hielten.

Einer wirtschafts- und rechtsgeschichtlichen Klärung bedarf auch noch die Anklage von Christoph von Haller gegen Wolfgang Imhoff im Jahre 1576. Haller warf ihm vor, Waren im Werte von 1.200 Gulden, die von Antwerpen aus zu Alexander Colman in Augsburg spediert worden waren, unterschlagen zu haben.[1501]

Hans Hieronymus Imhoff spricht in seinem Geheimbüchlein[1502] davon, daß 1509 Franz Imhoff[1503] „*aus dem Rat kam*". Diese Stelle ist wohl in dem Sinne zu interpretieren, daß er den Rat verlassen mußte. Welches Gremium genau gemeint ist, welche Gründe vorgebracht worden waren, ist nicht erkennbar. Alle diese Vorfälle sind aber Indizien dafür, daß die Ratswürdigkeit der Imhoff am Anfang des 16. Jahrhunderts wohl auf der Kippe stand. Selbst Chr. v. Imhoff, ansonsten, wie gezeigt, ein eher unkritischer Familienchronist, deutet an, daß seine Familie wohl nicht ohne Schwierigkeiten die Ratswürde erlangte[1504]. Den endgültigen Durchbruch schafften sie dann doch mit Endres (I) Imhoff, der es zu den höchsten Ämtern brachte, die Nürnberg zu vergeben hatte.[1505]

Ein weiterer Gesichtspunkt: Beide, die Imhoff sowohl als auch die Welser, gehörten nicht zum Nürnberger Alt-Patriziat.[1506] Die Imhoff wanderten im 14.

1499 Mertens, B., Monopolprozesse, S. 126f.

1500 Blaich, F., Reichsmonopolgesetzgebung, S. 68.

1501 Roth, J.F., Nürnbergischer Handel, 1, S. 276ff.

1502 Imhoff, H.H., Geheimbüchlein, fol. 2f.

1503 Gemeint ist wohl das achte Kind von Conrad Imhoff aus seiner zweiten Ehe mit Catharina Cammermeister. - Biedermann, J.G., Patriziat-Nürnberg, Tabula CCVI und CCXVIII. Danach wurde er am 03.07.1475 (nicht 1575) geboren und starb 1537 in Cerusia in Katalonien.

1504 Imhoff, Chr.v., Imhoff, S. 16.

1505 Er widerlegt damit auch die These von Stromer die lautet: „*Man legte in den großen Unternehmerfamilien Wert darauf, im Rat vertreten zu sein, um an Geltung und Einfluß, vor allem aber auch an Informationen teilzuhaben. Aber man entsandte nicht mehr die unternehmerisch Aktivsten ... in den Rat, sondern Familienangehörige mit anderen Qualifikationen*". Endres (I) Imhoff gehörte rund ein halbes Jahrhundert sowohl zu den politisch einflußreichsten und wirtschaftlich aktivsten Personen. Darüber hinaus scheint m.A. nach der verschiedentlich behauptete enge Zusammenhang zwischen Reichtum und Zugehörigkeit zum Inneren Rat zumindest nicht hinreichend bewiesen. - Stromer, W.v., Hochfinanz, S. 331.

1506 Ein Begriff, der nicht eindeutig definiert ist. Jedenfalls waren die Tucher wesentlich früher in Nürnberg verwurzelt als die Imhoff und Welser. Reicke zählt die Tucher zu den ersten alten Geschlechtern, die Imhoff zu denen, „*so zu den Alten* [später] *zugelas-*

Jahrhundert aus Lauingen/Donau[1507] nach Nürnberg ein, zu einer Zeit, als die Nürnberger Tucher eine Handelsgesellschaft mit Conrad Wagner unterhielten,[1508] die Welser errichteten sogar erst gegen Ende des 15. Jahrhunderts in Nürnberg eine Faktorei,[1509] die dann am Anfang des 16. Saeculums zu einer eigenständigen, vom Augsburger Zweig losgelösten Firma führte. Standesunterschiede innerhalb des Standes? Die Tucher jedenfalls zählten zu den ältesten ratsfähigen Patrizierfamilien der Stadt[1510] und saßen spätestens seit 1340 mit Berthold Tucher im Inneren Rat,[1511] der erste Imhoff, Nikolaus, schaffte die Ratsmitgliedschaft erst 1402,[1512] und diese Wahl blieb zunächst Episode.[1513] Hans Tucher[1514] wurde schon 1395 zunächst zum Zweiten,[1515] dann zum Ersten Losunger gewählt,[1516] die Imhoff bekleideten das erstgenannte Amt nicht vor 1544. Es lagen also 150 Jahre zwischen den Ämterbesetzungen. Keine Frage, daß diese Tatsache Auswirkungen auf das Selbstverständnis und der internen Rangordnung der Familien gehabt hat. Bis zur Mitte des 16. Jahrhunderts setzten von beiden Familien eindeutig die Tucher mit Hans, Anton (I), Anton (II)

---

sen", die Welser zu jenen, die *„hernach zugelassen"*. - Reicke, E., Geschichte-Nürnberg, S. 103. Siehe auch: Endres, R., Adel-Patriziat, S. 227f.

1507 Imhoff, Chr.v., Imhoff, S. 14ff.

1508 Zur den Nürnbergern Hans und Martin Wagner in Prag (15. Jahrhundert) siehe: - Grote, L., Tucher, S. 29ff. Schenk, H., Nürnberg-Prag, S. 159, 165.

1509 Welser, L.v., Welser, 1, S. 77ff; Urkunde, S. 6ff.

1510 Will hält es nicht für ausgeschlossen, daß ihr Wappen bis auf das Jahr 1197 zurückgeht. - Will, G.A., Münzbelustigungen, S. 79.

1511 Möglicherweise um jene Zeit Mitgesellschafter bei den Vorchtel. Schwemmer, W., Mäzenatentum-Tucher, S. 18. Schultheiß, Handelsbriefe, S. 64.

1512 Stadtbibliothek, Imhoff, Deckblatt, nach dem Geschlechterbuch der Heiligen Reichs Stadt Nürnberg. Stromer, W.v., Schriftwesen, S. 773 (Fn. 111) hat das Jahr 1404.

1513 Imhoff, H.H., Geheimbüchlein, fol. 2f.: Nikolaus Imhoff ward der Erste; 1477: Paulus Imhoff [kein Amt]; 1491: Conrad Imhoff 1506 (Alter Bürgermeister); 1509: Franz Imhoff (kam aus dem Rat); 1512: Hans Imhoff (Alter Bürgermeister); fol. 3: Losunger waren Endres (I) Imhoff (Erster Losunger); Endres (II) Imhoff (Zweiter Losunger); 1624: Endres (III) Imhoff (Erster Losunger); 1676: Georg Paulus Imhoff (Losunger); 1729: Johann Christoph Imhof (Losunger). - Lochner hält die Darstellung des Gesellenstechens von 1446 im Rathaus, gemalt am Anfang des 16. Jahrhunderts, hinsichtlich der Imhoff und Fürer für gefälscht; nach ihm haben keine Vertreter dieser Familien teilgenommen. - Lochner, G.W.K., Barbara Fürerin, S. 545.

1514 Verheiratet mit Anna Behaim, gestorben 1425. – Hegel, C., Chroniken-Nürnberg, 4, S. 31.

1515 Hegel, C., Chroniken-Nürnberg, 5, S. 456.

1516 Der aufgrund der Literatur hergestellte Konnex zwischen der Umorientierung des Nürnberger Handels nach dem Westen (ab 1460), dem Aufstieg der Tucher und Imhoff und der damit verbundenen Erlangung der Ratswürdigkeit stimmt also weder zeitlich noch sachlich. Auch damit den Abstieg der Rummel zu begründen, ist höchst problematisch. Ebenso: Der traditionelle Osthandel nahm nicht ab, sondern wie die Entwicklung der Leipziger Messe und der Anteil der Nürnberger an ihm zeigt, eher zu. - Groebner, V., Patrizische Konflikte-Nürnberg, S. 282f. und die verschiedenen Arbeiten von M. Straube.

StadtbN, Chronik der Stadt Nürnberg (Amb 83.20), fol. 107f.

und Linhart[1517] die stärkeren Akzente, während danach im Inneren Rat bis weit ins 17. Jahrhundert hinein die Imhoff dominierten.[1518]

Es ginge sicher zu weit, in Nürnberg von der Tyrannis einzelner Familien zu sprechen wie in italienischen Stadtstaaten, aber der Eindruck, daß durchgehend das pure Gegenteil der Fall war, drängt sich beim Studium der Quellen auch nicht auf. Wie mehrfach erwähnt, fehlt eine Untersuchung über die Klientelbeziehungen innerhalb und zwischen den patrizischen Familien,[1519] ihre Koalitionen und - wechselnden? - Loyalitäten. Um diese aufzudecken, wären Untersuchungen über die Konnubia sicher hilfreich, aber zwingende Schlußfolgerungen über den Status innerhalb der Klasse, über Netzwerke und Machtverhältnisse würden daraus alleine nicht herzuleiten sein. Dasselbe gilt von der Testaments- und Erbschaftspraxis wie sie neuerdings Meyer[1520] für die Tucher aufzeigte.

Sehr aufschlußreich wäre in diesem Zusammenhang eine Arbeit über das Meinungsbild der ‚gemeinen Bürgerschaft' von den großen Handelshäusern im allgemeinen und den patrizischen Allianzmitgliedern im besonderen, so wie es Häberlein[1521] für Augsburg eindrucksvoll erarbeitet hat. Schon aus der Reaktion der Ratsmitglieder zu den Rücktrittsgesuchen von Willibald Schlüsselfelder (1582), Paul Albrecht Rieter (1696) und die Reaktion der Öffentlichkeit auf die Hinrichtung von Nikolaus Muffel (1469) lassen vermuten, daß Wahrnehmung und Beurteilung sich von der in Augsburg nicht wesentlich unterschieden. Allerdings ist es nicht unproblematisch, mit diesen drei, wenn auch außerordentlich gewichtigen Quellenbelegen, eine durchgehende Stimmung für über 200 Jahre belegen zu wollen. Untersuchungen über kleinere Zeitspannen würden vielleicht auch Aufschluß darüber geben, ob die Firmenkultur der patrizischen Allianzfirmen von der einheimischen Bevölkerung unterschiedlich beurteilt wurde.

1517 Schwemmer, W., Mäzenatentum-Tucher, passim.
1518 Imhoff, Chr.v., Imhoff, passim.
1519 Heranzuziehen wären für die hochinteressanten Fragen unter anderem auch die Einladungslisten von Paulus (I) Behaim „zum Handschlag" für die Hochzeiten mit Barbara Kötzler bzw. Magdalena Römer (1554), die Hochzeitsgäste, die Sitzordnung. Für die persönlichen Beziehungen und internationalen Wirtschaftskontakte ist es aufschlußreich, daß auch Franco Werdemann und Marc Anthonio Odescalco genannt werden; ebenso interessant der Hinweis, daß Lukas Friedrich Behaim, Wilhelm Kreß, Burckhardt Löffelholz und Wolf Friedrich Stromer ein großes Gastmahl (19.10.1625) für den Rat spendierten, sich die Kosten offensichtlich teilten. - GNM, Rep. II/67, Behaim-Archiv, Fasz. 23, 53, 174 (Listung der aufgetischten Speisen und Getränke).
1520 Meyer, U., Testaments- und Erbschaftspraxis, passim.
1521 Häberlein, M., Augsburger Großkaufleute, passim.

4.4.1.2. Der Ansatz von Casson

An dieser Stelle sei auf einige Thesen von Mark Casson eingegangen[1522], der zu den maßgeblichen Wirtschaftstheoretikern gehört, die sich mit multinationalen Unternehmen beschäftigt haben. Nun haben wir es bei der Nürnberger Allianz aus organisatorischen und unternehmensrechtlichen Gründen sicher nicht mit einer multinationalen Firma zu tun, sondern mit einem Zusammenschluß von Familienunternehmen aus dem fränkischen Nürnberg mit hier tätigen und domizilierenden, z.T. verwandtschaftlich verbundenen Unternehmern aus Schwaben. Sie hatten sich zu einer Allianz in dem oben beschriebenen Sinne zusammengeschlossen, die auf dem Safranmarkt europaweit tätig war.[1523] Gleichwohl können einige seiner Thesen für die Charakterisierung der Allianz fruchtbar gemacht werden.

Eine von ihnen lautet, daß dauerhafte Zusammenarbeit zwischen Firmen Netzwerke schafft. Voraussetzung für die Schaffung von Netzwerken ist Vertrauen. Vertrauen reduziert die Transaktionskosten,[1524] Diese entstehen, weil unternehmerische Entscheidungen meist unter dem Zeichen unvollkommener Information getroffen werden. Informationen Dritter müssen deshalb auf ihre Glaubwürdigkeit hin überprüft werden; folglich muß das Risiko, vom Partner hintergangen zu werden, durch hohen Kontrollaufwand minimiert werden. Eine Unternehmenskultur aber, die gegenseitigen Respekt positiv bewertet, ist deshalb auch ökonomisch effektiv.

Die weitverbreitete Maxime ‚Vertrauen ist gut, Kontrolle ist besser' kehrt er gewissermaßen um in ‚Kontrolle ist gut, Vertrauen ist besser'. Diese Behauptung ist eine Konsequenz seiner These, bei der er dem herkömmlichen Erklärungsansatz der (National-)Ökonomie, die spätestens seit Adam Smith vom homo oeconomicus ausgeht, den homo ethicus gegenüberstellt, der seiner Meinung nach für die Deutung der wirtschaftlichen Realität weitaus geeigneter ist.

Großes Gewicht legt Casson nun auf die Behauptung, daß dieses Vertrauen, welches für die Effektivität und Lebensdauer von Netzwerken – und als solche wird die Allianz hier aufgefaßt -, konstitutiv ist, vor allem zwischen den Angehörigen gleicher sozialer Gruppen vorherrscht. Hier klingt eine Vorstellung an, die im angelsächsischen Bereich als „old boys network" bezeichnet wird. Gemeint sind damit Netzwerke, die sich etwa knüpfen aufgrund einer – wie

---

1522 Casson, M., Economics of Trust, passim.
1523 Die überseeischen Aktivitäten besonders der Welser können hier außer Betracht bleiben.
1524 Die unterschiedlichen Akzente der Begriffsbestimmungen bei Löchel, H., Transaktionskosten, S. 22ff. Er selbst definiert folgendermaßen: „*Sie beinhalten die Kosten für Information, Bewertung und Kontrolle des Kaufs und Verkaufs von Verfügungsrechten an wirtschaftlichen Gütern. Die so definierten Transaktionskosten können nun sowohl als die Kosten des Markttauschs wie auch als die Kosten der Koordination innerhalb von Unternehmen verstanden werden*". Damit sind sie seiner Meinung nach eindeutig abgegrenzt gegenüber Produktions- und Transportkosten.

schon bei den Vorfahren - gemeinsamen Universitätsausbildung,[1525] einer Mitgliedschaft in derselben Studentenverbindung, im selben Club. Man vermag Qualifikation und Arbeitseffektivität des Partners einzuschätzen, hegt Vertrauen zueinander, arbeitet als Teilhaber in einer Firma zusammen oder bildet formelle oder informelle Netzwerke.[1526] Mit Vetternwirtschaft hat das allerdings wenig zu tun.

Die Nürnberger Allianzmitglieder gehörten der gleichen sozialen Gruppe an, dem Patriziat. Standesbewußtsein, Lebenssitten, Ehrbegriffe, politische Anschauungen und Heiraten untereinander, - offensichtlich unterschiedlich häufig zwischen den Welsern und den Imhoff auf der einen Seite und den Tuchern[1527] auf der anderen Seite - das Bestreben um die Besitzerhaltung und Stärkung ihrer wirtschaftlichen Markt- und politischen Machtstellung gegenüber ,Feinden von außen' hätte ein starkes und einigendes Band für eine erfolgreiche Kooperation sein können und nach Casson auch sein müssen. Nach den vorangegangen Ausführungen über ihre Zusammenarbeit auf dem Safranmarkt im 16. Jahrhundert und den Kontobildern vom Anfang des 17. Jahrhunderts kann die letztgenannte Behauptung von ihm bei den Nürnberger Allianzpartnern gleichwohl nicht beobachtet werden. Miß-, nicht Ver-trauen war für ihre Kooperation charakteristisch. Gleichwohl arbeiteten sie über viele Jahrzehnte effektiv zusammen, haben *„nit kleinen nutz geschafft"*, um den Quellenbeleg hier noch einmal anzuführen. Ist deshalb die These von Casson falsch? Das zu behaupten ist schon aus logischen Gründen nicht möglich, denn durch einen Einzelfall ist eine Behauptung jener Art nicht zu falsifizieren.

Was die ökonomische Effektivität angeht, so ist hier in Betracht zu ziehen, daß diese nur deshalb zu erzielen war, weil sie, die Nürnberger Allianzmitglieder, es eben geschafft hatten, sich sowohl den Beschaffungs- als auch den Absatzmarkt weitgehend exklusiv zu sichern. Reibungsverluste, höhere Transaktionskosten durch fundamentales Mißtrauen konnten ihre marktbeherrschende Stellung nicht gefährden. Zunächst jedenfalls nicht. Erst als sich kapitalkräftige, unternehmerisch versierte, international erfahrene Unternehmen aus Italien ebenfalls zu einer Allianz und ebenfalls auf beiden Märkten zusammenschlossen, für die bei allen Animositäten und Rivalitäten Vertrauen untereinander charakteristisch war[1528] – man *„macht die Post zusammen"*[1529] –, von diesem

---

1525 Bekannt als Alumni-Vereine. Es wird gegenwärtig versucht, sie auch in Deutschland stärker zu verankern. - Barthold, H.-M., Freunde fürs Leben, S. 67.

1526 Busse, F., Führungspositionen, S. 57.

1527 Im übrigen fehlt für Nürnberg eine Untersuchung, wie sie z.B. Cowan für Lübeck und Venedig erstellt hat. - Cowan, A.F., Lübeck-Venice, passim.

1528 Kellenbenz hebt z.B. den engen Sippenzusammenhang der Genuesen hervor, der für ihre politische und wirtschaftliche Rolle entscheidend war. – Kellenbenz, H., Italienische Großkaufmann-Renaissance, S. 162ff; Fugger-Spanien-Portugal, S. 404ff; Grimaldi, S. 3f.17. (Als Kooperationspartner und Konkurrenten gleichzeitig hebt er besonders die Doria, Grimaldi, Centurione, Spinola, Cataneo, Forne, Marin, Lercaro, Vivaldi, Uso de

Zeitpunkt an offenbarte sich die Kontra-Produktivität der negativen ‚Unternehmenskultur' der Nürnberger Allianzmitglieder. Die Folge war, daß sie zunächst Marktanteile verloren und schließlich die Geschäftssparte ‚Safranhandel' weitgehend aufgeben, auf dem übrigen Spezerei- und Textilsektor schrumpfende Umsätze und Renditen hinnehmen mußten.[1530] Geht man also von einem nichtkartellisierten Markt aus, also von einer Marktform, die durch starken Wettbewerb charakterisiert wird, dann hat der Ansatz von Casson aus dieser hier vorgetragenen Nürnberger Sicht durchaus Überzeugungskraft.

Im übrigen konnte, das sei hier noch einmal angeführt, auch die Vertrauensbasis zwischen den Nürnberger Allianzmitgliedern und ihren Lieferanten in Italien, Spanien und Frankreich und ebenso ihren Kunden nicht die beste sein. Für jene hieß es: ‚Vogel friß, oder stirb!' Diese Behauptung ist durch die oben angeführten Aussagen von *„Mit-Ratsverwandten"* glaubwürdig belegt, ergibt sich ebenfalls aus dem gesamten Quellenkontext.

Mit dem ‚homo ethicus' ist natürlich das grundsätzliche Problem eines zeit-, regime-, personen-, und schichtenunabhängigen Wertekanons impliziert.[1531] Es soll hier dazu lediglich gesagt werden, daß jedenfalls Betrug, Warenfälschung, Vorteilsannahme im Amt und Korruption, Einstreichung von Wucherzinsen, ebenfalls zu Lasten der Kommune, des *„gemein nutz"*,[1532] Vetternwirtschaft auf Kosten der Allgemeinheit, Verletzung des Postgeheimnisses (wie man heute sagen würde), Überfälle auf mißliebige Konkurrenten, Täuschung und Manipulation der Öffentlichkeit nicht legitimiert und allgemein akzeptiert waren. Diese Taten sind Straftatbestände, werden heute mit Sanktionen belegt und, was hier entscheidend ist, wurden auch damals strafrechtlich verfolgt. Gerade deshalb versuchten Mitglieder des Inneren Rats diese Taten zu vertuschen. Es sei hier nur an ihr Verhalten bei den Rücktrittsgesuchen von Willibald Schlüsselfelder (Zweiter Losunger) und Paul Albrecht Rieter (Erster Losunger) wegen des Finanzgebarens des Inneren Rats erinnert. Die übrigen Ratsmitglieder verfielen geradezu in existentielle Ängste und versuchten, die amtsunwilligen Standesgenossen zunächst flehentlich, dann mit der Androhung und schließlich auch Durchführung von massiven Repressionen davon abzuhalten, ihre Posten aufzugeben. Die Tatsache einer Demission aus einem hohen Amt, ja schon die

---

Mare, Giustiniano hervor.) Vgl. auch: Werner, Th.G., Europäisches Kapital-Ibero-Amerika, S. 24 (Fn. 11), 51.

1529 Die Quellenlage läßt keinen Zweifel daran, daß hier alle Italiener gemeint waren, nicht etwa nur jene aus Florenz.

1530 Ein spitzfindiger Logiker könnte dem entgegenhalten, daß zur Etablierung dieser Machtstrukturen, am Anfang der Allianz also, durchaus Vertrauen notwendig war. Dagegen sprechen aber alle bisher bekannten Quellen. Vielmehr war der Beweggrund zum Zusammenschluß ein nüchternes unternehmerisches Kalkül nach dem Motto: Schließen wir uns nicht zusammen, dann machen es eben andere.

1531 Vgl. zu diesem Problem: Münch, P., Grundwerte-Ständegesellschaft, S. 54ff.

1532 Zu diesen Fragen vergleiche: Groebner, V., Gefährliche Geschenke, passim, vor allem aber S. 155ff.

Absicht dazu, genügte, um in der Bevölkerung große Unruhe hervorzurufen, den Verdacht zu nähren, ‚daß da etwas nicht stimmt'. Zu Aufständen wäre es gekommen, hätten die Rücktrittswilligen ihren Schritt mit der Weitergabe von Insiderwissen über die eben aufgezählten Tatbestände an die Öffentlichkeit auch noch begründet, die Prediger sich gar an die Spitze der Bewegung gesetzt.

Diese Aussagen sind keine Mutmaßungen, Interpretationen des Autors, sind nicht mit dem Vorwurf „*Abgleiten in den Bereich der Metaphysik*" zu denunzieren[1533] sondern, wie oben nachgewiesen, waren es die Einschätzungen und Bewertungen der Ratsmitglieder selbst. Schulze[1534] stellt fest: „*... Doch keine Klage war lauter als die Klage über den Verlust der ‚alten' Formen sozialen Verhaltens. Geiz, Eigennutz, Betrug waren die hervorstechenden Merkmale der Gesellschaft des späten 16. Jahrhunderts, die allen Kritikern auffielen. Beispiele für diese Form der moralischen Fundamentalkritik, die auch die Versäumnisse der eigenen Konfession nicht aussparte, finden wir sowohl im katholischen als auch im protestantischen Bereich*".[1535]

Die oben genannten Tatbestände widersprachen also ständeübergreifend dem ethischen Kodex auch der damaligen Zeit.[1536] Der oberflächliche, alles relativierende und rechtfertigende Historismus des Christoph von Imhoff in seinem Aufsatz aus dem Jahre 1975[1537] nach dem Motto „*So war es halt damals'*, ist also bei Kenntnis der seinerzeit geltenden Normen unakzeptabel. Wie bei seinem Vorfahr war bei ihm gewissermaßen die Leit- und Richtlinie von Macchiavelli „*Die Herrschaft behauptet man nicht mit dem Rosenkranz in der Hand*" internalisiert.[1538] Unter robustem unternehmerischen Durchsetzungswillen waren diese Verhaltensweisen auch in jener Zeit nicht zu subsumieren. Sie waren verbreitet, wurden aber nicht gerechtfertigt. Lukas Rem,[1539] Faktor, Gesellschafter, Vetter des Bartholomäus Welser sagte es einmal so: Man könnte das Vermögen der Welser nennen „*uns Gesellschaftern abgeraubt, den anderen abgestohlen*".[1540]

1533 Diese Gefahr besteht bei dieser Diskussion nach Karl Erich Born. Zitat bei: Münch, P., Grundwerte-Ständegesellschaft, S. 54.

1534 Schulze, W., Geschichte-16. Jahrhundert, S. 292.

1535 Vgl. zu diesem breiten Themenkomplex auch: Münch, P., Grundwerte-Ständegesellschaft, S. 62.

1536 Vergleiche dazu: Reinhard, W., Freunde-Kreaturen, S. 9 und die dort angegebene weiterführende Literatur.

1537 Imhoff, Chr. v., Imhoff, S. 26.

1538 Zitat nach: Schulze, W., Geschichte-16. Jahrhundert, S. 66.

1539 Zur Gesellschaft des Lucas Rem: Kellenbenz, H., Pfeffer-Kupfer, S. 217.

1540 Er wurde nach der Neukonstituierung von Bartholomäus Welser ebenso herausgedrängt wie Jakob Welser, der Gründer der Nürnberger Linie. Dazu Hubert v. Welser (1962): „*Bartholomäus ließ es auf eine Auseinandersetzung mit den alten und bewährten Kräften der früheren Periode ankommen, von denen ein großer Teil ausschied, weil er sich der neuen Ordnung nicht fügen konnte*". Worin diese neue, seiner Meinung nach ja wohl bessere Ordnung bestand, bleibt unklar. – Welser, H.v., Bartholomäus Welser, S. 17.
Häberlein weist nach, daß Rem durch sein Ausscheiden (1517) zwar viel Geld verlor, aber die Firma zwei Jahre vor Vertragsende freiwillig verlassen und schon 1515 bei

Diese Aussagen decken sich inhaltlich mit denen von Christoph Scheurl.[1541] Hieronymus Sailer (Seiler), bedeutender Faktor und Schwiegersohn des Augsburgers Bartholomäus Welser, drückte es gegenüber Alexius Grimmel, ehemaliger Faktor der Welser in Antwerpen so aus: „... *sie wollten zu viel Vortheil haben*".[1542]

Diese Aussagen der Zeitgenossen werfen einerseits Schlaglichter auf (die) Wertesysteme der damaligen Zeit, auf die Verfaßtheit der Familien und Firmen, machen die Spannungen innerhalb der Allianz nachvollziehbar, lassen andererseits auch evident werden, daß das Vertrauenspotential zu den Allianzfirmen bei Lieferanten und Kunden nicht allzu groß gewesen sein konnte, letztere schon deshalb geneigt waren, sich bei den italienischen Konkurrenten einzudecken, selbst wenn der Preisvorteil gering gewesen sein mochte.

Die zahlreichen Gründe, die Pölnitz[1543] für den Niedergang von Teilen der ‚alten' Augsburger Hochfinanz anführt, mögen mitgespielt haben, ein zentraler Begründungszusammenhang für den Verfall der Nürnberger Allianz kann durch jene Argumente nicht hergeleitet werden.[1544]

Er schreibt: „*Die Lebenswerte und –ideale hatten sich bereits verschoben. Sie gelangten von der Wirtschaft zur Wissenschaft, von der Macht zur Schönheit, vom Gold zur Freude an der Weisheit. Damit löste sich allmählich, nach außen kaum sichtbar, die kaufmännische Substanz auf. Die Menschen wurden von innen heraus anders*".

4.4.2. Hierarchie- und Prestigekonkurrenz

Eine Feststellung muß hier vorausgeschickt werden. Die nachfolgend eingeführten Phänomene sind durch zeitgenössische Quellen belegt, sind historische Fakten. Nicht zweifelsfrei abzusichern waren - bis auf die Ausführungen zur Größe der Totenschilde - ursächliche Verknüpfungen oder doch entscheidende gegenseitige Abhängigkeiten der Aktionen. Die verbindende Assoziationskette wurde inspiriert durch das spannungsgeladene Verhältnis der Nürnberger Allianzpartner, wie es unter anderem in den Tucherbriefen aus der ersten Hälfte des 16. Jahrhunderts, durch die eben gemachten Ausführungen mehr allgemeiner Art und durch die gänzlich atypischen, objektiv kontrollierbaren Kontobilder in der Nürnberger Unternehmerlandschaft im ersten Viertel des 17. Jahrhunderts zum Ausdruck kam. Der Verfasser war der Meinung, daß die Kon-

---

Ambrosius Höchstetter unterschrieben hatte, einem Unternehmer, der „*geradezu als Synonym für skrupelloses Geschäftsgebahren stand*". Deshalb stimmen seine Aussagen wohl, aber er selbst gerät unter 'Tatverdacht'. - Häberlein, M., Augsburger Großkaufleute, S. 48ff.

1541 Ehrenberg, R., Zeitalter der Fugger, 1, S. 196 (Fn. 16).
1542 Ehrenberg, R., Zeitalter der Fugger, 1, S. 202.
1543 Pölnitz, G.v., Kaiser-Augsburger Bankiers, bs. S. 53ff.
1544 Auf den Nürnberger Sebald Welser allerdings treffen nach Koenigs-Erffa diese Charakteristika zu. – Koenigs-Erffa, U., Tagebuch-Sebald Welser, S. 263.

flikte zwischen den Familien und Unternehmen auch an Manifestationen der sozialen und materiellen Realität ablesbar sein müßten. Durch eine Indizienkette wird versucht nachzuweisen, daß dies (höchstwahrscheinlich) auch der Fall war. Die spezifischen Umstände beim Kauf, Verkauf, Bau von Häusern und Schlössern sowie der Stiftungspraxis in der Lorenzkirche bilden gewissermaßen die Glieder dieses Bandes, die durch die zeitliche Aufeinanderfolge der Aktionen und durch die involvierten Personen und Familien verbunden werden. Die weitere Forschung muß diese Hypothesen auf eine breitere Grundlage stellen, absichern, relativieren oder verwerfen.

Zu dieser Art von Untersuchungsmethode und ‚Beweisführung' wird der Historiker geradezu gezwungen, denn der Feststellung von Groebner[1545] ist vorbehaltlos zuzustimmen. Er schreibt: „*Die Untersuchung dieser Brüche* [zwischen dem Selbstverständnis des Rates und dem der Ratsfamilien] *wird allerdings erschwert durch jenen politischen Stil der Nürnberger Ratsherrschaft, den man als Diskretion oder besser noch als konsequente Nichtinformation bezeichnen kann: Eine dicke Decke von Schweigen legt sich über Binnenkonflikte innerhalb des Rates; ebenso, wie alle Fälle patrizischen Fehlverhaltens oder patrizischer Devianz lautlos und diskret in consilio abgehandelt werden*".

Die folgenden Ausführungen würde man vom Ansatz her eher der Sozial-, Kunst-, Religionsgeschichte oder Soziologie zuordnen, könnte sie als eine Überschreitung der Fachdisziplin Wirtschaftsgeschichte bewerten. Und doch ist diese Überschreitung nur eine scheinbare! Für die Beantwortung der Frage, warum die Wirtschafts-Allianz der Nürnberger scheiterte, sind sie nach Meinung des Verfassers sogar von eminenter Wichtigkeit. Dazu folgendes Zitat aus einer Rezension zum Forschungsansatz von Lesger and Noordegraf:[1546] [They] "*demonstrate in their introduction the significance of source- and text criticism for entrepreneurial history in the early-modern era, the use of elements from a variety of social theories as analytical tools and the attempt to bring 'the whole man' into view, pointing the way a broadly conceived entrepreneurial history that comprises not only economic but also social, political, religious and cultural dimensions*".

Dieser Auffassung schließt sich der Verfasser vorbehaltlos an.

Auch Roeck[1547] ist unbefangen genug, über den Tellerrand eines ausschließlichen, engen, eifersüchtig gehüteten fachdisziplinären Ansatzes hinauszublicken, wenn es zur Erklärung der historischen Totalität notwendig ist. Er schreibt: „*... Vielmehr ist daran zu erinnern, daß die Differenzierung der historischen Welt in Teilgebiete nur im nachhinein, zu analytischen Zwecken erfolgen kann, auch wenn mit der Ausgliederung der Geschichte der Kunst als Gegen-*

1545 Groebner, V., Patrizische Konflikte-Nürnberg, S. 287.
1546 Vries, J.d., Rezension Lesger/Noordegraaf, S. 259. Siehe auch: Sieh-Burens, Oligarchie-Konfession-Politik, S. 11.
1547 Roeck, B., Kunstpatronage-Frühe Neuzeit, S. 12f.

stand einer eigenen Disziplin etwas künstlich getrennt wird, was ursprünglich zusammengehörte. Die folgenden Beiträge wurden jedenfalls nicht mit der Absicht verfaßt, den Interessen eines spezifisch definierten Faches zu dienen, vielmehr in der Hoffnung - wie es guter Interdisziplinarität wohl ansteht - den beiden benachbarten Fächern gleichermaßen etwas zu bieten. ... Dabei geht es zugleich um ein komplexeres theoretisches Problem, nämlich um die Beziehungen zwischen Kunst und Kultur, zwischen einem Symbolmilieu und der Lebenswelt, im Speziellen ihren wirtschaftlichen und sozialen Aspekten".

Der Meinung von Kolakowski[1548] schließt sich der Verfasser folglich nicht vorbehaltlos an. Er schreibt: *„Beinahe niemand glaubt mehr daran, daß die einzige Aufgabe der Geschichte darin bestehe, wie der hinkende Teufel die Dächer von den Häusern zu reißen und die Menschen in ihren Betten, im Hausrock und beim Geldzählen zu belauschen, oder gar ihre Hirnschalen zu öffnen und dort die versteckten Motive ihrer Leidenschaften zu untersuchen".* Die einzige Aufgabe der Geschichtsschreibung ist es sicher nicht, soweit ist ihm zuzustimmen, aber ohne Kenntnis dieser inneren Antriebskräfte können unter Umständen wirtschaftliche, soziale und politische Entwicklungen sowie ihr ursächliches Aufeinanderbezogensein nicht befriedigend erklärt werden. Der Versuch, einen semantischen Zusammenhang zwischen den verschiedenen Phänomenen herzustellen, sie zu dechiffrieren wird vielleicht eine wesentliche und gebündelte Antwort geben auf die Frage, warum die Allianz sich so entwickelte, wie sie sich entwickelte.

Eine isolierte Betrachtung der folgenden Fakten würde also dem Historiker kaum Erkenntnisse bringen, die etwa über die triviale Feststellung hinausgingen, A baut oder kauft ein Haus, B stiftet ein Kunstwerk für die Kirche. Erst im Zusammenhang der obigen Ausführungen erhalten sie ihre mögliche Erklärungskraft für das Scheitern der Allianz.

Die folgende Chronologie kann nicht als Aktion und Reaktion gedeutet werden. Sie ergab sich aufgrund der zeitlichen Abgrenzung der vorliegenden Untersuchung. Um diese höchst interessanten, noch offenen Fragen zu klären, wäre ein weiterer historischer Regreß, der eine Ursache-Folge-Abschätzung erlauben würde, ebenso erforderlich wie eine breitere und vertiefende Analyse des reichen Quellenfundus für den Betrachtungszeitraum. Auf das Verhältnis der Familien zueinander und damit den inneren Zusammenhalt der Allianz werfen die Ausführungen gleichwohl, wie es scheint, schon jetzt helle Schlaglichter.

Willibald Schlüsselfelder gehörte nicht zur Allianz. Ohne seine bedeutende Rolle in der Geschichte der Stadt Nürnberg im letzten Viertel des 16. Jahrhunderts wenigstens ansatzweise zu konturieren, könnte aber vor allen Dingen das Selbstverständnis der Allianzmitglieder Imhoff nicht ausreichend verdeutlicht

---

1548 Aus seinem Frühwerk. Möglicherweise jetzt anderer Meinung. - Kolakowski, L., Gewissen-sozialer Fortschritt, S. 122.

werden. Indirekt also erhalten wir durch seine Auseinandersetzung mit eben jener Familie auch Hinweise auf den Allianzcharakter. Verschiedentlich wurde in dieser Arbeit sein prägender Einfluß während der Standortauseinandersetzung ja schon verdeutlicht.

4.4.2.1. Sakraler Raum: Donatio – Memoria - Aemulatio

4.4.2.1.1. Sakramentshaus und Engelsgruß in St. Lorenz (Imhoff<>Tucher)

Kunsthistoriker[1549] rätseln bis heute darüber, warum der Vorderste Losunger Anton (II) Tucher (1458-1524) den Engelsgruß von Veit Stoß im Jahre 1518[1550] in St. Lorenz aufhängen ließ und nicht in St. Sebald. Schon 1343-1347 war Berthold (I) Tucher Pfleger in St. Sebald, und seit 1364[1551] bis Anfang der zwanziger Jahre des 16. Jahrhunderts[1552] war dort die Grablege der Familie. Stolz und Schwemmer erwägen, ob jene Tatsache unter Umständen damit zusammenhing, daß sein Bruder Sixtus (1459-1507)[1553] von 1496 bis 1503 Propst von St. Lorenz gewesen war, ein Amt mit bischofsgleichen Vollmachten, das schon Vetter Lorenz (1447-1503) von 1478-1496 bekleidet hatte.[1554]

Dieser Erklärungsversuch scheint schon deshalb nicht recht überzeugend, weil jene Familienmitglieder selbst bedeutende Stiftungen für St. Lorenz gemacht hatten.[1555] Im übrigen kann auch diesbezüglich die Frage gestellt werden, warum sie nicht Pröpste in St. Sebald geworden waren.

Die Besetzung dieser Ämter mit Mitgliedern der Patrizierfamilie Tucher ist zunächst vor dem Hintergrund der langjährigen Bestrebungen des Nürnberger Rates zu sehen, im Streit mit dem Bischof von Bamberg und den harten Auseinandersetzungen mit der Kurie sich das Ämterbesetzungsrecht, unter Umständen

---

1549 Stolz, G., Engelsgruß; S. 3. Lutze, E., Veit Stoß, S. 38ff.; Sankt Sebald-Sankt Lorenz, S. 76ff. Schwemmer, W., Mäzenatentum-Tucher, S. 28.

1550 Stolz, G., Engelsgruß, S. 3, hat 1519.

1551 Grote, L., Tucher, S. 56ff. mit der Aufzählung und Erläuterung der zahlreichen Tucher-Stiftungen an St. Sebald.

1552 Der Seuchengefahr wegen wurde 1518 auf kaiserlichen Druck hin und gegen den Widerstand vieler Gläubiger beschlossen, die Friedhöfe um St. Lorenz und St. Sebald aufzulassen und den Rochusfriedhof anzulegen bzw. den Pestfriedhof St. Johannis zu erweitern. Auch Bestattungen innerhalb der Kirchen waren außer für Priester und Ordensleute nicht mehr gestattet. Die Feststellung von Boockmann, daß der Stifter der Rochuskapelle, sich dort nicht begraben ließ, ist irreführend, denn er starb 1619, die Kapelle wurde aber erst am 13.07.1621 vom Bamberger (Weih-?) Bischof eingeweiht. Sein älterer Bruder Peter Imhoff, der im Auftrag von Conrad das Werk vollenden ließ, starb 1628 und wurde auch dort beigesetzt. - Pilz, K., St. Johannis-St. Rochus, S. 66. Boockmann, H., Mäzenatentum, S. 34f. Dormeier, H., St. Rochus, S. 47. Grote, L., Tucher, S. 56.

1553 Keunecke, H.O., Sixtus Tucher, 69f.

1554 Jahr der Präsentation, Amtsantritt 1481. – Schleif, C., Donatio et Memoria, S. 167. Schwemmer, W., Lorenz Tucher, passim.

1555 Schwemmer, W., Lorenz Tucher, S. 132f.

auch durch Zahlungen von ,Pensionen' an Mitbewerber,[1556] in St. Sebald und St. Lorenz zu sichern, die Pfarreien zu Propsteien[1557] erheben zu lassen, die Kirchenhoheit in Nürnberg zu erringen.[1558] Der Kampf endete am 27.11.1514 mit einem vollständigen Sieg des Nürnberger Rates.[1559]

So sehr die Imhoff dieses Resultat prinzipiell begrüßt haben mögen, sie müssen die Propsteibesetzung auch als außerordentlichen Prestigezuwachs der Alt-Patrizier Tucher gewertet haben. Wenn unter den zahlreichen Mitbewerbern[1560] um jene Posten Mitglieder aus ihrem eigenen Hause auch nicht zu finden sind, da sie wohl keine Angehörigen hatten, die aufgrund ihrer juristischen und theologischen Ausbildung dafür ebenfalls in Frage gekommen wären, so müssen sie in dieser Bestallung gleichwohl eine gravierende Beeinträchtigung ihrer Einflußsphäre gesehen haben. Sie wohnten seit 1451[1561] gleich gegenüber dem Gotteshaus und fühlten sich der Kirche seit langem besonders verbunden,[1562] wie ihre zahlreichen Stiftungen beweisen.[1563] Das Stiftungsfenster der Imhoff stammt z.B. aus dem Jahre 1400,[1564] und es ist damit eines der ältesten. Schon am Anfang des 15. Jahrhunderts hatte Christian Imhoff als Pfleger von St. Lorenz maßgeblichen Anteil an den Initiativen zum Neubau des Chores.[1565] Das Pflegamt übten Mitglieder der Familie auch in den Folgejahren immer wieder aus.[1566] Ein Zeitgenosse, Christoph von Imhoff, war Mitglied der Gesellschaft zur Erhaltung der Lorenzkirche.

Ein zweiter Erklärungsversuch von Schwemmer bezieht sich auf das Kunstverständnis von Anton (II) Tucher. Er habe möglicherweise das Gefühl gehabt, in dem 1477[1567] vollendeten Chorraum *„fehle noch etwas"*. Er zitiert in diesem Zusammenhang die Beschreibung von Wilhelm Pinder: *„Man fühlt in*

1556 Engelhardt, A., Reformation-Nürnberg, S. 17.
1557 Mit dem Recht der Jurisdiktion über die ihnen untergebenen Geistlichen. – Engelhardt, A., Reformation-Nürnberg, S. 15.
1558 Auch vor dem Hintergrund zu sehen mit der exklusiven Sicherung der Domherrenstellen für den Adel. - Endres, R., Adel-Patriziat, S. 226f.
1559 Kraus, J., Nürnberg-Kurie, S. 71-83. Engelhardt, A., Reformation-Nürnberg, S. 13 zeigt, daß diese Bestrebungen mindestens schon bis 1388 zurückzudatieren sind.
1560 Kraus, J., Nürnberg-Kurie, S. 78.
1561 Stolz, G., Sakramentshaus, S. 9. – Nach Imhoff, Chr.v., Imhoff, nach S. 32 (Legende zur Abbildung) wurde es von Conrad (I) Imhoff (+1396) im Einvernehmen mit seinem Bruder Hans (III) von den Mendel erworben und ausgebaut, also schon sehr viel früher. Ihr erster Besitz in Nürnberg war das spätere Ungeldhaus im Stadtteil St. Sebald, das schließlich für den Neubau des Rathauses am Fünferplatz abgerissen wurde.
1562 Dormeier, H., Almosengefällbuch-Lorenzpfarrei, passim.
1563 Siehe die Arbeiten von Chr. Blendinger, C. Schleif, G. Stolz, Dormeier, Schmidt-Fölkersamb.
1564 Frenzel, G., Farbverglasung-St. Lorenz, S. 7; Fensterstiftungen, S. 1-17.
1565 Mit dem Bau des Hallenchores von St. Sebald war bereits 1361 begonnen worden. – Grote, L., Tucher, S. 56.
1566 Stolz, G., Lorenzer Hallenchor, S. 9ff. Weigel, M., Conrad Konhofer, S. 243.
1567 Weihe des Chores und von 7 Altären am 12.04.1472. – Hegel, C., Chroniken-Nürnberg, 4, S. 158.

diesem Chor einen Luftraum, eine milde, herrlich hingegossene Sphäre. Es war geniales Mitgefühl, ihr die überlebensgroßen Figuren des Englischen Grußes zu Bewohnern zu geben".[1568] Jeder Kirchenbetrachter von St. Sebald mag bei einem Vergleich mit den Raumproportionen in St. Lorenz selbst entscheiden, ob der Engelsgruß[1569] nicht auch in St. Sebald seinen adäquaten Platz hätte finden können. Schwemmer war ja wohl unausgesprochen dieser Meinung, denn sonst hätte er die Frage nicht gestellt, sondern den Platz in St. Lorenz aus kunsthistorischer Sicht gerechtfertigt.

Die dritte Mutmaßung: Als Kirchenpfleger von St. Sebald (1505-1523) habe er seit 1507[1570] einen maßgeblichen Anteil an der Errichtung des dortigen Sebaldusgrabes[1571] (aufgestellt 19.07.1519)[1572] durch Peter Vischer gehabt, insofern sei die Schenkung an St. Lorenz möglicherweise als Äquivalent[1573] einzustufen.

Die Stimmigkeit dieser Begründungen bzw. Mutmaßungen über die konkreten Motive können hier nicht endgültig bejaht oder verneint werden; Zweifel daran sind angebracht. In ihrer gründlichen und facettenreichen Arbeit über die Lorenzkirche in Nürnberg schreibt Schleif:[1574] *„In der spätmittelalterlichen Lorenzkirche scheint das tradierte Bewußtsein der Raumhierarchie, das wer, was, wann und wo der Stiftungen beeinflußt zu haben. Durch institutionalisierte Stiftungspraxis entstand eine implizite Kongruenz zwischen der Raumhierarchie in der Lorenzkirche und der Nürnberger Sozialstruktur. Die subtile Überblendung von himmlischer und irdischer Hierarchie legitimierte letzte".* Die Stiftungsplätze innerhalb der Kirche waren z.B. prestigeträchtiger als die sich außerhalb befindlichen,[1575] im sakralen Raum selbst waren diejenigen im Chorraum begehrter als jene im Langhaus. Eine besondere Bedeutung kam der Raumachse zu. So wurde *„die Fensterstiftung in der Achse selbst – wie in vielen anderen Kirchen – dem Kaiser vorbehalten".*[1576]

Der Hallenchor von St. Lorenz wurde im Jahre 1439 begonnen[1577] und 1477/78 fertiggestellt. Seit 1470 war Hans (IV) Imhoff Pfleger.[1578] Zusammen mit Gabriel Nützel wurde er 1477/78 auch bestellt zum *„Führen des Sakra-*

1568 Schwemmer, W., Mäzenatentum-Tucher, S. 28.
1569 Oder ein für jene Kirche gestalteter Engelsgruß.
1570 Zusammen mit Lazarus Holzschuher. – Grote, L., Tucher, S. 52.
1571 Hoffmann, F.W., Sebalduskirche, S. 167. - Über die Stiftungsmotive: Stafski, H., Sebaldusgrab, S. 81.
1572 Ein Jahr vorher war der Engelsgruß vollendet worden. Die Argumentation macht also u.U. nur dann einen Sinn, wenn vom Datum der Auftragsvergabe ausgegangen wird, die beim Sebaldusgrab auf 1507 zu datieren ist. – Schwemmer, W., Mäzenatentum-Tucher S. 28. Stafski, H., Sebaldusgrab, S. 181.
1573 Blendinger, Chr., Lorenzer Hallenchor-Schatzkammer, S. 43.
1574 Schleif, C., Donatio et Memoria, S. 231.
1575 Haas, W., Altaranordnung-Lorenzkirche, S. 63ff.
1576 Schleif, C., Donatio et Memoria, S. 230.
1577 Imhoff, Chr.v., Kirche der Bürger, S. 5.
1578 Imhoff, Chr.v., Imhoff, S. 24.

ments".[1579] Im Jahre 1493,[1580] sechs Jahre vor seinem Tod (Lorenz Tucher war Propst) stiftete er[1581] das berühmte Sakramentshaus,[1582] welches Adam Kraft 1495 fertigstellte und 1496 übergab.[1583] Imhoff ließ es am vorletzten nordöstlichen Pfeiler im Chorraum, in unmittelbarer Nähe des Altars aufrichten, wo es sich als schlanke Steinpyramide[1584] vom Boden aus bis ins Gewölbe rankt. Damit waren die Imhoff, was die Anzahl und Plazierung der Donationen und Dotationen anging, in der Hierarchie der Stifter ganz nach oben gerückt.

Rund 25 Jahre später (1517), sieben Jahre vor seinem Tod, vergab der Vorderste Losunger Anton (II) Tucher den Auftrag für den Engelsgruß an Veit Stoß.

1579 Christoph v. Imhoff spricht 1977 davon, daß es dem Frömmigkeitsbild der damaligen Zeit entsprach, diese Aufgabe einem Handelsherrn, einem seiner Vorfahren, einem *Bürger* [Hervorh. d. Verf.] zu übertragen. Seinem Aufsatz gibt er sogar den Titel „*Die Kirche der Bürger*". Er hat damit insofern recht, als St. Lorenz keine Privat'kapelle' eines Kaisers, Königs oder reichen Handelsherrn war. Weiter ist richtig, daß die Bürger für den Kirchenbau spenden konnten und darin auch zum Herrn ihres Glaubens beten durften. Aber den heutigen Bürgerbegriff auf die damalige Zeit zu übertragen, ist ganz und gar unzulässig. Das wäre seinen Vorfahren auch niemals in den Sinn gekommen. Zunächst wurde Imhoff nicht von der Bürgergemeinde in das Amt gewählt, sondern das Amt wurde ihm von der kleinen Gruppe der Patrizier übertragen. Die ‚gemeine' Bürgerschaft hatte damals und für lange Zeit keinerlei Einfluß auf die Besetzung der geistlichen Ämter, auf die bautechnische und künstlerische Ausgestaltung des Gotteshauses, auf die Pfründenverwaltung. Diese Befugnisse lagen ausschließlich in den Händen der Patrizier, die die übrigen Bürger von jeder Teilhabe fernhielten. Ebenso ist seiner Begründung und Schlußfolgerung, daß dadurch in der Kirche „... *ebenso streng wie im Rathaus über die Gerechtigkeit Wache gehalten wurde – und nicht das* [Recht] *der Bischöfe, der Kleriker, der die Stadt bedrängenden Landesfürsten oder Landadeligen*" [gelte], nicht zu halten. Die Patrizier strebten u.a. deshalb die Kirchenhoheit an, um auch in religiösen Fragen Macht über die Bürger zu gewinnen, die sie dann in der bevorstehenden Reformation nach dem Motto ‚cuius regio, eius religio' auch ausübten. Inwieweit und in welchem Sinne im Rathaus respektive von seinen Vorfahren - jedenfalls zeitweise - über die Gerechtigkeit Wache gehalten wurde, dazu mögen die Ausführungen dieses Buches Anhaltspunkte liefern. Auch ist nach Jahnel Imhoffs Feststellung nicht zutreffend, daß er, Hans (IV) Imhoff, in den Inneren kleinen Rat gewählt wurde und darin „*Dienst für Stadt tat*", wenn damit das Gremium der Septemvir gemeint gewesen sein sollte. In dieses wurde er nicht kooptiert. Für die Durchleuchtung der Machtverhältnisse innerhalb des Patriziats wäre es sehr interessant zu untersuchen, warum diese Wahl unterblieb. Die durch Imhoffs Ausführungen geweckten Assoziationen und unterstellten Gegensätze gehören in den Bereich einer manipulativen Haus- und Hofgeschichtsschreiberei, werden durch die historische Wirklichkeit nicht legitimiert. Folgen wir einer Chronik der Stadt Nürnberg, so stimmt auch seine Aussage nicht, daß Endres II. „*die gleichen Ehren zuteil wurden*" wie seinem Vater. Er wurde nicht Reichsschultheiß und auch nicht Erster, sondern unter Hieronymus Paumgartner 7 Jahre lang bis zu seinem Tod 1597 (dort +1596) ‘lediglich' Zweiter Losunger. - Imhoff, Chr.v., Kirche der Bürger, S. 8f. Stolz, G., Sakramentshaus, S. 9; Bürger bauen ihre Kirche, passim. Poscharsky, P., Die Kunst in der Kirche, passim. Jahnel, H., Imhoff, S. 100ff. StadtN, Chronik der Stadt Nürnberg (Amb 83.2⁰), fol. 111.

1580 Lutze, E., Sankt Sebald-Sankt Lorenz, S. 76.

1581 Eine Untersuchung über die Förderer bzw. Blockierer seiner politischen Karriere würde vielleicht entscheidende Hinweise für die hier aufgeworfenen Fragen liefern.

1582 Vertrag auch bei: Löffelholz, W.v., Baugeschichte-Sacramentgehäuse, S. 74f.

1583 Schleif, C., Donatio et Memoria, S. 230.

1584 Lutze, E., Sankt Sebald-Sankt Lorenz, S. 76.

Die Plazierung nur ein Jahr nach Arbeitsbeginn war neu und genial. Das Holz-oval wurde freischwebend in der Mittelachse der Kirche im Zentrum des Chor-raumes, vor dem Altar, nur wenige Schritte vom Sakramentshaus entfernt, auf-gehängt. Damals hing es noch höher[1585] als es heutzutage der Fall ist.[1586] Gro-te[1587] beschreibt die Wirkung folgendermaßen: *„Mit der Schönheit des Bildwer-kes und seiner Stellung im herrlichen Raum des Chores, zu dessen Krönung es geworden ist, erschöpft sich das Wesen des Englischen Grußes nicht. Die Ver-kündigung ist dem Irdischen entrückt und zur geistigen Mitte des Chores erho-ben. Von dem Raume umflutet, wird das Bildwerk, verklärt vom Lichterglanz des Marienleuchters, zu einer überirdischen, himmlischen Erscheinung".*

Folgt man den oben aufgeführten Determinanten der Raumhierarchie und der damit implizierten Kongruenz zur Sozialstruktur, so mußte nach Meinung der Tucher die Hierarchie zu ihren Gunsten wiederhergestellt worden sein. Der Engel erhob sich über die anderen gestifteten Kunstwerke – schwebte in quasi himmlischen Sphären –, hing in der Raumachse und in unmittelbarer Nähe des Altars.

Die kunsthistorischen Analysen von Schleif über die Stiftungen in St. Lo-renz folgen, wie ausgeführt, den Leitbegriffen ‚*Donatio et Memoria*'. Nach die-sen Ausführungen könnte der Begriff ‚*Aemulatio'* hinzufügt werden, um mit ihm eine entscheidende Intention einzelner Stifter zu charakterisieren. Die Rei-

---

1585 Blendinger, Chr., Lorenzer Hallenchor-Schatzkammer, S. 45.

1586 Es sei hier erlaubt, den persönlichen Eindruck eines kunsthistorischen Laien wieder-zugeben, der nicht über einen vom Fach abgesicherten Kriterienkatalog verfügt. - Es war sicher nicht unproblematisch, zwei solch hervorragende Meisterwerke von diesem Volumen so eng beieinander zu plazieren, die räumliche Distanz derart schrumpfen zu lassen. Dem Verfasser scheint es, daß die Verantwortlichen gerade noch die Intimsphäre der Kunstwerke respektiert haben. Man stelle sich nur einen Augenblick vor, in der Six-tinischen Kapelle fände sich unmittelbar neben dem Deckenfresko von Michelangelo das Werk eines anderen Künstlers! Bei den Fenstern der Imhoff, der Tucher, der Schüs-selfelder etc. tauchte das Problem nicht auf, es gab sozusagen eine natürliche Distanz. Eng aneinanderliegende Gräber werden von den Lebenden als natürliche Gleichheit nach dem Tod empfunden.
Hinsichtlich der heilsgeschichtlichen Chronologie war es sicher eine gute Lösung, den Engelsgruß vor dem Sakramentshaus aufzuhängen.
Vergleicht man Sakramentshaus und Engelsgruß, so scheint letzterer natürlicher, mate-rialgerechter gearbeitet zu sein, strahlt eine 'himmlisch-ruhige' Beschwingtheit aus. Bei aller handwerklichen Fertigkeit (oder gerade deshalb) erscheint dem Verfasser das Sa-kramentshaus in der filigran-unruhigen Bearbeitung des Steins ein wenig unnatürlich überzogen und artifiziell, gewollt außergewöhnlich; er wurde seiner natürlichen Schwe-re enthoben. Vielleicht wurde ihm zu viel abverlangt, möglicherweise inspiriert durch die maurische Baukunst, sicher aber nicht ohne detaillierte Vorgaben von Hans (IV) Imhoff. Psychologen könnten aus den Kunstwerken unter Umständen auch Aspekte der Mentalität ihrer Stifter erschließen.

1587 Grote, L., Tucher, S. 72.

hen- und Rangfolge der Motive ist bei ihnen wohl durchaus unterschiedlich gewesen.[1588]

Daß Auftragsvergabe und Plazierung des Englischen Grußes von Prestigekämpfen bestimmt wurden, deutet Stafski[1589] an, wenn er schreibt: *„Möglicherweise war der Englische Gruß die Antwort der südlich der Pegnitz gelegenen Stadtkirche auf die Herausforderung der nördlich des Flusses gelegenen Rivalin, die das Projekt von vergleichbarer Bedeutung* [wie das des Sebaldusgrabes - Anmerk. d. Verf.] *betrieb"*. Trotz der richtigen Spur führt die Formulierung m.E. gleichwohl zweimal in die Irre. Es waren nicht die ‚Kirchen' St. Sebald und St. Lorenz, die hier konkurrierten, wenn man damit die geistlichen Amts- und Würdenträger meint, und ebenso steht der Engelsgruß nicht in erster Linie im konkurrierenden Kontext mit dem Sebaldusgrab. Harte Rivalen waren vielmehr die mächtigen Familien der Tucher und Imhoff, und der Engelsgruß der Tucher in St. Lorenz ist die ‚Antwort' auf das Sakramentshaus der Imhoff in St. Lorenz. Vielleicht lauten die Etappen im Prestigekampf – entgegen der Ansicht von Schwemmer, der das Sakramentshaus nicht in seine Betrachtung einbezieht –, auch so: 1495 (Fertigstellung) Sakramentshaus (Imhoff/St. Lorenz)-1507 (Vergabe), 1519 (Fertigstellung) Sebaldusgrab (Tucher/St. Sebald)-1518 (Fertigstellung) Engelsgruß (Tucher/St. Lorenz). Innerhalb von zwei Jahren hatten die Tucher mit zwei prestigeträchtigen Kunstwerken sowohl in St. Sebald als auch in St. Lorenz auf das Sakramentshäuschen der Imhoff ‚geantwortet'. Wenn es denn so war, d.h. wenn diese Motive – auch – eine Rolle gespielt haben.

Will man Größen über den Kunst- oder Stiftungsetat der Familien gewinnen – andere Donationen und Vermächtnisse müßten hinzugerechnet werden - so könnte man die 700 Gulden (Sakramentshaus), die auf die drei Jahre[1590] für die Fertigstellung verteilt werden müßten, in Korrelation setzen zum Vermögen von Hans (IV) Imhoff in Höhe von 90.000 Gulden oder aber zum Umsatz der Firma Wilhelm, Andreas Imhoff und Mitverwandte im Jahre 1621/2, der rund 641.000 Gulden betrug. Die Kosten für den Engelsgruß machten 460 Gulden aus, der Umsatz der Firma Anton und Thomas Tucher belief sich im Jahr 1621/2 auf 429.328 Gulden. Welch angemessene Vergleichsbasis die Historiker auch errechnen werden, man wird schon jetzt sagen dürfen, daß die Patrizierfamilien der Stadt und ihren Kirchen herausragende Kunstwerke geschenkt haben, der Mäzenatenetat beider Familien gleichwohl gering war. Ein direkter Schluß von der Bedeutung der Kunstwerke auf die Höhe des Stiftungsetats ist deshalb nicht erlaubt. Anzumerken und gegenzurechnen bleibt auch, daß diesbezügliche Do-

---

1588 Dormeier zum Beispiel fragt, ob es einen möglichen Zusammenhang gibt zwischen dem lukrativen Safranhandel der Imhoff, dem Safran als Prophylaktikum gegen die Pest und der Stiftung des Rochusaltars durch Peter Imhoff in St Lorenz. Er selbst ist gegenüber einseitigen und direkten Erklärungszusammenhängen vorsichtig. - Dormeier. H., St. Rochus, S. 36f.
1589 Stafski, H., Veit Stoß, S. 102f.
1590 Löffelholz, W.v., Baugeschichte-Sacramentsgehäuse, S. 75.

nationen der Zünfte und anderer Selbstverwaltungsorgane der Bürger in Nürnberg fehlen; Zünfte gab es nicht, waren verboten. Durch diese Sichtbarmachung ihrer Stiftungen, der Erwähnung in allen Kunst- und Fremdenführern, prägen die Patrizier bis auf den heutigen Tag das Bewußtsein breiter Bevölkerungskreise, dominieren sozusagen immer noch die gemeine Bürgerschaft, mögen dadurch bei manchem Zeitgenossen auch die Vorstellung von einem goldenen, besseren Zeitalter hervorrufen. Verzerrt wird und weitgehend unbekannt bleibt damit das Mäzenatentum ihrer Mitbürger, deren Stiftungen in alten Büchern dokumentiert[1591] sind und sich auf Konten niederschlagen, die der breiten Öffentlichkeit nicht augenfällig werden, ihr wohl meist gar nicht bekannt sind. Dazu Ebneth hinsichtlich eines Stiftungspostens[1592]: *"Der Anteil der Kaufmannschaft an den Stipendienstiftungen lag sowohl nach der Anzahl, besonders aber im finanziellen Volumen deutlich über dem des Patriziats"*.

Dem Verfasser ist nicht bekannt, wie die breite Bevölkerung das Verhältnis von wirtschaftlichen Möglichkeiten, tatsächlicher Stiftungspraxis und den Stiftermotiven wahrnahm und beurteilte, aber die Mäzenaten werden durch Künstler, Größe und Plazierung der Werke bei ihr und bei ihren Standesgenossen sicher großen Eindruck gemacht haben.

Wie auch immer, diese Stiftungen dienten nicht etwa „*zur Sublimation schwindender Bedeutung,* [der Ausblendung] *eines Verlustes an realer Macht und Herrlichkeit*",[1593] zeugten nicht von einem Sterben in Schönheit. Im Gegenteil! Beide Firmen standen vor dem Zenit ihrer wirtschaftlichen Prosperität.[1594] Die Imhoff zumindest wollten, wie erwähnt, mit diesem Kunstwerk sicher auch nachhaltig ihre gleichwertige Position innerhalb des Patriziats unterstreichen. Sie klopften hartnäckig und nachhaltig an die Türen vom Sitzungssaal des Inneren Rats und begehrten Einlaß. Bisher waren sie darin nicht vertreten, schafften die politische und soziale Zugehörigkeit aber wenig später mit Endres (I) Imhoff. Es sei erlaubt, eine letzte „Spekulation" in diesem Zusammenhang vorzutragen: Fällt auch aus dieser Sicht heraus nicht ein charakteristisches Licht auf den Allianzcharakter schon zu Beginn ihrer Tätigkeit, besonders auf das Verhältnis der Tucher und Imhoff, wie er in den Tucherbriefen zum Ausdruck kommt und im ersten Kapitel dargestellt wurde?

1591 Erinnert sei z.B. an eine Stiftung von 20.000 Gulden des Wolf Müntzer für Bedürftige, dessen Exekutoren Sebald Haller und Endres (I) Imhoff waren. - Koenigs-Erffa, Tagebuch-Sebald Welser, S. 303.
1592 Ebneth, B., Stipendienstiftungen, S. 146ff.
1593 Roeck, B., Kunst-Wirtschaft, S. 16.
1594 Hinweise darauf sind die steigenden Losungszahlungen von Anton (II) Tucher. Im Jahre 1509 führte er 142, drei Jahre später 198, zwei Jahre danach 226 (214 + 12 als Nachzahlung) Gulden ab. Bei Vergleichen mit späteren Jahren ist zu prüfen, welcher Steuersatz jeweils zugrunde gelegt wurde. Es taucht schon für diese frühe Zeit die Frage auf, wie die Nachzahlung bei gegebener anonymer Leistung der Losung begründet werden konnte. - Loose, W., Haushaltbuch, S. 76, 96, 110.

Aus religionsgeschichtlicher Perspektive heraus und in persönlicher Hinsicht ist es bemerkenswert, daß kurz vor der Reformation noch ein so bedeutendes Kunstwerk wie der Engelsgruß zu Ehren Marias in Auftrag gegeben wurde. Auf eine vorhandene Disposition des Stifters Anton (II) Tucher zur Abschaffung des Marienkults deutet die Tatsache nicht hin.[1595]

Das weitere Schicksal des Engelsgrußes ist aus der Literatur bekannt. Wichtig ist darauf hinzuweisen, daß es in Nürnberg nach Einführung des neuen Bekenntnisses nicht zu einem Bildersturm kam.[1596] Es wären davon ja auch in erster Linie die Stiftungen derjenigen Personen und Familien betroffen gewesen, die die Reformation eingeführt hatten.

Noch ein Wort zu den Motiven der Stifter. Es wird kaum zu erhoffen sein, daß einer von ihnen bei einer Motivationsvielfalt auch ‚weniger edle, allzu menschliche' Beweggründe schriftlich fixiert und bezeugt hat. Aber durch Äußerungen aus dem Umfeld müßte man sich der Beantwortung der Frage zumindest annähern können. Veit Stoß zum Beispiel muß sich doch gefragt haben, warum er, der Gebrandmarkte,[1597] rund 10 Jahre nach dem Tode seines Künstler-Kollegen Adam Kraft, vom Vordersten Losunger der Stadt beauftragt wurde,[1598] ein Werk zu schaffen, das in Tuchfühlung zu dessen Sakramentshaus aufgehängt werden sollte. Bisher liegen, soweit zu sehen, keine Zeugnisse vor. Was dachten die Standesgenossen darüber, die Intellektuellen, die Kaufleute aus dem wirtschaftlichen Umfeld, die doch alle um die Spannungen[1599] zwischen den Familien wußten? Auch dem ‚gemeinen Mann und der gemeinen Frau' waren die Auseinandersetzungen innerhalb des Patriziats wohlbekannt, wie unter anderem ihre öffentlichen Äußerungen auf die Erhängung von Nikolaus Muffel deutlich machen und ebenfalls die vom Rat befürchteten Reaktionen der Bürgerschaft, sollte sie von dem Demissionsgesuch des Willibald Schlüsselfelder und später des Paul Albrecht Rieter erfahren. Dem einzelnen Untertan wäre es möglicherweise als Letztem eingefallen, religiöse, künstlerische, politische, soziale und allzu menschliche Motive fein-säuberlich zu trennen. Diese Aufspaltung wäre ihm prätentiös, vermutlich sogar dumm erschienen. Er verstand die semantischen Zusammenhänge, brauchte keine Dechiffrierungshilfen, hatte den ungetrübten Blick auf und für das Ganze. Vielleicht stößt also die Forschung auf Aussagen dieser sozialen Gruppen, die uns der Antwort näherbringen.

1595 Dazu Loose, W., Haushaltbuch, S. 3: „... *und es scheint wohl nicht absichtslos, wenn Scheurl im Tucherbuch a.a.O. bei seinem* [das des Anton (II) Tucher] *bemerkt, dass er das hochwürdige sacrament nach christlicher einsetzung empfangen habe*".

1596 Dormeier, H., St. Rochus, S. 55.

1597 Ihm waren am 04.12.1503 beide Backen durchstochen worden. – Hegel, C., Chroniken-Nürnberg, 5, S. 667. Dort auch die juristische Begründung.

1598 Eine persönlich große Tat, Veit Stoß auf diese Art und Weise wieder zu 'resozialisieren' und durch weitere Aufträge an sein Haus zu binden.

1599 Möglicherweise nicht so groß wie ab der zweiten Hälfte des Jahrhunderts und zu Beginn des nächsten Saeculums.

4.4.2.1.2. Totenschilde für Endres (I) Imhoff und Willibald Schlüsselfelder in St. Lorenz (Imhoff<>Schlüsselfelder)

In diesem Zusammenhang noch ein Aspekt zum Verhältnis der Familien Imhoff/Schlüsselfelder, der, wie gesagt, zumindest mittelbar Auskunft über das Allianzmilieu gibt und über das Verhältnis mancher Patrizierfamilien zueinander. Endres (I) Imhoff hatte man nach seinem Tod *„einen zur selbiger Zeit außerordentlich großen runden Schild"* zugestanden, der nach seinem Willen in der Lorenzkirche aufgehängt werden sollte, wo er auch heute noch, im Jahre 2000, an der obersten Stelle neben der Imhoff-Empore hängt.[1600] Herrschaftsanspruch und Machtdemonstration also über den Tod hinaus durch die schiere Größe eines Totenschildes, der den üblichen Rahmen sprengte; eine Haltung, die den Nürnbergern und Franken eher fremd war und ist.[1601] Dazu Schleif:[1602] *„Zu den wenig dokumentierten Bestimmungen zählen Verordnungen, die das Bestreben bezeugen, Totenschilde und Leichentücher möglichst einfach zu halten. Für ein Totenschild, das über über drei Gulden kostete, erhob der Rat eine Gebühr von zehn Gulden".*[1603]

1600 Abbildung (Nr. 14) bei Imhoff, Chr.v., Imhoff, nach S. 32.

1601 Für das unterschiedliche Selbstverständnis der Familien Tucher und Imhoff ergäben sich u.U. wichtige Hinweise durch eine Untersuchung darüber, welche von ihnen gestiftete Kunstwerke Familien- oder Allianzwappen trugen, welche nicht, wo sie plaziert waren und welche Größe sie hatten. Soweit zu sehen, ließen die Tucher im Gegensatz zu den Imhoff keine Totenschilde aufhängen. Sie verzeichneten an ihrer Grablege auf Tafeln die Namen und den Todestag ihrer Verstorbenen. Der Engelsgruß enthält weder Name noch Wappen des Tucher-Stifters, das im Auftrag der Imhoff geschaffene Sakramentshaus wohl. - Vgl. Grote, L., Tucher, S. 58. Schwemmer, W., Mäzenatentum, S. 25.

1602 Soweit zu sehen, datieren die ersten Verbote des Rates, prunkvolle Totenschilde, wozu vor allem die runden und achteckigen zählten, vom Ende des 15. Jahrhunderts (1495-1497) an. Auch eine Besserung durch die Krönung mit Helm war verboten, wiewohl dagegen verstoßen wurde. - Pilz, K., Totenschild-Nürnberg, S. 69ff., 100ff.; Totenschild, S. 73. Schleif, C., Donatio et Memoria, S. 230.

1603 Im Jahre 1425 hatte Hans (I) Tucher auf seinen testamentarischen Wunsch hin ein prunkvolles Leichenbegräbnis in St. Sebald erhalten. Über seine Bahre war eine große, schwere Decke aus grünem Samt im Werte von 140 Gulden gelegt worden. Aus ihr sollte nach seinem Begräbnis ein Ornat für einen Priester von St. Sebald gefertigt werden. Das war nach Meinung des Rats ein unangemessener Luxus. In einer seiner nächsten Sitzungen beschloß er deshalb, daß fortan *„kein gülden Tuch, samtnes oder seidnes Gewand über eine Leiche gedeckt werden dürfe".* Zuwiderhandlungen wurden mit einer Strafe von 50 Gulden belegt.
Die Prachtentfaltung einschränkende Vorschriften bezogen sich auch auf Kindstaufen, Hochzeiten, Beerdigungen. – Schwemmer, W., Mäzenatentum-Tucher, S. 20. Grote, L., Tucher, S. 13ff.

Witwe und Erben von Willibald Schlüsselfelder[1604] hielten dessen Verdienste um die Stadt für so außerordentlich, daß sie um die Erlaubnis nachsuchten, einen ebenso großen Totenschild wie den von Endres (I) Imhoff in St. Lorenz aufhängen zu dürfen. Die Größe[1605] wurde nicht zugebilligt mit der Begründung, die Leistungen für das Gemeinwohl beider Personen seien nicht vergleichbar, präziser, nicht gleichwertig. Wie zu sehen, garantierte die Zahlungsbereitschaft gleichwohl noch nicht die Zustimmung des Rates.[1606]
Zweiter Losunger zur Zeit der Entscheidung war Endres (II) Imhoff.[1607]

4.4.2.2. Profaner Bereich: Herrschaftsarchitektur

4.4.2.2.1.   Nassauerhaus (Imhoff<>Schlüsselfelder sowie Imhoff<>Imhoff)

Die Imhoff wohnten, wie oben gezeigt, bis zum Ende des 16. Jahrhunderts gegenüber der Lorenzkirche, im Haus Ecke Pfannenschmieds-/Brunnengasse (früher Kotgasse), bis sie ihren Stammsitz auf den Egidienberg verlegten.
Der Umzug wird von Christoph Imhoff (1975) mit Platzmangel begründet.[1608] Vergleichende Angaben über Wohn- und Geschäftsflächen fehlen. Auch Erweiterungsmöglichkeiten am alten Standort werden nicht diskutiert.
Eine Gelegenheit zur Arrondierung ihres Besitzes in St. Lorenz wäre zum Beispiel der Kauf des repräsentativen, alt-ehrwürdigen Nassauerhauses gewesen, gleich gegenüber ihrem Wohn- und Geschäftssitz gelegen. Den Platz in Form eines gleichschenkligen Dreiecks, gebildet von der Lorenzkirche (,*ihrer Kirche*': Nur sie hatten eine eigene Empore!),[1609] ihrem Bank-, Geschäfts- und

---

1604 GNM, Rep. II /74, Imhoff-Archiv, II, Fasz. 5/I, S. 7775. - Willibald Schlüsselfelder starb im Alter von 56 Jahren am 27.05.1589. Im Jahre 1559 hatte er Anna Stockamer zur Frau genommen, die in erster Ehe mit Georg Hofmann verheiratet gewesen war und ihren zweiten Mann 23 Jahre überlebte. Der Sohn Carl heiratete Catharina Tucher, geborene Tetzel, die Tochter von Anna und Jobst Friedrich Tetzel. - Sein Nachfolger im Amt wurde Hieronymus Paumgartner, dem Endres (III) Imhoff folgte. – Biedermann, J.G., Patriziat-Nürnberg, Tabula DCXXII. A. D.B. StadtbN, Chronik der Stadt Nürnberg (Am 83.2⁰), fol. 111.

1605 Ob die Größe im Sinne von Schlüsselfelder war oder nicht, darüber kann man nur spekulieren. Vielleicht war es der Wunsch der Hinterbliebenen, ein Gegenwicht zu schaffen, um die historischen Realitäten nicht zu verzerren.

1606 Andere Familien, z.B. die des wohlhabenden bürgerlichen Kuntz Horn, bemühten sich gänzlich vergeblich, in St. Lorenz einen Platz für eine Stiftung zu bekommen. - Dormeier, H., St. Rochus, S. 37, 52.

1607 GNM, Rep. II/74, Imhoff-Archiv, Fasz. 5/I, S. 112. Biedermann, J.G., Patriziat-Nürnberg, Tabula CCXLVII.

1608 Imhoff, Chr.v., Imhoff, nach S. 32 (Abbildungen 7+8). Siehe dazu aber den Kupferstich von ihrem alten Anwesen mit drei Häusereinheiten bei: Schmidt-Fölkersamb, U., Stiftungen-Imhoff-St. Lorenz, S. 3, der Zweifel an der Begründung aufkommen läßt.

1609 Eine große Ausnahme, daß sie über eine abgeschlossene Empore mit separatem Ein- und Aufgang an der Nordseite der Kirche verfügten, von Angesicht zu Angesicht mit dem Prediger, vielleicht präziser: der Prediger im Angesicht der Imhoff. - Kann man

Wohnhaus hätte anschließend gleichsam zum exterritorialen Gelände der Imhoff erklärt werden können. Dazu kam es aber nicht. Um die möglichen Hintergründe auszuleuchten, muß etwas weiter ausgeholt werden.

Oben wurde im Zusammenhang mit der Porträtskizze von Endres (I) Imhoff die spannungsgeladene Beziehung zwischen ihm, seinem Sohn einerseits und Willibald Schlüsselfelder andererseits schon aufgezeigt. Wesentliche wirtschaftspolitische Ziele der Imhoff und Welser waren durch Willibald Schlüsselfelder und andere Standesgenossen verhindert, fragwürdiges finanzwirtschaftliches Verhalten Imhoffs als Losunger der Stadt war von ihm aufgedeckt worden. Die Frage, ob neben den angeführten sachlichen Gründen auch persönliche eine Rolle gespielt haben, muß zunächst unbeantwortet bleiben. Neue Erkenntnisse ergäben sich wahrscheinlich durch eine Untersuchung über das frühere Konkurrenzverhalten der Fürer/Schlüsselfelder auf der einen und der Welser/Imhoff auf der anderen Seite auf dem Metallsektor, besonders im Mansfelder Gebiet und im Erzgebirge.[1610]

Es ist kein allzu großes Einfühlungsvermögen vonnöten, um zu vermuten, daß jener Widerstand und die ‚Enthüllungen' von Willibald Schlüsselfelder Wunden hinterlassen hatten. Aber es kam für die Imhoff noch schlimmer. Kurz vor dem Tode seines Vaters bewarb sich Endres (II) Imhoff im April 1577[1611] um das Amt des Kriegshauptmanns, unterlag am 18.04. Hans Rieter. Sein Mitstreiter Hans Welser d.J. hatte einen Tag vorher Hieronymus Paumgartner als

---

sich auf dem Hintergrund der ganzen Ausführungen vorstellen, daß die Tucher oder Schlüsselfelder auf der Imhoff-Empore am Gottesdienst teilnahmen?

1610 So übernahmen die Imhoff 1541 z.B. den Kupferverlag der Fürer, Letscher und Mitverwandte in Arnstadt, traten später in Eisleben mit dem Nürnberger Rat deren Nachfolge an. – Blaich, F., Reichsmonopolgesetzgebung, S. 114f. Jahnel, H., Imhoff, S. 164, 198. Höffner, J., Wirtschaftsethik-Monopole, S. 61f. - Hingewiesen sei hier auf die Tatsache, daß 1532 Ferdinand I. das Eibenholzmonopol in Nieder- und Oberösterreich an Christoph Fürer und Leonhard Stockhamer verlieh. - Hilf, R.B., Eibenholzmonopole, S. 184. Kellenbenz, H., Wirtschaftsleben-Reformation, S. 187.
Fürer hatte die Möglichkeit, Leistungseliten aus dem kleinen Kreis der ratsfähigen Geschlechtern zu rekrutieren, für begrenzt gehalten, plädierte deshalb dafür, im Notfalle auch Mitglieder von Geschlechtern zum Inneren Rat zuzulassen „wo nicht im Herkommen von 200 Jahren, [dann] von 100 Jahren". Er hatte es auch mit den Pflichten eines Ratsherrn nicht vereinbar gehalten, gleichzeitig eine große Firma zu leiten. In seinem Nachlaß verlangte er als Voraussetzungen für das Amt: Ehrbarer Wandel, Klugheit, friedfertiger Sinn und Gerechtigkeit. Fürer war Mitglied des Inneren Rats gewesen, hatte aber wegen der Ineffektivität der ‚Regierung' sein Amt niederlegen wollen, was ihm zunächst verweigert worden war. Erst beim zweiten Versuch erhielt er die Zusage von Caspar Nützel, Christoph Kreß und Hans Ebner.
1611 Nach Biedermann erreichte er das Amt. Das ist aber ein Widerspruch auch zu seinen eigenen Angaben, nach denen Imhoff seit 1586 zum Triumvirat gehörte. Dieses wurde aber gebildet von den beiden Losungern und dem obersten Kriegshauptmann. Außerdem wurde dieses Amt an Mitglieder des Inneren Rats vergeben, dem Imhoff aber erst nach dem Tode seines Vaters 1579 angehörte. – Biedermann, J.G., Patriziat-Nürnberg, Tabula CCXLVII. Bartelmeß, A., Hans Rieter von Kornburg, S. 375.

Nachfolger des verstorbenen Gabriel Nützel bei der Wahl zum Inneren Rat den Vortritt lassen müssen.

Folgen wir Willibald Schlüsselfelder,[1612] kam es im September 1580 zu einem bis dato einmaligen Vorgang. Der Innere Rat hatte Endres (II) Imhoff – wahrscheinlich, wie aus dem Kontext zu vermuten, auf seine, Schlüsselfelders Initiative hin, der inzwischen Mitglied des Gremiums war -, zu einer Steuernachzahlung in unbekannter Höhe aufgefordert.[1613] Dieser bat daraufhin seine Amtskollegen und Standesgenossen um den Nachlaß *„einer gewissen Summe, als 500 Gulden oder wie es die Herren Älteren billigen möchten".* Diese reagierten mit Entsetzen *„ob dieses fremde und ungewohnliche Begehrn".* Unabhängig vom Anlaß taucht in diesem Zusammenhang wieder die Frage nach der Kontrollmöglichkeit bei anonymer Steuerzahlung auf.

Imhoff hatte seine Petition mit der ohnehin hohen Steuerquote begründet, behauptet, daß auch in der Vergangenheit Nachlässe gewährt worden seien, dies in Augsburg durchaus praktiziert würde, schließlich die Verdienste seines Vaters um das Wohl der Stadt im Markgrafenkrieg hervorgehoben.

Immer wieder und immer noch also der Markgrafenkrieg! Er zieht sich mindestens dreißig Jahre lang wie ein roter Pfaden durch das Schriftgut der Nürnberger Kanzleien.

Ebenso wie die Ablehnungsgründe ist es der Ton, der auffällt. Schlüsselfelder, der Endres (I) Imhoff gut gekannt, in dessen letzten Lebensjahren mit ihm am Konferenztisch des Inneren Rates gesessen, mit Endres (II) in zahlreichen Ämtern und vielen Ausschüssen zusammengearbeitet hatte, war sich seiner Machtposition durchaus bewußt und machte davon auch Gebrauch.

Richtschnur für das Handeln des geradlinig-korrekten - schaut man sich sein Porträt an, möchte man sagen, vierschrötig-unbeirrbaren - Schlüsselfelder war und blieb das Allgemeinwohl, nicht die persönliche Bereicherung. ,Nicht mit mir!', so klingt es zwischen den Zeilen. Seine Argumentation speiste sich aus präzisen historischen Kenntnissen, dem Bewußtsein seiner fachlichen Kompetenz und aus der Gewißheit, auf dem rechten Pfad zu sein und gewesen zu sein.

Er sieht in dem Ansinnen von Imhoff die Gleichheit aller Bürger vor dem Gesetz und die Steuergerechtigkeit verletzt, die die Quote nach der Belastbarkeit der Bürger bemesse. *„Gleicher Bürden hat sich niemand zu beschweren"* schrieb er Imhoff ins Stammbuch. Kein Mitglied des Inneren Rates sei so reich wie er,

---

1612 BayStaatsAN, Rep. 60e, Geheime Verlässe der Herren Älteren, 1, fol. 42-47, 17.09.1580.

1613 In der Quelle heißt es: *... die er gemeiner Stadt von seiner habend Gütern von wegen der jährlichen Losung widermals zu raichen schuldig wäre…".* ,Widermals' wurde hier im Sinne von ,noch', ,ausstehend' übersetzt. Ursächlich stand sie wohl in Verbindung mit dem Erbe seines vor knapp einem Jahr verstorbenen Vaters. – Zur Erbmasse siehe: Jahnel, H., Imhoff, S. 184 ff.

gleichwohl würde niemand von ihnen auch nur auf den Gedanken kommen, ein Gesuch auf Steuernachlaß einzureichen.

Es war ein geschickter Schachzug von Schlüsselfelder, die Kompetenz des Inneren Rates für diese Entscheidung zu bestreiten. Der Losungssatz würde schließlich vom erweiterten Rat und dem Genanntenkollegium festgesetzt, argumentierte er. Diese Gremien müßten also auch über eventuelle Nachlässe entscheiden. Schlüsselfelder drohte also damit, das Begehren öffentlich zu machen. Ihm war klar, wie das Votum lauten würde, sollte dieser Punkt auf die Tagesordnung gesetzt werden. Über den tatsächlichen Einfluß bei der Festsetzung des Steuersatzes darf man sich gleichwohl keine falschen Vorstellungen machen. Mehr als eine rituelle Bestätigung der vorher von den Septemvirn festgesetzten Höhe war ihr Votum nicht.

Der ‚Spaß‘ hörte für Schlüsselfelder gänzlich auf, als er auf den Markgrafenkrieg zu sprechen kam. Es sei eine schlichte Selbstverständlichkeit, daß jeder Bürger in einer solchen Situation mit „*Gut und Blut*" seiner Vaterstadt zu helfen habe und, bei allen Bemühungen seines Vaters: Auch die anderen Herren Älteren hätten „*Leib und Leben*" gewagt. Auffallend ist, daß Schlüsselfelder nicht darauf hinwies, daß das Blech- oder Drahtwerk ‚Kugelhammer‘ seiner Familie in der Nähe von Schwabach von Albrecht Alcibiades ganz oder teilweise niedergebrannt worden war,[1614] sie also nicht nur nicht vom Krieg profitiert, sondern Schaden erlitten hatte. Inwieweit auch Gewerbebetriebe der Imhoff betroffen waren, etwa die Weidenmühle, ist dem Autor nicht bekannt. Aber Endres (II) hätte es sicher nicht verabsäumt, seinen Antrag auch damit zu begründen, wäre es der Fall gewesen. Auf der anderen Seite muß berücksichtigt werden, daß die Dokumentation im Geheimbuch der Herren Älteren sicher nicht alle mündlichen und schriftlichen Äußerungen zu diesem Fall - auch im Vorfeld schon - widergibt. Diese konkreten Schäden sind vielleicht unter den abstrakten Ausdruck „*Gut und Blut*" zu subsumieren.

Schlüsselfelder wies den Vorwurf der Undankbarkeit nicht nur scharf zurück, sondern - und diese Stelle ist ein weiterer Beweis für die zu erhöhten Zinsen vergebenen Darlehen der Imhoff und Welser an die Stadt -, er stellte unmißverständlich fest: „... *Und was solcher Beschwerung*" - er meinte damit den hohen Schuldenberg der Stadt - „*für mercklicheUrsachen vorhanden, auch wer daran schuldig, das weiß sich der Herr Supplikand selbst guter Maßen zu erinnern*". Es konnte nur oder doch in erster Linie der Vater von Endres (II) Imhoff gemeint gewesen sein, wenn es außerdem heißt: „*Es ist nit ohn, daß die Herren Älteren so jetzig im Leben, wohl leiden und wünschen möchten, daß immer das Regiment dermaßen von verstorbenen Herrn wäre eingeantwortet worden*". Endres (I) Imhoff war im vorangegangenen Jahr gestorben. Zweifellos nahm er al-

---

1614 Rösel, L., Alt-Nürnberg, S. 540. Tillmann, C., Burgen-Schlösser, S. 543f. Es ist wohl Röthenbach bei St. Wolfgang gemeint.

so auf ihn Bezug. Die Stelle zeugt auch noch einmal von dessen einschüchternder Dominanz, denn zu seinen Lebzeiten waren nach dem bisherigem Forschungsstand die Karten so nicht aufgedeckt worden. Aufgrund der Geheimhaltung des Haushalts wären dazu allerdings nur Mitglieder des Inneren Rats fähig gewesen.

Diese Finanzierung, fuhr Schlüsselfelder fort, sei auch die Ursache dafür, daß in Nürnberg der Losungssatz nicht wie in Augsburg nur ein halbes Prozent betragen könne, sondern höher sein müsse, um wenigstens den dringendsten Verpflichtungen nachkommen zu können. Er stellte also unmißverständlich einen Zusammenhang her zwischen der hohen Steuerquote für die gesamte Bevölkerung und der privaten Bereicherung des Endres (I) Imhoff und der anderen Finanzmakler. Trotz dieser gegenüber Nürnberg geringeren Steuerquote konstatiert Roeck für Augsburg in der zweiten Hälfte des 16. Jahrhunderts einen gegenläufigen Trend: Zunehmende Barreserven und Schuldenabbau trotz der nachwirkenden Belastungen durch den Schmalkaldischen Krieg,[1615] die nach Schätzungen von Zeitgenossen auf bis zu 3 Millionen Gulden beziffert wurden, also in etwa den Kosten des Markgrafenkrieges entsprachen.[1616] Die Entwicklung des Öffentlichen Haushalts kann man also weder für einen wirtschaftlichen Niedergang Augsburgs noch Nürnbergs in der zweiten Hälfte des 16. Jahrhunderts heranziehen, wenn die Ausgabenseiten auch andere Strukturen aufweisen.

Für Schlüsselfelder und seine Amtsgenossen wäre es gänzlich unverständlich gewesen, daß spätere Geschichtsschreiber so ein positives Bild von Endres (I) Imhoff und seinem gleichnamigen Sohn zeichnen würden, der mit den zweifelhaften Verdiensten des Vaters auch noch seinen Antrag auf Steuernachlaß rechtfertigen wollte. Nähert sich der Historiker nüchtern und unvoreingenommen den Quellen, wird seine Reaktion nachvollziehbar.

Zum Schluß verfällt Schlüsselfelder in einen süffisant-gönnerhaften Ton. Er zweifle nicht daran, daß, wenn „*der Herr Supplikand ohne Affektion und Parteilichkeit ... und mit seinem hohen Verstande ... in seiner Weisheit und Gutwilligkeit*" den Antrag noch einmal überdenke, er ihn zurückziehen werde. Er nannte Imhoff durchweg nicht beim Namen, sondern titulierte ihn als Bittsteller.

Die Dokumentation dieses Vorfalls im Buch der ,Geheimen Verlässe der Herren Älteren' zeugt von der Brisanz des Themas. Im übrigen wäre es eine eigene Untersuchung wert festzustellen, was, wann und von wem hier eingetragen wurde. Noch größeren Erkenntnisgewinn würde vielleicht die Beantwortung der Frage bringen, welche Vorfälle von vergleichbarer Sprengkraft unter welcher Amtsführung und aus welchen Gründen n i c h t dokumentiert wurden, eine Begründung des Schweigens und der Lücken sozusagen. Was, beispielsweise,

1615 Roeck, B., Krieg-Frieden, 2, S. 565ff. - Vgl. auch: Kellenbenz, H., Finanzen-Augsburg, S. 518f. Zur Haltung und finanziellen Belastung Nürnbergs während des Schmalkaldischen Krieges: Franz, E., Nürnberg-Kaiser-Reich, S. 168ff.
1616 Kellenbenz, H., Geldbeschaffung-Schmalkaldischer Krieg, S. 26ff.

wurde während der Amtszeit der Losunger Haller und Imhoff während des Markgrafenkrieges eingetragen, was von ihnen selbst, was nicht? Hierbei würde es also nicht um das grundsätzliche methodische Problem des Historikers gehen, das sich aus der Tatsache ergibt, daß einige Quellen überliefert wurden, komplementäre Bestände aber nicht. Im konkreten Fall ist der Akt erhalten, enthält aber möglicherweise nicht alle Eintragungen, die man aufgrund der Zielsetzung erwarten dürfte.

Der Titel legt im übrigen Zeugnis ab vom Herrscherwissen einer kleinen Gruppe.[1617] Aus der Bezeichnung die naheliegende Schlußfolgerung zu ziehen, in dem Gremium sei es im allgemeinen und bei den dort dokumentierten Fällen im besonderen zu einstimmigen Beschlüssen gekommen, ist sicher unzutreffend. Wie der konkrete Fall zeigt, war eher das Gegenteil der Fall. Es erscheint sogar die Frage erlaubt, ob alle Mitglieder zu jeder Zeit Einsicht nehmen durften. Die Quelle ist also auch geeignet, die Klientelbeziehungen innerhalb des Patriziats zu erhellen, die Konfliktlinien zu verdeutlichen, das Amtsverständnis der einzelnen Losunger zu erhellen. Insgesamt hat die Quelle nach heutigem Rechtsverständnis den Nachteil, daß Gegenargumente allenfalls indirekt zu erschließen sind. Ein Abgleich mit anderen Zeugnissen ist deshalb im besonderen Maße erforderlich. Aufgrund des gesamten Quellenkontextes kann aber kein Zweifel bestehen, daß in diesem konkreten Falle der Argumentation von Schlüsselfelder gefolgt werden kann.

Die Dokumentation ist aber wahrscheinlich nicht lediglich mit seinem Amtsverständnis zu erklären, hatte also nicht nur ‚objektive' Gründe, sondern war auch persönlich motiviert. Möglicherweise befürchtete Schlüsselfelder nämlich, bei einem Wechsel der Klientelbeziehungen und einer Beruhigung der aufgeheizten öffentlichen Meinung vom Inneren Rat wegen übler Nachrede, Verleumdung etc. belangt zu werden. Das Schicksal von Nikolaus Muffel war ihm zweifellos bekannt, selbst wenn der Fall von anderer rechtlicher Qualität war. Immerhin waren seine Äußerungen gegenüber Haller und Derrer, die ihn aufgesucht hatten, bei den ‚Verlässen der Herren Älteren' festgehalten worden. Er sorgte nun selbst dafür, daß das Gesuch von Endres (II) Imhoff um Steuernachlaß, seine eigene ablehnende Begründung sowie die Aufdeckung der zweifelhaften Finanzierungsmethoden im Markgrafenkrieg durch die oder den Losunger, die praktisch zur Zahlungsunfähigkeit der Stadt geführt hatten, im Bestand ‚Geheime Verlässe der Herren Älteren' aktenkundig wurden. Diesem Eintrag maß er wohl zweifelsfreie Beweiskraft, höchsten Schutz zu.

1617 Vgl. dazu: Groebner, V., Gefährliche Geschenke, S. 46ff.

Abbildung 1: Portrait Willibald Schlüsselfelder
GNM, Kupferstichkabinett P 1196

Es wirft schon ein Licht auf das Milieu, auf das Klima im Inneren Rat, wenn ihre Mitglieder auf diese Art und Weise glaubten, sich so voreinander schützen, sich gegenseitig neutralisieren zu müssen. Für den thematischen Zusammenhang bleibt hier also nochmal zu konstatieren, daß dieses Klima keine tragfähige Grundlage für eine Wirtschaftsallianz bilden konnte, auch wenn Schlüsselfelder ihr nicht angehörte. Aber das Verhältnis der Tucher zu den Imhoff und Welser ist ja ähnlich zu charakterisieren.

War Schlüsselfelder auch um seinen Nachruf, um seinen Platz in der Geschichte Nürnbergs bemüht? Oder wollte er durch diesen ‚hoheitlichen Akt' einer Glorifizierung der Zeitgenossen Endres (I) und Endres (II) Imhoff durch die Nachwelt entgegenwirken? Blieb trotz seines Widerstandes in den Gremien ein Rest von Unbehagen, nicht an die Öffentlichkeit gegangen zu sein? Vielleicht spielten alle Motive eine Rolle, sie sind nicht säuberlich zu trennen und zu gewichten.

Noch einige Anmerkungen zu Schlüsselfelders Behauptung, Endres (II) Imhoff sei bei der Besetzung der Ämter bevorzugt worden: Ein Jahr später,[1618] am 31.10.1581, unterlag Imhoff bei der Bewerbung um den Posten des obersten Kriegshauptmanns,[1619] der in der Hierarchie der städtischen Ämter den dritten Rang einnahm.[1620] Eine weitere bittere Niederlage mußte er nur eine Woche später hinnehmen, als ihm auch die angestrebte Würde des obersten Bauherrn nicht zuerkannt wurde. Beide Ämter fielen nach dem Tode von Philipp Geuder ebenfalls an Hans Rieter.[1621] Kein Zweifel, daß die jeweiligen Mehrheitsfraktionen in entscheidendem Maße von Balthasar Derrer, nach dem Tode von Endres (I) Imhoff Oberster Losunger,[1622] und dessen Nachfolger im Amt, Willibald Schlüsselfelder,[1623] gebildet worden waren.

Kurz vor diesen Wahlniederlagen, am 14.08.1581, als Schlüsselfelder und andere Endres (II) Imhoff mehrmals auf seiner Karriereleiter gestoppt hatten und es, wie gezeigt, bald noch einmal tun würden, kaufte Schlüsselfelder jenes berühmte und repräsentative Nassauerhaus[1624] (heute Karolinenstraße 2, alte Nr. L 331[1625]), schnappte es den Imhoff buchstäblich vor der Nase weg. Klingt noch Ärger und Enttäuschung nach, wenn Christoph von Imhoff (1977) in einem Aufsatz über die Lorenzkirche! insistiert, daß das Anwesen ‚Schlüsselfelder Haus'

1618 GNM, Rep. II/74, Imhoff-Archiv, Fasz. 5/I, S. 111.
1619 Das Amt war nach dem Tode von Philipp Geuder neu zu besetzen.
1620 Hegel, C., Chroniken-Nürnberg, 1, S. XXVII.
1621 Bartelmeß, A., Hans Rieter von Kornburg, S. 373ff.
1622 Balthasar Derrer (Dörrer) gehörte seit 1535, also 50 Jahre lang, in verschiedenen Funktionen dem Nürnberger Rat an. Er starb am 16.03.1586 und wurde in Mögeldorf begraben. – Siebenkees, J.Chr., Nürnbergische Geschichte, S. 372. Biedermann, J.G., Patriziat-Nürnberg, Tabula DCX.
1623 Biedermann, J.G., Patriziat-Nürnberg, Tabula DCXXII. A.
1624 Imhoff, Chr.v., Kirche der Bürger, S. 5.
1625 Also das Eckhaus, früher mit dem westlich anstoßenden Haus Karolinenstraße 4 vereint. – Schwemmer, W., Bürgerhäuser-Lorenzer Seite, S. 58.

und nicht ‚Nassauisches Haus' heißen müßte?[1626] Und ist es ein Zufall, daß der Käufer dieses Hauses, eben Willibald Schlüsselfelder, im Buch von Imhoff über berühmte Nürnberger keine Erwähnung findet, obwohl er doch zweifellos die bedeutendste Persönlichkeit in den letzten vier Jahrzehnten des 16. Jahrhunderts war, und ebenfalls kein Zweifel bestehen kann, daß Imhoff im Zusammenhang mit der Konzeption des Buches und der Erforschung seiner Familiengeschichte darum wußte? Durch seine eben zitierte Äußerung nährt er diese Vermutung ja selbst. Gehen wir wieder von den oben aufgezeigten Kongruenzen zwischen Raumhierarchie und Sozialstruktur aus, bedeutete der Kauf sicher einen enormen Prestigegewinn für Schlüsselfelder und vielleicht einen noch größeren Prestigeverlust für die Imhoff der Endres-Linie.

Aber nicht nur der Käufer verdient Beachtung, sondern erst die Kenntnis auch der Verkäufer verleihen diesem Immobilienwechsel seine wirtschafts- und sozialgeschichtliche Brisanz und machen es schwer, hier an einen bloßen Zufall zu glauben. Es waren die Brüder Paulus (+1584), Gabriel (+in Rom, Jahr in der Quelle unleserlich) und Sebastian (+1582 in Lyon) Imhoff. Der Käufer war der entschiedenste politische Widersacher ihrer Verwandten und wohnte ihnen nun gleich gegenüber.

Alle Imhoffschen Eigentümer waren ohne leibliche Nachkommen geblieben. Paul hatte aus seinen Ehen mit Magdalena Ebner von Eschenbach und Maria Magdalena Löffelholz keine Kinder, Gabriel und Sebastian blieben unvermählt. Kurz vor ihrer aller Tod wollten sie offensichtlich nicht, daß das Haus, immerhin rund 70 Jahre im Besitz der Familie, über Verkauf oder auf dem Erbwege anderen Familienmitgliedern zufiel. Von einem harmonischen Familienverband zeugt es nicht, eher von großen Spannungen, deren Anfänge bis zum Anfang des Jahrhunderts zurückreichen. Folgende Hintergrundinformationen mögen eine Erklärung bieten.

Die Veräußerer gehörten der Petrinischen Linie der Imhoff an. Bis 1528 hieß die Firma Peter Imhoff und Gebrüder. Die Brüder waren Hans (V), Conrad (IV), Simon, Hieronymus und Ludovicus.[1627] Der eigentliche Geschäftsführer war aber nicht Peter, sondern sein jüngerer Stiefbruder Hans (V), Vater von Endres (I) Imhoff. Nach dessen Tod bekam Endres die Geschäftsführung mehr und mehr in die Hand und nannte nach dem Ableben seines Onkels Peter (1528) die Gesellschaft Endres Imhoff und Mitverwandte. Die Nachkommen von Peter

1626 Seit dem 19. Jahrhundert durch einen irrtümlichen Bezug zu König Adolf von Nassau (1292-1298) jedenfalls die übliche Bezeichnung. - Weingärtner, H., Nassauerhaus, S. 729.
1627 Er domizilierte des Safranhandels wegen meist in Bari und wurde Gründer der italienischen Linie der Imhoff. Sein Sohn Joachim trat in den Militärdienst von Karl V. Er fand am 12.07.1557 auf dem Schlachtfeld von Namur den Tod. Seine Briefe von den Kriegsschauplätzen an seine Vettern Endres (I). und Gabriel Imhoff bringen wirtschaftsgeschichtlich keine Erkenntnisse. – Biedermann, J.G., Patriziat-Nürnberg, Tabula CCXIX. Knaake, J.K.F., Briefe Joachim Imhof's, passim.

wurden von der Geschäftsleitung weitgehend ausgeschlossen. Der Enkel Hieronymus zog nach Augsburg, spielte dort auch eine bedeutende politische Rolle, verheiratete sich mit Barbara Welser, der Tochter von Bartholomäus Welser. Ihm folgte Christoph, der Sohn seines Bruders Sebastian (II). Vorher schon hatten Simon und Hieronymus, die Brüder von Peter (I) und Hans (V), ihren Sitz nach dorthin verlegt und eigene Linien begründet.

Das Mißtrauen der Augsburger Imhoff gegenüber den Nürnberger Verwandten war außerordentlich groß. Schon seit 1519, während der Geschäftsführung von Hans (V), ließen Simon und Hieronymus nur noch widerwillig ihr Kapital in der Firma arbeiten. Die Skepsis gegenüber einer gerechten Gewinnabrechnung stieg, als Endres die Firma übernahm. Während der Jahre 1540-1546 nahmen die Augsburger deshalb ihre Anteile aus der Nürnberger Firma heraus, womit die Kapitalbasis um 60.000 Gulden geschmälert wurde.

Es können also zwei parallele Entwicklungen konstatiert werden. Die Nürnberger Imhoff zogen nach Augsburg, weil sie behaupteten, jedenfalls den Verdacht äußerten, daß die Prinzipale der Firma, Hans (V) und danach dessen Sohn Endres (I), sie um Gewinnanteile gebracht hätten bzw. bringen würden.[1628] Jakob Welser, der Gründer der Nürnberger Linie, fühlte sich von Bartholomäus Welser in Augsburg um Anteile hintergangen.[1629]

Lukas Rem verweist auf eine weitverbreitete Praxis,[1630] wenn er schreibt: *„Es waren vil reicher burger, die kafleut waren, die hetten gros geselschaften mit ainander und waren reich; aber ettlich waren unter ainander untreu, sie beschissend einander umb vil tausent guldin. Darumb so wurden die öbresten in den geselschaften, die die rechnung machten, fast [sehr] reich weder die andren, die nicht bei der rechnung waren, die also reich wurden, die hies man geschickt leut, man sagt nicht, daß sie so gros dieb weren".*[1631]

An der Begründung des Christoph v. Imhoff (1975) für den Standortwechsel nach Augsburg: *„Tatsächlich verstand es Hans (V), seine Brüder, Vettern und Neffen nach einem gleichsam strategischen Plan zu postieren und ihre Positionen für die Firma nutzbar zu machen",*[1632] müssen deshalb erhebliche Zweifel angemeldet werden. Spätestes nach Entnahme der Gelder aus der Nürnberger Zentrale ist von selbständigen Firmen auszugehen, nicht von Faktoreien, die den Weisungen der Nürnberger Zentrale unterlagen. Bemerkenswert in diesem Zu-

---

1628 Jahnel, H., Imhoff, S. 133ff., 181.

1629 Welser, L.v., Welser, 2, S. 82.

1630 Es wird nicht ganz klar, ob er mit seiner Aussage (1519) nur die Augsburger oder die ganze oberdeutsche Geschäftswelt im Auge hatte.

1631 Zitat nach Häberlein, M., Augsburger Großkaufleute, S. 52f., 57. Häberlein weist ausdrücklich auf den Normenwandel hin, der hier auch zum Ausdruck kommt. Aber es wird nicht zweifelsfrei deutlich, ob das die Meinung einer breiten Öffentlichkeit war oder die der ausgebooteten Unternehmer, geschädigten Gesellschafter bzw. der entlassenen Faktoren.

1632 Imhoff, Chr.v., Imhoff, S. 30.

sammenhang ist die Tatsache, daß bei der ersten großen Kreditaufnahme Nürnbergs während des Markgrafenkrieges die Nürnberger Imhoff und die Augsburger Welser (mit 60.000 Gulden) beteiligt waren.[1633] Letztere waren es auch, die – entgegen der Gesetzeslage – in den Genuß der Zollfreiheit für die vor der Heiltumsmesse eingeführten Waren kamen. Endres (I) Imhoff war es, der sie ihnen trotz zahlreicher Gegenstimmen im Inneren Rat sichern wollte.

Die Behauptung, die Augsburger Imhoff der Petrinischen Linie[1634] seien Faktoren der Nürnberger Gesellschaft, überzeugt aufgrund des ganzen Kontextes nicht. Für den Standortwechsel waren keine strategischen Überlegungen des Hans V. Imhoff, Vater von Endres (I), ausschlaggebend gewesen,[1635] sondern familiäre Auseinandersetzungen, die auch dazu geführt hatten, daß die Augsburger sich in ihrer unternehmerischen Dynamik durch Hans (V) und Endres (I) eingeengt gefühlt hatten. Religiöse Motive mögen für die (meist?) katholischen Augsburger Imhoff ebenfalls eine Rolle gespielt haben, Nürnberg zu verlassen. Peter Imhoff, der Halbbruder von Endres (I), Vollender des Rochusaltares und Stifter des Salve Regina-Gesangs in St. Lorenz, bekannte sich ebenfalls weiterhin zum katholischen Glauben. Nach der Reformation klagte er beim Rat hartnäckig und schließlich erfolgreich auf die Herausgabe des Stiftungsvermögens und einiger Kultgegenstände.[1636]

Der Verkauf des Hauses an Willibald Schlüsselfelder offenbart also langandauernden und tiefsitzenden Hader der Augsburger gegen die Nürnberger Imhoff. Es war ein Affront! Der Nürnberger Familienzweig hatte es also nicht geschafft, das alt-ehrwürdige Nassauerhaus, mit seinem zinnenbewehrtem Eckturm geradezu ein Symbol für die Macht der Geschlechter, für Rang und für historische Legitimität, von ihren Verwandten an sich zu bringen.[1637]

Bevor auf einen ähnlichen Fall eingegangen wird, zeugt eine weitere Quelle aus dem Jahre 1582 von erheblichen Spannungen im Inneren Rat. Willibald Schlüsselfelder nimmt sein Rücktrittsgesuch[1638] vom Amt des Zweiten Losungers nur unter der Bedingung zurück, daß in Zukunft ,alle an einen Strang' ziehen und das Wohl der Stadt zur Richtschnur ihres Handels machen würden. Diesen Vorwurf ließen die anderen Herren nicht auf sich beruhen. Sie erwiderten

---

1633 Welser, L.v., Welser, 1, S. 178.
1634 Anders, wie gezeigt, wohl bei Hieronymus Imhoff. – GNM, Rep. II/74, Imhoff-Archiv, I, Fasz. 49,1
1635 Imhoff, Chr.v., Imhoff, S. 30ff.
1636 Nur wegen seines hohen Alters sah der Rat davon ab, ihn wegen Verleumdung der neuen Religion anzuklagen und zu bestrafen. Die Verwaltung des Stiftungsvermögens ging schließlich an Endres (I) Imhoff über, der die Erträge zum Teil anderen Zwecken zuführte. – Dormeier, H., St. Rochus, S. 54ff.
1637 Neuere Forschungsergebnisse zum Zinnengeschoß, zum Wappenfries und zum Haus des Ulrich Ortlieb (erste Hälfte des 15. Jahrhunderts) als Aufbewahrungsort der für Herzog Witold von Litauen bestimmten Krone : Weingärtner, H., Wappenfries, passim.
1638 BayStaatsAN, Rep. 60e, Geheime Verlässe der Herren Älteren, 1, fol. 52-56, 05.04.1582.

Schlüsselfelder: „... *Den anderen Punkt betreffend, dieweil die gemeinen Herren Älteren jährlich und ein jeder in Sonderheit einen Ehrbaren Rat ihre Pflicht leisteten, darinnen ihnen auferlegt werde, gemeiner Stadt Nutz und Bestes zu befürdern, erkennten sie sich auch ohne seine Ermahnung diesem ... zu tun schuldig*". Schlüsselfelder hatte alle Mitglieder des Kollegiums angesprochen, gemeint war aber wohl in erster Linie Endres (II) Imhoff, der begann, neue Klientelbeziehungen zu knüpfen.[1639]

4.4.2.2.2.   Schloß Sündersbühl (Imhoff<>Imhoff sowie Imhoff<>Werdemann)

Der Verkauf des Nassauerhauses hat eine Parallele, die geeignet zu sein scheint, Zweifel an den aufgezeigten Begründungszusammenhängen noch weiter zu zerstreuen. Auch ihn mag man nicht mit der Kategorie Zufall belegen.

Am Anfang des 16. Jahrhunderts erwirbt Peter Imhoff,[1640] Begründer der petrinischen Imhoff-Linie, das Schloß Sündersbühl[1641] vor den Toren der Stadt Nürnberg. Seine Nachkommen Hans,[1642] Georg und Maximilian verkauften es am 07.10.1588 an Carl Werdemann.[1643] Sowohl Georg als auch Maximilian starben ohne leibliche Erben. Hans, der zeitweise das Schloß bewohnt hatte,

---

1639 Die Wege, oder soll man sagen die Klingen, der Schlüsselfelder und Imhoff kreuzten sich auch nach dem Tode von Willibald Schlüsselfelder, ohne das bisher die Hintergründe bekannt sind. Im Jahre 1594 saß Willibald (II) Imhoff, wohl aufgrund einer Klage von Wilhelm Löffelholz und Carl Schlüsselfelder, rechtskräftig verurteilt im Gefängnis. Nach Chr. v. Imhoff (1982) hatte er „*mancherlei Dummheiten*" gemacht. Konkrete Tatbestände nennt er nicht. Die Ankläger erklärten sich damit einverstanden, daß Imhoff die Haftstraße erlassen bekomme, wenn er einen dreijährigen Kriegsdienst gegen die Türken in Ungarn ableiste. Sein Bürgerrecht solle er aber auf Dauer aberkannt bekommen. Nach Ableistung des Kriegsdienstes dürfe er sich allenfalls zwei Tage in Nürnberg aufhalten, solle sich bei Tag aber nicht auf den Gassen sehen lassen, andernfalls müsse er die Haftstrafe absitzen.
Es handelte sich beim Häftling um den Sohn des Kunstsammlers Willibald Imhoff. Genau ein Jahr später, am 05.09.1595, starb der Sohn. Ort und Umstände sind nicht bekannt. - Rep. 60e, Geheime Verlässe der Herren Älteren, 1, fol. 58ff., 11.09.1594. Biedermann, J.G., Patriziat-Nürnberg, Tabula, CCXXXVI. Eckert, W.P.-Imhoff, Chr.v., Willibald Pirckheimer, S. 65.
1640 Die Quellen belegen verschiedene Daten. Es handelt sich möglicherweise um unterschiedliche Gebäude und Kataster. Nach Biedermann datiert der erste Kauf aus dem Jahre 1506 als Peter Imhoff, verheiratet mit Magdalena Holzschuher, von Martin und Peter, den Brüdern seiner Frau, das Schloß Sündersbühl kauft. Nagel, der sich auf Urkunden des Staatsarchivs Bamberg stützt (hier: Rep. A 102, Nr. 504, Lade 425) belegt den Kauf von 1/3 an einem Hof und 4 Söldenhäuser sowie den eines Bergfrieds mit einer Abseiten zu Sündersbühl gelegen, bereits für das Jahr 1502. Eine Quelle aus dem Staatsarchiv Nürnberg hat das Jahr 1517. Der Besitz wurde also möglicherweise im Laufe der Zeit arrondiert. – Biedermann, J.G., Patriziat-Nürnberg, Tabula CCXXI. StadtAN, E 10/21, 113, Nachlaß Nagel, S. 24. BayStaatsAN, Rep. 4, Differentialakten, 562, fol. 284ff. 1588 (ohne exaktes Datum).
1641 Das Anwesen war Lehen der Bischöfe von Bamberg bzw. der Dompropstei.
1642 Er war wahrscheinlich der Onkel, nicht der Vetter, der Gebrüder Georg und Maximilian. – Biedermann, J.G., Patriziat-Nürnberg, Tabula CCXXIf.
1643 StadtAN, E 10/21, 113, Nachlaß Nagel, S. 25.

nahm nach der Veräußerung in Ulm seine Wohnung, zog dann nach Aurach, wo er am 13.12.1598 starb.

Es ergeben sich deutliche Entsprechungen zum Verkauf des Nassauerhauses an Willibald Schlüsselfelder, dem politischen und wirtschaftspolitischen Gegner der Imhoff: Es war dieselbe Imhoff-Linie, zwei von drei Inhabern hatten keine Nachkommen, auf dem Wege des Verkaufs oder der Erbfolge sollte es offensichtlich nicht ihren Verwandten zufallen. Dieser Fall hatte aber ebenfalls noch eine hochspezifische Bedeutung: Carl Werdemann war Katholik, besaß nicht das Nürnberger Bürgerrecht und war, wie die Ausführungen gezeigt haben, ein erbitterter wirtschaftlicher Konkurrent der Imhoff, gehörte der italienischen Gegenallianz an.

Die Auseinandersetzungen zwischen dem Lehnsherr, dem Bischof von Bamberg bzw. der dortigen Dompropstei und Carl Werdemann auf der einen sowie dem Nürnberger Rat auf der anderen Seite ließen denn auch nicht lange auf sich warten. Noch im selben Jahr berief sich der Rat auf einen Freiheitsbrief von Karl IV. aus dem Jahre 1378, nach dem keiner „*Schloß, Burg, burgähnliches Gebäu, ... Festung mit Mauern und Graben innerhalb einer Meile um die Stadt Nürnberg bauen und aufrichten*" dürfe. Mit diesem Argument wollte er umfangreiche Bauerweiterungen, zeitgemäße Umgestaltungen und den Anbau von Südfrüchten[1644] des neuen Besitzers verhindern.[1645] Bei seinen Plänen ließ sich Werdemann zweifellos von den prachtvollen Palästen seiner Familie und denen anderer Mitglieder der europäischen Hochfinanz in Plurs inspirieren.[1646] Nach dem Bergsturz des Jahres 1618 blieb lediglich ein kleinerer Palazzo der Werdemann erhalten.[1647]

Um den Kauf zu verhindern bzw. rückgängig zu machen, drohte der Rat Werdemann mit Aufenthalts- und Gewerbeverbot in Nürnberg, da er arglistig vorgegeben habe, das Bürgerrecht annehmen zu wollen, diesem Versprechen jetzt aber nicht nachkomme und auch nicht in einem Revers die Zusicherung gebe, das Schloß zukünftig nur an einen Nürnberger Bürger zu verkaufen, so wie es die Vorbesitzer getan hatten. Außerdem müsse darin eine Öffnungszusicherung gegeben werden, die dem Rat gestatte, in Kriegszeiten eine Besatzung in das Schloß zu legen.[1648] Da die Imhoff als Verkäufer von diesen Auflagen wis-

1644 BayStaatsAN, Rep. 4, Differentialakten, 562, fol. 284ff., 1588. Der Rat will verhindern, daß die Imhoff an Werdemann verkaufen. In aller Breite geschildert bei Nagel. - StadtAN, E 10/21, 113, Nachlaß Nagel, S. 25-31. Siehe auch: StaatsAN, Rep. 52b, Amsts- und Standbücher, 61, fol. 232, 1487: Öffungszusicherung für Schloß Sündersbühl durch die Nützel.

1645 Zahlreiche Stiche vom Schloß im Stadtarchiv Nürnberg, Bild-, Film- und Tonarchiv. Siehe auch BayStaatsAN, Rep. 52a, Handschriftensammlung, 191, fol. 308 (Plurs vor und nach dem Bergsturz).

1646 Scaramellini, G., La frana di Piuro, passim.

1647 Benapiani, L., Palazzo Vertemate, passim. Foto (1996) im Besitz des Verfassers.

1648 Mummenhoff, E., Rechenberg, S. 201.

sen mußten, ist die Überschreibung an Werdemann also ebenfalls als Affront ihren Verwandten (und dem Rat) gegenüber zu bewerten.

Außerdem ging der Rat davon aus, daß Werdemann durch seinen Weinausschank und seinen Weinverkauf auf diese Art und Weise die Zahlung von Ungeld umgehen wolle.[1649] Die Auseinandersetzungen um das Feuerrecht[1650] müssen hier nicht weiter verfolgt werden. Werdemann ließ sich jedenfalls von den Pressionen nicht beeindrucken, und auch der Bischof von Bamberg bat den Rat nachdrücklich, von diesen Auflagen abzulassen.[1651]

Endres (II) Imhoff war unter den gemachten Annahmen also zweimal gescheitert, repräsentative Wohn- und Geschäftssitze zu erwerben. Von welcher Immobilie er sich einen größeren Prestigegewinn versprochen hatte, von dem kastellartigen Nassauerhaus in der Stadt, dem Schloß Sündersbühl auf dem stadtnahen Lande, weiß man nicht. Nicht ausgeschlossen werden kann, daß er auch beide Anwesen gekauft hätte, unmißverständliche Herrschaftszeichen in der Stadt und auf dem Lande.[1652] Keine Frage, daß er dazu finanziell in der Lage gewesen wäre.

Wichtig ist darauf hinzuweisen, daß die Auseinandersetzungen mit Werdemann besonders vom damaligen Losunger heftig geführt wurden: Endres (II) Imhoff.

4.4.2.2.3.   Tucherschlößchen (Tucher<>Imhoff)

Kommen wir auf die Hierarchie- und Prestigekonkurrenz der Imhoff und Tucher zurück.

Martin (I) Tucher (1460-1528) hinterließ seinem Sohn Lorenz (II) Tucher (1490-1554) umfangreichen Landbesitz in der Nürnberger Hirschelgasse.[1653] Fünf Jahre später ließ der Erbe dort das sogenannte Tucherschlößchen[1654] erbauen. Schwemmer stuft es als „eines der eigenartigsten und schönsten Kunstdenkmäler Nürnbergs" ein, in seinem Baustil stark beeinflußt durch die Schlösser der französischen Könige Ludwig II. und Franz I.[1655] Wohn- und Geschäftshaus der älteren Linie[1656] war zu jener Zeit das Haus in der Bindergasse 26, ein anderes

---

1649 Diesen Vorwurf machten sie später auch seinem Verwalter Eustachius Hinderofen. - BayStaatsAN, Rep. 51, Ratschlagbücher, 34, fol.62f., 17.05.1589; Rep. 60a, Verlässe des Inneren Rats, 1855, fol. 24f., 03.04.1611.

1650 BayStaatsAN, Rep. 60a, Verlässe des Inneren Rats, 1872, fol. 10, 11.07.1612.

1651 BayStaatsAN, Rep. 51, Ratschlagbücher, 34, fol. 62f., 17.05.1589.

1652 Vgl. dazu: Bentmann, R., Herrschaftsarchitektur, passim.

1653 Lochner, G.W.K., Tucher'sche Hof, S. 6ff.

1654 Die Eigentümer mögen den Bau als solches empfunden haben. In der Alltagssprache wurde diese Bezeichnung nicht verwendet. Auch in den persönlichen Aufzeichnungen war nicht die Rede von Schlößchen oder gar Schloß. Man sprach von Haus, Steinhaus, Hof. - Lochner, G.W.K., Tucher'sche Hof, S. 47.

1655 Schwemmer, W., Mäzenatentum-Tucher, S. 38f.

1656 Grote, L., Tucher, S. 22.

befand sich am Milchmarkt (Albrecht-Dürer-Platz 9).[1657] Alle Anwesen lagen im älteren, ‚vornehmeren' Pfarrsprengel St. Sebald, dem „Patrizierviertel",[1658] in dem sich um 1500 im Verhältnis zur jüngeren Lorenzer Vorstadt die größeren Vermögen konzentrierten.[1659]

4.4.2.2.4. Imhoff-Palais auf dem Egidienberg (Imhoff<>Tucher)

Endres (II) Imhoff (1529-1597) ‚reagierte' nun auf den Bau des Tucherschlößchens, den Verkauf des Nassauerhauses an Willibald Schlüsselfelder und die Veräußerung des Schlosses Sündersbühl an Carl Werdemann durch die Errichtung eines prächtigen Familienpalais auf dem Egidienberg mit einer Ausdehnung bis zur Wolfsgasse (heute Mummenhoffstraße).

Die Imhoff hatten sich damit ‚hineingekauft' in das Häuserviertel von Alt-Patriziern, denn auf der westlichen Seite hatten sie die Groland und Ebner zu Nachbarn; in diesem Viertel wohnten die Behaim, Tetzel, Muffel, Holzschuher.[1660] Schwemmer[1661] charakterisiert den Egidienplatz folgendermaßen: „Hier herrschte immer eine gewisse Ruhe und die zahlreichen bemerkenswerten Gebäude, die ihn einrahmten, verliehen ihm eine besondere Note, einen vornehmen, ja beinahe feierlich-repräsentativen Charakter". Bei Nopitsch[1662] heißt es: „Dilling- oder Egidienhof, der, heist der große Platz, über welchen man von der Dilling- oder Egidiengasse auf das Gymnasium und auf die Egidier- oder neue Kirche zu geht, welcher wegen der ansehnlichen schönen Häuser und Gebäude die ihn umgeben, einer der schönsten Plätze der Stadt ist".

Damit lagen beide Gebäude, Tucherschlößchen und Imhoff-Residenz, auf einer Linie, dem selben Breitengrad, im selben Pfarrsprengel, rund 200 Meter voneinander entfernt, das westlich vom Tucherschlößchen erbaute Anwesen der Imhoff leicht erhöht an der Stirnfront, sozusagen in ‚beherrschender Stellung', unverhüllt einen politischen, sozialen sowie ökonomischen Rang- und Herrschaftsanspruch symbolisierend.[1663] Die Imhoff und Tucher hatten sich gegenseitig buchstäblich ‚in die Höhe' getrieben: Form und Plazierung des Sakramentshauses bzw. des Engelsgrußes, Standorte ihrer Zentralen. Letztere lagen zunächst an den erhöhten Ufern des Pegnitztales, nördlich in St. Sebald (Bindergasse-Heumarkt) die Zentrale der Tucher, südlich im Sprengel St. Lorenz (Kotgasse) jene der Imhoff. Jetzt, am Ende des 16. Jahrhunderts, befanden sich beide

1657 Stolz, G., Engelsgruß, S. 3. Schwemmer, W., Mäzenatentum-Tucher, S. 31. Grote, L., Tucher, S. 21.

1658 Auch daran zu erkennen, daß hier vermehrt Gassenhauptleute aus dem Patriziat stammten, während die Posten auf der Lorenzerseite meist von Handwerkern besetzt waren (15. Jh.). - Schall, K., Genannte-Nürnberg, S. 65. Grote, L., Tucher, S. 18.

1659 Fleischmann, P., Reichssteuerregister, XXXIIff.

1660 Nagel, F.A., Egydienplatz, S. 1.

1661 Schwemmer, W., Egidienplatz, S. 9.

1662 Nopitsch, Chr.C., Topogaphische Beschreibung-Nürnberg, S. 26.

1663 Vgl. Bentmann, R., Herrschaftsarchitektur, S. 46.

auf dem Kamm, oder doch nur kurz unterhalb, vom Egidienberg (St. Sebald). In einem spezifischen Sinne könnte man also auch hier von Standortwettbewerb sprechen.

Wenn gerade von ‚einer geografischen Linie' gesprochen wurde, so ist diese Einschätzung allenfalls heute erlaubt. Welchen Prestigegewinn bzw. –verlust die damaligen Zeitgenossen wenigen Zentimetern zumaßen, geht aus den erbitterten Rechtsstreitigkeiten der Imhoff und Ebner mit dem bürgerlichen Martin Peller hervor. Peller selbst verstand sich allerdings aufgrund seiner Herkunft als Patrizier, da sein Vater in Radolfszell Ratsherr und Bürgermeister war.[1664] Er hatte das Haus der Groland aufgekauft und abreißen lassen, um dort das prächtige Pellerhaus zu errichten, das später als der schönste Bürgersitz des Reiches bezeichnet wurde.

Als das Haus 1603 aus dem Boden wuchs, beschwerten sich die Imhoff[1665] darüber, daß der Anlauf an der Schauseite „fast um einen ganzen Schuh" vor der Flucht ihres Anwesens verlief und nicht, wie vom Rat verlangt, „schnurrecht". Auch die Ausladungen der Gesimse, Wellen, Säulen, Portale, Form und Höhe des Daches waren Gegenstand von Auseinandersetzungen. Schließlich verlangten die Imhoff die Abstellung des „überherrlichen Baues". Schon beim Bekanntwerden der Abrißpläne des Vorgängerhauses war dem Rat berichtet worden, daß der Neubau „völlig überflüssig" sei.

Die Imhoff duldeten also weder im sakralen Raum noch im profanen Bereich ‚fremde Götter' neben und über sich. Vielleicht ist für die weitere Erhellung dieser Fragen die Feststellung nicht ohne Belang, daß vor der Reformation dieser Prestigekampf sich vor allem durch die Stiftungspraxis im sakralen Raum offenbarte, danach in der weltlichen Herrschaftsarchitektur, obgleich, wie an der Auseinandersetzung um die Größe der Totenschilde zu erkennen ist, auch jenes Forum weiterhin benutzt wurde. Die Stiftungen sakraler Kunstwerke am Ende des 15. und Anfang des 16. Jahrhunderts sind sicher auch auf dem Hintergrund der Monopoldiskussion zu sehen, während der die großen Handelshäuser massiv der Ausbeutung breiter Bevölkerungsschichten durch „wucherische practica" beschuldigt wurden. Die Stifter vertrauten auf die Ent-schuldung, der reinigenden Wirkung durch kostbare Opfergaben.

Die Vermutung jedenfalls, daß zwischen dem Bau des Tucherschlößchens, dem Verkauf des Nassauerhauses und des Schlosses Sündersbühl durch die Petrinische-Imhoff-Linie an Willibald Schlüsselfelder bzw. Carl Werdemann und dem Kauf bzw. der Errichtung des Hauses auf dem Egidienberg durch die Imhoff enge Zusammenhänge bestehen, wird jedenfalls fast zur Gewißheit. Die Entscheidungen wurden diktiert von der Statuskonkurrenz innerhalb des Patrizi-

---

1664 Schaffer, R., Pellerhaus, S. 15.
1665 Eingehend über Baugeschichte und Rechtsstreitigkeiten: Schaffer, R., Pellerhaus, S. 20ff. Seibold, G., Viatis-Peller, S. 114ff.

ats bzw. der Allianz, gefördert durch innerfamiliäre Konflikte, harten politischen und wirtschaftlichen Auseinandersetzungen zwischen den Beteiligten. Der Weg vom alten Imhoffanwesen an der Kotgasse, von dort in die Lorenzkirche zum Sakramentshaus und zum Engelsgruß, auf die andere Stadtseite zum Sebaldusgrab, weiter zum Tucherschlößchen, zurück zum Nassauerhaus und zum ehemaligen Gelände des Schlosses Sündersbühl hinaus, schließlich den Egidienberg hinauf zum vormaligen Imhoffpalais, zurück in die Lorenzkirche zu den Totenschilden von Endres (I) Imhoff und Willibald Schlüsselfelder ist also bestückt mit Leitfossilien, an denen der Allianzcharakter abgelesen und erhellt werden kann. So scheint es jedenfalls gewesen zu sein. Die vorgetragenen Assoziationen und Thesen bedürfen aber zur Absicherung einer quellengestützten Fundierung.

4.4.3. Der Ansatz von Elias

Die letzten Ausführungen zur Gesellschafts- und Kulturgeschichte sind durchaus themenrelevant,[1666] geben sie doch in Verbindung mit den Tucherbriefen aus der ersten Hälfte des 16. Jahrhunderts deutliche Hinweise darauf, warum es so schwer war, die Kräfte der verschiedenen Firmen wirkungsvoll zu bündeln und die Allianz der Nürnberger sich so entwickelt hat, wie sie sich entwickelt hat.

Weiteren Erkenntnisgewinn der hier angeschnittenen Fragen könnten Untersuchungen liefern, die sich am Forschungsansatz von Norbert Elias in seinem Buch über die 'Höfische Gesellschaft'[1667] orientieren. Status, Rang, Prestigekonkurrenz, Statuskonsum und die damit verbundenen sozialen [und man mag aus gegebenem Anlaß hinzufügen: politischen und finanziellen] Privilegien sind dazu einige Stichworte. Er schreibt über die höfisch-aristokratische Gesellschaft, deren Wertesystem und deren Normen er jenen der berufsbürgerlichen gegenüberstellt: *„Diese Normen lassen sich nicht erklären aus einem Geheimnis, das in der Brust vieler einzelner Menschen begraben ist; sie lassen sich nur erklären im Zusammenhang mit der spezifischen Figuration, die die vielen Individuen miteinander bilden und mit den spezifischen Interdependenzen, die sie aneinander binden".* Weiter heißt es: *„In Gesellschaften, in denen dieses andere Ethos, das des Statuskonsums vorherrscht, hängt allein schon die bloße Sicherung der vorhandenen gesellschaftlichen Position einer Familie und noch weit mehr die Erhöhung des gesellschaftlichen Ansehens, der gesellschaftliche Erfolg, davon ab, daß man die Kosten seiner Haushaltung, seinen Verbrauch, seine Ausgaben überhaupt, in erster Linie von dem gesellschaftlichen Rang, von dem Status oder Prestige, das man besitzt oder anstrebt, abhängig macht".*

1666 Walter, R., Wirtschaftsgeschichte als Ganzes, passim.
1667 Elias, N., Höfische Gesellschaft, passim.

Die Folgen für den Fall, daß einer nicht seinem Range gemäß auftreten kann, beschreibt er folgendermaßen:[1668] „*Er bleibt in dem ständigen Wettrennen um Status- und Prestigedenken hinter den Konkurrenten zurück und läuft Gefahr, ruiniert beiseite stehen und aus dem Verkehrskreis seiner Rang- und Statusgruppe ausscheiden zu müssen*".

Daß diese Statuskonkurrenz auch zur sozialen Isolierung führen konnte, besonders dann, wenn ein Neuling aus der Fremde das soziale und wirtschaftliche Hierarchiegebäude zu sprengen drohte, bekam Jakob Welser aus Augsburg in Nürnberg zu spüren. Christoph Fürer sagte über ihn: „*Waren der Ehrbaren wenig, die mit ihm Gemeinschaft hatten, dessen sein übermäßige Pracht eine Ursach war*".[1669]

Der Wertekanon der Adelsgesellschaften, die Elias untersucht, die des Schwertes und die der Robe, ist mit dem der Patriziergesellschaft Nürnbergs sicher nicht deckungsgleich. Für jene galt das gesetzliche Verbot, sich an irgendwelchen kommerziellen Unternehmungen zu beteiligen, für die Welser, Imhoff und Tucher war dagegen die Profitsicherung und -vermehrung durch ökonomisches Handeln (noch) charakteristisch.[1670] Auf der anderen Seite waren früher wirtschaftlich erfolgreiche Patrizierfamilien – aus welchen Gründen immer – schon aus dem Wirtschaftsleben ausgeschieden. Viele Familien strebten die Reichsritterschaft an, brachen deshalb früher oder später mit der Handelstätigkeit. Gerade wegen der wirtschaftlichen Erfolge des Stadtadels reagierte der Landadel seinerseits mit der sozialen Abschließung. In der fränkischen Turnierordnung von 1478 wurde beschlossen, das städtische Patriziat in Zukunft nicht mehr zu den Turnieren zu laden. Ein Jahr später werden Gruppe und Begründung präzise definiert. Es waren jene „*die von Adl Kauffmannschaft treiben als ander kauffleuth, die nit von dem Adl seindt*".[1671]

Hier können diese Fragen nur angedeutet werden und wollen als Anregung für zukünftige Untersuchungen aufgefaßt werden. Es müßte in ihnen jedenfalls auch der Frage nachgegangen werden, ob und in welchem Maße dieser Statuskonsum, wie er bei den eben genannten Familien zu beobachten ist, Einfluß auf die wirtschaftliche Koalitions- und Wettbewerbsfähigkeit hatte und, ebenso

---

1668 Elias, N., Höfische Gesellschaft, S. 102ff.
1669 Er dachte dabei sicher an dessen 1509 gekauftes und dann aufwendig umgestaltetes Haus zur „*Goldenen Rose*" (Theresienstraße 7) und seine prunkvollen Feste. Früher war das Haus im Besitz der Valzner, Meichsner, ein Teil gehörte zeitweise zum Tucher'schen Besitz. Durch Heirat mit Ehrentraut Thumer, Tochter des reichen Hans Thumer, wurde es Eigentum von Jakob Welser. – Lochner, G.W.K., Krafft'sche-Tucher'sche Haus, S. 34f. Reiser, R., Häuser-Namen, S. 56. – Daß das Verhalten anderer Patrizier durchaus nicht von franziskanischer Bescheidenheit geprägt war, wird durch die Ausführungen deutlich, aber es war wohl nicht so provozierend-protzig.
1670 Grote, L., Tucher, S. 5. Diefenbacher, M., Stadt-Handel, (B. Kirchgässner (Hg.)), S. 127 (Diskussionsbeiträge)). Lochner, G.W.K., Vorzeit-Gegenwart, S. 123.
1671 Zitiert nach: Endres, R., Adel-Patriziat, S. 235.

wichtig, ob und in welchem Ausmaße er ihr dynamisches Unternehmerpotential sozusagen von ‚innen heraus' untergraben hat.

Im Hinblick auf die Problemstellung dieser Untersuchung unterliegt die Feststellung, daß das zu beobachtende Prestigedenken dieser sozialen Gruppe, das auch innerhalb der Familien Imhoff und Welser zu fundamentalen Auseinandersetzungen führte, die Allianzfähigkeit entscheidend geschwächt hat, keinem Zweifel. Man kann sagen, daß der wirtschaftliche und soziale Wettbewerb untereinander spätestens dann zur Schwächung und schließlich zur Auflösung der Allianz führte, als die Welser, Imhoff, Tucher auf entschlossene und potente Wettbewerber aus Italien auf heimischem Boden trafen.

Auf einen Aspekt sei in diesem Zusammenhang noch hingewiesen. So negativ sich dieser Statuswettbewerb auch wirtschaftlich auswirkte, die Allianz scheitern ließ, so stabilisierend wirkte er sich möglicherweise machtpolitisch aus. Das historisch ganz außergewöhnliche Phänomen, daß eine kleine Schar von Familien rund 500 Jahre die Herrschaft über eine Stadt exklusiv ausüben konnte, findet seine Erklärung wohl auch darin, daß keine von ihnen es schaffte, sich auf Dauer politisch, wirtschaftlich, sozial „*über die anderen zu erheben*". Das mißtrauische gegenseitige Beäugen, das dazu führte, daß einer Aktion immer eine gleichgeartete Reaktion folgte, verhinderte, daß es auf Dauer zur Tyrannis einer Familie kam, wie wir sie aus den italienischen Stadtstaaten kennen. Besser als dort verstanden es die Patrizier in Nürnberg offensichtlich, das Machtgleichgewicht durch dauerhafte und wechselnde Koalitionen hinreichend zu stabilisieren, in einer ständig labilen Balance zu halten. Dieses Bestreben kommt im ‚Verteilerschlüssel' zu den öffentlichen Ämtern ebenso zum Ausdruck wie zum Beispiel in der Kleiderordnung, den Hochzeits- und Totenbräuchen.[1672] Wie oft auch immer gegen die Bestimmungen verstoßen wurde, sie wurden auch angewandt von Patriziern gegen ihre Standesgenossen.[1673] Den bei Lehner[1674] angeführten Gründen für den Erlaß von Kleiderordnungen müßte also der Aspekt der egalisierenden und stabilisierenden Wirkung nach innen, d.h. auf die die Macht auf allen Ebenen ausübende Patrizierkaste hinzugefügt werden.

Die Dominanz einzelner Familien - für den Untersuchungszeitraum zunächst die der Tucher, dann die der Imhoff - war nur zeitweise zu realisieren und war nie so groß, daß sie auf Dauer zur Alleinherrschaft führte. Sicher trug die Einsicht, daß ein derartiger Versuch auch unklug sein und schlußendlich das gesamte System zum Einsturz bringen würde, dazu bei, auf Dauer ein Machtgleichgewicht zu wollen und zu etablieren. Das ‚*einigende Band*' dieser Schicht, das sie politisch und gesellschaftlich abhob und abschloß gegenüber der Bürgergemeinde, bekam also auch durch diese ‚Webart' seine Festigkeit. Oligarchien

---

1672 Pilz, K., Totenschilde, S. 71f.
1673 Reicke, E., Geschichte-Nürnberg, S. 111: Verstoß der Pfinzing gegen die Kleiderordnung werden geahndet.
1674 Lehner, J., Mode-Nürnberg, S. 21ff.

bedürfen einer weitgehenden Egalität,[1675] Allianzen einer hinreichenden Solidarität. Den ersten Grundsatz hatten die Patrizier wohl verinnerlicht, den zweiten die Allianzmitglieder nicht.

Zum Schluß dieser Ausführungen ein Zitat von Pölnitz:[1676]

„Die sacra auri fames, der heilige, ungestillte Hunger nach Gold, der ihn [den Kreis der Fernhändler und Großfinanciers] unterschiedslos beherrschte, führte schnell dazu, daß diese vielfach verbundenen Familien und Firmen sich mitunter auf die härteste und modernste Weise befehdeten". Weiter heißt es: *„Der Existenkampf zwischen den Fürsten wurde nicht milder und traditionsgebundener ausgetragen als zwischen den prominentesten Raubtieren der emporstrebenden Schicht großer Bankiers".* Pölnitz hat für Augsburg also das Bild einer eng kooperierenden, untereinander weitgehend störungsfrei agierenden Unternehmerschicht und sozialen Klasse schon enttabuisiert und drastisch korrigiert.[1677]

4.5.   Andere Handels- und Kapitalströme

Kehren wir nach diesen Ausführungen mit z.T. zwangsläufig spekulativem Charakter zu den harten Fakten zurück. Es sollen nun die Wirtschaftsbeziehungen der ehemaligen Nürnberger Allianzmitglieder und die der Italiener zu der umsatzstarken niederländischen Kolonie sowie die der Niederländer untereinander auf Nürnberger Boden beleuchtet werden, um den Standwort Nürnberg am Anfang des Dreißigjährigen Krieges noch präziser charakterisieren zu können.

4.5.1.   Wirtschaftsbeziehungen der Nürnberger ‚Allianz' zu den Niederländern

4.5.1.1.   Geldfluß der Imhoff und Tucher zu den Niederländern

Die Niederländer[1678] verzeichneten (1621-1624) einen Gesamtumsatz von 5.264.499 Gulden. Die Konten belegen folgende Austauschbeziehungen auf Umsatzbasis der ehemaligen Nürnberger Allianzmitglieder (**Darstellung 56**). Die absoluten Überweisungen der Imhoff an die Niederländer überstiegen die der Tucher um 10.000 Gulden. Auf der Grundlage ihrer jeweiligen Umsätze überwiesen aber die Tucher einen um 2 Punkte höheren Prozentsatz (**Darstellung 57 und Darstellung 58**).

1675 Boockmann, H., Mäzenatentum, S. 42.
1676 Pölnitz, G.v., Kaiser-Augsburger Bankiers, S. 37f.
1677 Neuere Arbeiten, welche die Aspekte dieses Problems thematisieren: Groebner, V., Patrizische Konflikte-Nürnberg, passim. Häberlein, M., Ehre-Gewalt, passim.
1678 Zur Herkunft siehe Peters, L.F., Handel Nürnbergs, S. 89ff.

	Name	Von Imhoff	Von Tucher	Von Zollikofer
1	Bailli, B.	4.035	1.841	
2	Berg, F. v.			
3	Blumart, A.	8.150	16.291	1.101
4	Bourg, A. de.	17.225	9.750	
5	Braa, A. de	70.100	42.736	3.410
6	Brecht, C.v.	3.791	769	
7	Bruck, H. v.d..			
8	Caymox, B.			
9	Fuess, M.			
10	Hospit, J.			
11	Janson, K.			
12	Larue, D.d.			
13	Lascailot, P.			
14	Lebrun, C.			
15	Legrandt, C.			
13	Lierdt, M.v.			
17	Lierdt, P.v.			
18	Lierdt, R.u.D.			
19	Lierdt, R.u.M.			
20	Luckner, F.v.			
21	Mariot, Mibeiss			
22	Mariot, P.			
23	Morian d.Ä.		1.545	
24	Morian, H.u.J.			
25	Morian, J.			
26	Occerssel, D.v.			
27	Occerssel, N.v.	12.418	3.683	
28	Oyrl, D.u.J.	8.868	39.863	
29	Pillet, M.			
30	Prasseri, J.d.			
31	Sandroth, H.			
32	Vorbeck, H.			
Σ		124.587	114.637	4.511
Umsatz		1.302.238	978.620	267.051
%		9,57	11,71	1,69

Darstellung 56: Zahlungen der Imhoff, Tucher, Zollikofer an die Niederländer

Zahlungen an die
Niederländer
9,57 %

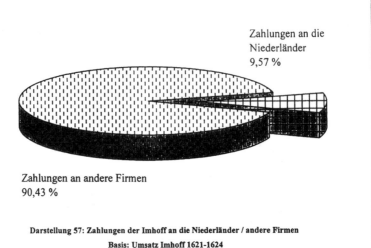

Zahlungen an andere Firmen
90,43 %

Darstellung 57: Zahlungen der Imhoff an die Niederländer / andere Firmen
Basis: Umsatz Imhoff 1621-1624

Zahlungen an die
Niederländer
11,71 %

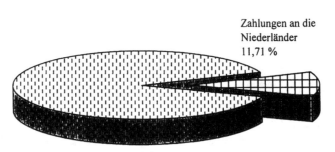

Zahlungen an andere Firmen
88,29 %

Darstellung 58: Zahlungen der Tucher an die Niederländer / andere Firmen
Basis: Umsatz Imhoff 1621-1624

	Name	An Imhoff	An Tucher	An Zollikofer
1	Bailli, B.			
2	Berg, F. v.			
3	Blumart, A.	1.684	4.721	
4	Bourg, A. de.		2.182	
5	Braa, A. de	36.236	1.500	
6	Brecht, C.v.	1.097		
7	Bruck, H. v.d..			
8	Caymox, B.			
9	Fuess, M.			
10	Hospit, J.			
11	Janson, K.			
12	Larue, D.d.			
13	Lascailot, P.			
14	Lebrun, C.			
15	Legrandt, C.			
13	Lierdt, M.v.			
17	Lierdt, P.v.			
18	Lierdt, R.u.D.			
19	Lierdt, R.u.M.			
20	Luckner, F.v.			
21	Mariot, Mibeiss			
22	Mariot, P.			
23	Morian d.Ä.		3.250	
24	Morian, H.u.J.			
25	Morian, J.			
26	Occerssel, D.v.			
27	Occerssel, N.v.			
28	Oyrl, D.u.J.	12.100		
29	Pillet, M.			
30	Prasseri, J.d.			
31	Sandroth, H.			
32	Vorbeck, H.			
Σ		51.117	11.653	
Σ		1.302.238	978.620	267.051
%		3,93	1,19	

**Darstellung 59: Zahlungen der Niederländer an die Imhoff, Tucher, Zollikofer
Nürnberg 1621-1624**

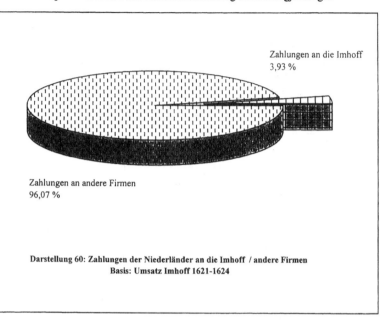

Zahlungen an die Imhoff
3,93 %

Zahlungen an andere Firmen
96,07 %

Darstellung 60: Zahlungen der Niederländer an die Imhoff / andere Firmen
Basis: Umsatz Imhoff 1621-1624

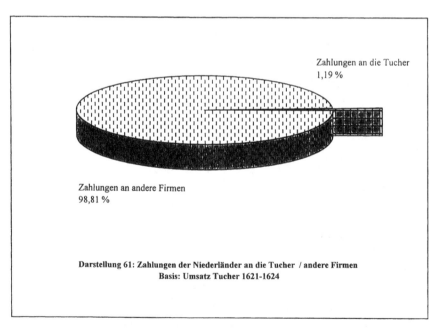

Zahlungen an die Tucher
1,19 %

Zahlungen an andere Firmen
98,81 %

Darstellung 61: Zahlungen der Niederländer an die Tucher / andere Firmen
Basis: Umsatz Tucher 1621-1624

Bei ähnlich hohen absoluten Überweisungen der Imhoff und Tucher an die Niederländer sind bei den Geschäftspartnern doch signifikante Unterschiede auszumachen.

So überwiesen die Tucher z.B. fast 40.000 Gulden an die Oyrl, die Imhoff nur knapp 9.000, die Blumart bekamen von den Tuchern das Doppelte von dem der Imhoff überwiesen, während de Braa sehr viel engere Geschäftsbeziehungen mit den Imhoff als mit den Tuchern hatte. Ist es erlaubt zu sagen, daß die Tucher und Imhoff bevorzugt mit jeweils anderen Unternehmen kooperierten? Gingen sie sich auch in dieser Hinsicht so weit möglich aus dem Wege? Bei den Handelsbeziehungen mit den Italienern war ein ähnliches Verhalten zu beobachten.

4.5.1.2. Geldfluß von den Niederländern zu den Imhoff und Tuchern

Auf der Habenseite **(Darstellung 59)** der Nürnberger wurden folgende Überweisungen von den Niederländern ermittelt.

Hier werden nun Unterschiede im Firmenprofil der Imhoff und Tucher besonders deutlich **(Darstellung 60 und Darstellung 61)**. Letztere erhalten mit 11.653 Gulden nur 22,80% der Summe überwiesen, die die Imhoff von den Niederländern erhalten. Das hängt vor allen Dingen wiederum mit der engen Geschäftsbeziehung der Imhoff mit de Braa zusammen und, wie schon erwähnt, ist hier nicht nur, aber in erster Linie an den Kupferhandel zu denken.

Zusammenfassend erhalten wir folgende Zahlen auf der Basis ihrer jeweiligen Umsätze **(Darstellung 62)**.

Basis Umsatz Nbger	Imhoff	Tucher	Zollikofer
Umsatz 1621-1624	1.302.238	978.620	267.051
Zahlungen an die Italiener	15,40%	25,40%	20,50%
Überweisungen von den Italienern	9,70%	7,60%	3,30%
Zahlungen an die Niederländer	9,57%	11,71%	1,69%
Überweisungen von den Niederländern	3,93%	1,19%	0 %

Darstellung 62: Zahlungsfluß zwischen den Italienern und den Nürnberger Allianzmitgliedern - Nürnberg 1621-1624

Die Tucher zahlten auf der Basis ihres Umsatzes sowohl an die Italiener als auch an die Niederländer mehr als die Imhoff. Besonders groß ist der Unterschied bei den Italienern.

Beim Waren- und Kapitalfluß von den Italienern und von den Niederländern war es umgekehrt; signifikant ausgeprägt bei den Niederländern, die an die Imhoff prozentual über dreimal so viel bezahlten wie an die Tucher.

Eine realwirtschaftliche Begründung, die über die oben gemachten Aussagen hinausgeht, steht noch aus.

4.5.2.   Wirtschaftsbeziehungen der Niederländer untereinander

4.5.2.1.   Quantitative Vernetzung

Den Niederländern[1679] gegenüber waren die Beschuldigungen der Nürnberger insofern anders akzentuiert als gegenüber den Italienern, als sich der Fiskus über die umfangreichen Kommissionsgeschäfte beklagte, die dazu führten, daß auch Unternehmen aus Städten in den Genuß der Zollfreiheit kamen, mit denen diesbezüglich keine vertraglichen Abmachungen bestanden. *„Man steckte sich hinter die Begünstigten"*.[1680]

Ihre wirtschaftliche Kooperation ergibt sich aus der **Darstellung 63**. Es ist gleich ersichtlich, daß die Zusammenarbeit der niederländischen Firmen untereinander nicht so intensiv war wie die bei den Italienern, gleichwohl sehr beachtlich, und damit auf jeden Fall größer als die zwischen den Imhoff und Tuchern, welche ja die Geschäftskontakte gänzlich abgebrochen hatten.

Die Anzahl der 32 Firmen wurde um folgende reduziert, da ihre Konten nur 1 bzw. 2 Geschäftsvorfälle aufweisen und diese mit Nicht-Niederländern abgewickelt wurden, also von einem nur vorübergehenden Aufenthalt bzw. einer Bankpflicht auszugehen ist: Caymox, Janson, Larue, Lascailot, Mariot/Mibeiss, Mariot, Sandroth. Es verbleiben also 25 Firmen. Das heißt, daß die Niederländer im Durchschnitt 14,3% (358:25) ihres Geschäftsvolumens untereinander abwickelten **(Darstellung 64)**.

4.5.2.2.   Vertrauenskoeffizient - Netzwerkdichte

Der Vertrauenskoeffizient errechnet sich nach der obigen Definition als der Quotient von 0,572 (14,3:25) zu 0,082 (85,7:1044), womit wir einen

Vertrauenskoeffizient von 7,0

erhalten.

1679 Peters, L.F., Handel Nürnbergs, S. 99ff.
1680 Auch zu anderen Zeiten und anderen Orten offensichtlich praktiziert. Hampe nimmt an, daß die Nürnberger zeitweise den Miltenberger Stapel am Main, Hoheitsgebiet des Bischofs von Mainz, dadurch umgingen, daß sie unter fingierten Handelsmarken die Waren von Schiffern aus Bamberg und Würzburg befördern ließen, die diesem Zwang nicht unterlagen.
Im Jahre 1339 verbietet Herzog Johann von Kärnten allen vom Weinzoll befreiten Personen, andere daran teilnehmen zu lassen. - Müller, J., Nürnberg-Kurmainz, S. 316. Schmidt-Rimpler, W., Geschichte-Kommissionsgeschäft, S. 112. Stolz, O., Zollwesen, S. 28 (23). Ebenso in Lübeck: Wernicke, H., Nürnberg-Ostseeraum, S. 268.

Name/%-Soil mit:	1	2	3	4	5	6	7	8	9	10	11	12	13	14	15	16	17	18	19	20	21	22	23	24	25	26	27	28	29	30	31	32	Σ
1 Bailli, B.			0,5	3,2	4,8	2,1														0,2			2,5				0,4	1,0					14,7
2 Berg, F.v.																																	0,0
3 Blumart, A.	0,9				11,0	0,7								0,3						0,3						1,5		12,5					25,6
4 Bourg, A.d.	0,7		0,4		3,5	1,2									0,1		0,2			0,2													7,7
5 Braa, A.d.	0,8			2,0	2,0	1,2			0,3					0,2	0,3																		7,6
6 Brecht, C.v.	1,1		0,7																														3,9
7 Bruckh, H.v.d.					2,1																												2,1
8 Caymox, B.																																	0,0
9 Fuess, M.																																	0,0
10 Hospit, J.	2,1				2,2	4,7																											9,0
11 Janson, K.																																	0,0
12 Larue, D.v.																																	0,0
13 Lascailot, P.																																	0,0
14 Lebrun, C.			1,0	1,3	5,6	1,0																						3,9					12,8
15 Legrandt, C.					11,3																												11,3
16 Lierdt, M.v.																																	0,0
17 Lierdt, P.v.								0,5							2,1			4,5	4,5														24,0
18 Lierdt, R.u.D.v.	1,9		0,9	1,9	9,7	10,2											1,1		0,7	0,8							5,1	6,4					39,3
19 Lierdt, R.u.M.v.			1,9	2,2	3,6	13,9																						13,5					36,0
20 Luckner, F.v.				5,0																													5,4
21 Mariot/Mibeiss																		3,6															0,0
22 Mariot, P.																																	0,0
23 Morian, H.d.Ä.					52,2																												52,2
24 Morian, H.u.J.																																	0,0
25 Morian, J.																																	0,0
26 Occerssel, D.v.						0,3																					33,1						33,4
27 Occerssel, N.v.	0,4																									1,4		3,6					5,4
28 Oyrl, D.u.J.			1,2	0,2	5,4	0,9																						1,8					8,4
29 Pillet, M.																																	0,0
30 Prasseri, J.d.				2,8	4,4												0,2	1,6										2,3					11,3
31 Sandroth, H.																																	0,0
32 Vorbeck, H.			47,9																														47,9
Σ	7,9	0,0	53,4	19,6	128,6	39,1	0,8	0,5	0,3	0,0	0,0	0,0	0,0	0,5	2,5	0,0	2,4	5,2	5,2	1,5	0,0	0,0	2,5	0,0	0,1	2,9	39,7	45,0	0,0	0,3	0,0	0,0	358,0

Darstellung 63: Wirtschaftsbeziehungen der Niederländer untereinander – Nürnberg 1621-1624

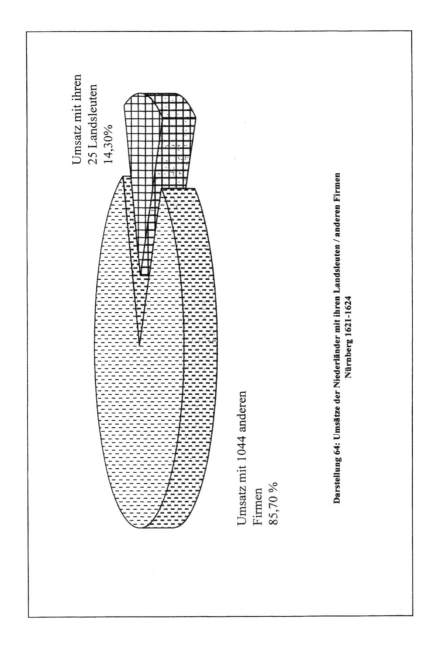

Umsatz mit ihren
25 Landsleuten
14,30%

Umsatz mit 1044 anderen
Firmen
85,70 %

Darstellung 64: Umsätze der Niederländer mit ihren Landsleuten / anderen Firmen Nürnberg 1621-1624

Man kann also sagen, daß die Niederländer durchaus als eine Gruppe mit eigenständigem Profil zu charakterisieren sind, wenn auch die Bindungsintensität der Italiener rund 4,5 mal so stark war. Ob von einer Allianz bei den Niederländern gesprochen werden kann, ist zu bezweifeln. Die Quellen lieferten keine Hinweise. Die im Durchschnitt engere Zusammenarbeit ergab sich wohl eher aufgrund des Handelssortiments und früherer Kooperationen von ihren Heimatstädten aus. Die Allianzanreize wie bei den Italienern waren ja auch nicht gegeben, sie drängten nicht in dem Maße auf angestammte Märkte (Safran, übrige Spezereien, Samt, Seiden, Untzgold) der Nürnberger Allianzmitglieder, die Warenstruktur war wohl weniger identisch mit jener der konkurrierenden Allianzen. Auch der wirtschaftspolitische Druck auf sie war geringer, genossen sie doch aufgrund gegenseitiger Abkommen meist Zollbefreiung.

Für die ‚Einzelkämpfer' Imhoff und Tucher bedeutete das gleichwohl in gewisser Weise eine Umklammerung. Mittel- und langfristig mußte das negative Auswirkungen auf ihren unternehmerischen Erfolg haben.

Die Darstellung 62 zeigte, daß für die ehemaligen Nürnberger Allianzmitglieder[1681] der Warenaustausch mit den Italienern (Kauf und Verkauf) immer noch wichtiger war als mit den Niederländern. Und das trotz des weitgehend erfolgreichen Verdrängungswettbewerbs durch die Italiener!

Ein anderes Netzwerk, das in dieser Form untersucht werden könnte, wäre das der Merchant Adventurers.[1682] Da sie in Nürnberg aber nicht mit einer eigenen Niederlassung domizilierten, sondern in Middelburg, Hamburg und Stade, liegen für sie keine Zahlen vor.

4.5.3. Wirtschaftsbeziehungen der Italiener mit den Niederländern aus italienischer Sicht

Betrachten wir zum Schluß noch die Zusammenarbeit der Firmen aus Italien mit denen aus den Niederlanden; zunächst aus Sicht der Italiener (**Darstellung 65**). Von ihren Umsätzen ausgehend sind die prozentualen Überweisungen an die Niederländer erfaßt. Hinter den Zahlen stecken also (vorangegangene) Waren- und Kapitalströme von den Niederländern zu den Italienern - unter Beachtung der oben gemachten Einschränkungen - die vom Norden in den Süden.

1681 Nur diese Grundgesamtheiten wurden hier betrachtet, nicht die gesamten Handelsströme. Dies ist schon deshalb nicht möglich, weil nicht von allen Kontoinhabern die Herkunft bestimmt ist.
1682 Wiegand, J., Merchant Adventurers Company, passim. Baumann, W.-R., Merchant Adventurers, passim.

	Italiener an Niederländer	Umsatz total fl.	% an Niederl.	absolut
1	Barigi, A. C.			
2	Barsoti, St.			
3	Benevieni/Sini	854.383	12,1	103.380
4	Brocco, B., ...	478.632	9,8	46.906
5	Brocco, F.			
6	Buseti, F.			
7	Capitani, C.	863.364	9,6	82.883
8	Caro, G. F.			
9	Columbani, C.	78.368	2,6	2.000
10	Georgini, B.			
11	Gerardini, G., P.	391.951	5,1	19.990
12	Gerardini, P.			
13	Hassenbart/Savioli	889.739	4,5	40.038
14	Kurti/Mayer	19.768	2,8	554
15	Lumaga, M.	29.735	16,6	4.936
16	Lumaga, O.,M. A.	2.937.979	12,0	352.557
17	Odescalco, T.	941.155	7,8	73.410
18	Orseti, G.	124.021	10,4	12.898
19	Perez/Calandrini			
20	Pestalozzi, J. C.			
21	Peutmueller, C.			
22	Sopra, J.B.	248.311	4,5	11.174
23	Vialtello, G.			
24	Viatis/Peller	1.524.343	2,3	35.060
25	Werdemann, G.	45.823	2,7	1.237
26	Zorzi, J.			
Σ		9.427.572		787.022
%				8,35

Darstellung 65: Zahlungen der Italiener an die Niederländer
Nürnberg 1621-1624

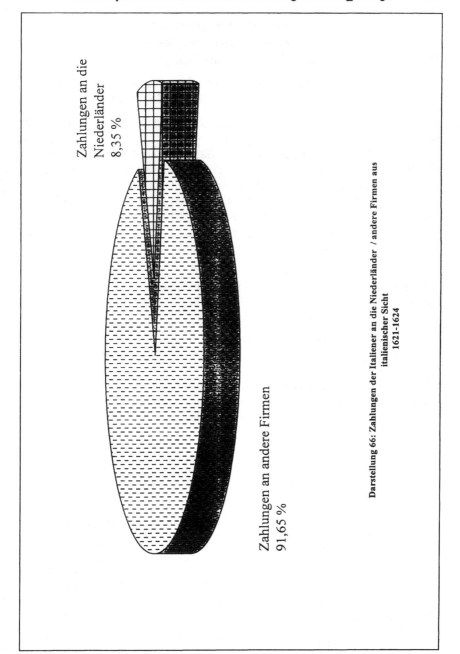

Zahlungen an die
Niederländer
8,35 %

Zahlungen an andere Firmen
91,65 %

Darstellung 66: Zahlungen der Italiener an die Niederländer / andere Firmen aus italienischer Sicht 1621-1624

Die Italiener überwiesen an die Niederländer 787.022 Gulden,[1683] und damit 8,35 % ihrer gesamten Zahlungen, also einen ganz beachtlichen Prozentsatz. **Darstellung 66** veranschaulicht den Zusammenhang.

4.5.4. Wirtschaftsbeziehungen der Niederländer mit den Italienern aus niederländischer Sicht

Die **Darstellung 67** erfaßt spiegelbildlich die Überweisungen der Niederländer an die Italiener.

Von 5.264.499 Gulden Gesamtverbindlichkeiten der Niederländer waren in den Jahren 1621-1624 bei den Italienern 371.033 Gulden zu begleichen, was einer Quote von 6,47% entspricht **(Darstellung 68)**. Cum grano salis spiegeln diese Zahlen also die Waren- und Geldströme vom Süden in den Norden wider.

Das Verhältnis 371.033:787.022 beträgt 1:2,31. Die Italiener zahlten also mehr als doppelt so viel an die Niederländer als umgekehrt und damit auch mehr als es dem Verhältnis der absoluten Umsatzzahlen (1:1,79) entsprochen hätte, was die Wichtigkeit der niederländischen und italienischen Kaufleute für den Warenaustausch dieser Länder in Nord- Südrichtung vom Standort Nürnberg aus unterstreicht. Diese Relationen sind auch ein Indiz für die Schwergewichtsverlagerung der internationalen Handelsströme, jedenfalls ein Hinweis auf die neuen Vermittler nach den Entdeckungen und die Teilhabe Nürnbergs daran.

4.6. Fazit

Im Spiegel der Umsatzhöhe und der Umsatzstruktur der Nürnberger und italienischen Allianz sowie der Firmen aus den Niederlanden soll im folgenden das Ergebnis des Standortwettbewerbs zusammengefaßt werden.

1683 Viatis wurde in den Analysen den Italienern zugerechnet, weil hier auf eine längerfristige Prägung abgestellt wurde. Aufgrund der Tatsache, daß er in Nürnberg verwurzelte, hier protestantisch heiratete, könnte man ihn mit guten Gründen auch aus als ‚Einheimischen' betrachten. Aber der venezianische Löwe an seinem Haus sagt schon etwas aus über sein Selbstverständnis. In diesem Zusammenhang soll sogar die Frage gestellt werden, ob nicht die Annahme des Nürnberger Bürgerrechtes, der Übertritt zum protestantischen Glauben, die Heirat mit protestantischen Frauen nicht eine perfekte Tarnung war, um als (ehemaliger) Venezianer das Handelsverbot mit Vendig zu umgehen. Wäre es so, dann könnte man das Haus des Viatis mit dem Bild des Löwen an der Fassade als Fondaco dei Venetianii ansehen. Diese Unterstellung würde seinen enormen Reichtum in einem anderen Licht erscheinen und auch die Klagen der Nürnberger Kaufleute über das Eindringen der „Italiener" verständlicher werden lassen. In ihren zahlreichen Eingaben an den Rat taucht sein Name allerdings nicht auf, auch in der Literatur findet sich kein entsprechender Hinweis. Dem Autor scheint aber die Denkfigur wichtig genug, um bei zukünftigen Forschungen berücksichtigt zu werden.

	Niederländer an Italiener	Umsatz total fl.	% an Ital.	absolut
1	Bailli, B,	193.164	6,0	11.590
2	Berg, F.v.			
3	Blumart, A.	529.888	16,2	85.842
4	Bourg, A.d.	857.327	2,3	19.719
5	Braa, A.d.	1.717.553	9,5	163.168
6	Brecht, C.v.	261.260	0,6	15.676
7	Bruckh, H.v.d.			
8	Caymox, B.			
9	Fuess, M.			
10	Hospit, J.	34.630	7,6	2.632
11	Janson, K.			
12	Larue, D.d.			
13	Lascailot, Patris			
14	Lebrun, C.	100.747	11,7	11.787
15	Legrandt, C.			
16	Lierdt, M.v.			
17	Lierdt, P.v.	151.775	4,9	7.437
18	Lierdt, R.u.D.	133.535	2,9	3.873
19	Lierdt, R.u.M.	12.035	7,2	867
20	Luckner, F.v.	37.832	1,8	681
21	Mariot/Mibeiss			
22	Mariot, P.			
23	Morian, H.			
24	Morian, H.u.J.			
25	Morian, J.			
26	Occerssel, D.v.			
27	Occerssel, N.v.	191.854	0,5	959
28	Oyrl, D.u.J.	824.749	5,3	43.712
29	Pillet, M.			
30	Prasseri, J.d.	140.440	2,2	3.090
31	Sandroth, H.			
32	Vorbeck, H.			
Σ	**Summe**	**5.264.299**		**371.033**
%				**7,04**

**Darstellung 67: Zahlungen der Niederländer an die Italiener
Nürnberg 1621-1624**

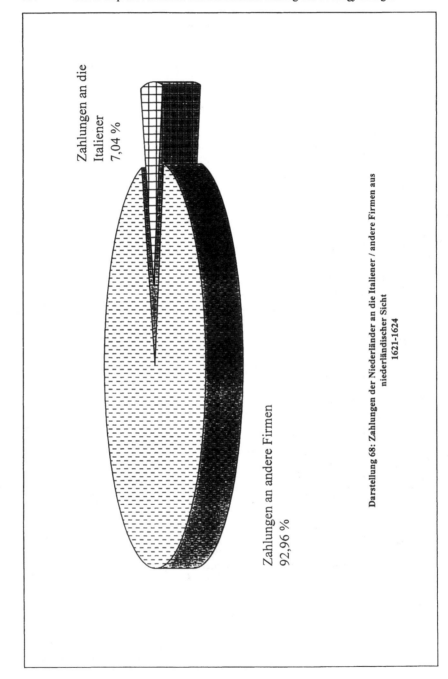

Zahlungen an die
Italiener
7,04 %

Zahlungen an andere Firmen
92,96 %

Darstellung 68: Zahlungen der Niederländer an die Italiener / andere Firmen aus
niederländischer Sicht
1621-1624

Die Befürchtungen der Imhoff Mitte der fünfziger Jahre, als sie den Kaufmann Sitzinger nach Innsbruck schickten, um in den Staatsverträgen nachsehen zu lassen, ob die Zuwanderung der Italiener nach Nürnberg denn überhaupt rechtens sei, dann die heftigen Reaktionen der Allianzmitglieder, wie sie in den sechziger und siebziger Jahre des 16. Jahrhunderts zum Ausdruck kamen, waren aus ihrer Sicht berechtigt. Damals beschrieben sie mit den folgenden Worten eher einen Trend als schon verfestigte Marktstrukturen. Auf die Italiener und Niederländer bezogen sagten im Oktober 1571 Nürnberger Kaufleute:[1684] „...

aber ist uns uber alles anders erst, daß allerbeschwerlichst, daß die Italiener deren vor kurzem Jaren über zwei Häuser in dieser Stadt nicht gewest, ... auch allein mit Seidenwaren und doch bei weitem so stattlich und mit so großer Mehrung nit, als jetzt geschieht zu handeln gepflegt, innerhalb wenig Jahren, dermaßen heuffich in dieser Stadt mehr als irgend in einer Stadt im ganzen Reich, nit allein gemehrt und eingedrungen, welche täglich je länger je mehr geschieht, sondern auch alle die fürnembsten Gewerb in dieser Stadt, als nämlich den Spezereihandel, Sammet und Seidenhandel, damit sich unsere Eltern und Vorfahren, und viel ehrliche Häuser in dieser Stadt, von vielen langen Jahren, löblich genähret.

Desgleichen auch die Niederländischen Gewerb und Handlungen auff allerlei Mittel und Weg, von uns und gemeiner dieser Stadt Bürgerschaft in ihre Hand gebracht".

Man könnte diesen Widerstand als weiteres Beispiel unter die bei Schulze zu findenden Überschrift *„Deutschland um 1600: Reaktion auf ein Übermaß an Veränderung"*[1685] subsumieren, wo eine Fülle von Neuerungen, Umgestaltungen, Verwerfungen, Reformen und Reformationen in allen Lebensbereichen und den damit verbundenen Verunsicherungen zusammenfassend aufgezählt und bewertet werden. Aber restlos überzeugen könnte die Einordnung gleichwohl nicht, denn was hier beklagt wird, praktizierten die Kläger selbst. Sie agierten und domizilierten schon jahrhundertelang global, argumentierten jetzt auf den Zuzug Fremder national und lokal, meinten aber ihren privaten Profit. Die breite Bevölkerung mag die Veränderung anders wahrgenommen haben.

Wie auch immer: Spätestens am Anfang des Dreißigjährigen Krieges war diese Entwicklung abgeschlossen. Der Wirtschaftsstandort Nürnberg war hinsichtlich der domizilierenden Firmen und großen Verteiler internationaler geworden, nun wesentlich geprägt durch die dominierenden Gruppen der Italiener und – weniger stark – der Niederländer, die hier ein wichtiges strategisches Zentrum hatten.

1684 Es handelt sich um das anonyme Gutachten, das hier als das der Imhoff und Welser angesehen wird. Diese Feststellung ist ebenso Bestandteil fast aller anderen Beschwerdeschriften. - BayStaatsAN, Rep. 19a, E-Laden, Akten, S VII, L 123, 220 (4), 13.10.1571.
1685 Schulze, W., Geschichte-16. Jahrhundert, S. 292ff.

Der Umsatz der beiden wichtigsten Konkurrenzgruppen aus dem Ausland betrug 14.810.709 Gulden in den drei Jahren 1621-1624. Die Imhoff, Tucher, Zollikofer,[1686] die vormaligen Allianzmitglieder, kamen zusammen auf lediglich 2.547.909 Gulden. Nimmt man ihr Handelsvolumen als Basis, dann setzten diese Fremden (Italiener, Niederländer) 5,8 mal so viel um wie die noch existierenden ehemaligen Nürnberger Allianz-Firmen. Jene hatten ihnen wesentliche Anteile auf lukrativen Märkten abgenommen und können damit als Sieger im Standortwettbewerb gelten. Die **Darstellung 69** macht deutlich, wie schwer es den Nürnbergern gefallen sein muß, bei gleichzeitigem Wettbewerb untereinander sich zwischen diesen beiden großen Blöcken zu behaupten.

Wettbewerbsdruck von außen und von ‚innen' rüttelte an die Fundamente der Firmen. Die Welser hatten schon bankrott gemacht, sicher nicht nur, aber auch aus dieser verschärften Konkurrenzsituation her zu erklären.

Die Feststellung, daß den (ehemaligen) Nürnberger Allianzmitgliedern Umsätze in dieser Höhe abgenommen wurden, trifft im vollen Umfange sicher nicht zu. Denn erstens domizilierten die Turrisani, Werdemann, Odescalco schon vor der großen Auseinandersetzung in Nürnberg, ohne daß gesagt werden kann, wie hoch damals ihr Geschäftsvolumen war. Zweitens hatten sicher auch andere Nürnberger Firmen außerhalb der Allianz durch die verschärfte Konkurrenz eine rückläufige Geschäftsentwicklung zu verzeichnen. Drittens müssen die positiven Impulse, wohl vor allen Dingen für die mittelständischen Unternehmen, gegengerechnet werden. Sie wollten ja ausdrücklich nicht die Verdrängung der Italiener vom Standort.

Auf der anderen Seite erhellen die obigen Globaldaten nicht die Strukturverschiebungen auf den Märkten, die vorher von den Nürnberger Allianzmitgliedern dominiert worden waren: Safran-, übriger Spezereihandel, das Geschäft mit Samt- und Seidenwaren, Untzgold, die Güter aus dem niederländischen Wirtschaftsraum. Hier war es sicher überall zu entscheidenden Einbrüchen gekommen. Zu welchem Ergebnis der Standortwettbewerb geführt hätte, wäre das Vertrauenspotential der Nürnberger untereinander größer gewesen, ist sehr interessant, kann aber nicht exakt beantwortet werden. Man darf aber vermuten, daß die Umsatzanteile der Fremden geringer gewesen wären. Auf jeden Fall hatte die Allianz bzw. die Gruppe auf Dauer Erfolg, bei denen der Vertrauenskoeffizient hoch war. Insofern müssen die Nürnberger sich aufgrund der internen Verwerfungen in einem erheblichen Maße die Umsatz- und Gewinneinbrüche selbst zurechnen lassen.

Die Entwicklung der Gesamtwohlfahrt in Nürnberg nach dem Markteintritt der Italiener und Niederländer kann aus dem vorliegenden Zahlenmaterial nicht erschlossen werden.

1686 Die Rottengatter hatten ganz minimale Kontobewegungen.

Bei der Bewertung der Ausführungen muß beachtet werden, daß aus der Grundgesamtheit ‚Kontoinhaber mit ihren Geschäftspartnern und Umsätzen' nur drei Teilmengen – wenn auch große und in gewisser Weise typische - miteinander verglichen wurden. Die geografische Zuordnung der Firmen ist eindeutig und einheitlich, die Zahlen sind von hoher örtlicher, sachlicher und zeitlicher Homogenität, der Anteil der drei betrachteten Gruppen am Handelsvolumen von 68.009.545 Gulden (1621-1624) betrug 25,5 Prozent.

Bei der Interpretation der **Darstellung 70** wird unterstellt, daß den Überweisungen, die über die Bank abgewickelt wurden, Waren- oder Kreditgeschäfte in die umgekehrte Richtung vorangingen. Zahlungen an die Italiener bedeuten danach also, daß diese vorher in jener Höhe Waren aus dem Süden an die Nürnberger oder niederländischen Firmen geliefert oder Darlehen gewährt hatten (Blöcke oberhalb der Null-Linie). Da alle im Focus stehende Firmen europaweit präsent waren, kann der Waren- und Kapitalfluß natürlich nur mit Einschränkungen in dieser Weise gedeutet werden.

Die herausragende Rolle der Italiener im internationalen Warenaustausch wird gleich augenfällig. Die Tucher überwiesen den Italienern 1621-1624 die Summe von 248.412 Gulden (= 25,4% von 978.620 Gulden Gesamtumsatz; s. **Darstellung 50**). Cum grano salis kann also gesagt werden, daß sie in dieser Höhe Waren aus dem Süden importierten und auf den nordeuropäischen Märkten verhandelten. Bei den Imhoff betrug die Summe 200.200 Gulden (= 15,4% von 1.302.238 Gulden; s. **Darstellung 49**), bei den Zollikofern 54.745(= 20,5% von 367.051, s. **Darstellung 55**), bei den Niederländern betrugen die Zahlen 7,04% von 5.264.299 = 371.033 Gulden; s. **Darstellung 65**)

Wer weiß, daß vor dem einsetzenden Standortwettbewerb fast der gesamte Export aus dem Süden in den Norden durch Nürnberger Kaufleute durchgeführt und in entscheidendem Maße von den Imhoff, Welsern und Tuchern organisiert worden war, dem wird vor allen Dingen durch die vierte Säule klar, welcher Wandel sich im internationalen Warenaustausch und hinsichtlich der großen Verteiler vollzogen hatte:

Die Niederländer hatten sich von Nürnberg aus an vorderster Stelle beim Vertrieb der Güter eingeschaltet. Geht man von der Gesamtsumme in Höhe von 874.735 Gulden aus[1687] (= alle Größen oberhalb der Null-Linie = Waren- und Kapitalfluß vom Süden in den Norden), so bedeutet das einen Anteil von 42% gegenüber 58% der Nürnberger. Addiert man die Kapital- und Handelsströme dieser Gruppen vom Norden in den Süden (= Summe unterhalb der Null-Linie) so ergibt das ein Volumen von 995 726 Gulden, von dem die Niederländer 79%, die ehemaligen Nürnberger Allianzmitglieder 21% verhandelten.

1687 Minimale Rundungsdifferenzen zu den Zahlen auf den Konten.

Sowohl also der Warenstrom aus dem Süden in den Norden als auch der vom Norden in den Süden lief am Anfang des Dreißigjährigen Krieges in einem erheblichen Maße über die in Nürnberg domizilierenden Italiener und Niederländer (immer unter den gemachten einschränkenden Prämissen). Um es noch einmal zu sagen: Auf Nürnberger Seite geht in diese Analyse nur die Teilmenge 'ehemalige' Allianzmitglieder' ein. Aber diese Firmen waren es, die im 16. Jahrhundert jenen Güteraustausch dominiert hatten. Inwieweit die aufgezeigten Strukturverschiebungen repräsentativ sind für die gesamte einheimische Unternehmerschaft, das bleibt zu untersuchen. Um es ebenfalls nochmal zu sagen: Es wäre sicher eine verengte Interpretation, die Zahlen ausschließlich als Warenströme aus dem Norden und den Süden und umgekehrt zu deuten.

Die Überweisungen an die Niederländer spiegeln auch die zunehmende Dominanz im Handel mit den Gewürzen Asiens wider. Den hatten sie den Portugiesen weitgehend entrissen und belieferten nun - selbst oder (u.a.) eben über die Italiener - von Amsterdam aus die Märkte Nord- und Mitteleuropas mit diesen Gütern.[1688] Aber auch eine beachtliche Menge Baumwolle aus der Levante und aus Brasilien fand über Südfrankreich und den Niederlanden den Weg zu den Barchentzentren Oberdeutschlands.[1689]

Wir müssen ebenfalls davon ausgehen, daß ein großer Teil der Waren, der hinter diesen Zahlen steckt, auf den Leipziger Messen umgeschlagen wurde, die, vom Norden aus gesehen, für den Nordsee- und Atlantikhandel der Holländer und Engländer[1690] zu Lasten von Frankfurt/Main an Bedeutung gewonnen hatten.[1691] Die Bewertung der Diskussion in den siebziger Jahren des 16. Jahrhunderts hatte ergeben, daß der Export von Nürnberg aus in den Süden noch weitgehend in den Händen einheimischer Kaufleute, und in beträchtlichem Umfang der Allianzmitglieder lag. Jetzt aber, am Anfang des siebzehnten Jahrhunderts, sind die niederländischen Firmen die größten Gläubiger der Italiener. In den letztgenannten Zahlen kommt der Strukturwandel von ca. 1560 – 1624 also, wie ausgeführt, besonders zum Ausdruck.

Aus dieser hier vorgetragenen Sicht heraus war die Handelsbilanz der betrachteten Nürnberger Firmen mit Italien eindeutig negativ. Die Summen 503.702 (200.545, 248.412, 54.745) und 208.704 (126.317, 74.375, 8.012 = 100%) ins Verhältnis gesetzt, dokumentieren einen Importüberschuß von 241%.

1688 North, M., Kommunikation, S. 15f.
1689 Kellenbenz, H., Niedergang-Venedig, S. 123.
1690 Ihr Anteil aus Nürnberger Sicht nicht deutlich faßbar.
1691 Witthöft, H., Lüneburg-Leipzig, S. 208ff.

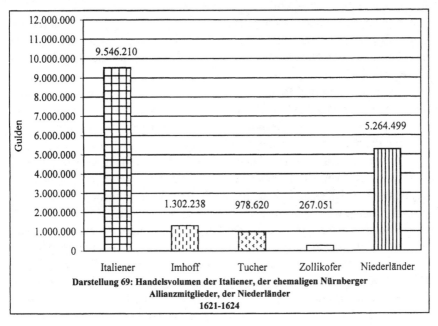

Darstellung 69: Handelsvolumen der Italiener, der ehemaligen Nürnberger Allianzmitglieder, der Niederländer
1621-1624

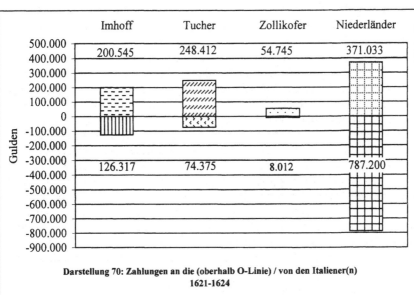

Darstellung 70: Zahlungen an die (oberhalb O-Linie) / von den Italiener(n)
1621-1624

Das immer wieder vorgetragene Argument, Nürnberg (gilt auch für die anderen oberdeutschen Städte) sei nach den Entdeckungen und der Verlagerung des Handels in den Norden *„vor allem für Indienwaren an die Peripherie des Warenstromes versetzt"*[1692] worden, bedarf deshalb einer gründlichen Überprüfung. Zunächst wird mit der Behauptung impliziert, daß sich die Standortqualität, insofern der Warenaustausch über die hergebrachten Handelsrouten abgewickelt wurde, nicht verschlechtert hat. Weiter geht die Argumentation davon aus, daß die Nürnberger, die hier domizilierenden bzw. nach den Entdeckungen nach Nürnberg ziehenden Kaufleute sich bei der Vermittlung über die ‚neuen' Verkehrswege nicht entscheidend einschalten konnten. Ferner ist fest- und entgegenzuhalten, daß sich die Attraktivität des Standortes ja nicht lediglich durch die Vermittlung von Kolonialwaren im engeren Sinne ergab. Die wertvollen und teuren Samt- und Seidenstoffe Italiens z.B. kamen weiterhin nicht aus den Kolonien auf den europäischen Markt. Verengt ist die Sichtweise auch insofern, als sie einseitig auf den Import abhebt, den Export von Rohmaterialien und gewerblichen Fertigerzeugnissen in die neuen Länder, der ganz entscheidend von Nürnberg aus vermittelt wurde, nicht in die Bilanz einstellt.[1693] Auch bleibt fraglich, ob sich Nürnberg als Folge dieser Entwicklungen v e r s t ä r k t dem Osthandel (mit welchen Produkten?) zuwandte. Schließlich hatte dieser eine Tradition, die weit in die Zeit vor den Entdeckungen zurückreicht und zur Dominanz der Nürnberger geführt hatte.

Zuletzt nochmal ein Wort zur Peripherie: Die Entfernung von Nürnberg z.B. nach Venedig beträgt 616, nach Genua 713, nach Lyon 780, nach Amsterdam 652, nach Hamburg 646 Kilometer. Insofern lag Nürnberg immer an der Peripherie, hinsichtlich der ‚alten' Knotenpunkte und auch zu den neuen Wachstumszentren nach den Entdeckungen. Ohne vertiefende Differenzierungen kann also dieses Argument nicht überzeugen. Mit der derselben Berechtigung könnte man sagen, Mailand oder Genua oder Antwerpen lagen, vom zentralen europäischen Wirtschaftsstandort Nürnberg aus gesehen, an der Peripherie. Auf diesen Gedanken ist aber zu Recht noch kein Wirtschaftshistoriker gekommen. Wenn aus den veränderten Rahmenbedingungen (inklusive der einsetzenden merkantilistischen Wirtschaftspolitik der Landesfürsten) gleichwohl negative Effekte für den Standort Nürnberg ausgingen, dann kaum wegen der ‚objektiven' Veränderungen, sondern deswegen, weil die Unternehmer darauf nicht flexibel genug reagierten. Ob das der Fall war, darüber steht eine schlüssige und überzeugende

---

1692 Henning, Fr.-W., Spanien-Weltwirtschaft, S. 2.
1693 Henning hebt die Tatsache zwar ausdrücklich hervor, bringt sie aber nicht in Verbindung mit seiner kurz zuvor aufgestellten Behauptung, die damit zumindest abgeschwächt wird. - Henning, Fr.-W., Spanien-Weltwirtschaft, S. 3. Diesen Aspekt stärker betonend dann ab S. 19ff. Siehe zu dieser Frage auch: Schütze, A., Nürnberg, S. 15ff.

Beweisführung ebenfalls noch aus. Auch aus dieser Sicht heraus soll also für die weitere Forschung ein stärkerer unternehmerbiographischer Ansatz reklamiert werden.

Es sei noch einmal wiederholt. Aufgrund der betrachteten Teilmengen ergibt sich aus den obigen Relationen keine Handelsbilanz Nürnberg/Italien oder gar Deutschland/Italien. Aber immerhin entfielen auf die Nürnberger Firmen zusammen 25% des Nürnberger Handelsvolumens und sie waren in die Austauschbeziehungen entscheidend eingeschaltet. Zusätzlich muß in Rechnung gestellt werden, daß nicht der gesamte Handel mit Italien über die hiesigen Italiener gelaufen sein muß, direkter Handel weiterhin möglich war, ebenso kann er von anderen Firmen vermittelt worden sein. Diese Überlegungen gelten auch bezüglich der nördlichen und südlichen Niederlande. Jene Waren- und Kapitalströme sind aber aus dem vorliegenden Datenmaterial nicht zu extrapolieren. Aus dem Gesamtzusammenhang geurteilt ist es eher zweifelhaft, ob ihre Berücksichtigung das hier gezeichnete Bild wesentlich verändern würde.

Betrachten wir nun die aufbereiteten Bancozahlen aus Sicht der Niederländer **(Darstellung 71)**. Die Imhoff zahlten an die Niederländer 124.587 Gulden. Ebenso wie bei den Tuchern (114.637) und Zollikofern (4.511) kann vermutet werden, daß diesen Zahlen in erster Linie Bezüge aus dem nordwestlichen bis nordöstlichem Raum vorausgingen. Wohin die Waren verhandelt wurden, ist nicht aufzuweisen. Analoge Überlegungen, wie zuvor angestellt, gelten auch hier.

Ihrerseits waren die Niederländer Gläubiger bei den Imhoff und Tuchern in Höhe von 51.117 bzw. 11.653 Gulden. Die Zollikofer traten als Lieferanten nicht in Erscheinung. Das eben Gesagte gilt auch hier: Die weitere Handelsrichtung und die Kunden sind nicht bekannt. Die Verbindlichkeiten der Niederländer an die zwei Nürnberger Firmen betrug zusammen 62.270 Gulden. Die Italiener hatten bei den drei ehemaligen Allianzmitgliedern Schulden in Höhe von 208.704 Gulden. Damit kauften die Niederländer bei den Nürnbergern lediglich rund 30% von dem der Italiener. Es drängt sich die Vermutung auf, daß sie dadurch den Zwischenhandel mit Produkten des Südens über die Nürnberger ausschalten wollten.

Die ,Handelsbilanz' dieser Nürnberger Firmen mit den Niederländern war, wie bei den Italienern, ebenfalls passiv. Sie zahlten ihnen 244.005 Gulden, bekamen ihrerseits 62.770. Das Verhältnis stellt sich (62.770=100%) auf 1:3,9.

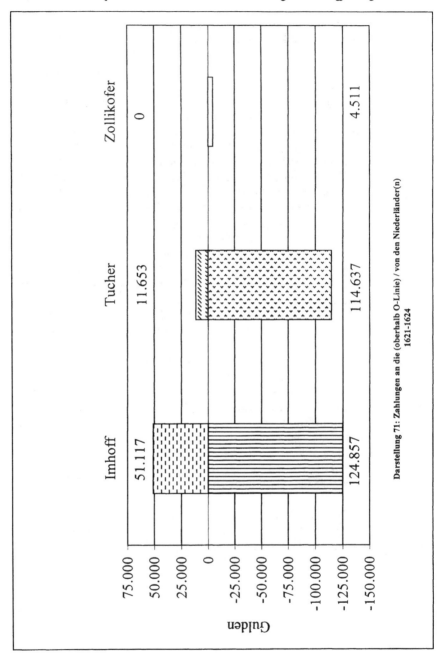

Darstellung 71: Zahlungen an die (oberhalb O-Linie) / von den Niederländer(n) 1621-1624

Fazit: In den beiden Quotienten 1:2,4 (Italiener) und 1:3,9 (Niederländer) kommen die Veränderungen im Firmenprofil der ehemaligen Nürnberger Allianzmitglieder treffend zum Ausdruck. Selbst wenn sich insgesamt die Höhe des Nürnberger Handelsvolumens gegenüber früher nicht geändert haben sollte, so hatten doch am Anfang des Dreißigjährigen Krieges umsatzstarke Träger dieses Warenaustausches zum Teil andere Namen. Die Nürnberger Imhoff, Tucher, Zollikofer waren in einem erheblichen Maße zu Zwischenhändlern vom heimischen Boden aus geworden.

Neben den eben aufgeführten Strukturdaten belegte das die oben erarbeitete Tatsache, daß ihre Handelsbilanz auch mit den zwanzig umsatzstärksten Unternehmen negativ war. Die Imhoff sowohl wie die Tucher zahlten an jene eine doppelt so hohe Summe wie sie ihrerseits von dieser Gruppe überwiesen bekamen. Unter ihnen, den zwanzig umsatzstärksten Firmen,[1694] waren 5 Firmen (inklusive der Hassenbart/Savioli) aus Italien und 3 aus den Niederlanden. Die Biografien der Firmen sind noch nicht in wünschenswerter Weise bekannt (außer die von Viatis/Peller), die Dynamik der Märkte belegt aber die Tatsache, daß zumindest Ayrmann und Viatis/Peller als Zuzügler bezeichnet werden können, sie sich gleichwohl in diesem Umsatzsegment etablieren konnten. Dasselbe gilt wohl auch von den Muelleggs. Da diese sich in entscheidendem Maße als Erstaufkäufer, Verleger und Veredler von Leinwandwaren aus Mittel- und Ostdeutschland einschalten konnten, spiegeln die Geschäftsbeziehungen der ehemaligen Allianzmitglieder Imhoff und Tucher zu diesen Unternehmen wohl in nennenswertem Maße diese Geschäftssparte wider. Offensichtlich fungierten sie aber auch hier als Zwischenhändler. Über die Umsatzquote können zur Zeit noch keine Angaben gemacht werden. Will man darüber weitere Erkenntnisse gewinnen, sind die Kontakte zu all ihren Gläubigern in Rechnung zu stellen.

Diese Eckdaten belegen, daß der Handel Nürnbergs insofern internationaler geworden war, als zu den traditionellen Leinwandanbaugebieten die Produkte aus Mittel- und Ostdeutschland hinzugekommen waren, auf dem die Nürnberger Firmen hinsichtlich Einkauf, Finanzierung, Veredlung und den europa-, ja weltweiten Absatz dominierten. Die Attraktivität des Standortes Nürnberg hatte nicht gelitten, aber große alteingesessene Familiengesellschaften hatten ihre Führungsrolle[1695] abgeben müssen. Die Dynamik und Größe der Strukturveränderungen kommt darin zum Ausdruck, daß sie nicht nur von italienischen und niederländischen Firmen über- (etwa Lumaga, Odescalco[1696], Braa) oder einge-

---

1694 Zu den Firmen siehe Peters, L.F., Handel Nürnbergs, passim.

1695 Es wird hier aufgrund ihrer eigenen Aussagen, der anderer Nürnberger und italienischer Firmen unterstellt, daß sie vorher ganz vorne rangierten. Quantitativ bewiesen ist diese Annahme nicht.

1696 Das ist daraus zu schließen, daß diese nur noch ein Jahr in Nürnberg domizilierten, gleichwohl bei Zugrundelegung des Dreijahreszeitraumes (1621/1624) Umsatzrang 13 belegten.

holt wurden (Capitani, Benevieni/Sini, Bourg, Oyrl), sondern auch einheimische Firmen (Ayrmann, Beck, Muellegg, Viatis/Peller, Schwendendörffer) höhere Umsätze als sie zu verzeichnen hatten, andere (Kleewein, Fürleger, Marstaller etc.) eine vergleichbare Marktposition hatten erringen können. Die eigene und frühe Vorausschau dieser Entwicklung offenbart einerseits unternehmerische Weitsicht, das Ergebnis auf der anderen Seite das Fehlen effektiver Gegenstrategien. Diese wurden in einem entscheidenden Maße behindert durch die äußerst heftig geführten Konkurrenzkämpfe der Imhoff, Welser, Tucher, Zollikofer, Rottengatter unter- und gegeneinander, welche nicht zuletzt im Standeswettbewerb wurzelten. Die Allianz der Nürnberger muß in diesem Sinne und (auch) aus diesen Gründen als Verlierer der erweiterten und intensivierten Globalisierung nach den Entdeckungen, der Vergrößerung der Produktmärkte und der Standortausweitung der Italiener und Niederländer angesehen werden, obwohl sie anfangs davon profitiert hatten.

Gleichwohl waren nicht diese neuen internationalen Rahmenbedingungen die eigentlichen Gründe für ihre nachlassende Konkurrenzfähigkeit, sondern die Schwächung im internationalen Wettbewerb war die Folge einer schon vorhandenen inneren Destabilisierung. Die Verdrängung aus der absoluten Spitzenposition bzw. der Bankrott des Welserunternehmens waren keine unabwendbaren Schicksalsfügungen. Das beweist vor allen Dingen der Firmenneugründer Viatis. Er kam ohne Geldmittel nach Nürnberg, wurde nicht in ein wirtschaftsmächtiges Netzwerk integriert,[1697] brachte es gleichwohl mit seinem Kompagnon Martin Peller (und ihren Nachfolgern) in kurzer Zeit zu einer Firma von europäischem Rang. Im Banco führte sie in allen 27 untersuchten Jahren ein Konto, belegte nie die Position 1, aber über alle Jahre hinweg den Rang 4,72. Legt man alle Firmen und sämtliche 350.000 Geschäftsvorfälle der Jahre von 1621-1648 zugrunde, so erzielte die Gesellschaft mit 6.715.341 Gulden den höchsten Gesamtumsatz,[1698] gefolgt von Heinrich und Hans Muellegg mit 5.421.788 Gulden. Eine außerordentliche unternehmerische Leistung.[1699]

Die Märkte boten also weiterhin alle Chancen für eine Expansion. Von den ehemaligen Allianzmitgliedern konnten sie nicht mehr mit demselben Erfolg genutzt werden wie in früheren Zeiten.

1697 Durch die Heirat mit der Witwe seines vormaligen Prinzipals Hans Vollandt bekam er die Verfügung über 11.627 Gulden. Im Vergleich mit dem jeweiligen Kapitalstock der alteingesessenen Firmen ist der Betrag sicher als gering zu bewerten. Vor allen Dingen: Er wußte damit zu 'wuchern', es unternehmerisch erfolgreich zu nutzen. - Schuster, L., Nürnberger Kaufherren-Fondaco, S. 28.

1698 Die Rangstatistik ändert sich dann marginal, wenn Familienunternehmen unter verschiedenen Namen zusammengefaßt werden, die als wirtschaftliche Einheit anzusehen sind, etwa die der Lumaga. – Siehe dazu die entsprechenden Nachweise in Peters, L.F., Einführung.

1699 Zahlreiche Einzelheiten für die Zeit des Dreißigjährigen Krieges: Kellenbenz, H., Niedergang-Venedig, S. 156.

Die Frage, ob während und nach dem (vorläufigen) Abschluß dieses Prozesses eine Wohlstandsvermehrung der gesamten Bevölkerung stattfand, der *zu verteilende Kuchen*' also größer, das *Stück Torte billiger*' wurden, oder es sich nur um eine Profitverschiebung von heimischen zu den auswärtigen und ausländischen Unternehmen handelte, kann hier nicht beantwortet werden. Einige Indikatoren scheinen auf eine Vermehrung hinzudeuten: Vergrößerung der Beschäftigtenzahl (nur bei den Italienern?),[1700] Erhöhung der Anzahl der Steuerpflichtigen, Belastbarkeit der Bürger durch erhöhte Steuersätze, linearer Trend bei der Zollkurve. Auf die Schwierigkeiten, die Baukonjunktur(en) hinreichend genau zu quantifizieren, wurde hingewiesen.[1701] Die Auswertung der sogenannten Häuserbücher (St. Sebald und St. Lorenz) von Karl Kohn,[1702] die Inhaber, Inhaberwechsel, Neubauten, Umbauten, Reparaturen etc. erfassen, wird für die familien-, sozial-, wirtschafts- und kunstgeschichtliche Forschung eine unschätzbare Quelle bieten. Die öffentlichen Baumaßnahmen wurden, das wird auf dem Hintergrund der Haushaltsberatungen deutlich, in wesentlichem Maße durch defecit spending finanziert.[1703] Diese Finanzierungsart hatte aber nicht in erster Linie, wenn denn überhaupt, den Zweck der Nachfrage- und Konjunkturankurbelung, sondern war auf andere Art deshalb nicht möglich, weil der ‚Staat' bis zur Zahlungsunfähigkeit verschuldet war, dessen Ursache wiederum zum größten Teil in der Finanzierung des Markgrafenkriegs durch überhöhte Darlehnszinsen an die Imhoff und Welser zu suchen ist.

Um auf die Frage nach dem Wachstum der Nürnberger Wirtschaft in der zweiten Hälfte des 16. Jahrhunderts eine Antwort zu finden, wäre es sicher hilfreich, den Blick über die Stadtmauern hinaus auszuweiten. Vor allen Dingen läßt eine Untersuchung über die Beseitigung und Finanzierung der Zerstörungen von Investitionsanlagen, Häusern, Schlössern während des Zweiten Markgrafenkriegs, die fast ausschließlich extra muros entstanden, neue und wesentliche Erkenntnisse erwarten.

1700 Es wurde darauf hingewiesen, daß vom Abbau Nürnberger Faktoreien in Italien wahrscheinlich ein Druck auf den heimischen Arbeitsmarkt ausging. Es bleibt zu untersuchen, inwieweit zusätzliche Stellen geschaffen wurden durch Firmenneugründungen in- und ausländischer Unternehmen. Besonders der Boom in der Textilveredlung wird diesbezüglich berücksichtigt werden müssen.

1701 Fleischmann, P., Bauhandwerk-Nürnberg, S. 87-90.

1702 StadtAN, F 5, Quellen und Forschungen zur Nürnberger Geschichte, 317.

1703 Darauf wies schon Mummenhoff hin. – Mummenhoff, E., Reichsstadt Nürnberg, S. 26f.

5. Ergebniszusammenfassung

Methodischer Faden

I

Die Arbeit wurde angeregt durch die im Vergleich mit anderen großen Firmen atypischen Kontobilder der Imhoff und Tucher 1621-1624. Die für eine geplante Quellenedition zur nationalen und internationalen Handels- und Bankgeschichte spezifische Aufbereitung der Schuldbücher des Banco-Publico belegte, daß zwischen ihnen trotz hoher Umsätze keine Geschäftskontakte bestanden. Das war und ist insofern sehr bemerkenswert, als sie seit Jahrhunderten zur führenden Unternehmerschicht Nürnbergs zählten, demselben sozialen Stand angehörten, politisch und wirtschaftspolitisch die Geschicke der Stadt in einem entscheidenden Maße prägten. Der historische Regreß offenbarte ihre Zusammenarbeit mit anderen Firmen auf den Safranbeschaffungsmärkten in Italien, Spanien und Frankreich in einer strategischen Allianz. Diese bestand spätestens an der Wende vom 15. zum 16. Jahrhundert. Vor diesem Hintergrund wurden die Kontobilder noch unverständlicher. Die Ursachenanalyse erforderte zunächst eine Untersuchung über den spezifischen Charakter dieser Allianz (Erstes Kapitel).

Die Quellen belegten eine dynamische Reaktion der Märkte seit etwa Mitte des 16. Jahrhunderts, welche zu einer Gegenallianz auswärtiger Kaufmannsfamilien führte, die in Nürnberg ihr strategisches Zentrum aufbaute. Bevor auf die Auseinandersetzung dieser beiden Allianzen eingegangen werden konnte, war es erforderlich, die spezifischen Standortcharakteristika Nürnbergs über jenes Merkmal ‚zentraler Safranmarkt' hinaus zu erhellen, ohne die der Kampf um Märkte und Quoten nicht verständlich gewesen wäre (Zweites Kapitel).

Das dritte Kapitel beleuchtete das Spannungsfeld der konkurrierenden Gruppen, wägte ihre Argumente während der großen wirtschaftspolitischen Auseinandersetzung. Viele von ihnen muten sehr modern an. Zwangsläufig ergab sich in diesem Zusammenhang die zentrale Frage, von welchen wirtschaftspolitischen Grundsatzvorstellungen der politische Entscheidungsträger sich bis dato hatte leiten lassen, ob er im Zuge der Auseinandersetzung diese zur Diskussion oder gar zur Disposition stellte.

Im vierten Kapitel konnte das Wettbewerbsergebnis quantitativ erfaßt werden. Es zeigte sich, daß eine rein ökonomische Erklärung für den Zerfall der Nürnberger Allianz nicht ausreichte. Methodik und Ergebnis der quantitativen Quellenaufbereitung führten zwangsläufig zu institutionen-, personen- und sozialgeschichtlichen Fragestellungen: Die wirtschaftspolitischen Grundsatzvorstellungen und die Klientelbeziehungen im Inneren Rat mußten untersucht, die Rolle des Endres (I) Imhoff als Unternehmer und Losunger mußte beleuchtet werden, der Prestigewettbewerb der Imhoff und Tucher war aufzudecken. Diese Begründungszusammenhänge führten zu einer engen Verzahnung der einzelnen Kapitel.

Obwohl die Nürnberger Allianz aus ‚nur' fünf Firmen bestand, bekam sie ihre gesamtwirtschaftliche Bedeutung durch die enormen Umsätze und ihre Verwandtschaftsbeziehungen zu den wirtschaftspolitischen Entscheidungsträgern.

Erstes Kapitel

II

Es konnte nachgewiesen werden, daß zusätzlich zu den der Forschung bekannten Monopolen eine strategische Allianz auf den Safranmärkten bestand mit der Absicht, sich durch schriftliche Absprachen die Beschaffung und den Absatz dieses Produkts europaweit exklusiv zu sichern. Dieses Ziel wurde über viele Jahrzehnte hinweg weitgehend erreicht. Die Absprache beinhaltete, einen gemeinsam festgesetzten Höchstpreis beim Einkauf nicht zu überschreiten. Es konnte nicht nachgewiesen werden, ob auf dem zentralen Verkaufsmarkt Nürnberg bestimmte Mindestpreise verlangt werden mußten.

Die Allianz wurde gebildet von drei alteingesessenen Nürnberger Unternehmen (Imhoff, Welser, Tucher) und zwei Firmen aus Schwaben (Zollikofer, Rottengatter), die aber ebenfalls in Nürnberg ihr strategisches Zentrum hatten.

Der Safran war zu jener Zeit nicht etwa ein edles Randprodukt mit marginalen Umsätzen, sondern ein Gewürzmittel, das sich auf eine breite Nachfrage aller Bevölkerungsschichten stützen konnte,[1704] obwohl sein Preis hoch war. Der Umsatz pro Jahr ging in die Hunderttausende, die Gewinnspannen waren außerordentlich. Letzteres besonders deshalb, weil die Allianzmitglieder sowohl die Beschaffungs- als auch die Absatzmärkte beherrschten, also auf beiden einen starken Preisdruck auf Zulieferer bzw. Abnehmer ausüben konnten. Wahrscheinlich ist er hinsichtlich dieser Kriterien mit dem Pfeffermarkt vergleichbar. Eine exakte Gegenüberstellung steht noch aus. Von den Allianzmitgliedern waren es besonders die Imhoff, die durch Verträge mit der portugiesischen Krone auch beim Vertrieb und Absatz des Pfeffers eine dominierende Rolle spielten. Der Unterschied des Safranmonopols zum Pfeffermonopol lag darin, daß es weder auf den Beschaffungs-, noch auf den Verkaufsmärkten durch Verträge mit den Hoheitsträgern abgesichert wurde. Es war ausschließlich ein wirtschaftliches, kein rechtliches (Quasi-)Monopol. Die Preise auf den Einkaufsmärkten

---

1704 Alle Gewürzmittel waren deshalb geschätzt, weil sie geeignet waren, den Speiseplan, der ziemlich einseitig vom Fleischkonsum geprägt war, zu variieren. Sie hatten durchaus nicht den Charakter von Luxusgütern. - Blaich, F., Reichsmonopolgesetzgebung, S. 103f.

und auf dem Absatzmarkt wurden im wesentlichen von den Allianzmitgliedern gesetzt. Die Gewinne vereinnahmten deshalb nur die Allianzmitglieder; sie wurden nicht durch teure Regalienkäufe geschmälert. Der Nürnberger Fiskus profitierte indirekt durch höhere Losungseinnahmen.

Vertragsgrundlage der Allianz bildeten die sogenannten Verschreibungen (fränkisch) bzw. Notteln (schwäbisch). Die Laufzeit betrug jeweils ein Jahr. Diese kurze Zeitspanne erlaubt keine Zweifel an der langfristigen strategischen Zielsetzung, die Märkte zu beherrschen und unter sich aufzuteilen. Die jeweils kurze Vertragsbindung ergab sich dadurch, daß die Gesamterntemenge des landwirtschaftlichen Produkts Safran, die in einem starken Maße von den Witterungsverhältnissen abhing, jedes Jahr neu geschätzt werden mußte. Erst danach konnte der Höchstpreis beim Einkauf in einem Anbaugebiet für eine bestimmte Sorte festgesetzt werden. Die Bindung daran stellte den Kernpunkt der Verträge dar.

Der Einkauf der Allianzmitglieder geschah (meist) unabhängig voneinander. Da die Preise während einer Saison schwankten, lag die dispositive Leistung der Unternehmen darin, zum richtigen Zeitpunkt, am richtigen Ort die richtigen Mengen zu kaufen. Dadurch ergaben sich Möglichkeiten, gegenüber den Allianzmitgliedern Vorteile zu gewinnen. Die Schwierigkeiten des Marktes wurden dadurch vergrößert, daß zwischen den einzelnen Märkten ein interdependenter Zusammenhang bestand, die Sorten also in einem gewissen Maße substituierbar waren. Um auf diese Preisbewegungen schnell reagieren zu können, war ein großflächiges und schnell funktionierendes Informationsnetz zwischen den Zentralen in Nürnberg und den Faktoreien in Italien, Spanien und Frankreich sowie untereinander erforderlich. Folgt man den Quellen, wies das der Imhoff und Welser die größte Dichte auf. Sie konnten offensichtlich auch die höchsten Marktanteile auf sich vereinigen.

III

Aufgrund der begrenzten Anbauflächen war die Transparenz über die Marktprozesse prinzipiell groß. Da aber die Allianzmitglieder zu unterschiedlichen Zeiten an verschiedenen Orten einkaufen konnten, waren hinsichtlich der gebotenen Preise doch Verschleierungsmöglichkeiten gegeben. Bezüglich der eingekauften Mengen war das schwieriger, weil sie meist von zentralen Orten aus spediert wurden (etwa Lyon und Aquila). Sie unterlagen ja auch nicht vertraglichen Regelungen. Aber die jeweiligen Markteinschätzungen und Strategien der Koalitionspartner konnten deshalb kaum verborgen bleiben.

Die vereinbarten Preisobergrenzen wurden zeitweise überschritten. Schon die nur schmale Basis der vertraglichen Regelung läßt beim Leser vermuten, daß das Vertrauen der Mitglieder zueinander nicht allzu groß gewesen sein konnte. Die Verschreibungen waren zwar effektiv genug, um über Jahrzehnte hinweg ernstzunehmende Konkurrenten vom Markt fernzuhalten, aber untereinander herrschte ein harter Wettbewerb. Die rechtliche und wirtschaftliche Selbständigkeit war durch die Verträge nicht aufgehoben worden. Die Quellen zeugen von großem Mißtrauen, von „*Zank und Hader*" untereinander. Die Imhoff und Welser scheuten auch vor illegalen Methoden nicht zurück, um z.b. durch die Verletzung des Postgeheimnisses an interne Unternehmensdaten der Tucher zu kommen. Man muß auch davon ausgehen, daß bewußt Falschmeldungen lanciert wurden, um die Konkurrenten zu falschen Reaktionen zu verleiten. Die Kooperationsstruktur war insofern ungleichgewichtig, als die Imhoff und Welser eng zusammenarbeiteten und die Tucher als ihre Hauptkonkurrenten ansahen. Die Rottengatter, schwächere Mitglieder, standen den Tuchern näher, aufgrund mancher Indizien waren die Zollikofer wohl eher dem Kräftefeld Imhoff/Welser zuzuordnen. Unter Umständen ergab sich diese Konstellation dadurch, daß die Tucher in Spanien zunächst ihre Interessen von Angestellten der Großen Ravensburger Gesellschaft hatten wahrnehmen lassen, also wohl später dem Kartell beigetreten waren.[1705]

Aus unternehmerischer Sicht muß es den Tuchern recht gewesen sein, daß die Nürnberger Imhoff mit ihren Verwandten in Augsburg zerstritten waren, was für lange Zeit auch bei den Welser-Linien der Fall war. Deshalb kam es erst spät und nur ausnahmsweise zwischen ihnen zu einer Zusammenarbeit auf dem Safranmarkt. Bei harmonischen Familienverbänden und einer engen Kooperation hätten die Tucher es schwer gehabt, sich zu behaupten. Zeitweise erwog man, aus der Allianz auszusteigen, schätzte es schließlich doch als ökonomisch sinnvoller ein, Einfluß innerhalb der Koalition zu nehmen. Ansonsten wäre es wahrscheinlich zu einer anderen Zusammensetzung gekommen, man selbst wäre zum Grenzanbieter gemacht oder gänzlich vom Markt verdrängt worden.

Die Allianz insgesamt bewegte sich besonders in Spanien in einem landesrechtlichen Spannungsfeld, war doch die Bildung von ,*Monopolien'* verboten. Nachdem ihre Allianz offenbar geworden war, befürchteten sie, in das Fadenkreuz der Behörden zu gelangen. Die wirtschaftlichen Interessen des Staates und der örtlichen Behörden waren jedoch größer als die strikte Anwendung der bestehenden Gesetze.

IV

Durch die Untersuchung der Preiselastizitäten der Nachfrage konnte die unterschiedliche Risikostruktur beim Einkauf durch die Allianz und Verkauf durch die Anbauer der einzelnen Sorten bestimmt werden. Kein Material lag vor, um die Kreuzpreiselastizitäten zu errechnen. Es zeigte sich, daß für die Allianzmitglieder von einem Risiko im Sinne eines den Bestand des Unternehmens gefähr-

---

1705 Schulte, A., Ravensburger Gesellschaft, 1, S. 230.

denden Verlustrisikos, wie es in der Literatur heißt, nicht die Rede sein konnte. Zum Teil gelang es, die Geltung der Kingschen Regel auch für diesen Markt nachzuweisen. Danach lag das Risiko der Verkäufer nicht so sehr in einer zum Beispiel gegenüber dem Vorjahr geringeren Erntemenge, sondern darin, bei gegebener Gesamtangebotsmenge nicht den ,richtigen' Preis durchzusetzen. Gelang es ihnen aber, diesen zu realisieren, so war ihr Gesamterlös bei einer schlechteren Ernte bei jeweiligen Vergleichspreisen höher als in einem ,guten' Jahr.

V

Die Quellen belegen, daß von ernstzunehmenden Konkurrenten in der ersten Hälfte des 16. Jahrhunderts weder auf den Beschaffungsmärkten noch auf dem zentralen Absatzmarkt Nürnberg die Rede sein kann. Das änderte sich, als kapitalstarke, unternehmerisch versierte, europaweit agierende Unternehmen sich zu einer Gegenallianz zusammenschlossen. Welche Firmen das auf den Beschaffungsmärkten waren, konnte aus Nürnberger Sicht nicht überzeugend nachgewiesen werden. Zum Teil waren es wohl Faktoreien der hier ansässigen Häuser. In den Quellen ist in diesem Zusammenhang meist von den *„vier großen Nationen"* die Rede, womit Italien, Frankreich, Spanien, Portugal gemeint waren. Tatsache ist aber, daß während der wirtschaftspolitischen Auseinandersetzung in den sechziger und siebziger Jahren nur die Italiener als Wortführer der Gegenallianz auftraten. Sie wurden sowohl vom Rat als auch von den *„Alt-Safranern"* als die eigentlichen und einzigen Konkurrenten angesehen. Insofern kann man nur vermuten, daß sie im übrigen als Kommissionäre von Kaufleuten jener Länder und in jenen Ländern tätig wurden. Man könnte natürlich auch an die Portugiesen und Spanier und Franzosen in Antwerpen denken, aber davon ist in den gesichteten Quellen nicht die Rede.

Es zeigte sich eine auffallende Koinzidenz zwischen dem Ausbau des Vertriebssystems der Italiener nördlich der Alpen und ihrem Zusammenschluß zu einer Allianz im Heimatort ihrer Konkurrenten. Beide Entscheidungen erfolgten aus einer zwingenden betriebswirtschaftlichen Logik heraus. Wären sie lediglich auf den Einkaufsmärkten aktiv geworden, hätten sie kaum Chancen gehabt, ihre Waren auf dem zentralen europäischen Verteilermarkt Nürnberg abzusetzen. Bei einem zusätzlichen Konkurrenzkampf untereinander wären sie bald wieder vom Markt verdrängt worden. Ihre Investitionen wären gescheitert.

Der Markt in Nürnberg zeichnete sich durch eine Besonderheit aus: Der Safranschau. Zu ihr mußte das gesamte Angebot gebracht werden, um durch öffentlich bestellte Gutachter auf seine Reinheit hin geprüft zu werden. Das garantierte einen Wettbewerbsvorteil in ganz Europa. Die Warenfälschungen wurden auf ein Minimum reduziert. Verunreinigte Sendungen wurden vom Markt genommen, nicht selten mitsamt dem Eigentümer verbrannt. In den Genuß des öf-

fentlichen Gütesiegels „*In Nürnberg gerecht geschaut Gut*" kam also auch der
Safran der neuen Konkurrenten. Für die Zwischenhändler und Endverbraucher
wurden die Sorten vergleichbar, das Risiko minimiert. Die Safranschau, zeitweise in einem Haus der Imhoff durchgeführt, wandte sich nun wie ein Bumerang
gegen die Nürnberger Allianzmitglieder. Sie konnten nun nicht mehr monopolistisch agieren, sondern unterlagen den Bedingungen eines Marktes, der durch
zwei konkurrierende Allianzen geprägt wurde. Eine strategische Meisterleistung
der Italiener, das erkannt und ausgenutzt zu haben. Nach relativ kurzer Zeit hatten sie den „*Alt-Safranern*" einen Marktanteil pro Jahr von mehreren hunderttausend Gulden abgenommen.

Zweites Kapitel

VI

Die Attraktivität des Standortes Nürnberg für die Italiener nur unter dem
Gesichtspunkt des Safranhandels zu beurteilen, wäre allerdings eine völlig falsche Sicht der historischen Realitäten. Bevor die weiteren Produktmärkte analysiert werden konnten, auf denen es ebenfalls zu gravierenden Strukturverschiebungen zu Lasten der Nürnberger Allianzmitglieder kam, waren die Standortfaktoren Nürnbergs näher zu untersuchen.

Die neuen Erkenntnisse dieses Kapitels bestehen nicht in der Feststellung,
daß Nürnberg sowohl eine Gewerbeexport- als auch eine Handelsstadt von europäischem Rang war. Diese Ergebnisse sind aus der Literatur weitgehend bekannt und nicht streitig. Einer kritischen Prüfung unterzogen werden mußten
nach Ansicht des Verfassers vielmehr unzutreffende Feststellungen bezüglich
der wirtschaftlichen Effektivität der Heiltumsmesse und nicht stark genug ak-
zentuierte Wertungen des Geld- und Kapitalmarktes. Die ordnungspolitischen
Grundsatzvorstellungen des Rates erfahren meist nur eine marginale Erwähnung
oder sind, insofern sie eine fremdenfeindliche Politik zumindest für die zweite
Hälfte des 16. Jahrhunderts behaupten, objektiv unzutreffend.

Nach dem quantitativen Nachweis und der grafischen Veranschaulichung
der Interdependenz der spezifischen Standortfaktoren wurde versucht, die Zusammenarbeit der Italiener und der Nürnberger außerhalb und innerhalb des
Standortes Nürnberg historisch auszuleuchten.

Wenn die Forschung sich auch weitgehend einig ist, daß Nürnberg einer d e
r zentralen Wirtschaftsstandorte innerhalb Europas war, so standen doch zwei
immer wieder vorgetragene Begründungen dafür auf den Prüfstand: Die zentrale
Lage und das Zollprivilegiensystem. Um das Ergebnis vorwegzunehmen: Aus
Sicht des Verfassers kann die Prosperität der Stadt über Jahrhunderte hinweg
durch diese Faktoren nicht überzeugend erklärt werden.

VII

Aufgrund der spezifischen Standortfaktoren wurde in der Literatur behauptet, daß die Nürnberger Messe nicht abgeschafft, sondern einfach ‚eingeschlafen' sei. Die Quellen belegten aber sowohl aus Sicht des Rates, der Nürnberger Kaufleute, der Italiener als auch der Augsburger Welser, daß dies bis in die zwanziger Jahre des 17. Jahrhunderts hinein nicht der Fall war. Im Gegenteil! Sie wurde in wirtschaftlicher und fiskalischer Hinsicht als sehr attraktiv angesehen, ohne daß gesagt werden kann, in welchem Maße der Warenumschlag im Verhältnis zum Durchschnittsumsatz anderer Wochen höher war. Belege dafür sind die zeitweise Warenauslagerung vom Zollhaus nach Roth und Schwabach durch die Italiener, um durch die Wiedereinfuhr während der Messe in den Genuß der Zollfreiheit zu kommen. Auch der oberste Losunger bestätigte im Zusammenhang mit den Privilegien der Welser, daß der Warenumschlag während jener Zeit immer bedeutend gewesen sei. Noch Anfang des siebzehnten Jahrhunderts erwog der Rat, die Egidienmesse mit ähnlichen Privilegien auszustatten, um das Wachstum zu stimulieren. Ohne anhaltende wirtschaftliche und fiskalische Bedeutung der Ostermesse bleibt diese Überlegung unverständlich.

VIII

Wenn von Geld- und Kapitalmärkten jener Zeit die Rede ist, assoziiert man meist Frankfurt, Antwerpen, Lyon. Es konnte aber nachgewiesen werden, daß während des Untersuchungszeitraumes Nürnberg zunächst vor diesen Städten rangierte, dann zumindest noch lange Zeit gleichbedeutend war. Dieser Rang ergab sich zwangsläufig durch den Ganzjahresstandort Nürnberg, der im Gegensatz zu den reinen Messestädten permanent Finanz- und Kreditoperationen zur Folge hatte. Der Nachweis konnte auch durch ein für Nürnberg weitgehend typisches Firmenprofil nachgewiesen werden. Vielfach hatten die Unternehmer Regalienrechte in der Montanindustrie gekauft und die ganze Wertschöpfungskette bis zum Endverbraucher in der Hand. Die Verlegertätigkeit auf dem Textilmarkt ist ähnlich einzuschätzen. Das setzte eine hohe Kapitalkraft und lange Kapitalbindungsfähigkeit voraus. Weitere Begründungen bei den Ergebnissen aus dem dritten Kapitel.

IX

Die Interdependenz der verschiedenen Standortfaktoren zeigte, in welch starkem Maße der Standort Nürnberg durch die international zusammengesetzte Kaufmannschaft profitierte. Nachgewiesen wurde das durch die Zollkurve, die besonders im Frühjahr eine stark positive Abweichung von der Normalkurve aufweist. Da die Nürnberger keinen Zoll bezahlten, ging dieser Impuls nicht nur, aber zum großen Teil von hier domizilierenden Fremden aus. Insofern jene nicht hier wohnten, deckten sie sich in Nürnberg in erster Linie mit Gewerbeprodukten ein, um sie auf den Frühjahrsmessen anzubieten. Damit konnte der Standort Nürnberg als Gewerbe- und Handelsstadt erneut charakterisiert werden. Die Überweisungen im Banco Publico wichen übers Jahr hinweg nicht sehr stark von der Normalkurve ab. Damit wurde der Nachweis untermauert, daß Nürnberg ein bedeutender Wirtschaftsstandort während des ganzen Jahres war.

Die hohen Kassabestände der Kontoinhaber schließlich sind als zusätzlicher Beleg für Nürnberg als bedeutender Kapital- und Wechselmarkt zu werten. Die Kurvenverläufe stehen in einem charakteristischen Zusammenhang, auf den hier nicht nochmal näher eingegangen werden muß.

Durch die Erstellung eines Messekalenders konnten zeitliche Verzahnung sichtbar gemacht und die Warenströme zwischen den Wirtschaftszentren Nürnberg-Frankfurt-Leipzig-Naumburg wenigstens ansatzweise nachvollzogen werden. Auch aus dieser Sicht gewann Nürnberg als Ganzjahresstandort – im Gegensatz zu den reinen Messestädten – Profil. Vor allen Dingen die zeitliche Verteilung der Waageeinnahmen in Leipzig machen diese Strukturunterschiede offenbar.

Die zeitliche Abfolge der Messe hatte schließlich, wollte der Unternehmer alle Wachstumschancen nutzen, Auswirkungen auf die Rechtsstruktur der Unternehmen, den Kommissionshandel, die Lagerhaltung vor Ort und die Wanderungsbewegung von Familienmitgliedern mit anschließender Verwurzelung vor Ort, vor allen Dingen in Leipzig.

X

Ein vorläufig nicht zu lösendes Problem gab der unterschiedlich Verlauf der Zollkurve im Frühjahr und Herbst auf. Aufgrund vor allen Dingen der Messen in Frankfurt und Leipzig hätte man hier gleich hohe positive Abweichungen von der Normalkurve erwartet. Das war aber nur im Frühjahr der Fall. Die in diesem Zusammenhang aufgestellten Interpretationshypothesen dienen als Anregung für die zukünftige Forschung.

XI

Weiter konnte nachgewiesen werden, daß die Zusammenarbeit der Nürnberger und Italiener nicht erst mit dem Ausbau eines Vertriebsnetzes von Nürnberg aus einsetzte, sondern auf eine lange Geschichte zurückblicken kann. Vielfach konnten keine konkreten Geschäftsabschlüsse dokumentiert werden, es ist aber nicht plausibel, davon auszugehen, daß bei gleichzeitiger Anwesenheit auf den verschiedenen Messen und Märkten, Dauerniederlassungen in den Städten, der Errichtung von Faktoreien zwischen ihnen kein Handelsaustausch stattgefunden haben soll.

Sehr viel früher als die Italiener in Deutschland bauten die Nürnberger in den italienischen Stadtstaaten ein Bezugs- und Absatzsystem auf. Der Florentiner Turrisani schätzte in den siebziger Jahren das Verhältnis der Deutschen in Italien zu denen der Italiener in Deutschland auf 100:1. Wenn diese Relation auch nicht ganz den Tatsachen entsprochen haben mag, so kann sie doch als Nachweis dafür gelten, daß die heimischen Unternehmer sich den Warenaustausch Nürnberg-Italien et vice versa über Jahrhunderte hinweg exklusiv sichern, den Zwischenhandel ausschalten konnten. Dieses Faktum macht auch ihre Befürchtungen verständlich über die Standortentscheidung für ‚Nürnberg' durch die Italiener und die Angehörigen anderer Nationalitäten, ebenso über ihre Präsenz in anderen deutschen Städten. Von breiten protektionistischen Bestrebungen innerhalb der Nürnberger Unternehmerschaft kann gleichwohl nicht die Rede sein. Parallel zu dieser Entwicklung wurden die Investitionen der Allianzmitglieder im Ausland weitgehend abgebaut. Inwieweit das auch für andere Nürnberger Firmen zutraf, kann noch nicht gesagt werden.

XII

Diese Tatsache (100:1) weckte erste Zweifel an der Behauptung, die wirtschaftliche Blüte Nürnbergs über Jahrhunderte hinweg sei auf seine zentrale Lage zurückzuführen. Die Prüfung anhand des Rohstoffhandels, einiger wichtiger Handelsgüter und Gewerbeprodukte viel negativ aus, das heißt, dieser Begründungszusammenhang wirkt nicht überzeugend. Er impliziert zu sehr den Faktor geografischer Zufall, läßt den entscheidenden Produktionsfaktor ‚Arbeit' in all seinen Ausprägungen zu sehr außen vor, wenn er denn überhaupt erwähnt wird.

Auch das in der Literatur immer wieder vorgetragene Argument von den Zollprivilegien schien dem Verfasser als Erstursache ungeeignet für die Erklärung der Nürnberger Wirtschaftsdynamik über Jahrhunderte. Die Kostenvorteile oder die Herbeiführung von lediglich Kostengleichheit kann die dominierende Rolle Nürnbergs auf dem Metall- und Textilsektor nicht erklären, gibt keine schlüssige Antwort für die Tatsache, daß die Nürnberger Unternehmer über lange Zeit hin den Safranmarkt auf den Beschaffungs- und Absatzmärkten beherrschten und europaweit vermarkteten, im übrigen Spezereihandel an führender Position zu finden sind, kann bei gleicher Privilegierung keine Wachstumsverschiebung zugunsten Nürnbergs erklären, ebenso nicht die Tatsache, daß ihr Tant, hier im weitesten Sinne verstanden, den Weg nach Posen ebenso fand wie nach Konstantinopel und nach Übersee.

Das Untersuchungsergebnis lautet also: Nürnberg war weder durch seine zentrale Lage prädestiniert, noch wurde die Stadt durch die Zollprivilegien entscheidend präferiert, um eine der attraktivsten Wirtschaftsstandorte Europas zu werden.

Letztlich war es die Güte des Produktionsfaktors Arbeit, die Nürnberg zu der herausragenden Stellung verhalf: Kenntnis, Fleiß und Qualität der Arbeitskräfte, die innovativen Leistungen der Handwerker, Ingenieure, Wissenschaftler, die gelungenen dispositiven Leistungen der Unternehmer aus allen sozialen Schichten. Die Nürnberger Produkte ,lagen richtig im Markt', man produzierte ,kundennah', hierin, im „*Nürnberger Witz*", müssen wir den auf Dauer entscheidenden Wettbewerbs- und Wachstumsvorsprung sehen. Es ist in diesem Zusammenhang bemerkenswert, daß, soweit zu sehen, kein heimischer Zeitgenosse oder kompetenter Besucher die wirtschaftliche Blüte Nürnbergs auf die Zollverträge zurückführte. Mit dem Selbstverständnis und dem Selbstbewußtsein der Nürnberger Unternehmer wäre diese Erklärung auch wohl schwer zu vereinbaren gewesen. Es ist ebenfalls in jedem Einzelfall zu prüfen, ob die beklagten Zollerhöhungen im Ausland nicht ebenso für die dortigen Bürger galten (wie z.B. in Florenz), eine Wettbewerbsverzerrung einseitig zu Lasten der Nürnberger dadurch also nicht herbeigeführt wurde. Insofern muß man sagen, die Zollverträge verhinderten Wettbewerbsnachteile, erklären aber nicht die Wirtschaftsdynamik Nürnbergs über Jahrhunderte.

Drittes Kapitel

XIII

Im dritten Kapitel konnten vor dem Hintergrund der kontroversen Diskussion wesentliche und schon lange geltende wirtschaftspolitische Grundsätze des Nürnberger Rates aufgezeigt werden. Von den spezifischen Standortfaktoren ausgehend, trugen sie eine entschieden liberale Handschrift. Sie gewährten ohne restriktive Auflagen Niederlassungs- und Gewerbefreiheit für die Fremden. Die Transit- bzw. Einfuhr-/Ausfuhrzölle waren niedrig. Jede prohibitionistische Zollpolitik war tabu. Wegen mangelnder Vergleichszahlen war es nicht möglich, den Anteil der Zolleinnahmen am Gesamthaushalt zu bestimmen. Einen gewissen Richtwert ergibt folgende Relation: Bei einem Etat von 343.000 Gulden in den siebziger Jahren und Zolleinnahmen von rund 14.000 Gulden Anfang der achtziger Jahre betrug der Anteil rund 4%. Hierbei muß berücksichtigt werden, daß der Haushalt nicht ausgeglichen, außerdem durch überhöhte Zinszahlungen aufgebläht worden war. Bei einem ,normalen' Haushaltvolumen ist der Deckungsbeitrag wohl höher anzusetzen. Auf der anderen Seite waren die Zolleinnahmen vor Errichtung der Douane 1572 wegen massiver Zollhinterziehungen absolut niedriger. Insofern oszillierten sie möglicherweise doch um diesen Prozentsatz. Auf jeden Fall steuerten sie erheblich weniger zu den Haushaltseinnahmen Nürnbergs bei als etwa die vom Kurfürsten von der Pfalz erzielten Zolleinkünfte, die im 16. Jahrhundert durchschnittlich 25% seines Einnahmeetats ausmachten.[1706] Insofern ist die in den Quellen immer wieder verwendete Formulierung „*mildes Zollregiment*" durchaus gerechtfertigt. Bei dem Vergleich ist allerdings zu berücksichtigen, daß in den Städten das Ungeld, welches die Waren unmittelbar verteuerte, erhoben wurde. Den Territorialherren stand dieses finanzwirtschaftliche Instrument nicht zur Verfügung.

Die Forderungen nach Zollerhöhungen und Verschärfung der administrativen Bestimmungen wurden im wesentlichen von den Allianzmitgliedern Imhoff, Welser und Tucher vorgetragen. Die geringe Anzahl der Firmen darf nicht darüber hinwegtäuschen, daß sie einen signifikanten Anteil am Handelsvolumen auf sich vereinigten. Die Brisanz ergab sich durch die Verwandtschafts- und Standesbeziehungen zu den politischen Entscheidungsträgern. Auffallend war, daß nach den hier herangezogenen Quellen die anderen Mitglieder der Koalition, die Zollikofer und Rottengatter, sich nicht zu Wort meldeten. Vielleicht hing das damit zusammen, daß sie (noch) nicht das Nürnberger Bürgerrecht besaßen. Nach einer Radikalisierung der Positionen schieden auch die Tucher aus dem Kreis der Beschwerdeführer aus. Sicher hat dieses Verhalten den Zusammenhalt der Allianz nicht gefestigt. Die Imhoff und Welser haben es intern wohl nicht verabsäumt, den Tuchern mangelnde Solidarität vorzuwerfen. Deren Position war aber letztlich sowohl unter einzel- als auch unter gemeinwirtschaftlichen Gesichtspunkten die angemessenere. Die Äußerungen anderer Nürnberger Unternehmer zum Standortproblem belegen diese Behauptung. Wenn man unterstellt, daß die Tucher damals (um 1575) sogar schon aus der Allianz ausgeschieden waren, dann ist es umso bemerkenswerter, daß sich nach 50 Jahren die Beziehungen immer noch nicht normalisiert hatten. Sie verhandelten am Anfang des Dreißigjährigen Krieges mit den Imhoff Güter nicht einmal in der Höhe eines Schillings.

Die hartnäckigen Bemühungen der Imhoff und Welser, repräsentative Teile der Nürnberger Kaufmannschaft durch die Eingabe von Gutachten und Unterschriftenaktionen für ihre Sache zu gewinnen, müssen letztendlich als gescheitert angesehen werden.

Der Rat seinerseits nahm den Fremden gegenüber eher unwillig seine Kompetenzen als wirtschaftspolitischer Hoheitsträger wahr. Von hektischem Aktionismus, von kurzfristigen Ad-hoc-Maßnahmen ist nichts zu spüren. Er wußte, daß die desolate Finanzlage nicht auf einen Wachstumseinbruch der Nürnberger Wirtschaft zurückzuführen war, sondern seinen Grund hatte in den vom Losunger Endres (I) Imhoff zu überhöhten Zinsen gegebenen Darlehen an die Stadt. Diese Tatsache hatte dazu geführt, daß in den siebziger Jahren unter den Ausgaben der Posten Zinsendienst 67% ausmachte. Sollte also der Rat die bewährten ordnungspolitischen Grundsätze zur Disposition stellen, durch aktive

---

1706 Mit weiteren Beispielen, die noch höhere Quoten ausweisen: Dirlmeier, U., Zoll- und Stapelrechte, S. 25ff.

Strukturpolitik gezielt Einfluß nehmen auf Marktformen, Einkommensquoten, Anteile bestimmter sozialer Gruppen am Handelsvolumen, somit die standortpolitischen Rahmenbedingungen ändern?! Und wenn ja, mit welchen Mitteln?!

Im übrigen muß bezweifelt werden, daß der Rat jederzeit in hinreichendem Ausmaße Informationen über die Entwicklung entscheidungsrelevanter Daten hatte. Das gilt in diesem speziellen Fall jedenfalls für die Anzahl der anwesenden Italiener, über die Höhe ihrer Zollabgaben, die Strukturverschiebungen auf einzelnen Märkten. Die grundsätzlich schon schwierigen Prognosen über die Wirkungen wirtschaftspolitischer Maßnahmen wurden dadurch noch vergrößert. Strategische Risiken, die man durch mögliche Retorsionsmaßnahmen der betroffenen Kaufmannsgruppen und deren Heimatregierungen hätte einkalkulieren müssen, wurden nicht ausreichend in Betracht gezogen. Einen Grund für den zeitweiligen Zick-Zack-Kurs muß man darin sehen, daß vor wichtigen Entscheidungen keine Informationen von allen betroffenen Gruppen eingeholt wurden. Zunächst verließ man sich zu sehr auf die Meinungen und Forderungen einer pressure group, nämlich die der Imhoff und Welser. Die Entscheidung ging der Information voraus, nicht umgekehrt.

Sehen wir von diesem zeitweiligem Schlingerkurs ab, ergab die Untersuchung, daß die Wirtschaftspolitik Nürnbergs durchaus langfristig orientiert war, die Rahmenordnung von den Wirtschaftssubjekten verläßlich eingeschätzt werden konnte und eine sichere Kalkulationsgrundlage boten. Von den Italienern wurden sie während der Standortauseinandersetzung ausdrücklich positiv hervorgehoben. Auch eine breite Nürnberger Kaufmannschaft außerhalb der Allianz, selbst durch die Italiener einem härteren Wettbewerb ausgesetzt, plädierte für die Beibehaltung der freihändlerischen Leitlinien, um die Fremden nicht vom Standort Nürnberg abzudrängen.

Der Rat trug damit den spezifischen Standortfaktoren Nürnbergs Rechnung. In der Grundsatzdeklaration kommt deutlich zum Ausdruck, daß die Wirtschaftsordnung am Freihandel orientiert war, der den Wettbewerb nicht zur zuließ, sondern fördern sollte. Niederlassungs- und Gewerbefreiheit unterlagen keinen Einschränkungen. Widerstrebende Partikularinteressen konnten in Schach gehalten werden. Der Gestaltungsspielraum der Wirtschaftssubjekte war groß. In diesem Sinne unterschied sich die Wirtschaftspolitik positiv von der manch anderer Wirtschaftszentren (etwa Lübeck). Sie wurde von den hier domizilierenden ‚Fremden' ausdrücklich gelobt. Auch die meisten Nürnberger Unternehmen sahen trotz des verschärften Wettbewerbs durch die Internationalisierung des Standortes keine Alternative zu diesem Regelwerk.

Ebenso wehrte sich der Rat gegen die Einführung eines Reichszolls. Der Hoheitsträger trug damit wesentlich zu einer internationalen Arbeitsteilung und zu einer Verflechtung der Märkte bei. Auf eigenem Boden wollte er die auswärtigen und ausländischen Kaufleute durch eine liberale Ordnungspolitik wirtschaftlich eingliedern, hielt sie deshalb zumindest prinzipiell auch für sozial integrierbar. Die Beschwerdeführer dagegen wollten diese Gruppe abdrängen, weil sie wirtschaftlich für Stadt und Reich schädlich und sozial nicht integrierbar seien. Nürnberg würden sie lediglich als Produktions- und Handelsstandort betrachten, Nürnberg und Deutschland „aussaugen". Die Italiener selbst integrierten sich wirtschaftlich weitgehend, kooperierten aber bevorzugt mit ihren Landsleuten. Die soziale Eingliederung verlief aus nationalen und religiösen Gründen nicht friktionslos. Aber für eine differenziertere Einschätzung reichen die Aussagen der Beschwerdeführer sicher nicht.

Wichtige neue Erkenntnisse für die Attraktivität des Standortes Nürnberg ergaben sich durch Analyse der Aussage von Ratsmitgliedern, daß die Italiener Nürnberg schon deshalb nicht verlassen würden, weil sie an keinem anderen Ort die Wechsel so gut haben könnten wie in der Stadt an der Pegnitz. Zunächst belegte diese Aussage, daß diese Fremden durchaus einen belebenden, das Wachstum fördernden Einfluß auf die städtische Wirtschaft hatten. Durch die Untersuchung konnte noch einmal der interdependente Zusammenhang der Standortfaktoren verdeutlicht werden. Nürnberg war Gewerbeproduktions- und - exportstadt, Handelsmetropole, Nachrichtenzentrum, Finanz- und Wechselplatz ersten Ranges, Ganzjahresstandort. Die Stadt unterschied sich damit zur damaligen Zeit wesentlich und positiv von den reinen Messestädten Frankfurt und Leipzig. Dieses Bewußtsein hat wohl die Neigung mancher Ratsmitglieder verstärkt, auf einer schmalen Informationsbasis Dekrete zu erlassen. Schließlich setzten sich aber die Realpolitiker Schlüsselfelder, Nützel, Tucher durch. Als ganz außergewöhnlich ist die Tatsache zu bewerten, daß sie es mit der Reputation eines Ratsmitgliedes durchaus für vereinbar hielten, selbst an die Basis zu gehen, um sich ein Bild von der tatsächlichen Interessenlage der Kaufleute zu machen.

XIV

Ziel der Beschwerdeführer war es eindeutig, die konkurrierenden Italiener vom Standort Nürnberg zu verdrängen. Dieses wollten sie im ersten Stadium der Diskussion vor allen Dingen durch eine drastische Erhöhung der Zollsätze erreichen. Unabhängig von dieser Zielsetzung konnte gezeigt werden, wie kompliziert die Zollgesetzgebung im praktischen Vollzug war. Auch die vielgerühmten Zollbefreiungsverträge erleichterten in der Praxis Zollhinterziehungen durch falsche Deklarationen über die Eigentumszugehörigkeit. Die Diskussion darüber ist ein Beweis für die zunehmende Internationalisierung des Standortes Nürnberg.

Der unbedingte Machtwille der Imhoff und Welser zeigte sich in der Forderung nach einer Privatisierung des Zollregals, das an einen Strohmann von ihnen übergehen sollte. Dieses Ansinnen zeugt in Anbetracht der Sensibilität des Rates für Fragen der Reputation von einer wenig realistischen Einschätzung des wirklich Machbaren. Die argumentative Qualität ihrer beiden Gutachten aus dem

Jahre 1571 war so widersprüchlich und so offensichtlich von einzelwirtschaftlichen Interessen diktiert, daß man sich fragt, wie sie glauben konnten, sich damit
durchsetzen zu können.

Zeitweise hatten sie mit ihren Forderungen nach Zollerhöhungen gleichwohl Erfolg. Als diese aber dann wieder zurückgenommen wurden, versuchten
sie die Abdrängung der Fremden mit anderen wirtschaftspolischen Mitteln zu erreichen: Einschränkung der Niederlassungsfreiheit, Handelsbeschränkung auf
die Güter ihrer Heimatstädte, Festsetzung von Preistaxen und Deklaration einer
Zehnmeilen-Schutz- bzw. -Verbotszone, Verhinderung des Detailhandels.

Die Folgen der bisherigen Wirtschaftsordnung zeichneten sie 1575 in einem düsteren Licht. Es fällt auf, daß sie stärker als in vorangegangenen Gutachten gesamtwirtschaftliche und gesamtpolitische Argumente vortrugen: Negative
Folgen für die öffentlichen Finanzen, den Arbeitsmarkt, die Währungsstabilität,
die Kleinanleger, die Stadt- und Staatssicherheit rückten in den Mittelpunkt.

Sie rüttelten damit an die Fundamente der städtischen Verfassung, warfen
dem Rat, und damit ihren Standesgenossen, nicht weniger vor als die zumindest
grobfahrlässige Verletzung konstitutiver Pflichten: Durchsetzung der Rechtsordnung, Herstellung und Wahrung des inneren Friedens, Schutz vor allen Dingen der Schwachen, Garantie des Eigentums, Abwehr von Gefahren für die öffentliche Ordnung und Sicherheit, als Organ des Reiches Bereitschaft für Vorkehrungen zum kollektiven Schutz nach außen. Sie hatten keine Bedenken, die
Italiener pauschal zu diskreditieren, indem sie diese verantwortlich machten für
ein zunehmendes Bettlerproletariat, für eine wachsende Anzahl von „*Hurenkindern*" in der Stadt und einer Ausbreitung von Geschlechtskrankheiten. Wie
manche Bevölkerungskreise heutzutage schürten sie ‚*multikulturelle Zersetzungsängste*', propagierten das ‚*jus sanguinis*'. Bei der Bewertung dieser Argumente muß man sich immer wieder ihre eigene europaweite Präsenz mit vielen
Faktoreien in zahlreichen Ländern und das Geschäft mit den Handelsgütern jener Territorien seit Jahrhunderten ins Bewußtsein rufen.

XV

Die starke Verhandlungsposition der Italiener in Nürnberg ergab sich interessanterweise nicht zuletzt durch die dominierende Marktstellung der Nürnberger in Italien. Durch die Androhung von Retorsionsmaßnahmen ihrer Heimatstädte und anderer politischer Potentaten entwickelte sich für sie in der Stadt an
der Pegnitz ein idealer wirtschaftspolitischer und rechtspolitischer Schutzraum.
Die theoretisch gegebenen Instrumentarien des Rates waren hinsichtlich dieser
Gruppe praktisch ein weitgehend stumpfes Schwert. Von ihnen konnten sie nur
in einem sehr begrenzten Maße Gebrauch machen. Die zahlreichen Schreiben
auswärtiger Hoheitsträger belegten das hinreichend.

Die Italiener waren sich dessen bewußt. Sie hatten auch Kenntnis von den Spannungen zwischen ihren Allianzkonkurrenten und den unterschiedlichen Ordnungsvorstellungen innerhalb des Rates. Entsprechend selbstbewußt konnten sie auftreten. Als nüchtern kalkulierende Kaufleute war ihnen auch klar, daß ihre Investitionen in Nürnberg nicht nur für sie lukrativ waren, sondern positive Auswirkungen hatten für das Gewerbe, den Dienstleistungssektor, den Handel, den Arbeitsmarkt, die öffentlichen Finanzen, also für den Standort Nürnberg insgesamt. In dieser Einschätzung wurden sie von Teilen der Nürnberger Kaufmannschaft unterstützt, die behaupteten, der internationale Güteraustausch fände dort statt, wo die Italiener ihren Standort hätten, sie schrieben ihnen d i e zentrale Rolle im europäischen Fernhandel zu.

Diese ‚Verdienste' wären aber zweifellos noch größer gewesen, hätten die Italiener den Fiskus nicht durch massive Zolldurchstechereien geschädigt. In Nürnberg jedenfalls klaffte zwischen dem offiziellen und dem tatsächlich entrichteten Satz eine große Lücke. Es konnte keine scharfe zeitliche Zäsur für diese Defraudationsmentalität ausgemacht werden, sie korrelierte jedenfalls nicht mit drastischen Zollerhöhungen. Hier und anderswo war es offensichtlich seit Jahrzehnten übliche Praxis, einen Teil der Zollschuld den Regalieninhabern vorzuenthalten. In Nürnberg zumindest wurde dieser Brauch durch eine laxe Behördenaufsicht erleichtert. Dadurch wird deutlich, daß es für Zollgeschichtsschreibung nicht genügen kann, die theoretisch festgesetzten Sätze aufzuzeigen und zu vergleichen, sondern daß die konkrete Belastung sich erst ergibt durch die Kenntnis der tatsächlichen Abgabenquote. Folgt man Nürnberger Quellen, gaben zumindest zeitweise die Zollschuldner nach ihrem Gutdünken oder „bettelten" beim Zollpersonal oder dem Rat etwas von ihrer Schuld ab. Die Abgabequote wurde außer durch Zollhinterziehung ganz offiziell reduziert durch die Gewährung einer sogenannten Latitüde, der Herabsetzung der Bemessungsgrundlage. Bei den auf Dauer in Nürnberg domizilierenden Firmen ergab sich außerdem ein Zinsgewinn durch den halbjährlichen Abrechnungsmodus.

Vor dem Hintergrund der liberalen Zollgesetzgebung Nürnbergs seit Jahrzehnten, den charakteristischen Standortfaktoren und ihrem bedeutenden Beitrag zum Handelsvolumen konnten die Italiener mit ihren Argumenten den Rat schließlich überzeugen. Sämtliche quantitativen Erhöhungen und administrativen Verschärfungen wurden 1576 zurückgenommen, der status quo ante wieder hergestellt: Nürnberg sollte eine freie Handelsstadt bleiben, ohne restriktiv oder gar prohibitiv wirkende Gesetzesverschärfungen. Die Douane aber wurde eine Einrichtung auf Dauer. Es bleibt ein großes Verdienst der Patrizier Willibald Schlüsselfelder, Joachim Nützel und Marx Tucher um das Gemeinwohl, die von einzelwirtschaftlichen Interessen diktierten wirtschaftspolitischen Vorstellungen der Imhoff und Welser vereitelt zu haben. Die Klientelbeziehungen innerhalb der ratsfähigen Patrizierfamilien sind noch nicht erforscht, so daß mit dieser Feststellung nur eine erste Scheidelinie markiert werden kann. Unabhängig von

den Auseinandersetzungen innerhalb des patrizischen Gremiums ‚Innerer Rat'
besteht für eine unkritische, personen- und zeitunabhängige Herrschaftsakkla-
mation - hier wie überall - kein Anlaß, ist wissenschaftlich unzulässig.

Die in der Literatur vorgetragene Behauptung, die schließlich gescheiterte
Zollreform sei ein wesentlicher Teil einer geplanten Finanzreform, machte es erforderlich, die Haushaltsstruktur wenigstens ansatzweise zu durchleuchten. Es
stellte sich heraus, daß Nürnberg überschuldet war. Nach Schlüsselfelders Aussage sogar hoffungslos. Im übrigen ein Dauerzustand bis zum Übergang an Bayern am Anfang des 19. Jahrhunderts. Diese Haushaltsdefizite in den siebziger
Jahren sind aber nicht mit den Zollhinterziehungen der Italiener zu begründen,
wie behauptet wurde. Die Ursachen lagen rund 20 Jahre zurück. Sie stehen in
einem ursächlichen Zusammenhang mit dem Zweiten Markgrafenkrieg am Anfang der fünfziger Jahre des 16. Jahrhunderts, genauer, mit den Finanzierungsmethoden dieses Krieges. Die Untersuchung darüber führte zwangsläufig - entgegen der ursprünglichen Absicht - zur Person von Endres (I) Imhoff, der dabei
als Privatunternehmer und Losunger die entscheidende Rolle spielte. Es stellte
sich heraus, daß der Finanzbedarf der Stadt für eigene Verteidigungsmaßnahmen, für Darlehen an die bedrohten Bistümer Bamberg, Würzburg und andere
Verbündete aus dem ordentlichen Haushalt nicht gedeckt werden konnte. Der
Rat refinanzierte sich deshalb bei den Firmen Imhoff und Welser. Endres Imhoff, Losunger auf der einen, geschäftsführender Gesellschafter auf der anderen
Seite, kontrahierte also mit sich selbst. Für diese Darlehen nahm er einen Zinssatz von 10, 12 Prozent und mehr. Die Stadt ihrerseits konnte die Kredite nur zu
„*leidenlichen*" Bedingungen, nämlich zum Marktzins von etwa 5-6% unterbrin-
gen. Die Differenz strichen in erster Linie die Häuser Imhoff und Welser ein.

Andere Firmen, finanziell ebenso in der Lage, sich an der Finanzierung zu
beteiligen, wurden nicht einbezogen. Die Imhoff und Welser bereicherten sich
auf Kosten der Kommune. Hier handelte es sich also nicht um eine „*schmutzige
Gegenseitigkeit*" wie Groebner[1707] die „*Pensionszahlungen*"[1708] der Österreicher,
Italiener, Franzosen an die Bürgermeister und Ratsmitglieder der Schweiz am
Anfang des 16. Jahrhunderts nennt, die dafür Knechte und Handwerksgesellen
für die Schlachtfelder Europas verkauften. In diesem Fall handelte es sich um
heimliche ‚*Pensionszahlungen*' von Imhoff an sich selbst auf Kosten der Staatskasse, ohne eine Gegenleistung zu erbringen, die über seine bezahlten Amtspflichten hinausging. Neben dem Zinsgewinn, der offensichtlich den Firmen zu-

---

1707 Groebner, V., Schmutzige Gegenseitigkeit, Beilage II.
1708 Zum Begriff: Groebner, V., Gefährliche Geschenke, S. 159: „*Pensionen sind im Spra-
    chgebrauch vom Ende des 15. Jahrhunderts an offizielle (wenn auch oft vertraulich ge-
    handhabte), regelmäßige und in fester Vertragsform vereinbarte Zahlungen von au-
    swärtigen Höfen an Einzelpersonen, Amtsleute, Räte und politische Körperschaften*".
    Insofern deckt der Terminus das Amtshandeln des Endres (I) Imhoff nicht ganz ab.

floß, ließ er sich persönlich noch eine Vermittlerprovision von einem Prozent zahlen.[1709]

Die Zahlungen an die Machthaber und Entscheider am Oberrhein und in der Eidgenossenschaft nannte man damals, wie Groebner anhand zeitgenössischer Quellen belegt, *„Judas- und Prostituiertenlohn"* oder *„Fleisch- und Blutverkauf"*. Für die Pensionsmakler waren die Geschäfte nicht ungefährlich, wie zum Beispiel die Hinrichtung des Zürcher Bürgermeisters und Militärunternehmers Waldmann belegt.[1710] Soweit zu sehen, hat sich in Nürnberg kein volkssprachlicher Terminus für den juristisch nicht gänzlich deckungsgleichen Tatbestand entwickelt. Von Schlüsselfelder z.B. ist eine ähnliche Charakterisierung nicht überliefert. Im Gegensatz zum Oberrhein ahnten der *„gemeyne Mann"* und die ‚gemeine Frau' Nürnbergs allenfalls etwas von diesen Transferleistungen und ‚*Pensionen*'. Die Geheimhaltung war perfekt. Deshalb war sie auch nicht gefährlich. Je länger seine Kollegen schwiegen, um so sicherer konnte sich Endres (I) Imhoff fühlen. Der Gang an die Öffentlichkeit hätte das ganze politische System zum Einsturz gebracht. Für jedes Ratsmitglied stand also viel auf dem Spiel.

Inneren Widerstand belegen die Quellen erst, als Willibald Schlüsselfelder Steuer- bzw. Ungelderhöhungspläne der Öffentlichkeit gegenüber vertreten sollte, schließlich zum Losunger gewählt wurde.

Diese Feststellungen unterliegen nach den Behauptungen von Schlüsselfelder, weiteren Ratsmitgliedern, denen nicht widersprochen wurde, und anderen Quellen keinem Zweifel. Das Bild von Endres (I) Imhoff in der Literatur mußte deshalb korrigiert werden. Um das Wohl seiner Vaterstadt hat er sich entgegen weitverbreiteter Meinung nicht verdient gemacht. Im Konflikt zwischen öffentlicher Wohlfahrt und privatem Profit entschied er sich für die letzte Variante. Imhoff hatte zwar im Markgrafenkrieg die Herrschaft seiner Klasse stabilisieren, die Einnahme Nürnbergs abwenden können, aber durch sein Finanzgebaren die Kommune in eine tiefe Krise gestürzt. Ob eine Führungskraft gut ist oder nicht, offenbart sich nicht allein durch die Zahlen, die sie zu verantworten hat. Das Patentrezept: ‚*Stimmen die Zahlen, dann ist auch die Führungskraft gut*', ist ein zu grobes Strickmuster. Es gibt übermächtige exogene Einflüsse, die es ihr schwermachen können, gute Zahlen, also in diesem Fall einen ausgeglichenen Haushalt, vorlegen zu können. Aber der Markgrafenkrieg war nur zu einem Teil ein derartiges Ereignis. Im wesentlichen war es ein endogener Faktor, der zu einer derartig angespannten Finanzlage führte, das Resultat war im großen Maße

---

1709 Müller, J., Endres Imhoff, S. 34.
1710 Vgl. Groebner, V., Gefährliche Geschenke, S. 156ff; S. 166 allerdings: *„Der Zürcher Bürgermeister Hans Waldmann stürzt deshalb eben nicht über seine ertragreiche Tätigkeit als Pensionsempfänger und Pensionsverteiler ... Zum Verhängnis werden ihm eine Reihe innenpolitischer Fehler gegenüber den selbstbewussten Gemeinden Zürcher Seelandes ..."*

‚hausgemacht'. Es war die Finanzierung durch Darlehnsaufnahmen zu überhöhten Kreditzinsen. So die Behauptung von Willibald Schlüsselfelder.

Wenn heute die nachlassende Standortqualität Deutschlands von manchem Kritiker auf zu hohe Transferzahlungen im Rahmen der Sozialausgaben zurückgeführt wird, durch die die Wachstumsinvestitionen eingeschränkt werden, dann waren es damals ‚Transferzahlungen' aus dem öffentlichen Haushalt in die privaten Taschen des Losungers und seiner Verwandten. Die Konsumausgaben wurden gedrosselt, die Sparquote mußte eine sinkende Tendenz aufweisen, der Investitionsspielraum der Nürnberger Unternehmen durch Selbstfinanzierung wurde eingeschränkt, die Standortqualität verschlechtert. Die Belastbarkeit der Bevölkerung war nach Meinung von Ratsmitgliedern an ihre Grenze gestoßen. Zwanzig Jahre nach dem Zweiten Markgrafenkrieg war die Abgabenquote der Bürger durch Steuer und Ungeld also nicht nur nicht auf das frühere Niveau zurückgefallen, sondern Endres (I) Imhoff plante weitere Erhöhungen.

Die naheliegende Schlußfolgerung, daß die geplanten Zollerhöhungen dazu dienen sollten, den Haushalt zu sanieren, ist gleichwohl falsch. Schon die zu erwartenden geringen Mehreinnahmen lassen diese Begründung nicht zu. Nach Meinung Nürnberger Kaufleute wären diese allenfalls auch nur kurzfristig zu erwarten gewesen. Danach würden die Erhöhungen durch den Wegzug der Italiener kontraproduktiv wirken. Die geplanten Anhebungen sind also nur unter Wettbewerbsgesichtspunkten zu verstehen.

Ein scheinbarer Widerspruch bedurfte noch der Auflösung. Die Imhoff und Welser hofften, durch Zollerhöhungen und administrativer Verschärfungen die Italiener vom Standort Nürnberg zu verdrängen. Den Italienern andererseits war es um die konkreten Sätze „*nicht gar so sehr zu tun*". Aufgrund ihrer hohen Gewinnspannen hätten sie diese wohl ohne wesentliche Beeinträchtigung ihrer Wettbewerbsfähigkeit verkraften können. Gleichwohl wehrten sie sich heftig dagegen. Die Begründung müssen wir darin sehen, daß sie als rechnende Kaufleute sich gegen jede Kostenerhöhung wehrten. Dazu waren sie aufgrund ihrer Marktstellung auch in der Lage. Außerdem dachten sie mittel- und langfristig. Sie wußten, daß weitere Erhöhungen folgen würden, könnten sie diese Versuche nicht erfolgreich abwehren. Deutliche Indizien dafür kann man in dem Bestreben der Imhoff und Welser sehen, das Zollregal in ihre Hände zu bekommen, die Niederlassungsfreiheit für italienische Firmen einzuschränken, ihre Sortimentsbreite zu verkleinern, Preistaxen festzusetzen, eine Zehn-Meilen-Schutzzone zu errichten. Die wirtschaftspolitischen Maßnahmen sollten also weit über die Zollpolitik hinausreichen. Außerdem hätte durch Zollerhöhungen die ‚Stimmung' aller fremden Kaufleute, auch zu ihrem Schaden gelitten, weil jene die Zusatzkosten nicht in gleichem Maße hätten verkraften können. Insofern haben sich die Italiener mit ihren Argumenten und ihrem Erfolg um den Standort Nürnberg verdient gemacht. Von breiten Kreisen der Nürnberger Kaufmannschaft und schließlich vom Rat selbst, d.h. der Mehrheitsfraktion, wurden sie in dieser Ansicht auch unterstützt. Die Schädigung der öffentlichen Finanzen durch ihre massiven Zollhinterziehungen bleibt davon unberührt.

XVI

Der Rat konnte sich zunächst nicht dazu entschließen, von seinen bewährten wirtschaftspolitischen Grundsätzen abzurücken. Auf Druck einer starken Handelslobby tat er es schließlich doch. Zunächst nur zögernd und eher väterlich ermahnend, sich an die bestehenden Gesetze zu halten, dann auch durch eine Erhöhung der Zollsätze.[1711] Wie schon einmal gesagt, führt es aber zu irrigen Vorstellungen, von dem Rat zu sprechen, denn innerhalb des höchsten Gremiums bestanden erhebliche Meinungsunterschiede über den wirtschaftspolitischen Kurs. Endres (I) Imhoff, Vorderster Losunger, seit Jahrzehnten entscheidungsmächtigster Mann, fand seine entschiedensten Kontrahenten in Willibald Schlüsselfelder, Marx Tucher, Joachim Nützel. Für die historische Forschung bleibt es Aufgabe, sich von einer überwiegend formaljuristischen Betrachtungsweise zu lösen und zu untersuchen, wer sich wann wie entschieden hat und von welchen Interessen er sich leiten ließ.

Viertes Kapitel

XVII

Die am Untersuchungsanfang entwickelten und vorgestellten neuen methodischen Instrumentarien bewährten sich vor allem hinsichtlich der Frage nach den Strukturverschiebungen des Standortes Nürnberg und den Veränderungen im Firmenprofil der ehemaligen Allianzmitglieder in hervorragender Weise.

Die quantitativen Untersuchungen für den Zeitraum 1621-1624 zeigten, daß die Italiener und die Niederländer sich einen wesentlichen Anteil am Handelsvolumen Nürnbergs sichern konnten und bis in die dreißiger Jahre hinein die umsatzstärksten Firmen stellten.

Der hier entwickelte Vertrauenskoeffizient, der die Dichte eines Netzwerkes aufzuzeigen vermag, betrug bei den Italienern 32, bei den Niederländern 7, bei den Nürnbergern 0. Auf diese Weise konnte quantitativ das Ende der einst so erfolgreichen Nürnberger Wirtschaftsallianz nachgewiesen werden. Die Italiener hatten die Nürnberger Konkurrenten vom Safranmarkt verdrängt und ihnen auch wesentliche Anteile auf anderen Märkten, etwa dem für Samt- und Seidenwaren und dem Spezereimarkt im weitesten Sinne, abgenommen. Einige unter ihnen konnten sich offensichtlich auch erfolgreich in den Handel mit Zinnblechen aus

---

1711 Zur ganzen Palette der tarifären und nicht-tarifären Möglichkeiten von Handelshemmnissen siehe Pohl, H., Einführung, S. 7-18.

der Oberpfalz einschalten, ebenso in den Vertrieb von Tuchen, wobei nicht klar gesagt werden konnte, um welche Provenienz es sich handelte. Möglicherweise waren es englische Tuche, die sie durch die italienische Kolonie in Hamburg/Stade oder Frankfurt bei den Merchant Adventurers einkauften.

XVIII

Der entscheidende Grund für den Erfolg der italienischen und den Mißerfolg der Nürnberger Allianz lag einmal in der Tatsache begründet, daß es sich bei der Nürnberger nur um eine Einkaufsallianz handelte und sich auf einen Produktmarkt, den Safran, beschränkte. Die italienische dagegen umfaßte das gesamte Handelsspektrum und sowohl den Einkauf als auch den Verkauf und Vertrieb. Sie wurden unter- und füreinander sowohl als Kommissionäre als auch als Kommittenten tätig. Gesellschaftshandel und gleichzeitiger partiarischer Handel waren erlaubt und wurden praktiziert. Die Italiener machten die Post zusammen, die Imhoff und Welser fingen Briefe der Tucher ab. Eine gegenseitige Kapitalbeteiligung konnte bei den Italienern konkret nicht nachgewiesen werden. Eine gewisse Wahrscheinlichkeit ergibt sich durch die Veränderung der Kontobilder von in Nürnberg verbleibenden Allianzmitgliedern nach der Verlegung des Standortes von drei großen Firmen nach Augsburg.

Bei dem fundamentalen Mißtrauen zwischen den Nürnberger Allianzpartnern war diese enge Kooperationsstruktur unmöglich. Daraus ergab sich eine entscheidende Schwächung ihrer Konkurrenzfähigkeit. Die größere Flexibilität bei der Wahl ihrer Rechtsform, den Beschaffungs-, Absatz- sowie den einhergehenden Finanzierungsmethoden brachte den Italienern die entscheidenden Wettbewerbsvorteile.

XIX

Im Sinne einer rein wirtschaftsgeschichtlichen Fragestellung hätte die Untersuchung mit der Feststellung, daß die Nürnberger keinen Schilling untereinander verhandelten, von einem verdeckten zu einem offenen Wettbewerb übergegangen waren, beendet sein können. Aber es wäre ein unaufgelöster Rest geblieben. Die Begründung für den Zusammenbruch der Nürnberger Allianz alleine aus einer verschärften Wettbewerbslandschaft oder ausschließlich aus anderen veränderten ökonomischen Rahmenbedingungen herzuleiten, schien nicht auszureichen. Die spannungsgeladene innere Verfaßtheit der Allianz, so wie sie aufgezeigt wurde, hatte nicht nur mit voneinander abweichenden unternehmerischen Zielvorstellungen, dem unbändigen Willen zur Firmensicherung oder – expansion zu tun, gründete nicht allein in differenten Bewertungen von internen und externen Wirtschaftsdaten, hatte ihren Grund nicht ausschließlich in unterschiedlichen Strategien und Taktiken.

Um das schließliche Scheitern zu erklären, wurden zur analytischen Vertiefung deshalb Fragen und Methoden benachbarter Forschungsdisziplinen herangezogen, die sich als fruchtbar erwiesen. Für die ökonomische Erscheinung ‚Ende der Allianz' ließen sich damit neue Begründungszusammenhänge entwickeln. Die Grundthese von Casson, daß Vertrauen für die Bildung und die Lebensfähigkeit von Netzwerken konstitutiv sei, konnte bei der Nürnberger Allianz nicht verifiziert werden. Sie sicherte sich Jahrzehnte lang den Beschaffungs- und Absatzmarkt für Safran, obwohl großes Mißtrauen, Neid und ein scharfer Wettbewerb unter den Mitgliedern herrschte. Die Grundannahme von Casson gewann gleichwohl Überzeugungskraft, wenn man von nicht-kartellisierten Märkten ausgeht, Marktformen also, die durch Wettbewerb geprägt sind. Das war aber auf den Safranmärkten lange Zeit nicht der Fall. Als sich eine Konkurrenzallianz bildete, in der Animositäten hintangestellt wurden, das Vertrauen groß genug war, zerriß das Netz der Nürnberger Allianz relativ schnell und vollständig. Es zeigte sich die Kontraproduktivität der gegenseitigen Abneigung.

Schleif schließlich zeigte bei ihrer Untersuchung über die Stiftungspraxis der Nürnberger Lorenzkirche, daß eine implizierte Kongruenz bestand zwischen der Raumhierarchie in der Lorenzkirche und der Nürnberger Sozialstruktur, die subtile Überblendung von himmlischer und irdischer Hierarchie letzte legitimierte. Es wurde in dieser Arbeit versucht nachzuweisen, daß dies auch bei den Stiftungen der Weltkunstwerke ‚Sakramentshaus' der Imhoff und ‚Engelsgruß' der Tucher der Fall war, die sie von den Künstlern Adam Kraft und Veit Stoß erschaffen ließen. Schleif thematisierte diese Frage nicht.

Die Frage der Kunsthistoriker, warum der Engelsgruß nicht in der Kirche St. Sebald aufgehängt wurde, in der sich die Grablege der Tucher befand, wurde in diesem Sinne beantwortet: Die Aemulatio auf dem Kunstmarkt, die Prestige- und Hierarchievorstellungen zwischen beiden Häusern, welche auch die ökonomischen Auseinandersetzungen in der Wirtschaftsallianz prägten, waren die bewegenden Motive, beide in unmittelbarer Nähe zueinander in St. Lorenz zu plazieren.

Durch die ursächliche Verknüpfung von zunächst scheinbar voneinander ganz unabhängigen Phänomenen wurde versucht, diese Prestigekonkurrenz anhand der Besitzerwechsel beim Nassauerhaus und dem Schloß Sündersbühl, dem Bau des Tucherschlößchens und der Imhoff-Residenz auch im profanen Bereich nachzuweisen. Diese assoziativen Verknüpfungen und Begründungen sind in der Nürnberger Geschichtsschreibung neu, bedürfen darum einer breiteren Fundierung. Für den Verfasser bestehen deshalb wenig Zweifel an der Tragfähigkeit der Beweisführung, weil in diesem sozialen Wettbewerb dieselben Personen und scharfen Kontrahenten auftraten, die sich auch im wirtschaftlichen und politischen Leben hart befehdeten: Endres (I) und Endres (II) Imhoff auf der einen, Willibald Schlüsselfelder, die Tucher, die Italiener Werdemann, die

Augsburger Linie der Imhoff, mit ihren Nürnberger Verwandten überworfen, auf der anderen Seite.

Überzeugungskraft erhält die Argumentationslinie dadurch, daß Endres (II) Imhoff, nunmehr Losunger, den Nachfahren von Willibald Schlüsselfelder verbot, für ihn in St. Lorenz einen ebenso großen Totenschild aufzuhängen wie er es für seinen Vater getan hatte. Schlüsselfelder war es schließlich gewesen, der die fragwürdigen Finanzierungspraktiken seines Vaters ‚öffentlich' gemacht, ihn selbst mehrmals auf der Karriereleiter gestoppt, seine Bitte um Minderung der Steuerschuld empört zurückgewiesen, die radikalen wirtschaftspolitischen Positionen der Imhoff und Welser verhindert hatte.

Die Imhoff duldeten also weder im profanen Bereich noch im sakralen Raum fremde ‚Götter' neben und über sich. Damit erfahren die Charakterisierungen der Imhoff in den Tucherbriefen 100 Jahre zuvor, die Licht auf die innere Zerrüttung der Allianz warfen, doch wohl eine eindrucksvolle Bestätigung.

Durch den Ansatz von Elias bekamen diese Ausführungen sozusagen ihr theoretisches Fundament.

XX

Die Kapital- und Handelsströme im Spiegel der Schuldbücher des Banco Publico belegten, daß die Tucher und Imhoff nach dem Zerbrechen ihrer Allianz eng mit den Italienern zusammenarbeiten. Aufschlußreich für die jeweiligen Firmengeschichten ist, daß bei beiden Unternehmen die Zahlungen an die Italiener wesentlich höher waren als die Verkaufserlöse, bei den Imhoff stellte sich das Verhältnis auf 1:1,6 bei den Tuchern auf 1:3,3. Auch die ‚Handelsbilanz' mit den niederländischen Firmen war negativ.

Wenn diese Zahlen auch eine große Erklärungskraft bezüglich der erfolgten Strukturveränderungen haben, eine Kosten- und Gewinnanalyse geben sie nicht her. Man darf aber davon ausgehen, daß die Gewinnmargen und Kapitalrenditen während jener Zeit, da die Handelsketten bis zur vorletzten Stufe oder gar bis zum Endverbraucher in den Händen der Nürnberger lagen, höher waren. Der Ausbau eines eigenen Vertriebssystems nördlich der Alpen mit Nürnberg als wichtigstem Standort durch die Italiener bliebe sonst ebenso unverständlich wie die heftigen Gegenreaktionen. Der Rat hob die hohen Gewinne der Nürnberger Allianzmitglieder zu Zeiten ihrer Quasi-Monopolstellung auf dem Safranmarkt ausdrücklich hervor. Die Gewinnspanne bei den Waren, die vorher weitgehend von den Nürnberger verhandelten wurden, waren so groß, daß die Italiener die Güter mehrmals hin- und herschicken, zum Verkauf in anderen Städten anbieten konnten, die Frachtkosten also den Profit allenfalls marginal schmälerten.

Betrachtet man die Gesamtentwicklung der Nürnberger Allianz-Firmen, so könnte man sagen: Sie führte von den Gründerjahren zur Führerschaft auf von ihnen geprägten oligopolistischen Märkten. Eine folgenreiche unternehmerische

Fehlleistung kann man in der Tatsache sehen, daß sie den Strukturwandel im Textilgewerbe seit der Mitte des 16. Jahrhunderts - gemeint sind hier Produktion und Absatz der Leinenerzeugnisse aus Ost- und Mitteleuropa -, quasi verschliefen. Dabei hatten sie durch ihre Kapitalkraft und ihr europaweites Vertriebsnetz die besten Voraussetzungen, sich bei der Beschaffung und den Absatz der Produkte als Pionierunternehmer einzuschalten. Das taten sie nach dem derzeitigen Forschungsstand offensichtlich nicht. Die unternehmerische Entscheidung, sich dieses neue Geschäftsfeld zu erobern oder sich darin doch führend einzuschalten, lag besonders nahe, als der Konkurrenzdruck auf ihren angestammten Geschäftsfeldern - Spezerei-, Samt- und Seidenhandel, besonders bei den Imhoff auch das Metallgeschäft - durch den Zuzug der Fremden nach Nürnberg schärfer wurde. In der Gegenwart versprechen sich zahlreiche Firmen eine stabilere Marktposition, eine höhere Rendite, wenn sie sich auf ihre Kernkompetenzen besinnen, sich von anderen Geschäftsfeldern trennen. Aus dieser hier vorgetragenen Sicht bedeutete für die Imhoff, Welser und Tucher der Verbleib bei ihren ihnen seit Jahrhunderten vertrauten Geschäftssparten und Märkten mangelnde Flexibilität, trübte er die Sicht für neue Möglichkeiten.

Andere Nürnberger Unternehmer reagierten jedenfalls flexibler und nutzten die neuen Marktchancen mit großem Erfolg. In der Folge bekamen die Imhoff und Tucher auf verschiedenen Produktmärkten den Status einer Zwischenhandelsfirma mit immer noch respektablem Geschäftsvolumen, aber sinkenden Renditen. Die Entwicklung führte schließlich bei den Welsern zum Konkurs, bei den Imhoff und Tuchern zum Rückzug aus dem Unternehmerdasein; bei den Tuchern nicht auf Dauer, wie die Zeitgenossen wissen.

Dieser hier aufgeführte Argumentationsstrang beschreibt sicher nicht das ganze Ursachenbündel. Es fehlen die großen Firmenbiografien auf breiter nationaler und internationaler Quellenbasis, die ein facettenreicheres Bild und eine tragfähigere Analyse für die Verschlechterung ihrer Marktposition liefern könnten.

Inwieweit der Rückgang ihres Eigenhandels mit den Ländern Südeuropas und, wie es scheint, der Aufgabe ihrer dortigen Faktoreien, typisch für die gesamte Nürnberger Unternehmerschaft war, kann noch nicht gesagt werden. Es ist aber zu vermuten, daß das vom Florentiner Turrisani in den siebziger Jahren des 16. Jahrhunderts konstatierte Verhältnis von 100 deutschen Firmen in Italien zu einem italienischen Unternehmen in Deutschland am Anfang des Dreißigjährigen Krieges so nicht mehr existierte. Wenn heute Erfahrungswerte sagen, daß drei neu geschaffene Arbeitsplätze im Ausland einen Arbeitsplatz im Inland induzieren, so muß damals durch die Aufgabe vieler Faktoreien im Ausland und durch den Rückgang des Geschäftsvolumens tendenziell auch ein Druck auf den Nürnberger Arbeitsmarkt ausgegangen sein. Inwieweit diese Verluste kompensiert wurden durch die italienischen, niederländischen Firmen in Nürnberg, expandierende oder neugegründete einheimische Unternehmen, bleibt zu untersuchen.

XXI

Bei ähnlich hohen absoluten Überweisungen der Imhoff und Tucher an die Niederländer sind bei den Geschäftspartnern doch signifikante Unterschiede auszumachen. Sie kooperierten, wie auch bei den Italienern festzustellen, tendenziell bevorzugt mit anderen Firmen der jeweiligen Gruppe. Diese unterschiedliche Lieferanten- und Kundenstruktur kann auch bei den Geschätspartnern insgesamt festgestellt werden. Sie ist wohl nur zum Teil mit einem schwerpunktmäßig unterschiedlichem Warenkatalog zu erklären. Sie gründen ebenso in ihrem Mißtrauen zueinander. Ein abgesicherter Beweis steht diesbezüglich aber aus.

XXII

Obwohl eine Allianz auf vertraglicher Grundlage wohl nicht gegeben war, arbeiteten die Niederländer in Nürnberg eng zusammen. Der Vertrauenskoeffizient von 7,0 charakterisiert sie als eine Gruppe mit einem durchaus eigenständigen Profil.

XXIII

Ein signifikanter Beweis für die Strukturverschiebungen auf dem Nürnberger Markt in den letzten rund fünfzig Jahren (ca. 1570-1625) ließ sich an der Zusammenarbeit der Italiener und Niederländer aufweisen. Die Italiener zahlten dabei (1621-1624) absolut mehr als doppelt so viel an die Niederländer als umgekehrt (787.022:371.033 Gulden). Diese Zahlen unterstreichen die Wichtigkeit der italienischen und niederländischen Kaufleute für den Warenaustausch dieser Länder vom Standort Nürnberg aus. Aus dieser Sicht heraus war der Warenfluß vom Norden in den Süden also deutlich größer als umgekehrt. Die ‚Handelsbilanz' mit den Niederländern war aus Sicht der Italiener also negativ. Das war, wie gezeigt wurde, auch, aber sehr viel ausgeprägter, bei den ehemaligen Nürnberger Allianzmitgliedern der Fall.

Es wurde deutlich, wie schwer es für die ehemaligen Nürnberger Allianzpartner geworden war, sich zwischen diesen beiden großen Blöcken zu behaupten. Wettbewerbsdruck von außen und von ‚innen' rüttelte an die Fundamente der Firmen. Die Welser hatten schon bankrott gemacht, sicher nicht nur, aber auch aus dieser verschärften Konkurrenzsituation her zu erklären. Dabei ist zu berücksichtigen, daß die vorliegenden Globaldaten nicht die Strukturverschiebungen auf den Märkten, die vorher von den Nürnberger Allianzmitgliedern dominiert wurden, erhellen konnten. Dort hatten wahrscheinlich noch größere Veränderungen zu ihren Lasten stattgefunden.

Im Rahmen der gemachten Einschränkungen war die ‚Handelsbilanz' der Imhoff und Tucher mit beiden Ländern passiv. Als besonders signifikantes, ja aufregendes Ergebnis erscheint dem Verfasser in diesem Zusammenhang die Tatsache, daß die Imhoff (40,9% an – 22,2% von) fast doppelt soviel, die Tucher (45,6:21,4) mehr als doppelt soviel an die jeweils restlichen 19 der 20 umsatzstärksten Firmen überwiesen als sie von jenen gutgeschrieben bekamen.

Selbst wenn sich insgesamt Volumen und Handelsrichtung Nürnbergs gegenüber dem 16. Jahrhundert nicht geändert haben sollten, so hatten doch die Träger dieses Warenaustausches im ersten Viertel des 17. Jahrhunderts andere Namen. Die Imhoff und Tucher sowie die Zollikofer waren in einem erheblichen Maße zu Zwischenhändlern von Nürnberg aus geworden.

Diese Eckdaten belegen, daß nicht unbedingt der Handel Nürnbergs internationaler geworden war - sieht man einen Augenblick vom internationalen Leinenfernhandel aus den neuen Produktionsgebieten ab -, aber die von hier aus handelnde Unternehmerschaft. Die Attraktivität des Standortes Nürnberg hatte nicht gelitten, aber große alteingesessene Familiengesellschaften hatten ihre Führungsrolle abgeben müssen. Die Dynamik und Größe der Strukturveränderungen kommt darin zum Ausdruck, daß sie nicht nur von italienischen und niederländischen Firmen über- (etwa Lumaga, Odescalco-Braa) oder eingeholt wurden (Capitani, Benevieni/Sini, Bourq, Oyrl), sondern auch einheimische Firmen (Ayrmann, Beck, Muellegg, Viatis/Peller, Schwendendörffer) höhere Umsätze als sie zu verzeichnen hatten, andere (Kleewein, Fürleger, Marstaller etc.) eine vergleichbare Marktposition hatten erringen können. Die eigene und frühe Vorausschau dieser Entwicklung offenbart einerseits unternehmerische Weitsicht, das Ergebnis auf der anderen Seite das Fehlen effektiver Gegenstrategien. Diese wurden in einem entscheidenden Maße behindert durch die äußerst heftig geführten Konkurrenzkämpfe der Imhoff, Welser, Tucher, Zollikofer, Rottengatter unter- und gegeneinander, welche nicht zuletzt im Standeswettbewerb (Imhoff, Welser, Tucher) wurzelten. Man kann dieses Buch u.a. also auch lesen als das Scheitern einer Allianz in einer Wettbewerbsgesellschaft bei nicht vorhandenem Vertrauen der Mitglieder untereinander. Die Allianz der Nürnberger muß in diesem Sinne und (auch) aus diesen Gründen als Verlierer der erweiterten Globalisierung angesehen werden. Die Verdrängung aus der absoluten Spitzenposition bzw. des Bankrotts (Welser) war kein unabwendbares Schicksal. Das beweist vor allen Dingen der Firmenneugründer Viatis. Er kam ohne Geldmittel nach Nürnberg, wurde nicht in ein bestehendes wirtschaftliches Netzwerk integriert, brachte es gleichwohl in kurzer Zeit zu einem Unternehmer von europäischem Rang. Er durfte, das sei hier als wichtige Ergänzung zur bisherigen Literatur ausdrücklich erwähnt, als Venezianer in Nürnberg nur handeln, weil er das hiesige Bürgerrecht annahm. Sein eigentliches Selbstverständnis als Venetianer wird durch den Markuslöwen an seinem Haus offenbar. Es wurde in diesem Zusammenhang die Frage gestellt, ob er unter diesen Bedingungen nicht in einem bedeutenden Umfang (gesetzeswidrig) für die Venetianer tätig war, sein Haus mit dem Löwen als Fondaco dei Venetianii anzusehen ist. Wäre es so gewesen, würde die Tatsache seinen schnellen unternehmerischen Erfolg plausibler erscheinen lassen, die Klagen der Nürnberger Allianzmitglieder bekämen ein anderes Gewicht. Auch die Handelsbeziehungen zwischen Nürnberg und Venedig (Italien) müßten vielleicht anders akzentuiert werden. Dieser Gedanke kam dem Autor kurz vor Redaktionsschluß. Vielleicht nimmt ihn die zukünftige Forschung in ihren Fragenkatalog auf.

Die Bankbücher belegen, daß die Firma bis zum Ende des Dreißigjährigen Krieges zwar nie das höchste Geschäftsvolumen aufwies, meist aber unter den 5 umsatzstärksten Unternehmen in Nürnberg zu finden war. Die Märkte boten also weiterhin alle Chancen für eine Expansion. Von den ehemaligen Allianzmitgliedern konnten sie nicht mehr mit demselben Erfolg genutzt werden wie in früheren Zeiten.

Die Erklärung für diesen dramatischen Wandel fiel aus Sicht der betroffenen Nürnberger Unternehmer weitgehend monokausal aus. Es waren nach ihrer Ansicht im wesentlichen die steuerlichen Standortvorteile, welche die Italiener in Nürnberg gegenüber den einheimischen Unternehmern genossen, darüber hinaus ihre illegalen Geschäftspraktiken, die durch eine weitgehend ineffektive Administration auch noch toleriert wurden. Von eigenen unternehmerischen Fehlleistungen ist nicht die Rede.

Auf die zunehmende Globalisierung der europäischen Welt nach den Entdeckungen hatten sie zunächst dynamisch reagiert indem sie zum Beispiel in den neuen Wirtschaftszentren Lissabon und Antwerpen Faktoreien errichteten, mit der portugiesischen Krone Kontrakte abschlossen, die sie zu den führenden Verteilern der Kolonialgüter machten, sie befriedigten die Nachfrage in Übersee nach Metallen und Fertigerzeugnissen, schalteten sich in die Finanzierung der Entdeckungsfahrten ein. Am Anfang des Dreißigjährigen Kriegs zogen sie sich weitgehend aus dem Süden Europas zurück.

Die Veränderung in der strukturellen Zusammensetzung der Unternehmerschaft Nürnbergs ist sicher eine der zahlreichen großen Neuerungen, Umgestaltungen, Verwerfungen, Reformationen in allen Lebensbereichen, wie sie für das 16. Jahrhundert konstatiert wurden, und die zu großen Verunsicherungen führten. Aber nur mit Einschränkungen kann man sie als eine gänzlich überraschende und unerwartete bezeichnen; denn was hier beklagt wurde, praktizierten die Kläger selbst. Sie agierten und domizilierten schon jahrhundertelang global, argumentierten jetzt auf den Zuzug Fremder national und lokal, meinten aber ihren privaten Profit.

Wenn in der Untersuchung aus thematischen Gründen von den auswärtigen Firmen vor allen Dingen diejenigen aus Italien sowie den nördlichen und südlichen Niederlanden im Mittelpunkt standen, so belegen die Bankbücher außerdem Unternehmen aus folgenden Städten (in alphabetischer Reihenfolge), die ein Licht auf die Internationalität des Standortes Nürnberg werfen: Aachen, Amberg, Ansbach, Augsburg, Auspitz, Bad Windsheim, Bamberg, Bayreuth, Bessingheim, Biberach, Bielefeld, Bitterfeldt b. Leipzig, Bona Villa, Bordeaux, Braunschweig, Breslau, Busbach (bei Bayreuth), Cham/Opf., Chemnitz, Coburg, Danzig, Dinkelsbühl, Dorau, Dornhof, Ebersberg, Eger, Eibelstadt (bei Würzburg?), Eisenach, Eisfeld, Emden, Erfurt, Erla bei Schleusingen, Frankfurt, Freising, Fulda, Fürth, Füssen, Genf, Görlitz, Graz, Hall (Tirol), Hamburg, Hammelburg bei Schweinfurt, Haßfurt, Heidelberg, Hersbruck, Hirschfeld, Joachimsthal, Kalchreuth, Kaufbeuren, Kitzing(en), Kollersried/Opf., Köln, Komotau, Konstanz, Krakau, Kürchberg, Kurköln, Landshut, Langenburg, Lauf, Laumburg, Laverte sur Lamons, Leipzig, Lengenfeld, Lichtenberg, Lindau, Laibach, London, Lübeck, Lublin, Lyon, Marin (Savoyen), Meißen, Memmingen, Metzingen, Mosheim, Mühldorf, München, Mündling b. Donauwörth, Münster, Neuburg, Neustadt/Aisch, Nördlingen, Nußdorf, Ochsenfurt, Paris, Posen, Regensburg, Reichenbach, Reichenberg, Rohrbach, Rotenburg, Rothenburg o.d. Tauber, Saarlouis, Saaz, Salzburg, Schaffhausen, Schlaggenwald, Schleusingen, Schnaittach, Schnaittenbach (b. Amberg), Schneeberg, Schorndorf, Schweinfurt, Selb, St. Gallen, Steinfeld, Steining, Steyr, Straifdorf b. Coburg, Straßburg, Stuttgart, Suhl, Sulbach, Tamins (Graubünden), Thurnau (Kreis Kulmbach), Torgau bei Leipzig, Troy[es], Tübingen, Ulm, Unbekannt (darunter Kaufleute aus Schottland, Polen, ohne daß der Herkunftsort bislang zu belegen war), Unterbalbach (Baden), Uttenreuth, Valenciennes, Villach, Vohenstrauß, Walbach (Donauwörth), Waldsachsen, Warschau, Weißenburg, Wertheim, Wien, Wimpfen, Windsheim, Wohnfriedt, Wunsiedel, Würzburg, Zell, Zürich, Zwickau.

Diese Liste ließe sich deutlich, sehr deutlich verlängern, wenn von allen Kontoinhabern Herkunftsland und Herkunftsstadt belegt werden könnten.

Anhang

Banco Publico zu Nuremberg

Schuldbuch (strukturiert nach Umsatzverteilung - Prozentanteil vom Gesamtumsatz/Geschäftsvorfälle)
Zeit-Selektion: 01.08.1621 - 31.07.1624
Konten-Selektion: Manuelle Konten-Selektion
Item-Selektion: Imhoff, Wilhelm, Andreas und Mitverwandte

[„11" = auf dem Konto 'Tucher' Rang 11 der gekennzeichneten S-/H- Seite; Konten ohne zusätzliche Rangziffer: bei Tucher während des Betrachtungszeitraumes nicht vorhanden]

S -

#			%	
1)	Kleewein, Joachim [11]	78.096-07-01	6,0%	17
2)	Braa, Abraham de [4]	70.100-05-04	5,4%	24
3)	Beck, Alexander [8]	70.047-06-00	5,4%	19
4)	Kassa [6]	66.516-02-03	5,1%	44
5)	Viatis, Bartholomäus & Peller, Martin [14]	54.173-09-09	4,2%	13
6)	Lumaga, Ottavio und Marco Antonio [2]	50.495-06-05	3,9%	13
7)	Hauptkonto [48]	39.532-16-02	3,0%	3
8)	Aymann, Georg [7]	34.474-11-08	2,6%	9
9)	Benevieni, Antonio & Sini, Cosimo [3]	33.590-07-07	2,6%	9
10)	Beer, Martin [21]	29.903-00-11	2,3%	9
11)	Scherl, Philipp und Andreas [19]	26.453-08-04	2,0%	9
12)	Dilherr, Mang d.Ä. und Mitverwandte [32]	24.564-04-08	1,9%	8
13)	Aichhorn, Virgilius (sel.): Erben [28]	23.669-14-08	1,8%	6
14)	Teuber, Hans & Schön, Wolf und [15]	20.991-10-06	1,6%	4
15)	Muellegg, Heinrich und Hans	20.148-01-04	1,5%	12
16)	Hassenbart, Peter Paulus & Savioli, Benedet [18]	18.518-06-08	1,4%	5
17)	Odescalco, Tomaso (sel.): Erben [1]	17.946-13-04	1,4%	3
18)	Staiber, Lorenz	17.839-19-00	1,4%	3
19)	Schmauß, Hieronymus & Ayrer, Jeremias	17.264-08-00	1,3%	3
20)	Bourg, Arnold de	17.225-06-08	1,3%	3
21)	Tressal, Anton (sel.): Erben	17.000-00-00	1,3%	1
22)	Gammersfelder, Maria (Siegmund)	15.750-00-00	1,2%	1
23)	Gräßel, Rochius [85]	14.601-13-00	1,1%	4
24)	Weissbach, Hans Andreas [35]	13.553-00-00	1,0%	8
25)	Braun, Stephan (sel.): Erben [46]	13.276-00-00	1,0%	3

+ H

#			%	
1)	Kassa [2]	333.705-04-05	25,6%	50
2)	Aymann, Georg [1]	60.541-09-10	4,6%	13
3)	Metschker, Melchior; Amtmann in der Schau	55.500-00-00	4,3%	3
4)	Viatis, Bartholomäus & Peller, Martin [5]	45.022-02-03	3,5%	17
5)	Schütz, Valentin d.Ä. [27]	38.409-13-02	2,9%	5
6)	Braa, Abraham de [94]	36.236-16-02	2,8%	6
7)	Hauptkonto [54]	34.065-08-04	2,6%	2
8)	Tressal, Peter Anton [12]	29.361-12-08	2,3%	5
9)	Ulrich, Kaspar [21]	28.712-02-10	2,2%	14
10)	Eiser, Hans [58]	25.919-12-02	2,0%	11
11)	Beck, Alexander [8]	25.114-00-00	1,9%	12
12)	Benevieni, Antonio & Sini, Cosimo [75]	24.311-08-06	1,9%	4
13)	Kandler, Hans Thomas & Burckhardt, [26]	22.628-09-03	1,7%	5
14)	Jeßlin, Hans Philipp [19]	21.851-02-04	1,7%	10
15)	Lumaga, Ottavio und Marco Antonio [16]	20.882-11-11	1,6%	8
16)	Seger, Albrecht & Ostrit, Hans [7]	19.778-12-09	1,5%	8
17)	Amon, Michael	16.073-14-00	1,2%	10
18)	Lauer, Hans Christoph (a parte)	15.999-08-01	1,2%	6
19)	Capitani, Carlo d'Archonate und Mitverwand [24]	13.830-06-04	1,1%	1
20)	Schmauß, Hieronymus & Ayrer, Jeremias [3]	13.558-12-00	1,0%	5
21)	Mayer, Bernhard [44]	13.536-19-00	1,0%	3
22)	Burger, Wolf [4]	13.214-13-06	1,0%	4
23)	Muellegg, Heinrich und Hans [40]	12.507-01-02	1,0%	10
24)	Oyrl, Dietrich und Justus von	12.100-16-08	0,9%	3
25)	Krazer, Sebald	11.944-02-02	0,9%	6

Darstellung 72: Kumuliertes Konto der Imhoffschen Stammfirma – Nürnberg 1621-1624

Banco Publico zu Nuremberg

Nr.	Name	S-	%	+H
26)	Hiltebrandt, Friedrich [31]	12.932-13-00	1,0%	6
27)	Schwendendörfer, Leonhard d.Ä. [59]	12.647-14-00	1,0%	5
28)	Occerssel, Nikolaus von [66]	12.418-10-05	1,0%	7
29)	Peßolt, Hans [71]	12.377-08-08	1,0%	6
30)	Imhoff, Raimund	11.218-18-00	0,9%	3
31)	Hiller, Christoph [102]	10.950-00-00	0,8%	3
32)	Koch, Hans (sel.): Erben und Mitverwandte	10.617-12-05	0,8%	3
33)	Eiser, Hans [29]	10.300-00-00	0,8%	1
34)	Brocco, Francesco	10.300-00-00	0,8%	
35)	Kandler, Hans Thomas & Burckhardt, [65]	10.208-06-08	0,8%	1
36)	Gammersfelder, Andreas (sel.): Erben	10.168-00-00	0,8%	1
37)	Költsch, Konrad [82]	10.000-00-00	0,8%	2
38)	Dietrich, Georg & Metzger, Peter [56]	9.375-08-03	0,7%	4
39)	Probst, Wolf und Matthias	9.237-08-09	0,7%	3
40)	Schlumpf, Kaspar (sel.): Erben	9.027-05-06	0,7%	4
41)	Giorgini, Benedetto	9.006-00-00	0,7%	3
42)	Gammersfelder, Christoph, Jakob und [20]	9.000-00-00	0,7%	2
43)	Morello, Jakob [13]	8.917-02-09	0,7%	3
44)	Oyrl, Dietrich und Justus von [5]	8.868-03-04	0,7%	4
45)	Crüssel, Werner (sel.): Erben [57]	8.515-10-00	0,7%	5
46)	Schütz, Valentin d.Ä.	8.410-00-00	0,6%	2
47)	Sopra, Giovanni Battista [45]	8.352-12-10	0,6%	4
48)	Pez, Hans Konrad	8.333-06-08	0,6%	2
49)	Braun, Hans (sel.): Witwe Magdalena [74]	8.240-00-00	0,6%	4
50)	Blumart, Abraham [17]	8.150-00-00	0,6%	2
51)	Pfaudt, Veit [24]	7.476-00-07	0,6%	1
52)	Capitani, Carlo d'Archonate und Mitverwandte	6.950-00-00	0,5%	
53)	Roth, Christoph, Tobias und Elias, Gebrüder [10]	6.650-00-00	0,5%	2
54)	Bosch, Hans (sel.): Erben, Fürnberger, Hans, [43]	6.644-03-04	0,5%	4
55)	Steinhausser, Peter (sel.): Erben [68]	6.468-00-00	0,5%	2
56)	Mayer, Bernhard d.Ä., Mayer, Bernhard d.J. &	6.360-00-00	0,5%	1
57)	Lang, Georg & Vogel, Paulus [12]	6.180-00-00	0,5%	2
58)	Tramel, Hans (a parte) [79]	6.120-00-00	0,5%	1
59)	Walthurner, Georg (sel.): Erben	6.100-00-00	0,5%	

Nr.	Name		%	+H
26)	Odescalco, Tomaso (sel.): Erben [88]	11.286-00-11	0,9%	2
27)	Staiber, Lorenz [37]	11.069-14-00	0,9%	4
28)	Marstaller, Hieronymus [80]	10.090-00-00	0,8%	2
29)	Haiden, David	9.550-00-00	0,7%	3
30)	Dietrich, Georg & Metzger, Peter [69]	9.368-00-00	0,7%	2
31)	Scherl, Philipp und Andreas [63]	9.006-18-00	0,7%	6
32)	Költsch, Konrad [62]	8.866-05-08	0,7%	2
33)	Giorgini, Benedetto	8.100-00-00	0,6%	6
34)	Rösel, Wolf [46]	8.038-08-00	0,6%	7
35)	Elsasar, Bernhard & Planck, Daniel [14]	7.924-07-03	0,6%	3
36)	Philipp, Hans und Gebrüder	7.808-18-00	0,6%	4
37)	Gammersfelder, Christoph, Jakob und [33]	7.619-00-00	0,6%	5
38)	Braun, Stephan (sel.): Erben [77]	7.480-00-00	0,6%	5
39)	Dorn, Christoph [22]	6.930-06-00	0,5%	4
40)	Arnoldt, Sebastian [55]	6.819-17-00	0,5%	5
41)	Sohner, Andreas (sel.): Erben	6.790-15-00	0,5%	3
42)	Uhlein, Hans [32]	6.625-13-00	0,5%	5
43)	Krabler, Wolf [9]	6.285-13-03	0,5%	8
44)	Ulrich, Valentin [91]	6.089-07-10	0,5%	1
45)	Gammersfelder, Andreas (sel.): Erben	6.000-00-00	0,5%	
46)	Tramel, Hans & Flenz, Andreas (sel.): Erben	6.000-00-00	0,5%	
47)	Sahr, Christoph [114]	5.923-07-00	0,5%	6
48)	Pfaudt, Marx Friedrich, Gebrüder und [11]	5.724-17-00	0,4%	3
49)	Burger, Christoph Wilhelm [59]	5.363-06-00	0,4%	5
50)	Lanzinger, Wolf und Sebastian	5.361-06-02	0,4%	3
51)	Kropp, Hans	4.861-12-00	0,4%	3
52)	Hohe, Philipp [67]	4.799-06-00	0,4%	7
53)	Schöner, Leonhard d.Ä. [43]	4.750-00-00	0,4%	2
54)	Schlauderspach, Erasmus	4.713-01-00	0,4%	2
55)	Richter, Hans [50]	4.678-09-04	0,4%	3
56)	Fürleger, Christoph d.Ä., Helfreich, Nikolaus	4.450-00-00	0,3%	1
57)	Lemp, Andreas	4.443-14-00	0,3%	4
58)	Imhoff, Wilhelm d.J.	4.253-07-07	0,3%	4
59)	Linder, Porphirio	4.135-12-06	0,3%	2

Darstellung 72: (Fs.) Kumuliertes Konto der Imhoffschen Stammfirma – Nürnberg 1621-1624

Banco Publico zu Nürnberg

S -		Betrag	%	+H
60)	Marstaller, Hieronymus [64]	6.000-00-00	0,5%	1
61)	Hülß, Dr. Achatius (sel.): Erben	5.568-15-00	0,4%	1
62)	Schlauderspach, Erasmus [70]	5.416-13-00	0,4%	1
63)	Gerardini, Pietro; Verona	5.300-00-00	0,4%	1
64)	Edel, Michael	5.160-00-00	0,4%	1
65)	Ulrich, Kaspar	5.120-14-00	0,4%	1
66)	Hitter, Julius	4.635-00-00	0,4%	1
67)	Hoffstadt, Fr., Dago, A. (sel.): Erben, Weiss,	4.630-00-00	0,4%	
68)	Harsdörfer, Hans Christoph	4.330-00-00	0,3%	3
69)	Schwendendörfer, Leonhard d.Ä. (sel.): Erb [105]	4.325-00-00	0,3%	2
70)	Haiden, Hans Georg	4.105-05-03	0,3%	3
71)	Bailli, Benjamin [94]	4.035-00-00	0,3%	3
72)	Schnabel, Georg (a parte)	4.017-00-00	0,3%	1
73)	Meindel, Georg (sel.): Erben	4.000-00-00	0,3%	1
74)	Eckenbrecht, Philipp	4.000-00-00	0,3%	1
75)	Trainer, Katharina (Georg)	4.000-00-00	0,3%	3
76)	Puz, Jakob (sel.): Erben	3.951-13-04	0,3%	3
77)	Schnuck, Christoph [80]	3.900-00-00	0,3%	3
78)	Krabler, Wolf	3.845-00-00	0,3%	2
79)	Brecht, Kornelius von [107]	3.791-13-04	0,3%	2
80)	Sohner, Andreas (sel.): Erben [44]	3.726-13-04	0,3%	2
81)	Fien, Georg, Tobias (sel.): Erben & Bensperg,	3.611-13-03	0,3%	4
82)	Mayer, Hans Georg und Hans Jakob [106]	3.564-15-05	0,3%	2
83)	Beck, Balthasar	3.442-03-00	0,3%	1
84)	Schöner, Leonhard d.Ä. [47]	3.347-10-00	0,3%	1
85)	Lendlein, Salomon	3.305-00-00	0,3%	1
86)	Löffelholz, Marina (Hans Ernst)	3.300-00-00	0,3%	1
87)	Gräßel, Rochius, Maul, Gabriel und	3.096-00-00	0,2%	1
88)	Scheller, Philipp; Hanau	3.045-00-00	0,2%	1
89)	Harsdörfer, Philipp [90]	3.000-00-00	0,2%	1
90)	Kropp, Hans	2.790-11-02	0,2%	2
91)	Schmidt, Christoph	2.761-14-04	0,2%	1
92)	Mörder, Gabriel	2.708-06-08	0,2%	2

		Betrag	%	+H
60)	Haiden, Hans Georg	4.105-05-03	0,3%	1
61)	Baltinger, Georg & Weiss, Hans Heinrich [72]	4.079-03-04	0,3%	2
62)	Schnabel, Georg (a parte)	3.900-00-00	0,3%	1
63)	Bichler, Jakob [35]	3.536-13-00	0,3%	5
64)	Teuber, Hans & Schön, Wolf und [106]	3.485-06-03	0,3%	2
65)	Berg, Friedrich von	3.473-13-04	0,3%	4
66)	Sidelmann, Hans [42]	3.339-10-11	0,3%	4
67)	Wurm, Hans [81]	3.329-09-06	0,3%	5
68)	Schubert, Martin	3.315-08-00	0,3%	2
69)	Gerardini, Giovanni Pietro und Söhne; Verona	3.250-00-00	0,2%	1
70)	Krabler, Paulus d.J.	3.242-02-00	0,2%	2
71)	Lendlein, Salomon [120]	3.230-00-00	0,2%	2
72)	Pirckauer, Hans & Lindner, Hans	3.166-13-00	0,2%	4
73)	Werden, Lukas und Ludwig von [61]	3.090-14-00	0,2%	2
74)	Gering, Hans	2.882-11-00	0,2%	3
75)	Loss, Hans	2.817-11-00	0,2%	4
76)	Werdemann, Geremia d.Ä. (sel.): Erben	2.800-00-00	0,2%	1
77)	Imhoff, Raimund	2.716-05-00	0,2%	1
78)	Braun, Siegmund	2.571-08-00	0,2%	4
79)	Wolf, Wolf	2.511-07-08	0,2%	2
80)	Muellegg, Hans (sel.): Erben [119]	2.493-19-00	0,2%	1
81)	Leimer, Nikolaus [84]	2.412-19-10	0,2%	3
82)	Gruber, Helena (Georg)	2.300-00-00	0,2%	1
83)	Tressal, Anton (sel.): Erben	2.291-05-00	0,2%	1
84)	Ringsgewandt, Hans	2.225-00-00	0,2%	1
85)	Holzapfel, Andreas	2.195-03-11	0,2%	1
86)	Brocco, Bartelomeo, Giovanni Antonio und	2.166-13-04	0,2%	1
87)	Bühler, Jakob [45]	1.953-05-00	0,1%	1
88)	Bosch, Hans (sel.): Erben, Fürnberger, Hans,	1.950-00-00	0,1%	1
89)	Egen, Ruprecht	1.780-16-08	0,1%	1
90)	Blumart, Abraham [51]	1.684-19-00	0,1%	2
91)	Mayer, Bernhard d.Ä., Mayer, Bernhard d.J. &	1.671-19-00	0,1%	2
92)	Österlein, Hans [13]	1.658-09-00	0,1%	1

Darstellung 72: (Fs.) Kumuliertes Konto der Imhoffschen Stammfirma – Nürnberg 1621-1624

Banco Publico zu Nuremberg

S-				+H
93)	Plinßler, Hans	2.650-13-04	0,2%	3
94)	Philipp, Hans und Gebrüder [83]	2.570-16-08	0,2%	2
95)	Schreck, Michael	2.330-00-00	0,2%	2
96)	Sizinger, Karl	2.166-13-04	0,2%	1
97)	Hospit, Jeremias	2.166-13-04	0,2%	1
98)	Mulz, Leonhard (sel.): Erben	2.083-06-08	0,2%	1
99)	Muffel, Hans Jakob	2.075-00-00	0,2%	1
100)	Roming, Tobias [50]	2.064-00-00	0,2%	1
101)	Scheurl, Sebastian [91]	2.060-00-00	0,2%	1
102)	Viatis, Hans	2.000-00-00	0,2%	1
103)	Metschker, Melchior, Amtmann in der Schau [42]	2.000-00-00	0,2%	1
104)	Muellegg, Hans (sel.): Erben	1.983-06-08	0,2%	2
105)	Österlein, Hans	1.895-16-08	0,1%	1
106)	Egen, Ruprecht [37]	1.799-03-02	0,1%	1
107)	Vischer, Georg (Hans) Christoph;	1.705-00-00	0,1%	
108)	Taffinger, Polycarpus	1.625-00-00	0,1%	1
109)	Brocco, Bartelomeo, Giovanni Antonio und [30]	1.610-00-00	0,1%	1
110)	Hoffstadt, Franz (sel.): Erben & Hoffmann,	1.605-00-00	0,1%	1
111)	Bunding, Hans	1.591-13-04	0,1%	2
112)	Mayer, Bernhard [38]	1.443-00-00	0,1%	2
113)	Buseti, Francesco	1.432-05-00	0,1%	1
114)	Hülß, Dr. Hans Heinrich	1.325-00-00	0,1%	2
115)	Hopfer, Marx, Daniel und Georg	1.300-00-00	0,1%	1
116)	Bül, Benedikt [97]	1.191-13-04	0,1%	2
117)	Arnoldt, Sebastian [49]	1.182-00-09	0,1%	2
118)	Ringsgewandt, Hans	1.140-00-00	0,1%	1
119)	Gügel, Hans Christoph	1.050-00-00	0,1%	1
120)	Volland, Georg (à parte) [22]	1.050-00-00	0,1%	1
121)	Weinmann, Hans Konrad	1.040-00-00	0,1%	1
122)	Rottengatter, Nikolaus und Paulus	1.030-00-00	0,1%	1
123)	Bühler, Michael	991-18-00	0,1%	1
124)	Zollikofer, Georg d.Ä. (sel.): Erben	884-00-00	0,1%	1
125)	Pfister, Georg Philipp	799-14-08	0,1%	1
126)	Börner, Hektor	708-15-08	0,1%	1
127)	Gammersfelder, Siegmund	677-10-00	0,1%	1
128)	Helbig, Christoph	650-00-00	0,0%	

				+H	1
93)	Dilher, David und Martin = H. Schöll (sel.):	1.625-00-00	0,1%	1
94)	Roming, Tobias	1.584-07-06	0,1%	1
95)	Schreck, Hieronymus [110]	1.441-00-00	0,1%	2
96)	Deckhart, Hans	1.392-03-00	0,1%	2
97)	Hilling, Achatius	1.192-10-00	0,1%	3
98)	Schwendendörfer, Leonhard d.Ä. [82]	1.145-05-00	0,1%	1
99)	Brecht, Kornelius von	1.097-09-00	0,1%	1
100)	Österlein, Hans (sel.): Erben [52]	1.092-15-00	0,1%	1
101)	Mulz, Leonhard (sel.): Erben	1.086-09-00	0,1%	1
102)	Aichhorn, Virgilius (sel.): Erben [49]	1.082-06-00	0,1%	1
103)	Kendrich, Johann	1.050-00-00	0,1%	1
104)	Helm, Hans d.Ä.	1.021-15-00	0,1%	2
105)	Pommer, Wolf und Hans [97]	1.007-12-00	0,1%	1
106)	Dilherr, Mang d.Ä. und Mitverwandte [23]	1.000-00-00	0,1%	1
107)	Hülß, Dr. Achatius (sel.): Erben	1.000-00-00	0,1%	
108)	Nettwig, Hans	1.000-00-00	0,1%	1
109)	Gügel, Hans Christoph	1.000-00-00	0,1%	1
110)	Muellegg, Daniel (sel.): Erben & Schmidt,	996-06-00	0,1%	1
111)	Rößner, Sebastian [118]	973-00-00	0,1%	2
112)	Hübner, Hans	904-08-00	0,1%	2
113)	Crassel, Werner (sel.): Erben	852-12-00	0,1%	1
114)	Beer, Martin [99]	843-14-00	0,1%	2
115)	Eckenbrecht, Nikolaus	806-05-00	0,1%	1
116)	Hezolt, Kaspar und Hans	797-17-06	0,1%	2
117)	Hassenbart, Peter Paulus & Savioli, Benedetto	709-13-00	0,1%	2
118)	Ziegler, Andreas	609-00-00	0,0%	1
119)	Vierer, Christoph [17]	600-00-00	0,0%	1
120)	Erhard, Hans [39]	563-19-00	0,0%	1
121)	Bunding, Hans [103]	545-07-00	0,0%	1
122)	Schröck, Konrad und Paulus	538-15-06	0,0%	1
123)	Steinhausser, Peter (sel.): Erben	470-09-02	0,0%	1
124)	Sidelmann, Matthias, Christoph und Jakob	421-13-04	0,0%	1
125)	Braun, Tobias	400-00-00	0,0%	1
126)	Puz, Jakob (sel.): Erben	387-08-00	0,0%	1
127)	Kleewein, Joachim [20]	378-13-00	0,0%	1
128)	Philipp, Hans und Michael	367-10-00	0,0%	1

Darstellung 72: (Fs.) Kumuliertes Konto der Imhoffschen Stammfirma – Nürnberg 1621-1624

Banco Publico zu Nuremberg

S -   + H

			S				+ H
129) Taag, Hans	600-00-00	0,0%	1	129) Bandt, Hans	364-10-00	0,0%	1
130) Dilherr, David und Martin = H. Schöll (sel.): [36]	450-00-00	0,0%	1	130) Lang, Hans	330-00-00	0,0%	1
131) Fermond, Paulus	390-00-00	0,0%	1	131) Peßolt, Hans	323-03-00	0,0%	1
132) Wurm, Hans	325-00-00	0,0%	1	132) Pröbst, Wolf und Matthias	320-15-04	0,0%	1
133) Heugel, Albrecht (sel.): Erben	295-08-04	0,0%	1	133) Mordt, Hans	304-02-06	0,0%	1
134) Bancogebühr [112]	216-11-00	0,0%	2	134) Bül, Benedikt	290-16-00	0,0%	1
				135) Goßwein, Georg [117]	252-19-04	0,0%	1
				136) Eser, Michael	231-13-04	0,0%	1
				137) Fleischbein, Hans Ludwig	195-00-00	0,0%	1
Saldo::	0-00-00						
Summe:	1.302.238-14-06	100,0%	432	Summe:	1.302.238-14-06	100,0%	471

Darstellung 72: (Fs.) Kumuliertes Konto der Imhoffschen Stammfirma - Nürnberg 1621-1624

Banco Publico zu Nuremberg

Schuldbuch (strukturiert nach Umsatzverteilung - Prozentanteil vom Gesamtumsatz/Geschäftsvorfälle)

Zeit-Selektion: 01.08.1621 - 31.07.1624
Konten-Selektion: Manuelle Konten-Selektion
Item-Selektion: Tucher, Anton und Thomas, Gebrüder

[„17" = auf dem Konto 'Imhoff' Rang 17 der gekennzeichneten S-/H- Seite; Konten ohne zusätzliche Rangziffer: bei Imhoff während des Betrachtungszeitraumes nicht vorhanden]

S -

	Name	Betrag	%	
1)	Odescalco, Tomaso (sel.): Erben [17]	78.870-00-00	8,1%	12
2)	Lumaga, Ottavio und Marco Antonio [6]	60.796-01-08	6,2%	12
3)	Benevieni, Antonio & Sini, Cosimo [9]	44.492-14-04	4,5%	7
4)	Braa, Abraham de [2]	42.736-13-04	4,4%	14
5)	Oyrl, Dietrich und Justus von [44]	39.863-19-10	4,1%	13
6)	Kassa [4]	35.478-11-08	3,6%	19
7)	Ayrmann, Georg [8]	32.970-12-03	3,4%	7
8)	Beck, Alexander [3]	29.395-08-04	3,0%	9
9)	Geiger, Stephan (sel.): Erben	28.163-01-08	2,9%	9
10)	Roth, Christoph, Tobias und Elias, Gebrüder [53]	22.259-10-00	2,3%	4
11)	Kleewein, Joachim [1]	19.193-00-00	2,0%	3
12)	Lang, Georg & Vogel, Paulus [57]	18.470-00-00	1,9%	3
13)	Morello, Jakob [53]	18.267-17-02	1,9%	5
14)	Viatis, Bartholomäus & Peller, Martin [5]	18.260-00-00	1,9%	5
15)	Teuber, Hans & Schön, Wolf und [14]	17.749-19-06	1,8%	3
16)	Tressal, Peter Anton	16.737-10-00	1,7%	1
17)	Blumart, Abraham [50]	16.291-13-04	1,7%	2
18)	Hassenbart, Peter Paulus & Savioli, Benedet [16]	16.257-06-09	1,7%	9
19)	Scherl, Philipp und Andreas [11]	15.476-05-08	1,6%	4
20)	Gammersfelder, Christoph, Jakob und [42]	14.880-00-00	1,5%	3
21)	Beer, Martin [10]	11.421-14-01	1,2%	5
22)	Volland, Georg (a parte) [120]	11.257-17-06	1,2%	3
23)	Roth, Christoph (a parte)	10.266-13-04	1,0%	1
24)	Pfaudt, Veit [51]	10.207-10-00	1,0%	3
25)	Rosentahler, Hastrobald (sel.): Witwe	10.165-17-06	1,0%	9
26)	Bourg, Arnold de	9.750-00-00	1,0%	2
27)	Gundlach, Michael und Christoph	9.527-00-00	1,0%	2

+ H

	Name	Betrag	%	
1)	Ayrmann, Georg [2]	64.969-06-11	6,6%	13
2)	Kassa [1]	61.790-11-01	6,3%	16
3)	Schmauß, Hieronymus & Ayrer, Jeremias [20]	53.470-05-10	5,5%	17
4)	Burger, Wolf [22]	48.296-09-10	4,9%	12
5)	Viatis, Bartholomäus & Peller, Martin [4]	41.128-04-00	4,2%	6
6)	Geiger, Stephan (sel.): Erben	33.975-05-02	3,5%	14
7)	Seger, Albrecht & Ostril, Hans [16]	33.852-02-11	3,5%	13
8)	Beck, Alexander [11]	28.577-01-00	2,9%	11
9)	Krabler, Wolf [43]	25.327-17-01	2,6%	11
10)	Schnabel, Balthasar	21.378-00-09	2,2%	9
11)	Pfaudt, Marx Friedrich, Gebrüder und [11]	19.982-17-06	2,0%	4
12)	Tressal, Peter Anton [8]	19.378-12-00	2,0%	2
13)	Österlein, Hans [92]	18.418-17-09	1,9%	5
14)	Elsasar, Bernhard & Planck, Danie [35]1	18.049-02-04	1,8%	12
15)	Lang, Georg & Vogel, Paulus	17.000-00-00	1,7%	2
16)	Lumaga, Ottavio und Marco Antonio [15]	15.380-10-00	1,6%	3
17)	Vierer, Christoph [119]	14.513-09-00	1,5%	5
18)	Sizinger, Karl	14.495-09-03	1,5%	5
19)	Jeßlin, Hans Philipp [14]	13.203-14-02	1,3%	5
20)	Kleewein, Joachim [127]	13.076-02-00	1,3%	3
21)	Ulrich, Kaspar [9]	12.456-10-09	1,3%	7
22)	Dorn, Christoph [39]	12.390-19-00	1,3%	7
23)	Dilherr, Mang d.Ä. und Mitverwandte [106]	12.337-10-00	1,3%	3
24)	Capitani, Carlo d'Archonate und Mitverwand [19]	12.317-10-00	1,3%	2
25)	Klüpfel, Balthasar	11.583-09-04	1,2%	8
26)	Kandler, Hans Thomas & Burckhardt, [26]	11.327-18-02	1,2%	4
27)	Schütz, Valentin d.Ä. [5]	10.340-17-00	1,1%	2

Darstellung 73: Kumuliertes Konto der Tucherschen Stammfirma – Nürnberg 1621-1624

Banco Publico zu Nuremberg

S –

28)	Aichhorn, Virgilius (sel.): Erben [13]	8.883-06-08	0,9%	3
29)	Eiser, Hans [33]	8.705-09-00	0,9%	5
30)	Brocco, Bartelomeo, Giovanni Antonio und [109]	8.642-00-05	0,9%	2
31)	Hiltebrandt, Friedrich [26]	8.308-04-04	0,8%	3
32)	Dilherr, Mang d.Ä. und Mitverwandte [12]	8.084-03-04	0,8%	2
33)	Schnabel, Georg und Gebrüder	8.000-00-00	0,8%	1
34)	Schlumpf, Kaspar (sel.): Erben [40]	7.575-00-00	0,8%	2
35)	Weissbach, Hans Andreas [35]	7.258-06-08	0,7%	3
36)	Dilherr, David und Martin = H. Schöll (sel.): [130]	6.945-00-00	0,7%	1
37)	Egen, Ruprecht [106]	6.909-01-09	0,7%	3
38)	Mayer, Bernhard [112]	6.770-00-00	0,7%	2
39)	Fien, Tobias und Georg	6.593-15-00	0,7%	2
40)	Schnabel, Balthasar	6.585-02-01	0,7%	4
41)	Gerardini, Giovanni Pietro und Söhne; Verona	6.495-00-00	0,7%	2
42)	Metschker, Melchior; Amtmann in der Scha [103]	6.457-13-04	0,7%	2
43)	Bosch, Hans (sel.): Erben, Fürnberger, Hans, [54]	6.405-00-00	0,7%	3
44)	Sohner, Andreas (sel.): Erben [80]	6.405-00-00	0,7%	1
45)	Sopra, Giovanni Battista [47]	6.401-14-04	0,7%	2
46)	Braun, Stephan (sel.): Erben [25]	6.212-10-00	0,6%	2
47)	Schöner, Leonhard d.Ä. [84]	6.200-00-00	0,6%	3
48)	Hauptkonto [7]	5.638-17-00	0,6%	3
49)	Arnoldt, Sebastian [117]	5.450-00-00	0,6%	2
50)	Roming, Tobias [100]	5.059-06-00	0,5%	4
51)	Lindemaier, Hans	5.029-18-00	0,5%	1
52)	Vierer, Christoph	5.021-05-00	0,5%	2
53)	Hoffmann, Thomas	4.972-10-00	0,5%	1
54)	Prasseri, Johann de	4.948-02-06	0,5%	2
55)	Muellegg, Heinrich und Hans [15]	4.556-13-00	0,5%	2
56)	Dietrich, Georg & Metzger, Peter [38]	4.486-00-00	0,5%	1
57)	Crässel, Werner (sel.): Erben [45]	4.441-13-04	0,5%	1
58)	Burckhardt, Daniel (sel.): Erben & Neuner, [84]	4.440-00-00	0,5%	2
59)	Schwendendörfer, Leonhard d.Ä. [59]	4.408-18-11	0,5%	2
60)	Werden, Lukas und Ludwig von	4.100-00-00	0,4%	1

+ H

28)	Roth, Christoph, Tobias und Elias, Gebrüder	10.000-00-00	1,0%	2
29)	Schenck, Georg	9.750-00-00	1,0%	1
30)	Tramel, Hans (a parte)	8.850-00-00	0,9%	2
31)	Gebhardt, Hans	8.775-00-00	0,9%	1
32)	Uhlein, Hans [32]	8.499-08-04	0,9%	5
33)	Gammersfelder, Christoph, Jakob und [37]	8.000-00-00	0,8%	2
34)	Schnabel, Georg und Gebrüder	8.000-00-00	0,8%	1
35)	Bichler, Jakob [53]	7.661-01-04	0,8%	7
36)	Pfinzing, Georg und Mitverwandte	7.465-06-00	0,8%	3
37)	Staiber, Lorenz [27]	7.341-10-00	0,8%	6
38)	Volland, Georg (a parte)	7.300-00-00	0,7%	1
39)	Erhard, Hans [120]	6.828-03-00	0,7%	6
40)	Muellegg, Heinrich und Hans [23]	6.329-11-00	0,6%	3
41)	Schwender, Paulus	6.188-08-08	0,6%	9
42)	Sidelmann, Hans [66]	6.129-00-11	0,6%	5
43)	Schöner, Leonhard d.Ä. [53]	6.000-00-00	0,6%	2
44)	Mayer, Bernhard [21]	6.000-00-00	0,6%	1
45)	Bühler, Jakob [87]	5.875-01-00	0,6%	3
46)	Rösel, Wolf [34]	5.803-06-00	0,6%	6
47)	Pfaudt, Veit	5.000-00-00	0,5%	3
48)	Roth, Christoph (a parte)	5.000-00-00	0,5%	1
49)	Aichhorn, Virgilius (sel.): Erben [102]	4.888-06-08	0,5%	3
50)	Richter, Hans [55]	4.826-06-10	0,5%	4
51)	Blumart, Abraham [90]	4.721-13-07	0,5%	4
52)	Osterlein, Hans (sel.): Erben [100]	4.689-12-00	0,5%	4
53)	Berndeß, Martin	4.520-00-00	0,5%	2
54)	Hauptkonto [7]	4.512-00-08	0,5%	2
55)	Arnoldt, Sebastian [40]	4.431-12-00	0,5%	4
56)	Schneider, Hans Andreas	4.244-15-00	0,4%	4
57)	Weissbach, Hans Andreas	4.074-10-00	0,4%	3
58)	Eiser, Hans [10]	4.049-08-00	0,4%	3
59)	Burger, Christoph Wilhelm [49]	4.020-08-00	0,4%	4
60)	Jacquel, Hans	4.000-00-00	0,4%	1

Darstellung 73: (Fs.) Kumuliertes Konto der Tucherschen Stammfirma – Nürnberg 1621-1624

Banco Publico zu Nuremberg

S-		Betrag	%	+H
61)	Rottengatter, Paulus d.Ä.	4.100-00-00	0,4%	2
62)	Tetzel, Hans Jakob	4.000-00-00	0,4%	1
63)	Orseti, Guglielmo	3.833-06-08	0,4%	1
64)	Marstaller, Hieronymus [60]	3.827-09-00	0,4%	
65)	Kandler, Hans Thomas & Burckhardt, [35]	3.817-15-00	0,4%	3
66)	Occerssel, Nikolaus von [28]	3.683-06-08	0,4%	2
67)	Wolf, Wolf	3.673-00-00	0,4%	2
68)	Steinhausser, Peter (sel.): Erben [56]	3.621-00-00	0,4%	
69)	Nöttel, Bernhard	3.510-00-00	0,4%	
70)	Schlauderspach, Erasmus [62]	3.420-00-00	0,3%	1
71)	Peßolt, Hans [29]	3.269-10-00	0,3%	2
72)	Gentsch, Georg	3.247-10-00	0,3%	1
73)	Reuschel, Georg	3.157-08-09	0,3%	1
74)	Braun, Hans (sel.): Witwe Magdalena [49]	3.105-00-00	0,3%	
75)	Hessolt, Eydel Hans (sel.): Erben	3.090-00-00	0,3%	1
76)	Gammersfelder, Hans	3.075-00-00	0,3%	1
77)	Giorgini, Benedetto [41]	3.060-00-00	0,3%	1
78)	Marck, Hans & Schnabel, Georg und	3.050-00-00	0,3%	1
79)	Tramel, Hans (a parte) [58]	3.030-00-00	0,3%	
80)	Schnuck, Christoph [77]	2.708-06-08	0,3%	2
81)	Muellegg, Hans (sel.): Erben [104]	2.631-18-04	0,3%	1
82)	Költsch, Konrad [37]	2.340-00-00	0,2%	
83)	Philipp, Hans und Gebrüder [94]	2.299-10-00	0,2%	1
84)	Agricola, Dr. Andreas	2.275-00-00	0,2%	2
85)	Größel, Rochius [23]	2.225-10-00	0,2%	
86)	Held, Hans	2.166-13-04	0,2%	1
87)	Rottengatter, Nikolaus	2.110-00-00	0,2%	
88)	Schwaiger, Christoph	2.106-00-00	0,2%	1
89)	Bayer, Stephan (sel.): Erben	2.025-00-00	0,2%	
90)	Harsdörfer, Philipp [89]	2.025-00-00	0,2%	
91)	Scheurl, Sebastian [101]	2.000-00-00	0,2%	
92)	Sidelmann, Hans	1.950-00-00	0,2%	
93)	Philipp, Hans und Michael	1.900-00-00	0,2%	2
94)	Bailll, Benjamin [71]	1.841-13-04	0,2%	1
95)	Morian, Hans d.Ae.	1.545-00-00	0,2%	1
96)	Rehlein, Wolf	1.316-05-00	0,1%	
97)	Btl, Benedikt [116]	1.148-06-08	0,1%	
98)	Lossischer Creditorenauschuß	1.015-00-00	0,1%	

		Betrag	%	+H
61)	Werden, Lukas und Ludwig von [73]	4.000-00-00	0,4%	1
62)	Költsch, Konrad [62]	3.982-10-00	0,4%	4
63)	Scherl, Philipp und Andreas	3.821-13-06	0,4%	3
64)	Marckart, Hans	3.812-00-00	0,4%	2
65)	Imhoff, Hans Jakob (sel.): Witwe Felicitas	3.800-00-00	0,4%	4
66)	Schwinger, Hans	3.708-02-00	0,4%	5
67)	Hohe, Philipp [52]	3.451-03-00	0,4%	2
68)	Mutterer, Michael	3.442-11-00	0,4%	4
69)	Dietrich, Georg & Metzger, Peter [30]	3.422-01-03	0,3%	3
70)	Vischer, Paulus	3.350-17-06	0,3%	
71)	Bourg, Arnold de	3.282-10-00	0,3%	1
72)	Baltinger, Georg & Weiss, Hans Heinrich [61]	3.265-03-00	0,3%	
73)	Morian, Hans d.Ae.	3.250-00-00	0,3%	
74)	Lindemaier, Hans	3.157-09-00	0,3%	4
75)	Benevieni, Antonio & Sini, Cosimo [12]	3.000-00-00	0,3%	1
76)	Marck, Hans & Schnabel, Georg und	3.000-00-00	0,3%	1
77)	Braun, Stephan (sel.): Erben [77]	3.000-00-00	0,3%	1
78)	Gammersfelder, Hans	2.986-07-04	0,3%	
79)	Finck, Hans	2.700-00-00	0,3%	3
80)	Marstaller, Hieronymus [28]	2.277-12-11	0,2%	1
81)	Wurm, Hans [67]	2.259-00-00	0,2%	2
82)	Schwendendörfer, Leonhard d.Ä. [82]	2.049-19-00	0,2%	3
83)	Strobel, Leonhard	2.008-10-00	0,2%	2
84)	Leimer, Nikolaus [81]	2.000-00-00	0,2%	1
85)	Scheurl, Sebastian	2.000-00-00	0,2%	
86)	Harsdörfer, Philipp	2.000-00-00	0,2%	
87)	Rottengatter, Paulus d.Ä.	1.913-06-08	0,2%	1
88)	Odescalco, Tomaso (sel.): Erben [26]	1.900-00-00	0,2%	1
89)	Bayer, Stephan (sel.): Erben	1.810-13-00	0,2%	
90)	Beer, Martin [114]	1.719-02-00	0,2%	
91)	Ulrich, Valentin [44]	1.592-10-00	0,2%	2
92)	Größel, Rochius, Maul, Gabriel und [92]	1.500-00-00	0,2%	
93)	Tucher, Anton	1.500-00-00	0,2%	
94)	Braa, Abraham de [6]	1.500-00-00	0,2%	1
95)	Schneider, Georg	1.498-07-00	0,2%	
96)	Rehlein, Wolf	1.300-00-00	0,2%	2
97)	Pommer, Wolf und Hans [105]	1.223-05-00	0,1%	1
98)	Tucher, Tobias	1.170-00-00	0,1%	1

Darstellung 73: (Fs.) Kumuliertes Konto der Tucherschen Stammfirma – Nürnberg 1621-1624

Banco Publico zu Nuremberg

S -

				+ H
99)	Tucher, Hans Christoph	1.004-03-04	0,1%	1
100)	Tucher, Tobias	1.000-00-00	0,1%	1
101)	Jeßlin, Hans Philipp	1.000-00-00	0,1%	1
102)	Hiller, Christoph [31]	960-00-00	0,1%	1
103)	Egen, Virgilius	947-15-09	0,1%	1
104)	Baltinger, Georg & Weiss, Hans Heinrich	827-18-04	0,1%	1
105)	Schwendendörfer, Leonhard d.Ä. (sel.): Erbe [69]	827-18-04	0,1%	1
106)	Mayer, Hans Georg und Hans Jakob [82]	796-05-00	0,1%	1
107)	Brecht, Kornelius von [79]	769-03-04	0,1%	1
108)	Geiger, Hans und Michael	489-00-00	0,0%	1
109)	Hohe, Philipp	390-00-00	0,0%	1
110)	Schnabel, Christoph (a parte)	302-00-00	0,0%	1
111)	Bömer, Hektor [126]	252-02-08	0,0%	2
112)	Bancogebühr [134]	149-04-00	0,0%	
113)	Österlein, Hans (sel.): Erben	109-05-04	0,0%	1
	Saldo:	0-00-00		
	Summe:	978.620-14-01	100,0%	306

				+ H
99)	Bernhardt, Paulus	1.084-12-00	0,1%	1
100)	Mayer, Willibald [100]	1.084-01-08	0,1%	1
101)	Amschwang, Georg	1.012-06-03	0,1%	1
102)	Reuter, Andreas & Arnold, Matthias	864-19-00	0,1%	1
103)	Bunding, Hans [121]	863-00-10	0,1%	1
104)	Dreher, Paulus	850-00-00	0,1%	1
105)	Walthurner, Georg (sel.): Erben	846-13-04	0,1%	1
106)	Teuber, Hans & Schön, Wolf und [64]	831-03-09	0,1%	1
107)	Reuschel, Georg	830-13-04	0,1%	1
108)	Widemann, Hans	809-10-00	0,1%	2
109)	Mörl, Ludwig; alhie	799-07-00	0,1%	1
110)	Schreck, Hieronymus [95]	774-18-00	0,1%	1
111)	Hopfer, Marx, Daniel und Georg	746-13-04	0,1%	2
112)	Metschel, Hans	683-05-00	0,1%	1
113)	Mayer, Paulus	665-08-00	0,1%	1
114)	Sahr, Christoph [47]	650-00-00	0,1%	1
115)	Kneuzel, Hans Rochius	594-01-01	0,1%	1
116)	Schöner, Michael	546-09-06	0,1%	1
117)	Goßwein, Georg [135]	508-12-00	0,1%	1
118)	Rößner, Sebastian [11]	450-00-00	0,0%	1
119)	Muellegg, Hans (sel.): Erben [80]	446-05-00	0,0%	1
120)	Lendlein, Salomon [71]	321-10-00	0,0%	
121)	Schlumpf, Kaspar (sel.): Erben	259-10-00	0,0%	
122)	Schelckheußer, Stephan	150-00-00	0,0%	
	Summe:	978.620-14-01	100,0%	402

Darstellung 73: (Fs.) Kumuliertes Konto der Tucherschen Stammfirma – Nürnberg 1621-1624

Name/Jahr	1	2	3	4	5	6	7	8	9	10	11	12	13	14	15	16	17
	15 72	15 75	15 85	15 90	15 91	15 93	15 93	15 94	15 96	15 97	15 99 (1)	15 99 (2)	16 02	16 02 - 16 09	16 21 - 16 22	16 22 - 16 23	16 23 - 16 24
Alban,[1]																	
Hieronymus	x																
Arconati s.																	
Capitani																	
Albertinelli,																	
Carlo													x				
Balbani,																	
Manfredo[2]	x	x															
Barigi,																	
Andrea Cos.																x	x
Barsoti,																	
Stephan														x			
Beccaria,						x											
Antonio							x										
Hortensio							x		x		x						
Orenzo Batt.	x																
Pietro	x						x				x						
Benevieni,															x		
Anthonio																	
Bernardini,																	
Jeronimo	x	x															
Nicolo	x																
Bottini,																	
Bernhard													x				

**Darstellung 74: In Nürnberg namhaft gemachte Kaufleute
aus Italien und Graubünden - 1572-1624**

---

1 Schreibweise nicht vereinheitlicht, sondern nach der häufigst vorkommenden Nennung. (1) BayStaatsAN, Rep. 19a, E-Laden, Akten, 245, 246 (März-Oktober).- (2) BayStaatsAN, Rep. 19a, E-Laden, Akten, 242. – (3) Dietz, A., Frankfurter Handelsgeschichte, 3, S. 217. – (4) BayStaatsAN, B-Laden, Akten, S I, L 192, 3. – (5) BayStaatsAN, Rep. 52a, Handschriftensammlung, 241, fol. 129'.- (6) Deutsches Historisches Institut, Rom, Msk. 7, Minucciana, Variorum III, fol. 174-178'. [Abgedruckt bei: Bauer, L., Italienische Kaufleute-Nürnberg, S. 14ff.] – (7) BayStaatsAN, Rep. 18a, D-Laden, Akten, 4171. – (8) BayStaatsAN, Rep. 18a, D-Laden, Akten, 4170. – (9) BayStaatsAN, Rep. 16a, B-Laden, Akten, S I, L 192, 5. StadtAN, Rep. 8, Handelsvorstand, 2627. - (10) BayStaatsAN, Rep. 18a, D-Laden, Akten, 4178. (11-1) StadtAN, Rep. E 8, Handelsvorstand, 2627. – (11-2) BayStaatsAN, Rep. 18a, D-Laden, Akten, 4170. – (13) BayStaatsAN, Rep. 18a, D-Laden, Akten, 4170. – (14) Dietz, A., Frankfurter Handelsgeschichte, 3, S. 243. - (15, 16, 17) StadtAN, Rep. E 8, Handelsvorstand, 4291, 4292, 4293. Peters, L.F., Handel Nürnbergs, passim.

2 Aus Lucca. – Welser, L.v., Welser, 1, S. 182.

Name/Jahr	1	2	3	4	5	6	7	8	9	10	11	12	13	14	15	16	17
	15 72	15 75	15 85	15 90	15 91	15 93	15 93	15 94	15 96	15 97	15 99 (1)	15 99 (2)	16 02	16 02 - 16 09	16 21 - 16 22	16 22 - 16 23	16 23 - 16 24
Brocco,																	
Barthel															x	x	x
Francesco															x		
Johann Anth.															x	x	x
Peter Anth.															x	x	x
Budi s. Butti																	
Bottini s.Budini																	
Budini,																	
Antoni											x						
Bernhard									x	x	x	x					
Buseti,																	
Francesco															x		
Busto, di																	
Carlo	x	x															
Portasio		x															
Gervasio	x																
Joseph													x				
Butti,																	
Antonio		x			x	x		x	x		x	x					
Calandrini,																	
Benedikt														x			
Cäsar					x	x		x	x	x	x	x	x				
Johann														x	x		
Capitani d' Arconti					x												
Carlo															x	x	x
Hercules		x	x		x			x	x	x	x						
Caro,																	
Joh. Franc.															x		
Caspar,																	
Camillo		x															
Castello,																	
Paulus		x															
Columbani,																	
Camillo									x	x	x	x	x		x	x	x
Corolanza,					x												
?	x																
Bartholome									x	x	x	x	x				
Johann		x															
Johann Bapt.						x											
Lorenzo		x															
Crolalanza s. Corolanza																	

Darstellung 74 (Fs.): In Nürnberg namhaft gemachte Kaufleute aus Italien und Graubünden - 1572-1624

Name/Jahr	15 72	15 75	15 85	15 90	15 91	15 93	15 93	15 94	15 96	15 97	15 99 (1)	15 99 (2)	16 02	16 02 - 16 09	16 21 - 16 22	16 22 - 16 23	16 23 - 16 24
	1	2	3	4	5	6	7	8	9	10	11	12	13	14	15	16	17
Fabrion,																	
Johann Bapt.									x								
Fiammingo da Mes																	
Giovanni						x											
Franchi, di						x											
Franco	x	x		x													
Franchiotti,																	
Nicola														x			
Gall,																	
Sam(b)son ?	X	x															
Gallutzi,																	
Gasparo	x																
Prosper									x								
Georgini,																	
Benedikt															x	x	x
Gerardini,																	
Caspar								x	x	x	x	x					
Caesar										x	x						
Gerard									x								
Joh. Pet. u. S.															x		
Peter															x		
Giulino,						x											
Giovanni						x											
?																	
Kurti,																	
Lippi,																	
Dionaco							x		x	x	x	x					
Johann Bapt.														x			
Lucchini,																	
Philipp													x				
Lumago,						x											
Anthonio																	
Marco Anth.	x														x	x	x
Marco							x		x	x					x	x	x
Octavio									x	x	x	x	x		x	x	x
?																	
Maizelini,																	
Franz									x								
Mancini,																	

Darstellung 74 (Fs.): In Nürnberg namhaft gemachte Kaufleute
aus Italien und Graubünden - 1572-1624

Name/Jahr	1	2	3	4	5	6	7	8	9	10	11	12	13	14	15	16	17
	15 72	15 75	15 85	15 90	15 91	15 93	15 93	15 94	15 96	15 97	15 99 (1)	15 99 (2)	16 02	16 02 - 16 09	16 21 - 16 22	16 22 - 16 23	16 23 - 16 24
Maranelli,					x												
Alexander								x	x	x	x						
Giulino s.Erb.													X				
Vinzenz		x						x	x	x	x						
Masoni,																	
Giovanni														x			
Mayer,																	
Melchior u.																	
....Mv.																	
Mora																	
Alexander			x														
Movari																	
(=Murari?)																	
Giovanni														x			
Murari,						x	x		x			x					
Gottart	x	x															
Hans									x								
Jacomo	x	x															
Jeronimo				x	x												
P.																	
M ...																	
Benedetto												x	x				
Carlo												x	x				
Neri,																	
Basttista	x																
Paolo	x	x															
Nobili,																	
Horatio					x												
Odescalco,						x											
Bartholome	x	x															
Brüder von T.			x														
Livio						x					x	x	x	x			
Maro							x										
Tommaso				x	x												
Thomas s. E.																x	
Olnierti																	
?	x																
Orseti,																	
Wilhelm															x	x	x
Perez,						x			x	x							
Ludwig		x	x	x							x	x	x	x	x		

Darstellung 74 (Fs.): In Nürnberg namhaft gemachte Kaufleute aus Italien und Graubünden - 1572-1624

Name/Jahr	1	2	3	4	5	6	7	8	9	10	11	12	13	14	15	16	17
	1572	1575	1585	1590	1591	1593	1593	1594	1596	1597	1599 (1)	1599 (2)	1602	1602-1609	1621-1622	1622-1623	1623-1624
Pestalozzi,																	
Antonio								x									
Julio Caesare																	x
Peutmueller,																	
Caspar																	x
Polinii,																	
Casteno	x																
Porta, della																	
Caspar							x		x	x	x	x	x				
Cesar		x															
Horatio								x									
Horatio u. Gb.					x												
Octavio									x	x	x	x					
Protasi																	
?	x																
Safiol,																	
Caspar									x								
Franz						x	x				x						
Savioli,																	
Benedikt															x	x	x
Sini,																	
Cosimo																x	
Sopra,																	
Johann Bapt.																	
Troilo																	
Fredinich																	
Torrigiani s.																	
Turrisani																	
Turrisani,						x		x									
Laux	x	x	x	x	x		x			x	x	x	x	x			
Vialtello,																	
Johann																x	
Vertemati s.																	
Werdemann																	
Viatis																	
Werdemann,				x	x			x									
Aloisio	x	x	x	x		x								x			
Carlo		x	x		x	x	x	x	x	x	x						
Franz						x			x	x	x						
Franz: 2 Söhn.																	
Bartholome		x	x		x									x	x	x	x
Hieronymus								x									

Darstellung 74 (Fs.): In Nürnberg namhaft gemachte Kaufleute aus Italien und Graubünden - 1572-1624

Name/Jahr	1	2	3	4	5	6	7	8	9	10	11	12	13	14	15	16	17
	15 72	15 75	15 85	15 90	15 91	15 93	15 93	15 94	15 96	15 97	15 99 (1)	15 99 (2)	16 02	16 02 - 16 09	16 21 - 16 22	16 22 - 16 23	16 23 - 16 24
Jeremias							x	x		x	x		x				
Jeremias s: E.															x	x	x
Wilhelm	x	x	x	x										x			
Johann Maria	x																
Zagallo																	
Antonio³			x														
Zolini,																	
Andres																	
Antonio		x															
Zorzi,																	
Endres		x															
?				x													
Jakob															x	x	x
Σ	20	26	12	11	4	20	17	4	18	27	23	23	20	12	29	15	17

Darstellung 74 (Fs.): In Nürnberg namhaft gemachte Kaufleute aus Italien und Graubünden - 1572-1624

---

3   (Cagallo, Zagolle, Logollo) 1579/89 ebenso in Geschäftsbeziehungen mit der Nürnberger Welserfiliale des Augsburger Zweiges wie Joh. Andr. Jul. Bart. Beccaria, Antonio Diodati, Thomas Odescalco, Ludwig Perez, Ulrich Rottengatter, Raphael Turrisani (Torrigiani), Carlo Werdemann (Vertemate; möglicherweise mit Zagallo in einer Kompagnie), Wilhelm und Andreas Werdemann, Sigmund Zollikofer. – Welser, L.v., Welser, 2, S. 159ff. Kellenbenz, H., Unternehmerkräfte, S. 263.

Banco Publico zu Nürnberg

Schuldbuch (strukturiert nach Umsatzverteilung - Prozentanteil vom Gesamtumsatz/Geschäftsvorfälle)
Zeit-Selektion: 01.08.1621 - 31.07.1624
Konten-Selektion: Manuelle Konten-Selektion
Item-Selektion: Ayrmann, Georg

S -

1)	Kassa	125.892-11-08	6,0%	24
2)	Lumaga, Ottavio und Marco Antonio	100.735-12-06	4,8%	28
3)	Lanzinger, Wolf und Sebastian	87.322-17-06	4,2%	20
4)	Beck, Alexander	81.582-02-09	3,9%	12
5)	Braa, Abraham de	71.402-10-09	3,4%	23
6)	Scherl, Philipp und Andreas	66.674-13-08	3,2%	27
7)	Schwendendörfer, Leonhard d.Ä.	65.265-12-06	3,1%	13
8)	Tucher, Anton und Thomas, Gebrüder	64.969-06-11	3,1%	13
9)	Bosch, Hans (sel.): Erben, Fürnberger, Hans,	62.069-17-08	3,0%	23
10)	Imhoff, Wilhelm, Andreas und Mitverwandte	60.541-09-10	2,9%	13
11)	Capitani, Carlo d'Archonate und Mitverwandte	58.687-14-05	2,8%	12
12)	Gammersfelder, Christoph, Jakob und Mitverwandte	55.641-15-09	2,7%	11
13)	Muellegg, Heinrich und Hans	55.117-13-02	2,6%	22
14)	Schüz, Valentin d.Ä.	48.001-01-06	2,3%	8
15)	Marstaller, Hieronymus	39.998-11-07	1,9%	16
16)	Pfaudt, Marx Friedrich, Gebrüder und	39.368-12-06	1,9%	17
17)	Fürleger, Christoph d.Ä., Helfreich, Nikolaus	39.022-03-09	1,9%	12
18)	Hassenbart, Peter Paulus & Savioli, Benedetto	30.109-13-11	1,4%	10
19)	Sohner, Andreas (sel.): Erben	30.030-05-10	1,4%	14
20)	Brocco, Bartelomeo, Giovanni Antonio und	29.404-12-11	1,4%	4
21)	Roth, Christoph, Tobias und Elias, Gebrüder	28.489-15-11	1,4%	12
22)	Dilherr, Mang d.Ä. und Mitverwandte	26.610-16-05	1,3%	14
23)	Viatis, Bartholomäus & Peller, Martin	25.719-19-00	1,2%	9

+ H

1)	Kassa	556.458-11-03	26,5%	108
2)	Schöz, Valentin d.Ä.	247.007-15-08	11,8%	47
3)	Lumaga, Ottavio und Marco Antonio	130.627-10-04	6,2%	23
4)	Viatis, Bartholomäus & Peller, Martin	83.860-00-00	4,0%	8
5)	Beck, Alexander	75.899-00-00	3,6%	10
6)	Gammersfelder, Christoph, Jakob und	52.990-00-00	2,5%	12
7)	Scherl, Philipp und Andreas	42.872-12-00	2,0%	16
8)	Imhoff, Wilhelm, Andreas und Mitverwandte	34.474-11-08	1,6%	9
9)	Tucher, Anton und Thomas, Gebrüder	32.970-12-03	1,6%	7
10)	Muellegg, Heinrich und Hans	30.939-15-00	1,5%	11
11)	Lanzinger, Wolf und Sebastian	30.503-02-06	1,5%	4
12)	Dietrich, Georg & Metzger, Peter	28.957-10-00	1,4%	4
13)	Werden, Lukas und Ludwig von	28.955-13-00	1,4%	10
14)	Pfaudt, Marx Friedrich, Gebrüder und	24.606-12-00	1,2%	3
15)	Capitani, Carlo d'Archonate und Mitverwandte	24.401-03-03	1,2%	7
16)	Hassenbart, Peter Paulus & Savioli, Benedetto	24.213-18-07	1,2%	10
17)	Finck, Hans	18.884-08-05	0,9%	7
18)	Fürleger, Christoph d.Ä., Helfreich, Nikolaus	18.781-09-10	0,9%	9
19)	Scazuola, Julio Caesar	17.430-10-00	0,8%	2
20)	Zollikofer, Georg d.Ä. (sel.): Erben	16.827-10-00	0,8%	5
21)	Eiser, Hans	15.846-16-03	0,8%	4
22)	Braa, Abraham de	15.054-02-04	0,7%	9
23)	Braun, Victus	14.009-02-06	0,7%	10

Darstellung 75: Kumuliertes Konto des Georg Ayrmann – Nürnberg 1621-1624

Banco Publico zu Nuremberg

S.		Betrag	%	+H
24)	Philipp, Hans, Fürleger, Hans Baptist &	23.569-00-00	1,1%	8
25)	Österlein, Hans	21.166-02-06	1,0%	7
26)	Puz, Oswald	20.282-02-06	1,0%	8
27)	Finck, Hans	18.705-19-10	0,9%	17
28)	Bourg, Arnold de	17.735-00-00	0,8%	5
29)	Pröbst, Wolf und Matthias	17.328-14-01	0,8%	8
30)	Schlumpf, Kaspar (sel.): Erben	16.944-07-02	0,8%	9
31)	Kandler, Hans Thomas & Burckhardt,	16.668-04-00	0,8%	3
32)	Orseti, Guglielmo	16.559-10-00	0,8%	5
33)	Weissbach, Hans Andreas	14.822-10-00	0,7%	6
34)	Österlein, Hans (sel.): Erben	13.183-15-04	0,6%	8
35)	Rösel, Wolf	12.766-13-10	0,6%	9
36)	Muellegg, Hans (sel.): Erben	11.856-16-04	0,6%	11
37)	Arnoldt, Sebastian	11.375-18-11	0,5%	5
38)	Zollikofer, Georg d.Ä. (sel.): Erben	11.313-19-11	0,5%	3
39)	Gammersfelder, Hans	11.200-00-00	0,5%	2
40)	Teuber, Hans & Schön, Wolf und	11.198-09-11	0,5%	3
41)	Benevieni, Antonio & Sini, Cosimo	11.152-07-06	0,5%	2
42)	Werden, Lukas und Ludwig von	11.127-04-02	0,5%	3
43)	Roming, Tobias	10.576-01-09	0,5%	7
44)	Fermond, Paulus	10.537-10-00	0,5%	6
45)	Occerssel, Nikolaus von	10.166-13-04	0,5%	6
46)	Kleewein, Joachim	10.121-01-07	0,5%	7
47)	Schwendendörffer, Leonhard d.Ä. (sel.): Erben	9.958-10-00	0,5%	3
48)	Tressal, Peter Anton	9.700-00-00	0,5%	3
49)	Schmauß, Hieronymus & Ayrer, Jeremias	9.565-00-00	0,5%	3
50)	Braun, Stephan (sel.): Erben	8.957-18-09	0,4%	6
51)	Eiser, Hans	8.839-12-06	0,4%	5
52)	Schöner, Michael	8.813-17-04	0,4%	7
53)	Gerardini, Giovanni Pietro und Söhne; Verona	8.600-00-00	0,4%	1
54)	Gering, Hans	8.493-01-03	0,4%	4
55)	Hopfer, Daniel, Georg und David	7.877-11-10	0,4%	2

S.		Betrag	%	+H
24)	Krauss, Hans	13.493-12-06	0,6%	6
25)	Lemp, Andreas	13.194-15-00	0,6%	9
26)	Kleewein, Joachim	12.120-00-00	0,6%	4
27)	Roming, Tobias	11.842-12-11	0,6%	5
28)	Sizinger, Karl	11.595-00-00	0,6%	3
29)	Dilherr, Mang d.Ä. und Mitverwandte	11.448-16-02	0,5%	7
30)	Schwendendörffer, Leonhard d.Ä.	10.920-00-00	0,5%	3
31)	Bosch, Hans (sel.): Erben, Fürnberger, Hans,	10.636-13-04	0,5%	3
32)	Philipp, Hans, Fürleger, Hans Baptist &	10.568-15-00	0,5%	5
33)	Roth, Christoph, Tobias und Elias, Gebrüder	10.420-10-03	0,5%	5
34)	Sohner, Andreas (sel.): Erben	10.400-04-11	0,5%	6
35)	Erhard, Hans	10.271-13-09	0,5%	5
36)	Oyrl, Dietrich und Justus von	10.169-15-00	0,5%	4
37)	Küchel, Hans	9.900-00-00	0,5%	5
38)	Blumart, Abraham	9.558-16-08	0,5%	6
39)	Muellegg, Hans (sel.): Erben	9.321-02-06	0,4%	5
40)	Tressal, Peter Anton	9.298-00-00	0,4%	3
41)	Heugel, Albrecht (sel.): Erben	9.198-06-08	0,4%	3
42)	Metschker, Melchior; Amtmann in der Schau	8.393-02-10	0,4%	2
43)	Lanzinger, Wolf d.Ä. (sel.): Erben	8.333-06-08	0,4%	1
44)	Benevieni, Antonio & Sini, Cosimo	8.291-02-08	0,4%	3
45)	Kendrich, Johann	8.136-05-00	0,4%	4
46)	Hopfer, Marx, Daniel und Georg	7.229-00-00	0,3%	2
47)	Prasseri, Johann de	7.050-00-00	0,3%	3
48)	Baltinger, Georg & Weiss, Hans Heinrich	6.847-06-09	0,3%	4
49)	Schnabel, Balthasar	6.763-05-00	0,3%	3
50)	Lierdt, Roland und Daniel von	6.601-13-04	0,3%	4
51)	Linder, Hans	6.518-15-00	0,3%	1
52)	Dilherr, David und Martin = H. Schöll (sel.):	6.500-00-00	0,3%	
53)	Schnabel, Georg, Christoph und Hans	6.490-18-06	0,3%	3
54)	Odescalco, Tomaso (sel.): Erben	6.384-06-00	0,3%	5
55)	Marstaller, Hieronymus	6.299-10-00	0,3%	2

Darstellung 75 (Fs.): Kumuliertes Konto des Georg Ayrmann – Nürnberg 1621-1624

Banco Publico zu Nuremberg

S.	Name	Betrag	%	H	Nr.	Name	Betrag	%	+H
56)	Baltinger, Georg & _eiß, Hans Heinrich	7.451-16-10	0,4%	3	56)	Gentsch, Georg	6.088-00-00	0,3%	2
57)	Heber, Hans	7.319-16-06	0,3%	4	57)	Grißel, Rochius	5.830-00-00	0,3%	2
58)	Beer, Martin	6.756-19-06	0,3%	4	58)	Marck, Hans (sel.): Erben & Volckamer, Hans	5.802-00-00	0,3%	4
59)	Hiltebrandt, Friedrich	6.500-00-00	0,3%	1	59)	Braun, Stephan (sel.): Erben	5.540-00-00	0,3%	2
60)	Lauer, David (sel.): Erben	6.175-00-00	0,3%	2	60)	Brecht, Kornelius von	5.535-17-10	0,3%	2
61)	Gentsch, Georg	6.058-00-00	0,3%	3	61)	Occersel, Nikolaus von	5.525-00-00	0,3%	4
62)	Peßolt, Hans	5.982-10-02	0,3%	3	62)	Plinßler, Hans	5.300-12-06	0,3%	3
63)	Plinßler, Hans	5.950-00-00	0,3%	2	63)	Kneuzel, Hans Rochius	5.287-10-00	0,3%	2
64)	Dietrich, Georg & Metzger, Peter	5.864-08-00	0,3%	3	64)	Lierdt, Peter von	5.269-03-04	0,3%	3
65)	Pirckauer, Hans & Lindner, Hans	5.844-17-07	0,3%	4	65)	Arnoldt, Sebastian	5.255-10-00	0,3%	3
66)	Blumar, Abraham	5.592-00-00	0,3%	3	66)	Fleischbein, Hans Ludwig	5.185-03-04	0,2%	3
67)	Mayer, Bernhard d.Ä., Mayer, Bernhard d.J. &	5.525-00-00	0,3%	2	67)	Büttel, Hans Georg	5.000-00-00	0,2%	1
68)	Hiller, Christoph	5.370-05-00	0,3%	4	68)	Kropp, Hans	4.875-00-00	0,2%	1
69)	Lendlein, Salomon	5.336-13-09	0,3%	3	69)	Marck, Hans & Schnabel, Georg und	4.837-13-09	0,2%	2
70)	Ringsgewandt, Hans	5.291-13-04	0,3%	2	70)	Colombani, Camillo	4.770-00-00	0,2%	2
71)	Schlauderspach, Erasmus	5.236-13-04	0,2%	4	71)	Schwendendörfer, Leonhard d.Ä. (sel.): Erben	4.675-00-00	0,2%	3
72)	Gammersfelder, Christoph	5.160-00-00	0,2%	2	72)	Eisfeldische Kupferhandlung des Rats	4.625-00-00	0,2%	1
73)	Sperber, Friedrich	5.091-15-05	0,2%	2	73)	Deinhart, Hieronymus	4.350-00-00	0,2%	1
74)	Kropp, Hans	5.060-12-06	0,2%	2	74)	Linder, Porphirio	4.198-00-00	0,2%	2
75)	Lanzinger, Wolf d.Ä. (sel.): Erben	5.000-00-00	0,2%	1	75)	Schröck, Konrad und Paulus	4.140-15-00	0,2%	2
76)	Fien, Georg, Tobias (sel.): Erben & Bensperg,	4.981-05-06	0,2%	2	76)	Weinmann, Hans Konrad	3.992-05-00	0,2%	3
77)	Lierdt, Roland und Daniel von	4.944-17-05	0,2%	3	77)	Steinhausser, Peter (sel.): Erben	3.721-18-06	0,2%	3
78)	Hopfer, Marx, Daniel und Georg	4.875-00-00	0,2%	1	78)	Puz, Oswald	3.681-18-04	0,2%	4
79)	Einwag, Hans Konrad	4.798-15-00	0,2%	2	79)	Friessel, Hans d.J.	3.476-05-00	0,2%	2
80)	Lebrun, Kornelius	4.775-15-02	0,2%	3	80)	Fien, Georg, Tobias (sel.): Erben & Bensperg,	3.425-00-00	0,2%	2
81)	Küchel, Hans	4.770-16-09	0,2%	6	81)	Koch, Hans (sel.): Erben und Mitverwandte	3.282-10-00	0,2%	1
82)	Eckenbrecht, Nikolaus	4.550-00-00	0,2%	1	82)	eißbach, Hans Andreas	3.275-00-00	0,2%	2
83)	Helbig, Christoph	4.465-01-09	0,2%	4	83)	Meusel, Andreas	3.250-00-00	0,2%	1
84)	Aichhorn, Virgilius (sel.): Erben	4.333-06-08	0,2%	2	84)	Gerardini, Giovanni Pietro und Söhne; Verona	3.250-00-00	0,2%	1
85)	Odescalco, Tomaso (sel.): Erben	4.295-00-00	0,2%	1	85)	Pröbst, Wolf und Matthias	3.081-13-04	0,1%	2
86)	Volckamer, Hans	4.225-00-00	0,2%	1	86)	Zuckeissen, Georg und Wolf	3.042-00-00	0,1%	1
87)	Nöttel, Bernhard	4.141-05-00	0,2%	2	87)	Pfinzing, Georg und Mitverwandte	3.000-00-00	0,1%	2
88)	Kendrich, Johann	4.134-00-00	0,2%	2	88)	Sperber, Friedrich	3.000-00-00	0,1%	1

Darstellung 75 (Fs.): Kumuliertes Konto des Georg Ayrmann – Nürnberg 1621-1624

Banco Publico zu Nürnberg

S -					H
89)	Brecht, Kornelius von	4.096-06-00	0,2%		3
90)	Marck, Hans & Schnabel, Georg und	4.080-00-00	0,2%		
91)	Philipp, Hans und Gebrüder	4.059-14-03	0,2%		5
92)	Pommer, Wolf und Hans	3.975-00-00	0,2%		2
93)	Richter, Konrad d.J.	3.900-00-00	0,2%		2
94)	Dilherr, David und Martin = H. Schöll (sel.):	3.824-00-00	0,2%		4
95)	Oyrl, Dietrich und Justus von	3.791-13-04	0,2%		1
96)	Heuss, Jakob und Gebrüder	3.750-00-00	0,2%		2
97)	Krazer, Sebald	3.641-05-00	0,2%		2
98)	Hermann, Hans (a parte)	3.598-11-03	0,2%		1
99)	Lang, Georg & Vogel, Paulus	3.527-10-00	0,2%		2
100)	Heugel, Albrecht (sel.): Erben	3.437-12-09	0,2%		5
101)	Vischer, Georg (Hans) Christoph;	3.430-00-00	0,2%		1
102)	Dorn, Christoph	3.424-10-00	0,2%		
103)	Geiger, Hans und Michael	3.400-10-06	0,2%		2
104)	Philipp, Hans und Michael	3.400-00-00	0,2%		5
105)	Berndeß, Martin	3.279-07-07	0,2%		3
106)	Hübner, Leonhard d.Ä.	3.250-00-00	0,2%		4
107)	Elsassar, Bernhard & Planck, Daniel	3.250-00-00	0,2%		2
108)	Graßel, Rochius	3.250-00-00	0,2%		2
109)	Pfinzing, Georg und Mitverwandte	3.250-00-00	0,2%		1
110)	Gscheidt, Georg	3.250-00-00	0,2%		
111)	Gammersfelder, Jakob	3.128-12-06	0,2%		2
112)	Hüter, Julius	3.045-00-00	0,2%		
113)	Schnabel, Georg, Christoph und Hans	3.000-00-00	0,1%		1
114)	Gammersfelder, Siegmund	2.961-00-00	0,1%		1
115)	Koch, Hans (sel.): Erben und Mitverwandte	2.795-07-06	0,1%		1
116)	Graßel, Rochius, Maul, Gabriel und	2.730-10-10	0,1%		3
117)	Bunding, Hans	2.600-00-00	0,1%		3
118)	Dessler, Hans	2.550-00-00	0,1%		2
119)	Metzscher, Melchior, Amtmann in der Schau	2.535-00-00	0,1%		1
120)	Vierer, Christoph	2.500-18-06	0,1%		2
121)	Löffler, Georg	2.400-00-00	0,1%		3
122)	Amon, Michael	2.319-03-04	0,1%		3
123)	Giorgini, Benedetto	2.239-02-02	0,1%		1

					+ H
89)	Schöner, Michael	3.000-00-00	0,1%		1
90)	Gammersfelder, Jakob	2.912-10-00	0,1%		1
91)	Braun, Hans (sel.): Witwe Magdalena	2.895-03-05	0,1%		1
92)	Hübner, Hans Wolf	2.881-02-06	0,1%		4
93)	Steer, Leonhard	2.880-13-09	0,1%		2
94)	Lebrun, Kornelius	2.771-00-00	0,1%		2
95)	Widemann, Hans	2.656-10-00	0,1%		2
96)	Holzapfel, Andreas	2.633-06-08	0,1%		1
97)	Senßhamer, Georg	2.600-00-00	0,1%		2
98)	Oheim, Sebastian d.Ä.	2.600-00-00	0,1%		2
99)	Kiner, Peter	2.209-08-04	0,1%		1
100)	Dilherr, David und Martin	2.166-13-04	0,1%		1
101)	Schmidt, Wiprecht	2.060-00-00	0,1%		1
102)	Nettwig, Hans	2.050-00-00	0,1%		1
103)	Rehlein, Wolf	2.000-00-00	0,1%		2
104)	Mulz, Leonhard (sel.): Erben	2.000-00-00	0,1%		1
105)	Krabler, Wolf & Hartmann, Eucharius	2.000-00-00	0,1%		
106)	Lang, Georg & Vogel, Paulus	1.950-00-00	0,1%		1
107)	Gundlach, Michael und Christoph	1.950-00-00	0,1%		1
108)	Walthurner, Georg (sel.): Erben	1.917-10-00	0,1%		2
109)	Elsassar, Bernhard & Planck, Daniel	1.843-06-08	0,1%		2
110)	Bunding, Hans	1.805-00-00	0,1%		
111)	Aichhorn, Virgilius (sel.): Erben	1.783-06-08	0,1%		2
112)	Költsch, Konrad	1.755-00-00	0,1%		1
113)	Vierer, Christoph	1.740-00-00	0,1%		
114)	Einwag, Hans Konrad	1.710-00-00	0,1%		
115)	Öllinger, Joachim	1.600-12-06	0,1%		
116)	Doppelmair, Siegmund	1.500-00-00	0,1%		
117)	Hiller, Christoph	1.500-00-00	0,1%		
118)	Pelsolt, Hans	1.428-00-00	0,1%		
119)	Heuss, Jakob und Gebrüder	1.424-08-00	0,1%		1
120)	Hauptkonto	1.395-03-01	0,1%		
121)	Geiger, Stephan (sel.): Erben	1.368-19-04	0,1%		2
122)	Sopra, Giovanni Battista	1.295-01-02	0,1%		1
123)	Mayer, Bernhard d.Ä., Mayer, Bernhard d.J. &	1.232-11-03	0,1%		2

Darstellung 75 (Fs.): Kumuliertes Konto des Georg Ayrmann – Nürnberg 1621-1624

Banco Publico zu Nuremberg

S -	Name		+H
			1
124)	Hoffstadt, Fr., Dago, A. (sel.): Erben, Weiss, Hans	2.206-15-00 0,1%	1
125)	Taag, Hans	2.158-00-00 0,1%	1
126)	Oheim, Sebastian d.Ä.	2.132-19-05 0,1%	2
127)	Adler, Marx Anton	2.104-03-04 0,1%	1
128)	Pessler, Stephan	2.100-00-00 0,1%	2
129)	Hopfer, Georg und David	2.100-00-00 0,1%	1
130)	Schmidt, Wiprecht	2.060-00-00 0,1%	2
131)	Rottengatter, Paulus d.Ä.	2.060-00-00 0,1%	1
132)	Vogel, Paulus (sel.): Erben	2.060-00-00 0,1%	2
133)	Sidelmann, Hans	2.053-09-01 0,1%	1
134)	Krabler, Wolf	2.030-00-00 0,1%	1
135)	Friessel, Hans d.J.	2.000-00-00 0,1%	2
136)	Mayer, Hans Georg und Hans Jakob	1.994-02-08 0,1%	2
137)	Schnabel, Balthasar	1.982-00-00 0,1%	1
138)	Lierdt, Peter von	1.950-00-00 0,1%	1
139)	Steer, Leonhard	1.950-00-00 0,1%	1
140)	Prasseri, Johann de	1.950-00-00 0,1%	1
141)	Hoffstadt, Franz (sel.): Erben & Hoffmann,	1.911-00-00 0,1%	1
142)	Schreck, Michael	1.792-10-00 0,1%	2
143)	Steinhausser, Peter (sel.): Erben	1.699-15-00 0,1%	3
144)	Marck, Hans (sel.): Erben & Volckamer, Hans	1.649-05-00 0,1%	1
145)	Lumaga, Marco	1.628-16-03 0,1%	2
146)	Leimer, Nikolaus	1.625-00-00 0,1%	1
147)	Kiner, Peter	1.625-00-00 0,1%	3
148)	Wolf, Wolf	1.512-10-00 0,1%	1
149)	Ströbel, Leonhard	1.500-00-00 0,1%	2
150)	Öfner, Veit	1.500-00-00 0,1%	2
151)	Kneuzel, Hans Rochius	1.473-00-00 0,1%	1
152)	Fleischbein, Hans Ludwig	1.434-00-00 0,1%	1
153)	Hauptkonto	1.395-03-01 0,1%	1
154)	Mulz, Leonhard (sel.): Erben	1.350-00-00 0,1%	1
155)	Imhoff, Wilhelm d.J.: Erben	1.321-18-09 0,1%	1
156)	Faber, Johann	1.300-00-00 0,1%	1
157)	Schwaiger, Christoph	1.300-00-00 0,1%	1
158)	Meussinger, Hans Paulus	1.300-00-00 0,1%	1
159)	Staiber, Lorenz	1.203-13-06 0,1%	1
160)	Crässel, Werner (sel.): Erben	1.200-00-00 0,1%	1

	Name		+H
124)	Berckens, Hermann	1.202-10-00 0,1%	1
125)	Lierdt, Roland und Michael von	1.200-00-00 0,1%	1
126)	Bergauer, Matthias	1.140-00-00 0,1%	1
127)	Löffler, Georg	1.108-05-00 0,1%	1
128)	Schlegel, Hans (sel.): Erben	1.104-00-00 0,1%	2
129)	Seger, Albrecht & Ostrit, Hans	1.022-18-09 0,0%	1
130)	Ballii, Benjamin	974-03-00 0,0%	2
131)	Eckenbrecht, Nikolaus	906-12-00 0,0%	3
132)	Beer, Martin	900-00-00 0,0%	1
133)	Princkmann, Heinrich & Düttich, Abraham	784-09-04 0,0%	1
134)	Schlauderspach, Erasmus	769-10-00 0,0%	1
135)	Jeßlin, Hans Philipp	736-05-01 0,0%	1
136)	Krabler, Wolf	721-10-00 0,0%	1
137)	Beck, Balthasar	549-00-00 0,0%	1
138)	Kandel, Georg	500-00-00 0,0%	1
139)	Berndeß, Martin	490-11-04 0,0%	1
140)	Sperber, Michael	485-00-00 0,0%	2
141)	Lendlein, Salomon	455-00-00 0,0%	2
142)	Wurm, Hans	450-00-00 0,0%	1
143)	Holzmann, Hans	419-05-00 0,0%	1
144)	Meindel, Georg (sel.): Erben	417-01-08 0,0%	1
145)	Schütt, Gebhard	416-00-00 0,0%	1
146)	Imhoff, Wilhelm d.J.	406-10-00 0,0%	1
147)	Österlein, Hans (sel.): Erben	405-00-00 0,0%	1
148)	Ulrich, Kaspar	376-00-00 0,0%	1
149)	Ziegler, Andreas	333-00-00 0,0%	1
150)	Irnsinger, Michael	243-00-00 0,0%	1

Darstellung 75 (Fs.): Kumuliertes Konto des Georg Ayrmann – Nürnberg 1621-1624

Banco Publico zu Nuremberg

S -			+H
161) Schlauderspach, Christoph	1.184-15-00	0,1%	1
162) Bandt, Hans	1.171-13-04	0,1%	1
163) Jeblin, Hans Philipp	1.170-07-10	0,1%	2
164) Schlick, Friedrich; alhie	1.137-10-00	0,1%	3
165) Böhler, Michael	1.132-00-00	0,1%	3
166) Burckhardt, Daniel (sel.): Erben & Neuner,	1.097-05-00	0,1%	1
167) Koller, Eckenbrecht	1.030-00-00	0,0%	1
168) Geiger, Appollonia	1.015-00-00	0,0%	1
169) Krabler, Paulus d.J.	1.000-00-00	0,0%	1
170) Gößwein, Georg	975-00-00	0,0%	1
171) Pilgram, Heinrich d.Ä. (sel.): Erben	975-00-00	0,0%	1
172) Straub, Heinrich	900-00-00	0,0%	1
173) Spaz, Hans	866-13-04	0,0%	1
174) Dilherr, David und Martin	832-16-00	0,0%	1
175) Speisser, Matthias	772-07-06	0,0%	1
176) Haiden, David	765-00-00	0,0%	1
177) Hering, Hans Christoph; alhie	750-00-00	0,0%	1
178) Nurmberger, Georg; (1. u. 2. Jahr:	750-00-00	0,0%	1
179) Speisser, Matthias d.Ä.	692-05-00	0,0%	1
180) Henz, Hans, Sebald, Konrad (Gebrüder)	662-04-00	0,0%	1
181) Braun, Victus	650-00-00	0,0%	1
182) Widemann, Hans	650-00-00	0,0%	1
183) Pina, Jakob	650-00-00	0,0%	1
184) Linck, Michael	650-00-00	0,0%	1
185) Sperber, Michael	650-00-00	0,0%	1
186) Költsch, Konrad	650-00-00	0,0%	1
187) Scherl, Wolf	650-00-00	0,0%	1
188) Hohenberger, Konrad	650-00-00	0,0%	1
189) Schlegel, Hans (sel.): Erben	650-00-00	0,0%	1
190) Reuter, Andreas & Arnold, Matthias	617-05-00	0,0%	1
191) Rundt, Konrad	604-00-00	0,0%	1
192) Möst, Marx	600-00-00	0,0%	1
193) Röder, Nikolaus	600-00-00	0,0%	1
194) Bittner, Andreas	600-00-00	0,0%	1
195) Nurmberger, Kaspar	600-00-00	0,0%	1
196) Finckler, Nikolaus	600-00-00	0,0%	2
197) Hezolt, Kaspar und Hans	582-15-00	0,0%	1
198) Sopra, Giovanni Battista	540-00-00	0,0%	
199) Ebert, Lorenz	525-00-00	0,0%	1

Darstellung 75 (Fs.): Kumuliertes Konto des Georg Ayrmann – Nürnberg 1621-1624

Banco Publico zu Nürnberg

S -				+ H
200) Bensperg, Hans	512-17-00	0,0%	1	
201) Mayer, Bernhard	487-10-00	0,0%	1	
202) Bergauer, Matthias	480-00-00	0,0%	1	
203) Kandel, Christoph	476-16-08	0,0%	1	
204) Tramel, Hans (a parte)	449-10-07	0,0%	1	
205) Salpeter, Hieronymus	411-02-06	0,0%	1	
206) Börner, Hektor	401-19-04	0,0%	1	
207) Pezolt, Hans (Nikolaus) & Koch, Matthias	397-11-08	0,0%	1	
208) Stirn, Georg d.Ä.	359-10-00	0,0%	1	
209) Granepol, Wilhelm	357-10-03	0,0%	1	
210) Krauss, Hans	345-00-00	0,0%	1	
211) Taffinger, Polycarpus	325-00-00	0,0%	1	
212) Haiden, Hans Georg	325-00-00	0,0%	1	
213) Beer, Leonhard	323-01-06	0,0%	1	
214) Schreck, Hieronymus	300-00-00	0,0%	1	
215) Schiller, Hieronymus	300-00-00	0,0%	1	
216) Lenz, Michael (a parte)	300-00-00	0,0%	1	
217) Schnabel, Georg und Gebrüder	299-16-03	0,0%	1	
218) Nettwig, Hans	225-00-00	0,0%	1	
219) Helm, Hans d.Ä.	207-07-06	0,0%	1	
220) Burger, Wolf	200-00-00	0,0%	1	
221) Bancogebühr	199-18-04	0,0%	2	
222) Berckens, Hermann	122-01-04	0,0%	1	
Saldo:	0-00-00			
Summe:	2.096.369-17-08	100,0%	819	

Summe: 2.096.369-17-08 100,0% 610

Darstellung 75 (Fs.): Kumuliertes Konto des Georg Ayrmann – Nürnberg 1621-1624

Banco Publico zu Nürnberg

Journal mit Bestandsentwicklung
Zeit-Selektion: 01.07.1623 - 31.07.1623
Konten-Selektion: Manuelle Konten-Selektion
Item-Selektion: Lumaga, Ottavio und Marco Antonio

GEGENKONTO	WT	DATUM	SOLL [-]	HABEN [+]	BESTAND	TAGE
ANFANGSKONTOSTAND am 01.07.1623						
Dilherr, David und Martin = H. Schöll (sel.): Erben	Di	01.07.1623		6.500-00-00	18.497-17-07	1
Vischer, Georg (Hans) Christoph; Goldarbeiter				1.040-05-00		
Capitani, Carlo d'Archonate und Mitverwandte	Mi	02.07.1623		37.360-00-00	26.038-02-07	1
Marstaller, Hieronymus	Do	03.07.1623	2.614-19-00		60.783-03-07	1
Braun, Stephan (sel.): Erben				3.485-00-00		
Schwendendörfer, Leonhard d.Ä.				1.955-02-06		
Hopfer, Daniel, Georg und David				4.879-00-00		
Kandler, Hans Thomas & Burckhardt, Heinrich	Fr	04.07.1623	2.547-15-08		68.554-10-05	1
Linder, Porphirio				1.742-10-00		
Probst, Wolf und Matthias			3.250-00-00			
Bourg, Arnold de			6.500-00-00			
Graßel, Rochius, Maul, Gabriel und Mitverwandte			3.347-10-00			
Capitani, Carlo d'Archonate und Mitverwandte	Mo	07.07.1623		20.880-00-00	57.199-10-05	3
Goßwein, Georg				697-00-00		
Blumart, Abraham			866-13-04			
Schwendendörfer, Leonhard d.Ä.			647-00-05			
Lindemaier, Hans			1.287-00-00			
Occerssel, Nikolaus von			2.275-00-00			
Braa, Abraham de	Di	08.07.1623	5.416-13-04		68.284-03-04	1
Goßwein, Georg	Mi	09.07.1623	2.557-10-00		65.726-13-04	1
Abhebung			28.866-13-04 (bar)		36.860-00-00	1
PeßoIt, Hans	Do	10.07.1623		5.273-02-06		
Hassenbart, Peter Paulus & Savioli, Benedetto				4.972-10-00		
Ayrmann, Georg	Fr	11.07.1623	11.000-00-00		36.105-12-06	1
Braa, Abraham de	Mo	14.07.1623		436-08-09	36.542-01-03	3
Beck, Alexander				3.485-00-00		
Prasserl, Johann de				791-07-08		
Weissbach, Hans Andreas				3.900-00-00		
Werden, Lukas und Ludwig von				3.250-00-00		
Dilherr, David und Martin = H. Schöll (sel.): Erben	Di	15.07.1623		3.250-00-00	47.968-08-11	1

Darstellung 76: Journal der Lumaga – Nürnberg Juli 1623

GEGENKONTO	W T	DATUM	SOLL [-]	HABEN [+]	BESTAND	TAGE
Finckler, Nikolaus				1.950-00-00		
Finck, Hans			1.300-00-00			
Friessel, Hans d.J.			3.575-00-00			
Dilherr, David und Martin = H. Schöll (sel.): Erben			2.820-03-09			
Muellegg, Heinrich und Hans			3.250-00-00			
Kleewein, Joachim			650-00-00			
Walthurner, Georg (sel.): Erben			209-00-00			
Hassenbart, Peter Paulus & Savioli, Benedetto			368-03-09			
Marstaller, Hieronymus			8.501-13-11			
Arnoldt, Sebastian			3.250-00-00			
Mayer, Bernhard d.Ä., Mayer, Bernhard d.J. & Matth, Antonio	MI	16.07.1623	7.312-10-00		21.931-17-06	1
Capitani, Carlo d'Archonate und Mitverwandte				6.500-00-00		
Hopfer, Daniel, Georg und David				13.920-00-00		
Lebrun, Kornelius				3.250-00-00		
Schmitter, Hans Siegmund			4.294-17-06			
Blumart, Abraham	Do	17.07.1623	279-14-00		39.783-02-08	1
Schitz, Valentin d.Ä.			1.244-03-04			
Bra, Abraham de				4.875-00-00		
Kleewein, Joachim				9.750-00-00		
Imhoff, Wilhelm, Andreas und Mitverwandte				3.480-00-00		
Muellegg, Heinrich und Hans				4.875-00-00		
Marstaller, Hieronymus	Fr	18.07.1623		793-08-09	62.763-02-08	1
Heugel, Albrecht (sel.): Erben				3.250-00-00		
Pfaudt, Marx Friedrich, Gebrüder und Mitverwandte				3.480-00-00		
Linder, Pomphirio				1.740-00-00		
Philipp, Hans, Fürleger, Hans Baptist & Gundlach, Wolf				6.960-00-00		
Vischer, Georg (Hans) Christoph; Goldarbeiter			1.388-00-00			
Sahr, Christoph			1.500-00-00			
Gammersfelder, Christoph, Jakob und Siegmund				5.668-10-10		
Gößwein, Georg				696-00-00		
Marck, Hans (sel.): Erben & Volckamer, Hans	Mo	21.07.1623		6.960-00-00	76.098-11-05	3
Aymann, Georg				325-00-00		
Viatis, Bartholomäus & Peller, Martin			542-19-08			
Brocco, Bartelomeo, Giovanni Antonio und Pietro Antonio			1.130-11-10			
Legrandt, Kornelius			3.250-00-00			
Scherl, Philipp und Andreas			975-00-00			
Muellegg, Heinrich und Hans			2.880-16-08			
Gammersfelder, Christoph, Jakob und Siegmund			5.706-09-02			
Baltinger, Georg & Weiss, Hans Heinrich			325-00-00			

Darstellung 76: (Fs.) Journal der Lumaga - Nürnberg Juli 1623

Banco Publico zu Nuremberg

GEGENKONTO	WT	DATUM	SOLL [−]	HABEN [+]	BESTAND	TAGE
Nurmberger, Kaspar	Di	22.07.1623	975-00-00		73.962-04-11	1
Abhebung			35.366-13-04 (bar)		38.595-11-07	1
Edel, Jakob	Mi	23.07.1623		2.258-15-00		
Helm, Hans d.Ä.				3.250-00-00		
Blumart, Abraham						
Gößwein, Georg	Do	24.07.1623	9.494-01-03	1.390-00-00		
Arnoldt, Sebastian				1.767-10-00		
Braun, Stephan (sel.): Erben				2.780-00-00		
Abhebung			14.625-00-00 (bar)		34.610-05-04	1
Marck, Hans (sel.): Erben & Volckamer, Hans	Mo	28.07.1623		3.546-15-08		
Capitani, Carlo d'Archonate und Mitverwandte				2.780-00-00		
Imhoff, Wilhelm, Andreas und Mitverwandte				3.535-00-00		
Finckler, Nikolaus				1.577-18-04		
Muellegg, Heinrich und Hans				4.412-17-05		
Schlauderspach, Erasmus				5.700-00-00		
Hassenbart, Peter Paulus & Savioli, Benedetto				4.875-00-00		
Philipp, Hans und Gebrüder				4.259-01-08		
Abhebung			35.366-13-04 (bar)		25.922-15-04	4
Capitani, Carlo d'Archonate und Mitverwandte	Di	29.07.1623		23.196-18-00		
Kropp, Hans				6.500-00-00		
Scherl, Philipp und Andreas				1.863-06-08		
Blumart, Abraham				14.625-00-00		
Schwendendörfer, Leonhard d.Ä.			10.135-07-08			
Nöttel, Bernhard			3.540-00-00			
Abhebung			16.250-00-00 (bar)		21.242-15-01	1
Peßolt, Hans	Mi	30.07.1623	3.250-00-00	975-00-00		
Gößwein, Georg				2.953-15-00		
Linder, Porphirio				3.296-10-00		
Braun, Stephan (sel.): Erben				5.205-00-00		
Gräßel, Rochius, Maul, Gabriel und Mitverwandte						
Abhebung			36.800-00-00 (bar)		34.252-12-01	1
Dietrich, Georg & Metzger, Peter	Do	31.07.1623	6.500-00-00	3.250-00-00		
Braa, Abraham de				1.706-00-01		
Orseti, Guglielmo					23.182-15-04	1

Darstellung 76: (Fs.) Journal der Lumaga – Nürnberg Juli 1623

GEGENKONTO	W T	DATUM	SOLL [-]	HABEN [+]	BESTAND	TAGE
Capitani, Carlo d'Archonate und Mitverwandte				**1.300-00-00**		
Fürleger, Christoph d.Ä., Helfreich, Nikolaus u. Mitverwandte				5.556-00-00		
Philipp, Hans, Fürleger, Hans Baptist & Gundlach, Wolf				2.429-00-00		
Capitani, Carlo d'Archonate und Mitverwandte				**4.000-00-00**		
Goßwein, Georg				521-05-00		
Steer, Leonhard				2.925-00-00		
Viatis, Bartholomäus & Peller, Martin				3.482-07-08		
Tucher, Anton und Thomas, Gebrüder				3.470-00-00		
Vischer, Georg (Hans) Christoph; Goldarbeiter				646-00-00		
Abhebung			52.468-08-01 (bar)		0-00-00	25

Darstellung 76: (Fs.) Journal der Lumaga – Nürnberg Juli 1623

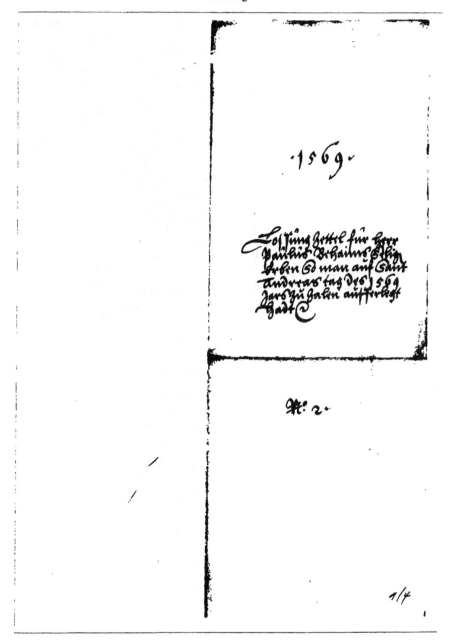

Darstellung 77: Standardisierter Losungszettel für Herr Paulus Behaims selig Erben – Nürnberg 1569

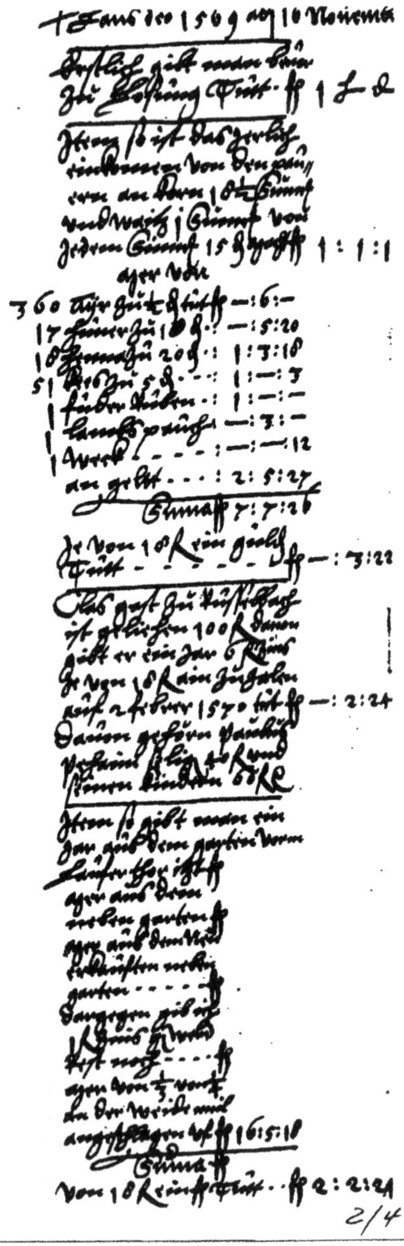

Darstellung 77: (Fs.) Standardisierter Losungszettel für Herr Paulus Behaims selig Erben
Nürnberg 1569

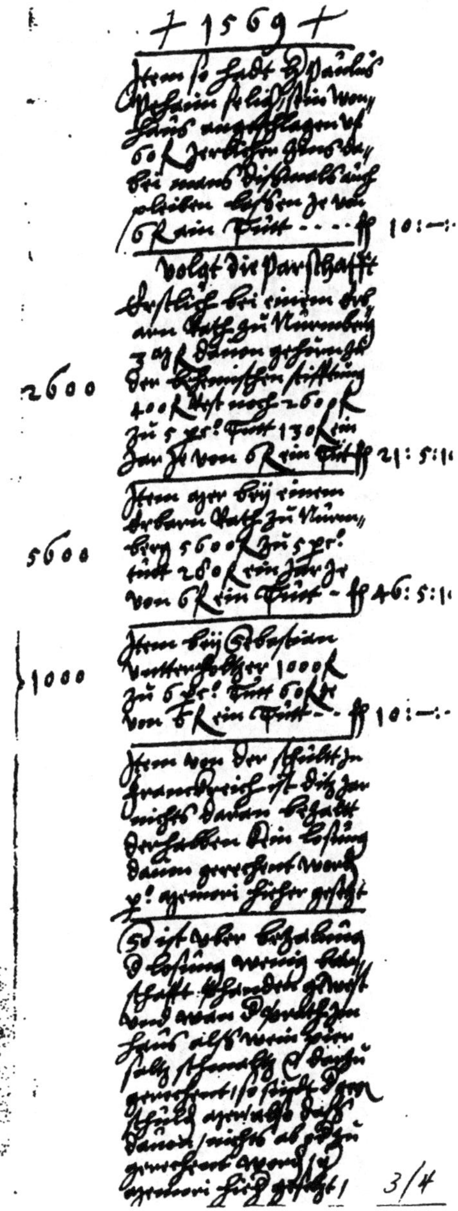
+ 1569 +

Volgt die Parschafft

2600

5600

1000

fl 10:–:–

3/4

Darstellung 77: (Fs.) Standardisierter Losungszettel für Herr Paulus Behaims selig Erben Nürnberg 1569

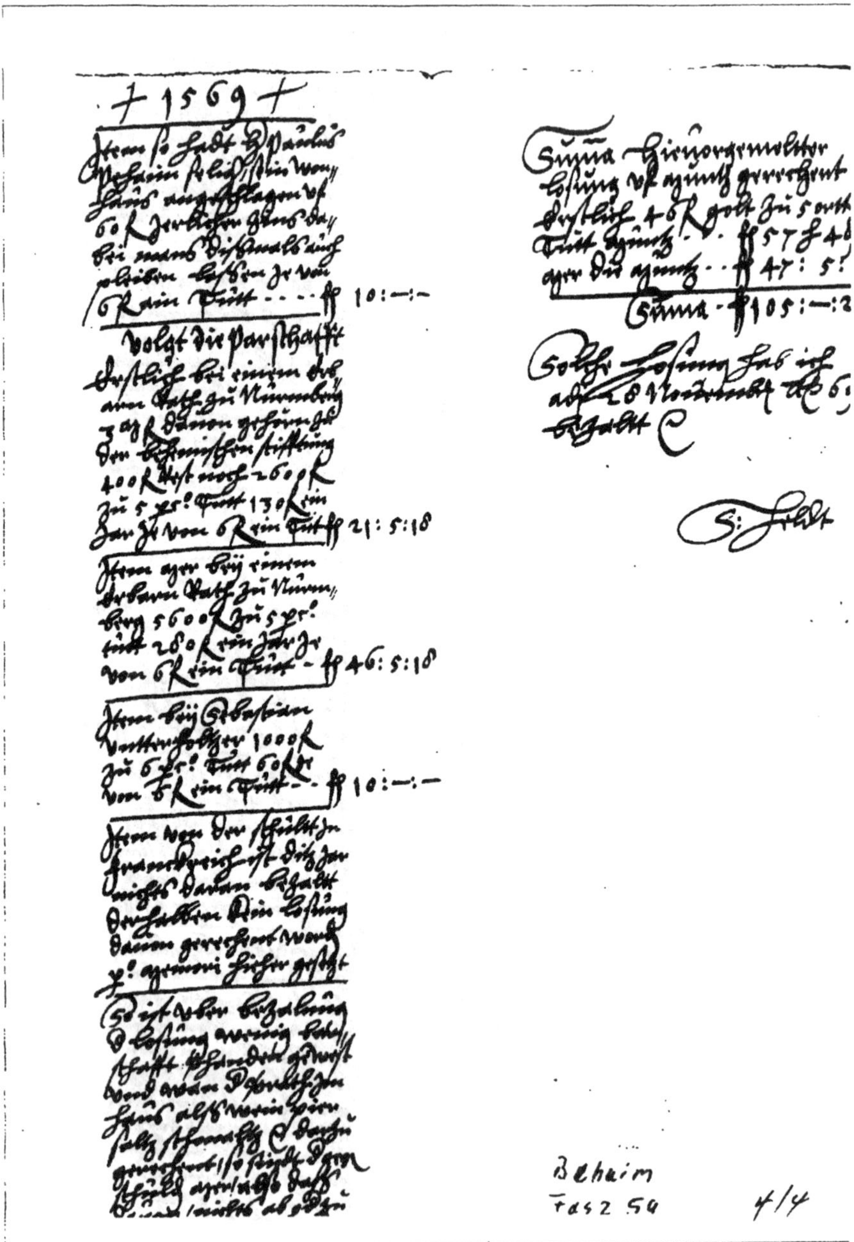

Darstellung 77: (Fs.) Standardisierter Losungszettel für Herr Paulus Behaims selig Erben
Nürnberg 1569

Banco Publico zu Nuremberg

Größte Konten mit Umsatz und Netzwerkpartnern sowie anteiligem Umsatz (absolut und prozentual von ihrem Umsatz)

Zeit-Selektion: 01.08.1621 - 31.07.1624
Konten-Selektion: 20 größte Konten
Schleifentiefe: 20 Ebenen

7. Imhoff, Wilhelm, Andreas und Mitverwandte   1.302.238-14-06

. (1) Beck, Balthasar	3.442-03-00	29,85 %
. . (2) Fuß, Matthias	5.387-04-00	84,34 %
. (1) Beer, Martin	29.903-00-11	7,06 %
. . (2) Nagel, Hans	617-10-00	100,00 %
. . (2) Reuschel, Georg	3.477-02-08	5,14 %
. . (2) Stephan, Emanuel	975-00-00	100,00 %
. . . (3) Nagel, Elias	377-00-00	100,00 %
. . (2) Conradt, Hans	2.380-10-00	19,49 %
. . . (3) Fürst, Nikolaus	2.209-11-03	11,20 %
. (1) Braun, Hans (sel.): Witwe Magdalena	8.240-00-00	14,18 %
. . (2) Pfinzing, Paulus	5.120-00-00	36,18 %
. . (2) Princkmann, Heinrich & Düttich, Abraham	2.900-00-00	18,92 %
. . (2) Schwab, Bartholomäus Lorenz	2.000-00-00	25,33 %
. (1) Brocco, Francesco	10.300-00-00	59,46 %
. (1) Buseti, Francesco	1.432-05-00	74,03 %
. (1) Edel, Michael	5.160-00-00	77,46 %
. (1) Gammersfelder, Maria (Siegmund)	15.750-00-00	100,00 %
. (1) Gammersfelder, Andreas (sel.): Erben	15.750-00-00	38,35 %
. (1) Gerardini, Pietro; Verona	5.300-00-00	100,00 %
. (1) Gigel, Hans Christoph	1.050-00-00	99,93 %
. (1) Haiden, Hans Georg	4.105-05-03	92,64 %
. (1) Harsdörfer, Hans Christoph	4.330-00-00	38,21 %
. (1) Harsdörfer, Philipp	3.000-00-00	22,36 %
. (1) Hoffstadt, Fr., Dago, A. (sel.): Erben, Weiss, H., Hoffmann, Th.	4.630-00-00	20,51 %
. . (2) Milhoffer, Hieronymus; Fingerhüter	312-00-00	60,85 %
. (1) Hülß, Dr. Achatius (sel.): Erben	5.568-15-00	100,00 %
. . (2) Heber, Dr. Georg; alhie	3.000-00-00	59,96 %
. . (2) Hülß, Hans Georg	1.500-00-00	42,85 %
. (1) Hülß, Dr. Hans Heinrich	1.325-00-00	56,38 %
. (1) Löffelholz, Marina (Hans Ernst)	3.300-00-00	99,85 %
. (1) Muffel, Hans Jakob	2.075-00-00	40,29 %
. (1) Pez, Hans Konrad	8.333-06-08	80,31 %
. (1) Scheller, Philipp; Hanau	3.045-00-00	99,97 %

Darstellung 78: Netzwerk der Imhoffschen Stammfirma – Nürnberg 1621-1624

Banco Publico zu Nuremberg

(1) Scheurl, Sebastian	2.060-00-00	31,38 %
(1) Schreck, Michael	2.330-00-00	18,35 %
(1) Teuber, Hans & Schön, Wolf und Mitverwandte	20.991-10-06	8,18 %
. . (2) Bechler, Georg und Hieronymus	1.015-00-00	100,00 %
. . (2) Fezer, Dr. Hieronymus	1.000-00-00	99,87 %
. . (2) Harsdörfer, David	1.030-00-00	99,84 %
. . (2) Harsdörfer, Paulus	5.405-00-00	99,87 %
. . (2) Helbig, Hans Paulus	264-00-00	100,00 %
. . (2) Kandel, Georg	5.391-04-10	43,85 %
. . (2) Metschker, Melchior, Amtmann in der Schau	15.451-00-00	4,92 %
. . . (3) Stockhamer, Joachim Sebastian und Hans Paulus	22.750-00-00	41,35 %
. . . . (4) Sandroth, Hans	3.315-00-00	44,03 %
. . . . . (5) Jud Secklein; Fürth	3.250-00-00	100,00 %
. . . . (4) Wolf, Wolf	6.695-00-00	7,97 %
. . . . . (5) Werden, Ludwig von	1.200-00-00	14,34 %
. (1) Trainer, Katharina (Georg)	4.000-00-00	99,92 %
. (1) Tressal, Anton (sel.): Erben	17.000-00-00	40,14 %
. (1) Ulrich, Kaspar	5.120-14-00	7,32 %
. (1) Viatis, Hans	2.000-00-00	100,00 %

Statistik / Konto: Anzahl der Firmen auf den einzelnen Zuordnungsebenen:
1: 26   2: 19   3: 3   4: 2   5: 2

Darstellung 78 (Fs.): Netzwerk der Imhoffschen Stammfirma – Nürnberg 1621-1624

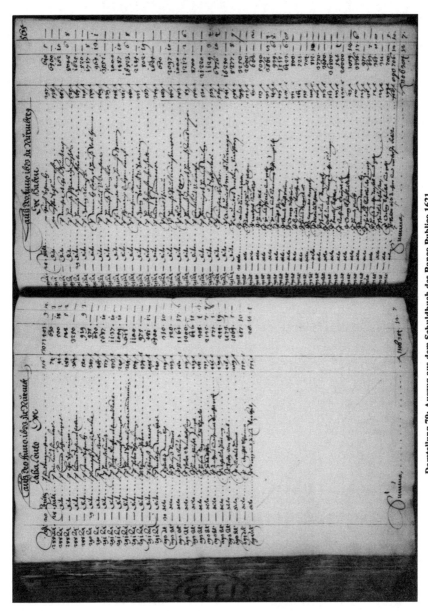

Darstellung 79: Auszug aus dem Schuldbuch des Banco Publico 1621

Quellen- und Rarissimaverzeichnis

Archivio della Congregazione per la Dottrina della Fede, Rom (ACDF),	Signatur: LL 3-e
Bayerisches Hauptstaatsarchiv München (BayHStaatsAM)	Reichskammergerichtsakten 14909

Bayerisches Staatsarchiv Nürnberg (BayStaatsAN)

Rep. 2b, Losungsamt, 7-farbiges Alphabet, Urkunden
3311-3523-3792-3895
Rep. 4, Differentialakten
562
Rep. 16a, B-Laden, Akten
S I, L 199, 2
Rep. 18a, D-Laden, Akten
4178
Rep. 19a, E-Laden, Akten
5 – 6 – 223 – 242 - 242 (4) – 243 - 244 – 245 – 246 -
S I, L 115: 5 – 5b - 5i - nach 5i – 6 - 7
S VII, L 123: 220 (1) - 220 (2) - 220 (Beilage zu 2) - 220 (3) -
220 (4) - 220 (6) - 220 (8) - 220 (9) - 220 (10) - 220 (12) - 220
(13) - 435
Rep. 44e, Losungsamt, Akten
S I, L 115, 7
Rep. 51, Ratschlagbücher
11 – 24 – 24 - 34
Rep. 52a, Handschriftensammlung
191
Rep. 52b, Amts- und Standbücher, 61, 234
Rep. 54aII, Stadtrechnungsbelege
310 – 347 – 407 – 456 – 480 - 547
Rep. 60a, Verlässe des Inneren Rats
1855 – 1981
Rep. 60b, Ratsbücher
11 – 33 – 34 – 35 – 56 - 71
Rep. 60d, Verlässe der Herren Älteren
6 – 22 - 31
Rep. 60e, Geheime Verlässe der Herren Älteren
1
Rep. 61a, Briefbücher des Inneren Rats
218
Rep. 62, Ämterbüchlein
83

Germanisches Nationalmuseum Nürnberg (GNM)

Kupferstichkabinett
P 1196
Rep. II/67, Behaim-Archiv
Fasz. 25 – 48 – 53 – 59 – 63 – 65 – 84 - 158 – 159 – 160 – 162
– 172 - 174
Rep. 74/II, Imhoff-Archiv, I

29,1-11 – 30,10 (neue Nummer) – 38,6 – 41,9,5-7 – 46,3 –
47,1-3 – 49,1 – 51,1
Rep. 74/II, Imhoff-Archiv, II
5/I, - 212

Hofkammerarchiv Wien (HKAW)	Hoffinanz 473, E - 555, E, Prag
Staatsarchiv Basel (StaatsABasel)	Stemma Werthemann Bibl. Quart Conv., 458
Staatsarchiv Graubünden, Chur (StaAGR)	Hauptbestand B 1863, Zeitgenössische Regesten, Bergwerksakten, zur Hauptsache der Bergwerke Filisur aus den Jahren 1560-1650
Stadtarchiv Nürnberg (StadtAN)	Av (Dienstbibliothek) *7129. (1-3)* (= Lambert F. Peters: *Quellen* zur internationalen Handels- und Bankgeschichte – Nürnberg 1621/22-1623/24 – Hamburg 1619 – Amsterdam 1625 Av (Dienstbibliothek) *7130.4 (1-16)* (= Lambert F. Peters: *Quellen* zur internationalen Handels- und Bankgeschichte – Nürnberg 1621/22-1647/48 – Hamburg 1619 – Amsterdam 1625 B 14, Stadtgerichtsakten, Libri Conservatorii 146 - 200 E 1, Genealogische Papiere Werthemann - Rottengatter E 8, Handelsvorstand 573 – 1522 – 1794 – 2627 – 3504 – 3927 – 3928 – 3931 – 4079 – 4082 – 4233 AA bis 4248 QQ – 4291 AA bis 4306 QQ E 10/21, Nachlaß Nagel 113
Stadtbibliothek Nürnberg (StadtbN)	Christoph Fürers von Haimendorff ... *Reis=Beschreibung.* Nürnberg 1646 *Chronik* der Stadt *Nürnberg* (Amb. 83.2⁰) Imhoff, Hans Hieronymus: *Geheim-Büchlein* für mich Hans Hieronymus Imhoff 1622-1659 (63.4⁰) Imhoff, Willibald: Hernach volgt das ander *uncost puch* meyner Haushaltung 1564-1578. Imhoff, Willibald *Memorya puch* (Wiboldt Im Hoff) ... Inventarium mayn und meynen weybs Sylbergeschyrr und was mich meyne antiquitetten auch das gemelwerk kost .. 1533-1576 (65.4⁰) Imhoff, Willibald ... Was ich (Wilbold Imhof) für *Antiquitett* auch Andere Kuns und gemel hab, Auch wie ich solche wirdig und schecz und was mich solche kosten. 1573. (66.4⁰) *Verzeichnis* der *Losunger* (Will I. 502.4⁰). 1561 Verzeichnis der in Nürnberg *hingrichtete*n *Personen* (Will I. 530b)

Literaturverzeichnis

Abel, Wilhelm
Hausse und *Krisis* der europäischen *Getreidemärkte* um die Wende vom 16. zum 17. Jahrhundert. (Histoire économique du monde méditerranéen 1450-1650. E. Privat (Éd.). Toulouse 1973. S. 19-30.)

Achilles, Walter
Grundsatzfragen zur *Darstellung* von *Agrarkonjunkturen* und -krisen nach der Methode Wilhelm Abels. (Vierteljahrschrift für Sozial- und Wirtschaftsgeschichte. 85/3. 1998. S. 307-351.)

Albach, Horst
Globalisierung als *Standortarbitrage*. Zur Standortqualität von Industrieländern. (Zeitschrift für Betriebswirtschaft. Ergänzungsheft 2/92. 1-25.)
(Hg.) Zur Theorie der *Unternehmung*. Schriften und Reden von Erich Gutenberg. Aus dem Nachlaß. Berlin u.a. 1989.

Amato, Massimo
Il decentramento dell'economia mediterranea. *Il caso di Milano* fra crisi e riconversione (secoli XVI e XVII) (Rivista storica italiana. 1994/3. S. 622-650.)

Ammann, Hektor
Die wirtschaftliche Stellung der Reichsstadt *Nürnberg* im *Spätmittelalter*. Nürnberg 1970.
Deutsch-spanische Wirtschaftsbeziehungen bis zum Ende des 15. Jahrhunderts. (Kölner Kolloquien zur internationalen Sozial- und Wirtschaftsgeschichte. H. Kellenbenz (Hg.). 1. Köln-Wien 1970. S. 132-155.)
Nürnbergs industrielle Leistung im Spätmittelalter. (Forschungen zur Sozial- und Wirtschaftsgeschichte. 10. 1968. S. 1-15.)
Wirtschaftsbeziehungen zwischen *Oberdeutschland* und *Polen* im Mittelalter. (Vierteljahrschrift für Sozial- und Wirtschaftsgeschichte. 48. S. 433-443.)

Anders, Otto
Nürnberg um die Mitte des 15. Jahrhunderts im Spiegel *ausländischer Betrachtung*. (Mitteilungen des Vereins für Geschichte der Stadt Nürnberg. 50. 1950. S. 100-112.)

Arbel, Benjamin
Trading Nations. *Jews* and *Venetians* in the Early Modern Eastern Mediterranean. Leiden-New York-Köln 1995.

Aubin, Gustav
Aus der *Frühzeit des Kapitalismus*. Der kollektive Lieferungsvertrag. (Zeitschrift für das gesamte Handels- und Konkursrecht. 84. 1921. S. 423-458.)

Aubin, Gustav und Kunze, Arno
Leinenerzeugung und Leinenabsatz im östlichen Mitteldeutschland zur Zeit der Zunftkäufe. Ein Beitrag zur industriellen Kolonisation des deutschen Ostens. Stuttgart 1940.

Aubin, Hermann
Formen und Verbreitung des *Verlagswesens* in der *Altnürnberger Wirtschaft*. (Beiträge zur Wirtschaftsgeschichte Nürnbergs. 11/II. Stadtarchiv Nürnberg (Hg.). 1967. S. 620-668.)

Augel, Johannes
Italienische Einwanderung und Wirtschaftstätigkeit in rheinischen Städten des 17. und 18. Jahrhunderts. Bonn 1971.

Aureggi, Olimpia
I *Lumaga* di *Piuro* e di *Chiavenna*. Ricerche su patriziato e nobiltà Lombardia. (Archivio Storico Lombardo. 89. S. 222-289.)

Baader, Joseph
Nürnberger Polizeiordnungen aus dem XIII. bis XV. Jahrhundert. Stuttgart 1861. Neudruck Amsterdam 1966.

Backmann, Sibylle
Kunstagenten oder *Kaufleute*? Die Firma Ott im Kunsthandel zwischen Oberdeutschland und Venedig (1550-1650). (Kunst und ihre Auftraggeber im 16. Jahrhundert: Venedig und Augsburg im Vergleich. K. Bergdolt-J. Brüning (Hg.). Berlin 1997. S. 175-197.)
Italienische Kaufleute in *Augsburg* 1550-1560. (Augsburger Handelshäuser im Wandel des historischen Urteils. J. Burkhardt (Hg.). Berlin 1996. S. 224-240.)

Badian, Ernst
Zöllner und *Sünder*. Unternehmer im Dienst der römischen Republik. Darmstadt 1997.

Barbier, Hans D.
Föderalismus bedeutet Wettbewerb. (Frankfurter Allgemeine Zeitung. 117. 22.05.1999. S. 15.)

Bardenhewer, Luise
Der *Safranhandel* im Mittelalter. Diss. Bonn 1914.

Bartelmeß, Albert
Rezension: *Markgraf Albrecht Alcibiades* und die Reichsstadt Nürnberg. Vortrag von Bernhard Sicken vor dem Geschichtsverein Nürnberg. (Mitteilungen des Vereins für Geschichte der Stadt Nürnberg. 60. 1973. S. 424-425.)
Lebensbeschreibung des *Hans Rieter von Kornburg* (1522-1584). (Mitteilungen des Vereins für Geschichte der Stadt Nürnberg. 56. 1969. S. 360-383.)

Bartels, Karl Heinz
Drogenhandel und apothekenrechtliche Beziehungen zwischen Venedig und Nürnberg. Frankfurt a.M. 1966.

Barthold, Hans-Martin
Freunde fürs Leben. Alumni-Vereine: Wertvolle Netzwerke für Absolventen und Hochschulen. Helfer bei der Rekrutierung. (Frankfurter Allgemeine Zeitung. 59. 10.03.2001. S. 67.)

Bauer, Clemens
Mittelalterliche *Staatsfinanz* und internationale *Hochfinanz*. (Gesammelte Aufsätze zur Wirtschafts- und Sozialgeschichte. C. Bauer (Hg.). Freiburg-Basel-Wien 1965. S. 88-111.)

Die *wirtschaftlichen Grundlagen Karls V.* (Gesammelte Aufsätze zur Wirtschafts- und Sozialgeschichte. C. Bauer (Hg.). Freiburg-Basel-Wien 1965. S. 346-355.)
Die *Epochen* der *Papstfinanz.* (Historische Zeitschrift. 138. 1928. S. 457-503.)

Bauer, Heinrich
Die *Mauthalle* in Nürnberg, ein Meisterwerk der Spätgotik. (Fränkische Heimat. 16. 1937. S. 85-97.)

Bauer, Lothar
Die *italienischen Kaufleute* und ihre Stellung im protestantischen *Nürnberg* am Ende des 16. Jahrhunderts. Zu einem Bericht an die Kurie vom Jahre 1593. (Jahrbuch für fränkische Landesforschung. 22. 1962. S. 1-18.)

Bauernfeind, Walter
Die *reichsten Nürnberger Bürger* 1579 und ihre Stellung in der reichsstädtischen Gesellschaft. (Jahrbuch für fränkische Landesforschung. 60. 2000. S. 200-249.)
Materielle Grundstrukturen im Spätmittelalter und der Frühen Neuzeit. Preisentwicklung und Agrarkonjunktur am *Nürnberger Getreidemarkt* von 1339-1760. Nürnberg 1993.

Baumann, Wolf-Rüdiger
Merchant Adventurers an the Continental Cloth-trade (1560s-1620s). Berlin-New York 1990.

Beck, Hanno - Prinz, Aloys
Das globale *Internet-Dorf* regieren. (Frankfurter Allgemeine Zeitung. Nr. 56. 07. März 1998. S. 15.)

Beifus, Josef
Hans Sachs und die Reformation bis zum Tode Luthers. (Mitteilungen des Vereins für Geschichte der Stadt Nürnberg. 19. 1911. S. 1-76.)

Belzyt, Leszek
Nürnberger Kaufleute, Handwerker und Künstler in *Krakau.* (Nürnberg. Eine europäische Stadt in Mittelalter und Neuzeit. H. Neuhaus (Hg.). Nürnberg 2000. S. 249-261.)

Benapiani, Lorenzo
Il *Palazzo Vertemate* in Piuro. Milano 1907.

Bentmann, Reinhard
Die *Villa* als *Herrschaftsarchitektur*: Versuch einer kunst- und sozialgeschichtlichen Analyse. Frankfurt a.M. 1992.

Bergier, Jean-François
From the Fifteenth Century in Italy to the Sixteenth Century in Germany: A *New Banking Concept?* (The Dawn of Modern Banking. New Haven-London 1979. S. 105-129.)

Bernecker, Walther L.
Nürnberg und die *überseeische Expansion* im 16. Jahrhundert. (Nürnberg. Eine europäische Stadt in Mittelalter und Neuzeit. H. Neuhaus (Hg.). Nürnberg 2000. S. 185-217.)

Bernhart, Robert L.
Plurs – ein Pompeji des 17. Jahrhunderts. (Magazin. Wochenbeilage der Bündner Zeitung und des Oberländer Tagblattes. 182. 06.08.1988. S. 16-17.)

Biebinger, Wilhelm - Neukam, Wilhelm
Quellen zur *Handelsgeschichte* der Reichstadt Nürnberg. 1. Erlangen 1934.

Biedermann, Johann Gottfried
Geschlechtsregister des hochadeligen *Patriziats* zu *Nürnberg*. Neustadt a.d. Aisch 1982.
(Unveränderter Nachdruck der Ausgaben von 1748 und 1854.)
Bitz, Michael
Entscheidungstheorie. München 1981.
Blaich, Fritz
Die Bedeutung der *Reichstage* auf dem Gebiet der *öffentlichen Finanzen* im Spannungs-
feld zwischen Kaiser, Territorialstaaten und Reichsstädten (1495-1670). (Finanzen und
Staatsräson in Italien und Deutschland in der frühen Neuzeit. A. De Maddalena-H. Kel-
lenbenz (Hg.). Berlin 1992. S. 79-111.)
Die *Reichsmonopolgesetzgebung* im Zeitalter Karls V. Ihre ordnungspolitische Proble-
matik. Stuttgart 1967.
Blaschke, Karlheinz
Die *Kurfürsten* von Sachsen als Förderer der *Leipziger Messe.* Von der landesgeschicht-
lichen Grundlegung zur kontinentalen Wirkung. (Leipzigs Messen - 1497-1997. Ge-
staltwandel-Umbrüche-Neubeginn. H. Zwahr-Th. Topfstedt-G. Bentele (Hg.). 1: 1497-
1914. Köln-Weimar-Berlin 1999. S. 61-73.)
Die Stadt *Leipzig* und ihre *Messen.* Funktionale Beziehungen zwischen Stadtgrundriß,
Messebetrieb und Stadtbild. (Europäische Messen und Märktesysteme in Mittelalter
und Neuzeit. P. Johanek-H. Stoob (Hg.). Köln-Weimar-Wien 1996. S. 295-304.)
Blendinger, Christian
Der *Lorenzer Hallenchor–Schatzkammer* und Ort der Verkündung. 500 Jahre Hallen-
chor St. Lorenz 1477-1977. Verein zur Erhaltung der St. Lorenzkirche und Verein für
Geschichte der Stadt Nürnberg. Bauer, H. u.a. (Hg.). Nürnberg 1977. S. 22-40.)
Blendinger, Friedrich unter Mitarbeit von Elfriede Blendinger
Zwei *Augsburger Unterkaufbücher* aus den Jahren 1551-1558. Älteste Aufzeichnungen
zur Vor- und Frühgeschichte der Augsburger Börse. Stuttgart 1994.
Blick durch die Wirtschaft
Der Mittelstand behauptet sich mit strategischen *Allianzen.* (ht. Blick durch die Wirt-
schaft. 2/3. S. 1. 05.11.1997.)
Böckler, Georg Andreas
Nützliche *Haus- und Feld-Schule.* Nürnberg [2]1683.
Bog, Ingomar
(Hg.) Der *Außenhandel Ostmitteleuropas 1450-1650.* Die ostmitteleuropäischen
Volkswirtschaften in ihren Beziehungen zu Mitteleuropa. Köln-Wien 1971.
Boockmann, Hartmut
Mäzenatentum am Übergang vom Mittelalter zur Reformationszeit. (Stadt und Mäzena-
tentum. B. Kirchgässner-H.-P. Becht (Hg.). Sigmaringen 1997. S. 31-44.)
Borel, Frédéric
Les foires de Lyon au XVe et XVIe siècle. Paris 1937.
Bosl, Karl
Italienisch-deutsche Kulturbeziehungen im 17. Jahrhundert vornehmlich in dessen
zweiter Hälfte. (Zeitschrift für bayerische Landesgeschichte. 30. 1967. S. 507-525.)

Bayern und *Italien*. Zwölfhundert Jahre kultureller und menschlicher Begegnung. (Gemeinsames Erbe. Perspektiven europäischer Geschichte. K. Rüdinger (Hg.) München 1959. S. 55-87.)

Boyer-Xambeu, Marie-Thérèse u.a.
Monnaie privée et *pouvoir* des princes. L'économie de la Renaissance. Paris 1963.

Brandt, Ahasver von
Der Untergang der Polis als Großmacht. *Lübeck* und *Venedig im 16. Jahrhundert*. (Geist und Politik in der Lübeckischen Geschichte. A. v. Brandt (Hg.). Lübeck 1954. S. 147-164.)
Hamburg und *Lübeck*. Beiträge zu einer vergleichenden Geschichtsbetrachtung. (Geist und Politik in der Lübeckischen Geschichte. A. v. Brandt (Hg.). Lübeck 1954. S. 122-146.)

Braudel, Fernand
La Mediterranée et le monde méditerranéen à l'époque de Philipp II. Paris 1949.

Braunstein, Philippe
Wirtschaftliche Beziehungen zwischen *Nürnberg* und *Italien* im Spätmittelalter. (Beiträge zur Geschichte und Kultur der Stadt Nürnberg. 11/I. Stadtarchiv Nürnberg (Hg.). 1967. S. 377-406.)

Brübach, Nils
Die *Reichsmessen* von Frankfurt am Main, Leipzig und Braunschweig (14.-18. Jahrhundert). Stuttgart 1994.

Brulez, Wilfrid
Marchands Flamands à Venise. Bruxelles-Rome 1965.

Bruscoli, Francesco Guidi
Der Handel mit Seidenstoffen und Leinengeweben zwischen *Florenz* und *Nürnberg* in der ersten Hälfte des 16. Jahrhunderts. (Mitteilungen des Vereins für Geschichte der Stadt Nürnberg. 86. 1999. S. 81-113.)

Bub, Gustav
Alte *Nürnberger Familien*. Hersbruck 1930.

Buhl, Franz
Der Niedergang der *reichsstädtischen Finanzwirtschaft* und die kaiserliche Subdelegations-Kommission von 1797-1806. (Mitteilungen des Vereins für Geschichte der Stadt Nürnberg. 26. 1926. S. 111-278.)

Burckhardt, Johannes
(Hg.) *Augsburger Handelshäuser* im Wandel des historischen Urteils. Berlin 1996.

Burger, Helene (Bearb.)
Nürnberger Totengeläutbücher. III. St. Sebald 1517-1572. Neustadt a.d. Aisch 1972.

Busse, Francisca
Wenn die Managerin ihre Meete in *Führungspositionen* hievt. (Frankfurter Allgemeine Zeitung. 19. 23.01.1999. S. 57.)

Carande, Ramón
Carlos V y sus Banqueros. La hacienda Real de Castilla. II+III. Madrid 1949.

Casson, Mark
Studies in the *Economics of Trust*. Vol. 1: Entrepreneurship and Business Culture; Vol. 2: The Organization of International Business. Brookfield 1995.

Christaller, Walter
Die *Zentralen Orte* in Süddeutschland. Jena 1933 (Unveränderter Nachdruck Darmstadt 1968.)

Christmann, Thomas
Das Bemühen von Kaiser und Reich um die *Vereinheitlichung des Münzwesens*. Zugleich ein Beitrag zum Rechtsetzungsverfahren im Heiligen Römischen Reich nach dem Westfälischen Frieden. Berlin 1988.

Cipolla, Carlo M.
Allegro ma non troppo. Die *Rolle der Gewürze* (insbesondere des Pfeffers) für die wirtschaftliche Entwicklung des Mittelalters. Die Prinzipien der menschlichen Dummheit. Berlin 2001 (Italienische Erstausgabe 1988).

Cowan, Alexander Francis
The Urban Patriciate. *Lübeck* and *Venice* 1580-1700. Köln 1986.

Crollalanza, Giovanni Battista
Storia del contado di *Chiavenna*. Milano 1867.

Dalhede, Christina
Augsburg und *Schweden* in der Frühen Neuzeit. Europäische Beziehungen und soziale Verflechtungen. Studien zu Konfession, Handel und Bergbau. 2 Teilbände. St. Katharinen 1998.

Day, John
Money and *Credit* in Medieval and Renaissance Italy. (The medieval market economy. J. Day (Ed.) Oxford-New York 1987. S. 141-161.)

Demelius, Heinrich
Nürnberg und *Wien*. Privatrechtliche Beziehungen im Spätmittelalter und in der Frühneuzeit. (Jahrbuch des Vereins für Geschichte der Stadt Wien. 30/31. 1974/75. S. 7-38.)

Denzel, Markus A.
Die *Integration* Deutschlands in das internationale *Zahlungsverkehrssystem* im 17. und 18. Jahrhundert. (Vierteljahrschrift für Sozial- und Wirtschaftsgeschichte. Beiheft 128. 1996. S. 58-109.)
La Practica della Cambiatura". Europäischer Zahlungsverkehr vom 14. bis zum 17. Jahrhundert. Stuttgart 1994.
Die *Braunschweiger Messen* als regionaler und überregionaler Markt im norddeutschen Raum in der zweiten Hälfte des 18. und im beginnenden 19. Jahrhundert. (Vierteljahrschrift für Sozial- und Wirtschaftsgeschichte. 85/1. 1998. S. 41-93.)

Dethan, Georges
Mazarin et ses amis. Paris 1968.

Dettling, Käthe
Der *Metallhandel Nürnbergs* im 16. Jahrhundert. (Mitteilungen des Vereins für Geschichte der Stadt Nürnberg. 27. 1928. S. 97-241.)

Diefenbacher, Michael
Messeplatz Nürnberg (Stadtlexikon. Nürnberg [2]2000, S. 690.)
Die *Tucherisch Compagnia*. Ein Nürnberger Handelshaus um 1500. (Manuskript des Verfassers.)

Handel im Wandel: Die *Handels- und Wirtschaftsmetropole Nürnberg* in der frühen Neuzeit (1550-1630). (Stadt in der Geschichte. B. Kirchgässner-H.P. Becht (Hg.). 22. 1995. S. 63-81.)

Dietz, Alexander
Frankfurter Handelsgeschichte. 1-4. Glashütten im Taunus 1970. (Unveränderter Nachdruck der Ausgabe Frankfurt/M. 1910-1925.)

Dini, Bruno
L'economia fiorentina e l'Europa centro-orientale nelle fonti toscane. (Archivio Storico Italiano. 153. 1995. S. 633-655.)

Dirlmeier, Ulf
Mittelalterliche *Zoll-* und *Stapelrechte* als Handelshemmnisse? (Vierteljahrschrift für Sozial- und Wirtschaftsgeschichte. Beiheft 80. 1987. S. 19-39.)
Mittelalterliche *Hoheitsträger* im wirtschaftlichen *Wettbewerb*. (Vierteljahrschrift für Sozial- und Wirtschaftsgeschichte. Beiheft 51. 1966.)

Dirlmeier, Ulf - Schmidt, Fritz
Zölle. (Von Aktie bis Zoll. M. North (Hg.). München 1995. S. 445-447.)

Doehaerd, Renée
Etudes Anversoises. Documents sur le commerce international à Anvers 1488-1514. 1-3. Paris 1962/3.
Les Relations commerciales entre *Gênes*, la Belgique et l'Outremer d'après les Archives notariales gênes aux XIII° et XIV° s. I-III. Brüssel-Rom 1941.

Doren, Alfred
Italienische Wirtschaftsgeschichte. 1. Jena 1934.

Dormeier, Heinrich
St. Rochus, die Pest und die Imhoffs in Nürnberg vor und während der Reformation. (Anzeiger des Germanischen Nationalmuseums. 1985. S. 7-72.)
Kirchenjahr, Heiligenverehrung und große Politik im *Almosengefällbuch* der Nürnberger *Lorenzpfarrei* (1454-1516). (Mitteilungen des Vereins für Geschichte der Stadt Nürnberg. 84. 1977. S. 1-60.)

Drozdowski, Marian
Der Handel zwischen *Großpolen* und *Mitteleuropa* im 16. und in der ersten Hälfte des 17. Jahrhunderts. (Schichtung und Entwicklung der Gesellschaft in Polen und Deutschland im 16. und 17. Jahrhundert. M. Biskup-K. Zernack (Hg.). Wiesbaden 1983. S. 55-58.)

Dürr, Ernst
Prozeßpolitik. (Kompendium der Volkswirtschaftslehre. W. Ehrlicher u.a. (Hg.). Band 2. Göttingen 1972. S. 95-177.)

Ebeling, Dietrich - Mager, Wolfgang
(Hg.) *Protoindustrie* in der *Region*. Europäische Gewerbelandschaften vom 16. bis zum 19. Jahrhundert. Bielefeld 1997.

Ebneth, Bernhard
Stipendienstiftungen in Nürnberg. Eine historische Studie zum Funktionszusammenhang der Ausbildungsförderung für Studenten am Beispiel einer Großstadt (15.-20. Jahrhundert). Nürnberg 1994.

Eckert, Willehad Paul - Imhoff, Christoph von
Willibald Pirckheimer. Dürers Freund. Caritas Pirckheimer. Ordensfrau und Humanistin. Köln ²1982.

Ehrenberg, Richard
Das *Zeitalter der Fugger.* Geldkapital und Creditverkehr im 16. Jahrhundert. 1+2. Jena 1896.

Ehrlicher, Werner
Finanzwissenschaft. (Kompendium der Volkswirtschaftslehre. 2. W. Ehrlicher u.a. (Hg.). Göttingen 1972. S. 193-380.)

Eisenhart, August
Andreas Imhof. (Allgemeine Deutsche Biographie. 14. 1881. S. 38-42.)

Elias, Norbert
Die *höfische* Gesellschaft. Untersuchungen zur Soziologie des Königtums und der höfischen Aristokratie. Darmstadt 51981.

Ember, Gyözö
Ungarns *Außenhandel* mit dem Westen um die Mitte des XVI. Jahrhunderts. (Der Außenhandel Ostmitteleuropas. I. Bog (Hg.). Köln-Wien 1971. S. 86-104.)

Endres, Rudolf
Musikinstrumentenbau und –handel in Nürnberg im ausgehenden Mittelalter und der Frühneuzeit. (Mitteilungen des Vereins für Geschichte der Stadt Nürnberg. 82. 1995. S. 57-68.)
Adel und *Patriziat* in Oberdeutschland. (Ständische Gesellschaft und soziale Mobilität. W. Schulze (Hg.). München 1988. S. 221-238.)
Adelige Lebensformen in Franken zur Zeit des Bauernkrieges. Würzburg 1974.
Die *Einwohnerzahl* und *Bevölkerungsstruktur* Nürnbergs im 15./16. Jahrhundert. (Mitteilungen des Vereins für Geschichte der Stadt Nürnberg. 57. 1970. S. 242-271.)
Zur Geschichte des *fränkischen Reichskreises.* (Würzburger Diözesan-Geschichtsblätter. 29. 1967. S. 168-183.)

Engelhardt, Adolf
Die *Reformation* in *Nürnberg.* I. Nürnberg 1936.

Engels, Marie-Christine
Merchants, Interlopers, Seamen and Corsairs. The Flemish" Community in Livorno and Genova (1615-1635). Hilversum 1997.

Ennen, Edith
Die Rheinlande, Mittel- und Osteuropa im *Antwerpener Messenetz.* (Europäische Messen und Märktesysteme in Mittelalter und Neuzeit. P. Johanek und H. Stoob (Hg.). Köln-Weimar-Wien 1996. S. 87-104.)
Die *niederländischen Messen* unter besonderer Berücksichtigung der Brabanter Messen und ihrer Bedeutung für die Messestadt Frankfurt. (Brücke zwischen den Völkern. Zur Geschichte der Frankfurter Messe. I. H. Pohl (Hg.). Frankfurt/Main 1991. S. 133-154.)

Esch, Arnold
Überweisungen an die *apostolische Kammer* aus den Diözesen des Reiches unter Einschaltung italienischer und deutscher Kaufleute und Bankiers. Regesten der vatikanischen Archivalien 1431-1475. (Quellen und Forschungen aus italienischen Archiven und Bibliotheken. 78. 1998. S. 262-387.)

Viele *Loyalitäten*, eine *Identität*. Italienische Kaufmannskolonien im spätmittelalterlichen Europa. (Zeitalter und Menschenalter. München 1994. S. 115-133.)

Falke, Jacob
Die deutsche *Trachten-* und *Modenwelt*. Ein Beitrag zur deutschen Culturgeschichte. 2. Leipzig 1858.

Fehrenbach, Elisabeth
(Hg.) *Adel* und *Bürgertum in Deutschland* 1770-1848. München 1994.

Fischer, Gerhard
Aus zwei Jahrhunderten *Leipziger Handelsgeschichte* (1470-1650). (Die kaufmännische Einwanderung und ihre Auswirkungen). Leipzig 1929.

Fischer, Wolfram
Markt- und *Informationsnetze* in der (neuzeitlichen) Wirtschaftsgeschichte des atlantischen Raumes. (Expansion-Integration-Globalisierung. Studien zur Geschichte der Weltwirtschaft. W. Fischer-P. Erker-H. Volkmann (Hg.). Göttingen 1998. S. 15-35.)

Fleischmann, Peter
(Bearb.) Das *Reichssteuerregister* von 1497 der Reichsstadt Nürnberg (und der Reichspflege Weißenburg). Nürnberg 1993.
Das *Bauhandwerk* in *Nürnberg* vom 14. bis zum 18. Jahrhunderts. Nürnberg 1985.

Fliedner, H.
Die *Rheinzölle* der *Kurpfalz* am Mittelrhein, in Bacharach und Kaub. (Westdeutsche Zeitschrift für Geschichte und Kunst. Ergänzungsheft XV. 1910.)

Fouquet, Gerhard
Die Affäre *Niklas Muffel*. Die Hinrichtung eines Nürnberger Patriziers im Jahre 1469. (Vierteljahrschrift für Sozial- und Wirtschaftsgeschichte. 83. 1996. S. 459-500.)
Die *Finanzierung* von *Krieg und Verteidigung* in oberdeutschen Städten des späten Mittelalters. (Stadt und Krieg. B. Kirchgässner-G. Scholz (Hg.). Sigmaringen 1989. S. 41-82.)

Franz, Eckhart G.
Der *Finanzplatz Frankfurt* und die Hof- und Staatsfinanzen der hessischen Fürstenstaaten. (Blätter für deutsche Landesgeschichte. NF. 125. 1989. S. 43-62.)

Franz, Eugen
Nürnberg, Kaiser und *Reich*. Studien zur reichsstädtischen Außenpolitik. München MCMXXX.

Frenzel, Gottfried
Die *Farbverglasung* aus *St. Lorenz* Nürnberg. Augsburg 1968.
Kaiserliche *Fensterstiftungen* des vierzehnten Jahrhunderts in Nürnberg. (Mitteilungen des Vereins für Geschichte der Stadt Nürnberg. 51. 1962. S. 1-17.)

Freund, Bernd
Die *italienischen Kaufleute* in *Nürnberg* an der Wende zum 17. Jahrhundert. (Diplomarbeit an der Wirtschafts- und Sozialwissenschaftlichen Fakultät der Friedrich-Alexander-Universität (Seminar Prof. Dr. H. Kellenbenz). Erlangen-Nürnberg, SS 1975.)

Fried, Johannes
Die *Frankfurter Messe*. - 750 Jahre Messen in Frankfurt. Besucher und Bewunderer. Literarische Zeugnisse aus ihren ersten acht Jahrhunderten. Frankfurt a.M. 1990.

Friedrich, Gunther
Bibliographie zum *Patriziat* der Reichsstadt Nürnberg. Nürnberg 1994.

Fuchs, Rudolf
Der *Bancho Publico* zu Nürnberg. Wirtschaftswiss. Diss. Nürnberg 1950.

Fügedi, Erik
Der *Außenhandel Ungarns* am Anfang des 16. Jahrhunderts. (Der Außenhandel Ostmitteleuropas 1450-1650. I. Bog (Hg.). Köln-Wien 1971. S. 57-85.)

Funck, Rolf
Außenwirtschaftstheorie.(Kompendium der Volkswirtschaftslehre. 1. W. Ehrlicher u.a. (Hg.). Göttingen 1972. S. 408-465.)

Gablers Wirtschaftslexikon (Hg. R. und H. Sellien).
Band 3. Wiesbaden [10]1980.

Gäfgen, Gérard
Theorie der *Wirtschaftspolitik*. (Kompendium der Volkswirtschaftslehre. W. Ehrlicher u.a. (Hg.). 2. Göttingen 1972. S. 1-94.)

Gärtner, Georg
Streifzüge durch *Alt-Nürnberg*. 1/A. Nürnberg 1925.

Gascon, Richard
Grand commerce et Vie Urbaine au XVIe siècle. *Lyon* et ses marchands (environs de 1520–environs de 1580.) 1+2. Paris 1971.

Gebert, Carl Friedrich
Geschichte der *Münzstätte* der Reichsstadt *Nürnberg*. Nürnberg 1890.

Gecsényi, Lajos
Handelsbeziehungen zwischen *Ungarn* und den *süddeutschen Städte*n am Anfang der Frühen Neuzeit. (Bayern-Ungarn. Tausend Jahre. W. Wurster u.a. (Hg.). Regensburg 2001. S. 121-136.)
Zur Geschichte des *Wiener Ungarnhandel*s im 16. Jahrhundert. (Beiträge zur Landeskunde des burgenländisch-westungarischen Raumes. Eisenstadt 1994. S. 149-172.)
Die Rolle der Stadt Györ (Raab) im *Ost-West-Rinderhandel* im 16./17. Jahrhundert. (Burgenland in seiner panonischen Umwelt. Eisenstadt 1984. S. 84-93.)

Gerhard, Hans-Jürgen
Ursachen und Folgen der *Wandlungen* im *Währungssyste*m des Deutschen Reiches 1500-1625. (Vierteljahrschrift für Sozial- und Wirtschaftsgeschichte. Beiheft 106. 1993. S. 69-84.)

Gerteis, Klaus
Reisen, Boten, Posten, Korrespondenz im Mittelalter und der frühen Neuzeit. (Vierteljahrschrift für Sozial- und Wirtschaftsgeschichte. Beiheift 87. 1989. S. 19-36.)

Göllner, Carl
Turcica. III: Die *Türkenfrage* in der öffentlichen Meinung Europas im 16. Jahrhundert. Bucuresti-Baden-Baden MCMLXXVIII.
Turcica. II: Die europäischen *Türkendrucke* des XVI. Jahrhunderts. MDLI-MDC. Bucuresti-Baden-Baden MCMLXVIII.

Gömmel, Rainer

Die Vermittlerrolle *Nürnbergs* zwischen *Italien* und Deutschland vom Spätmittelalter bis zum 18. Jahrhundert aus wirtschaftshistorischer Sicht. (Nürnberg und Italien: Begegnungen, Einflüsse und Ideen. V. Kapp u.a. (Hg.). Tübingen 1991. S. 39-48.)

Gönnewein, Otto

Das Stapel- und Niederlagsrecht. Weimar 1939

Glamann, Kristof

Der *europäische Handel* 1500-1750. (Europäische Wirtschaftsgeschichte. C.M. Cipolla u.a. (Hg.) 2: Sechzehntes und siebzehntes Jahrhundert. Stuttgart-New York 1979. S. 271-333.)

Gramulla, Gertrud Susanna

Handelsbeziehungen *Kölner Kaufleute* zwischen 1500 und 1650. Köln-Wien 1972.

Grendi, Edoardo

Gli *asientos dei Balbi* e il conte di Villalvilla. (Revista storica italiana. CVI. 1994/3. S. 565-621.)

Groebner, Valentin

Die *schmutzige Gegenseitigkeit*. Geschenke, Politik und Privates: Nicht die Regeln entscheiden, sondern das Reden über die Regeln - zeigt Hans Holbein. (Frankfurter Allgemeine Zeitung. 19.05.2001. Nr. 116. Beilage II.)

Gefährliche Geschenke. Ritual, Politik und die Sprache der Korruption in der Eidgenossenschaft im späten Mittelalter und am Beginn der Neuzeit. Konstanz 2000.

Ratsinteressen, Familieninteressen. *Patrizische Konflikte* in *Nürnberg* um 1500. (Stadtregiment und Bürgerfreiheit: Handlungsspielräume in deutschen und italienischen Städten des späten Mittelalters und der frühen Neuzeit. K. Schreiner (Hg.). Göttingen 1994. S. 279-308.)

Großhaupt, Walter

Kaufleute, Waren, Geldhandel und Nachrichtenübermittlung in der Neuzeit. (Brücke zwischen den Völkern. Zur Geschichte der Frankfurter Messe. I. H. Pohl (Hg.). Frankfurt/Main 1991. S. 249-262.)

Commercial relations between *Portugal* and the merchants of *Augsburg* and *Nuremberg*. (La Decouverte, le Portugal et L'Europe. J. Aubin (Ed.). Paris 1990. S. 359-397.)

Grote, Ludwig

Die *Tucher*. Bildnis einer Patrizierfamilie. München 1961.

Gruber, Karl Friedrich

Nicholaio Romolo da Norimbergho. Ein Beitrag zur Nürnberger Handelsgeschichte des 14./15. Jahrhunderts aus dem Archivio Datini in Prato (Toskana). (Mitteilungen des Vereins für Geschichte der Stadt Nürnberg. 47. 1956. S. 416-425.)

Gurrieri, Francesco – Fabbri, Patrizia

Die *Paläste* von *Florenz*. München-Berlin 1996.

Gutenberg, Erich

Einführung in die Allgemeine Betriebswirtschaftslehre. Zweiter Band: *Der Absatz*. Wiesbaden 1965.

Haas, Walter
Die mittelalterliche *Altaranordnung* in der Nürnberger *Lorenzkirche*. (500 Jahre Hallenchor St. Lorenz 1477-1977. Verein zur Erhaltung der St. Lorenzkirche und Verein für Geschichte der Stadt Nürnberg. H. Bauer u.a. (Hg.). Nürnberg 1977. S. 163-108.)

Häberlein, Mark
Brüder, Freunde und *Betrüger*. Soziale Beziehungen, Normen und Konflikte in der Augsburger Kaufmannschaft um die Mitte des 16. Jahrhunderts. Berlin 1998.
Tod auf der Herrentrinkstube: *Ehre* und *Gewalt* in der Augsburger Führungsschicht (1500-1620). (Ehrkonzepte in der frühen Neuzeit. Identitäten und Abgrenzungen. S. Backmann u.a. (Hg.). Berlin 1998. S. 148-169.)
Die Tag und Nacht auff Fürkauff trachten. *Augsburger Großkaufleute* des 16. und beginnenden 17. Jahrhunderts in der Beurteilung der Zeitgenossen und Mitbürger. (Augsburger Handelshäuser im Wandel des historischen Urteils. J. Burkhardt (Hg.). Berlin 1996. S. 46-68.)

Häbler, Konrad
Zollbuch der Deutschen in *Barcelona*. (Württembergische Vierteljahrshefte für Landesgeschichte. XI. 1902. S. 1-35.)

Hagen, Friedrich von
Nußbiegel, Georg Paul, Kupferstecher (Stadtlexikon Nürnberg. [1]1999. S. 771.)

Hald, Karl
Das *Waag- und Zollamt* zu Nürnberg (mit 4 Bildern). (Fränkische Heimat. 16. 1937. S. 98-101.)
Die *Ordinari*-Boten. (Fränkischer Kurier. 263. 22.09.1929.)
Alt-Nürnbergs *Botenwesen*. (Fränkischer Kurier. 249. 08.09.1929.)
Alt-Nürnbergs *Güterbestätterei*. (Fränkischer Kurier. 157/1 +158/2. 1927.)
Alt-Nürnbergs *Verkehrswesen* seit Mitte des 14. Jahrhunderts. Nürnberg 1929.

Haller von Hallerstein, Helmut
Die *Bürger vom Rat*. (Berühmte Nürnberger aus neun Jahrhunderten. Imhoff, Chr.v. (Hg.). Nürnberg [2]1989. S. 414-421.)
Nürnberger Unternehmer im Bergbau und *Zinnhandel* zu *Schlaggenwald* im 16. und 17. Jahrhundert. (Scripta Mercaturae. 1/1975. S. 41-73.)
Grösse und *Quellen* des *Vermögens* von hundert Nürnberger Bürgern um 1500. (Beiträge zur Geschichte und Kultur der Stadt Nürnberg. 11/I. Stadtarchiv Nürnberg (Hg.). 1967. S. 117-176.)

Haller von Hallerstein, N.N.
Die *Geschlechter Nürnbergs*. (Nürnberger Stadtrat (Hg.). Berlin 1927. S. 23-29.)

Hampe, Theodor
Die Reise des jungen Nürnberger Patriziersohnes *Georg Hieronymus Behaim* an den Hof des Fürsten Bethlen Gabor von Siebenbürgen (1614). (Mitteilungen des Vereins für Geschichte der Stadt Nürnberg. 31. 1933. S. 125-205.)
Von der *türkischen Gesandschaft* des Jahres 1562 und von ihrem Aufenthalt in Würzburg und Frankfurt. (Die Frankenwarte. 02.01.1930.)
Vom Gasthaus zur *Goldenen Gans* und der Anwesenheit des Prinzen Eugen in Nürnberg. (Fränkischer Kurier. 120. 01.05.1929.)

Lyon und das Leben der jungen *Nürnberger Kaufleute* daselbst im Zeitalter der Renaissance. Nach Akten und Briefen vornehmlich des Freiherrlich von Tucherschen Familienarchivs. (Sonntagskurier. 36. 1924. S. 287-288; 37. S. 294-296; 38. S. 302-304.)

Hartmann, Peter Claus
Messefreiheiten, Messeprivilegien, Messerecht und Fremdenrecht in der frühen Neuzeit. (Brücke zwischen den Völkern. Zur Geschichte der Frankfurter Messe. I. H. Pohl (Hg.). Frankfurt/Main 1991. S. 249-262.)

Hassinger, Herbert
Geschichte des *Zollwesens, Handels und Verkehrs* in den östlichen Alpenländern vom Spätmittelalter bis in die zweite Hälfte des 18. Jahrhunderts. Stuttgart 1987.
Politische Kräfte und *Wirtschaft* 500-1350. (Handbuch der deutschen Wirtschafts- und Sozialgeschichte. H. Aubin (+)-W. Zorn (Hg.). 1. Stuttgart 1971. S. 274-299.)

Hayek, Friedrich August von
Recht, Gesetzgebung und Freiheit. Band 1: *Regeln und Ordnung*, Band 2: Die *Illusion der sozialen Gerechtigkeit*. Landsberg am Lech 1980/1981.

Hegel, Carl
Die *Chroniken* der fränkischen Städte. *Nürnberg*. 1-5. Leipzig 1862ff.

Hehn, Victor
Kulturpflanzen und *Haustiere*. In ihrem Übergang aus Asien nach Griechenland und Italien sowie in das übrige Europa. Darmstadt 1963.

Held, Wieland
Der *Messeplatz Naumburg*. (Leipzigs Messen - 1497-1997. Gestaltwandel-Umbrüche-Neubeginn. H. Zwahr-Th. Topfstedt-G. Bentele (Hg.). 1: 1497-1914. Köln-Weimar-Berlin 1999. S. 75-86.)

Henning, Friedrich-Wilhelm
Spanien in der *Weltwirtschaft* des 16. Jahrhunderts. (Scripta Mercaturae. 1/2. 1969. S. 1-39.)

Henzler, Herbert
Entschiedene *Führung* und wirksame *Kontrolle*. (Frankfurter Allgemeine Zeitung. 1996. Nr. 292. S. 15)

Heimann, Heinz-Dieter - Hlavácek, Ivan
(Hg.) *Kommunikationspraxis* und Korrespondenzwesen im Mittelalter und in der Renaissance. Paderborn et al. 1998.

Herbers, Klaus
Murcia ist so groß wie *Nürnberg* - Nürnberg und Nürnberger auf der Iberischen Halbinsel: Eindrücke und Wechselbeziehungen. (Nürnberg. Eine europäische Stadt in Mittelalter und Neuzeit. H. Neuhaus (Hg.). Nürnberg 2000. S. 151-183.)

Herborn, Wolfgang
Frammersbacher auf den *Antwerpener Messen*. Miszelle zu den bedeutendsten Fernfuhrleuten des deutschsprachigen Raumes um 1500. (Civitatum communitas: Studien zum europäischen Städtewesen. H. Jäger (Hg.). 2. Köln-Wien 1984. S. 832-843.)

Herwarth von Bitterfeld, Hans
Die *Brüder* Bartholomäus und Johann Heinrich *Herwarth*. (Zeitschrift des historischen Vereins für Schwaben und Neuburg. 1. 1874. S. 183-207.)

Heyd, Wilhelm

Geschichte des *Levantehandels* im Mittelalter. 1+2. Stuttgart 1879.
Der Verkehr *süddeutscher Städte* mit *Genua*. (Forschungen zur deutschen Geschichte. 24. 1884. S. 213-230.)

Heydenreich, Fritz

Die Geschichte der *Naumburger Peter- und Paulsmesse*. Naumburg a.d.S. 1928.

Hildebrandt, Reinhard

Quellen und Regesten zu den Augsburger Handelshäusern *Paler* und *Rehlinger* 1539-1642. Wirtschaft und Politik im 16./17. Jahrhundert. Teil 1: 1539-1623. Stuttgart 1996.
Der *Fernhandel* als städtischer Wirtschaftsfaktor (1500-1650). (Stadt in der Geschichte. B. Kirchgässner-H.P. Becht (Hg.). 22. 1995. S. 49-61.)
Die wirtschaftlichen Beziehungen zwischen *Oberdeutschland* und *Venedig* um 1600. (Venedig und Oberdeutschland in der Renaissance. Beziehungen zwischen Kunst und Wirtschaft. B. Roeck u.a. (Hg.). Sigmaringen 1993. S. 277-288.)
Die Bedeutung *Antwerpens* als *Börsenplatz* 1579. (Scripta Mercaturae. 1/2. 1974. S. 5-21.)
Wirtschaftsentwicklung und *Konzentration* im 16. Jahrhundert. Konrad Rot und die Finanzierungsprobleme seines interkontinentalen Handels (Scripta Mercaturae. 1/1970. S. 25-50.).

Hilf, Richard Bertold

Die *Eibenholzmonopole* des 16. Jahrhunderts. Ein Beitrag zur Geschichte des frühkapitalistischen Holzhandels. (Vierteljahrschrift für Sozial- und Wirtschaftsgeschichte. 18. 1924. S. 183-191.)

Hinrichs, Ernst

Der *Königsweg* der Toleranz. (Frankfurter Allgemeine Zeitung. 90. 18.04.1998.)

Hirschmann, Gerhard

Nikolaus Muffel, Vorderster Losunger. (Berühmte Nürnberger aus neun Jahrhunderten. Chr.v. Imhoff (Hg.). Nürnberg [2]1989. S. 39-41.)
Das *Nürnberger Patriziat* im Königreich Bayern 1806-1918. Eine sozialgeschichtliche Untersuchung. Nürnberg 1971.
Rezension: *Fränkische Lebensbilder*. (Mitteilungen des Vereins für Geschichte der Stadt Nürnberg. 63. 1976. S. 399-400.)
Nürnberger Handelsprivilegien, Zollfreiheiten und Zollverträge bis 1399. (Beiträge zur Geschichte und Kultur der Stadt Nürnberg. 11/I. Stadtarchiv Nürnberg (Hg.). 1967. S. 256-392.)
Beiträge zur Geschichte des Nürnberger *Patriziats* am Ende der Reichsstadtzeit. (Mitteilungen des Vereins für Geschichte der Stadt Nürnberg. 52. 1963/64. S. 269-286.)

Hochedlinger, Michael

Die französisch-osmanische Freundschaft 1525-1792. Element antihabsburgischer Politik, Gleichgewichtsinstrument, Prestigeunternehmung - Aufriß eines Problems (Mitteilungen des Instituts für Österreichische Geschichtsforschung. 102. 1994, S. 108-164.)

Hoffmann, Friedrich Wilhelm – (Überarbeitet und ergänzt von Hampe, Theodor - Mummenhoff, Ernst - Schmitz, Josef)

Die *Sebalduskirche* in Nürnberg. Ihre Baugeschichte und ihre Kunstdenkmale. Wien 1912.

Höffner, Joseph
Wirtschaftsethik und *Monopole*. Darmstadt 1969 (Unveränderter Nachdruck der Ausgabe Jena 1941.).

Hofmann, Heinrich
Die *Getreidehandelspolitik* der Reichsstadt *Nürnberg* insbesondere vom 13. bis 16. Jahrhundert. Phil. Diss. Erlangen 1912.

Hohenthal, Carl
Blumige Sprüche genügen nicht. (Frankfurter Allgemeine Zeitung. 57. 09.03.1998. S. 17.)

Höhn, Alfred
Die *Straßen* des *Nürnberger Handels*. Ein Streifzug durch Geschichte und Landschaft. Nürnberg 1985.

Holbach, Rudolf
Frühformen von *Verlag* und *Grossbetrieb* in der gewerblichen Produktion (13.-16. Jahrhundert). Stuttgart 1994.

Holzberger, Leonhard
Das *Zollwesen* der Reichsstadt *Nürnberg* im 17. und 18. Jahrhundert. Phil. Diss. Erlangen 1924 (Maschinenschrift).

Honour, Hugh
Venedig. München 1966.

Hoock, Jochen - Reininghaus, Wilfried
(Hg.) *Kaufleute in Europa*. Handelshäuser und ihre Überlieferung in vor- und frühindustrieller Zeit. Dortmund 1997.

Hroch, Miroslav
Die Rolle des zentraleuropäischen Handels im Ausgleich der *Handelsbilanz* zwischen Ost- und Westeuropa. (Der Außenhandel Ostmitteleuropas 1450-1650. I. Bog (Hg.). Köln-Wien 1971. S. 1-27.)

Hümmerich, Franz
Die erste deutsche *Handelsfahrt* nach *Indien* 1505/06. Ein Unternehmen der Welser, Fugger und anderer Augsburger sowie Nürnberger Häuser. München-Berlin 1922.

Ilgenfritz, Hans Georg
Das *Warenzeichenrecht* der Stadt *Nürnberg* vom 17. bis zum beginnenden 19. Jahrhundert. Jur. Diss. Erlangen 1954 (Maschinenschrift).

Imhoff, Christoph von
(Hg.) *Berühmte Nürnberger* aus neun Jahrhunderten. Nürnberg ²1989.
Nürnbergs *Indien-Pioniere*. Beginn des privaten europäischen Überseehandels im Jahre 1505. (Bayerischer Rundfunk. Studio Nürnberg. 01.06.1980 (Manuskriptvorlage)).
Die *Kirche der Bürger*. (Mitteilungsblatt Neue Folge. 20. Verein zur Erhaltung der St. Lorenzkirche in Nürnberg (e.V.) (Hg.). 1977. S. 5-12.)
Die *Imhoff* - Handelsherren und Kunstliebhaber. (Mitteilungen des Vereins für Geschichte der Stadt Nürnberg. 62. 1975. S. 1-42.)

Imhoff, N.N. von
Wie der König von Portugall etlich schiff gen *kalakut* schickt, und liess etlich teutsch vnd Walche ach dahin schiffen. (Mitteilungen des Vereins für Geschichte der Stadt Nürnberg. 1. 1879. S. 100-102.)

Irsigler, Franz

Jahrmärkte und *Messesysteme* im westlichen Reichsgebiet bis ca. 1250. (Europäische Messen und Märktesysteme in Mittelalter und Neuzeit. P. Johanek-H. Stoob (Hg.). Köln-Weimar-Wien 1996. S. 1-25.)

Juden und *Lombarden* am Niederrhein im 14. Jahrhundert. (Zur Geschichte der Juden im Deutschland des späten Mittelalters und der frühen Neuzeit. Stuttgart 1991. S. 122-158.)

Zollpolitik ausgewählter Handelszentren im Mittelalter. (Vierteljahrschrift für Sozial- und Wirtschaftsgeschichte. Beiheft 80. 1987. S. 40-58.)

Die wirtschaftliche Stellung der Stadt *Köln* im 14. und 15. Jahrhundert. Strukturanalyse einer spätmittelalterlichen Export-, Gewerbe- und Fernhandelsstadt. Stuttgart 1979.

Köln, die *Frankfurter Messen* und die Handelsbeziehungen mit *Oberdeutschland* im 15. Jahrhundert. (Köln, das Reich und Europa. H. Stehkämper (Hg.). Köln 1971. S. 341-429.)

Issing, Otmar

Gobalisierung ist nie Gemütlichkeit. Aber erst weltumspannend können Markt und Wettbewerb ihre Kraft entfalten. (Frankfurter Allgemeine Zeitung. 19.05.2001. Nr. 116. S. 15.)

Jahnel, Helga

Die *Imhoff*. Eine Nürnberger Patrizier- und Großkaufmannsfamilie. Eine Studie zur reichsstädtischen Wirtschaftspolitik und Kulturgeschichte der Wende vom Mittelalter zur Neuzeit 1351-1579. Phil. Diss. Würzburg 1951 (Maschinenschrift).

Janáček, Josef

Prag und *Nürnberg* im 16. Jahrhundert (1489-1610). (Der Außenhandel Ostmitteleuropas 1450-1650. I. Bog (Hg.). Köln-Wien 1971. S. 204-228.)

Jürgensen, Harald

Regionalpolitik. (Kompendium der Volkswirtschaftslehre. 2. W. Ehrlicher u.a. (Hg.). Göttingen 1972. S. 272-294.)

Kahl, Günther

Das *Rechenbuch* des *Wertema*. Eine Handschrift aus Plurs/Piuro von 1593. (Jahrbuch 1991 der Historisch-antiquarischen Gesellschaft von Graubünden. Chur 1992. S. 45-71.)

Kamann, Johann

Der Nürnberger Patrizier *Christoph Fürer* der Ältere und seine Denkwürdigkeiten 1479-1537. (Mitteilungen des Vereins für Geschichte der Stadt Nürnberg. 28. 1928. S. 209-311.)

Aus Nürnberger Haushaltungs- *und Rechnungsbücher.* (Mitteilungen des Vereins für Geschichte der Stadt Nürnberg. 7. 1888. S. 39-168.)

Kapp, Volker – Hausmann, Frank-Rüdiger

(Hg.) *Nürnberg* und *Italien*: Begegnungen, Einflüsse und Ideen. Tübingen 1991.

Kazimir, Štefan

Der *Fernhandel* der Städte in der *Slowakei* im 16. Jahrhundert. (Studia historica slovaca. XV. 1986. S. 47-75.)

Kellenbenz, Hermann

Der *Niedergang* von *Venedig* und die Beziehungen Venedigs zu den Märkten nördlich der Alpen (Ende 16. bis Beginn des 18. Jahrhunderts). (Zuerst erschienen unter: Le declin de Venice avec les marches au nord des Alpes (fin du XVIe-commencement du XVIIIe siècle. In: Aspetti e cause della decadenza economica veneziana nel secolo XVIII. Civiltà veneziana. Studi 9. Venedig-Rom 1961. S. 109-183.) Wiederabdruck in deutscher Version: Vierteljahrschrift für Sozial- und Wirtschaftsgeschichte. Beiheft 92. 1991. S. 121-171.)

Dreimal Lateinamerika. München 1990.

Die *Fugger* in *Spanien* und *Portugal* bis 1560. München 1990.

Dynamik in einer *quasistatischen Welt.* (Marc Bloch aujourd'hui. Histoire comparée et sciences sociales. Éditions de l'École des Hautes Études et Sciences Sociales. 1990. S. 183-217.)

Die *Geldbeschaffung* der Protestanten im *Schmalkaldischen Krieg.* (Blätter für deutsche Landesgeschichte. 125. 1989. S. 13-41.)

Ein *spanisches Jurogeschäft* von Heinrich Ehinger und Hieronymus Sailer. (Festschrift Louis Carlen. Zürich 1989. S. 101-118.)

Oberdeutsche Kaufleute und *Genuesen* in *Sevilla*: Geschäftsfreunde und Konkurrenten. (Atti del III Congresso Internazionale di studi storici Rapporti Genova-Mediterraneo-Atlantico nell'etá Moderna, a cura di Raffaele Belvederi. Pubblicazioni del'Istituto di Science Storiche. Università di Genova, Collana diretta da Raffaele Belvederi VII. Genova 1989. S. 177-204.)

Mercanti tedeschi in Toscana nel Cinquecento. (Studi di storia economica toscana nel Medioevoe e nel Rinascimento in memoria di Federigo Melis. Pisa 1987. S. 203-229.)

Die *Graubündner Pässe* im Rahmen der Verkehrsbeziehungen zwischen Oberdeutschland und Italien. (Ende Mittelalter-frühe Neuzeit) (Alpenübergänge vor 1850 Landkarten-Strassen-Verkehr. Stuttgart 1987. 27-46.)

Deutschland und *Spanien.* (Spanien auf dem Weg nach Europa? Die europäische Schwergewichtsverlagerung und die deutsch-spanischen Beziehungen. E. Dürr-H. Kellenbenz-W. Ritter und Mitarbeiter (Hg.). Bern-Stuttgart 1985. S. 15-82.)

Die *Finanzen* der Stadt *Augsburg* 1547. (Civitatum communitas: Studien zum europäischen Städtewesen. H. Jäger (Hg.). Köln-Wien 1984. 2. S. 517-542.)

Artikel: *Gewerbe* und *Handel* am Ausgang des Mittelalters zu: Nürnbergs große Zeit (1438-1555). (Nürnberg - Geschichte einer europäischen Stadt. G. Pfeiffer (Hg.). München 1982. Unveränderter Nachdruck der Ausgabe von 1971. S. 176-186.)

Artikel: *Wirtschaftsleben* im Zeitalter der *Reformation* zu: Nürnbergs große Zeit (1438-1555). (Nürnberg - Geschichte einer europäischen Stadt. G. Pfeiffer (Hg.). München 1982. Unveränderter Nachdruck der Ausgabe von 1971. S. 186-193.)

Die *Konkurrenten* der *Fugger* als Bankiers der spanischen Krone. (Zeitschrift für Unternehmensgeschichte. 24/3. 1979. S. 81-98.)

Wo brachte man *spanisches Edelmetall* am vorteilhaftesten auf den europäischen Markt? (Studi in memoria di Federigo Melis. IV. Giannini 1978. S. 73-84.)

Wirtschaftspolitik in Europa zu Beginn der Neuzeit. (Jahrbuch der Akademie der Wissenschaften in Göttingen. 1974. S. 37-59.)

Briefe über *Pfeffer* und *Kupfer.* (Geschichte-Wirtschaft-Gesellschaft. E. Hassinger. u.a. (Hg.). Berlin 1974. S. 205-227.)

(Hg.) Das *Meder'sche Handelsbuch* und die Welser'schen Nachträge. Wiesbaden 1974.

Geldtransfer für Graf Oñate. (Histoire économique du monde méditerranéen 1450-1650. Edouard Privat (Éd.). Toulouse 1973. S. 277-298.)

Don *Juan de Austria* und seine Zeit. (Verhandlungen des Historischen Vereins für Oberpfalz und Regensburg. 112. 1972. S. 157-172.)

Die Grundlagen der *überseeischen Expansion Europas.* (Saeculum Weltgeschichte. 6. 1971. S. 1-27.)

Südosteuropa im Rahmen der europäischen Gesamtwirtschaft. (Die wirtschaftlichen Auswirkungen der Türkenkriege. O. Pickl (Hg.). Graz 1971. S. 27-58.)

Wirtschaftsgeschichtliche Aspekte der *überseeischen Expansion Portugals.* (Scripta Mercaturae. 2/1970. S. 1-39.)

Die *fremden Kaufleute* auf der *Iberischen Halbinsel* vom 15. Jahrhundert bis zum Ende des 16. Jahrhunderts. (Kölner Kolloquien zur internationalen Sozial- und Wirtschaftsgeschichte. 1. 1970. S. 265-376.)

Nürnberger Safranhändler in Spanien. (Kölner Kolloquien zur internationalen Wirtschaftsgeschichte. 1. 1970. S. 197-225.)

Die *Beziehungen Nürnbergs* zur *Iberischen Halbinsel,* besonders im 15. und in der ersten Hälfte des 16. Jahrhunderts. (Beiträge zur Wirtschaftsgeschichte Nürnbergs. I. 1967. S. 456-493.)

Die *Fuggersche Maestrazgopacht* (1525-1542). Zur Geschichte der spanischen Ritterorden im 16. Jahrhundert. Tübingen 1967.

Bartholomäus Viatis. (Fränkische Lebensbilder. I. 1967. S. 162-181.)

Köln und *Italien* vom ausgehenden Mittelalter bis zum Beginn des 19. Jahrhunderts. (Köln und Italien. Istituto Italiano di Cultura. Köln o.J. [1966]. S. 71-82.)

Der Aufstieg *Kölns* zur mittelalterlichen *Handelsmetropole.* (Gesellschaft für Rheinische Geschichtskunde. Vorträge. 17. 1967. S. 1-30.)

Ferdinand Cron. (Lebensbilder aus dem Bayerischen Schwaben. 6. 1966. S. 194-210.)

Jakob Rehlinger, ein Augsburger Kaufmann in Venedig. (Beiträge zur Wirtschafts- und Stadtgeschichte. Wiesbaden 1965. S. 362-379.)

Eine *italienische Kaufmannskorrespondenz* aus dem Beginn des 17. Jahrhunderts. (Studi in Onore di Amintore Fanfani. A. Giuffre (Ed.). V. Milano 1962. S. 245-271.)

Der *Niedergang* von *Venedig* und die Beziehungen Venedigs zu den Märkten nördlich der Alpen (Ende 15. bis Beginn des 18. Jahrhunderts). Deutsche Fassung der italienischen Version in Civiltà veneziana, Studi 9, Venedig-Rom 1961, S. 109-183, in: Vierteljahrschrift für Sozial- und Wirtschaftsgeschichte. Beiheft 92. S. 121-171.)

Die *Grimaldi* und das Haus *Habsburg* im frühen 16. Jahrhundert. (Vierteljahrschrift für Sozial- und Wirtschaftsgeschichte. 48. 1961. S. 1-17.)

Alberto Cuon. Auf den Spuren eines deutschen Kaufmannes in Valladolid. (Norica. Beiträge zur Nürnberger Geschichte. Stadt Nürnberg (Hg.). 1961. S. 21-27.)

Nürnberger Handel um 1540. (Mitteilungen des Vereins für Geschichte der Stadt Nürnberg. 50. 1960. S. 299-324.)

Ein *französischer Reisebericht* über *Nürnberg* und Franken vom ausgehenden 16. Jahrhundert. (Mitteilungen des Vereins für Geschichte der Stadt Nürnberg. 49. 1959. S. 226-245.)

Der *italienische Großkaufmann* und die *Renaissance.* (Vierteljahrschrift für Sozial- und Wirtschaftsgeschichte. 45. Wiesbaden 1958. S. 145-167.)

Der *Pfeffermarkt* um 1600 und die Hansestädte. (Hansische Geschichtsblätter. 74. 1956. S. 28-49.)

Unternehmerkräfte im Hamburger Portugal- und Spanienhandel 1590-1625. Hamburg 1954.

Keller, Hagen
Mehrheitsentscheidung und Majorisierungsproblem im Verbund der Landgemeinde *Chiavenna* und *Piuro* (1151-1155). (Civitatum communitas: Studien zum europäischen Städtewesen. H. Jäger (Hg.). Köln-Wien 1984. 1. S. 2-41.)

Keller, Kurt
Das messer- und schwerterherstellende *Gewerbe* in *Nürnberg* von den Anfängen bis zum Ende der reichsstädtischen Zeit. Nürnberg 1981.

Keunecke, Hans Otto
Sixtus Tucher, Propst von St. Lorenz. (Berühmte Nürnberger aus neun Jahrhunderten. Chr. v. Imhoff (Hg.). Nürnberg ²1989. S. 69-70.)

Kießling, Rolf
Problematik und zeitgenössische Kritik des *Verlagssystems*. (Augsburger Handelshäuser im Wandel des historischen Urteils. J. Burkhardt (Hg.). Berlin 1996. S. 175-190.)

Kirchgässner, Bernhard – Becht, Hans-Peter
(Hg.) *Stadt* und *Handel*. Sigmaringen 1995.

Klaveren, Jacob van
Die historische Erscheinung der *Korruption*, in ihrem Zusammenhang mit der Staats- und Wirtschaftsstruktur betrachtet. (Vierteljahrschrift für Sozial- und Wirtschaftsgeschichte. 44. 1957. S. 289-324.)
Die historische Erscheinung der *Korruption. II.* (Vierteljahrschrift für Sozial- und Wirtschaftsgeschichte. 45. 1958. S. 433-468.)
Die *Korruption* in den Kapitalgesellschaften, besonders in den großen Handelskompagnien. *III.* Die internationalen Aspekte der Korruption. (Vierteljahrschrift für Sozial- und Wirtschaftsgeschichte. 45. 1958. S. 469-504.)

Klier, Richard
Der schlesische und polnische *Transithandel* durch *Böhmen* nach *Nürnberg* in den Jahren 1540-1576. (Mitteilungen des Vereins für Geschichte der Stadt Nürnberg. 53. 1965. S. 195-228.)
Nürnberg und *Kuttenberg*. (Mitteilungen des Vereins für Geschichte der Stadt Nürnberg. 48. 1958. S. 51-78.)

Kloetzer, Wolfgang
Antwerpen und *Frankfurt* am Main. Begegnungen in der Geschichte. Antwerpen 1983.

Knaake, Joachim K.F.
Briefe Joachim Imhof's an seine Vettern zu Nürnberg aus den Feldzügen 1543, 1544 und 1547. Stendal 1864.

Koelner, Paul
Die *Safranzunft* zu *Basel* und ihre Handwerke und Gewerbe. Basel 1935.

Koenigs-Erffa, Ursula
Das *Tagebuch* des *Sebald Welser* aus dem Jahre 1577. (Mitteilungen des Vereins für Geschichte der Stadt Nürnberg. 46. 1955. S. 262-371.)

Krag, Wilhelm
Die *Paumgartner* von *Nürnberg* und *Augsburg*. Ein Beitrag zur Handelsgeschichte des XV. und XVI. Jahrhunderts. München-Leipzig 1919.

Kraus, Joseph
Die Stadt *Nürnberg* in ihren Beziehungen zur Römischen *Kurie* während des Mittelalters. (Mitteilungen des Vereins für Geschichte der Stadt Nürnberg. 41. 1950. S. 1-153.)

Kretschmayr, Heinrich
Geschichte von *Venedig*. 2. Darmstadt 1964 (Neudruck der Ausgabe Gotha 1920.).

Kronfeld, Ernst Moritz
Geschichte des *Safrans* und seiner Kultur in Europa. Nebst Ulrich Petrak's Anleitung zum Safranbau und einem Anhang: Die Safranfälschungen von Dr. T. F. Hanausek. Wien 1892.

Krüger, Herbert
Des Nürnberger Meisters Erhard *Etzlaub* älteste Straßenkarten von Deutschland. (Jahrbuch für fränkische Landesforschung. 18. 1958. S. 1-286.)

Kulischer, Johannes
Allgemeine *Wirtschaftsgeschichte* des Mittelalters. I. München-Berlin 1928.

Kummer, Rudolf
Nürnbergs Anteil am Orienthandel. (Fränkische Heimat. 16. 1937. S. 82-84.)

Kunze, Arno
Zur Handelsgeschichte *Zittaus*. 2. Das Zeitalter der Nürnberger. (Zittauer Geschichtsblätter. 6/2. 1929. S. 5-6.)
Die *nordböhmisch-sächsische* Leinwand und der Nürnberger Großhandel. Mit besonderer Berücksichtigung des Friedland-Reichenberger Gebietes. Reichenberg 1926.
Zur Geschichte des *Nürnberger Textil- und Färbergewerbes* vom Spätmittelalter bis zum Beginn der Neuzeit. (Beiträge zur Geschichte und Kultur der Stadt Nürnberg. 11/II. Stadtarchiv Nürnberg (Hg.). 1967. S. 669-699.)

LeGoff, Jacques
Wucherzins und *Höllenqualen*. Ökonomie und Religion im Mittelalter. Stuttgart 1988.

Lehner, Julia
Die *Mode* im alten *Nürnberg*. Nürnberg 1984.

Lehnert, Walter
Nürnberg und seine *Burggrafen*. Zum Erwerb des Amts der Vesten durch die Reichsstadt vor 550 Jahren. (Bayerischer Rundfunk. Studio Nürnberg. Abteilung Wort. 10.07.1977. S. 1-22.)

Lentze, Hans
Nürnbergs Gewerbeverfassung des Spätmittelalters im Rahmen der deutschen Entwicklung. (Beiträge zur Geschichte und Kultur der Stadt Nürnberg. 11/II. Stadtarchiv Nürnberg (Hg.). 1967. S. 593-619.)

Lesger, Clé - Noordegraaf, Leo
(Eds.) *Entrepreneurs* and *Entrepreneurship* in Early Modern Times. Merchants an Industrialists within the Orbit of the Dutch Staple Market. Den Haag 1995.

Lilie, Ralph-Johannes
Handel und Politik zwischen dem byzantinischen Reich und den italienischen Kommunen *Venedig, Pisa und Genua* in der Epoche der Komnenen und der Angeloi (1081-1204). Amsterdam 1984.

Lindgren, Uta
Alpenübergänge von Bayern nach Italien 1500-1850. Landkarten-Straßen-Verkehr. München 1986.

Löchel, Horst
Institutionen, *Transaktionskosten* und wirtschaftliche Entwicklung. Berlin 1995.

Lochner, Georg W.K.
Die *Wolfen* in *Nürnberg* und der Kleeweinshof daselbst. Nürnberg 1875.
Barbara Fürerin, Äbtissin zu Gnadenberg. (Historische politische Blätter. 49. 1862. S. 533-553.)
Zur *Sittengeschichte* von *Nürnberg* in der zweiten Hälfte des sechzehnten Jahrhunderts. (Zeitschrift für deutsche Kulturgeschichte. 1856. S. 221-236.)
Das Krafft'sche Haus-Das Tucher'sche Haus. Nürnberg 1854.
Der *Tucher'sche Hof* in der Hirschelgasse in Nürnberg. Nürnberg 1854.
Nürnbergs Vorzeit und Gegenwart. Nürnberg 1845.

Löffelholz, Wilhelm von
Zur *Baugeschichte* des *Sacramentsgehäuses* in der Kirche zu St. Lorenz in Nürnberg. (Anzeiger für Kunde der deutschen Vorzeit. N.F. 3. Nürnberg 1853. S. 74-75.)

Loose, Wilhelm
(Hg.) Anton Tuchers *Haushaltbuch*. Tübingen 1877.

Lütge, Friedrich
Der *Handel Nürnbergs* nach dem Osten im 15./16. Jahrhundert. (Beiträge zur Geschichte und Kultur der Stadt Nürnberg. 11/I. Stadtarchiv Nürnberg (Hg.). 1967. S. 318-376.)
Der Untergang der Nürnberger *Heiltumsmesse*. (Beiträge zur Sozial- und Wirtschaftsgeschichte. 14. 1970. S. 193-215.)
Die wirtschaftliche Lage *Deutschlands vor Ausbruch des Dreißigjährigen Krieges*. (Der Dreißigjährige Krieg. Perspektiven und Strukturen. H. U. Rudolf (Hg.). Darmstadt 1977. S. 458-539.)

Lutze, Eberhard
Die Nürnberger Pfarrkirchen *Sankt Sebald* und *Sankt Lorenz*. Berlin 1939.
Veit Stoss. Berlin 1938.

Maçzak, Antoni unter Mitarbeit von Elisabeth Müller-Luckner
(Hg.). *Klientelsysteme* in Europa der Frühen Neuzeit. München 1988.

Martin, Hans-Peter - Schumann, Harald
Die *Globalisierungsfalle*. Der Angriff auf Demokratie und Wohlstand. Hamburg 1998.

Meier, Viktor
Die *Geschichte* und die *Konfession*. Warum die Veltliner nicht Schweizer wurden. (Frankfurter Allgemeine Zeitung. 223. 26.09.1987.)

Mende, Matthias
Dürers *Bildnis* des *Kaspar Nützel*. (Mitteilungen des Vereins für Geschichte der Stadt Nürnberg. 69. 1982. S. 130-141.)

Mende, Matthias - Nawrocki, Piotr
Konzeption und *Einführung*. (Gemeinsamer Bewerbungsprospekt für das Jahr 2000 der Städte Krakau und Nürnberg um den Titel Europäische Kulturstädte (S. 1-15) sowie Katalog zur Ausstellung Krakau und Nürnberg. Zur Topographie zweier Kulturstädte

Europas. (S. 5ff.). Stadtgeschichtliche Museen Nürnberg-Historisches Museum der Stadt Krakau(Hg.). 1989-1990.)

Mertens, Bernd

Im Kampf gegen die Reichsmonopole. Reichstagsverhandlungen und *Monopolprozesse* im frühen 16. Jahrhundert. Tübingen 1996.

Meyer, Ulrich

Recht, soziales Wissen und Familie. Zur Nürnberger *Testaments- und Erbschaftspraxis* am Beispiel der Tucher (14.-16. Jahrhundert). (Pirckheimer Jahrbuch für Renaissance- und Humanismusforschung. 14. Wiesbaden 1999. S. 48-62.)

Meyrich, Carl

King, Gregory. (Handwörterbuch der Sozialwissenschaften. 5. Göttingen 1956. S. 621-623.)

Milz, Hubert

Die *Verlagerung* von *Produktionsstätten* ins Ausland: Ursachen, Auswirkungen und Gegenmaßnahmen. Diplomarbeit an der Fernuniversität Hagen (Prof. Dr. N. Schulz) 1996.

Möllenberg, Walter

Die Eroberung des Weltmarktes durch das *mansfeldische Kupfer*. Studien zur Geschichte des Thüringer Saigerhüttenhandels im 16. Jahrhundert. Mit 12 Briefen Jakob Welsers d.Ä. von Nürnberg. Gotha 1911.

Urkundenbuch zur Geschichte des mansfeldischen *Saigerhandels* im 16. Jahrhundert. Halle a.S. 1915.

Mommsen, Wolfgang J.

Der *Erfolg* und der *Gnadenstand*. (Frankfurter Allgemeine Zeitung. 73. 12.04.1978. S. 25.)

Morasch, Karl

Strategische Allianzen. Anreize-Gestaltung-Wirkungen. Heidelberg 1994.

Müller, Arnd

Zensurpolitik der Reichsstadt *Nürnberg*. Von der Einführung der Buchdruckerkunst bis zum Ende der Reichsstadtzeit. (Mitteilungen des Vereins für Geschichte der Stadt Nürnberg. 49. 1959. S. 66-169.)

Müller, Johannes

Geschäftsreisen und *Gewinnanteile Endres Imhofs* des Älteren als Teilhaber der Handelsgesellschaft Peter Imhof und Gebrüder von 1508-25. (Vierteljahrschrift für Sozial- und Wirtschaftsgeschichte. XIII. 1916. S. 153-179.)

Die *Finanzpolitik* der Nürnberger Rates in der zweiten Hälfte des 16. Jahrhunderts. (Vierteljahrschrift für Sozial- und Wirtschaftsgeschichte. 7. 1909. S. 1-62.)

Die *Handelspolitik* Nürnbergs im Spätmittelalter. (Jahrbücher für Nationalökonomie und Statistik. III/38. 1909. S. 597-628.)

Endres Imhof der Aeltere. Ein Charakterbild aus der Zeit der Hochblüte des Nürnberger Handels. (Fränkischer Kurier Nürnberg. Nürnberg 1908. 2: S. 7, 10-11. 4: S. 19-22. 6: S. 32-34.)

Umfang und *Hauptrouten* des *Nürnberger Handelsgebietes* im Mittelalter. (Vierteljahrschrift für Sozial- und Wirtschaftsgeschichte. VI. 1908. S. 1-38.)

Geleitswesen und *Güterverkehr* zwischen Nürnberg und Frankfurt a.M. im 15. Jahrhundert. (Vierteljahrschrift für Sozial- und Wirtschaftsgeschichte. 5. 1907. S. 173-196 und 361-400.)

Der Kampf *Nürnbergs* mit *Kurmainz* um die freie Schiffahrt auf dem Main im 16. Jahrhundert. (Unterhaltungsblatt des Fränkischen Kuriers. 52, 54, 56, 58, 60. 1906.

Das spätmittelalterliche *Straßen-* und *Transportwesen* der Schweiz und Tirols. (Geographische Zeitschrift. 11/3. 1905, S. 145-162.)

Der *Zusammenbruch* des *Welser*ischen Handelshauses im Jahre 1614. (Vierteljahrschrift für Sozial- und Wirtschaftsgeschichte. 1. 1903. S. 196-234.)

Müller, Karl Otto
Welthandelsbräuche (1480-1540). Wiesbaden 1962.

Müllner, Johannes
Die *Annalen* der Reichsstadt Nürnberg von 1623. II: Von 1351-1469. G. Hirschmann (Hg.). Nürnberg 1984.

Mummenhoff, Ernst
Altnürnberg in Krieg und Kriegsnot. 1. *Der zweite markgräfliche Krieg.* Nürnberg 1916.

Das *Findel-* und *Waisenhaus* zu Nürnberg orts-, kultur- und wirtschaftsgeschichtlich. (Mitteilungen des Vereins für Geschichte der Stadt Nürnberg. 21. 1915. S. 57-336.)

Der Austritt des vordersten Losungers der Stadt Nürnberg *Paul Albrecht Rieter* von Kornburg aus dem Rat im Jahre 1696. (Fränkischer Kurier. 07., 14., 21., 28. Juli, 04. August 1912.)

Handel, Gewerbe und *Industrie* in Nürnberg. (Die Stadt Nürnberg im Jubiläumsjahre 1906. O. v. Schuh (Hg.). Nürnberg 1906. S. 169-276.)

Der *Rechenberg* und der unterirdische Gang daselbst. (Mitteilungen des Vereins für Geschichte der Stadt Nürnberg. 16. 1904. S. 193-217.)

Besprechung: Die reichsstädtische Haushaltung Nürnbergs von Paul *Sander.* (Mitteilungen des Vereins für Geschichte der Stadt Nürnberg. 15. 1903. S. 211-224.)

Die Besitzungen der Grafen von Nassau in und bei Nürnberg und das sogen. *Nassauerhaus.* (Mitteilungen des Vereins für Geschichte der Stadt Nürnberg. 15. 1902. S. 1-87.)

Das *Kornhaus* bei St. Klara – die Maut – und die übrigen Kornhäuser der Reichsstadt Nürnberg. (Amtsblatt der Stadt Nürnberg. 3. Jahrgang. 1899. Nr. 5, 8, 11, 14.)

Der *Reichsstadt Nürnberg* geschichtlicher Entwicklungsgang. Leipzig 1898.

Mummenhoff, Wilhelm
Der *Nachrichtendienst* zwischen Deutschland und Italien im 16. Jahrhundert. Phil. Diss. Berlin 1911.

Münch, Paul
Grundwerte der frühneuzeitlichen *Ständegesellschaft*? Aufriß einer vernachläßigten Thematik. (Ständische Gesellschaft und soziale Mobilität. W. Schulze (Hg.). München 1988. S. 53-72.)

Murr, Christoph Gottlieb von
Urkunden der vornehmsten Orte, mit welchen die Reichsstadt *Nürnberg Zollfreyheiten* errichtet hat. Nürnberg 1806.

Nagel, Friedrich August
Der *Egydienplatz* als historischer Platz des Buches. (Mitteilungen aus der Stadtbibliothek. 4/1. 1955. S. 1-8.)

Nasse, Erwin
Das *venetianische Bankwesen* im 14., 15. und 16. Jahrhundert. (Jahrbücher für Nationalökonomie und Statistik. 34. 1879. S. 329-358.)

Neuhaus, Helmut
Die *Begründung* der *Leipziger Messe* und das Heilige Römische Reich Deutscher Nation in den Jahren 1497/1507. (Leipzigs Messen - 1497-1997. Gestaltwandel-Umbrüche-Neubeginn. H. Zwahr-Th. Topfstedt-G. Bentele (Hg.). 1: 1497-1914. Köln-Weimar-Berlin 1999. S. 51-60.)
Reichsständische Repräsentationsformen im 16. Jahrhundert. Reichstag-Reichskreistag-Reichsdeputationstag. Berlin 1982.

Neumann, Manfred J.M.
Läuse im Pelz der Politik. Unabhängige wirtschaftspolitische Beratung als Gegengewicht zu den gesellschaftlichen Partikularinteressen. Ein mühsames Geschäft mit unsicherem Ausgang. (Frankfurter Allgemeine Zeitung. 8. 10.01.1998. S. 15.)

Nopitsch, Christian Conrad
Wegweiser für Fremde in Nürnberg oder *topographische Beschreibung* der Reichsstadt *Nürnberg* nach ihren Plätzen, Märkten, Gassen, Gäßchen, Höfen, geist- und weltlichen öffentlichen Gebäuden. Nürnberg 1801.

Nordmann, Klaus
Der Einfluß des oberdeutschen und italienischen Kapitals auf *Lübeck* und den Ostseeraum in der Zeit von 1370-1550. (Mitteilungen des Vereins für Geschichte der Stadt Nürnberg. 35. 1937. S. 123-135.)

North, Douglass C.
Theorie des *institutionellen Wandels*: Eine neue Sicht der Wirtschaftsgeschichte. Tübingen 1988.

North, Michael
Kommunikation, Handel, Geld und Banken in der frühen Neuzeit. München 2000.
(Hg.) *Economic History* and the *Arts.* Köln-Weimar-Wien 1996.
Von den *Warenmessen* zu den *Wechselmessen.* Grundlagen des europäischen Zahlungsverkehrs in Spätmittelalter und Früher Neuzeit. (Europäische Messen und Messesysteme in Mittelalter und Neuzeit. P. Johanek-H. Stoob (Hg.). Köln-Weimar-Wien 1996. S. 223-238.)
Kommunikationsrevolutionen. Die neuen Medien des 16. und 19. Jahrhunderts. Köln-Weimar-Wien 1995.
(Hg.) *Von Aktie* bis *Zoll.* Ein historisches Lexikon des Geldes. München 1995.

Oberndörfer, Klaus
Das *Zollwesen* der Reichsstadt *Nürnberg.* Jur. Diss. Erlangen 1965 (Maschinenschrift).

Obuchowska-Pysiowa, Honorata
Trade between *Cracow* and *Italy* from the Costums-House Register of 1604. (Journal of European Economic History. 9. 1983. S. 633-653.)

Ohl, Ingo
Die *Levante* und *Indien* in der Verkehrspolitik Venedigs, der Engländer und Holländer 1580-1623. Kiel 1972.

Olesch, Theodor
Städtische Wirtschaftspolitik und *Fernhandel* vom Anfang des 13. bis zur Mitte des 16. Jahrhunderts. Dargestellt am Beispiel von Nürnberg und Augsburg unter besonderer

Berücksichtigung ihrer Handelsbeziehungen zu Frankreich. Wirtschaftswiss. Diss. Nürnberg 1948 (Maschinenschrift).

Panse, Helga

Das *Fuhrwesen* auf den Straßen um *Naumburg* in alter Zeit. (Saale-Unstrut-Jahrbuch. 5. 2000. S. 61-65.)

Parker, Geoffrey

Die Entstehung des modernen *Geld- und Finanzwesens* in Europa 1500-1730. (Europäische Wirtschaftsgeschichte. 2: Sechzehntes und siebzehntes Jahrhundert.. C. Cipolla u.a. (Hg.). Stuttgart-New York 1979. S. 335-379.)

Pausch, Oskar

Das älteste italienisch-deutsche *Sprachbuch*. Eine Überlieferung aus dem Jahre 1424 nach Georg von Nürnberg. Wien 1972.

Peters, Lambert F.

Quellen zur internationalen Handels- und Bankgeschichte – Nürnberg 1621/22-1623/24 – Hamburg 1619 – Amsterdam 1625 (StadtAN, Av (Archivbibliothek) 7129.4, I-III).

Quellen zur internationalen Handels- und Bankgeschichte – Nürnberg 1621/22-1647/48 – Hamburg 1619 – Amsterdam 1625 (StadtAN, Av (Archivbibliothek) 7130.4, I-XVI).

Einführung zu den *Quellen* zur internationalen Handels- und Bankgeschichte – Nürnberg 1621/22-1647/48 – Hamburg 1619 – Amsterdam 1625. (Mitteilungen des Vereins für Geschichte der Stadt Nürnberg. 91. 2004. S. 47-180)

Banco Publico. (Von Aktie bis Zoll. Ein historisches Lexikon des Geldes. M. North (Hg.). München 1995. S. 29-30.)

Hamburger Bank. (Von Aktie bis Zoll. Ein historisches Lexikon des Geldes. M. North (Hg.). München 1995. S. 154-155.)

Der *Handel Nürnbergs* am Anfang des Dreißigjährigen Krieges. Strukturkomponenten, Unternehmen und Unternehmer. Eine quantitative Analyse. Stuttgart 1994.

Petersohn, Jürgen

Personenforschung im Mittelalter. (Zeitschrift für historische Forschung. 1975/1. S. 1-5.)

Petino, Antonio

Lo *zafferano* nell'economia del medioevo. (Studi di Economia e Statistica. 1. Catania 1951. S. 155-179.)

Pfeiffer, Gerhard

Die Bemühungen der oberdeutschen Kaufleute um die *Privilegierung* ihres Handels in *Lyon*. (Beiträge zur Geschichte und Kultur der Stadt Nürnberg. 11/I. Stadtarchiv Nürnberg (Hg.). 1967. S. 407-455.)

Die *Privilegien* der französischen Könige für die oberdeutschen Kaufleute in *Lyon*. (Mitteilungen des Vereins für Geschichte der Stadt Nürnberg. 53. 1965. S. 150 - 194.)

Nürnbergs Selbstverwaltung 1256-1956. (Mitteilungen des Vereins für Geschichte der Stadt Nürnberg. Nürnberg 1958. S. 1-25.)

Pickl, Othmar

Der *Handel Wiens* und Wiener Neustadts mit Böhmen, Mähren, Schlesien und Ungarn in der ersten Hälfte des 16. Jahrhunderts. (Der Außenhandel Ostmitteleuropas 1450-1650. I. Bog (Hg.). Köln-Wien 1971. S. 321-341.)

Pieper, Renate
Die Vermittlung einer *neuen Welt*. Amerika im Nachrichtennetz des Habsburger Imperiums. Mainz 2000.

Pilz, Kurt
St. Johannis und *St. Rochus* in Nürnberg. Die Kirchhöfe mit den Vorstädten St. Johannis und Gostenhof. Nürnberg 1984.
Nürnberg und die *Niederlande*. (Mitteilungen des Vereins für Geschichte der Stadt Nürnberg. 43. 1952. S. 1-153.)
Der *Totenschild*. (Monatsschrift für das Deutsche Kunstschaffen in Vergangenheit und Gegenwart. 5. 1940. S. 71-77.)
Der *Totenschild* in *Nürnberg* und seine deutschen Vorstufen. (Anzeiger des Germanischen Nationalmuseums. 1936-1939. S. 57-112.)

Pitz, Ernst
Merchant Adventurers und *Deutsche Tuchkaufleute* in Hamburg in den Jahren 1568-1573. (Civitatum communitas: Studien zum europäischen Städtewesen. H. Jäger (Hg.). 2. Köln-Wien 1984. S. 781-797.)

Pohl, Hans
Eliten in Wirtschaft und Gesellschaft aus *historischer Perspektive*. (Vierteljahrschrift für Sozial- und Wirtschaftsgeschichte. 88. 1/2001. S. 48-69.)
Einführung. = Die Auswirkungen von Zöllen und anderen Handelshemmnissen auf Wirtschaft und Gesellschaft vom Mittelalter bis zur Gegenwart. (Vierteljahrschrift für Sozial- und Wirtschaftsgeschichte. Beiheft 80. 1987. S. 7-18.)
(Hg.) Die Auswirkungen von *Zöllen* und anderen *Handelshemmnissen* auf Wirtschaft und Gesellschaft vom Mittelalter bis zur Gegenwart. (Vierteljahrschrift für Sozial- und Wirtschaftsgeschichte. Beiheft 80. 1987.)
Zur Entwicklung der Formen der *Betriebs- und Unternehmensorganisation*, insbesondere der Großorganisation im Verhältnis zum persönlich geführten Geschäft. (Wissenschaft und Kodifikation des Privatrechts im 19. Jahrhundert. VI. 1982. S. 93-125.)
Köln und *Antwerpen* um 1500. (Köln, das Reich und Europa. H. Stehkämper (Hg.). Köln 1971. S. 469-552.)
Die *Portugiesen* in *Antwerpen* (1567-1648). Zur Geschichte einer Minderheit. Stuttgart 1967.

Pohl, Horst
(Bearb.) *Willibald Imhoff*, Enkel und Erbe Willibald Pirckheimers. Nürnberg 1992.

Polívka, Miloslav
Nürnberg als *Nachrichtenzentrum* in der ersten Hälfte des 15. Jahrhunderts. (Kommunikationspraxis und Korrespondenzwesen im Mittelalter und der Renaissance. H.-D. Heimann-I. Hlaváček (Hg.). Paderborn-München-Wien-Zürich 1998. S. 165-177.)

Pölnitz, Götz von
Die *Fugger* in *Nürnberg*. (Beiträge zur Geschichte und Kultur der Stadt Nürnberg. 11/I. Stadtarchiv Nürnberg (Hg.). 1967. S. 221-235.)
Der *Kaiser* und seine *Augsburger Bankiers*. (Bartholomäus Welser und seine Zeit. Stadt Augsburg (Hg.). Augsburg 1962. S. 29-58.)

Poscharsky, Peter
Bürger in der *Kirche*. (Verein zur Erhaltung der St. Lorenzkirche (e.V.) 20. 1977. S. 19-23.)

Presser, Helmut
Vom Berge verschlungen in Büchern bewahrt. Plurs, ein Pompeji des 17. Jahrhunderts im Bergell. [2]Bern 1963.

Prestwich, Michael
Italian Merchants in Late 13th and Early 14th Century *England*. (The Dawn of Modern Banking. New Haven-London 1979. S. 77-104.)

Pröll, Franz Xaver
Kulturelle Beziehungen zwischen *Nürnberg* und *Italien*. (Ausstellungskatalog der Stadtbibliothek Nürnberg. 44. I. o.S. Nürnberg 1965.)

Putzger. Historischer Weltatlas. (E. Bruckmüller und P.C. Hartmann (Hg.). Berlin [103]2002.

Quirini-Poplawska, Danuta
Die *italienischen Einwanderer* in *Kraków* und ihr Einfluß auf die polnischen Wirtschaftsbeziehungen zu österreichischen und deutschen Städten im 16. Jahrhundert. (Wissenschaftliche Zeitschrift. Veröffentlichung der Friedrich-Schiller-Universität Jena. 26/3. 1977. S. 337-354.)

Racine, Pierre
Die *Messen* in *Italien* im 16. Jahrhunderts - die Wechselmessen von Piacenza. (Brücke zwischen den Völkern. Zur Geschichte der Frankfurter Messe. I. H. Pohl (Hg.). Frankfurt/Main 1991. S. 155-170.)

Ranft, Andreas
Adelsgesellschaften. Gruppenbildung und Genossenschaften im spätmittelalterlichen Reich. Sigmaringen 1994.

Ranke, Ermentrude von
Die wirtschaftlichen Beziehungen *Kölns* zu Frankfurt a.m., Süddeutschland und *Italien* im 16. und 17. Jahrhundert (1500-1650). (Vierteljahrschrift für Sozial- und Wirtschaftsgeschichte. XVII. 1924. S. 54-94.)

Rath, Corinna
Staat, Gesellschaft und Wirtschaft bei Max *Weber* und bei Walter *Eucken*. Eine theorievergleichende Studie. Egelsbach 1998.

Rausch, Wilhelm
Die Geschichte der *Linzer Märkte* im Mittelalter. Linz 1969.

Reichert, Winfried
Lombarden zwischen *Rhein* und *Maas*. Versuch einer Zwischenbilanz. (Rheinische Vierteljahrsblätter. 51. 1987. S. 188-223.)
Lombarden. (Von Aktie bis Zoll. Ein historisches Lexikon des Geldes. M. North (Hg.) München 1995. S. 225-227.)

Reicke, Emil
Geschichte der Reichsstadt *Nürnberg* von dem ersten urkundlichen Nachweis ihres Bestehens bis zu ihrem Uebergang an das Königreich Bayern (1806). Nürnberg 1896 (Reprint 1983).

Reinhard, Jakob
Der Skandal um einen Nürnberger Imhoff-Faktor im Lissabon der Renaissance. Der Fall *Calixtus Schüler* und der Bericht Sebald Kneussels (1512). (Jahrbuch für fränkische Landesforschung. 60. 2000. S. 83ff.)

Reinhard, Wolfgang

(Hg.) *Augsburger Eliten* des 16. Jahrhunderts. Prosopographie wirtschaftlicher und politischer Führungsschichten. Berlin 1996.

Papstfinanz und Kirchenstaat im 16. und 17. Jahrhundert. (Finanzen und Staatsräson in Italien und Deutschland in der frühen Neuzeit. A. Maddalena-H. Kellenbenz (Hg.). Berlin 1992. S. 269-294.)

Oligarchische Verflechtung und Konfession in oberdeutschen Städten. (Klientelsysteme im Europa der Frühen Neuzeit. A. Maçzak, (Hg.) unter Mitarbeit von E. Müller-Luckner. München 1988. S. 47-62.)

Geschichte der *europäischen Expansion*. 1. Stuttgart-Berlin-Köln-Mainz 1983.

Freunde und *Kreaturen*: Verflechtung als Konzept zur Erforschung historischer Führungsgruppen. Römische Oligarchie um 1600. München 1979.

Papstfinanz und *Nepotismus unter Paul V. (1605-1621)*. Studien und Quellen zur Struktur und zu quantitativen Aspekten des päpstlichen Herrschaftssystems. Stuttgart 1974.

Staatsmacht als Kreditproblem. Zur Struktur und Funktion des frühneuzeitlichen Ämterhandels. (Vierteljahrschrift für Sozial- und Wirtschaftsgeschichte. 61/3. 1974. S. 289-319.)

Reinhard, Wolfgang – Schilling, Heinz

(Hg.) Die katholische Konfessionalisierung. Münster 1995.

Reinhardt, Ludwig

Kulturgeschichte der Nutzpflanzen. IV/2. München 1911.

Reininghaus, Wilfried

Die *Stadt Iserlohn* und ihre Kaufleute (1700-1815). Münster 1995.

Reiser, Rudolf

Alte *Häuser*-Große *Namen*. München 1990.

Reitzenstein, Alexander von

Die *Nürnberger Plattner*. (Beiträge zur Geschichte und Kultur der Stadt Nürnberg. 11/II. 1967. Seite 700-725.)

Ress, Franz-Michael

Die *Nürnberger Briefbücher* als Quelle zur Geschichte des Handwerks, der eisen- und metallverarbeitenden Gewerbe sowie der Sozial- und Wirtschaftsgeschichte. (Beiträge zur Geschichte und Kultur der Stadt Nürnberg. 11/II. Stadtarchiv Nürnberg (Hg.). 1967. S. 800-829.)

Geschichte und Bedeutung der *oberpfälzischen Eisenindustrie* von den Anfängen bis zur Zeit des 30-jährigen Krieges. Regensburg 1950.

Rexrodt, Günter

Wie der *Standort Deutschland* wieder erstarken kann. Gegen Arbeitslosigkeit, Bürokratisierung und Verkrustung hilft nur ein Programm marktwirtschaftlicher Erneuerung. (Frankfurter Allgemeine Zeitung. Nr. 208. 08.09.1997. S. 10.)

Richter, Rudolf – Furubotn, Eirik

Neue *Institutionenökonomik*: Eine Einführung und kritische Würdigung. Tübingen 1996.

Riebartsch, Joachim

Augsburger Handelsgesellschaften des 15 und 16. Jahrhunderts. Eine vergleichende Darstellung ihres Eigenkapitals und ihrer Verfassung. Bergisch Gladbach-Köln 1987.

Riedenauer, Erwin
Kaiser und *Patriziat*. Struktur und Funktion des reichsstädtischen Patriziats im Blickpunkt kaiserlicher Adelspolitik von Karl V bis Karl VI. (Zeitschrift für bayerische Landesgeschichte. 30/1. 1967. S. 526-648.)

Riess, Karl
Das *Steuerrecht* und die *Steuern* der freien Reichsstadt *Nürnberg* bis zur Gründung des Königsreiches Bayern. Jur. Diss. Erlangen 1948.

Roeck, Bernd
Kunstpatronage in der *Frühen Neuzeit*. (Kunstpatronage in der Frühen Neuzeit: Studien zu Kunstmarkt, Künstlern und ihren Auftraggebern in Italien und im Heiligen Römischen Reich (15.-17. Jahrhundert. B. Roeck (Hg.). Göttingen 1999. S. 11-34.)
Motive bürgerlicher *Kunstpatronage* in der *Renaissance*. Beispiele aus Deutschland und Italien. (Stadt und Mäzenatentum. B. Kirchgässner-H.-P. Becht (Hg.). Sigmaringen 1997. S. 45-63.)
Kunst und *Wirtschaft* in Venedig und Oberdeutschland zur Zeit der Renaissance. (Venedig und Oberdeutschland in der Renaissance. Beziehungen zwischen Kunst und Wirtschaft. B. Roeck (Hg.). Sigmaringen 1993. S. 9-18.)
Eine Stadt in *Krieg* und *Frieden*. Studien zur Geschichte der Reichsstadt *Augsburg* zwischen Kalenderstreit und Parität. 1+2. Göttingen 1989.
Reisende und Reisewege von *Augsburg* nach *Venedig* in der zweiten Hälfte des 16. und der ersten des 17. Jahrhunderts. (Alpenübergänge vor 1850. Landkarten-Strassen-Verkehr. U. Lindgren (Hg.). Stuttgart 1987. S. 179-187.)

Rogalla von Bieberstein, Johannes
Die *These* von der *Verschwörung* 1776-1945. Philosophen, Freimaurer, Juden, Liberale und Sozialisten als Verschwörer gegen die Sozialordnung. Frankfurt/M.-Bern-Las Vegas 1976.

Roover, Raymond de
Money, Banking, and *Credit* in Mediaeval Bruges. Cambridge (Mass.) 1948.

Rörig, Fritz
Außenpolitische und innerpolitische *Wandlungen* in der *Hanse* nach dem Stralsunder Frieden (1370). (Wirtschaftskräfte im Mittelalter. P. Kaegbein (Hg.). [2]1971. S. 147-166.)
Das *Einkaufsbüchlein* der Nürnberg-Lübecker *Mulichs*. (Wirtschaftskräfte im Mittelalter. P. Kaegbein (Hg.). [2]1971. S. 288-350.)

Rösch, Eva Sibylle und Gerhard
Venedig im *Spätmittelalter*. Freiburg-Würzburg 1991.

Rösch, Gerhard
Der *venezianische Adel* bis zur Schließung des Großen Rats. Zur Genese einer Führungsschicht. Sigmaringen 1989.
Venedig und das *Reich*. Handels- und verkehrspolitische Beziehungen in der deutschen Kaiserzeit. Tübingen 1982.

Rösel, Ludwig
Alt-Nürnberg. Geschichte einer deutschen Stadt im Zusammenhang der deutschen Reichs- und Volksgeschichte. Nürnberg 1895.

Rossi, Filippo
Torrigiani, Pietro. (Enciclopedia Italiana. 34. 1950. S. 70.)

Roth, Johann Ferdinand
Geschichte des *Nürnbergischen Handels*. Ein Versuch. 1-4. Leipzig 1800-1802.

Roth, Paul W.
Die *Kipper- und Wipper-Zeit* in den Habsburgischen Ländern, 1620 bis 1623. (Vierteljahrschrift für Sozial- und Wirtschaftsgeschichte. Beiheft 106. 1993. S. 85-103.)

Rothmann, Michael
Die *Frankfurter Messen* im Mittelalter. Stuttgart 1998.

Sachs, Carl L.
Metzgergewerbe und *Fleischversorgung* der Reichsstadt Nürnberg bis zum Ende des 30jährigen Krieges. (Mitteilungen des Vereins für Geschichte der Stadt Nürnberg. 24. 1922. S. 1-260.)

Sakuma, Hironobu
Die *Nürnberger Tuchmacher, Weber, Färber* und *Bereiter* vom 14. bis 17. Jahrhundert. Nürnberg 1993.

Sander, Paul
Die *reichsstädtische Haushaltung* Nürnbergs. Dargestellt auf Grund ihres Zustandes von 1431-1440. Leipzig 1902.

Sayous, André
Partnerships in the Trade between Spain and America and also in the Spanish Colonies in the Sixteenth Century. (Journal of Economic and Business History. 1. 1929. S. 282-301.)

Scaramellini, Guido - Kahl, Günther - Falappi, Gian Primo
(Hg.) *La frana di Piuro* del 1618. Storia e immagini di una rovina. Piuro 1988.

Schaffer, Reinhold
Das *Pellerhaus* in Nürnberg. Nürnberg 1934.

Schall, Kurt
Die *Genannten* in *Nürnberg*. Nürnberg 1971.

Schaper, Christa
Die *Hirschvogel* von Nürnberg und ihr Handelshaus. Nürnberg 1973.
Die *Hirschvogel* von Nürnberg und ihre Faktoren in *Lissabon* und *Sevilla*. (Fremde Kaufleute auf der Iberischen Halbinsel. H. Kellenbenz (Hg.). Köln-Wien 1970. S. 176-196.)
Studien zur Geschichte der *Baumeisterfamilie Behaim*. (Mitteilungen des Vereins für Geschichte der Stadt Nürnberg. 48. 1958. S. 125-182.)

Schaube, Adolf
Handelsgeschichte der romanischen Völker des Mittelmeergebiets bis zum Ende der Kreuzzüge. München-Berlin 1906.

Scheibe, Ernst
Studien zur *Nürnberger Waffenindustrie* von 1450-1550. Bonn 1908.

Scheible, Helga
(Bearb.) *Willibald Pirckheimers* Briefwechsel. III. München 1989.

Schenk, Hans
Nürnberg und *Prag*. Ein Beitrag zur Geschichte der Handelsbeziehungen im 14. und 15. Jahrhundert. Wiesbaden 1969.

Scheurl, Christoph
Eine *Epistel* oder zugesandte Schrifft zweyer Hochgelehrten Ehrwürdigen Herren: Einer in der Heiligen Schrift und Provincial des Ordens St. Augustin, der Andere Beeder Rechten Doctor. Von Politischer Ordnung und guten Regiment der Löbl. Stadt Nürnberg: So in 26. Capitel getheilet ist. Nürnberg 1516.

Schilling, Heinz
Aufbruch und *Krise*. Deutschland 1517-1648. Berlin 1994.

Schirmer, Uwe
Die *Leipziger Messen* in der ersten Hälfte des 16. Jahrhunderts. Ihre Funktion als Silberhandels- und Finanzplatz der Kurfürsten von Sachsen. (Leipzigs Messen - 1497-1997. Gestaltwandel-Umbrüche-Neubeginn. H. Zwahr-Th. Topfstedt-G. Bentele (Hg.). 1: 1497-1914. Köln-Weimar-Berlin 1999. S. 87-107.)
Der ober- und westdeutsche *Schlachtviehbezug* vom *Buttstädter* Markt im 16. Jahrhundert. (Jahrbuch für fränkische Landesforschung. 56. 1996. S. 259-282.)

Schleif, Corinne
Donatio et Memoria. Stifter, Stiftungen und Motivationen an Beispielen der Lorenzkirche in Nürnberg. München 1990.

Schmidt, Georg
Der *Städtetag* in der *Reichsverfassung*. Eine Untersuchung zur korporativen Politik der Freien und Reichsstädte in der ersten Hälfte des 16. Jahrhunderts. Stuttgart 1984.

Schmidt-Rimpler, Walter
Geschichte des *Kommissionsgeschäft*es in Deutschland. I: Die Zeit bis zum Ende des 15. Jahrhunderts. Halle a.d.S. 1915.

Schmidt-Fölkersamb, Ursula
Die Familie *Imhoff* in Nürnberg und ihre heute noch vorhandenen *Stiftungen* in St. Lorenz. (Verein zur Erhaltung der Lorenzkirche in Nürnberg (E.V.). NF 24. Juni 1980. S. 3-10.)

Schnabel, Werner Wilhelm
Österreichische Exulanten in Oberdeutschen Reichsstädten. Zur Migration von Führungsschichten im 17. Jahrhundert. München 1992.

Schneider, Ivo
Die mathematischen Praktiker im *See-, Vermessungs- und Wehrwesen* vom 15. bis zum 19. Jahrhundert. (Technikgeschichte 37/3. 1970. S. 210-242.)

Schneider, Jürgen - Brübach, Nils
Frankreichs Messeplätze und das europäische Messesystem in der frühen Neuzeit. (Brücke zwischen den Völkern. Zur Geschichte der Frankfurter Messe. I. H. Pohl (Hg.). Frankfurt/Main 1991. S. 171-190.)
Die Bedeutung von *Kontoren, Faktoreien*, Stützpunkten (von Kompagnien), Märkten, Messen und Börsen im Mittelalter und früher Neuzeit. (Vierteljahrschrift für Sozial- und Wirtschaftsgeschichte. Beiheft 87. 1989. S. 37-63.)

Schneider, Konrad
Kipper- und Wipperzeit. (Von Aktie bis Zoll. Ein historisches Lexikon des Geldes. M. North (Hg.). München 1995. S. 191-192.)

Schneider, Paul
Nürnbergisch gerecht geschaut Gut. Nürnberger Schauanstalten im Spätmittelalter. Nürnberg 1940.

Schnelbögl, Fritz
Die wirtschaftliche Bedeutung ihres *Landgebiete*s für die Reichsstadt *Nürnberg.* (Beiträge zur Wirtschaftsgeschichte Nürnbergs. 11/I. Stadtarchiv Nürnberg (Hg.). 1967. S. 261-317.)
Die *Webersiedlung.* 7 Zeilen auf dem Schwabenberg. (Norica. Beiträge zur Nürnberger Geschichte. 1961. S. 69-75.)

Schnelbögl, Julia
Die *Reichskleinodien* in Nürnberg 1424-1523. (Mitteilungen des Vereins für Geschichte der Stadt Nürnberg. 51. 1962. S. 78-159.)

Schnurrer, Ludwig
Rothenburger Kaufleute als Wollieferanten nach Nürnberg. (Mitteilungen des Vereins für Geschichte der Stadt Nürnberg. 76. 1989. S. 35-64.)

Schödl, Günter
Vorbild und Vormacht: *Nürnberg* in der mittelalterlich-frühneuzeitlichen Entwicklungsgeschichte der *Donau- und Karpatenländer.* (Nürnberg. Eine europäische Stadt in Mittelalter und Neuzeit. H. Neuhaus (Hg.). Nürnberg 2000. S. 219-233.)

Scholler, Ernst
Das *Münzwesen* der Reichsstadt *Nürnberg* im 16. Jahrhundert. Nürnberg 1912.

Scholz, Rudolf
Aus der Geschichte des *Farbstoffhandel*s im Mittelalter. Staatswiss. Diss. München 1929.

Schönberg, Leo
Die Technik des *Finanzhaushalt*s der deutschen Städte im Mittelalter. Stuttgart-Berlin 1910.

Schönfelder, Alexander
Handelsmessen und Kreditwirtschaft im Hochmittelalter - die *Champagnemessen.* Saarbrücken 1988.

Schöningh, Franz Josef
Die *Rehlinger* von *Augsburg.* Ein Beitrag zur deutschen Wirtschaftsgeschichte des 16. und 17. Jahrhunderts. Paderborn 1927.

Schreiber, Markus
Marranen in Madrid 1600-1670. Stuttgart 1994.

Schrötter, Georg
Die letzten Jahre der Reichsstadt *Nürnberg* und ihr *Übergang an Bayern.* (Mitteilungen des Vereins für Geschichte der Stadt Nürnberg. 17. 1906. S. 1-177.)

Schubert, Ernst
bauerngeschrey. Zum Problem der öffentlichen Meinung im spätmittelalterlichen Franken. (Jahrbuch für fränkische Landesforschung. 34/35. Nürnberg 1975. S. 883-907.)

Schulte, Aloys
Geschichte der Großen *Ravensburger Gesellschaft 1380-1530.* 1-3. Stuttgart-Berlin 1923.

Schultheiß, Werner

Eine nürnbergische *Handelsordnung* aus dem Jahre 1575. (Scripta Mercaturae. 1/1973. S. 20-21.)

Konrad Gross (Fränkische Lebensbilder. II. 1968. S. 59-81.)

Geld- und Finanzgeschäfte Nürnberger Bürger vom 13.-17. Jahrhundert. (Beiträge zur Geschichte und Kultur der Stadt Nürnberg. 11/I. Stadtarchiv Nürnberg (Hg.). 1967. S. 49-116.)

Geld- und Finanzgeschäfte Nürnberger Bürger vom 13.-17. Jahrhundert. (Archive und Geschichtsforschung. H. Heldmann (Hg.). Neustadt a.d. Aisch 1966, S. 50-79.)

Patriziat und *andere Führungsschichten* in den südwestdeutschen Städten. (Arbeitskreis für südwestdeutsche Stadtgeschichtsforschung. 1965. S. 40-44.)

Nürnberger *Handelsbriefe* aus der 2. Hälfte des 14. Jahrhunderts. (Mitteilungen des Vereins für Geschichte der Stadt Nürnberg. 51. 1962. S. 60-69.)

Wirtschaftliche Beziehungen zwischen *Nürnberg* und *Italien*. (Stimme Frankens. 30/1. 1964. S. 23-24.)

Eine *Gewürzhandelsabrechnung* und ein *Finanzierungsgeschäft* des Nürnberger Rats von 1350. Beiträge zur Wirtschaftsgeschichte und Finanzpolitik der Reichsstadt im Spätmittelalter. (Mitteilungen des Vereins für Geschichte der Stadt Nürnberg. 50. 1960. S. 11-52.)

Der Nürnberger Großkaufmann und Diplomat *Andreas I. Imhoff* und seine Zeit (1491-1579). (Mitteilungen aus der Stadtbibliothek Nürnberg. 6/1. 1957. S. 3-11.)

Die Entdeckung *Amerikas* und *Nürnberg*. Beiträge zur Kultur- und Wirtschaftsgeschichte der Reichsstadt. (Jahrbuch für fränkische Landesforschung. 15. 1955. S. 171-199.)

Die Einrichtung der *Herrentrinkstube* (Mitteilungen des Vereins für Geschichte der Stadt Nürnberg. 44. 1953. S. 275-285.)

Schulz, Raimund

Herrschaft und Regierung. *Roms Regiment* in den Provinzen in der Zeit der Republik. Paderborn-München-Wien 1997.

Schulze, Arno

Nürnberg: Rüstungsmetropole im Dreißigjährigen Krieg. Hausarbeit zur Magisterprüfung. München WS 1999/2000 (Seminar Prof. Dr. S. Jahns).

Schulze, Winfried

Steuern, Abgaben und *Dienste* vom Mittelalter bis zur Gegenwart. Stuttgart 1994.

Die ständische Gesellschaft des 16./17. Jahrhunderts als Problem von *Statik* und *Dynamik*. (Ständische Gesellschaft und soziale Mobilität. W. Schulze (Hg.). München 1988. S. 1-17.)

Deutsche *Geschichte* im *16. Jahrhundert* (1500-1618). Frankfurt/M. 1987.

Reich und *Türkengefahr* im späten 16. Jahrhundert. Studien zu den politischen und gesellschaftlichen Auswirkungen einer äußeren Bedrohung. München 1978.

Reichstage und *Reichssteuern* im späten 16. Jahrhundert. (Zeitschrift für historische Forschung. 1975/1. S. 43-58.)

Schumpeter, Joseph A.

Kapitalismus, Sozialismus und Demokratie. München [5]1980.

Theorie der *wirtschaftlichen Entwicklung*. Eine Untersuchung über Unternehmergewinn, Kapital, Kredit, Zins und den Konjunkturzyklus. Berlin [6]1964.

Schuster, Leo
Die Rolle der *Nürnberger Kaufherren* am *Fondaco* dei Tedeschi in Venedig. (Mitteilungen aus der Stadtbibliothek. 11/1. 1962. S. 1-54.)

Schweikhart, Gunter
Der *Fondaco dei Tedeschi*: Bau und Ausstattung im 16. Jahrhundert. (Venedig und Oberdeutschland in der Renaissance. Beziehungen zwischen Kunst und Wirtschaft. B. Roeck u.a. (Hg.). Sigmaringen 1993. S. 41-49.)

Schwemmer, Wilhelm
Dr. *Lorenz Tucher* (+1503) und seine Familienstiftung. (Mitteilungen des Vereins für Geschichte der Stadt Nürnberg. 63. 1976. S. 131-144.)
Die *Bürgerhäuser* der Nürnberger Altstadt aus reichsstädtischer Zeit. Erhaltener Bestand der *Lorenzer Seite*. Nürnberg 1970.
Die Schulden der Reichsstadt Nürnberg und ihre Übernahme durch den bayerischen Staat. Nürnberg 1967.
Das *Mäzenatentum* der Nürnberger Patrizierfamilie *Tucher* vom 14. bis 18. Jahrhundert. (Mitteilungen des Vereins für Geschichte der Stadt Nürnberg. 51. 1962. S. 18-59.)
Die *Bürgerhäuser* der Nürnberger Altstadt aus reichsstädtischer Zeit. Erhaltener Bestand der *Sebalder Seite*. Nürnberg 1961.
Der *Egidienplatz* und seine Kunstdenkmäler im Wandel der Jahrhunderte. (Mitteilungen der Stadtbibliothek. 4/1. 1955. S. 9-11.)

Scribner, Bob
(Ed.) *Germany*. A New Social and Economic History. I: 1450-1630. London et al. 1996.

Seagrave, Sterling
Die Herren des Pazifik. Das unsichtbare Wirtschaftsimperium der *Auslandschinesen*. München 1996.

Seibold, Gerhard
Die *Manlich*. Geschichte einer Augsburger Kaufmannsfamilie. Sigmaringen 1995.
Zur Situation der *italienischen Kaufleute* in Nürnberg während der zweiten Hälfte des 17. und der ersten Hälfte des 18. Jahrhunderts. (Mitteilungen des Vereins für Geschichte der Stadt Nürnberg. 71. 1984. S. 186-207.)
Die *Imhoffsche Handelsgesellschaft* in den Jahren 1579-1635. (Mitteilungen des Vereins für Geschichte der Stadt Nürnberg. 64. 1977. S. 201-214.)
Die *Viatis* und *Peller*. Beiträge zur Geschichte ihrer Handelsgesellschaft. Köln 1977.

Seyffert, Rudolf
Wirtschaftslehre des *Handels*. 5. Auflage. Opladen 1972.

Sicken, Bernhard
Albrecht Alcibiades von Brandenburg-Kulmbach. (Fränkische Lebensbilder. N.F. 6. G. Pfeiffer und A. Wendehorst (Hg.). Würzburg 1975. S. 130-160.)

Siebenkees, Johann Christian
Materialien zur *nürnbergischen Geschichte*. Nürnberg 1792.

Sieber, Johannes
Zur Geschichte des *Reichsmatrikelwesens* im ausgehenden Mittelalter (1422-1521). Phil. Diss. Leipzig 1910.

Siebert, Horst
Odysseus am Mast der *Ökonomie*. Institutionelle Vorkehrungen gegen die Kurzfristorientierung in der Politik. Die Zuordnung von Verantwortlichkeiten und Instrumenten auf die Entscheidungsträger. (Frankfurter Allgemeine Zeitung. 91. 19.04.1997. S. 17.)

Sieh-Burens, Katarina
Oligarchie, Konfession und *Politik* im 16. Jahrhundert. Zur sozialen Verflechtung der Augsburger Bürgermeister und Stadtpfleger 1518-1618. München 1986.

Simonsfeld, Henry
Der *Fondaco dei Tedeschi* in Venedig und die deutsch-venetianischen Handelsbeziehungen. 1+2. Stuttgart 1887.

Simsch, Adelheid
Die Handelsbeziehungen zwischen *Nürnberg* und *Posen* im europäischen Wirtschaftsverkehr des 15. und 16. Jahrhundert. Wiesbaden 1970.

Soden, Franz von
Beiträge zur Geschichte der *Reformation* und der Sitten jener Zeit mit besonderem Hinblick auf Christoph Scheurl II. Nürnberg 1855.
Christoph Scheurl der Zweite und sein Wohnhaus in Nürnberg. Ein biographisch=historischer Beitrag zur Reformation und zu den Sitten des 16. Jahrhunderts. Nürnberg 1837.

Soden, Julius
Ueber *Nürnbergs Finanzen*. 1. Abschnitt. Nürnberg 1793.

Spallanzani, Marco
Le compagnie *Saliti* a Norimberga nella prima metà del Cinquecento (un primo contributo dagli archivi fiorentini). (Beiträge zur Wirtschaftsgeschichte. H. Kellenbenz-J. Schneider (Hg.). 4. 1978. S. 609-616.)

Sporhan-Krempel, Lore
Nürnberg als Nachrichtenzentrum zwischen 1400 und 1700. Nürnberg 1968.
Papiererzeugung und *Papierhandel* in der Reichsstadt *Nürnberg* und ihrem Territorium. (Beiträge zur Geschichte und Kultur der Stadt Nürnberg. 11/II. Stadtarchiv Nürnberg (Hg.). 1967. S. 726-750.)

Stadtbibliothek Nürnberg
(Hg.) Die *Imhoff*. Aus der Geschichte einer Nürnberger Patrizierfamilie. Ausstellungskatalog. Nürnberg 1971.
(Hg.) *Nürnberg* und *Italien*. Die kulturellen und wirtschaftlichen Beziehungen. Ausstellungskatalog. Nürnberg 1965.
(Hg.) *Nürnbergisch gerecht geschaut Gut*. Überwachung der Lebensmittel und Gebrauchsgegenstände in der Reichsstadt Nürnberg. Ausstellungskatalog. Nürnberg 1961.
(Hg.) Die *Welser*. Ausstellungskatalog. Nürnberg 1960.

Stadtlexikon Nürnberg
(M. Diefenbacher-R. Endres (Hg.). Nürnberg [1]1999-2000.)

Stafski, Heinz-
Antikenrezeption um 1500. Das *Sebaldusgrab* von Peter Vischer in Nürnberg. (Jahrbuch für fränkische Landesforschung. 56. 1996. S. 181-234.)
Veit Stoß (Fränkische Lebensbilder. N.F. 6. G. Pfeiffer-A. Wendehorst (Hg.). Würzburg 1975. S. 92-106.)

Stahlschmidt, Rainer
Die Geschichte des *eisenverarbeitenden Gewerbes* in Nürnberg von den 1. Nachrichten im 12.-13. Jahrhundert bis 1630. Nürnberg 1971.

Stauber, Reinhard
Nürnberg und *Italien* in der Renaissance. (Nürnberg. Eine europäische Stadt in Mittelalter und Neuzeit. H. Neuhaus (Hg.). Nürnberg 2000. S. 123-149.)

Steuer, Peter
Die *Außenverflechtung* der *Augsburger Oligarchie* von 1500-1620. Studien zur sozialen Verflechtung der politischen Führungsschicht der Reichsstadt Augsburg. Augsburg 1988.

Stolz, Georg
Katalog der *Imhoff'schen Stiftungen* und Imhoff'schen Bezüge in der Lorenzkirche. (Verein zur Erhaltung der Lorenzkirche in Nürnberg (E.V.). NF 24. Juni 1980. S. 11-31.)
Die zwei Schwestern. Gedanken zum Bau des *Lorenzer Hallenchores* 1439-1477. (500 Jahre Hallenchor St. Lorenz 1477-1977. Verein des Vereins zur Erhaltung der St. Lorenzkirche und des Vereins für Geschichte der Stadt Nürnberg. H. Bauer u.a. (Hg.). Nürnberg 1977. S. 1-21.)
Bürger bauen ihre Kirche. (Mitteilungsblatt Neue Folge. 20. Verein zur Erhaltung der St. Lorenzkirche (e.V.) (Hg.). 1977. S. 13-19.)
Engelsgruß (Engelsgruß und Sakramentshaus in St. Lorenz zu Nürnberg. H. Bauer-G. Stolz (Hg.). Königstein i.T. 1974. S. 1-7.)
Das *Sakramentshaus*. (Engelsgruß und Sakramentshaus in St. Lorenz zu Nürnberg. H. Bauer und G. Stolz (Hg.). Königstein i.T. 1974. S. 8-11.)

Stolz, Otto
Quellen zur Geschichte des *Zollwesens* und Handelsverkehrs in Tirol und Vorarlberg vom 13. bis 18. Jahrhundert. Wiesbaden 1955.

Straube, Manfred
Kaufleute auf dem Wege von und nach Leipzig - *Handelsreisende* im 16. Jahrhundert. (Die Stadt als Kommunikationszentrum. H. Bräuer-E. Schlenkrich (Hg.). Leipzig 2001. S. 763-790.)
Die *Leipziger Messen* zur Zeit der Privilegierungen als Mittler nach Ostmitteleuropa. (Leipzigs Messen - 1497-1997. Gestaltwandel-Umbrüche-Neubeginn. H. Zwahr-Th. Topfstedt-G. Bentele (Hg.). 1: 1497-1914. Köln-Weimar-Berlin 1999. S. 121-132.)
Die *Leipziger Messen* im *Dreißigjährigen Krieg*. (Landesgeschichte als Herausforderung und Programm. U. John-J. Matzerath (Hg.). Stuttgart 1997. S. 422-441.)
Mitteldeutsche Städte und der *Osthandel* zu Beginn der frühen Neuzeit. Forschungsergebnisse, Forschungsmöglichkeiten, Forschungsnotwendigkeiten. (Stadt in der Geschichte. B. Kirchgässner- H.P. Becht (Hg.). 22. 1995. S. 83-106.)
Funktion und Stellung deutscher Messen im Wirtschaftsleben zu Beginn der frühen Neuzeit. Die Beispiele *Frankfurt am Main* und *Leipzig*. (Brücke zwischen den Völkern. Zur Geschichte der Frankfurter Messe. I. H. Pohl (Hg.). Frankfurt/Main 1991. S. 191-204.)
Zum überregionalen und regionalen *Warenverkehr* im *thüringisch-sächsischen Raum*, vornehmlich in der ersten Hälfte des 16. Jahrhunderts. 1-4. Wiss. Diss. Leipzig 1981.

Strieder, Jakob

Aus *Antwerpener Notariatsarchiven*. Wiesbaden 1962. (Nachdruck der Ausgabe Berlin-Leipzig 1930.)

Die deutsche *Montan- und Metall-Industrie* im Zeitalter der Fugger. Berlin 1931.

Studien zur Geschichte der *kapitalistischen Organisationsformen*. [2]München-Leipzig 1925.

Die *Frachtfuhrleute* aus *Frammersbach* in Antwerpen (Festgabe Gerhard Seeliger. R. Bemmann u.a. (Hg.). Leipzig 1920. S. 160-166.)

Levantinische Handelsfahrten deutscher Kaufleute des 16. Jahrhunderts. (Meereskunde. 13/5. 1920. S. 1-34.)

Zur Genesis des modernen *Kapitalismus*. Leipzig 1904.

Ströhle, Otto

Ulms Handel im 16. und 17. Jahrhundert mit Frankreich und Italien. Jur. Diss. Würzburg 1922 (Maschinenschrift).

Stromer, Wolfgang von

Gewerbereviere und *Protoindustrien* im Spätmittelalter und der Frühneuzeit. (Vierteljahrschrift für Sozial- und Wirtschaftsgeschichte. Beiheft 78. 1986. S. 39-111.)

Zur Organisation des transkontinentalen *Ochsen- und Textilhandels* im Spätmittelalter. Der Ochsenhandel des Reichserbkämmerers Konrad von Weinsberg anno 1422. (Internationaler Ochsenhandel 1350-1750. E. Westermann (Hg.). Wiesbaden 1979. S. 171-196.)

Die Gründung der *Baumwollindustrie* in Mitteleuropa. Wirtschaftspolitik im Spätmittelalter. Stuttgart 1978.

Die Metropole im Aufstand gegen König Karl IV. *Nürnberg* zwischen *Wittelsbach* und *Luxemburg* - Juni 1348 - September 1349. (Mitteilungen des Vereins für Geschichte der Stadt Nürnberg. 65. 1978. S. 55-88.)

Die *oberdeutschen Geld- und Wechselmärkte*. Ihre Entwicklung vom Spätmittelalter bis zum Dreißigjährigen Krieg. (Scripta Mercaturae. 1. 1976. S. 23-51.)

Wirtschaftsgeschichte und *Personengeschichte*. (Zeitschrift für historische Forschung. 1975/1. S. 31-42.)

Reichtum und Ratswürde. Die wirtschaftliche Führungsschicht der Reichsstadt Nürnberg. (Führungskräfte der Wirtschaft in Mittelalter und Neuzeit 1350-1850. H. Helbig (Hg.). Limburg/Lahn 1973. S. 1-50)

Das Zusammenspiel *Oberdeutscher* und *Florentiner Geldleute* bei der Finanzierung von König Ruprechts Italienzug 1401/02. (Öffentliche Finanzen und privates Kapital im späten Mittelalter und in der ersten Hälfte des 19. Jahrhunderts. H. Kellenbenz (Hg.). Stuttgart 1971. S. 50-86.)

Oberdeutsche Unternehmen im Handel mit der *Iberischen Halbinsel* im 14. und 15. Jahrhundert. (Fremde Kaufleute auf der Iberischen Halbinsel. H. Kellenbenz (Hg.). Köln 1970. S. 155-175.)

Oberdeutsche Hochfinanz 1350-1650. I+II. Wiesbaden 1970.

Das *Schriftwesen* der *Nürnberger Wirtschaft* vom 14. bis zum 16. Jahrhundert. Zur Geschichte Oberdeutscher Handelsbücher. (Beiträge zur Geschichte und Kultur der Stadt Nürnberg. 11/I. Stadtarchiv Nürnberg (Hg.). 1967. S. 751-799.)

Tacke, Andreas
Bartholomäus I. *Viatis* im *Porträt*. (Mitteilungen des Vereins für Geschichte der Stadt Nürnberg. 83. 1996. S. 57-64.)

Thomas, Paul
Kommunalhaushalte und *Steuern* im 17. und 18. Jahrhundert zwischen Funktionswandel der städtischen Aufgaben und Strukturwandel der städtischen Einnahmen. (Vierteljahrschrift für Sozial- und Wirtschaftsgeschichte. Beiheft 114. 1994. S. 91-108.)

Tillmann, Curt
Lexikon der deutschen *Burgen* und *Schlösser*. I. Stuttgart 1958.

Topfstedt, Thomas
Orte der *Messe* in Leipzig. (Leipzigs Messen - 1497-1997. Gestaltwandel-Umbrüche-Neubeginn. H. Zwahr-Th. Topfstedt-G. Bentele (Hg.). 1: 1497-1914. Köln-Weimar-Berlin 1999. S. 29-32.)

Trauchburg-Kuhnle, Gabriele von
Kooperation und Konkurrenz. *Augsburger Kaufleute* in *Antwerpen*. (Augsburger Handelshäuser im Wandel des historischen Urteils. J. Burkhardt (Hg.). Berlin 1996. S. 210-223.)

Trautmann, Dietmar
Imhoff, Andreas. (Neue Deutsche Biographie. 10. Berlin 1974. S. 148-149.)

T[ucher], N.N.
Tucher, Linhart (Leonhard). (Allgemeine Deutsche Biographie. 38. Leipzig 1894. S. 770-772.)

Tuchtfeldt, Egon
Wettbewerbspolitik. (Kompendium der Volkswirtschaftslehre. 2. W. Ehrlicher u.a. (Hg.). Göttingen 1972. S. 178-187.)

Ulrich, Karl
Die *Nürnberger Deutschordenskommende* in ihrer Bedeutung für den Katholizismus seit der Glaubensspaltung. Nürnberg 1935.

Unger, Eike Eberhard
*Nürnberg*s Handel mit *Hamburg* im 16. und beginnenden 17. Jahrhundert. (Mitteilungen des Vereins für Geschichte der Stadt Nürnberg. 54. 1966. S. 1-85.)

Unger, Manfred
Niederländer und die *Leipziger Messe* im 16. Jahrhundert (Leipzigs Messen - 1497-1997. Gestaltwandel-Umbrüche-Neubeginn. H. Zwahr-Th. Topfstedt-G. Bentele (Hg.). 1: 1497-1914. Köln-Weimar-Berlin 1999. S. 109-119.)

Valentinitsch, Helfried
Der ungarische und innerösterreichische *Viehhandel* nach *Venedig* in der 1. Hälfte des 17. Jahrhunderts. (Carinthia I. 1973. S. 213-247.)

Vasold, Manfred
Philipp II. Hamburg 2001.

Vázques de Prada, Valentín
Die *kastilischen Messen* im 16. Jahrhundert. (Brücke zwischen den Völkern. Zur Geschichte der Frankfurter Messe. I. H. Pohl (Hg.). Frankfurt/Main 1991. S. 113-132.)

Vlachovič, Jozef
Produktion und Handel mit *ungarischem Kupfer* im 16. und im ersten Viertel des 17. Jahrhunderts. (Der Außenhandel Ostmitteleuropas 1450-1650. I. Bog (Hg.). Köln-Wien 1971. S. 600-627.)

Vocelca, Karl
Rezensionen der Arbeiten von K. *Göllner* über die Turcica und W. *Schulze* über Reich und Türkengefahr. (Mitteilungen des Instituts für österreichische Geschichte. LXXXXVII. 1979. S. 521-522+528-529.)

Vogler, Günter u.a.
Illustrierte Geschichte der deutschen *frühbürgerlichen Revolution*. Berlin 1982.

Voigt, Johannes
Markgraf *Albrecht Alcibiades* von Brandenburg-Kulmbach. 1. Berlin 1852.

Voigt, Klaus
Italienische Berichte aus dem spätmittelalterlichen Deutschland. Von Francesco Petrarca zu Andrea de' Franceschi (1333-1492). Stuttgart 1973.

Volckart, Oliver
Politische Zersplitterung und *Wirtschaftswachstum* im Alten Reich, ca. 1650-1800. (Vierteljahrschrift für Sozial- und Wirtschaftsgeschichte. 86. 1999/1. S. 1-38.)

Vries, Johann de
Rezension: Lesger, Clé–Noordegraaf (Eds.) *Entrepreneurs* and *Entrepreneurship* in Early Modern Times. Merchants an Industrialists within the Orbit of the Dutch Staple Market. Den Haag 1995. (Vierteljahrschrift für Sozial- und Wirtschaftsgeschichte. 85/2. 1998. S. 269.)

Waldau, Georg Ernst
Vermischte Beyträge zur *Geschichte* der Stadt *Nürnberg*. 3. Nürnberg 1788, 4. Nürnberg 1789.

Walter, Rolf
(Hg.) Zusammen mit Hermann Kellenbenz (+): *Oberdeutsche Kaufleute* in *Sevilla* und *Cadiz* (1525-1560). Eine Edition von Notariatsakten aus den dortigen Archiven. Stuttgart 2001.
The *Role of the Merchants* during the Renaissance Period (15th-16th century). (Istituto Internazionale di Storia Economica F. Datini" (Ed.), XXX Settimana di Studi, Poteri economici e poteri politici. Secc. XIII-XVIII, Prato 1999, p. 501-506.)
Wirtschafts- und *Sozialgeschichte* in ganzheitlicher Sicht. (Vierteljahrschrift für Sozial- und Wirtschaftsgeschichte. Beiheft 145. 1998. S. 9-20.)
Wirtschaftsgeschichte. Vom Merkantilismus bis zur Gegenwart. Köln-Weimar-Wien [2]1998.
Evolutorische Wirtschaftsgeschichte. Zum Verhältnis von Wirtschaftsgeschichte und Evolutorischer Ökonomik. (WiSt. 2. Februar 1997. S. 75-79.)
Marktintegration durch verbesserte *Kommunikation* im 19. Jahrhundert. (Vierteljahrschrift für Sozial- und Wirtschaftsgeschichte. Beiheft 128. 1996. S. 162-183.)
Krise und *Neuerung* in wirtschafts- und unternehmenshistorischer Perspektive. (Scripta Mercaturae. 29/2. 1995. S. 1-13.)
Die Wirtschaftsgeschichte als Ganzes. Baden-Baden 1995.
Zölle.(Von Aktie bis Zoll. M. North (Hg.). München 1995. S. 448-450.)

Nürnberg in der *Weltwirtschaft* des 16. Jahrhunderts. Einige Anmerkungen, Feststellungen und Hypothesen. (Die Folgen der Entdeckungsreisen für Europa. Pirckheimer Jahrbuch. St. Füssel (Hg.). 7. 1992. S. 145-169.)

(Hg.) *Kleine Schriften.* 1-3. Aufsätze von Hermann *Kellenbenz.* Stuttgart 1991.

Nürnberg-Augsburg und *Lateinamerika* im 16. Jahrhundert. Die Begegnung zweier Welten. (Pirckheimer-Jahrbuch. 2. 1986. S. 45-82.)

Wee, Hermann van der
  The Growth of the *Antwerp Market* and the European Economy. 1-3. The Hague 1963.

Weigel, Martin
  Dr. *Conrad Konhofer* (+ 1452). Ein Beitrag zur Kirchengeschichte Nürnbergs. (Mitteilungen des Vereins für Geschichte der Stadt Nürnberg. 29. 1928. S. 169-297.)

Weingärtner, Helge
  Nassauerhaus. (Stadtlexikon Nürnberg. M. Diefenbacher-R. Endres (Hg.). Nürnberg ²2000. S. 729.)
  Überlegungen zum *Wappenfries* des Nassauer Hauses in Nürnberg. (Mitteilungen des Vereins für Geschichte der Stadt Nürnberg. 83. 1996. S. 307-313.)

Weitnauer, Alfred
  Der *Venezianische Handel* der Fugger, nach der Musterbuchhaltung des Matthäus Schwarz. München-Leipzig 1931.

Weizsäcker, Carl Christian von
  Keine Angst vor *Fusionen.* (Frankfurter Allgemeine Zeitung. 95. 24.04.1999. S. 15.)

Welser, Hubert von
  Bartholomäus Welser. (Bartholomäus Welser und seine Zeit. Stadt Augsburg (Hg.). Augsburg 1962. S. 5-28.)

Welser, Ludwig von
  Die *Welser.* Des Freiherrn Johann Michael v. Welser Nachrichten über die Familie für den Druck bearbeitet. 1+2. Nürnberg 1917.
  Eine *Urkunde* zur Geschichte des Nürnberger Handels. Würzburg 1912.

Werner, Theodor Gustav
  Die große Fusion der Zechen um den *Rappolt* in *Schneeberg* unter Führung der Nürnberger von 1514. *III* Teil. (Mitteilungen des Vereins für Geschichte der Stadt Nürnberg. 58. 1971. S. 102-115.)
  Die große Fusion der Zechen um den *Rappolt* in *Schneeberg* unter Führung der Nürnberger von 1514. *II.* Teil. (Mitteilungen des Vereins für Geschichte der Stadt Nürnberg. 57. 1970. S. 150-175.)
  Kursberichte von 1590 von der Frankfurter und Leipziger Messe. Ein Beitrag zur Geschichte des Börsenwesens. (Scripta Mercaturae. 1/2. 1969. S. 94-100.)
  Bartholomäus Welser. Werden und Wirken eines königlichen Kaufmanns der Renaissance. (Scripta Mercaturae. I. 1968. S. 89-108.)
  Repräsentanten der *Augsburger Fugger* und *Nürnberger Imhoff* als Urheber der wichtigen Handschriften des Paumgartner-Archivs über Welthandelsbräuche im Spätmittelalter und am Beginn der Neuzeit. (Vierteljahrschrift für Sozial- und Wirtschaftsgeschichte. 52. 1965. S. 1-41.)
  Nürnbergs Erzeugung und Ausfuhr *wissenschaftlicher Geräte* im Zeitalter der Entdeckungen. (Mitteilungen des Vereins für Geschichte der Stadt Nürnberg. 53. 1965. S. 69-149.)

Europäisches Kapital in *ibero-amerika*nischen Montanunternehmen im 16. Jahrhundert (Vierteljahrschrift für Sozial- und Wirtschaftsgeschichte. 48. 1961. S. 18-55.)

Wernicke, Horst
Nürnbergs Handel im *Ostseeraum* im Spätmittelalter und in der frühen Neuzeit. (Nürnberg. Eine europäische Stadt in Mittelalter und Neuzeit. H. Neuhaus (Hg.). Nürnberg 2000. S. 263-291.)

Westermann, Ekkehard
(Hg.) *Internationaler Ochsenhandel* 1350-1750. Wiesbaden 1979.
Das *Eislebener Garkupfer* und seine Bedeutung für den europäischen Kupfermarkt 1460-1560. Köln-Wien 1971.

Wiegand, Jürgen
Die *Merchants Adventurers' Company* auf dem Kontinent zur Zeit der Tudors und Stuarts. Kiel 1972.

Will, Georg Andreas
Der Nürnbergischen *Münzbelustigungen*. 4. Altdorf 1767.
Historia Norimbergensis Diplomatica. 4. Nürnberg 1738.

Windler, Christian
Lokale Eliten, Seigneurialer Adel und Reformabsolutismus in Spanien (1760-1808). Stuttgart 1992.

Witt, Peter
Planung betrieblicher Transformationsprozesse. Wiesbaden 1996.

Witthöft, Harald
Lüneburg-Leipzig und zurück. Faktorei und Spedition, Niederlage und Stapel-Frachtverkehr im Einzugsbereich einer Messestadt (15. bis 19. Jahrhundert.) (Leipzigs Messen - 1497-1997. Gestaltwandel-Umbrüche-Neubeginn. H. Zwahr-Th. Topfstedt-G. Bentele (Hg.) 1: 1497-1914. Köln-Weimar-Berlin 1999. S. 205-221.)
Metrologie (historische). (Von Aktie bis Zoll. M. North (Hg.). München 1995. S. 241-243.)
Die *Münzordnungen* und das *Grundgewicht* im Deutschen Reich vom 16. Jahrhundert bis 1871/72. (Vierteljahrschrift für Sozial- und Wirtschaftsgeschichte. Beiheft 106. 1993. S. 45-67.)

Wöhe, Günter
Einführung in die *Allgemeine Betriebswirtschaftslehre*. München [15]1984.

Wülcker, Ernst
Des kursächsischen Rathes *Hans von der Planitz* Berichte aus dem Reichsregiment in Nürnberg 1521-1523. Leipzig 1899.

Wuttke, Dieter
(Hg.) *Willibald Pirckheimers* Briefwechsel. III. München 1989.

Zedler, Johann Heinrich
Großes vollständiges *Universallexikon* aller Wissenschaften und Künste. 33. Leipzig-Halle 1742.

Zeeden, Ernst Walther
(Hg.) Von der *Reformation* bis zum Ende des *Absolutismus*. Stuttgart 1970.

Zunkel, Friedrich
  Ehre, Reputation. (Geschichtliche Grundbegriffe. O. Brunner u.a. (Hg.). 2. Stuttgart 1975. S. 1-63.)
Zwahr, Hartmut - Topfstedt, Thomas - Bentele, Günter
  (Hg.) Leipzigs Messen - 1497-1914. Gestaltwandel-Umbrüche-Neubeginn. 1+2. Köln-Weimar-Wien 1999.

Abbildungs- und Darstellungsverzeichnis

Index

Indizierungen für die Wortfamilien Allianzen, Standort, Safran, Nürnberg, Italien wurden lediglich auswahlweise vorgenommen. Angehörige der Nürnberger Allianzfamilien erscheinen nur, wenn der Vorname genannt wurde bzw. belegbar war.

Peter Lang · Europäischer Verlag der Wissenschaften

Horst Gersmeyer

Wettbewerbsfähigkeit von Wirtschaftsstandorten unter besonderer Berücksichtigung industrieller Cluster

Analyserahmen und Ergebnisse einer empirischen Fallstudie

Frankfurt am Main, Berlin, Bern, Bruxelles, New York, Oxford, Wien, 2004.
XIX, 264 S., zahlr. Abb. und Tab., 1 Faltbl.
Europäische Hochschulschriften: Reihe 5, Volks- und Betriebswirtschaft. Bd. 3032
ISBN 3-631-52142-1 · br. € 51.50*

Die Intensität des Standortwettbewerbs hat sich angesichts veränderter Rahmenbedingungen in den letzten Jahren deutlich verschärft. Die traditionellen Instrumente der Wirtschaftsförderung und Standortpolitik scheinen nur noch bedingt in der Lage zu sein, den gestiegenen Herausforderungen gerecht zu werden. Im Zuge dieser Entwicklung haben sich in der internationalen Forschung in letzter Zeit neue Erkenntnisse und Thesen durchgesetzt, die der Existenz von industriellen Clustern und Branchennetzwerken einen hohen Einfluß auf die Wettbewerbsfähigkeit von Ländern, Nationen und Regionen beimessen. Ausgehend von dem Konzept des Branchenclusters und der These, daß eine verstärkte Orientierung an diesem wirtschaftspolitischen Instrument eine geeignete Antwort auf die Herausforderungen des Standortwettbewerbs darstellt, verfolgt die Arbeit das Ziel, Ansatzpunkte zur Verbesserung der internationalen Wettbewerbsfähigkeit von Wirtschaftsregionen durch die Entwicklung einer clusterorientierten Standortpolitik aufzuzeigen.

Aus dem Inhalt: Auseinandersetzung mit den theoretischen, begrifflichen und konzeptionellen Grundlagen der Wettbewerbsfähigkeit · Entwicklung von Instrumenten und Methoden zur Operationalisierung der Wettbewerbsfähigkeit von Wirtschaftsstandorten · Durchführung einer clusterbezogenen Regionalanalyse zur Identifizierung und Analyse von industriellen Branchenclustern

Frankfurt am Main · Berlin · Bern · Bruxelles · New York · Oxford · Wien
Auslieferung: Verlag Peter Lang AG
Moosstr. 1, CH-2542 Pieterlen
Telefax 00 41 (0) 32 / 376 17 27

*inklusive der in Deutschland gültigen Mehrwertsteuer
Preisänderungen vorbehalten

Homepage http://www.peterlang.de